D1511865

GUÍA MÉDICA

Coordinador:

Dr. Fernando Caballero Martínez. *Especialista en Medicina de Familia. Coordinador de la Unidad Docente de Medicina Familiar y Comunitario Área 6 de Madrid.*

Colaboradores:

Margarita Berzal Rosende, Ana Bonaplata Revilla, Pilar Burón Martínez, Carmen Caballero Martínez, Mª Victoria Candia Fernández, Mª Isabel Carmona Luque, Mónica Carrasco Schmidt, Santiago Castellanos Redondo, Ramón Díaz, Mª Esther Fernández Yebra, Gema Gil Juberías, Cristina Gil Lapetra, Ángel Gómez Cabezuelo, Óscar Gómez Martín, Sofía González López, María Lacalle Rodriguez-Labajo, Carolina Lahoz de Juan, José Antonio Melero, Aurora Navarro Navarro, Francisco Javier Panadero Carlavilla, Lourdes Pedrero Zarco, Nuria Pérez Cabezos, Antonino Román Martínez, Jon Koldo Sagardui Villamor, Pilar Sanz Camuñas, Teresa Troyano Rivas, José Zuloaga Jiménez.

Producción editorial:

Equipo Cultural

Ilustración:

José Manuel Villaverde; José Maroto; José Martos; Javier Picaporte.

Revisión de la obra:

Jaime Fernández Arche. *Doctor en Medicina.*

EDICION MMVII

© CULTURAL, S. A
Polígono Industrial Arroyomolinos
Calle C, núm. 15, Móstoles
MADRID - ESPAÑA

ISBN: 978-84-8055-780-1

Imprime: Grafillés

Depósito legal: TO. 704

IMPRESO EN LA U.E. - *PRINTED IN E.U.*

PRÓLOGO

La salud es un objeto de preocupación creciente en todas las sociedades. Paralelo al grado de desarrollo económico y cultural de un pueblo, aparece el justificado anhelo de una salud plena, que permita una vida personal, laboral y social sin limitaciones por la enfermedad.

En sintonía con estos vientos, la medicina moderna está cambiando un antiguo modelo de autoritarismo sanitario, según el cual el paciente prefería ignorar todo respecto a su salud y delegaba en manos del profesional los cuidados y decisiones sanitarias que resultasen convenientes al llegar la enfermedad.

Hoy día se considera fundamental este papel activo del paciente en sus cuidados: no siempre (más bien pocas veces) el restablecimiento del bienestar perdido por una enfermedad se consigue tomando a ciegas un medicamento, no siempre una intervención quirúrgica está claramente indicada o hay garantía completa del beneficio que deparará. Es el propio paciente quien debe decidir, después de ser bien informado, la actitud deseada ante su problema de salud. La legislación internacional acompaña a estos aires democráticos, estimulando aspectos como el consentimiento informado del paciente para cualquier procedimiento médico que entrañe riesgo.

Es cierto que los médicos y el restante personal sanitario andan con frecuencia tan sobrecargados de trabajo como escasos de tiempo para charlar a fondo con el paciente sobre su salud. No es raro, al abandonar una consulta especializada, que salgamos con una idea poco clara del diagnóstico (¡los términos médicos son tan complicados!) y, aún peor, hayamos comprendido incorrectamente las recomendaciones de tratamiento que nos aconsejan, o no tengamos todas las claves para tomar la decisión que se nos pide.

Junto a ello, hemos intentado hacer una obra práctica para responder las pequeñas y grandes preguntas sobre la salud que continuamente se plantean en la familia. Los contenidos han sido seleccionados y redactados por un competente equipo de médicos expertos en cada tema. Se ha buscado un tono claro y sencillo, pero en modo alguno desprovisto de todo el rigor científico de la medicina moderna. La lectura de sus capítulos no defraudará a quien se interese por conocer a fondo algún aspecto concreto de la salud.

Para facilitar su manejo se han agrupado las enfermedades más habituales por aparatos respiratorio, digestivo, nervioso, etc. En cada una de ellas se revisan todos los aspectos de cada trastorno: el concepto, sus causas, las manifestaciones que produce, cómo se diagnostica y se trata, el pronóstico y las recomendaciones que pueden dirigirse a los pacientes para su prevención, así como los autocuidados y primeros auxilios más eficaces. Se hace un especial hincapié en comentar aquellas actuaciones de beneficio claramente demostrado, destacando la existencia de mitos y costumbres sin justificación científica, cuando existen.

En los capítulos dedicados a los aspectos de la sexualidad humana y la reproducción, se incluyen los aspectos psicológicos, educativos, fisiológicos y patológicos. También se incluye una parte dedicada a la salud infantil, centro de preocupación de las familias con hijos, así como la revisión en profundidad de los aspectos de la salud en la tercera edad y sus alteraciones propias. La mayor esperanza de vida y el continuo envejecimiento de todas las sociedades desarrolladas justifican el interés que estos temas despiertan en todos nosotros.

Se trata de una obra completamente actualizada y sumamente práctica para todo tipo de familias. Confiamos que su uso les ayude a preservar una salud plena y prolongada.

ÍNDICE

1 MANIFESTACIONES CLÍNICAS DE LA ENFERMEDAD: LOS SÍNTOMAS Y LOS SIGNOS

INTRODUCCIÓN

El funcionamiento normal del cuerpo humano se puede ver afectado por múltiples factores. Las anomalías en dicho funcionamiento se suelen manifestar en forma de molestias variadas que nos hacen sentir mal o enfermos.

No todas las enfermedades tienen estas manifestaciones clínicas, al menos en su período inicial. Así, hay enfermedades *silentes* como la hipertensión arterial que no suele producir síntoma alguno y que sólo se detecta al medir la tensión arterial con el instrumento específico (esfingomanómetro). El paciente puede ser hipertenso durante años sin saberlo y enterarse tardíamente de su problema con motivo de una complicación de la hipertensión crónica (infarto de miocardio, hemorragia cerebral o insuficiencia cardíaca). Por el contrario otras enfermedades producen exclusivamente molestias subjetivas al paciente quien se siente mal aunque todas las exploraciones y pruebas que se le realicen resulten objetivamente normales, como ocurre en el caso de una depresión mental.

Es importante por ello distinguir entre *síntoma* y *signo*: *síntoma* es lo que el sujeto enfermo siente (dolor, cansancio, náuseas, etc.) pero no se puede medir; *signo* es aquella manifestación que se puede medir o evidenciar por otra persona que no es la enferma (fiebre, manchas en la piel, adelgazamiento, diarrea, etc.). Por ejemplo, el dolor es un síntoma que no se puede medir ni objetivar por el médico más que por la información indirecta que el paciente relate o la expresión de dolor en un niño. Por el contrario la fiebre es un signo que se puede medir con un termómetro.

En general, las enfermedades suelen tener varios síntomas y signos. El médico diagnostica uniendo los síntomas que le cuenta el paciente con los signos que encuentra en la exploración física. Por ello, durante la consulta médica primero se interroga al paciente y después se le examina detalladamente.

En este capítulo se resumen y analizan los síntomas y signos más comunes que suelen presentarse en la clínica humana y que son los motivos más frecuentes de consultas médicas.

LA FIEBRE

La fiebre es la elevación de la temperatura corporal por encima de sus valores normales. Los valores normales cambian de una a otra persona y en la misma a lo largo del día. Por la tarde la temperatura suele ser mayor que por la mañana. La comida, el ejercicio y otras circunstancias también aumentan la temperatura sin que signifique que exista una anomalía.

CAUSAS COMUNES DE FIEBRE
Infección (el 95%).
Enfermedades del colágeno.
Fiebre por medicamentos.
Infartos o daños de tejidos: hematomas.
Reacciones de inmunización.
Procesos inflamatorios: Artritis.

CAUSAS INFRECUENTES DE FIEBRE
Tumores malignos.
Enfermedades del sistema nervioso central. Traumatismo craneoencefálico.
Reacciones alérgicas.
Hipertiroidismo.
Lesiones del hipotálamo.
Ejercicio muy intenso.
Fiebre facticia.
Hipertermia maligna.

Causas de fiebre.

Por ejemplo, las mujeres no menopáusicas suelen tener hasta 0,6 °C más de temperatura tras la ovulación que antes de ella, lo que sirve como método para determinar su período fértil en cada ciclo.

La temperatura corporal normal se considera 37 °C en la axila. Sin embargo, algunas personas tienen por la tarde temperaturas axilares de 37,7 °C no teniendo ninguna patología y encontrándose perfectamente normales. La temperatura en el recto es medio grado más alta. Se consideran anormales las temperaturas que superen estos valores: *febrícula* si la temperatura es menor de 38 grados y *fiebre* a partir de 38 grados medidos en la axila o 38,5 °C de temperatura rectal.

Cuando se produce fiebre el centro termorregulador del hipotálamo intenta mantener una temperatura mayor de lo normal en el cuerpo con cierto fin (por ejemplo limitar una infección). Es, por tanto, un proceso "voluntario" del organismo. La voluntariedad de este aumento de la temperatura es lo que diferencia la *fiebre* de la llamada *hipertermia*. La hipertermia es la elevación de la temperatura corporal por fallo o desbordamiento de los sistemas de termorregulación, como ocurre al correr en un día caluroso de verano pudiendo llegar la temperatura corporal a 40 °C o más por insuficiencia de los mecanismos de bajada de la temperatura.

DESARROLLO DE LA FIEBRE

En la aparición de la fiebre se pueden distinguir tres fases:

a) **Instauración** o comienzo de la fiebre, que será más o menos aparente según la velocidad de instauración. Si es una instauración muy rápida se produce piel de gallina, fría, pálida y contracciones musculares (escalofríos y tiritona).

b) **Mantenimiento** de la fiebre, tras equilibrarse la producción y eliminación de calor y permanecer el organismo a una temperatura elevada.

c) **Descenso** de la fiebre, cuando la temperatura se normaliza tras producirse una pérdida de calor. Si la bajada de la fiebre es muy rápida se produce una sudoración profusa.

Por lo tanto, la tiritona significa aumento de fiebre brusco y la sudación bajada brusca de la misma. Lo normal es que ambos procesos sean graduales y no se manifieste ni el escalofrío ni la sudación.

TIPOS DE FIEBRE

La fiebre, si no se actúa sobre ella, puede adoptar distintos patrones a lo largo del tiempo. Actualmente con la utilización profusa de antitérmicos rara vez se identifican estos patrones que son de valor diagnóstico. No hay

¿CÓMO MEDIR LA FIEBRE?

CONSEJO

La fiebre no es una enfermedad en sí, sino una manifestación común de múltiples enfermedades. Conviene medirla siempre con termómetro para valorar bien el proceso y no confiarse de la percepción subjetiva del paciente, que puede ser muy engañosa. No se tiene fiebre hasta que la temperatura en la axila no supere los 38 grados centígrados.

¿CUÁNDO BAJAR LA FIEBRE?

CONSEJO

Recuerde las circunstancias que hacen aconsejable bajar la fiebre con prontitud:

— En cualquier paciente cuya temperatura supere los 41 °C.
— En los niños que hayan sufrido previamente convulsiones febriles.
— En las mujeres embarazadas.
— En los ancianos y en los enfermos debilitados por problemas cardíacos, pulmonares o cerebrales.

Para ello pueden emplearse antitérmicos como el paracetamol, la aspirina o el ibuprofeno (estos dos últimos pueden producir molestias de estómago), y ayudar al paciente retirando prendas de abrigo que dificulten su enfriamiento.

que olvidar que la fiebre no es más que un signo acompañante de un trastorno, no es una enfermedad en sí. Debe evitarse la toma de medicamentos contra la fiebre, salvo indicación expresa del médico, si no se conoce la enfermedad que la produce pues podríamos enmascarar el auténtico trastorno responsable del aumento de temperatura y retrasar el diagnóstico.

a) **Fiebre mantenida**, con muy pocas variaciones a lo largo del día y de los días, en general resulta un dato de posible gravedad.

b) **Fiebre intermitente**, cuando la temperatura sube y baja en cortos períodos de tiempo, como ocurre en los abscesos, infecciones generalizadas y tumores malignos.

c) **Fiebre recidivante**, cuando vuelve a aparecer después de períodos de días libres. Son típicas de ciertas enfermedades tropicales como el paludismo y en otras infecciones infrecuentes como la borreliosis.

¿CUÁNDO BAJAR LA FIEBRE?

En el apartado anterior hemos visto los beneficios de la fiebre. Por ello, no tendría que bajarse siempre y rápidamente, aunque es difícil dar normas estrictas.

En general resulta aconsejable **tomar antitérmicos** (aspirina o paracetamol) en caso de:

a) Temperatura elevada: las temperaturas mayores de 41 °C son más perjudiciales que beneficiosas y mantenidas cierto tiempo pueden dañar a diversos órganos.

b) Niños con convulsiones febriles: debe mantenerse la temperatura por debajo de 38 °C. Tras un episodio de estas convulsiones se recomienda dar antitérmicos cuando se superen los 37,5 °C, para evitar la repetición.

c) Mujeres embarazadas.

d) Ancianos.

e) Personas con problemas cardíacos, pulmonares o cerebrales.

f) Cuando la fiebre produzca muchas molestias al paciente.

EL DOLOR

El *dolor* es un síntoma desagradable percibido como una molestia de intensidad variable localizada en una parte del cuerpo. Tiene su utilidad como signo de alarma de que algo funciona mal en el organismo y como orientación de la localización de la enfermedad. Al igual que la fiebre, la intensidad del dolor no va unida necesariamente a la gravedad del proceso, ya que existen muchas diferencias en su percepción y en la tolerancia al sufrimiento entre distintas personas.

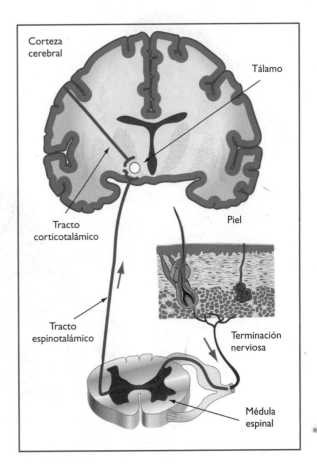

Esquema del dolor

TIPOS DE DOLOR

Existen dos tipos de dolor según su ritmo y cronología: agudo y crónico.

a) **Dolor agudo:** es aquel que tiene una evolución corta en el tiempo. Suele asociarse a un proceso reciente, como un traumatismo, una herida o una apendicitis. Es útil y en general es más alarmante que el dolor crónico. Según su intensidad puede ir acompañado de síntomas simpáticos (producidos por el sistema de alerta del organismo): aumento de la tensión arterial, sudoración, dilatación de las pupilas, taquicardia, etc.

b) **Dolor crónico:** aquel que se prolonga en el tiempo. Pierde su función de alarma y solo queda como molestia. Está indicado aliviarlo.

¿CUÁNDO SE DEBE TRATAR EL DOLOR?

El dolor, como hemos dicho, es un síntoma de alarma. Una vez dada la alarma e identificado el origen del mismo se puede suprimir o aliviar con los medicamentos apropiados. Tras un diagnóstico médico e iniciado el tratamiento de la causa del dolor (si ello es posible), no tiene sentido continuar sufriendo.

Ahora bien, no se deben dar analgésicos a todo dolor. No debemos dar analgésicos a un dolor del que no se conozca claramente cuál es su causa, hasta que el paciente sea valorado por un médico que diagnostique y tome la decisión de si se debe aliviar o no. La actitud prudente por parte del paciente está en acudir lo más rápidamente posible a un centro sanitario donde poder ser evaluado por un médico. Si aliviamos cualquier dolor, podemos retrasar diagnósticos con graves consecuencias; por ejemplo, unas simples aspirinas suministradas a un paciente con dolor abdominal sin causa conocida pueden retrasar el diagnóstico de una apendicitis y permitir el desarrollo de una grave peritonitis.

Por el contrario, se pueden dar analgésicos a dolores de causa conocida aun antes de acudir al médico, por ejemplo, una torcedura de tobillo, un dolor por caries dental o un traumatismo en una extremidad (brazo o pierna). Por el riesgo de llevar asociadas lesiones internas insospechadas, no se deben dar calmantes en caso de traumatismo torácico o abdominales. Por su frecuencia,

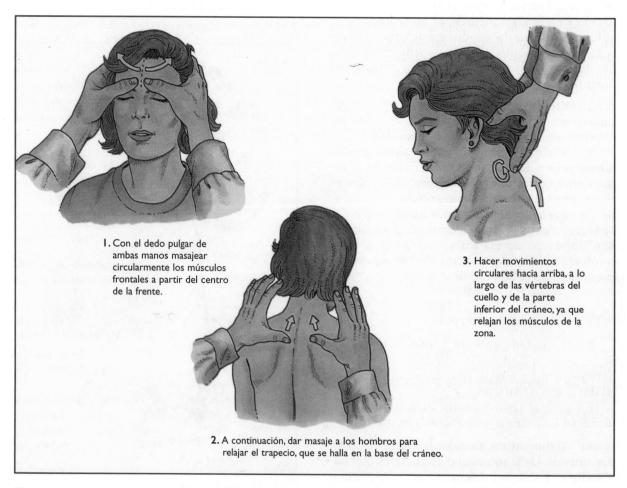

1. Con el dedo pulgar de ambas manos masajear circularmente los músculos frontales a partir del centro de la frente.

2. A continuación, dar masaje a los hombros para relajar el trapecio, que se halla en la base del cráneo.

3. Hacer movimientos circulares hacia arriba, a lo largo de las vértebras del cuello y de la parte inferior del cráneo, ya que relajan los músculos de la zona.

El masaje, un remedio eficaz contra algunos dolores de cabeza (cefalea tensional).

los dolores de cabeza habituales pueden ser tratados por el paciente con la precaución de interrumpir el tratamiento y consultar al médico si dicho dolor se hace distinto al de otras veces.

¿CÓMO TRATAR EL DOLOR?

Existen dos tipos de medidas que el paciente puede aplicar en caso de dolor: unas son físicas y otras farmacológicas, aunque en realidad el tratamiento último del dolor es el de su causa, por lo que cada enfermedad tendrá su tratamiento específico que debe ser decidido por el médico.

a)   Las **medidas físicas** son muy variadas, según el tipo y localización del dolor:

• Para un golpe sin herida en la piel ni complicación grave es aconsejable aplicar frío e inmovilizar la zona del traumatismo. El frío puede conseguirse con una bolsa de hielo triturado envuelto en una tela fina, o con apósitos comerciales especiales que se mantienen fríos en el congelador de cualquier frigorífico doméstico.

• Para la migraña o jaqueca es muy recomendable reposar en un ambiente tranquilo, sin ruido ni luz.

• Para la artrosis en general el calor mejora las molestias y la movilidad articular, aunque en algunos casos de dolor muy agudo (en los llamados brotes inflamatorios) los síntomas pueden aliviarse temporalmente con frío local.

• Las lumbalgias, tortícolis y las contracturas musculares mejoran con el calor local aplicado con bolsas de agua, paños calientes (manta eléctrica) o lámpara de infrarrojos. Igualmente el dolor de un cólico nefrítico ocasionado por la expulsión de un cálculo renal puede hacerse más soportable en el interior de una bañera llena de agua muy caliente, aunque tal situación es motivo de consulta obligatoria al médico para valorar el proceso y pautar los medicamentos necesarios.

• El dolor de oídos en la otitis externa suele mejorar con la aplicación de calor local seco aplicado en el pabellón auditivo.

b)   Las **medidas farmacológicas** son de dos tipos: tratamientos de la causa que produce el dolor (como el antibiótico en el caso de una otitis) y tratamientos exclusivos del síntoma dolor (medicamentos que no atacan la causa, sino que sólo calman las molestias). Estos últimos fármacos llamados analgésicos o calmantes están indicados bien cuando la causa no tiene tratamiento posible (por ejemplo, un cáncer avanzado) o mientras un tratamiento causal (por ejemplo, un antibiótico) llega a hacer efecto.

Sin necesidad de receta médica ni de indicación médica expresa, y con las precauciones anteriormente descritas se pueden emplear sin grandes riesgos los llamados **analgésicos menores,** de los que los más seguros y eficaces son el ácido acetilsalicílico (la aspirina) y el paracetamol. El primero de ellos tiene el inconveniente de producir molestias digestivas e incluso un posible sangrado en un pequeño número de pacientes. En realidad se trata de un riesgo realmente pequeño e improbable, por lo que en absoluto se desaconseja su uso como analgésico de primera línea. Por el contrario, el exceso de uso de paracetamol puede tener efectos tóxicos sobre el hígado.

En la actualidad se está introduciendo otro analgésico entre los fármacos de libre uso, llamado ibuprofeno. Aunque en realidad se trata de un antiinflamatorio, su acción analgésica es muy eficaz y segura

EL DOLOR EN EL TÓRAX

Las causas de dolor en el pecho son muy numerosas. Por fortuna, la mayoría de ellas resultan banales y sin necesidad de intervención médica, pero otras son graves y requieren un rápido diagnóstico y tratamiento.

Es difícil autovalorar el dolor torácico y, según los individuos, se pueden producir errores tanto por minimizar su importancia o, al contrario, por pensar en causas graves sin motivo suficiente lo que produce gran angustia y multitud de consultas y pruebas médicas innecesarias. La recomendación más sensata es que ante todo dolor torácico se debe acudir al médico con la mayor prontitud posible.

TIPOS DE DOLOR TORÁCICO

Ciertas características y síntomas acompañantes nos permiten distinguir de forma sencilla varios **patrones de dolor torácico**, de muy distinto significado y pronóstico:

a)   El **dolor pleurítico** se debe a una inflamación directa de la pleura (pleuritis) o a la afectación de la pleura coincidiendo con una enfermedad pulmonar (neumonía, neumotórax, etc.). Se trata de un dolor agudo que aumenta con los movimientos respiratorios y con la tos (estos movimientos hacen rozar las pleuras que recubren los pulmones entre sí produciendo el dolor). Se suele definir como una puñalada en un punto fijo, sin irradiación hacia otras zonas. No aumenta al palpar o comprimir las costillas de la zona.

CARDÍACAS	VASCULARES	PULMONARES	GASTRO-INTESTINALES	MÚSCULO-ESQUELÉTICAS	OTRAS
Angina	Hipertensión muscular	Neumonía	Úlcera péptica	Calambres de los músculos intercostales	Herpes Zoster
Infarto de miocardio	Disección aórtica	Neumotórax	Enfermedades de la vesícula biliar	Hernia de disco	Trastornos de la mama
Estenosis aórtica	Embolia pulmonar	Infiltración del mediastino	Reflujo gastroesofágico	Artrosis o artritis de la columna torácica	Tumores de la pared torácica
Pericarditis	Hipertrofia del ventrículo derecho	Traqueobronquitis	Pancreatitis	Daño en el hombro	Ansiedad
Miocardiopatías		Tumores	Desgarro esofágico	Costocondritis	
		Asma	Espasmo esofágico	Bursitis del hombro	
		Pleuritis			

Causas de dolor torácico.

b) El **dolor bronquial**, como el presente en caso de una bronquitis aguda, puede percibirse como una "quemazón" o dolor sordo detrás del esternón (en el centro del pecho) que aumenta con la tos.

c) El **dolor isquémico** ocurre indistintamente en caso de angina de pecho y de infarto de miocardio. En ambos procesos se produce una falta de oxígeno a nivel del músculo cardíaco. La diferencia entre ellos es la reversibilidad del proceso: la angina de pecho es reversible sin daños permanentes, mientras que en el infarto de miocardio las secuelas son irreversibles por la muerte definitiva de una parte del tejido cardíaco.

d) El **dolor pericárdico** ocurre en las pericarditis, es decir, en la inflamación de la cápsula que rodea al corazón, producida por infecciones, raras enfermedades autoinmunes o tumores.

Se trata de un dolor localizado bajo el esternón (en el centro del pecho), que aumenta con los movimientos respiratorios (al inspirar profundamente) y con la tos. Resulta muy típico, aunque no siempre ocurre, el que la molestia se atenúe al sentarse inclinado hacia adelante. Puede irradiarse como la angina o el infarto, y cuando afecta al diafragma (el pericardio está en contacto íntimo con el diafragma) puede producir un dolor abdominal que simule una enfermedad digestiva.

e) El **dolor digestivo** de las zonas más altas de dicho aparato puede manifestarse en forma de dolor torácico.

Así, los espasmos esofágicos por nerviosismo, acidez, etc., producen un dolor muy similar al de la angina de pecho. Las enfermedades del estómago, como úlceras y gastritis pueden producir molestias parecidas en algunas ocasiones, aunque usualmente calman al tomar algún alimento o un antiácido, cosa que no ocurre en el dolor cardíaco o respiratorio. Las enfermedades de páncreas y la vesícula biliar (pancreatitis o colecistitis) también pueden producir un dolor torácico que en el caso de la colecistitis se suele localizar en la escápula derecha. Normalmente se asocia con dolores u otros síntomas abdominales.

f) El **dolor osteomuscular,** es el origen más frecuente del dolor torácico. No es el más cómodo, pero si es el dolor más benigno en general.

Se caracteriza por ser un dolor punzante que a veces sólo dura unos minutos o segundos y otras veces es más duradero. Puede aumentar su intensidad con los movimientos respiratorios y la tos simulando un dolor pleurítico. Su diagnóstico diferencial se consigue al comprobar cómo se exacerba el dolor al comprimir la zona afectada o al realizar movimientos en estructuras vecinas como los hombros, brazos o cuello. En general se debe a procesos inflamatorios de la pared costal (de las articulaciones costales, claviculares o escapulares). A diferencia de otros procesos inflamatorios suele faltar el calor, edema y enrojecimiento de la zona. La artrosis vertebral puede dar dolores de las mismas características.

g) El **dolor emocional**, se produce por ansiedad, estrés, cansancio o emociones fuertes, en ocasiones con características muy similares al dolor anginoso. A diferencia de éste, no se asocia al ejercicio y tiene una evolución más gradual. Su diagnóstico debe hacerse por exclusión, es decir, eliminando otras causas de dolor torácico por la exploración o las pruebas diagnósticas apropiadas (electrocardiograma, radiografías, etc).

EL DOLOR EN EL ABDOMEN

Si las causas de dolor torácico son muchas, las causas abdominales son aún más variadas por contener un mayor número de órganos y estructuras. Su diagnóstico exacto es, por tanto, difícil. El médico puede no saber a que es debido el dolor tras una exploración manual simple (o tras una multitud de radiografías, ecografías y análisis) pero, en general, sí sabe "casi siempre" si ese dolor es preocupante o no. Si es preocupante adoptará medidas más o menos agresivas para diagnosticarlo o tratarlo (la medida agresiva más empleada es la cirugía). Si por el contrario, se considera un dolor abdominal no preocupante, se mantendrá una actitud de espera para ver su evolución, que puede ser a mejor o a peor.

Vamos a definir qué es un dolor preocupante o no, a los ojos de un médico. En términos generales los médicos distinguen perfectamente el **abdomen agudo** (preocupante) del **dolor inespecífico** (no preocupante), según las características del cuadro.

El término abdomen agudo define al dolor producido por procesos que en general no se resolverán por sí mismos si se dejan a su evolución. Su tratamiento suele ser quirúrgico, como en casos de dolor producido por apendicitis, peritonitis, perforación de vísceras o hemorragia intraabdominal. Otros dolores preocupantes son aquellos que se prolongan, empeoran con el tiempo o se acompañan de otros signos de alarma como la presencia de sangre en las heces, fiebre intensa o manchas en la piel.

VALORACIÓN DEL DOLOR ABDOMINAL

Varias características del cuadro de fácil valoración permiten sospechar la gravedad o inocuidad de un dolor abdominal. Las más interesantes para recordar se detallan a continuación.

Comienzo del dolor

Un comienzo brusco o que despierta al paciente suele ser más grave que otro de comienzo gradual. Las causas de dolores de inicio brusco pueden ser un cólico nefrítico, una úlcera duodenal o una complicación de la misma (perforación, adherencia a otra víscera), la rotura de un quiste ovárico o un embarazo ectópico.

Los dolores graduales que aumentan en intensidad con el transcurrir de las horas son las inflamaciones agudas de vísceras digestivas: apendicitis aguda, pancreatitis, diverticulitis, colelicistitis, etc.

Síntomas y signos asociados

La fiebre es muy inespecífica y no aporta gran información sobre el proceso al poder ser éste desde banal (gastroenteritis aguda) a potencialmente mortal (peritonitis). La ictericia (tinte amarillo de la piel o las mucosas de la boca y conjuntivas) sugiere una enfermedad del hígado o de la vesícula biliar.

Los cambios que se producen con la ingesta de comida nos puede orientar hacia una úlcera duodenal o hacia una úlcera gástrica: en la úlcera duodenal el dolor se suele aliviar con la ingesta de comida, en la úlcera gástrica puede empeorar. Las enfermedades de la vesícula también empeoran con la ingesta, sobre todo de comidas grasas.

Un dolor generalizado por todo el abdomen (similar al de la peritonitis) pero que se acompaña de sed, orina abundante y sensación de hambre constante, junto con una respiración rápida (respiración de Kussmaul) pueden sugerir la descompensación de una diabetes.

Los vómitos intensos con estreñimiento pueden deberse a una simple gastritis, pero también a una grave obstrucción intestinal, sobre todo si hay cirugía abdominal previa. Por el contrario si los vómitos se acompañan de diarrea y dolor difuso lo más común es una gastroenteritis aguda.

En la mujer hay que pensar en problemas ginecológicos si la localización abdominal del dolor se percibe por debajo del ombligo. Así, por su especial gravedad y por las posibles secuelas, toda mujer en edad fértil y con relaciones sexuales previas debe conocer que un dolor pélvico (en la parte baja del abdomen) que coincida con la ausencia de una menstruación esperada debe sugerir un embarazo ectópico (gestación fuera de la matriz), lo que representa una urgencia ginecológica. Más frecuente entre las portadoras del DIU como método contraceptivo o en las mujeres con antecedentes de enfermedad de transmisión sexual, el dolor pélvico junto a la aparición de un flujo vaginal anómalo permite sospechar una salpingitis (inflamación aguda de las trompas de Falopio).

El dolor testicular en un varón puede ser debido a procesos próximos (la torsión de un testículo o su inflamación —orquitis—) o a enfermedades más lejanas como un cólico renal.

Irradiación del dolor ("¿hacia dónde se dirige?")

En la colecistitis aguda el dolor se puede irradiar lateralmente hacia la escápula derecha, en la zona alta de la espalda. En la pancreatitis aguda el dolor también se irradia a la espalda pero en forma de cinturón o como si atravesara el abdomen.

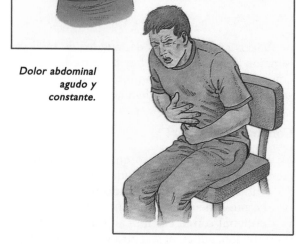

Dolor abdominal agudo y constante.

BRUSCA	EN MINUTOS	GRADUAL
Rotura de absceso o hematoma.	Perforación de víscera hueca.	Apendicitis.
Perforación de úlcera.	Obstrucción intestinal alta.	Pancreatitis.
Rotura de embarazo ectópico.	Obstrucción de la vía biliar.	Perforación de tumor.
Infarto de víscera abdominal o torácica.	Infarto mesentérico.	Salpingitis.
Neumotórax.	Rotura de bazo.	Hernia estrangulada.
Rotura de aneurisma.	Diverticulitis.	
	Cólico nefrítico.	Absceso.
	Colecistitis aguda.	Retención urinaria.
	Pancreatitis.	Obstrucción intestinal.
	Estrangulación de víscera hueca.	Diverticulitis.
		Amenaza de aborto.
		Infarto intestinal.

Tabla de causas de dolor abdominal según la rapidez de instauración.

CUADRANTE SUPERIOR IZQUIERDO	EPIGASTRIO	CUADRANTE SUPERIOR DERECHO	CUADRANTE INFERIOR IZQUIERDO	PERI-UMBILICAL	CUADRANTE INFERIOR DERECHO
Rotura de bazo.	Cardiopatía isquémica.	Neumonía.	Anexitis.	Apendicitis.	Anexitis.
Pleuritis.	Úlcera gástrica o duodenal.	Pleuritis.	Quiste ovárico.	Hernia umbilical estrangulada.	Quiste ovárico.
Úlcera gástrica.	Rotura de esófago.	Apéndice retrocecal.	Embarazo.	Rotura de aneurisma aórtico.	Embarazo.
Neumonía.	Esofagitis.	Cólico nefrítico.	Hernia inguinal estrangulada.	Cetoacidosis diabética.	Hernia inguinal estrangulada.
Pancreatitis.		Pielonefritis.	Diverticulitis.	Tabes dorsal.	Diverticulitis.
Cólico nefrítico.		Pancreatitis.	Ileitis regional.	Obstrucción intestinal.	Ileitis regional.
Rotura de aneurisma aórtico.		Úlcera duodenal.	Perforación de colon.	Pancreatitis.	Perforación de colon.
Pielonefritis.		Hepatitis.	Absceso del psoas.	Diverticulitis.	Absceso del psoas.
		Colelitiasis.	Cálculo uretral.	Uremia.	Cálculo uretral.
		Colecistitis.	Pielonefritis.	Intoxicación por plomo.	Pielonefritis.
			Torsión testicular.		Torsión testicular.
			Epididimiditis.		Epididimiditis.
					Apendicitis.

Causas de dolor abdominal según el lugar de las molestias.

Posturas que adopta el paciente

Los pacientes con peritonitis, pancreatitis, diverticulitis, gastroenteritis y, en general, cualquier dolor de tipo inflamatorio, prefieren hacer los menos movimientos posibles y toman una postura fetal, lo que minimiza las molestias que perciben.

Los pacientes con dolores cólicos como el cólico nefrítico o biliar suelen estar inquietos, moviéndose agitados en busca de una postura más cómoda que no consiguen.

PRUEBAS DIAGNÓSTICAS PARA EL DOLOR ABDOMINAL

Contra la opinión popular, en general deslumbrada por la tecnología punta y la sofistica-ción profesional, el método de diagnóstico más fiable y con el que más resultados se obtiene para orientar la causa de un dolor abdominal es la exploración física con poco más que las manos de un médico entrenado. La exploración física suele incluir no sólo la exploración del abdomen sino también el tórax, el aparato genital y el tacto rectal si el diagnóstico no está claro.

En todo caso se puede apoyar la exploración física con otras pruebas complementarias, siempre que se consideren necesarias tras la exploración y dependiendo de los medios disponibles. Las más comunes y útiles son:

• Análisis de orina, si se sospecha infección urinaria (nitritos) o cólico renal (hematuria).

• Análisis de heces, sólo indicado en caso de prolongación excesiva de un proceso diarreico o de un dolor abdominal.

¿CÓMO DIAGNOSTICAR UN DOLOR ABDOMINAL?

El dolor abdominal puede proceder de cualquier víscera en él contenida o incluso de problemas torácicos (respiratorios o cardiológicos). Las características del dolor y de los síntomas que lo acompañen (vómitos, diarrea, estreñimiento, fiebre,...) y una exploración física básica (a veces con análisis de sangre y orina, y radiografía de abdomen) permiten al médico orientar un diagnóstico aproximado en la mayoría de las ocasiones, separando los dolores abdominales benignos de los dolores por "abdomen agudo", que precisan un tratamiento urgente, frecuentemente quirúrgico.

• Análisis de sangre, muy útil cuando se sospeche un proceso inflamatorio (apendicitis, pancreatitis, hepatitis, etc.)

• Radiografías simples, poco informativas excepto en casos muy específicos como ante la sospecha de obstrucción intestinal, perforación de víscera hueca (se libera aire al peritoneo que aparece en una radiografía hecha de pie) o cólico renal, intentando detectar el cálculo (que no aparezca el cálculo en una radiografía no implica que éste no exista, sino que puede ser radiotransparente por no tener calcio). También informa sobre el tamaño de órganos: hígado, bazo o riñones.

• Radiografías con contraste, más útiles por permitir ver el interior del tubo digestivo. El *tránsito gastrointestinal* informa de la forma del esófago, estómago, intestino delgado y de su movilidad. Se hace tragando una papilla de bario y haciendo radiografías sucesivas que detectan el recorrido de la papilla. El *enema opaco* es similar sólo que la papilla se introduce por el ano y se visualiza recto e intestino grueso. La *urografía intravenosa* se realiza tras inyectar contraste en la sangre y ver como se elimina por el riñón y las vías urinarias. Nos da informaciones de la forma y del funcionamiento de los riñones y de las vías excretoras.

• Ecografía, más útil que la radiografía simple, permite ver con precisión la forma de distintos órganos, detecta líquidos, quistes, etc. Carece de riesgos de irradiación ya que son ultrasonidos inocuos.

• Endoscopia, un método valiosísimo de diagnóstico, consiste en introducir en el tubo digestivo una sonda con una cámara que proporciona imágenes directas de su interior. Además permite coger líquidos, biopsiar o administrar sustancias a través de ella, como en el caso de ciertas hemorragias digestivas.

• Otras pruebas irán encaminadas a sospechas concretas, como un electrocardiograma si se piensa que el dolor pueda ser de origen cardíaco.

¿CÓMO SE TRATA EL DOLOR ABDOMINAL?

En la práctica totalidad de los casos el tratamiento debe ser etiológico, es decir contra la causa del dolor abdominal. La analgesia sólo se debe emplear en dolores claros, de causa conocida y en los cuales no se encubra su evolución. Sin consejo médico, nunca se deberían tomar calmantes por un dolor en el abdomen.

EL DOLOR DE CABEZA: LA CEFALEA

Las cefaleas o dolores de cabeza son una de las patologías más frecuentes en el ser humano. Prácticamente el 100% de la población ha sufrido alguna vez en su vida un dolor de cabeza. Como el dolor abdominal la mayoría de las veces es un proceso molesto pero con poca gravedad.

Las causas más frecuentes de dolor de cabeza son la cefalea tensional, la migraña, la cefalea en racimos y la sinusitis. En general se diferencian entre sí por la localización de las molestias, su forma de presentación y evolución, y la presencia de síntomas acompañantes.

CEFALEA TENSIONAL

El dolor varía a lo largo del día, siendo más intenso según evoluciona el día. El paciente sufre una sensación de opresión sobre la cabeza, "como si llevase un casco que le aprieta la cabeza". Las molestias se sitúan preferentemente en la frente o en la nuca y no suelen llevar otros signos acompañantes.

La duración de los síntomas es muy variable, desde pocos minutos hasta una o dos semanas seguidas. Es más frecuente que ocurra en mujeres que en varones y su aparición suele estar relacionada con la existencia de estrés físico y psíquico.

Se trata con analgésicos simples como ácido acetilsalicílico, paracetamol u otros analgésicos. Cada persona responde mejor a uno o a otro analgésico. Es importante que sólo se consuman estos calmantes cuando sean realmente necesa-

	MIGRAÑA	CEFALEA TENSIONAL	CEFALEA CRÓNICA	CEFALEA DE HORTON	NEURALGIA DEL TRIGÉMINO
Frecuencia	Variable	Variable	Diaria	Menstruación	Variable
Duración	4-72 h.	Minutos-semanas	Meses	Meses 1-3 h.	Corto
Localización	Hemicraneal	Frente-nuca	Completa	Periorbitaria	Hemicara
Signos acompañantes	Aura Náuseas Fotofobia	No tiene	No tiene	Lagrimeo Sudor Ansiedad	No tiene
Predominio	Mujer	Mujer	Mujer	Varón	Mujer

Tipos principales de cefaleas.

rios, pues su abuso crónico puede producir, paradójicamente, una cefalea crónica medicamentosa de muy difícil tratamiento. En pacientes muy ansiosos, el uso de sedantes a dosis bajas y durante un período de tiempo limitado suele resultar beneficioso. El problema de esta última recomendación es la relativa facilidad con la que ciertas personas se habitúan al consumo de estos fármacos, haciéndose "dependientes" de los mismos. La automedicación con estos tranquilizantes (diacepam y derivados) es peligrosa.

MIGRAÑA O CEFALEA VASCULAR

Produce un dolor pulsátil que suele ser fuerte, como latidos o "martillazos", en general más dolorosos en una mitad de la cabeza que en la otra. Los ataques duran entre 2 y 72 horas y su frecuencia de aparición es muy variable, desde muy ocasionales a prácticamente todas las semanas. Frecuentemente junto al dolor hay náuseas y vómitos dificultando seriamente la vida normal del paciente.

Predomina también en la mujer y parece tener un componente hereditario. En algunas personas los ataques se desencadenan con determinados estímulos que acaban siendo conocidos y que los pacientes evitan en lo posible. Estos estímulos varían según las personas, aunque los desencadenantes más comunes son el ejercicio físico, la falta de sueño, el consumo de café, queso, vino o chocolate, la menstruación o el estrés emocional. Curiosamente suele aminorar en frecuencia e intensidad durante el embarazo. En las mujeres con migraña se recomienda evitar los anticonceptivos orales por agravar el problema y aumentar la frecuencia.

El tratamiento de la migraña puede ser sintomático y preventivo. El primero se refiere al manejo del ataque ya instaurado, que es similar al de la cefalea tensional pero más agresivo: en general el paciente debe guardar reposo en un lugar tranquilo, sin luces ni ruidos. Para calmar las molestias se emplean analgésicos comunes o asociaciones con otros productos como los antieméticos (para evitar los vómitos) y los sedantes. En la actualidad se han popularizado ciertos fármacos (el sumatriptán y sus derivados) que se autoinyectan por el paciente con una pistola especial cuando se perciben los primeros síntomas de un ataque y consiguen abortar las molestias. Aunque sus resultados son espectaculares en muchos individuos, son productos caros y no exentos de riesgo, por lo que sólo se autorizan bajo prescripción médica.

El tratamiento preventivo está destinado a disminuir el número de episodios, cuando éstos son realmente frecuentes (varios al mes). Existen varios medicamentos que previenen las recaídas y las hacen menos intensas (los llamados betabloqueantes, los calcioantagonistas, etc.), pero como estos tratamientos deben hacerse durante cierto período largo de tiempo (meses), haya o no dolor de cabeza, siempre deben ser valorados y prescritos por el médico.

Una forma especial de migraña es la llamada migraña con aura. Se define así a aquella migraña que comienza con la percepción de ciertos síntomas acompañantes (el aura) antes de que aparezca el dolor, como destellos luminosos, pérdida de visión, hormigueos, pérdida de fuerza en alguna extremidad.

No es más grave que la migraña sin aura. De hecho, para algunos pacientes resulta ventajosa la presencia de estos síntomas extraños como aviso de que pocas horas después se iniciará el dolor. Como el propio paciente acaba reconociendo estos síntomas, el momento que comienza el aura es el punto idóneo para iniciar un tratamiento que puede abortar la crisis.

CEFALEA EN RACIMOS

El extraño nombre que los médicos adjudican a este dolor de cabeza es la traducción de su nombre inglés *cluster-headache*. También se la conoce, por el nombre de quién la describió, como cefalea de Horton.

Se trata de un dolor de cabeza muy intenso percibido entre los ojos o detrás de uno de ellos. Durante el dolor el paciente se encuentra muy nervioso y agitado, con sudoración y lagrimeo y goteo nasal líquido (rinorrea) en el mismo lado del dolor.

Predomina en los varones de mediana edad, aunque también pueden sufrirla las mujeres, en

POSTURAS CORRECTAS E INCORRECTAS DURANTE LA ACTIVIDAD DIARIA

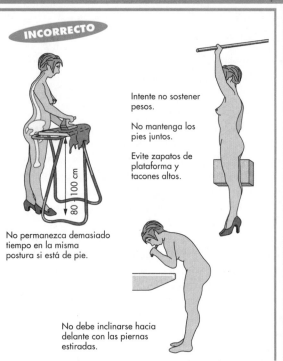

INCORRECTO

Intente no sostener pesos.

No mantenga los pies juntos.

Evite zapatos de plataforma y tacones altos.

No permanezca demasiado tiempo en la misma postura si está de pie.

No debe inclinarse hacia delante con las piernas estiradas.

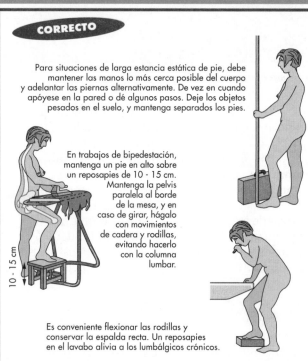

CORRECTO

Para situaciones de larga estancia estática de pie, debe mantener las manos lo más cerca posible del cuerpo y adelantar las piernas alternativamente. De vez en cuando apóyese en la pared o dé algunos pasos. Deje los objetos pesados en el suelo, y mantenga separados los pies.

En trabajos de bipedestación, mantenga un pie en alto sobre un reposapies de 10 - 15 cm. Mantenga la pelvis paralela al borde de la mesa, y en caso de girar, hágalo con movimientos de cadera y rodillas, evitando hacerlo con la columna lumbar.

Es conveniente flexionar las rodillas y conservar la espalda recta. Un reposapies en el lavabo alivia a los lumbálgicos crónicos.

LEVANTAMIENTO DE PESOS PARA EVITAR PROBLEMAS DE ESPALDA

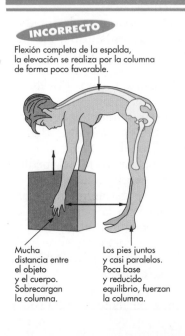

INCORRECTO

Flexión completa de la espalda, la elevación se realiza por la columna de forma poco favorable.

Mucha distancia entre el objeto y el cuerpo. Sobrecargan la columna.

Los pies juntos y casi paralelos. Poca base y reducido equilibrio, fuerzan la columna.

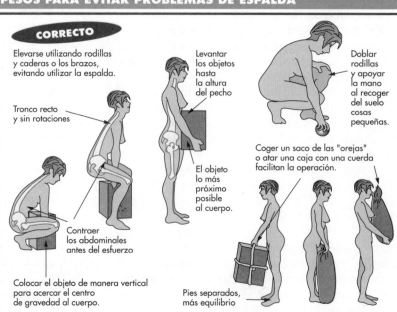

CORRECTO

Elevarse utilizando rodillas y caderas o los brazos, evitando utilizar la espalda.

Tronco recto y sin rotaciones

El objeto lo más próximo posible al cuerpo.

Contraer los abdominales antes del esfuerzo

Colocar el objeto de manera vertical para acercar el centro de gravedad al cuerpo.

Levantar los objetos hasta la altura del pecho

Doblar rodillas y apoyar la mano al recoger del suelo cosas pequeñas.

Coger un saco de las "orejas" o atar una caja con una cuerda facilitan la operación.

Pies separados, más equilibrio

EJERCICIOS DE FORTALECIMIENTO DE LA COLUMNA LUMBAR

Estos ejercicios han de practicarse sobre un suelo alfombrado o sobre un colchón duro que tenga entre él y el somier una tabla de madera. Los ejercicios han de ser lentos y rítmicos, y deberán respetarse intervalos de descanso. Estos ejercicios se repetirán un máximo de 5 a 10 veces cada uno, y se le dedicará un tiempo máximo de 10 a 15 minutos, dos veces al día.

Levantar alternativamente las piernas extendidas.

Bicicleta. Sin tocar el suelo, estirar y doblar una pierna.

Con las piernas abiertas, brazos en alto. Tocar con las dos manos un pie.

Con piernas abiertas, brazos en alto, hacer círculos moviendo la cintura.

Tocar con la mano el pie contrario. Piernas abiertas, brazos en cruz.

Con las piernas cruzadas, brazos en alto, tocar el suelo con las manos.

Manos en clavícula, piernas cruzadas, extender y flexionar los codos alternativamente.

Con los brazos en cruz y las piernas juntas, hasta tocarse los pies con las manos.

A gatas, estirar el brazo y la pierna contraria.

Tumbada, boca arriba, piernas arriba haciendo círculos con las piernas juntas.

Tumbada, boca abajo con los brazos y las piernas juntas, abrirlas y cerrarlas.

Tumbada, boca arriba, piernas arriba, abiertas haciendo círculos, con cada una.

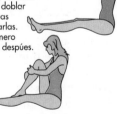

Con los brazos en cruz y sin tocar el suelo, doblar las piernas y abrazarlas. Una primero y la otra despúes.

Tumbada, boca abajo con los brazos en cruz y las piernas juntas, levantar hacia atrás la cabeza y los hombros

Tumbada, boca arriba con las rodillas dobladas y las manos atrás, tocarse las rodillas con los dos brazos a la vez.

Levantar los brazos con las palmas hacia arriba, de rodillas doblando la cintura.

Tumbada, boca arriba y con las piernas un poco inclinadas, abrirlas y cerrarlas.

Tumbada, boca arriba y con las piernas un poco inclinadas, encoger y estirar alternativamente las piernas como en bicicleta.

quienes suele coincidir con las menstruaciones. Los ataques suelen aparecer agrupados y con cierta cadencia repetitiva (varios consecutivos a lo largo de unos meses o años, luego desaparecen y vuelven a ocurrir de forma similar), lo que le da el nombre de "en racimos". Rara vez es crónica.

Mejora evitando tabaco. Durante el ataque el paciente debe tomar analgésicos y conviene que sea atendido en un centro sanitario donde se le pueda suministrar oxígeno con una mascarilla durante algunos minutos, lo que suele aliviar rápidamente los síntomas.

OTROS DOLORES DE CABEZA MÁS RAROS

Existen otros muchos tipos de cefalea, pero muy poco frecuentes. Van, en general, acompañadas de signos de gravedad, como alteraciones de la conciencia o de la visión, pérdida de fuerza en las extremidades, convulsiones, fiebre, etc. Cualquiera de estos síntomas junto a un dolor de cabeza obligan a acudir a una urgencia médica sin demora.

EL DOLOR LUMBAR

Los dolores de la parte baja de la espalda pueden ser de dos tipos: los originados en la propia columna vertebral (en sus huesos, articulaciones o músculos) y los dolores allí referidos pero que proceden de otro lugar o víscera interna (cólico renal, etc). La mayoría de ellos son del primer tipo.

CONTRACTURA MUSCULAR

El daño puede ocurrir por una actividad física mayor de la habitual, una mala postura prolongada, un traumatismo agudo (caída o golpe) o por coger un peso excesivo cuando no se está acostumbrado.

Los datos que da el paciente de cómo sucedió el caso dan pistas para el diagnóstico. En general la espalda duele con los movimientos y al comprimir esa zona. En ocasiones se puede ver la contracción muscular (endurecimiento a un lado de las vértebras).

Se alivia con el calor aplicado en la zona, el reposo y el masaje prolongado sobre la zona. El médico, además, recomendará durante pocos días unos analgésicos y relajantes musculares. Estos últimos fármacos son sedantes y el paciente debe tener precauciones para conducir o realizar maniobras peligrosas durante su con-

sumo, ya que pueden alterar la capacidad de concentración. Nunca deben asociarse con alcohol pues potencian su efecto, ni deben consumirse más que el tiempo aconsejado para evitar el acostumbramiento.

DOLOR DE ORIGEN RENAL O URETERAL

El **cólico renal** es un cuadro de brusca aparición que produce dolores muy intensos en la zona lumbar. Con frecuencia las molestias son tan insoportables que se necesitan analgésicos por vía intravenosa para tranquilizar al paciente.

Generalmente el dolor nace de la región lumbar derecha o izquierda, se irradia a la ingle del mismo lado y puede alcanzar hasta los genitales (dolor de testículo en los varones o dolor de vulva en las mujeres). Las molestias son intensas pero discontinuas, alternando momentos de exacerbación con períodos de dolor más suave. Este ritmo de dolor, conocido como *dolor cólico*, se debe a la alternancia de contracciones y relajación del uréter para intentar eliminar un obstáculo de su interior (habitualmente una *piedra* o cálculo renal).

¿Qué otros síntomas permiten sospechar la presencia de un cólico nefrítico? El enfermo se encuentra inquieto (a diferencia de otros dolores lumbares no aumenta con el movimiento y por tanto tampoco se alivia con el reposo). Junto a ello puede tener signos acompañantes como náuseas, vómitos, sudoración y mareos (se puede incluso perder el conocimiento por el dolor). Cuando se orina se puede sentir un escozor en la uretra.

LAS NÁUSEAS Y EL VÓMITO

La náusea y el vómito son procesos activados por múltiples estímulos que puede provenir del aparato gastrointestinal, del sistema nervioso (migraña, hipertensión intracraneal, meningitis) y del sistema vestibular (órgano del equilibrio situado en el oído interno).

El vómito no es grave por sí mismo, aunque sí puede serlo la causa que lo motive o las complicaciones de los vómitos prolongados. Estas complicaciones ocurren bien por la pérdida de líquido (deshidratación) y sales minerales (alcalosis, falta de sodio y/o de potasio), bien por la entrada del vómito hacia los pulmones (aspiración) o bien por la rotura de la mucosa del esófago con los esfuerzos de expulsión repetidos (con cierta hemorragia acompañante).

CAUSAS DE NÁUSEAS Y VÓMITOS SIN DOLOR ABDOMINAL	CAUSAS DE NÁUSEAS Y VÓMITOS CON DOLOR ABDOMINAL
Embarazo.	Gastroenteritis.
Uremia.	Obstrucción intestinal.
Laberintitis.	Alimentos en mal estado.
Migraña.	Cólico biliar.
Medicamentos.	Gastritis.
	Pancreatitis.
	Úlcera péptica.
	Medicamentos.

Causas comunes de las náuseas y los vómitos.

Es importante para los padres de lactantes distinguir el concepto de vómito de la regurgitación de alimentos que es habitual en los niños menores de un año. La regurgitación es una expulsión de alimento sin participación de la musculatura abdominal (sin ningún esfuerzo) y es una expulsión suave.

El tratamiento tiene tres aspectos distintos: el de la causa responsable de los vómitos (gastritis, infección, etc.), el de los propios vómitos como síntoma molesto y el tratamiento encaminado a prevenir complicaciones del vómito. Si se desconoce un motivo claro para un vómito repetido, no debe intentarse cortar los vómitos a toda costa sin consultar a un médico (podría enmascararse una enfermedad grave como una meningitis). Sólo cuando el médico lo aconseje, bien mientras actúan otras medidas encaminadas a solucionar la causa o cuando la causa no es solucionable, se pueden administrar al paciente con vómitos los llamados fármacos antieméticos, que detienen el proceso.

Lo que siempre resulta recomendable para el paciente o su familia, mientras se busca y consigue ayuda médica, es comenzar con unas sencillas medidas de mantenimiento del paciente que eviten complicaciones posteriores. Así, con carácter general, conviene dejar al paciente en ayuno de alimentos durante unas horas. Para evitar la deshidratación y la pérdida de sales durante este período se intenta hidratar al paciente irritando lo menos posible al estómago.

La forma más sencilla de hidratar por la boca es ofrecer al paciente una dieta exclusiva de líquidos tomada a pequeños sorbos muy frecuentemente. Para evitar la alcalosis y aportar energía al cuerpo las bebidas deben incluir algo de azúcar. Existen fórmulas comerciales de sales y azúcares (Sueroral) que se consiguen en farmacia en forma de polvo seco para diluir en agua mineral (o agua hervida fría). Si el cuadro de vómitos es leve se puede suministrar agua de limón (o agua sola) con azúcar o bebidas de cola azucaradas batidas para quitarles el gas).

En el cuadro de esta columna se explica la receta para fabricar un litro de la llamada limonada alcalina en casa. Este líquido de rehidratar casero se aproxima más en sus componentes a las fórmulas comerciales. No se deben dar alimentos sólidos hasta después de un período libre de vómitos de por lo menos 12 horas. Si a, pesar de todo, no se consigue un adecuado aporte de líquidos por vía oral es necesario ingresar al paciente y aplicarle suero intravenoso (sobre todo en pacientes debilitados, ancianos o niños y si los vómitos se acompañan de otras pérdidas de líquido, como la diarrea o la sudoración por fiebre o alta temperatura ambiental).

CAMBIOS EN EL RITMO DE LAS DEPOSICIONES

Es difícil decir cuál es la cantidad "normal" de heces que se debe eliminar al día. Varía según países, sobre todo por la dieta. La cantidad aceptada como normal está entre 50 y 200 gramos/día. La periodicidad de la defecación varía entre cada tres días y tres veces al día.

Se define como diarrea cuando el peso diario sobrepasa los 200 gramos/día o hay más de tres deposiciones/día. En general la diarrea conlleva una consistencia de las heces más blanda de lo normal, o líquida. El estreñimiento es lo contrario, es decir, menos de 50 gramos/día de media o menos de una deposición cada tres días, en general de heces duras y secas.

✔ Un litro de agua hervida (fría) o agua mineral recién abierta.

✔ El zumo exprimido de un limón.

✔ Dos cucharadas soperas de azúcar.

✔ Una punta de cuchillo de sal de mesa.

✔ Una punta de cuchillo de bicarbonato sódico.

Fórmula casera para preparar la limonada alcalina.

Gastroenteritis viral.
Intoxicación alimentaria por estafilococo.
Infección por E. Coli.
Salmonelosis.
Infección por campylobacter.
Antiácidos magnesiados.
Otros fármacos.
Diverticulitis.
Colon irritable.

Principales causas de diarrea.

DIARREAS

Por su diferente significado e importancia es crucial distinguir las diarreas por su duración.

Diarrea aguda

Aparece como un episodio recortado de duración breve (pocos días habitualmente). Su causa más frecuente es la infección gastrointestinal, la mayoría de ellas benignas y causadas por virus (rotavirus, etc.). Algunas bacterias (salmonela, shigela, campilobacter, yersinia, cólera) también producen diarreas agudas, en general más graves, pero por fortuna más infrecuentes. Otros motivos de diarrea son las intoxicaciones por alimentos en mal estado (por ejemplo, contaminados por toxina estafilocócica), la quimioterapia, el ejercicio intenso y la reacción a algunos fármacos (como ciertos antibióticos, aunque casi cualquier medicamento puede producir diarrea en sujetos sensibles).

Como en el caso de los vómitos, deben conocerse ciertos signos de alarma de la diarrea aguda, ante los cuales se debe solicitar cuidado médico urgente:

• En caso de diarrea intensa (líquida o muy frecuente) o asociada a vómitos (como en las gastroenteritis), se puede producir deshidratación o alteraciones salinas. En estos casos resultan signos graves: sequedad de la boca, cansancio, estupor (somnolencia), calambres y aparición de mareos al incorporarse (se produce por una muy baja tensión arterial).

• La presencia de sangre o moco en las heces puede indicar una invasión de las paredes intestinales con el peligro de que la infección las atraviese y se generalice por el resto del organismo.

Diarrea crónica

Es aquella que dura más de tres semanas. A diferencia de la diarrea aguda, en la que normalmente no se hacen pruebas ni se precisa estudio alguno, toda diarrea debe estudiarse por el médico, para determinar la causa y decidir el tratamiento más adecuado. La duración de una diarrea crónica puede ser continua o con períodos de normalidad entre medias.

ESTREÑIMIENTO

Se define como una frecuencia de defecación menor de tres veces a la semana. Se incluye también en la definición cuando la defecación es dolorosa, molesta o cuesta esfuerzo.

Puede decirse que es un mal propio de la civilización, en estrecha relación con las modificaciones de la dieta producidas en los países

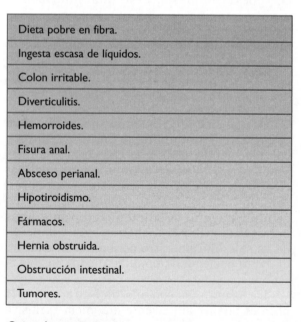

CONSEJO

¿CÓMO SE PUEDE EVITAR EL ESTREÑIMIENTO?

Debe evitarse el consumo crónico de fármacos antiestreñimiento que acostumbran al intestino a funcionar bajo un estímulo farmacológico, de forma que al abandonar el medicamento el estreñimiento reaparece más intensamente. En la mayoría de los casos el estreñimiento se debe a malos hábitos de dieta y a la escasa ingesta de agua, y desaparece cuando se corrigen tales errores.

Dieta pobre en fibra.
Ingesta escasa de líquidos.
Colon irritable.
Diverticulitis.
Hemorroides.
Fisura anal.
Absceso perianal.
Hipotiroidismo.
Fármacos.
Hernia obstruida.
Obstrucción intestinal.
Tumores.

Causas de estreñimiento.

| Tabaco. |
| Infección de vías respiratorias altas. |
| Traqueobronquitis. |
| Neumonía. |
| Asma. |
| Cuerpo extraño bronquial. |
| Tuberculosis. |
| Laringitis. |
| Irritantes químicos. |
| Fibrosis pulmonar. |
| Ansiedad. |

Causas de tos.

desarrollados: gran ingesta de alimentos refinados e industriales, con un exceso de proteínas y bajo aporte de legumbres, frutas y verduras frescas.

Las causas son múltiples. Con gran frecuencia, como en la diarrea, el estreñimiento está condicionado por los errores antedichos en la alimentación (con escaso aporte de fibra y líquidos) o por el consumo de ciertos fármacos (algunos antihipertensivos, por ejemplo). Otras causas son las obstrucciones intestinales (tumores, secuelas de cirugía abdominal previa, etc), la alteración de la motilidad intestinal (parálisis por enfermedades o fármacos) y el dolor a la defecación (por hemorroide o fisura anal) que produce un estreñimiento reflejo.

LA TOS

La tos es una respuesta defensiva a la irritación de las vías respiratorias por estímulos muy variados como el humo del tabaco, las infecciones (neumonía, bronquitis, gripe, etc.), la ansiedad, el edema pulmonar por fallo cardíaco, la presencia de cuerpos extraños aspirados, el asma y otros muchos.

La importancia de una tos puede ser muy variable, desde absolu-

tamente banal (un catarro común) hasta significar una enfermedad subyacente muy grave (un derrame pleural por un cáncer pulmonar diseminado). Por ello es arriesgado dar normas de autocuidados destinados a aliviar sin más un cuadro de tos de origen desconocido: sería peligroso quitar importancia a una tos de causa grave, pero tambien sería irresponsable intranquilizar innecesariamente despertando sospechas injustificadas al menor síntoma.

Las características de las causas más frecuente de tos son:

a)   La tos matutina al levantarse es típica del fumador.

b)   La tos con esputos verdosos, fiebre y dificultad respiratoria es típica de la neumonía.

c)   La presencia de sibilancias ("pitos") junto a la tos, de aparición más o menos brusca y, sobre todo, si hay un desencadenante conocido (ejercicio, polen, etc.) es propia de un ataque de asma. Algunas enfermedades cardíacas pueden confundirse con esta enfermedad.

d)   La tos, con fatiga, edema (hinchazón) en las piernas e ingurgitación de las venas del cuello se ve en la insuficiencia cardíaca.

e)   Los signos de alarma de posible enfermedad grave (cáncer, tuberculosis, etc.) son la tos muy prolongada, la tos de un fumador que cambia de sus características habituales, la tos que se acompaña de fiebre, malestar general, astenia (cansancio) o pérdida de peso y la presencia de sangre en el esputo o hemoptisis.

El mejor expectorante para expulsar secreciones respiratorias es el agua. Una buena

Duración de la tos.	Aguda.			
	Crónica.			
Síntomas asociados.	Fiebre.			
	Expectoración.	Sí.	Características.	Color.
				Consistencia.
				Sangre.
		No.		
Frecuencia.	Estacional.			
	Continua.			
Factores de riesgo.	Tabaco.			
	Inhalación de gases o sustancias tóxicas.			
	Inmovilización.			
	Consumo de drogas por vía parenteral.			
Antecedentes anteriores.				

Características de la tos.

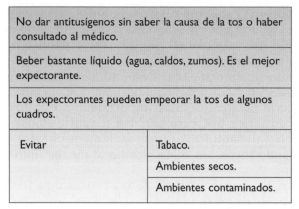

No dar antitusígenos sin saber la causa de la tos o haber consultado al médico.	
Beber bastante líquido (agua, caldos, zumos). Es el mejor expectorante.	
Los expectorantes pueden empeorar la tos de algunos cuadros.	
Evitar	Tabaco.
	Ambientes secos.
	Ambientes contaminados.

Medidas generales para el tratamiento de la tos.

hidratación ayuda a eliminar las flemas; para ello se debe beber agua abundante u otros líquidos que la contengan (caldos, zumos de frutas, etc.). La leche caliente o el zumo de limón con miel, no tiene una acción contra la tos directa, pero pueden aconsejarse por aportar líquido y ser reconstituyentes. Por el contrario los jarabes expectorantes son poco útiles y en ciertos casos (como en el asma o las traqueobronquitis) pueden empeorar el proceso.

Como medida general se deben evitar los ambientes secos o contaminados. Por el contrario es muy aconsejable humidificar el ambiente y no fumar o entrar en lugares cargados de humo. Debe recordarse que las calefacciones fuertes en invierno o el abuso del aire acondicionado en verano resecan el ambiente y predisponen a la irritación de la vía respiratoria. La distribución de recipientes con agua cerca de los radiadores de toda la casa consigue un efecto humidificante aceptable.

LAS PALPITACIONES

Las palpitaciones son una sensación subjetiva en la que el paciente nota los latidos del corazón. Normalmente carecen de importancia, aunque suelen generar ansiedad y preocupación en la persona que las sufre con lo que se crea un ciclo vicioso donde aumentan las palpitaciones y esto aumenta la preocupación.

Al valorar las palpitaciones se prestará atención a la presencia de síntomas y signos acompañantes (fatiga, mareos, dolor en el pecho, soplos cardíacos, etc.). Deben también estudiarse cuando son repetidas intermitentemente, cuando la frecuencia cardíaca (el pulso) es muy rápida o cuando se producen al incorporarse. En la sección de cardiología se tratará más extensamente este síntoma.

2 TÉCNICAS DE DIAGNÓSTICO MÉDICO

INTRODUCCIÓN

Lo más importante en esta labor de investigación es, sin lugar a dudas, el interrogatorio directo al paciente con el que se inicia la historia clínica. A esta parte del estudio médico, realizado mediante la conversación del médico con el paciente o sus familiares se denomina *anamnesis*. En la mayoría de los casos, si está bien hecha, constituye uno de los pilares básicos para el diagnóstico final y para orientar los pasos a seguir en cada caso concreto.

Seguidamente a la anamnesis, el médico debe realizar una exploración exhaustiva del paciente, en la cual no sólo busca lo que está alterado, sino también se cerciora de lo que está bien mediante distintas maniobras manuales o instrumentales (inspección, palpación, auscultación, etc.)

Una vez culminados estos pasos fundamentales, generalmente se llega a una idea básica del proceso que afecta al paciente o, incluso, a una orientación diagnóstica que a veces es definitiva. En otras ocasiones, la historia clínica no permite concretar el diagnóstico pero sí sirve para guiar la petición posterior de una u otra prueba complementaria que confirme o descarte una enfermedad específica.

Estas pruebas diagnósticas deben considerarse sólo una ayuda en el proceso del diagnóstico, teniendo considerablemente menos importancia que una historia clínica bien obtenida. Es por tanto desaconsejable, caro e incluso peligroso, que el paciente ajeno a la medicina realice, por cuenta propia y sin examen previo de un médico, pruebas diagnósticas como análisis o radiografías, por más que en el momento actual esto sea perfectamente posible sin un excesivo desembolso económico.

Sobre la amplia variedad de pruebas diagnósticas que la medicina moderna ofrece se va a tratar con cierto detalle en este capítulo, para que el lector interesado conozca someramente las características, utilidades y precauciones de las distintas pruebas que el médico puede indicarle: análisis de laboratorio, imágenes radiológicas, electrodiagnóstico, endoscopias, medicina nuclear, etc.

PRUEBAS ANALÍTICAS

PRECAUCIONES PREVIAS

Aunque a la hora de llegar a un diagnóstico lo más importante es una historia clínica basada en el interrogatorio y la exploración física del paciente, los análisis clínicos ocupan un papel relevante entre todas las pruebas complementarias, por su bajo coste, su fácil acceso y sus escasas complicaciones. Por todo ello, hoy día constituyen la prueba diagnóstica de mayor utilización en medicina.

Las muestras para estas pruebas de laboratorio se obtienen mayoritariamente de la sangre, aunque también se utilizan en otros tipos de líquidos corporales: orina, saliva, líquido pleural, jugo gástrico, líquido cefalorraquídeo, líquido sinovial (de la articulación), etc..

A continuación se mencionan gran parte de las pruebas analíticas que se pueden realizar, especificando los parámetros más comúnmente estudiados. Reiteramos la precaución extrema con la que estos datos deben interpretarse mediante su comparación con un análisis concre-

	Valores de referencia normales	
Leucocitos (glóbulos blancos)	4.500-11.000/ml	
Monocitos	285-500/ml	3-7 %
Neutrófilos	3.000-5.800/ml	54-62 %
Linfocitos	1.500-3.000/ml	25-33 %
Eosinófilos	50-250/ml	1-3 %
Basófilos	15-50/ml	0-0,75 %
Plaquetas	150.000-400.000/mm^3	
Hematíes (glóbulos rojos)	Varón: 4,4-6 millones	
	Mujer :4-5,4 millones	
Hematocrito (porcentaje de células del total de la sangre)	Varón: 45-52 %	
	Mujer: 37-48 %	
Hemoglobina (Hb)	Varón: 13-18 g/100 ml.	
	Mujer :12-16 g/100 ml.	
VCM (volumen corpuscular medio)	86-98 fl.	
HCM (media de Hb por hematíe)	27-33 pg.	
CHCM (concentración de Hb en 100 ml de hematíes)	32-36 g/ 100 ml.	

Velocidad de sedimentación globular (VSG*)*: mide la rapidez con que los hematíes se sedimentan en un tubo de sangre en reposo (cuyo exceso puede indicar ciertos trastornos)

    Varón: 0-9 mm la primera hora, y hasta 20 mm en mayores de 50 años

    Mujer: 0-20 mm la primera hora, y hasta 30 mm en mayores de 50 años

Estudio de la coagulación:

— *Tiempo de coagulación: tiempo que transcurre para la formación de fibrina fuera de los vasos. Valor normal: 5,15 min.*

— Tiempo de protrombina: tiempo de coagulación del plasma. Se usa para controlar el tratamiento con anticoagulantes y para ver la función hepática. Valor normal: 11-15 sg.

— Tiempo de tromboplastina parcial activada (TTPA): sirve para comprobar los factores de coagulación. Valor normal: 32-46 sg.

to. Se hace referencia sólo a aquellas pruebas más frecuentemente solicitadas en los análisis rutinarios del médico de cabecera).

HEMATOLOGÍA (ANÁLISIS DE SANGRE)

a) Hemograma

Analiza las distintas células de la sangre en cuanto a su recuento, distribución, tamaño, concentración, anomalías, etc. No sólo sirve para el diagnóstico de enfermedades propiamente hematológicas, sino que orienta el diagnóstico de otros muchos trastornos (infecciones, enfermedades crónicas, etc.).

b) Bioquímica hemática

Son análisis para medir determinadas sustancias químicas de la sangre, tanto propias (colesterol, transaminasas, etc.) como externas (fármacos, tóxicos, etc.). Además de en la sangre, algunas de éstas sustancias también pueden analizarse en otros líquidos como el líquido pleural, el líquido sinovial (de las articulaciones), el líquido cefalorraquídeo (LCR), la saliva, el jugo gástrico, etc.

Resultan extraordinariamente útiles para el diagnóstico y seguimiento de múltiples enfermedades (metabólicas, como la diabetes o la gota; orgánicas, como la cirrosis hepática o la insuficiencia renal; hormonales, como el hiperparatiroidismo; inflamatorias, como la pancreatitis; etc.). Además los análisis bioquímicos permiten monitorizar la dosis de ciertos fármacos necesarios para el paciente, pero peligrosos si se excede su dosis ideal (digoxina en pacientes cardíacos, teofilinas en bronquíticos crónicos, anticonvulsivantes en epilépticos, etc.).

Los parámetros más frecuentemente analizados en la sangre, en la clínica diaria, y sus valores normales se exponen a continuación.

c) Pruebas reumáticas e inmunológicas

La mayoría de estas pruebas de laboratorio se basan en detectar ciertos anticuerpos o determinadas sustancias, cuyo aumento o simple presencia en un paciente tienen gran valor para el diagnóstico de algunas enfermedades reumáticas (fiebre reumática, artritis reumatoide, espondilitis anquilopoyética, etc.) y autoinmunes (lupus eritematoso, tiroiditis, etc). Muchas de estas enfermedades tienen su base en un error inmunitario que origina anticuerpos que atacan

	Valores de referencia normales
Ácido úrico	4,5-8,2 mg/100 ml.
Albúmina	3,5-5 g/100 ml
Amilasa	25-125 U/l
Bilirrubina	0,2-1 mg/100 ml
Calcio	8,5-10,5 mg/100 ml
Cloro	98-106 mEq/l
Colesterol total	150-200 mg/100 ml
Colesterol HDL	>55 mg/100 ml
Colesterol LDL	<150 mg/100 ml
Creatinina	0,5-1,1 mg/100 ml
Creatinfosfoquinasa(CPK)	Varón: 12-70 U/l Mujer:10-55 U/l
Enzimas hepáticos(transaminasas) AST ALT GGT	8-20 U/l 8-20 U/l 8-40 U/l
Fosfatasa alcalina	20-70 U/l
Fosfatasa ácida	<4 mg/l
Ferritina	Varón :15-200 mg/l Mujer : 12-150 mg/l
Glucosa	80-110 mg/100 ml
Hemoglobina glucosilada	5,6-7,5 %
Hierro	Varón: 50-160 mg/100 ml Mujer: 40-150 mg/100 ml
Lactato deshidrogenasa(LDH)	60-120 U/l
Potasio	14-20 mg/100 ml
Sodio	137-147 mEq/l
Triglicéridos	40-170 mg/100 ml
Urea	20-40 mg/100 ml

los propios órganos del paciente lesionándolos.

Las más utilizadas son: el factor reumatoide (FR), ASLO (antiestreptolisina), proteína C reactiva (PCR), anticuerpos antinucleares (ANA), anticuerpos antiDNA, HLA B27, inmunoglobulinas, etc.

d) **Hormonas**

Las más frecuentemente analizadas son las hormonas del tiroides (TSH, T3, T4), el cortisol (en plasma y en orina) y las hormonas sexuales (testosterona, estrógenos, progesterona, prolactina, etc), aunque se pueden determinar muchas otras, dependiendo siempre del diagnósti-

co de presunción. Sirven para explorar el funcionamiento de cada uno de los sistemas hormonales del organismo (tiroides, paratiroides, suprarrenal, ovárico, hipotálamo, hipófisis, etc).

ANÁLISIS DE ORINA

Con esta prueba se determina su densidad, aspecto, olor, pH, proteínas (su elevación suele indicar enfermedad renal), glucosa (normalmente no debe existir salvo enfermedad o diabetes), cetonas (frecuentemente altas en el ayuno), bilirrubina, urobilinógeno, nitritos (cuya existencia denota infección urinaria) y leucocitos (el aumento de éstos se denomina piuria y suele darse en las infecciones y otras enfermedades renales), etc. Antiguamente, estas pruebas resultaban complejas y caras de realizar en los laboratorios de análisis clínicos. En la actualidad existen tiras reactivas de diagnóstico rápido que se sumergen en la orina de estudio y, en pocos minutos, determinan estos parámetros con gran fiabilidad.

También se determinan en la orina otras sustancias más específicas como la hormona b-HCG, que diagnostica el embarazo aunque no es específica (también en ciertos tumores); la cuantificación de microalbúmina para el diagnóstico precoz de lesión renal en el enfermo diabético y la creatinina total en 24 horas respecto al volumen de orina, lo que describe el funcionamiento del riñón.

OTROS ANÁLISIS ESPECIALES

a) **Marcadores tumorales**

Algunos de estos marcadores son: el antígeno prostático específico o PSA (para el cáncer de próstata), el antígeno carcino-embriónico o CEA (para los llamados adenocarcinomas), la alfa-fetoproteína (para el cáncer de hígado), etc.

b) **Pruebas analíticas de infección o pruebas microbiológicas**

Serologías

Es una forma indirecta de realizar el diagnóstico de enfermedades infecciosas. Cuando uno de éstos gérmenes se introduce en el organismo, nuestro sistema inmune lo reconoce como extraño al propio cuerpo y produce anticuerpos de defensa contra los antígenos del germen. Las pruebas serológicas tratan de detectar en el suero del paciente, la presencia de fragmentos (antígenos) de los gérmenes responsables de estas enfermedades y/o la existencia de anticuerpos contra esos antígenos. Para ello, existen varias técnicas de detección de mayor o menor complejidad: seroaglutinación, Coombs, fijación de complemento, ELISA, IF, etc.

Estudios microbiológicos

Es la forma directa de diagnosticar las enfermedades infecciosas, mediante la visualización o el cultivo de los gérmenes que las producen. Existen distintas técnicas para todo tipo de agentes patógenos: bacterias, virus, protozoos, helmintos, ácaros, insectos, etc.

Las más utilizadas son la identificación a través del microscopio mediante el examen de muestras biológicas en fresco o teñidas con colorantes especiales (Gram, Ziehl, etc.) que facilitan su reconocimiento. Además, se realizan cultivos de todo tipo de muestras: suero, orina, heces, exudados, biopsia y cualquier líquido corporal donde se sospecha que existan gérmenes para observar su crecimiento, o incluso se inoculan en animales de experimentación para aislar el agente (como se hace con el virus de la rabia).

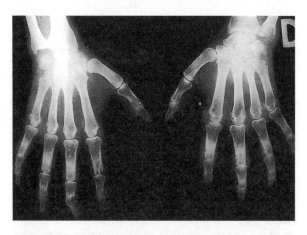

El estudio de los huesos, por su resistencia al paso de los rayos X, es una indicación muy usada de la radiografía.

c) Espermiograma

Es el examen macroscópico (volumen, densidad, etc) y microscópico (número, forma y movilidad de los espermatozoides) del esperma eyaculado para determinar su capacidad fertilizante. Por su sencillez, suele ser la primera prueba realizada en el estudio de fertilidad de las parejas sin hijos.

TÉCNICAS DE DIAGNÓSTICO POR LA IMAGEN. EL RADIODIAGNÓSTICO

PRINCIPIO, USOS Y RIESGOS DE LA RADIOLOGÍA DIAGNÓSTICA

Bajo este epígrafe se agrupan una serie de técnicas diagnósticas que mayoritariamente utilizan la radiografía como base. Junto a los análisis, resulta la exploración complementaria de mayor importancia diagnóstica en la clínica actual, debido a su versatilidad (permite estudiar cualquier localización), su gran rentabilidad diagnóstica en buenas manos (en gran medida depende de la calidad del profesional que interpreta los resultados), su fácil acceso (al menos, la radiografía simple es una prueba de muy bajo coste) y la marcada especialización que la técnica ha permitido con la aparición de nuevas tecnologías.

Entre los inconvenientes ciertos del radiodiagnóstico, hay que recordar que el efecto biológico de las radiaciones ionizantes no deja de ser algo nocivo para el organismo. Por fortuna, el desarrollo de las nuevas técnicas permite minimizar estos efectos reduciendo la dosis de exposición necesaria para cada prueba. En todo caso, conviene aclarar que es un "riesgo controlado", ya que la radiación recibida por un paciente, aun si acumulásemos la exposición total de las múltiples radiografías que puedan realizarse a lo largo de toda una vida, sería una cantidad de irradiación de efecto prácticamente nulo, muy inferior a la exposición profesional de ciertos trabajadores de instalaciones radiactivas. Valga esta advertencia para que, al menos, se evite toda radiografía innecesaria y que nunca se practiquen en mujeres embarazadas, dada la sensibilidad del feto a esta radiaciones y el riesgo de producir malformaciones.

Actualmente existen pruebas de imagen alternativas a las radiografías, que no utilizan las radiaciones ionizantes, sino los ultrasonidos (ecografía), la exposición a campos magnéticos (resonancia magnética nuclear) u otras propiedades físicas de la materia orgánica de alta sofisticación (tomografía de emisión de positrones), muy útiles en determinadas circunstancias.

Además se han desarrollado sustancias de contraste de escasa toxicidad para el estudio de vísceras y estructuras huecas con muy pocas molestias y riesgos.

RADIOGRAFÍAS SIMPLES

El principio físico de una radiografía es que los rayos X atraviesan las sustancias, pero son parcialmente retenidos, en mayor o menor medida, dependiendo de la densidad y espesor de la materia que atraviesan.

Interponiendo entre una fuente de rayos X y una placa fotográfica, un cuerpo humano, conseguimos que la placa se impresione por la acción de estos rayos, tanto más debilitados cuanto mayor sea la densidad de la materia que atraviesan. Esta placa fotográfica así obtenida es una radiografía simple en la que las estructuras de mayor densidad se verán de color más blanco y las de menor densidad se verán más oscuras. Como no todo en el cuerpo presenta la misma densidad, en la fotografía obtendremos imágenes que irán del negro al blanco pasando por toda una gama de grises, lo que tiene una gran utilidad para el diagnóstico.

De todas las radiografías posibles, la del tórax es la de uso más extendido y la de más valor diagnóstico, pero igualmente pueden practicarse del abdomen, de cualquier hueso, de los senos paranasales, del cráneo, etc. Por su amplia difusión, debe recordarse que la mamografía de diagnóstico, no es sino una radiografía simple de la mama obtenida con un aparato de gran precisión y utilizando una película muy sensible, lo que permite identificar lesiones muy pequeñas de forma precoz.

RADIOGRAFÍAS DE CONTRASTE

Usando sustancias que sean de baja toxicidad y que tengan la propiedad de ser opacas a los rayos X, se consiguen visualizar órganos y estructuras huecas, y en cierto modo hacer un estudio funcional del órgano que se explora:

Estudio de esófago-gastro-duodenal (EED)

Para realizarlo es preciso que el paciente esté en ayunas y que ingiera una papilla de bario. Posteriormente se hacen una serie de radiografías en las que se va viendo el avance de la papilla a través del tracto digestivo alto, lo que va dibujando la morfología de las estructuras por las que pasa, y su dinamismo. Resulta muy útil para detectar obstrucciones del esófago, úlceras gastroduodenales, cáncer gástrico, etc.

Enema opaco

En este caso se administra por vía rectal una solución opaca a los rayos X, rellenando el interior del colon de tal forma que en las radiografías se vea su morfología.

Urografía intravenosa

Es el método de elección para el estudio del aparato urinario. En este caso se inyecta por vena una sustancia que, al mismo tiempo

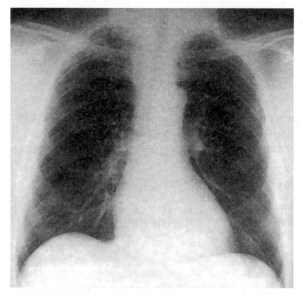

Radiografía simple de tórax normal.

que es radioopaca, se filtra rápidamente por el riñón. Se inyecta también un contraste que hace que se concentre en las partes funcionantes del riñón. A medida que el contraste va pasando por todo el aparato excretor se va obteniendo una imagen morfológica del mismo: riñones, cálices renales, uréteres, vejiga y uretra. Además de esta forma permite también estudiar la función renal.

Pielograma retrógrado

Se introduce un agente radioopaco directamente en la vía urinaria a través de una sonda. Permite visualizar bien el tracto urinario (vejiga, uréteres y pélvis renales), sin necesidad de inyectar sustancias.

Angiografía

Es un procedimiento invasivo que ha de reservarse para casos especiales en el diagnóstico de lesiones vasculares. Para ello se introduce un catéter a través de una arteria periférica (en el muslo o en la axila) y se conduce hasta un punto de la luz aórtica que se desee, donde se inyecta una sustancia de contraste. Este contraste se difunde a través de las arterias dibujando su luz. Quizás la más conocida de todas las técnicas angiográficas sea el cateterismo cardíaco para ver las arterias coronarias.

Flebografía/venografía

Se basa en el mismo principio que la angiografía, pero para el estudio del territorio venoso, por ejemplo en los miembros inferiores en caso de una trombosis venosa, o durante el estudio previo a una cirugía de varices.

ECOGRAFÍAS

También y más correctamente llamada ultrasonografía. Entre sus muchas ventajas se encuentran su inocuidad, su bajo coste, su fácil manejo y su accesibilidad.

Los ultrasonidos son sonidos de una frecuencia no audible para el hombre que viajan en forma de ondas en línea recta a través de un medio homogéneo. En los aparatos que se utilizan, los ultrasonidos son emitidos y recogidos a su vez por una misma pieza: el transductor. Este elemento emite los ultrasonidos que atraviesan los tejidos. Éstos, dependiendo de sus propiedades, absorben parte de esa energía y el resto vuelven rebotados al transductor en forma de ecos de ultrasonido. En el transductor, por mecanismos eléctricos, se transforma esa energía y se analiza, dando como resultado imágenes que van desde el blanco hasta el negro, pasando por una escala de grises. Las zonas blancas son sustancias donde los ultrasonidos se reflejan casi completamente o hiperecogénicas (cálculos, huesos, calcificaciones, etc.), mientras que las zonas negras serían, por el contrario, estructuras fácilmente atravesadas por los ultrasonidos o anecoicas (líquidos).

Para que el transductor no pierda datos de la energía emitida y recibida no debe quedar aire entre él y el cuerpo del paciente, por lo que se unta una especie de gelatina en el transductor y en la piel de la zona a explorar.

La ecografía resulta muy útil en la valoración de estructuras abdominales, como el hígado, la vesícula biliar (permite localizar cálculos con facilidad), los riñones y el aparato genital femenino. La ausencia de peligro para el feto en el caso de gestación ha convertido a la ecografía en un instrumento imprescindible para el seguimiento del desarrollo embrionario y fetal en las consultas obstétricas.

El desarrollo de transductores de cada vez menor tamaño ha hecho posible la realización de endosonografías, esto es, la realización de ecografías introduciendo el transductor en el interior de cavidades orgánicas, acercándolo por tanto al órgano interno que se desea estudiar y permitiendo estudios con gran precisión de imagen. Por ejemplo, se realiza la ecografía transesofágica para visualizar mejor el corazón y la aorta, la ecografía transrectal para el estudio de la próstata y la ecografía endovaginal para valoración de masas ováricas y estudios de fertilidad.

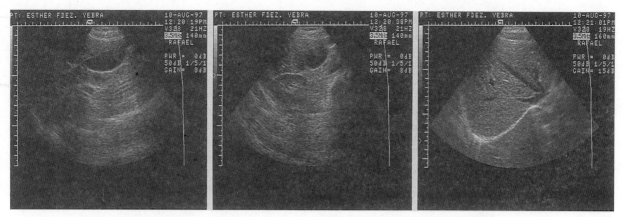

La ecografía es una prueba inocua y eficaz, aunque las imágenes obtenidas necesitan ser interpretadas por un experto.

TOMOGRAFÍA AXIAL COMPUTARIZADA

La tomografía simple es una variedad de radiografía usada durante muchos años para mejorar el estudio de masas pulmonares. Esta técnica recibió un gran empuje cuando se le aplicó la posibilidad de digitalizar la imagen y manipularla con un ordenador. Así nació la tomografía computarizada a principios de los años setenta, también conocido como escáner.

El escáner permite obtener imágenes de cortes axiales del cuerpo, es decir, la imagen que obtendríamos al hacer un corte transversal a un cuerpo (una "loncha") y viéramos en plano todas las estructuras que se encuentran en ese corte.

Para ello se basa en la emisión de rayos X, que atraviesan circularmente al paciente y la distinta absorción de los mismos por los diferentes tejidos del cuerpo humano. La radiación resultante es recogida por un sistema de detectores múltiples y analizada por una computadora. Ésta transforma la información en la imagen que finalmente obtenemos. Estas imágenes son de muy alta calidad y precisión, por lo que se consiguen diagnósticos difíciles para las radiografías simples.

Como en el caso de la radiología convencional, también aquí se pueden utilizar contrastes para ver mejor los vasos, o según qué tumores, etc. El contraste contiene iodo y por lo tanto no se debe menospreciar la posibilidad de reacciones alérgicas al mismo

RESONANCIA NUCLEAR MAGNÉTICA

Con este procedimiento, técnicamente incomprensible para la mayoría de los médicos, se pueden obtener imágenes de gran precisión y sencillas de interpretar gracias a que aportan una información anatómica exacta. De hecho, tanto es así, que para determinadas patologías esta técnica se ha erigido en el principal instrumento diagnóstico, por ejemplo en el estudio del sistema musculoesquelético y sobre todo para la afectación de las partes blandas del mismo (su utilización en medicina deportiva es hoy día rutinaria, para la valoración de lesiones agudas musculares, cartilaginosas o tendinosas).

TÉCNICAS DE MEDICINA NUCLEAR

Gammagrafía

Se basa en el empleo de sustancias radiactivas (los llamados radioisótopos) para el diagnóstico. Según el órgano que se quiera estudiar se utiliza diferente tipo de isótopos, pues no todos tienen la misma afinidad por todos los tejidos. El isótopo administrado tiende a acumularse según el grado de actividad metabólica o aporte de flujo sanguíneo en el órgano estudiado. Tras administrar el agente por vía venosa, cierto tiempo después se recoge la imagen producida por la radiación emitida por el paciente en un receptor especial (gammacámara), donde

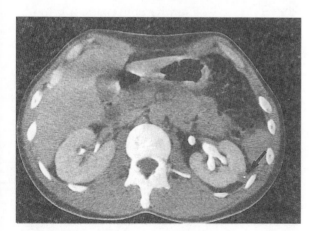

La imágenes de TAC permiten ver cortes teóricos del cuerpo. En la imagen un escáner de abdomen en el que se diagnosticó un tumor en un riñón.

se impresiona la imagen producida en película fotográfica.

Esta técnica resulta útil para la detección de inflamaciones crónicas (artritis, enfermedad de Paget, etc), tumores y metástasis, etc. Además, una ventaja de la gammagrafía es que aporta datos no sólo de la forma sino también de la función del órgano explorado (por ejemplo son muy utilizadas para el estudio de las enfermedades hormonales del tiroides).

Tomografía de emisión de positrones

Es una técnica de imagen de alta precisión, complejidad y coste, aún poco accesible en la mayoría de los medios. Por su gran resolutividad, a veces se usa como "tribunal supremo" del diagnóstico para dilucidar dudas o errores de los procedimientos anteriormente comentados.

ENDOSCOPIAS

Gracias al enorme avance tecnológico en el campo visual, se dispone en la actualidad de sistemas ópticos muy evolucionados como los endoscopios miniaturizados. Éstos poseen una sonda, bien rígida o bien flexible, que contiene fibras de vidrio transmisoras de luz que devuelven una imagen ampliada a un visor. Estas sondas de escaso grosor permiten el acceso a diferentes cavidades orgánicas y visualizar su

interior como si de cámaras de vídeo se tratasen. De hecho, pueden conectarse a ellas terminales similares a las pantallas de televisión donde la imagen puede ser vista simultáneamente por varios observadores. Además de ello, pueden emplearse accesorios en el sistema que permiten actuaciones diagnósticas (coger biopsias, realizar cepillados, hacer lavado en un bronquio, etc.) o curativas (aplicar medicamentos, poner balones hinchables, etc.).

Según el órgano que exploran así se llama la técnica diagnóstica:

- Esófago: esofagoscopia.
- Estómago: gastroscopia.
- Colon: colonoscopia.
- Recto-sigma: rectosigmoidoscopia.
- Vejiga: cistoscopia.
- Bronquios pulmonares: bronquioscopia.

En general, la introducción de la sonda exploratoria, según la técnica, por la boca, las fosas nasales o el ano, resulta una maniobra molesta pero perfectamente tolerada bajo una ligera sedación. En determinadas circunstancias, puede practicarse bajo anestesia general.

TÉCNICAS ANATOMOPATOLÓGICAS

La anatomía patológica es una gran rama de la medicina que estudia las alteraciones a nivel anatómico-microscópico de los diferentes tejidos del cuerpo humano en cada una de las enfermedades.

Las muestras más usadas en este tipo de estudio son de dos tipos:

BIOPSIAS

Es la obtención de un fragmento de tejido orgánico en una persona viva, con fines diagnósticos. Se suele reservar para casos en los que no es posible el diagnóstico por otra vía, o cuando sea imprescindible una confirmación diagnóstica (por ejemplo para distinguir un tumor maligno de uno benigno).

En el caso de órganos superficiales suele bastar con una punción del mismo o una pequeña intervención para extraer una pequeña porción. Cuando se necesita una muestra de un órgano profundo se impone hacer una intervención quirúrgica mayor, bajo anestesia locorregional o total según las circunstancias.

Estas piezas de tejido se preparan con distintas técnicas de laboratorio para ser examinadas al microscopio o para otras determinaciones más sofisticadas. Al clásico microscopio óptico de luz visible, se han añadido otros más complejos y precisos, como el microscopio electrónico, que permite observar estructuras de nivel celular.

CITOLOGÍA

Es el examen de las células obtenidas por el simple raspado (por ejemplo, la citología de cérvix para la detección precoz del cáncer de cuello) o mediante aspiración (por ejemplo, aspiración de células bronquiales obtenidas por endoscopia, o la aspiración por punción mediante aguja de un quiste mamario).

Al disponer sólo de células sueltas, no pueden obtenerse datos de la estructura completa del tejido del que proceden, por lo que resultan de utilidad menos completa que las biopsias.

TÉCNICAS DE ELECTRODIAGNÓSTICO

ELECTROCARDIOGRAMA

El electrocardiograma (ECG) es uno de los principales instrumentos diagnósticos en la clínica cardiológica, que une a su inocuidad su bajo coste económico. Su existencia data de principios de siglo y, desde entonces, ha experimentado una continua evolución. Como la misma palabra indica, se trata de la representación gráfica de la actividad eléctrica del corazón.

Existen células en el corazón con capacidad de *automatismo*, esto es, capaces de pro-

ducir cambios eléctricos en su membrana que les permite activarse (despolarización) y recuperar después su estadio previo (repolarización). Estas células constituyen el *sistema específico de conducción cardíaco*, que es la fuente de los impulsos eléctricos que se conducen por todo el corazón para provocar su contracción en cada latido. Esta actividad eléctrica es lo que precisamente se registra en un electrocardiograma.

La contracción del corazón se inicia en una zona de la aurícula derecha llamada nódulo sinusal o de Keith-Flack. De ahí se propaga como una onda hasta alcanzar el nódulo auriculoventricular o nodo de Tavara, en la separación entre las aurículas y los ventrículos. Desde aquí el impulso continúa por el tabique interventricular donde se encuentra una red de conducción, el haz de His, que posteriormente se divide en dos ramas, derecha e izquierda, una para cada ventrículo. La llegada de esta descarga eléctrica al músculo ventricular produce la contracción cardíaca.

La actividad eléctrica que estas células generan se recoge a través de unos electrodos metálicos (derivaciones) que se sitúan en ciertas localizaciones específicas del cuerpo, en íntimo contacto con la piel. Éstos van conectados por cables al aparato registrador (electrocardiógrafo), que se encarga de transformar esa información eléctrica en ondas que se registran en un papel de cuadrícula milimetrada que va a una velocidad de 25 mm/seg.

Según la localización de las distintas derivaciones del electrocardiograma se obtiene información de las distintas partes del corazón.

Cada uno de los elementos han de ser analizados al leer un ECG, así como el ritmo y frecuencia. Existen diferentes alteraciones en estas ondas que significan distintas anomalías cardíacas (arritmias, infarto, etc). Esto se hará siempre teniendo en cuenta el contexto clínico del paciente concreto, puesto que pueden existir variaciones individuales en el ECG que no sean patológicas.

MONITOR HOLTER

Esta prueba consiste en un registro de electrocardiograma mantenido permanentemente a lo largo de un período de tiempo, que suele ser de un día. Al mismo tiempo recoge también las presiones arteriales del sujeto en cada momento del día.

Es de gran utilidad para el diagnóstico de ciertas arritmias que sólo ocurren en episodios breves difíciles de ver justo en el momento en el que el paciente consulta al médico. También sirve para descartar la hipertensión arterial en los casos en que las cifras sólo se elevan por el estrés producido durante la consulta médica (hipertensión de bata blanca), pero que se normalizan en cuanto el paciente sale de la consulta.

ERGOMETRÍA

También llamada prueba de esfuerzo, ya que se desarrolla mientras el paciente realiza un esfuerzo físico planificado, para comprobar su tolerancia al ejercicio. Mientras al paciente se le hace caminar a cierto ritmo por una cinta andadora a distintas velocidades se registran la tensión arterial, la frecuencia cardíaca y el electrocardiograma. El resultado es positivo cuando se obtienen alteraciones en el electrocardiograma o subidas de la tensión arterial por encima de los márgenes considerados normales, lo que indica posibles alteraciones del riego coronario.

ELECTROENCEFALOGRAMA

A semejanza del electrocardiograma ya comentado, el electroencefalograma (EEG) es la representación gráfica de la actividad eléctrica del cerebro. Su descubrimiento data de 1929 por Hans Berger, que hizo los primeros experimentos sobre esta técnica.

Las células neuronales tienen diferencias eléctricas entre su cuerpo y las prolongaciones que de él salen. Estas diferencias se traducen en corrientes eléctricas. La suma de éstas se registra, en forma de ondas de distinta frecuencia y voltaje, en un papel. Para ello se utiliza un electroencefalógrafo al que están conectados 20 electrodos que se colocan en la cabeza del paciente para captar las corrientes.

En un electroencefalograma normal se pueden encontrar las siguientes ondas, de distinto significado:

— Ondas alfa (a): ondas con una frecuencia de 8 a 13 ciclos por segundo y de muy pequeño voltaje. Es el ritmo fundamental del cerebro en estado de reposo absoluto.

— Ondas beta (b): ondas con una frecuencia de más de 13 ciclos por segundo, que aparecen con el mínimo ejercicio, desapareciendo entonces el ritmo alfa.

— Ondas theta: ondas de 4 a 7 ciclos por segundo, intercaladas en el ritmo beta.

Las alteraciones en los patrones normales del electroencefalograma suponen la existencia de patología en el encéfalo, salvo excepciones: durante el sueño aparecen ondas lentas de 1 a 3 ciclos por segundo (ondas de mayor lentitud y amplitud deben considerarse anormales, así es el caso de las ondas delta y de ondas beta de menor frecuencia que la normal). Asimismo, en la infancia y adolescencia la frecuencia de las ondas normales es inferior.

El electroencefalograma es un instrumento diagnóstico frecuentemente usado en neurología para completar el estudio de masas encefálicas, las alteraciones de la consciencia de carácter episódico y de causa no aclarada y el estudio de trastornos convulsivos. En este último caso, puede suceder que el EEG sea normal entre los episodios, por lo que durante la prueba, además del registro basal, se recogerá también otro en el que se haya tratado de estimular eléctricamente al cerebro. Los estímulos más utilizados para conseguir este efecto son la hiperventilación, los estímulos luminosos y el sueño, que pueden desencadenar las alteraciones eléctricas convulsivas que se reflejen en el EEG.

ELECTROMIOGRAMA

Es la representación gráfica de la actividad eléctrica que se asocia a la contracción y relajación muscular. Este registro se ve en un osciloscopio durante la inserción de una aguja con el músculo en reposo y durante la contracción. En el reposo el músculo no tiene actividad y en la contracción aparecen unas ondas características, tantas más cuantas más unidades motoras se "reclutan", esto es, funcionan correctamente. Este llamado "patrón de interferencia" se altera cuando existe una enfermedad muscular.

Su uso en la práctica clínica se reserva para el diagnóstico de las alteraciones del tono muscular, para esclarecer a qué nivel se encuentra interrumpido el paso de un estímulo, etc. Así se diagnostican ciertas enfermedades musculares raras (miopatías y distrofias musculares congénitas, miastenia gravis, etc.).

VELOCIDAD DE CONDUCCIÓN NERVIOSA

Este otro sistema de diagnóstico eléctrico sirve para el estudio del funcionamiento de los nervios periféricos. Para ello se estimula el nervio con descargas eléctricas en diversos puntos de su trayecto hasta el músculo. Al registrarse el tiempo que transcurre desde la descarga hasta el inicio de la contracción muscular obtenemos le velocidad de conducción de dicho nervio, que suele alterarse en caso de enfermedad de los nervios (neuritis infecciosas, neuropatía diabética, intoxicación por plomo, compresiones de un nervio, como el atrapamiento del nervio mediano en la muñeca, etc.). Estimulando repetidamente el nervio se puede valorar también la unión neuromuscular y su fatigabilidad.

Sin ser dolorosa, esta prueba resulta molesta para algunas personas, que perciben de forma desagradable las descargas eléctricas.

PRUEBAS DE FUNCIÓN RESPIRATORIA: ESPIROMETRÍA

Mide distintos volúmenes y flujos respiratorios de los pulmones. Todo lo que el paciente tiene que hacer es respirar y soplar por una boquilla conectada al aparato, siguiendo las instrucciones que se le den. Es importante conseguir una buena colaboración del paciente, pues pueden obtenerse malos resultados por mala ejecución de la técnica, aunque el pulmón sea rigurosamente normal.

Un estudio completo requiere el cálculo de muchos parámetros, lo cual además de caro, resulta fatigoso para el paciente y lleva mucho tiempo. Una manera bastante más sencilla de lograrlo es la espirometría electrónica, con la que se puede obtener una aproximación diagnóstica al tipo de problema pulmonar que se trata.

En general la espirometría distingue claramente entre las enfermedades que obstruyen el flujo al paso del aire por las vías respiratorias (enfermedades *obstructivas*, como la bronquitis crónica, el asma bronquial, etc) y las enfermedades en las que se altera la respiración por limitación de la movilidad de la caja torácica o de la distensibilidad del pulmón (enfermedades restrictivas, como la fibrosis pulmonar y las parálisis de los músculos intercostales o del diafragma).

AUDIOMETRÍA

Se emplea para valorar y medir la pérdida de audición. Al paciente se le introduce en una cabina insonorizada y se le colocan unos auri-

culares de audio y unos vibradores en contacto con relieves óseos del cráneo.

Con el audiómetro se producen estímulos acústicos (ruidos) de diferentes frecuencias a intensidades precisas para establecer el umbral de audición del paciente para cada frecuencia (interesa saber la intensidad por encima de las cuales se percibe el estímulo para cada frecuencia).

La audición en cada oído se mide entre 125-8.000 Hz y se estudian tanto la vía aérea (a través del pabellón auricular, con los auriculares) como la conducción del sonido por vía ósea (con un vibrador óseo).

La pérdida de audición se mide en decibelios. Los resultados de las pruebas se representan en unas gráficas o audiogramas para cada oído. Para el oído derecho se emplea el rojo y para el izquierdo el azul; para la vía aérea el trazo continuo y el discontinuo para la ósea.

La misma prueba se puede hacer con estímulos sonoros que sean tonos puros o con palabras, puesto que puede haber una buena audición de los primeros y sin embargo discriminar mal las palabras.

Con estos estudios se puede distinguir si el motivo de una sordera es de transmisión (alteración en el paso del sonido por el conducto auditivo externo o por el oído medio, donde está la cadena de huesecillos del oído medio) o si es de percepción (por enfermedades neurológicas del oído interno). Esta distinción es muy importante para seleccionar el tratamiento más adecuado a cada paciente (cirugía, amplificadores de sonido, etc.).

3 ENFERMEDADES DEL APARATO RESPIRATORIO

Los individuos afectados de enfermedades pulmonares presentan una serie de síntomas comunes a muchas de ellas, ante los cuáles se debería solicitar examen médico, como son los siguientes:

• **Disnea:** es una dificultad para respirar percibida subjetivamente por el paciente. Si es leve aparece sólo ante grandes esfuerzos (como correr o subir más de dos tramos de escaleras). En los casos más graves la disnea se siente ante esfuerzos moderados (andar en una ligera pendiente) o mínimos (vestirse, asearse), o incluso en reposo absoluto. A veces, aparece sólo por la noche obligando al paciente a sentarse en la cama para poder respirar.

• **Cianosis:** cuando no llega oxígeno suficiente a los tejidos, la piel adquiere una coloración azulada, que se advierte sobre todo alrededor de los labios y debajo de las uñas.

• **Sibilancias:** son silbidos que se producen cuando los pequeños bronquios quedan obstruidos por un exceso de moco y es necesario un esfuerzo mayor para respirar, como ocurre en el asma y otros trastornos respiratorios.

• **Tos:** contribuye a despejar los pulmones de sustancias o partículas irritantes. La infección o irritación de las mucosas de los bronquios produce moco y, al ser excesivo, es preciso toser violentamente para expectorarlo y desobstruir las vías respiratorias.

• **Dolor torácico:** las enfermedades pulmonares pueden producir dolor en el pecho, sobre todo si hay afección de la pleura, aumentando las molestias con la inspiración profunda o la tos.

Varios de los anteriores síntomas pueden también aparecer en otras enfermedades, como las cardíacas o las hematológicas.

INFECCIONES RESPIRATORIAS AGUDAS

La infección es la causa más frecuente de inflamación de las vías respiratorias con aparición de síntomas clínicos irritativos. Durante ciertos períodos del año, estas infecciones son el motivo más frecuente de consulta médica y una causa importante de incapacidad laboral. Aunque la mayoría de las infecciones son producidas por virus, produciendo cuadros clínicos que en la población sana suelen resultar benignos y autolimitados, en ciertas ocasiones estas infecciones se producen o se complican por agentes bacterianos.

La distinción entre virus y bacterias, fundamental para decidir el tratamiento de la enfermedad, es complicada incluso para el médico que examina al paciente. De forma muy general, los pacientes deben conocer que los cuadros catarrales de las vías respiratorias altas que producen sólo síntomas locales (lagrimeo,

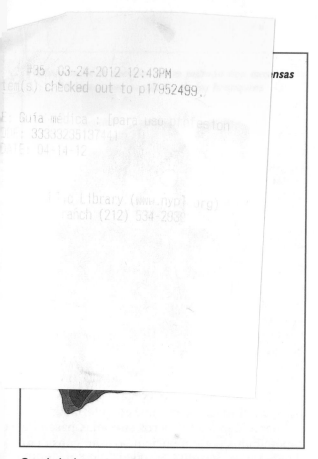

Cuando las bronquiectasias son extensas, con el paso de los años pueden lesionar progresivamente una parte cada vez más grande de los pulmones y provocar una reducción del área pulmonar útil, que puede ocasionar una insuficiencia respiratoria grave.

mucosidad nasal, tos, expectoración blanquecina, dolor de garganta, etc.), con poca o ninguna fiebre (temperatura inferior a 38 °C, que responde bien al tomar aspirina o paracetamol) y sin afectar en gran medida al estado general tienen una alta probabilidad de ser infecciones virales de buen pronóstico. En ellas, el tratamiento antibiótico no tiene ningún beneficio y debe evitarse salvo indicación médica expresa. Por el contrario, la aparición de fiebre alta y persistente pese al consumo de antitérmicos, un dolor intenso o fijo en la faringe, en el tórax y los cambios en el color y la cantidad del esputo (verdoso o con sangre), son datos de alarma que el paciente debe conocer para solicitar ayuda médica.

Según el nivel de la vía respiratoria que se afecta por la infección se producen cuadros clínicos diversos con síntomas característicos: resfriado común o rinitis (fosas nasales y rinofaringe), faringo-amigdalitis (orofaringe), laringitis y epiglotitis (laringe), traqueítis (tráquea) y bronquitis (bronquios pulmonares). En realidad, esta división es más teórica que real ya que no existen fronteras anatómicas en el interior de la vía respiratoria, sino que las infecciones de la misma se extienden por toda ella produciendo con frecuencia cuadros mixtos (laringo-traqueo-bronquitis, etc.). En general, el médico suele hacer el diagnóstico específico según el lugar de los síntomas predominantes.

ENFERMEDAD PULMONAR OBSTRUCTIVA CRÓNICA

La enfermedad pulmonar obstructiva crónica es un trastorno cuya característica fundamental es la reducción del flujo de aire que puede expulsarse al realizar una espiración máxima. Se trata de una enfermedad crónica, de evolución lenta y progresiva. Sin duda alguna constituye el motivo de consulta más frecuente para el neumólogo y un contingente nada despreciable para el internista y el médico de familia.

Existen dos variedades de enfermedad pulmonar obstructiva crónica (EPOC), que con frecuencia aparecen conjuntamente en un mismo enfermo y son la bronquitis crónica y el enfisema pulmonar. La bronquitis crónica se define por la presencia de tos con expectoración al menos tres meses al año, durante más de dos años consecutivos. Se debe a una excesiva producción de moco traqueobronquial. El enfisema se define como la distensión de los espacios aéreos distales a los bronquiolos termi-

¿SON EFICACES LOS ANTIBIÓTICOS?

CONSEJO

La mayoría de las infecciones respiratorias son producidas por virus y no se dispone de medicamentos eficaces contra dichos agentes. Los antibióticos sólo son eficaces para las infecciones respiratorias producidas por bacterias. Desgraciadamente, salvo el cultivo de muestras de secreción respiratoria en el laboratorio, ningún dato clínico puede confirmar cuál es el agente que produce la infección en un determinado paciente. El médico conoce ciertos datos que aumentan la probabilidad de que la infección sea bacteriana y sólo él debería indicar el consumo de un antibiótico. De otra forma, el abuso indiscriminado de estos fármacos conduce a la aparición de gérmenes resistentes para los que en un futuro podría no tenerse tratamiento eficaz.

nales producida por la destrucción de los tabiques alveolares.

En general, por tanto, la EPOC es aquella afección pulmonar en la que existe una obstrucción crónica al flujo de aire en las vías aéreas debida a bronquitis crónica, enfisema o ambos. Aunque el grado de obstrucción puede ser menor cuando el paciente no sufre una infección respiratoria y puede mejorar algo con fármacos broncodilatadores, existe siempre una obstrucción significativa.

Aproximadamente el 20% de los adultos tienen bronquitis crónica, aunque sólo una minoría están incapacitados por ella. Los varones se afectan con más frecuencia que las mujeres debido en gran parte al tabaco y a las exposiciones profesionales y ambientales a productos tóxicos o irritantes para la vía respiratoria. La mayoría de los pacientes con enfisema no presentan ningún síntoma pero en estudios sobre autopsias se ha comprobado que hasta dos tercios de los adultos varones y una cuarta parte de las mujeres tienen algún grado de enfisema pulmonar.

CAUSAS

La EPOC tiene un origen múltiple, en el que concurren tanto factores de tipo ambiental como defectos en la respuesta del organismo frente a la agresión de éstos.

a) Factores genéticos

Existe cierta predisposición genética para el desarrollo de EPOC en ciertas personas, cuya transmisión genética aún se desconoce. Por ejemplo, en los sujetos con falta de una enzima llamada alfa-1-antitripsina, que es una enfermedad de transmisión genética, aparece enfisema a edades tempranas. También ocurre en otros trastornos hereditarios raros como en la fibrosis quística o el síndrome del cilio inmóvil.

b) Factores ambientales y sociales

El **tabaco** es la causa más importante de esta enfermedad. Se sabe que el consumo prolongado de tabaco altera la movilidad de los cilios, que son los encargados de extraer el moco de la vía respiratoria, detiene la función de limpieza de los macrófagos alveolares (las células encargadas de la limpieza de cuerpos extraños que llegan a los alvéolos) y produce un agrandamiento de las glándulas mucosas de los bronquios, aumentando la secreción de moco. Además el humo inhalado puede pro-

ducir un cierre directo de las vías respiratorias (broncoconstricción).

Otros factores ambientales que favorecen la enfermedad crónica obstructiva son la contaminación del aire y las profesiones donde se inhalan polvos o gases nocivos, como son la minería, las industrias químicas, etc. También las infecciones respiratorias que se repiten frecuentemente aceleran el empeoramiento de la EPOC.

SÍNTOMAS Y CLASIFICACIÓN CLÍNICA

La tos, la expectoración (expulsión abundante de mucosidad) y la disnea (sensación de fatiga o dificultad para respirar) de evolución crónica son las principales características clínicas de este tipo de procesos, pero hay que tener en cuenta que cuando aparecen la enfermedad está ya totalmente establecida y resulta irreversible.

El hábito de fumar constituye la primera pista en el diagnóstico de esta enfermedad. Es frecuente que los primeros síntomas pasen desapercibidos para el paciente o sean considerados por éste como normales: "la tos típica del fumador" o "la limpieza matutina de sus bronquios".

Tras varios años de tos y expectoración crónica comienzan a hacerse más frecuentes las infecciones bronquiales, generalmente en épocas frías, provocadas en su mayor parte por virus. Estas infecciones se manifiestan por febrícula, aumento de la tos y de la expectoración, con cambios en el aspecto de los esputos, que se vuelven más amarillentos y viscosos. En fases más avanzadas aparece la disnea y la insuficiencia respiratoria (la falta de oxigenación sanguínea).

Hay dos formas típicas de EPOC perfectamente definidas, aunque en la práctica la gravedad de cada paciente es muy variable y en la mayoría de los casos ambos tipos de EPOC aparecen entremezclados.

a) Fundamentalmente enfisematosos (tipo A)

Son pacientes con una larga historia de disnea con el esfuerzo físico, pero con mínima tos y escasa expectoración. Suelen ser sujetos asténicos (delgados), con el tórax con aspecto de tonel por el esfuerzo continuado de los músculos respiratorios. Estos enfermos suelen estar angustiados, con respiraciones más frecuentes y una expulsión dificultosa y prolongada del aire en las espiraciones que realizan con los labios fruncidos como si soplasen. No hay ciano-

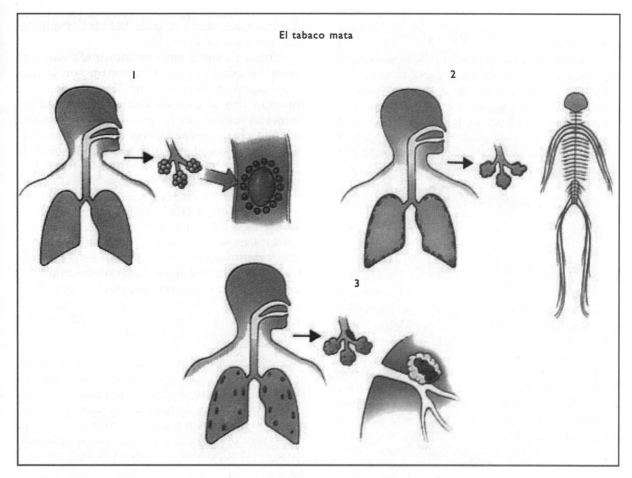

El tabaco mata

El humo del tabaco está compuesto por tres sustancias altamente nocivas: monóxido de carbono (1), nicotina (2) y alquitrán (3) que inciden negativamente sobre el organismo. Disminuyen la cantidad de oxígeno en la sangre (1); estimulan e inhiben el sistema nervioso autónomo a través de su paso a la sangre por las membranas mucosas (2); se depositan en las paredes de los bronquios y, con el tiempo, pueden llegar a producir cáncer (3).

sis por lo que se les ha llamado "sopladores sonrosados".

En la radiografía de tórax, los pulmones aparecen excesivamente insuflados de aire, con pocas sombras bronquiales y la silueta del corazón larga y estrecha.

Tienen disminución de oxígeno en sangre pero no muy marcada (insuficiencia respiratoria parcial) y sólo en fases avanzadas de gran gravedad aumenta también el CO_2 (insuficiencia respiratoria global) lo que indica mal pronóstico.

b) Fundamentalmente bronquíticos (tipo B)

Estos pacientes tienen una larga historia de tos y producción de esputo durante muchos años y antecedentes de intenso tabaquismo. Al principio la tos aparece sólo durante los meses de invierno y al cabo de los años se hace constante durante todo el año. Progresivamente aumenta la frecuencia, la intensidad y la duración de los episodios de expectoración. Sólo después

de años, aparece disnea con el esfuerzo físico y, más tarde, un fallo cardíaco derecho con hinchazón de pies y tobillos.

Suelen ser individuos con sobrepeso y cierto grado de cianosis, por lo que se les ha llamado "cianóticos abotagados". Por lo general, no presentan disnea en reposo y no utilizan los músculos accesorios respiratorios para respirar.

En la radiografía de tórax los pulmones aparecen con una trama bronquial aumentada ("sucios") y una silueta del corazón aumentada. Estos pacientes presentan una alteración marcada de los gases en sangre, con disminución del oxígeno (por ello hay cianosis) y aumento del CO_2.

A pesar de un tratamiento correcto, estos pacientes pueden sufrir episodios repetidos de insuficiencia respiratoria aguda (empeoramiento repentino y grave del nivel de gases en sangre) de los que se recuperan fácilmente con el tratamiento adecuado, en contraste con la evolución a menudo mortal de estos episodios en el individuo enfisematoso.

ADVERTENCIA A FUMADORES

En individuos fumadores, la alteración crónica al flujo aéreo pulmonar se inicia alrededor de los 30 años. Si en este momento dejan de fumar, pueden llegar a los 60 años de edad con una calidad de vida normal, libres de medicación y de ingresos hospitalarios por este motivo. En caso contario, buena parte de los individuos desarrollarán una enfermedad incapacitante.

TRATAMIENTO

a) Medidas generales a adoptar por el paciente

Resulta fundamental una abstención *absoluta* de tabaco y también evitar el alcohol y la contaminación. Se debe realizar un ejercicio físico adecuado, así como técnicas de fisioterapia respiratoria que deben ser aprendidas por el paciente (ciertos tipos de respiración profunda, posturas de evacuación de esputos y entrenamiento de la técnica de tos correcta para su expulsión). Es crucial mantener una buena hidratación permanentemente (beber abundante agua para que el esputo sea fluido y fácil de expulsar). La mejora de las condiciones climatológicas, mediante el traslado de la residencia del paciente durante los meses de otoño e invierno a zonas de clima más suave y húmedo deben ser consideradas.

b) Tratamientos médicos

En cada caso el médico aconsejará la medicación apropiada al paciente. En general estos pacientes necesitarán uno o varios de los fármacos siguientes de forma crónica. Existen productos que aumentan el calibre de los bronquios (broncodilatadores) que se inhalan (aerosoles) o se ingieren por vía oral. Otros fármacos intentan hacer el moco menos viscoso (mucolíticos y fluidificantes), aunque es más eficaz para ello beber agua y el vapor de agua ambiental.

Los pacientes con EPOC deben vacunarse contra la gripe todos los años, para evitar esta grave infección, causante incluso de muerte en casos de enfermedad avanzada.

Cuando los análisis de sangre revelan mantenidamente una carencia de oxígeno en la sangre (insuficiencia respiratoria), en fases avanzadas de la enfermedad, resulta necesario mantener un suministro permanente de oxígeno durante, al menos, 15 o 16 horas diarias, en el propio domicilio del paciente.

El asma es una enfermedad de las vías respiratorias que se caracteriza por una exagerada respuesta del árbol bronquial a estímulos muy diversos. Hoy se considera una enfermedad inflamatoria crónica de las vías respiratorias en la que participan ciertas células de la inflamación, como los llamados mastocitos y los eosinófilos.

Se manifiesta por episodios de estrechamiento generalizado de las vías respiratorias y obstrucción al flujo aéreo, que pueden ceder espontáneamente o con tratamiento. Aparece a cualquier edad pero es más frecuente en los primeros años de la vida. Aproximadamente, la mitad de los casos aparecen antes de los 10 años. En la infancia es doblemente más frecuente en varones que en mujeres.

CAUSAS

Se pueden distinguir dos formas de asma según sus causas: alérgico e intrínseco, aunque desgraciadamente muchos enfermos no encajan perfectamente en ninguno de estos dos grupos, sino que tienen rasgos de ambos. En general, cuando el asma aparece desde la niñez suele ser de tipo alérgico, mientras que cuando aparece por primera vez en edades mayores tienen causas no alérgicas o mixtas.

✔ *Pida a su médico información sobre las consecuencias del tabaquismo y las ventajas de no fumar.*

✔ *Establezca una fecha próxima para dejarlo.*

✔ *No fume absolutamente nada a partir de esa fecha.*

✔ *Los momentos de necesidad imperiosa de fumar sólo duran unos minutos: piense en las ventajas de no fumar y espere.*

✔ *Para ayudarse en estos momentos: beber agua o zumos, tomar fruta, caramelos o chicle sin azúcar.*

✔ *Retirar tabaco y objetos alusivos de su presencia.*

✔ *Comunicar a sus familiares, compañeros de trabajo y amigos que ha dejado de fumar.*

✔ *Hacer ejercicio.*

✔ *Cepillarse los dientes inmediatamente después de cada comida.*

✔ *Si fracasa en su intento, no se desanime y solicite ayuda profesional a su médico.*

Consejos para dejar de fumar.

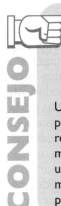

SI ES ASMÁTICO, VAYA SIEMPRE PROVISTO DE BRONCODILATADORES

Un paciente asmático debería ir siempre provisto de un aerosol de broncodilatadores y administrárselo a los primeros síntomas de un ataque. Si no hay respuesta a una primera dosis debería buscar ayuda médica para evitar un empeoramiento que puede ser potencialmente muy grave.

a)   Asma alérgico

Con frecuencia se asocia a una historia personal o familiar de enfermedades alérgicas como rinitis, urticaria y eccemas. Las pruebas cutáneas con inyección de la sustancia que desencadena la reacción alérgica (alergeno) son positivas.

La mayor parte de los alergenos que provocan asma se encuentran en el aire y para que desencadenen el asma tienen que ser razonablemente abundantes durante períodos de tiempo considerables, aunque después del primer episodio cada vez se precisa menos exposición para que aparezca el asma. Cuando es estacional, suele ocurrir en primavera por ser la época de polinización. No es estacional cuando los alergenos son plumas, caspa de animales, mohos, ácaros del polvo casero, etc.

Algunos fármacos se asocian con episodios agudos de asma tras ingerirlos, como ocurre en personas con sensibilidad a la aspirina. También, productos como desinfectantes y conservantes pueden producir asma en individuos sensibles.

b)   Asma intrínseco:

Se habla de asma idiosincrásico cuando no existe historia personal o familiar de enfermedades alérgicas y los tests alérgicos de diagnóstico son negativos.

Estos pacientes suelen desarrollar el asma al contraer una enfermedad de las vías respiratorias superiores, sobre todo las infecciones virales, y muchas veces, basta un simple resfriado para desencadenarlo. También puede aparecer tras la exposición a contaminantes del aire, en áreas muy industrializadas, como son el ozono, el dióxido de nitrógeno y el dióxido de azufre.

El asma relacionado con la profesión es un problema sanitario importante. Los pacientes se encuentran bien cuando llegan al trabajo y van empeorando conforme avanza la semana, mejorando durante el fin de semana y los períodos de vacaciones. A menudo hay compañeros con los mismos síntomas.

El ejercicio físico y el estrés emocional también pueden desencadenar una crisis asmática en personas susceptibles.

SÍNTOMAS

El asma es una enfermedad episódica, en la que las exacerbaciones agudas se intercalan con períodos de normalidad. Típicamente, la mayoría de las crisis son de corta duración, desde unos minutos a horas, y después el paciente se recupera totalmente. A veces, puede haber épocas en las que el paciente sufre diariamente cierto grado de dificultad respiratoria.

Sibilancias: sonido sibilante producido con la respiraión. A veces puede oírse y en otros casos sólo puede hacerlo el médico con el estetoscopio.

Tos: se produce de vez en cuando. Puede ser seca o producir mucosidad blanquecina o amarillo pálido.

Opresión petoral: sensación de presión en la parte frontal del tórax.

Falta de aliento: sensación de no recibir aire suficiente, acompañada en ocasiones de una sensación de opresión en el pecho.

Síntomas del asma.

✔ Sustancias de origen animal (lana, secreciones, deyecciones, carnes, etc.):

- Animales de laboratorio.
- Animales domésticos.
- Aves (avicultores).
- Ostras.
- Artrópodos (silos, muelles, molinos, entomólogos).

✔ Sustancias de origen vegetal (madera, frutos, pólenes, gomas, hongos):

- Cedro rojo, roble, otros (aserradores, carpintería).
- Granos, semillas (agricultores, panaderos, industria).
- Hongos y esporas (panaderos, granjeros).
- Enzimas y gomas (impresores, industria).

✔ Sustancias de origen químico:

- Sales metálicas (refinerías, soldadura, plateados, cromados).
- Parafenilalanina (teñido de pieles).
- Formaldehído (laboratorios).
- Cloramina (cervecería).
- Diisocianatos (plásticos, pintura).
- Etilendiamina (fotografía).
- Anhídrido ftálico (pintura).
- Sales de persulfato (peluquería).
- Colofonio (electrónica).
- Insecticidas y pesticidas (agricultura).

Algunos agentes implicados en el asma ocupacional (en el puesto de trabajo).

Los síntomas del asma consisten en disnea (sensación subjetiva de falta de aire y de mayor trabajo respiratorio), tos (suele ser tos seca) y sibilancias (ruidos respiratorios silbantes y finos, como pitidos). Si la crisis es prolongada o grave se hace visible la actividad de músculos accesorios (se marcan los espacios intercostales y supraclaviculares al respirar) y pueden desaparecer las sibilancias, no por mejoría sino por la obstrucción intensa al paso de aire, lo que es indicador de gravedad. En casos extremos, la respiración se acaba haciendo superficial por agotamiento de los músculos respiratorios y puede ser necesaria una ventilación mecánica artificial.

Las crisis suelen ocurrir durante la noche. Las razones no se conocen bien pero se cree que puede deberse a los llamados ritmos circadianos (cambios horarios de los niveles hormonales). También pueden aparecer bruscamente tras la exposición a alergenos específicos, ejercicio, infecciones virales o excitación emocional.

PRUEBAS PARA EL DIAGNÓSTICO DE ASMA BRONQUIAL

No existe ninguna prueba que sea diagnóstica por sí misma de enfermedad asmática. La crisis asmática se diagnostica por las manifestaciones clínicas.

La radiografía de tórax muestra los pulmones hiperinsuflados, esto es, llenos de aire por la resistencia que hay a expulsarlo. No es útil para valorar la gravedad del asma, sólo tiene alguna utilidad en las complicaciones.

Para confirmar el cuadro puede ser útil la espirometría y para conocer su causa las pruebas alérgicas hechas en la piel. En crisis graves es preciso realizar gasometría arterial para conocer el nivel de oxígeno de la sangre.

TRATAMIENTO

a) En la crisis asmática

Se usan fármacos llamados broncodilatadores por su capacidad para abrir los bronquios y disminuir así la obstrucción al paso del aire, en general en forma de inhaladores, aunque a veces es necesario darlos en inyección subcutánea o nebulizados. Según la intensidad de la crisis, se administra o no oxígeno o corticoides. Si no hay una respuesta satisfactoria con lo ya dicho se utilizarán medidas más agresivas, como medicamentos intravenosos y, en los peores casos, se precisa intubación y ventilación mecánica.

Los pacientes crónicos deben conocer las médidas urgentes a tomar en caso de ataque de asma. Para ello deben disponer siempre del fármaco prescrito (casi siempre en forma de aerosol) y suministrarlo en la forma aconsejada a los primeros síntomas. Si no obtiene una respuesta adecuada, está justificado buscar ayuda médica urgente para evitar un empeoramieto que puede llegar a ser muy grave.

b) En el asma crónico

Si las crisis son frecuentes o existe permanentemente cierta dificultad respiratoria, se hace necesario dar un tratamiento de base continuamente, también en los períodos intercrisis. Para ello los fármacos de elección son los antiinflamatorios puesto que actúan sobre la inflamación bronquial (de menor a mayor potencia el cromoglicato sódico, el nedocromil y los corticoides). Los pacientes deben ser constantes y disciplinados en la administración de estos medicamentos (en aerosoles o comprimidos) para prevenir las crisis graves. Una de las causas más frecuentes de los ingresos por asma es el abandono u olvido de la medicación.

Además de los fármacos anteriores, los pacientes crónicos pueden emplear broncodilatadores "a demanda" (cuando se hacen necesarios a su juicio). Es importante reservar el uso de estos productos a cuando el paciente tenga síntomas, pues si se usan de manera habitual pueden empeorar el asma.

c) En el asma alérgico

Además de todo lo mencionado anteriormente hay que señalar que la medida más eficaz para tratar el asma alérgico es eliminar el agente que causa la alergia del ambiente (ver más adelante). Junto a ello, el alergólogo puede aconsejar una inmunoterapia, llamada a menudo hiposensibilización, que consiste en la inyección subcutánea del alergeno sospechado, a concentraciones cada vez mayores, para permitir un acostumbramiento progresivo a su presencia.

d) Normas de higiene ambiental recomendables en caso de asma

En todos los casos se debe:

— Evitar los ambientes excesivamente contaminados.
— Evitar los ambientes cargados, sobre todo, por tabaco.
— Evitar aerosoles y olores fuertes.

En el asma estacional:

— Mantener las ventanas cerradas si está en casa y viajar con las ventanillas del coche cerradas.
— Pulverizar agua con frecuencia para arrastrar el polen hacia el suelo.
— No usar productos en aerosol.
— Ventilar la casa tras los períodos de vacaciones.

En alérgicos a los ácaros del polvo de la casa:

— Utilizar para la limpieza de suelos y paredes aspiradora o un paño húmedo. No barrer en presencia del paciente. Fregar el suelo diariamente.
— Suelos de terrazo, madera o similar. Evitar las moquetas. No usar cortinas de fibras nobles ni alfombras.
— Evitar el almacenamiento de libros, peluches y materiales que acumulen polvo.
— La ropa de la cama de fibra sintética se lavará dos veces por semana.
— No poseer animales domésticos si es ésta la causa.

BRONQUIECTASIAS

Es la dilatación anormal e irreversible de uno o más bronquios, con aumento de la secreción de moco en su interior. Por lo general, primero hay una inflamación que va produciendo destrucción de los componentes elástico y muscular de la pared bronquial y finaliza en la formación de la bronquiectasia.

Antes de descubrirse los antibióticos esta entidad era frecuente, muchas veces incapacitante y en ocasiones mortal. A partir de la mayor disponibilidad de antibióticos, del uso generalizado de las vacunas (sobre todo, contra la tos ferina y el sarampión) y del mejor control de la

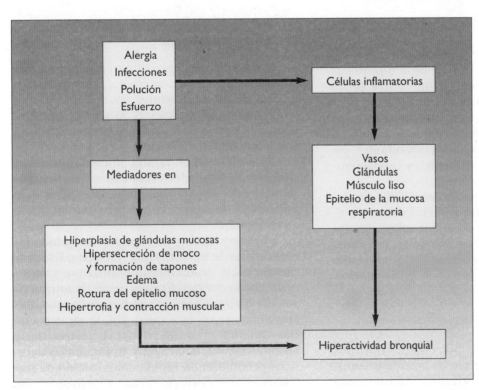

Este cuadro resume la etiopatogenia del asma.

tuberculosis se ha convertido en un proceso comparativamente raro en los países desarrollados.

Según su tamaño y forma se clasifican en:

— Bronquiectasias saculares o quísticas: se localizan en los bronquios principales y terminan en grandes sacos.

— B. cilíndricas: en ramificaciones bronquiales mas finas, son menos graves.

— B. varicosas: son intermedias entre los dos tipos anteriores.

CAUSAS

a) *Congénitas*, por raros trastornos hereditarios:

— Por defectos de la inmunidad, como la falta de inmunoglobulinas en las vías respiratorias y en el resto del organismo.

— Por trastornos de la función mucociliar, como en el síndrome de Kartagener o en el síndrome de inmovilidad ciliar (asociado a infertilidad por falta de movilidad de los espermatozoides).

— Fibrosis quística.

b) *Adquiridas* durante la vida: por obstrucción bronquial, por infecciones broncopulmonares (el sarampión y la tos ferina eran causas importantes antes de que existiera la vacunación), por tuberculosis u otras.

SÍNTOMAS

Las bronquiectasias producen tos rasposa y persistente, con producción de esputo purulento abundante. La expectoración ocurre sobre todo por las mañanas, tras la acumulación nocturna de las secreciones en las vías aéreas. De forma periódica puede haber hilos de sangre en el esputo, e incluso sangrados abundantes. Se dan también brotes de bronquitis y bronconeumonía frecuentes, con fiebre.

Los síntomas generales son variables y consisten en fiebre intermitente, debilidad, fatiga y pérdida de apetito, sobre todo en las sobreinfecciones pulmonares. La radiografía de tórax y otras técnicas más modernas como el TAC (tomografía axial computarizada) contribuyen al diagnóstico.

TRATAMIENTO

El tratamiento tiene por objeto controlar las complicaciones infecciosas (mediante antibióticos) y conseguir la eliminación adecuada de las secreciones (mediante fisioterapia respiratoria en forma de percusión del tórax y drenaje postural).

Los pacientes con bronquiectasias tienen prohibido el consumo de tabaco. Anualmente se debe administrar la vacuna antigripal. Asimismo, estos pacientes se deben vacunar contra el neumococo (la bacteria más frecuente en sus infecciones pulmonares).

Se recomienda un programa de ejercicio gradual, con respiraciones profundas sistemáticas y mantener un buen estado de nutrición. Para conseguir una buena hidratación que evite el espesamiento de las secreciones, se debe ingerir agua abundante. En algunos casos, el médico indicará la eliminación quirúrgica de las bronquiectasias.

NEUMONÍAS Y ABSCESOS PULMONARES

La neumonía es la inflamación infecciosa del parénquima pulmonar, es decir, de los bronquiolos y de los alvéolos. En ellos se acumula un exudado que altera el intercambio gaseoso. Aunque hoy en día sigue siendo bastante frecuente, gracias al tratamiento antibiótico la mayoría se resuelven sin dejar secuelas ni cicatrices.

MECANISMO DE PRODUCCIÓN

a) **Microorganismos**

Los gérmenes llegan al parénquima pulmonar de varias formas, en general, por inhalación directa de partículas infecciosas desde el aire ambiental o por aspiración de secreciones propias de la boca o de la nasofaringe, lo que ocurre con frecuencia en personas con la conciencia alterada (enfermos en estado de coma, intoxicación por alcohol, etc.). En otras ocasiones más raras, el microorganismo se instala en el pulmón a través de la sangre o por proximidad desde otros órganos.

El tabaquismo y la bronquitis crónica favorecen las infecciones por ciertos gérmenes (neumococo, *haemophilus influenzae* y *legionella pneumophila*). El uso previo de antibióticos, la malnutrición y muchas enfermedades graves favorecen la adquisición de otras bacterias (bacilos gramnegativos). El estrés de la hospitalización, la cirugía y tratamientos agresivos promueven la rápida colonización de microorganismos especialmente agresivos en los pacientes ingresados en los hospitales y pueden

¿CUÁLES SON LOS SÍNTOMAS DE LA NEUMONÍA TÍPICA?

Las neumonías (infecciones del parenquima pulmonar) eran antes de la era antibiótica enfermedades frecuentemente mortales. En la actualidad, en pacientes sanos, curan sin secuelas si se diagnostican y tratan correctamente. Recuerde la tríada de sospecha de la neumonía típica y consulte ante su aparición: fiebre con escalofríos, dolor muy localizado en un costado y tos con expectoración "sucia". La mayoría de los pacientes inician su tratamiento ingresados en un hospital para poder recibir los antibióticos intravenosos los primeros días.

derivar en la llamada neumonía nosocomial, con una considerable mortalidad.

b) Mecanismos de defensa del huésped

Las neumonías son relativamente raras en los individuos normales y sanos gracias a las defensas naturales que poseemos, así, los pulmones normales son estériles por debajo de las primeras divisiones bronquiales.

Las defensas respiratorias son una mezcla compleja de barreras anatómicas (cierre reflejo de la glotis, filtrado aerodinámico de partículas gracias a las numerosas ramificaciones del árbol bronquial, etc.) y mecanismos de limpieza presentes en la nasofaringe y en las vías respiratorias altas (barrido de partículas por los cilios de la mucosa respiratoria, respuesta de la tos, etc.), y de factores inmunitarios locales en los alvéolos (macrófagos alveolares, inmunoglobulinas, sistema de complemento...).

SÍNTOMAS

Los síntomas principales de la neumonía son tos, fiebre, expectoración sucia, dolor torácico localizado a punta de dedo en la zona afecta y disnea. Con frecuencia la neumonía viene precedida por un catarro u otra infección viral leve de las vías respiratorias. Los pacientes ancianos o gravemente enfermos pueden tener poca tos, escasa producción de esputo, pocos síntomas respiratorios y ausencia de fiebre.

DIAGNÓSTICO

En la exploración médica, la auscultación pulmonar puede mostrar ciertos signos muy típicos en las neumonías (estertores inspirato-

rios, soplo tubárico, etc), pero en general la **radiografía del tórax** resulta fundamental para confirmar la existencia de la enfermedad.

Hay tres patrones de presentación, de distinta causa y distinto pronóstico:

a) Neumonía alveolar: la inflamación afecta a muchos alvéolos contiguos por lo que en la radiografía aparece una zona densa delimitada. Un ejemplo clásico es la neumonía producida por el neumococo.

b) Neumonía intersticial: la inflamación predomina en los tabiques que separan los alvéolos, produciendo una imagen radiográfica en forma de red. Esto ocurre en las neumonías por *Mycoplasma pneumoniae*, *Pneumocystis carinii* y virus.

c) Bronconeumonía: la inflamación se limita a las vías respiratorias de conducción, sobre todo, a los bronquios terminales y respiratorios. Un ejemplo típico es la neumonía por estafilococo.

El análisis de sangre ayuda al diagnóstico por aumento de leucocitos si la neumonía es de origen bacteriano, no así si es vírica. Además el **examen** al microscopio y el **cultivo de las secreciones respiratorias** permiten identificar el germen causante de la enfermedad y elegir el tratamiento específico para el mismo. Esto se hace sobre una muestra de esputo. Cuando esto no es posible, como en pacientes debilitados, o que no expectoran, se obtiene la muestra para el cultivo por medios más invasivos, como la endoscopia bronquial (la introducción de un tubo

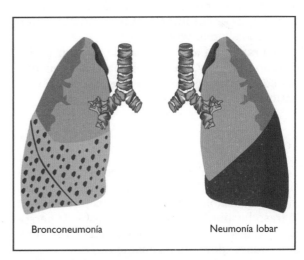

Bronconeumonía   Neumonía lobar

Comparación de la neumonía lobar alveolar típica del neumococo y la bronconeumonía.

aspirante en los bronquios) o la biopsia pulmonar (la toma quirúrgica de un fragmento de pulmón). También se pueden hacer hemocultivos (cultivos de la sangre del paciente, donde puede circular el germen causante de la neumonía).

SÍNTOMAS: TIPOS CLÍNICOS DE NEUMONÍA

El conjunto de características clínicas, radiológicas y analíticas de las neumonías, permite la agrupación de la mayoría de los pacientes en dos grandes apartados:

a) Neumonía típica

La causa más frecuente de este tipo es el neumococo. Se caracteriza por su inicio brusco, con fiebre y escalofríos y aparición habitualmente florida de manifestaciones respiratorias: tos con expectoración purulenta, dolor intenso de costado, que aumenta con la respiración, y disnea. A veces se acompaña de herpes labial.

En la auscultación, el médico localiza el proceso en una zona bien delimitada. Al efectuar radiografías, se confirma la existencia de un foco de condensación concreto (única o varios). En la sangre se aprecia leucocitosis (aumento de la cifra de leucocitos). Gran parte de estas neumonías continúan tratándose con la penicilina clásica.

b) Neumonía atípica

Los causantes de este tipo son *Mycoplasma pneumoniae*, *Coxiella burnetti*, *Chlamydia pneumoniae* y *Chlamydia psittaci*. Su presentación clínica suele ser más solapada, con menos fiebre o mejor tolerada, generalmente sin escalofríos y con menor afectación inicial del estado general. Los síntomas respiratorios también son menos llamativos.

La radiografía de tórax suele mostrar un infiltrado generalizado (intersticial). Los leucocitos son normales o poco elevados. Necesitan antibióticos específicos.

TRATAMIENTO

El tratamiento de esta enfermedad, potencialmente grave, compete por completo al médico responsable del paciente, generalmente en ingreso hospitalario (aunque en casos de personas jóvenes y sanas, con neumonías leves, pueden tratarse domiciliariamente.

En general se adoptan unas medidas de **soporte** necesarias, como el aporte de líquidos, fármacos antitérmicos (si existe fiebre), oxígeno (si hay compromiso respiratorio) y broncodilatadores cuando existe broncoespasmo.

Junto a ello, el tratamiento curativo obliga a la administración de un **antibiótico** adecuado al germen responsable de la enfermedad, que el médico decide según las carcaterísticas del cuadro y los resultados de las pruebas diagnósticas efectuadas. En general, suele ser distinto si la neumonía se ha adquirido en el hospital o fuera de él.

En los casos en que la escasa gravedad del cuadro permita el tratamiento en el domicilio del paciente, éste guardará reposo hasta su curación, siendo importante el suministro abundante de líquidos y el cumplimiento estricto del tratamiento antibiótico aconsejado. Si todo transcurre adecuadamente, el paciente estará sin fiebre en las primeras 48 horas y experimentará una mejoría progresiva en las fechas siguientes. Durante todo el tratamiento debe vigilarse la posible aparición de complicaciones, lo que debe sospecharse si reaparece la fiebre (puede indicar sobreinfección por otro germen) o aumentar la dificultad respiratoria (puede deberse a la aparición de un derrame pleural o al colapso de una zona pulmonar).

ABSCESO PULMONAR

En general, los abscesos pulmonares son una complicación de una neumonía, aunque a veces se producen por destrucción tisular (necrosis) dentro de un tumor. Ciertos gérmenes producen con más frecuencia abscesos a partir de una neumonía (*Estafilococo áureo*, *Pseudomona aeruginosa*, *Legionella* y bacterias anaerobias). En cualquier caso el absceso es una acumulación de pus en una cavidad destructiva de una zona de pulmón.

Un absceso pulmonar puede presentarse en el curso de una neumonía grave y rápidamente progresiva. Su aspecto se identifica en la radiografía y se acompaña de retraso de la resolución o empeoramiento de la evolución prevista, con persistencia de la fiebre, expectoración copiosa, hemoptisis, etc.

En otras ocasiones, el absceso pulmonar crónico tiene una presentación menos espectacular y más larvada. La causa habitual es la aspiración de secreciones bucales o gástricas. Son factores predisponentes frecuentes la dentadura en malas condiciones con enfermedad periodontal (piorrea), y los procesos que facilitan la aspiración (intoxicación, demencias, etc). También se pueden producir por la obstrucción bronquial por un tumor.

Los abscesos se diagnostican en la radiografía de tórax al apreciar una cavidad con contenido opaco o un nivel líquido. El tratamiento es similar al de la neumonía, aunque, en pocas ocasiones, es necesaria la resección quirúrgica de un absceso persistente.

ENFERMEDADES PULMONARES DE ORIGEN AMBIENTAL

Aunque se exige que las industrias gasten cantidades importantes de dinero con el fin de proteger a sus trabajadores, las enfermedades profesionales continúan apareciendo.

Se desconoce la magnitud exacta del problema, pero no hay duda de que existe un gran número de individuos con riesgo de sufrir enfermedades respiratorias graves a consecuencia de una exposición ambiental o profesional.

El agente nocivo puede ser orgánico o inorgánico. Entre los primeros, los más representativos son el polvo de algodón (bisinosis), el polvo de cereales y el pulmón del granjero (por el moho del heno). Entre los inorgánicos, destacan el asbesto, la silicosis, la antracosis (carbón) y la beriliosis.

TROMBOEMBOLISMO PULMONAR

El tromboembolismo pulmonar (TEP) es una causa importante de mortalidad. Muchos de los pacientes que mueren por esta causa tienen una enfermedad grave subyacente, como cáncer o insuficiencia cardíaca congestiva. Sin embargo, existen datos de que la muerte se produce en menos del 10% de los TEP.

MECANISMO DE PRODUCCIÓN

Más del 95% de los émbolos pulmonares se originan en trombos (coágulos de sangre producidos en el interior de un vaso sanguíneo) de las grandes venas de las piernas, en concreto en las venas del sistema venoso profundo. El resto de los casos se originan en trombos de las cavidades cardíacas izquierdas o en otras venas. Por esto, el TEP puede considerarse como una complicación de las trombosis venosas profundas (TVP) de los miembros inferiores, de modo que la prevención de las TVP es también la forma más eficaz de prevención de la muerte por embolia.

Desde su lugar de producción, el trombo o un fragmento del mismo se puede soltar y circular libremente hacia el pulmón donde se atasca al llegar a un vaso de menor tamaño que el propio trombo, produciendo una zona de infarto pulmonar (muerte pulmonar por falta de riego sanguíneo). Si la zona afectada es una gran parte del pulmón, o las embolias son múltiples, el riesgo para la vida del paciente es evidente.

Los tres factores que favorecen la TVP son las alteraciones de la coagulación sanguínea, las anomalías de la pared de los vasos y la estasis vascular (el enlentecimiento del flujo sanguíneo). En concreto existen situaciones clínicas concretas con alto riesgo de desarrollar una TVP:

— Intervenciones quirúrgicas que requieren anestesia general.
— El posparto.
— La insuficiencia cardíaca derecha e izquierda.
— Las fracturas y otras lesiones de las extremidades inferiores.
— La insuficiencia venosa profunda crónica (varices internas).
— El reposo en cama prolongado.
— Los cánceres.
— La obesidad.
— Los tratamientos con estrógenos o con píldoras anticonceptivas.

ADVERTENCIA A TRABAJADORES

El aire contaminado transporta partículas muy diversas en suspensión, sólidas (polvos y humos), líquidas (nieblas), gaseosas (vapores) y gérmenes (bacterias, hongos,..). Cuando se sobrepasan los sistemas de defensa del huésped todos ellos pueden originar diversas enfermedades respiratorias. Los trabajadores expuestos a tales productos deben seguir escrupulosamente las normas de protección exigidas y vigilar periódicamente su estado de salud.

En estas circunstancias puede formarse un trombo por agregación de plaquetas y depósito de fibrina (una proteína coagulante de la sangre), que puede ser muy grande en pocos minutos. Estos tapones a la circulación corren el riesgo de desprenderse y emigrar los pulmones, riesgo que es máximo en los primeros días.

En la mitad de los pacientes la TVP no presenta los síntomas que son característicos del proceso (dolor, calor e hinchazón en la pierna) por lo que puede pasar desapercibida. Para su diagnóstico es preciso realizar pruebas complejas que demuestren el obstáculo a la circulación sanguínea (flebografía isotópica o ultrasonografía con Doppler). Estas pruebas son del máximo interés para diagnosticar precozmente las TVP y realizar una prevención del TEP con fármacos anticoagulantes. Estos tratamientos han disminuido bastante la incidencia de TEP y es la medida más eficaz para disminuir la mortalidad de la enfermedad tromboembólica.

SÍNTOMAS DE LA EMBOLIA PULMONAR

Al impactar y detenerse el émbolo en un vaso arterial pulmonar se produce una obstrucción parcial o completa al flujo sanguíneo de modo que una zona del pulmón queda ventilada (el aire inspirado sigue llegando a los alvéolos con total normalidad) pero no perfundida (no llega sangre) por lo que no se realiza el intercambio gaseoso en esta zona y se desperdicia esta porción de aire inspirado.

Por esto se produce una falta de oxigenación de la sangre, por lo que el enfermo respira con mayor rapidez para intentar compensarlo. A veces, sin ninguna alteración previa conocida en las piernas, la disnea es el único síntoma que aparece, frecuentemente de forma brusca e inexplicable. Otros síntomas menos frecuentes son dolor punzante en un costado, sangre en el esputo, síncope, palpitaciones, fiebre y ansiedad. Las embolias de poca magnitud pueden pasar totalmente desapercibidas.

DIAGNÓSTICO

La simple auscultación cardíaca y pulmonar puede revelar datos que permitan sospechar al médico la existencia de una embolia pulmonar. Esta sospecha se refuerza en las salas de urgencias por otras pruebas rápidas como la gasometría, el electrocardiograma y la radiografía de tórax, aunque el "tribunal supremo" para confirmar o descartar el diagnóstico definitivo son ciertas pruebas más complejas que permiten ver la circulación sanguínea pulmonar: la gammagrafía y la angiografía pulmonar.

TRATAMIENTO

No existe ninguna posibilidad de autocuidados del paciente en esta patología. Se trata de un trastorno grave, potencialmente mortal, que exige una intervención médica rápida y hospitalaria. El tratamiento consiste en administrar fármacos anticoagulantes desde el momento en que se sospecha, al principio con dosis altas de un fármaco intravenoso (heparina) que intenta disolver el trombo y después con dosis menores o con otros fármacos anticoagulantes de consumo oral para evitar la repetición del cuadro. Según las circunstancias del paciente, este tratamiento se mantiene durante unos meses o se continúa de por vida. Mientras se administran estos fármacos (el más conocido es el Sintrom ®) es muy importante controlar estrechamente el funcionamiento de la coagulación mediante los análisis necesarios para mantener el efecto anticoagulante suficiente sin pasarse por exceso, pues entonces se produciría un riesgo de sangrados y hemorragias. En general el pronóstico de un paciente con embolia pulmonar en el que se instaura prontamente el tratamiento es excelente. La mayoría de las muertes se producen bruscamente y sólo se pueden evitar mediante la profilaxis anticoagulante.

CÁNCER DE PULMÓN

El cáncer de pulmón es la principal causa de muerte por cáncer, representando el 20% de todos los cánceres del ser humano. Afecta sobre todo a los varones, siendo más frecuente entre los 40 y los 70 años. Su frecuencia está en aumento, aunque los esfuerzos antitabaco comienzan a paralizar esta tendencia al alza en los varones, en tanto que en las mujeres continúa aumentando, en relación con el aumento del número de mujeres fumadoras.

CAUSAS

La mayor parte de los cánceres de pulmón se deben a ciertas sustancias promotoras del

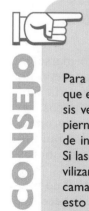

CONSEJO

¿CÓMO PREVENIR LAS EMBOLIAS PULMONARES?

Para prevenir las embolias pulmonares hay que evitar su principal motivo: las trombosis venosas de las venas profundas de las piernas. Estas trombosis ocurren en casos de inmovilidad prolongada de las piernas. Si las circunstancias lo permiten debe movilizarse precozmente a todo paciente encamado (tras una cirugía, parto, etc.). Si esto resulta imposible, el médico recomendará una medicación anticoagulante que evite la formación de dichos trombos.

cáncer (carcinógenos) ingeridas al fumar cigarrillos.

El riesgo de desarrollar cáncer de pulmón guarda relación con el tipo de tabaco (es mayor con cigarrillos que con puros o pipa), con el número diario de cigarrillos fumados y años de consumo, con la profundidad de la inhalación y con el uso de cigarrillos sin filtro y ricos en nicotina y alquitrán. Por ejemplo, el riesgo de un fumador de dos cajetillas al día durante 20 años aumenta entre 60 y 70 veces respecto al riesgo de un no fumador. Por el contrario, la posibilidad de desarrollar cáncer de pulmón disminuye al dejar de fumar, de forma que después de 10-15 años el riesgo es casi tan bajo como el de los que nunca han fumado. Hoy día está claro el riesgo de enfermar de cáncer pulmonar derivado del tabaquismo pasivo que sufren quienes conviven familiar o laboralmente con fumadores habituales.

Como medida preventiva, deben continuar los esfuerzos para que todos los individuos dejen de fumar, ya que los efectos nocivos del tabaquismo afectan, en mayor o menor medida, a todo fumador (no existen personas invulnerables al tabaco). Sin embargo, esto es difícil ya que fumar representa una poderosa adicción a la nicotina. Por ello, es más importante aún hacer esfuerzos familiares, escolares y sociales para evitar el empezar a fumar.

Además, los familiares de primer grado de un paciente con cáncer de pulmón tienen un riesgo dos o tres veces mayor. Existe, por tanto, una susceptibilidad individual a la enfermedad con cierta base hereditaria.

Otras causas que producen cáncer de pulmón son ciertos agentes químicos presentes en determinados medios laborales como son el asbesto, clorovinilo, arsénico, uranio, hidrocarburos policíclicos, níquel, cromatos. Se requiere una exposición intensa y continuada durante años. En estos casos, el cáncer puede aparecer tras interrumpir la exposición, después de un período de latencia de más de diez años.

Localización de un tumor pulmonar

Un tumor puede extenderse de varias formas. Desde su localización original (1), un tumor de pulmón puede difundirse por crecimiento (A) y (B) hacia las membranas pulmonares (2) o hacia el diafragma (3); la difusión queda limitada al área que rodea al tumor original.

Un tumor pulmonar maligno puede extenderse a través del sistema linfático (C). A veces aparecen nuevos tumores en los ganglios que rodean las vías respiratorias (4). Una vez que las células cancerosas han penetrado en los vasos sanguíneos pulmonares (D), llegan al corazón (7) y se difunden por la sangre hasta afectar a otros órganos, como el cerebro (5), el hígado (8) o los huesos.

Localización de un tumor pulmonar.

VARIEDADES DE CÁNCER

Existen distintos tipos de cáncer según las diferentes características del tumor al ser observado al microscopio. Estas diferencias son importantes debido al distinto comportamiento del cáncer pulmonar según su variedad, al distinto pronóstico (riesgo para la vida del paciente) que conllevan e incluso a las distintas posibilidades de tratamiento que conllevan. En concreto, la Organización Mundial de la Salud, propuso una clasificación del cáncer de pulmón en 1977 con cuatro tipos de tumores pulmonares, de mayor a menor frecuencia:

a) *Carcinoma epidermoide:* Es el más frecuente de todos. Suele aparecer en la zona central del tórax. Se disemina a distancia (con metástasis fuera del tórax) en el 50% de los casos.

b) *Adenocarcinoma:* Es el más frecuente en las mujeres y ha aumentado su frecuencia en los últimos 15 años. No está relacionado con el consumo de tabaco. Suele localizarse en la periferia del pulmón, frecuentemente afectando también a la pleura. Presenta metástasis a distancia en el 80% de los casos.

c) *Carcinoma microcítico o de células pequeñas:* Aparece como un nódulo de localización central en el tórax. Existen metástasis extratorácicas en el 95% de ellos. Es el de peor pronóstico, no susceptible de tratamiento quirúrgico.

d) *Carcinoma de células grandes:* Es el menos frecuente, de situación periférica en el pulmón y con metástasis extratorácicas en el 80% de los casos.

SÍNTOMAS

El cáncer de pulmón produce distintos síntomas según la zona de pulmón en que se localiza.

Los tumores *centrales* suelen producir tos, hemoptisis (expulsión de sangre sola o junto al esputo por las vías respiratorias) y síntomas por la obstrucción de los bronquios donde aparecen: ruidos respiratorios en la auscultación (sibilancias y estridores), disnea y neumonía (fiebre y expectoración con la tos).

Los síntomas producidos por los tumores de crecimiento *periférico* en el tórax suelen ser dolor de pecho (por afección pleural o de la pared costal), tos y dificultad respiratoria. A veces se producen abscesos pulmonares por complicación de un tumor.

Cuando el tumor se extiende por el interior del tórax, por crecimiento de su masa o a través de los ganglios linfáticos, suelen aparecer otros síntomas como dificultad para tragar los alimentos (por compresión del esófago), ronquera (por parálisis del nervio laríngeo recurrente), aumento de la dificultad respiratoria (por invasión de la tráquea, por parálisis del diafragma al afectarse el nervio que lo mueve o por acumulación de líquido en la pleura —derrame pleural—) y otros problemas graves si se extiende a los grandes vasos cardíacos o al propio corazón.

Además, a través de la sangre el cáncer puede enviar metástasis fuera del tórax, afectando a casi cualquier órgano. Según el lugar de la metástasis, el paciente sufrirá unos u otros síntomas: alteración nerviosa (parálisis, pérdida de conciencia, etc.) en las metástasis cerebrales, dolor de huesos y fracturas casi sin traumatismo por las metástasis óseas, alteraciones de la sangre si se invade la médula ósea (anemia, etc), síntomas de fallo hepático, etc.

Por último, los tumores pulmonares, sobre todo el microcítico, pueden producir ciertas activas que se vierten a la sangre y producen manifestaciones extrañas y diversas en el organismo, conocidas como *síndromes paraneoplásicos*. Los más comunes son el deterioro del estado general del paciente (debilidad, falta de apetito, pérdida de peso, fiebre), la anemia, ciertas alteraciones del esqueleto (como la deformidad de los dedos en forma de palillo de tambor), ciertas enfermedades de la piel, anomalías hormonales (aumentan el tamaño de la mamas en varones), del riñón, etc.

PRUEBAS PARA EL DIAGNÓSTICO

En el 70% de los casos el cáncer se detecta con una simple radiografía de tórax. En ocasiones, el diagnóstico se hace de forma casual al realizarse una radiografía por otro motivo (un traumatismo, un catarro prolongado, etc.), sin que el paciente haya presentado aún ningún síntoma canceroso. Es una prueba muy útil puesto que, en los sujetos con cáncer, la radiografía de tórax es normal en sólo el 2% de los casos.

Cuando los síntomas o la imagen radiológica sugieren la posibilidad de enfermedad maligna es imprescindible confirmar el diagnóstico obteniendo una muestra del tejido sospechoso. Para ello se recoge un fragmento pulmonar (biopsia bronquial) mediante una broncoscopia (un tubo especial introducido a través de la vía respiratoria), o por punción del tórax con aguja a través de la piel, o mediante cirugía (extirpación de un ganglio o de una metástasis).

En general, cuando se confirma la enfermedad, el médico practica otras pruebas necesarias para determinar el grado de extensión de la enfermedad, de lo que depende sus posibilidades de curación, como el escáner (TAC) y la gammagrafía ósea.

Desgraciadamente no existen, como en otros tumores, marcadores bioquímicos útiles para el cáncer de pulmón (sustancias detectables en un simple análisis de sangre u orina que permitan un diagnóstico precoz de la enfermedad, antes aún de ser visible en las radiografías).

TRATAMIENTO

Las decisiones terapéuticas importantes se toman en base al tipo de tumor. Así, los tumores microcíticos se tratan con quimioterapia, sin cirugía, ya que siempre está extendido por muy precoz que se diagnostique. Este tratamiento prolonga significativamente la supervivencia del paciente. En los tumores no microcíticos el tratamiento se decide según lo avanzada que esté la enfermedad, de lo que depende el intervenir al paciente o realizarle radioterapia o quimioterapia. En muchas ocasiones el tratamiento es combinado.

En el caso de los pacientes terminales existe un importante papel a desempeñar por la familia del paciente, que debe estar convenientemente asesorada y apoyada por el médico de cabecera y la enfermera domiciliaria en aspectos tan diversos como el conocimiento que el enfermo debe tener de la naturaleza y pronóstico de la enfermedad que padece (distinto según el paciente), el apoyo psicológico, el cuidado casero de los síntomas menores de la enfermedad y de los efectos secundarios del tratamiento (vómitos, pérdida del cabello, etc.), la reintegración del paciente en su entorno social, etc. De forma importantísima hay que recordar que, con la medicación y técnicas hoy disponibles, se puede y se debe controlar completamente los dolores que el paciente pueda presentar en la mayoría de los casos.

PRONÓSTICO

En general, sólo el 20% de los pacientes tienen su enfermedad localizada en el momento del diagnóstico, y, aun en ellos, la supervivencia cinco años después sólo es del 30% en los varones y 50% en las mujeres. Tienen peor pronóstico los pacientes que ya tienen mal estado general y pérdida de peso en el momento del diagnóstico. Tan pobres resultados del tratamiento exigen recordar que la mejor prevención de esta enfermedad es no iniciarse en el hábito de fumar.

ENFERMEDADES DE LA PLEURA

DERRAME PLEURAL

Entre el recubrimiento externo de los pulmones (pleura visceral) y el recubrimiento interno de la caja torácica que los contiene (pleura parietal) existe un espacio que en condiciones normales es virtual, ya que ambas pleuras están en contacto y entre ellas sólo existe una pequeña cantidad de líquido lubricante (unos 2 ml) para facilitar los movimientos pulmonares dentro del tórax. En este espacio pleural se puede acumular el exceso de líquido producido por ciertas enfermedades, lo que constituye un derrame pleural. En otras ocasiones este espacio puede ocuparse por tejido sólido, maligno o no.

La formación de líquido en la pleura es continua, pero existen mecanismos normales de limpieza que continuamente lo eliminan reabsorbiéndolo al sistema linfático. Se acumula líquido pleural cuando su formación supera a su absorción, bien porque su formación sea excesiva (procedente de la pleura parietal, del propio pulmón o de la cavidad abdominal) o bien porque esté reducido su drenaje por los linfáticos (éstos poseen capacidad para absorber 20 veces más líquido del que se forma normalmente).

El paciente con derrame pleural tiene un dolor torácico muy característico (dolor pleurítico), que se debe a la irritación de las fibras nerviosas sensitivas de la pleura parietal y aparece o empeora cuando se inspira profundamente, se tose o se realiza cualquier movimiento con el tórax. Este dolor suele ser en un solo lado y agudo, en el costado. Además del dolor, como el derrame pleural comprime el pulmón suele producir cierta disnea, que es proporcional a la cuantía del derrame.

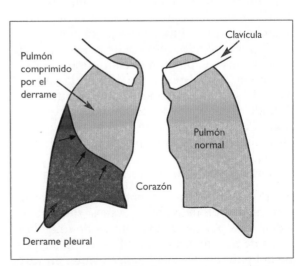

Esquema con pleura y pulmones.

El médico sospechará un derrame cuando, tras reconocer los síntomas anteriores, perciba una auscultación pulmonar anormal, con disminución de los ruidos respiratorios normales que llegan muy amortiguados por el derrame que recubre el pulmón. En general, la confirmación del diagnóstico se hace mediante una radiografía, si existe suficiente derrame. El derrame se empieza a hacer visible en la radiografía simple cuando alcanza un volumen de un cuarto de litro, aunque con ciertas posturas del paciente (acostado sobre el lado enfermo), puede percibirse con cantidades menores. También puede verse mediante TAC o ecografía.

Dada la variedad de causas, leves y graves, de derrame, tras el detectar su existencia es obligatorio continuar un estudio médico que determine la causa del mismo. Cuando por la historia clínica no queda claro, con frecuencia hay que tomar una muestra del líquido pleural y analizarlo, lo que se suele hacer atravesando la pared torácica entre dos costillas con una aguja larga y aspirando una pequeña cantidad. Esta intervención se hace con pocas molestias bajo anestesia local de la piel.

El tratamiento es muy diferente según la causa del derrame. Curada ésta, el derrame desparece por reabsorción en poco tiempo. En general, sea cual sea el tratamiento de la causa (antibióticos, cirugía, diuréticos, etc.), siempre que el derrame sea tan importante como para dificultar la respiración del paciente, se hace necesario puncionarlo para extraer rápidamente el líquido.

NEUMOTÓRAX

En condiciones normales los pulmones contienen permanentemente aire en su interior. Por el contrario no existe aire en la cavidad pleural, donde existe cierta presión negativa (vacío) que mantiene siempre inflados los pulmones.

Si por cualquier causa penetra aire en la cavidad pleural, el pulmón se comprime y deja de funcionar. La existencia de aire en la cavidad pleural es lo que se conoce como neumotórax. Cuando el neumotórax es abundante y a tensión, el aire acumulado en el tórax puede impedir completamente la respiración, constituyendo una urgencia quirúrgica su extracción.

Las causas del neumotórax son diversas:

a) *Neumotórax espontáneo:* Es una rara enfermedad de individuos jóvenes, sanos, altos y delgados por pequeñas roturas de unas burbujas de aire anormales (bullas) en la superficie del pulmón. Es mucho más común en varones (7/1 respecto a las mujeres). El paciente nota, a veces coincidiendo con un acceso de tos o un estornudo, un dolor torácico de brusco comienzo y fatiga.

b) *Neumotórax traumático:* Puede aparecer tras un traumatismo del tórax, por ejemplo, una fractura costal, un apuñalamiento, etc.

c) *Neumotórax yatrógeno:* Es el más frecuente de todos. Se produce en el curso de procedimientos médicos o quirúrgicos, como la evacuación de un derrame pleural, la biopsia pleural, la punción pulmonar, etc.

d) *Otras causas:* En pulmones con fibrosis previas (por tuberculosis, silicosis, EPOC, etc.) se pueden producir neumotórax también de forma espontánea.

El neumotórax se diagnostica mediante una radiografía de tórax tomada cuando el paciente realiza una espiración forzada. El tratamiento es distinto según el grado de colapso pulmonar y la dificultad respiratoria que produzca. Si es leve, en general sólo se aconseja observación y reposo, reabsorbiéndose espontáneamente en unas semanas. Si es importante es necesario ingresar en el hospital para extraer el aire con un aspirador especial, a través de un tubo insertado en el tórax.

TUMORES PLEURALES

La mayoría de los tumores de la pleura son metástasis de tumores de otros órganos. En general, su presencia indica mal pronóstico del paciente, sobre todo si son múltiples.

En otras ocasiones son auténticos tumores producidos en la pleura, benignos y malignos. Los benignos *(mesotelioma localizado)* son tumores raros que pueden producir pocos o ningún síntoma al paciente y se curan completamente por cirugía. Los malignos *(mesotelioma diseminado)* son tumores graves originados por la exposición al asbesto, años antes, en industrias o minerías. En ocasiones aparecen transcurridos más de 20 años del contacto. Por fortuna son raros (1 o 2 casos por millón de habitantes/año), ya que el tratamiento no es satisfactorio.

CONSEJO — CUIDADO CON EL ASBESTO

El asbesto es un silicato fibroso natural que se utiliza en la industria de aislamientos. Su uso está muy extendido en este sector, donde deben extremarse las medidas de protección contra su inhalación. El efecto cancerígeno es mayor en las fibras en las que el índice longitud/diámetro de la fibra es más alto.

4 ENFERMEDADES CARDIOVASCULARES

ALGUNOS DATOS SOBRE LAS ENFERMEDADES DEL CORAZÓN Y LOS VASOS EN LA ACTUALIDAD

Las enfermedades cardiovasculares se han convertido en la principal causa de muerte en los países industrializados, siendo la cardiopatía isquémica motivo fundamental de dicha mortalidad cardiovascular. El mecanismo responsable básico de estas enfermedades es la *arteriosclerosis*, un trastorno que lesiona y obstruye las arterias de mediano y gran calibre, produciendo la cardiopatía coronaria (infarto de miocardio) y el accidente cerebrovascular (los mal llamados derrames cerebrales). Estas enfermedades afectan a la población de forma diferente según su edad, sexo, raza y hábitos de vida. El conocimiento de la naturaleza y distribución de estas enfermedades es esencial para su control y prevención.

No sólo las enfermedades cardiovasculares ocasionan la mayoría de las muertes en el mundo desarrollado, sino que también son una causa importante de incapacidad física, siendo por todo ello el problema sanitario más importante de la población.

Sólo las enfermedades coronarias debidas a la arteriosclerosis (por falta de riego en el corazón), principalmente el infarto, la angina de pecho y sus secuelas, explican mas de la mitad de las muertes cardiovasculares. Otros tipos de enfermedades cardiovasculares, como los trastornos del ritmo del corazón, la insuficiencia cardíaca (el fallo de su función de bomba de la sangre), la hipertensión arterial y la embolia pulmonar, suponen aproximadamente el 26% de muertes, y los accidentes cerebrovasculares otro 7%.

La enfermedad cardiovascular es la principal causa de muerte e incapacidad en los países industrializados. Es más frecuente en la raza negra que en la blanca, en hombres que en mujeres y aumenta su aparición con la edad. El descenso de las tasas de enfermedad cardiovascular se consigue con la prevención primaria (evitar los factores de riesgo y adoptar estilos sanos) y con la mejora en la atención médica prestada, tanto preventiva (buen control de la hipertensión arterial o del exceso de colesterol) como curativa (tratamiento inmediato con fármacos trombolíticos en el infarto agudo de miocardio, acceso a servicios especializados en cuidados intensivos, etc.).

¿QUÉ FACTORES AUMENTAN EL RIESGO DE PADECER UNA ENFERMEDAD CARDIOVASCULAR?

Factor de riesgo es un término que combina el concepto de causa de una enfermedad con el concepto de elemento que predice el riesgo de padecerla en términos de probabilidad.

Algunos factores de riesgo son, afortunadamente, *modificables.* Son aquellos que podemos controlar y, por lo tanto, actuando sobre ellos permiten disminuir el riesgo de padecer la enfermedad. Otros factores de riesgo son *no modificables*, es decir, son características intrínsecas de cada individuo concreto que no pueden evitarse y sobre las que no se puede actuar (edad, sexo, herencia). La prevención de las principales enfermedades se centra en el conocimiento de los factores de riesgo modificables, por ejemplo, respecto a las enfermedades cardiovasculares los consejos preventivos van encaminados a modificar el estilo de vida de los individuos, adoptando conductas y hábitos más saludables.

Los factores de riesgo más importantes de las enfermedades cardiovasculares son la hipertensión arterial, la hiperlipemia (aumento del colesterol y otras grasas en el plasma) y el tabaquismo. Otros factores relacionados, pero con menor trascedencia, son el sedentarismo, la obesidad, el consumo alto de alcohol, los antecedentes familiares de enfermedades similares y la diabetes.

a) La hipertensión arterial

La hipertensión arterial se define como la elevación crónica de la presión sanguínea sistólica (alta), diastólica (baja) o de ambas, en las arterias. Se consideran cifras normales en adultos la presión arterial sistólica por debajo de 130 mmHg y la diastólica por debajo de 85 mmHg. Entre el 20 y el 30% de la población general es hipertensa, aunque de los afectados sólo conocen su enfermedad un 50-70%. Resulta por ello muy aconsejable realizar tomas periódicas de la tensión arterial a toda la población, como luego se comentará.

CONSEJO

VIGILE SU TENSIÓN ARTERIAL

La hipertensión arterial no es una enfermedad en sí misma. La mayoría de los pacientes no perciben ninguna molestia derivada de tener cifras excesivas de tensión arterial. Su gravedad radica en que, si no se controla, es uno de los principales factores de riesgo para desarrollar enfermedades cardiovasculares graves, especialmente derrames cerebrales.

- ✔ Dieta pobre en grasas saturadas (animales, quesos, mantequilla) y rica en grasas mono y poliinsaturadas (aceite de oliva, de girasol, pescado azul…), y fibras solubles.
- ✔ Aumentar el consumo de azúcares de absorción lenta.
- ✔ Aumentar el consumo de proteínas vegetales, pescado y aves.
- ✔ Disminuir la ingesta de alcohol.
- ✔ Aumentar el ejercicio físico.
- ✔ Disminuir el consumo de tabaco.

Medidas dietéticas para prevenir la hiperlipemia.

Los niveles de monóxido de carbono que inhalamos aumentan cuando compartimos un espacio cerrado con alguna persona que fuma, cuando caminamos por una zona donde hay mucho tráfico rodado y, evidentemente, cuando fumamos. Debemos tener en cuenta que incluso en una habitación donde nadie fuma existe una pequeña cantidad de monóxido de carbono que inhalamos con la respiración.

La hipertensión arterial es el factor de riesgo de las enfermedades cardiovasculares que provoca mayor número de consultas, ya que es la enfermedad crónica más frecuente en los países industrializados.

En la mayoría de los casos la hipertensión es de causa desconocida (hipertensión esencial o primaria) y tan sólo en un 20% la hipertensión se debe a alguna causa orgánica que puede ser identificada y tratada (hipertensión secundaria), como patología renal, endocrina, metabólica, etc.

La distribución en la población varía según el sexo, la edad, la raza y la existencia de otros factores concomitantes, siendo más frecuente en mujeres, en la raza negra, en las personas obesas y en las de mayor edad.

b) La hiperlipemia

La hiperlipemia se define como el aumento en el plasma sanguíneo de los lípidos (grasas) como el colesterol, los triglicéridos o ambos, por encima del nivel normal que varía en función de la edad y el sexo. En principio, se considera hiperlipemia siempre que se detecte una concentración de colesterol superior a 200 mg/dl o de triglicéridos superior a 200 mg/dl, aunque se consideran excesivas cifras menores si el paciente tiene otros factores de riesgo coronario asociados o antecedentes personales de cardiopatía isquémica (en este caso conviene reducir más drásticamente el colesterol, para evitar la multiplicación del riesgo).

c) El tabaco

Debe recordarse siempre que el tabaquismo es la primera causa prevenible de enfermedad, incapacidad y muerte prematura en las sociedades industrializadas. Aproximadamente el 80% de exceso de mortalidad por el tabaco se relaciona con las enfermedades cardiovasculares, cáncer de pulmón, EPOC (bronquitis crónica o enfisema) y asma.

Se ha demostrado que la mortalidad aumenta en función del número de cigarrillos fumados, del tiempo del hábito adquirido, de la edad a la que se empezó a fumar y de si se inhala el humo del tabaco. En los que abandonan el hábito de fumar, la mortalidad disminuye a medida que avanza el tiempo de abstinencia, de forma que al cabo de 15 años sin fumar las perspectivas de vida de los ex fumadores se igualan a las de los no fumadores.

El tabaco es el factor de riesgo más importante de coronariopatía (angina e infarto), en la que actúa aún de forma independiente (aunque cuando coincide con otros factores de riesgo multiplica sus riesgos). La cardiopatía isquémica prematura (en población joven y media) es la consecuencia médica más importante y dramática del tabaquismo.

¿Por qué produce infartos el tabaquismo? Por varios motivos simultáneos: durante el consumo de un cigarrillo el corazón aumenta su necesidad de oxígeno pero recibe un aporte reducido (por los humos de la combustión), además el tabaco hace que las plaquetas se agreguen con más facilidad (se adhieren unas a otras formando trombos que taponan la circulación) y facilita la aparición de arritmias graves, como la taquicardia ventricular. Todos estos riesgos disminuyen a la mitad un año después de abandonar el tabaco, pero el peligro no se iguala al de un no fumador hasta 15 años después. Además el tabaco es una causa importante de accidente cerebrovascular y el factor de riesgo más potente para la enfermedad vascular periférica (la falta de riego en extremidades, que ocasio-

nalmente desemboca en una gangrena con necesidad de amputación).

Está claramente demostrado que en el caso del tabaquismo pasivo, el humo procedente del cigarrillo y expulsado por el fumador inhalado por sus convivientes (familiares, compañeros de trabajo, etc.), supone también un mayor riesgo para las enfermedades cardiovasculares y el cáncer de pulmón.

d) La obesidad

Se considera presente una obesidad cuando se supera el peso teórico que un individuo debe tener, en función de su edad, sexo y talla, para lograr su mayor esperanza de vida. En concreto, se habla de obesidad cuando el índice de masa corporal (I.M.C.) es superior a 30. Este índice resulta fácil de determinar con una sencilla fórmula.

$$\text{I.M.C.} = \frac{peso^2 \ (\textit{en kilogramos})}{estatura \ (\textit{en metros})}$$

Por ejemplo, un varón que mida 171 cms y pese 78 kg tendría un IMC = $(78)^2 / 171 = 35,6$.

La obesidad es el trastorno del metabolismo más frecuente en los países industrializados, afectando más a mujeres que a hombres. Aumenta la mortalidad y disminuye la esperanza de vida en relación inversa al grado de sobrepeso (a mayor exceso de peso, mayor probabilidad de muerte súbita). Si además se asocia a otros factores de riesgo (tabaco, hipertensión, etc.), potencia su efecto.

La obesidad es un problema de salud propio de países desarrollados.

LAS ENFERMEDADES CARDIOVASCULARES MÁS COMUNES

LA INSUFICIENCIA CARDÍACA

El corazón es un bomba que impulsa la sangre a través del laberinto de vasos sanguíneos, y lo hace de una forma continuamente adaptada a las necesidades que en cada momento el organismo tenga. Este motor no es infalible ni eterno y puede perder parte de su función por distintas causas internas (isquemia cardíaca, defectos de las válvulas, trastornos de ritmo, envejecimiento o enfermedad del músculo cardíaco, etc.) o externas al corazón (exceso crónico de tensión arterial, enfermedades hormonales tiroideas, intoxicaciones, ejercicio extenuante, etc.).

Esta situación en la que el corazón no puede dar respuesta a las necesidades de riego sanguíneo del organismo es lo que se llama insuficiencia cardíaca. Los principales síntomas que produce se deben a la incapacidad del corazón de bombear la sangre con eficacia al resto del organismo, produciendo la dificultad para respirar, la retención de líquidos (edemas), el cansancio y una menor capacidad para la actividad física.

Como ya se comentó antes, el corazón se suele dividir en dos unidades funcionales diferentes: derecha (que recibe sangre de la circulación mayor o sistémica y la bombea hacia la circulación menor o pulmonar) e izquierda (con llegada y salida de sangre inversas), aunque cuando un problema afecta seriamente a una de ellas suele repercutir sensiblemente en la otra, entremezclándose los síntomas de una y otra parte.

Cuando la insuficiencia cardíaca afecta al corazón derecho, como la bomba de envío hacia

los pulmones falla, se acumula la sangre que retorna del resto del organismo en los capilares venas y de retorno hacia el corazón. Este "embotellamiento" del retorno sanguíneo aumenta la presión en el interior de los vasos y produce un escape de líquido plasmático hacia los tejidos, donde se acumula formando lo que se conoce como edema. Al principio se limita a las zonas más bajas del cuerpo, típicamente las piernas que se hinchan de forma evidente, pero según avanza el proceso también se acumula líquido en el hígado, que aumenta de tamaño (hepatomegalia) y crece la presión en las venas del cuello, que se aprecian ingurgitadas. En casos muy graves la retención de líquido es generalizada y se acumula por todo el organismo (cara, abdomen, brazos, …), lo que se conoce como anasarca.

Cuando la insuficiencia afecta básicamente al ventrículo izquierdo, al disminuir el bombeo de sangre hacia los tejidos, se acumula el líquido en la circulación pulmonar. El aumento de presión mantenido en los vasos pulmonares, facilita el escape de líquidos hacia el propio tejido pulmonar, lo que se manifiesta fundamentalmente por una dificultad para respirar (disnea) de distinto grado. En la insuficiencia izquierda se producen también síntomas por falta de riego en los distintos aparatos del organismo (cansancio por falta de riego muscular, síncopes por falta de riego cerebral, menor producción de orina por falta de riego en los riñones, etc.). En la realidad, lo más frecuente es que la insuficiencia cardíaca sea mixta (izquierda y derecha) y se mezclen síntomas de ambos sistemas en distinta medida.

Los pacientes con síntomas de insuficiencia cardíaca deben ser estudiados detenidamente mediante las pruebas necesarias para determinar la gravedad del proceso y la causa que lo produce. Un examen físico detenido, radiografía de tórax, análisis de sangre y orina y electrocardiograma, son pruebas básicas en el proceso diagnóstico. Según la sospecha del médico tras ellos, a veces se realizarán otras pruebas más complejas (estudios hormonales, ecocardiograma, ergometría, coronariografía, etc.) para llegar al diagnóstico definitivo.

El tratamiento de la insuficiencia cardíaca, como enfermedad potencialmente muy grave si no se corrige a tiempo, compete al médico quien recomendará distintas alternativas según el motivo del fallo cardíaco.

Todo paciente a quien se le diagnostique este trastorno, sobre todo en sus formas más leves (cuando la actividad física sólo se limita en caso de ejercicio intenso), debe conocer unos cuidados generales caseros de vital importancia: se debe eliminar el consumo de sal en la comida de la forma más absoluta posible para evitar la re-

---

- ✔ Cardiopatía isquémica.
- ✔ Miocardiopatías: dilatada, hipertrófica.
- ✔ Valvulopatías.
- ✔ Alteraciones electrofisiológicas: arritmias, síndrome de preexcitación…
- ✔ Otras: cardiopatías congénitas, embolia pulmonar…
- ✔ Enfermedades no cardíacas: hemorragia masiva cerebral y digestiva.
- ✔ Muerte súbita infantil.

Enfermedades asociadas a muerte súbita.

tención de líquidos (en su defecto se utilizarán especias saborizantes sin sodio), se reducirá el sobrepeso, si existe, con una dieta estricta baja en calorías y se debe bajar el nivel de actividad física y mental, guardando un reposo adecuado al nivel de los síntomas existentes.

LA MUERTE SÚBITA

¿Qué es la muerte súbita?

Este término resulta más claro en su acepción deportiva (*tie break*) que en la médica, ya que el concepto de muerte súbita significa distintas cosas para distintos médicos (clínicos, anatomopatólogos o epidemiólogos). De una forma general, y aunque no existe unanimidad en cuanto al tiempo que ha de transcurrir desde que comienzan los síntomas hasta que acontece la muerte para decir que ésta ha sido súbita, se considera así toda muerte de causa natural que tiene lugar en la primera hora tras el comienzo de los síntomas. En el caso de encontrar muerto al paciente, se considera muerte súbita, si en las veinticuatro horas previas el paciente se encontraba bien y no era previsible tal desenlace. Se trata, por tanto, de muertes no esperadas, no producidas por un agente externo conocido (traumatismo, intoxicación, etc.), en pacientes aparentemente sanos o, al menos, no críticamente enfermos. Por tales características con frecuencia producen situaciones de gran dramatismo familiar y social.

- ✔ Hipertensión arterial.
- ✔ Hiperlipemia.
- ✔ Tabaco.
- ✔ Sedentarismo.
- ✔ Diabetes.
- ✔ Alcohol.
- ✔ Estrés.
- ✔ Anticonceptivos orales.

Factores de riesgo modificables.

- ✔ Edad.
- ✔ Sexo masculino.
- ✔ Mujer postmenopáusica.
- ✔ Herencia.
- ✔ Historia personal de enfermedad coronaria.

Factores de riesgo no modificables.

¿CUÁLES PUEDEN SER LAS CAUSAS DE LA MUERTE SÚBITA?

El principal motivo de muerte súbita son las arritmias graves como la fibrilación ventricular (un trastorno del ritmo eléctrico del corazón, mortal si no se trata en pocos segundos). Estas arritmias ocurren mayoritariamente en corazones enfermos por cardiopatía isquémica (conocida o no). De nuevo, por otro mecanismo, el tabaco es una importantísima causa de muerte evitable (aparte de los infartos, cánceres, bronquitis crónica…).

En los países occidentales su causa más frecuente es, con mucho, el corazón. La mayoría de los casos (90%) se deben a trastornos del ritmo cardíaco que causan una parada cardíaca inmediata sin síntomas previos: encontrándose previamente bien, el paciente sufre una pérdida de conciencia brusca y se aprecia la desaparición del pulso arterial. En el 10% restante de los casos se produce un fallo cardíaco progresivo, que provoca un colapso circulatorio antes del paro cardíaco en un tiempo breve.

En pocas ocasiones (5%), la causa de una muerte súbita no está en el corazón, sino en otros órganos, destacando la hemorragia cerebral o digestiva masivas. En algunos casos no se encuentra enfermedad alguna asociada a la que achacar estas muertes.

En los casos de muerte súbita infantil no está del todo claro cuál es el mecanismo responsable de la misma, pero probablemente se relaciona con alteraciones del sistema nervioso autónomo que afecten al aparato cardiovascular y al aparato respiratorio simultáneamente, de forma que se produce una apnea (detención de la respiración) junto a un trastorno del ritmo cardíaco y, finalmente, la muerte.

¿SE PUEDE PREVENIR LA MUERTE SÚBITA?

La prevención de la muerte súbita es posible y eficaz, luchando contra los factores de riesgo conocidos para evitar su actuación. Por ejemplo, respecto a la cardiopatía isquémica, es fundamental que se trate de forma precoz el ataque agudo de infarto en un hospital y, tras ello, se realice un seguimiento médico exhaustivo del paciente proporcionándole la protección global cardíaca que precise (fármacos, rehabilitación física y psicológica, corrección de factores de riesgo cardiovascular, etc.).

✔ Antecedentes de arritmias ventriculares malignas (taquicardia ventricular sostenida, paro cardíaco).

✔ Cardiopatías con mayor posibilidad de desarrollar arritmias ventriculares (mala función ventricular, isquemia...).

✔ Bradiarritmias graves.

Pacientes con riesgo de sufrir muerte súbita.

Los pacientes que tienen mayor riesgo de sufrir muerte súbita, en relación con la presencia de los factores desencadenantes antes mencionados, deben ser objeto de estudios en centros especializados para poder actuar lo antes posible sobre ellos. No obstante, la mayoría de los procedimientos usados para determinar el riesgo de muerte súbita tienen un valor limitado.

LA HIPERTENSIÓN ARTERIAL

Se define la hipertensión arterial como la elevación crónica de la presión sanguínea por encima de 140 mmHg para la presión sistólica (*alta*) y 90 mmHg, para la diastólica (*baja*).

La hipertensión arterial es uno de los más importantes factores de riesgo cardiovascular y al que se le dedican los mayores recursos económicos, tanto por su importancia real como factor de riesgo, como por la concienciación establecida entre los profesionales y la población en general de sus peligros, así como por la seguridad con la que puede llegar a controlarse en la actualidad. No existe ninguna duda sobre que la intervención preventiva de tratar la hipertensión realmente salva vidas y evita incapacidades.

La hipertensión arterial es uno de los más importantes factores de riesgo cardiovascular y al que se le dedican los mayores recursos económicos, tanto por su importancia real como factor de riesgo, como por la concienciación establecida entre los profesionales y la población en general de sus peligros, así como por la seguridad con la que puede llegar a controlarse en la actualidad. No existe ninguna duda sobre que la intervención preventiva de tratar la hipertensión realmente salva vidas y evita incapacidades.

En el 90% de los casos se desconoce la causa de la hipertensión, hablándose en estos casos de hipertensión arterial esencial o primaria. En el resto la hipertensión es secundaria a una enfermedad renal, vascular, endocrina, neurogénica, al embarazo, al consumo de fármacos...

La hipertensión arterial repercute desfavorablemente sobre distintos órganos del cuerpo, a los que se llama sus *órganos-diana*: corazón, cerebro, riñón y ojos.

¿Produce síntomas la hipertensión arterial?

Es importante destacar que la mayoría de los pacientes con una hipertensión no complicada no tienen ningún síntoma que permita sospecharla, por lo que está justificada la búsqueda activa que los médicos realizan cuando toman la tensión arterial a pacientes que consultan por cualquier otro motivo.

Una minoría de los pacientes hipertensos presentan una cefalea en la frente y/o en el cuello, generalmente matutina y de carácter pulsátil (golpes o latidos). También pueden aparecer palpitaciones, disnea, dolor anginoso o incluso fallo cardíaco. Otras molestias son sensación de inestabilidad, mareos, vértigos, poliuria y hemorragias (nasales, oculares, etc.). En realidad, muchos de estos síntomas pueden deberse a la existencia de complicaciones o a otra patología vascular existente, relacionada o no con la hipertensión.

¿Puede diagnosticarse la hipertensión con un aparato casero?

Aunque muchos de los aparatos disponibles en el mercado para su uso no profesional (tensiómetros electrónicos) resultan fiables para determinar las cifras de tensión arterial, para diagnosticar a una persona de hipertensión no basta con haber presentado cifras elevadas en una sola ocasión, sino que tenemos que confirmar la elevación permanente de la misma en, al menos, tres tomas repetidas, separadas en el tiempo.

Además, para llegar a un diagnóstico correcto de hipertensión y evitar catalogar a alguien de hipertenso cuando no lo es y viceversa, tenemos que cumplir unas normas mínimas, tanto por parte del paciente como del aparato, para que los valores obtenidos sean reales:

• guardar reposo al menos 20 minutos antes de la toma de la tensión;
• no haber consumido excitantes (café, alcohol, tabaco, etc.);

Hay personas que tienen una jornada laboral muy larga, normalmente acompañada de un alto consumo de café. Ambas cosas producen estrés, ansiedad y un gran riesgo para el corazón.

¿POR QUÉ A LOS PACIENTES HIPERTENSOS SE LES OBSERVA PERIÓDICAMENTE EL FONDO DEL OJO CON UN OFTALMOSCOPIO?

A través de esta lente de ampliación se ven los vasos de la retina, que son las terminaciones de una arteria cerebral (la arteria oftálmica). Si los vasos de la retina se ven dañados por la hipertensión, también lo estarán los vasos cerebrales y el paciente tendrá un mayor riesgo de derrame cerebral. Es decir, permite valorar la repercusión cerebral de la tensión arterial.

- tener la vejiga vacía;
- no llevar ropa apretada en torno al brazo de la toma;
- realizar dos tomas dejando de 3 a 5 minutos entre ambas;
- verificar que todos los elementos del aparato estén en buenas condiciones (perilla, válvulas, manguito, gomas) y que el aparato esta bien calibrado;
- elegir un manguito de medidas (largo y ancho) adecuadas al brazo del paciente, pues si es pequeño para él sobrestimará los valores y si es mayor los subestimará.

Clasificación de la hipertensión arterial

Con frecuencia los médicos utilizan distintos adjetivos de la hipertensión arterial que conviene conocer. Según a lo que se haga referencia existe:

- Según la causa de la hipertensión:
  - Primaria o esencial (90% de los casos).
  - Secundaria (renal, endocrina, etc.).
- Según la *severidad de las cifras:*
  - Leve: P. A. 140-159 y/o 90-99 mmHg.
  - Moderada: P. A. 160-179 y/o 100-109 mmHg.
  - Severa: P. A. 180-209 y/o 110-119 mmHg.
  - Muy severa: P. A. >210 y/o >120 mmHg.
- Según la *repercusión* sobre los órganos diana
  - Grado I: sin signos de lesión orgánica.
  - Grado II: al menos uno de los siguientes
    - hipertrofia del ventrículo izquierdo;
    - estrechamiento de las arterias de la retina;
    - daño renal (microalbuminuria, proteinuria y/o aumento de la creatinina plasmática.
  - Grado III: presencia de:
    - insuficiencia del ventrículo izquierdo;
    - hemorragia cerebral o cerebelosa;
    - daño grave en el fondo de ojo (hemorragias o exudados en la retina con o sin edema de papila.

Estudio del paciente hipertenso

Una vez confirmado el diagnóstico de HTA, hay que hacer una valoración integral del paciente, analizando la existencia de daños en los órganos diana, la presencia o no de factores de riesgo cardiovascular (tabaco, colesterol, etc.) y descartando la presencia de otras patologías asociadas a la hipertensión. Los datos obtenidos de esta valoración permitirán establecer un orden de prioridades a la hora de intervenir, así como de indicar el tratamiento más adecuado.

De una forma general, además se solicitarán unas pruebas rutinarias que son: examen del fondo de ojo, analítica de sangre y orina (con glucemia, creatinina, ácido úrico, potasio, colesterol, proteinuria y microhematuria), electrocardiograma (que debe realizarse antes de iniciar el tratamiento porque algunos fármacos antihipertensivos pueden modificarlo) y en ocasiones radiografía de tórax. El ecocardiograma (estudio con ecografía del corazón) se reserva para los casos más complicados.

El tratamiento de la hipertensión

Los objetivos del tratamiento son: a corto plazo, mejorar la calidad de vida y disminuir las complicaciones cardiovasculares de la enfermedad y a largo plazo, se busca reducir la morbimortalidad cardiovascular.

En primer lugar, el paciente debe modificar su estilo de vida, siendo las tres medidas de mayor eficacia: la reducción de peso, la disminución de la ingesta de alcohol y la reducción de la ingesta de sal (no sólo el uso del salero en la cocina o en la mesa, sino el consumo de alimentos ricos en sodio, como los frutos secos, los embutidos, las conservas de pescados, etc.). La corrección de estos tres factores podría controlar a más de la mitad de los hipertensos esenciales, evitando la necesidad de tomar medicamentos. Sólo cuando con estas medidas no se controla la tensión se debería recurrir al tratamiento con fármacos, máxime teniendo en cuenta que una vez iniciado el tratamiento éste deberá mantenerse de por vida y que todo fármaco tiene sus complicaciones y riesgos.

Existen seis grupos de fármacos para el tratamiento de la hipertensión: diuréticos, betabloqueantes, alfabloqueantes, inhibidores adrenérgicos de acción central, inhibidores de la enzima convertidora de la angiotensina (IECA), calcioantagonistas. Ninguno es mejor ni peor de forma absoluta. Cada uno de ellos resulta el medicamento específicamente recomendado para un determinado paciente una vez valorado detalladamente como se ha comentado.

LA CARDIOPATÍA ISQUÉMICA

La cardiopatía isquémica es la enfermedad del miocardio producida por la falta de riego sanguíneo en él, o más concretamente por la desproporción entre el aporte del flujo sanguíneo coronario (que puede ser normal) y las necesidades miocárdicas (que pueden estar muy elevadas). Puede manifestarse en forma de episodios agudos, temporales o crónicos. La causa puede ser tanto alteraciones funcionales (taquicardia, ejercicio extenuante, etc.) como anomalías orgánicas (estrechamiento de las arterias, crecimiento del corazón, etc.).

¿Qué es la circulación coronaria?

Como se vio al inicio de este capítulo, la irrigación del miocardio corre a cargo de las arterias coronarias, derecha e izquierda, procedentes de la aorta. Cada una se distribuye, mayoritariamente, por su ventrículo correspondiente, y se entrelazan por abundantes interconexiones llamadas anastomosis.

El flujo coronario es de aproximadamente 80 a 100 ml por cada 100 gr de miocardio en condiciones normales, pero cuando las circunstancias lo exigen puede aumentar hasta cuatro veces este valor. Los factores que aumentan el consumo de oxígeno del miocardio son el aumento de la fuerza o de la frecuencia de contracción del corazón.

A diferencia de los demás órganos el flujo coronario no es continuo, sino que la sangre llega al miocardio durante la relajación cardíaca (diástole), pues en cada contracción del corazón (sístole) la presión de sus paredes es tan alta que se cierran las arterias coronarias. Esta circulación coronaria está sometida a unos mecanismos de control, que la hacen adecuada a las necesidades de oxígeno del miocardio en cada momento, en los individuos sanos.

Epidemiología de la cardiopatía isquémica

La cardiopatía isquémica sigue siendo una de las causas más frecuentes de mortalidad a nivel mundial. Se han identificado una serie de hábitos que son más frecuentes en los pacientes que sufren cardiopatía isquémica que en la población general. Son los *factores de riesgo coronario*, siendo tres los principales: hipertensión, tabaquismo y hipercolesterolemia, que tienen carácter constante, gradual e independiente, pero no podemos olvidar el carácter sumatorio de todos los factores de riesgo (cuando aparecen en conjunto incrementan el riesgo de forma muy marcada). Además existen otros factores de riesgo demostrado como diabetes, obesidad, estrés, anticonceptivos orales, edad avanzada y sexo masculino.

Los mecanismos por los que, de forma aislada o combinados entre sí, se puede producir la insuficiencia coronaria son varios. Algunos de ellos producen obstrucción al flujo coronario, como la arteriosclerosis (el más frecuente), el espasmo de las arterias coronarias o la embolia en dicho territorio. Otros inducen un aumento en la necesidad de oxígeno del corazón para el que la circulación coronaria se vuelve insuficiente, como las situaciones en las que se produce hipertrofia cardíaca (estenosis aórtica, miocardiopatía hipertrófica, hipertensión) o dilatación cardíaca (insuficiencia aórtica avanzada, miocardiopatía dilatada). En otros, se reduce el riego coronario por debajo de un mínimo necesario (arritmias rápidas, situaciones de bajo gasto cardíaco, etc.).

Manifestaciones clínicas de la cardiopatía isquémica

No todos los pacientes con cardiopatía isquémica presentan los mismos síntomas, sino

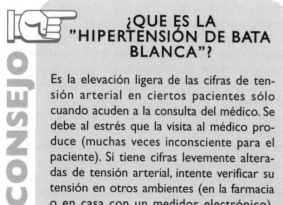

CONSEJO

¿QUE ES LA "HIPERTENSIÓN DE BATA BLANCA"?

Es la elevación ligera de las cifras de tensión arterial en ciertos pacientes sólo cuando acuden a la consulta del médico. Se debe al estrés que la visita al médico produce (muchas veces inconsciente para el paciente). Si tiene cifras levemente alteradas de tensión arterial, intente verificar su tensión en otros ambientes (en la farmacia o en casa con un medidor electrónico). Estos casos no precisan ningún tratamiento, aunque sí vigilar su evolución futura.

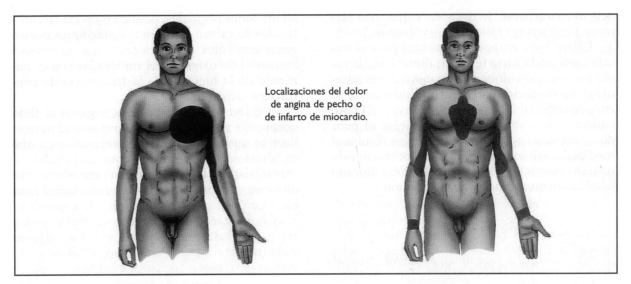

Localizaciones del dolor
de angina de pecho o
de infarto de miocardio.

Diagnósticos de las enfermedades coronarias.

que existen cinco formas características de presentación de esta enfermedad:

1. Angina de pecho (la forma más frecuente).
2. Infarto de miocardio.
3. Arritmias.
4. Muerte súbita.
5. Insuficiencia cardíaca.

LA ANGINA DE PECHO

Se define como dolor, opresión o malestar, generalmente torácico atribuible a isquemia miocárdica transitoria. Se trata, por definición, de un cuadro pasajero y reversible, que no deja secuelas definitivas en el paciente, pero que puede ser el aviso de una situación mucho más grave posterior como el infarto de miocardio. El dolor tiene unas características típicas, en general se percibe como una opresión o constricción, "como si tuviera una tabla apretándome en el pecho", de comienzo y cese gradual, acompañado o no de fenómenos vegetativos: sudoración, palidez, náuseas, etc. Su intensidad es variable, desde muy fuerte a una simple sensación molesta que no llega a ser un auténtico dolor.

En la mayoría de los casos, este dolor se siente detrás del esternón, en el centro del pecho, desde donde se irradia al brazo izquierdo y, a veces, al cuello, la mandíbula y los hombros. No es raro encontrar localizaciones atípicas del dolor, en las muñecas, en la boca del estómago (epigastrio), a veces descrito por los pacientes como una sensación de ardor.

Su duración característica suele ser menor a 15 minutos, desapareciendo por completo entre dos episodios, en caso de que se repita (todo dolor que se prolongue más tiempo debe hacer sospechar el establecimiento de un infarto). Típicamente aparece durante un ejercicio o una situación de estrés emocional, aunque cualquier situación que aumente el consumo de oxígeno puede precipitarla. Habitualmente desaparece al dejar la actividad que se estaba haciendo y reposar. Los síntomas se eliminan rápidamente con la administración de un fármaco específico (nitroglicerina sublingual), lo que es tan típico que tiene valor diagnóstico, cuando el origen de un dolor en el pecho no acaba de estar claro.

No todas las anginas son iguales en sus síntomas y en sus riesgos, sino que existen situaciones muy diferentes. La *angina de esfuerzo* se desencadena siempre por esfuerzos físicos u otras situaciones que aumenten la demanda de oxígeno. Según el nivel de esfuerzo que provoca el dolor el cuadro será más o menos grave. La *angina de reposo*, aparece de forma espontánea, sin un desencadenante aparente. Puede ser debida a espasmo coronario, a un trombo secundario a una placa de ateroma, o bien por condiciones extracardíacas como una anemia severa. Una variedad de ésta es la angina variante de Prinzmetal, frecuentemente nocturna, debida a un vasoespasmo coronario. La *angina mixta* es la coexistencia de la angina de esfuerzo y la de reposo, sin un claro predominio de una de ellas.

La prueba específica para confirmar la presencia de isquemia coronaria es el *electrocardiograma (ECG)*, de obligada realización tanto durante los episodios de dolor como fuera de ellos, en los que no suele haber alteraciones o éstas son inespecíficas. El hallazgo de alteraciones reversibles del ECG detectadas con y sin síntomas sugerentes de isquemia coronaria es casi diagnóstico da angina de pecho, aunque un trazado estrictamente normal no descarta la existencia de cardiopatía isquémica.

Cuando no existe la oportunidad de realizar el ECG durante un episodio de dolor y existe la sospecha firme de que se trata de un dolor típico, se realiza la *prueba de esfuerzo* (un ECG obtenido durante el ejercicio en un tapiz rodante). Su fundamento es el de provocar una isquemia controlada en el miocardio que se refleje en un registro electrocardiográfico continuo durante la prueba. Sirve para valorar si un dolor torácico se debe a enfermedad coronaria, para determinar la severidad y pronóstico de una angina, y para evaluar la eficacia del tratamiento y la capacidad funcional del individuo. Esta prueba tiene ciertos riesgos por lo que siempre se realiza en un centro donde se disponga de instrumental de resucitación cardiopulmonar avanzada disponible en caso de complicación (por ejemplo, no está indicada en pacientes con angina inestable, durante la primera semana después de un infarto, en presencia de arritmias importantes o de problemas valvulares como la estenosis aórtica severa).

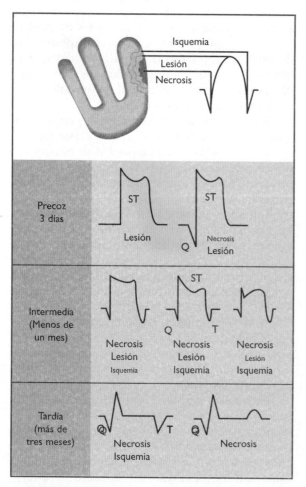

Evolución del infarto agudo de miocardio en la imagen del electrocardiograma.

El tratamiento de la angina de pecho consiste, en primer lugar, en unas medidas generales, como identificar y tratar los factores de riesgo y corregir los factores agravantes (arritmias, enfermedades pulmonares, anemia, etc.). El seguimiento escrupuloso de las recomendaciones sobre hábitos de vida saludable que el médico aconsejará según cada caso, permite a muchos pacientes con cardiopatía isquémica llevar una vida totalmente exenta de síntomas. De forma específica, el paciente anginoso debe abstenerse de forma absoluta del uso del tabaco por el gran riesgo de precipitar ataques que ello supone. Es muy beneficioso solicitar una recomendación específica sobre las posibilidades de entrenamiento físico adaptada a las posibilidades de cada sujeto (paseo, bicicleta, etc.).

Es crucial que todo paciente con cardiopatía isquémica aprenda a reconocer los síntomas del ataque anginoso y conozca cual debe ser su actuación urgente ante su aparición. En tal situación, el paciente debe guardar reposo absoluto, autoadministrándose un comprimido de nitroglicerina sublingual, previamente masticado, lo que puede repetirse hasta en tres ocasiones con un intervalo de cinco minutos. Si tras esto el dolor no cede, el paciente debe acudir urgentemente al hospital más cercano. Es conveniente que este medicamento se consuma completamente tumbado para evitar el mareo que puede ocurrir por la bajada de tensión que provoca.

Bajo recomendación médica, además, los pacientes con angina deben recibir un tratamiento de fondo de forma crónica (diaria, no sólo durante los ataques), para prevenir las crisis y evitar su agravamiento hacia el infarto. Para ello, existen varios grupos de fármacos (nitratos de acción prolongada, betabloqueantes, calcioantagonistas y aspirina), que serán elegidos en función del tipo de angina y patología asociada.

INFARTO DE MIOCARDIO

Se define el infarto de miocardio como la necrosis (muerte) de una zona del miocardio originada por una interrupción aguda de su irrigación. La causa más frecuente suele ser la arteriosclerosis coronaria, que produce la obstrucción parcial de una arteria coronaria, a la que generalmente se añade una trombosis (un coágulo sanguíneo) que cierra completamente la circulación por la arteria. La gravedad del infarto es que la destrucción del músculo cardíaco que provoca es permanente e irreversible: si afecta masivamente a todo el corazón, produce el fallecimiento del paciente; si es más limitado, produce una cicatriz en una zona que re-

♥ Factores de riesgo principales: hipertensión, tabaco, colesterol alto.

♥ Diferencias del dolor de la angina y del infarto:

Angina: dolor retroesternal, opresivo, irradiado a brazo izquierdo, de menos de 15 minutos de duración, que aparece con el ejercicio y mejora con reposo y nitroglicerina.

Infarto: dolor retroesternal, opresivo, irradiado a brazo izquierdo, de más de 30 minutos de duración que no cede con el reposo ni con los nitratos.

Dolor torácico no coronario: dolor torácico, en un punto concreto del tórax (señalable a punta de dedo) muy corta o bien muy larga duración.

♥ Ante la sospecha de un dolor coronario no se debe esperar a ver su evolución, sino acudir a urgencias del hospital más próximo, no olvidando tomar una aspirina según vamos de camino.

Puntos clave a recordar sobre los infartos.

percutirá en distinta medida en la función del corazón, según su extensión y su localización.

La clínica está caracterizada por el dolor torácico detrás del esternón, similar al de la angina, pero mas intenso y duradero (unos 30 minutos) y que no cede con reposo ni con el consumo de nitroglicerina. Suele acompañarse de sudoración fría, náuseas o vómitos, debilidad, mareos, palpitaciones y gran angustia en el paciente, que percibe una sensación de muerte inminente. Cerca de un 20% de los infartos son indoloros, lo que ocurre más frecuentemente en pacientes diabéticos y en ancianos. Más raramente, puede presentarse como dolor de estómago (epigastralgia) con sintomatología digestiva, estado confusional, hipotensión, arritmia o sensación profunda de cansancio.

El diagnóstico de infarto es seguro si se dan tres criterios inequívocos: síntomas clínicos típicos (los descritos anteriormente), alteraciones bioquímicas (en un análisis de sangre) y alteraciones electrocardiográficas. Si se alteran sólo el ECG y la analítica, aunque la clínica sea atípica, suele tratarse también de un infarto.

• Las *alteraciones bioquímicas* consisten en la elevación de ciertas enzimas sanguíneas sobre sus cifras normales, expresando que existe una zona de necrosis muscular. El problema es que dicha destrucción muscular no tiene por que ser necesariamente en el miocardio. Para evitar errores se determina de forma seriada (repetida en el tiempo) y se comprueba que, en caso de infarto, se eleva y persiste.

• Las *alteraciones del electrocardiograma* van cambiando según evoluciona el infarto, lo que tiene gran valor de ayuda al diagnóstico en casos dudosos. Estas alteraciones se caracterizan por una distorsión de las ondas eléctricas normales presentadas en el capítulo 3 (Técnicas de diagnóstico médico) de este mismo tomo, en concreto se produce una onda Q ancha y profunda (indica tejido cardíaco muerto), se eleva la línea ST (indica que alrededor del infarto hay una zona lesionada pero todavía recuperable), y se invierte la onda T (indica la falta de riego de la zona más periférica). Además el ECG permite saber en qué parte del corazón se ha producido el infarto (postero-inferior, anterior, septal, lateral) lo que tiene valor pronóstico, ya que algunas localizaciones son más graves que otras.

Actuación ante un infarto

El infarto agudo de miocardio es una situación de emergencia vital que exige la intervención rápida del médico. Atendido en las primeras horas, en la actualidad se puede conseguir una restauración del riego por la coronaria obstruida y una recuperación completa del paciente. No cabe por tanto ningún consejo casero más que el viaje rápido a un centro sanitario ante la más mínima sospecha. Si el paciente es un anginoso conocido, debe ponerse en guardia ante cualquier angina que no ceda con reposo y nitroglicerina sublingual en 10-15 minutos. Durante el transporte el paciente se mantendrá en reposo absoluto, para evitar el agravamiento del cuadro, resultando muy conveniente tomar un comprimido de aspirina mientras se traslada al centro hospitalario. Esta sencilla recomendación ha demostrado ser eficaz en reducir la mortalidad de los infartos (la aspirina es antiagregante e impide que el trombo coronario crezca y empeore el infarto).

Dentro del hospital, el tratamiento de un infarto no complicado depende de las características de cada paciente, pero en general se atienden las siguientes medidas:

• Ingreso en una Unidad Coronaria o UCI, con monitorización continua.
• Se canalizan venas para el suministro de medicamentos intravenosos (IV).

¿A QUÉ PUEDE DEBERSE LA HINCHAZÓN EN LAS PIERNAS?

La hinchazón por retención de líquidos en las piernas (edemas) puede ser debida a causas banales (varices, calor excesivo, inmovilidad prolongada, etc.), pero también puede ser un signo precoz de una situación grave como la insuficiencia cardíaca o incluso otras enfermedades (renales, hepáticas, etc.). Ningún paciente que note estos síntomas debería tomar diuréticos para eliminar estos líquidos, aunque resulten eficaces y fáciles de obtener, sin una consulta y diagnóstico médico previo.

• Se elimina el dolor con un analgésico potente (morfina IV), se seda al paciente con diazepam y se administran laxantes para evitar esfuerzos.

• Se administra oxígeno con una mascarilla o sonda nasal.

• Se obliga a un reposo absoluto, los 2-3 primeros días.

• Dependiendo del tiempo transcurrido desde que se iniciaron las molestias hasta que se inicia el tratamiento, se valora el uso de fármacos *desatascadores* de las arterias coronarias: son los llamados fibrinolíticos (estreptoquinasa y R-TPA), muy eficaces usados precozmente (disminuyen la mortalidad por infarto hasta en un 50%, si se dan en la primera hora postinfarto. Conjuntamente deben administrarse aspirina y heparina (un anticoagulante) a dosis bajas.

Después del infarto

Afortunadamente, cada vez sobreviven más pacientes al infarto de miocardio, por lo que resulta de interés comentar la conducta a seguir tras el accidente, para lograr una buena calidad de vida y una rápida reintegración a la actividad diaria. La mayoría de pacientes infartados no son inválidos permanentes; de hecho, muchos pueden volver a una vida de actividad completamente normal, incluso superior a la previa si se trataba de personas excesivamente sedentarias. Con cierta frecuencia se ve que las limitaciones a la reinserción laboral, familiar y social plena del paciente tras un infarto, son más de índole psicológica (miedo, inseguridad, depresión, pérdida de autoestima, etc.) que física. En estos casos es muy conveniente buscar una ayuda psicológica o psiquiátrica profesional, y no "sufrir en silencio".

Para ello es importante una buena educación sanitaria, que insista en la importancia de suprimir los factores de riesgo (comenzando por el tabaco e incluyendo una dieta hipocalórica, si sobra peso, pobre en sal y en grasas animales.), que explique perfectamente el tratamiento aconsejado y sus posibles efectos secundarios del tratamiento y que informe sobre la conducta correcta a seguir ante un eventual dolor torácico.

La actividad física en forma de deambulación precoz favorece el curso de la enfermedad coronaria, y debe iniciarse ya en el hospital. Tras el alta, en general se podrá planificar un programa de ejercicio adaptado a la capacidad cardíaca de cada paciente.

LAS ENFERMEDADES DE LAS VÁLVULAS CARDÍACAS

Tipos de valvulopatías e importancia de las mismas

La función de las válvulas cardíacas es permitir el paso de la sangre de una cavidad a otra, con el mínimo esfuerzo para el miocardio y evitando que refluya, es decir, asegurando que la corriente sanguínea siga siempre la dirección normal. Los trastornos de las válvulas (valvulopatías) pueden ser de dos tipos inversos: bien por incapacidad de abrirse normalmente para dar paso a la sangre (la estenosis valvular), o bien que no consiga cerrarse completamente, permitiendo el reflujo de la sangre a la cavidad situada por detrás de la válvula (la insuficiencia valvular).

La repercusión que sobre la circulación sanguínea tienen hemodinámicamente la estenosis y la insuficiencia valvular es diferente. La estenosis supone una sobrecarga de presión en la cavidad de la que tiene que salir la sangre a través de la válvula estrechada. Por ello, esta cavidad (ya sea una aurícula o un ventrículo) desarrolla más fuerza para impulsar la sangre, lo que produce una hipertrofia de las fibras musculares de su pared (como ocurre en los músculos del resto del cuerpo cuando se ejercitan deportivamente). En el caso de la insuficiencia, la sangre retorna a la cavidad de la que acaba de salir a través de una válvula *que cierra mal.* Por ello esta cavidad tiene que acoger e impulsar un exceso de sangre: la que le llega por la vía normal más la que le refluye, lo que supone una sobrecarga de volumen de sangre que rellena la cavidad, y produce una dilatación de la misma. Hipertrofia y dilatación son mecanismos de compensación del corazón frente a las alteraciones valvulares, que con el

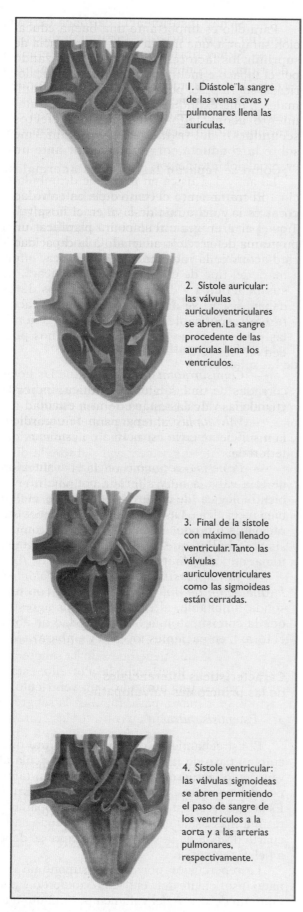

1. Diástole: la sangre de las venas cavas y pulmonares llena las aurículas.

2. Sístole auricular: las válvulas auriculoventriculares se abren. La sangre procedente de las aurículas llena los ventrículos.

3. Final de la sístole con máximo llenado ventricular. Tanto las válvulas auriculoventriculares como las sigmoideas están cerradas.

4. Sístole ventricular: las válvulas sigmoideas se abren permitiendo el paso de sangre de los ventrículos a la aorta y a las arterias pulmonares, respectivamente.

Esquema del aparato valvular cardíaco.

transcurrir del tiempo acaban agotando al músculo cardíaco de la cavidad perjudicada y producen las manifestaciones clínicas características de cada una de las valvulopatías.

Las causas más frecuentes de las valvulopatías son la fiebre reumática (un trastorno inmunitario que ocurre después de padecer una faringoamigdalitis por un tipo especial de estreptococo), la endocarditis bacteriana (la infección del interior del corazón por gérmenes llegados a través de la sangre, como ocurre en los adictos a drogas por vía venosa), la sífilis (enfermedad de transmisión sexual), los traumatismos torácicos intensos (accidentes, etc.) y, excepcionalmente, ciertas alteraciones congénitas (por defectos del desarrollo de las válvulas durante la gestación).

¿Qué significan los soplos cardíacos?

El diagnóstico de las valvulopatías se basa en una prueba de exploración física sencilla y barata como la auscultación cardíaca. Los casos leves de valvulopatías suelen detectarse al encontrar ruidos anormales en el corazón (soplos cardíacos) durante un reconocimiento rutinario. Estos soplos son ruidos extraños producidos, bien por las turbulencias y anormalidades en el paso de la sangre a través de una válvula estrecha (estenosis), bien por el escape a presión de sangre por una válvula que no cierra bien (insuficiente). Los casos graves se acompañan de síntomas variados (dificultad respiratoria, síncopes, intolerancia al ejercicio, insuficiencia cardíaca franca, etc.

Ahora bien, no todo soplo significa enfermedad valvular. Sobre todo en los niños, resulta muy común apreciar los llamados *soplos funcionales* en la auscultación del corazón. Estos ruidos se producen por alteraciones del flujo en corazones sanos con válvulas normales. Suelen desaparecer con el crecimiento y no indican enfermedad alguna. De todas formas, la interpretación *de oído* de las características de un soplo y la decisión de si existe o no una valvulopatía, no es tarea sencilla en ocasiones y el médico se ayuda de otras pruebas que corroboren o descarten la enfermedad de la válvula.

Algunas de estas pruebas, accesibles para cualquier médico y paciente, como el ECG, permite detectar signos indirectos de enfermedad valvular como la hipertrofia de las cavidades o las alteraciones del ritmo cardíaco que acompañan, a veces, a ciertas valvulopatías. Otras, como la radiografía de tórax, detecta la presencia de calcificaciones valvulares, signo de enfermedad en las mismas (en adultos, si no hay calcio en una válvula estenótica la enfermedad suele ser leve). Por fin, el ecocardiograma, permite un diagnóstico definitivo y preciso del tipo, grado y repercusión de cada enfermedad, representando el *Tribunal Supremo* en el estudio médico de un soplo cardíaco.

Tratamiento y recomendaciones para los pacientes portadores de enfermedades valvulares

El tratamiento de las enfermedades valvulares suele ser médico (con fármacos) inicialmente, pero con frecuencia se hace necesaria la reparación quirúrgica del defecto valvular (por ejemplo la dilatación de una estenosis) o el reemplazamiento completo de una válvula seriamente enferma por una prótesis. La decisión de operar o no, se tomará en dependencia del tipo de valvulopatía, para evitar que se dañe de forma irreversible el corazón (por hipertrofia o dilatación, con la subsiguiente insuficiencia cardíaca), u ocurran accidentes graves (trombosis, embolias, arritmias, muerte súbita, etc.). Cada enfermedad valvular tiene una repercusión y riesgos específicos, que son considerados detenidamente por los médicos.

Los casos que pueden ser tratados médicamente suelen requerir las siguientes recomendaciones a los pacientes:

• *Profilaxis de la fiebre reumática.* Si existen antecedentes de esta enfermedad en las válvulas, se deben evitar las infecciones por el estreptococo betahemolítico grupo A (un causante habitual de las "anginas"), administrando penicilina de forma continua y prolongada (una inyección de depósito mensual) para prevenir las reinfecciones por este germen que agravarían la enfermedad cardíaca.

• *Profilaxis de la endocarditis bacteriana.* Siempre que exista alguna situación en la que se pueda producir el paso de gérmenes a la sangre, como extracciones dentales, intervenciones digestivas o ginecológicas, entre otras, el paciente con enfermedad valvular debe tomar, antes y después del procedimiento cruento, antibióticos que eviten la colonización de los gérmenes de las válvulas enfermas que serían fácilmente dañadas.

• *Limitación de la actividad física,* con un reposo relativo según la enfermedad.

• *Respetar estrictamente la medicación* aconsejada para el control de los síntomas asociados a las valvulopatías. Según los casos, los tratamientos más habituales son:

— Si hay disnea (fatiga): restringir la sal de la dieta y diuréticos.

— Si hay insuficiencia cardíaca derecha con fibrilación auricular (arritmia): digoxina.

— Si hay fibrilación auricular (alteración del ritmo de contracción de las aurículas) con antecedentes de embolia: anticoagulantes orales.

— Si la fibrilación auricular es reciente: intentar revertir a ritmo normal el corazón con cardioversión (descarga eléctrica) y/o fármacos.

¿Cómo se reparan las válvulas anormales?

El tratamiento definitivo de las valvulopatías es la reparación de la alteración valvular que permita una circulación sanguínea en el interior del corazón normal. Cuando el médico aconseje la intervención quirúrgica, informará del tipo de cirugía que se practicará, de sus beneficios y de sus riesgos. Estos datos deben discutirse detalladamente con el facultativo responsable, pero como idea general, las principales posibilidades que se nos pueden ofrecer son:

— *Comisurotomía:* separación de las hojas cerradas de una válvula estenótica, indicada cuando las válvulas están en "buen estado".

— *Valvuloplastia:* reparación de una válvula insuficiente cuya estructura no esté muy deteriorada.

— *Prótesis o recambio valvular:* sustitución de una válvula muy alterada por una nueva, bien biológica (de cerdo, de duramadre, etc.) o bien mecánicas. Las primeras tienen menor duración pero producen menor riesgo de trombosis y embolias que las segundas, que exigen tomar anticoagulantes de por vida.

— *Valvuloplastia percutánea con balón:* es *la dilatación de una válvula estrecha* con una sonda hinchable, alternativa menos agresiva que la comisurotomía (sin necesidad de abrir el tórax), en pacientes jóvenes y embarazadas.

Características diferenciales de las principales valvulopatías

a) *Estenosis mitral*

El estrechamiento de la válvula mitral dificulta el paso de la sangre desde la aurícula al ventrículo izquierdo, y tiene repercusión tanto por delante como por detrás de dicha válvula. Es la más frecuente de todas las valvulopatías y resulta más usual en mujeres, sobre todo en la cuarta década de la vida. Casi siempre se debe a fiebre reumática.

La repercusión por delante supone un llenado insuficiente del ventrículo izquierdo y por tanto un descenso del volumen por minuto que el corazón expulsa en cada latido hacia la cir-

✔ Ante la existencia de una valvulopatía, debemos prestar especial atención a las manipulaciones dentales, personales o por el dentista, que deben realizarse con la protección antibiótica adecuada.

✔ Toda persona en tratamiento anticoagulante con Sintron®, por arritmias o por portar una prótesis valvular mecánica, debe saber que no puede ponerse inyecciones, y debe consultar con el médico antes de tomar cualquier medicamento, por las frecuentes interacciones del anticoagulante, y ante cualquier foco de sangrado ocasional.

Puntos clave a recordar sobre las valvulopatías.

culación sistémica. La repercusión por detrás consiste en un aumento de la presión en la aurícula izquierda, por el remanso de la sangre detrás del obstáculo, que se extiende hacia las venas y capilares pulmonares, lo que contribuye a la congestión pulmonar.

El síntoma principal es la disnea (sensación de falta de aire), siendo la valvulopatía que más precozmente la produce. En fases más avanzadas produce hemoptisis (sangre en el esputo por la congestión pulmonar) y embolias sistémicas (por el remanso de la sangre en la aurícula dilatada y la formación de trombos en su interior, de donde se desprenden fragmentos que embolizan en cualquier territorio sistémico). Típicamente estos pacientes tienen una cara característica, la llamada facies mitral (con chapetas rojizas en los pómulos y labios azulados) y afonía (por compresión del nervio recurrente, que pasa junto al corazón y controla el aparato fonatorio de la laringe, por la aurícula izquierda dilatada).

b) *Insuficiencia mitral*

Es la incapacidad de la válvula mitral para permanecer cerrada durante la sístole ventricular, originando un reflujo de sangre a la aurícula izquierda durante la contracción del ventrículo.

Al revés que la anterior, es más frecuente entre los hombres, generalmente motivada por una fiebre reumática (50% de los casos), aunque también por otras causas (congénita, endocarditis bacteriana, dilatación ventricular, cardiopatía isquémica, calcificación del anillo valvular, prolapso mitral, miocardiopatía hipertrófica).

Sus consecuencias son una sobrecarga de volumen del ventrículo y de la aurícula izquierdos. Si la insuficiencia ocurre bruscamente (por una infección o una rotura valvular) no da tiempo a que el corazón se habitúe a tal sobrecarga mediante su dilatación. En estos casos

agudos, aumenta la presión en la aurícula izquierda y se produce una congestión pulmonar grave y precoz. Si la insuficiencia es crónica, la adaptación es posible, se dilata la aurícula y sólo tardíamente se produce la descompensación cardíaca con congestión pulmonar.

Los síntomas de la insuficiencia mitral aguda son derivados de un exceso de tensión en los vasos pulmonares que produce un edema agudo de pulmón (se llenan de líquido los espacios aéreos del pulmón, produciendo una insuficiencia respiratoria grave. En la valvulopatía crónica, los síntomas principales son debilidad y fatiga de esfuerzo, disnea más tarde (por fallo del ventrículo izquierdo) y palpitaciones (por fibrilación auricular).

c) *Prolapso de la válvula mitral*

Es una degeneración del tejido de la válvula mitral, de origen desconocido, aunque sí se sabe que se asocia a otras enfermedades como el síndrome de Marfan (hiperlaxitud articular), cardiopatía isquémica y colagenosis. Ocurre preferentemente en mujeres con fatiga, palpitaciones, mareos y dolor torácico. Se asocia a ciertas anomalías torácicas, como el "pecho excavado" y la espalda recta.

En sí no produce síntomas, pero con cierta frecuencia se complica con insuficiencia mitral, y en menor frecuencia, la endocarditis bacteriana, síncopes y muerte súbita.

d) *Estenosis aórtica*

Es la dificultad para el vaciamiento del ventrículo izquierdo a través de la aorta, lo que supone una sobrecarga de presión para el mismo y una importante repercusión sistémica (por falta de riego). La mayoría de los casos son congénitos, aunque existen otras causas.

¿CÓMO REDUCIR EL RIESGO DE PADECER CARDIOPATÍAS?

CONSEJO

Un paciente varón, de edad avanzada, hipertenso, con un colesterol alto y fumador de tabaco, tiene un alto riesgo para padecer una cardiopatía isquémica. Como el riesgo cuando coexisten varios factores es multiplicativo (no sólo aditivo), si no es posible actuar en todos los frentes, con corregir algunos de los factores (por ejemplo el tabaquismo) se obtienen significativas reducciones del riesgo.

En cuanto a la clínica, necesita un período de latencia largo para que se ponga de manifiesto (durante muchos años puede pasar desapercibida). Cuando finalmente aparecen los síntomas típicos son: angina (por el aumento del consumo de oxígeno del corazón al pelear contra la obstrucción), disnea de esfuerzo (falta de aire con pequeños ejercicios), síncope de esfuerzo (pérdidas de conciencia con el ejercicio), porque el ventrículo envía poca sangre al cerebro, y muerte súbita.

e) Insuficiencia aórtica

Es el reflujo al ventrículo izquierdo de parte de la sangre expulsada hacia la aorta, al no cerrar la válvula durante la relajación ventricular. La sangre refluida ejerce una sobrecarga de volumen en el ventrículo izquierdo, pues tiene que acoger la sangre que llega de la aurícula durante la diástole más la que le refluye de la aorta. En la mayoría de los casos su causa es la fiebre reumática (70%), el resto son debidas a enfermedades raras de la aorta (espondilitis anquilopoyética, sífilis, aortitis).

Si es aguda no hay compensación, lo que puede provocar un edema agudo de pulmón. En general, la forma aguda tiene una evolución fulminante, con insuficiencia cardíaca izquierda refractaria y muerte en pocos meses. Si se trata de una insuficiencia crónica, la sobrecarga de volumen dilata el ventrículo y este fenómeno conlleva un aumento del consumo de oxígeno en el mismo. En este caso, sigue un largo período asintomático de 10 a 20 años, para, cuando se descompensa, evolucionar progresivamente a una insuficiencia cardíaca izquierda y anginas de pecho.

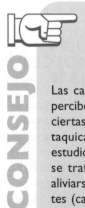

CONSEJO

¿A QUÉ PUEDEN SER DEBIDAS LAS "PALPITACIONES"?

Las causas más frecuentes por las que se perciben "palpitaciones" en el corazón son ciertas arritmias no graves (extrasístoles y taquicardias supraventriculares). Si tras el estudio pertinente, el médico concluye que se trata de una arritmia benigna, pueden aliviarse los síntomas evitando los excitantes (café, tabaco y ciertos fármacos) y disminuyendo el estrés (practicando técnicas de relajación y realizando algún ejercicio físico rutinariamente).

Valvulopatías de las válvulas derechas: pulmonares y tricuspídeas

La fisiopatología de estas lesiones valvulares es equiparable a la de las correspondientes válvulas del corazón izquierdo. Lo mismo ocurre con la sintomatología, pero refiriendo los datos a las cavidades derechas. Es muy característico de las lesiones tricuspídeas que los soplos aumenten con la inspiración, al aumentar la presión negativa intratorácica e incrementar el aflujo de sangre al corazón derecho.

TRASTORNOS DE LA FRECUENCIA Y RITMO CARDÍACOS

¿Qué es una arritmia?

El corazón tiene un sistema específico de formación de estímulos cardíacos (el marcapasos fisiológico) y un sistema de conducción de dichos estímulos eléctricos. El marcapasos de un corazón normal es una zona de la aurícula derecha llamada nódulo sinusal. Desde allí, los estímulos se conducen a través de unas vías especializadas, a la aurícula izquierda y al nódulo auriculoventricular. Desde este último, los estímulos se extienden por el llamado haz de His y las fibras de Purkinje (una especie de cableado eléctrico ramificado por todas las paredes ventriculares) a la musculatura de los ventrículos, provocando su contracción sincronizada y ordenada (el latido), que expulsa la sangre en ellos contenida. El ritmo normal de latidos cardíacos, llamado ritmo sinusal por su origen, oscila entre 60 y 80 contracciones por minuto.

Cuando este ritmo normal se altera se produce una arritmia cardíaca, trastornos muy frecuentes y pueden ocurrir en presencia o ausencia de enfermedad cardíaca. Su significación clínica es variable: unas son asintomáticas, otras producen pequeñas molestias y otras resultan incapacitantes o mortales. Algunas, a pesar de producir síntomas desagradables, tienen buen pronóstico a largo plazo. Por el contrario, pocas de ellas se consideran un factor de riesgo de mortalidad independiente.

La identificación correcta de una arritmia es importante por razones pronósticas (para estimar la gravedad) y terapéuticas (para decidir si hay que tratarla, y con qué fármaco). No todas las arritmias precisan tratamiento: a la hora de decidir qué hacer con ellas, es importante valorar la enfermedad cardíaca de base (si existe), la situación clínica en que se presenta, el efecto que tiene sobre la calidad de vida del paciente y la repercusión hemodinámica sobre el corazón (sobre la función de la bomba cardíaca).

> *El registro electrocardiográfico es la prueba definitiva para la detección y diagnóstico de las arritmias cardíacas. Sobre el papel se registran ondas cuya forma y tamaño dependen de la actividad eléctrica anormal del corazón.*

¿Por qué ocurren las arritmias?

Existen muy distintos mecanismos de alteración del ritmo cardíaco:

1. Alteraciones del automatismo del nódulo sinusal que, por diferentes estímulos puede excitarse y originar taquicardias (arritmias rápidas, superiores a 100 latidos por minuto —lpm—) o deprimirse y producir bradicardias (arritmias lentas, inferiores a 60 lpm). Si el automatismo sinusal disminuye mucho (enfermedad, intoxicación, etc.), por debajo de 40-50 lpm, se pone en marcha un marcapasos "suplente" bien en el nódulo auriculoventricular o bien en cualquier punto de la red de Purkinje en los ventrículos. Estos marcapasos de emergencia producen ritmos lentos llamados ritmos de escape.

2. Alteraciones de la conducción de los estímulos: bien se puede enlentecer la transmisión del impulso eléctrico por el sistema específico de conducción (en las formas más graves la conducción se interrumpe y aparece un bloqueo cardíaco), bien se puede precipitar por la existencia de vías de conducción anormales que conectan directamente aurícula y ventrículo, a modo de atajo.

3. La "reentrada" es un mecanismo que explica parte de las extrasístoles y taquicardias paroxísticas. En ella el impulso eléctrico circula por el músculo cardíaco sin agotarse en un solo ciclo, sino que estimula más de una vez la misma zona, de forma repetida.

4. Alteraciones de la excitabilidad (capacidad de producir estímulos) que toda célula del sistema específico de conducción del corazón tiene. Así, aparecen focos activos de impulsos rápidos en lugares raros (por ejemplo, los ventrículos) que imponen su ritmo al resto del corazón. Los motivos de tal circunstancia son variados (tabaco, fármacos, enfermedades cardíacas, falta de oxígeno, etc.)

¿Cuándo sospechar la existencia de una arritmia?

Muchas arritmias no producen síntomas y son un hallazgo casual al tomar el pulso a un paciente o realizar un electrocardiograma por cualquier causa. En otras ocasiones se pueden producir palpitaciones (latidos anormales en el pecho), mareo o síncopes, disnea (cuando la arritmia desencadena una insuficiencia cardíaca, al impedir el vaciado normal de sangre del corazón) y angina de pecho (por el aumento de necesidad de oxígeno del corazón y la reducción de la circulación coronaria, que ocurren simultáneamente en muchas arritmias rápidas. Las molestias y la ansiedad que provocan en distintos pacientes el mismo tipo de arritmia pueden ser muy variables.

¿Qué arritmias suponen un riesgo grave para la salud?

No necesariamente toda arritmia sin síntomas es benigna, ni toda arritmia molesta es peligrosa. Para valorar una arritmia se deben considerar toda una serie de características que, en conjunto, decidirán su gravedad o banalidad, como son:

- factores que la desencadenan (ejercicio, ansiedad, etc.);
- inicio y final de la crisis (brusco o paulatino);
- regularidad o irregularidad de los latidos;
- frecuencia cardíaca (rápida o lenta);
- respuesta a las "maniobras vagales" (desaparición o no cuando se activa el sistema nervioso autónomo vagal mediante un masaje carotídeo (en el cuello) o en los globos oculares;

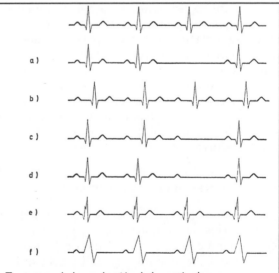

Trastornos de la conducción de los estímulos:

a) bloqueo sino-auricular de segundo grado;
b) bloqueo aurículo-ventricular de primer grado;
c) bloqueo aurículo-ventricular de segundo grado, tipo I;
d) bloqueo aurículo-ventricular de segundo grado, tipo II;
e) Síndrome de Wolff-Parkinson-White;
f) bloqueo de rama.

Registro electrocardiográfico de las arritmias.

• tolerancia del paciente (depende de la duración de la crisis, la frecuencia cardíaca, la existencia o no de cardiopatía y el tipo de taquicardia);

• características de la circulación durante la arritmia (tensión arterial, grado de perfusión periférica —cianosis o no—, signos de insuficiencia cardíaca, etc.).

Todo lo anterior obliga a una valoración detallada y profesional de todas las arritmias. Ningún trastorno del ritmo cardíaco sospechado debe ser interpretado por el paciente o sus allegados sin un estudio a fondo en un centro sanitario.

Las exploraciones iniciales para intentar llegar a un diagnóstico correcto de la arritmia son la auscultación del corazón y la palpación del pulso, que permiten apreciar las alteraciones de la frecuencia y ritmo cardíacos. Tras ello, y al igual que la ecografía para las alteraciones valvulares, el electrocardiograma (ECG) es el *tribunal supremo* de las arritmias, siempre que pueda realizarse durante la existencia de la arritmia (lo que puede ser difícil en caso de crisis cortas de palpitaciones). Esta prueba permite detectar el tipo y, a veces, la causa del trastorno del ritmo.

Otras pruebas como la radiografía del tórax (para valorar signos de fallo cardíaco, o de crecimientos de cavidades), la analítica (valorando posibles causas de la arritmia como las alteraciones en los niveles de potasio o calcio, la presencia de anemia, la falta de oxígeno (hipoxemia), y otras exploraciones complementarias más sofisticadas (Holter, eco-doppler, ergometría, estudio electrofisiológico) permiten llegar al diagnóstico definitivo, pronóstico y tratamiento de la arritmia. Por su cada vez mayor uso, conviene familiarizarse con el Holter, un aparato portátil que el paciente lleva instalado durante unas horas o días y que obtiene un registro de ECG continuo para "cazar" las arritmias que ocurran en episodios breves.

¿Deben tratarse todas las arritmias?

En modo alguno. Sólo reciben tratamiento aquellos casos que supongan un riesgo para el paciente. Para ello existen multitud de *fármacos antiarrítmicos*, que por sus características y utilidades se pueden clasificar en cuatro grupos, y cuyos beneficios y potenciales peligros competen por completo al cardiólogo:

— Grupo I: Anestésicos locales y estabilizadores de membrana.
— Grupo II: Betabloqueantes.
— Grupo III: Amiodarona, Bretilio y Sotalol.
— Grupo IV: Calcioantagonistas.

Además, en ciertas taquicardias, se emplea el *choque eléctrico*: la aplicación de una corriente eléctrica externa de cierta intensidad provoca la descarga completa y uniforme de todas la fibras cardíacas, tras lo que se reanuda un ritmo cardíaco normal. Algunas arritmias responden muy bien (por ejemplo el *flutter* auricular), mientras que está contraindicado en otras (como la taquicardia sinusal, el bloqueo auriculoventricular completo o las arritmias provocadas por intoxicación de digoxina).

La forma de tratar el caso contrario, las arritmias muy lentas con una bradicardia que produce síntomas (síncopes, fatigabilidad, etc.), son los *marcapasos artificiales*, un emisor de impulsos eléctricos a baterías que impone un ritmo uniforme y adecuado a todo el corazón. Estos implantes pueden ser temporales o permanentes, dependiendo del tipo de arritmia.

En contados casos se recurre a la cirugía para resolver una arritmia.

LAS ENFERMEDADES DE LOS VASOS SANGUÍNEOS: PATOLOGÍA VASCULAR PERIFÉRICA ARTERIAL Y VENOSA

El sistema vascular está formado por las arterias, que llevan la sangre arterial desde el corazón a los tejidos, y por las venas, que la devuelven desoxigenada desde los tejidos al corazón.

El sistema arterial ha de soportar grandes presiones de sangre, por lo que son ricas en fibras elásticas y musculares para que tengan lugar los fenómenos vasomotores de contracción y dilatación. Debido a las continuas deformaciones que sufren los vasos, cuando se afectan por un proceso degenerativo, como la arteriosclerosis, se va perdiendo la elasticidad y fácilmente se producen aneurismas (la dilatación anormal).

CONSEJO

¿SON IGUALES TODAS LAS VARICES?

Mientras que las varices superficiales en las piernas son básicamente un problema estético, las alteraciones de las venas profundas resultan más delicadas por el riesgo de desarrollar tromboflebitis y embolias vasculares. Ningún medicamento resulta eficaz para evitar la formación y progresión de estas varices. El médico evaluará cuándo es necesaria la cirugía o cuándo bastan medidas físicas para su control (ejercicios, evitar la bipedestación prolongada, usar medias de compresión, etc.).

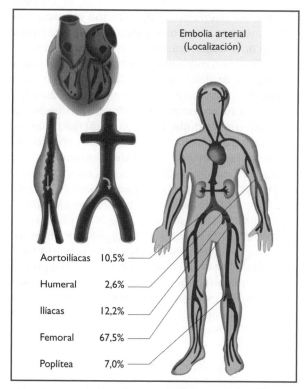

Aortoilíacas   10,5%

Humeral   2,6%

Ilíacas   12,2%

Femoral   67,5%

Poplítea   7,0%

Obstrucción arterial aguda, causas etiológicas de las embolias arteriales y localización de las embolias arteriales.

Sin embargo, la principal patología de las arterias es la oclusión de su luz, bien por un engrosamiento de la pared, bien por espasmo, o por ambos. Los fenómenos vasomotores pueden presentarse tanto en miembros superiores como en inferiores, siendo más frecuente en los primeros, aunque los trastornos mecánicos de tipo oclusivo son más frecuentes en los inferiores. La clínica de la obstrucción arterial va a depender de la localización y extensión de la obstrucción, la capacidad de desarrollar circulación colateral y las necesidades metabólicas de los tejidos afectados. Otro factor importante es el tiempo de instauración de la obstrucción.

En cambio, el sistema venoso es un sistema de baja presión, pero al adoptar la posición erecta, la fuerza de la gravedad crea un gradiente de presión hidrostática, así el flujo de sangre por encima del corazón es rápido y las venas están parcialmente colapsadas. Por debajo del corazón, es la contracción de la musculatura de las piernas quien consigue impulsar la sangre venosa en contra de la fuerza de la gravedad. Debido al aumento de la presión hidrostática de la sangre venosa en las extremidades inferiores, es a ese nivel donde aparecen la mayoría de los problemas.

En las extremidades inferiores podemos distinguir tres sistemas venosos: las venas profundas, las venas superficiales y las venas perforantes. La patología del sistema venoso profundo produce una clínica de insuficiencia venosa, que se manifiesta por edemas en la extremidad, sin apenas signos clínicos directos. La patología de las venas superficiales puede dar lugar a signos precoces (varices visibles, alteraciones de la piel, etc.), pero rara vez produce una insuficiencia venosa manifiesta. La patología de las venas perforantes produce la lesión de sus válvulas, por lo que la sangre de las venas profundas pasa a las superficiales, que se dilatan y se tornan varicosas.

Patología arterial de las extremidades inferiores

a) *Obstrucción arterial aguda*

La insuficiencia arterial aguda, sea por embolia, por una trombosis aguda o por cualquier otra causa, supone una emergencia médica que sólo un diagnóstico y tratamiento precoces pueden salvar la región afectada.

La causa más frecuente de obstrucción arterial aguda es la embolia, siendo la principal fuente de émbolos arteriales el corazón izquierdo. La mayoría de ellos acaban en los miembros inferiores, generalmente a nivel de la arteria femoral. También son comunes en miembros superiores, cerebro (carótidas) y más raro en las arterias mesentéricas.

La trombosis arterial aguda es la segunda causa de obstrucción arterial aguda, y casi siempre se produce por alteraciones previas del endotelio vascular, generalmente de causa arteriosclerótica. La formación de un trombo *in situ* puede estar favorecida por una estenosis arterial severa, por hiperviscosidad o hipercoagulabilidad de la sangre, y por un bajo gasto cardíaco, siendo la arteria femoral superficial la mas afectada.

Las manifestaciones clínicas varían en función de la localización de la obstrucción, de la extensión de la misma y de la capacidad de desarrollar colaterales, es decir, vías alternativas. En cuanto a las extremidades, la parte distal a la obstrucción queda pálida, fría y muy dolorida, posteriormente aparece sensación de hormigueo y disminución de la sensibilidad a ese nivel. Al cabo de las 4 a 6 horas comienzan a aparecer fenómenos de necrosis en los músculos no irrigados, y gradualmente la extremidad se paraliza y se vuelve edematosa, complicándose a menudo con trombosis venosa. Al cabo de 8 a 12 horas los cambios son irreversibles (gangrena). Con cierta frecuencia, el cuadro clínico puede ser incompleto, presentándose como debilidad muscular y dolor, o incluso sólo parestesias.

El diagnóstico se basa en los antecedentes, el cuadro clínico, la exploración física y el *doppler*. En los casos en los que el *doppler* es insuficiente para diagnosticar el nivel de la lesión, recurrimos a la arteriografía. La distinción entre embolia y trombosis por la etiología, así, la ausencia o disminución de pulsos arteriales en la extremidad contraria favorecen el diagnóstico de trombosis, mientras que la coexistencia con una cardiopatía o arritmia hará pensar en una embolia. La localización de la obstrucción es fundamental de cara al tratamiento, para lo cual estudiamos los pulsos arteriales, que estarán ausentes por debajo de la lesión. La extensión no guarda relación con el nivel de la obstrucción vascular porque depende en gran parte de la circulación colateral.

En cuanto se diagnostica la obstrucción se aconseja la administración de heparina sódica intravenosa. Por la repercusión potencial, el paciente con síntomas como los descritos debe acudir con urgencia al hospital donde se pueda hacer un diagnóstico precoz.

b) *Obstrucción arterial crónica*

La obstrucción arterial crónica es muy frecuente en los miembros inferiores y excepcional en los superiores. Su causa mas frecuente es la arteriosclerosis obliterante (95%), que en casi la mitad de los casos se asocia con arteriosclerosis en otras localizaciones (coronarias, troncos supraaórticos). La tromboangeítis obliterante es más rara, sin embargo es la segunda causa de oclusión crónica en las piernas. Mucho menos frecuente es la enfermedad fibromuscular. En todos estos trastornos suele estar implicado en alguna medida el consumo de tabaco.

El síntoma inicial es la *claudicación intermitente*, que se caracteriza por dolor muscular debido a la isquemia que aparece al caminar, que aumenta con la velocidad de la marcha, la distancia transcurrida y mejora con el reposo. En casos avanzados el dolor aparece incluso con el reposo y de predominio nocturno. La arteriosclerosis afecta más a los varones a partir de los 50 años. La tromboangeítis obliterante afecta a varones más jóvenes y fumadores; su evolución suele ser mucho más rápida y con frecuencia aparecen úlceras isquémicas y flebitis superficiales.

El diagnóstico y el tratamiento varían en función de la localización de la obstrucción, pero se basa en la exploración física, palidez y frialdad en los pies, edemas y lesiones tróficas, en la palpación de los pulsos arteriales, en el *doppler* para la localización de la obstrucción y en su defecto la arteriografía. Además del tratamiento quirúrgico, se aconseja tratamiento médico con antiagregantes plaquetarios (la aspirina es eficaz y barato, aunque existen otros medicamentos), abandono del tabaco y ejercicio físico moderado.

Mención especial merece, como causa de isquemia arterial aguda o crónica, los *aneurismas de la aorta descendente* sobre todo en su trayecto abdominal (unas veces por desprendimiento de trombos del saco aneurismático, que se manifiestan como embolias repetidas, y otras veces por fenómeno de robo que produce el aneurisma, con aparición de claudicación intermitente ante pequeños esfuerzos o con bajadas tensionales). Por ello, se debe explorar el abdomen en el seno de una patología arterial de miembros inferiores, pues aunque no es frecuente, se puede descubrir una masa pulsátil que indique la existencia de un aneurisma aórtico abdominal. Se confirma radiológicamente con un TAC y se programa su cirugía, si su diámetro supera los 5-6 cm. (o bien se vigila periódicamente su evolución).

c) *Fenómeno de Raynaud*

Es el trastorno vasomotor (funcional no orgánico) que con más frecuencia afecta a las extremidades. Se trata de un espasmo arterial, que produce palidez en las manos y que, si avanza, puede provocar lesiones atróficas por isquemia crónica. No se conoce la causa exacta de la excesiva vasoconstricción en las zonas acras, pero el factor desencadenante suele ser la exposición al frío, y con menos frecuencia un estímulo emocional.

Se habla de *enfermedad* de Raynaud cuando no existe ninguna patología de base, en cambio el *fenómeno* de Raynaud suele ser secundario a una oclusión arterial, a enfermedades sistémicas o a traumatismos continuados (como en los obreros que trabajan con martillos neumáticos).

Clínicamente un episodio de arterioespasmo se caracteriza por la existencia de tres fases:

— Palidez, por el vasoespasmo, que al principio se limita a las partes finales de los dedos y luego se extiende a todo el dedo.

— Cianosis, por la acumulación de sangre poco oxigenada tras la dilatación de capilares y vénulas.

— Enrojecimiento, por hiperemia reactiva al vasoespasmo.

Estos cambios de coloración persisten durante unos minutos, y suelen afectar a uno o varios dedos a la vez, pero rara vez a toda la mano o al pie. La enfermedad de Raynaud suele ser bilateral y poco agresiva.

El diagnóstico se hace simplemente mediante la exposición al frío, que provoca el vasoespasmo. Para el diagnóstico de la causa es necesaria una exploración vascular, la determinación en sangre de determinadas sustancias (anticuerpos antinucleares, factor reumatoide, crioaglutininas.), y, en caso de sospecha, otras pruebas complejas (biopsia cutánea, electromiografía, o arteriografía).

En la mayoría de los casos no es necesario un tratamiento específico, basta con recomendar al paciente medidas protectoras (uso de guantes, calcetines, etc.), y evitar la exposición a los factores desencadenantes (frío, traumatismos repetidos, tabaco). En casos graves se puede dar un tratamiento vasodilatador, e incluso intentar la simpatectomía (una cirugía neurológica), pero los resultados son bastante limitados.

Patología venosa de los miembros inferiores

a) *Insuficiencia venosa crónica*

La insuficiencia venosa crónica es la alteración de la función valvular de las venas superficiales, profundas o de ambas. En condiciones normales con la marcha se produce un descenso de la presión venosa, que no ocurre en estos casos, por lo que los capilares venosos de las extremidades han de mantener presiones elevadas continuamente, que conducen a un aumento del paso de líquido al compartimiento extravascular, y la aparición del llamado edema.

En la insuficiencia venosa crónica suele existir un antecedente de tromboflebitis profunda, o inflamación de una pierna, después de un embarazo, intervención quirúrgica, o un traumatismo, es la llamada secuela posflebítica. También puede ocurrir, aunque es poco frecuente, la insuficiencia venosa crónica secundaria a varices de las venas superficiales, sin incompetencia valvular de las venas profundas.

El cuadro clínico es muy característico, consiste en la hinchazón de la pierna, generalmente unilateral, con una piel dura y oscura por encima de los tobillos. Al principio el edema es blando, aparece a lo largo del día y desaparece con la elevación de las piernas. Con el paso del tiempo se vuelve duro e irreducible, pudiendo aparecer las úlceras de estasis, que son poco dolorosas, pero se infectan a menudo. Normalmente se localizan en la cara interna de los tobillos, y raramente en los pies, lo que las diferencia de las úlceras por isquemia arterial.

La prevención de la insuficiencia venosa crónica consiste en tratar al paciente con una tromboflebitis profunda para eliminar el trombo (bien con fármacos fibrinolíticos o bien mediante su extirpación quirúrgica —trombectomía venosa—), y colocando una media elástica

en cuanto comience la deambulación. La administración de heparina y la elevación de la extremidad, parece que disminuye la frecuencia y la gravedad de la insuficiencia venosa crónica.

Una vez establecida la insuficiencia venosa crónica, el paciente debe llevar de forma permanente una media elástica por el día y mantener la pierna elevada durante la noche. Se recomienda el ejercicio físico, y evitar el estar de pie de forma prolongada. Las úlceras se tratan con reposo en cama con la elevación del miembro afecto y aplicación de compresas empapadas en suero fisiológico, y antibióticos en caso de infección.

b) *Tromboflebitis profunda*

La trombosis de las venas profundas de las extremidades es debida a la formación de trombos venosos, que a pesar de ser un trastorno habitual, pasa inadvertida para médico y pacientes en la mayoría de los casos. Es la causa más frecuente de embolia pulmonar, que es la complicación mas temida de la trombosis venosa profunda.

Los factores de riesgo más importantes de tromboflebitis profunda son la presencia de un cáncer subyacente, la cirugía reciente y el postparto, la ingesta de anticonceptivos orales, la obesidad, la inmovilización prolongada y la insuficiencia cardíaca.

La tromboflebitis profunda, a diferencia de la superficial, puede pasar desapercibida por la falta de signos y síntomas con la que cursa, por lo que hay que pensar en ella siempre que tras una intervención quirúrgica, traumatismo, parto..., o se presente hinchazón, dolor o enrojecimiento en la pantorrilla. El síntoma fundamental es el dolor, que se manifiesta sobre todo al comprimir la masa muscular de pantorrilla, y que puede variar desde una simple parestesia a un dolor intenso y constrictivo. Otro signo típico es el edema de la piel (se marca la huella del dedo al hacer una presión en ella). También puede haber aumento de la temperatura local, así como signos generales.

El diagnóstico clínico es difícil debido a la inespecificidad e inconstancia de los signos y síntomas, por ello y por las complicaciones que pueden aparecer es importante confirmar la sospecha clínica mediante pruebas complementarias sofisticadas (como la flebografía, la pletismografía de impedancia y el *doppler*) sólo disponibles en hospitales.

El tratamiento consiste, en primer lugar en el reposo absoluto con la extremidad levantada, prohibiéndose la deambulación mientras persista la inflamación, aplicando calor local y evitando el estreñimiento. El tratamiento farmacológico consiste en evitar la suelta de embolias, mediante la administración de anticoagulantes. En los casos que éste esté contraindicado, o en caso de recidiva embólica se debe hacer la interrupción quirúrgica de la vena cava inferior.

c) *Tromboflebitis superficial*

La tromboflebitis es la inflamación de una vena con la formación de un trombo a partir del endotelio inflamado (el revestimiento interior de la vena).

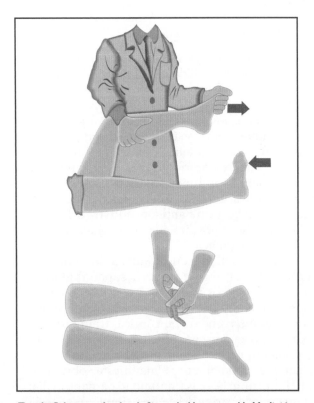

Tromboflebitis profunda. a) Signo de Hommans. b) Medición del edema.

Los tres factores fundamentales que influyen en la formación de un trombo venoso son la detención (estasis) de la corriente sanguínea, la hipercoagulabilidad y la lesión endotelial. Las situaciones que con más frecuencia producen estasis venosa son el postoperatorio, el postparto, la insuficiencia cardíaca congestiva y la inmovilización prolongada. En los brazos, la causa más frecuente de tromboflebitis superficial es la inyección intravenosa de líquidos irritantes (sueros, medicamentos o drogas). En las piernas suele asentarse sobre venas previamente varicosas.

Los signos y síntomas varían en función de la localización y extensión de la lesión venosa. La vena trombosada se palpa como un cordón duro y doloroso. En la fase aguda del cuadro destacan el enrojecimiento y el calor local, pero no suele acompañarse de fiebre ni de edema. Una variedad de tromboflebitis superficial es la *tromboflebitis migrans,* que se caracteriza por ser de aparición espontánea, sin traumatismos ni varices previas, y recurrente en varias localizaciones.

El diagnóstico es clínico, mediante la exploración física en la que se ve y se palpa una induración dolorosa y eritematosa a lo largo del trayecto de una vena superficial. Su tratamiento consiste en elevar la pierna afecta, aplicar calor local, reposo moderado llevando siempre una media elástica y tomar antiinflamatorios orales (preferentemente salicilatos). No tiene capacidad de producir embolias, ni precisa tratamiento anticoagulante.

d) *Varices*

Las varices son el alargamiento y la dilatación con forma flexuosa de las venas, generalmente del sistema superficial de los miembros inferiores. Con la dilatación de las venas, las válvulas se hacen insuficientes y se atrofian, dando lugar a una mayor dilatación, y en casos graves a estasis y a la insuficiencia venosa, ya comentadas anteriormente.

La causa parece ser una debilidad de la pared venosa o bien aparecen después de una tromboflebitis profunda, como secuelas de la insuficiencia valvular. En el primer caso suele ponerse de manifiesto durante la pubertad o el embarazo y es típico que existan antecedentes familiares hereditarios. Existen muchos factores desencadenantes demostrados que conviene evitar si se tienen antecedentes en padres o hermanos, como la obesidad, el embarazo y la bipedestación prolongada.

Con frecuencia no producen síntomas o son mínimos como dolor inespecífico y sensación de pesadez en las piernas, sobre todo por la tarde y en épocas de calor. El motivo de consulta más habitual es el problema estético.

- ✔ Pasear y hacer ejercicio, evitando estar mucho tiempo en pie o sentado, sobre todo con las piernas cruzadas.
- ✔ Subir las escaleras en lugar de tomar el ascensor.
- ✔ Utilizar calzado cómodo, de tacón bajo, evitando el calzado estrecho, puntiagudo o con tacón alto.
- ✔ Andar descalzo, pasear descalzo por la playa o con las piernas dentro del agua, evitando estar mucho tiempo al sol, tomar baños demasiado calientes y recibir excesivo calor en las piernas.
- ✔ Sentado, colocar las piernas en alto. Acostado, colocar las piernas más altas que la cabeza.
- ✔ Hacer una dieta baja en calorías y rica en fibras, evitando comer en exceso, con demasiadas grasas, sal, alcohol, café y tabaco.
- ✔ Evitar ropas apretadas (cinturones, ligas…).
- ✔ Evitar transportar cargas pesadas.

Recomendaciones para el cuidado de las piernas.

El diagnóstico se hace mediante la inspección de las varices, inicialmente de pie, para apreciar la forma, la distribución, y el color de las dilataciones venosas y mediante unas maniobras clínicas sencillas (pruebas de Schwartz, Trendelemburg y Perthes). Para localizar las válvulas incompetentes, se recurre a pruebas complementarias como el *doppler,* que se completa, si hay indicación quirúrgica, con una flebografía de contraste (se rellena el árbol venoso mediante la inyección de un contraste).

El tratamiento consiste, en primer lugar, en evitar estar de pie durante mucho tiempo y en elevar las piernas durante el reposo (al dormir, leer o ver la televisión). Conviene, asimismo, hacer ejercicio muscular con las piernas para activar el retorno venoso: la forma más sencilla de hacerlo en casa es realizar movimiento de pedaleo con las piernas elevadas (existen máquinas específicas en los gimnasios para facilitar la maniobra) y realizar movimientos de flexión, extensión y giro de los tobillos, y realizar elevaciones del cuerpo "en puntillas". En todo caso, y sin más complicaciones, pasear diariamente durante al menos media hora es muy aconsejable. En caso de que el médico aprecie incompetencia valvular se aconsejará el uso de medias elásticas. Las cremas antivarices son de muy dudoso efecto, aunque el masaje con el que aplican favorece la reabsorción del edema formado.

De una forma más definitiva, si las varices son pequeñas se pueden usar soluciones esclerosantes en inyección, haciéndolas desaparecer. Cuando son extensas y se acompañan de insuficiencia valvular, varicoflebitis de repetición o varicorragias (sangrado) se aconseja el tratamiento quirúrgico definitivo, mediante su extracción completa.

EL TRASPLANTE CARDÍACO

El perfeccionamiento de la técnica de trasplante cardíaco y la aparición de drogas que impiden el rechazo posterior del órgano injertado, han dotado de gran popularidad a esta alternativa terapéutica.

La gran cantidad de tratamientos médicos existentes hoy en día hacen que el pronóstico de los pacientes con insuficiencia ventricular severa (fallo cardíaco) sea muy variable y el pronóstico de expectativa de vida muy difícil. La selección del tiempo ideal para la cirugía es extremadamente importante. A medida que el paciente se va haciendo terminal, desde el punto de vista cardíaco, otros órganos se pueden deteriorar, y en estos casos si el trasplante cardíaco se retrasa hasta que la muerte es inminente, puede no sobrevivir a su postoperatorio.

Para obtener buenos resultados del trasplante cardíaco es fundamental seleccionar al *receptor ideal,* y así poder determinar la supervivencia a largo plazo. Existen por tanto, una serie de contraindicaciones para el trasplante cardíaco:

— Infección activa (tuberculosis, SIDA, etc.): puede empeorar debido al tratamiento inmunosupresor que recibirá el paciente para evitar el rechazo.

— Enfermedad maligna preexistente: si el paciente ha estado sometido a tratamiento por una enfermedad maligna, ésta puede progresar rápidamente en el enfermo trasplantado con inmunosupresión.

— Enfermedad sistémica que limita la expectativa de vida (por rentabilidad social).

— Fallo no reversible de otros órganos (riñón, pulmón, hígado, etc.).

— Aumento de las resistencias vasculares pulmonares.

— La edad: el límite de edad viene determinado, sobre todo, por las diferencias de resultado esperable ya que a partir de los 50 años, y sobre todo, alcanzando el límite de los 65 años, los resultados del trasplante cardíaco disminuyen considerablemente a largo plazo.

— Infarto pulmonar reciente.

— Diabetes en tratamiento con insulina.

— Enfermedad vascular periférica o cerebrovascular.

— Paciente poco colaborador: es importante la estabilidad familiar y del entorno social, para que el paciente pueda comprometerse a la medicación que debe tomar, a los controles periódicos y a la forma de vida que se le exigirá.

5 ENFERMEDADES DEL APARATO DIGESTIVO

Para el estudio de la patología del aparato digestivo, en primer lugar abordaremos las enfermedades más frecuentes de los distintos órganos que forman el tubo digestivo (boca, esófago, estómago, intestino delgado y grueso y recto) y después las de las glándulas anexas (glándulas salivales, hígado y páncreas).

ENFERMEDADESDE LA BOCA

ENFERMEDADES DE LA MUCOSA ORAL

Estomatitis

Es la inflamación de la mucosa oral, cuyas causas son múltiples y diversas:

— Infecciones: por bacterias, vírus (herpes simple, sarampión, mononucleosis, etc.) u hongos (candidas).

— Traumatismos: producidos por mordedura de la mucosa de las mejillas o el roce de aparatos de ortodoncia molestos, prótesis mal ajustadas o dientes destruidos.

— Agentes irritantes y tóxicos: tabaco, alcohol, alimentos calientes, especias.

— Ciertos medicamentos.

— Enfermedades generales raras como la enfermedad de Behçet o el lupus eritematoso.

— Alergia a colutorios, dentífricos y raramente a prótesis dentarias.

Los síntomas y el tratamiento son muy variables según la causa de la estomatitis; a continuación se describen las más frecuentes:

— *Estomatitis aguda simple*: es la inflamación aguda de la mucosa bucal, afecta principalmente a las encías, la punta y bordes de la lengua y la cara interna de las mejillas. Se puede producir por la ingesta de alimentos demasiado calientes, prótesis dentarias mal ajustadas, consumo de alcohol y tabaco y toma de antibióticos de amplio espectro. Se cura espontáneamente.

— *Estomatitis aftosa simple o aftas crónicas habituales:* es un trastorno muy común que afecta al 20% de la población, siendo más frecuente en mujeres. Son pequeñas úlceras superficiales localizadas en la mucosa bucal, sobre todo en la cara interna de los labios y mejillas y en los bordes y frenillo de la lengua. El fondo de la úlcera es blanco-amarillento y el borde está inflamado y rojo. Son muy dolorosas, dificultando la masticación y la articulación de palabras. Curan en días (7-10) sin dejar secuelas, excepto las de mayor tamaño (>1 cm) que dejan cicatriz y duran semanas. Se desconoce su origen, aunque el estrés, los traumatismos locales y la fiebre son factores que en personas predispuestas desencadenan la aparición de nuevas aftas. El tra-

rición de placas blancas, como grumos de leche, localizadas en la lengua, paladar y carrillos.

Aparece en niños y en personas con enfermedades o tratamientos que alteran su inmunidad natural (SIDA, corticoides, antibióticos, quimioterapia) y en aquellos pacientes con xerostomía (sequedad bucal). Se trata con enjuagues bucales con solución de nistatina (un agente antifúngico inocuo).

ENFERMEDADES DE LA LENGUA

Lengua geográfica

Es una lengua con aspecto de mapa, por presentar zonas blanquecinas y gruesas junto a otras delgadas y enrojecidas. Se desconoce su origen. Tiende a aparecer y desaparecer cíclicamente a lo largo de los años. No necesita tratamiento.

LENGUA ESCROTAL O DIVIDIDA

Es una anomalía congénita, caracterizada por la presencia en el dorso de la lengua de gruesos repliegues, separados por surcos profundos.

Saburra lingual

Es una capa blanquecina dispuesta sobre la lengua, siendo normal su existencia en la parte posterior de la misma. En la parte anterior es normal por la mañana antes de desayunar, "lengua de ayuno", desapareciendo al comer. Aparece saburra lingual patológica (en la parte anterior) en enfermedades febriles y en los pacientes en coma, no teniendo relación clara con enfermedades digestivas.

Glositis

Es la inflamación de la lengua.

— *Glositis aguda* es la enfermedad más frecuente de la lengua, ésta aparece roja, brillante y el contacto con alimentos desencadena dolor; las causas son similares a las de la estomatitis, siendo frecuentes las producidas por la toma de alimentos muy calientes o picantes y el uso de antibióticos.

— Las glositis crónicas producen una lengua roja, lisa y brillante. Aparecen asociadas a distintas enfermedades como la anemia ferropénica (carencia de hierro), anemia perniciosa (carencia de vitamina B_{12}), pelagra... En ocasiones se desconoce su origen.

tamiento se basa únicamente en geles o colutorios que llevan agentes cicatrizantes y anestésicos locales, para calmar el dolor. En los casos más severos puede hacer falta consumir analgésicos comunes.

— *Estomatitis herpética*: la infección primaria por el virus herpes simple generalmente es asintomática, pero a veces produce un cuadro sintomático llamado estomatitis herpética, que ocurre principalmente en niños menores de 5 años, frecuentemente tras el contacto con un adulto con herpes labial. Aparecen múltiples úlceras superficiales, de tamaño variable, por toda la boca, muy dolorosas. Se acompaña habitualmente de gingivitis (inflamación de las encías) y fiebre. El cuadro desaparece en 7-10 días, quedando el virus acantonado en ganglios del paciente que lo ha sufrido, desde donde, ante un factor desencadenante (fiebre, calor, estrés, menstruación, etc.) se reactiva apareciendo el *herpes labial recidivante*. Éste suele manifestarse por un conjunto de vesículas del tamaño de la cabeza de un alfiler asentadas sobre una base enrojecida, siendo su localización más frecuente en los labios; previo a la aparición de las vesículas se nota quemazón y prurito. El tratamiento de la estomatitis herpética se basa en analgésicos tópicos para calmar el dolor junto a una dieta apetecible, habitualmente de líquidos fríos que no sean ácidos. En el herpes labial se puede aplicar cremas de aciclovir (un agente antivírico) para evitar su diseminación, siendo eficaz sólo si se aplica en la fase inicial; la vaselina previene el agrietamiento y las hemorragias.

Muguet o candidiasis oral

Es la infección producida por el hongo llamado *candida albicans*. Consiste en la apa-

HALITOSIS O FETIDEZ DEL ALIENTO

Es un problema muy frecuente en la población, con múltiples orígenes:

— Enfermedades de la boca y faringe (causa más frecuente): dientes cariados, piorrea, estomatitis.

— Divertículos esofágicos.

— Infecciones de las vías respiratorias altas (sinusitis, adenoides) o bajas (absceso de pulmón, bronquiectasias)

— Pacientes con urea elevada.

Los casos severos pueden suponer una situación desagradable en la vida social. Su tratamiento consiste en identificar y corregir la causa. En general la mayoría de casos se resuelven con una visita al dentista que incluya una limpieza bucal y el saneamiento de cualquier foco de infección en las piezas dentarias. Junto a ello es necesario extremar la higiene bucal, con cepillado y colutorios tres veces al día. En momentos puntuales resulta de utilidad el uso de caramelos o gomas de mascar mentoladas sin azúcar, o recomendaciones naturistas sencillas como el masticar una hojas frescas de hierbabuena o menta. Si a pesar de estos consejos el problema permanece, debe consultarse al médico la posibilidad de que el problema tenga otras causas más infrecuentes.

ENFERMEDADES DE LAS ENCÍAS Y LOS DIENTES

Gingivitis

Es la inflamación de las encías. Puede aparecer asociada a las estomatitis, por consumir un medicamento antiepiléptico como la fenitoina o en la fase inicial de la enfermedad periodontal o piorrea.

Esta última constituye la causa más frecuente de gingivitis. La piorrea comienza con una gingivitis que al progresar, se infecta formando bolsas de pus que ulceran y destruyen la encía, dando un aspecto descarnado al diente. Los factores que favorecen su aparición, aparte de la predisposición genética (la herencia familiar), son la falta de higiene dental (lo más frecuente), las deficiencias nutricionales, las enfermedades debilitantes, el tabaco, etc.

Caries dentarias

Es la enfermedad más frecuente de la población, con excepción del resfriado común. Consiste en la pérdida progresiva de las capas superficiales del diente afectado (esmalte y dentina) hasta llegar a afectar la pulpa si no se pone tratamiento. El primer molar, y sobre todo los del maxilar superior, son los mas afectados.

En la formación de la caries hay dos factores que son imprescindibles: las bacterias y los restos alimentarios (azúcares principalmente). Las bacterias que habitualmente se encuentran en la boca (*Streptococcus mutans*), actúan sobre los azúcares que quedan en la boca tras las comidas, convirtiéndolos en ácidos que destruyen progresivamente el esmalte dentario y forman cavidades.

El tratamiento de la caries consiste en la limpieza de la cavidad y su cierre (obturación) con diversos materiales (empaste), que debe hacerse precozmente para evitar que el avance de la caries origine complicaciones. En el apartado "Enfermedades de las encías y los dientes" se aborda ampliamente este tema.

ENFERMEDADES DEL ESÓFAGO

ESOFAGITIS CÁUSTICAS

Es la inflamación de la mucosa esofágica debida generalmente a la ingesta accidental de productos de limpieza o por intentos de suicidio, que destruyen por contacto la mucosa que tapiza el interior del esófago. Los casos graves de esofagitis pueden ocasionar accidentes mortales o causar importantes estenosis o estrechamientos en el esófago que precisen de cirugía muy complicada posterior.

REFLUJO GASTROESOFÁGICO Y SUS COMPLICACIONES

Normalmente no refluye (vuelve) jugo gástrico al esófago gracias al esfínter esofágico inferior que separa ambos órganos. Si falla este mecanismo valvular puede refluir el contenido gástrico, que es ácido, a la parte inferior del esófago causando la inflamación de su mucosa si el reflujo es importante y mantenido.

Los pacientes con reflujo notan pirosis (ardor o acidez) en la boca del estómago, con regurgitación del contenido gástrico a la boca o sin ella. En general las molestias aumentan al acostarse, inclinarse, en el embarazo y cuando se consume tabaco o café.

Cuando el reflujo es importante y dura mucho tiempo pueden aparecer complicaciones serias como las siguientes:

ADVERTENCIAS SOBRE LOS CÁUSTICOS

CONSEJO

La mayoría de estos accidentes ocurren inadvertidamente, por lo que los líquidos peligrosos (lejía, sosa, salfumán, ácidos, limpiadores, etc.), nunca deben ser almacenados en botellas de agua, refrescos, leche u otros alimentos que puedan inducir a error. Todos estos productos deben estar convenientemente identificados y fuera del alcance de niños o personas con disminución de su capacidad mental (ancianos, deficientes, etc.).

La ingesta de productos cáusticos precisa una atención especializada urgente en un centro sanitario. Bajo ningún concepto se debe provocar el vómito, ya que el cuadro se agravaría, al contactar de nuevo el producto con el esófago durante su salida.

Esofagitis

Es una inflamación de la mucosa esofágica, distinguiéndose cuatro grados (I a IV) de menor a mayor intensidad. Produce junto a los síntomas anteriores *dolor* detrás del esternón al ingerir alimentos y puede originar pequeñas hemorragias, siendo una causa frecuente de anemia por pérdidas de hierro.

Úlceras pépticas

Son heridas profundas de la mucosa del esófago que causan un dolor similar al anterior, aunque en general más continuo y molesto.

Estenosis

Son estrechamientos esofágicos producidos por la cicatrización de las úlceras y la persistencia de la esofagitis. Es poco frecuente.

Metaplasia o esófago de Barrett

La zona de esófago continuamente irritada por el ácido gástrico en raras ocasiones acaba sufriendo una degeneración premaligna que supone un riesgo de producción de cáncer de esófago que requiere revisiones periódicas con endoscopia.

Cuando existe sospecha de esofagitis, se confirma o descarta mediante una endoscopia que visualiza de forma directa la mucosa del esófago. Los estudios radiológicos de contraste con papilla de bario tienen hoy menos utilidad, aunque permiten detectar complicaciones como las úlceras o las estenosis.

El tratamiento se basa en ciertas medidas higienico-dietéticas que el paciente debe adoptar, esto es, ciertos hábitos de vida y alimentación. Cuando los síntomas persisten pese a las recomendaciones anteriores, se prescriben ciertos medicamentos para disminuir la acidez gástrica de forma que, aunque exista reflujo, no se dañe a la mucosa esofágica: antiácidos (alcalinos), antagonistas H2 (p.ej., ranitidina) e inhibidores de la bomba de protones (p.ej., omeprazol). Otros medicamentos facilitan el vaciamiento natural del estómago hacia el intestino, disminuyendo el riesgo de reflujo hacia el esófago (cisaprida, etc.). Sólo aquellos pacientes que no responden a los tratamientos anteriores o cuando existen importantes estenosis que necesitan ser dilatadas, no queda otro remedio que recurrir a soluciones quirúrgicas.

ACALASIA

Es un trastorno caracterizado por una disminución del peristaltismo esofágico (la movilidad normal del tubo digestivo) y por la contracción del esfínter esofágico inferior. Ambas cosas dificultan el paso del alimento del esófago al estómago permaneciendo durante más tiempo y a mayor presión en el esófago, lo que origina su ensanchamiento. La causa es un problema neurológico, en concreto la pérdida de las células nerviosas parasimpáticas de la capa muscular del esófago.

Produce típicamente disfagia (dificultad para tragar alimentos, tanto líquidos y sólidos), causando una sensación opresiva a la altura del esternón que aumenta cuando se come grandes cantidades de alimentos o bebidas frías. Los

✔ Elevación de 15 cm de la cabecera de la cama.

✔ Conseguir el peso ideal, si hay sobrepeso.

✔ Evitar el uso de prendas ajustadas al abdomen como fajas, cinturones.

✔ No acostarse inmediatamente después de haber comido.

✔ Evitar comidas copiosas y bebidas gaseosas.

✔ Evitar estimulantes de la acidez gástrica, como el café, alcohol, especias.

✔ Abandonar el hábito del tabaco.

Medidas higiénico-dietéticas para el control del reflujo gastroesofágico.

síntomas permanecen constantes durante años, pero normalmente acaba aumentado la disfagia, aparece dolor retroesternal al comer y se regurgitan los alimentos a la boca. Si no se resuelve, las complicaciones que pueden surgir en su evolución son esofagitis y degeneración tumoral del esófago.

El diagnóstico se realiza mediante un estudio radiográfico del esófago con contraste (papilla de bario) en el que se observa su movilidad alterada de forma característica, con ausencia de contracciones y ensanchamiento esofágico. También se utiliza otra prueba llamada manometría para el diagnóstico, que es una sonda que permite medir la presión intraesofágica. No es necesaria la endoscopia en esta enfermedad.

El objetivo del tratamiento es abrir el esfínter esofágico inferior para facilitar el paso de los alimentos. No existen para ello recomendaciones caseras útiles al paciente ni medicamentos eficaces; si los síntomas son importantes se deben realizar dilataciones del esfínter esofágico inferior con una sonda provista de un balón hinchable en su extremo introducido bajo control radiológico. Si no son efectivas se necesita recurrir a una cirugía más agresiva (la llamada miotomía de Heller, en la que se cortan bras musculares de dicho esfínter).

DIVERTÍCULO ESOFÁGICO

Es una dilatación localizada de la pared del esófago en forma de bolsa ciega. El más frecuente es el llamado divertículo de Zenker, situado en la parte más alta del esófago (cerca de la faringe). Al ingerir alimentos, parte de ellos quedan retenidos en el interior de esa bolsa pudiendo ser regurgitados al inclinarse o tumbarse el paciente. Si la regurgitación es nocturna, hay riesgo de que el alimento pase accidentalmente a las vías respiratorias originando una infección grave en las mismas (neumonía por aspiración). Generalmente el paciente percibe el alimento regurgitado como fétido. No hay otra solución, cuando producen molestias importantes, más que la extirpación quirúrgica del divertículo. La cirugía esofágica tiene cierta complejidad por el difícil acceso a una estructura que atraviesa la cavidad torácica, entre el cuello y el abdomen.

VARICES ESOFÁGICAS

Son dilataciones de las venas esofágicas. Su origen más frecuente es la hipertensión portal, siendo ésta una complicación frecuente de la cirrosis hepática (por virus, alcoholismo crónico u otras causas). En general, no producen síntomas hasta que se rompen, causando entonces grandes hemorragias y vómitos de sangre (hematemesis). La hemorragia puede ser masiva y causar la muerte.

El tratamiento de la rotura de las varices es una emergencia hospitalaria para la que existen varias posibilidades según la gravedad (medicamentos, esclerosis de las varices mediante endoscopia, taponamiento de la zona con un balón hinchable que comprime el interior del esófago —sonda de Sengstaken-Blackemore—, o cirugía abierta).

CÁNCER DE ESÓFAGO

Es el tercer tumor del tubo digestivo por orden de frecuencia tras el cáncer de colon y el de estómago. Afecta preferentemente a varones de edades comprendidas entre 50 y 70 años, que tienen algunos de sus factores predisponentes: alcoholismo y tabaquismo (sobre todo en conjunto), antecedentes de estenosis por cáusticos, acalasia y el esófago de Barrett, comentados anteriormente.

Los síntomas característicos de esta tumoración es una dificultad progresiva para tragar que afecta en primer lugar a alimentos sólidos y después a los líquidos, y una pérdida de apetito y de peso junto a importante cansancio, más llamativos en fases avanzadas del tumor.

A la menor sospecha el médico aconsejará realizar una endoscopia que permita ver el tumor y tomar muestras del mismo (biopsias). Si se confirma el diagnóstico se debe intentar la cirugía como mejor alternativa de tratamiento (es la que logra mayores tasas de supervivencia, aunque sólo es posible en etapas iniciales). Otras posibilidades paliativas son la radioterapia y otras ayudas en los casos más avanzados, como las dilataciones o la colocación de sondas para que el paciente pueda tragar saliva y alimentos semilíquidos. En general es un tumor de mal pronóstico con una supervivencia inferior al 5% de los casos a largo plazo, porque se diagnostica normalmente en fases avanzadas.

ENFERMEDADES DEL ESTÓMAGO Y DUODENO

HERNIA DE HIATO

Es el desplazamiento de parte del estómago a la cavidad torácica a través de una abertura del músculo diafragma conocida como hiato

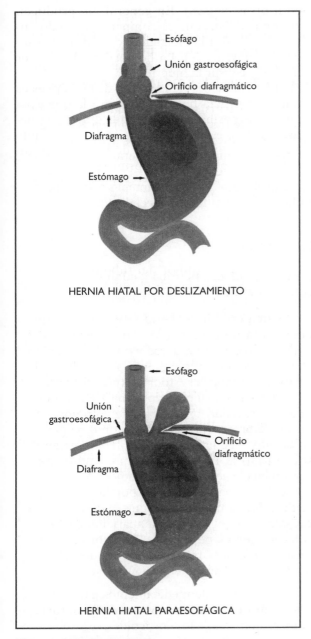

HERNIA HIATAL POR DESLIZAMIENTO

- Esófago
- Unión gastroesofágica
- Orificio diafragmático
- Diafragma
- Estómago

HERNIA HIATAL PARAESOFÁGICA

- Esófago
- Unión gastroesofágica
- Orificio diafragmático
- Diafragma
- Estómago

Esquema de las hernias hiatales

(es la ventana por la que el esófago pasa del tórax al abdomen). Aunque no suelen producir grandes síntomas, no hay que olvidar que las hernias pueden ser la causa de una hemorragia gastrointestinal oculta (motivo frecuente de anemias) o, más raramente, masiva. Según su mecanismo de producción, se distinguen dos tipos de estas hernias:

Hernia de hiato por deslizamiento

La parte del estómago por la que se une al esófago es la que se desplaza por encima del diafragma, a través del hiato (como si "se hubiera tirado del esófago hacia arriba"). Es la más frecuente, hasta el punto de que haciendo

radiografías se pueden observar en un 25-35% de la población, aunque en la mayoría de ellos no producen ningún síntoma, siendo un hallazgo puramente casual. Sólo en algunos pacientes estas hernias coexisten con reflujo gastroesofágico pudiendo presentar los síntomas y complicaciones del mismo. No tiene tratamiento específico, pero si hay reflujo asociado éste debe tratarse como se explicó antes.

Hernia de hiato paraesofágica

El esófago atraviesa normalmente el diafragma, pero a través del hiato otra parte del estómago asciende junto al esófago. Tampoco suele producir síntomas pero, a diferencia de la anterior, puede sufrir una estrangulación en su evolución (la porción de estómago herniada al tórax puede comprimirse y necrosarse por falta de riego vascular, produciéndose una perforación gástrica posterior). Este tipo de hernia debe tratarse con cirugía por el riesgo de estrangulación.

GASTRITIS

Es la inflamación de la mucosa gástrica. Existen múltiples tipos, unos de aparición brusca y corta duración (agudas) y otras de larga evolución (crónicas) de las que a continuación se comentan las más frecuentes.

Gastritis agudas

— *Gastritis de estrés:* en los pacientes hospitalizados que están gravemente enfermos, el estrés puede causar erosiones gástricas e incluso úlceras que producen sangrado digestivo.
— *Gastritis por drogas:* son lesiones de la mucosa gástrica similares a la gastritis por estrés, que pueden aparecer tras la toma de medi-

CONSEJO

VIGILE LOS DOLORES DE LA HERNIA DE HIATO

Las hernias de hiato suelen producir ardores o molestias en la "boca del estómago", pero en ocasiones provocan una irritación intensa y espasmo del esófago que produce unos síntomas muy similares al de los problemas coronarios (angina e infartos). Como la diferenciación puede ser compleja, no achaque al esófago cualquier dolor que sienta "bajo la zona de la corbata", y acuda siempre a una urgencia médica.

camentos (aspirina, antiinflamatorios no esteroideos, corticoides...) y consumo de alcohol.

— *Gastritis asociada a infección por* Helicobacter pylori: es una inflamación aguda de la mucosa gástrica asociada a infección por el germen *Helicobacter pylori,* que generalmente no da síntomas.

— *Gastritis por agentes corrosivos:* asociadas a esofagitis por la ingesta de estos productos

— *Gastritis infecciosas:* por virus (citomegalovirus, herpes simple), bacterianas y hongos (*candida albicans*).

Los síntomas de estas gastritis son dolores o molestias difusas en el estómago, náuseas con o sin vómitos y molestias digestivas inespecíficas (gases, hinchazón, eructos, digestión prolongada, etc.). Los cuadros muy agudos pueden producir dolores severos que pueden confundirse con una úlcera gástrica y que el médico analizará cuidadosamente, realizando pruebas diagnósticas si es preciso.

En general las gastritis agudas necesitan un tratamiento general de antiácidos y protectores gástricos que debe ser prescrito por el médico. Además de ello, todo tipo de gastritis se beneficia de unas normas universales que el paciente afecto debe conocer: reposo digestivo (incluso ayuno de alimentos sólidos si los síntomas son muy intensos), dieta blanda y suave cuando se comiencen a aliviar las molestias (evitando las especias, picantes, las comidas copiosas, las bebidas gaseosas y el alcohol) y abstención completa de alcohol, tabaco y fármacos no prescritos por el médico.

Gastritis crónicas

— *Gastritis de origen inmunológico:* es la llamada gastritis tipo A, que afecta al cuerpo y al fondo gástrico. Es más frecuente en mujeres y ocurre por mecanismos inmunes (anticuerpos) que atacan la pared del estómago, disminuyendo la secreción de las sustancias que allí se producen normalmente: el ácido clorhídrico y el factor intrínseco, lo que origina aclorhidria y anemia perniciosa respectivamente. Produce una gastritis crónica atrófica que precisa vigilancia por el riesgo de degeneración tumoral. Únicamente se puede tratar la anemia perniciosa.

— *Gastritis asociada a* Helicobacter pylori: es la llamada gastritis tipo B, que afecta a otra zona del estómago, el antro. Es la más frecuente, no predominando en ningún sexo. Produce gastritis crónica activa que determina cierto grado de aclorhidria y se puede asociar con úlcera gastroduodenal. El riesgo de degeneración tumoral es menor que la anterior.

— *Otras gastritis específicas raras* como la enfermedad de Menètrier (en la que se producen pliegues gástricos gigantes), la gastritis eosinofílica y la gastritis granulomatosa asociada a la enfermedad de Crohn y la sarcoidosis.

Estas gastritis son enfermedades más complejas, donde frecuentemente lo menos relevante son los síntomas digestivos y lo realmente crucial es la enfermedad general en el seno de la cual aparece la gastritis. Por ello y por su larga evolución, imperativamente exigen un estudio y un tratamiento especializado.

ÚLCERA PÉPTICA

¿Qué es la úlcera péptica y cúales son sus causas?

Es una especie de herida, circunscrita, que afecta a la mucosa y a la capa muscular del aparato digestivo en áreas expuestas al ácido clorhídrico, normalmente en la zona llamada curvatura menor del estómago (úlcera gástrica) y en el duodeno (úlcera duodenal). Se trata de una enfermedad crónica que evoluciona en forma de brotes (primavera y otoño), y que resulta muy frecuente en la población general, sobre todo la úlcera duodenal, que es más común en el varón que en la mujer.

Esta úlcera se produce por la acción del ácido sobre la mucosa, aunque se desconoce la causa exacta que origina la aparición de úlcera sólo en ciertas personas. Sí se conocen una serie de factores favorecedores o desencadenantes, que predisponen a la enfermedad:

— Consumo de medicamentos gastroerosivos, como la aspirina, los antiinflamatorios (antirreumáticos) y los corticoides.

— Infección por *Helicobacter pylori*, bacteria presente en el 90-100% de las úlceras duodenales y el 70-80% de las gástricas. Produce una enzima, la ureasa, que puede detectarse mediante el "test del aliento", técnica usada para comprobar la erradicación del *Helicobacter pylori* tras su tratamiento con antibióticos.

— Enfermedades que producen una producción exagerada de ácido (Zollinger-Ellison).

— El estrés y la tensión psíquica mantenida, así como el tabaco y el alcohol, tambien facilitan el desarrollo de úlceras.

¿Qué síntomas deben hacer sospechar una úlcera?

Lo más característico de la *úlcera gástrica* es el dolor, producido por la acción del ácido

¿CUÁL PUEDE SER LA CAUSA DE UNA ÚLCERA?

CONSEJO

En la actualidad se piensa que una parte importante de las úlceras de estómago se deben, al menos en parte, a la infección local por una bacteria (el helicobacter pylori). De hecho, muchos pacientes llegan a curarse definitivamente tras años de sufrir brotes ulcerosos repetidos cuando toman los antibióticos específicos para dicho germen.

sobre la mucosa lesionada. Se localiza en la parte superior del abdomen, en la "boca del estómago", es punzante y provoca una sensación de quemazón que se puede extender a la espalda y al tórax. Estas molestias tienen una relación clara con la ingestión de alimentos, apareciendo entre 15 y 60 minutos después de comer. En la *úlcera duodenal* el dolor aparece entre una y tres horas después de la ingesta, calmándose momentáneamente con la comida, por lo que se le ha llamado "dolor de hambre". De todas formas, aunque no siempre se muestran estas características típicas, en general el dolor de cualquier úlcera se calma al tomar un antiácido (como el bicarbonato) y es mayor cuando se consumen alimentos muy condimentados y alcohol. Otros síntomas que pueden aparecer son náuseas, vómitos, pirosis (ardor), eructos e hinchazón abdominal.

¿Qué pruebas confirman la existencia de una úlcera?

El diagnóstico de una úlcera se basa en la realización de una historia clínica detallada donde se detecten los síntomas característicos de úlcera péptica. Si la sospecha es firme, el médico realizará un estudio radiológico del estómago y el duodeno con papilla de bario, lo que permite diagnosticar el 80-90% de las úlceras duodenales y el 65-85% de las gástricas. La gastroscopia, esto es, la visualización directa de la úlcera mediante un sistema óptico instalado en el extremo de una sonda flexible que se hace llegar al estómago, detecta el 85-95% de las úlceras pépticas y además permite tomar biopsias y muestras en las que determinar la presencia de *Helicobacter pylori*. La toma de muestras de la úlceras es imperativa en las úlceras gástricas, ya que el cáncer de estómago puede confundirse por su aspecto con una úlcera benigna.

¿Se curan las úlceras pépticas?

Como se comentó, la úlcera es una enfermedad crónica que reaparece con frecuencia tras un primer episodio curado. Desde que se conoce el papel de la bacteria *Helicobacter pylori* en el mantenimiento de la enfermedad ulcerosa, ésta puede considerarse, en cierta medida, una enfermedad infecciosa. De hecho, este descubrimiento ha cambiado el pronóstico y la historia natural de muchos pacientes, ya que está totalmente comprobado que la erradicación de este germen conlleva una disminución muy notable de la aparición de nuevas úlceras, una vez curado un episodio. Una de las pautas más usadas para ello se basa en la combinación de dos antibióticos (amoxicilina y claritromicina) y un producto antisecretor de ácido (omeprazol), tomados conjuntamente durante un corto período de tiempo (un mes).

Respecto a la curación del episodio ulceroso que aqueje a un paciente, existen varios tratamientos cuyos objetivos son aliviar el dolor, cicatrizar la úlcera y evitar complicaciones graves. En general todo lo anterior se logra mediante medicamentos que disminuyen la acidez del estómago, permitiendo la reparación natural de la úlcera en un período que oscila entre 4 y 6 semanas.

En los excepcionales casos en que esto no se consigue se recurre a la cirugía realizando diversas técnicas como la *vagotomía selectiva* (consiste en cortar parcialmente el nervio vago, lo que disminuye la secreción ácida manteniendo una función gástrica aceptable), o la *gastrectomía parcial* (se elimina la parte del estómago donde se produce el ácido), que tiene más efectos secundarios que la anterior al ser más agresiva y deja una función gástrica más deteriorada.

¿Es peligrosa la úlcera péptica?

El mayor riesgo derivado de la úlcera péptica es la aparición de alguna de las complicaciones siguientes, ocasionalmente muy graves:

— *Hemorragia*: es la complicación más frecuente que se puede manifestar como vómitos de sangre fresca o en "poso de café" (cuando la sangre pasa un tiempo en contacto con los jugos gástricos adquiere un aspecto de grumos negros) y/o deposiciones negras y malolientes (llamadas *melenas*).

— *Perforación*: es la ruptura completa de la pared gástrica o duodenal, abriéndose la úlcera a la cavidad abdominal. Suele producir una peritonitis, grave motivo de urgencia quirúrgica.

— *Estenosis pilórica*: es la obstrucción de la salida del estómago normalmente debida a la cicatrización de la úlcera en esa zona. Su resolución requiere cirugía.

TUMORES GÁSTRICOS

Dentro de los tumores malignos del estómago el 95% corresponde al *carcinoma gástrico* y el resto a otros más raros (linfomas y leiomiosarcomas). Los tumores benignos (pólipos gástricos y leiomiomas) son menos frecuentes que el cáncer en una relación 1:100. A continuación se comentan las características principales del cáncer gástrico.

Se trata de un tumor más frecuente en varones que en mujeres en una proporción de 2:1, apareciendo entre los 50 y 70 años. Los factores predisponentes al cáncer gástrico son:

— Factores alimentarios, como el consumo importante de conservas, salazones y ahumados (es un cáncer extraordinariamente frecuente en Japón, donde se consumen altas cantidades de estos productos).
— Tabaco.
— Ciertas enfermedades generales previas como la gastritis crónica atrófica y anemia perniciosa.
— Presencia de pólipos gástricos.

Según sea su patrón de crecimiento del tumor se clasifican en infiltrante (se extiende por la pared del estómago), ulceroso (produce una úlcera) y vegetante (produce una masa hacia el interior del estómago). Estas características tienen interés clínico; así, el más frecuente es el infiltrante (60%) que resulta el de peor pronóstico por la dificultad de detectarlo en sus fases iniciales.

Los síntomas iniciales de un cáncer gástrico son muy escasos y el estado general es bueno, pudiendo producir molestias casi inadvertidas, como una dispepsia ulcerosa (síntomas similares a las úlceras o gastritis), vómitos, pequeñas hematemesis (sangrados por la boca) o nada en absoluto. Por el contrario, cuando el proceso llega a fases avanzadas son numerosos los síntomas, aunque en general se acude al médico por perdida de peso y de apetito importantes.

El diagnóstico de este tumor se basa en un estudio que incluya datos de laboratorio (normalmente existe anemia ferropénica por pequeñas pérdidas de sangre mantenidas durante largo tiempo) y estudios de imagen. Las radiografías con papilla de bario siguen siendo útiles, aunque la detección de tumores en fases iniciales es menor. En la actualidad, es obligatorio realizar una endoscopia que permite la visualización del tumor y la toma de biopsias, fundamental para un diagnóstico exacto y para establecer un pronóstico preciso.

ADVERTENCIA

Ante la existencia de un vómito de sangre roja u oscura como "posos de café" y/o heces negras o con sangre se debe evitar toda ingesta de alimentos y acudir a un centro sanitario para ser valorado urgentemente. La hemorragia producida por una úlcera que afecte a una arteria puede ser masiva y comprometer en pocos minutos la vida del paciente. En general, todas las complicaciones de las úlceras exigen un ingreso hospitalario para su tratamiento.

El único tratamiento con posibilidad de éxito y en definitiva de curación es la cirugía, con mejores resultados cuanto más precozmente se realice. Normalmente se extirpa la mayor parte o todo el estómago junto a los ganglios linfáticos del mismo. Cuando el tumor está extendido se utiliza la quimioterapia (fármacos antitumorales), que aumenta la supervivencia, aunque no logra curar, por si sola, la enfermedad. En estadios avanzados puede ser necesario realizar cirugía paliativa para mejorar la calidad de vida del paciente. En definitiva, el pronóstico del tumor depende de lo precozmente que se diagnostique, pero en general es malo.

ENFERMEDADES DEL INTESTINO DELGADO Y DEL COLON

DIARREA

La diarrea es la disminución anormal en la consistencia de las heces (blandas o líquidas) y/o el aumento de la frecuencia de las deposiciones (más de tres diarias). De forma práctica, se dividen en dos grandes grupos, agudas y crónicas, según duren menos o más de tres semanas, respectivamente, con muy distinto significado. Las causas de la diarrea aguda y crónica se pueden ver en la tabla de esta página.

Los síntomas de la diarrea pueden variar según el tipo de diarrea: por ejemplo, en las de origen infeccioso suele aparecer fiebre, vómitos y dolor abdominal de forma brusca. Igualmente el aspecto de las heces es diferente en unas y otras diarreas: por ejemplo, mientras que en las enfermedades del colon es frecuente que aparezca sangre, moco o pus en la deposición, en el síndrome de malabsorción las heces son grasientas y de olor desagradable. La gravedad de las diarreas es muy variable; asi, mientras que las diarreas agudas virales suelen ser leves y autolimitadas, las diarreas severas pueden producir gran pérdida de líquidos y minerales que puede llevar a la deshidratación del paciente, mientras que las crónicas pueden producir una desnutrición por las continuas pérdidas de sustancias por las heces.

El diagnóstico de una diarrea se establece por el propio paciente, dado lo característico de los síntomas. Normalmente no es necesario realizar pruebas complementarias, porque la mayoría son agudas y autolimitadas en el tiempo. En casos necesarios, por su gravedad o por lo prolongado de su duración se suelen practicar pruebas diagnósticas como el examen de las heces al microscopio, el coprocultivo (iden-

SI SU EDAD ES AVANZADA, CONSULTE A SU MÉDICO ANTE LA APARICIÓN DE SÍNTOMAS DIGESTIVOS

CONSEJO

Las personas mayores de cincuenta años que empiecen con síntomas digestivos y que hasta entonces no los hubieran presentado, deben acudir a su médico para su estudio y tratamiento.

tificación de gérmenes en las heces), pruebas de malabsorción y estudio del colon con endoscopia o radiología.

El tratamiento de las diarreas agudas se basa en la reposición de los líquidos perdidos usando para ello bebidas adecuadas. De forma casera, se puede suministrar la *"limonada alcalina"* si la diarrea es leve y se toleran los líquidos. Se prepara en casa añadiendo a un litro de agua hervida o mineral el zumo de uno o dos limones, una cucharadita (de las de café) de bicarbonato, 1/2 cucharadita de sal y dos o tres cucharadas de azúcar. Se emplea preferentemente en adultos, mientras que en los niños es preferible utilizar alguna de las formulas comerciales de rehidratación que se compran en farmacias en forma de polvo para mezclar con agua. Estos productos evitan los errores en la preparación de la limonada alcalina (sobre todo por exceso de sodio) que podrían ser peligrosos en niños pequeños. Unos u otros se emplean de forma discrecional, más abundantemente cuanto más importante sea la diarrea, interrumpiendo la dieta de sólidos durante unas horas para detener la diarrea. En general se aconseja seguir esta dieta líquida durante 8-12 horas continuando después con una dieta blanda que incluya patata, zanahoria, arroz blanco, pescado, pollo, jamón york, yogur natural, manzana y plátano. Cuando los síntomas remitan se reintroducirán de forma progresiva los alimentos restantes, demorando durante unos días el consumo de frutas y leche.

Si la diarrea empeora, no responde a las medidas anteriores, o no es posible la rehidratación oral por la existencia de vómitos importantes, debe acudirse a un centro hospitalario donde se administrarán los líquidos en forma de suero intravenoso. Se deben vigilar estrechamente a los niños pequeños y a los ancianos debilitados, sobre todo si el tiempo es caluroso o presentan fiebre simultánea, por el alto riesgo de deshidratación que tienen. Estos casos deberían ser evaluados por un médico de forma sistemática. La

Causas de diarrea aguda:

✔ Infecciosa (la más frecuente):

- Bacteriana.
- Vírica.
- Parásitos.
- Hongos.

✔ Medicamentos: Antibióticos, laxantes, colchicina, antiácidos...

✔ Metales pesados: plomo, mercurio.

✔ Toxinas alimentarias de pescados y setas.

✔ Otras: primer brote de enfermedad inflamatoria intestinal, tumor velloso del colon, manifestación de una enfermedad general, impactación fecal.

Causas de diarrea crónica:

✔ Síndrome del intestino irritable.

✔ Consumo reiterado de laxantes.

✔ Enfermedades endocrinológicas: hipertiroidismo, síndrome carcinoide, síndrome de Zollinger-Ellison, insuficiencia suprarrenal.

✔ Déficit de disacaridasas.

✔ Trastornos del aparato digestivo:

- Lesiones de la pared intestinal: enfermedad inflamatoria intestinal, diverticulosis, adenoma velloso, poliposis.
- Maldigestión-malabsorción:

  — Alteraciones selectivas de la absorción: insuficiencia biliar, déficit de lactasa.
  — Alteraciones de la mucosa intestinal: celíaca, esprúe.
  — Insuficiencia pancreática.
  — Postgastrectomía.

Causas de la diarrea.

SEA CUIDADOSO AL PREPARAR LA "LIMONADA ALCALINA"

CONSEJO

Conviene ser muy cuidadoso en la preparación de la "limonada alcalina" para rehidratar a un paciente con diarrea, sobre todo si se trata de un niño o anciano debilitado. El error más común es añadir un exceso de sal que puede resultar peligroso. Si se dispone de ellas, las fórmulas de farmacia (sobre de polvo para diluir en una cantidad fija de agua) son más seguras y sencillas de preparar.

presencia de sangre, moco abundante o pus en la diarrea también debe consultarse al médico por la posibilidad de que la diarrea sea causada por un agente infeccioso u otra enfermedad que precise tratamiento específico (antibióticos, etc.).

Los fármacos en el tratamiento de la diarrea desempeñan un papel secundario y sólo deberían ser utilizados bajo criterio médico. Por ejemplo, los antidiarreicos (como la loperamida) no se deben usar de forma rutinaria, ya que en caso de infección, la parálisis del tubo digestivo que producen aumentan el tiempo de presencia de los gérmenes en el intestino y aumentan las posibilidades de complicación infecciosa. Igualmente, sólo en algunas diarreas de origen infeccioso se utilizan antibióticos después de determinar el germen por cultivo de heces y verificar su necesidad por existir algún riesgo especial. El consumo inapropiado de antibióticos puede convertir a algunos sujetos con diarrea aguda bacteriana (como la salmonelosis) en portadores crónicos del germen en sus heces, con el riesgo de contaminación ambiental que tal situación supone.

En las diarreas crónicas el tratamiento es el de la enfermedad que la causa, por lo que se exige siempre un diagnóstico médico previo.

ESTREÑIMIENTO

Es la alteración del ritmo intestinal contraria a la diarrea, esto es, la evacuación de unas heces excesivamente secas, escasas o infrecuentes (menos de una deposición cada dos días). Se trata de un problema muy frecuente en la sociedad actual siendo generalmente *idiopático* (sin causa conocida), aunque se sabe que está relacionado con ciertos hábitos dietéticos incorrectos (una alimentación pobre en fibra vegetal y escasos líquidos), con condicionantes so-

ciales (falta de tiempo para establecer un hábito de defecación adecuado, a horas fijas) y determinadas características psicológicas (como la personalidad obsesiva).

Con mucha menor frecuencia, el estreñimiento puede ser el síntoma de un trastorno orgánico bien determinado, y desaparece una vez corregido éste.

Una vez que el médico ha excluído las causas tratables en un estreñimiento, el tratamiento depende en gran medida de la disciplina y voluntad del paciente en adoptar hábitos intestinales saludables, como:

— Aumento de fibra vegetal en la dieta, tomando con frecuencia fruta, verdura, legumbres, arroz sin descascarillar, pan integral y otros alimentos ricos en fibra, como el *muesli*. Si es preciso se suplementa la dieta con fibra no absorbible natural (como el salvado de trigo) o en comprimidos preparados (fáciles de obtener en herbolarios, farmacias y tiendas de alimentación bien surtidas).

— Beber agua o zumos abundantes, en torno a dos litros diarios.

— Realizar un ejercicio físico moderado y diario (caminar, carrera suave, bicicleta o natación).

— Establecer un hábito diario de la defecación, preferiblemente a la misma hora, sin prisas ni agobios.

— En algunos casos rebeldes a lo anterior se pueden utilizar, por prescripción médica, algunos laxantes incrementadores de la masa fecal como los mucílagos derivados de ciertas algas, que retienen humedad en las heces, manteniéndolas blandas y voluminosas. El resto de laxantes están contraindicados generalmente, pues actúan irritando el tubo digestivo o provocando su movilidad forzada. Aunque resultan eficaces, este mecanismo de acción produce una especie de "dependencia" al fármaco que hace casi imposible su retirada posterior.

GASTROENTERITIS INFECCIOSA

Es una inflamación del intestino acompañada de una alteración de función intestinal producida por un germen o sus toxinas. Se caracteriza por la presencia de diarrea acompañada o no de fiebre, vómitos y dolor abdominal. Es un trastorno muy frecuente en todo el mundo y especialmente en países en vías de desarrollo, por las peores condiciones sanitarias de higiene y hacinamiento en las viviendas, los sistemas inadecuados de eliminación de excretas y los fallos de distribución y conservación de alimentos. Puede causar deshidratación, por pérdida de líquidos, sobre todo en niños y ancianos. Las causas son numerosas, siendo más frecuentes en el adulto las bacterias (*Salmonella, Campylobacter* y *Shigella*) y en niños los virus (rotavirus). En la mayoría de las gastroenteritis infecciosas no es necesario investigar y conocer el germen causal porque son autolimitadas en el tiempo y no resultan graves. Si el caso se complica, se realizan cultivos de heces y examen directo de las heces al microscopio para establecer el diagnóstico.

La producción de la diarrea por infecciones tiene dos mecanismos principales:

— Invasión de la mucosa y ulceración del intestino delgado y/o grueso, por los gérmenes, que pueden producir deposiciones con sangre y pus.

— Acción de toxinas (sustancias producidas por los gérmenes al llegar al intestino o presentes en alimentos contaminados por gérmenes), capaces de alterar la función del intestino y producir, en general, una diarrea acuosa sin sangre ni pus.

Normalmente sólo requieren tratamiento sintomático con líquidos (limonada alcalina o sueroral) y dieta blanda, como se ha comentado anteriormente. Los antibióticos sólo se usarán si son prescritos por el médico.

SÍNDROME DE MALABSORCIÓN

¿Qué es la malabsorción y por qué se produce?

Se trata de una deficiente absorción de los alimentos por las paredes intestinales, causada por la insuficiente digestión de las proteínas, grasas e hidratos de carbono. En realidad pueden existir dos mecanismos implicados de forma aislada o simultánea: por una parte, los alimentos pueden llegar al intestino sin fragmentar en componentes simples capaces de ser absorbidos (*maldigestión*), o aunque una digestión normal produzca nutrientes elementales, éstos pueden no atravesar la mucosa intestinal alterada por un trastorno local (*malabsorción*).

La *maldigestión* suele tener su origen en alteraciones del páncreas, que no produce los enzimas pancreáticos normales necesarios para digerir (pancreatitis crónica, fibrosis quística o mucoviscidosis), o en trastornos hepáticos o de los conductos biliares, que conllevan una disminución de la producción de sales biliares necesarias para fragmentar las grasas (cirrosis biliar, cáncer de hígado o de la vía biliar).

Por su parte la *malabsorción* puede ser debida a muy distintas causas, como las que siguen:

— Lesiones de la mucosa del intestino delgado, como la enfermedad celíaca (alergia al gluten) u otras más raras, como el esprúe tropical, la enfermedad de Whipple o la enfermedad de Crohn.

— Alteración de enzimas intestinales que produce intolerancia a ciertos azúcares.

— Obstrucción linfática por tumores (linfomas) u otros trastornos (enfermedad de Whipple).

— Sobrecrecimiento bacteriano (aumento anormal de la flora intestinal), posible tras ciertas cirugías digestivas, como las resecciones intestinales amplias.

GERMEN MECANISMO	BACTERIAS	VIRUS	HONGOS	PARÁSITOS
POR INVASIÓN DE LA MUCOSA	Shigela, Yersinia, Proteus, Salmonella, Enterobacter E. coli enteroinvasor, Campylobacter jejuni.	Rotavirus. Virus Norwalk.	Candida.	Giardia lamblia. Entamoeba histolytica. Schistosoma. Trichinella spiralis.
POR TOXINAS PREFORMADAS	Staphylococcus aureus. Bacillus cereus. Clostridium perfringens.			
POR TOXINAS INTESTINALES	Vibrio cholera, Pseudomona. aeruginosa, Klebsiella. E. coli enteropatógeno.			
MECANISMO DESCONOCIDO	E. coli enteradherente. Aeromonas, Mycobacterium.			Cryptosporidium. Isospora belli.

Causas de la gastroenteritis infecciosa.

¿Cuándo sospechar una malabsorción y qué hacer?

La clínica que suelen producir las enfermedades malabsortivas son pérdida de peso, distensión abdominal, flatulencia, heces grasientas, pálidas y malolientes (al contener grasas no digeridas), anemia por déficit de hierro y ácido fólico (elementos que no se absorben) y otras deficiencias vitamínicas (causa frecuente de glositis o inflamación de la lengua) y minerales. Dada la potencial gravedad de algunas de las causas de estos trastornos y la enorme cantidad de posibilidades diagnósticas, se impone una visita al médico lo antes posible. El estudio de estos pacientes es complejo y suele incluir análisis de sangre, examen de la deposición (p.ej, determinación de grasas en las heces), pruebas que determinan defectos de absorción (absorción de D-xilosa, absorción de lactosa, de hierro, de ácido fólico...), estudio radiológico con bario del intestino y en algunos casos es necesario realizar biopsia de la mucosa del intestino delgado para llegar a un diagnóstico definitivo. No existe ninguna recomendación de autocuidado para el paciente, ya que el tratamiento es el de la enfermedad causal.

¿Cuáles son las causas más comunes de malabsorción?

Dos trastornos son relativamente comunes en la población general: la enfermedad celíaca y la intolerancia a los hidratos de carbono.

La *celiaquía* es un trastorno crónico de malabsorción intestinal causado por una falta de tolerancia al gluten, proteína que se encuentra en el trigo, centeno, cebada y avena. Aunque no tiene un tratamiento curativo, los pacientes experimentan una mejoría clínica absoluta tras retirar el gluten de la dieta. Puede iniciarse en la edad infantil (más frecuente) o adulta, manifestándose con pérdida de peso, retraso del crecimiento en los niños, dolor abdominal, meteorismo (gases) y heces abundantes, pálidas y malolientes. El diagnóstico definitivo es por biopsia intestinal que muestra una mucosa con una alteraciones típicas. Es frecuente la anemia, déficit vitamínicos y alteraciones de las pruebas de absorción. El tratamiento se basa en la eliminación del gluten de la dieta, para lo que debe recordarse que los cereales permitidos son el maíz, el arroz y el mijo. En la actualidad existen duplicados sin gluten prácticamente de cualquier alimento que contenga harinas (pan, galletas, pasteles, helados,...), que permite realizar una vida normal a los afectados por la enfermedad.

La *intolerancia a los hidratos de carbono* es la incapacidad de digerir los hidratos de carbono debido a la falta de una o varias enzimas intestinales encargadas de fragmentar los azúcares complejos. El más frecuente es el déficit de la enzima lactasa, no pudiéndose digerir la lactosa (azúcar principal de la leche). Cuando se consume el alimento intolerado se produce dolor e hinchazón abdominal, diarrea líquida y un importante meteorismo (gases) y borborigmos (ruidos intestinales). En los niños en los que no se detecta puede existir un retraso del crecimiento. Se diagnostica de forma sencilla mediante la prueba de la tolerancia a la lactosa oral. Confirmado el diagnóstico, la enfermedad se controla con una dieta sin lactosa o, a menudo, simplemente evitando las bebidas o alimentos que contienen leche.

ENFERMEDAD INFLAMATORIA INTESTINAL

Se trata de la inflamación crónica de diversas zonas del tracto gastrointestinal, de origen no claro. Comprende dos enfermedades distintas, aunque con ciertas características comunes: la **enfermedad de Crohn** y la **colitis ulcerosa**. Aún hoy día se desconocen las causas exactas de estos trastornos, aunque existen datos que implican a factores muy diversos: hereditarios, infecciosos, dietéticos y tóxicos (por ejemplo el tabaco tiene una clara relación con el Crohn). Puede aparecer a cualquier edad siendo más frecuente antes de los 40 años. Estas enfermedades afectan a distintos tramos del aparato digestivo: mientras el Crohn afecta característicamente el último segmento del intestino delgado (ileítis), aunque se puede extender a otras partes, la colitis ulcerosa afecta sobre todo el colon izquierdo y al recto (proctocolitis).

Los síntomas de las enfermedades inflamatorias intestinales evolucionan en forma de brotes caracterizados por fiebre, pérdida de peso, dolor abdominal y diarrea que es sanguinolenta cuando está afectado el colon y/o el recto. Durante los brotes pueden aparecer complicaciones que en ocasiones permanecen más tiempo que el resto de síntomas. Entre los brotes los síntomas desaparecen o son mínimos.

Las **complicaciones** comentadas pueden ser locales (digestivas) o generales (en otros aparatos).

Diagnóstico

En la enfermedad inflamatoria intestinal se hace fundamentalmente por endoscopia, apreciándose el aspecto característico de la mucosa intestinal en cada enfermedad: en el Crohn, la mucosa afectada presenta úlceras profundas y tiene un aspecto de empedrado, mientras que en la colitis ulcerosa presenta úlceras superficiales y hemorragias. También se emplea el estudio radiológico con bario.

Tratamiento

En la enfermedad inflamatoria intestinal es doble: durante el brote agudo, para conseguir la desaparición de los síntomas, se emplean ciertos fármacos (corticoides, sulfasalazina y metronidazol), una vez superada la crisis, se realiza un tratamiento de mantenimiento para evitar las recaídas (sulfasalazina e inmunosupresores, como la azatioprina o el metotrexate). La cirugía en la enfermedad inflamatoria intestinal está indicada para la colitis ulcerosa cuando hay afección colónica muy extensa y sin respuesta al tratamiento con fármacos, realizando la extirpación total del colon.

ENFERMEDADES VASCULARES DEL INTESTINO

Isquemia intestinal aguda

Es un trastorno relativamente frecuente en personas de edad avanzada, consistente en una disminución brusca del riego sanguíneo de alguna zona del intestino por una obstrucción vascular. Las causas principales de obstrucción vascular son las embolias y la trombosis arterial por arteriosclerosis. Producen una destrucción del segmento intestinal que es irrigado por los vasos afectos, al fallar el aporte de nutrientes, de forma similar a la destrucción que se produce en el corazón durante un infarto agudo de miocardio.

Debe valorarse esta posibilidad ante un cuadro de dolor abdominal intenso, vómitos y en ocasiones diarrea con sangre, mareo y shock. Ante cualquiera de estos síntomas se debe acudir con urgencia a un hospital, donde mediante diversas pruebas se confirmará el diagnóstico. Éste será definitivo mediante una arteriografía, que permite visualizar el sistema vascular del intestino e identificar el nivel de la obstrucción. Una vez conocido el cuadro se trata de una emergencia médica que exige una intervención inmediata para intentar la revascularización (eliminar la obstrucción, "desatascando" el vaso y restablecer la circulación) mediante la extirpación del émbolo o la realización de un injerto de vaso sano (bypass). Si ha transcurrido un cierto tiempo y el segmento intestinal afectado no se va a recuperar (está muerto), se extirpa.

Isquemia intestinal crónica

Es una enfermedad poco frecuente debida a arteriosclerosis que afecta al menos a dos de los tres troncos arteriales principales que irrigan el intestino. Predomina también en ancianos. Produce un dolor abdominal a los 15-30 minutos de haber comido y que dura de una a dos horas, durante el período en que el intestino precisa mayor flujo sanguíneo para hacer la digestión. El diagnóstico se realiza por arteriografía y el tratamiento es la revascularización quirúrgica mediante bypass, o endarterectomía (limpieza del interior del vaso con placas de arteriosclerosis).

ENFERMEDAD DIVERTICULAR

Diverticulosis

Es la presencia de divertículos en la pared del colon y, en algunas ocasiones, en el intestino delgado. Estos divertículos son pequeñas dilataciones del colon, de forma redondeada o de saco, producidas por la herniación de la mucosa intestinal a través de puntos débiles de la pared muscular del colon, a modo de dedos de guante hacia el exterior. Se localizan generalmente en el sigma (la zona del colon que antecede al recto), al estar sometido a mayor presión, lo que favorece la aparición de divertículos. Aparece en las últimas décadas de la vida, afectando hasta un 50% de los ancianos con igual proporción en hombres y mujeres.

Los factores que favorecen la formación de divertículos son la dieta pobre en fibra (que determina la formación de una heces muy sólidas y obliga a crear gran presión en el colon para su expulsión durante la defecación), y un trastorno funcional llamado colon irritable, caracterizado por una alternancia de períodos de diarrea y estreñimiento con molestias abdominales crónicas, de causa no bien conocida.

La presencia de divertículos en sí, no suele producir síntomas si no se complican, aunque pueden ser el origen de molestias abdominales leves y de flatulencias. El diagnóstico se realiza con el enema opaco y la única recomendación para los portadores de estas alteraciones del colon es seguir una dieta rica en fibra y líquidos para aumentar la masa fecal y así facilitar su evacuación.

Diverticulitis

El riesgo de la diverticulosis es la posibilidad de inflamación de uno o más divertículos que puede ocasionar una perforación y la formación de abscesos y fístulas. Se produce por la infección del contenido intestinal retenido en el divertículo.

Esta complicación produce unos síntomas similares a la apendicitis, pero de distinta localización: fiebre y dolor abdominal en la región abdominal inferior izquierda (sobre la ingle). En la evolución de la diverticulitis pueden surgir complicaciones graves como la perforación intestinal (seguida de una peritonitis), los abscesos (acumulaciones de pus) y las fístulas colovesical o colovaginal (comunicación de la infección con órganos vecinos), y las hemorragias.

El tratamiento inicial de la diverticulitis es hacer una dieta absoluta (no ingerir ningún alimento ni bebida), administrar sueros para mantener la hidratación del paciente y administrar antibióticos hasta controlar la infección. Si el cuadro no mejora o se complica se realizará cirugía urgente para extirpar el segmento de colon afecto.

TUMORES INTESTINALES

Dentro del intestino existen muy distintos tipos de tumores, y no todos ellos suponen un riesgo de muerte cierto, como el cáncer. Conviene distinguir cuatro grupos bien diferenciados, por sus características y comportamiento:

— Tumores benignos del intestino delgado.
— Tumores malignos del intestino delgado.
— Pólipos del colon y del recto:

  • Pólipos hiperplásicos.
  • Pólipos adenomatosos y poliposis familiar.

— Cáncer de colon y del recto.

Tumores benignos del intestino delgado

Normalmente asintomáticos, por lo que su diagnóstico, en la mayoría de los casos, se realiza de forma accidental. Los más frecuentes son los llamados adenomas, leiomiomas y lipomas, según el tipo de tejido del que están constituidos. Predominan en pacientes de edad avanzada, y no tienen más relevancia que la posibilidad de producir hemorragias si se ulceran. El diagnóstico con radiología es difícil si su tamaño es pequeño.

Tumores malignos del intestino delgado

Son muy poco habituales, de ellos, los más frecuentes son el adenocarcinoma intestinal (el más común), el linfoma y el tumor carcinoide.

El primero de ellos es más frecuente en pacientes con enfermedad de Crohn. Como se trata de tumores malignos, aunque los síntomas que producen suelen ser mínimos, precisan tratamiento por extirpación quirúrgica.

Pólipos del colon y recto

Se entiende por pólipo intestinal cualquier masa de tejido que protuye (hace relieve) desde la pared a la luz interior intestinal. Hay que distinguir dos tipos fundamentales, los pólipos *hiperplásicos*, que no precisan ningún tipo de seguimiento ya que nunca se malignizarán, y pólipos *adenomatosos* mucho más importantes por su riesgo canceroso. Los comentarios siguientes son referidos a estos pólipos adenomatosos.

Son un problema muy frecuente en los países desarrollados y su incidencia aumenta con la edad predominando en personas de edad avanzada. Pueden ser únicos o múltiples localizándose con más frecuencia en los tramos finales del colon (sigma y recto), lo que permite a veces su detección por un simple tacto rectal. No todos los pólipos adenomatosos son iguales: existen tres tipos distintos (tubulares, tubulovellosos y vellosos), con distinto peligro. El riesgo de los pólipos es su posibilidad de malignización convirtiéndose en cáncer de colon: este riesgo es mayor en los adenomas vellosos y en los pólipos de mayor tamaño. Por lo demás la mayoría de los pólipos son asintomáticos, siendo la hemorragia rectal el síntoma que producen con más frecuencia.

Todo paciente con un sangrado por el recto evidente u oculto (sólo detectable en análisis de heces) debe ser explorado inicialmente con un tacto rectal y después con una colonoscopia, aunque en ocasiones se detectan con un enema opaco. El tratamiento consiste en la extirpación endoscópica del pólipo, sin necesidad de realizar una cirugía abierta. Si el pólipo es muy grande o en el estudio del pólipo extirpado por endoscopia se encuentran células malignas se realiza una cirugía más radical para eliminar el segmento de colon afecto. Tras ello, se recomienda revisión con colonoscopia cada dos o tres años, aunque no existe acuerdo al respecto.

La poliposis familiar es una enfermedad hereditaria poco frecuente, caracterizada por la presencia de múltiples pólipos adenomatosos (más de cien) en el intestino grueso. El riesgo de malignización es muy alto, por eso el tratamiento es quirúrgico realizando colectomía total preventiva (extirpación completa del colon). Aunque es una medida drástica y agresiva, sólo así puede garantizarse que no se desarrollará un cáncer de forma indefectible.

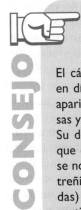

CÓMO PREVENIR EL CÁNCER DE COLON

El cáncer de colon es muy frecuente hoy en día. Una forma probable de prevenir su aparición es llevar una dieta pobre en grasas y rica en fruta y verdura.

Su detección precoz es fundamental para que el tratamiento sea curativo por eso si se notan cambios en el ritmo intestinal (estreñimiento no habitual o diarreas repetidas) o sangre en las heces, sobre todo a partir de los 50 años, se debe acudir al médico para su estudio.

Cáncer colorrectal

Aunque el cáncer de pulmón y mama sean los más frecuentes en el hombre y la mujer respectivamente, el cáncer de colon es el tumor más frecuente que afecta a ambos sexos, constituyendo la primera causa de muerte por cáncer en los países occidentales. Su edad de presentación habitual es entre la quinta y séptima décadas de la vida, con similar proporción entre hombres y mujeres. La localización más frecuente es en el recto y colon sigmoide.

Se desconoce la causa exacta del desarrollo del cáncer de colon, habiéndose relacionado con una serie de factores epidemiológicos que favorecen su aparición, sobre los que se puede intervenir en plan preventivo:

— Factores dietéticos: una alimentación rica en grasa animal y baja en fibra vegetal, y con alto consumo de alcohol.

— Factores genéticos: existe una predisposición familiar cierta aunque no imperativa.

— Enfermedades intestinales que pueden degenerar tumoralmente, ya comentadas: poliposis familiar, adenomas colorrectales, enfermedad inflamatoria intestinal.

La clínica del cáncer de colon es diferente según la localización del tumor, así los tumores del colon izquierdo suelen producir cambio en el ritmo intestinal y rectorragias (sangre con la deposición), los tumores del colon derecho producen pérdidas sanguíneas imperceptibles que se traducen en una anemia ferropénica y puede causar un dolor abdominal cólico (en "retortijones") si obstruyen la luz intestinal, mientras que los tumores del recto causan una diarrea con sangre y moco. Además de estos síntomas, el cáncer de colon puede producir cansancio, pérdida de peso y de apetito y si existen metás-

tasis en otros órganos a distancia (pulmón, hígado, etc) datos relacionados con ellas.

El diagnóstico se realiza por la presencia de síntomas sugestivos y estudiando el colon con un enema opaco. Si en este último se observa una imagen sugestiva de tumor se efectuará una colonoscopia para tomar una biopsia y confirmar el diagnóstico; o bien se realiza la colonoscopia inicialmente. El único tratamiento curativo de este cáncer es la cirugía con extirpación radical del segmento intestinal afectado, lo que sólo se puede realizar si el tumor está localizado y no hay metástasis. Según sea la fase del tumor se aplicará después de la cirugía quimioterapia y/o radioterapia.

Tras el tratamiento de un cáncer de colon se debe realizar un seguimiento postoperatorio para descartar la reaparición de la enfermedad, de forma periódica durante al menos cinco años. Para ello se realizan colonoscopias repetidas y determinaciones analíticas en sangre de CEA (antígeno carcinoembrionario), cuyo aumento indica recidiva tumoral en el intestino o metástasis en otros órganos. La supervivencia media a los cinco años después de la cirugía es de un 30 a 40% de los pacientes

ENFERMEDADES ANORRECTALES

HEMORROIDES

Son unas dilataciones de las venas hemorroidales de margen de ano y el recto, que constituyen un trastorno muy frecuente en todas las poblaciones, afectando a la mayoría de adultos mayores de 30 años. Se producen por un aumento mantenido de presión en las venas hemorroidales, producido por diferentes motivos, entre los que destacan los siguientes:

— Estreñimiento y esfuerzos físicos continuos que aumentan la presión intraabdominal.

— Permanecer de pie mucho tiempo.

— Embarazo, por la presión ejercida por el útero sobre la zona.

— Hipertensión portal, una complicación de las enfermedades hepáticas crónicas.

— Insuficiencia cardíaca derecha.

Se distinguen dos tipos de hemorroides según su localización: las hemorroides externas, visibles alrededor del ano y recubiertas de piel, y las hemorroides internas, no visibles al estar situadas por encima del ano, en el interior del recto y recubiertas de mucosa. Tanto unas como otras pueden producir sangrado después de la defecación y unas molestias características en forma de dolor o prurito anal. En ocasiones, con un esfuerzo, las hemorroides internas se salen fuera del ano (prolapso), desde donde pueden volver a su situación interior de forma espontánea o precisan su reintroducción manual para aliviar las molestias que esto produce. Una complicación frecuente de toda hemorroide es la trombosis hemorroidal (obstrucción de la vena hemorroidal por un coágulo) que causa un dolor agudo e intenso en el ano.

En general, las hemorroides externas, la trombosis hemorroidal y las prolapsadas se diagnostican mediante un examen externo de la región anal, a simple vista. Para el diagnóstico de las hemorroides internas es necesario realizar una rectoscopia (visualizarlas con un sistema óptico introducido en el recto).

El mejor consejo respecto a las hemorroides es evitar su aparición corrigiendo los malos hábitos alimentarios propios de la civilización occidental: debe evitarse el estreñimiento crónico, con las medidas comentadas anteriormente, sobre todo con una dieta rica en fibra (pan integral, fruta, verdura) y bebiendo mucha agua (2-3 litros/día).

Cuando ya existen hemorroides, y producen molestias (dolor y prurito), se utilizan pomadas antihemorroidales y baños de asiento con agua tibia, varias veces al día. Hay que saber que muchas de las pomadas para estos fines contienen, junto a otros agentes, corticoides, que si bien son excelentes antiinflamatorios de la zona, no pueden emplearse de forma ininterrumpida, por el riesgo de atrofiar la piel y producir dependencia a su administración. Si tras una semana de uso, el picor persiste, comentar con el médico la posibilidad de sustituir la pomada de corticoide por otra que aporten hidratantes y antiseptico, sin riesgo para un uso continuado.

Si el dolor es muy intenso, conviene consultar al médico por la posibilidad de que se trate de una complicación tratable de forma eficaz (por ejemplo, la reintroducción de una hemorroide prolapsada, o la apertura de una hemorroide trombosada para extraer su coágulo, lo que puede realizarse de forma ambulatoria en la propia consulta del médico de cabecera). Todo sangrado rectal, sobre todo aquellos que ocurren fuera de la defecación y se acompañan de cambios intestinales, deben ser comentados al médico para no retrasar el diagnóstico de cualquier otra enfermedad grave concomitante con las varices (cáncer, enfermedad inflamatoria intestinal, etc.). Es un grave error sanitario achacar estos síntomas sistemáticamente a las hemorroides y no prestarles atención (aunque afortunadamente, con frecuencia ésa es la causa).

El tratamiento definitivo de las hemorroides es su eliminación, para lo que existen varias modalidades de tratamiento, como la escleroterapia (inyección de las hemorroides con un producto para disminuir su tamaño), la crioterapia (destruir las hemorroides mediante la aplicación local de frío muy intenso) y la hemorroidectomía (extirpación quirúrgica, sólo es necesaria en el 10% de los casos). El especialista debe valorar la indicación más apropiada en cada caso.

FISURA ANAL

Es una ulceración alargada, parecida a una grieta, situada en el canal anal. Se cree que son producidas por la dureza de las heces expulsadas. Característicamente suele haber una hemorroide acompañante llamada "hemorroide centinela". Causan dolor y sangrado durante la defecación; el dolor es intenso y puede tardar horas en desaparecer. La sangre depositada sobre las heces, es roja y brillante. Si el paciente no era propenso al estreñimiento, la propia fisura anal puede haber provocado dicho estreñimiento por el miedo al dolor de la deposición que conduce indebidamente a evitar la defecación y a una retención prolongada de las heces.

El tratamiento consiste en ablandar las heces con una dieta rica en fibra vegetal y agua, y laxantes, si es preciso. Después de cada deposición, para aliviar las molestias, se aconseja un baño de asiento con agua templada y algún antiséptico diluido, como la povidona yodada (de 10 a 15 minutos). Durante espacios cortos de tiempo (7-10 días, por los motivos comentados más arriba) se pueden emplear pomadas con corticoides, que disminuyan la inflamación y faciliten la cicatrización de la fisura. Si con las medidas anteriores no se controla el cuadro, se recurre a la cirugía.

ABSCESO ANORRECTAL

Son colecciones de pus situadas en la región alrededor del recto. Aunque existen factores que predisponen a su aparición, como diarreas repetidas, traumatismos de la región anal, enfermedades que producen disminución de las defensas (leucemias), diabetes descompensadas y la enfermedad inflamatoria intestinal, en la mayoría de los casos no hay ningún factor causal conocido.

¿Cómo sospechar la presencia de un absceso?: la mayoría produce una hinchazón dolorosa y enrojecida en el margen del ano, que al tacto con los dedos fluctúa (se percibe líquido en su interior a través de una piel tensa y adelgazada).

El tratamiento de los abscesos, si se detecta precozmente, consiste en la toma de antibióticos por vía oral para intentar detener el cuadro. Si ya se percibe claramente pus, la única solución es evacuarlo (abriendo la piel con un bisturí) y realizar curas locales hasta la curación completa de la zona. Estas intervenciones se realizan con anestesia local si el caso es leve, o bajo sedación completa en los casos mas graves. Tras la intervención se necesitan revisiones periódicas por personal sanitario (médicos o enfermeras), que cambien el drenaje (una tira de gasa o plástico que se pone en el interior de la cavidad para que elimine cualquier formación de pus que pueda reproducirse) y realice curas diarias. Una complicación del absceso es la formación de una fístula al ser drenado (una comunicación permanente a la piel o al recto, que no cierra y por donde crónicamente se elimina pus), complicación que requiere una reparación quirúrgica.

FÍSTULA ANORRECTAL

Es un trayecto anormal entre la mucosa anal y la piel que rodea el ano, que aparece de forma espontánea o secundariamente al drenaje de un absceso perirrectal. Entre los factores predisponentes a la aparición de fístulas se encuentran: la enfermedad de Crohn y la tuberculosis intestinal, pero normalmente no se encuentra una causa conocida.

Se caracteriza por la presencia de una abertura en la piel por la que drena pus, que puede estar mezclado con sangre. No produce dolor o sólo levemente con la defecación. El único tratamiento es la cirugía para abrir o eliminar la fístula.

PROLAPSO RECTAL

Es la salida a través del esfínter anal, como un dedo de guante invertido, de la mucosa rectal. Es más frecuente en mujeres ancianas y se asocia a una hipotonía (disminución de la fuerza) del esfínter anal y de los músculos de la pelvis. Generalmente es de dimensiones reducidas y sólo en ocasiones de esfuerzos importantes (coger pesos, defecación, etc.). Para evitar que repitan los episodios de prolapso, se debe evitar el estreñimiento y el permanecer de pie mucho tiempo. Cuando el prolapso sea permanente, debe corregirse con cirugía.

INCONTINENCIA FECAL

Es la pérdida del control voluntario de la defecación, con escape espontáneo y desapercibido de las heces, situación sólo normal durante los primeros años de la vida. A partir de la primera infancia, puede deberse a distintas causas locales o generales como ciertas anomalías congénitas, lesiones de la médula espinal, traumatismos de la región anal, demencia y operaciones en las que se haya cortado el esfínter anal. Como la situación más frecuente es la del anciano deteriorado por una demencia o un derrame cerebral, se comentarán ampliamente sus características y tratamiento al respecto en los capítulos correspondientes de geriatría.

PRURITO ANAL

El picor de la piel en la región perianal es un problema muy común, pero de múltiples orígenes posibles, como los siguientes:

— Problemas dermatológicos: dermatitis atópica, psoriasis.
— Reacciones alérgicas (a jabones o cremas).
— Infecciones y parásitos (oxiuros).

— Enfermedades anorrectales: fístulas y hemorroides.
— Por falta o exceso de higiene.
— Calor y sudor.
— Factores psicológicos: ansiedad.

El tratamiento se basa en una higiene correcta (diaria, con un jabón neutro poco agresivo), utilizar ropa interior de algodón, aplicación limitada de cremas de corticoides (una semana), seguida por el uso de emolientes (aceites o cremas hidratantes) y, si no remite, consultar al médico para descartar otras raras causas tratables.

TUMORES DEL ANO

Aunque se trata de una localización poco frecuente, existen. Pueden presentar forma polipoidea (una masa elevada) o ulcerosa (una herida de la piel o mucosa anal). Únicamente causan dolor los situados en el segmento del canal anal recubierto por piel. Pueden ser de muy variado tipo (carcinoma epidermoide, enfermedad de Paget, enfermedad de Bowen, melanoma), todos ellos malignos y cuyo tratamiento es quirúrgico.

TRASTORNOS FUNCIONALES DEL TUBO DIGESTIVO

DISPEPSIA FUNCIONAL

Se denomina así a cierta molestia frecuente localizada en la parte superior del abdomen, que se describe por los pacientes como "indigestión", flatulencia, plenitud o dolor; en la que no se encuentra una causa física que justifique los síntomas. Se ha relacionado con problemas psicológicos como ansiedad, somatización e hipocondría. El dolor puede acompañarse de eructos, hinchazón abdominal y ruidos intestinales. Las comidas pueden aumentar o, por el contrario, disminuir el dolor.

La realización de pruebas complementarias quedan a juicio del médico, pero, sobre todo, debe tranquilizar al paciente sobre la banalidad de los síntomas, introducir ciertas modificaciones dietéticas (evitar los alimentos flatulentos como ciertas verduras, legumbres y bebidas carbonatadas, repartir la comida en pequeñas cantidades a lo largo del día, retirar aquellos alimentos que empeoren los síntomas de cada paciente y el alcohol de alta graduación) y aconsejar el aprendizaje de técnicas de relajación y la realización de un ejercicio suave y regular.

SÍNDROME DEL INTESTINO IRRITABLE

Constituye uno de los trastornos intestinales más frecuentes, afectando a un 15% de la población, con un claro predominio en las mujeres. Se caracteriza por la presencia de forma crónica o repetida de dolor abdominal y alteración del ritmo de las deposiciones. Por más pruebas del aparato digestivo que se realicen no se encuentra ninguna alteración anatómica en el que justifique los síntomas, estando relacionados los episodios con factores psicológicos como irritabilidad, tensión y neurosis.

El dolor abdominal de este trastorno tiene una localización e intensidad muy variables de un individuo a otro y, en general, mejora con la expulsión de heces o gases. Junto a ello existe una alternancia del ritmo intestinal con fases de estreñimiento y diarrea pudiendo predominar una u otra. Pueden aparecer otros síntomas inespecíficos, como hinchazón abdominal, náuseas, flatulencia, indigestión, cansancio y cefalea. Aunque no se trata de una enfermedad grave, y en general tiene un buen pronóstico, si predominan los episodios de diarrea incontrolable, puede suponer un gran interferencia para una vida laboral y social normal y representa una gran preocupación para los pacientes. Una complicación derivada tras años de evolución de este trastorno es la diverticulosis ya comentada.

El diagnóstico es por exclusión, por eso se realiza normalmente una analítica y un estudio de las heces y del colon mediante enema opaco o sigmoidoscopia. No existe un tratamiento efectivo para todo el cuadro, aunque suele aliviarse parcialmente recomendando una dieta rica en fibra (para regular el ritmo intestinal). En casos en los que predomina el dolor abdominal, ciertos medicamentos (los anticolinérgicos), resultan eficaces, aunque no están exentos de complicación y deben ser prescritos y controlados por un médico. En algunos pacientes muy ansiosos por el trastorno, la psicoterapia conducida por un experto puede resultar de gran ayuda.

OTRAS ENFERMEDADES DEL TUBO DIGESTIVO

APENDICITIS AGUDA

La inflamación del *apéndice vermicular* constituye el problema quirúrgico agudo más común del abdomen, de gran frecuencia en la población entre los 20 y 30 años. El proceso ocurre por la obstrucción de la luz del apéndice, lo que determina su dilatación y la acumulación de moco en el mismo que resulta fácilmente infectable, originando la apendicitis. Si sigue evolucionando el apéndice puede perforarse y causar una peritonitis (apendicitis complicada).

¿Cuándo sospechar una apendicitis?

Los síntomas típicos son febrícula, dolor abdominal que al inicio es en el centro del abdomen y después se desplaza y se fija en la región inferior derecha (sobre la ingle), náuseas, vómitos y pérdida del apetito. En general, se paraliza el intestino y no se realizan deposiciones. Ante estos síntomas, se debe solicitar una consulta médica urgente, donde se valorarán ciertos signos característicos de la exploración abdominal, de los análisis de sangre (aumento de los leucocitos) y de la radiografía de abdomen. Si se confirma el caso, en general resulta necesaria la extirpación quirúrgica del apéndice, para evitar las complicaciones antedichas. Esta intervención es relativamente sencilla y, si no ocurren complicaciones, se produce la recuperación completa del paciente en pocos días (7-10).

HERNIA INGUINAL

Es la salida anormal de asas intestinales fuera de la cavidad abdominal a través del orificio inguinal y envueltas por el llamado saco herniario (una envuelta de peritoneo). Estas vísceras producen un abultamiento evidente en la piel de la zona de la ingle. Se producen por una debilidad o alteración del orificio inguinal (el orificio por el que durante el desarrollo embrionario emigra el testículo hacia las bolsas escrotales). Al principio, las asas pueden ser reintroducidas en la cavidad abdominal empujándolas desde el exterior a través de la piel (la hernia se llama entonces reducible), pero llega un momento que por su tamaño no pueden volver al abdomen (hernia incarcerada). A partir de este momento las hernias pueden sufrir una estrangulación (pérdida de riego sanguíneo del intestino herniado) si los vasos se comprimen en el orificio inguinal; lo que causará progresivamente una dilatación, inflamación y necrosis (destrucción) del intestino herniado, con gran riesgo para el paciente. Cuanto más pequeño sea el orificio de la hernia, mayor es su riesgo de estrangulación.

Inicialmente los pacientes perciben la aparición de un bulto indoloro en la ingle, que se aumenta con los esfuerzos y puede molestar muy levemente. En general, al tumbarse o comprimirla, la hernia desaparece (si no se incarcera). Cuando una hernia se estrangula, los síntomas se hacen floridos y alarmantes: dolor intenso en la zona de la hernia, náuseas y vómitos y fiebre.

El único tratamiento definitivo y aconsejable de las hernias es la cirugía, mediante la que se reintroduce el intestino en la cavidad abdominal y se repara el orificio inguinal. Actualmente existe la posibilidad de cirugía laparoscópica, mínimamente agresiva (se interviene con un aparato introducido en el abdomen por una incisión de 1-2 cms), con la que se obtienen excelentes resultados, con mínimas posibilidades de que se recaiga y una rápida reincorporación del paciente a su vida normal (se suele practicar de forma ambulatoria, el paciente vuelve a casa en la misma jornada de la intervención y recibe el alta en pocos días). La cirugía clásica, en la que se abre la piel y se repara el orificio de forma directa, exige el ingreso en el hospital y tiene una recuperación más lenta (7-10 días). Los bragueros son taponamientos exteriores, sujetados con correas ajustables que intentan contener una hernia dentro del abdomen. En realidad no representa ninguna solución definitiva, y hoy en día sólo se emplean como solución paliativa para algunos pacientes de muy avanzada edad o muy mal estado general, que no soportarían la agresión que representa la anestesia y la cirugía convencionales.

OBSTRUCCIÓN INTESTINAL

Es el enlentecimiento o la detención completa del tránsito intestinal que puede tener dos orígenes diferentes:

— un fallo de los movimientos peristálticos (**íleo adinámico**) producido en muy diversas circunstancias (después de la cirugía abdominal, en el curso de una sepsis, en la isquemia intestinal y por uso de fármacos inhibidores del peristaltismo, como los anticolinérgicos);

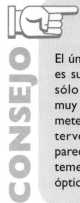

CONSEJO

¿CÓMO SE PUEDEN TRATAR LAS HERNIAS?

El único tratamiento eficaz para las hernias es su reparación quirúrgica. Los bragueros sólo son una opción para los pacientes muy debilitados con gran riesgo si se someten a una intervención quirúrgica. La intervención puede realizarse abriendo la pared abdominal o, cada vez más frecuentemente, mediante laparoscopia (un tubo óptico).

— una obstrucción al tránsito intestinal (**íleo mecánico**), que puede tener lugar a cualquier nivel del intestino delgado o el colon, y que puede deberse a obstáculos situados en el interior de la luz intestinal (cuerpos extraños, fecalomas, tumores pediculados), en la propia pared intestinal (tumores, inflamaciones, estrechamientos congénitos) o por fuera de dicha pared intestinal (adherencias, hernias estranguladas).

En el intestino delgado las causas de obstrucción más frecuentes son las adherencias (cicatrices producidas después de una cirugía previa) y la estrangulación de las hernias. En el intestino grueso lo son el cáncer de colon y el vólvulo (un lazo producido por el giro de un tramo de intestino sobre sí mismo, que cierra su interior, como ocurre frecuentemente al mover una manguera de riego).

En la obstrucción intestinal se produce hinchazón abdominal, vómitos, ausencia de emisión de heces y de gases y dolor abdominal, éste sobre todo en el íleo mecánico. Se diagnostica por estos síntomas y mediante una radiografía de abdomen donde se aprecian datos muy característicos (niveles de líquidos retenidos dentro del intestino paralizado). En algunos casos dudosos se realiza enema opaco (enema con constraste).

El tratamiento inicial consiste en impedir la ingesta de alimentos (dieta absoluta), en la colocación de una sonda nasogástrica (tubo flexible que introducido a través de una fosa nasal se deja alojada en la cavidad gástrica para aspirar el contenido intestinal retenido por encima de la obstrucción), y en la administración de sueros que hidraten al paciente. Después, conocida la causa, se trata la misma de la forma necesaria, normalmente mediante cirugía. En algunas ocasiones en las que el diagnóstico se retrasa excesivamente, la obstrucción se puede complicar al perforarse el intestino, situación urgente que necesita reparación quirúrgica inmediata.

ENFERMEDADES DE LAS GLÁNDULAS SALIVALES

SIALOADENITIS

Es una inflamación de las glándulas salivales, habitualmente de causa infecciosa, bien por virus, (como la parotiditis epidémica o paperas), bien por bacterias. Se manifiestan por una hinchazón dolorosa en la glándula afecta (delante de las orejas o bajo la lengua), con síntomas generales acompañantes (fiebre, malestar, inflamación testicular en el caso de las pa-

peras, etc.). Las infecciones víricas curan solas, mientras que las bacterianas exigen el uso de antibióticos.

CÁLCULOS SALIVARES

Son pequeñas concreciones cálcicas ("piedras") más frecuentes en la glándula submaxilar, únicas o múltiples. Típicamente producen un cuadro repentino de obstrucción aguda del conducto de drenaje salival, con hinchazón y dolor brusco de la glándula afecta poco después de una comida. El cálculo debe extraerse, mediante una pequeña intervención, para evitar la infección y aliviar los síntomas.

ENFERMEDADES DEL HÍGADO

MANIFESTACIONES CLÍNICAS EN LAS ENFERMEDADES DEL HÍGADO

A continuación se comentan los principales síntomas y signos que aparecen en los pacientes con enfermedades del hígado y de las vías biliares.

Ictericia

Es la coloración amarilla de la piel y de las mucosas (conjuntiva de los ojos, interior de la boca) debida a un exceso de bilirrubina en la sangre. La bilirrubina es el producto residual que resulta de la destrucción de los glóbulos rojos, llega al hígado donde es transformada hasta convertirse en una forma soluble que forma parte de la bilis, siendo después expulsada, a través de la vesícula biliar y los conductos biliares, hasta el intestino donde da a las heces el color marrón característico. Si, por cualquier motivo, se altera el funcionamiento normal de este circuito, se acumula bilirrubina en la sangre produciendo la ictericia.

El diagnóstico de la causa concreta de una ictericia resulta crucial, ya que puede tratarse de enfermedades de muy distinta gravedad. Para ello son imprescindibles los análisis de sangre que exploran la función hepática, en muchas ocasiones se usa la ecografía abdominal y, excepcionalmente, se llega a practicar una biopsia hepática para conocer la causa de la ictericia.

Colestasis

Se trata de la existencia de un obstáculo al flujo biliar que impide total o parcialmente la llegada de bilis al duodeno. Produce icteria, coluria (orinas muy oscuras), acolia (heces claras, sin pigmento biliar) y a veces prurito (picor) por la acumulación de la bilirrubina en la piel. En los análisis se producen datos característicos que confirman este cuadro (está aumentada la bilirrubina, la gammaglutamiltranspeptida (GGT) y la fosfatasa alcalina). Según el nivel de la obstrucción, existen colestasis intrahepáticas, si el obstáculo se encuentra en el hígado (hepatitis, cirrosis, cáncer de hígado, etc), y colestasis extrahepáticas, si el obstáculo se encuentra fuera del hígado (litiasis biliar, pancreatitis, cáncer de páncreas, de vesícula biliar y de vías biliares...)

Hepatomegalia

Es el aumento del tamaño del hígado, secundario a hepatopatías. Las características son diferentes según el tipo de enfermedad, así en la hepatitis aguda el aumento del hígado es liso y doloroso y en las cirrosis duro e irregular. Se detecta por simple palpación profunda del médico, en la zona superior derecha del abdomen (en condiciones normales el hígado está oculto bajo las costillas y no debe tocarse por debajo de ellas; en caso de hepatomegalia se toca su borde que puede crecer incluso hasta la ingle).

Hipertensión portal

Es un aumento de presión en la vena porta por un obstáculo que dificulta el flujo sanguíneo. Los obstáculos al flujo sanguíneo pueden estar en la propia vena porta (comprimida por masas tumorales o aneurismas), en el hígado (lo más frecuente, por cirrosis que comprime los vasos sanguíneos intrahepáticos), o en las venas suprahepáticas (las venas que recogen la sangre de la porta tras atravesar el hígado)

Uno de los riesgos más temibles de la hipertensión portal es la hemorragia digestiva por rotura de las varices esofágicas, que puede ser mortal. Su tratamiento se comenta en el capítulo de enfermedades del esófago.

Ascitis

Es la acumulación de líquido libre en la cavidad peritoneal, habitualmente de causas *hepáticas,* como la cirrosis (la más frecuente). Pero también existen ascitis *no hepáticas,* como la retención de líquidos producida en enfermedades generales (insuficiencia cardíaca, síndrome nefrótico) o en trastornos del propio peritoneo (peritonitis tuberculosa o una diseminación cancerosa). En unas o en otras enfermedades, la

acumulación de líquido en la cavidad peritoneal se puede producir por la existencia de hipertensión portal (más frecuente), o por una disminución de la albúmina en sangre (un proteína necesaria para retener la parte acuosa de la sangre en el interior de los vasos); ambas cosas favorecen el paso de líquido desde los vasos sanguíneos a la cavidad peritoneal.

La ascitis produce aumento del perímetro abdominal, que a veces llega a ser escandaloso, y molestias abdominales inespecíficas. Cuando es masiva, desplaza al diafragma hacia arriba y dificulta una respiración normal. Una complicación de la ascitis es la peritonitis bacteriana espontánea, infección del líquido peritoneal por bacterias, muy grave. Produce fiebre y dolor abdominal y necesita urgentemente tratamiento con antibióticos.

El tratamiento de la ascitis se basa en recomendar reposo y una dieta baja en sal. Junto a ello se suelen prescribir diuréticos. En casos masivos y terminales, es necesario realizar paracentesis evacuadora (punción del abdomen, con una aguja gruesa, para extraer líquido y aliviar las molestias al paciente). Tras ello se suele administrar albúmina intravenosa mediante un suero, para evitar la rápida reproducción del cuadro.

Encefalopatía hepática

Son un conjunto de síntomas neurológicos y psiquiátricos que suelen presentarse en la evolución de una hepatopatía, debida fundamentalmente a la incapacidad del hígado para eliminar sustancias tóxicas para el cerebro, originadas la mayoría en el intestino y absorbidas junto a los nutrientes. Implica la existencia de una disminución de las funciones hepáticas importante (la llamada insuficiencia hepática).

Se puede presentar en las hepatitis crónicas y en las cirrosis, donde suele significar la presencia de una complicación (en estas enfermedades existe una insuficiencia hepática a la que está adaptada el organismo, pero si surge una complicación, como una hemorragia digestiva o una infección, se acentúa la insuficiencia hepática y puede aparecer la encefalopatía). También se produce encefalopatía en las hepatitis agudas fulminantes, donde se produce un fallo brusco de la función del hígado (insuficiencia hepática aguda) a la que no da tiempo a adaptarse.

Los síntomas son variables y progresivos, hasta llegar al coma completo en los casos más graves:

— Cambios de personalidad.
— Trastornos del sueño.
— Pérdida de memoria, de la capacidad de concentración.
— Desorientación.
— Temblor de los dedos de la mano, dificultad para escribir y dibujar.

Su tratamiento se basa en eliminar el desencadenante de la encefalopatía, si es posible (tratar la infección, detener una hemorragia, etc.), para recuperar el estado de equilibrio previo de la función hepática. Junto a ello se intenta facilitar la eliminación de los productos tóxicos acumulados en el intestino, para impedir su absorción. Para ello, se prescriben ciertos laxantes, enemas de limpieza intestinal y se aconseja una dieta pobre en proteínas que disminuye la producción de tóxicos.

DEGENERACIÓN GRASA DEL HÍGADO (ESTEATOSIS HEPÁTICA)

La acumulación de grasa en las células del hígado, puede deberse al aporte de un exceso de grasas o por ocurrir una falta de destrucción de las mismas. La causa más frecuente de este trastorno es el consumo de alcohol. También puede ocurrir por ciertos medicamentos, en la obesidad, la diabetes, y ciertas enfermedades del hígado más raras (hemocromatosis, enfermedad de Wilson, enfermedades metabólicas congénitas, fibrosis quística del páncreas, etc.).

No suele producir síntoma alguno, descubriéndose en general al detectar una hepatomegalia cuando se palpa el abdomen del paciente durante una exploración física. Se suele confirmar por ciertos hallazgos de la ecografía.

No existe un tratamiento específico, pero en general el hígado puede volver a su forma y tamaño original con la pérdida de peso, si existe obesidad y evitando el alcohol, al ser las causas más frecuentes. Si persiste pese a corregir estas situaciones, debe estudiarse a fondo las otras posibilidades raras comentadas.

HEPATITIS

Es una enfermedad caracterizada por la inflamación de las células del hígado (los hepatocitos), de alta frecuencia en la población general. Tienen dos causas fundamentales, las infecciones, sobre todo por virus (virus de la hepatitis A, B, C, D y E), y la toxicidad inducida por el consumo de medicamentos y alcohol.

Hepatitis vírica aguda

Es la principal enfermedad infecciosa del hígado causada por distintos virus (cinco son los conocidos actualmente). Todas ellas comparten síntomas y tratamientos similares, por lo que se describirán conjuntamente, destacando después las características peculiares de cada hepatitis.

Las hepatitis pueden producir cuadros muy diversos, según los pacientes:

Lo más común, el cuadro típico de hepatitis, consiste en la presencia durante 5-15 días de cansancio, pérdida de apetito, dolores en los músculos y articulaciones y febrícula. Tras ello aparecen signos específicos del daño hepático: ictericia, hepatomegalia y alteración de los análisis (aumento de las transaminasas). Los síntomas desaparecen entre tres y doce semanas.

En otras ocasiones es totalmente asintomática, no se produce ictericia y no hay síntomas o las molestias son tan mínimas que ni tan siquiera se consulta por ellas al médico (son frecuentes los individuos con anticuerpos de hepatitis que no recuerdan haber sufrido la enfermedad).

Más raramente, una hepatitis puede evolucionar en pocos días de forma grave con complicaciones (ascitis, encefalopatía) o incluso ser fulminante (en horas se produce la muerte, si no se trasplanta un hígado sano).

No existe un tratamiento específico para la hepatitis, hay que esperar la curación espontánea del proceso siguiendo unas recomendaciones higiénico-dietéticas que la faciliten, como las siguientes:

— Seguir una dieta equilibrada pero libre, evitando sólo aquellos alimentos que no se toleren bien (en general los ricos en grasas). Abstención completa de alcohol, por su papel tóxico sobre el hígado.

— Guardar un reposo moderado, en la medida que los síntomas lo exijan. No está justificado permanecer en cama de forma prolongada.

— Medidas higiénicas para evitar el contagio, diferentes según el tipo de hepatitis, aunque normalmente el período de mayor contagio ya ha pasado cuando se diagnostica la enfermedad (se comentarán más adelante).

— No está demostrado el beneficio de ningún medicamento "protector" del hígado, hoy totalmente en desuso.

Infección por el virus de la hepatitis A

Es un virus con RNA (ácido ribonucleico) en su interior, que se encuentra en las heces de individuos infectados, produciendo nuevos contagios por transmisión fecal-oral que puede suceder de varias formas:

— Mediante contacto de persona infectada y no infectada, por lavado insuficiente de las manos. Es la forma habitual de transmisión en niños (brotes en colegios, guarderías o familias).

— Mediante la contaminación del agua y los alimentos con materias fecales que contienen el virus. Ocurre cuando existen malas condiciones higiénico-sanitarias (en países del tercer mundo son frecuentes epidemias de hepatitis de este tipo).

Tras el contagio, el virus tiene un período de incubación de un mes, eliminándose durante la incubación y los primeros días de la hepatitis por las heces del enfermo. Tras ello, el organismo reacciona y produce anticuerpos de defensa contra la infección, que comienza a remitir hasta la curación completa. Es una infección benigna que no se cronifica nunca. La detección en sangre de anticuerpos antihepatitis A (tipo IgG) indica que el paciente tuvo una infección pasada ya curada. Estos anticuerpos permanecen toda la vida y evitan una reinfección por el mismo agente.

Las medidas para prevenir (evitar) esta infección son de tres tipos:

— Medidas higiénicas: la cloración de las aguas y el tratamiento correcto de los residuos evitan la infección en las grandes comunidades; además, se deben adoptar precauciones especiales con los individuos infectados (los útiles de aseo personal deben usarse en exclusiva por el paciente, sus platos, cubiertos y ropa interior y de cama deben lavarse aparte).

— Vacunación de las personas que viajen a zonas con alta frecuencia de hepatitis A y de las

En adictos a drogas que se inyectan, la transmisión del virus de las hepatitis B y C es frecuente por compartir jeringuillas.

personas con riesgo de infección (homosexuales, adictos a drogas vía parenteral, trabajadores).

— Gammaglobulina: son anticuerpos que previenen la infección en caso de un contacto reciente (menos de 15 días) inevitable con el virus (los convivientes de un caso).

Infección por el virus de la hepatitis B

Son virus con ácido desoxirribonucleico en su interior, que se encuentran en la sangre y fluidos orgánicos (lágrimas, saliva, semen y flujo vaginal) de las personas infectadas y portadoras del mismo. La transmisión puede ser por vía parenteral (transfusiones, adictos a drogas vía parenteral o por contacto con material contaminado), por vía sexual o contacto íntimo, o por transmisión perinatal (a través de la placenta o en el parto, en hijos de mujeres que padecen hepatitis B en el último trimestre de gestación o que tienen hepatitis B crónica).

Los médicos disponen de unos estudios serológicos muy precisos para determinar la situación exacta de un individuo frente al virus de la hepatitis B: se puede distinguir la infección reciente, la infección antigua curada y el estado del portador crónico del virus mediante la determinación en sangre de diferentes antígenos y anticuerpos.

El enfermo de hepatitis B aguda puede seguir tres caminos de muy distinto pronóstico:

a) Curación del paciente: lo más frecuente afortunadamente.

✔ Evitar compartir útiles de aseo personal (cepillos de dientes, maquinillas de afeitar).

✔ Usar preservativo en todas las relaciones sexuales.

✔ No compartir jeringuillas los adictos a drogas por vía inyectable.

✔ Si necesita cirugía o manipulaciones en las que haya contacto con sangre u otros fluidos (dentista, ginecólogo, etc), debe advertirse al profesional sanitario que realice el procedimiento.

✔ La pareja sexual y los convivientes íntimos deben vacunarse completamente contra la hepatitis B.

Precauciones sanitarias que deben adoptar los portadores crónicos del virus de hepatitis B.

La transmisión del virus de la hepatitis A es vía fecal-oral. Los niños se contagian al compartir objetos con niños que presentan la infección.

b) Infección crónica por el virus B: ocurre entre un 5 y 10% de los casos, de los cuales un 10-30% desarrollarán cirrosis y el resto serán portadores "sanos" cuyo riesgo principal es la capacidad de transmisión del virus a sus contactos. Los portadores del VHB se suelen diagnosticar al encontrar en los análisis un antígeno HBs persistente en el tiempo, junto a un aumento discreto de las transaminasas. Cuando tras una infección aguda este antígeno se sigue detectando en los análisis pasados seis meses, la evolución hacia la cronicidad es muy probable.

c) Hepatitis aguda fulminante con muerte del paciente ocurre muy raramente.

Las medidas de control de la infección por el virus B son las siguientes:

— Medidas higiénicas generales que eviten el contacto de nuevas personas con el virus, como no compartir útiles de aseo personal con un individuo infectado, usar preservativo, no compartir jeringuillas y utilizar desechables, en los adictos a drogas vía parenteral.

— Vacuna: actualmente está incluida en el calendario vacunal sistemático en España y en otros muchos países, mediante la administración de tres dosis consecutivas (0-1-6 meses). Es recomendable realizarla en adolescentes no vacunados al nacer, por el riesgo de transmisión sexual.

— Inmunoglobulinas: los anticuerpos protectores se usan en individuos no vacunados que han tenido un contacto reciente con el virus y en los recién nacidos de madres portadoras de virus B, en las primeras 12 horas tras el nacimiento.

Infección por el virus de la hepatitis C

Es un virus con ácido ribonucleico en su interior, de características similares al virus B. Se encuentra principalmente en la sangre de pacientes infectados y, en menor cantidad y con menor capacidad para infectar, en saliva, orina y semen. El principal mecanismo de transmisión es el uso de drogas por vía intravenosa, aunque otros individuos con riesgo son los receptores de transfusiones, las hemodiálisis, la realización de tatuajes, las prácticas sexuales de riesgo, los trabajadores sanitarios y receptores de trasplantes. Una cierta parte de la población general, sin ninguno de estos mecanismos evidentes o reconocidos, son portadores crónicos de este virus, sin sufrir síntomas alguno.

La prueba utilizada habitualmente para su diagnóstico es la determinación en sangre de anticuerpos anti-virus C. Su presencia indica infección (presencia del virus en el organismo), con o sin enfermedad, no protección frente al agente.

Al no existir vacuna contra la enfermedad, las medidas para prevenir la transmisión son no compartir jeringuillas, sexo seguro y evitar contactos con útiles contaminados, como se comentó anteriormente para la hepatitis B.

Infección por el virus de la hepatitis D

Este virus no tiene capacidad de infección por sí mismo, sino que necesita la presencia del virus de la hepatitis B para producir sus efectos. La enfermedad sólo puede ocurrir por una infección simultánea del virus D junto al virus B (coinfección) o bien como una sobreinfección por virus D en individuos que ya eran portadores crónicos de virus B.

La transmisión es igual que el VHB. Tiene mayor riesgo que la hepatitis B de ser fulminante y de cronificarse. Se previene con la vacuna contra la hepatitis B.

Infección por el virus de la hepatitis E (VHE)

Virus RNA. Poco frecuente, se transmite vía fecal-oral (igual que VHA). Afecta a jóvenes. El riesgo de hepatitis fulminante es alto en mujeres embarazadas. No se cronifica.

Hepatitis tóxica

Es la inflamación del hígado producida por agentes tóxicos farmacológicos (medicamentos como el paracetamol, antibióticos, anticonvulsionantes, anestésicos, relajantes musculares y antiinflamatorios entre otros), industriales (tetracloruro de carbono, disolventes, etc) o vegetales (setas venenosas, como la Amanita phaloides). Aunque por su frecuencia, el consumo de alcohol es la causa tóxica más común de daño hepático, por sus características peculiares, su interés sanitario y la mayor frecuencia de daño crónico, se le dedicará un apartado específico más adelante.

Pueden producir un cuadro de hepatitis aguda igual que las víricas, un cuadro de colestasis o sólo una esteatosis, que en general van hacia la curación total cuando se suspende el medicamento o el tóxico. Algunas de ellas, sin embargo producen un fallo hepático fulminante e irreversible, como las de ciertas setas.

Hepatitis crónica

Es la inflamación crónica del hígado de más de seis meses de duración, causada por algunos de los agentes agresivos comentados, como:

— Infección vírica (la más frecuente): virus de la hepatitis B, C y D, siendo la hepatitis crónica C la más frecuente de todas ellas.
— Alcoholismo crónico, muy común en todo el mundo.
— Medicamentos: anticonvulsionantes, diuréticos, antibióticos, sales de oro, diltiacem, haloperidol, azatioprina, tamoxifén.
— Trastorno autoinmune (producción de anticuerpos anormales que atacan las propias células hepáticas).

En la mayoría de los casos, las hepatitis crónicas son una enfermedad estable bien tolerada, que no producen síntomas o son mínimos, como malestar general, cansancio y pérdida de apetito. Se sospecha por una elevación mantenida de las transaminasas en los análisis. En las de origen autoinmune la presencia de ictericia es frecuente. El diagnóstico definitivo lo permite la biopsia hepática, existiendo dos tipos fundamentales de hepatitis crónica, según las características del daño hepático visualizado al microscopio: hepatitis crónica persistente y hepatitis crónica activa, esta última de peor pronóstico. El peligro de las hepatitis crónicas mantenidas en el tiempo es que pueden acabar produciendo una cirrosis irreversible (ver más adelante).

El tratamiento de la hepatitis crónica depende de su causa: si es un medicamento el causante de la hepatitis, con su eliminación la hepatitis puede curarse; si es de origen viral se utiliza de forma prolongada un medicamento (el interferón-a) que consigue disminuir la progresión a cirrosis; si es de tipo autoinmune se usan medicamentos que detienen el proceso anormal (corticoides junto a inmunosupresores), lo que permite un mejor pronóstico que en las víricas.

CIRROSIS

Es la enfermedad crónica e irreversible (no curable) del hígado, caracterizada por una desestructuración de todo el hígado, lo que dificulta o anula sus funciones normales. Las alteraciones que se producen, vistas al microscopio, son una proliferación de tejido fibroso (fibrosis) y de nódulos regenerativos de tejido hepático anormal (no funcionante).

Las causas de las cirrosis son muy variadas, aunque la primera ocupa destacadamente la responsabilidad de la mayoría de las cirrosis en nuestro país:

— Alcohol: la causa más frecuente.
— Posthepatitis vírica: hepatitis B, C y D.
— Drogas.
— Enfermedades congénitas y metabólicas: hemocromatosis y enfermedad de Wilson.
— Cirrosis biliar primaria y secundaria a obstrucción biliar crónica.
— Cirrosis secundaria a fallo cardíaco (insuficiencia cardíaca congestiva) u obstrucción crónica de las venas suprahepáticas (síndrome de Budd-Chiari).
— Hay un porcentaje de cirrosis (10-20%) en los que no se llega a descubrir la causa pese a un estudio exhaustivo del paciente.

La clínica de las cirrosis depende de la fase de desarrollo de la enfermedad. Hay casos que no producen síntomas y se diagnostican por el hallazgo casual de un hígado de tamaño aumentado en una exploración rutinaria, junto a una alteración de las pruebas de función hepática en los análisis. Por el contrario, en las cirrosis avanzadas con hipertensión portal, suele desarrollarse un cuadro florido de todos o algunos de los siguientes datos:

— Ictericia.
— Signos en la piel, como enrojecimiento de las palmas de las manos y "arañas" vasculares.
— Aumento de tamaño de las glándulas salivales parótidas y enfermedad de Dupuytren (retracción de los tendones de los dedos de las manos). Éstas resultan frecuentes en la cirrosis alcohólica.
— Hepato-esplenomegalia, o aumento del tamaño del hígado y bazo.
— Ginecomastia (aumento del tamaño de las mamas), impotencia y disminución del tamaño de los testículos en el hombre, trastornos menstruales en la mujer, pérdida de vello en las axilas y pubis. Todos ellos son problemas debidos a una alteración del metabolismo hepático de las hormonas sexuales.
— Hemorragias, por alteración de la coagulación (los factores de la coagulación son proteínas que se sintetizan en el hígado y cuya producción falla en la cirrosis).
— Pérdida de peso y apetito, cansancio.

Para el diagnóstico de cirrosis resultan de gran ayuda los análisis de sangre, donde aparece un aumento de la bilirrubina, transaminasas y fosfatasa alcalina, así como anemia, disminución de las plaquetas y una alteración de las pruebas de coagulación. También se utiliza la ecografía abdominal, pero la biopsia es la que permite dar como definitivo el diagnóstico de cirrosis sospechado por los síntomas y alteraciones analíticas.

No hay ningún tratamiento que cure la cirrosis, se trata de un proceso irreversible, que se debe intentar enlentecer lo más posible. Para ello el paciente afectado debe seguir una dieta equilibrada sin restricciones (salvo criterio médico distinto, por ejemplo, respecto a la reducción del consumo de proteínas), abstención *absoluta* del consumo de alcohol, pueden ser convenientes suplementos de vitamina B y ácido fólico, aunque los medicamentos llamados "protectores hepáticos" no son eficaces. Sobre todo el paciente debe tener un estrecho contacto con su médico de cabecera, quien vigilará la evolución de la enfermedad y aconsejará ciertas medidas en determinadas ocasiones. En situación terminal, si no hay contraindicación (edad muy avanzada, enfermedad tumoral diseminada, etc), la única posibilidad de tratamiento es el trasplante hepático de un donante sano.

Cuando se diagnostica a un paciente una cirrosis, la supervivencia a los cinco años es del 90%, cifra que desciende al 10% si la cirrosis ya ha presentado las complicaciones antedichas.

HEPATOPATÍA ALCOHÓLICA

Se conoce por tal a un conjunto de enfermedades hepáticas provocadas por el consumo excesivo de bebidas alcohólicas. Constituyen un grave problema sanitario en la mayoría de países por su frecuencia y gravedad.

Existe una relación clara entre la cantidad de alcohol consumida y el riesgo de desarrollar una enfermedad hepática. Así se ha comprobado que un consumo de 180 gr de alcohol (etanol) al día durante 25 años es el promedio necesario para desarrollar una cirrosis; pero el riesgo de cirrosis está ya aumentado tres veces si se consumen entre 60 y 100 gr de etanol/día, cantidad muy frecuentemente ingerida en nuestra población, si vemos la tabla de equivalencias en alcohol de las bebidas alcohólicas más comunes. También hay que tener en cuenta que el riesgo de desarrollar cirrosis en mujeres es mayor aún con un menor consumo de alcohol, debido a su peor metabolización de este tóxico. La cantidad de alcohol que contienen las distintas bebidas se conoce como grado alcohólico.

El alcohol puede producir tres enfermedades hepáticas distintas:

a) **Esteatosis hepática alcohólica:** es la acumulación de grasa en los hepatocitos producida por una alteración del metabolismo de las grasas debida al alcohol. No produce síntomas normalmente, sino que sólo suele haber una hepatomegalia junto a un pequeño aumento de las transaminasas (GOT, GPT y GGT) en los análisis de sangre. Tiene buen pronóstico: si se suspende la toma de alcohol el hígado se recupera completamente.

b) **Hepatitis alcohólica:** es la inflamación del hígado causada por el alcohol. Nor-

BEBIDA	CANTIDAD		CANTIDAD DE ALCOHOL EN CC	GRAMOS DE ALCOHOL
CERVEZA (5°)	Una caña	(170 cc)	8,5	6,8
	Un botellín	(200 cc)	10	6
	Una botella	(333 cc)	17	13,6
VINO (de mesa, champagnes) 12°	Un vaso de vino	(100 cc)	12	9,6
	Un vaso grande	(200 cc)	24	19,2
	Una botella	(750 cc)	90	72
APERITIVOS (vermouths, jerez, oporto) 17°	Una copa	(70 cc)	12,5	10
BRANDYS Y LICORES (brandy, ginebra, ron, anís) 40°	Carajillo	(25 cc)	10	8
	Copa	(45 cc)	18	14,4
	Combinados	(70 cc)	28	22,4
WHISKY 43°	Medio	(40 cc)	17	13,6
	Entero	(70 cc)	30	24
	Doble	(130 cc)	56	44,8
AGUARDIENTES 50°	Copa	(45 cc)	25,5	20,4

Equivalencia de las bebidas alcohólicas.

¿ES SIEMPRE PELIGROSO EL ALCOHOL?

Aunque un consumo moderado de alcohol (equivalente a un vaso de vino diario) no representa un riesgo para la salud, incluso puede resultar saludable, debe recordarse que el exceso de alcohol sigue siendo la causa más importante de cirrosis hepática, una enfermedad grave e irreversible.

malmente no produce síntomas, sólo un aumento de las transaminasas (sobre todo la llamada GOT) y hepatomegalia, aunque en algunos pacientes alcohólicos, tras un exceso de alcohol puede aparecer una inflamación aguda del hígado que cursa con síntomas muy similares a los de las hepatitis víricas y que cede en unos días. Es imprescindible la abstinencia alcohólica para evitar la evolución a cirrosis; de hecho, aunque se suspenda el alcohol, el hígado no recupera ya su total normalidad.

a) **Cirrosis hepática alcohólica:** es la desestructuración y fibrosis del hígado secundaria a un consumo mantenido y abundante de alcohol. Los síntomas, tratamiento y complicaciones las hemos visto anteriormente. La abstinencia de alcohol en la cirrosis permite aumentar la supervivencia, aunque la evolución fatal es inevitable.

QUISTES HEPÁTICOS

La presencia de quistes (cavidades redondeadas de diferente tamaño) en el hígado normalmente es un hallazgo casual al hacer una ecografía o un TAC (escáner) por otro motivo, ya que no suelen producir síntomas.

En España y en otros muchos países, aún sigue siendo endémica la hidatidosis, hasta el punto de que al hablar de quistes en el hígado se asocia directamente con el quiste hidatídico. Este está producido por el *Echinococcus granulosus*, un parásito que vive en el intestino de los perros. Los huevos de este parásito llegan al hombre por alimentos contaminados con las heces del perro o por los lamidos del mismo. Desde el tubo digestivo humano (en los animales herbívoros ocurre un proceso igual que en el hombre), pasan al hígado y pulmones donde forman los quistes, cuyo tratamiento exige frecuentemente cirugía, aunque existe medicamentos eficaces contra él. Para reducir su frecuencia resulta de crucial importancia romper

el ciclo epidemiológico del parásito, impidiendo a los perros comer vísceras crudas de reses donde pueden existir quistes, evitando el contacto con las heces caninas y desparasitando periódicamente a estos animales de compañía.

Aparte de esta enfermedad, existe también una poliquistosis hepática (formación de múltiples quistes en el hígado) que se asocian a quistes en otros órganos (riñón); son enfermedades poco frecuentes que en algunos casos originan hipertensión portal.

TUMORES HEPÁTICOS BENIGNOS

Aunque son relativamente frecuentes, no producen síntomas habitualmente. Los más frecuentes son el adenoma hepatocelular (frecuente en mujeres en edad fértil, sobre todo si toman anticonceptivos orales, debiendo suspender su toma ante su diagnóstico) y el hemangiomas (un tumor vascular). Se diagnostican por ecografía y TAC, y se extirpan sólo si producen síntomas o son muy grandes.

TUMORES HEPÁTICOS MALIGNOS

El hepatocarcinoma y el carcinoma metastásico del hígado son los tumores malignos más frecuentes; otros menos frecuentes son: hepatoblastoma, angiosarcoma.

Hepatocarcinoma

Es un tumor que aparece habitualmente alrededor de los 50 años, más frecuentemente en varones. Los factores favorecedores de su aparición son la cirrosis (casi siempre secundaria a hepatitis virales), la infección crónica por virus de la hepatitis B y C (este último es el factor más frecuentemente encontrado en

DONE SUS ÓRGANOS

El trasplante hepático constituye la gran esperanza de los enfermos hepáticos terminales. España es el país con mayor tasa de donaciones gracias a la solidaridad anónima de muchas familias, a las facilidades legislativas y a la agilidad y coordinación de un Plan Nacional de Trasplantes que ha resultado modélico en todo el mundo. Todos los países deberían alentar continuamente a su población para lograr una conciencia generalizada sobre la normalidad y la necesidad vital de todo tipo de donaciones.

España), el consumo crónico de alcohol y la hemocromatosis.

Los síntomas más comunes son el dolor abdominal o una masa abdominal palpable. Para su diagnóstico es muy útil detectar una elevación de la alfafetoproteína en la sangre (es un marcador analítico del tumor). Se visualiza mediante ecografía y TAC, y la biopsia hepática confirma el diagnóstico.

El tratamiento curativo es la cirugía radical en la que se extirpe todo el tumor, pero se puede realizar en pocos casos porque cuando se diagnostica el tumor suele estar ya extendido. Según los casos se puede utilizar quimioterapia con fines paliativos. También se han realizado trasplantes de hígados sanos, pero con frecuencia el tumor vuelve a aparecer o surgen metástasis.

Carcinoma metastásico del hígado

Es el tumor maligno más frecuente del hígado, habitualmente procedentes de tumores del tubo digestivo previos de los que escapan células malignas que se implantan en el hígado. Suelen producir dolor abdominal, se diagnostican por pruebas de imagen (ecografía y TAC) y biopsia hepática. Desafortunadamente el tratamiento suele ser sólo paliativo.

TRASPLANTE HEPÁTICO

Desde hace algunas décadas, la técnica quirúrgica del trasplante hepático y los procedimientos de control del rechazo y de otras posibles complicaciones postrasplante han experimentado una continua mejoría, de forma que, en la actualidad, resultan candidatos al trasplante hepático todos los niños y adultos con enfermedad hepática grave para la cual no existe otro tratamiento (farmacológico o quirúrgico) y no hay contraindicación.

En adultos las causas más frecuentes que indican el trasplante son la cirrosis biliar secundaria, cirrosis biliar primaria, colangitis esclerosante primaria y hepatitis fulminante. Resulta contraindicado el trasplante en casos de adicción al alcohol o drogas, infección por VIH, tumor metastásico, coexistencia de otras enfermedades severas y anomalías congénitas múltiples y severas. Hay otros factores que pueden contraindicar de forma parcial el trasplante.

Las complicaciones más frecuentes del trasplante son las infecciones, el fallo renal y rechazo del trasplante. Este último puede aparecer en los primeros días (lo más frecuente) o tardar meses en suceder. Después del trasplante y de por vida se realiza un tratamiento inmunosupresor, para evitar el rechazo, utilizando fármacos específicos como la ciclosporina, prednisona y azatioprina. Con ellos, la supervivencia a los cinco años del trasplante es del 60% de los pacientes intervenidos. Existe mejor pronóstico cuanto mejor es la situación del paciente previa al trasplante.

ENFERMEDADES DE LAS VÍAS BILIARES

CIRROSIS BILIAR PRIMARIA

Para el tratamiento de esta enfermedad se utiliza un fármaco (quelantes de las sales biliares), que es muy eficaz eliminando el rebelde picor del trastorno. Para mejorar el curso de la enfermedad se usan corticoides, inmunosupresores y en fases avanzadas la única posibilidad es el trasplante.

LITIASIS BILIAR

Es la presencia de cálculos biliares en la vesícula biliar (colelitiasis), más frecuente, y/o en las vías biliares (coledocolitiasis). Es un problema bastante frecuente, predominando en mujeres de edad media. Existen dos tipos de cálculos ("piedras"), de distinta composición:

— Cálculos de colesterol: formados por colesterol, principalmente, pigmentos biliares y calcio. Son los más frecuentes; su formación está favorecida por la obesidad, los estrógenos y la edad.

— Cálculos pigmentarios: formados principalmente por pigmentos biliares. Son poco frecuentes y aparecen en las anemias hemolíticas (en las que hay una producción aumentada de bilirrubina a partir de la hemoglobina proveniente de una destrucción excesiva de hematíes).

Los cálculos biliares pueden ser asintomáticos, que es lo más frecuente, o producir un **cólico biliar** si el cálculo obstruye la salida de la vesícula o la vía biliar. El aumento de presión en las vías biliares obstruidas origina un dolor en el hipocondrio derecho (región abdominal superior y derecha, bajo las costillas) que puede extenderse a la espalda, acompañado de náuseas y vómitos. El diagnóstico se confirma normalmente con la ecografía, donde se visualizan los cálculos.

El cólico suele ceder en pocas horas retirando la grasa de la dieta y tomando ciertos medicamentos específicos (analgésicos y fármacos que relajan la vía biliar e intentar favo-

CONSEJO

CÁLCULOS BILIARES, ¿CIRUGÍA O LITOTRICIA?

La mayoría de los cálculos en la vesícula biliar exigen la extirpación de la glándula. En ciertas condiciones bien seleccionadas, se puede intentar la destrucción mediante ondas de choque.

El número y tamaño de cálculos, su tiempo de evolución y las condiciones del paciente deben tenerse en cuenta por el médico al decidir la mejor alternativa en cada caso.

recer el avance del cálculo), pero en determinadas circunstancias se puede complicar con una infección de la vesícula (colecistitis) o de la vía biliar (colangitis), situaciones graves que precisan su tratamiento en el hospital. Para evitar la repetición de los cólicos conviene evitar el consumo de grasa en la dieta, ya que la presencia de dicho alimento en el intestino obliga a la contracción de la vesícula y la movilidad de las vías biliares para expulsar bilis que ayuden a su digestión. Durante estas contracciones pueden desencadenarse los cólicos.

De todas formas no puede ni debe mantenerse una dieta restrictiva de por vida, por lo que conviene solucionar de forma definitiva el problema, eliminando los cálculos biliares. Para ello el especialista propondrá una de las tres posibilidades siguientes, según las características del caso:

— Cirugía: se realiza la colecistectomía (extirpación de la vesícula llena de cálculos) si es posible por laparoscopia (sin abrir el abdomen), cuando ya ha habido cólicos biliares o episodios de colecistitis. Según autores también se aconseja en pacientes con cálculos que no han presentado síntomas, para evitar problemas futuros.

— Litotricia biliar: consiste en la ruptura de los cálculos en trozos pequeños que pueden ser fácilmente eliminados de forma natural, mediante la acción de ondas de choque producidas en una bañera. Sólo resulta válido para determinados tamaños y características de cálculo.

— Ácidos biliares: son medicamentos que disuelven los cálculos tras unos meses de uso. Se usan poco, ya que sólo resultan eficaces en ciertas situaciones muy específicas.

En la actualidad el tratamiento más empleado de todos los anteriores es la extirpación de la vesícula biliar, órgano sin el que se puede realizar una vida completamente normal, con una cierta peor tolerancia a los excesos alimentarios (conviene evitar las grandes comidas y los excesos de grasas). Aunque la intervención convencional, mediante la apertura del abdomen, es un procedimiento quirúrgico sencillo, en la actualidad se va sustituyendo por la extirpación de la vesícula mediante *laparoscopia*. Esta nueva técnica quirúrgica consiste en la realización de dos o tres pequeñas incisiones en el abdomen a través de las cuales se introduce un tubo flexible con luz en su extremo y con los utensilios necesarios para extraer la vesícula biliar. La agresión al paciente es mínima y facilita una recuperación rápida y sin complicaciones.

COLECISTITIS AGUDA

Es la inflamación aguda de la vesícula biliar que en más del 90% de los casos tiene su origen en la colelitiasis. Se produce cuando un cálculo obstruye el conducto cístico quedando la bilis retenida en la vesícula biliar, lo que favorece la infección e inflamación de la vesícula. Esto produce un cuadro de fiebre, náuseas, vómitos y dolor intenso en hipocondrio derecho. El diagnóstico se realiza por estos datos clínicos tan característicos y la ecografía abdominal.

El tratamiento requiere el ingreso en hospital para una vigilancia estrecha de la curación del proceso, para lo que se administran analgésicos y antibióticos para suprimir el dolor y la infección respectivamente. Posteriormente, superada la infección, es necesaria la extirpación quirúrgica de la vesícula de forma programada para evitar la repetición del cuadro. En un bajo porcentaje de casos surgen complicaciones agudas de la colecistitis, siendo las más frecuentes la formación de una acumulación de pus (absceso) y la perforación de la vesícula seguida de peritonitis. En ambos casos es necesario realizar la colecistectomía de forma urgente.

COLANGITIS

Es la inflamación de las vías biliares extrahepáticas que surge cuando existe una obstrucción de la vía biliar que determina el estancamiento de la bilis y la posterior inflamación e infección de las vías. La obstrucción puede ser por cálculos biliares, que es lo más frecuente, por estrechamientos (estenosis) de las vías, o por tumores de las propias vías biliares y de la cabeza del páncreas. El cuadro clínico es similar al anterior, con fiebre, dolor abdominal e ictericia, al acumularse la bilis. Se diagnostica por la ecografía y los síntomas.

Debe instaurarse tratamiento con antibióticos para evitar que la colangitis se complique con la formación de un absceso. Después del tratamiento antibiótico se debe tratar la causa de la colangitis, porque una obstrucción crónica que dificulte el flujo biliar hacia el intestino puede producir daño al hígado (cirrosis biliar). Normalmente se realiza un estudio de las vías biliares con contraste (colangiografía mediante endoscopia que también permite la extracción de los cálculos).

TUMORES DE LAS VÍAS BILIARES

Los tumores benignos son raros y normalmente no producen síntomas. Los más importantes son: papilomas, adenomas y fibromas, que nunca se malignizan.

El **carcinoma de vesícula biliar,** es el tumor más frecuente de las vías biliares. Afecta principalmente a mujeres en la sexta década de la vida que tienen antecedentes de cálculos en la vesícula biliar (en más del 90% de los casos), aunque se desconoce el mecanismo exacto de la formación del tumor.

No producen síntomas hasta que no están en una fase muy avanzada, pudiendo causar dolor abdominal, ictericia, nauseas y vómitos. Se diagnostica con ecografía y escáner y resultan tumores de muy mal pronóstico, porque habitualmente son inoperables cuando se diagnostican. Si producen ictericia y no son operables se facilita la salida de la bilis mediante la colocación de una prótesis.

El **carcinoma de las vías biliares** es menos frecuente que el anterior, afecta igualmente a hombres y mujeres a partir de los 50 años, en los que existe litiasis biliar sólo en un 40% de los casos. Son factores de riesgo para este tumor la colangitis esclerosante primaria, algunas anomalías congénitas de las vías y la infección por ciertos parásitos.

Producen típicamente ictericia y prurito, pudiendo haber también dolor abdominal y pérdida de peso. Normalmente cuando se diagnostican son inoperables, pero se colocan prótesis para salvar la obstrucción y permitir la circulación de la bilis.

ENFERMEDADES DEL PÁNCREAS

PANCREATITIS AGUDA

Es una inflamación aguda del páncreas que cura sin dejar secuelas normalmente, aunque puede complicarse gravemente en determinados pacientes. Las causas que desencadenan esta enfermedad son múltiples, pero las dos más frecuentes son la litiasis biliar y el consumo crónico de alcohol.

Cualquiera que sea la causa, la pancreatitis consiste en la activación de los enzimas pancreáticos (necesarios para la digestión de los alimentos) dentro del propio páncreas, lo que produce una inflamación, hemorragia y destrucción de algunas células pancreáticas (una "autodigestión"). No son conocidos de forma clara los mecanismos que determinan esta activación enzimática.

Produce un dolor abdominal epigástrico (en la "boca del estómago") intenso que puede extenderse hacia la espalda, acompañado de náuseas y vómitos. En los análisis de sangre se producen múltiples alteraciones características que permiten el diagnóstico (aumentan la amilasa, típico de la pancreatitis, la lipasa, los leucocitos, la bilirrubina, las transaminasas y fosfatasa alcalina entre otros parámetros).

Habitualmente la pancreatitis suele curar sin problemas en una o dos semanas con el tratamiento adecuado, aunque también pueden surgir complicaciones graves en su evolución.

En las pancreatitis no complicadas el tratamiento consiste en poner al paciente a dieta absoluta, administrar sueros y analgésicos y si hay muchos vómitos y náuseas colocar una sonda nasogástrica. Si todo va bien, el paciente comienza a comer al tercer o cuarto día. Tras haber sufrido una pancreatitis aguda, si el motivo fue el exceso de alcohol, se debe recomendar encarecidamente al paciente su abstención completa para evitar la repetición.

PANCREATITIS CRÓNICA

Es una inflamación crónica del páncreas, con alteraciones en la estructura glandular irreversibles (no recuperables). En nuestro país la causa más frecuente es el alcoholismo en los adultos y la fibrosis quística en los niños (una enfermedad congénita grave que, junto a otros problemas pulmonares, obstruye el páncreas). Otras causas son la obstrucción del conducto pancreático por estenosis, cálculos o carcinoma, la pancreatitis hereditaria y traumática, la hemocromatosis, la malnutrición y en un 25% de casos no se encuentra el origen.

Los tratamientos utilizados van encaminados en primer lugar, y si es posible, a eliminar la causa de la pancreatitis. Para disminuir el dolor se usan analgésicos y antiácidos, pero pueden llegar a ser ineficaces teniendo que recurrir a la cirugía (pancreatectomía parcial, extirpación de pseudoquistes si son el origen del dolor). Por otra parte para corregir los trastornos derivados de la pérdida del páncreas se ne-

✔ Causas obstructivas:

- Coledocolitiasis.
- Tumores pancreáticos.
- Parásitos o cuerpos extraños.
- Páncreas divisum.

✔ Tóxicos:

- Alcohol etílico.
- Alcohol metílico.
- Veneno de escorpión.
- Insecticidas.

✔ Causas metabólicas:

- Hipertrigliceridemia.
- Hipercalcemia.

✔ Traumática:

- Accidental.
- Complicación de la CPRE.

✔ Hereditaria.

✔ Infecciosa.

✔ Vascular:

- Embolias, arteriosclerosis.
- Vasculitis.

✔ Idiopática.

Causas de la pancreatitis aguda.

cesitan tomar preparados de enzimas pancreáticos (que sustituyen al jugo pancreático) y realizar una dieta pobre en grasas, así como controlar los níveles de azúcar en sangre con dieta, ejercicio y, ocasionalmente, la administración de insulina inyectada.

CÁNCER DE PÁNCREAS

Es un tumor que está aumentando su incidencia. Se presenta en la edad media de la vida y con mayor frecuencia en el varón. Entre los factores que favorecen su desarrollo se encuentran el tabaco y la pancreatitis crónica. Se originan en las células de los conductos pancreáticos en un 90% y en el 10% restante en las células de los acinis. Su localización más frecuente es la cabeza del páncreas seguida del cuerpo y cola.

Normalmente sólo produce síntomas en fases avanzadas, siendo los más frecuentes el dolor abdominal y la pérdida de peso y de apetito. La ictericia es frecuente en los tumores de la cabeza ya que comprimen la salida de la bilis al duodeno.

El diagnóstico es difícil y las pruebas más específicas son el escáner y la llamada colangiopancreatografía retrógrada endoscópica (endoscopia a través del tubo digestivo que permite la toma de biopsia para estudio histológico). El único tratamiento curativo es la cirugía pero sólo se puede realizar en un 10% de los casos. En el resto se utilizan tratamientos paliativos: radioterapia, quimioterapia y drenajes biliares; la media de supervivencia en estos casos es de cinco meses.

TUMORES DE LOS ISLOTES PANCREÁTICOS

Son tumores poco frecuentes originados en las células endocrinas (productoras de hormonas) del páncreas. Los más frecuentes son:

Insulinoma: tumor que asienta en las células secretoras de insulina con aumento en la producción de ésta originando hipoglucemias. El tratamiento es su extirpación quirúrgica.

Glucagonoma: tumor productor de glucagón que determina la aparición de diabetes mellitus. El tratamiento es la cirugía.

Síndrome de Zollinger-Ellison: cuadro que cursa con un aumento en la producción de gastrina (hormona que aumenta la secreción gástrica), la cual a su vez favorece la formación de úlceras pépticas en el estómago y el duodeno. Habitualmente se debe a la presencia de un tumor pancreático productor de gastrina y con menos frecuencia a un tumor duodenal. Con frecuencia son tumores múltiples y están asociados a otros tumores endocrinos que conforman síndromes hereditarios. Producen clínica ulcerosa intensa y para el tratamiento se usa medicación antiulcerosa. Si no son múltiples, se extirpa el tumor responsable de los síntomas.

6 ENFERMEDADES DEL APARATO LOCOMOTOR I: REUMATOLOGÍA

GENERALIDADES

EL DOLOR EN REUMATOLOGÍA

En general, la **localización** del dolor permite sospechar la existencia de un trastorno u otro; así, un dolor situado entre dos articulaciones de una extremidad sugerirá un dolor óseo, muscular, tendinoso o por afectación de los ligamentos o de los nervios que se sitúen a ese nivel. El dolor localizado en las pequeñas articulaciones se delimita mejor que aquél proveniente de articulaciones grandes, que suele percibirse más difuso. Conviene recordar que el origen de un dolor no siempre se produce donde nosotros lo percibimos. De hecho, son muy comunes en reumatología los llamados dolores "irradiados"; por ejemplo, un trastorno localizado en el hombro (artritis, tendinitis, etc.) puede manifestarse por un dolor en el brazo o en el antebrazo.

También las **características** del dolor pueden sugerir la causa que lo produce. Así, un dolor percibido como un hormigueo o como "quemazón", sugiere la afectación de un tronco nervioso o de sus ramas. Un dolor violentamente exagerado, que impide al sujeto la realización de sus actividades diarias sin otros síntomas o signos acompañantes, hacen sospechar la existencia de un factor emocional (ansiedad o depresión) que amplifica los síntomas.

Dentro de las enfermedades reumatológicas, es fundamental diferenciar el **dolor mecánico** (que se percibe con el movimiento de la zona), típico de la artrosis o de los problemas musculares o tendinosos, del **dolor inflamatorio** (que duele incluso en reposo absoluto), que suele acompañar a las artritis o a procesos más graves:

— El *dolor inflamatorio* suele ser de inicio matutino, cuando comienza la movilización de la articulación tras el reposo nocturno, y acompañarse de un cierto grado de rigidez articular. No cede con el reposo y es frecuente que impida el sueño o que despierte al paciente de su sueño nocturno. Tampoco desaparece al movilizar la articulación afectada, sino que aumenta, obligando al enfermo al reposo articular para evitar el dolor. Cualquier movimiento de la articulación desencadena dolor, tanto si es un movimiento activo, pasivo o contra resistencia. Y, sobre todo, suele ir acompañado de otros síntomas y signos inflamatorios (como es la hinchazón articular, con la existencia de derrame articular; y signos de afectación general, como pérdida de peso y fiebre).

— El *dolor mecánico* aparece al movilizar la articulación afectada, por lo que el enfermo presenta menos dolor por la mañana, al haber permanecido la articulación en reposo durante la noche. Cede con el reposo, esto es, por la noche, cediendo también en ocasiones, una vez iniciada la deambulación. No suele limitar la movilidad articular y no se incrementa con la realización de todos los movimientos articulares, sino sólo con aquellos que movilizan las estructuras afectadas. Suele predominar en las articulaciones de carga, sobre todo en las rodillas y caderas y no se acompaña de otros síntomas como pérdida de peso o fiebre.

CONSIDERACIONES GENERALES DE TRATAMIENTO

En función de la causa que desencadena el dolor, podemos diferenciar diversas entidades clínicas reumatológicas, que serán susceptibles de diversos tratamientos. En general podemos considerar:

— **Sinovitis.** Casi siempre sinónimo de artritis, consiste en la inflamación de la cápsula articular con la presencia de un líquido sinovial alterado. El tratamiento se encamina a disminuir la inflamación para minimizar el daño articular, usando los antiinflamatorios no esteroideos (coloquialmente conocidos como AINES), la aspirina a dosis altas y otros fármacos como inmunosupresores, etc.

— **Entesopatías.** Son las enfermedades de las entesis (la zona de unión de los tendones y ligamentos al hueso), como la espondilitis anquilosante. Se trata con AINES, especialmente los de mayor potencia antiinflamatoria (fenilbutazona o indometacina).

— **Artrosis.** Es un proceso degenerativo de las articulaciones que produce un dolor mecánico, debido a una alteración inicial del cartílago seguida de alteración de las superficies óseas articulares. El tratamiento se basa en el uso de analgésicos (aspirina, paracetamol, codeína), o AINES, siendo casi siempre de elección el ibuprofeno o el diclofenaco por su buena tolerancia

— **Artritis microcristalinas.** El prototipo es la gota, debida a la precipitación de cristales de ácido úrico en ciertas articulaciones, aunque también existen otras enfermedades de este grupo (la condrocalcinosis y la enfermedad por depósito de cristales de pirofosfato). Suelen responder a AINES.

— **Artritis sépticas.** Se trata de un cuadro urgente producido por una infección que puede destruir la articulación en un tiempo relativamente breve. La base del tratamiento es el reposo articular y el suministrar antibióticos de forma agresiva.

— **Miositis, Polimiositis y Dermatomiositis.** Son enfermedades que afectan a múscu-

los, piel, articulaciones y otros órganos. Muchas veces los síntomas se solapan y no es posible distinguir una enfermedad de otra, o existen "síndromes intermedios". Se tratan habitualmente, con corticoides y/o inmunosupresores.

— **Dolor generalizado.** El prototipo es la llamada fibromialgia, una enfermedad crónica relacionada con la esfera psíquica del individuo, no invalidante, con muchos síntomas dolorosos y de otros aparatos. En general, se observan pocas alteraciones objetivas (signos). Se tratan con antidepresivos, analgésicos y relajantes musculares.

— **Polimialgia reumática-arteritis de la arteria temporal**, es un caso raro de enfermedad típica de ancianos que responde de manera espectacular al uso de esteroides orales.

LOS TRASTORNOS REUMÁTICOS MÁS FRECUENTES

OSTEOPOROSIS

La osteoporosis es una de las enfermedades más frecuentes de nuestro siglo. Se caracteriza por la existencia de un hueso con una composi-

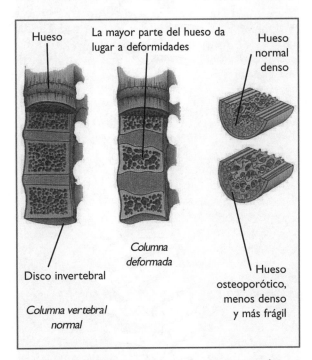

Es posible que cuando se sufre una osteoporosis no se den síntomas, pero el individuo afectado tal vez pierda estatura debido al aplanamiento de las vértebras, y sufra una curvatura de la columna vertebral hacia adelante.

EVITAR LA OSTEOPOROSIS

Es más fácil mantener una buena masa ósea que recuperarla. Una alimentación rica en calcio y la exposición al sol (fuentes de vitamina D) son normas fundamentales para mantener alejado el riesgo de fracturas. Junto a ello, la realización de ejercicio físico de manera regular, como el caminar diariamente una hora, es una de las "terapias" más adecuadas para evitar la aparición de osteoporosis.

ción "normal" pero de cantidad "reducida", es decir, existe osteopenia o disminución de la masa ósea en relación con el volumen anatómico total del hueso, pero el hueso que queda se halla calcificado con normalidad. Lo más frecuente es que se trate de formas seniles o postmenopáusicas (la desaparición de las hormonas del ovario —los estrógenos— tras la menopausia, hacen perder aceleradamente masa ósea al hueso).

Suele ser totalmente asintomática o producir un dolor localizado en los huesos que soportan más carga como la columna lumbar o el fémur, aunque también en las muñecas. Pero lo más peligroso es que existe un riesgo muy aumentado de fracturas, pues el hueso es escaso, que pueden ser de varios tipos: microfracturas que no llegan a observarse en las radiografías, sobre todo en las vértebras dorsales y que confieren a los enfermos un aspecto de "encogimiento", de "pérdida de altura" e inclinación hacia delante.

La fractura de cadera es una de las complicaciones más frecuentes en los enfermos osteoporóticos. Es más frecuente en las mujeres que han sido fumadoras y delgadas.

El diagnóstico de la osteoporosis se puede realizar mediante unas pruebas radiográficas especiales (la densitometría), que permite medir la densidad del hueso y determinar el grado de pérdida de masa ósea.

Lo más importante para la prevención de este trastorno es conseguir una buena masa ósea en la infancia y pubertad gracias a una alimentación adecuada, rica en calcio. Es aconsejable, a lo largo de toda la vida practicar regularmente ejercicio físico, evitar el tabaquismo y reducir en lo posible la duración de los tratamientos esteroideos que resulten necesarios.

OSTEOMALACIA Y RAQUITISMO

En esta enfermedad, lo que se produce es una mineralización deficiente del hueso, es decir, el hueso está descalcificado. Ocurre por una falta de vitamina D, que en el adulto produce la osteomalacia, y en el niño, el raquitismo. El déficit de vitamina D puede ser debido a muchas causas, entre otras por carencias en la alimentación, insuficiente exposición solar, enfermedades crónicas del riñón, toma de fármacos anticonvulsivantes, neoplasias, etc.

Suele producir un dolor óseo más marcado en pelvis, vértebras y costillas. En estas últimas es posible observar el "rosario raquítico" en los niños (que consiste en la aparición de unos engrosamientos localizados de las costillas) y deformidades de los huesos como el abombamiento de los huesos frontal y parietal del cráneo.

Las radiografías presentan alteraciones muy características: los cuerpos vertebrales se configuran con forma bicóncava (columna de "bacalao"), aparecen las llamadas líneas de Milkmann-Looser, por rotura de la cortical de algunos huesos El tratamiento se realiza con vitamina D, exposición solar y tratando la enfermedad subyacente cuando ésta exista.

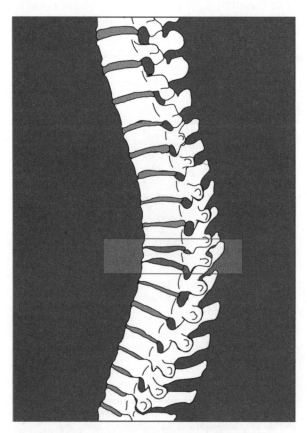

Osteoporosis con múltiples aplastamientos vertebrales.

¿SE CURA LA ARTROSIS?

La artrosis tiene una base genética no bien conocida. Ningún tratamiento se ha mostrado eficaz en su prevención ni en retrasar su evolución. Los analgésicos sólo alivian las molestias, por lo que el propio paciente regulará su consumo. Por su seguridad y bajo riesgo, el paracetamol es un medicamento idóneo para su consumo durante largos períodos de tiempo. Cuando la artrosis ya se ha establecido, conviene evitar toda sobrecarga de la articulación, por ejemplo por exceso de peso o por traumatismos repetidos (el exceso de ejercicio puede ser contraproducente).

ARTROSIS

La artrosis u osteoartritis es un proceso degenerativo de las articulaciones que se inicia en el cartílago articular afectando posteriormente en su evolución al hueso. Es una enfermedad extraordinariamente frecuente, que se puede presentar hasta en el 20-30% de la población. Hasta el 50% de la población mayor de 50 años presenta cambios radiológicos de artrosis, aunque sólo la mitad aproximadamente presenta síntomas.

Se produce porque el cartílago se desgasta y presenta "rugosidades" en su superficie, así como úlceras. Suele afectar a las articulaciones de carga como rodillas o cadera, aunque también son frecuentes en la columna vertebral lumbar y cervical, y en las articulaciones interfalángicas distales de las manos (entre las últimas falanges).

Son más raras las artrosis de hombros, pies o codos.

El dolor de la artrosis es mecánico y ocasionalmente puede asociarse rigidez, aunque ello sólo sucede cuando el trastorno está muy establecido. El curso de la enfermedad es lento y progresivo, con exacerbaciones y remisiones espontáneas.

En las radiografías se producen unas alteraciones muy características, como la disminución del espacio articular y la aparición de *osteofitos* ("picos de loro", producidos debido a una reacción del hueso afectado). Con frecuencia se produce la paradoja de que pacientes con muchos hallazgos en la radiografía presentan pocas molestias, mientras que otros con mínimas alteraciones están severamente afectados.

El tratamiento curativo no existe. Se puede tratar de prevenir la aparición de la artrosis mediante la realización de ejercicio físico suave, adelgazar o mantenerse en el peso adecuado, evitar los traumatismos articulares y corregir las posiciones anómalas del esqueleto. Una vez establecida la artrosis, se debe tratar el dolor mediante analgésicos o AINES y reposo.

En casos de gran evolución, con dolor incontrolable o pérdida completa de movilidad se puede recurrir a la cirugía, sustituyendo las superficies de la articulación por prótesis sintéticas. Las de rodilla y cadera están muy desarrolladas y ofrecen grandes resultados.

LAS ARTRITIS Y ENFERMEDADES ASOCIADAS

GENERALIDADES

La artritis hace referencia a la inflamación de una articulación. La lesión principal de estos trastornos es la inflamación de la membrana sinovial (el "tapizado" interno de la articulación), lo que produce edema y derrame de líquido en la articulación. Los motivos de estas artritis pueden ser muy variados y de muy diverso significado.

En general cuando la inflamación se mantiene un período de tiempo breve, es posible la curación sin secuelas, excepto que se trate de una artritis infecciosa supurada (con pus), que resulta muy agresiva para la articulación. Por el contrario, las artritis crónicas producen con frecuencia ciertas alteraciones que acaban produciendo la destrucción del cartílago articular, erosiones

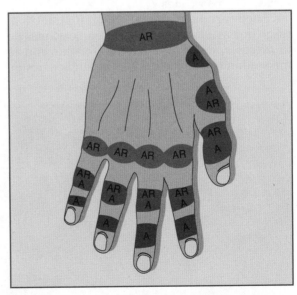

Las articulaciones afectadas en las manos de un enfermo reumático permiten distinguir la artrosis (A) y la artritis reumatoide (AR).

en el hueso y retracción de la cápsula articular, con pérdida de movilidad.

Las artritis pueden ser monoarticulares, cuando afectan a una sola articulación, o poliarticulares, cuando afectan a varias. Es frecuente encontrar también afectación de los tejidos vecinos, bolsas serosas y tendones.

Durante el episodio agudo el dolor es muy intenso y la impotencia funcional total o casi total. En el caso de afectación de miembros inferiores, por ejemplo, la marcha suele ser imposible, por lo que el enfermo se ve obligado a guardar reposo. La articulación se encuentra hinchada, enrojecida y caliente. Las artritis agudas se acompañan a menudo de fiebre no muy elevada, sin que ello implique la existencia de una enfermedad infecciosa. Conforme avanza el proceso, se observan la aparición de alteraciones radiológicas irreversibles en los huesos de la articulación.

El análisis del líquido sinovial obtenido mediante artrocentesis es básico para llegar a un diagnóstico correcto de la existencia o no de artritis, y si ésta se confirma, el tipo de artritis del que se trata. De este diagnóstico depende el tipo de tratamiento que se administre. El diagnostico y tratamiento precoz es fundamental para evitar el daño permanente de la articulación.

ARTRITIS REUMATOIDE

La artritis reumatoide es el prototipo de *poliartritis crónica erosiva* (es decir, que acaba produciendo la erosión y destrucción articular). Afecta preferentemente a las articulaciones de los dedos de las manos, aunque es posible en cualquier articulación, sobre todo hombros, muñecas, tobillos y codos.

Suele producir una afectación simétrica, rasgo que ayuda a diferenciarla en ocasiones de la artrosis, es decir, suelen enfermar con la misma intensidad las mismas artículaciones de un lado y otro del cuerpo. Característicamente, y a diferencia de la artrosis, afecta a las articulaciones metacarpofalángicas (los nudillos) e interfalángicas proximales (la primera articulación de los dedos), viéndose libres las interfalángicas distales.

Su causa es desconocida pero hoy se acepta que existe un trastorno de origen *autoinmune*. Esto significa que por un "error" de la propia inmunidad se depositan moléculas extrañas *(inmunocomplejos)* en la sinovial de las articulaciones lo que pone en marcha una serie de mecanismos inflamatorios, que a la postre desembocan en una destrucción articular. La sinovial (la membrana que tapiza la articulación) una vez inflamada se comporta como un tejido proliferativo, llamado *pannus*, que va invadiendo toda la articulación y posteriormente el cartílago articular e incluso el hueso, destruyéndolos.

El sujeto presenta afectación de varias articulaciones, usualmente tres o más, simétricas, casi siempre en la mano, con rigidez matutina y aparición de unos nódulos subcutáneos típicos, generalmente asentados sobre prominencias óseas (codos) o tendones (talón). Suelen producirse también alteraciones sanguíneas características (aparece el llamado *factor reumatoide* en el suero, aumenta la velocidad de sedimentación, etc.).

Cuando la enfermedad está más avanzada se pueden producir deformidades en las manos por la luxación de las falanges, ofreciendo entonces un aspecto característico con dedos en "cuello de cisne", u otras deformidades. También pueden afectarse tendones del antebrazo y producirse bursitis (inflamación de bolsas sinoviales) cercanos a las articulaciones.

En los casos de enfermedad de larga evolución es posible la presentación de complicaciones en muchos órganos (vasos, piel, ojos, riñón, ...) y otros problemas generales (pérdida de peso, anemia, propensión a las infecciones, etc.).

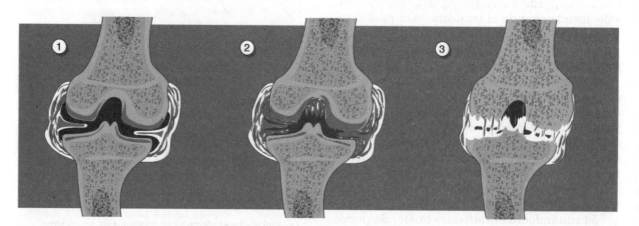

Patología articular en la artritis reumatoide. Fases progresivas: 1. Inflamación de la sinovial. 2. Formación del pannus con destrucción del cartílago. 3. Resolución de la inflamación con anquilosis de la articulación.

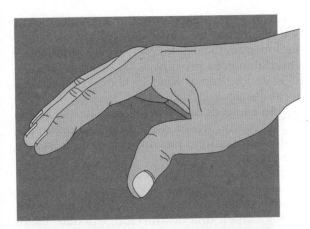

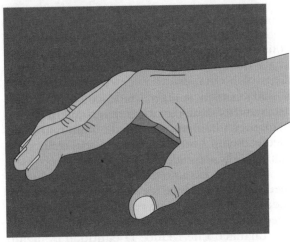

El paciente con artritis reumatoide acaba sufriendo unas deformaciones típicas en las manos por luxación y subluxación de sus articulaciones. Pulgar en "zeta" (arriba). Dedo en "cuello de cisne"(abajo).

Esta enfermedad es un problema grave de salud, que exige un estudio riguroso y un tratamiento especializado con estrecho seguimiento de la evolución del paciente.

FIEBRE REUMÁTICA

La fiebre reumática es una enfermedad generalizada, afortunadamente poco frecuente en nuestros días; en la que aparece afectación de grandes articulaciones, del corazón, de la piel y en ocasiones del sistema nervioso central.

El proceso se inicia tras una infección faríngea o amigdalar (unas simples "anginas") debida a un germen especial, el llamado *estreptococo beta hemolítico del grupo A*, o bien puede aparecer tras una infección cutánea por el mismo germen.

La gravedad de esta enfermedad se debe a que puede dejar secuelas como lesiones valvulares cardíacas permanentes. Por ello se hace un seguimiento durante cinco años después del ataque agudo en todos los pacientes menores de 18 años,

e indefinidamente en caso de que se haya producido afectación cardíaca o las infecciones por estreptococo sean recurrentes.

Conviene desmitificar un error comun: la presencia de un ASLO elevado no implica enfermedad, ni precisa ningún tratamiento. Este análisis de sangre lo único que indica es que el sujeto ha tenido contacto con el estreptococo sin que por ello se hayan producido los trastornos propios de la fiebre reumática.

ESPONDILITIS ANQUILOPOYÉTICA

También llamada *espondiloartritis anquilosante*, es una enfermedad crónica de la columna vertebral y de las articulaciones sacroilíacas, que produce una progresiva calcificación de los ligamentos intervertebrales. Esto va haciendo que se produzca en la evolución una restricción progresiva del movimiento de la columna. El dolor empeora por la noche y aparece rigidez matutina manifiesta.

Conforme se desarrolla la enfermedad el paciente se va "curvando", e incluso presenta dificultad para la visión frontal, ya que se ve obligado a dirigir la mirada hacia abajo. Asimismo aparece dificultad para realizar los movimientos de expansión inspiratoria del tórax lo que puede generar un cuadro de enfermedad pulmonar crónica por dificultad para la expansión de la caja torácica, apareciendo un cuadro de *neumopatía restrictiva*. Las articulaciones periféricas pueden afectarse, sobre todo caderas, hombros y rodillas.

El tratamiento se basa en el uso de antiinflamatorios potentes (indometacina y fenilbutazo-

CONSEJO

LA FIEBRE REUMÁTICA

Para desarrollarse una fiebre reumática es necesaria la presencia prolongada del estreptococo en el paciente. Por ello se deben eliminar cuanto antes las infecciones por este germen. No hay datos seguros que permitan distinguir una simple faringitis viral (que cura sola) de una faringitis estreptocócica (que precisa antibióticos), aunque en general se considera esta última posibilidad siempre que existen "placas" de pus en las amígdalas, ganglios aumentados bajo la piel del cuello, fiebre alta e importante malestar general. El médico decidirá cuando es necesario realizar un cultivo del exudado faríngeo tomado con un bastoncillo para confirmar o descartar la enfermedad.

na), terapias posturales y fisioterapia respiratoria para evitar la inmovilización del tórax. A veces se hacen infiltraciones esteroideas en alguna articulación periférica afectada o se recurre a la cirugía para sustituir una cadera o una rodilla muy afectadas mediante la implantación de una prótesis.

GOTA

La gota es una enfermedad cuyo trastorno base es el depósito de cristales de ácido úrico (urato monosódico) en las articulaciones, produciéndose de este modo una inflamación conocida como *artritis gotosa*. En su evolución puede afectar también al riñón.

Aparece sobre todo en varones adultos con cierta tendencia familiar. La gran mayoría de las ataques de gota se desencadena por un exceso dietético (exceso de carne roja, caza, marisco y/o abuso de alcohol).

La articulación que se afecta más comúnmente es la metatarso-falángica del primer dedo del pie (en la raíz del dedo) hasta en un 75% de los casos. De forma brusca aparece un dolor intenso, enrojecimiento, hinchazón, calor y enrojecimiento local y fiebre ligera. El dolor es tan intenso que llega a molestar el roce de las sábanas con la articulación afectada. También pueden afectarse otros dedos del pie o de la mano, rodillas o tobillos, pero en el 90% de los casos es monoarticular (sólo una localización). Tras el ataque, que suele durar unos días o a veces semanas, la piel se descama.

Para realizar el diagnóstico de gota es casi imprescindible la artrocentesis de una articulación durante el ataque agudo (entrar en la misma con una aguja y extraer una pequeña muestra del líquido que contiene) para observar los cristales de urato al microscopio (con un microscopio especial, llamado de luz polarizada).

¿TRATAR EL ÁCIDO ÚRICO?

A los pacientes a quienes se descubre un aumento de ácido úrico en sangre sin síntomas de gota se les debe aconsejar una dieta pobre en purinas (evitar carnes rojas y de caza, vísceras y mariscos), perder peso si están obesos, no consumir alcohol y habituarse a mantener un buen grado de hidratación permanente (beber agua abundante, al menos 2 litros por día). Con estos consejos, muchos pacientes nunca precisan medicamentos ni sufren ataque de gota u otras complicaciones por el ácido úrico.

INFECCIONES ARTICULARES ¡URGENCIA!

Por su frecuencia, debe sospecharse la posibilidad de una artritis séptica en todo adicto a drogas intravenosas que sufra una inflamación brusca de una articulación y fiebre. Se trata de una urgencia que obliga a iniciar los antes posible el tratamiento si no se quiere perder la movilidad articular.

El tratamiento durante los ataques agudos consiste en la administración de antiinflamatorios a dosis máximas, u otros fármacos (la clásica colchicina, está hoy en franco desuso por la mala tolerancia digestiva de los pacientes). Si está contraindicado el tratamiento con AINE (en pacientes ulcerosos) se puede administrar un medicamento hormonal intramuscular muy eficaz (ACTH).

En pocas horas o días el ataque remite y la medicación se reduce rápidamente hasta su retirada. Si los ataques se repiten con frecuencia puede aconsejarse el tratamiento con alopurinol (un fármaco que reduce la cantidad de ácido úrico en la sangre). De cualquier forma, no conviene precipitarse ya que la implantación de este fármaco se debe mantener de por vida, y es cierto que muchos enfermos que sufren un ataque de gota no vuelven a sufrir otro nunca más. Igualmente el aumento de ácido úrico detectado por casualidad durante unos análisis, si nunca ha producido problemas de gota, no debe tratarse a no ser que sea realmente excesivo.

Otros riesgos de la enfermedad gotosa es la posibilidad de producir cálculos renales de ácido úrico (y cólicos nefríticos cuando se expulsan) e incluso fracaso renal. Existen también algunos casos de gota que se deben a otros procesos graves, por ejemplo, en el tratamiento de enfermedades malignas (leucemias, etc.) ya que por producirse una destrucción masiva de células malignas se produce una producción brusca de ácido úrico.

ARTRITIS INFECCIOSAS

Artritis sépticas

Las artritis sépticas se producen por la invasión de una articulación por un germen, que en la mayoría de las ocasiones llega por vía hematógena (a través de la sangre). El germen más frecuentemente hallado es el *estafilococo dorado* (80%) y los bacilos *gramnegativos* (10%), aunque en las personas inmunodeprimidas (SIDA, leucemias, etc.) pueden aparecer artritis por hongos o por el bacilo de la tuberculosis.

La gravedad de esta enfermedad se debe a que tienen una gran tendencia a la destrucción articular completa. Habitualmente se trata de una monoartritis: una sola articulación, de forma súbita, se inflama con enrojecimiento, calor, hinchazón e impotencia funcional, acompañado todo ello de fiebre elevada. Es más frecuente en la rodilla, excepto en adictos a drogas en quienes se produce con frecuencia la infección del esqueleto axial.

En general el cultivo del líquido sinovial extraído con una aguja nos orientará para pautar el tratamiento más adecuado. Éste consiste en administrar antibióticos a dosis plenas y lo antes posible, ya que se trata de salvar la vida del paciente, que correrá peligro en algunas ocasiones, y la integridad de la articulación. Estos medicamentos se administran por vía parenteral (intravenosos) un mínimo de dos semanas, continuando posteriormente por vía oral hasta 4-6 semanas.

Artritis tuberculosa

Supone la colonización de una articulación por una bacteria concreta: el *Mycobacterium tuberculosis*, o bacilo de Koch.

Produce una artritis con tendencia también a la destrucción articular, pero de comienzo mucho más inespecífico e insidioso, con cansancio, pérdida de apetito, febrícula, sudoración nocturna y pérdida de peso. Puede coexistir con una tuberculosis pulmonar, aunque sólo se puede demostrar en el 15% de los casos. El dolor articular, la hinchazón y la limitación de los movimientos articulares son de curso muy crónico (durante meses o años) y con tendencia final a la deformidad y a la anquilosis (inmovilidad de la articulación). Las articulaciones más frecuentemente dañadas son la columna vertebral *(mal de Pott)*, rodilla, tobillo y sacroilíacas.

El diagnóstico de confirmación se realiza mediante el cultivo del líquido sinovial en un medio de cultivo especial, donde sólo crece dicho germen *(el medio de Lowëstein)*, que tiene la peculiaridad de ser muy lento en reproducirse (se tardan varias semanas desde que se obtiene la muestra hasta confirmar el diagnóstico en el laboratorio).

El tratamiento es el mismo que para la tuberculosis pulmonar (con varios fármacos simultáneos), aunque prolongado hasta 12 o 18 meses si existe afectación de huesos. Evitar la carga de la articulación efectuando períodos de reposo alternando con ejercicios de rehabilitación son puntos fundamentales para mantener la funcionalidad articular.

Artritis gonocócica

Se da tras la infección articular por la *Neisseria gonorrhoeae*, el agente que produce la gonorrea, una enfermedad de transmisión sexual que suele afectar a adultos jóvenes. Sólo el 0,2% de los que sufren una *uretritis* gonocócica desarrollan una artritis gonocócica.

Es más frecuente en mujeres y se acompaña de manchas elevadas y pústulas en la piel del dorso de las muñecas y manos. Para diagnosticarlo se cultiva el líquido sinovial (donde se aísla el germen en un 50% de las ocasiones) y se realizan también cultivos de exudados faríngeos, de la uretra, del cuello uterino y del recto que son los lugares donde más frecuentemente se encuentra el gonococo.

Una vez confirmado el cuadro, se trata con unos antibióticos específicos para este germen (ceftriaxona, quinolonas o tetraciclinas), para evitar el daño articular crónico.

Exiten otros trastornos generalizados del tejido conectivo, como: Lupus eritematoso sistémico (LES), esclerosis sistémica (Esclerodermia), polimiositis-dermatomiositis. Se tratan de alteraciones del sistema inmunológico. El diagnóstico definitivo se realiza mediante biopsia muscular y su manejo se realiza con fármacos similares a las de las anteriores.

ENFERMEDADES QUE CURSAN CON VASCULITIS

Las vasculitis constituyen un grupo heterogéneo de enfermedades, que tienen en común que la base de los trastornos que el paciente sufre se debe a la existencia de inflamación en la pared de los vasos sanguíneos.

Existen muchas clasificaciones, según el tamaño del vaso al que afectan, según el territorio corporal donde suelen presentarse, según el tipo de inflamación que predomina, si es por un determinado tipo de células o por otro (linfocitos, células gigantes, etc.). Son enfermedades complejas, donde intervienen en muchas ocasiones mecanismos autoinmunes, y suelen ir asociadas a alteraciones oculares, renales y del tejido conectivo; además de producir síntomas vasculares en los territorios enfermos.

En la sección de Trastornos de la Inmunidad se detallan más extensamente algunas de las

INFLAMACIÓN ARTICULAR: ¡CONSULTE SIEMPRE!

Ante cualquier brote de artritis es fundamental el reposo absoluto de la articulación y la consulta al médico. En general, tras el diagnóstico se recomendará un tratamiento específico, si lo hubiere, o un tratamiento general con antiinflamatorios si no existe otra posibilidad.

características de estos cuadros. Las más frecuentes, dentro de la rareza de estas enfermedades son: Poliarteritis nudosa (PAN), Arteritis de la Temporal-Polimialgia Reumática y Fenómeno de Raynaud.

FÁRMACOS ANTIINFLAMATORIOS NO ESTEROIDEOS (AINES)

Dada la enorme frecuencia con la que se usan este tipo de fármacos en reumatología y en traumatología, es necesario realizar una pequeña descripción de ellos, así como de su mecanismo de acción y sus principales efectos secundarios y contraindicaciones.

Su principal efecto radica en que producen una disminución del calor, del edema y de la vasodilatación que aparece en el foco inflamatorio. La mayoría poseen además un efecto analgésico y antitérmico.

El mecanismo básico de acción es la inhibición de las prostaglandinas, que son sustancias que intervienen en todos los procesos inflamatorios. El problema es que también inhiben las prostaglandinas en el riñón y en la mucosa gástrica, donde son compuestos fundamentales para evitar lesiones gastroduodenales y para garantizar una buena perfusión sanguínea renal. Por este motivo, están contraindicados en casos de alteración de la función renal o ante la existencia de gastritis erosiva o ulcus péptico.

Los AINES interaccionan con otros AINES, por lo que no se deben usar varios a la vez; además pueden interferir con otros fármacos como hipoglucemiantes orales, anticoagulantes, fenitoínas, metotrexate y sulfamidas.

ENFERMEDADES DEL APARATO LOCOMOTOR II: TRAUMATOLOGÍA

LESIONES DEL HUESO

GENERALIDADES DE LAS FRACTURAS

Concepto y tipo de fracturas

Se produce una fractura cuando se rompe el hueso. En los casos más leves, se produce una línea de interrupción simple que no llega a "partir" completamente el hueso ni a desplazar los fragmentos del hueso roto: es lo que se conoce como una *fisura*. Si el traumatismo es mayor, se afectan todos los componentes del hueso (periostio, hueso compacto o esponjoso y canal medular) y se desplazan los fragmentos fracturados, produciéndose una *fractura simple o cerrada*. Si la agresión que recibe el hueso es aún mayor, puede llegar a romperse no sólo el hueso, sino también las partes blandas que lo rodean, esto es, músculos, vasos, nervios e incluso la piel. Hablamos entonces de una *fractura abierta o complicada*, en la que existe una herida que se comunica con la propia fractura.

En la fractura cerrada, como la piel está intacta, no existe riesgo de infección del foco de fractura desde el exterior. Si se produce una hemorragia, ésta es interna, sin salida al exterior (lo cual no quiere decir que no pueda ser peligrosa). En la fractura abierta se comunica el hueso roto con el ambiente, se produce una hemorragia externa evidente, que puede ser importante, y tiene un riesgo cierto de infección de la zona, al estar en contacto con los gérmenes exteriores.

Causas

Las fracturas son consecuencia de un traumatismo que supone la aplicación de una fuerza superior a la resistencia del hueso, lo que origina su ruptura. Las causas más comunes son:

— Caída accidental por un movimiento incoordinado del individuo (tropezón, resbalón, etc.) con caída.
— Agresión por un agente en movimiento (golpe con objeto contundente, bala, etc.)
— Precipitación desde una gran altura, con lo que la fuerza del impacto es grande y frecuentemente la lesión múltiple.
— Accidentes de circulación a gran velocidad, donde la energía liberada es enorme y se suelen producir fracturas múltiples.

Mecanismos de producción

1. **Traumatismo directo.** Son ocasionados por la aplicación de una fuerza directa sobre un hueso que supera su capacidad de resistencia y deformabilidad. La importancia

de la fractura depende de la protección que tenga el hueso por parte de las estructuras que lo cubren.

2. **Traumatismo indirecto.** En estos casos no existe un golpe directo sobre el hueso, sino que durante el movimiento se producen fuerzas anómalas sobre el hueso (torsión, rotación, compresión, tracción, flexión, cizallamiento, etc.) que hacen que ceda y se fracture. Por ejemplo, una fuerza de torsión excesiva del pie, puede producir una fractura de la tibia, o una tracción excesiva puede producir una fractura con arrancamiento de hueso en las zonas de inserción muscular.

También incluimos en este grupo las *fracturas por sobrecarga*, que aparecen en los huesos que soportan traumatismos repetidos, aunque sean de escasa intensidad, por fatiga del material óseo. Éste es el caso de las fracturas de metatarsianos de los pies en los soldados o en los marchadores.

Por último deben mencionarse las llamadas fracturas patológicas, que se producen en huesos "anormales", con su textura alterada por enfermedades o tratamientos (por ejemplo cuando existen metástasis, osteoporosis, o se ha recibido radiación previamente). En estos casos, un traumatismo mínimo, que incluso puede pasar desapercibido, causa la fractura.

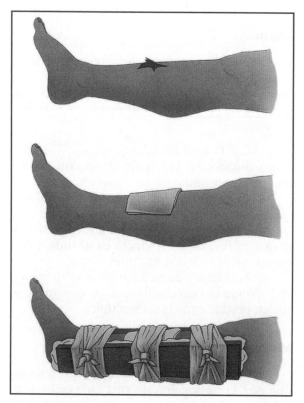

En las fracturas abiertas, cubriremos la herida con un apósito estéril antes de efectuar la inmovilización.

Callo de fractura

Cuando se produce una fractura, inmediatamente el organismo se pone a la tarea de reparar lo que se ha roto, con el objetivo de conseguir una "cicatriz ósea" que disturbe en la menor medida posible el buen funcionamiento del hueso afectado. Esta cicatriz ósea reparadora recibe el nombre de *callo de fractura* y su formación es un proceso dinámico que pasa por varias fases.

En el inicio se produce un hematoma, ya que la rotura del canal medular ocasiona una hemorragia que invade el propio canal, el hueso circundante y las partes blandas adyacentes. Tras ello, el hematoma líquido se coagula formándose redes de fibrina. Pocas horas después de la lesión se acumulan células óseas alrededor del foco de fractura, produciendo una deformación en forma de huso, conocida como "callo periostal". Posteriormente, todas esas células acumuladas comienzan a formar hueso nuevo que ocupará la zona fracturada. Ello depende de varios factores, como el reposo de los segmentos afectados y la cantidad de oxígeno que exista en el foco de fractura. Una vez que se ha completado la osificación la zona fracturada se habrá sustituido por un hueso de buena calidad, pero en cantidad excesiva. Se inicia entonces un proceso final de reabsorción y remodelación del callo de fractura, para restituir los perfiles del antiguo hueso.

Tipos de fracturas

Aparte de la diferenciación, ya vista, entre fracturas abiertas o cerradas, las fracturas se pueden clasificar según el trazo de la línea de rotura. Según sea dicho trazo, se pueden intuir cuál ha sido el mecanismo de producción de la misma: si se debe a una fuerza de compresión, tracción, cizallamiento, etc. Así, se distinguen las siguientes:

1. **Fracturas propias de los niños.**

1.1 *En tallo verde.* Se producen en los niños, que poseen un hueso menos quebradizo que los adultos. En este tipo de fracturas se rompe la envuelta externa del hueso (el periostio) y se astilla la cortical, por un mecanismo de incurvación producido por un traumatismo que flexiona el hueso.

1.2 *En rodete.* Se producen por un mecanismo de compresión en un hueso largo, con aplastamiento de trabéculas óseas.

1.3 *Epifisiolisis.* En los huesos de los niños existe una zona de crecimiento entre su región

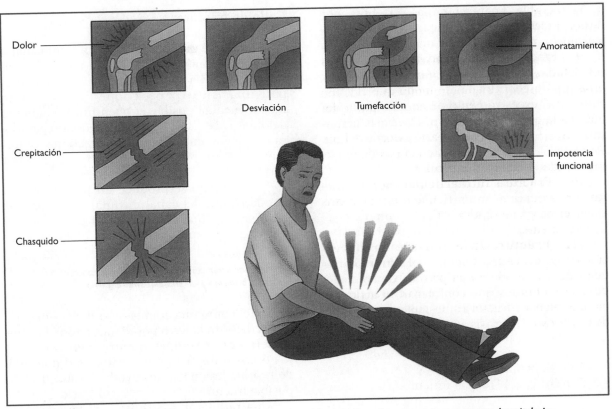

La existencia de una fractura ósea requiere siempre medidas de inmovilización y de transporte a un centro hospitalario.

central (diáfisis) y sus extremos (epífisis), donde se sitúa un cartílago especial que permite al hueso ir creciendo hasta alcanzar el tamaño de la edad adulta. Las fracturas producidas en este cartílago de crecimiento se llaman epifisiolisis, de las que existen cuatro tipos distintos. Algunas de ellas pueden complicar el crecimiento futuro del hueso del niño, de forma más grave cuanto más joven sea el niño.

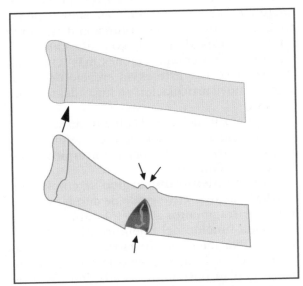

Fractura en "tallo verde". El hueso se curva hacia el lado contrario al que actúa la fuerza que produce la fractura.

2. **Fractura transversa.** Suelen producirse por un traumatismo directo y aparecen en ángulo recto respecto al eje mayor del hueso. Habitualmente son muy estables y curan sin acortamientos ni malrotaciones.

3. **Fracturas oblicuas.** En ellas la línea de fractura forma un ángulo menor de 90° con respecto al eje del hueso, porque la fuerza que causó la fractura incidió de manera oblicua.

4. **Fracturas espiroideas.** Está causada por fuerzas de torsión sobre el hueso. Una fuerza actúa en un sentido, y otra en sentido contrario, obligando al hueso a "retorcerse" hasta su rotura en espiral. En estos casos, como en las anteriores, si se mantiene la carga es frecuente la curación con acortamiento del miembro.

5. **Fractura conminuta.** Una fractura es conminuta cuando existen más de dos fragmentos (a veces múltiples), y suele implicar traumatismo intenso y grave.

6. **Fractura doble.** Es aquella en la que el hueso se fractura en dos sitios distintos. La zona afectada queda muy inestable y suele precisar de una intervención quirúrgica para su reparación.

7. **Fractura impactada.** Sucede cuando un fragmento del hueso roto "penetra" y se impacta en el otro.

8. **Fracturas por aplastamiento.** Suceden cuando un hueso esponjoso es comprimido más

de lo tolerable. Aparecen en las vértebras, por flexión excesiva de la columna, y en los talones (calcáneo), por caídas desde una altura elevada.

9. **Fracturas por arrancamiento.** Pueden ser debidas a una contracción muscular muy brusca y descoordinada, de modo que el músculo "tira" excesivamente de aquella parte del hueso a la que se encuentra unido, hasta arrancarla. Son frecuentes en la parte externa del pie (base del 5.º metatarsiano) y en la rodilla (en la tuberosidad tibial y en la rótula).

10. **Fractura intraarticular.** Son fracturas que afectan a una articulación y siempre existe el riesgo de rigidez articular como secuela permanente.

11. **Fractura-luxación.** Se producen cuando coincide una fractura del extremo articular de un hueso, con la pérdida de contacto de los dos huesos que conforman la articulación. Suelen ser fracturas inestables, con riesgo de rigidez y de necrosis avascular.

DIAGNÓSTICO Y PRINCIPIOS DE TRATAMIENTO

Aunque intuitivamente parece fácil diagnosticar una fractura, esto no siempre es así. En ocasiones existen traumatismos mínimos, o considerados mínimos por la persona que lo ha sufrido, o bien puede existir escaso dolor, o no haber deformidad, o incluso haberse producido una fractura sin traumatismo alguno previo (por ejemplo en un hueso osteoporótico).

Cuando se sospecha la existencia de una fractura se debe tener en cuenta la actividad que el sujeto realizaba en el momento de sufrir el traumatismo, cuál fue el mismo (golpe, patada, caída, accidente de tráfico), dónde sufrió el golpe y en qué posición estaba colocado el hueso y la articulación cuando se recibió el impacto. Son datos que serán de gran valor al médico que atienda al paciente.

Asimismo se buscarán en la piel signos del

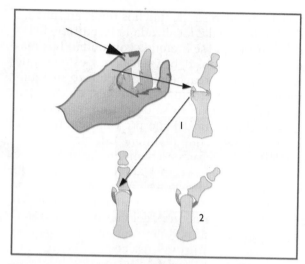

Fractura por arrancamiento debido a una contracción muscular brusca o a un traumatismo externo.

impacto, como una contusión o hematoma; así como deformidades o posiciones anómalas que sugieran desplazamiento entre unos fragmentos óseos rotos. La gran sensibilidad dolorosa de la zona lesionada nos ayudará a localizar la posible fractura.

Una radiografía permite confirmar o descartar la existencia de fractura, aunque en algunos casos no resulta sencillo (por ejemplo, cuando sólo existe una fisura, o en fracturas de ciertos lugares como el hueso escafoides en la muñeca, o el maléolo peroneo en el tobillo).

Principio de tratamiento

El objetivo del tratamiento de las fracturas es conseguir la consolidación del hueso roto, favoreciendo la formación de un adecuado callo de fractura que permita la reparación. Para esto es necesario inmovilizar el foco de fractura durante un período adecuado de tiempo, que es muy variable en función de la zona fracturada. Cuando falla la consolidación aparece una de las complicaciones más temibles, la *pseudoartrosis*, esto es, la creación de una nueva y móvil articulación en lugar del foco de fractura.

La inmovilización de las fracturas se consigue, básicamente, por dos tipos de tratamiento: ortopédico (o conservador) y quirúrgico (mediante osteosíntesis).

El **tratamiento quirúrgico** se emplea en aquellas fracturas cuyo grado de desplazamiento de los fragmentos no es tolerable para la adecuada función del miembro afectado. Se trata de fijar internamente la fractura, una vez "reducida" (es decir, una vez colocados los fragmentos en su posición normal). Para ello se emplean placas metálicas, tornillos, agujas o clavos, o bien cerclajes con alambre. Estos ma-

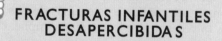

CONSEJO

FRACTURAS INFANTILES DESAPERCIBIDAS

En niños es relativamente frecuente que se produzcan fracturas (en rodete o en tallo verde) que no produzcan una excesiva deformación del hueso, ni una excesiva hinchazón. Ante traumatismos en los que el dolor no mejore en el curso de unos días de manera espontánea, el niño debe ser explorado por un médico sin demora.

teriales pueden ser de muchos tipos, en función de dónde se halle localizada la fractura y de las estructuras que se pretenda consolidar. Los materiales utilizados deben ser *inertes*, esto es, que no produzcan reacciones de rechazo ni fenómenos inflamatorios; *resistentes*, de manera que no se rompan ni se desplacen, e *incorrosibles* en el interior del cuerpo. Una ventaja de la osteosíntesis es que mantiene estable la zona y permite recuperar precozmente la función de las articulaciones vecinas al foco de fractura, lo que en el miembro inferior supone poder iniciar la carga en sólo dos semanas tras las osteosíntesis de las fracturas del cuerpo de los huesos largos (tibia, peroné o fémur). En caso de fracturas conminutas irrecuperables por la gran pérdida de hueso en el foco de fractura, puede recurrirse a las prótesis artículares que sustituyen al hueso perdido del paciente.

Los **fijadores externos** constituyen un sistema de inmovilizar fracturas mixto entre la osteosíntesis y el tratamiento ortopédico, están indicados en las fracturas abiertas, y consisten en la introducción de unos clavos a través de la piel, que agarren bien en la cortical ósea. Estos clavos, a su vez, van unidos en el exterior del miembro mediante un sistema de barras que impiden los movimientos del hueso fracturado y permiten la soldadura de los fragmentos. Los clavos, con estos sistemas, se sitúan lejos del propio foco de fractura.

El **tratamiento ortopédico o conservador**, el más tradicional, se realiza en dos fases: la reducción y la inmovilización:

a) La *reducción* consiste en colocar el hueso fracturado en su posición normal, esto es, en co-

rregir los posibles acortamientos, restablecer los ejes (es decir, evitar las rotaciones del hueso aunque éste no se halle acortado) y corregir también las angulaciones excesivas. Se consigue mediante la manipulación de los fragmentos aplicando movimientos de tracción y contratracción para desimpactar los fragmentos. En ocasiones es necesaria la aplicación de una tracción continua, mediante clavos o con pesas para la desimpactación de la fractura.

b) La *inmovilización*, una vez conseguida la reducción, se realiza para evitar que la acción muscular y los movimientos corporales vuelvan a "descolocar" la fractura. La inmovilización puede realizarse con férulas (entablillamiento del miembro con una sola tira de yeso o metal); o bien, mediante un vendaje enyesado o "escayola" (gasa impregnada de yeso, que al fraguar se endurece, quedando un vendaje rígido que

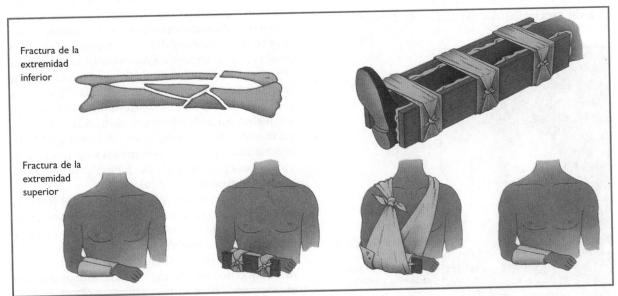

Fractura de la extremidad inferior

Fractura de la extremidad superior

Para inmovilizar las extremidades fracturadas de forma provisional, en sustitución de las férulas pueden emplearse tablillas, cartón o un periódico doblado.

inmoviliza la fractura). En otras ocasiones (fracturas de falanges, pequeños arrancamientos de extremos óseos, etc.) es suficiente con la realización de un vendaje con esparadrapo o con vendas elásticas (los llamados vendajes funcionales). Estos últimos, permiten una más pronta recuperación del miembro afectado.

COMPLICACIONES DE LAS FRACTURAS

Las complicaciones en un sujeto fracturado pueden ser de muy diversa índole. Inicialmente debemos distinguir las complicaciones inmediatas, es decir, el daño que pueden haber sufrido los tejidos circundantes a la fractura, y las repercusiones que ésta puede tener para el paciente. Podemos encontrarnos una hemorragia importante que ponga en peligro la vida del individuo, en cuyo caso el tratamiento de la fractura pasará a un segundo término. Puede aparecer una infección, en el caso de fractura abierta, etc. Pueden existir complicaciones derivadas del reposo prolongado (neumonía, trombosis, etc.) o de la propia intervención quirúrgica.

TUMORES ÓSEOS. GENERALIDADES

En el hueso podemos encontrar dos tipos de tumores: los que dependen de células pertenecientes al propio tejido óseo (**tumores óseos primarios**) y los que son implantes de otros tumores situados a distancia en otras zonas del organismo, esto es, **metástasis.**

Los tumores óseos que crecen en el interior del hueso, lo hacen desde el canal medular hacia la cortical, y en su camino destruyen la arquitectura normal del hueso. Según su rapidez de crecimiento y su grado de agresividad,

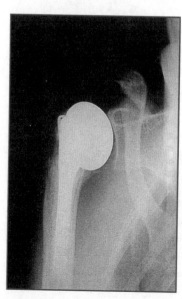

Si la fractura produce pérdida de hueso importante, se puede recurrir a prótesis, como en esta hemiartroplastia de hombro.

así será la capacidad de delimitación y aislamiento por parte de los tejidos vecinos.

Normalmente, los **tumores óseos benignos**, no invasivos están rodeados por una cápsula que los delimita de los tejidos de vecindad. Así sucede con el *condroma, lipoma* y *quiste óseo solitario*. Otros tumores similares crecen de manera invasiva y carecen de una verdadera cápsula que los delimite: son algunos tumores benignos pero de crecimiento rápido como el *condroblastoma o el tumor de células gigantes* o bien ciertos tumores malignos pero de baja malignidad como el *sarcoma paraostal*, que pueden poseer una pseudocápsula.

En otras situaciones se produce la expansión tumoral rápida, acelerada y desordenada propia de los **tumores malignos**, sin cápsula que los aísle, desarrollando nódulos tumorales a distancia aunque dentro del propio hueso o rompiendo el periostio, como sucede con el *osteosarcoma, condrosarcoma*, etc. Cuando éstos tumores óseos primitivos producen metástasis, primero lo hacen en el propio hueso, y luego, a través de la sangre, a distancia; en primer lugar al pulmón y en un segundo lugar a otros huesos.

Los síntomas que producen los tumores óseos pueden ser locales o generales. Los síntomas locales dependen del crecimiento del tumor "in situ", en el lugar donde el tumor se originó, mientras que los generales suelen aparecer cuando el tumor se ha diseminado. Estos últimos son los síntomas habituales que aparecen en cualquier enfermedad maligna, como cansancio, pérdida de apetito, malestar general, fatiga, palidez y otros. En cuanto a los síntomas locales, quizá el más importante sea el dolor, que suele tener exacerbaciones nocturnas y aumentar con el calor. En raras ocasiones y sólo en tumores muy evolucionados o en huesos muy accesibles por su contacto con la piel, podemos observar deformidades, debidas al aumento del volumen del tumor, que es mayor y más rápido cuanto más agresiva es la neoplasia. En muchas ocasiones es la aparición de una fractura patológica (con un mínimo o inexistente golpe) la que nos advierte de la existencia de un tumor en el hueso fracturado. Cuando la localización es vertebral podemos encontrar signos neurológicos por compresión de raíces nerviosas (dolor o pérdida de fuerza y sensibilidad en la extremidad afectada).

El método diagnóstico fundamental para los tumores óseos es la radiografía o la gammagrafía ósea en estadios más tempranos. La gammagrafía es muy sensible y precoz, pero muy poco específica (se puede alterar también en enfermedades que no son tumorales). La radiografía, por el contrario, demuestra cambios sólo cuando el tumor está ya muy evolucionado. En la práctica se suelen combinar ambos métodos de diagnós-

I. Formas benignas (no invasivas)	Quiste óseo solitario. Encondromas. Osteocondroma.
II. Formas benignas (crecimiento rápido)	Quiste óseo aneurismático. Condroblastoma. Osteoclastoma.
III. Formas malignas (poco agresivas)	Osteosarcoma periostal. Cordoma. Fibrosarcoma.
IV. Formas malignas (agresivas)	Condrosarcoma secundario. Sarcoma osteogénico. Condrosarcoma. Fibrohistiocitoma maligno.

Tipo de crecimiento tumoral.

tico. Para la valoración de las partes blandas (músculos, tejido conjuntivo, troncos nerviosos, etc.) son más precisas la resonancia magnética nuclear (RNM) o el escáner (TAC). Todos estos sistemas de diagnóstico se detallan en el capítulo 2 de la parte primera.

En general, los datos básicos de una radiografía ayudan a diferenciar la benignidad o malignidad del tumor, aunque el diagnóstico definitivo se consigue mediante la realización de una **biopsia tumoral**, que nos orientará acerca de la extensión, malignidad y el posible tratamiento del tumor.

El tratamiento clave es la cirugía, realizando una extirpación en bloque, lo más compacta posible del tumor, con amplios márgenes de resección y, empleando injertos si fuera necesario. La quimioterapia se emplea sobre todo en el **osteosarcoma**, el **sarcoma de Ewing** y los **fibrohistiocitomas**. Los agentes más eficaces deben ser administrados de manera preoperatoria y también tras la intervención.

INFECCIONES ÓSEAS. OSTEOMIELITIS

Las infecciones en el aparato locomotor pueden afectar al hueso (**osteítis y osteomielitis**, cuando existe afectación del canal medular), a las articulaciones (**artritis infecciosas**), o a ambas (**osteoartritis infecciosas**). Las infecciones pueden ser agudas o crónicas; y específicas (causadas por gérmenes concretos que se comportan en su evolución de una manera determinada y producen síntomas y signos típicos) o inespecíficas.

LESIONES DE LAS PARTES BLANDAS

LUXACIONES Y SUBLUXACIONES. GENERALIDADES

Nos referimos a una **luxación**, cuando se produce una pérdida de contacto entre las superficies óseas que conforman la articulación. Por tanto, se trata de una patología articular y no ósea. Los huesos que forman la articulación presentan un desplazamiento de su posición, de uno respecto al otro. El mecanismo

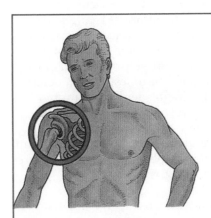

1 No tratar de reducirla a menos que sea recidivante y se esté seguro de que no hay fractura. Palpar el pulso: si no existe, acudir rápidamente al hospital más próximo.

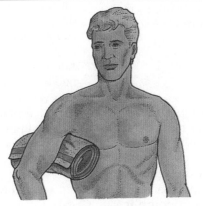

2 Colocar una tela (o toalla) enrollada en la axila del hombro lesionado.

3 Colocar un cabestrillo oblicuo para inmovilizar el brazo: el vértice del triángulo se coloca bajo el codo, y los otros dos extremos se pasan por delante del antebrazo y por detrás del tronco, anudándose sobre el hombro sano.

Luxación del hombro.

CONSEJO

ESGUINCE DE TOBILLO

Cuando sufrimos un esguince es muy importante realizar un tratamiento correcto desde el inicio. El reposo de la articulación debe mantenerse como mínimo 4 ó 5 días, con hielo y antiinflamatorios. Si no actuamos adecuadamente ante un esguince, existe el riesgo de que el ligamento lesionado cicatrice mal y suframos esguinces de repetición posteriormente.

de producción puede ser un traumatismo directo de suficiente intensidad como para desplazar una de las superficies articulares, rompiendo los mecanismos de fijación articular existentes (cápsula y ligamentos). Por lo tanto, una luxación siempre lleva consigo, en mayor o menor grado, la ruptura de la cápsula articular y de los ligamentos que fijan y consolidan la articulación. En ocasiones se producen por traumatismos indirectos que actúa a modo de palanca sobre huesos largos, o a modo de cuña, desplazando uno de los extremos articulares fuera de su cavidad correspondiente. Este último mecanismo es frecuente en el hombro (luxación de hombro o glenohumeral), en la clavícula (luxación esternoclavicular) y en las falanges.

Las luxaciones más frecuentes se producen en las falanges, el codo y el hombro. En el miembro inferior aparece con mayor frecuencia en la rótula. Para que se produzca una luxación de cadera es necesario un traumatismo muy intenso y de gran brusquedad, como sucede a veces en los accidentes de tráfico, si no, es más frecuente que la cadera se fracture que no que se luxe.

ESGUINCES. GENERALIDADES

Un esguince es la *rotura incompleta* de uno o varios ligamentos, responsables de la estabilidad articular. También podemos aplicar este concepto a la rotura incompleta de músculos y tendones. No implica inestabilidad articular, al menos no de manera inmediata. La inestabilidad articular es más bien una complicación de un esguince que no ha curado adecuadamente, de manera que el ligamento en cuestión cicatrizó con alargamiento, por lo que permite una mayor movilidad articular de lo que debe. Ello implica una mayor facilidad para la producción de nuevos esguinces, ya que el ligamento se tensa más tarde de lo de-

bido, está más propenso a padecer una nueva rotura, y, además, es también más fácil la aparición de luxaciones y subluxaciones en la articulación afecta.

En general se trata de lesiones muy habituales y no graves, pero que precisan de un tratamiento específico e inmediato con el ánimo de evitar esa "curación alargada" del ligamento.

El mecanismo de producción suele ser una torcedura, lo que implica la realización de un movimiento que supera los límites articulares.

Los síntomas más frecuentes son la aparición de dolor brusco al realizar un movimiento forzado de la articulación, o una contracción excesiva o una elongación excesiva del músculo. Aparece entonces una equimosis (cardenal), tumefacción dolorosa y edema. O bien el sujeto presenta dolor cuando el miembro afecto "se quedó frío", tras finalizar la realización del ejercicio. El signo clave es la aparición de un *"bostezo articular"*, de manera que al poner en tensión el ligamento lesionado comparándolo con el del lado sano, aquél presenta una mayor movilidad articular, reproduciendo el cuadro doloroso. El estudio radiológico sólo debe realizarse si existe sospecha de lesión ósea (fractura) o luxación. El tratamiento consiste en el reposo de la zona afectada, en los casos leves y moderados, con la aplicación de un vendaje funcional, hielo sobre la zona.

TENDINITIS Y TENDINOSIS. ROTURAS TENDINOSAS

Tendinitis son aquellas situaciones que implican una situación de inflamación tendinosa. El tendón, a diferencia del músculo, no tiene mecanismos de compensación frente al exceso de ejercicio, es decir, no se puede hipertrofiar y tiene una capacidad de elongación máxima, por encima de la cual se produce la rotura. Además, en muchas ocasiones, existen determinadas "zonas de riesgo" dentro del propio tendón (zonas poco vascularizadas) que se lesionan fácilmente ante diversas agresiones.

Cualquier tendón puede sufrir una tendinitis, en la que están implicados diversos factores intrínsecos y extrínsecos:

• Factores intrínsecos:

— El mal funcionamiento biomecánico del tendón debido a una mala alineación de las estructuras de soporte.

— El envejecimiento del tendón, que conlleva la aparición de zonas degeneradas en su espesor, haciendo más factible la rotura, inflamación o el desflecamiento del tendón.

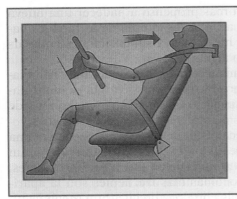

El latigazo cervical, es decir, la proyección de la cabeza hacia atrás seguida de un brusco retorno hacia adelante, como ocurre en una colisión de automóvil, puede producir un esguince cervical.

- Factores extrínsecos:

— La descoordinación entre músculos agonistas y antagonistas; es decir, cuando una determinada región muscular se contrae (por ejemplo el aparato extensor de la rodilla), existe otra, productora de la acción contraria (el aparato flexor de la rodilla), que debe estar relajada para facilitar la buena contracción de la primera, y para evitar roturas musculares y lesiones tendinosas. Si esto no sucede así, se produce un incremento de la carga del tendón que contrae, que puede llegar a romperse o a inflamarse, sobre todo si el mal gesto se repite con continuidad.

— Un mal calentamiento, un mal enfriamiento sin estiramientos musculares adecuados tras la realización del ejercicio, una mala nutrición o una mala hidratación, así como el calzado deportivo en malas condiciones o un terreno excesivamente duro pueden ser responsables de la aparición de tendinitis, que no son más que sobrecargas mecánicas del tendón, que conllevan la inflamación del mismo.

El tratamiento de una tendinitis exige reposo, toma de antiinflamatorios orales y en ocasiones la infiltración directa de ciertos productos antiinflamatorios (corticosteroides) en la zona inflamada mediante una inyección selectiva.

La **tendinosis** implica un proceso degenerativo, donde existen zonas de destrucción en el interior del tendón, por tanto zonas donde es más fácil que se produzca la rotura. Tienen peor pronóstico que las tendinitis, presentando un mayor riesgo de rotura. Existe dolor a la presión en el tendón así como un aumento del volumen del mismo.

La **entesitis** es un término referido a la inflamación de la región tendinosa que se une al hueso. Suele aparecer en tendones cortos que soportan grandes tensiones vibratorias o elonga-mientos prolongados (muy frecuente en el codo, epicondilitis y epitrocleítis, y en los tendones de inserción de los músculos aductores del muslo).

La **rotura tendinosa** es un cuadro brusco, donde el tendón no soporta la tensión y "salta". El sujeto refiere la aparición de un dolor brusco en la zona afecta, "como si me hubieran dado una pedrada". Es un problema relativamente frecuente en los sujetos mayores de 45 años, que realizan deporte de manera ocasional. La impotencia funcional es absoluta, y requiere tratamiento quirúrgico. Siempre que no exista rotura completa, el tratamiento se basa en el reposo, la aplicación de hielo, la aplicación de vendajes funcionales (en posición de acortamiento del tendón, lo que permite una descarga del mismo) y el uso de antiinflamatorios.

BURSITIS Y FASCITIS. GANGLIONES

Las **bursitis** son las inflamaciones de las bolsas serosas que existen en el organismo. Las bolsas serosas son pequeñas colecciones de líquido sinovial rodeadas por una cápsula y colocadas "estratégicamente" para facilitar los deslizamientos tendinosos y musculares, en aquellas zonas donde es más probable que aparezcan fenómenos de roce o de compresión de éstos.

Las bursitis pueden aparecer después de un traumatismo, o de microtraumatismos repetidos que irritan las paredes de la bursa produciendo un exceso de líquido sinovial en su interior, o también en algunos casos de enfermedades sistémicas como tuberculosis, sífilis, gota, enfermedades por depósito, etc.

Las bursitis pueden ser agudas o crónicas. Las *bursitis agudas* se presentan con dolor localizado, hinchazón, enrojecimiento, limitación dolorosa a la realización de ciertos movimientos y un derrame seroso (la bolsa se llena de un líquido inflamatorio claro). Rara vez el derrame es hemorrágico (con sangre) o purulento (con pus), en cuyo caso debe cultivarse en el laboratorio para diagnosticar una posible bursitis infecciosa. Las *bursitis crónicas* suelen producir molestias continuas, acaban formando adherencias con los tejidos vecinos y calcificaciones, incluso atrofia muscular en algunas ocasiones. En los casos agudos aparece un dolor intenso que limita so-

DOLORES DE PARTES BLANDAS: TRANQUILIDAD

Las fascitis, bursitis e incluso ganglliones son problemas frecuentes, aunque de escasa importancia en general. Si el reposo y los antiinflamatorios no resuelven el problema, muchas veces es conveniente realizar una infiltración con esteroides, que en ocasiones consigue minimizar o resolver el problema.

bremanera los movimientos de la zona afectada, mientras que en los casos crónicos, muchas veces es posible palpar la bolsa endurecida, engrosada y sólo ligeramente dolorosa.

El diagnóstico es eminentemente clínico, aunque en caso de duda razonable el médico recurre a la realización de una ecografía o una RMN (resonancia magnética nuclear), que mostrarán la bursa distendida y con una mayor cantidad de líquido sinovial en su interior de la esperada. El tratamiento se basa en tomar antiinflamatorios y guardar reposo durante dos semanas, utilizando hielo en los casos agudos durante 48-72 horas. Si la evolución no es satisfactoria, se puede recurrir a realizar una infiltración de la bursa con esteroides y anestésico. En los casos crónicos, en ocasiones es necesario la realización de una bursectomía (extirpación de la bolsa) para conseguir que desaparezcan las molestias.

El **higroma**, en realidad se refiere a la aparición de una acumulación de líquido seroso enquistada en un lugar concreto; lo cual no siempre implica la existencia de una bursitis; ni todas las bursitis constituyen un higroma. El caso más frecuente es la presentación del *higroma prerrotuliano* (la "rodilla de beata") que suele presentarse en sujetos que trabajan de rodillas o que pasan gran parte de su tiempo con las rodillas apoyadas contra el suelo. El dolor se localiza por delante de la rótula y en el tendón rotuliano, o bien al poner en tensión la región de la bursa (en este caso, al forzar al máximo la flexión de la rodilla).

Las **fascias** son láminas de tejido conjuntivo, que dentro del organismo se encuentran formando las aponeurosis, es decir, las vainas que envuelven los músculos por su exterior, de manera que cada músculo se encuentra independiente y relacionado con la musculatura próxima mediante su vaina o aponeurosis. También se encuentran conformando láminas en determinadas localizaciones para dar "forma" a dichas regiones corporales, situándose por debajo de la piel.

Las **fibrosis** constituyen un grupo heterogéneo de enfermedades donde se ven implicadas, en mayor o menor medida, alguna o algunas de las fascias del organismo. Característicamente tienen tendencia a formar rigideces, a retraerse (disminuir de longitud) y a formar nódulos. En su evolución pueden englobar nervios, músculos, tendones, vainas tendinosas y bolsas serosas. Suelen presentar dolor cuando se intenta estirar la región afectada, rigidez en la zona, pudiendo aparecer nódulos palpables (abultamientos como lentejas bajo la piel).

Las más comunes de las fibrosis son la *enfermedad de Dupuytren* (retracción de la aponeurosis palmar de las manos), la fibrositis del tendón de Aquiles (en el talón) y la *enfermedad de Lederhose* (en la aponeurosis plantar), entre otras. El tratamiento, en estos casos consiste en tomar analgésicos y recibir infiltraciones con corticoides y anestésicos para intentar detener el proceso de fibrosis y retracción. A pesar de todo, es frecuente tener que recurrir a la cirugía (fasciectomía parcial o total) para poder recuperar la extensión de la palma de la mano, en el caso de la enfermedad de Dupuytren.

A diferencia de las fibrosis antedichas, cuando nos referimos a la **fascitis plantar**, afección enormemente frecuente, más en deportistas o en aquellas personas que someten sus pies a impulsos o saltos, nos estamos refiriendo a la inflamación o rotura de la fascia, y no a un proceso fibrosante de la misma. Los síntomas clásicos son el dolor al inicio del ejercicio (o al levantarse de

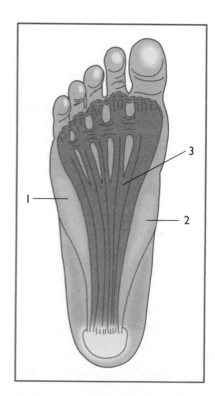

Fascia plantar y sus partes:
1. Parte externa.
2. Parte interna.
3. Parte central.
Esta última es la más afectada en el caso de las fascitis.

la cama), que mejora o desaparece cuando pasan unos minutos, tras haber caminado, y reaparece tras un breve período de reposo. Es más frecuente en sujetos que presentan una pronación excesiva del tobillo (caminan con los "pies hacia adentro", apoyados en la parte más exterior de la planta) ya que en estos casos se produce una tensión constante en la fascia. En la exploración se observa dolor al caminar de puntillas y al realizar saltos, así como dolor cuando se palpa cuidadosamente la fascia, más en su inserción en el calcáneo (en el talón). En ocasiones se produce la ruptura de la fascia, que muchas veces es beneficiosa, ya que la zona de rotura es sustituida por una cicatriz laxa, que evita las tensiones en la fascia con lo que desaparece el dolor, aunque es posible que se produzca la caída de la bóveda plantar, apareciendo un pie plano.

Los **gangliones** son quistes, cuyo contenido es un líquido espeso, gelatinoso y transparente, que suelen aparecer en la muñeca, en la rodilla *(quiste de Baker)* o en el tarso (pie). Inicialmente se produce un fallo, similar a una "hernia", en la vaina de un tendón, lo que hace que se acumule líquido en su interior. Una vez formados, se pueden mantener o crecer. Son más frecuentes en mujeres con un desarrollo muscular limitado y en mujeres con artrosis del carpo. El tratamiento se basa en la punción-evacuación del quiste con una aguja gruesa y en el mismo acto se procede a la infiltración con esteroides. Esto resuelve aproximadamente el 50% de los quistes. Los que no se resuelven así deben ser extirpados quirúrgicamente, a pesar de lo cual son muy frecuentes las reapariciones.

LESIONES MUSCULARES

Los músculos, como cualquier región corporal, pueden sufrir contusiones, desgarros, heridas y roturas de la masa muscular. Las heridas pueden ser incisas o contusas.

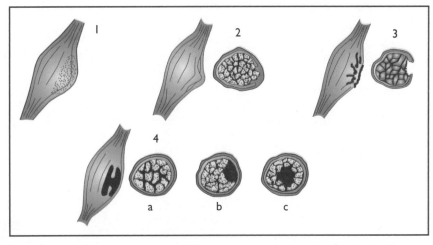

Lesiones musculares, en las que existe alteración anatómica: 1) Contusión, 2) Hernia, 3) Dislaceración, 4) Hematoma. a) difuso, b) localizado superficial, c) localizado profundo.

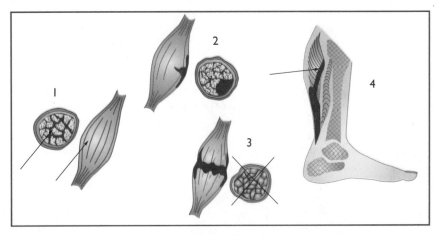

Lesiones musculares: 1) Elongación, 2) Desgarro, 3) Ruptura, 4) Desinserción.

Las **heridas incisas** se deben a punción con un instrumento agudo o a corte con uno afilado; son, por ejemplo las que acontecen en el acto quirúrgico o por una agresión con arma blanca. Suelen ser limpias, producen una ruptura de fibras musculares, de manera que se forma un hematoma en la zona de la lesión que tiende a resolverse mediante el reposo en aproximadamente tres semanas. Para valorar la necesidad o no de tratamiento quirúrgico, todas la heridas suficientemente profundas como para llegar a un músculo deben ser evaluadas por el médico.

Las **heridas contusas**, por un traumatismo violento con un objeto romo o una superficie dura, suponen una lesión muscular más extensa, en la que se produce maceración del músculo, necrosis, y formación de un gran hematoma, por lo que el riesgo de infección es mayor. El tratamiento de una herida muscular contusa, irregular y anfractuosa, implica siempre una cuidadosa limpieza quirúrgica de la herida, ya que es muy probable que ésta se encuentre contaminada por cuerpos extraños o materiales que conlleven la infección de la zona. Para eliminarlos se debe extirpar todo el músculo dañado.

Las **contusiones** son traumatismos sobre el músculo, bien como resultado de una agresión directa del exterior, o en el transcurso de una fractura, cuando al romperse el hueso, alguno de los fragmentos llega a contusionar el músculo. Son muy frecuentes en deportistas, especialmente en los miembros inferiores. Las contu-

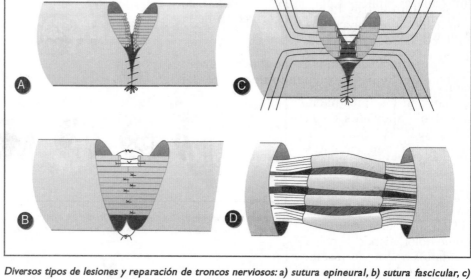

Diversos tipos de lesiones y reparación de troncos nerviosos: a) sutura epineural, b) sutura fascicular, c) sutura epineural con puntos guía, d) injertos fasciculares.

siones pueden ser **leves**, produciendo tan sólo una elongación del músculo, esto es, un estiramiento de sus fibras sin llegar a producir la rotura de las mismas. Las contusiones **moderadas** producen un desgarro muscular, es decir, una rotura parcial que no llega a interrumpir el espesor del músculo. Por último, las contusiones **graves** pueden llegar a producir la rotura completa del músculo, en cuyo caso es necesaria la cirugía reparadora, suturando la lesión y evacuando el hematoma.

Los síntomas de las contusiones son el dolor, la aparición de un hematoma en la zona afectada, y, en ocasiones es posible la palpación de un hundimiento en el propio músculo (signo del hachazo) que se hace más pequeño cuando el músculo se relaja, y más palpable, más grande, cuando el músculo se contrae. El diagnóstico definitivo nos lo ofrece la ecografía o en los casos más dudosos la RMN. El tratamiento se basa en la aplicación de frío, antiinflamatorios, relajantes musculares, acompañado de reposo absoluto durante una semana, y reposo deportivo entre uno y dos meses, dependiendo de la evolución.

Hasta aquí hemos visto las lesiones musculares que presentan un sustrato anatómico, es decir, hay una lesión microscópica como resultado del traumatismo; pero también existen una serie de problemas musculares donde no se demuestra que haya una alteración anatómica en el músculo: son los **calambres**, las **"agujetas"** y las **contracturas**.

— El **calambre** es una contracción intensa, brusca, dolorosa, involuntaria y transitoria de un músculo. Su duración es variable, pero siempre se resuelve espontáneamente. Aparece en el músculo fatigado, también cuando se le somete a una contracción isométrica mantenida durante más tiempo del adecuado; con el músculo frío, en reposo, por acumulación de desechos metabólicos o un aporte vascular insuficiente. El tratamiento consiste en estirar progresivamente el músculo dañado, efectuando en esa postura un masaje del mismo. En ocasiones es necesario el uso de relajantes musculares durante unos días.

— Las **"agujetas"** son dolores musculares difusos y generalizados que aparecen 12-24 horas después del esfuerzo y pueden mantenerse hasta 5-7 días. Los músculos se encuentran tensos, indurados, levemente rígidos. Se producen por el sobreesfuerzo, al inicio de la temporada de preparación física o al realizar un esfuerzo sin una preparación adecuada. El tratamiento se basa en masaje, calentamiento muscular, baños y realización de actividad ligera (carrera continua a ritmo lento) para disminuir la tensión muscular. El mecanismo de producción es debido a la acumulación de ácido láctico, producto de desecho del metabolismo muscular, que no ha podido ser evacuado.

— La **contractura** es una contracción muscular involuntaria e inconsciente, dolorosa, permanente, localizada habitualmente en un solo músculo o en un fascículo muscular, que aparecen por una sobreutilización del músculo durante actividades intensas, o bien como un mecanismo de defensa, que aparece de manera refleja (lumbalgia, tortícolis, esguince, etc.) ante alguna alteración osteoarticular. Se trata pues, no de una patología muscular propiamente dicha, sino de un mecanismo defensivo que tiende a inmovilizar la región o el segmento osteoarticular dañado. El tratamiento se basa en tomar antiinflamatorios y relajantes musculares, aplicar calor en la zona dolorosa, estiramientos progresivos y la corrección de la causa desencadenante si la hubiere.

Por último, debemos comentar la **hernia muscular**. Se produce cuando una parte del músculo protruye a través de su fascia, debido a una rotura de la misma. Aparece después de un traumatismo capaz de romper la aponeurosis. El tratamiento, si es asintomática y no produce problemas en el funcionamiento del músculo, no es necesario. Si, por el contrario, existe herida abierta, o dolor muscular, se debe intervenir quirúrgicamente reparando la fascia; y siendo especialmente cuidadosos para evitar que se presenten adherencias entre la piel y las fascias, o entre éstas y los fascículos musculares. Ello se previene por el propio paciente mediante el masaje superficial y la fricción suave de la zona, durante unas semanas después de la intervención.

LESIONES DE LOS NERVIOS. NEUROMAS. NEUROPATÍAS POR ATRAPAMIENTO

Cuando se produce un traumatismo, no sólo pueden verse afectados los huesos o los músculos, también puede existir lesión de los nervios. Éstos pueden sufrir una sección completa o incompleta del tronco nervioso periférico, una contusión o compresión del tronco, o un estiramiento del mismo que conlleve una rotura posterior. Ello va a suceder debido a cortes por arma blanca, accidentes domésticos, o acompañando a fracturas o luxaciones. No olvidemos que cuando se separan los fragmentos óseos, éstos no se encuentran aislados sino rodeados de estructuras musculares, nerviosas y vasculares. Los nervios más afectados por estos motivos son el nervio radial en la fractura del tercio medio de la diáfisis humeral (en el brazo), el nervio cubital, y el nervio ciático poplíteo externo (ambos en las piernas).

¿MOLESTIAS NOCTURNAS EN LAS MANOS?

CONSEJO

La presencia de "hormigueo" nocturno y doloroso en las manos, que mejora al mover las mismas, siempre nos obliga a pensar que puede existir un atrapamiento del nervio mediano en la muñeca, aunque también puede ser debido a otras causas como artrosis cervical, etc. Una sencilla exploración por parte del médico detectará o descartará el trastorno.

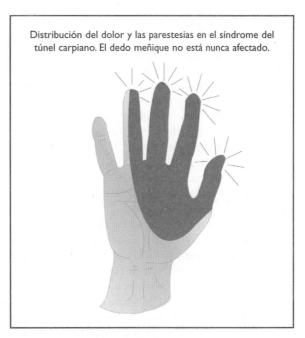

Distribución del dolor y las parestesias en el síndrome del túnel carpiano. El dedo meñique no está nunca afectado.

Lugar donde se perciben las molestias nocturnas en el síndrome de túnel del carpo.

En cuanto a los síntomas sensitivos, encontraremos *anestesia* (insensibilidad dolorosa) o *hipoestesia* (pérdida parcial de la sensibilidad) en el área cutánea correspondiente afectada, alteraciones del tacto, de la percepción del calor, de las vibraciones o de la posición, según donde se encuentre localizada la lesión (ver capítulos de neurología). También es posible encontrar *parestesias* (sensaciones anómalas, tipo hormigueos u otras) en el territorio correspondiente, así como atrofia muscular. Por último también es posible hallar síntomas vegetativos como alteraciones del sudor, ausencia del reflejo pilomotor (la erección de los pelos) y enrojecimiento de la piel por vasodilatación.

El tratamiento se basa en evitar la aparición de posturas viciosas por desequilibrio muscular mediante el empleo de férulas correctoras, fisioterapia, estimulación eléctrica de la musculatura, etc. La lesión nerviosa propiamente dicha, puede ser sometida a una reparación primaria, siempre que se trate de una herida limpia y no hayan transcurrido más de doce horas tras haberse producido la lesión. Si no se dan estos supuestos, se procederá a la reparación diferida, mediante injerto o anastomosis con algún nervio de la zona (transposición) cuando no exista otra opción.

Síndrome del mediano (síndrome del túnel del carpo)

Las neuropatías por atrapamiento son situaciones en las que algún tronco nervioso es sometido a una compresión suficientemente importante como para producir su pérdida de función. Ello puede ser debido a compresiones externas por vendajes, yesos, manguitos de isquemia durante intervenciones quirúrgicas, etc., o a compresiones internas por anomalías anatómicas, huesos supernumerarios, conflictos de espacio en determinadas regiones anatómicas (síndrome del desfiladero torácico, etc.), callos de fractura excesivos, etc. Entre ellas destacan por su frecuencia el atrapamiento del nervio mediano a su paso por el ligamento anular del carpo, es el llamado síndrome del mediano o síndrome del túnel del carpo.

El nervio mediano, a su paso por la muñeca lo hace por una corredera, donde puede verse "atrapado" y "comprimido" por las estructuras adyacentes. Esto sucede más frecuentemente relacionado con ciertos trabajos del sujeto, en las mujeres embarazadas y en ciertas enfermedades (hipotiroidismo, acromegalia, artritis reumatoide, etc). El sujeto comienza a percibir dolor nocturno, con parestesias (hormigueos, etc.) dolorosas en el territorio de inervación correspondiente, que suelen mejorar con la actividad. Si el cuadro persiste puede llegar a aparecer una atrofia de ciertos músculos de la mano. El tratamiento se basa en tomar antiinflamatorios, utilizar férulas rígidas de muñeca durante el reposo nocturno e infiltrar esteroides justo bajo el ligamento anular. En los casos rebeldes está indicada la cirugía descompresiva, aunque existen hasta un 10% de recidivas.

Existe un equivalente en el pie, el **síndrome del túnel tarsiano**, donde lo que se produce es la compresión del nervio tibial a su paso por el maléolo tibial junto a ciertos tendones de músculos flexores del pie (en la cara interna del tobillo). Aparece con alguna frecuencia tras fracturas del calcáneo y produce dolor y parestesias en la planta del pie.

LUMBALGIA

La lumbalgia es un dolor localizado en la región lumbar, que habitualmente se instaura de manera brusca tras un esfuerzo o un traumatismo. Suele empeorar al mover la columna, con su flexión o extensión, y mejora con el reposo. Las molestias pueden llegar a dificultar las tareas más elementales como vestirse o caminar.

Cuando aparece una lumbalgia, se debe pensar en la posibilidad de que exista un trastorno subyacente que la cause, mientras que la contractura muscular que se observa (la rigidez de los músculos de la columna) son sólo un reflejo defensivo ante el dolor. Según los casos, una artrosis, una hernia de disco, la osteoporosis, un exceso de peso, un embarazo (que supo-

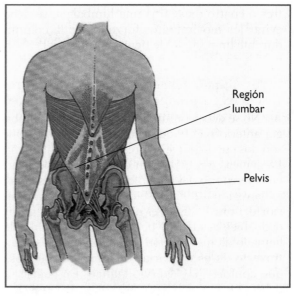

El lumbago es el dolor que se siente en la parte muscular más baja de la espalda.

ne un cambio progresivo en la postura de la mujer gestante) u otras causas pueden ser el motivo que desencadena una lumbalgia.

El cuadro es un dolor lumbar intenso, en ocasiones con molestias difundidas hacia los glúteos, que dificulta el movimiento. Ante estos síntomas, el diagnóstico es eminentemente clínico, aunque es preciso a veces realizar radiografías u otras pruebas si se sospechan causas graves del trastorno. El tratamiento debe iniciarse por un reposo corto en cama en una postura cómoda (habitualmente boca arriba y con una almohada de apoyo bajo las rodillas), junto a la toma de analgésicos o antiinflamatorios y relajantes musculares para aliviar las molestias. El calor local, con manta eléctrica o similar en la zona dolorosa, disminuye la contractura muscular y disminuye el dolor. En todo caso, es preferible volver pronto y progresivamente a una vida activa, no resultando beneficioso el reposo absoluto más de

CONSEJO

¿ES GRAVE EL LUMBAGO?

Las lumbalgias o dolores de la espalda a nivel lumbar, casi siempre se deben a la adquisición de malas posiciones en el trabajo, al sentarnos, etc. Suelen responder bien a la aplicación de calor local y a un consumo prudente de analgésicos; pero si se acompañan de "hormigueo" en el pie o disminución de fuerza en la pierna, hay que pensar en que pueda existir una hernia de disco o un proceso más serio, ante los que se debe consultar al médico sin dilación.

tres o cuatro días. Tras una lumbalgia, se deben evitar los movimientos forzados de la columna durante un período de tiempo prudencial.

CIÁTICA. HERNIA DISCAL

No se debe confundir la ciática con la lumbalgia anteriormente descrita, aunque en ocasiones son dos cuadros que se presentan conjuntamente. La ciática se refiere a un dolor agudo localizado en el territorio del nervio ciático: esto es, se inicia en la región lumbar y se dirige por la cara posterior del muslo hasta el pie, bien hasta el primer dedo, bien hasta el 5.º dedo. La ciática es un dolor llamado de *distribución radicular*, ya que sigue el trayecto de una o varias de las raíces nerviosas que conforman el nervio ciático. En general se debe a la compresión de las raíces nerviosas a su salida de la columna vertebral.

El paciente con ciática nota un dolor continuo en la zona antedicha, también en reposo. Las maniobras que provocan un estiramiento del nervio, como es el levantar la pierna extendida del paciente o flexionar forzadamente la punta del pie hacia arriba, reproducen el dolor (estas maniobras en la exploración médica se conocen como el signo de Lassegue y el signo de Bragard). Además de dolor, el paciente suele percibir adormecimiento y sensación de hormigueo (parestesias) en el territorio antes mencionado. Incluso es posible que exista disminución de la fuerza y de la sensibilidad de la extremidad afectada.

En muchas ocasiones la ciática se debe a una **hernia discal**. La hernia discal es un desplazamiento del disco intervertebral (la *almohadilla* que separa dos vértebras consecutivas) fuera de su sitio normal, protruyendo en el canal raquídeo (donde está la médula espinal) o produciendo la compresión de una o varias de las raíces nerviosas que salen por los *agujeros* de conjunción intervertebrales.

La compresión de un nervio produce una lesión del mismo, que acaba perdiendo fascículos nerviosos y produciendo una disminución de la fuerza en los músculos dependientes de la raíz nerviosa afectada. Según la altura de la hernia discal, se comprimen distintas raíces y se producen distintos síntomas: en la zona lumbar alta (raíces L3-L4) se afecta el músculo cuádriceps del muslo, las raíces L4-L5 afectan a los músculos extensores del pie y de los dedos, L5 produce disminución de la fuerza extensora del dedo gordo, S1 disminuye la fuerza flexora del pie y del 5.º dedo, y las raíces inferiores sacras (S1-S3) producen alteraciones en los esfínteres, con incontinencia urinaria o fecal, además de disminución de la sensibilidad en "silla de montar", esto es, en el periné y sus zonas adyacentes.

Aunque una exploración cuidadosa de la zona de pérdida de fuerza y sensibilidad nos permite sospechar el nivel de la lesión, el diagnóstico definitivo se consigue con la resonancia magnética nuclear (RNM), que permite visualizar los discos intervertebrales lesionados y las raíces nerviosas comprimidas.

El tratamiento inicial de una ciática, como en la lumbagia, es el reposo absoluto en cama, con la aplicación de calor local a nivel lumbar y la administración de antiinflamatorios y relajantes musculares que el médico prescriba. Ciertos ejercicios de rehabilitación, destinados a estirar la columna y descomprimir la zona de la hernia, en el intento de que el disco herniado vuelva a su posición normal, pueden mejorar la evolución de este trastorno.

Sólo está indicado claramente el tratamiento quirúrgico en el caso de que existan alteraciones claras y estables de la fuerza o de la sensibilidad de la pierna, para intentar que no se hagan definitivas por destrucción del nervio comprimido. De todas formas, esta intervención (la llamada laminectomía descompresiva) produce hasta en el 40-50% de las ocasiones una cicatriz quirúrgica que puede englobar alguna raíz nerviosa. Si ocurre tal complicación puede no desaparecer el dolor tras la intervención, por lo que se es muy cauto a la hora de establecer una indicación qui-

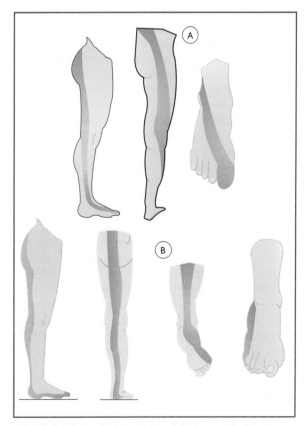

Distribución del dolor y de la hipoestesia, según la localización de la hernia discal: a) en L5, b) en S1.

rúrgica en el caso de una hernia discal. Máxime, si tenemos en cuenta que hasta un 15-20% de adultos jóvenes sin molestia alguna a los que se realiza un TAC lumbar por algún otro motivo, presentan imágenes de hernia discal que nunca producirá sintomatología.

LESIONES DE LA CABEZA

TRASTORNOS DE LA CARA Y EL CUELLO

Cervicalgia

El dolor cervical (dolor en el cuello) es una afección muy frecuente, de modo que casi todas las personas mayores de 45-50 años lo han padecido en alguna ocasión. La cervicalgia o cervicobraquialgia (cuando afecta también a los miembros superiores), es un dolor crónico, con reagudizaciones repetidas, generalmente acompañado de una contractura dolorosa en los músculos del cuello y hombro. Suele ser debido a una artrosis de la columna cervical, aunque raramente también puede ocurrir por tumores vertebrales o infecciones, (en estos casos se presenta junto a otro tipo de síntomas que orientan hacia la gravedad del cuadro). Lo más común es que ocurra por la compresión de las raíces nerviosas posteriores de la médula, como consecuencia de la degeneración por artrosis de los cuerpos vertebrales, con aparición de unos *osteofitos* o "picos" de hueso que compriman los nervios.

El dolor de cuello suele aumentar en determinadas posturas, como al inclinar la cabeza hacia delante, al realizar esfuerzos con los brazos o al mantener posturas con los brazos por encima de los hombros. En ocasiones se acompaña de parestesias (hormigueos) en los brazos y en las manos, y, en raras ocasiones, pueden aparecer mareos inespecíficos, sensación de vértigo y dolor de cabeza.

Al realizar radiografías se observa la existencia de osteofitos y la pérdida de espacio entre los cuerpos vertebrales, signo de la degeneración discal. El tratamiento se lleva a cabo mediante analgésicos o antiinflamatorios, relajantes musculares y reposo de la región, para lo que se recurre al uso de un collarín cervical. Los casos más graves, pueden necesitar una fisioterapia mediante tracciones cervicales. Es muy raro tener que recurrir a la cirugía en estos casos.

Esguince cervical

Es un término poco claro en el que se agrupan la mayoría de las lesiones de partes blandas de una

cierta gravedad, localizadas en el cuello. El mecanismo de producción casi exclusivo es el **"síndrome del latigazo"**, producido en los accidentes de tráfico, donde la columna cervical es zarandeada de manera brusca en direcciones contrarias, produciéndose una flexión exagerada y a continuación una extensión excesiva, o viceversa. Además, el mecanismo de aceleración-desaceleración produce un acortamiento y una compresión del cuello, pudiendo llegar a producir una auténtica luxación vertebral (pérdida de relación entre las articulaciones vertebrales), sobre todo si en el momento de la colisión se produjo además un giro del cuello.

Se produce un dolor intenso, que aparece habitualmente en las 48 horas siguientes al accidente, acompañado de contractura muscular y rigidez del cuello. En ocasiones el dolor se dirige hacia ambos hombros, con parestesias (hormigueos) en las manos. En estas circunstancias resulta muy importante el estudio con radiografías del cuello, para descartar la existencia de fracturas o luxaciones de las vértebras.

El tratamiento consiste en reposo del cuello con un collarín cervical rígido aplicaciones de calor local y administración de antiinflamatorios y relajantes musculares por vía oral. A partir de los 15 días del accidente se puede comenzar con fisioterapia, ultrasonidos, termoterapia o masajes aplicados por profesionales, siempre evitando la aparición del dolor mientras se realiza el mismo.

Tortícolis

Etimológicamente *(tortus collum)* significa *cuello torcido* y, efectivamente, se trata de un cuadro de dolor y limitación de los movimientos del cuello de forma que éste adquiere una posición en inclinación lateral y ligera rotación. Todo intento de modificar esta postura desencadena un dolor intenso.

Existe una tortícolis en el recién nacido que se produce por una contractura del músculo esternocleidomastoideo, sobre todo en los niños que han nacido en partos traumáticos e instrumentales (con fórceps u otras manipulaciones), por estiramientos excesivos del cuello sufridos durante el nacimiento.

En los adultos el cuadro puede ser secundario a una infección viral, una mala posición mantenida del cuello, por motivo psicológico, o como resultado de una lesión muscular aguda (golpe o estiramiento brusco). El músculo afectado se palpa como una cuerda tensa y dolorosa bajo la piel. El tratamiento se basa en la aplicación casera de calor local de forma prolongada (con una bolsa de agua caliente o similar), la realización de estiramientos musculares progresivos y la toma de algún medicamento antiinflamatorio y relajante muscular.

Traumatismos faciales

Los traumatismos faciales pueden afectar a la porción superior del macizo facial, donde podemos incluir también el oído, el ojo, la nariz, el hueso malar y los maxilares; o a la porción inferior donde ocurren los traumatismos dentarios, mandibulares, de la boca y de la orofaringe.

En el oído externo (conducto auditivo externo) pueden producirse traumatismos por introducir en él palillos de limpieza, horquillas, lapiceros u otra gran variedad de cuerpos extraños, pudiendo llegar a producir una perforación timpánica. Estas situaciones deben valorarse siempre por un médico, para identificar el cuerpo extraño y para verificar el estado del tímpano. Cuando el cuerpo extraño es inerte y el tímpano está indemne se suele intentar su extracción mediante un lavado a presión con agua a 37 °C instilada con una jeringa gruesa. Cuando se trate de insectos como moscas o larvas es necesario matarlos previamente a la extracción, introduciendo aceite, éter o alcohol de 70°. Cuando tras un traumatismo salga sangre por el oído, el sujeto debe ser valorado sin demora en un servicio de urgencia hospitalario por la posibilidad de que exista una fractura de los huesos del cráneo, o una lesión del tímpano o del oído interno.

Los traumatismos oculares suelen ser debidos a golpes directos sobre el ojo, que en los casos más graves llegan a producir el estallido del globo ocular o la enucleación (salida) del mismo. Los traumatismos leves producen un simple lagrimeo, molestias ante la luz (fotofobia), espasmo de los párpados que tienden a mantenerse cerrados (blefarospasmo) y edema de la córnea, que produce una visión borrosa y con halos. Si la hinchazón de los párpados aparece de forma inmediata la situación no es especialmente preocupante (se debe al propio traumatismo de los párpados), pero si la hinchazón y el amoratamiento aparecen en el transcurso de las horas posteriores al traumatismo, debe con-sultarse al médico, para descartar que no exista una fractura de alguno de los huesos del cráneo.

Los traumatismos nasales pueden producir con facilidad una fractura de los huesos propios de la nariz, que suelen manifestarse por un gran hematoma y un desplazamiento de la pirámide nasal. Estos casos deben ser atendidos en urgencias para recolocar los huesos e inmovilizar la zona con escayola.

Las fracturas de los malares y de ambos maxilares suele producirse en accidentes deportivos o en accidentes de tráfico y suelen aparecer acompañando a lesiones más graves. Deben sospecharse si aparecen hematomas y deformidades faciales y exigen casi siempre un tratamiento quirúrgico con el fin de mantener la fractura reducida (este tratamiento reconstructor puede realizarse de modo diferido).

Los traumatismos dentarios incluyen las fracturas del propio diente y la salida de la pieza dentaria de su alvéolo (avulsión dentaria). Cuando esto ocurre, que suele ser casi siempre en niños como consecuencia de caídas, se debe aconsejar al niño que recoja el diente y se lo meta en la boca, debajo de la lengua. Esta es una buena manera de garantizar la viabilidad del reimplante posterior, siempre que éste se realice en las dos horas siguientes a la avulsión. Si fuera posible, aún mejor es transportar la pieza arrancada en suero salino, leche o, si no es posible, agua.

LESIONES DEL MIEMBRO SUPERIOR Y CINTURA ESCAPULAR

FRACTURA DE CLAVÍCULA

Con frecuencia ocurren por traumatismos sobre los brazos extendidos, de forma que la fuerza se transmite desde la mano, por el brazo hasta la clavícula, que se fractura. También puede ser consecuencia de un golpe directo sobre la propia clavícula. En general tienen un buen pronóstico con sólo dejar la región fracturada en reposo mediante un vendaje "en ocho" que coloque los hombros hacia atrás. Mientras se consigue ayuda médica, este tipo de vendaje se puede improvisar con algún elemento que imite a la venda (una bufanda, toalla, una cámara elástica de una rueda de bicicleta, etc.).

En pacientes ancianos, o en niños que toleren mal el vendaje se puede recurrir a un cabestrillo normal y corriente que inmovilice la zona.

Con esto suele ser suficiente, manteniendo el cabestrillo o el vendaje durante 2-3 semanas.

LUXACIÓN DE CLAVÍCULA (ACROMIO CLAVICULAR)

La clavícula se encuentra unida a la escápula por tres ligamentos: al apófisis coracoides se unen dos poderosos ligamentos (el conoides y el trapezoides), y al acromion (el hueso que hace relieve en la zona superior del hombro) el ligamento acromioclavicular.

La rotura de uno o dos de estos ligamentos produce una subluxación acromioclavicular (separación de la clavícula y el acromion) en distintos grados, mientras que la rotura de los tres ligamentos producirá una luxación acromioclavicular completa. Estas lesiones suelen ocurrir tras una caída en la que el sujeto rueda sobre su hombro o sufre una tirón intenso hacia abajo del miembro superior.

La luxación completa suele sospecharse por la "caída" del hombro y el llamativo relieve que hace el extremo de la clavícula bajo la piel. Las radiografías de la zona muestran cómo los dos extremos óseos no se encuentran alineados. Las subluxaciones se reducen fácilmente, con el uso de un cabestrillo o un vendaje que "empuje" el codo hacia arriba para aproximar los bordes de los ligamentos rotos, mantenido durante 4-6 semanas. Cuando se produce una luxación completa suele hacer falta la colocación de un tornillo acromioclavicular o dos agujas, que mantengan la zona alineada y que se retirarán entre la 6.ª y la 8.ª semanas.

HOMBRO DOLOROSO

El hombro es una de las articulaciones más complejas de nuestro organismo. Permite una gran cantidad de movimientos, lo que realiza merced a que presenta una gran riqueza de estructuras ligamentosas que lo hacen posible, a la vez que refuerzan una cápsula articular laxa. A su vez, estos movimientos vienen determinados por varios músculos que se insertan en el húmero pero también en la escápula, en el tórax anterior y posterior, e incluso en la clavícula. Esto significa que las lesiones de hombro y las enfermedades que puede padecer el hombro conforman un amplio y variado espectro, difícil de acotar. Así, el cuadro denominado hombro doloroso es una especie de "cajón de sastre" donde se incluyen muchos procesos.

LUXACIÓN DE HOMBRO (LUXACIÓN GLENOHUMERAL)

Es la luxación más frecuente de todas las articulaciones. Entre el 60-70% suceden en personas jóvenes, menores de 30 años. Cuando la cabeza humeral se luxa (se sale de la escápula) puede quedar situada por delante, por detrás o por debajo de la cavidad glenoidea escapular (lo más habitual es que quede por delante).

Suele producirse por una caída que provoca una rotación externa del hombro, lo que desplaza hacia afuera de la cavidad glenoidea la cabeza humeral. En ocasiones se asocia a fracturas, lesiones musculares, neurológicas (plexo braquial) o vasculares (arteria axilar).

El hombro luxado aparece doloroso, el sujeto no soporta los movimientos del mismo y lo sujeta apoyándolo en la otra mano. Palpando en la zona superior del hombro, se toca la oquedad que deja la cabeza humeral desplazada.

Debe recordarse que la luxación del hombro se reduce (coloca) mejor cuanto menos tiempo pase desde el accidente, ya que se evita de esta forma la contractura refleja de la musculatura que aparece en las horas siguientes. Existen diversos métodos de reducción, quizá el más extendido sea el de Kocher que combina

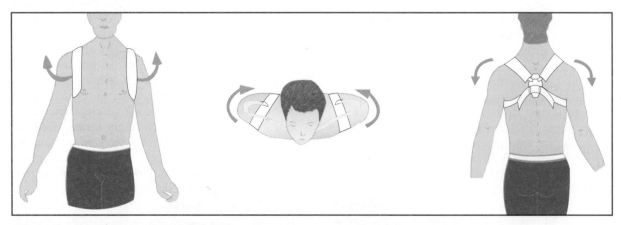

En las fracturas de clavícula suele ser suficiente la aplicación de un vendaje "en ocho" como se muestra en la figura.

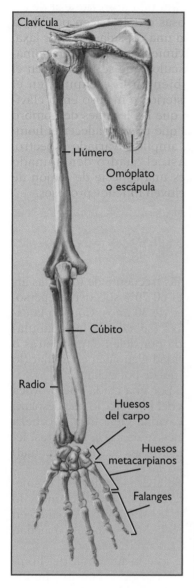

Clavícula

— Húmero

Omóplato
o escápula

— Cúbito

Radio —

Huesos
del carpo

Huesos
metacarpianos

Falanges

*Huesos de la
extremidad superior y
su anclaje en el tórax
(escápula).*

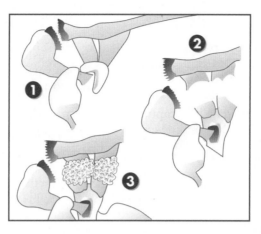

*Rotura de
ligamentos: 1)
Acromioclavicular,
2) Conoides y
trapezoides, 3)
Hematoma osificado
tras la luxación
completa.
Complicación que
puede aparecer en
las luxaciones de
clavícula.*

unos movimientos de tracción-rotación externa-aducción y rotación interna, notándose un chasquido cuando la cabeza del húmero retorna a su sitio.

Una vez en su sitio, se debe aplicar un vendaje tipo *Velpeau* o con una malla que mantenga el hombro de manera que evite su rotación externa. Este vendaje se debe cambiar cada 2-3 semanas y mantenerse hasta un total de cuatro semanas. Si posteriormente queda aún dolor residual, está indicado el uso de un cabestrillo simple (un pañuelo anudado al cuello) durante una o dos semanas más.

Es necesario practicar una reducción abierta (quirúrgica) cuando fracasan las maniobras antedichas o la cabeza humeral está muy desplazada. En ocasiones, la cápsula cicatriza mal tras una luxación, queda demasiado laxa o presenta alguna zona débil, lo que hace que el hombro se luxe con facilidad posteriormente; es lo que se llama una luxación recidivante de

hombro. El tratamiento entonces es siempre quirúrgico, reforzando la cápsula.

FRACTURAS DEL MIEMBRO SUPERIOR

En este apartado, describiremos algunas de las peculiaridades que presentan determinados tipos de fracturas que acontecen en el miembro superior. Recordemos que todo lo expuesto en el apartado de fracturas es válido para cualquier fractura, en términos generales, que suceda en cualquier hueso del organismo.

1. Las **fracturas del húmero** son muy distintas según el nivel de la rotura ósea:

— Las **fracturas de la porción superior** pueden afectar al troquíter, al cuello humeral o a la propia diáfisis, y suelen ocurrir por la caída sobre la mano en extensión, donde toda la fuerza del traumatismo se desplaza por el brazo hasta el cuello humeral. Aparece una gran zona de hematoma y el enfermo tiende a sujetar el brazo fracturado con el brazo sano. El tratamiento de esta fractura es variable: si no existe desplazamiento de los huesos, suele ser suficiente con mantener el miembro en reposo mediante un cabestrillo o un vendaje de tipo Velpeau; en caso de que los fragmentos estén desplazados es necesario recurrir a la cirugía para su reducción y fijación con un tornillo; las fracturas del cuello del húmero (la zona delgada que hay bajo su cabeza) suelen ser fracturas impactadas; por lo que es necesario separar los fragmentos mediante una tracción o la colocación de un yeso colgante en el brazo (el peso del propio brazo unido al peso del

CONSEJO

TRAUMATISMOS EN EL HOMBRO

Normalmente las fracturas de clavícula no tienen ningún problema para curar sin secuelas. La luxación de hombro debe ser siempre reducida, cuanto antes mejor, ya que si se deja pasar tiempo, se contraen los músculos del hombro y del brazo, y la reducción resulta mucho más difícil y dolorosa, requiriéndose incluso anestesia general para poder realizarla.

yeso, ejerce una tracción continua). Todas estas fracturas exigen mantener durante 2-3 semanas el vendaje, añadiendo analgésicos para evitar el dolor. Transcurrido este tiempo es importante que el paciente comience la realización de movimientos de oscilación, separación y flexión del hombro, para evitar rigideces posteriores.

— Las **fracturas de la porción central** del húmero (su tercio medio) son más serias y pueden producir temibles complicaciones, como la sección del nervio radial (produciendo la parálisis de los músculos que inerva) y falta de consolidación de la misma. Por ello en estos casos los médicos exploran detenidamente si existen dificultades para extender la muñeca o si se ha perdido sensibilidad en su región correspondiente, lo que sugiere lesión del nervio. Estas fracturas se tratan con una **férula en "U"** en el brazo, o bien un yeso colgante.

— Las **fracturas de la porción inferior** del húmero, la *paleta humeral*, son fracturas que suelen ser inestables y conllevar lesiones de estructuras inportantes del codo, como el nervio cubital y la arteria humeral. Siempre que exista alguna de estas situaciones se hace precisa la intervención quirúrgica urgente para evitar daños permanentes en el antebrazo y en la mano.

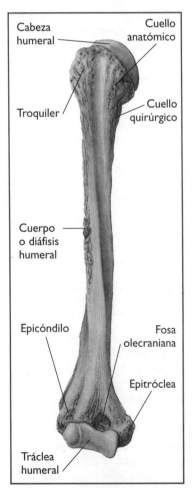

Cara dorsal del húmero, en el que puede apreciarse la característica de estar ligeramente retorcido sobre su eje longitudinal.

Ésta se realiza con la aplicación de dos *agujas de Kirschner* paralelas o cruzadas que se retiran a las tres semanas, manteniendo la inmovilización al menos cuatro semanas.

2.   Los **traumatismos en el codo** pueden producir fracturas o la luxación de la articulación:

— La **luxación del codo** es frecuente en niños y en adultos, y suele ser el resultado de una caída sobre la mano extendida. Se distingue de una fractura observando que el triángulo formado por los tres relieves óseos palpables por detrás del codo (el epicóndilo, la epitróclea y el olécranon) se mantiene en el caso de que exista una fractura, pero se altera si se trata de una luxación. Debe reducirse con prontitud, ya que pueden verse afectados vasos y nervios. La inmovilización, una vez conseguida la reducción se mantendrá durante un mínimo de dos semanas. Hay que recomendar paciencia a los afectados con este tipo de luxación, ya que la movilización demasiado precoz o demasiado vigorosa conlleva el riesgo de aparición de una complicación conocida como *miositis osificante.*

— La **fracturas del codo** pueden afectar al olécranon (el relieve óseo propiamente llamado codo coloquialmente), en cuyo caso suelen necesitar cirugía para su reducción y fijación interna si el fragmento fracturado es muy grande. En otras ocasiones se rompe la cabeza del radio (su porción superior), generalmente por un impacto indirecto sobre la mano extendida, que hace que la cabeza del radio tope contra la paleta humeral. En estos casos el tratamiento suele ser conservador mediante un vendaje elástico y cabestrillo durante 2-3 semanas.

3.   Las **fracturas del antebrazo** pueden afectar de forma aislada cada uno, de forma conjunta (ambos huesos, cúbito y radio) o bien fracturarse uno y luxarse el otro.

La fractura aislada más común del antebrazo es la llamada *fractura de Colles*, que se suele producir tras la caída con extensión de la muñeca, fracturándose la zona distal del radio. Es muy característico que los pacientes con esta fractura tengan una deformidad en la muñeca en "dorso de tenedor", debido a la tracción que ejercen los músculos del antebrazo sobre el fragmento mayor de la fractura, levantándolo respecto a la muñeca. La maniobra para reducir esta fractura se realiza mediante una presión con ambas manos sobre la cara dorsal del antebrazo hacia abajo, mientras se realiza tracción desde el codo para separar los fragmentos rotos. Es muy importante alinear bien estas fracturas para mantener una buena movilidad (flexión y extensión) de la muñeca. Tras conseguirlo el paciente se inmoviliza con la mano en ligera flexión y desviación hacia el meñique, mediante un yeso *antebraquial* (desde la raíz de los dedos hasta medio brazo). Estas escayolas van inicialmente abiertas por algún lado para evitar fenómenos compresivos. A los 3-5 días se cerrará por completo el yeso, si el edema ha disminuido y no existen complicaciones neurológicas o vasculares. En general, tras dos semanas es necesaria una nueva revisión, ya que el yeso puede haberse aflojado y necesita ser reforzado. El yeso se retirará a las 5 ó 6 semanas, iniciándose un programa de rehabilitación si el paciente presenta problemas con los movimientos de los dedos, la fuerza de prensión o los movimientos de la muñeca.

4. La **fractura de la muñeca** más frecuente y grave es la *fractura del escafoides* del carpo, elemento fundamental en la articulación de la muñeca. Este hueso se articula con el radio, con el trapecio, el trapezoide, el hueso grande y el semilunar, de manera que es un elemento básico para el buen funcionamiento de la prensión manual y de la realización de la pinza (entre el primero y segundo dedos), característica de la especie humana, y presente en casi todos los movimientos habituales de nuestra vida.

Suele aparecer tras una caída con la mano en extensión forzada y desviación cubital (hacia el meñique). El paciente nota un dolor localizado en la llamada tabaquera anatómica (una fosita que se forma en la raíz del pulgar al separarlo forzadamente del resto de los dedos). Puede confirmarse con la maniobra del *telescopaje* positivo (dolor al presionar el primer dedo, tratando de empujarlo contra la muñeca). Las radiografías para observar esta fractura son complejas y difíciles de interpretar. No es infrecuente que una pequeña fractura pase desapercibida inicialmente y sólo se detecte al repetir la placa entre 10 y 14 días después del traumatismo.

El tratamiento consiste en la aplicación de un manguito de yeso, con la muñeca en una posición especial. A las seis semanas se suele retirar el yeso. Sólo si persiste dolor en la zona, o radiográficamente no existe consolidación de la fractura, se mantendrá la inmovilización dos semanas más.

De todas formas, son los **esguinces de muñeca** una lesión mucho más común que las fracturas tras caídas en extensión o en flexión forzadas (también por movimientos repetidos sin necesidad de un traumatismo agudo). En estos casos, se aprecia una tumefacción de la muñeca y dolor con ciertos movimientos (flexión, extensión, desviación cubital o desviación radial) que dependerán del ligamento que se halle distendido o lesionado. Es fundamental, cuando se sospeche un esguince de muñeca, descartar la fractura de escafoides anteriormente descrita. Una

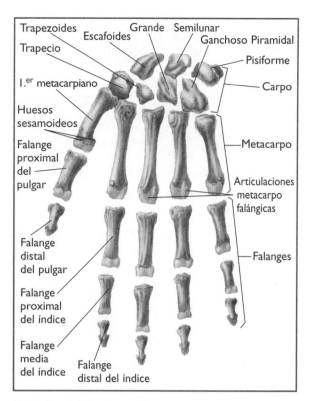

Visión dorsal de los huesos de la mano.

vez hecho esto, se puede tratar el esguince con una inmovilización selectiva, colocando el ligamento lesionado en posición de acortamiento, bien mediante un vendaje funcional (con esparadrapos) o con una férula de yeso.

5. Las **fracturas de las manos** son accidentes deportivos y laborales frecuentes:

— Las fracturas de los metacarpianos (los huesos de la palma de la mano) deben ser reducidas e inmovilizadas con una férula de yeso prestando especial atención a corregir los desplazamientos que puedan existir en los fragmentos. Como norma general, los dedos deben inmovilizarse en flexión de forma que las puntas de los mismos apunten hacia el *tubérculo escafoideo*.

— Las fracturas de las falanges de los dedos, se tratan con férulas metálicas si no existe excesivo desplazamiento, o con un simple vendaje de esparadrapo que una el dedo fracturado con el adyacente *(sindactilia)*.

LESIONES TENDINOSAS Y LIGAMENTARIAS DEL CODO Y LA MUÑECA

Tendinitis del codo

a) La **epicondilitis** es una *entesitis*, es decir, la inflamación del tendón, corto y potente de ciertos músculos responsables de la exten-

TRAUMATISMOS EN LA MUÑECA

CONSEJO

Uno de los problemas más frecuentes, y potencialmente graves en las fracturas del miembro superior es la fractura de escafoides. Ante cualquier traumatismo de muñeca hay que pensar en esta posibilidad, sobre todo si existe dolor y tumefacción en la base del dedo pulgar, a nivel de la muñeca.

nas que trabajan con martillos neumáticos, etc.

Produce un dolor en el codo que poco a poco se vuelve más intenso, hasta el punto de impedir al sujeto afectado la sujeción de un vaso de agua, abrir una puerta o un grifo. El tratamiento consiste en reposo, fisioterapia mediante ejercicios que fortalezcan la musculatura, aplicación de ultrasonidos y vendajes funcionales. Las infiltraciones con esteroides producen un rápido alivio de la sintomatología, aunque no suelen ser curativas si el sujeto no modifica los hábitos que le han llevado a padecer esta situación. En casos rebeldes estaría indicada la cirugía, adelantando la inserción del músculo afectado.

b)　La **epitrocleítis** es el problema homónimo, pero con afectación de los músculos que se insertan en la epitróclea (el relieve óseo de la cara interna del codo), encargados de la flexión de la muñeca. También se llama "codo del golfista", ya que es una lesión frecuente en los jugadores de golf que realizan mal el golpe. También aparece en los lanzadores de jabalina. Es mucho menos frecuente que la epicondilitis y el tratamiento es similar al descrito para ésta.

sión dorsal de la muñeca, que se inserta en el epicóndilo (el relieve óseo palpable en la parte externa del codo). Coloquialmente se conoce como "codo de tenista", lesión producida por una sobrecarga al realizar el golpe de revés, bien con mala técnica, con una raqueta de mango inadecuado o con una tensión excesiva en el cordaje. También se produce por cualquier otro mecanismo que sobrecargue este tendón, como sucede en cosedoras, en perso-

1 Con la mano extendida y los dedos abiertos, se inicia el vendaje con dos vueltas alrededor de la muñeca, sujetando la punta de la venda que se ha dejado sobresalir.

2 Colocar una férula bajo el dedo lesionado que llegue hasta la palma de la mano.

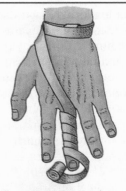

3 Hacer llegar la venda por el dorso de la mano hasta el dedo, rodeándolo con varias vueltas para sujetar la férula.

4 Volver nuevamente a la muñeca por el dorso de la mano.

5 Sujetar la parte superior de la férula, vendando la palma de la mano con varias vueltas. Repetir la operación para cubrir alternativamente el dedo y la palma de la mano.

6 Terminar el vendaje en la muñeca.

Esguince de un dedo.

LESIONES DEL MIEMBRO INFERIOR Y CINTURA PELVIANA

LUXACIÓN CONGÉNITA DE CADERA

Es una anomalía congénita de la articulación de la cadera, en la que la cabeza del fémur no entra dentro del *acetábulo* (la cavidad de la cadera donde se aloja). En realidad, lo más frecuente es que exista al nacimiento una **cadera displásica**, con tendencia a la luxación, que abandonada a su evolución natural acabaría produciendo una verdadera luxación de cadera.

Es más frecuente en niños que presentan antecedentes familiares de dicho trastorno, al parecer por un retraso de la maduración ósea y cierta laxitud articular. También influyen determinados factores ambientales como son los partos de nalgas y el tratarse del primer hijo (primiparidad).

En el recién nacido con dicho problema se puede observar una asimetría de los pliegues glúteos y del muslo y una limitación a la separación de la cadera enferma. Es fundamental una exploración cuidadosa de todos los recién nacidos mediante la manipulación de la cabeza del fémur con movimientos de separación y aproximación, en los que, en caso de displasia, se nota un "resalte" audible (es la llamada *maniobra de Ortolani*). Estos signos son difíciles de valorar y exigen su valoración por un profesional experto. Resultan valorables en el recién nacido hasta el tercer mes de vida; después ya es posible visualizar en la radiografía los núcleos de osificación femoral, lo que nos permite observar y diferenciar las caderas displásicas (o luxables) de las luxaciones verdaderas.

Si la luxación de cadera se establece definitivamente (si no se detectó y trató a tiempo) se produce una asimetría del miembro afecto, que se encuentra acortado; así como un aplanamiento del pliegue glúteo de la cadera afectada. Una vez que el niño comienza a caminar, lo hace con "marcha de pato", balanceando las caderas, ya que éstas permanecen asimétricas *(signo de Trendelemburg)*. Más tardíamente, en el adulto joven, aparece dolor en la cadera, así como deformidades en la columna (escoliosis e hiperlordosis lumbar).

El tratamiento en el recién nacido debe iniciarse tan pronto como sea posible. En los niños que no fueron diagnosticados en las primeras semanas de vida, existen varias posibilidades de tratamiento más agresivo; que van desde la reducción de la cadera bajo anestesia general, hasta la colocación de un sistema de tracción continua, o un yeso pelvipédico.

CONSEJO

LA CADERA INFANTIL

La observación de asimetría en los pliegues glúteos de un lactante, siempre nos debe hacer consultar al médico, pues puede tratarse de una cadera displásica cuyo tratamiento debe iniciarse precozmente para evitar secuelas permanentes en la articulación.

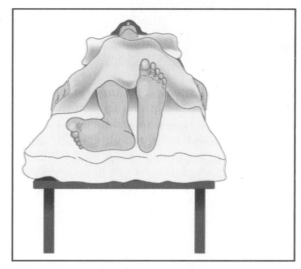

Posición de una anciana que ha sufrido fractura de su cadera derecha. El miembro se halla en acortamiento y rotación externa.

FRACTURA DE CADERA

La fractura de cadera es uno de los accidentes más frecuentes que suceden en la población anciana debido, en muchas ocasiones, a caídas fortuitas. En personas con osteoporosis, incluso traumatismos leves pueden producir el problema. Se pueden distinguir distintos tipos de fracturas según la localización de la rotura: fracturas del cuello femoral, fracturas pertrocantéreas, subtrocantéreas, trocantéreas y de la cabeza femoral o capitales.

El paciente fracturado tiene imposibilidad para mantener la bipedestación tras el traumatismo, en ocasiones sin mucho dolor acompañante. El miembro fracturado queda acortado y con el pie rotado hacia fuera (rotación externa), aunque esto no es constante. También se suele observar la aparición de un hematoma en la zona fracturada y de dolor cuando se intenta movilizar la cadera.

El tratamiento siempre es quirúrgico, y los objetivos del mismo son la fijación interna de la fractura para que el paciente se pueda movi-

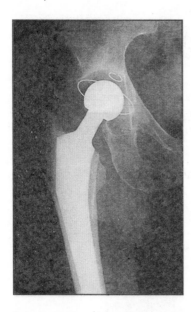

Prótesis cementada de la cadera.

lizar lo antes posible. Frecuentemente se demora la intervención quirúrgica unos días, ya que se ha demostrado que esto no influye en el pronóstico y sí permite en ocasiones mantener al enfermo en mejores condiciones para ser intervenido. Mientras ello sucede, es necesario practicar una tracción de la pierna cutánea mediante la aplicación de unos clavos en el extremo distal del fémur o la superior de la tibia. Esto evita el dolor y la contractura muscular que podría desplazar la fractura.

Existen múltiples métodos de reparación definitiva, bien mediante la fijación interna con clavos, placas o tornillos de la zona de fractura, bien mediante sistemas de fijación externos, o bien mediante la sustitución total de la cadera o sólo de la cabeza femoral por una prótesis.

Puede ser posible el reposo sentado, incluso a las 24 horas de la intervención, e incluso la bipedestación sin apoyar el miembro operado tras la primera semana de la cirugía. Se suelen realizar radiografías de control para comprobar la buena colocación del clavo y la ausencia de desplazamiento de los fragmentos, cada cuatro o seis semanas, y posteriormente cada 6-12 meses hasta los tres años, para detectar la posibilidad de complicaciones (necrosis avascular tardía).

COXARTROSIS (ARTROSIS DE CADERA). PRÓTESIS DE CADERA

La artrosis de cadera es una enfermedad frecuente, que afecta al 2-4% de la población por encima de los 65 años, aumentando su frecuencia en aquellas poblaciones más envejecidas. Es una enfermedad degenerativa de carácter progresivo, que se inicia en el cartílago articular y progresa hasta afectar al hueso, y sin que intervengan en su producción necesariamente factores inflamatorios, metabólicos, tumorales o traumáticos.

No se conoce el trastorno básico subyacente, pero el cartílago comienza a presentar fisuras y erosiones en su superficie; lo que, con el paso de los años, origina que el hueso quede expuesto al contacto con el ambiente articular, e incluso más adelante con la otra superficie ósea que conformen la articulación. Ello implica una serie de trastornos mecánicos y nutricionales del hueso, que producen un dolor mecánico (con los movimientos de la articulación), impotencia funcional (limitación de la movilidad) y deformidades del hueso, que en el caso de la cadera no son especialmente visibles o llamativas, pero no así en las rodillas o en los dedos de las manos. El dolor suele empeorar por las tardes y en ocasiones también aparece rigidez al iniciar el movimiento.

Es muy frecuente que existan sujetos con grandes alteraciones de artrosis en las radiografías y que no presenten ningún síntoma, mientras que otros, con radiografías prácticamente normales están muy sintomáticos (con muchos dolores). El tratamiento debe incluir el objetivo primordial de conseguir un peso adecuado, evitando la obesidad, ya que de otro modo estaríamos sobrecargando una articulación de por sí inflamada. Por lo demás, no existe ningún medicamento que cure, ni tan siquiera retrase la evolución natural del proceso. Según las molestias, se emplearán analgésicos, antiinflamatorios, fisioterapia y calor local, guardando reposo en los períodos de mayores molestias.

En casos avanzados, donde el dolor no se pueda controlar por ninguno de estos métodos o la impotencia funcional sea muy importante, se recurrirá a la **artroplastia** (recambio quirúrgico de la cadera). La selección y colocación de una prótesis de cadera depende de muchos factores, como la edad, el tipo de actividad laboral, la uni o bilateralidad de la coxartrosis, etc. Estas prótesis pueden estar fijadas con cemento (cementadas) o bien con anclaje biológico, con el que quedan perfectamente ajustadas a los elementos óseos ya que se produce un crecimiento del hueso en torno a la cadera sintética. Otros procedimientos quirúrgicos se reservan para pacientes con movilidad restingida por otros motivos; así la **artrodesis** de cadera pretende fijar la articulación, eliminando el dolor pero con una nula movilidad, las **osteotomías** (sección quirúrgica de un hueso) pretenden igualmente conseguir una articulación parcialmente móvil e indolora.

FRACTURAS DE MIEMBRO INFERIOR

a)   Las **fracturas del fémur** comparten algunas de las indicaciones y de los cuidados que hemos descrito al hablar de las fracturas de cadera, como por ejemplo la necesidad de reducción y reparación quirúrgica de la fractura en muchas ocasiones; primero porque la hemorragia interna que se produce puede llegar a ser muy importante, y segundo porque el poderoso músculo cuádriceps "tira" del fragmento superior de la fractura con gran potencia, produciendo casi de manera indefectible el desplazamiento de los fragmentos.

Por ello se hace necesario la aplicación de una tracción ósea (dura o blanda) de manera casi inmediata tras el traumatismo, que separe y alinee los fragmentos de huesos rotos. El tratamiento definitivo suele realizarse por *enclavado endomedular*, mediante la colocación de un clavo a través del canal medular que permita la consolidación sin acortamientos ni rotaciones de la fractura. En otras ocasiones se pueden utilizar sistemas tornillos y placas metálicas para fijar la zona de fractura), o sistemas de fijación externa sin necesidad de realizar una cirugía abierta (sólo si se introducen agujas a través de la piel por encima y por debajo del foco de fractura). En este tipo de fracturas y en su inmovilización posterior es muy importante la realización de ejercicios *isométricos* (tensar el muslo sin mover la pierna) para evitar la atrofia del cuádriceps.

b) Las **fracturas de la rótula**, en las que suele existir crepitación e imposibilidad para la flexoextensión de la rodilla, si no existe un desplazamiento importante, se tratan con una calza de yeso durante seis semanas. Si existe desplazamiento se operan para realizar un *cerclaje* con alambre o una fijación con clavos. En ocasiones existen asociadas rotura del tendón del cuádriceps o del tendón rotuliano, entonces la rótula se desplaza hacia arriba (rotura del tendón rotuliano) o hacia abajo (rotura del cuadricipital) según el tendón que permanezca íntegro, en estos casos deben ser reparados quirúrgicamente.

La rótula puede también luxarse por un traumatismo sobre la cara interna de la rodilla o tras una contracción muscular muy brusca. Se desplaza entonces (se luxa) hacia la cara externa de la pierna: Suele ser posible la recolocación sin anestesia y, una vez conseguida, se coloca un yeso durante seis semanas. Si es un episodio recidivante suele ser suficiente un vendaje elástico durante dos semanas.

c) Las **fracturas de tibia** pueden producirse por un mecanismo de torsión (frecuente en deportes como el fútbol), por caídas desde alturas considerables o por un traumatismo directo. Dado que parte de la tibia sólo está recubierta por la piel, con cierta frecuencia son fracturas abiertas (el foco de fractura queda ex-

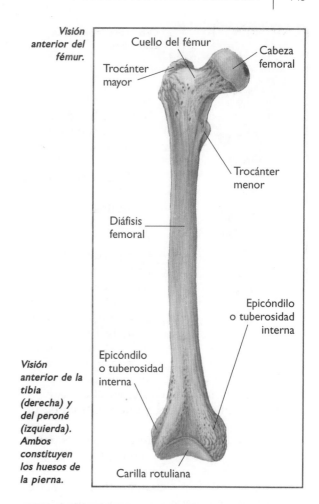

Visión anterior del fémur.

Cuello del fémur
Cabeza femoral
Trocánter mayor
Trocánter menor
Diáfisis femoral
Epicóndilo o tuberosidad interna
Epicóndilo o tuberosidad interna
Carilla rotuliana

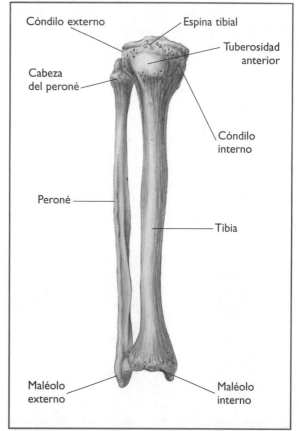

Visión anterior de la tibia (derecha) y del peroné (izquierda). Ambos constituyen los huesos de la pierna.

Cóndilo externo
Espina tibial
Tuberosidad anterior
Cabeza del peroné
Cóndilo interno
Peroné
Tibia
Maléolo externo
Maléolo interno

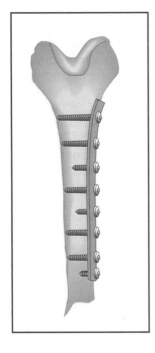

Osteosíntesis mediante placa atornillada.

puesto al exterior por una herida cutánea). Suelen ser también fracturas con desplazamiento de los fragmentos por la acción de ciertos músculos de la pierna. Además, si se rompe el tercio superior, puede lesionarse una arteria (la poplítea) que discurre pegada a la tibia, lo que produciría la isquemia (falta de riego) del fragmento inferior de la fractura.

Se trata de fracturas delicadas que exigen un tratamiento minucioso, con especial cuidado en corregir las angulaciones, ya que se trata de un hueso que soporta carga:

— Cuando, afortunadamente, no existe desplazamiento, es suficiente con colocar un *yeso pelvipédico* (desde la ingle hasta el pie, dejando los dedos libres). Tres o cuatro semanas después (una vez que se observa en la radiografía la aparición del callo de fractura) es posible colocar un tacón que permita el apoyo. Suelen resolverse definitivamente en ocho semanas.

— En el caso de fracturas desplazadas o abiertas se puede utilizar un fijador externo o una placa de compresión dinámica (mediante cirugía abierta).

d)   Las **fracturas del cuerpo del peroné** suelen acompañar a las fracturas de la tibia, y rara vez existe necesidad de fijación en ellas, ya que suelen alinear al reducir las de tibia. En caso de que exista una fractura aislada de pero-

né, se requiere un tratamiento sintomático durante seis semanas con un *yeso de marcha* por debajo de la rodilla.

e)   Las **fracturas del tobillo** resultan comunes por estar expuesta dicha articulación a una gran variedad de traumatismos, ya que soporta el peso del cuerpo y es particularmente móvil. Las fracturas de los maléolos (los relieves óseos laterales del tobillo, de la tibia y del peroné), del astrágalo en caídas y, sobre todo, el esguince de tobillo, conforman la mayoría de las lesiones que puede sufrir el tobillo.

— En el pie son frecuentes tanto la **fractura del astrágalo**, como la **fractura del calcáneo**, por aplastamiento (por compresión en caídas sobre los pies). Sólo necesitan intervenciones de fijación aquellas en las que exista un desplazamiento importante. En el resto de fracturas se inmovilizan con una **bota de yeso**, durante el tiempo necesario hasta que se produzca la aparición de un callo de fractura que pueda permitir la deambulación con un tacón de marcha.

— La **fracturas de los metatarsianos**, son frecuentemente *fracturas por estrés*, es decir por sobreuso (en marchadores, corredores de largas distancias o soldados que se fracturan el cuello o la cabeza del 2.º-3.er metatarsianos al marchar). Las indicaciones de tratamiento son las mismas que hemos comentado para el tarso (astrágalo y calcáneo). Las fracturas de las falanges siguen el mismo principio de inmovilización con esparadrapo que las falanges de los dedos de la mano.

LESIONES DE LAS PARTES BLANDAS DE LA RODILLA

Ante una lesión de rodilla que no presenta alteraciones en las radiografías, debe pensarse en una alteración de las partes blandas. Los trastornos de este tipo más frecuentes son una

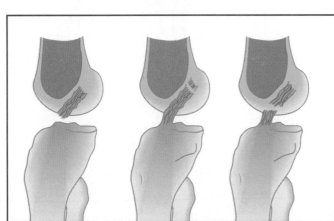

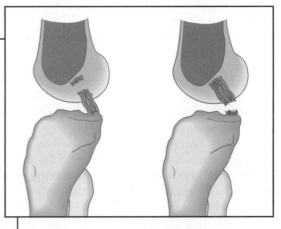

Roturas del ligamento cruzado anterior.

CONSEJO

CUIDADO CON LAS HINCHAZONES

Ante cualquier lesión en la rodilla en la que aparezca hinchazón o sensación de inestabilidad es importante acudir de manera urgente a un servicio médico. Si no es posible de forma inmediata, se mantendrá la articulación en reposo, en semiflexión y con hielo.

lesión de los ligamentos, de los meniscos, una luxación rotuliana resuelta espontáneamente o una lesión del tendón extensor, como posibilidades más frecuentes.

En casi todos los casos el mecanismo de producción suele ser un traumatismo indirecto sobre la rodilla, de manera que se producen movimientos forzados de la rodilla: combinaciones de flexión con rotaciones y posiciones de valgo (rodillas juntas, piernas "en X") o varo (rodillas separadas, piernas de "jinete"). En otros casos lo que se producen son traumatismos directos sobre las caras laterales de las rodillas, afectando al ligamento colateral interno de la rodilla.

En general las lesiones de partes blandas del interior de la articulación (ligamentos cruzados, meniscos o cartílago articular) producen dolor en la rodilla, edema, hinchazón de la articulación por derrame sinovial y dificultad para mantenerse de pie o sensación de rodilla inestable. Es necesario el estudio rápido y a fondo de este tipo de lesiones, ya que a menudo tienden a "etiquetarse" precipitadamente como "esguinces de rodilla con derrame traumático" y a inmovilizarse rápidamente, lo que muchas veces conlleva el agravamiento de una lesión que debería haber sido intervenida con prontitud, dejando para el futuro una rodilla inestable.

Las alteraciones más frecuentes de este tipo son las siguientes:

— En ciertas ocasiones se producen **lesiones combinadas**, afectándose varios ligamentos y un menisco (como la llamada *tríada de O'Donaghue*, con lesión del menisco interno, el ligamento colateral medial y ligamento cruzado anterior).

— De todas las posibles lesiones, probablemente la alteración individualmente más grave, es la del **ligamento cruzado anterior**, ya que es el pivote central de la rodilla, sobre el que se basa la estabilidad rotatoria de la misma. De

hecho se dice que la rotura del mismo supone el principio del fin del deportista. Cuando existe una rotura completa, se debe intervenir quirúrgicamente con prontitud, ya que si no, el ligamento se reabsorbe y se hace necesaria una reparación-reconstrucción compleja (mediante plastias o injertos), con lo que la recuperación y la vuelta a la actividad deportiva es más lenta y más costosa.

— El **ligamento cruzado posterior** se puede lesionar cuando se realiza una patada enérgica al aire, y también en los traumatismos en motocicleta, tras ser golpeada la rodilla a nivel de la tibia.

— El **ligamento colateral medial** (también llamado ligamento lateral interno) se rompe frecuentemente en esquiadores, o en traumatismos directos sobre la cara externa de la rodilla. El sujeto siente que la rodilla no le sujeta y tiene tendencia a perder la estabilidad al forzar el valgo (al juntar las rodillas). Por un mecanismo contrario, se puede lesionar el ligamento lateral externo.

— En general en las roturas parciales de los ligamentos de la rodilla, se puede mantener una actitud expectante y conservadora, mediante un reposo relativo inicial y la potenciación del cuádriceps, hasta conseguir un buen aparato muscular en la rodilla, lo que muchas veces evitará la aparición de nuevas lesiones.

— Los **meniscos** son unas estructuras cartilaginosas complejas, móviles y flexibles, cuya misión es conseguir que coincidan correctamente las superficies articulares de los huesos de la rodilla (los platillos tibiales y los cóndilos femorales). Como estos últimos son más grandes, si no existieran los meniscos la articulación no sería estable. Estos cartílagos se desplazan y se amoldan ante los movimientos de flexión y extensión de la rodilla, así como en los movimientos de rotación Si se realizan movimientos bruscos o forzados que superen la capacidad elástica del menisco, éste se puede romper o luxar. El fragmento roto se "escapa" entonces fuera de su sitio ante determinados movimientos y ocasiona un bloqueo de la rodilla en semiflexión.

El tratamiento de estas lesiones puede ser inicialmente conservador, aunque si persisten las molestias se debe proceder a la extirpación parcial del menisco, que garantice un buen funcionamiento de la rodilla. De todas formas no se debe eliminar un menisco, si no resulta totalmente necesario, ya que gran parte de la estabilidad de la rodilla, se basa en ellos, sobre todo en el menisco externo, que absorbe gran parte de las tensiones que se producen en la rodilla.

ESGUINCE DE TOBILLO

Posiblemente se trata de la lesión más frecuente que existe en traumatología. Quizás sea por ello por lo que en muchas ocasiones no se le presta la debida atención, lo que ocasiona posteriormente tobillos dolorosos, inestables o

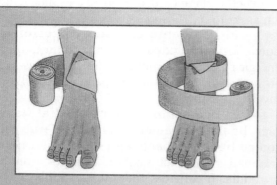

1 El vendaje del tobillo tiene que abarcar también el pie. Se comienza por dar varias vueltas con la venda por encima del tobillo. La segunda vuelta debe sujetar la punta de la venda que se ha dejado sobresalir tras la primera, tal como indica el dibujo.

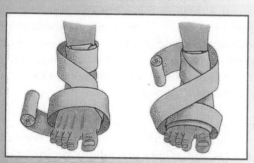

2 Seguidamente, se rodea el pie con otras dos vueltas y se vuelve al tobillo, comenzando un vendaje en "ocho" que rodea alternativamente el tobillo y el pie.

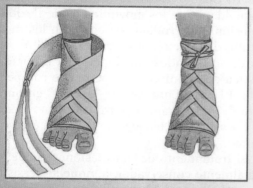

3 El vendaje se termina nuevamente en el tobillo, sujetando el final de la venda con un esparadrapo o bien con un nudo, que se puede hacer cortando por la mitad unos 20 centímetros del extremo de la venda y anudando ambas mitades antes de rodear con ellas el tobillo y hacer el nudo.

Conductas a seguir ante los esguinces.

con esguinces de repetición. Ello es debido a que la cicatrización ligamentosa no ha sido correcta, o a que la recuperación y fortalecimiento del aparato ligamentoso del tobillo no ha sido la adecuada.

ALTERACIONES DE LA COLUMNA VERTEBRAL Y DE LA ESTÁTICA

ESCOLIOSIS, CIFOSIS, LORDOSIS

La **escoliosis** es la desviación lateral de la columna vertebral. Siempre existe una curva primaria o inicial y, como mecanismo compensador para poder mantener la postura erecta, aparece una curva secundaria o compensadora.

Las escoliosis graves son las llamadas verdaderas o *estructuradas*, en las que existe siempre una rotación (giro) de una o más vertebras, acompañadas de inclinación lateral de la vértebra rotada, que es la que produce la aparición de la escoliosis. Más frecuentemente se observan las escoliosis no estructuradas o **actitudes escolióticas**, en las que no existe una rotación vertebral y la desviación de la columna es "falsa". Se trata de una falsa escoliosis en el sentido de que lo que existe es una mala posición de la columna, bien postural (por un mal hábito al sentarse o al trabajar), bien porque exista un acortamiento de una pierna (inclinándose la pelvis hacia el miembro más corto), bien por una deficiencia muscular en un lado de la columna, etc. En ninguno de estos casos existe rotación de vertebra alguna, que es la alteración que realmente define las escoliosis.

Si se observa desnudo a un paciente con escoliosis verdadera se observa una *dismetría* (desnivel) en todas las estructuras de la espalda: una escápula sobresale más que otra, el pliegue glúteo se desplaza del centro de la espalda y una espina ilíaca y un hombro, se observan más altos que los del lado contrario.

Es muy sencillo apreciar una desviación de la columna vertebral por la sencilla técnica de suspender una plomada desde el centro del cuello por la espalda del paciente.

Se debe tener en cuenta que los momentos críticos de las escoliosis suceden cuando los niños crecen de manera brusca en poco tiempo, cuando dan los "estirones". En estos momentos de la vida tienden a empeorar y deben ser vigilados muy de cerca, para decidir lo antes posible la actuación adecuada.

La **cifosis** es una incurvación de la columna hacia adelante, con una concavidad ante-

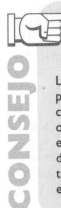

LA NATACIÓN Y LA ESPALDA

La natación es el mejor ejercicio posible para mantener la musculatura de la columna vertebral potente, y ayuda extraordinariamente a corregir las actitudes escolióticas. Antes de iniciar su práctica debe consultarse al médico para descartar la necesidad de un tratamiento más específico (rehabilitación).

rior. Se consideran patológicas, aquellas que superan los 40° en la región dorsal y todas aquellas que aparezcan en la región cervical o lumbar, donde normalmente debe existir una *lordosis fisiológica* (una curvatura normal inversa, de concavidad posterior).

Las cifosis pueden deberse a malformaciones congénitas, infecciones o inflamaciones de los cuerpos vertebrales, osteoporosis, etc. La actitud característica del niño o adulto con cifosis es echado hacia adelante, actitud que aumenta y se hace más visible cuando realiza una flexión ventral del tronco. El tratamiento se basa en la aplicación de ortesis correctoras (como el *corsé de Milwaukee* o el *corsé de Boston*), en la aplicación de estimulaciones eléctricas a la musculatura para producir un efecto erector de la misma, y sólo si no existe otro remedio, o en el caso de malformaciones congénitas se recurre a la cirugía.

La **lordosis** es una incurvación de la columna hacia atrás, de concavidad posterior. De modo fisiológico (en condiciones normales) existe una lordosis en la columna cervical y lumbar. Si se exagera esta postura normal, en estas dos regiones anatómicas, se origina una hiperlordosis que producirá dolor y contracturas musculares. Esto sucede de manera habitual durante la gestación, donde se produce progresivo cambio en la estática lumbar conforme aumenta el peso de la mujer embarazada.

FRACTURAS VERTEBRALES

Los mecanismos por los que se puede producir una fractura vertebral son, en el fondo, todos aquellos que superen los límites de flexión, extensión, rotación, aplastamiento o inclinación lateral que tienen los diversos segmentos de la columna (cervical, dorsal y lumbar). Estos límites de movilidad vienen condicionados por la existencia de un ligamento anterior y posterior (que recorren la columna por delante y por detrás), unos músculos paravertebrales (a ambos lados de la cara posterior de las vértebras), y la elasticidad de los discos intervertebrales que separan cada vértebra de sus adyacentes.

Cuando se supera la movilidad normal se puede producir la fractura vertebral. Esta fractura será *estable* cuando no existe desplazamiento del cuerpo vertebral, en general cuando afectan a la parte anterior del cuerpo vertebral.

La fracturas inestables suelen serlo por la existencia de una subluxación (desplazamiento) posterior de la vértebra. Esta situación es grave, ya que si continuase el desplazamiento se podría lesionar o incluso seccionar la médula, con el deterioro neurológico que ello implicaría (parálisis y anestesia completa por debajo de la zona lesionada).

Las fracturas estables se tratan con inmovilización en cama, analgésicos y relajantes musculares; por término medio durante 6-8 semanas. Las fracturas inestables deben ser reducidas mediante tracción o ser intervenidas quirúrgicamente. Tras ello, se aplican técnicas de inmovilización completa, para fracturas cervicales o dorsales. En el caso de la columna lumbar el riesgo de lesión medular es mayor, por lo que prohíbe la movilización precoz, resultando necesario un período prolongado de reposo en cama (entre 8-12 semanas).

ALTERACIONES ORTOPÉDICAS EN EL PIE DEL NIÑO

Pie zambo

También llamado *pie equino-varo*, se trata de una deformación congénita del pie que condiciona un cambio en la posición del mismo, apareciendo rotado de modo que sus plantas miran hacia la línea media (una hacia la otra). En realidad el niño afectado presenta el siguiente conjunto de deformidades simultáneas: el talón está *en equino* (en posición de "puntillas"), el pie está *supinado* (rotado), no existe un apoyo de toda la

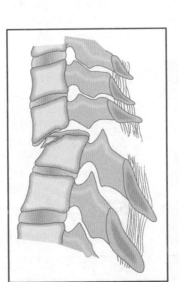

Fractura inestable por cizallamiento y desplazamiento posterior de la vértebra.

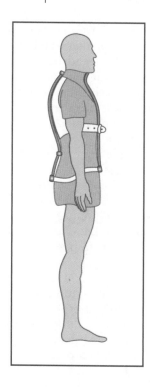

Corsé de Milwaukee.

planta, sino sólo de su borde externo y la punta del pie se *dirige hacia adentro* (aducción del antepié). Tales deformidades producen dolor y alteración grave de la marcha del niño, por lo que deben ser corregidas lo antes posible.

El tratamiento se basa en la combinación de métodos ortopédicos y quirúrgicos, de manera secuencial, en función de la gravedad del mismo, con el objetivo de conseguir un pie elástico, plantígrado (con apoyo de toda la planta) e indoloro. Generalmente, el tratamiento se inicia tan pronto como sea posible mediante manipulaciones suaves del pie (para evitar posibles daños de cartílagos de crecimiento), y la aplicación de un yeso corrector postural. Esta escayola se cambia con frecuencia (dos veces por semana al principio y una vez cada dos semanas cuando el niño va siendo mayor) según la evolución del cuadro.

Pie plano

Es aquel en el que existe un aplanamiento de la *bóveda plantar.* Se aprecia fácilmente observado la huella que deja el pie mojado sobre un suelo seco, que será completa. Esta alteración es fisiológica hasta los tres años de edad debido a un cojinete adiposo del pie del niño que rellena toda su planta. Este *pie plano flexible* no requiere ningún tratamiento especial ni ningún calzado ortopédico, re-

solviéndose espontáneamente con el desarrollo del niño. A partir de los cuatro años, sobre todo si existen molestias o rigidez en el pie, se pueden utilizar unas plantillas flexibles para descargar el arco longitudinal interno y aliviar la marcha.

Pie cavo

Es la situación inversa a la anterior, cuando existe una elevación excesiva del arco plantar longitudinal, consecuencia de una flexión de la zona media del pie. El tratamiento consiste en el uso de plantillas de descarga de los metatarsianos (en la parte anterior del pie), si es que aparece dolor. En las deformidades graves e incapacitantes está indicado el tratamiento quirúrgico.

HALLUX VALGUS ("JUANETES").

Es una deformidad muy frecuente producida por la desviación hacia la zona interna del pie del primer metatarsiano, con la subsiguiente subluxación de la primera falange, de forma que el dedo gordo queda desviado hacia fuera. Esta deformidad suele acompañarse de una bursitis en la articulación metatarsofalángica (inflamación por el roce excesivo de una bolsa sinovial en la cara interna de la raíz del primer dedo).

Parece existir un factor hereditario en la aparición de este trastorno, de forma que hay familias en las que lo padecen la mayoría de sus miembros. El juanete produce dolor y deformidad del primer dedo, situación que se ve agravada con el uso de zapatos estrechos y puntiagudos, razón por la que es más frecuente en mujeres. El tratamiento inicial es fundamentalmente preventivo, mediante vendajes funcionales, o férulas que mantienen separados los dedos 1.º y 2.º. Cuando el proceso ya está avanzado, se recurre a la cirugía, realizando una osteotomía (cortes en el hueso) para conseguir el realineamiento del primer dedo.

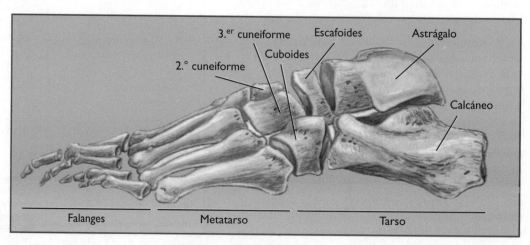

Visión lateral del esqueleto del pie.

8 ENFERMEDADES DEL SISTEMA NERVIOSO. PROBLEMAS NEUROLÓGICOS

Las enfermedades cerebrovasculares constituyen una de las principales causas de morbilidad y mortalidad así como de deterioro e incapacidad laboral. Constituye la tercera causa de muerte en países desarrollados siendo únicamente aventajadas por las enfermedades cardiológicas y el cáncer.

ACCIDENTES CEREBROVASCULARES (ACVA)

Su incidencia, aunque varía según la edad, sexo, raza y situación geográfica, oscila en cerca de 800 casos por cada 100.000 habitantes. Se calcula que aproximadamente el 5% de la población mayor de 65 años ha sufrido un ACVA. Sin embargo en las últimas décadas, se ha asistido a una disminución en la incidencia de dichas enfermedades debido al control de distintos factores de riesgo relacionados con ella, sobre todo el control de la hipertensión arterial. No ha ocurrido así con los logros en el tratamiento del episodio cerebrovascular una vez establecido. Por ello, la población y en su campo el personal sanitario, deben concienciarse de la importancia del conocimiento de dichos factores de riesgo puesto que de su detección, prevención y tratamiento dependerá la calidad de vida futura y la disminución de la frecuencia y mortalidad de las enfermedades cerebrovasculares.

¿EN QUÉ CONSISTE UN ACVA?

Los ACVA (accidentes cerebrovasculares agudos, coloquialmente conocidos como "derrames cerebrales") son enfermedades producidas por alteraciones en los vasos sanguíneos que riegan el cerebro. En la mayoría de los casos lo que se produce es una disminución del aporte de sangre y consecuentemente de oxígeno a una parte del cerebro a lo que se llama isquemia cerebral. En el resto de los casos es una hemorragia dentro del propio cerebro la causante de la enfermedad.

Las alteraciones vasculares que pueden producir estos accidentes son:

1) Anomalías en la propia pared del vaso como arteriosclerosis, malformaciones, dilatación de dicha pared (o aneurismas) e inflamación de la misma (arteritis).
2) Rotura de algún vaso cerebral.
3) Taponamiento de un vaso bien por un trombo localizado o por un émbolo procedente del corazón que al llegar a los pequeños vasos los obstruye.
4) Disminución de la presión sanguínea o aumento de la viscosidad que hace que disminuyan el flujo sanguíneo al cerebro.

Como resultado de cualquiera de estas alteraciones, disminuye el aporte de sangre oxigenada al cerebro, provocando una lesión neurológica a lo que llamamos ACVA. La función cerebral se interfiere pudiendo recuperarse total o parcialmente si el tiempo que dura la falta de aflujo sanguíneo es corto. Así bien, un trombo que bloquea el paso de sangre o una hemorragia que directamente lesiona una zona del cerebro, pueden provocar desde un simple déficit neurológico transitorio hasta la muerte.

ACVA POR ISQUEMIA CEREBRAL

La mayoría de los ACVA son secundarios a una isquemia cerebral focal (una falta de riego localizada). La clínica que producen y la evolución dependen de la intensidad y localización de la isquemia y de la capacidad del cerebro para recuperarse.

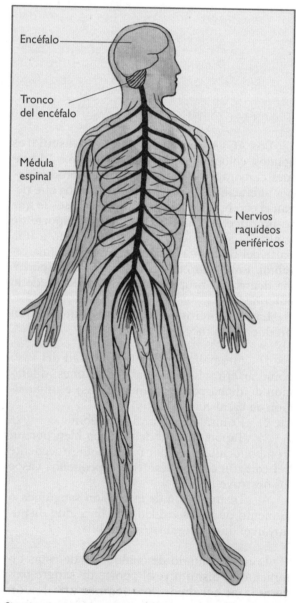

Encéfalo

Tronco del encéfalo

Médula espinal

Nervios raquídeos periféricos

Sistema nervioso central y periférico.

La causa más frecuente de la isquemia es la oclusión de una arteria cerebral por un trombo o émbolo originado en el propio árbol arterial a consecuencia de la **arteriosclerosis.**

Si la oclusión es total, se provocará una zona de infarto irrecuperable. Si la oclusión es parcial provocará *accidentes isquémicos transitorios* (AIT). Hablamos así de:

AIT: es un trastorno episódico y focal de la función cerebral, de comienzo generalmente súbito y brusco que provoca alteraciones neurológicas generalmente de minutos de duración y con recuperación completa en las 24 horas siguientes de iniciado el cuadro.

Infarto cerebral: es el conjunto de manifestaciones clínicas consecuencia de la disminución de flujo sanguíneo que provoca defectos neurológicos permanentes (de más de 24 horas de duración).

Manifestaciones clínicas de la isquemia cerebral

Dependen de la localización y extensión de la zona de cerebro afectada. La circulación cerebral proviene de ramificaciones de las arterias carótidas, situadas a cada lado del cuello, y de las dos arterias vertebrales que se unen formando la llamada arteria basilar. La unión de dicha arteria con las ramas de las carótidas forma el denominado *Polígono de Willis*, compleja trama de arterias de las que depende todo el riego cerebral. Es precisamente el origen de la arteria carótida la zona donde más frecuentemente se produce arteriosclerosis y trombosis que provocan accidentes isquémicos diversos.

Las manifestaciones clínicas más frecuentes cuando se afectan las carótidas son:

— Disminución de fuerza en el brazo y/o pierna del mismo lado denominada hemiplejía (cuando es total) o hemiparesia (cuando es parcial), junto con afectación de la cara y trastornos de la sensibilidad en ese hemicuerpo (en la misma mitad paralizada).

— Alteraciones visuales.

— Alteraciones del habla llamadas disfasias (dificultad en decir determinadas palabras) o afasias (incapacidad total para expresarse).

— Disminución de fuerza en una pierna con incontinencia urinaria asociada.

— Combinación de paresia con alteraciones visuales y sensoriales.

— También pueden aparecer cefaleas, convulsiones, confusión y amnesia.

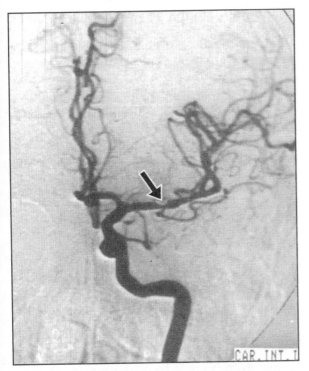

Estenosis (estrechamiento) localizado de una arteria cerebral que causa un ACVA (la imagen es de una arteriografía cerebral).

Cuando se afecta fundamentalmente la *arteria vertebrobasilar*, puede aparecer visión doble (diplopía), vértigo, alteraciones para la marcha (ataxia), dificultad para tragar (disfagia), dificultad para pronunciar (disartria), disminución del tono y fuerza en la musculatura de la mitad de la cara, náuseas, vómitos, hipo y otros. Si la isquemia es severa se altera el nivel de conciencia y se producen parálisis de los pares craneales provocando un cuadro progresivo y muy grave.

Diagnóstico de isquemia cerebral

La clínica confirma el diagnóstico por sí sola en la mayoría de los casos. Sin embargo es preciso establecer un diagnóstico exhaustivo con el fin de prevenir la aparición de nuevos accidentes isquémicos mediante tratamiento médico o quirúrgico cuando sea preciso. Cuando la isquemia es progresiva se precisa una actuación hospitalaria urgente para valorar el tratamiento con anticoagulantes que podrían detener el proceso.

En general, para constatar el diagnóstico clínico y sobre todo para descartar la existencia de una hemorragia cerebral, es habitual la realización de un escáner (TAC) o resonancia magnética, también útiles en muchos otros casos con la intención de excluir tumores, hematomas u otras enfermedades que pudieran estar

> *La hipertensión arterial aumenta el riesgo de sufrir una hemorragia cerebral.*

manifestándose como procesos isquémicos. Estos métodos no son siempre precisos de realizar de forma inmediata. Según la naturaleza del proceso a veces se usan otras técnicas como angiografías (visualización de la vascularización cerebral con contrastes), electroencefalograma, eco-doppler, etc.

Nunca se olvidará un estudio médico general con especial atención a nivel cardiológico dado que muchas veces es el corazón el origen de los distintos émbolos.

Tratamiento de la isquemia cerebral

La actitud terapéutica depende en gran medida del tipo de ACVA y su causa. El mantenimiento de las constantes vitales sobre todo de la tensión arterial, la oxigenación adecuada y el equilibrio electrolítico son las primeras medidas a realizar, en el debut del cuadro. Todo ello exige el ingreso hospitalario para recibir un tratamiento especializado, aunque si el paciente tiene muy mal pronóstico previo (si por ejemplo era un paciente demenciado en fase terminal, o un anciano de edad muy avanzada y gran deterioro físico) puede ser menos agresivo recibir cuidados a domicilio si la familia así lo desea y puede colaborar con los sanitarios

Actualmente no existe ningún tratamiento eficaz que disminuya la zona infartada del cerebro una vez establecido el daño neurológico. En la mayoría de los casos, sobre todo cuando la isquemia es transitoria se emplean fármacos que impiden la agregación de las plaquetas al trombo como la aspirina u otros, para evitar las recidivas. En otros casos se emplean fármacos inhibidores de la coagulación. Cuando la causa de la

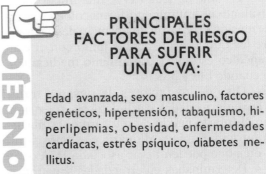

CONSEJO

PRINCIPALES FACTORES DE RIESGO PARA SUFRIR UN ACVA:

Edad avanzada, sexo masculino, factores genéticos, hipertensión, tabaquismo, hiperlipemias, obesidad, enfermedades cardíacas, estrés psíquico, diabetes mellitus.

isquemia radica en una estrechez de la arteria se emplearán tratamientos quirúrgicos según la edad del paciente, síntomas y otros factores.

En realidad el tratamiento más eficaz consiste en la prevención de los factores de riesgo (hipertensión, tabaquismo, exceso de colesterol, obesidad, estrés crónico, etc.) de esta enfermedad para evitar su aparición, ya que los daños del infarto suelen ser irreversibles.

Prevención de factores de riesgo de ACVA isquémico

Solamente el control de los factores de riesgo ha conseguido disminuir la incidencia de enfermedades cerebrovasculares. Existen una serie de factores potencialmente tratables y otros sobre los que no se puede actuar.

Factores de riesgo no tratables:

— Entre ellos destaca la edad, siendo más frecuente a partir de los 45 años con un riesgo máximo en la séptima y la octava décadas de la vida.

— Es asimismo más frecuente en el sexo masculino con una incidencia de tres a uno respecto a mujeres, y en la raza blanca respecto a la negra.

— También se habla hoy de una serie de factores genéticos y sociales no evitables. Determinados factores económicos y geográficos son igualmente, hoy por hoy, factores de riesgo difícilmente tratables.

Factores de riesgo tratables:

— El principal factor de riesgo cuya prevención ha demostrado disminuir la incidencia del ACVA es la hipertensión arterial (HTA). El riesgo se multiplica por cuatro o cinco en pacientes de mediana edad hipertensos y por dos cuando la tensión arterial está en cifras limítrofes con respecto a la población normotensa.

— Hay que destacar que la disminución en la ingesta de sal, en la ingesta de alcohol, la dieta y el estilo de vida ejerce una importancia equivalente al tratamiento farmacológico de la hipertensión. Son éstos los principales factores sobre los que hay que actuar junto con el control médico estricto y tratamiento medicamentoso cuando fuera preciso.

— Otro de los factores de riesgo a tratar son las enfermedades cardiológicas, si existen, como el infarto agudo de miocardio, la fibrilación auricular, miocardiopatías, estenosis mitral, etc., que pueden llevar asociada HTA o no.

— Determinadas enfermedades sanguíneas como el aumento de glóbulos rojos en exceso pueden aumentar los ACVA, por la dificultad a la circulación que supone la mayor viscosidad sanguínea.

— En los últimos años se va teniendo cada vez más evidencia de que el tabaquismo, la inactividad física, los niveles de colesterol y otros lípidos, la obesidad, disminución del reposo nocturno y el estrés psíquico son factores de riesgo vascular potencialmente evitables o cuanto menos tratables. La prevención y control de los mismos hará que siga disminuyendo la incidencia del ACVA. La prevención debe establecerse desde la educación en los primeros años de vida para adquirir unos hábitos saludables desde la infancia.

ACVA POR HEMORRAGIA CEREBRAL

Las causas de hemorragia cerebral, como ya apuntábamos al principio, pueden ser varias, si bien las más frecuentes, excluidos los traumatismos, son debidas a la hipertensión arterial. Le siguen en frecuencia las hemorragias producidas de forma espontánea, las debidas a rotura de algún aneurisma (dilataciones anormales de los vasos) y las secundarias a malformaciones vasculares.

Manifestaciones clínicas de la hemorragia cerebral

En la mayoría de los casos no es posible diferenciar clínicamente el accidente vascular isquémico del hemorrágico. Las hemorragias cerebrales hipertensivas son más frecuentes en pacientes con hipertensión arterial prolongada durante muchos años. Generalmente se producen cuando el paciente despierta y en otras ocasiones cuando está sometido a alguna tensión.

No suelen instaurarse las alteraciones neurológicas de forma tan brusca como en la isquemia sino que suelen evolucionar a lo largo de algunos minutos. Es bastante característico que el paciente note cefalea (50% de los casos), vómitos (30%) y se altere su nivel de conciencia. Puede incluso existir rigidez de nuca asociada (como en las meningitis).

Según la zona afectada el cuadro neurológico será variable. Pueden aparecer hemiplejías o hemiparesias, desviación de los ojos al lado contrario de la hemiparesia, parálisis de las cuatro extremidades (cuadriplejía), alteraciones en la marcha, trastornos en la visión, vértigos y, si los síntomas se agravan, estupor progresivo y muerte.

Un tipo especial de sangrado cerebral es la *hemorragia subaracnoidea* secundaria en la mayoría de los casos a traumatismos, rotura de aneurismas o malformaciones vasculares. En estos casos es típica la aparición de un cuadro brusco de cefalea intensísima ("la más fuerte que el paciente recuerda") con náuseas y vómitos que puede acompañarse de alteraciones de la conciencia e incluso de muerte súbita.

Diagnóstico y pronóstico de la hemorragia cerebral

Aunque la clínica es bastante orientativa, el escáner (TAC) es diagnóstico en el 100% de los casos desde los primeros momentos. Esto obliga a un traslado urgente hospitalario dado que en algunos casos el tratamiento quirúrgico puede salvar la vida del paciente y disminuir las secuelas, si se extrae pronto la sangre aliviando la presión intracraneal.

La mortalidad es mucho mayor que en los casos de isquemia, llegándose a producir la muerte en el 40% de los casos. Si el cuadro produce un coma, sobre todo si dura más de 48 horas, eleva la mortalidad al 70-90%. Lógicamente la extensión del hematoma influye también en el peor pronóstico. Sin embargo si el paciente sobrevive suele lograr recuperar sus funciones cerebrales mejor en los casos de accidente isquémico.

Tratamiento

En la mayoría de los casos de hemorragias cerebrales producidas por hipertensión el tratamiento es conservador, dado que la evacuación del hematoma, salvo en casos aislados, no ha demostrado que mejore la supervivencia. Por el contrario, cuando la hemorragia es secundaria a rotura de aneurisma o malformación vascular, el tratamiento de elección es quirúrgico y urgente sobre todo si el paciente es un adulto joven.

Prevención

Dado que la hemorragia cerebral es frecuentemente secundaria a hipertensión arterial, la prevención y tratamiento de la misma será el objetivo principal. La detección de malformaciones y aneurismas, salvo en los casos que cursa con cefalea intensa, es prácticamente imposible de realizar.

El airbag o bolsa de aire y el cinturón de seguridad protegen en caso de colisión, evitando que el conductor se golpee la cabeza sobre el volante o el parabrisas.

TRAUMATISMOS CRANEOENCEFÁLICOS Y DE LA MÉDULA ESPINAL

Los traumatismos craneoencefálicos (TCE) son una causa importante de mortalidad. En su mayoría son secundarios a accidentes de tráfico y con menos frecuencia a caídas o golpes directos. Los accidentes de tráfico son la principal causa de muerte en población joven menor de 35 años. Las lesiones traumáticas en la médula espinal suelen ir asociadas a traumatismos craneoencefálicos. En los últimos años se ha observado una disminución de la mortalidad por TCE debido a una mejora en las medidas de seguridad, como utilización de casco por motoristas, el uso del cinturón de seguridad y adecuado transporte de heridos.

TRAUMATISMOS CRANEOENCEFÁLICOS

Dentro de los traumatismos craneoencefálicos hay que diferenciar las lesiones primarias consecuencia de la acción directa del traumatismo y las secundarias generalmente debidas a hipoxia (falta de oxígeno por interrupción de la respiración), así como a isquemia (falta de flujo sanguíneo por interrupción de la circulación) y edema cerebral. Entre las primeras se pueden producir fracturas, contusiones y conmociones. De igual manera se distinguen unas complicaciones inmediatas del accidente como las hemorragias cerebrales, de otras tardías como las epilepsias postraumáticas.

Tipos de traumatismos craneoencefálicos

1) *Conmoción cerebral:* es una pérdida inmediata pero transitoria de la conciencia que se acompaña de un período de amnesia sin que exista una alteración cerebral demostrable mediante las pruebas habituales (como el TAC). Posee dos fases, la inconsciencia traumática y la amnesia retrógrada (olvido de lo sucedido antes del trauma).

Habitualmente se debe a un traumatismo no penetrante con un movimiento súbito del cerebro en el interior del cráneo. Cuando los traumatismos son leves, la amnesia abarca el momento del trauma y los acontecimientos inmediatamente anteriores. Cuando los traumatismos son más graves la pérdida de la memoria puede durar hasta semanas y acompañarse de una amnesia anterograda (incapacidad de memorizar lo que se hizo después del traumatismo).

2) *Contusión cerebral:* habitualmente se asocia con traumatismos de mayor intensidad que producen focos de necrosis y hemorragias múltiples en la corteza cerebral. Generalmente se visualizan en el escáner, donde a menudo se aprecian fracturas de los huesos del cráneo asociadas en el lugar del impacto.

Las manifestaciones clínicas dependen de la localización y tamaño fundamentalmente. Varían desde hemiparesias y desviación de la mirada hasta coma con postura en extensión, cuando las contusiones son mayores y bilaterales.

3) *Fracturas craneales:* cuando la elasticidad del hueso es superada a consecuencia del traumatismo se produce la fractura. Dos terceras partes de ellas asocian lesiones intracraneales significativas. La mayoría de las fracturas craneales son lineales y pueden afectar a la bóveda o a la base del cráneo.

Las fracturas lineales de la bóveda no suelen producir síntomas por sí mismas, pero asocian riesgo importante de hemorragias (epidurales y subdurales, por fuera del cerebro).

Las fracturas que afectan a la base del cráneo suelen extenderse frecuentemente al hueso temporal y la llamada fosa anterior del cráneo, por lo que pueden provocar pérdidas de líquido cefalorraquídeo por la nariz (rinorrea) o por los oídos (otorrea). El 20% de las fracturas lineales que afectan el peñasco del temporal asocian parálisis facial.

Complicaciones de los TCE

Complicaciones inmediatas

1) *Hematoma subdural:* es la hemorragia localizada debajo de la capa meníngea llamada duramadre. Suele cursar con coma, somnolencia y dilatación de las pupilas.

2) *Hematoma epidural:* es la hemorragia situada entre el cráneo y la capa más externa de las meninges o epidural. Suele manifestarse por pérdida de conocimiento que se instaura con gran rapidez, aunque a veces es típico encontrar un cuadro de lucidez de minutos a horas previos al coma.

Complicaciones tardías

Epilepsia, sobre todo en heridas penetrantes, demencia postraumatica, vértigo posicional benigno, meningitis y abscesos, rotura de arteria carótida que da origen a fístulas.

Complicaciones a distancia

Neumonías por aspiración, edema pulmonar, síndrome de dificultad respiratoria, gastritis, parada cardiorrespiratoria.

Diagnóstico y pronóstico

La exploración neurológica simple hecha por un médico experto es la parte esencial del diagnóstico dado que alerta sobre la gravedad y posibles complicaciones. Tras ello, las radiografías selectivas detectan las fracturas habituales en los traumatismos graves. El escáner (TAC) es el método diagnóstico más preciso. El pronóstico de los TCE depende de la intensidad y de la lesión provocada por el mismo.

Tratamiento del traumatismo craneoencefálico

Radica principalmente en la estabilización de las constantes vitales, principalmente a nivel cardíaco y respiratorio y después la actuación a nivel neurológico cuando sea preciso. Es importante detectar cualquier tipo de complicación sugerente de cirugía. El paciente

CONSEJO

PARA PREVENIR LOS TRAUMATISMOS CRANEOENCEFÁLICOS:

— Utilice el cinturón de seguridad en el coche.
— En la moto use el casco.
— Sea prudente en la conducción de vehículos.
— Sea prudente en el manejo y transporte de los accidentados.

suele pasar directamente a una Unidad de Cuidados Intensivos para todo ello. Ante la posibilidad de aumentar los daños cervicales, el personal sin experiencia no debería movilizar ni evacuar a los heridos con TCE graves en accidentes de tráfico. Lo mejor que se puede hacer por el paciente es abrigarlo y solicitar un transporte sanitario urgente.

TRAUMATISMOS DE LA MÉDULA ESPINAL

La mayoría de las personas parapléjicas y tetrapléjicas (con parálisis de dos o de las cuatro extremidades respectivamente) se deben a traumatismos en la médula espinal. Casi siempre son secundarios a accidentes de tráfico, que pueden provocar desde luxaciones vertebrales leves hasta muerte inmediata por parada respiratoria. Los mecanismos de producción son generalmente secundarios a una hiperextensión o flexión forzada de la columna cervical y a una compresión vertical a nivel torácico.

Tipos de traumatismos medulares

Muchos de los pacientes con TCE asocian inestabilidad en la columna vertebral. La inmovilización del cuello y el adecuado transporte son vitales en el pronóstico de los accidentados.

La exploración neurológica es la prueba crucial para conocer el nivel de la afectación medular. Suele aparecer dolor en la zona, disminución de la fuerza en piernas y brazos, alteración de la sensibilidad y desaparición de los reflejos por debajo de la lesión.

La prevención de los accidentes de tráfico, la adecuada inmovilización de los traumatizados y el rápido traslado de los mismos a un centro hospitalario, son los principales pilares para disminuir la incidencia de traumatismos y complicaciones a nivel de la médula espinal.

¿Cómo reconocer un traumatizado grave?

Paciente estuporoso o en coma desde el principio, pupilas dilatadas o de diferente tamaño (anisocoria), aumento de la respiración (hiperventilación), brazos y/o piernas en extensión forzada.

¿Cómo reconocer un traumatizado leve?

— Nivel de conciencia normal tras el traumatismo.

— Un único episodio de vómito.

— Cefalea, náuseas, sensación de desmayo, visión borrosa ligera (uno solo de estos síntomas).

Criterios de gravedad moderada

Pérdida breve de conciencia, confusión permanente aunque no coma, alteraciones de la conducta, mareos intensos, fotofobia (molesta la luz), inestabilidad, estado mental lento, abulia, disminución del nivel de conciencia, pérdida importante de memoria, vómitos repetidos, somnolencia intensa y disminución de fuerza en miembros.

ENFERMEDADES INFECCIOSAS DEL SISTEMA NERVIOSO CENTRAL

MENINGITIS

El sistema nervioso central, tanto el cerebro como la médula espinal, se hallan cubiertos por tres capas o membranas que lo protegen del contacto directo con el hueso y que se llaman meninges. La más externa se denomina duramadre, la intermedia aracnoides y la más interna piamadre. Entre las capas más internas se halla el *líquido cefalorraquídeo* (LCR), un fluido cuya función es nutrir y proteger al sistema nervioso central.

La meningitis consiste en la inflamación de estas membranas. Habitualmente se debe a la entrada de un germen en el LCR que irrita e inflama las meninges. Estos gérmenes llegan al LCR a través de la sangre, bien desde cualquier zona del cuerpo donde exista alguna infección o bien por un contacto directo con el exterior como ocurre en heridas y traumatismos.

En general, los niños pequeños y los ancianos, las personas inmunodeprimidas, los accidentados con fractura de cráneo o nariz, tienen mayor riesgo de meningitis. Según el microorganismo causante de la misma se habla de meningitis vírica y bacteriana.

MENINGITIS BACTERIANA

Afecta aproximadamente a unos 4-10 casos por cada 100.000 habitantes y año. De ellos el 70% son menores de cinco años. Suele aparecer más frecuentemente en otoño y en invierno.

La existencia de otitis media aguda, traumatismos craneales, linfomas y mielomas, alcoholismo, defectos congénitos del SNC, neurocirugía, transplante renal o de médula ósea y pacientes inmunodeprimidos, predisponen a la existencia de meningitis bacteriana.

Los gérmenes responsables del 80% de las meningitis bacterianas son el *Meningococo*, el *Neumococo* y el *Haemofilus influenzae*. Estas bacterias pueden llegar a las meninges por vías distintas pero generalmente lo hacen a través de la sangre. Los tres principales gérmenes productores de meningitis pueden encontrarse en condiciones normales en la faringe y nariz de la mayoría de la población sin producir enfermedades. Sin embargo cuando por motivos desconocidos pasan de ahí a la sangre, puede llegar a las meninges e inflamarlas. La existencia de infecciones cerca de las meninges, como otitis o la existencia de fracturas facilitan la aparición de meningitis.

Clínica

Generalmente la enfermedad comienza de forma brusca con un dolor de cabeza intenso, fiebre, náuseas, vómitos, fotofobia (no se aguanta la luz intensa), rigidez de cuello y espalda y decaimiento general. Posteriormente pueden aparecer alteraciones del nivel de conciencia. En la mitad de los casos existe una infección respiratoria en la semana anterior. En los recién nacidos es más difícil de detectar estos síntomas siendo muy orientativa la información de la madre sobre el comportamiento del niño como irritación, falta de apetito, vómitos, fiebre, flaccidez e incluso convulsiones.

El meningococo tiene dos formas de presentación. La primera es muy peligrosa y se caracteriza por cefalea brusca con fiebre, manchas rojas hemorrágicas por la piel (petequias), palidez intensa en extremidades y shock. La muerte puede suceder en un período muy breve, incluso de pocas horas. La segunda forma de presentación más corriente produce síntomas catarrales los días previos y después cefalea, vómitos y exantema (manchas cutáneas no hemorragicas).

Entre los signos más típicos de esta enfermedad destaca la *rigidez de nuca*. Ésta obliga al peciente a inmovilizar la cabeza con el cuello hiperextendido permaneciendo el tronco rígido y los miembros flexionados.

Diagnóstico

Todo paciente con sospecha clínica de meningitis debe ser trasladado de forma urgente a un centro hospitalario. Los signos típicos de rigidez de cuello y espalda y flaccidez en los bebes, obliga a una confirmación diagnóstica. La prueba principal es la *punción lumbar*. En ella se extrae una pequeña cantidad de líquido cefalorraquídeo con una punción poco molesta

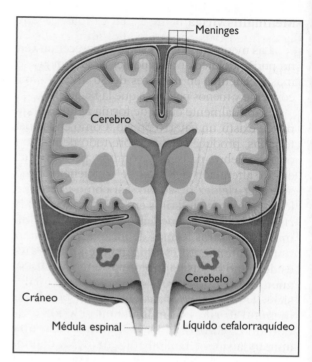

Representación de las meninges en el sistema nervioso.

en la columna lumbar en la zona baja de la espalda, mediante una aguja larga (trócar). Habitualmente este líquido es de color claro, por lo que si aparece turbio es probable la existencia de meningitis, que se confirmará mediante su análisis en el laboratorio. Los análisis de sangre también ayudan al diagnóstico.

Tratamiento

En la mayoría de los casos el tratamiento consiste en la administración de antibióticos a grandes dosis, generalmente por vía endovenosa y lo antes posible. Conviene tener siempre previamente sacada una muestra de LCR, que si es turbio indica iniciar de forma inmediata el tratamiento con determinados medicamentos (penicilinas y nuevos antibióticos de la familia de las cefalosporinas). Habitualmente se precisa el aislamiento del paciente durante unos días y se le administran también analgésicos-antitérmicos y fármacos anticonvulsivantes cuando sea preciso.

Generalmente el paciente se recupera en poco tiempo volviendo a la normalidad. Sin embargo hay que tener en cuenta que un 10% de los afectados muere. En algunos casos pueden producirse secuelas graves de la meningitis como sordera, epilepsia, deficiencia mental e hidrocefalia (aumento de tamaño del cráneo por alteración en la circulación del LCR y acumulación del mismo) que producen incapacidades permanentes. El diagnóstico precoz puede salvar la vida del afectado.

Meningitis vírica

Las meningitis víricas suelen aparecer en verano pudiendo afectar a cualquier edad aunque son más frecuentes en menores de 30 años. Es más corriente y menos peligrosa que la bacteriana.

Habitualmente cursa de forma aguda aunque puede existir un catarro previo. Como en las bacterianas, produce cefalea sobre todo detrás de la órbitas, fiebre, náuseas y vómitos, pero no suele existir alteración del nivel de conciencia. Puede aparecer rigidez de cuello, así como el resto de los síntomas ya descritos en la bacteriana. En rarísimas ocasiones pueden desarrollar debilidad muscular y otras formas de incapacidad motora.

El tratamiento es únicamente sintomático, es decir, no precisa antibióticos que nada consiguen frente a los virus, sino solamente analgésicos y antitérmicos hasta que cure espontáneamente. Por ello es fundamental el análisis del líquido cefalorraquídeo por punción lumbar ante toda sospecha de meningitis, dado que del diagnóstico microbiológico (bacteria o virus) que se obtenga, dependerá el tratamiento posterior (con o sin antibióticos).

ENCEFALITIS Y MIELITIS

La encefalitis consiste en la inflamación, secundaria generalmente a una infección, de los hemisferios cerebrales, el cerebelo y el tronco encefálico. Puede ser debida a una enfermedad viral en otra zona del organismo o bien por la invasión directa de un microorganismo en el SNC.

La mayoría de las encefalitis son debidas a virus; entre ellos los más frecuentes son los de la familia de los herpes y varicela-zoster, enterovirus, el virus del sarampión y el de la parotiditis (paperas). Todas estas enfermedades, habitualmente benignas, pueden complicarse con encefalitis de forma excepcional con gran gravedad. Últimamente la infección por el virus de la inmunodeficiencia humana (VIH) ha hecho que la incidencia de encefalitis aumente.

Suele aparecer con cefalea, dolores musculares y malestar durante unos días. Seguidamente se produce un inicio súbito de alteraciones neurológicas con disminución del nivel de conciencia, letargia, somnolencia y estupor. Puede haber confusión, desorientación e inclusive alucinaciones. Habitualmente el paciente nota náuseas, vómitos y cefalea.

El diagnóstico precisa análisis de sangre, punción lumbar y detección del germen causante por serologías (detección en la sangre de anticuerpos frente al virus responsable). Según el virus productor, el pronóstico puede ser desde muy favorable con una corta duración, hasta ser rápidamente

mortal. No existe tratamiento específico, con la excepción de las encefalitis por herpes, razón por la que pueden quedar secuelas neurológicas moderadas o graves, que son imprevisibles.

Cuando la infección viral afecta a la médula espinal se produce la mielitis. El virus que de forma más predominante invade la médula es el *virus de la poliomielitis*. Hoy en día, gracias a la vacunación infantil, la incidencia de mielitis secundaria a dicho germen ha disminuido considerablemente pero sigue existiendo en muchos países subdesarrollados donde no ha sido posible la vacunación masiva en la infancia. En nuestro país aún son frecuentes los pacientes adultos con secuelas por poliomielitis. El virus del sarampión, el de la mononucleosis infecciosa, el virus de la rabia, entre otros, pueden producir también esta enfermedad.

La mielitis se manifiesta por debilidad muscular intensa y progresiva, con fasciculaciones (movimientos musculares involuntarios) y atrofia muscular posterior (parálisis). Algunos virus pueden provocar también incontinencia de esfínteres.

ABSCESOS CEREBRALES

Son focos de infección localizados a nivel de los hemisferios cerebrales. Son más frecuentes en adultos jóvenes (10-50 años) con una incidencia ligeramente mayor en varones. Tienen una alta tasa de mortalidad así como de secuelas neurológicas, en muchos casos irreversibles. Generalmente son secundarios a infecciones crónicas en los oídos, senos paranasales y pulmones. En las dos primeras la infección se disemina directamente a través del hueso y meninges llegando así al tejido cerebral. Cuando son secundarias a infecciones pulmonares o a endocarditis, las bacterias pasan desde la sangre hasta el cerebro. En su mayoría son debidas a infecciones por bacterias. En la actualidad resultan frecuentes en pacientes con SIDA y en adictos a drogas por vía parenteral.

Habitualmente tras 10 ó 15 días de una infección en los oídos o en los pulmones, se produce

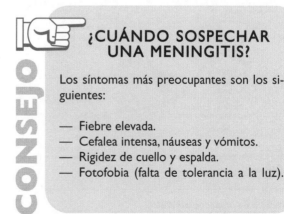

CONSEJO

¿CUÁNDO SOSPECHAR UNA MENINGITIS?

Los síntomas más preocupantes son los siguientes:

— Fiebre elevada.
— Cefalea intensa, náuseas y vómitos.
— Rigidez de cuello y espalda.
— Fotofobia (falta de tolerancia a la luz).

un empeoramiento de los síntomas y aparece cefalea, vómitos, disminución del nivel de conciencia y convulsiones. En la mitad de los casos hay fiebre. Según donde se localice el absceso, puede aparecer rigidez de nuca, hemiplejía, hemiparesia, incapacidad para nombrar objetos (afasia), defectos en la visión, etc. Entre las secuelas más frecuentes que pueden quedar está la epilepsia.

El procedimiento diagnóstico de elección es el escáner, que permite visualizar una bolsa localizada de pus. La punción lumbar puede ser muy peligrosa en estos pacientes y no se indica (por un exceso de presión en el líquido raquídeo). El tratamiento se basa en el uso de antibióticos por vía venosa.

ENFERMEDADES DE LOS PARES CRANEALES

Tal como se explicó en el capítulo dedicado a la anatomía y fisiología del sistema nervioso, existen 12 nervios pares que se originan en la base del cráneo y que van a inervar importantes órganos y estructuras. Estos nervios llamados pares craneales pueden verse afectados por distintas enfermedades dando lugar a cuadros clínicos específicos, algunos de ellos muy conocidos popularmente. Pares craneales: I par: Nervio olfatorio; II par: Nervio óptico; III par: Nervio oculomotor común o nervio motor ocular común; IV par: Nervio troclear o nervio patético; V par: Nervio trigémino; VI par: Nervio abducens o nervio motor ocular externo; VII par: Nervio facial; VIII par: Nervio auditivo, nervio estatoacústico o vestibulococlear; IX par: Nervio glosofaríngeo; X par: Nervio vago o nervio neumogástrico; XI par: Nervio accesorio espinal; XII par: Nervio hipogloso mayor.

NEUROPATÍAS (ENFERMEDADES DEL SISTEMA NERVIOSO PERIFÉRICO)

Los nervios están compuestos por múltiples fibras nerviosas de distinto tamaño agrupadas en fascículos. Cada fibra nerviosa consta de un cuerpo celular del que se desprende un *axón* que termina en ramificaciones nerviosas. El axón está rodeado de células denominadas células de Schwan que se agrupan formando las vainas de *mielina*.

Las fibras nerviosas pueden ser motoras o sensitivas según la información que transmitan. Las fibras motoras, tienen su cuerpo celular situado en el asta anterior de la médula espinal. Las sensitivas en los cordones posteriores de la médula. Así pues cada nervio periférico llevará información sensitiva y motora.

Las neuropatías consisten en trastornos de los nervios periféricos de distinta etiología. La afección puede ser a nivel del cuerpo celular, del axón o de las vainas de mielina. El axón puede dañarse por tumores, traumatismos vasculitis u otros. La regeneración nerviosa cuando el axón se daña es muy difícil y suele ser incompleta. Cuando lo que se daña son las vainas de mielina (desmielinización), no llega a existir un bloqueo completo sino un enlentecimiento de la información nerviosa. Si se logra una remielinización, la recuperación de la función del nervio puede ser completa.

En general se distingue entre **mononeuritis**, cuando sólo se afecta un nervio, y **polineuritis**, cuando se produce una afección difusa, a menudo distal y simétrica de varios nervios.

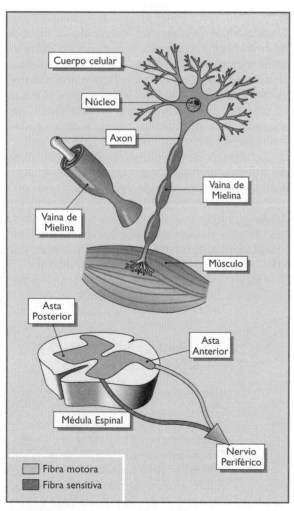

Cuerpo celular

Núcleo

Axon

Vaina de Mielina

Vaina de Mielina

Músculo

Asta Posterior

Asta Anterior

Médula Espinal

Nervio Periférico

☐ Fibra motora
■ Fibra sensitiva

Estructura de un nervio periférico.

Apertura de los ojos:	espontánea	4
	a la voz	3
	al dolor	2
	nula	1
Respuesta a estímulos:	obedece	6
	localiza	5
	retira	4
	respuesta flexora	3
	respuesta extensora	2
	nula	1
Respuesta verbal:	orientado	5
	confuso	4
	inadecuado	3
	incomprensible	2
	nulo	1

Escala de Glasgow.

MANIFESTACIONES CLÍNICAS

La clínica viene determinada, por un lado, por síntomas secundarios a la irritación nerviosa, como calambres y rigidez muscular, y, por otro lado, por síntomas secundarios al déficit nervioso. En este sentido puede existir desde debilidad hasta parálisis total.

La primera alteración que suele detectar el paciente es un trastorno sensitivo caracterizado por sensación de hormigueo, pinchazos o alteraciones de la sensibilidad (disestesias), generalmente en talones, dedos de los pies o plantas. Habitualmente los síntomas son simétricos. Al evolucionar la neuropatía, puede aparecer un déficit sensitivo completo en los pies, pérdida de reflejos y debilidad en los movimientos de flexión de los pies. Posteriormente se producirá una disminución de la sensibilidad en forma de calcetín y dificultad para caminar. Después desaparecen los reflejos rotulianos y aparece dolor. A continuación inestabilidad para la marcha, debilidad muscular intensa que incapacita para permanecer de pie, caminar o reconocer objetos al tacto.

CLASIFICACIÓN DE LAS NEUROPATÍAS

A grandes rasgos podemos distinguir entre neuropatías adquiridas y congénitas. Las adquiridas pueden ser debidas a alteraciones en la inmunidad, diabetes mellitus, insuficiencia renal, hipotiroidismo, alcoholismo, déficit nutricionales, neoplasias, mieloma, vasculitis, artritis reumatoide, lupus, esclerodermia, infecciones como lepra, difteria, herpes, secundarios a fármacos o tóxicos o bien ser de etiología desconocida. En las congénitas existen diferentes cuadros con afección sensitiva o motora y distinto patrón de herencia.

DIAGNÓSTICO Y TRATAMIENTO

El diagnóstico de la causa solamente se obtiene en el 50% de los casos. Es preciso siempre una correcta historia clínica, exploración física y neurológica completa. Los análisis de sangre orientarán sobre el origen metabólico de la enfermedad (diabetes, alcoholismo...) o los casos secundarios a fármacos. El electromiograma (mide la actividad eléctrica del nervio), la biopsia muscular y la biopsia nerviosa completarán el diagnóstico cuando sea preciso.

En las neuropatías adquiridas el tratamiento de la causa subyacente puede hacer recuperar la practica totalidad de la sensibilidad. No ocurre lo mismo con la mayoría de las neuropatías congénitas para las que no existe tratamiento específico.

COMA Y ALTERACIONES DEL NIVEL DE CONCIENCIA

El coma es un síndrome clínico secundario a la alteración de la conciencia. Se caracteriza por la falta de respuesta del paciente frente a estímulos externos, es decir, no puede ser despertado mediante diversos estímulos y no evita los estímulos dolorosos. En sí, no es una enfermedad sino la expresión de distintas patologías.

Entendemos por conciencia la capacidad de conocimiento de uno mismo y el ambiente que lo rodea. El grado de conciencia puede variar a lo largo del día desde un estado de hipervigilancia o concentración profunda hasta la inatención o somnolencia.

La afección de la conciencia puede tener distintos grados según la intensidad de la misma:

— Cuando la afección es ligera hablamos de **confusión**: el enfermo es incapaz de pensar con claridad y rapidez e incluso puede tener un pensamiento coherente.

— Cuando el grado de afección progresa aparece la **somnolencia**: el enfermo se halla semidormido pero tiene un rápido y fácil despertar frente a estímulos y además se defiende de estímulos dolorosos.

— En el **estupor** el paciente solo se despertará con estímulos vigorosos y repetidos y las respuestas serán lentas e incoherentes. La actividad mental y física se halla reducida al mínimo.

— En el **coma** el enfermo está como dormido, es incapaz de sentir o despertarse. Cuando éste es profundo no hay ningún tipo de respuesta al dolor e inclusive llegan a desaparecer los reflejos pupilares, corneales, faríngeos y osteotendinosos.

El último estadio es la **muerte cerebral** en el que no existe ningún signo de actividad de la corteza cerebral, ni del tronco encefálico y la respiración solamente puede ser mantenida por métodos artificiales. Es debida a una interrupción completa del flujo sanguíneo cerebral y al infarto global del cerebro. Legalmente se le reconoce como estado de muerte y habitualmente se demostrará por:

— Falta de respuesta al ambiente.
— Ausencia del reflejo pupilar a la luz.
— Ausencia de reflejos corneales y oculovestibulares.
— Apnea (ausencia de respiración).

VALORACIÓN DEL NIVEL DE CONCIENCIA

Los médicos utilizan un sistema de puntuación, conocido como **escala de Glasgow**, para medir la profundidad de la afección del nivel de conciencia de los pacientes. Cuando la suma de los puntos correspondientes a todos los ítems está por debajo de 10 puntos, indica un estado de mucha gravedad

HISTORIA CLÍNICA, EXPLORACIÓN Y DIAGNÓSTICO

El diagnóstico de la causa de un coma es frecuentemente un problema complejo para los médicos, toda vez que no se puede obtener ninguna información verbal del paciente. Por ello, será de vital importancia recoger toda posible información de familiares y testigos sobre enfermedades asociadas, como diabetes, enfermedad renal o hepática, abuso de drogas, traumatismos craneales recientes, etc.

Neurológicas	hemorragia cerebral
	infarto cerebral extenso
	hematoma epidural y subdural
	tumor cerebral o absceso cerebral
	hemorragia cerebelosa
	tumor, infarto o absceso cerebeloso
	meningitis y encefalitis
	epilepsia
Metabólicas	descompensación de la diabetes (hipoglucemia o hiperglucemia)
	encefalopatía hepática
	trastornos de los iones (calcio, sodio)
Hipóxicas	insuficiencia respiratoria crónica
	insuficiencia cardíaca
	anemia intensa
	encefalopatía por hipertensión
Tóxicas	intoxicación por monóxido de carbono
	intoxicación por fármacos (barbitúricos y opiáceos)
	alcohol
	metales pesados
Físicas	golpe de calor
	hipotermia
Carencial	encefalopatía de Wernicke (en alcohólicos)

Causas del coma.

La forma del inicio es también muy orientativa, si fue brusca (hemorragia, embolia, intoxicación) o progresiva (tumores, trombosis, etc.). La existencia de problemas neurológicos previos y la ingesta de sedantes e hipnóticos son también decisivas para orientar la causa del coma.

Los datos más sobresalientes a explorar en un enfermo comatoso son: postura, nivel de conciencia (escala de Glasgow), existencia de signos meníngeos, reacción de las pupilas, movimientos y posición de los globos oculares, reflejos y movimientos espontáneos. Los análisis, radiografía de cráneo, TAC, electroencefalograma y punción lumbar completan el estudio cuando no se ha llegado a un diagnóstico previo.

TRATAMIENTO

Se trata de una situación grave en la que lo más importante es el traslado inmediato al hospital. Una vez allí el tratamiento se establecerá en función de la causa del coma. En sentido general, las siguientes actuaciones son las más habitualmente adoptadas: garantizar la vía aérea (intubando si es preciso) y el suministro de oxígeno, intubación y respiración asistida, se descarta hipotensión o shock (que precisarían un tratamiento adecuado), se coloca una vía sanguínea para extracciones y administración de sustancias precisas, se determina inmediatamente la glucemia, etc. En caso de que el coma se deba a intoxicaciones, existen antídotos específicos para algunos de ellos: para los opiáceos (heroína), la naloxona, y para los tranquilizantes (benzodiacepinas), el flumazenilo.

ATENCIÓN:

Si observa en sus familiares mayores de edad, una pérdida de memoria apreciable o alteraciones en la personalidad, acompáñelo a su médico.

— Gliomas: pueden ser benignos o muy malignos como el glioblastoma multiforme.
— Meningiomas: normalmente son benignos.
— Adenoma de hipófisis.
— Neurinoma del acústico.
— Angiomas.
— Sarcomas y linfomas.

Metastásicos

Son los más frecuentes, son debidos a la diseminación de las células malignas de tumores primarios de otra localización. Los tumores que con más frecuencia dan metástasis en el cerebro son:

— Cáncer de pulmón.
— Cáncer de mama.
— Cáncer de piel o melanoma.

Congénitos

Son tumores intracraneales no malignos, que se originan durante el desarrollo embrionario. Los más frecuentes son:

— Craneofaringioma.
— Tumor epidermoide.
— Teratoma
— Cordoma.

TUMORES DEL SISTEMA NERVIOSO

CLASIFICACIÓN

Primarios

Son los tumores que se originan en las células propias del cerebro o en las meninges, los más frecuentes son:

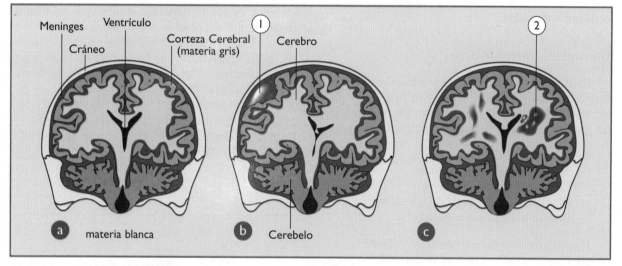

Distintos tumores del SNC y distinta gravedad:
a) El cerebro está rodeado por las meninges y el cráneo, que al ser una cavidad cerrada y dura no permite a los tumores crecer.
b) El meningioma, que es un tumor normalmente benigno, se desarrolla a partir de células de las meninges y habitualmente puede extirparse quirúrgicamente con facilidad (1).
c) Un tumor maligno profundo, que crezca en la sustancia blanca cerebral es muy difícil de extraer sin dañar a otras zonas del cerebro (2).

EPIDEMIOLOGÍA

En España representan el 1% del total de todos los tumores. Los tumores cerebrales son el segundo tipo de cáncer más frecuente en niños menores de 15 años después de las leucemias. Existen algunas enfermedades genéticas, que predisponen al desarrollo de cáncer cerebral, como son la neurofibromatosis y la esclerosis tuberosa.

CLÍNICA

Cuando una persona presenta un cáncer cerebral, puede tener síntomas derivados de dos mecanismos diferentes:

Por elevación de la presión intracraneal

Al formarse una masa que va aumentando de tamaño, dentro de una cavidad cerrada, como es el cráneo, hace aumentar la presión dentro de éste, dando lugar a los siguientes síntomas:

— Dolores intensos de cabeza.
— Náuseas y vómitos.
— Alteraciones en la vista: visión doble o borrosa y disminución de la agudeza visual.

Hidrocefalia. Consiste en la acumulación de líquido cefalorraquídeo en el cerebro, lo que provoca un aumento de la presión intracraneal. En los bebés en los que las suturas o zonas de unión de los huesos craneales no están cerradas definitivamente, se produce un aumento progresivo del tamaño de la cabeza y un abombamiento de las fontanelas.

Alteraciones neurológicas

Es decir, los síntomas derivados de la compresión de los nervios por la masa tumoral y de las zonas del cerebro que quedan como "muertas" por la presencia del tumor, dando lugar a:

— Alteraciones en la marcha.
— Alteraciones en el lenguaje.
— Crisis convulsivas.
— Disminución del nivel de conciencia.
— Cambios en la personalidad.

Hay algunos tumores, como los *adenomas de hipófisis*, que pueden ponerse de manifiesto porque producen aumento de secreción de algunas hormonas, es el caso de los prolactinomas, en los que se produce un aumento de secreción de la *prolactina*, que es la hormona encargada de la secreción de leche por el pezón y que sólo se es-

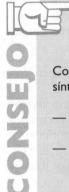

CONSEJO

SIGNOS DE ALARMA DE LOS TUMORES CEREBRALES

Consulte a su médico ante alguno de estos síntomas:

— Crisis convulsivas en mayores de 35 años.
— Dolores de cabeza intensos y persistentes, en personas que previamente no los tenían.
— Alteraciones neurológicas progresivas, en días o semanas, como alteraciones del habla o de la marcha así como cambios en la personalidad.
— Hidrocefalia con vómitos persistentes en niños.

timula de forma natural durante el período de lactancia, así las personas que tienen este tumor comienzan a producir leche en las mamas sin estar lactando.

DIAGNÓSTICO

Se realiza por los síntomas clínicos y las técnicas de imagen, como el escáner (TAC) y la resonancia magnética (RMN).

TRATAMIENTO

— Evacuación o drenaje del líquido cefalorraquídeo cuando existe hidrocefalia.
— Cirugía: Extirpación quirúrgica del tumor, siempre que sea posible por su localización.
— En los casos de los adenomas de hipófisis, la intervención más frecuente es la extirpación quirúrgica del tumor a través de la nariz.
— Radioterapia.
— Quimioterapia; en la mayoría de los casos se administran corticoides, para disminuir la inflamación y el edema que se produce de los tejidos nerviosos.

DEMENCIAS

DEFINICIÓN

Consiste en un deterioro progresivo de la función intelectual, con pérdida importante de la memoria y alteración en la capacidad de razonar, reconocer a las personas cercanas, emitir juicios críticos, etc.

La causa más importante de demencia es la *enfermedad de Alzheimer*, que constituye aproximadamente el 70% de los casos. Otras causas de demencia son:

— Demencia multiinfarto o de origen vascular: es la segunda en frecuencia.
— Trastornos nutricionales: déficit vitamínicos, alcoholismo (enfermedad de Wernicke).
— Trastornos endocrinos o metabólicos.
— Tumores cerebrales.
— Infecciones del sistema nervioso: meningitis, encefalitis, SIDA...
— Tóxicos: drogas, metales.
— Traumatismos.
— Enfermedades congénitas.

La demencia es una enfermedad que depende fundamentalmente de la edad, la presentan:

— El 1% de las personas menores de 65 años.
— El 10% de las personas de 75 años.
— El 30% en mayores de 85 años.

En España hay actualmente seis millones de personas mayores de 65 años, y de éstos 1.200.000 aproximadamente, superan los 80 años. La estrecha relación entre la edad y la demencia, explica que ésta se halla convertido en un auténtico problema social, sanitario y económico.

En general sospecharemos demencia, cuando el paciente es traído por los familiares, siendo éstos los que refieren las alteraciones o cambios que han notado en el enfermo, si por el contrario es el propio paciente el que refiere estos síntomas deberemos pensar más bien en un cuadro depresivo.

ENFERMEDAD DE ALZHEIMER

Es un grave problema de salud pública, ya que afecta a más del 10% de las personas mayores de 70 años. Consiste en un deterioro progresivo y global de las células del tejido cerebral, siendo su principal manifestación clínica la demencia.

Epidemiología

Es la causa más frecuente de demencia. Los principales factores de riesgo para padecerla son:

— Edad avanzada.
— Antecedentes familiares de primer grado (padres o hermanos) con demencia.
— Antecedentes personales o familiares de síndrome de Down.
— Alteraciones en el cromosoma 21.

Clínica

Los síntomas aparecen principalmente a partir de los 70 años, los más importantes son:

— Pérdida progresiva de la memoria.
— Alteraciones de algunas de las siguientes funciones cognitivas: razonar, emitir juicios críticos, lenguaje, realizar movimientos complejos (abrocharse un botón), reconocer personas o lugares conocidos...
— Alteración de la vida social, tanto en el trabajo, como en el domicilio.
— Cambio de personalidad.
— La consciencia siempre está conservada, el enfermo no está confuso ni tiene delirios.
— La exploración física y neurológica es habitualmente normal.

Es una enfermedad que causa más preocupación en los familiares que en el propio enfermo, ya que éste va perdiendo progresivamente la memoria, el lenguaje, las costumbres sociales, el control de esfínteres, los hábitos higiénicos, etc., permaneciendo al final del proceso en la cama. La causa más frecuente de muerte son las infecciones.

Diagnóstico

El diagnóstico de la enfermedad se realiza por la clínica, excluyendo mediante pruebas complementarias otros procesos patológicos que también pueden cursar con demencia, como tumores cerebrales, infecciones del sistema nervioso, alcoholismo, etc.

En general en la enfermedad de Alzheimer, el diagnóstico se realiza por exclusión, ya que las pruebas realizadas (análisis de sangre, punción lumbar, TAC o RMN), son inespecíficas, no aportando ningún dato especial y la mayoría de las veces son normales.

Tratamiento

Actualmente los fármacos disponibles para el tratamiento de la enfermedad se dividen en dos grupos: los que se utilizan para el control de los síntomas y los que intentan intervenir en la causa de la demencia.

Para controlar los síntomas, los más usados son:

— Si predominan los trastornos del ánimo: antidepresivos.
— En los trastornos de la conducta, como agitación o negativismo: neurolépticos (como el Meleril® o el Haloperidol®).
— Si presentan crisis convulsivas: anticonvulsivantes.

Los fármacos que actualmente se están utilizando, para intentar impedir el progreso de la enfermedad son: vasodilatadores,como el nimodipino y otros de aparición reciente, que son la tacrina y el donepezilo. Aunque se están realizando muchos estudios y progresos en el conocimiento de la enfermedad de Alzheimer, lo cierto es que hoy por hoy, no existe ningún fármaco que cure o detenga el proceso.

Es importante, para los familiares sobre todo, conocer el diagnóstico y la evolución de la enfermedad, ayudándoles a prevenir posibles complicaciones como úlceras de decúbito (son heridas que se producen en los enfermos inmovilizados por efecto de la presión, al estar apoyados siempre sobre un mismo punto, normalmente aparecen en la espalda), traumatismos por caídas, pérdidas del domicilio al no reconocer los lugares, etc. A veces son los propios familiares, los que necesitan ayuda psicosocial para superar esta situación que puede prolongarse varios años.

DEMENCIA MULTIINFARTO

Es la segunda causa más frecuente de demencias. Se produce una destrucción progresiva de las neuronas, a consecuencia de los sucesivos infartos cerebrales, es decir van quedando pequeñas zonas del cerebro sin riego sanguíneo, lo que ocasiona la muerte de las células de estos territorios.

Es más frecuente en personas que tienen factores de riesgo vascular, como hipertensión, diabetes mellitus, hipercolesterolemia y tabaco. Característicamente evoluciona en brotes y suele acompañarse de los síntomas neurológicos derivados del infarto cerebral.

El diagnóstico se realiza mediante técnicas de imagen (TAC o RMN), en las que se pueden apreciar áreas múltiples de necrosis o infarto. No existe tratamiento curativo.

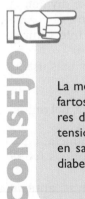

CONSEJO

PARA EVITAR LA DEMENCIA MULTIINFARTO

La medida más eficaz es prevenir los infartos cerebrales, controlando los factores de riesgo, es decir disminuyendo la tensión arterial, las cifras de colesterol en sangre, tratando adecuadamente la diabetes y dejando de fumar.

ENFERMEDAD DE WERNICKE

Es una demencia, cuya causa principal es el alcoholismo y el déficit de vitamina B1 o *tiamina*. La clínica se presenta de forma brusca y se caracteriza por:

— Trastornos mentales: síndrome de abstinencia alcohólica, somnolencia, amnesia y confabulaciones.
— Trastornos del lenguaje.
— Alteraciones en la marcha, caminan haciendo "eses", por afectación del cerebelo.
— Alteraciones oculares.

El tratamiento consiste en abstenerse absolutamente de alcohol y administrar vitamina B1 intravenosa. Es una enfermedad grave, con una mortalidad del 17% de los casos.

EPILEPSIA

La epilepsia se produce por una alteración en la conducción eléctrica del cerebro, provocada por una descarga brusca y anormal de una zona de la corteza cerebral y se manifiesta normalmente en forma de convulsiones o contracciones musculares.

La parte del cuerpo en la que se producirán las convulsiones dependerá de la zona del cerebro en la que se produce "la descarga eléctrica", así por ejemplo si se altera el hemisferio izquierdo, las contracciones musculares se producirán en el hemisferio derecho (ya explicamos en otro capítulo, como se entrecruzan las vías nerviosas), si se afecta la zona de la corteza cerebral, encargada de regular los movimientos de las manos, serán éstas las que sufran las convulsiones.

Las crisis epilépticas se caracterizan básicamente por una alteración brusca en el comportamiento, que dura varios segundos o minutos, y se acompaña de alteraciones motoras (convulsiones), psíquicas (trastornos de la consciencia) o autónomas (relajación de esfínteres).

EPIDEMIOLOGÍA

Es una enfermedad muy frecuente. Una de cada 10 personas sufre a lo largo de su vida una crisis convulsiva, sin que haya predominio de sexos. Parece que existe cierta predisposición genética, ya que es tres veces más frecuente en personas con antecedentes familiares.

CAUSAS

— En el 50% de los casos no se conoce la causa, son las epilepsias que denominamos primarias o idiopáticas.

— Traumatismo craneal.

— Tumores cerebrales.

— Accidentes cerebrovasculares: infartos o hemorragias.

— Lesiones obstétricas: los niños que nacen de nalgas tienen más posibilidad de presentar crisis epilépticas.

— Infecciones del sistema nervioso: meningitis, encefalitis.

— Malformaciones cerebrales congénitas.

— Agentes tóxicos: alcohol, plomo...

— Factores externos: sonido, estímulos luminosos, televisión.

— Alteraciones metabólicas: hipoglucemia, hipocalcemia...

— Fiebre: es importante diferenciar la epilepsia desencadenada por la fiebre de las convulsiones febriles típicas de los niños.

1 Es posible que antes de un ataque epiléptico el paciente tenga una premonición del mismo. Ayúdele a echarse en posición horizontal, antes de que se desplome incosciente al suelo, y aléjele de las escaleras o de cualquier sitio peligroso.

2 Aparte cualquier mueble u objeto con el que se pueda golpear mientras le duren las convulsiones violentas.

3 No trate de impedir las contracciones violentas que sobrevienen después de un breve lapso de rigidez. Puede que se le cierren las mandíbulas, se muerda la lengua, y que le salga espuma sanguinolenta por la boca, pero no intente abrírsela por la fuerza.

4 Durante el minuto aproximado que dura la crisis, en la que la respiración es altamente ruidosa, vigile al paciente, no lo mueva ni intente estirarle las piernas flexionadas.

5 Una vez han cesado los movimientos musculares, el paciente entra en un coma profundo. Examínele en busca de posibles lesiones producidas durante el ataque, aflójele los botones, el cinturón y colóquele en posición de recuperación. Durante el ataque es posible que se orine. Déjele dormir, compruebe que la lengua no obstruye el paso del aire y permanezca a su lado hasta que despierte.

NORMAL

DURANTE EL ATAQUE

6 Encefalogramas tomados en situación de normalidad y durante un ataque epiléptico. El trazado indica que la actividad eléctrica del cerebro está alterada.

Fases de una crisis epiléptica fuerte.

Es muy importante la edad a la que aparece la epilepsia, ya que las causas probablemente serán diferentes, así las causas más frecuentes por grupos de edad son:

— 0-2 años: Lesiones en el parto, hipoxia perinatal.
— 2-12 años: Idiopática, convulsiones febriles.
— 12-18 años: Idiopática, traumatismos.
— 18-35 años: Traumatismos, alcohol.
— 35-55 años: Tumores del sistema nervioso.
— Mayores de 55 años: accidentes cerebrovasculares.

CLASIFICACIÓN

Crisis generalizadas primarias

a) Tónico-clónicas generalizadas.
b) Ausencias.
c) Mioclónicas.
d) Atónicas.

Crisis parciales

a) Parcial simple.
b) Parcial compleja.
c) Parcial con generalización secundaria.

CLÍNICA

Crisis generalizadas primarias

Crisis tónico-clónicas generalizadas o gran mal

Es el ataque epiléptico más conocido, se caracteriza por una pérdida repentina de la conciencia, con una contracción violenta y generalizada de los músculos tónicos, que da lugar a movimientos rítmicos con sacudidas, acompañados generalmente de mordedura de lengua, emisión de espuma por la boca y relajación de esfínteres. La duración del episodio es aproximadamente de uno a tres minutos, a continuación el enfermo experimenta un sopor profundo y un estado postcrítico en el que el enfermo no suele recordar nada.

Crisis de ausencias o petit mal

Es más frecuente en niños, entre los 3 y 12 años. Se caracteriza por una pérdida brusca del conocimiento, el paciente se queda inmóvil, con la mirada fija y totalmente inexpresivo, durante unos 10 ó 15 segundos, algunos enfermos presentan movimientos rítmicos y automáticos con las manos o movimientos de chupeteo o masticación. La crisis termina tan bruscamente como

SI PRESENCIA UNA CRISIS CONVULSIVA:

CONSEJO

— Pida ayuda inmediatamente a los servicios sanitarios de urgencias.
— Evite que el enfermo pueda hacerse daño con los objetos que le rodean.
— Si tiene algún pañuelo o gasa, intente ponérselo en la boca para que no se muerda la lengua, pero nunca introduzca su propia mano, ni intente forzar la colocación de ningún objeto en la boca del paciente, ya que puede dañarse el propio enfermo o la mano del que presta la ayuda.
— Coloque la cabeza del enfermo, mirando hacia un lado, para evitar que se trague sus propias secreciones y se ahogue.

empezó y el paciente se recupera perfectamente, encontrándose totalmente alerta tras el episodio. Estas crisis de ausencias se repiten numerosas veces al día.

En un 50% de los casos, las crisis desaparecen tres años después del inicio. Un 25% de los enfermos, disminuyen claramente el número y la intensidad de los episodios. El otro 25% evolucionan a otro tipo de epilepsia. En general tienen peor pronóstico, los varones, mayores de ocho años y con mala respuesta al tratamiento médico.

Crisis mioclónicas

Consiste en contracciones breves y bruscas, involuntarias e irregulares en las extremidades, tronco, o músculos faciales. Normalmente, no existe pérdida de conciencia.

Crisis atónicas

Se produce una pérdida repentina del tono de los músculos que mantienen la postura, es decir el enfermo se queda de pronto sin fuerza, como "desplomado", pudiendo incluso provocar una caída. La duración es cortísima, puede acompañarse o no de pérdida de conocimiento.

Crisis parciales

Simples

Se caracteriza porque el enfermo no pierde la conciencia. Normalmente se inicia con un "aura", que el paciente describe como una sensación o un sabor desagradable, a continuación se producen movimientos de automatismos, chasquido de labios, masticación, sacudidas de cabeza y termina en pocos minutos, tras los que el paciente no recuerda nada. Esta forma puede evolucionar a crisis tónico-clónica generalizada.

Complejas

Siempre existe pérdida de conciencia. Se originan en el lóbulo temporal. Son similares a las simples, acompañándose también de automatismos y de amnesia de la crisis.

Convulsiones febriles

Es muy importante que las conozcamos, ya que son muy frecuentes en niños menores de cinco años, tienen muy buen pronóstico, desapareciendo la mayoría de ellas espontáneamente, sin necesidad de tratamiento y sin dejar ningún daño o secuela cerebral.

La edad típica de aparición es entre los seis meses y los cinco años. Es más frecuente en varones, sobre todo si existen antecedentes en la familia. En general son muy frecuentes, se presentan hasta en el 35% de niños sanos. La clínica es muy característica, en el 80% de los casos se producen crisis convulsivas generalizadas, que se desencadenan por fiebre elevada. En otras ocasiones se producen sólo crisis parciales.

Los niños que presentan episodios de crisis convulsivas febriles, las suelen repetir hasta en el 50% de los casos, por lo que es muy importante que los padres y familiares las conozcan y sepan como actuar. La mayoría de los niños dejan de presentar las crisis espontáneamente a partir de los cinco años, no presentando en el futuro ninguna secuela ni daño cerebral. Sólo entre un 1-3% de los casos evolucionará a otro tipo de epilepsia.

Son factores de mal pronóstico:

— Duración de las crisis de más de 30 minutos.
— Inicio de las crisis a edades tempranas.
— Antecedentes familiares.
— Alteraciones cerebrales previas (tumores, malformaciones cerebrales...)
— Crisis focales en vez de generalizadas.

El tratamiento de la crisis consiste en administrar *diazepan* (Stesolid®) por vía rectal y disminuir la fiebre lo antes posible.

Status epiléptico

Llamamos estado epiléptico a una convulsión que dura más de 30 minutos o a varias convulsiones seguidas, entre las que no se recupera la conciencia. Es una situación muy grave, ya que se produce en el enfermo una alteración de la función cardíaca y respiratoria, así como fiebre elevada que le puede provocar la muerte, si no es trasladado y atendido urgentemente en un hospital.

Diagnóstico de las epilepsias

Se basa fundamentalmente en la descripción de las características clínicas de las crisis por parte de quien las presencia. El *electroencefalograma* representa la prueba más importante, estableciendo el diagnóstico en la mayoría de las ocasiones, aunque "un electroencefalograma normal no descarta una epilepsia".

Se deben realizar otras pruebas para descartar que la epilepsia sea secundaria a otras enfermedades (tumor, infección...), habitualmente se realizan análisis de sangre y orina, TAC o RMN, punción lumbar y estudio de sustancias tóxicas.

Tratamiento

Es fundamental educar al enfermo y a su familia sobre la enfermedad, ya que al presentarse de forma brusca y cursar con pérdida de conocimiento, puede ocasionar graves accidentes. La epilepsia requiere tratamiento con fármacos que consiguen controlar las crisis, disminuyendo la frecuencia e intensidad de las mismas y muchas veces haciéndolas desaparecer.

Los fármacos más utilizados son la carbamacepina, el valproato, la fenitoína y la etosu-

Es fundamental para el control de las crisis epilépticas tomar correctamente la medicación, respetando las horas de intervalo aconsejadas para mantener niveles adecuados del medicamento en sangre continuamente.

ximida. Todos ellos son fármacos que exigen un estrecho control médico pues no están exentos de toxicidad.

Consejos para controlar las crisis epilépticas:

— Tomar correctamente la medicación: para no olvidarla es conveniente tomarla siempre a la misma hora y asociarla a alguna actividad de la vida diaria, por ejemplo lavarse los dientes.

— Si se olvida alguna dosis, tomarla en cuanto lo recuerde, sin interrumpir el ritmo de la medicación para los días siguientes.

— Si vomita algún comprimido, intentar repetirla tras dejar pasar 30-60 minutos.

— Respetar las horas de sueño.

— No tomar alcohol: disminuye la eficacia de algunos fármacos y aumenta la toxicidad de otros.

— El alcohol es uno de los principales desencadenantes de las crisis.

— Tener cuidado con la televisión y videojuegos en niños con fotofobia.

— Evitar realizar actividades de riesgo (buceo, alpinismo...), si practica otras actividades como natación o ciclismo, hacerlo siempre bajo la vigilancia de familiares o amigos que conozcan la enfermedad. Asimismo una persona con crisis epilépticas no debe conducir vehículos, en la mayoría de los países, se exige al menos 6-12 meses, sin padecer ninguna crisis, para conceder el carné de conducir.

— Anotar en un calendario la frecuencia de las crisis y si lo ha relacionado con algún factor desencadenante.

ENFERMEDAD DE PARKINSON

DEFINICIÓN

La enfermedad de Parkinson es el trastorno degenerativo más conocido del sistema nervioso central. Consiste en la pérdida progresiva de las neuronas que se encuentran en los núcleos pigmentados del tronco del encéfalo. Estas neuronas son las encargadas de segregar una sustancia llamada *dopamina*, cuyo déficit es la principal causa de los signos y síntomas que presenta la enfermedad de Parkinson.

EPIDEMIOLOGÍA

La enfermedad de Parkinson es el trastorno neurológico motor más frecuente, afectando a una persona de cada 1.000. La enfermedad comienza entre los 40 y 70 años, siendo más frecuente a partir de los 50 años.

No existe predominio de sexo, raza ni región geográfica. Es una enfermedad idiopática, es decir no existe ninguna causa conocida. Parece ser que algunas familias están más predispuestas a padecer esta enfermedad, existiendo un componente hereditario.

CLÍNICA

Los síntomas más característicos de esta enfermedad son:

a) **Lentitud de movimientos**

Presentan dificultad para vestirse, asearse o comer. Les cuesta trabajo iniciar cualquier movimiento voluntario, como iniciar la marcha, que es muy característica, caminan muy despacio, con pasos cortos y los pies pegados al suelo, sin mover los brazos

Sus movimientos son lentos e incompletos, por ejemplo, para ellos es muy costoso darse la vuelta en la cama.

b) **Rigidez**

Presentan un aumento del tono muscular de las extremidades fundamentalmente y ofrecen resistencia a la movilidad pasiva, así si intentamos estirar un brazo a un enfermo de Parkinson, apreciaremos una rigidez, que se conoce como "en rueda dentada", por la oposición que ofrecen al movimiento.

c) **Temblor**

Es el síntoma inicial en el 70% de los casos. Es un temblor de reposo, que mejora con los movimientos voluntarios, normalmente desaparece con el sueño y aumenta con el estrés. Más frecuente en las manos que en las piernas, la cabeza normalmente no suele temblar. Habitualmente comienza en un solo lado del cuerpo.

d) **Alteraciones en la postura y en la marcha**

Los enfermos adoptan una postura encorvada y presentan trastornos del equilibrio, que suele provocar numerosas caídas.

e) **Otros síntomas**

— Micrografía: escriben con letra pequeña.
— Voz monótona y lenta.
— Aumento de la secreción de saliva, babeo, dificultad para tragar o deglutir.
— Aumento de la sudoración.

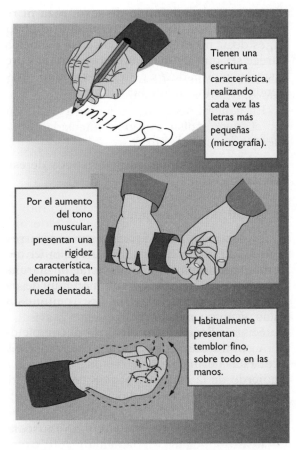

Tienen una escritura característica, realizando cada vez las letras más pequeñas (micrografía).

Por el aumento del tono muscular, presentan una rigidez característica, denominada en rueda dentada.

Habitualmente presentan temblor fino, sobre todo en las manos.

Otras características clínicas de la Enfermedad de Parkinson.

— Hipotensión ortostática: es decir disminución de la tensión arterial al incorporarse o ponerse de pie.
— Depresión o demencia.
— Estreñimiento.

DIAGNÓSTICO

Normalmente se realiza por los síntomas clínicos que presenta el enfermo, ya que la mayoría de las veces son muy característicos. El electroencefalograma y las pruebas radiológicas, como TAC y RMN, son inespecíficos, no aportando habitualmente, ningún dato de interés.

EVOLUCIÓN

La enfermedad de Parkinson es una enfermedad degenerativa progresiva que en el momento actual no tiene curación.

TRATAMIENTO

Como hemos explicado al principio del capítulo, los síntomas de la enfermedad son debidos fundamentalmente al déficit de la sustancia llamada dopamina y el tratamiento para mejorarlos es administrar sustancias parecidas a ella. Actualmente, los fármacos más utilizados son:

— L-dopa + carbidopa (Sinemet®, Madopar®, que mejoran sobre todo la rigidez y la falta de movilidad.
— Anticolinérgicos (Artane®, etc), que sirven para el control del temblor y de los síntomas derivados de la hiperactividad colinérgica, como son la sudoración, hipersecreción salival e hipotensión.
— Inhibidores de MAO.

Es recomendable realizar ejercicios físicos de rehabilitación, para mantener la amplitud de movimientos y la fuerza muscular. No se ha demostrado en el momento actual, que ningún tratamiento cure ni retrase claramente el desarrollo de la enfermedad, con estos fármacos lo único que se consigue es aliviar los síntomas.

Existen otra enfermedades denominadas *parkinsonismos* en las que los síntomas son similares a los de la enfermedad de Parkinson, pero que existen unas causas que los desencadenan:

— Fármacos: por ejemplo el *haloperidol*.
— Infecciones de sistema nervioso: encefalitis.
— Sustancias tóxicas, como el monóxido de carbono.
— Arteriosclerosis.
— Enfermedades neurológicas, por ejemplo, la parálisis nuclear progresiva.

CEFALEAS

La cefalea o dolor de cabeza es uno de los motivos de consulta más frecuentes en nuestra sociedad, se calcula que aproximadamente el 90% de la población sufre en algún momento de su vida un dolor de cabeza. Casi todos los tipos de dolor de cabeza son más frecuentes en mujeres y tienen un componente hereditario, existiendo varios casos en la misma familia.

La mayoría de los dolores de cabeza son de carácter benigno, pero en algunas ocasiones puede existir una enfermedad de base que ponga en peligro la vida del individuo, por lo que es fundamental conocer las posibles causas de cefalea y los signos de alarma que pueden avisarnos de la presencia de algún problema importante.

En general, la cefalea es un problema crónico, es decir dura muchos años, a veces toda la vida, repitiéndose en crisis, con mayor o menor frecuencia e intensidad, dependiendo del tipo de cefalea.

CLASIFICACIÓN

1) Migrañas o jaquecas.
2) Cefalea tensional.
3) Cefalea crónica.
4) Cefalea en racimos.
5) Neuralgia del trigémino.
6) Cefalea asociada a infecciones (meningitis, encefalitis, sinusitis...).
7) Cefalea asociada a trastornos vasculares (hemorragias o infartos cerebrales).
8) Cefalea asociada a traumatismos craneales.
9) Cefalea asociada a problemas oculares (glaucoma, alteraciones de la agudeza visual...).
10) Cefalea provocada por factores ambientales o externos (frío, altura, pantallas de vídeo y ordenador...)
11) Cefalea secundaria a consumo o abstinencia de tóxicos o fármacos (monóxido de carbono, plomo, setas, vasodilatadores, anticonceptivos...).

MIGRAÑA O JAQUECA

Se denomina migraña o jaqueca a un dolor de cabeza intenso, pulsátil, normalmente hemicraneal, es decir afecta al lado izquierdo o derecho de la cabeza, que se acompaña de náuseas o vómitos y habitualmente va precedido de una sensación extraña, llamada "aura".

Epidemiología

Es muy frecuente, la padece aproximadamente un 10% de la población. En el 70% de los casos existen antecedentes familiares y es más frecuente en mujeres. Predomina en adolescentes y adultos jóvenes.

Causas

Actualmente no se conoce la causa exacta de la jaqueca. Algunos estudios indican que puede haber una alteración en el metabolismo de una sustancia llamada serotonina. En otros casos, parece que influyen trastornos de la circulación sanguínea cerebral. No tiene relación con la inteligencia ni con la personalidad o perfil psicológico.

Lo que si está muy bien estudiado, y comprobado por los propios enfermos, son los factores que desencadenan las crisis de migraña:

— Tensión o estrés: en ocasiones la jaqueca se produce cuando cesa la situación de estrés, es lo que llamamos "migraña del fin de semana".
— Falta o exceso de sueño.
— Menstruación en las mujeres.
— Alcohol.
— Algunos fármacos: como los anticonceptivos orales.
— Alimentos ricos en tiamina, nitritos o ciertos colorantes: queso añejo, chocolate, ahumados, frutos secos, plátanos, vino tinto...

En general las crisis de jaqueca se alivian con el sueño y disminuyen su intensidad y frecuencia durante el embarazo.

Clínica

La jaqueca es en general un cuadro muy típico y conocido, sobre todo por los enfermos que la padecen, se caracteriza por existir primero una fase denominada "aura", que los enfermos reconocen como manifestaciones extrañas, que pueden ser sensitivas, auditivas o visuales ("chiribitas" o destellos luminosos). Estas últimas son las más frecuentes y avisan o anuncian la llegada de la crisis de jaqueca.

A continuación aparece un dolor intenso, localizado normalmente en un lado, derecho o izquierdo de la cabeza, pulsátil, como en latidos, que dura entre 4-72 horas y se acompaña de náuseas, vómitos, foto y fonofobia, esto quiere decir que les molestan mucho los ruidos y la luz.

El enfermo suele tener mal aspecto y palidez, pero la exploración física y neurológica es normal.

Otras veces, las jaquecas no presentan aura ni este cuadro tan característico, o bien, se acompaña de otros síntomas, por ejemplo en las migrañas oftalmopléjicas, en las que aparece una parálisis del par III craneal.

Diagnóstico

Si la historia clínica que relata el enfermo es compatible con crisis de jaqueca no es necesario realizar ninguna otra prueba. Solo se harán pruebas de laboratorio y estudios radiológicos, si se sospecha que pueda existir una enfermedad de base (tumor, aneurismas...). Si el enfermo presenta rigidez de nuca y fiebre elevada es necesario hacer una punción lumbar.

Tratamiento

Se distinguen tres tipos de tratamientos.

a) *Abortivo:*

Se trata de evitar que se desencadene la crisis completa en un determinado momento: Sólo resulta útil si se toma la medicación cuando comienza el aura, los fármacos empleados son ergotamínicos, sumatriptán y derivados.

b)   *De la propia migraña:*

Lo más conveniente es que el enfermo permanezca en una habitación oscura, sin ruidos, se pueden aplicar compresas frías en la zona dolorida y como fármacos utilizaremos los analgésicos típicos, paracetamol o aspirina. Si el enfermo vomita se dará medicación para impedirlos.

c)   *Profiláctico:*

Es el tratamiento que se usa para prevenir o disminuir la frecuencia o intensidad de las crisis, habitualmente sólo se emplea si se presentan más de tres episodios al mes o si la intensidad de las mismas es tal que interfiere con la vida laboral y social de las personas. Los fármacos más

utilizados son: betabloqueantes, antagonistas del calcio y antidepresivos.

Es fundamental que los enfermos con migrañas aprendan a identificar los factores desencadenantes de las crisis e intenten evitarlos.

CEFALEA TENSIONAL

Es muy frecuente, aparece normalmente a partir de los 20 años y predomina en el sexo femenino. En el 40% de los casos existen antecedentes familiares. El dolor de cabeza es bilateral, de carácter opresivo, continuo, localizado en la región frontal u occipital (nuca). Puede durar desde unos minutos hasta varios días y la intensidad suele aumentar a lo largo del día. Se acompaña a veces de insomnio y dificultad para concentrarse.

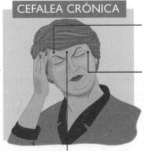

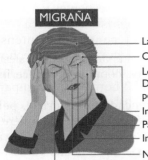

Características de las principales tipos de dolor de cabeza.

Las causas principales que la desencadenan son:

— Tensión, ansiedad o depresión.
— Mala postura, contracturas musculares, sobre todo de los músculos cervicales.
— Artrosis cervical.
— Abuso de analgésicos.
— Exceso de cafeína.

El tratamiento consiste sobre todo en evitar las causas desencadenantes:

— Minimizar el estrés.
— Realizar técnicas de relajación.
— Adoptar posturas correctas cuando estamos sentados, en el trabajo, al conducir...
— Practicar ejercicio físico, sobre todo de tipo aeróbico.
— Analgésicos habituales: paracetamol, aspirina.

CEFALEA CRÓNICA DIARIA

Son dolores de cabeza que se presentan diariamente, durante meses y que normalmente se han desencadenado por la ingesta habitual, y sin control médico, de analgésicos con cafeína o ergotamina. Es muy frecuente en mujeres que padecen jaquecas y acostumbran a automedicarse, abusando de la medicación, se produce entonces un efecto rebote, que hace que se intensifique el dolor al tomar los fármacos.

Es un dolor continuo, opresivo, en toda la cabeza, que muchas veces precisa ingreso en el hospital para su tratamiento, ya que hay que deshabituar al enfermo de la medicación.

CEFALEA EN RACIMOS O DE HORTON

También se conoce como cefaleas "suicidas", por la intensidad del dolor. Es más frecuente en hombres. Aparece entre los 30-40 años. En ocasiones se ha relacionado con traumatismos o cirugías craneales previas. Se caracteriza por un dolor punzante, intenso, unilateral, alrededor del ojo, que se acompaña de lagrimeo, cierre del párpado, alteraciones pupilares, congestión o rinorrea nasal y sudoración.

Los ataques de dolor duran entre 15 minutos y 3 horas, se presentan varias crisis, durante 3-16 semanas, seguido de un período entre 2 y 12 meses sin ataques, es decir tiene un patrón temporal típico, se presentan aproximadamente a las mismas horas, en días consecutivos "grupos o racimos", separados por meses sin crisis.

Las crisis se pueden desencadenar por:

— Alcohol.
— Aire frío o caliente.
— Estrés.
— Sueño, es típico la aparición tras la siesta.
— Algunos fármacos, como la nitroglicerina.

El tabaco no desencadena las crisis, pero puede hacer que no respondan al tratamiento.

El tratamiento consiste en administrar analgésicos potentes, siendo muchas veces necesaria atención hospitalaria, dada la intensidad del dolor. Parece que mejoran proporcionándoles oxígeno en mascarilla.

Es importante reconocer y diferenciar el tipo de dolor de cabeza de cada persona, ya que como hemos visto, las causas que los producen y el tratamiento que se aplica, pueden ser muy distintos.

9 ANATOMÍA Y FUNCIONAMIENTO DE LAS ENFERMEDADES MENTALES

¿QUÉ SON LAS ENFERMEDADES MENTALES?

Es complejo definir la **enfermedad mental**. El concepto clásico puramente estadístico, de considerar enfermo mental a aquellos que se comporten y actúen de forma diferente a la mayoría de las personas de su entorno, resulta con frecuencia inválido (serían enfermos mentales los alpinistas que ascienden al monte Everest, los monjes cartujos o cualquier otro que no tenga un comportamiento frecuente en la sociedad actual). Por tal motivo se consideró hasta no hace mucho tiempo la homosexualidad como un trastorno mental.

En la actualidad se entiende por trastorno mental aquellos comportamientos desadaptados que no llevan a ningún resultado concreto, al menos aparentemente, que se apartan de la realidad y que producen una pérdida de libertad del sujeto que los padece. Como es fácil de suponer, se trata de un enorme grupo de trastornos muy variados y de gravedad también muy variable, desde una leve alteración totalmente compatible con una vida normal (insomnio, leves trastornos de ansiedad) a una enfermedad grave que incapacita al paciente para una vida útil.

Los trastornos mentales son muy frecuentes: se calcula que un 25% de la población sufre algún problema mental, aunque de todos ellos,

solo un 15% interfiere con la vida normal del individuo (trabajo, familia, relaciones personales). Las fobias son los trastornos más frecuentes, así como las somatizaciones (las molestias físicas sin causa orgánica), la hipocondría (el temor injustificado a la enfermedad), la ansiedad y la depresión.

CLASIFICACIÓN DE LOS TRASTORNOS MENTALES

Antiguamente los trastornos mentales se dividían en dos grandes grupos: las neurosis y las psicosis. Actualmente existen detalladas clasificaciones de las enfermedades mentales promovidas por las sociedades científicas (como el "DSM" de la Asociación Psiquiátrica Americana) y por la propia Organización Mundial de la Salud (la Clasificación Internacional de las Enfermedades o "CIE"), que distinguen y ordenan un gran número de trastornos.

Sin embargo, en el ámbito coloquial, por útil y didáctica, la antigua clasificación sigue teniendo gran vigencia.

PSICOSIS

Se denominan así a los trastornos en los que hay una desconexión de la realidad. La persona sufre fenómenos denominados delirios, alucinaciones, etc.

Estos trastornos afectan gravemente a la adaptación social del individuo, ya que en los momentos de crisis son incapaces de desempeñar sus funciones como individuo de una sociedad determinada (trabajo, responsabilidades familiares, etc.).

Ejemplos de psicosis son la esquizofrenia, las ideas delirantes, los trastornos psicóticos agudos y transitorios.

NEUROSIS

La neurosis se diferencia de la psicosis en que la persona no desconecta de la realidad, lo que motiva que tenga menos interferencia en la vida social del paciente, que puede tener comportamientos "raros" pero "tolerados" socialmente.

La manifestación más frecuente de la neurosis es la ansiedad o las alteraciones del ánimo excesivos ante diversas circunstancias de la vida. Se incluyen en este grupo los trastornos de ansiedad, las fobias, los trastornos de adaptación depresivos, las somatizaciones, las obsesiones, etc.

SÍNTOMAS CLAVE DE LOS TRASTORNOS MENTALES

En psiquiatría existen unas manifestaciones clínicas características que dan la pista sobre el trastorno que está sufriendo el individuo. Algunas de ellas son fáciles de comprender, otras resultan menos intuitivas. A continuación se presentan los principales *síntomas claves psiquiátricos,* seguidos cada uno de una pequeña lista de enfermedades que el paciente podría padecer si los presentase.

TRASTORNOS AFECTIVOS O DEL HUMOR: LA DEPRESIÓN Y LA MANÍA

FRECUENCIA

La depresión es una enfermedad que forma parte de un grupo de alteraciones denominadas genéricamente **trastornos afectivos o del humor.** Los trastornos depresivos afectan a un 2-3% de la población, lo que supone que existen en el mundo entre 150 y 250 millones de enfermos deprimidos.

> *La diferencia básica entre neurosis y psicosis es si el individuo permanece conectado a la realidad o no. La iconografía popular suele representar el arquetipo de psicótico al sujeto que se cree Napoleón.*

Se cree que es más frecuente en mujeres, aunque esto puede ser debido a motivos culturales: las mujeres consultan más por este tema que los hombres, menos habituados a manifestar sus sentimientos.

El pico de edad de mayor frecuencia de la depresión es en torno de los 40 años, tal vez por considerarse socialmente esta edad como la del inicio del declive, tanto físico como personal. Tal situación puede motivar una frustración si no se han logrado los objetivos que uno tiene establecidos en la vida. Otra época crítica es el momento del abandono del hogar por los hijos (al independizarse): es el llamado *síndrome del nido vacío.* Los solteros/as tienen mayor incidencia. No hay una clara relación con la situación socioeconómica.

Desgraciadamente, y pese a ser una enfermedad realmente grave e invalidante, una gran mayoría (89%) de los pacientes que sufren un trastorno depresivo a lo largo de su vida, no consultan por este motivo con ningún médico ni reciben tratamiento por ello. De hecho, aunque la enfermedad se conoce desde la más remota antigüedad (Hipócrates, hace cientos de años, la describió con el nombre de *"melancolía"*), continúa resultando mal entendida por los propios pacientes y un padecimiento irritante para todos los que rodean al enfermo.

FORMAS CLÍNICAS DE LOS TRASTORNOS DEL HUMOR

Hay tres grupos básicos de trastornos del humor:

a)   **Manía**

Es una exaltación excesiva del estado de ánimo que, contra lo que a primera vista pudiera parecer, no resulta una situación en absoluto positiva. El paciente muestra una alegría excesiva en relación con la situación que vive. En casos graves, puede ocasionar grandes problemas porque con "su excesiva alegría" puede llegar a tomar decisiones que fuera del episodio de manía le parecerían inapropiadas e insensatas.

b) Depresión

Es un estado de animo triste sin una causa justificada. No es sólo estar triste, se trata de una tristeza patológica, profunda, visceral, inmotivada, o cuando existe un motivo desencadenante hay una tremenda desproporción entre éste y la tristeza que el paciente padece.

La amargura del paciente depresivo abarca la totalidad de su ser, le impide realizar actividades, le desasosiega profundamente, es una losa que le acompaña noche y día y cuya única solución cree el enfermo más grave encontrarla en la muerte. Junto a esta tristeza tan especial, el depresivo presenta una larga lista de síntomas que complican su vida y que más adelante se detallan.

c) Trastorno bipolar

Es la alternancia de episodios depresivos y maníacos en una misma persona, en distintos momentos. Lo más frecuente son las alteraciones leves del humor, aunque existen pacientes con oscilaciones del ánimo intensas (de una depresión profunda a una intensa manía) que precisan de un control psiquiátrico especializado.

I. **Agitación.**
— Trastornos psicóticos agudos.
— Delirium.
— Trastornos psicóticos crónicos.

I. **Comportamiento violento.**
— Trastornos psicóticos agudos.
— Delirium.
— Trastornos psicóticos crónicos.
— Consumo de alcohol.
— Consumo de drogas.

III. **Cansancio.**
— Neuroastenia.
— Depresión.

IV. **Pérdida de memoria.**
— Demencia.
— Delirium.

V. **Pensamientos o actos suicidas.**
— Depresión.
— Consumo de alcohol.
— Consumo de drogas.

VI. **Confusión de pensamiento.**
— Delirium.
— Demencia.

VII. **Descuido en la higiene personal.**
— Demencia.
— Trastornos psicóticos crónicos.
— Consumo de alcohol.
— Consumo de drogas.

VIII. **Ansiedad-angustia.**
— Ansiedad generalizada.
— Trastornos de pánico.
— Fobias.
— Trastornos de adaptación.
— Consumo de alcohol.
— Consumo de drogas.

IX. **Ideas delirantes o creencias extrañas.**
— Trastornos psicóticos agudos.
— Trastornos psicóticos crónicos.
— Consumo de alcohol.
— Consumo de drogas.
— Demencia.
— Delirium.

X. **Alucinaciones o percepciones inexistentes.**
— Trastornos psicóticos agudos.
— Trastornos psicóticos crónicos.
— Consumo de alcohol.
— Consumo de drogas.
— Delirium.

XI. **Insomnio.**
— Trastornos no orgánicos del sueño.
— Depresión.
— Consumo de alcohol.
— Consumo de drogas.

XII. **Síntomas orgánicos (molestias físicas)**
— Trastornos de pánico.
— Trastorno disociativo.
— Trastornos somatomorfos.

XIII. **Tristeza.**
— Depresión.
— Trastornos de adaptación.
— Consumo de alcohol.
— Consumo de drogas.

XIV. **Comportamiento incoherente.**
— Trastornos psicóticos agudos.
— Trastornos psicóticos crónicos.
— Delirium.

Principales síntomas-clave de las enfermedades psiquiátricas.

EL PACIENTE DEPRIMIDO

¿Son todas las depresiones iguales?

En absoluto, según su forma de presentación, se distinguen dos grandes tipos de depresión:

1. La llamada *depresión reactiva* ("por reacción frente a") *o exógena o menor*, que aparece en el contexto de una situación social o personal desfavorable (una adversidad, una desgracia o un infortunio):

— Así, el paro, las dificultades económicas, la soledad, los problemas familiares o de trabajo, la pérdida de un ser querido, etc., pueden motivar un estado depresivo. La solución más lógica sería tratar el problema del entorno que desencadena la depresión, pero desgraciadamente muchas veces no está en manos del paciente ni del médico. Cuando no se puede resolver el motivo causante, se puede ayudar al paciente con psicoterapia (fomentando su autoestima, ayudándole a buscar alternativas, etc.) y, si resulta imprescindible, mediante una medicación para salir del estado depresivo.

— Igualmente, por una *enfermedad grave* que afecte el estado anímico en sentido nega-

> *Los extremos de los trastornos afectivos: la depresión y la manía.*

tivo, sobre todo si dicha enfermedad conlleva el padecimiento de un dolor crónico, se puede producir una depresión. Por ello resultan tan frecuentes los estados depresivos, más o menos intensos, en los enfermos terminales.

2. La denominada *depresión primaria o endógena o mayor*, sin una causa externa que justifique la tristeza inmotivada y vital.

Síntomas de la depresión

La persona puede manifestar su depresión o por el contrario puede ocultarlo. Debemos sospechar que algún familiar o amigo sufre un estado depresivo no sólo si así lo refiere, sino también por ciertos gestos y comportamientos característicos: está menos comunicativo que antes, se muestra fácilmente irritable, deja de hacer actividades habituales, se echa a llorar ante cualquier insinuación o descuida su aspecto físico.

Hay distintos grados de sintomatología, y no todo episodio de tristeza debe considerarse una depresión. De forma general, se considera este diagnóstico cuando la persona presenta tristeza o pérdida de ilusión por las cosas (deja de hacer actividades habituales o las hace con gran esfuerzo) y esta situación se prolongue durante, al menos, dos semanas.

Es característico que el paciente deprimido relate una intensa apatía, abulia y desinterés por las actividades cotidianas. Así, actos como pasear, comprar o realizar tareas domésticas cotidianas se convierten en situaciones displacenteras y problemáticas.

El ritmo del sueño se altera por un *insomnio de despertar*, de forma que el paciente despierta de madrugada y le es imposible conciliar de nuevo el sueño. Aparecen quejas por la dificultad para concentrarse y recordar las cosas, de forma que seguir una conversación, ver la televisión o leer un texto exige grandes esfuerzos.

Otros síntomas, como el llanto fácil, la apetencia por el aislamiento social, la desesperanza, el pesimismo, la preocupación continua, las ideas de culpa, así como una larga lista de molestias físicas (cansancio, fatigabilidad, dolores, molestias digestivas, disfunción sexual, etc.), completan el peculiar calvario de estos pacientes. A todo ello se une la incomprensión, cuando no la crítica de familiares y amigos, para configurar una experiencia de sufrimiento inigualable.

¿Por qué se producen las depresiones?

En una persona que previamente no ha tenido problemas de depresión y aparece en un momento en que no parece haber problemas externos, hay que buscar causas orgánicas (enfermedades físicas) que puedan motivar estos síntomas. Enfermedades que pueden producir síntomas depresivos son el hipotiroidismo (producción disminuida de hormonas tiroideas), el alcoholismo, el consumo de algunos fármacos (como algunos medicamentos para la hipertensión arterial), el inicio de la enfermedad de Parkinson o de una demencia.

Pero las situaciones antedichas son poco comunes. En definitiva, en la mayoría de las depresiones primarias, la enfermedad se debe simplemente a un trastorno bioquímico y metabólico cerebral motivado por el descenso en el cerebro de una serie de sustancias llamadas neurotransmisores (la serotonina, la dopamina y la noradrenalina).

> *Las causas de la depresión son múltiples y afecta tanto a personas mayores como a jóvenes.*

Desgraciadamente no es todo tan sencillo, ya que existen también factores genéticos que pueden predisponer al trastorno. Así, se acepta que si existen familiares próximos con depresión, puede heredarse la tendencia a estos trastornos afectivos. Igualmente, ciertos tipos de personalidad (los individuos ordenados, hiperresponsables, escrupulosos, autoexigentes, muy trabajadores y dependientes de los demás) resultan más vulnerables a la depresión. Sobre estas bases, los problemas psicológicos y sociales (como el agotamiento, la frustración crónica, el estrés, la marginación, la pérdida de valores, el fracaso laboral, etc.), pueden comportarse como desencadenantes o precipitantes de la depresión.

> *La tristeza sin motivo es el síntoma nuclear de la depresión.*

SÍNTOMAS NUCLEARES DE LA DEPRESIÓN

ÁNIMO DEPRESIVO – TRISTEZA VITAL

PÉRDIDA DE INTERÉS Y DE LA CAPACIDAD DE DISFRUTAR

CANSANCIO – APATÍA – ABULIA

SÍNTOMAS ACCESORIOS DE LA DEPRESIÓN

DISMINUCIÓN DE LA ATENCIÓN Y CONCENTRACIÓN

IDEAS DE CULPA E INUTILIDAD

PERSPECTIVAS SOMBRÍAS PARA EL FUTURO

PENSAMIENTOS SUICIDAS

TRASTORNOS DEL SUEÑO Y DEL APETITO

Sintomatología de la depresión.

¿Se cura la depresión?

El problema del tratamiento de la depresión es que la persona que la sufre no ve salidas, ni tiene esperanzas en la solución de su problema; ante un sufrimiento tan intenso desearía soluciones rápidas que se le antojan imposibles. Frente a ello, lo primero que conviene aclarar es que la depresión es una enfermedad como otra cualquiera y que además se puede curar.

Si usted sufre una depresión o algún familiar o amigo está en esa penosa circunstancia debe saber que actualmente existen múltiples tratamientos eficaces para esta enfermedad, que su médico debe valorar y puede proporcionarle. Dichos tratamientos son de dos grandes tipos: psicofármacos (medicamentos antidepresivos) y psicoterapia (ayuda psicológica).

De una forma simplista se puede decir que las depresiones *reactivas* se pueden resolver con psicoterapia, que las depresiones *endógenas* se curan con fármacos y que ciertas depresiones *resistentes* a los tratamientos convencionales se tratan con procedimientos más expeditivos (aún hoy día, pese a su "mala prensa" popular, se usa con éxito y mínimos efectos secundarios, en tales circunstancias, la terapia convulsiva).

El tratamiento con fármacos de la depresión descansa sobre ciertos pilares básicos que necesitan ser conocidos por los pacientes y sus familiares:

— Sin ser demasiado optimistas, debe afirmarse que la mayoría de las depresiones responden a los fármacos antidepresivos. Debe superarse la actitud inicial que adoptan muchos depresivos de desconfianza ante la posibilidad de que una simple "pastilla" pueda acabar con esa tristeza tan profunda e inexplicable (si bien es cierto que el 20% de las depresiones son resistentes a estos medicamentos y acaban cronificándose).

— La paciencia con estos fármacos resulta fundamental, ya que si bien la medicación es efectiva, es lenta de actuación y la mayoría de las veces hay que esperar entre 15 y 45 días para notar la mejoría (es lo que se llama el período de latencia del medicamento). Por si fuera poco, durante esas semanas de aparente ineficacia el paciente puede notar efectos secundarios de la medicación, desagradables aunque no peligrosos (sequedad en la boca, visión borrosa, estreñimiento, etc.). No debe desanimarse y cometer el error de abandonar el tratamiento. Este período de "carga" de la medicación es imprescindible para conseguir la mejoría del ánimo.

— El paciente debe confiar en su médico y hacer oídos sordos a comentarios del tipo *"si tomas tantas medicinas, te acostumbrarás y las tendrás que tomar siempre"*. Tales comentarios son absolutamente falsos, la medicación que se aconseja es la necesaria y no suele producir problemas. No crea ninguna dependencia y se retirará con el tiempo. Ello no quita que, en general, la medicación se deba seguir tomando meses después de haber notado la mejoría para evitar nuevas recaídas. ¿Cuánto? La mayor parte de los psiquiatras aconsejan tomar los antidepresivos no menos de un año y, a veces, incluso durante largos períodos de tiempo en la vida del paciente. El motivo fundamental de no curación de la depresión es el abandono de la medicación cuando, tras 3 ó 4 meses de tratamiento y de sentirse bien, se abandona éste.

— Existen dos grandes familias de antidepresivos. Todos ellos son fármacos seguros y eficaces, aunque tienen distintas características que se recogen en el cuadro de antidepresivos. La ventaja fundamental de los antidepresivos clásicos (descubiertos en la década de los cincuenta y conocidos por los profesionales como *tricíclicos*) y sus derivados es su potencia antidepresiva y la gran experiencia con su uso. Recientemente han aparecido nuevos fármacos antidepresivos, que resultando eficaces, han conseguido reducir notablemente sus efectos secundarios en los pacientes (son los llamados *inhibidores selectivos de la recaptación de la serotonina*, como la fluoxetina, la paroxetina, la fluvoxamina, la sertralina y el citalopram). En

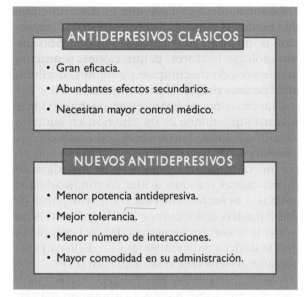

ANTIDEPRESIVOS CLÁSICOS

- Gran eficacia.
- Abundantes efectos secundarios.
- Necesitan mayor control médico.

NUEVOS ANTIDEPRESIVOS

- Menor potencia antidepresiva.
- Mejor tolerancia.
- Menor número de interacciones.
- Mayor comodidad en su administración.

Características de los fármacos antidepresivos.

pacientes que deben tomar los antidepresivos durante largos períodos de tiempo han supuesto un avance también respecto a la calidad de vida.

En cualquier caso, el lector no debe pensar que sólo los fármacos antidepresivos son las únicas armas para combatir las depresiones. El apoyo psicológico resulta fundamental. Independientemente de lo que la psicoterapia profesional pueda aportar al paciente, interesa más conocer el papel que en este sentido juega el entorno del enfermo, es decir, su familia y sus allegados.

Normalmente los familiares y amigos que rodean al deprimido también sufren y se desesperan por un comportamiento "tan irracional" del paciente. Y lo que es peor, "culpabilizan" al enfermo de no poner de su parte todo lo posible para mejorar. Estos sentimientos son absurdos. ¿Podría incriminarse a un hipertenso que no tiene voluntad para bajar su tensión arterial? Pues cuando se pide al depresivo que haga un esfuerzo para animarse, resulta igual de inútil. Y lo que es peor, la insistencia a que "se anime", a que salga a pasear o que se relacione con gente, lejos de mejorar puede empeorar la situación. Todos esos esfuerzos obligan al paciente a "disimular" su malestar, lo que provoca una tensión sobreañadida y un retroceso en la curación.

No se debe "forzar" la diversión en un paciente depresivo. La mejor psicoterapia que se puede hacer es entender la impotencia del enfermo ante su depresión, asumir que se trata de una enfermedad sin más y confiar en los médicos y en los medicamentos prescritos. En definitiva debemos ponernos en lugar del que sufre y, con grandes dosis de paciencia y cariño, ayudarle a afrontar su drama personal. Se

deben valorar y celebrar junto al deprimido las pequeñas mejorías que se vayan sucediendo en la evolución.

Por último, recordar que los fármacos antidepresivos sólo mejoran el ánimo en el caso de que exista una depresión. No son "drogas de la felicidad", de modo que si se toman por un paciente sano no producen ningún efecto beneficioso pero sí exponen a los posibles efectos tóxicos de todo medicamento. Valga este comentario como crítica al desenfrenado uso y abuso que de algunos fármacos se ha hecho en tiempo reciente (como el famoso Prozac®-fluoxetina).

ANSIEDAD

La ansiedad es una activación excesiva del sistema nervioso central que se acompaña de unos síntomas característicos como excitación psíquica, sudoración, inquietud, malestar gástrico, dificultad respiratoria, etc.

La ansiedad es un fenómeno normal que utilizamos como respuesta a estímulos potencialmente peligrosos (amenazas, etc.), o que nos exigen cierta concentración (exámenes, entrevistas, etc.). Esta ansiedad normal se convierte en patológica cuando interfiere con la vida normal, no nos ayuda a superar los obstáculos o aparece sin causa externa que lo justifique.

TIPOS DE ANSIEDAD

Como en el caso de la depresión, según en el contexto en que aparezca la ansiedad se distingue entre una:

— *Ansiedad endógena.* No se encuentra una causa externa que la motive.
— *Ansiedad exógena.* Se produce en presencia de estrés, es decir, existe un estímulo externo que supera la capacidad de adaptación del organismo.

SÍNTOMAS DE LA ANSIEDAD

La mayoría de las veces la persona que sufre ansiedad refiere claramente un estado de excitación anormal, junto a las molestias antedichas. Pero otras veces se presenta de formas menos específicas, lo que puede dificultar su identificación:

— En forma de mareos, taquicardia o sensaciones de encontrarse enfermo o sin vitalidad, etc., síntomas que pueden ser confundidos con muchos trastornos.

— Como una simple acentuación de síntomas de otras enfermedades previamente presentes, como dolores óseos o musculares.

— Como una alteración del humor, produciendo por ejemplo síntomas depresivos o irritabilidad.

— Como dificultades para conciliar el sueño.

CAUSAS DE LA ANSIEDAD

Como en el caso de la depresión, siempre hay que buscar y descartar algunas enfermedades raras que produzcan manifestaciones clínicas similares a la ansiedad, sobre todo ciertos trastornos de tipo hormonal como el hipertiroidismo, el síndrome de Cushing o el feocromocitoma.

En la mayoría de los casos no existe ninguno de estos trastornos subyacentes, pudiéndose clasificar al paciente en algunos de los siguientes grupos de ansiedad:

Ansiedad asociada a otros trastornos mentales

La ansiedad se asocia típicamente a la depresión, al alcoholismo, a las drogodependencias y a las psicosis. En estos casos, habrá que tratar conjuntamente ambos problemas o no se resolverá el problema.

Ansiedad producida por medicamentos

Múltiples fármacos pueden producir ansiedad, como los productos broncodilatadores que se emplean en los problemas respiratorios, las hormonas tiroideas, el café y el alcohol. Siempre que se pueda debe suspenderse su consumo para eliminar la ansiedad.

Ansiedad en sí misma

Existen varias formas de estos trastornos por ansiedad primarios.

FORMAS COMUNES DE TRASTORNOS POR ANSIEDAD

a) Trastorno de angustia

Es una de las formas más frecuentes, que afecta sobre todo a mujeres en una proporción aproximada de 3/1. La persona que la padece presenta crisis muy bruscas y limitadas en el tiempo durante los cuales tiene una sensación terriblemente desagradable que es descrita como de "perder el control", "volverse loco" o "sensación de muerte", acompañadas por una gran sintomatología (sudores, palpitaciones, sensación de ahogo, adormecimiento de manos, opresión en el pecho y dificultad para respirar).

La crisis puede aparecer en cualquier lugar o situación, aunque es más común en aquellos lugares de donde puede ser difícil escapar o recibir ayuda. Esto puede crear un círculo vicioso por miedo a que se repitan nuevos episodios, de forma que el paciente acaba restringiendo sus salidas a espacios abiertos o lugares públicos (las llamadas conductas de evitación) o necesita ir siempre con un acompañante. A largo plazo puede derivar en otras formas de ansiedad (generalizada) o en depresión secundaria.

Afortunadamente hoy existen tratamientos eficaces que evitan o reducen el número de crisis. Para ello ciertos sedantes de tipo benzodiacepina como *el alprazolam* (Trankimazin®) son de efecto muy rápido en la reducción de las crisis. Suelen utilizarse simultáneamente con fármacos antidepresivos que tardan algunas semanas en conseguir su efecto antipánico, permiten posteriormente retirar los sedantes para evitar los problemas de dependencia y mantener las crisis bajo control por un período largo (habitualmente se necesita tratamiento durante varios meses).

✓ Preocupación excesiva y no proporcional al problema.
✓ Sensación de catástrofe inminente.
✓ Nerviosismo.
✓ Inestabilidad emocional.
✓ Palpitaciones, taquicardia.
✓ Sensación de ahogo.
✓ Malestar gástrico.
✓ Hormigueos en manos y pies.
✓ Tensión muscular.
✓ Rubefacción.
✓ Temblores
✓ Opresión torácica.
✓ Cefaleas.
✓ Tensión muscular.
✓ Suspiros.

Síntomas y signos de ansiedad.

> *El miedo a las crisis de angustia limita la asistencia a sitios donde pueda ser difícil escapar o recibir ayuda en caso necesario.*

b) Ansiedad generalizada

En estos casos existe una preocupación excesiva, ilógica y persistente a tener problemas familiares, económicos, etc., acompañados por una sensación subjetiva de irritabilidad, inquietud, tensión, etc. Tales pensamientos se vienen a la cabeza una y otra vez interfiriendo con una vida normal.

Esta modalidad de ansiedad suele responder muy bien a técnicas de relajación y al establecimiento de otras ocupaciones, como el deporte. Conviene evitar los excitantes (café, tabaco u otros tóxicos) y, a veces, también se necesita una medicación sedante, que es muy eficaz en eliminar los síntomas pero no cura el proceso. Por eso conviene limitar su uso a lo imprescindible, en evitación de futuras dependencias.

— Trastorno de angustia (con o sin agorafobia).

— Agorafobia sin trastorno de angustia.

— Fobia social.

— Fobia específica.

— Trastorno obsesivo compulsivo.

— Trastorno por estrés postraumático.

— Trastorno por ansiedad generalizada.

— Trastorno de ansiedad debido a enfermedad médica o inducido por tóxicos.

Principales trastornos por ansiedad.

c) Agorafobia

Es el miedo a encontrarse en lugares o situaciones en las que no se pueda escapar fácilmente si hay algún problema, como los lugares cerrados, las aglomeraciones de gente, etc. Como se ha comentado, este tipo de ansiedad con frecuencia acompaña a las crisis de angustia.

Suele precisar un tratamiento especializado y además resulta importante consultar lo más precozmente posible, por cuanto es más fácil de solucionar cuanto menos tiempo de evolución tenga el trastorno.

d) Fobias

Es una de las neurosis más frecuentes, que consiste en un miedo irracional, absurdo, ilógico y desproporcionado ante objetos o situaciones que normalmente no deberían producir esta situación. Finalmente se acaba originando una conducta de evitación ante el objeto de la fobia. La misma persona que lo sufre reconoce la irracionalidad del miedo.

Son muy comunes las fobias a determinados animales (cucarachas, ratones, serpientes, etc.), a la altura, a los aviones, a la sangre, a hablar o comer en público (las llamadas fobias sociales).

Si no son incapacitantes no se suelen tratar, pero si producen problemas invalidantes en el ámbito laboral o en las relaciones interpersonales, se pueden tratar con distintas técnicas. En las llamadas *terapias de exposición*, el paciente se enfrenta progresivamente al motivo de su fobia hasta "acostumbrarse" a él. En el caso de los aviones puede emplearse sedantes antes del viaje. En las fobias a hablar en público, el empleo de ciertos fármacos conocidos como beta-bloqueantes (propanolol) controlan los desagradables síntomas que tal situación provoca (voz insegura, temblor, taquicardia, etc.). De todas formas todas estas medicaciones exigen un control médico para su empleo.

e) Trastorno obsesivo-compulsivo

Es, antiguamente llamada neurosis obsesiva, uno de los trastornos neuróticos más graves y rebeldes al tratamiento. La *obsesión* es una idea, pensamiento, imagen o impulso tremendamente persistente que el propio enfermo vive como un intruso y sin sentido (por ejemplo la idea de una madre de matar a su hijo).

Aunque el paciente es consciente de lo absurdo de la situación y de que es un producto de la propia mente, no puede resistirse a volver una y otra vez sobre ello, creándole un intenso malestar que intenta neutralizar con una serie de conductas repetitivas que se realizan de forma ritualizada y que le alivian la tensión momentáneamente. Es lo que se denomina una *compulsión*, entre las más frecuentes están lavarse las manos repetidamente, contar continuamente, comprobar o tocar varias veces determinados objetos (abrir y cerrar una puerta repetidamente), etc.

En los casos graves el paciente experimenta una enorme angustia frente a la que se defiende con un sinfín de actos compulsivos que bloquean su vida social y sus relaciones, invalidando severamente al individuo.

> *La fobia se define como cualquier miedo o temor irracional y anormal, es decir, que no responde a una causa justificada. Puede llegar a grados invalidantes: el paciente se ve imposibilitado a seguir una vida normal porque es incapaz de superar el temor que le produce un objeto o una situación concretas.*

f) Reacciones patológicas al estrés

El estrés emocional puede provocar distintos trastornos de ansiedad si supera los mecanismos defensivos del individuo normal. En concreto se trata de los tres siguientes trastornos:

— Reacción a estrés agudo. Es un trastorno que aparece en relación con un estrés excepcional (catástrofes, accidentes, guerras, etc.). Se produce entonces un bloqueo inicial en el que la persona no sabe qué hacer y no reacciona como la situación exigiría. Tras ello se produce un período de irritabilidad (gritos, movimientos bruscos, llanto...) durante 2 ó 3 días. Después de superado se puede no recordar el episodio traumático.

— Trastorno por estrés postraumático. Es la respuesta diferida a un gran impacto emocional. Tras un período asintomático, se vuelve a recordar el episodio traumático en forma de pesadillas o recuerdos desagradables en forma de imágenes repentinas (*flash-back*), así como síntomas depresivos y ansiosos. Suele remitir con el tiempo, resultando aconsejable evitar las circunstancias que recuerden la situación traumática.

— Trastorno de adaptación. Aparece durante el período de adaptación a un acontecimiento vital estresante (fallecimiento, divorcio, paro, etc.), por lo que no suele durar más de seis meses tras la solución del problema que lo ha motivado. Se manifiesta como mal humor, nerviosismo e incapacidad para afrontar problemas cotidianos.

TRASTORNOS POR SOMATIZACIÓN

Se denomina así a los trastornos donde los problemas psicológicos se manifiestan exclusivamente mediante síntomas físicos bien definidos. Este mecanismo ocurre a casi todas las personas en mayor o menor medida, aun en un perfecto estado de salud. Por ejemplo, cuando estamos nerviosos notamos un "nudo" en el estómago o una sensación de vacío en la cabeza. Estos síntomas pueden afectar prácticamente a cualquier sistema del organismo (respiratorio, locomotor, genitourinario, digestivo, neurológico...).

La somatización se considera anormal cuando no se es capaz de reconocer el origen psicológico de las molestias pese a las oportunas exploraciones negativas y las explicaciones del médico respecto a la normalidad de nuestro organismo. Los casos graves niegan vehementemente tal posibilidad, se ofenden cuando se les explica *("yo no estoy loco, ni me invento estas molestias")* e incluso reaccionan con hostilidad, desconfianza y resentimiento hacia los médicos.

Dentro de este grupo existen varios trastornos con matices diferentes de interés:

TRASTORNO DE SOMATIZACIÓN

Es un cuadro caracterizado por múltiples síntomas alarmantes, que aparecen repetidamente a lo largo de la vida del paciente (casi siempre una mujer que inicia su trastorno pronto tras la pubertad) y que pueden variar de un órgano a otro.

La persona que lo sufre está preocupada y sufre verdaderamente las molestias o el dolor que refiere, lo que le hace demandar continuamente atención médica. Se suelen realizar múltiples pruebas diagnósticas sin que en éstas se vea ninguna alteración. A lo largo de los años, más de la mitad de estos pacientes acaban siendo intervenidos quirúrgicamente por sospechas de enfermedades que nunca se confirman. Los continuos fracasos de pruebas y tratamientos acaban produciendo en los pacientes una espiral de atenciones médicas irracionales y costosísimas (los anglosajones llaman a este comportamiento de buscar continuamente nuevos médicos, opiniones y remedios el hacer "doctor shopping"). Los casos graves pueden acabar arruinados y con una vida completamente improductiva. Frecuentemente se complican con cuadros depresivos o ansiosos ante un peregrinar vital tan infortunado.

Los síntomas que se presentan son muy variados: dolores abdominales, cefaleas, náuseas, diarrea, estreñimiento, dolores musculares, picores, hormigueos, quejas sexuales y problemas menstruales, son los más frecuentes. En general las molestias aumentan en número o se recrudecen en intensidad coincidiendo con situaciones de estrés emocional (problemas familiares, laborales o sociales).

Tienen muy mal pronóstico, pues los propios médicos están poco sensibilizados con la posibilidad de este trastorno y habitualmente se encarnizan en pruebas y en solicitar opiniones especializadas a otros compañeros, que indefectiblemente acaban sin diagnóstico.

Desgraciadamente, aun cuando se detecte el problema, no se puede ofrecer un tratamiento curativo del trastorno. Ninguna medicación resulta efectiva en estos pacientes. Sin embargo pueden aconsejarse ciertas normas que alivian el curso de la enfermedad y que dependen de una relación de confianza con un médico sensato, que atienda de forma continuada al paciente (en visitas periódicas pactadas, por ejemplo una vez al mes) y que sea capaz de tranquilizar al paciente y mantenerse firme ante la aparición de nuevos síntomas. Ello sin menoscabo de que en ningún momento se puede bajar la guardia y desoír las quejas del paciente, porque alguna de las molestias, cualquier día, puede ser motivada por una enfermedad orgánica añadida, a la que el paciente "tiene derecho". Los casos graves necesitan tratamiento psiquiátrico muy especializado.

TRASTORNO HIPOCONDRÍACO

Es la sensación o temor injustificado constante de tener una enfermedad grave, frecuentemente cáncer, que lleva a acudir al médico muchas veces en busca de opinión.

El hipocondríaco se examina constantemente y otorga gran significado a las molestias mínimas o a los síntomas más irrelevantes que todos padecemos diariamente. Así, una leve tos matutina se interpreta como la expresión de un cáncer o una tuberculosis. Tal comportamiento causa una gran ansiedad y angustia, que acaba limitando los intereses y la vida social de estos pacientes.

No es raro que aparezca en personas jóvenes. Los casos graves se informan continuamente sobre avances y noticias del mundo de la medicina, se rodean de amigos médicos y, si pueden, viven junto a un centro sanitario donde acuden a la más mínima sospecha de enfermedad.

La psicoterapia experta y prolongada puede ayudar a estos pacientes a reorientar sus intereses y preocupaciones hacia aspectos más gratificantes y productivos de su vida.

TRASTORNOS DEL SUEÑO

El sueño es una de las facetas de la vida que más se afectan en los trastornos mentales. Casi todas las enfermedades psiquiátricas llevan asociadas alteraciones del sueño, como la depresión

La falta de un sueño reparador por insomnio produce fatiga y somnolencia diurna.

y la ansiedad que modifican de forma característica nuestro ritmo de sueño.

Ello no quiere decir que debajo de todo trastorno del sueño subyazca un trastorno mental. De hecho, el insomnio es un trastorno independiente en gran cantidad de gente por otra parte sana.

Las llamadas disomnias (las alteraciones en la cantidad, calidad o ritmo del sueño) más comunes son las siguientes:

INSOMNIO

Es la patología del sueño más frecuente, consiste en la incapacidad de lograr el sueño normal para la edad del paciente. Puede ser transitorio o crónico según su duración, resultando ambos tipos igual de comunes y más frecuentes en las mujeres.

Aumenta su frecuencia con la edad, asociado a que nuestro ritmo varía a lo largo de la vida. Así, un bebé duerme muchas horas a lo largo del día y en pequeños períodos, luego el sueño se agrupa y se reducen las horas de sueño, para pasar con los años a muy pocas horas de sueño y repartidas a lo largo del día en los ancianos.

Algunas circunstancias especiales se consideran factores de riesgo para sufrir de insomnio, como las que se recogen en el cuadro de arriba.

¿Tengo insomnio? Se considera que es así si la persona presenta las siguientes características:

• Dificultad para dormirse.
• Se despierta varias veces en medio de la noche.
• Se despierta temprano.
• Suele dormir un número de horas insuficiente.
• Se levanta cansada.
• La dificultad para dormir le produce ansiedad.
• Se encuentra cansada durante el día.
• Está de mal humor.
• Tiene falta de concentración y memoria.
• Puede sufrir accidentes por el cansancio.

Se necesita que estos trastornos se presenten con una frecuencia y una duración suficientes para establecer el diagnóstico. En general se acepta que se debe sufrir por lo menos tres veces a la semana y durante al menos un mes. Debe preocupar a la persona y se debe notar en su rendimiento social y laboral.

¿Cómo tratar el insomnio? Las medidas físicas suelen ser más efectivas que las farmacológicas y siempre se deberían agotar todas sus posibilidades para evitar el consumo innecesario de hipnóticos y el riesgo de dependencia a tales medicamentos. Para ello conviene observar la siguientes normas:

- Establecer un horario fijo de acostarse, para crear un hábito.
- Hacer ejercicio durante el día.
- Dormir en un sitio silencioso, oscuro y con buena temperatura ambiente.
- Buscar una cama y una ropa de dormir cómodas.
- Aprender técnicas de relajación puede ayudar en períodos de especial tensión (existen grabaciones y textos que lo hacen de forma sencilla y útil).
- Evitar bebidas estimulantes: café, té, colas. Pueden tomarse tisanas sedantes (tila, valeriana,...) o leche caliente antes de acostarse si ello facilita conciliar el sueño.
- No se debe ir con hambre a la cama, ni al poco de haber cenado.

Enfermedades crónicas
Obesidad
Mayores
Toma de diversos fármacos
Dolores

Factores de riesgo para el insomnio.

En caso de insomnios transitorios, por preocupaciones circunstanciales o problemas físicos o emocionales, se pueden utilizar medicamentos hipnóticos con gran eficacia. Todos ellos son derivados del diazepam (Valium®) o medicamentos muy relacionados y pueden crear dependencia si se toman continuamente. Se debe intentar limitar su uso a no más de seis semanas por estos motivos, y siempre bajo prescripción médica.

HIPERSOMNIA

Es el síndrome contrario al insomnio, donde lo que hay es un exceso de sueño. No suele ser un exceso de sueño verdadero sino

> *Las alteraciones del sueño que se mantienen deben ser siempre consultadas al médico antes de automedicarse.*

más bien un sueño no reparador durante la noche que se manifiesta como somnolencia durante el día y que repercute en la vida diaria.

La causa más frecuente es el llamado *síndrome de apnea del sueño* consistente en la producción de paradas respiratorias durante el sueño que obligan inconscientemente a la persona a despertarse para recuperar la respiración. Esto produce múltiples despertares que evitan el descanso necesario.

Estas apneas son muy frecuentes (un 2% de la población las sufren), siendo los varones los más afectados (el 85% de los casos), sobre todo entre los 40 y 50 años. Está muy relacionado con la obesidad, porque es el exceso de grasa del cuello el que facilita la obstrucción de la vía aérea. Rara vez se asocia a alguna rara enfermedad (hipotiroidismo, acromegalia, o síndrome de Marfan).

Característicamente son individuos roncadores, resultando fácil a las personas que les escuchan (cónyuges) como periódicamente detienen su respiración, lo que a veces se hace angustiosamente largo.

Los peligros de esta patología son varios desde los que se producen por hacer actividades peligrosas (conducir, utilizar maquinaria con exceso de sueño...) hasta los que se producen por la falta de oxígeno repetida en el ámbito cerebral y cardíaco. De hecho en estos pacientes están aumentadas las enfermedades cerebrovasculares y cardiovasculares.

Cuando se confirma el diagnóstico (habitualmente observando el sueño en un laboratorio especial), se aconsejan diversos tratamientos que eviten los fallos respiratorios. En ocasiones se practica una cirugía que ensancha la vía aérea, o bien se recomienda dormir con una instalación de CPAP conectada al paciente (consiste en un aparato que impulsa oxígeno a presión por una mascarilla especial e impide que se cierre el árbol respiratorio).

ALTERACIONES DEL RITMO SUEÑO-VIGILIA

Como su nombre indica es una inadecuación a los horarios socialmente establecidos. Se produce porque el ritmo sueño-vigilia, por motivos laborales o por decisiones individuales de esa persona, no son las 24 horas que dura el

> *Un vuelo transoceánico puede alterar el ritmo del sueño durante unos días.*

día. Ocurre entre los trabajadores con turno cambiante (día/noche), en los vuelos transoceánicos (*jet-lag*) y en cualquier otra situación que altere el orden habitual (estudiante en exámenes, acompañantes de enfermos, etc.).

El tratamiento es difícil si no se regulan las irregularidades del sueño. Ocasionalmente, y por cortos períodos, los hipnóticos ayudan a la reestructuración de este ritmo.

PARASOMNIAS

Son trastornos transitorios del sueño que se producen muchas veces durante el mismo, sin que la persona que lo sufre se de cuenta de ello (el ejemplo más típico de estos trastornos es el sonambulismo o la enuresis nocturna). Otras veces la persona que lo sufre sí es consciente de su problema (por ejemplo en las pesadillas).

Puede haber temporadas sin mostrarse y en determinados momentos volver a activarse. Suelen ser más frecuentes en la infancia y mejorar a lo largo de la vida. Sólo en casos de especial frecuencia o molestias se puede valorar el tratamiento farmacológico.

Enuresis nocturna

Se define así la micción involuntaria en la cama, durante el sueño, fuera de las edades en que esto puede considerarse normal (es decir, una vez que el paciente ya controlaba los esfínteres de forma mantenida durante el sueño). El paciente se levanta mojado, lo que suele producir una gran vergüenza y preocupación por intentar que los demás no se enteren. En los casos de los niños, no quieren dormir fuera de casa, ir a campamentos, etc.

Es importante distinguir dos formas distintas del trastorno:

Enuresis primaria

Son niños que no terminan de dejar de orinarse a pesar de hacerse mayores. Es decir, nunca ha dejado de "mojar" la cama, considerando que la edad normal de control de esfínteres son entre tres y seis años. El no control se considera patológico a partir de los seis años.

El tratamiento se desarrolla ampliamente en el volumen de *Salud Infantil* de esta Enciclopedia, pero de forma sintética incluye los siguientes aspectos:

• Lo fundamental es no castigar o avergonzar al niño cuando se orine (el ya sufre por no conseguir controlar sus esfínteres), sino en dar un premio o alabanza los días que consiga el control.

• Es útil el *método del calendario* consistente en que el niño realice un dibujo agradable (un sol, una flor, un animal,...) los días que no moje y con nubes negras o un borrón los días que moje. Con esto el niño va cogiendo conciencia y va viendo cómo domina sus esfínteres.

• Se le puede ayudar con diversos utensilios como aparatos de alarma, que despiertan al niño al iniciar la micción permitiendo detenerse, así como con normas básicas de precaución (haciendo que no beba en las horas anteriores a acostarse). Existen también métodos de entrenamiento de esfínteres de cierta eficacia.

• Si no resulta suficiente lo anterior se pueden utilizar ciertos fármacos, como los antidepresivos tricíclicos, con buenos resultados y excelente tolerancia.

Enuresis secundaria

Es la que se produce tras un período seco. Suele estar asociado a períodos de regresión infantil, resultando muy típico en el hermano mayor cuando nace un hermano pequeño como una manera de llamar la atención. El tratamiento es similar al de la enuresis primaria.

Terrores nocturnos

Suelen alterar gravemente el sueño de los niños afectados, debido al temor a dormirse, ante la posibilidad de despertar sobresaltado por un miedo ingobernable. Suele mejorar con la edad, aunque si resulta muy limitante se trata con psicoterapia y medicación sedante a dosis bajas.

Pesadillas

Muy similares a los terrores nocturnos pero ocurren en adultos. Son sueños muy intensos que hacen despertar a la persona en un estado de gran ansiedad. Habitualmente es un sueño repetitivo, unas veces relacionado con una vivencia real distorsionada y otras veces es una situación totalmente irreal.

Sonambulismo

Es un fenómeno consistente en realizar una serie de actividades más o menos complejas mientras se está dormido. Quien lo sufre no se da cuenta salvo que alguien se lo cuente o se despierte por cualquier circunstancia mientras está desarrollando la acción.

Aparte de mitos injustificados, el peligro del sonambulismo es el debido a los riesgos de las acciones que se realizan y que le pueden provocar caídas u otros accidentes más o menos graves.

ABUSO DE SUSTANCIAS TÓXICAS. CONSUMO DE DROGAS ILEGALES

Se denomina drogodependencia a la necesidad de consumir una sustancia para mantener una condición física mínimamente aceptable y no sufrir graves trastornos físicos o psíquicos por la ausencia brusca de dicha sustancia.

Se diferencia una dependencia física y otra psíquica, aunque ambas situaciones suelen ir unidas:

— *Dependencia física*: es la aparición de trastornos físicos intensos al suprimir el consumo de droga (es el llamado síndrome de abstinencia).

— *Dependencia psíquica*: es la necesidad psicológica de consumir una determinada sustancia para conseguir placer o evitar situaciones desagradables (más común esto último).

Las drogas suelen producir otro fenómeno en el consumidor habitual: la *tolerancia* definida como la necesidad de cantidades cada vez más grandes de la sustancia para conseguir los mismos efectos.

El problema de las dependencias es complejo. No solo se puede centrar en el daño físico y psíquico que produce la droga sino también hay que tener en cuenta otros daños físicos y psíquicos no directamente achacables a la sustancia, pero sí asociados a su consumo. En este grupo se incluyen los accidentes laborales o de tráfico, el contagio de enfermedades de transmisión parenteral (SIDA, hepatitis, infecciones sanguíneas por

> *El material empleado para las inyecciones de droga intravenosa es una fuente de infecciones peligrosas.*

la administración intravenosa), el descuido de la salud e higiene, el desarraigo social y la marginación que cierra un círculo vicioso que tiende a perpetuar el consumo de drogas.

¿QUÉ SUSTANCIAS SE CONSIDERAN DROGAS?

Existen muchos tipos de drogas capaces de inducir dependencia y tolerancia tras su consumo repetido, y cada año aparecen nuevos tipos, en general por variaciones de laboratorio de las originales.

Los grupos más usados son:

Anfetaminas

Es una droga estimulante que pone el cuerpo en alerta, por lo que en el argot se conocen con la palabra inglesa "speed" (*veloz*). Se utiliza para alcanzar un mayor rendimiento tanto físico como psíquico (han sido muy empleadas por estudiantes para mantenerse despiertos en época de exámenes).

> *Las anfetaminas son populares entre estudiantes en época de exámenes y en mujeres que quieren adelgazar (por su efecto depresor sobre el apetito).*

Hay controversia entre distintos estudiosos sobre si producen una dependencia física. Lo que sí es evidente es la dependencia psicológica que acarrean: el consumidor habitual que obtiene un mayor rendimiento tras la toma, una vez pasados sus efectos iniciales (unas seis horas después) cae en un estado de inhibición generalizada, requiriéndose una nueva dosis para volver a estar en forma. Así, a base de consumirla cada vez que se tiene un trabajo que realizar, llega un momento que se es incapaz de actuar sin la droga.

La dependencia física es menor, de hecho, pueden pasar días sin consumo. La abstinencia se caracteriza por fatiga, trastornos del sueño y agitación.

Los síntomas que produce el consumo de anfetaminas son variados, como exaltación del ánimo, euforia, locuacidad, resistencia a la fatiga, un aparente aumento de la memoria y una elevación general del tono vital. Junto a ello, produce una cierta taquicardia, agitación y temblor. Su peligro reside en que pueden producir graves problemas de salud, como crisis hiper-

tensivas, arritmias cardíacas, convulsiones, anorexia, agresividad o brotes psicóticos. No existe
un programa claro de desintoxicación.

Cocaína

Es otra droga estimulante de características
muy similares a las anfetaminas, pero aún más
potente. Sus efectos son parecidos y se emplea
con los mismos fines, aunque la cocaína está
más relacionada con las fiestas y la diversión
del fin de semana (la "droga del ejecutivo").

Se conoce en el mundo de los drogodepen-
dientes como "nieve" y se ha convertido en la
"reina de la drogas" desde que el consumo intravenoso de heroína se ha asociado a la transmisión del SIDA. Se obtiene de la planta *Eri-
throxylon coca*, abundante en los altiplanos de
los andes (Perú y Bolivia).

Produce también una fuerte dependencia psíquica y mucho menos física. Sus efectos, tras la
inhalación por la mucosa de las fosas nasales
("esnifada"), son rápidos y potentísimos (euforia,
hiperactividad, prepotencia, agresividad e insomnio). Tras dos horas, aparece un estado de depresión ("bajón") que obliga a consumirla nuevamente para reanimarse. Los efectos secundarios
son totalmente equiparables a las anfetaminas.

Opiáceos: la heroína

La heroína ("caballo" en el argot callejero)
es un producto sintético que se elabora a partir
del opio, el jugo de la adormidera (*Papaver
somniferum*).

Al contrario de lo que mucha gente cree es
un depresor del sistema nervioso central. Tras su
administración sobreviene un estado de apatía,
sosiego intenso, supresión de preocupaciones, in-
diferencia ante la realidad y tendencia al sueño.

Al contrario de las anfetaminas y la cocaína, la dependencia de los opiáceos es sobre
todo física. Resulta una dependencia mucho
más fuerte y desagradable, por lo que la mayoría de los toxicómanos no se inyectan heroína
para conseguir placer, sino para evitar los sufri-
mientos del síndrome de abstinencia.

Esta necesidad imperiosa y tiránica de consumir droga es la que produce todo tipo de
actos, incluso delictivos, para conseguir la
dosis diaria. La dependencia física es tan intensa que se estima que en menos de un mes de
consumo habitual el sujeto queda "engancha-
do", y sufre un "mono" (síndrome de abstinencia) al dejar de tomarla.

Este síndrome de abstinencia es muy molesto pero prácticamente inocuo si no existen enfermedades subyacentes. Comienza sobre las 6 a
las 12 horas después de la última dosis, alcan-

zando un máximo a las 24-48 horas. Si se resiste
sin nuevas dosis desaparece a la semana o semana y media. Se manifiesta en una primera fase
con bostezos, sudoración, lagrimeo y moqueo,
dilatación de pupilas y "piel de gallina". Estos
signos se agravan produciéndose gran intranqui-
lidad, agresividad, temblores, calambres musculares, sudoración, vómitos, taquicardia, palpitaciones, fiebre y respiración rápida.

En general ante un síndrome de abstinencia
se pueden aconsejar varias pautas de actuación.
Sobre una persona sana algunos pregonan no
dar medicación ya que es un proceso autolimitado muy molesto, pero poco grave y ofrecer sólo
apoyo psicológico y moral. Sin embargo la intensa ansiedad que este síndrome produce resulta en extremo desagradable y la mayoría de los
médicos recomiendan un plan de desintoxicación que alivie las molestias. Esta cura resulta
obligatoria en el caso de adictos con otra enfermedad por el peligro de descompensación de la
enfermedad subyacente durante la abstinencia
espontánea.

Las *curas de desintoxicación* se aconsejan
siempre que sea la primera vez que se intenta
el abandono, que la persona manifieste claros
deseos de dejarlo y que tenga un apoyo familiar
o social cercano que ayude durante la misma.
Además el consumo de heroína debe ser puro y
no mezclado con otras sustancias (como alcohol u otras drogas). En cualquier otra circunstancia, estas curas suelen fracasar.

Lo ideal es ingresar para ello en un centro especializado, aunque si esto no es posible puede
efectuarse en el domicilio del paciente, recibien-
do atención de forma ambulatoria, siempre que
la familia cercana se encargue de la supervisión y
administración de los medicamentos.

Los fármacos utilizados en la desintoxicación
de opiáceos son múltiples. Los más empleados
son los *ansiolíticos* para amortiguar la sintomatología de la abstinencia (diazepan, cloracepato y
alprazolam). Se suministran dosis iniciales altas,
se van disminuyendo gradualmente a partir del
cuarto o quinto día y se retiran a los 15 días.

En los primeros días también se pueden utilizar *hipnóticos* para sedar intensamente al paciente (en las llamadas *curas de sueño*, produciendo un sopor permanente que ayuda a
superar las molestias). Su uso actualmente resulta controvertido, pues si bien previenen las
recaídas en los primeros días de tratamiento,
tienen un gran poder adictivo, por lo que a veces
sólo se consigue que el adicto cambie de droga.
El fármaco más conocido de este grupo es el
Rohipnol®. Otros fármacos utilizados son analgésicos, antidiarreicos, etc., para paliar ciertos
síntomas concretos de la abstinencia. Durante
su desintoxicación es muy importante cuidar la

hidratación del paciente, administrando gran cantidad de líquidos (zumos).

Una vez desintoxicado, y libre de la amenaza del síndrome de abstinencia, comienza la segunda etapa del tratamiento, mucho más larga y crucial, donde resulta fundamental el abordaje psicológico del problema. Para ello se utilizan técnicas de psicoterapia muy diversas, individuales o en grupos. En concreto, obtiene buenos resultados un tipo de tratamiento bastante peculiar y que rompe concepciones clásicas de estos problemas, el llamado "Proyecto Hombre". Sin duda, estos tratamientos en el que intervienen diversos especialistas y donde se implican estrechamente a la familia del paciente tienen mucho más éxito que los tratamientos individuales en consultas privadas.

Cuando el paciente no desea la desintoxicación se puede plantear el *tratamiento con agonistas opiáceos*, que son fármacos con una acción similar a la heroína o a la morfina pero cuya vía de administración es oral con lo que se evitan riesgos de contagio de enfermedades transmisibles. La idea es tener una vía de administración más cómoda y controlable con la que poder ir disminuyendo la dosis.

Las indicaciones de estos agonistas se establecen en pacientes con las siguientes características: no abstinencia tras programas de desintoxicación, fracasos terapéuticos repetidos y durante el embarazo de pacientes heroinómanas.

En algunos lugares, como ciertas ciudades suizas, se está empezando a suministrar directamente heroína pura y material de inyección estéril a muy bajo coste para su uso supervisado por personal sanitario en dispensarios públicos. Los primeros resultados han sido muy prometedores en lo referente a la reinserción social, a la mejora de salud general de los adictos y a la reducción de tráfico y la delictividad de este colectivo. Aunque genera una fuerte controversia social, ¿será la solución final al problema de la heroína?

Derivados del cannabis: el "porro"

Estas drogas han alcanzado gran popularidad en nuestros días sustituyendo en muchos ambientes a la droga social por excelencia que es el alcohol.

La marihuana, grifa, kiff o hachís, es el producto obtenido del cáñamo indio (*Cannabis sativa*), que contiene una sustancia alucinógena llamada Delta-9-tetrahidrocannabinol, se fuma mezclada con tabaco y produce efectos como risa inmotivada, euforia, locuacidad, deshinibición, exaltación del ánimo, etc.

Mal llamada *droga blanda*, por no tener los problemas adictivos de las drogas anteriormente comentadas o del propio alcohol, el "porro" es capaz de producir alteraciones psíquicas de cierta envergadura, como las psicosis, sobre todo si se consume mezclado con alcohol u otras drogas. En ciertos casos, su uso continuado puede provocar el llamado *síndrome amotivacional*, caracterizado por abulia, apatía y desinterés por las actividades cotidianas.

Drogas de síntesis o "de diseño"

Son en su mayor parte derivados de las anfetaminas a las que se ha variado su molécula original en laboratorios clandestinos, dando lugar a preparados más potentes o con efectos diferentes. La más conocida es el "éxtasis" (*metilendioxianfetamina y metiledioximetanfetamina*).

Además de las anteriores, hoy también se distribuyen otras muchas drogas de síntesis derivadas de otros fármacos originales distintos a las anfetaminas (el fentanilo, la ketamina, la meperidina...). El principal problema que comportan proviene precisamente del desconocimiento de la sustancia ingerida en muchas ocasiones. Su uso en edades adolescentes y jóvenes las hacen especialmente preocupantes.

ALCOHOLISMO

Es uno de los problemas de nuestra sociedad, subestimado en importancia y en número de afectos, tal vez por ser habitual tomar copas o "emborracharse" en ciertas celebraciones u ocasiones (bodas, fiestas, fines de semana).

El alcohólico es aceptado por la sociedad mientras es "gracioso", pero las tornas cambian cuando su alcoholismo se descontrola. Por otra parte es difícil combatir el alcohol porque en determinadas situaciones sociales parece forzado beber (presión que también recibe la persona que está intentando abandonar el alcohol). Se calcula que en España hay unos tres millones de alcohólicos.

¿CUÁNTO CONSUMO DE ALCOHOL RESULTA EXCESIVO?

La cantidad que se consume de alcohol depende de la bebida ingerida y su graduación alcohólica. Se puede calcular con la siguiente fórmula:

$$\text{Gramos de alcohol ingerido} = (\text{ml de bebida}) \times (\text{grados de la bebida}) \times 0,8/100$$

Según la cantidad de alcohol consumido, el nivel de alcohol en la sangre asciende y con él las manifestaciones de la intoxicación alcohólica producida. Dichos síntomas según el *grado de alcoholemia* son:

Subclínica (inaparente)	<0.5 g/l.
Ligera (intoxicación leve)	0.5-1 g/l.
Grave (intoxicación severa)	1-3 g/l.
Coma	3-5 g/l.
Letal (muerte)	>5 g/l.

El efecto producido en cada persona resulta variable según lo "acostumbrado" que se esté al alcohol. Así, en un bebedor habitual los efectos se conseguirán con cantidades mayores de alcohol, mientras que en una persona abstemia esto ocurrirá con mucha menos cantidad. De forma general, se consideran patológicos consumos diarios mayores de 60 g/día en varones y de 40 g/día mujeres (o más de 240 g/semana).

¿CÓMO SE DIAGNOSTICA EL ALCOHOLISMO?

La detección del alcoholismo es difícil por causas que dependen tanto del paciente como del médico. Probablemente ambos subestimen la importancia del consumo y así el medico no preguntará salvo que el paciente muestre signos evidentes de alcoholismo y el paciente no consultará porque socialmente están bien vistas cantidades abusivas de alcohol. No es raro encontrar a personas que refieren que beben "lo normal" siendo esto un litro de vino, varias cervezas y algún que otro whisky al día.

El diagnóstico se puede realizar mediante una serie de test estandarizados para los diferentes países (cada uno tiene una forma de beber diferente). Los más usados en un primer despistaje en España son los llamados CAGE y MALT. Ambos constan de pocas preguntas y son fáciles de preguntar por el médico de familia en la consulta. Obviamente, necesitan de la colaboración y sinceridad del paciente para resultar fiables.

No hay marcadores biológicos ni pruebas de laboratorio específicas del alcoholismo, aunque un indicador indirecto de que existe un consumo excesivo de alcohol es el aumento de las enzimas del hígado (transaminasas) y que los glóbulos rojos estén aumentados de tamaño (macrocitosis).

TRATAMIENTO DE LA INTOXICACIÓN ALCOHÓLICA AGUDA

Depende de la gravedad del cuadro. Si no es muy intensa bastará con la bebida de líquidos azucarados y un reposo abrigado, teniendo cuidado de que la persona ebria no tenga accidentes, ni que al vomitar aspire el vómito a los pulmones (no dejarla nunca boca arriba, sino con la cabeza siempre ladeada).

Si la intoxicación es más intensa precisará suero glucosado por vena. Si está agitado, se puede inyectar algún calmante, mientras que una maniobra frecuentemente empleada, como es la inyección de tiamina (vitamina B1) no está indicada salvo que el paciente esté desnutrido o se sospeche que pueda tener algún déficit vitamínico (vagabundos, etc.). Si no es así, existe el riesgo de que pueda tener alguna reacción alérgica importante, sin conseguir beneficio alguno de esta medicación.

SÍNDROME DE ABSTINENCIA ALCOHÓLICA

Aparece al cesar el consumo alcohólico tras años de un abuso crónico. Se caracteriza por sudores, dilatación de pupilas, temblores, insomnio, náuseas y vómitos, alucinaciones visuales y auditivas. Se trata con vitamina B y benzodiazepinas (ansiolíticos).

Este síndrome en el grado máximo es el *delirium tremens* cuadro grave de complicaciones cerebrales que puede llegar a producir la muerte, por lo que el tratamiento debe ser rápido y enérgico.

El tratamiento del alcoholismo exige un enfoque multidisciplinar que incluye tanto una valoración del estado somático del paciente (que puede presentar alteraciones hepáticas, digestivas, neurológicas, etc.) como del estado psicológico general (puede haberse producido un deterioro psicológico o puede existir algún trastorno psiquiátrico de base que sea el auténtico motivo del alcoholismo del paciente). Para ello se efectuarán diversas pruebas analíticas que determinen el estado del paciente y que establezcan las prioridades del tratamiento.

El manejo del alcoholismo crónico resulta similar al de las dependencias a los opiáceos. Una vez superada la abstinencia con la ayuda de sedantes específicos, se establecerá un plan de ayuda psicológica que ayude a prevenir la recaída en el consumo, conducida por personal experto. En este momento, a veces resultan de gran ayuda el uso de fármacos *aversivos*, medicamentos que se toman diariamente y que producen grandes molestias si se consume alcohol, previniendo las "tentaciones" (como el *disulfiram*).

Las terapias grupales conocidas como "alcoholicos anónimos" consiguen reforzar la autoestima del paciente, mejorar sus relaciones interpersonales y acompañarles en los momen-

> *Los patrones físicos de extrema delgadez impuestos por la sociedad actual influyen en el creciente número de casos de anorexia nerviosa.*

tos más críticos de su enfermedad. En general los pacientes que se suman a tales grupos tienen un mejor pronóstico a largo plazo.

ANOREXIA NERVIOSA Y BULIMIA

ANOREXIA NERVIOSA

Se caracteriza por una insatisfacción con la imagen corporal que hace a la persona verse obesa y se caracteriza por una pérdida de peso dramática (no justificada por otras enfermedades). Un primer signo de este trastorno en las mujeres suele ser la pérdida de la menstruación.

Es mucho más frecuente en las mujeres y afecta a un 1% de la población en Estados Unidos (no hay datos fiables en España).

La clínica suele ser, en un principio, insidiosa, suele desencadenarse en momentos de estrés (exámenes, problemas en las relaciones afectivas). Se considera establecido el cuadro cuando se pierde más de un 15% del peso inicial o del teórico. La persona que lo sufre suele negar el problema, no se suele sentir delgada y mantiene una gran preocupación por la dieta y ejercicio.

Las personas muy perfeccionistas, con baja autoestima y con presiones externas para conseguir éxitos suelen ser las más predispuestas. Suele ir asociado a una depresión larvada. No parece haber un componente genético, ni hereditario. Se piensa que la presión social para conseguir la delgadez tan deseada en las sociedades occidentales produce un terreno propicio para estos trastornos.

¿Puede confundirse con otras enfermedades? En principio se debe descartar cualquier enfermedad física que produzca pérdida de peso. Para ello se utilizan pruebas de laboratorio, que además de descartar otras patologías, permiten apreciar objetivamente el grado de desnutrición.

El tratamiento de estas pacientes suele realizarse de forma ambulatoria en Servicios de Salud Mental especializados. Los ingresos hospitalarios sólo se producen cuando hay una desnutrición importante. Dicho tratamiento suele ser psicológico intentando sintonizar con la paciente, haciéndole ver su problema e intentando un compromiso (incluso mediante contratos informales) para mantener un peso aceptable. La ganancia de peso debe ser muy gradual. Los fármacos resultan ineficaces en este trastorno.

El pronóstico de estas pacientes no es bueno. En general, es un proceso lento y duradero en el que se pueden esperar recaídas, por lo que precisa la colaboración y comprensión del entorno familiar y social. No resulta desdeñable su mortalidad elevada por desnutrición y por suicidios (6%).

BULIMIA

Es otra patología que se manifiesta por la insatisfacción con la imagen corporal. En este caso la persona se da grandes atracones de comida que suelen ir seguidos de un sentimiento de culpa que les "obliga" a inducirse el vómito.

Predomina claramente en mujeres. Su frecuencia real no se conoce por mantenerse generalmente en secreto, salvo en casos graves. Con frecuencia alterna con períodos de anorexia, aunque en general suelen ser personas de un peso normal o ligeramente obesas. Al igual que la anorexia suele empezar en períodos de mayor estrés.

El tratamiento, al igual que en la anorexia, es psicológico. Se debe generar confianza y crear una alianza terapéutica donde el enfermo se comprometa en los objetivos del tratamiento. Se deben potenciar las actividades lúdicas y se debe dar información detallada sobre la seriedad de los trastornos que se pueden derivar.

Ciertos fármacos sí han demostrado efectividad en estos trastornos, en especial determinados antidepresivos de reciente comercialización, dados a dosis altas y siempre bajo control médico.

El pronóstico de la bulimia es muy variable. Suele ser un proceso crónico con fluctuaciones que pueden remitir de forma espontánea con la edad.

ESQUIZOFRENIA

¿QUÉ ES LA ESQUIZOFRENIA?

Es la "locura" por antonomasia. Se trata de un tipo de psicosis caracterizado por la desconexión de la realidad que dura más de seis meses, en los que se producen los siguientes fenómenos:

• Alteración del contenido del pensamiento (ideas delirantes).

> *El esquizofrénico percibe el ambiente amenazante, hostil y se siente perseguido.*

- Alteración del curso del pensamiento (disgregación e incoherencia).
- Alteraciones de la percepción (alucinaciones).
- Alteraciones afectivas (afectividad aplanada o inapropiada).
- Trastornos psicomotores (inmovilidad u otros).
- Alteraciones de la conducta y de las relaciones interpersonales.

Esta definición quizá sea compleja para los no iniciados en el tema, pero cualquier persona entendería inmediatamente a que nos referimos más arriba y reconocería tales síntomas si tuviese la oportunidad de convivir unos días con un paciente esquizofrénico.

Es muy característico que se inicie de forma solapada en una persona joven con una forma de ser previa retraída, introvertida, aislada y algo "rara". Sobre esta base, un día, el individuo se comienza a sentir extraño, confuso, percibe todo su entorno amenazante y esto le produce una gran angustia.

Nota su propio cuerpo cambiado y poco a poco empieza a "oír" voces que le increpan, le insultan o le ordenan. Con frecuencia estas voces comentan todo lo que hace o dice, pudiendo establecer diálogos con ellas. Cada vez se hace más firme el sentimiento de que alguien le persigue o le amenaza, llegando a creer de forma delirante que se le puede adivinar, robar o controlar el pensamiento.

Ante este sombrío panorama, el paciente se aísla del entorno, no confía en nada ni nadie, se empobrece su afectividad y se incapacita para sus obligaciones personales, laborales o sociales.

Existen varias formas clínicas de esquizofrenia, según las características de los síntomas dominantes (catatónica, paranoide, desorganizada, simple y residual), con distinto pronóstico y con ciertas peculiaridades de tratamiento.

¿POR QUÉ OCURRE ESTE TRASTORNO?

Probablemente existen unos *factores directos* implicados en su aparición, como son ciertas bases genéticas (aún no bien conocidas) y ciertos trastornos de los neurotransmisores cerebrales (la dopamina y la serotonina fundamentalmente). Junto a ellos se consideran que ciertas situaciones capaces de originar un estrés importante en el individuo (el servicio militar, el paro o el propio matrimonio) pueden actuar como *factores desencadenantes* de un problema que estaba, hasta entonces, latente. Cuando tal circunstancia ocurre, se produce el "brote esquizofrénico", que afecta por igual a hombres y mujeres.

El consumo de ciertas drogas, sobre todo las alucinógenas (cannabinoides, LSD) y las estimulantes (anfetaminas y cocaína) pueden inducir cuadros psicóticos similares a la esquizofrenia, en general de buena evolución si se abandona la droga y se sigue tratamiento.

¿SE CURA LA ESQUIZOFRENIA?

Sólo un tratamiento farmacológico correctamente instaurado por el médico y rigurosamente seguido por el paciente, permiten el control de esta complicada enfermedad mental, reduciendo los síntomas a su mínima expresión y evitando las recaídas (brotes).

Hasta la aparición de los fármacos específicos para estas psicosis, los neurolépticos (en 1954 se descubrió el primero, el Largactil®), estos enfermos estaban condenados al aislamiento en un manicomio. Desde que se dispone de ellos, se pueden controlar los síntomas del esquizofrénico y prevenir las recaídas agudas, evitando el estado de deterioro final antes tan frecuente. Desgraciadamente la enfermedad no se cura.

Cada día aparecen nuevos fármacos de este tipo (también llamados antipsicóticos o tranquilizantes mayores), mejor tolerados o más específicos para ciertos síntomas esquizofrénicos (clorpromazina, haloperidol, tioridazina, trifluoperazina, risperidona, zuclopentixol...). Todos ellos tienen efectos secundarios molestos pero no graves. Es preciso, por ello, un continuo control médico de estos pacientes. A veces se añaden otros medicamentos para aliviar estos efectos indeseables.

El tratamiento de estos pacientes suele ser inicialmente hospitalario hasta que se evalúen los síntomas y los riesgos. Si se determina que el paciente no es peligroso para él ni para otros, se pasa a control ambulatorio. El pronóstico global a largo plazo es muy variable: aproximadamente un 30% se recuperan totalmente quedando libres de síntomas mientras que el resto de los pacientes oscilan entre períodos de remisión y exacerbación.

Aparte de los medicamentos, debe realizarse un soporte psicológico para facilitar el proceso de reincorporación a la sociedad con la ayuda de todas las alternativas disponibles, como la terapia ocupacional, las ayudas sociales, etc. Resulta también primordial apoyar a las familias de estos pacientes, que suelen vivir el trastorno como un verdadero drama. Las asociaciones de familiares de pacientes donde se comparte el problema, ayudan enormemente funcionando como grupos de autoayuda, reconfortando, sugiriendo soluciones que otros ya encontraron y trazando un camino de esperanza.

OTROS TRASTORNOS MENTALES

Ciertos problemas de salud mental muy frecuentes, como los trastornos de la sexualidad y la pérdida de las facultades mentales por demencia en los ancianos (enfermedad de Alzheimer y otras), se tratarán en detalle en los volúmenes de la Enciclopedia específicamente destinados a la *Sexualidad y la Reproducción Humanas* y a la *Salud en la Tercera Edad*.

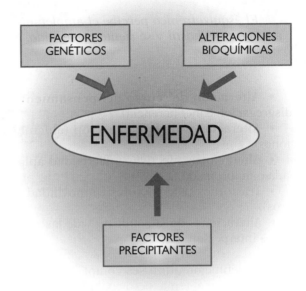

Causas predisponentes y desencadenantes de la esquizofrenia.

10 ENFERMEDADES DEL CÁNCER

INTRODUCCIÓN

Durante los últimos años, se han realizado progresos muy importantes en el conocimiento de las bases biológicas, bioquímicas y genéticas del cáncer, lo que ha sido fundamental, para la prevención, la detección precoz del mismo y la posibilidad de curación con tratamientos cada vez menos agresivos.

De forma general podemos decir que *un cáncer se produce porque una célula se multiplica de forma anormal y desordenada.*

La multiplicación celular es un proceso natural y esencial en la vida, ya que todos los seres vivos se desarrollan a partir de una célula única.

Según la capacidad de multiplicarse o regenerarse, distinguimos tres tipos de células:

1) Células permanentes: Son aquellas que después del nacimiento del ser vivo no vuelven a multiplicarse si son destruidas, como ocurre con las neuronas o células nerviosas.

2) Células estables: Son aquellas que sí mantienen su capacidad para regenerarse durante toda la vida del individuo, pero sólo lo hacen en circunstancias especiales, como por ejemplo una herida o una enfermedad, a este grupo pertenecen las células musculares y hepáticas.

3) Células lábiles: Son las células epiteliales que recubren la piel y los intestinos. Están continuamente renovándose, crecen, se multiplican y mueren a lo largo de la toda la vida del ser vivo.

La proliferación celular está sometida a un estrecho control, que permite que todos los órganos y estructuras del cuerpo alcancen un tamaño determinado y equilibrado en relación al conjunto total que constituye el cuerpo humano.

Existen mecanismos inhibidores que impiden que las células se multipliquen de manera arbitraria y desordenada permitiendo que se reproduzcan solamente cuando sea necesario, así cuando existe alguna lesión, por ejemplo una herida, desaparecen estos mecanismos inhibidores, permitiendo que las células se multipliquen y se repare la agresión.

Si se alteran estos mecanismos inhibitorios, las células crecen y se multiplican sin control, formándose masas de células anormales que denominaremos tumores o cánceres según sean benignos o malignos.

TERMINOLOGÍA

Es importante conocer algunos conceptos relacionados con la multiplicación y el crecimiento celular, para entender mejor por qué se producen algunos tumores.

HIPERPLASIA

Consiste en el *aumento* del *número* de *células* de un tejido o un órgano.

Se puede producir en situaciones naturales, como ocurre en el crecimiento de las mamas durante el embarazo.

También se puede producir en algunos tejidos cuando están sometidos a estímulos irritativos durante mucho tiempo, por ejemplo en las cuerdas vocales de los cantantes en las que pueden aparecer primero hiperplasias y posteriormente pólipos o en las manos de los trabajadores, como consecuencia de la repetida fricción de las manos con las herramientas, formándose los conocidos "callos".

Si este estímulo persiste de forma crónica, se puede presentar otro fenómeno que se conoce como metaplasia.

METAPLASIA

Consiste en la *sustitución* de un *tipo de células por otro*.

Al principio es un proceso reversible, vuelve a la normalidad si cesa el estímulo, y adaptativo, así por ejemplo en los fumadores crónicos que soportan continuamente un estímulo irritativo sobre las células epiteliales que tapizan las vías respiratorias, estas células se transforman en otras más gruesas, disponiéndose en diferentes estratos o capas y de esta manera son más resistentes a las agresiones.

Llega un momento en que si los factores irritativos no se detienen, la metaplasia se convierte en un proceso irreversible que puede convertirse en maligno.

El estudio de las metaplasias ha sido fundamental en el diagnóstico precoz de muchos cánceres, ya que es una lesión en ocasiones premalignas que nos avisa o pone en alerta sobre la aparición de un tumor.

Un ejemplo importante lo tendríamos en las células que recubren el cérvix o cuello uterino de la mujer, que tiene tendencia a multiplicarse tras determinados estímulos permanentes, posteriormente se produce una metaplasia, que puede detectarse a tiempo, si se realizan citologías periódicas, impidiendo que se desarrolle un cáncer.

HIPERTROFIA

Consiste en el *aumento* del *tamaño* de las *células*. Este fenómeno se puede observar en los músculos de los deportistas, que tras ser estimulados por el entrenamiento alcanzan un tamaño mayor sin aumentar el número de células.

El caso opuesto sería la atrofia.

ATROFIA

Disminución del *tamaño* normal de las *células* como consecuencia del desgaste de estas o de la falta de utilización. Un ejemplo sería la atrofia muscular que se produce en las piernas de una persona que ha permanecido durante mucho tiempo en la cama sin realizar ningún tipo de ejercicio.

DIFERENCIA ENTRE TUMOR Y CÁNCER

Un *tumor* es cualquier crecimiento celular anormal, que se agrupa formando una masa de tejido nuevo, también llamado *neoplasia*.

Sus células no desempeñan ninguna función especial en el ser vivo, se multiplican por su cuenta, no respondiendo a ninguno de los sistemas de control del organismo.

Normalmente crecen con rapidez, constituyendo una masa o "bulto", que ocupa un espacio determinado en cualquier tejido de nuestro cuerpo.

Las células de los tumores benignos, tienen unas características especiales que las diferencian de las células cancerígenas o células de los tumores malignos o cánceres.

Estas características son:

1) Son parecidas a las células del tejido sano normal original.
2) Se mantienen en una localización muy concreta del organismo, no difundiéndose a otros tejidos.
3) En muchas ocasiones se encuentran envueltos por una cápsula que facilita su extirpación.
4) No se diseminan a distancia, es decir no producen metástasis.

Ejemplos típicos de tumores benignos son:

— Las verrugas.
— Los fibromas.
— La mayoría de los pólipos.
— Los quistes.

Normalmente no producen síntomas importantes para el ser humano, salvo los derivados del efecto "masa", al ocupar el espacio que pertenece a otras estructuras.

Por esto los tumores benignos más peligrosos son los que crecen en el cerebro, al estar contenido en una cavidad cerrada que es el cráneo, el tumor no puede crecer sin comprimir los tejidos sanos produciendo síntomas como pueden ser el dolor de cabeza intenso o alteraciones en la vista.

Otro caso en el que el crecimiento del tumor puede ser peligroso, es en los fibromas uterinos, ya que al ocupar estos la cavidad del útero, podría impedir si existe un embarazo, el desarrollo del mismo, al no dejarle sitio para que se implante el embrión y pueda crecer con normalidad.

En estos casos el tratamiento de elección sería la extirpación quirúrgica del tumor, lo que solucionaría el problema.

También suelen intervenirse quirúrgicamente los tumores que se encuentran en lugares visibles como la cara y resultan antiestéticos.

Hay algunos tumores buenos como los "lunares" que pueden convertirse en malignos por lo que hay que vigilarlos. Si un lunar aumenta de tamaño, cambia de color pica o sangra, consulte a su médico.

CÁNCER O TUMOR MALIGNO

Consiste en la proliferación desordenada de un grupo de células que no responden a los mecanismos normales de control del organismo.

Las características especiales que presentan estas células y que le otorgan la malignidad son:

1) Las células no se parecen a las del tejido original, la mayoría de las veces se origina de una célula progenitora que se multiplica y da lugar a un clon de células malignas.
2) No se encuentran localizadas en un sitio determinado ni encapsuladas, sino que se extienden invadiendo los tejidos circundantes, a modo de prolongaciones, lo que le da aspecto de un cangrejo, de donde viene el nombre de cáncer.
3) Son capaces de producir metástasis, es decir, diseminarse a través de la sangre o de la vía linfática y establecerse a distancia en cualquier otro lugar del organismo.

Si la masa cancerígena no ha crecido demasiado, también puede extirparse quirúrgicamente, sin embargo el problema grave que presentan los tumores malignos es su capacidad de producir metástasis, es decir, de extenderse a otras zonas del cuerpo.

Cuando se disemina por vía linfática, las células malignas se acumulan en los ganglios linfáticos, produciendo un aumento de tamaño de los mismos, por lo que es muy importante vigilar y seguir el recorrido de las cadenas de ganglios linfáticos, para comprobar la extensión de la enfermedad. Un ejemplo muy conocido de este hecho es la inflamación de los ganglios de la axila en los cánceres de mama.

Si el cáncer se disemina por vía sanguínea es capaz de establecerse en cualquier órgano del cuerpo, lo que empeora claramente el pronóstico al ser más difícil el tratamiento, como ejemplo tendríamos el cáncer de pulmón que se disemina con facilidad al cerebro, hígado y huesos.

ETIOLOGÍA O CAUSAS DEL CÁNCER

Las investigaciones realizadas en las últimas décadas sobre el cáncer han demostrado que su incidencia (aparición de nuevos casos), varía según la edad, el sexo, la raza y la localización geográfica.

Esto quiere decir que cuando aparece un proceso maligno, existe por un lado una *predisposición genética* y por otro lado unos factores ambientales externos, que llamamos *cancerígenos*, que determinan que se desarrolle el tumor.

FACTORES GENÉTICOS

Las alteraciones genéticas parece que influyen de forma importante en el desarrollo del cáncer.

En los núcleos de las células hay unas estructuras que son los *cromosomas* que contienen nuestros *genes*, éstos son los responsables de las características hereditarias de los seres vivos, como el color del pelo o de los ojos. Estos genes contienen la información que permite que las células se estimulen y multipliquen según un orden establecido, de esta forma a partir de la célula que se origina al unirse un óvulo con un espermatozoide y que contiene toda la información genética de sus progenitores, se desarrollará el embrión y en un futuro el ser humano adulto.

Si estos genes se activan en un momento o de una forma inadecuada, son capaces de inducir la producción de un cáncer en estos casos los llamamos *oncogenes*.

Así, en algunas enfermedades, no muy conocidas, el individuo hereda genes que presentan más posibilidades de producir tumores malignos, por ejemplo el *xeroderma pigmentoso* es una enfermedad de la piel en la que se hereda un defecto enzimático, que no permite que la piel se regenere de forma normal, lo que hace que exista un riesgo más elevado de desarrollar cáncer de piel.

También es conocido el hecho de que en algunas enfermedades cromosómicas, como es la trisomía 21 o síndrome de Down, existe una posibilidad mayor de desarrollar ciertos tumores, como las leucemias.

Está comprobado que algunos cánceres muy conocidos como el de mama o el de colon tienen una incidencia mayor en algunas familias.

Estos factores hereditarios, se modifican parcialmente por los agentes externos, como son la dieta y la situación geográfica, así se ha demostrado que si dos hermanos gemelos, cuya información genética es la misma, son separados al nacer y llevados cada uno a un país, con climatología, costumbres y hábitos alimentarios diferentes, al cabo de los años, estos niños adquirirán cada uno los riesgos y características propias de los habitantes del país en el que viven.

La *raza* también es un factor genético influyente en la incidencia del cáncer. Parece ser que en la raza negra existe una mayor posibilidad de padecer algunos cánceres, como los del aparato digestivo; sin embargo este hecho también se puede modificar de forma importante por los factores ambientales externos. Como hemos comentado en el caso anterior, se ha comprobado que tras varios años los inmigrantes de raza negra o japonesa que viven en Norteamérica presentan los mismos riesgos de padecer cáncer que los propios habitantes americanos.

FACTORES EXÓGENOS

Radiaciones

La información sobre la capacidad de las radiaciones de inducir la aparición de tumores en los seres vivos se ha obtenido a partir de los estudios realizados en los supervivientes de las explosiones de las bombas atómicas y en pacientes expuestos a radiaciones por motivos diagnósticos o terapéuticos.

También se ha comprobado que existe un elevado número de leucemias en pacientes que han sido tratados con radioterapia por padecer algún proceso maligno.

Aunque se sabe que todos los tejidos son susceptibles de inducción tumoral por parte de las radiaciones, los más sensibles son la médula ósea, la mama y el tiroides.

El *período de latencia,* es decir, el tiempo que transcurre desde la exposición a la radiación hasta la aparición del tumor, es variable, entre dos y cinco años para la leucemia y de 5-10 años para el de mama.

En general la probabilidad de desarrollar un cáncer es proporcional a la cantidad de radiación recibida y a la distancia a la que se está de ella, cuanto más cerca, más riesgo existe.

Además de las radiaciones procedentes de las bombas y accidentes nucleares hay que tener en cuenta a las fuentes naturales de radiación, así los rayos ultravioletas procedentes del sol, son el principal factor de riesgo para el desarrollo del cáncer de piel.

El cáncer de piel aparece principalmente en personas de raza blanca, siendo infrecuente en las de raza negra y en grupos raciales con pigmentación de piel oscura. Se da sobre todo en regiones geográficas con clima cálido y aparece en las partes del cuerpo expuestas al sol, siendo más frecuente en las personas que trabajan al aire libre.

Los pacientes con enfermedades genéticas como el *albinismo* y el *xeroderma pigmentoso*, que son procesos, que empeoran por la exposición a la luz solar, presentan un riesgo muy elevado de padecer un cáncer cutáneo.

Tabaco

En numerosos estudios se ha demostrado que el principal agente productor de cáncer en nuestro medio ambiente es la inhalación del humo de tabaco.

En el tabaco existe una sustancia que es el alquitrán, que se deposita fundamentalmente en los bronquios y pulmones de los fumadores, produciendo una irritación crónica, que cuando se mantiene durante cierto tiempo da lugar al cáncer de pulmón.

Existe una fuerte asociación entre el tabaco y el cáncer de pulmón, de manera que los fumadores tienen más de 10 veces más riesgo de padecer un cáncer que los no fumadores.

En los últimos años está aumentando notablemente el cáncer de pulmón en las mujeres, debido al aumento del consumo de cigarrillos por parte del sexo femenino desde los años sesenta-setenta.

El dejar de fumar provoca una disminución gradual del riesgo, de manera que tras 10-15 años sin fumar, la probabilidad de padecer un cáncer de pulmón es similar a la de un no fumador.

El tabaco también influye en la aparición de otros cánceres como son: boca, esófago, vejiga, riñón y páncreas.

Exposición profesional

La primera vez que se relacionó un tipo de cáncer con una profesión fue en Londres en 1775, cuando se observó que los limpiadores de chimeneas padecían con mucha más frecuencia cáncer de escroto.

Posteriormente se comprobó que los productos alquitranados que desprenden el humo de las chimeneas tienen relación con varios tipos de tumores, entre otros el de pulmón y el de escroto.

Desde entonces han sido muchas las sustancias químicas que se han relacionado con el riesgo de padecer cáncer, por ejemplo las anilinas, que se utilizan al fabricar productos de goma, aumentan el riesgo de padecer cáncer de vejiga urinaria.

El cloruro de vinilo, que es un componente del plástico, favorece el desarrollo de cáncer de hígado.

El arsénico, se considera carcinógeno en los tumores de pulmón, piel e hígado.

Dieta

El estudio epidemiológico realizado en distintos países, comparando los hábitos alimentarios y la incidencia de ciertos tipos de cánceres en cada uno de ellos, han permitido obtener muchos datos sobre qué tipos de alimentos protegen o favorecen la aparición de ciertos tumores.

Por ejemplo, el consumo excesivo de grasas, aumenta el riesgo de padecer cáncer de colon y de mama, mientras que la dieta rica en fibras, protege del cáncer de colon, ya que producen un tránsito intestinal rápido, no permitiendo que sustancias potencialmente cancerígenas permanezcan durante mucho tiempo en la luz intestinal.

La vitamina C también parece que ejerce un efecto protector.

Fármacos

Se ha demostrado que ciertos fármacos, también pueden tener capacidad cancerígena.

El dietilbestrol es un estrógeno sintético, que se utilizó durante un tiempo para disminuir la incidencia de abortos en mujeres embarazadas, y que provocó un aumento en el número de cáncer de cérvix y vagina en las hijas de las mujeres que lo tomaron.

Las mujeres menopáusicas que están siendo tratadas con estrógenos deben tomar también progesterona para evitar que aumente el riesgo de cáncer de útero.

Algunos fármacos alquilantes, utilizados como quimioterapéuticos, pueden aumentar el riesgo de aparición de leucemias.

Virus

Los virus son organismos o agentes infecciosos, que invaden nuestras células y a veces se "apoderan" de ellas, ya que algunos son capaces de modificar o sustituir el ADN o material genético primitivo por el del propio virus, esto modificaría la información genética de la célula dando lugar a alteraciones o confusiones en la multiplicación celular que como explicamos al principio puede ser el origen de un cáncer, al producirse células anormales.

En el momento actual son muy pocos los virus en los que se ha demostrado claramente la relación entre la infección y la posterior aparición del cáncer, entre ellos estaría el virus de la hepatitis B, que influye en el desarrollo del cáncer de hígado.

Algunos tipos de papilomas y el virus del herpes simple tipo II, pueden aumentar el riesgo de cáncer de cuello uterino o cérvix.

Existe un virus que tiene afinidad por los linfocitos que puede producir leucemias.

Otros agentes

A veces el cáncer puede aparecer sobre superficies que han sufrido determinadas agresiones, como puede ser una cicatriz o el borde de una herida.

También es conocido el hecho de que en los fumadores de pipa aumenta el riesgo de cáncer de labio, no solo por el tabaco, sino por la constante irritación producida por la pipa.

Aunque todavía quedan muchas causas por investigar y muchos interrogantes sobre el cáncer, el conocimiento de los factores genéticos y ambientales que pueden contribuir a la incidencia del cáncer deben ser utilizados por el médico para identificar a los pacientes que presentan un riesgo aumentado de presentar una neoplasia y aplicar las medidas preventivas y de detección precoz necesarias.

Por su parte el paciente debe intentar modificar el estilo de vida, adquiriendo algunos hábitos más sanos y evitando en la medida de lo posible la exposición a los factores ambientales identificados como cancerígenos.

CLÍNICA: SÍNTOMAS Y SIGNOS DEL CÁNCER

Uno de los problemas más importantes de la detección precoz de los tumores es que la mayoría de ellos pasan desapercibidos durante algún tiempo es decir el enfermo no nota nada anormal ni ningún signo de alarma en su cuer-

CONSEJO

RECUERDA

Si quieres tener una alimentación sana, que disminuya el riesgo de cáncer:

1) Disminuye el consumo de grasas.
2) Aumenta el consumo de frutas (sobre todo cítricos), hortalizas y fibras.
3) Disminuye el consumo de ahumados y conservas.
4) Disminuye el consumo de alcohol.

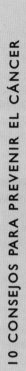

10 CONSEJOS PARA PREVENIR EL CÁNCER

No fumes. El tabaco es perjudicial par tu salud y la de quienes te rodean.

Disminuir la ingesta de alcohol

Evitar exposiciones prolongadas al sol y quemaduras, sobre todo en los primeros años de vida.

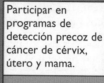

Respetar las normas de seguridad en el trabajo y en las zonas potencialmente peligrosas

Aumentar el consumo diario de frutas, verduras y fibra.

Evitar el exceso de peso, la vida sedentaria y el consumo de grasas.

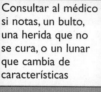

Consultar al médico si notas, un bulto, una herida que no se cura, o un lunar que cambia de características

Consultar al médico si existe una pérdida importante de peso, alteración del tramo intestinal o tos persistente.

Participar en programas de detección precoz de cáncer de cérvix, útero y mama.

Autoexploración mamaria mensual. Revisiones ginecológicas periódicas.

po, por lo que no acude al médico, hasta pasados varios meses de evolución.

Los tumores pueden producir síntomas por distintos mecanismos:

1) Efecto masa.
2) Liberación de sustancias a la sangre.
3) Trastornos metabólicos y hematológicos.

EFECTO MASA

Las células malignas, al multiplicarse, constituyen una masa que va creciendo y ocupando un lugar que antes pertenecía a otras estructuras o en el que no había nada, de esta manera puede provocar distintos síntomas.

Por ejemplo, si crece ocupando la luz del intestino, en el tramo superior, no dejará pasar los alimentos, ocasionando vómitos, si lo hace ocupando el tramo inferior de la luz intestinal, puede producir una obstrucción dando lugar a estreñimiento.

Si el tumor crece dentro de los bronquios, provocará dificultad respiratoria al dificultar el paso del aire.

LIBERACIÓN DE SUSTANCIAS

A veces, los cánceres dan síntomas en otros órganos, al segregar sustancias, como ciertas hormonas que liberan a la sangre y producen lo que conocemos como *síndromes paraneoplásicos*.

Otras veces se liberan sustancias, capaces de producir fiebre, que la mayoría de las veces se atribuye a una infección, aunque al realizar un estudio más detenido, se comprueba que es a causa del propio cáncer.

EFECTOS METABÓLICOS Y HEMATOLÓGICOS

Uno de los problemas más importantes y conocidos, que se presentan en la mayoría de los cánceres avanzados es la pérdida exagerada de peso, asociada casi siempre a anorexia y astenia (cansancio intenso).

Parece ser que esto se debe a la suma de muchos factores:

— Disminuye la sensación de gusto y olfato.
— Se producen alteraciones en el aparato digestivo que muchas veces cursan con náuseas y a veces vómitos.
— Las propias células tumorales consumen mucha energía, que "roban" al enfermo.
— El paciente suele tener sensación de saciedad y en consecuencia disminución del apetito.

En muchas ocasiones, aparece en las fases avanzadas del cáncer *anemia, leucopenia y plaquetopenia*, es decir, disminución del número

CÁNCER	SÍNTOMAS
PULMÓN	Tos persistente, expectoración con sangre, dificultad respiratoria, dolor torácico, ronquera.
LARINGE	Ronquera persistente.
ESÓFAGO	Dificultad para tragar sólidos primero y líquidos después. Vómitos y disminución de peso.
ESTÓMAGO	Dolor abdominal, vómitos, a veces con sangre. Pérdida de peso.
COLON	Alteraciones en el ritmo intestinal (diarrea o estreñimiento).
MAMA	Nódulo en mama, secreción y retracción del pezón. Alteraciones de la piel, aspecto de "piel de naranja".
ÚTERO	Sangrados vaginales postmenopáusicos.
PIEL	Lunar que pica, crece, cambia de color o sangra. Herida que no cura.
PRÓSTATA	Dificultad para la micción. Infecciones urinarias de repetición
VEJIGA	Sangre en la orina.

Principales síntomas de los cánceres más frecuentes.

de glóbulos rojos, glóbulos blancos y plaquetas, respectivamente, que son los tres tipos de células que produce nuestra médula ósea.

La disminución de glóbulos blancos, que son las células que se encargan de defender al organismo, hace que estos enfermos se encuentren más débiles y presenten muchas infecciones.

La disminución de las plaquetas, que son células encargadas de formar trombos o "tapones", para detener los posibles sangrados, facilitaría la producción de hemorragias.

La disminución de glóbulos rojos es la causante de la anemia que facilita que el paciente se encuentre cansado, al disminuir el aporte de oxígeno a los tejidos.

DIAGNÓSTICO DEL CÁNCER

Cuando a un enfermo se le diagnostica un cáncer es primordial averiguar:

1) Qué tipo de cáncer es, benigno o maligno. Para ello es preciso realizar una biopsia del tumor y realizar el estudio anatomopatológico.

2) Determinar el grado de extensión del tumor, tanto a nivel local, ganglionar como a distancia (metástasis). Esto se denomina determinar el estadio del tumor.

3) Valorar el estado de salud del paciente y los efectos que el tumor puede provocar en él.

4) En función de estos datos, se realiza la elección del tratamiento adecuado.

En general, los métodos que utilizamos para realizar el diagnóstico de un cáncer y determinar en que estadio se encuentra son:

a) Historia clínica.
b) Exploración física del enfermo
c) Estudio radiológico: radiografias, ecografias, TAC o resonancia magnética.
d) Pruebas de laboratorio: estudio hematológico, marcadores tumorales.
e) Biopsia: es la prueba definitiva para determinar el tipo de tumor.

CIRUGÍA

El objetivo es extirpar completamente el cáncer, resecando la masa en su totalidad, hasta llegar al tejido sano, analizando los bordes para asegurarse que no queda ninguna célula maligna por extirpar.

Algunas veces es necesario también extirpar los ganglios linfáticos de las cadenas próximas, si ya han sido invadidas por el cáncer.

Hay casos en los que no es posible realizar una cirugía *curativa*, sino que se hará con fines *paliativos*, es decir para intentar mejorar o aliviar los síntomas que presenta el paciente, extirpándose solamente la parte del tumor que ocasiona el problema.

RADIOTERAPIA

El objetivo consiste en intentar destruir las células cancerígenas mediante la radiación que consigue producir un daño irreversible en el material genético de las células cancerosas, que les impide volver a multiplicarse.

El problema es que este daño también afecta a las células normales del organismo, destruyéndose muchas de ellas, aunque nuestro organismo es capaz de regenerar a la mayoría. Es por esto por lo que algunas personas a las que se aplica la radioterapia pierden el cabello, ya que se destruye el folículo piloso por efecto de la radiación, muchas de estas personas vuelven a recuperar su pelo, cuando finaliza el tratamiento.

Es fundamental que el radioterapeuta (médico especialista en radioterapia) haga mediciones exactas de la superficie que debe ser radiada, centrándose lo máximo posible en las células malignas e intentando que el tejido sano de alrededor reciba el menor número de radiaciones posibles.

El tratamiento dura unas 5 ó 6 semanas y se aplica diariamente durante unos minutos solamente. No es doloroso y no es necesario hospitalizar al paciente.

Los efectos secundarios que puede producir la radioterapia dependen de la cantidad de radiación y de la región del cuerpo donde se apliquen, en general es frecuente que ocasionen náuseas y vómitos o diarrea, si afectan a nivel abdominal.

En la piel pueden dar lugar a zonas de enrojecimiento e incluso quemaduras, que desaparecen habitualmente al cesar el tratamiento.

La radioterapia puede utilizarse con fines curativos al igual que la cirugía, si el tumor está bien localizado y es radiosensible.

Otras veces se administra como coadyuvante a la cirugía, es decir, para reducir el tamaño de la masa y facilitar se extirpación quirúrgica o después de la intervención para acabar con los residuos tumorales.

En otras ocasiones sólo es posible utilizarla con fines paliativos como, por ejemplo, para disminuir el dolor en los tumores óseos, cuando la curación es imposible.

QUIMIOTERAPIA

Cuando el cáncer está muy extendido y afecta a varios órganos del cuerpo, la cirugía y la radioterapia suelen ser insuficientes.

En estos casos se utiliza la quimioterapia, que consiste en la administración de uno o varios fármacos citotóxicos, que quiere decir que son tóxicos para la célula, produciendo un daño en su material genético que impide que las células se vuelvan a multiplicar.

Al igual que ocurría con la radioterapia, el problema es que estos medicamentos también son tóxicos para las células normales a las que muchas veces consiguen envenenar.

Por esto la quimioterapia se suele dar en ciclos, interrumpiendo el tratamiento durante intervalos de tiempo pequeños, que permita la recuperación de las células normales pero no de las cancerígenas.

Los efectos secundarios que pueden producir la quimioterapia son: náuseas, caída del cabello, disminución de las células sanguíneas (anemia, leucopenia y trombocitopenia).

Estos síntomas desaparecen y vuelven a la normalidad al cesar el tratamiento.

La quimioterapia suele ser muy eficaz en los llamados cánceres de la sangre o leucemias.

En el resto de los tumores, suele administrarse como tratamiento complementario de la cirugía o radioterapia. Una variante de la quimioterapia es la administración de hormonas y antihormonas, como el tamoxifeno, que se utiliza en el tratamiento de tumores que crecen influidos por estímulos hormonales, por ejemplo el cáncer de mama.

PRONÓSTICO DEL CÁNCER

Actualmente muchos cánceres se curan si se diagnostican precozmente, por lo que se insiste mucho en las revisiones periódicas y en las consultas al médico ante cualquier signo de alarma.

Una vez que el cáncer se ha diagnosticado y tratado, el paciente será revisado cuidadosa y periódicamente, investigando cualquier síntoma sospechoso que aparezca de nuevo.

En general una vez que se superan los primeros cinco años, las posibilidades de recaída son mínimas y se suele dar al enfermo por curado.

Aunque los distintos tipos de tumores serán tratados en los capítulos correspondientes, haremos en este un breve repaso de los cánceres más importantes en nuestro medio.

CÁNCER DE PULMÓN

Más frecuente en el sexo masculino. En los últimos años está incrementándose de forma alarmante en las mujeres, por el aumento del hábito tabáquico en el sexo femenino.

Edad predominante entre 50-70 años.

FACTORES DE RIESGO

— Tabaco: está implicado en el 80% de los cánceres de pulmón. Actualmente se ha comprobado que el fumador pasivo también tiene un riesgo añadido de padecer cáncer.
— Exposición laboral: Asbesto, cromo, níquel...
— Radiaciones.
— Polución ambiental. Parece ser que influye poco.

SÍNTOMAS

— Tos persistente. Es el más frecuente.
— Hemoptisis, es decir sangre en el esputo.
— Ronquera.

— Dolor torácico.
— Dificultad para respirar.
— Fiebre.
— Pérdida de peso.

DIAGNÓSTICO

— Pruebas radiológicas: Radiología de tórax, TAC...
— Citología de esputo: Consiste en analizar si las células del esputo son benignas o malignas.
— Broncoscopia: Consiste en visualizar los bronquios por dentro a través de un sistema óptico.
— Biopsia por aspiración del tumor con aguja fina.

TRATAMIENTO

Depende del tamaño del tumor, su localización y de la existencia o no de metástasis.

Si es posible se realizará cirugía para extirpar la masa, añadiendo radio o quimioterapia para conseguir la erradicación completa de las células malignas.

La mayoría de las veces esto no es posible, y el tratamiento irá encaminado a mejorar la calidad de vida del enfermo y a aliviar el dolor.

CÁNCER DE COLON

Es igual de frecuente en hombres que en mujeres.

Predomina en mayores de 50 años, su incidencia es máxima entre los 60-70 años.

FACTORES DE RIESGO

— Antecedentes personales o familiares de pólipos o lesiones premalignas en colon.

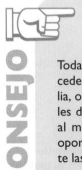

RECOMENDACIÓN

Todas las personas que presenten antecedentes de cáncer de colon en su familia, o que tengan antecedentes personales de pólipos en el colon, deben acudir al médico para realizar las revisiones oportunas y poder detectar precozmente las lesiones malignas.

CONSEJO

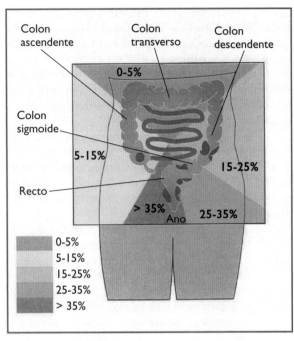

Localización del tumor de colon.

— Antecedentes personales de cáncer de mama, ovario, útero o próstata.
— Dieta rica en grasas o pobre en fibra.

CLÍNICA

— Alteraciones en el ritmo intestinal (diarrea o estreñimiento).
— Dolor abdominal.
— Sangre en las heces.

DIAGNÓSTICO

— Sangre oculta en heces.
— Pruebas radiológicas: radiografía de abdomen, enema opaco, ecografía abdominal y TAC.
— Colonoscopia: Consiste en visualizar la luz del colon, mediante un sistema óptico. Es el método fundamental para el diagnóstico y la mayoría de las veces permite extraer una muestra como biopsia para ser analizada.

TRATAMIENTO

Si el cáncer está bien localizado, se intentará la resección quirúrgica del mismo, añadiendo si es necesario radio o quimioterapia, con finalidad curativa.

Cuando esto no sea posible, se extirpará sólo el fragmento de tumor que ocasione molestias al paciente.

CÁNCER DE PRÓSTATA

Se da exclusivamente en el sexo masculino, con una edad predominante entre 60-70 años.

FACTORES DE RIESGO

— Antecedentes familiares de cáncer de próstata o colon.
— Antecedentes personales de cáncer de colon.
— Exposición a carcinógenos químicos como el cadmio y la goma.
— Factores hormonales.
— Enfermedades de transmisión sexual.

CLÍNICA

— No da síntomas hasta etapas avanzadas.
— Dificultad para la micción.
— Micciones, frecuentes y escasas.
— Hematuria: sangre en la orina. Poco frecuente.
— Infecciones urinarias de repetición.

DIAGNÓSTICO

Se realiza mediante:

— Tacto rectal: sirve para explorar manualmente el tamaño y la consistencia de la próstata que suele alterarse cuando existe un cáncer.
— PSA: consiste en un marcador tumoral que se detecta en el análisis de sangre y que indica la presencia de un cáncer de próstata.
— Ecografía prostática.
— Biopsia: es la prueba definitiva.

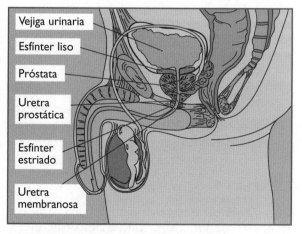

Vejiga urinaria
Esfínter liso
Próstata
Uretra prostática
Esfínter estriado
Uretra membranosa

Localización anatómica de la próstata.

TRATAMIENTO

Si el cáncer está localizado y el paciente tiene buena salud en general, se realizará cirugía radical, extirpando la próstata en su totalidad.

Si está diseminado, se aplicarán medidas paliativas, como radioterapia o quimioterapia, que se hace normalmente con hormonas.

CÁNCER DE PIEL O MELANOMA MALIGNO

FACTORES DE RIESGO

— Exposición acumulada al sol.
— Personas con pelo rubio o pelirrojo, ojos claros y piel blanca que se quema con facilidad.
— Historia de quemaduras solares con ampollas en la niñez.
— Historia familiar o personal de cáncer de piel o lesiones premalignas.
— Nevus o "lunares" congénitos.
— Enfermedades hereditarias, como el albinismo o el xeroderma pigmentoso.
— Exposición a radiaciones ionizantes.

CLÍNICA

En general la apariencia del cáncer de piel o melanoma maligno, cumplen la regla denominada ABCD, que consiste en reconocer ante una lesión sospechosa los siguientes criterios:

— A: Asimetría.
— B: Bordes irregulares o geográficos.
— C: Colores diversos en la tumoración: negro, rojizo, marrón...
— D: Diámetro mayor de seis milímetros.

DIAGNÓSTICO

Es fundamental el diagnóstico precoz en este tipo de tumor, ya que tiene una gran capacidad para producir metástasis.

El método de elección es la biopsia.

TRATAMIENTO

El único tratamiento curativo del melanoma es su extirpación quirúrgica completa en las fases iniciales del tumor.

Cuando existen datos de metástasis, el pronóstico es muy malo, ya que ni la radioterapia ni la quimioterapia son efectivas.

CÁNCER DE MAMA

Es el tumor maligno más frecuente en mujeres occidentales. Este cáncer afecta casi exclusivamente al sexo femenino, solo un 1% aparece en varones. La edad de máxima presentación es entre los 45 y 55 años. Es más frecuente en la raza blanca.

FACTORES DE RIESGO

— Antecedentes familiares o personales de cáncer de mama.
— Antecedentes personales de cáncer de ovario, colon, útero y piel.
— Lesiones mamarias premalignas.
— Menarquia (aparición de la primera menstruación) a edad temprana o menopausia (cese de la menstruación) tardía.
— Edad del primer embarazo a partir de los 30 años o no haber tenido hijos.
— Obesidad y dieta rica en grasas.
— Tabaco, alcohol y radiaciones ionizantes.

Los anticonceptivos orales y el tratamiento hormonal sustitutivo aplicado menos de cinco años, no producen cáncer de mama, pero favorecen el crecimiento de los ya existentes.

CLÍNICA

— Aparición de "bulto" o masa palpable.
— Secreción sanguinolenta del pezón.
— Alteraciones de la piel de la mama, "piel de naranja", y retracciones del pezón.
— Aparición de ganglios inflados en las axilas.

DIAGNÓSTICO

Se realiza mediante:

— Autoexploración mamaria.
— Exploración clínica.
— Ecografía.
— Mamografía: Es el método más eficaz de detección precoz del cáncer de mama.
— Biopsia: nos da el diagnóstico de confirmación.

El cáncer de mama no se puede prevenir, pero su diagnóstico precoz disminuye la mortalidad en un 30% y posibilita la aplicación de tratamientos agresivos. Por lo que se recomienda a todas las mujeres que consulten a su médico en caso de notar cualquier síntoma de alarma y que acudan a realizarse las revisiones periódicas.

TRATAMIENTO

La elección del tratamiento depende fundamentalmente del estadio en que se detecte el cáncer:

— Cirugía conservadora de la mama: consiste en extirpar solamente el "bulto", se realizará en tumores pequeños y localizados.
— Mastectomía radical: Se realiza cuando el cáncer es mayor o se ha extendido a los ganglios axilares. Consiste en extirpar la mama y realizar vaciamiento axilar
— Si el cáncer es aún más grande, invade la pared torácica o está diseminado, dando lugar a metástasis, se combinarán cirugía, quimioterapia y radioterapia, aunque los resultados suelen ser malos.

CÁNCER DE ÚTERO

Se produce por la estimulación mantenida de los estrógenos sobre el útero, que provocan primero una proliferación de las células del endometrio o hiperplasia endometrial y posteriormente un carcinoma.

Afecta solamente al sexo femenino. La edad predominante es entre los 60-70 años. El 80% de los tumores se presenta en mujeres postmenopáusicas.

FACTORES DE RIESGO

— Menopausia tardía. Menarquia precoz.
— Antecedentes personales o familiares de cáncer de mama u ovario.
— No haber tenido hijos.
— Obesidad.
— Administración continuada de estrógenos exógenos, no contrarrestados por progestágenos.
— Diabetes.

CLÍNICA

— Hemorragia postmenopáusica: Aparece en el 80% de los casos. Indica cáncer de útero, mientras no se demuestre lo contrario.

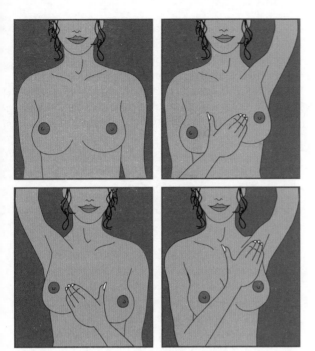

La autoexploración de las mamas debe hacerse delante de un espejo. Primero, con los brazos caídos, comprobar su aspecto. Luego palpar las mamas y las axilas para detectar cualquier anomalía.

— Metrorragias: Consisten en hemorragias vaginales anormales.
— Dolor abdominal.

DIAGNÓSTICO

Se realizará mediante:

— Biopsia de endometrio: se analiza la muestra para comprobar si es benigna o maligna.
— Escáner (TAC): con él comprobaremos si están afectados otros órganos.

TRATAMIENTO

El tratamiento de elección es quirúrgico, extirpando solamente el útero, si está bien localizado, y los ovarios cuando éstos estén afectados.

En fases más avanzadas es necesario añadir radioterapia y/o quimioterapia.

Actualmente el 75% de los cánceres de útero se detectan en estadios precoces, esto permite una supervivencia de casi el 90% de las mujeres, por lo que es fundamental consultar al médico ante cualquier sangrado vaginal después de la menopausia.

CÁNCER DE CÉRVIX O CUELLO UTERINO

Es el segundo cáncer más frecuente en mujeres, después del cáncer de mama.

Afecta exclusivamente a mujeres.

La edad predominante es entre 45-60 años.

FACTORES DE RIESGO

— Inicio de relaciones sexuales antes de los 18 años.
— Promiscuidad sexual.
— Antecedentes de enfermedades de transmisión sexual, (herpes genital, papilomas).
— Múltiples embarazos.
— Tabaco.
— Inmunosupresión.
— Nivel socioeconómico bajo.

CLÍNICA

— Asintomático.
— Hemorragia vaginal anormal, o hemorragia poscoital.
— Flujo vaginal de olor fétido.
— Dolor en región pélvica.

DIAGNÓSTICO

Se realiza mediante:

— Citología: Estudia las células procedentes del cuello del útero, para ver si son malignas. Es muy efectiva en el diagnóstico precoz de las lesiones, si las mujeres se realizan las citologías de forma regular.
— Colposcopia: Consiste en visualizar interiormente la vagina y el cuello del útero, mediante sistema óptico.
— TAC: para realizar estudio de extensión.

TRATAMIENTO

Se realizará cirugía curativa, cuando el cáncer esté bien localizado.

Si existen metástasis, será necesaria la quimioterapia.

Para prevenir el cáncer de cérvix, se debe acudir al médico, para realizar las citologias periódicas, con el ritmo que el especialista aconseje.

LA SANGRE. PROBLEMAS HEMATOLÓGICOS

INTRODUCCIÓN

La sangre circula de forma continua por el sistema circulatorio a través del árbol vascular y así entra en contacto con todas las demás células del cuerpo, para realizar su función.

El volumen de la sangre varía desde el recién nacido, que posee algo más de medio litro, hasta el adulto normal que posee entre 4,5 y 5 litros y debe mantenerse constante para poder conservar la vida. Si se sufren pérdidas importantes de sangre, se puede llegar a producir shock o incluso un paro cardíaco, por lo que la reposición de este volumen es una urgencia vital.

COMPONENTES DE LA SANGRE

Como sabemos la sangre está formada por una parte líquida o plasma y por otra parte sólida o corpúsculos formes, entre los que distinguimos: glóbulos rojos o hematíes, glóbulos blancos o leucocitos y plaquetas o trombocitos.

El **plasma sanguíneo** es un líquido de color amarillo claro, que ocupa el 55% del volumen total sanguíneo y que coagula de forma espontánea. Está compuesto por una mezcla de productos, agua en su mayoría, proteínas, glucosa, fibrinógeno...

El agua supone el 90% de la composición total y en ella se encuentran disueltos minerales como el sodio y el potasio, que se mantienen constantes gracias a unos estrechos mecanismos de control; nutrientes y metabolitos como la glucosa y la urea son controlados por los sistemas reguladores del organismo.

Entre las proteínas, la más abundante es la albúmina, producida en el hígado y cuya presencia mantiene el equilibrio de agua entre el interior y el exterior de los vasos sanguíneos. Otro grupo importante de proteínas son las globulinas entre las que distinguimos: las inmunoglobulinas o anticuerpos, que se producen como respuesta a procesos infecciosos, inflamatorios o alérgicos. Los transportadores de minerales (hierro, cobre...), hormonas, enzimas e incluso algún factor de la coagulación como el fibrinógeno, también son proteínas del plasma. El plasma desprovisto de fibrinógeno es lo que se denomina *suero*.

CORPÚSCULOS SANGUÍNEOS

• Los *glóbulos rojos o hematíes* son los elementos formes más abundantes de la sangre, aproximadamente cinco millones por milímetro cúbico de sangre, lo que supone alrededor del 45% del volumen sanguíneo. Son células muy pequeñas, con forma de lente bicóncava, muy flexibles, lo que les permite deformarse con gran facilidad y así poder atravesar capilares de muy pequeño calibre. Carecen de núcleo y su citoplasma contiene un pigmento muy importante para su función primordial, la hemoglobina, de alto contenido en hierro y que le da su color rojo característico.

La producción de hematíes tiene lugar en la médula ósea, a partir de las llamadas células madre pluripotenciales, capaces de perpetuarse por sí mismas para mantener la producción de células nuevas durante toda la vida del organismo. Desde ella se producen, en su primera etapa de maduración, los eritroblastos. Estos, tras otros procesos de maduración y proliferación, se transforman en eritrocitos o hematíes. Para que éstos se produzcan es necesario el aporte de hierro, acido fólico, vitamina B 12, tirosina, cortisol, eritropoyetina, etc. En caso de carencias nutricionales de hierro, se producen frecuentemente anemias por falta de producción de hematíes.

La vida media de los hematíes es de 120 días, al cabo de los cuales éstos son destruidos en el hígado y en el bazo, por lo que se explica que su producción debe ser continua para compensar la pérdidas diarias (además de los eventuales sangrados, como la menstruación en las mujeres).

• Los *leucocitos o glóbulos blancos* son células de mayor tamaño que los hematíes, pero menos numerosas, entre 7.000 y 10.000 por milímetro cúbico de sangre. Variaciones por encima o por debajo de estas cifras suelen ser indicativos de ciertas enfermedades.

Observados al microscopio, los leucocitos tienen forma esférica, rodeados de una fina membrana que puede formar unas prolongaciones denominadas pseudópodos, gracias a las cuales pueden moverse libremente. A diferencia de los hematíes, son células con núcleo, con un citoplasma incoloro y que disminuyen progresivamente desde el nacimiento hasta la edad adulta.

Dentro de los glóbulos blancos podemos distinguir dos familias: los granulocitos, llamados así por contener unos diminutos gránulos en su interior, y los mononucleares que carecen de ellos.

Los granulocitos se dividen en tres tipos: neutrófilos (el 40-75% del total de leucocitos con una función primordial de defensa del organismo), eosinófilos (1-6% y vinculados a las respuestas alérgicas) y basófilos (el 1% del total y relacionados también con los procesos alérgicos).

Los mononucleares son de dos tipos: linfocitos (el 15-40% de los leucocitos, forman parte fundamental del sistema inmunológico de reconocimiento y defensa del propio organismo) y monocitos (el 2-10% de las células blancas, actúan como recolectores de residuos).

Todas las células blancas derivan de la misma célula madre polivalente que luego se diferencia en dos tipos de células inmaduras que por un proceso de maduración y proliferación conducen a las células maduras definitivas. Esto tiene lugar fundamentalmente en la médula ósea, como los hematíes, pero a diferencia de éstos los leucocitos se forman también en ganglios linfáticos, bazo y timo.

• Las *plaquetas o trombocitos* son fragmentos de células muy pequeñas y abundantes, aproximadamente 300.000 por milímetro cúbico de sangre. Tienen forma de disco biconvexo, con gránulos en el centro y están rodeadas de una membrana dotada de un sistema contráctil que le permite cambiar de forma. Se forman en la médula ósea a partir de células pluripotenciales, que tras varias etapas intermedias conducen a los *megacariocitos.*

Las plaquetas son fragmentos del citoplasma de estos megacariocitos. Su función fundamental es la de la coagulación sanguínea, importante para detener el sangrado de una herida.

FUNCIONES DE LA SANGRE

Desde el punto de vista fisiológico, la sangre está formada por varias unidades funcionales cada una de ellas con una función específica y representada por cada uno de los componentes de la sangre.

La función principal del **sistema eritrocítico** es la de transportar el oxígeno de los pulmones a los tejidos, donde recogen el dióxido de carbono por ellos producido y lo transportan hasta los pulmones para expulsarlo al exterior mediante la respiración. Esto es posible gracias a la hemoglobina que contienen los hematíes, que esta formada por complejos de hierro (*grupos hemo*) y proteínas (*globinas*) entrelazadas entre sí. De esta manera cuando los hematíes entran en contacto con el oxígeno disuelto en la sangre de los capilares pulmonares, cada molécula de hemoglobina es capaz de captar y transportar cuatro moléculas de oxígeno hasta los tejidos donde las intercambia por dióxido de carbono, transportándolas hasta los pulmones para ser expulsadas con cada espiración.

La función fundamental del **sistema leucocitario** es la defensa del organismo.

Los neutrófilos se encargan de la defensa frente a las infecciones o agresiones de otro tipo, puesto que al desencadenarse éstas se liberan unas sustancias que son capaces de atraerlos al foco de acción, donde los neutrófilos engloban (fagocitan) al germen o agresor, liberando enzimas que terminan por destruirlo. Los restos de células muertas y productos de desecho forman el llamado pus.

Los *eosinófilos y basófilos* intervienen de manera más específica en los procesos alérgicos y en la destrucción de parásitos, mediante procesos también de fagocitosis y liberación de mediadores enzimáticos.

Los *linfocitos* forman parte esencial del sistema inmunológico del organismo y se encargan de producir anticuerpos frente a los agentes extraños o nocivos que entran en contacto con el organismo. Al primer contacto, los linfocitos no los reconocen y tardan días en producir la respuesta defensiva, pero cuando existe un segundo contacto el agente es reconocido inmediatamente por el linfocito produciendo el anticuerpo específico contra él, deteniendo así la infección en poco tiempo.

La función principal del **sistema plaquetario** es actuar en la coagulación de la sangre mediante la formación inmediata de un tapón plaquetario compuesto de numerosas plaquetas ante cualquier rotura en un vaso del árbol circulatorio.

Las **funciones plasmáticas** son múltiples y llevadas a cabo por la variedad de elementos que componen el plasma sanguíneo. Se resumen en transporte de sustancias, mantenimiento del medio interno y coagulación de la sangre.

LOS GRUPOS SANGUÍNEOS

Se han identificado al menos 20 sistemas de grupos sanguíneos, siendo los más importantes el sistema AB0 y el sistema Rhesus (Rh).

Cada hematíe tiene en su membrana externa varios antígenos de diferentes tipos según los genes heredados. Así el grupo AB0 hace referencia a la presencia o ausencia de ciertos antígenos en la membrana de cada hematíe. Las personas pertenecientes al grupo A poseen hematíes que sólo tienen antígenos del tipo A, las del B sólo del tipo B, las del AB poseen ambos y las del 0 no poseen ninguno. Además cada persona en su sangre tiene anticuerpos frente a los antígenos que no están presentes en sus hematíes, así los del grupo A tienen anticuerpos frente al antígeno B y así sucesivamente. La presencia de estos anticuerpos significa que si

una persona del grupo A (sangre con antígeno A) fuese transfundida con sangre del grupo B o 0 (sangre con anticuerpos A) se produciría una reacción que destruye esa sangre con serias complicaciones para el individuo.

Las personas del grupo 0 pueden donar sangre a cualquier grupo, pues no tienen antígenos en sus hematíes, son los llamados grupos donantes universales. En cambio las personas del grupo AB no poseen anticuerpos en su sangre por lo que pueden recibirla de cualquier persona, son los llamados receptores universales.

Los grupos sanguíneos Rhesus o Rh hace referencia a la presencia o ausencia del antígeno Rh en los hematíes, que tiene especial importancia en el embarazo. Si la madre es Rh negativo y el padre Rh positivo el hijo puede resultar Rh positivo (por herencia paterna) y producir la enfermedad hemolítica del recién nacido por incompatibilidad Rh, con la consiguiente destrucción de hematíes del niño que le produciría una anemia grave e ictericia. A estas parejas se les aconseja realizar un test especial antes del segundo embarazo en caso de que se den las condiciones descritas. Durante el primer embarazo no ocurrirá nada porque no existe sensibilización o memoria inmunológica del primer contacto. En el segundo y sucesivos, el desarrollo de anticuerpos anti-Rh en la madre supone un riesgo creciente para la descendencia.

SISTEMA LINFÁTICO

El sistema linfático está formado por los **vasos linfáticos** que recorren el cuerpo transportando la linfa, un líquido tisular filtrado de todo tipo de desechos y células, y los **ganglios linfáticos**, nódulos de un milímetro a un centímetro de tamaño situados a lo largo de los vasos linfáticos. Además forman parte del sistema linfático con función inmunológica las siguientes estructuras: el timo, el bazo, las amígdalas y las placas de Peyer del intestino delgado.

Los territorios de mayor afluencia linfática e identificación de ganglios son las regiones laterales del cuello, las axilas, ingles, mediastino y abdomen, donde fácilmente pueden identificarse por palpación bajo la piel los pequeños nódulos indoloros que son los ganglios linfáticos.

Los vasos linfáticos forman un sistema de una sola dirección ascendente, iniciándose en los capilares linfáticos dispuestos superficialmente debajo de la piel, donde no son fácilmente identificables a simple vista por su transparencia. Estos capilares tienen una función de drenaje en todos los órganos, excepto en el cerebro, a través de vasos que se van haciendo mayores para acabar formando dos principales en todo el organismo: el **conducto linfático derecho** que se encarga de recoger el drenaje de la parte superior derecha del cuerpo y el **conducto torácico** que recoge el drenaje del resto del cuerpo.

La linfa o quilo transporta especialmente grasas, de ahí su color blanco lechoso y la raíz griega de su nombre (del griego jugo de leche o *chylós*), y también muchas proteínas que se han escapado de la circulación restituyéndolas y manteniendo así la estabilidad osmótica del medio.

Cuando la linfa no puede ser drenada debido a una obstrucción mecánica, tumoral o infecciosa, se produce extravasación de ésta y se crea un edema de difícil tratamiento, igualmente si la extravasación es por traumatismo o manipulaciones quirúrgicas.

Los ganglios linfáticos funcionan a modo de filtros de la linfa y son estaciones productoras de factores humorales inmunes. Se disponen formando estaciones ganglionares en los sitios descritos y cuando se activan inmunológicamente se inflaman, siendo fácilmente de-

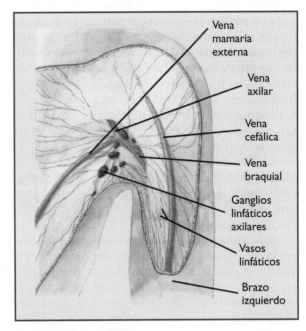

Ganglios linfáticos axilares.

tectados a la palpación llamándolas adenopatías. Aunque frecuentemente traducen procesos benignos, en ocasiones éstos son los únicos signos de enfermedades subyacentes graves o tumorales.

12 PROBLEMAS ENDOCRINOLÓGICOS

ENFERMEDADES DE LA ADENOHIPÓFISIS Y EL HIPOTÁLAMO

La adenohipófisis o hipófisis anterior fabrica seis hormonas:

— Hormona del crecimiento, somatotropina o GH ("Growth Hormone").
— Prolactina o PRL.
— Hormona luteinizante o LH.
— Hormona estimulante del folículo o FSH.
— Hormona estimulante del tiroides, tirotropina o TSH.
— Hormona adrenocorticotropa, corticotropina o ACTH.

Su liberación está regulada por los mismos órganos donde actúan, mediante un mecanismo conocido como retroalimentación (control mutuo): los niveles sanguíneos de estas hormonas hipofisarias aumentan cuando fracasa la síntesis de las hormonas de los órganos diana. A su vez, la hipófisis está bajo control hipotalámico. Esta regulación se produce a través de mediadores hipotalámicos que llegan a la hipófisis por el sistema vascular portal del tallo hipofisario. Si se pierde la conexión entre hipotálamo e hipófisis, se reduce la síntesis de todas estas hormonas excepto de la prolactina. Esto es así porque la

sustancia hipotalámica que actúa sobre su síntesis es de naturaleza inhibitoria. Se pueden distinguir tres trastornos de la adenohipófisis: la hipersecreción hormonal, la hiposecreción o hipopituitarismo, el agrandamiento de la silla turca y los tumores.

HIPERSECRECIÓN DE HORMONAS DE LA HIPÓFISIS ANTERIOR

El exceso de secreción puede ser de una sola o de varias hormonas y se debe a la existencia de *adenomas* en la hipófisis. Estos tumores benignos se pueden clasificar según su ta-

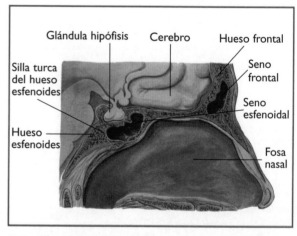

La hipófisis se aloja en la "silla turca" del hueso esfenoidal, por lo que resulta fácil de intervenir a través de la fosa nasal.

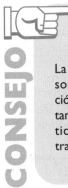

TUMOR HIPOFISARIO

La mayoría de los tumores hipofisarios son benignos aunque, por su localización, pueden producir trastornos importantes. Con cierta frecuencia se diagnostican en pacientes con cefaleas y trastornos del campo visual.

maño en pequeños (o microadenomas) y grandes (o macroadenomas). Los microadenomas son menores de un centímetro de diámetro, mientras que los macroadenomas son de mayor tamaño y algunos pueden invadir el suelo de la silla turca.

Posibles síntomas

Se producen cuadros clínicos muy distintos según cual sea la hormona que produce el tumor. Cada una de ellas tiene una sintomatología característica:

a) El tumor hipofisario funcionante más frecuente es el adenoma productor de **prolactina**, una hormona necesaria para la lactancia. Esta hormona está inhibida por la dopamina y estimulada por la hormona hipotalámica liberadora de tirotropina (TRH). La hipersecreción de prolactina produce en la mujer secreción de leche (galactorrea), pérdida del ciclo menstrual (amenorrea) y la oligomenorrea e infertilidad. Los varones afectados presentan impotencia e infertilidad. En ambos sexos puede observarse hipogonadismo porque la PRL inhibe la secreción de la hormona hipotalámica liberadora de hormona luteinizante o LHRH.

b) La **hormona de crecimiento** es esencial para el crecimiento en longitud. Su secreción está estimulada por la hormona liberadora de somatotropina o GRH e inhibida por la somatostatina. Ambas sustancias son hipotalámicas y actúan sobre la hormona del crecimiento o somatotropina. El exceso de somatotropina produce un cuadro de gigantismo en los niños y acromegalia en los adultos.

La acromegalia produce un crecimiento de partes blandas y huesos, aumentando el tamaño de manos, pies, mandíbula, cráneo, lengua, etc. Esto proporciona a los pacientes unos rasgos faciales toscos. Existen manifestaciones neurológicas frecuentes como cefa-

leas, alteración de la sensibilidad, dolores articulares y debilidad muscular. La aparición de una diabetes es bastante habitual. El gigantismo en niños produce un gran aumento de la talla.

c) Las **gonadotropinas FSH y LH** están reguladas por la hormona hipotalámica liberadora de hormona luteinizante o LHRH. Los adenomas hipofisarios secretores de FSH suelen ser de tamaño grande, produciendo en los varones una disminución de la libido, por el descenso de testosterona en la sangre. La mujer con este adenoma no tiene un cuadro clínico bien definido. Los pacientes con adenomas secretores de LH presentan niveles elevados de LH y testosterona.

d) La **tirotropina** está aumentada en el hipertirodismo hipofisario. Los síntomas y signos de este cuadro son los de un exceso de funcionamiento de la glándula tiroides o hipertiroidismo.

e) La **corticotropina** regula la secreción de cortisol y de aldosterona. A su vez, está controlada por la hormona liberadora de corticotropina o CRH de origen hipotalámico. La hipersecreción de ACTH produce la enfermedad de Cushing, que está causada por un adenoma hipofisario en la mayoría de los casos —90%—. La enfermedad de Cushing se detalla en el apartado de enfermedades suprarrenales.

Diagnóstico

El exceso de secreción de la hipófisis anterior se diagnostica en el laboratorio una vez que se ha sospechado por los síntomas clínicos.

Para ello se pueden medir los niveles de las hormonas en sangre y también se realizan las llamadas pruebas de supresión, que permiten apreciar cómo la hipófisis tiene una producción hormonal exagerada que no se puede detener por mecanismos convencionales (por ejemplo, administrando dexametasona).

Tratamiento

El tratamiento de esos cuadros tiene como objetivo reducir la secreción hormonal a los valores normales y disminuir o eliminar la masa tumoral que los ha provocado. Los microprolactinomas se pueden tratar con medicamentos, mientras que los macroadenomas deben ser tratados de forma más agresiva.

Los fármacos para el *tratamiento médico* de los adenomas son diversos, según el tipo de tumor y están destinados a disminuir la producción hormonal y el tamaño del tumor.

Cuando resulta imprescindible, los tumores se operan mediante una intervención a través de las fosas nasales (a través del hueso esfenoides). Esta cirugía es segura y eficaz, pero poco útil en los tumores de gran tamaño. En este último caso, se emplea la radioterapia, que disminuye el tamaño tumoral.

HIPOSECRECIÓN HIPOFISARIA O HIPOPITUITARISMO

El hipopituitarismo es la deficiencia de una o varias hormonas hipofisarias, debido a múltiples causas, bien congénitas o adquiridas. La deficiencia de hormona del crecimiento y de gonadotropinas es el trastorno hormonal más frecuente. La deficiencia de corticotropina es otra situación relativamente común, con frecuencia provocada por el consumo crónico de corticoides por sufrir alguna enfermedad que obligue a ello (el exceso de cortisona en la sangre de origen medicamentoso frena la producción hipofisaria de ACTH y de cortisol suprarrenal). Las deficiencias aisladas de corticotropina y TSH son más infrecuentes.

Síntomas

La clínica depende de las hormonas implicadas. Si hay defecto de GH en la infancia, se produce un retraso del crecimiento. La misma deficiencia en los adultos produce aumento de la sensibilidad a la insulina en los diabéticos y arrugas finas alrededor de la boca y de los ojos. La deficiencia de gonadotropinas ocasiona en la mujer amenorrea y esterilidad, y en el varón, disminución de la libido y pérdida de vello por déficit de testosterona. La deficiencia de TSH produce hipotiroidismo sin bocio. La deficiencia de corticotropina produce hipocortisolismo, pero a diferencia del síndrome de Addison no produce hiperpigmentación de piel y mucosas ni pérdida de sal.

Causas

Este cuadro puede ser causado por tumores destructivos de la hipófisis, o secundario a una destrucción excesiva de la misma tras el tratamiento de los adenomas con cirugía y radioterapia. En ocasiones se debe al infarto de la hipófisis después de un parto (el llamado síndrome de Sheehan). En este último caso, el signo más precoz es la incapacidad de la reciente madre para la lactancia. También existe el hipopituitarismo de causa autoinmune (hipofisitis linfocitaria), en el que las propias defensas destruyen la hipófisis por un error inmunitario, generalmente asociado a otras enfermedades autoinmunes.

Diagnóstico y tratamiento del hipopituitarismo

El diagnóstico se basa en mediciones hormonales. Por fortuna, el tratamiento de esta enfermedad es relativamente sencillo y consiste en la reposición de las hormonas deficitarias, en forma de medicamentos (el cortisol, la más importante de todas, se administra como prednisona; la hormona tiroidea como levotiroxina; en los niños es importante administrar la hormona de crecimiento inyectable, etc.).

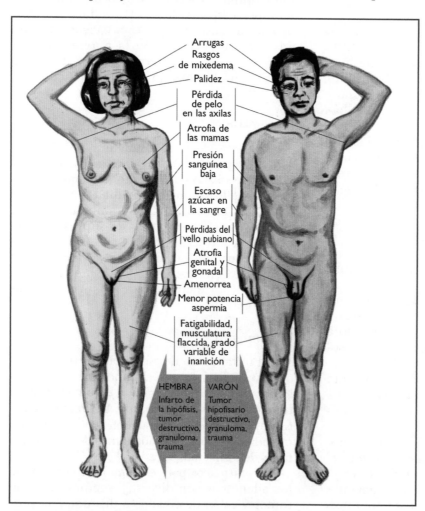

Arrugas
Rasgos de mixedema
Palidez
Pérdida de pelo en las axilas
Atrofia de las mamas
Presión sanguínea baja
Escaso azúcar en la sangre
Pérdidas del vello pubiano
Atrofia genital y gonadal
Amenorrea
Menor potencia aspermia
Fatigabilidad, musculatura fláccida, grado variable de inanición

HEMBRA
Infarto de la hipófisis, tumor destructivo, granuloma, trauma

VARÓN
Tumor hipofisario destructivo, granuloma, trauma

Deficiencia del lóbulo hipofisario anterior en el adulto.

> *La pérdida de la lactancia tras el parto puede ser el síntoma de un trastorno hormonal hipofisario (déficit de prolactina).*

Se debe insistir a los pacientes con este trastorno que el pronóstico y su salud futura depende en gran medida de su constancia en la toma de los medicamentos aconsejados: en el momento en que se abandonen los fármacos reaparecerán los síntomas. Es de la máxima importancia también hacer controles periódicos de las hormonas en sangre para modificar la dosis de los medicamentos si es necesario (tanto la carencia como el exceso hormonal resultan peligrosos).

ENFERMEDADES DE LA NEUROHIPÓFISIS

La neurohipófisis o hipófisis posterior almacena hormona antidiurética y oxitocina, ambas producidas en el hipotálamo.

La hormona antidiurética se denomina también vasopresina o ADH. Su función es la de concentrar la orina para conservar el agua en el organismo. Su secreción insuficiente produce la *diabetes insípida central* (existe otra diabetes insípida *renal* que es consecuencia de la falta de respuesta a la ADH en los túbulos del riñón donde se reabsorbe el agua). El exceso de secreción de vasopresina origina el *síndrome de secreción inadecuada de ADH* (SIADH).

La oxitocina estimula las contracciones del útero e interviene en la lactancia. La oxitocina acelera la parte final del parto y actúa sobre unas *células mioepiteliales* que rodean a los alveolos mamarios y que son las responsables de exprimir el tejido glandular para que salga leche por el pezón. El varón también tiene oxitocina, aunque no está bien estudiado el papel que en él tiene.

DIABETES INSÍPIDA CENTRAL

La hormona antidiurética (ADH) ahorra agua: si la osmolaridad de la sangre es alta (la sangre está muy concentrada) o hay pérdida de volumen en los vasos, la respuesta del organismo es la secreción de ADH. En los pacientes con déficit de ADH se produce poliuria, es decir, se elimina una orina abundante y poco concentrada. Ante tal pérdida, la respuesta del organismo es la sed: el enfermo con diabetes insípida tiene auténtica necesidad de beber. Mientras

siga bebiendo no existe peligro de deshidratación y riesgo para la vida. Sin embargo, en las circunstancias en que el paciente no puede beber (por ejemplo, si está inconsciente por traumatismo, anestesia, etc.) aumenta mucho la osmolaridad sérica y se produce hipernatremia (exceso en el nivel de sodio en la sangre), apareciendo síntomas como debilidad, fiebre, alteraciones psíquicas, pudiendo llegar a la muerte.

Las causas principales de este cuadro son los tumores hipotálamo-hipofisarios, la leucemia y los traumatismos craneales graves, entre otras.

Esta enfermedad se diagnostica por medio de un complejo test de laboratorio, llamado *prueba de deshidratación*, y su tratamiento consiste en la sustitución hormonal. Para ello, ya que la hormona ADH no se puede administrar por vía oral, se utilizan inyecciones subcutáneas de dicha hormona. Desde la aparición de un medicamento análogo, la desmopresina, que además de ofrecer una gran duración de efecto (de 12 a 24 horas), se puede utilizar en forma de *spray* nasal, los pacientes con este trastorno han mejorado mucho la calidad de vida.

ENFERMEDADES DE LA GLÁNDULA TIROIDES

La función del tiroides consiste en la secreción de las hormonas tiroideas T4 (tiroxina) y T3 (triyodo-tironina). Estas hormonas influyen sobre el metabolismo basal y sobre todos los órganos y sistemas, fundamentalmente sobre las funciones cardíaca y neurológica.

Las enfermedades tiroideas se manifiestan de dos formas: por una alteración (exceso o defecto) de la secreción hormonal y por un aumento del tamaño de la glándula, de forma independiente o conjunta:

a) La secreción disminuida de la hormona origina hipotiroidismo (*mixedema*), caracterizado por disminución del gasto calórico y enlentecimiento del metabolismo. La secreción excesiva produce un estado de aumento del metabolismo

> *El bocio (crecimiento visible o palpable de la glándula tiroides en el cuello) puede representar desde trastornos banales a graves enfermedades.*
> *En el bocio nodular crece una zona localizada del tiroides, a diferencia de los casos de bocio difuso o multinodular.*

y otros síntomas que se denominan hipertiroidismo (*tirotoxicosis*).

b) El aumento del tamaño de la glándula puede ser generalizado o focal. Si es generalizado será un bocio. Si es focal puede crecer formando un nódulo, adoptando características de benignidad o malignidad.

La secreción de tiroxina y de triyodotironina está controlada a nivel hipotálamo-hipofisario. El hipotálamo libera hormona liberadora de tirotropina (TRH) que estimula la liberación de tirotropina (TSH) por la adenohipófisis. La TSH en el torrente circulatorio estimula la producción y secreción de T3 y T4. Las hormonas tiroideas inhiben la producción de TSH hipofisaria. Se establece así un mecanismo de retroalimentación o de control mutuo que tiene como fin mantener constantes los niveles sanguíneos de hormonas tiroideas.

La mayor parte de hormonas tiroideas circulan por la sangre hacia los órganos donde realizan sus funciones unidas a unas proteínas transportadoras, principalmente la *globulina transportadora de hormona tiroidea* o TBG (*thyroid binding globulin*). Sólo una pequeña parte que circula libre, es decir, no unida a proteínas, es directamente activa.

BOCIO SIMPLE O NO TÓXICO

¿Qué es el bocio simple?

Se denomina *bocio eutiroideo*, o *simple*, o *no tóxico*, a un agrandamiento del tiroides no originado por procesos inflamatorios ni tumorales, y no asociado inicialmente a hipertiroidismo o hipotiroidismo. Como la producción de hormonas es normal, sus manifestaciones clínicas sólo se deben al aumento del tamaño de la glándula, ya que el estado metabólico del paciente es normal. El aumento del tamaño de la glándula tiroidea, que habitualmente pesa de 15 a 25 gramos, puede ser de toda la glándula (generalizado) o sólo de una parte (focal).

¿Cuántos tipos de bocio simple existen?

Según las circunstancias en que aparece un caso de bocio simple se considera bocio *endémico* o bocio *esporádico*. En la variedad endémica, el bocio se produce en una determinada área geográfica y afecta a más del 10% de la población de la misma. El bocio esporádico es el que aparece ocasionalmente en un paciente de zonas no endémicas. Ambos términos se engloban en el de bocio simple o no tóxico.

Síntomas

El bocio simple no produce dolor. La mayoría de las veces origina sólo problemas estéticos al crecer la parte anterior del cuello. Si el crecimiento es grande y hacia adentro, se pueden comprimir algunas estructuras del cuello, como la tráquea, el esófago y los nervios recurrentes. Si estas compresiones son graves, el paciente presenta dificultad respiratoria alta (disnea), problemas para la deglución (disfagia) y alteración en el timbre de la voz (disfonía).

El tratamiento del bocio simple sólo es quirúrgico cuando es tan grande que comprime estructuras. Si aparecen alteraciones de la producción hormonal, se suele tratar de forma médica (por ejemplo, si la causa desencadenante es un hipotiroidismo incipiente, la administración de hormona tiroidea frenará el proceso).

La importancia y la variedad de causas que puede tener este cuadro obligan a consultar al médico a la menor sospecha de abultamientos en el cuello. No todo bulto notado por el paciente será un bocio. Un examen médico cuidadoso confirmará el diagnóstico y lo descartará en caso de otras alteraciones (ganglios aumentados de tamaño, quistes, etc.).

HIPOTIROIDISMO

El hipotiroidismo es el cuadro clínico que se origina al existir un déficit de hormonas tiroideas. La hormona T4 o tiroxina está baja y como consecuencia la TSH hipofisaria se eleva para estimular la producción del tiroides. Como las hor-

> *El bocio se puede desencadenar por causas internas, dependientes del propio individuo, o por causas externas, como la carencia o el exceso de yodo en la dieta, o la existencia de sustancias químicas que impiden la fabricación de hormonas tiroideas.*
>
> *Sea cual sea la causa, el mecanismo por el que se produce el bocio es siempre el mismo: la causa, interna o externa, reduce la producción de hormonas tiroideas; el descenso de T3 y T4 en la sangre estimula a la hipófisis para segregar TSH; la TSH estimula continuamente el tiroides para aumentar su producción hormonal, lo que acaba aumentando el volumen de esta glándula. Este sistema de regulación en su intento de mantener la concentración de T4 y T3 en sangre normales aumenta el tiroides.*

monas que fabrica el tiroides influyen en el metabolismo de todos los órganos y sistemas, su descenso afectará a todo el organismo, aunque de muy distinta forma según sea la edad del paciente afectado, niño o adulto.

Hipotiroidismo del adulto

En el adulto existe una primera fase de síntomas inespecíficos como fatiga, debilidad muscular, intolerancia al frío, piel seca y descamada, en la que es difícil percibir el trastorno, o se achaca a otros motivos (depresión, envejecimiento, etc.). Conforme descienden los niveles de hormonas aparecen el mixedema y otras alteraciones en todo el organismo.

El *mixedema* (edema duro) se debe al depósito de ciertas sustancias (mucopolisacáridos) y agua en el tejido conjuntivo de todo el organismo, fácilmente apreciable en la piel. Se diferencia del edema blando (el que aparece en enfermedades renales y cardiocirculatorias) en que este último sólo es un acúmulo de agua. Debido al mixedema se produce una ganancia de peso.

El paciente hipotiroideo tiene unos rasgos muy característicos, que a veces hacen sospechar el diagnóstico sólo por su aspecto: el pelo es seco y frágil, sus uñas son finas y fisuradas, su cara es abotargada, con expresión indiferente y de somnolencia, y la voz puede ser grave (por el mixedema de las cuerdas vocales).

Además puede sufrir ciertas alteraciones neurológicas e intelectuales, fáciles de percibir en pocos minutos de charla: su pensamiento se hace más lento, suelen tener pérdida de memoria, tendencia a la somnolencia, lentitud en la manera de hablar (bradilalia) y, con frecuencia, sufren de depresión. La evolución sin tratamiento lleva a un deterioro progresivo psíquico y afectivo. En casos muy graves (hoy día raros) se llega a un estado confusional y al llamado coma mixedematoso.

Junto a todo lo anterior, la falta de hormonas tiroideas afecta a la práctica totalidad del organismo, con síntomas diversos:

— En el corazón se producen bradicardia (frecuencia cardíaca enlentecida), arritmias y dolores anginosos.

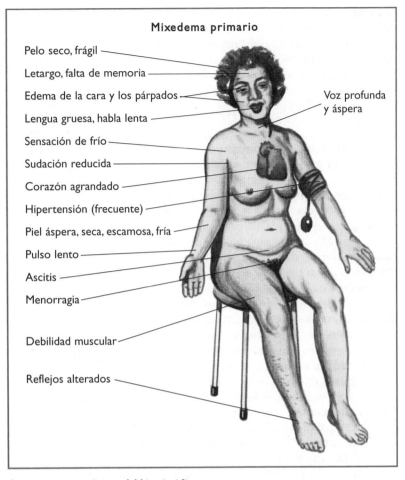

Mixedema primario

- Pelo seco, frágil
- Letargo, falta de memoria
- Edema de la cara y los párpados
- Lengua gruesa, habla lenta
- Sensación de frío
- Sudación reducida
- Corazón agrandado
- Hipertensión (frecuente)
- Piel áspera, seca, escamosa, fría
- Pulso lento
- Ascitis
- Menorragia
- Debilidad muscular
- Reflejos alterados
- Voz profunda y áspera

Síntomas característicos del hipotiroidismo.

— En el aparato digestivo se aprecia una lengua grande (macroglosia), cálculos de colesterol en la vesícula biliar, un estreñimiento pertinaz y una pérdida de apetito.

— En la sangre se produce anemia por varios mecanismos.

— La función sexual y reproductora se altera, tanto en la mujer (desarreglos del ciclo menstrual, infertilidad, abortos, disminución de la libido y secreción láctea), como en el varón (disminución de la libido y de la potencia sexual e infertilidad).

— El metabolismo de los lípidos o grasas está alterado, por lo que el colesterol y los triglicéridos se elevan en sangre. La síntesis de proteínas también se ve afectada. Existe un aumento de la sensibilidad a la acción de la insulina.

— En el aparato locomotor se aprecia una marcha lenta y torpe. La contracción y la relajación muscular están ralentizadas.

Además del cuadro anterior, cada vez se diagnostica más frecuentemente, mediante análisis de sangre, el llamado hipotiroidismo subclínico: son pacientes con hormonas tiroideas (T3 y T4) normales gracias a una elevación de la TSH para compensar un déficit tiroideo leve. Aunque esta entidad es asintomática, suele acabar produciendo un cuadro de hipotiroidismo completo, por lo que estos pacientes deben seguir un plan de revisiones para detectar y tratar el trastorno cuando aparezca.

Hipotiroidismo infantil

El hipotiroidismo congénito y de la primera infancia produce manifestaciones mucho más graves si no se diagnostica tempranamente y se administra hormona tiroidea. Aunque el tiroides fetal comienza a funcionar alrededor del tercer mes de vida intrauterina, las hormonas tiroideas maternas pasan a través de la placenta para cubrir necesidades metabólicas del feto y del recién nacido en las primeras semanas de vida.

Posteriormente, si el tiroides del niño tiene alguna alteración, se hace evidente el déficit de producción de la glándula fetal. Sólo el diagnóstico y el tratamiento precoces impedirán las alteraciones neurológicas y musculoesqueléticas que son irreversibles. Por ello, en la actualidad se realizan sistemáticamente a todos los recién nacidos unas pruebas metabólicas en sangre para detectar, entre otros, el hipotiroidismo congénito (la popular "prueba del talón"). La importancia de este estudio es crucial, ya que detectado a tiempo y tratado, el niño puede tener un desarrollo completamente normal.

Los síntomas del niño hipotiroideo son rápidamente preocupantes. El niño hipotiroideo duerme mucho, llora poco, es torpe, tiene dificultad para la succión, está estreñido, su piel es pálida, seca y fría. Incluso puede tener bocio. Más tarde, es evidente la desproporción entre la cabeza y el cuerpo, su cara es poco expresiva, la raíz de su nariz es ancha y plana, su cuello es corto y presenta un flaccidez muscular. Es frecuente la existencia de hernia umbilical. Si el cuadro sigue progresando y no se ha reconocido ni tratado, se produce un retraso del desarrollo neurológico y esquelético. Las huesos del cráneo no se cierran, se retrasa la formación del hueso de las extremidades y presentan anomalías, así como la dentición. Además, el desarrollo psicomotor está seriamente retardado: la motricidad, el habla y la capacidad intelectual se comprometen hasta el punto de que los niños suelen sufrir una minusvalía psíquica. El cuadro se denomina cretinismo congénito, hoy poco frecuente gracias a las pruebas de detección precoz. Únicamente mediante el tratamiento con hormona tiroidea, si se administra antes del sexto mes de vida, serán reversibles las alteraciones intelectuales y esqueléticas.

Causas del hipotiroidismo

Pueden ser primarias (por un fallo en el propio tiroides) o secundarias (por un fallo en la regulación hipofisaria del tiroides).

Otras causas de hipotiroidismo primario son el defecto en el desarrollo del tiroides dentro del útero materno y la alteración también congénita en la síntesis de hormonas en dicha glándula. El cretinismo endémico por déficit de yodo y por la existencia de factores que condicionan bocio en un determinado medio ambiente, es también otra de sus causas. También puede producirse hipotiroidismo como consecuencia de la cirugía con extirpación importante de tejido tiroideo y en la última fase de una tiroiditis (inflamación del tiroides).

Tratamiento

El tratamiento de un cuadro de hipotiroidismo, independientemente de la causa, se basa en la administración de **levo-tiroxina** (hormona tiroidea activa o T4), en la cantidad necesaria para suplir la función de la glándula enferma. La dosis de sustitución necesaria depende de cada paciente (por ejemplo, los ancianos y los pacientes con enfermedad coronaria deben recibir una dosis menor que la de los adultos). La dosis se ajusta con mediciones regulares de las concentraciones de la hormona en sangre, tras las que se aconseja la modificación del tratamiento, si resulta necesario. La calidad de vida y las posibles complicaciones de esta enfermedad dependen en gran medida de la constancia del paciente en la toma de su medicación y en la asistencia a los controles pertinentes.

HIPERTIROIDISMO

El hipertiroidismo es el cuadro clínico producido como consecuencia del exceso de producción y secreción de hormonas tiroideas. La T3 y la T4 están altas, mientras que el nivel de TSH desciende para no estimular al tiroides, intentando así compensar el trastorno. Es, por tanto, un cuadro opuesto al hipotiroidismo, en el que se produce una situación de aumento del metabolismo.

En las mitocondrias de las células sanas se oxidan los compuestos energéticos llegados por la alimentación para producir energía. Esta energía se almacena en las moléculas de ATP (un acumulador de energía) mediante un proceso químico llamado fosforilación. En los pacientes hipertiroideos, el exceso de hormonas tiroideas bloquea esta reacción bioquímica, de

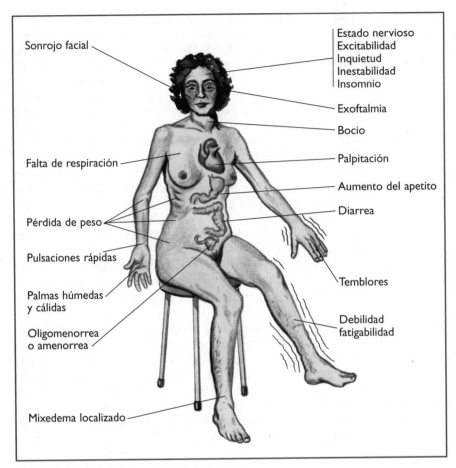

Sonrojo facial

Estado nervioso
Excitabilidad
Inquietud
Inestabilidad
Insomnio

Exoftalmia

Bocio

Falta de respiración

Palpitación

Aumento del apetito

Diarrea

Pérdida de peso

Pulsaciones rápidas

Temblores

Palmas húmedas
y cálidas

Debilidad
fatigabilidad

Oligomenorrea
o amenorrea

Mixedema localizado

Síntomas característicos del hipertiroidismo.

forma que la energía producida no puede almacenarse para ser utilizada más tarde y se pierde en forma de calor. Al terminar faltando energía, las células siguen quemando gran cantidad de sustratos alimentarios. Esta situación daña a las células y se produce el cuadro típico de la enfermedad.

Síntomas

El cuadro clínico de hipertiroidismo es muy característico: el paciente hipertiroideo típico presenta nerviosismo, ansiedad, intolerancia al calor, ojos brillantes y a veces protuyentes y piel caliente y adelgazada. Su conversación es muy fluida y rápida. Refiere pérdida de peso con aumento del apetito y frecuentemente tiene diarrea. Se queja de cansancio o astenia. Padece palpitaciones. Su cabello tiene tendencia a caer. Si es mujer puede tener amenorrea (falta de menstruación) o disminución del sangrado menstrual. En los hipertiroideos ancianos pueden no ser evidentes estos síntomas y signos. Los pacientes ancianos presentan un adelgazamiento extremo o ciertas alteraciones cardíacas de aparición súbita (insuficiencia cardíaca o fibrilación auricular) y de difícil control.

La observación de estos pacientes revela un temblor fino de las manos, taquicardia (pulso rápido) y falta de cierre de los párpados durante la mirada hacia abajo.

La **tirotoxicosis** o elevación de las hormonas tiroideas circulantes puede deberse a hipertiroidismo o a la administración de yodo o de hormona exógena.

Diagnóstico

El cuadro sospechado se confirma en los análisis de laboratorio, donde se aprecia una T4 elevada y la hormona TSH suprimida o descendida.

Una vez hecho el diagnóstico de hipertoiroidismo hay que distinguir entre las distintas causas que lo pueden producir para seleccionar el tratamiento idóneo para el paciente. Esto es lo que en medicina se llama hacer un *diagnóstico diferencial* de las distintas posibles causas del trastorno, entre las que están las siguientes, entre otras:

a) La **enfermedad de Graves-Basedow** es un hipertiroidismo con un bocio difuso, de tipo autoinmune (es decir, producida por la inmunidad del propio organismo). Constituye la causa más común de hipertiroidismo y con frecuencia tiene un carácter familiar. Ocurre sobre todo en mujeres y en ancianos. Aproximadamente el 40% de los casos presenta una afectación de los ojos característica, conocida como *oftalmopatía del Graves*, caracterizada por hinchazón periorbitaria, conjuntivitis, ptosis (caída del párpado) y afectación de los músculos que mueven el ojo. En un 2-3% de los casos esta complicación ocular es grave.

Cuando se sospecha este cuadro (por la clínica, los antecedentes familiares o la exploración física), el médico confirma el diagnóstico por los niveles de hormonas tiroideas, una gammagrafía tiroidea (que muestra un bocio difuso) y la existencia de unos autoanticuerpos anómalos capaces de comportarse como las TSH hipofisarias ("engañan" al tiroides, estimulando su función).

> *El aumento injustificado de la tempera-tura corporal (sin infecciones u otras enfer-medades coincidentes) puede ser un signo de enfermedad tiroidea.*

b) Los **adenomas tóxicos** solitarios o múl-tiples, son tumores que producen tirotoxicosis debido a su secreción autónoma de hormona tiroidea. Habitualmente responden bien al tra-tamiento con yodo radiactivo o se extirpan qui-rúrgicamente.

c) La **tiroiditis** (inflamación del tiroides por infecciones u otros trastornos) produce ti-rotoxicosis en una primera fase, durante la cual la glándula se inflama y algunas de sus células se destruyen, vertiendo al torrente sanguíneo las hormonas que contienen.

d) Otras causas menos comunes son la **ti-rotoxicosis ficticia**, producida al administrar cantidades excesivas de hormonas tiroideas, como las contenidas en algunos preparados para adelgazar que contienen extractos de ti-roides, y ciertos tumores como la **mola hida-tídica** y el **coriocarcinoma** que producen una hormona (HCG) con cierta actividad similar a la TSH.

Tratamiento

El tratamiento del hipertiroidismo es rela-tivamente complejo, por lo que se deben se-guir estrechamente las recomendaciones del especialista para su control. De una forma ge-neral cabe distinguirse un tratamiento inme-diato (que intenta aliviar los síntomas y redu-cir los niveles de hormonas tiroideas), de otro definitivo (que intenta arreglar la causa del trastorno).

TIROIDITIS

Se denominan tiroiditis a las enfermedades que inflaman el tiroides. Hay muchos tipos, de gravedad y repercusiones diferentes, por lo que el paciente con estos trastornos debe recabar del médico una información específica de su cuadro. En general, se clasifican en agudas, su-bagudas y crónicas.

La **tiroiditis aguda** está producida por un virus y suele ocurrir después de una infección respiratoria alta como un catarro o gripe (u otras enfermedades producidas por virus, como la parotiditis, el sarampión y la mononu-cleosis infecciosa). En los pacientes que sufren esta enfermedad, después de alguna de estas

enfermedades infecciosas, en vez de recuperar-se la normalidad, persiste un malestar general acompañado de dolor e hinchazón de la zona anterior del cuello. El cuadro se acompaña de fiebre alta (40 °C) durante una semana, tras la que comienzan a aparecer síntomas de hiperti-roidismo, porque se vierten a la circulación las hormonas tiroideas de los folículos destruidos por la inflamación del tejido tiroideo. Así, el paciente presenta ansiedad, sudación, taquicar-dia, descenso del peso, temblores, intolerancia al calor y cansancio extremo. Por fortuna, tras unos días comienzan a remitir los síntomas, hasta producirse una curación espontánea y sin secuelas del cuadro en un período de 4 a 6 se-manas.

La **tiroiditis subaguda (de Quervain)** también se denomina tiroiditis granulomatosa. En cuanto a la clínica es parecida a la forma aguda, aunque de evolución más lenta porque la formación de granulomas (focos de inflama-ción localizada de un tipo especial) necesita un tiempo. Aunque suele remitir completamente, puede aparecer como secuela un cierto grado de fibrosis (endurecimiento de la glándula, si-milar a una cicatriz).

El término **tiroiditis crónica** engloba a dos cuadros distintos:

— La *tiroiditis crónica de Riedel,* una enfer-medad de causa desconocida, más frecuente en mujeres. Se manifiesta como una hinchazón dura e indolora en la región anterior del cuello, en la que al principio no hay alteración de la se-creción hormonal, pero después puede dejar un cierto grado de hipotiroidismo. Tiene mucha tendencia a la fibrosis, endureciendo el tiroides y resultando muy característico que se compri-man estructuras próximas de la zona (tráquea, esófago y nervios recurrentes).

— La *tiroiditis de Hashimoto* es una enfer-medad autoinmune del tiroides, por una pro-

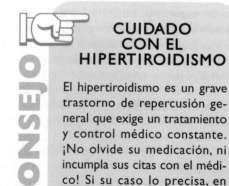

CONSEJO

CUIDADO CON EL HIPERTIROIDISMO

El hipertiroidismo es un grave trastorno de repercusión ge-neral que exige un tratamiento y control médico constante. ¡No olvide su medicación, ni incumpla sus citas con el médi-co! Si su caso lo precisa, en ocasiones, se le aconsejará una cirugía.

ducción errónea de auto-anticuerpos (anticuerpos contra los propios componentes del tejido tiroideo), que inflaman la glándula produciendo un bocio, junto a fiebre y dolor en las fases iniciales. Al principio puede detectarse hipertiroidismo por el vertido a la circulación de las hormonas tiroideas de las células que están siendo destruidas. Posteriormente, el tejido destruido deja de fabricar hormonas y se llega a un hipotiroidismo. La enfermedad es crónica, produciendo un estado final de atrofia de la glándula, que obliga a administrar la hormona en forma de medicamento de por vida.

Cabe destacar, finalmente, que las enfermedades autoinmunes del tiroides son un conjunto de trastornos distintos que engloban tanto la enfermedad de Graves-Basedow como la tiroiditis de Hashimoto. Realmente, el origen del transtorno es el mismo: la fabricación de autoanticuerpos. Dependiendo del tipo y acción del autoanticuerpo, su efecto es diferente: hipertiroidismo o hipotiroidismo.

La mayoría de las enfermedades autoinmunes tienen una incidencia familiar porque el sistema inmunológico se hereda. A menudo, las familias con varios casos de enfermedades tiroideas presentan otras enfermedades autoinmunes como la diabetes mellitus, el hipoparatiroidimo y la anemia perniciosa.

TUMORES BENIGNOS Y MALIGNOS DE TIROIDES

Los **tumores benignos** se denominan *adenomas*. Son nódulos o bultos ovoideos o esféricos, de incluso varios centímetros de diámetro. Al palparlos, tienen la misma consistencia que el resto de la glándula tiroidea y no duelen ni se adhieren a la piel ya que están recubiertos de una cápsula. Al ser benignos nunca dan metástasis y las células que lo componen no son atípicas.

El problema de los nódulos en el tiroides es que, aunque la mayoría resultan benignos, su presencia obliga a un estudio diagnóstico para determinar su naturaleza con seguridad. Para ello se suelen realizar unas pruebas de imagen (la ecografía y la gammagrafía tiroideas) y, si resulta necesario, la punción y aspiración con una aguja fina (PAAF) de una pequeña cantidad del nódulo, para saber si es tumoral, quístico o inflamatorio. Todo paciente que perciba un abultamiento en la zona anterior del cuello debe, por tanto, consultar a la mayor brevedad a su médico, con el fin de determinar su importancia. En caso necesario, debe conocer que las pruebas de diagnóstico comentadas resultan sencillas de realizar y perfectamente tolerables

en molestias. Tras el diagnóstico de un adenoma tiroideo, el médico aconsejará cirugía o administración de yodo radiactivo.

Los **tumores malignos** son un conjunto de tumoraciones de origen y comportamiento diferentes. En general se sospechan estos problemas ante nódulos *fríos* (que no captan contraste al realizar la gammagrafía), de crecimiento rápido, sobre todo si existe una historia personal de irradiación del cuello (por algún tratamiento previo).

El tratamiento recomendado para todos los tumores malignos es la tiroidectomía (extirpación del tiroides), con la exploración y eliminación, si están afectados, de los ganglios linfáticos del cuello. Cuanto más precoz es el tratamiento, más posibilidades existen de curación del problema, por lo que debe consultarse a la mayor brevedad cualquier bulto o deformidad que un paciente se perciba en el cuello.

ENFERMEDADES DE LAS GLÁNDULAS PARATIROIDES

Las glándulas paratiroides están localizadas detrás de las glándulas tiroideas. Aunque su número y su distribución pueden variar, normalmente hay cuatro. Dos de ellas son superiores y dos, inferiores.

Estas glándulas sintetizan la hormona paratiroidea. Se denomina también parathormona

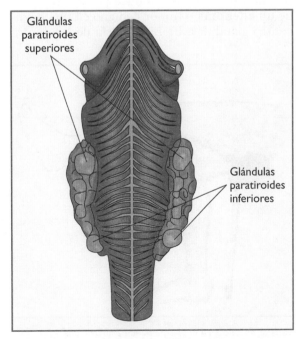

Glándulas paratiroides superiores

Glándulas paratiroides inferiores

Las glándulas paratiroides están situadas en el borde posterior del tiroides. Son cuatro, dos superiores y dos inferiores.

o PTH. La hormona es fabricada y vertida al torrente sanguíneo en respuesta a la hipocalcemia o descenso de calcio en la sangre. La finalidad de esta hormona es conservar dentro de los límites normales los niveles del calcio de la sangre y de los huesos: para ello ayuda a la absorción del calcio de los alimentos y disminuye la pérdida de calcio en la orina, manteniendo un equilibrio entre la cantidad de calcio dentro y fuera de los huesos.

La hipocalcemia estimula la secreción de la hormona, que aumenta el calcio sérico por tres mecanismos: se activan los osteoclastos (células que reabsorben el calcio y el fósforo del hueso para que suba en sangre), se aumenta la reabsorción del calcio y fosfatos de la orina, y aumenta la absorción en el intestino del calcio contenido en los alimentos. Además de la PTH influyen en el metabolismo del hueso, la vitamina D y la calcitonina.

Las glándulas pueden afectarse produciendo exceso o defecto de producción de PTH (hiper e hipoparatiroidismo).

HIPERPARATIROIDISMO

Se puede distinguir entre una forma primaria y otra secundaria: la *primaria* es consecuencia de enfermedades de las propias glándulas (un adenoma, una hiperplasia difusa —crecimiento— o un tumor maligno; la forma *secundaria* se produce en los pacientes con insuficiencia renal y síndrome de malabsorción intestinal.

En un 85% de las personas afectadas, el hiperparatiroidismo se produce por la existencia de un **adenoma** o tumor benigno en una de las cuatro glándulas. La hiperplasia de las cuatro

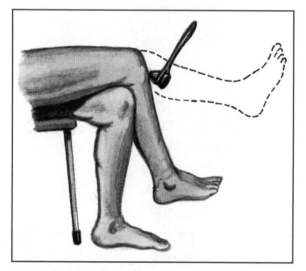

La falta de calcio en el plasma puede producir una exageración de los reflejos normales (en la imagen, un reflejo patelar exagerado).

glándulas lo ocasiona en un 15% de los casos. Sólo un pequeño porcentaje es consecuencia de una enfermedad tumoral maligna en las paratiroides. La incidencia de hiperparatiroidismo está aumentada en pacientes con familiares hiperparatiroideos y en las personas tratadas con radioterapia en el cuello durante la infancia.

El **hiperparatiroidismo secundario** se produce cuando las glándulas paratiroideas reciben permanentemente estímulo para sintetizar PTH. La señal que estimula esta liberación es la hipocalcemia (calcio bajo en sangre). Esta circunstancia se produce en pacientes con insuficiencia renal crónica y con alteraciones en la absorción intestinal de calcio. En ellos se produce una liberación de PTH anormalmente alta para compensar el déficit de calcio.

En algunos casos de hiperparatiroidismo secundario las glándulas permanentemente estimuladas se hacen autónomas, de forma que continúan liberando PTH aunque el estímulo haya desaparecido y el calcio en sangre sea ya normal. Este cuadro se llama **hiperparatiroidismo terciario**.

Síntomas

El aumento de secreción de parathormona hace que aumente la concentración de calcio en la sangre, circunstancia que altera el funcionamiento correcto de otros órganos. Algunos síntomas de la enfermedad pueden presentarse de manera lenta e insidiosa como la astenia o el cansancio, los síntomas depresivos, el dolor de estómago, el estreñimiento, las náuseas y los vómitos. Cuando la enfermedad es crónica, suelen existir dolores óseos y fracturas, así como cálculos renales frecuentes y los consecuentes cólicos nefríticos cuando éstos se mueven por las vías urinarias. El paciente con hipercalcemia crónica suele notar sed con frecuencia y aumento de las ganas de orinar. Por otra parte, el exceso de calcio en sangre acaba produciendo hipertensión arterial, motivo ocasional de descubrimiento de la enfermedad endocrina (al estudiar rutinariamente a un paciente hipertenso).

Diagnóstico

El diagnóstico se realiza mediante análisis, con la comprobación de una concentración elevada de calcio en la sangre, junto a otros trastornos acompañantes característicos, como hipofosfatemia e hiperfosfaturia (fósforo descendido en sangre y elevado en la orina). Cuando existe afectación de los huesos, también se eleva la fosfatasa alcalina en la sangre, un indicador de que existe destrucción ósea.

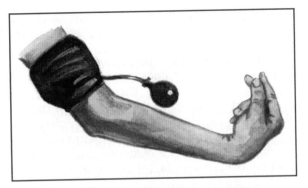

"Signo de Trousseau", al tomar la tensión a un paciente con hipocalcemia (contracción involuntaria de la mano).

La mayoría de las veces, el diagnóstico es un hallazgo casual al hacer un análisis de sangre por otro motivo y encontrar un calcio alto. Posteriormente se confirma midiendo una concentración alta de PTH. También se utilizan técnicas de imagen como la tomografía axial computadorizada (escáner) del cuello.

Tratamiento

La forma primaria (tumoración o crecimiento en las glándulas) se trata de forma quirúrgica a manos de un cirujano experto.

El tratamiento de la forma secundaria consiste en la administración de suplementos de calcio y vitamina D, además de una dieta rica en calcio y pobre en fósforo.

HIPOPARATIROIDISMO

El hipoparatiroidismo, situación inversa al cuadro anterior, se presenta con hipocalcemia (calcio descendido en sangre) y sus síntomas derivados. Su origen puede ser un defecto de producción de PTH o bien una resistencia del hueso o el riñón al efecto de la hormona paratiroidea (este último cuadro se denomina *seudohipoparatiroidismo* o falso hipoparatiroidismo, ya que la producción de hormona es normal, aunque no consigue realizar sus funciones).

Las causas de hipoparatiroidismo son la extirpación de las glándulas o su daño involuntario durante una intervención quirúrgica del tiroides (por su íntimo contacto), la afectación por radiaciones de las glándulas y mecanismos autoinmunes.

Los síntomas del hipoparatiroidimo son secundarios al aumento de la excitabilidad neuromuscular que produce la hipocalcemia en el organismo: se produce tetania muscular (contracciones violentas con espasmo en músculos voluntarios), exageración de los reflejos musculares (hiperreflexia) y convulsiones epilépticas. El médico que sospecha el trastorno puede ex-

plorar el llamado *signo de Trousseau*, al inflar un manguito de toma de tensión arterial en un brazo y apreciar cómo se produce la llamada "mano de comadrona" de forma involuntaria.

ENFERMEDADES DE LAS GLÁNDULAS SUPRARRENALES

Las glándulas suprarrenales, situadas sobre ambos riñones, están constituidas por una corteza y una médula en su interior. La corteza suprarrenal fabrica las hormonas córtico-suprarrenales; en la médula se producen las llamadas catecolaminas.

Las enfermedades más comunes de la corteza son por exceso o descenso de la secreción hormonal y las tumoraciones benignas o malignas. La principal enfermedad medular es un tumor llamado feocromocitoma.

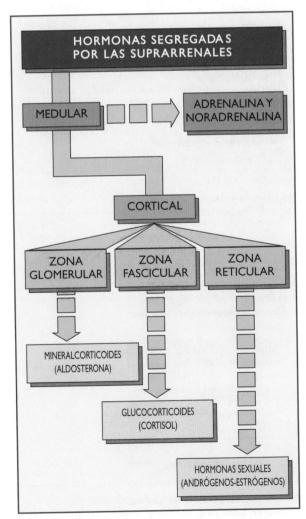

Distintas familias hormonales producidas por la glándula suprarrenal.

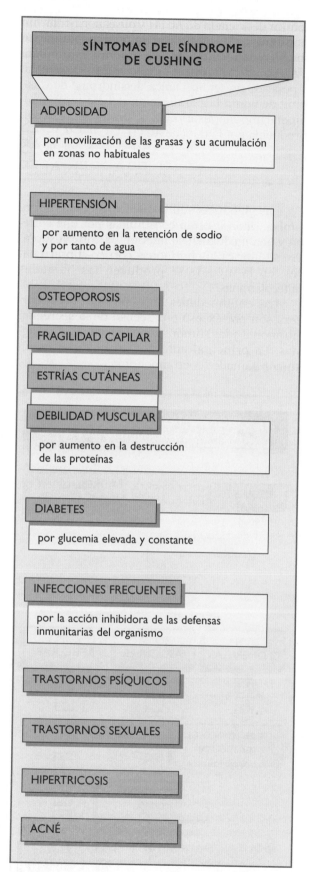

SÍNTOMAS DEL SÍNDROME DE CUSHING

ADIPOSIDAD

por movilización de las grasas y su acumulación en zonas no habituales

HIPERTENSIÓN

por aumento en la retención de sodio y por tanto de agua

OSTEOPOROSIS

FRAGILIDAD CAPILAR

ESTRÍAS CUTÁNEAS

DEBILIDAD MUSCULAR

por aumento en la destrucción de las proteínas

DIABETES

por glucemia elevada y constante

INFECCIONES FRECUENTES

por la acción inhibidora de las defensas inmunitarias del organismo

TRASTORNOS PSÍQUICOS

TRASTORNOS SEXUALES

HIPERTRICOSIS

ACNÉ

Los síntomas del síndrome de Cushing se deben a la hiperproducción de cortisol y de hormonas andrógenas. Los trastornos sexuales, la hipertricosis y el acné están ligados, precisamente, a la producción de hormonas andrógenas.

HIPERFUNCIÓN DE LA CORTEZA SUPRARRENAL. SÍNDROME DE CUSHING

La causa endógena (interna) más frecuente de exceso de corticoides es la descrita por el médico estadounidense Harvey Cushing: un crecimiento (o hiperplasia) suprarrenal producida por el exceso de estímulo proveniente de un tumor hipofisario o de una disfunción hipotálamo-hipofisaria. En otras ocasiones, la producción excesiva de ACTH que induce la enfermedad proviene de otro tipo de tumor no endocrino (como el cáncer de pulmón llamado "de células pequeñas", o ciertos tumores de tiroides, timo, ovario y páncreas). Del 20 al 25% de los casos, tienen un origen directamente suprarrenal: un adenoma o un tumor maligno de la glándula producen un exceso de cortisol sin depender de ninguna orden externa.

Sin embargo, la causa más frecuente de síndrome de Cushing es la administración como fármaco de corticoides o esteroides en cantidad y tiempo excesivos, por algún motivo que lo justifique. La gravedad de este trastorno obliga a recordar que bajo ningún concepto, aun resultando fármacos muy eficaces en muchas situaciones clínicas, los pacientes deben consumir corticoides por cuenta propia sin una prescripción y control médico expreso. Esto incluye a la administración tópica de cremas, geles, lociones, pomadas o unguentos con corticoides, de amplia difusión (para el tratamiento de la caspa, la psoriasis, los eczemas de todo tipo, etc.)

Síntomas

El exceso de glucocorticoides en la sangre causa un cuadro complejo en el que destacan la debilidad muscular, la fácil aparición de hematomas, las estrías cutáneas, unos depósitos localizados de grasa típicos (en la cara, "de luna llena"; entre las dos escápulas, "joroba de búfalo"; y en el abdomen), hipertensión arterial, alteraciones emocionales y, en un 10%, diabetes mellitus.

Diagnóstico

Ante tales síntomas se determinan el nivel de cortisol en sangre y orina, que están elevados. También son muy características ciertas alteraciones en los análisis de iones en sangre (hipopotasemia o potasio bajo en sangre, hipocloremia o cloro bajo en sangre). Una vez establecido el diagnóstico se precisa conocer el nivel de ACTH, para conocer el origen del problema: si la ACTH está elevada, el origen es hipofisario o ectópico. Si está baja, la causa es suprarrenal. Las pruebas de imagen, como la resonancia magnética y el escáner, son

> *La distinción del mecanismo enzimático responsable del exceso de funcionamiento suprarrenal exige sofisticados estudios de laboratorio sobre las muestras de sangre del paciente.*

útiles para conocer el origen hipofisario o ectópico del tumor que fabrica ACTH y para valorar las masas suprarrenales.

Tratamiento

El tratamiento de este síndrome depende de la causa. En general se precisa la extirpación del tumor responsable de la producción hormonal anormal (ya sea suprarrenal, hipofisario, o de cualquier otra localización, por ejemplo, un cáncer pulmonar de células pequeñas). Cuando la cirugía no es posible, existe la posibilidad de bloquear la producción de las hormonas con medicamentos (suprarrenalectomía médica o química). Algunos pacientes con metástasis óseas son tratados con radioterapia. En definitiva se trata de un síndrome de gravedad y tratamiento muy distintos, según cual sea la causa de producción del mismo.

HIPERALDOSTERONISMO

El hiperaldosteronismo o aldosteronismo es el síndrome asociado a la producción aumentada de aldosterona, que es la principal hormona mineralocorticoide.

Como en todas las enfermedades de las glándulas endocrinas, se pueden distinguir dos tipos: primario, si la causa está en las propias suprarrenales, y secundario, si el estímulo que induce el exceso de producción está fuera de ellas.

HIPOFUNCIÓN DE LA CORTEZA SUPRARRENAL

Se puede distinguir una insuficiencia primaria cuando la incapacidad de producir la cantidad necesaria de hormonas se debe a un fallo de las células de la corteza suprarrenal, y una insuficiencia secundaria cuando el fallo ocurre en la producción de ACTH hipofisaria, que deja de estimular a la suprarrenal.

La deficiencia corticosuprarrenal primaria se denomina enfermedad de Addison. La deficiencia secundaria puede producirse por la inhibición de la hipófisis en los pacientes que toman corticoides de forma prolongada o por una au-

téntica deficiencia de ACTH y otras hormonas hipofisotropas (es decir, por un panhipopituitarismo). Los pacientes en tratamiento esteroideo prolongado desarrollan insuficiencia suprarrenal a pesar de presentar clínica de síndrome de Cushing debido a la paralización del eje hormonal hipotálamo-hipofisario y a la atrofia suprarrenal producida por la falta de ACTH.

ENFERMEDAD DE ADDISON

La insuficiencia suprarrenal primaria es rara, aparece a cualquier edad en ambos sexos. Se produce por mecanismos autoinmunes (error de las defensas inmunitarias que atacan la suprarrenal) con mayor frecuencia. Además pueden ocasionarla la tuberculosis, otras infecciones raras de las glándulas (histoplasmosis, criptococosis y coccidiodomicosis) y ciertas enfermedades muy infrecuentes (amiloidosis, sarcoidosis, etc).

Síntomas

Es necesaria la destrucción de más del 90% de las glándulas para que aparezca el cuadro clínico. Los síntomas y signos presentes son el cansancio o astenia, la debilidad muscular, la anorexia o pérdida del apetito, la pérdida de peso, las náuseas y los vómitos, la hiperpigmentación en piel y mucosas, la hipotensión y, en ocasiones, la hipoglucemia. Además son frecuentes la existencia de irritabilidad e inquietud excesivas, la alteración de gusto, olfato y audición y la disminución del vello axilar y púbico en la mujer. El inicio del cuadro es lento e insidioso habitualmente, menos en el caso de algunas meningitis meningocócicas complicadas (el síndrome de Waterhouse-Friderichsen) en las

Enfermedad de Addison. Se la conocía como enfermedad del bronce porque la cara de los afectos tiene un tinte bronceado-marrón.

que se produce una destrucción de las glándulas rápida y aguda, produciendo un shock fulminante.

Diagnóstico

Aunque los análisis de sangre revelan unas alteraciones de los iones característicos (descenso de los niveles de sodio, cloruro y bicarbonato con elevación del potasio), el diagnóstico definitivo de insuficiencia suprarrenal únicamente puede realizarse con la llamada prueba de estimulación con ACTH.

Tratamiento

Se basa en la sustitución hormonal de aquello que falta de forma natural. De los tres grupos de hormonas fabricados por la corteza suprarrenal (glucocorticoides, mineralocorticoides y esteroides sexuales), los dos primeros grupos deben ser aportados exógenamente al ser de importancia vital. La administración de cortisona es la base del tratamiento, a lo que se añada un fármaco mineralocorticoideo (fludrocortisona). Mantener una dosis correcta que corrija el trastorno pero que no resulte excesiva, es de la mayor importancia. Para ello, el paciente debe ser cuidadoso y constante en la toma de la medicación y disciplinado en el ritmo de revisiones que se le aconsejen para controlar las dosis. Es importante conocer que durante las fases de estrés, si aparece una enfermedad intercurrente (infecciones, etc.) o si el paciente se somete a una cirugía, las dosis de ambos componentes deben duplicarse.

ENFERMEDAD DE LA MÉDULA SUPRARRENAL: EL FEOCROMOCITOMA

El **feocromocitoma** es un tumor cromafín que produce, almacena y secreta catecolaminas: adrenalina y noradrenalina. Estas sustancias, en situación normal, actúan fundamentalmente en los sistemas nervioso y cardiovascular. El tumor deriva de la médula suprarrenal y de los ganglios del sistema nervioso simpático (en concreto de un tipo especial de células llamadas cromafines).

El cuadro clínico típico se produce por liberación brusca de catecolaminas, lo que ocasiona una hipertensión arterial en forma de crisis repentinas. En las crisis hipertensivas aparecen también cefalea, sudación profusa, palpitaciones, angustia, dolor torácico y abdominal, náuseas, vómitos, taquicardia y palidez.

Se establece el diagnóstico con la medición de catecolaminas y sus metabolitos en la orina.

Para ello se miden dichas sustancias (catecolaminas libres, ácido vanilmandélico y metanefrinas) en toda la orina eliminada en 24 horas.

En ocasiones, esta enfermedad se asocia a otros tumores endocrinos múltiples, en forma de trastorno familiar hereditario.

El tratamiento de estos tumores es quirúrgico.

DIABETES MELLITUS

La diabetes mellitus es la enfermedad del sistema endocrino más frecuente en la población. La *Asociación de Diabetes Americana* defi-

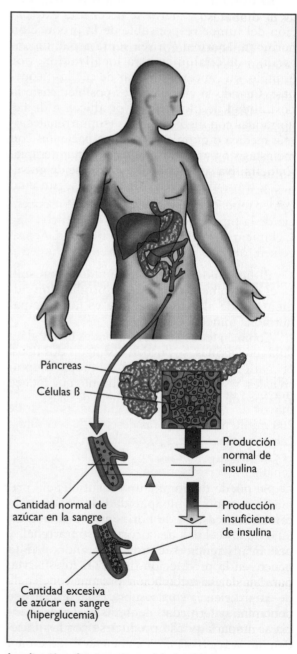

Pácreas

Células ß

Producción normal de insulina

Cantidad normal de azúcar en la sangre

Producción insuficiente de insulina

Cantidad excesiva de azúcar en sangre (hiperglucemia)

Localización y funcionamiento del páncreas.

ne a la diabetes como un grupo de enfermedades metabólicas (existen varios tipos) caracterizado por la hiperglucemia (elevación de la glucosa en sangre) resultante de defectos en la secreción de la insulina, en la acción de la insulina o en ambos.

Se produce como consecuencia de una mala utilización de los hidratos de carbono debida al déficit de insulina o a la resistencia a su acción. La insulina, una hormona fabricada por el páncreas en las células beta de sus islotes de Langerhans, es necesaria para que la glucosa entre en las células del organismo y sea utilizada como fuente de energía. Actúa como la auténtica llave de entrada de la glucosa en las células.

Se pueden distinguir dos formas principales de **diabetes:**

— **Diabetes mellitus tipo I,** antes llamada insulinodependiente. Engloba a la diabetes mediada por procesos inmunes y a la diabetes idiopática.
— **Diabetes mellitus tipo II,** antes llamada no insulindependiente.

Los síntomas clásicos de la diabetes son la **poliuria**, la **polidipsia** y la **polifagia**, es decir, orinar mucha cantidad, beber mucho líquido y comer mucho. Estos síntomas son consecuencia de la hiperglucemia. En los diabéticos tipo I, el inicio de la clínica suele ser brusco. Aparece sed, diuresis excesiva, aumento del apetito con pérdida de peso. A veces el debut de esta enfermedad es un cuadro de cetoacidosis. En los diabéticos tipo II es característico el exceso de peso. Puede debutar como un cuadro de coma hiperosmolar.

El diagnóstico de diabetes se hace con la clínica y la demostración analítica de hiperglucemia. Dos glucemias basales en sangre venosa mayores de 126 mg/dL, una glucemia al azar mayor de 200 mg/dL o una glucemia mayor de 200 mg/dL a las dos horas despues de una sobrecarga son diagnósticas de diabetes.

Si la glucosa en sangre supera el dintel renal para la reabsorción de la misma, se elimina por orina y aparece glucosuria.

El tratamiento de la diabetes mellitus es la dieta, el ejercicio, los antidiabéticos y la insulina.

Es importante que el diabético reciba educación sobre su enfermedad y sea capaz de hacer autocontroles. Los autocontroles sirven para ajustar la medicación y tomar conciencia de su proceso. Los pacientes diabéticos pueden controlar sus glucemias capilares antes y dos horas después de las principales comidas y pueden detectar en orina la presencia de glucosa y cuerpos cetónicos. Ambos instrumentos, la glu-

NÚMERO DE CALORÍAS DIARIAS POR KILOS DE PESO CORPORAL IDEAL

50 — Para pacientes con actividad laboral pesada

40 — Para pacientes que deben aumentar de peso

30 — Para pacientes sin problemas de peso, ni de actividad laboral

20 — Para pacientes que deben bajar de peso

Cálculo de calorías en la dieta de un diabético.

cemia capilar y la detección de glucosuria y cetonuria, hacen posible el control y el ajuste de las necesidades de insulina y de principios inmediatos. El control debe ser mayor en los diabéticos tipo I.

Dieta

La dieta es esencial. Se concibe como la planificación de la alimentación y no sólo como el cumplimiento de una serie de restricciones dietéticas.

El diabético debe consumir las calorías suficientes para mantenerse en su peso ideal o bien en un peso razonable.

Es importante la regularidad en las horas de las comidas y que el diabético haga seis tomas de comida al día. La proporción de principios inmediatos debe ser igual a la de la población general: Las proteínas deben proporcionar del 10 al 20% de las calorías consumidas. Las grasas saturadas deben limitarse al 10% o menos. Las grasas poliinsaturadas deben restringirse al 10% de las calorías totales. El resto de calorías, entre un 60 a 70%, deben aportarlo los hidratos de carbono y las grasas monoinsaturadas. Se deben limitar los hidratos de carbono simples al 10%, es necesario favorecer la ingesta de los glúcidos complejos como los que se encuentran en legumbres, verduras y cereales integrales.

Se ha propuesto una dieta rica en fibra porque reduce la glucemia, lo que disminuye las necesidades de insulina. Esto es así porque la fibra interfiere con la absorción de principios inmediatos.

Los edulcorantes no nutritivos como la sacarina y el aspartamo se prefieren frente a los nutritivos como la frucosa, el sorbitol, el xilitol y el maltitol porque estos últimos pueden elevar la glucemia.

Los alimentos llamados para diabéticos no son recomendables. Son caros, no se conoce exactamente su composición y contenido calórico, utilizan azúcar del tipo de la fructosa que sube la glucemia y no contribuyen a cumplir la dieta.

La cronología de la dieta es importante, se aconseja la distribución de las calorías de los hidratos de carbono en seis tomas diarias:

— Desayuno 20% del total de h. carbono.
— Media mañana 10% de h. carbono.
— Almuerzo 25% de h. carbono.
— Merienda 10% de h. carbono.
— Cena 25% de h. carbono.
— Antes de acostarse 10% de h. carbono.

Los pacientes diabéticos deben realizar análisis periódicos de sangre y orina para comprobar el grado de control de su enfermedad y descartar la aparición de complicaciones.

CONSEJO

SIEMPRE CON CONTROL

Los corticoides son medicamentos antiinflamatorios muy eficaces, pero nunca se deben tomar sin control médico durante períodos prolongados por el riesgo de producir un síndrome de Cushing.

Ejercicio físico

La actividad física regular tiene muchos efectos beneficiosos: disminuye la glucemia durante y despues del ejercicio, incrementa la sensibilidad a la insulina, mejora el perfil de los lípidos, aumenta la utilización de ácidos grasos, mejora la función cardiovascular, reduce la presión arterial, protege frente a la osteoporosis, reduce la ansiedad, mejora la depresión leve y permite ganar en fuerza y en forma física. Su riesgo en las personas diabéticas son las hipoglucemias y la posible descompensación de las complicaciones crónicas de la diabetes si no se realiza de la manera adecuada. Ejercicios muy intensos pueden ser perjudiciales en caso de cardiopatía isquémica, retinopatía proliferativa, nefropatía importante y neuropatías periférica y autonómica establecidas. Se prefiere el ejercicio aeróbico, constante y aumento de la intensidad cuando el paciente esté entrenado.

Antidiabéticos orales

Son medicamentos que se toman por vía oral para controlar la glucemia en los diabéticos tipo II. Realmente el mejor antidiabético para estos pacientes es la combinación de dieta y ejercicio. Si después de instaurar este binomio no hay mejoría, se administrarán este grupo de fármacos. Los más conocidos son las sulfonilureas, las biguanidas y la acarbosa. Estos medicamentos actúan aumentando la secreción pancreática de insulina, mejorando la utilización de glucosa en los tejidos periféricos y retrasando la absorción intestinal de hidratos de carbono.

Insulina

Las insulinas que se comenzaron a utilizar provenían del cerdo, poco a poco se han comercializado las obtenidas por modernas técnicas de ingeniería genética. La insulina se utiliza en los pacientes tipo I, en los pacientes tipo II ante situaciones agudas, mal control metabólico o embarazo y en la diabetes gestacional que no responde a dieta y ejercicio. Existen varios tipos de insulina: de acción rápida, intermedia y lenta. La insulina se puede administrar según una pauta convencional con una o dos dosis diarias y una pauta intensiva con múltiples inyecciones de insulina o administración por bomba de infusión continua. Si se utiliza una sola dosis de insulina se administra insulina intermedia o prolongada, bien antes del desayuno, bien antes de acostarse. Si se utilizan dos dosis se pueden administrar antes del desayuno y antes de la cena, usando insulina intermedia o una mezcla de intermedia y rápida. En el caso de utilizar inyecciones múltiples, éstas suelen ser tres o cuatro de insulina rápida junto con dos o tres de insulina intermedia. La insulina puede administrarse con jeringa y agujas clásicas o bien utilizando jeringas precargadas con forma de pluma o bolígrafo, siempre a nivel subcutáneo (en la hipodermis o grasa que hay bajo la piel). Los autoanálisis son muy importantes para conocer la dosis a administrar y prevenir complicaciones agudas.

Los pacientes diabéticos mal controlados pueden presentar complicaciones agudas y crónicas.

Entre las **complicaciones agudas** de la diabetes están la cetoacidosis diabética, el coma hiperosmolar y la hipoglucemia.

• La *cetoacidosis diabética* se manifiesta con hiperglucemia y acidosis metabólica con producción de cuerpos cetónicos que se eliminan por orina. La producen tanto las enfermedades que alteren las necesidades de insulina como la interrupción del tratamiento insulínico. Es un proceso grave y el paciente debe ser remitido a un hospital para administrar líquidos e insulina por vía intravenosa. Es más frecuente en los diabéticos del tipo I.

• El *coma hiperosmolar* se caracteriza por una hiperglucemia muy elevada, tanto que produce un aumento de la osmolaridad en sangre, pero no hay cetosis. Se desencadena por enfermedades intercurrentes, ingesta inadecuada de líquidos, fármacos e interrupción del tratamiento insulínico. Es más frecuente en los del tipo II. Necesitan de tratamiento urgente hospitalario. Se les debe administrar líquidos e insulina.

• La *hipoglucemia* es la complicación aguda más frecuente en los pacientes tratados con insulina y con sulfonilureas. Se define como una glucemia menor de 50 mg/dL. Se acompaña de una serie de síntomas: irritabilidad, fatiga, cefalea, somnolencia, sudación, nerviosismo, palpitaciones, sensación de hambre, etc. Si progresa, se ven síntomas más graves como alteraciones sensitivas y motoras, convulsiones e incluso coma. Los pacientes con neuropatía autonómica no tienen los síntomas precoces y por ello es más peligroso este cuadro. El tratamiento consiste en el aporte de glucosa por boca si el individuo está consciente o por vía intravenosa si no lo está. En casos de urgencia, un familiar entrenado podría administrar una inyección de glucagón intramuscular si el individuo está inconsciente y se demora el equipo de emergencias.

Las **complicaciones crónicas** de la diabetes se deben fundamentalmente a la afectación

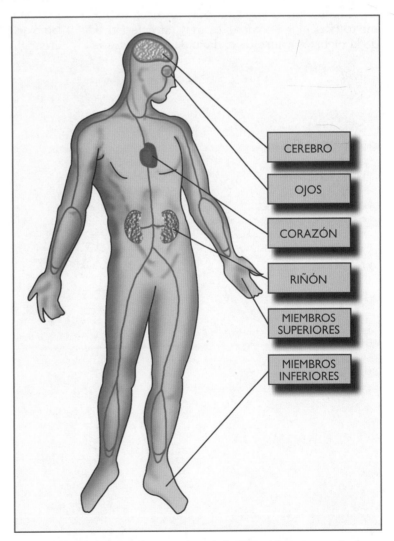

CEREBRO

OJOS

CORAZÓN

RIÑÓN

MIEMBROS SUPERIORES

MIEMBROS INFERIORES

Entre las complicaciones más importantes de la diabetes hay que recordar las vasculares, tanto a nivel de las arterias de calibre medio y grande, como de las arterias de calibre pequeño, que, en su conjunto, se llaman macrovasculopatía y microvasculopatía diabéticas.

de vasos, tanto de los de pequeño calibre (*microangiopatía*), como de los grandes vasos del organismo (*macroangiopatía*).

• La *microangiopatía* se manifiesta por la afectación de los vasos de la retina (o retinopatía diabética), que puede producir ceguera no tratada a tiempo y la vascularización interna del riñón (nefropatía diabética por nefroangioesclerosis), causa de daño renal crónico que, junto a las infecciones urinarias repetidas comunes, puede desembocar en una insuficiencia renal crónica necesitada de trasplante.

• La *macroangiopatía* es la causa de la mayor frecuencia, precocidad y gravedad de la enfermedad cardiovascular en los diabéticos, produciendo insuficiencia coronaria (angina o infartos), accidentes cerebrovasculares y oclusión vascular periférica (úlceras, amputaciones, gangrena, etc.).

Además de lo anterior, por un mecanismo mixto (vascular y tóxico), es muy característica de la diebetes avanzada el daño de los nervios o neuropatía, en sus varias formas, como polineuritis, mononeuropatía y neuropatía autonómica.

Para evitar estas complicaciones y lograr una buena esperanza y calidad de vida en los pacientes diabéticos resulta fundamental controlar estrechamente la glucemia y someterse a revisiones periódicas donde se buscan activamente por el médico signos incipientes de estas complicaciones mediantes pruebas específicas (análisis de microalbuminuria en orina, examen del fondo de ojo, palpación de los pulsos arteriales periféricos o su determinación con doppler, exploración neurológica periférica, vigilancia de las heridas y úlceras cutáneas, etc.).

Cuando se detectan estas complicaciones se pueden aconsejar ciertos tratamientos que enlentecen su progresión, como la fotocoagulación-láser para la retinopatía, el uso de ciertos fármacos (los llamados "inhibidores de la enzima de conversión de la angiotensina" o IECA) para la nefropatía, o la cirugía de bypass coronario o arterial en caso de isquemia cardíaca o macroangiopatía periférica grave.

13

ENFERMEDADES INFECCIOSAS HUMANAS

TÉTANOS

Es un proceso neurológico, caracterizado por espasmos y aumento del tono muscular, que se debe a una toxina elaborada por la bacteria *Clostridium tetani.*

Hay varias formas clínicas que son: la generalizada, la neonatal y la localizada.

El bacilo se encuentra en el suelo, en la materia inorgánica, en las heces de los animales y a veces en las del hombre.

En los países desarrollados es una enfermedad poco frecuente que a menudo se presenta en los siguientes grupos: en personas no vacunadas o que no han recibido las tres dosis de vacunación, en personas con algún déficit de la *inmunidad* o de las defensas, en ancianos y en enfermos con heridas postquirúrgicas. El grupo social más proclive a la adquisición de la enfermedad, en nuestro medio, son los drogadictos. A través de los pinchazos en la piel puede penetrar el germen, y su replicación se ve facilitada en estos individuos por su deterioro constitucional. Existe otro factor mucho más importante, y es que muchos de ellos presentan además el síndrome de inmunodeficiencia adquirido o SIDA.

En los países en vías de desarrollo el tétanos neonatal es una causa importante de mortalidad, que está directamente relacionado con el déficit sanitario.

Manifestaciones clínicas

A través de una herida o una laceración en la piel o en las mucosas, el germen puede penetrar y producir la toxina causante de la enfermedad. Ésta irá a través de las terminaciones nerviosas hasta alcanzar el sistema nervioso central.

La toxina tetánica interfiere en el mecanismo normal de la contracción muscular provocando una rigidez generalizada. Si se perpetúa el estímulo pueden desencadenarse espasmos musculares o sacudidas.

La clínica característica comienza entre siete y catorce días después de la lesión. En un principio pueden afectarse sólo los músculos de la cara, lo que da lugar al cierre de la mandíbula o "trismo". Poco después aparece dificultad para tragar, dolor y rigidez de los músculos del cuello y de la zona proximal de los miembros.

La contracción sostenida de los músculos de la cara provoca una mueca o gesto desdeñoso denominado "risa sardónica". La contracción de los músculos dorsales produce

El *Clostridium tetani, el agente productor del tétanos, a distintos grados de ampliación a través del microscopio.*

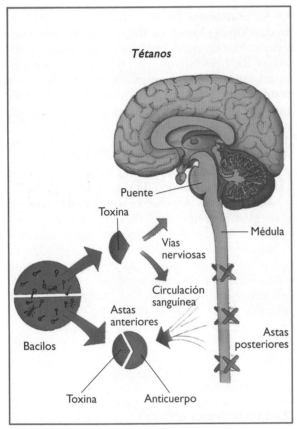

El esquema muestra el mecanismo de difusión de la toxina tetánica. Los bacilos del tétanos, que se localizan en la herida, producen la exotoxina tetánica, y a través de la circulación sanguínea y de las vías nerviosas alcanza el sistema nervioso (astas anteriores de la médula espinal). Si el individuo posee ya anticuerpos antitetánicos (si ha sido vacunado), estos últimos se unen a los antígenos correspondientes, representados por la toxina, bloqueando inmediatamente la aparición de la enfermedad.

opistótonos o contracciones violentas de la columna. Puede acompañarse o no de fiebre. No hay afectación del estado mental. En los casos graves puede darse una descarga importante de **catecolaminas** que provoque una subida de la tensión arterial, taquicardia, sudación profusa, etc.

El **tétanos neonatal** es una forma generalizada que casi siempre es mortal. Aparece en niños cuyas madres no están **inmunizadas** o lo están de forma incompleta. Con frecuencia, tras las curas no estériles del cordón umbilical o su muñón. Suele aparecer en las dos primeras semanas postparto.

Diagnóstico

El **diagnóstico** de estos pacientes es fundamentalmente clínico. Se puede buscar la toxina antitetánica en la herida, pero en los enfermos afectos por esta enfermedad no suele aparecer.

Tratamiento

El **tratamiento** de esta entidad consiste en eliminar la fuente de toxina mediante una limpieza y cuidado exhaustivo de la herida, evitar los espasmos y proporcionar al enfermo las medidas de mantenimiento adecuadas.

• Recuerda que el tétanos es una enfermedad de elevada mortalidad que se puede evitar fácilmente mediante una correcta vacunación.

BOTULISMO

Esta enfermedad está producida por una neurotoxina muy potente fabricada por el *Clostridium botulinum*. Consiste en una parálisis motora que afecta a los nervios craneales y va descendiendo en dirección a las extremidades.

Existen varios tipos de botulismo: el alimentario, el botulismo infantil y el de las heridas. Además hay otro denominado "indeterminado", que afecta a enfermos de más de un año de edad del que no se conoce muy bien su origen.

El **botulismo alimentario** se ha observado en asociación con conservas caseras, especialmente de frutas, verduras y en menor cantidad de carne y pescado. Se cree que podría darse cuando un alimento que va a conservarse se contamina con las esporas del germen. Una vez envasado, la conserva no inactiva las esporas, pero mata a otras bacterias que pueden inhibir el crecimiento y la proliferación de *C. botulinum* y además proporciona las condiciones óptimas de temperatura y pH que permiten la germinación y la elaboración de la toxina. La toxina se inactiva mediante la cocción a 100 °C durante diez minutos. Las esporas, en cambio, necesitan para su inactivación temperaturas superiores a 120 °C.

Manifestaciones clínicas

El período de incubación suele ser de 18 a 36 horas. Lo característico es una parálisis descendente y simétrica que puede dar lugar a parálisis respiratoria y a la muerte.

El comienzo suele ser por afectación de los nervios craneales. Comienza por aparecer *diplopia* o visión doble, dificultad para hablar, pudiendo o no afectar a los músculos de la deglución. La debilidad motora se agrava a veces muy rápidamente, comienza desde la cabeza afectan-

> *El botulismo se puede adquirir a través de conservas en mal estado.*

do al cuello, los brazos, el tórax y las piernas. Puede acompañarse de sequedad de mucosas y visión borrosa. No suele aparecer fiebre, y la consciencia se mantiene en casi todos los pacientes.

El **botulismo del lactante** es la forma más frecuente de botulismo. La toxina es elaborada y absorbida en el intestino tras la germinación de las esporas ingeridas. Casi siempre se da en lactantes de menos de 6 meses. Es conocido que la miel contaminada es una fuente de esporas, por lo que no es aconsejable alimentar con miel a los niños menores de 12 meses.

Diagnóstico y tratamiento

El **diagnóstico** de esta enfermedad se hace fundamentalmente por la clínica. Existen procesos que se asemejan, como son la poliomelitis, la parálisis por garrapatas, la intoxicación por fármacos, etc. Hay casos de faringitis que pueden también parecerse.

Otras pruebas que se utilizan para el diagnóstico son la electromiografía y la detección de la toxina en secreciones gástricas del enfermo.

A estos pacientes se les debe hospitalizar y vigilar estrechamente. Se les administra antitoxina de caballo a la mayor brevedad posible junto con otras medidas purgantes para evacuar la toxina del organismo.

El pronóstico de esta enfermedad es cada vez mejor gracias a los avances y a la mejora de los tratamientos respiratorios e intensivos.

• **Importante:** Parece prudente evitar consumir conservas en dudoso estado o de origen incierto.

BRUCELOSIS

También conocida como "fiebre de Malta", está originada por un microorganismo denominado *brucella* que afecta a hombres y a animales.

Se considera en nuestro país una enfermedad profesional, es decir, que afecta más a personas en contacto con el ganado, a personal de laboratorio y en general a todo aquel que trate con animales enfermos y sus productos. Tiene dos formas clínicas, una aguda y otra crónica que puede durar meses o años.

El *reservorio* natural de la brucelosis es el animal doméstico, en especial el gato, el cerdo, la oveja, la cabra y los bóvidos, aunque también los animales salvajes y las aves.

La transmisión de persona a persona es extremadamente rara. La mayoría de las veces es por contacto directo, pues aunque la leche y sus productos han sido pasteurizados, el hombre continúa contactando con secreciones de animales afectos. Otra forma de contagio es la vía aérea. Según la OMS, las vías de transmisión son por ingestión, ya sea por contaminación del alimento, bien por comer con las manos sucias o por ingerir verduras crudas contaminadas sin lavar. También por contacto de materiales infectados como son las pieles y los desechos; por inhalación de polvo al limpiar los establos y por inoculación a través de los artrópodos.

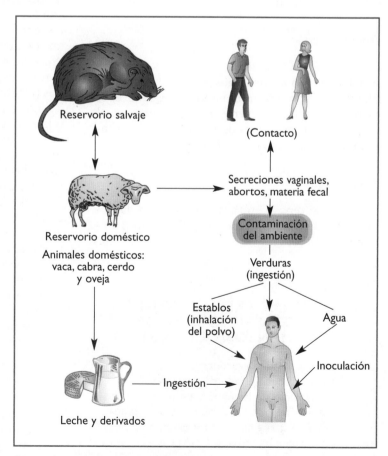

Formas de transmisión de la brucelosis.

La forma más frecuente en nuestro medio es debida al consumo de leche de cabra y queso fresco o poco fermentado. La transmisión disminuye con la refrigeración de los alimentos y, por supuesto, con la curación o preparación del jamón y *bacon* ahumados.

Manifestaciones clínicas

Muchas veces da una forma asintomática con signos de infección en las pruebas de laboratorio.

La forma **aguda** tiene un período de incubación entre 7 y 21 días, pero puede durar meses. El comienzo es insidioso con malestar, debilidad, cansancio, dolores múltiples, fiebre, sudación y escalofríos. La mayoría de los enfermos pierden peso y se encuentran sin apetito. Después aparece un período de fiebre mantenida y elevada que puede durar varias semanas. Los dolores son de localización muy difusa e imprecisa.

La forma **crónica** se define como un proceso de más de un año de duración. Suele ser menos difusa y afectar a uno o varios órganos en concreto, siendo la afectación ósea la más llamativa. También puede aparecer meningitis crónica, encefalitis, etc.

Diagnóstico

Además de la clínica, son importantes las pruebas de laboratorio, las cuales consisten en identificar al microorganismo en la sangre, si es posible, y en una serie de reacciones en el suero del enfermo, para detectar si éste ha estado o no en contacto con la bacteria.

Tratamiento

Junto al reposo en cama, que mejora la fiebre del enfermo, se ha de proceder a un tratamiento antibiótico.

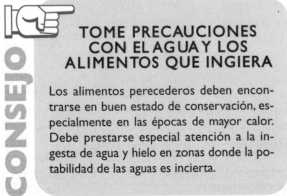

CONSEJO

TOME PRECAUCIONES CON EL AGUA Y LOS ALIMENTOS QUE INGIERA

Los alimentos perecederos deben encontrarse en buen estado de conservación, especialmente en las épocas de mayor calor. Debe prestarse especial atención a la ingesta de agua y hielo en zonas donde la potabilidad de las aguas es incierta.

FIEBRE TIFOIDEA

Con el nombre de salmonelosis o fiebre tifoidea se conocen una serie de enfermedades producidas por bacterias que pertenecen al género *salmonella.*

Estas bacterias tienen como *huésped* al hombre y a los animales, en cuyo intestino se reproducen y desde el cual se diseminan por medio de las heces, contaminando aguas y alimentos, en especial los de origen animal como huevos, leches, carnes, etc., y también aquellos de origen vegetal que se consumen frescos. En el agua, las salmonellas pueden permanecer días o semanas.

La fiebre tifoidea es una enfermedad sistémica que se caracteriza por malestar general, fiebre, molestias abdominales y exantema transitorio. Puede dar lugar a importantes complicaciones si no es tratada.

La forma de adquisición de la bacteria es casi siempre por vía oral a través de alimentos contaminados como agua, huevos o leche. El contacto interpersonal es muy raro, se requieren importantes cantidades de bacterias para ello.

Los enfermos de fiebre tifoidea y los convalecientes eliminan a través de las heces multitud de bacilos que pueden contactar directamente con los alimentos y líquidos bebibles, o indirectamente mediante las moscas, que lo transportan en sus patas después de posarse sobre los excrementos. Algunas veces también las secreciones respiratorias, los vómitos y otros líquidos pueden ser vehículo de la enfermedad.

La salmonella tífica sobrevive a la humedad y la congelación, por ello contamina helados, polvos, alimentos congelados y cloacas, y se mantiene en ellos viva durante mucho tiempo. No sobrevive ni al calor ni a la desecación. El motivo por el que ostras y peces constituyen fuentes de contaminación es por haber estado en contacto alguna vez con aguas sucias.

En los países desarrollados se observa una tendencia a la disminución. Esto está en relación con una mejora de las condiciones socioeconómicas y sus consecuencias, como un desarrollo en las distribuidoras de agua pura, dispositivos para depuración de las cloacas, pasteurización de la leche y métodos de control y descubrimiento de portadores y enfermos.

¿CÓMO SE ADQUIERE?

Las bacterias son ingeridas y llegan al intestino, donde se multiplican y penetran en la mucosa sin dañarla. Desde allí pasan a la sangre y desde la sangre se diseminan por el organismo.

El período de incubación dura de dos a tres semanas. A continuación aparece fiebre elevada, molestias abdominales e incluso en algunos enfermos puede llegar a aparecer un **exantema** denominado roséola tífica. Hoy día es muy raro ya que se ataja antes la enfermedad.

Existen otras formas de presentación, como las leves, las abortivas y las fulminantes, caracterizadas por fiebre muy elevada y fallecimiento del enfermo dentro de los siete primeros días.

Diagnóstico

Se efectúa por la clínica y pruebas de laboratorio. Se confirma con el **hemocultivo** y cultivo de otras muestras como heces, bilis y a veces de las escarificaciones cutáneas.

Se puede confundir la clínica con otros procesos en los que también pueden aparecer molestias abdominales y fiebre, como ocurre por ejemplo en multitud de enfermedades infecciosas.

Tratamiento

Es fundamentalmente antibiótico. Además deben cubrirse las necesidades higiénico-dietéticas del paciente. Es muy importante no dar laxantes ni enemas y no dar aspirina ni otros fármacos que contengan salicilatos.

INFECCIONES POR VIRUS

VARICELA

La varicela es una enfermedad causada por un virus denominado *herpes zoster*. Es un proceso agudo caracterizado por la presencia de fiebre y una erupción diseminada que se presenta en brotes durante varios días.

La varicela es muy contagiosa. El contagio se hace al parecer por las gotitas desprendidas por la tos, el estornudo e incluso al hablar. También por el contacto directo con las lesiones infectadas e incluso a través de una persona que ha contactado con esas lesiones.

Por tratarse de una enfermedad tan contagiosa, la aparición de un caso en la vecindad determina que el 87% de los niños susceptibles pueden padecer la enfermedad como un ataque secundario.

Una vez que el virus ha penetrado en el organismo se produce su multiplicación, dando lugar a la aparición de los brotes de lesiones en la piel de forma evolutiva. Los virus pasan de célula infectada a célula sana vecina, y así sucesivamente, hasta que aparecen los anticuerpos para hacer frente.

El período infeccioso de la varicela transcurre entre 1 a 2 días antes de la aparición de la erupción hasta 6 días después del brote de las últimas lesiones cutáneas o hasta que todas las lesiones son costrosas.

Afecta más frecuentemente durante la niñez, entre los 2 y los 8 años. Las épocas más frecuentes de aparición son primavera e invierno.

Manifestaciones clínicas

Tras un período de incubación de 7 a 21 días, comienza la varicela en los niños con fiebre ligera, malestar general y erupción cutánea. Las lesiones cutáneas aparecen primero en el tronco y en el cuero cabelludo.

En las personas mayores puede tener un comienzo de uno o dos días con fiebre, malestar, dolores musculares y dolor de cabeza.

La erupción cutánea se acompaña de picor intenso. El rascado de estas lesiones puede sobreinfectarlas y prolongar su curación además de dejar una oquedad en la piel una vez ha cicatrizado. En condiciones normales la costra dura una semana.

El cuadro es más grave en adultos que en niños. A veces puede complicarse con neumonías. Otra complicación bastante infrecuente es la encefalitis varicelosa, que se presenta en un 1%. La afectación de otros órganos afortunadamente es rara.

Diagnóstico

Es clínico fundamentalmente, aunque existen pruebas de laboratorio que no se utilizan habitualmente.

Tratamiento

Es sintomático. Conviene evitar al rascado y mantener una buena higiene de las lesiones para evitar la sobreinfección.

HERPES ZÓSTER

Se trata del mismo agente causante de la varicela, pero con otra forma de manifestación. Suele presentarse en ancianos aunque puede aparecer a cualquier edad.

El virus de la varicela se queda latente en el organismo, concretamente en los ganglios nerviosos, y ante determinados estímulos reaparece, dando lugar a unas lesiones en la piel acompañadas de intenso dolor. A veces queda un dolor residual que perdura durante mucho tiempo.

Tratamiento

Requiere un tratamiento específico con antivirus además de analgésicos.

INFECCIONES POR EL VIRUS DEL HERPES SIMPLE

Se trata en realidad de dos tipos de virus distintos. Las infecciones por el virus del herpes simple se encuentran en todo el mundo. Es más frecuente la infección por el virus del herpes tipo 1 que la producida por el tipo 2. Pueden dar lugar a infecciones tanto agudas como latentes.

Las infecciones por este virus se transmiten por el contacto directo con la lesión o sus secreciones. El período de incubación dura entre 2 y 14 días.

Una vez adquirido el virus, éste se aloja en el ganglio nervioso donde queda latente. Tras un estímulo determinado, se multiplica en el ganglio, dando lugar a la diseminación del virus y a la aparición de las lesiones.

Manifestaciones clínicas

• Herpes virus tipo 1.

La primera infección es asintomática en la mayoría de las veces. En algunos casos aparece en forma **gingivoestomatitis** en la niñez.

Tras un período de incubación de 1 a 12 días, los enfermos comienzan con fiebre ligera y una leve afectación del estado general. A continuación empiezan a aparecer lesiones en la mucosa de la boca, que acaban ulcerándose y produciendo gran molestia y dolor.

En los adultos suele aparecer una afectación de toda la mucosa que da un cuadro más parecido a una faringitis. Esta misma infección puede aparecer también en los ojos, dando lugar a un cuadro denominado *queratoconjuntivitis aguda.*

Las **recurrencias** son las manifestaciones herpéticas más conocidas, especialmente el herpes labial. La localización típica es en la unión de los labios, y tiende a aparecer cada vez en el mismo sitio. El paciente nota una sensación de picor o escozor durante unas horas hasta que empiezan a aparecer las **vesículas** o lesiones rellenas de un líquido transparente. Éstas, al romperse, forman otro tipo de lesión ulcerosa. Se acompaña, todo el proceso de gran dolor.

La afectación ocular, en ocasiones, puede dar lugar a importantes secuelas como la pérdida de visión en ese ojo.

• Herpes virus tipo 2.

La infección por este virus es, por lo general, genital. Se trata de un cuadro más común entre adolescentes y jóvenes, que consiste en la aparición de lesiones **vesiculares** en regiones genitales tanto del hombre como de la mujer.

La infección primaria se asocia a un cuadro de fiebre y cansancio generalizado. Cuando las vesículas se rompen dan lugar a la aparición de unas lesiones ulceradas. Se pueden afectar otros lugares cutáneos por contagio con los dedos. La duración del cuadro puede ser de varias semanas.

La infección recurrente es mucho más atenuada. Dura menos tiempo y también el período de contagio es menor.

Existen otras formas de presentación como son la congénita y la neonatal, muy perjudiciales para el feto, que suelen aparecer en hijos de madres infectadas por el virus del herpes tipo 2.

Diagnóstico

Es inicialmente clínico. El definitivo se hace por aislamiento del virus, que en un gran porcentaje de gente aparece en la saliva y en otras secreciones. También existen otros métodos de laboratorio para detectarlo que se utilizan en las formas de gran afectación.

Tratamiento

Se trata con aciclovir bien en pomada, o bien oral, según cada caso.

INFECCIÓN POR CITOMEGALOVIRUS

La infección causada por este virus es una infección generalizada que afecta a los seres humanos de todas las edades. A veces puede pasar inadvertida, otras veces ocasiona un malestar generalizado con febrícula y las formas más graves se pueden complicar con encefalitis. Esta enfermedad es común en pacientes inmunodeprimidos en los cuales puede ser muy grave.

La distribución es mundial. Se da más frecuentemente en ámbitos de condición socioeconómica insuficiente. La población se va inmunizando frente a este virus con la edad.

No es una enfermedad altamente contagiosa, el virus se encuentra en la saliva, en el tracto respiratorio alto, en la orina y en muchas secreciones, lo que indica que el contagio es por contacto directo.

Entre jóvenes la vía de transmisión más típica es el contacto sexual. En la época fetal, es transplacentaria, y en todas las edades, vía **transfusional**. A veces puede tratarse de una reactivación de la enfermedad que estaba en estado latente.

En los jardines de infancia y en las clínicas pediátricas hay un aumento de la prevalencia entre las mujeres que allí trabajan.

Manifestaciones clínicas

Infección congénita

Se presenta hasta en un 2% de los recién nacidos. Del 10% al 15% tienen riesgos de secuelas. Lo característico es que afecte al hígado, al bazo y al sistema nervioso central, dando lugar a un síndrome característico que cursa con retraso mental. No siempre hay afectación de todos estos órganos a la vez. También puede afectar a la vista y al oído.

Infección postnatal adquirida

Es un cuadro que se adquiere después del parto, mucho más leve y sin secuelas neurológicas. Se caracteriza por falta de aumento de peso y a veces también por afectación hepática.

Infección adquirida en niños y adultos sanos

Casi siempre es inaparente. Suele dar un cuadro de afectación respiratoria. Puede afectar también al hígado pero de forma muy leve y suele acompañarse de aumento del tamaño de los ganglios.

Diagnóstico

Consiste en el aislamiento del virus normalmente en orina o sangre. También se pueden hacer pruebas de laboratorio para averiguar si el individuo ha creado anticuerpos nuevos frente a ese virus.

Tratamiento

En las formas banales no hay que tomar ninguna actitud terapéutica especial. Las formas congénitas requieren un seguimiento muy de cerca.

SÍNDROME DE INMUNODEFICIENCIA ADQUIRIDA (SIDA)

El SIDA no es, propiamente, una enfermedad. Consiste en la aparición de una o diversas enfermedades que se desarrollan como consecuencia de la alteración del sistema in-

> ## CONTACTOS "CON-TACTO"
>
> *Muchas infecciones por virus se adquieren mediante un contacto estrecho o íntimo (herpes genital, SIDA, mononucleosis, etc.). La promiscuidad aumenta el riesgo de tales infecciones.*

munitario. Esta alteración la provoca la infección por el virus de la inmunodeficiencia humana (VIH).

¿Cómo actúa el VIH?

El virus del SIDA es reconocido por las células del sistema inmunitario como un microorganismo extraño, pero esto no le impide que pueda penetrar en su interior. Otras células del cuerpo tambien pueden ser invadidas por este virus.

Una vez en el interior de las células, el virus puede quedar en estado **latente** durante largos períodos de tiempo. A veces se multiplica y puede llegar a destruirlas, de tal modo que altere la respuesta del sistema inmunitario. En estas circunstancias, el organismo pierde su capacidad para defenderse de las infecciones causadas por otros gérmenes, así como la capacidad de destruir células anormales que de cuando en cuando se generan en el cuerpo.

Esta alteración facilita la aparición de las enfermedades que caracterizan el SIDA, las cuales son, en buena parte, infecciones llamadas oportunistas (precisamente porque si la inmunidad funciona bien no se desarrollan) y también algunos cánceres. Si el virus afecta a células del sistema nervioso aparecen enfermedades neurológicas que pueden evolucionar, produciendo una alteración grave de la conciencia hasta llegar a la demencia.

¿Qué ocurre cuando el virus VIH penetra en el organismo?

Como ya se ha visto, el virus puede afectar a diferentes células del organismo, por lo que puede suceder que:

1. El virus se quede dentro de la célula de forma latente sin modificar sus funciones vitales. La infección existe pero no aparecen síntomas. De la persona que ha resultado infectada se puede decir que es una **portadora asintomática**. A pesar de todo hay que tener en cuenta que las células del sistema inmunitario que han sido

afectadas y también los virus que circulan libremente se pueden transmitir a otras personas a través de la sangre o las secreciones sexuales.

2. Después de un período de tiempo, más o menos largo, el virus puede evolucionar hacia un estado activo y reproducirse dentro de las células hasta que éstas estallan y liberan un gran número de virus que van a infectar a nuevas células.

Cuando una cantidad importante de células ha sido destruida por el virus, las defensas inmunitarias se encuentran debilitadas y la persona resulta víctima de las infecciones o de las otras alteracionas de la enfermedad: es entonces cuando decimos que padece el SIDA.

¿Cómo se detecta la presencia del virus en la sangre?

Cuando el virus penetra en el organismo humano es reconocido como intruso y las células del sistema inmunitario producen anticuerpos contra él para poder neutralizarlo. Aunque no consiguen destruir el virus, los anticuerpos pueden ser detectados por las pruebas de laboratorio. La prueba más utilizada se puede hacer con facilidad a partir de una muestra de sangre. Este test es el que sirve en primer término para saber si las personas han estado o no infectadas por el virus VIH.

En la inmensa mayoría de los casos, los anticuerpos son detectables mediante este procedimiento entre las 8 y las 12 semanas después del contagio.

Si el test es positivo, decimos que la persona es seropositiva. En caso contrario, que es seronegativa.

En muy pocos casos puede ocurrir que aunque la persona no haya sido infectada el resultado sea positivo.

También puede pasar que el test dé un resultado negativo a pesar de que la persona esté infectada. Esta situación es poco frecuente pero puede darse en algunos casos, como por ejemplo, si el test se ha hecho antes de que el organismo haya podido fabricar los anticuerpos detectables.

Como consecuencia de estas inexactitudes, en algunas ocasiones, los resultados del test se han de repetir o verificar con otros métodos. En cualquier caso, un resultado seropositivo no significa que la persona esté enferma de SIDA, pero sí indica que ha estado en contacto con el virus, se ha infectado y puede transmitirlo.

Por lo tanto, se tendrán que tomar las precauciones necesarias a fin de disminuir los riesgos de evolución de la enfermedad y también para evitar que pueda contagiar a otras personas.

¿Cómo se contagia el SIDA?

Para que una enfermedad infecciosa como el SIDA pueda propagarse han de concurrir una serie de circunstancias que lo hagan posible. Ha de existir una fuente de infección y unos mecanismos de transmisión pero también se necesita una persona que sea susceptible de contagiarse.

En primer lugar, consideraremos la **fuente de infección.** En el caso del virus del SIDA la fuente de infección es la persona que es portadora o enferma que, como ya hemos visto, puede tener el VIH dentro de algunas células pero también puede estar libre en la sangre y en otros líquidos del cuerpo, sobre todo en el semen y en las secreciones vaginales.

En segundo lugar, los **mecanismos de transmisión,** son los que pueden hacer posible la llegada directa de suficiente cantidad de virus. El virus del SIDA no puede vivir demasiado tiempo fuera del organismo. Por lo tanto, es necesario que exista un contacto físico directo con la sangre o el semen o las secreciones vaginales de una persona infectada para que el contagio se produzca.

Transmisión por sangre

Todos los objetos contaminados que atraviesan la piel son peligrosos, pero el riesgo de contagio es variable:

— Tienen muy poco riesgo los objetos domésticos que se comparten (y esto ocurre sólo cuando se convive con una persona que está infectada).

— Tienen riesgo los materiales utilizados en los servicios de atención al público que penetran en la piel o causan pequeñas lesiones, si no se desinfectan o esterilizan.

— Tienen un riesgo importante las jeringas y agujas que se comparten.

— Tendrían mucho riesgo las transfusiones de sangre si no estuviesen controladas sanitariamente.

Transmisión sexual

Aunque en un primer momento se pensó que sólo las prácticas homosexuales entre los hombres podían transmitir la infección, hoy en día ya se sabe que también se puede transmitir en relaciones heterosexuales.

Es más fácil infectarse si el contacto sexual comporta erosiones o si hay lesiones en las mucosas genitales y anales. Así, las relaciones anales son las que comportan un mayor riesgo dado que son las más traumatizantes ya que la mucosa rectal es particular-

> *La población anciana tiene un riesgo importante de contraer la gripe y debe ser vacunada anualmente. El personal sanitario también debe prevenir la infección, así como cualquier enfermo en el que la gripe pueda resultar grave.*

mente frágil, siendo relativamente fácil la presencia de pequeñas fisuras o de inflamaciones que facilitarían la transmisión de la infección.

Transmisión perinatal

Es el tercero de los mecanismos importantes de contagio. Se produce cuando una mujer embarazada que está infectada transmite el virus al feto. Aunque esto no sucede siempre, el riesgo de infección es bastante grande. Así, una tercera parte de los niños nacidos de madres infectadas pueden contagiarse.

También durante el parto se puede transmitir la infección. Después del parto, la lactancia materna puede comportar la transmisión del virus.

En tercer lugar, debemos considerar que para que el contagio se produzca, hay que contar con la susceptibilidad individual de contagiarse de la persona no infectada.

Tal y como sucede con tantas otras características individuales no todo el mundo se infecta con la misma facilidad.

Un buen estado de salud (desde una buena nutrición hasta un adecuado equilibrio emocional) facilitan una mayor resistencia general a las infecciones.

Conclusiones

A pesar de que no se ha encontrado todavía una vacuna contra el virus del SIDA, sí se conoce sobradamente cuales son los métodos más eficaces para impedir su propagación. Es en este campo (la prevención) donde debe ahondar y concienciarse la sociedad.

En los últimos años ha habido un gran avance en los tratamientos antirretrovirales, que aunque siguen sin ser curativos, sí que han logrado una mejora sustancial tanto de la calidad como de la esperanza de vida de estos enfermos.

GRIPE

Se trata de una infección aguda respiratoria, muy contagiosa, de origen vírico. Se carac-

teriza por un comienzo brusco con cefalea, dolores musculares, fiebre y postración. Por lo general tiene un carácter benigno.

La gripe es una enfermedad en la que se afecta el epitelio respiratorio debido a la inoculación de un virus que procede de las secreciones respiratorias de otras personas infectadas.

Se ha comprobado que pocas partículas inhaladas en forma de aerosol o cantidades mayores en suspensión líquida goteadas en la nariz dan lugar a la aparición de la enfermedad. Las infecciones por trasferencia de secreciones pueden dar lugar a la aparición de la enfermedad. Las infecciones por inhalación pueden aparecer por la formación de aerosoles mediante estornudos, tos u otros tipos de descargas bruscas e inesperadas. El contagio se produce en locales cerrados y en grandes aglomeraciones como cines, teatros, medios de transporte públicos, etc.

Cada cierto tiempo se producen epidemias mundiales de gripe (pandemias) de mucha gravedad. La más importante ocurrió en 1918, con 20.000.000 de fallecimientos por la enfermedad. Otra de gran difusión fue la llamada epidemia de gripe asiática de 1957.

Tras la inoculación los virus se multiplican a cantidades máximas en unos pocos días. Las células que se infectan por el virus son aquellas que cubren el tracto respiratorio.

Manifestaciones clínicas

El período de incubación es de dieciocho a treinta horas pudiendo durar hasta tres días. Normalmente, el comienzo es brusco, apareciendo una cefalea frontal intensa, dolores musculares generalizados y fiebre elevada. Aparece también tos o estornudos, sensación de taponamiento nasal, *rinorrea,* picor y escozor de ojos, dolor de garganta etc.

Los enfermos se encuentran extremadamente postrados, a veces de forma alarmante. Viene a durar aproximadamente unos siete días.

IMPORTANTE

— La gripe es una enfermedad de curso limitado que no requiere ningún tratamiento específico salvo complicaciones.
— En determinados grupos de riesgo está indicada la vacunación, para la que se hacen campañas todos los años desde los centros de salud.

Diagnóstico

Se hace fundamentalmente por la clínica. En ella concurren la sintomatlogía, el ámbito en que se produce la enfermedad y la estación, que preferentemente es la invernal.

Tratamiento

Es importante el reposo en cama, que combate le profunda astenia que presentan estos enfermos. Se deberá dar dieta blanda y líquidos en abundancia. Es importante también la administración de antitérmicos y analgésicos. Los tratamientos antibióticos no actúan ni previenen.

Ya hemos comentado que se trata de una enfermedad banal y de curso breve. Aún así existe un grupo de enfermos más susceptibles, como son los ancianos o aquellos que tienen una enfermedad de base. Estos enfermos pueden desarrollar complicaciones graves, por lo que se les recomienda la vacunación a principios de otoño.

INFECCIONES POR VIRUS DEL PAPILOMA HUMANO

Es una infección que afecta exclusivamente a la piel y mucosas. Puede cursar de forma asintomatica, producir verrugas o asociarse a diversas **neoplasias** benignas o malignas.

Las verrugas comunes afectan hasta un 25% de la población, siendo más frecuentes en los niños pequeños. Las verrugas plantares también son muy frecuentes y afectan sobre todo a adolescentes y adultos jóvenes. La incidencia de verrugas venéreas (condilomas acuminados) ha aumentado en los últimos años, siendo una de las enfermedades de transmisión sexual más frecuente en nuestros días.

La infección se trasmite por contacto directo y está favorecida por pequeños traumas en el lugar de la **inoculación.**

El tratamiento debe iniciarse sabiendo que, actualmente no existen remedios de eficacia comprobada. Muchas de las verrugas pueden resolverse espontáneamente. Los tratamientos más usados son la **criocirugía,** aplicación de agentes cáusticos, electrodesecación, excisión quirúrgica y **exéresis** con láser.

TUBERCULOSIS

Es una infección bacteriana crónica causada por *Mycobacterium tuberculosis.* Generalmente la infección se localiza en los pulmones, pero puede afectar a otros órganos.

Se transmite de persona a persona por vía respiratoria a través de las gotitas de líquidos expulsadas al toser, al hablar o al estornudar. Las gotitas se evaporan a poca distancia de la boca y, seguidamente, los bacilos desecados persisten en el aire largo tiempo. La infección de una persona susceptible se produce cuando algunos de estos bacilos son inhalados. Normalmente se necesitan muchos meses de convivencia con un enfermo para que se produzca la transmisión. Las micobacterias son sensibles a las radiaciones ultravioletas, de tal forma que la transmisión en la calle, a la luz del día, es muy difícil. Una ventilación suficiente es la medida más eficaz para reducir la infecciosidad en el ambiente. La mayoría de los enfermos dejan de ser contagiosos a los quince días de iniciar el tratamiento con quimioterapia apropiada, al disminuir la tos y el número de bacilos expulsados.

Cuando el microorganismo entra por primera vez al organismo despierta una reacción aguda que rara vez es advertida y suele acompañarse de pocos o ningún síntoma. A continuación los bacilos son atacados por las defensas del organismo. Si su propagación no se detiene y alcanzan la corriente sanguínea pueden llegar a distribuirse por todo el organismo dando una enfermedad diseminada.

Estas enfermedades diseminadas se curan con tratamiento, al igual que las afecciones pulmonares primarias, aunque las pulmonares siguen siendo focos latentes de posibles reactivaciones posteriores. En niños pequeños y lactantes pueden acarrear mayor morbilidad y mortalidad.

Durante las 2 a 8 semanas siguientes se desarrolla una respuesta inmunológica de hipersensibilidad debido a las características propias del microorganismo. Las células de defensa crean unos **granulomas** o quistes en torno al bacilo con objeto de aislarlo. Éstos pueden seguir multiplicándose en el interior del granuloma durante un tiempo, manteniéndose el individuo asintomático mientras tanto. En la mayoría de las personas sanas se produce la curación. En individuos enfermos, mal alimentados o en edades extremas, puede no detenerse la multiplicación del bacilo y producirse la diseminación. También ésta puede reactivarse años más tarde ante una situación de deterioro del individuo.

Manifestaciones clínicas

Existen muchos tipos de manifestaciones, siendo la más frecuente la afectación pulmonar.

Tuberculosis primaria. Ya hemos dicho que suele ser asintomática. Es característico que aparezca una neumonitis.

> *La afectación pulmonar es la forma más común de enfermedad tuberculosa.*

Tuberculosis de reactivación. Se trata de una enfermedad crónica. Los enfermos adelgazan, presentan fiebre ligera y es típico que muchos de ellos experimenten sudores nocturnos.

Tuberculosis pulmonar. Es la forma más común de la enfermedad, al menos en la primera fase tras el contagio. A su vez existen muchas formas clínicas de la misma: nódulos infecciosos, neumonías localizadas en alguna zona del pulmón, formación de cavernas por destrucción del tejido pulmonar, engrosamiento y fibrosis de la pleura, formas diseminadas por todo el pulmón (tuberculosis miliar), etc. Algunas de ellas resultan muy contagiosas al eliminar el bacilo con la tos y el esputo.

Adenitis tuberculosa. Afecta a los ganglios cervicales y es frecuente que se dé en niños. Los ganglios al principio tienen consistencia gomosa y no duelen. Posteriormente tienden a endurecerse y a confluir, pueden fistulizar y drenar su contenido.

Tuberculosis osteoarticular. Suele afectar a la porción dorsal de la columna vertebral. La erosión de los cuerpos vertebrales ocasiona aplastamiento y colapso de éstos, lo que conduce a una deformidad en giba. Si no existe afectación vertebral se puede tratar únicamente con medicación, pero si la columna es inestable, puede ser necesaria la inmovilización quirúrgica.

Otra forma de tuberculosis osteoarticular es la afectación de grandes articulaciones que soportan peso, como la cadera y la rodilla.

Tuberculosis genitourinaria. La tuberculosis genital, tanto en varones como en mujeres, se presenta de forma insidiosa, con síntomas crónicos o subagudos. En la mujer la *salpingitis tuberculosa* puede acarrear esterilidad.

Tuberculosis meníngea. Con frecuencia aparece como resultado de la primoinfección en lactantes y niños pequeños. Hoy día es una enfermedad que responde bien al tratamiento y tiene curación. En adultos puede manifestarse con convulsiones años después de la primoinfección como consecuencia de los granulomas que se encuentren en meninges o cerebro.

Tuberculosis miliar. Se produce como consecuencia de una tuberculosis primaria no tratada en enfermos que no tenían historia de tuberculosis previa. Afecta a todo el organismo, y si no se trata, el pronóstico de la tuberculosis miliar es grave.

Silicotuberculosis. La tuberculosis aparece de forma creciente en enfermos de silicosis. El pronóstico es menos favorable que en otros enfermos.

Tuberculosis en el SIDA. Representa una de las infecciones oportunistas más frecuentes en los pacientes con infección por VIH.

Todas las células encargadas de la defensa se ven afectadas y destruidas por el virus del SIDA por lo que la enfermedad tuberculosa es mucho más devastadora en estos enfermos.

Diagnóstico

El diagnóstico de la tuberculosis se establece cuando el bacilo tuberculoso es identificado en los líquidos corporales o tejidos del enfermo.

Existen otros métodos destinados a detectar anticuerpos contra el bacilo de la tuberculosis, más útiles para la enfermedad tuberculosa no pulmonar entre otros.

La radiografía puede darnos mucha información. Y lo fundamental es la prueba de la tuberculina, que detecta la sensibilización del organismo al bacilo tuberculoso; es decir, si el enfermo ha estado en contacto con el germen previamente.

Tratamiento

El tratamiento de la tuberculosis es muy prolongado en el tiempo. Se administran varios fármacos durante muchos meses. La clave del éxito de este tratamiento está en la constancia y el cumplimiento del mismo de forma radical, que, debido a lo duradero del mismo, es posible que muchos pacientes abandonen o no lo cumplan de forma estricta.

LEPRA

La lepra o enfermedad de Hansen es una infección granulomatosa crónica que afecta a los tejidos superficiales, especialmente la piel y nervios periféricos.

La lepra es más frecuente en países tropicales. La lepra puede afectar a cualquier edad, aunque es rara en niños menores de un año. En los países desarrollados es más frecuente en la infancia. También es más frecuente en las clases socioeconómicas menos favorecidas.

La transmisión es directa de persona a persona. La propagación familiar está favorecida por el carácter insidioso y su posible transmisión antes de la aparición de los síntomas. Existen datos de su baja contagiosidad y se cree que esta influida por una serie de factores como son la edad, el sexo (más frecuentes en varones), las condiciones de vida (malas condiciones de vivienda, hipoalimentación), la herencia y la distribución geográfica. La puerta de entrada no se conoce exactamente, aunque se cree que es la piel o el aparato respiratorio. La principal puerta de salida es la mucosa nasal.

La lepra puede dividirse en tres tipos: la lepra indeterminada, la tuberculoide y la lepromatosa. La lepra indeterminada o maculoanestésica se caracteriza por lesiones hipopigmentadas que se acompañan de una alteración de la sensibilidad y la sudación, a veces se asocia a alteraciones nerviosas periféricas. La lepra tuberculoide presenta lesiones cutáneas y nerviosas. La lesión cutánea típica es una placa en forma de anillo, de contorno bien definido y a veces ligeramente hipocrómica. Toda la zona de la lesión presenta anestesia al calor y al dolor. Se localiza en cualquier parte del cuerpo, excepto palmas, plantas y cuero cabelludo. Las lesiones nerviosas suelen ser de nervios periféricos.

La lepra lepromatosa presenta una lesión cutánea específica que se llama "leproma", es un nódulo redondeado elevado de color rojizo. Su tamaño puede ser variable. Su localización más típica es en superficie de extensión como codos y rodillas, región glútea, cara (pómulos, labio superior y lóbulo orejas) y tronco. Esta modalidad de lepra puede afectar a otra serie de órganos como son vías respiratorias altas (tabique nasal, laringe…), ojos, hígado y riñón. También existe afectación nerviosa como en la lepra tuberculoide.

El tratamiento es sobre todo antibiótico, aparte de medidas paliativas, como pueden ser intervenciones quirúrgicas en caso de alteraciones nerviosas.

INFECCIONES TRANSMITIDAS POR ANIMALES

INFECCIONES POR MORDEDURAS DE ANIMALES

Son debidas a la entrada de los microorganismos de la boca de los animales en los tejidos dañados debido a la mordedura del animal.

La mayoría de las mordeduras de animales son debidas a perros y gatos.

La incidencia de infección de las mordeduras va a depender de la localización de la misma y del tipo de animal que la produzca.

> *Los arañazos de gato, especialmente en niños, pueden ser el mecanismo de una infección generalizada.*

Así, las infecciones son mayores en las producidas por gatos y en las localizadas en las manos.

Las manifestaciones clínicas son muy variadas, éstas van a depender sobre todo del momento en que se acuda a consultar con el personal médico, Así, si se acude a consulta a las pocas horas de haberse producido la mordedura, generalmente no existen signos de infección activa y bastará con limpieza meticulosa, reparación de la herida y profilaxis; mientras que si se acude de 8 horas a una semana después de haberse producido la mordedura, pueden existir signos evidentes de infección como son hinchazón, dolor en dicha zona e impotencia del miembro afectado. Es raro que exista fiebre y ganglios aumentados de tamaño e inflamados.

Si la persona acude a su centro médico cuando hayan pasado bastantes horas, cuando se sospecha o existe ya infección activa será necesaria la **incisión** de la herida si está cerrada y el drenaje.

Se debe poner tratamiento antibiótico, como profilaxis, en la mayoría de los casos.

FIEBRE POR MORDEDURA DE RATA

La localización más frecuente de las mordeduras de ratas son en la cara y los brazos.

Esta enfermedad puede aparecer a los 10 ó 20 días de haber sufrido la mordedura, presentando un cuadro inespecífico de escalofríos, fiebre que suele ser elevada, cefalea, dolor en múltiples articulaciones y dolores musculares. A veces, varios días después puede presentarse un **exantema** que afecta a todo el cuerpo. Estos episodios suelen resolverse de forma espontánea pudiendo volver a aparecer y durar así semanas o meses. En raras ocasiones se presentan complicaciones.

El tratamiento consiste en limpieza de la herida como en toda mordedura y administración de un antibiótico durante un tiempo. La profilaxis también se realizará con la administración de antibiótico.

RABIA

La rabia es una enfermedad producida por un virus que afecta sobre todo al sistema nervioso central. Afecta a todos los mamíferos y se transmite por las secreciones infectadas, por lo general por la saliva. La mayor parte de las veces, la exposición a la rabia se realiza a través de la mordedura de un animal infectado, pero en ocasiones puede ser debido a la ingestión o trasplante de tejidos infectados.

Existen dos formas de propagación epidémica: la rabia urbana y la selvática. La rabia urbana se transmite principalmente por gatos y perros domésticos no vacunados, la forma selvática es transmitida por mofetas, zorros, mapaches, lobos y murciélagos. Las regiones donde la enfermedad es especialmente frecuente son Sureste asiático, Filipinas, Asia y Suramérica.

Clínicamente presenta diversas fases. Así, existe una primera fase en la que los síntomas son bastante inespecíficos, presentando fiebre, malestar general, náuseas, vómitos, dolor de garganta. El síntoma más importante en esta fase es la aparición de adormecimiento, contracciones o ambas en el sitio de la mordedura o sus proximidades.

En una segunda fase puede existir agitación, excitación motora. En seguida aparecen alucinaciones, alteraciones del pensamiento, agresividad, contracciones musculares. Es frecuente un aumento de la sensibilidad, por lo que a estos enfermos les molesta la luz, los ruidos, etc. También existe aumento de las secreciones corporales, como son aumento de la salivación, lagrimeo, sudación.

En fases posteriores puede existir toda una serie de complicaciones como son dificultad respiratoria, fracaso renal, hemorragia digestiva, que harán que el enfermo entre en coma.

La vacuna antirrábica se debe de realizar en individuos con riesgo elevado de entrar en contacto con el virus de la rabia, como son veterinarios, espeleólogos, personal de laboratorio y personas que manejan animales. Se administran tres inyecciones intramusculares o intradérmicas. Las dosis de refuerzo de la vacuna están aconsejadas únicamente en personas con un alto riesgo de contraer la enfermedad.

El tratamiento y prevención posexposicion consiste, primero, en una limpieza meticulosa de la herida con agua y jabón. Posteriormente se decidirá si se administra la inmunización pasiva con una **inmunoglobulina** antirrábica y la inmunización activa con la vacuna. En toda persona conviene administrar la vacuna antitetánica y tratamiento antibiótico.

La administración de la inmunoglobulina (IGR) y de la vacuna dependerá de una serie de factores como son si el sujeto estuvo en contacto con la saliva del animal o no; si se sospecha que el animal presentara la rabia, o en esa región es **endémica** la enfermedad.

CARBUNCO

El carbunco es una infección, causada por una bacteria, que se observa con frecuencia en herbívoros. La infección en el hombre se produce cuando las esporas de esta bacteria entran en el cuerpo al tener contacto con animales infectados o con sus productos contaminados, a través de las picaduras de insectos, por inhalación o ingestión.

Los animales herbívoros se infectan al pastar en campos contaminados con esporas en condiciones climatológicas adecuadas. En los herbívoros, el carbunco tiende a ser grave y de alta mortalidad. Los animales, al final de la enfermedad, a menudo presentan sangrado por la nariz, la boca y el intestino, contaminando así el suelo y los abrevaderos. Los cadáveres de los animales infectados son otro foco de contaminación.

> *La manipulación de animales enfermos o sus derivados (cuero, lana, etc.) es la forma de contagio del carbunco.*

En el hombre puede presentarse de tres formas clínicas: cutánea, digestiva y pulmonar.

La forma cutánea es debida a la penetración de las esporas a través de las heridas o picaduras de moscas; la forma digestiva se produce por la consumición de carne poco cocida de animales infectados; y la pulmonar, por la inhalación de las esporas, sobre todo en cardadores de lana de oveja.

El carbunco cutáneo es la forma de presentación más frecuente. Se caracteriza por la aparición de una lesión cutánea en la zona de la picadura que posteriormente se ulcerará, apareciendo una costra necrótica y negruzca, rodeada de una zona edematosa; generalmente esta lesión es indolora. Raramente se acompaña de síntomas generales. La curación espontánea se observa en el 80-90% de los casos no tratados, pero el edema puede persistir semanas.

El diagnóstico, al igual que en la mayoría de las enfermedades infecciosas, se realiza a través de la clínica y de los cultivos.

El tratamiento consistirá en limpieza de la herida y antibióticos. La profilaxis de la enfermedad se basa sobre todo en la vacunación de los animales, en el tratamiento de los infectados y en incinerar o enterrar aquellos que hayan muerto debido a la enfermedad. Actualmente se emplean vacunas en el hombre, aunque no está demostrada del todo su eficacia.

ERISIPELOIDE

Es una enfermedad causada por una bacteria que generalmente se localiza en la piel. El erisepeloide afecta casi exclusivamente a personas que, por su trabajo, manipulan productos animales, sean o no comestibles.

El hombre se infecta casi exclusivamente a través de las heridas de la piel. De los 2 a los 7 días de producirse la lesión se inicia un cuadro con picor, sensación de quemazón e irritación dolorosa que se acompaña de la aparición de una zona enrojecida, delimitada y elevada. Hay una hinchazón local y cuando, como es habitual, se localiza en dedos y manos, las articulaciones próximas pueden estar rígidas y dolorosas. Se disemina de forma centrífuga y conforme se extiende se aclara la zona central. En la mayoría de las personas la enfermedad cura en tres semanas.

El tratamiento será fundamentalmente antibiótico.

MUERMO

El muermo es una infección de los caballos que, a veces, se transmite a otros animales domésticos y al hombre.

En el hombre, la enfermedad aparece principalmente en personas que tienen estrecho contacto con caballos, mulos o asnos o bien por contaminación de alguna herida de la piel o exposición de la mucosa nasal a secreciones contaminadas. Se han descrito algunos casos de transmisión aérea en personal de laboratorio. Se puede transmitir de persona a persona.

Clínicamente se puede presentar de distintas formas, siendo las más frecuentes la forma cutánea y la pulmonar. La forma cutánea consiste en la aparición de un nódulo en la zona de inoculación que se acompaña de malestar general y adenopatías regionales. En la forma pulmonar se presentará fiebre, malestar general y dolor torácico; en ocasiones puede existir diarrea. A veces la exploración física es normal.

El tratamiento consiste en aislar al paciente enfermo y administrar antibióticos durante un tiempo.

El muermo es una enfermedad propia de personas con un contacto estrecho con equinos.

La tularemia o "fiebre del conejo" se puede transmitir desde otros muchos animales.

TULAREMIA

La tularemia se llama también "fiebre del conejo" o "fiebre de la mosca del venado". Es una enfermedad que afecta sobre todo a mamíferos y se transmite al hombre por contacto directo a través de un insecto.

Los mamíferos más afectados son conejos, ratones, ardillas, venados, ganado vacuno y también, a veces, pájaros y peces. La tularemia se transmite por contacto directo a través de la piel.

La tularemia se puede presentar de distintas formas, pero se caracteriza porque en casi todas ellas se presenta fiebre, escalofríos, malestar general, cefalea y aumento del tamaño del hígado y bazo.

La forma más frecuente es la cutánea, que se caracteriza por la aparición de una lesión ulcerada en la zona de inoculación. Así, en los casos relacionados con los conejos se localiza en la mano o dedos. En los debidos a garrapatas en las extremidades inferiores, axila o ingle. Se acompaña de una adenopatía regional dolorosa que puede abrirse al exterior en algunas ocasiones.

Existen otras formas menos frecuentes, como la pulmonar, la digestiva, la ocular, etc.

La prevención consiste en evitar la exposición y en vacunar a las personas con mayor riesgo, como veterinarios, cazadores, guardabosques y personas que es probable que entren en contacto con mamíferos salvajes. Se deben de usar guantes para manipular conejos muertos y el empleo de repelentes contra insectos y garrapatas. El tratamiento será antibiótico fundamentalmente y drenaje si es posible de los ganglios aumentados de tamaño.

LEPTOSPIROSIS

La leptospirosis es una enfermedad muy extendida por todo el mundo. A veces recibe otros nombres como son " Enfermedad de Weil" o "Fiebre canícola".

La leptospirosis es la **zoonosis** más extensa del mundo. En todos los continentes existen casos con regularidad, excepto en la Antártida, siendo especialmente frecuente en los trópicos.

La enfermedad afecta a diversos animales domésticos y salvajes. En los animales puede producir desde una enfermedad inadvertida hasta mortal. Muchos animales pueden estar en estado de **portador** sintomático, donde el animal elimina bacteria por la orina durante meses o años.

En el hombre, la infección puede aparecer directamente, por contacto con la orina o tejido de animales infectados, o indirectamente a través del agua, el suelo o la vegetación contaminada. Las puertas de entrada en el hombre son las heridas cutáneas, especialmente en los pies, la mucosa del ojo, de la nariz y de la boca, expuestas al exterior. A veces se han aislado estas bacterias en garrapatas, aunque parece que este no es el medio más habitual de transmisión.

La enfermedad de Weil afecta a cualquier edad y sexo, pero suele darse más en gente joven y en varones. Se consideró una enfermedad profesional, ya que era más frecuente en mataderos y en determinadas profesiones como mineros del carbón, granjeros y tramperos.

Desde el punto de vista clínico presenta dos fases. Una primera fase que se caracteriza por la aparición de fiebre elevada en picos, acompañada de cefalea, dolores musculares y, a veces, con afectación de algún órgano específico. En esta fase suele existir enrojecimiento conjuntival, aunque en muchas ocasiones pasa inadvertido; la duración es de unos días para pasar después a un período sintomático. En la segunda fase, los síntomas son más inespecíficos; en ésta es raro encontrar fiebre mayor de 39 °C.

Se llama "síndrome de Weil" cuando la enfermedad afecta sobre todo al hígado y al riñón, produciendo un cuadro de hepatitis y fracaso renal importante.

El tratamiento se realiza con antibiótico, al igual que la profilaxis en aquellas regiones donde existe una prevalencia muy elevada de la enfermedad.

RICKETTSIOSIS

Es una infección producida por un parásito intracelular, el cual se multiplica en uno o varios artrópodos (mosquitos, garrapatas) para después infectar al hombre.

Existen diversas enfermedades producidas por éstas que se describen a continuación.

TIFUS MURINO O ENDÉMICO

Es una enfermedad febril producida por una rickettsia y trasmitida al hombre por las pulgas de las ratas. La infección se produce al picar la pulga al hombre e infectar esta picadura con sus heces. En ocasiones, las heces secas pueden infectar al hombre a través de la conjuntiva ocular y del aparato respiratorio.

Es una enfermedad muy extendida por todo el mundo, más frecuente en verano y otoño y en zonas portuarias o rurales.

Se caracteriza por presentar al inicio fiebre elevada, escalofríos y cefalea frontal, pudiendo ir seguido de náuseas, vómitos y pérdida de fuerza. En la piel presenta una erupción de color rojo en forma de guisantes, que afecta sobre todo al tronco. Puede existir afectación de diversos órganos, como aparato respiratorio, nervioso y cardíaco.

El tratamiento será sobre todo antibiótico y medidas sintomáticas. Es importante la prevención mediante la erradicación de los nidos de rata con DDT.

> La proliferación de ratas conlleva importantes riesgos sanitarios, como el tifus murino.

TIFUS EPIDÉMICO

Es una enfermedad febril grave producida por una rickettsia y transmitida al hombre por el piojo del cuerpo. La enfermedad se produce al picar el piojo al hombre y contaminar las heridas con sus heces. Las principales manifestaciones clínicas son fiebre elevada mantenida, cefalea intensa y alteraciones vasculares y neurológicas.

En determinado tipo de población se manifiesta cada tres años. El tratamiento será antibiótico. Actualmente existe en el mercado una vacuna que es eficaz para prevenir la enfermedad. Son importantes las medidas preventivas como es la eliminación de los piojos del cuerpo con DDT o lindano.

FIEBRE Q

Es una enfermedad infecciosa aguda producida por una rickettsia que se caracteriza por un comienzo brusco, cursando con fiebre, cefalea, malestar, debilidad y neumonitis; en ocasiones puede haber afectación hepática y cardíaca.

Es adquirida por el hombre al **inhalar** el polvo infectado, al manejar material infectado o por la leche infectada de ovejas, cabras o vacas. No se transmite de persona a persona.

Es importante la profilaxis de la enfermedad mediante la pasteurización o hervido de la leche de vaca, cabras y ovejas. Actualmente existe una vacuna que está indicada sobre todo en personas con mayor riesgo a contagiarse de la enfermedad, como son granjeros, personal de laboratorio, curtidores, esquiladores y personal de mataderos.

FIEBRE RECURRENTE

Las fiebres recurrentes son un grupo de infecciones caracterizadas por ciclos recurrentes de fiebre elevada, separadas por intervalos asintomáticos de aparente recuperación.

La fiebre recurrente puede ser transmitida por garrapatas y piojos. La fiebre recurrente vehiculizada por los piojos se transmite de persona a persona únicamente por el piojo del cuerpo. La infección se produce cuando el piojo es aplastado en el sitio de la picadura o de una rozadura causada por el rascado. Esta enfermedad es **endémica** de zona de pobreza y hacinamiento como África central, China y Perú. La fiebre recurrente es producida por la garrapata si la saliva de ésta contamina el punto de la picadura. La garrapata adquiere la bacteria de los roedores, como las ardillas, que a veces viven en las inmediaciones de las viviendas.

Las manifestaciones clínicas son muy variables, pero son más intensas en la transmitida por los piojos, que en la transmitida por las garrapatas. El cuadro se inicia bruscamente con fiebre elevada, malestar general, náuseas y vómitos. En tanto por ciento elevado existen hemorragias cutáneas.

Estos episodios suelen durar de tres a seis días, después se resuelven de forma espontánea. Antes de la siguiente recaída febril hay una fase en la que el paciente está sintomático, de aparente recuperación, que puede durar de 5 a 7 días. En las siguientes recaídas los síntomas son más leves y de menor duración.

En la forma transmitida por la garrapata presenta una costra negra pruriginosa en la zona de inoculación (ingle, axila, etc.).

El tratamiento es sobre todo antibiótico y medidas de sostén. Se debe de realizar siempre en un centro hospitalario para mejor control del enfermo.

ENFERMEDAD DE LYME

La enfermedad de Lyme es transmitida por las garrapatas. Suele comenzar por una lesión cutánea extensible característica que se llama "eritema crónico migratorio", acompañada de síntomas parecidos a la gripe. Esta fase puede ir seguida de otra serie de síntomas como son neurológicos, cardiológicos, etc.

Es una enfermedad muy extendida por todo el mundo. Así, se puede adquirir en toda Europa, Asia, EE.UU. y Australia. Es más frecuente en los meses de verano. Afecta a todas las edades y a ambos sexos. La garrapata es el insecto por el cual se transmite; ésta la adquiere de diversos animales como los ratones, ciervos, ardillas, etc.

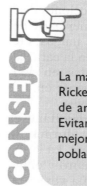

Al igual que otras enfermedades infecciosas, la enfermedad de Lyme presenta distintas fases, con remisiones y exacerbaciones y con distintas manifestaciones clínicas en cada fase. En la primera fase suele aparecer una lesión cutánea en el lugar de la picadura, de color rojo y de forma redondeada. La localización más frecuente son los muslos, ingles y axilas. La lesión suele ser indolora. Esta lesión se suele acompañar de síntomas de malestar general, cefalea, dolores musculares. Posteriormente se presenta un período de recuperación, de duración variable. Las siguientes fases se caracterizan por aparición de síntomas neurológicos muy variables, cardíacos, y en la última fase síntomas articulares.

El tratamiento, como en la mayoría de las enfermedades infecciosas, es antibiótico, con buena respuesta generalmente.

INFECCIONES CUTÁNEAS TRANSMITIDAS DE ANIMALES

SARNA

Es una infección cutánea, conocida como "prurito de los siete años". Está causada por un ácaro que labra galerías en la piel. Se transmite por contacto directo de persona a persona o por contactos íntimos, especialmente entre los miembros de una misma familia, sobre todo por la noche; o contacto indirecto, a partir, por ejemplo, de ropas de cama parasitadas. El contagio conyugal es la regla. La sarna es también con frecuencia una enfermedad de transmisión sexual.

Aunque la enfermedad es más frecuente en las clases humildes y poco aseadas, puede existir en todos los grupos socioeconómicos. Es más frecuente en niños menores de edad.

La localización más frecuente es en los miembros superiores, sobre todo en los espacios entre los dedos de las manos y superficie de flexión de las muñecas. En infecciones diseminadas puede aparecer en cualquier parte del cuerpo como son axilas, mamas, nalgas, etc. En adultos es rara la localización en la cara, cabeza, palmas y plantas; en lactantes, en cualquier parte del cuerpo, especialmente en palmas de las manos y plantas de los pies.

La manifestación clínica más importante es el prurito que tiende a aumentar durante la noche o después de un baño caliente. La lesión más característica es un surco oscuro y ondulante que termina en una pequeña **vesícula,** lugar donde se halla el ácaro.

El diagnóstico se realiza por la clínica, por visión directa de las lesiones y por aislamiento del ácaro en dichas lesiones.

Todos los familiares y contactos sexuales deben ser tratados al mismo tiempo que el enfermo para evitar recidivas de la enfermedad. Los productos terapéuticos se aplican localmente, cubriendo toda la piel, desde el cuello hasta los pies. El enfermo deja de ser contagioso en 24 horas. La ropa de cama y la ropa del enfermo deben lavarse con agua caliente y desinfectante.

PEDICULOSIS

Las pediculosis son las infecciones producidas por los piojos. El piojo afecta fundamentalmente al hombre y según su localización vamos a encontrar distintos tipos. Así, existe el piojo capitis que se localiza en la cabeza, el piojo corporis que se halla en el cuerpo y en los vestidos y el piojo pubis o también llamadas "ladillas" que se localiza en la región genital.

Los piojos se transmiten por contacto directo de persona a persona o a través de la ropa desechada, donde el piojo del cuerpo puede sobrevivir hasta una semana. La pediculosis del cuerpo se observa típicamente en vagabundos e indigentes incapaces de mantener un mínimo de higiene personal; en cambio, los piojos de la cabeza y del pubis se encuentran en enfermos de todas las clases sociales.

Las hembras ponen al día 5 ó 6 huevos que se adhieren a los pelos o a la ropa. Estas liendres blancas, fácilmente visibles, se convierten en adultos en 8 a 10 días. Tanto las liendres como los adultos pican dos veces al día para comer, dejando un pequeño punto de picadura enrojecido. Estas picaduras producen prurito y éste a su vez rascado de las lesiones que pueden volverse a infectar. En las regiones genitales pueden pigmentarse, llamándose "enfermedad del vagabundo".

El diagnóstico se sospecha por la clínica y se realiza por la visualización de los piojos y de las liendres. El tratamiento se realiza con diversos desinfectantes. Los vestidos y las ropas de cama del enfermo con piojos del cuerpo deben esterilizarse con calor. En las infecciones por ladillas deben usarse cremas o lociones con desinfectantes que se aplican en dichas zonas y se dejan 24 horas.

> El contagio de piojos resulta muy común en escolares. Para evitarlo es aconsejable lavar el cabello periódicamente con un champú antiparasitario.

MIASIS

Son infecciones producidas por los gusanos o larvas de las moscas. Afectan sobre todo a personas que viven en estrecho contacto con animales domésticos. Éstas depositan sus huevos o larvas en las heridas abiertas de enfermos debilitados. Las manifestaciones clínicas varían según la especie de mosca y el lugar afectado.

Así, el tábano de caballo al picar al hombre le inocula su larva, la cual no puede madurar en el hombre, por lo que migra por su piel, produciendo una banda roja, ondulante y pruriginosa. El tratamiento será extrayendo la larva.

> La miasis es la parasitación producida por larvas de mosca.

INFECCIONES PRODUCIDAS POR HELMINTOS (GUSANOS)

TRIQUINOSIS

La triquinosis es una infección intestinal y de distintos órganos causada por un gusano. La enfermedad se caracteriza por diarrea, debido al desarrollo de parásitos adultos en el intestino, dolores musculares, fiebre, malestar general e hinchazón alrededor de los ojos.

La triquinosis se adquiere en el hombre por la ingestión de carne que contiene larvas enquistadas. Casi siempre se trata de carne de cerdo doméstico, pero en los últimos años ha aumentado la incidencia por ingestión de carne de jabalí, oso o morsa. Los cerdos adquieren la infección al comer desperdicios no hervidos. La incidencia de la enfermedad ha disminuido en los cerdos al exigir las leyes que las sobras que coman éstos sean hervidas anteriormente.

Las larvas se suelen enquistar en determinados músculos como el diafragma, la lengua, los ojos, el deltoides y el pectoral.

La triquinosis es especialmente frecuente en Europa y Norteamérica, pero a excepción de la India, Australia y Nueva Zelanda es muy frecuente en todo el mundo.

Las manifestaciones clínicas son muy variables y van a depender del estado del enfermo y del número de larvas. Los primeros síntomas aparecen a los pocos días de consumir carne poco cocida o carne cruda que contengan larvas. Se presentará un cuadro inespecífico de diarrea, dolor abdominal, náuseas, vómitos y en ocasiones fiebre. Después suele ceder para pasar a una fase muscular con dolores musculares y otra serie de síntomas. Si evoluciona el cuadro, puede haber afectación pulmonar, cardíaca, nerviosa, etc.

El diagnóstico se realiza a través de pruebas de laboratorio y serológicas. En algunos casos se realizan **biopsias** musculares. La prevención de la enfermedad se apoya sobre todo en una cocción adecuada de la carne. Los métodos de congelación requieren una temperatura de -15 °C durante 15 días o de -32 °C durante 24 horas. El adobo y ahumado correcto destruye las larvas. Para la prevención es importantísimo cocer bien los desperdicios que comen los cerdos.

ENTEROBIASIS O LOMBRICES INTESTINALES

La enterobiasis, que también recibe el nombre de "oxiuriasis", es una infección intestinal del hombre que se caracteriza por prurito anal. El hombre suele infectarse al transportar los huevos directamente desde el ano a la boca con los dedos contaminados. En ocasiones, sobre todo en adultos, puede ser debido a que los huevos localizados en la región anal retrocedan y penetren en el intestino. Los huevos contaminan las prendas de dormir y la ropa de cama, donde siguen siendo viables e infecciosos durante 2 a 3 semanas. Puede haber transmisión aérea y la propagación dentro de la familia y en grupos de niños se produce con facilidad. Puede trasmitirse por vía sexual anal.

La manifestación clínica más importante es el prurito anal, sobre todo por la noche, debido a la emigración de las hembras desde el intestino a la región anal donde depositan sus huevos. Puede existir irritabilidad, insomnio y rechinar los dientes por la noche, sobre todo en niños. En las mujeres puede producir infección del aparato genital femenino.

El diagnóstico se realiza buscando los huevos en la región anal, mediante la aplicación de un papel de celofán en dicha zona. La muestra la obtendrá el propio paciente en su casa durante 3 a 5 días consecutivos, antes de bañarse, llevándola, posteriormente al laboratorio, donde será analizada.

El tratamiento se realizará a toda la familia. Las medidas higiénicas más importantes son lavarse las manos antes de cada comida y tras la evacuación de heces.

ASCARIDIASIS

La ascaridiasis es una infección del hombre que se produce al ingerir los huevos existentes en los alimentos contaminados o, más frecuentemente, al llevarse los huevos a la boca con las manos, después de haber tocado un suelo contaminado. La incidencia de la enfermedad varía dependiendo de los países; así, en países en desarrollo, es más frecuente, por la falta de medidas higiénicas, afectando a casi el 90% de los niños menores de 5 años. En los países desarrollados es más frecuente en el ambiente familiar.

Desde el punto de vista clínico pueden existir dos fases: una pulmonar, que es debida al paso de los gusanos por el pulmón, que puede ser asintomática o producir un cuadro de neumonía, y otra intestinal, que producirá un cuadro de dolor abdominal y malabsorción de distintos alimentos; en ocasiones pueden producirse obstrucciones intestinales. En niños se puede producir un retraso del crecimiento.

El diagnóstico se hace mediante la visualización de huevos en heces o larvas en el esputo. La prevención serán medidas higiénicas, como lavarse las manos antes de las comidas.

TRICOCEFALOSIS

La tricocefalosis, también llamada "tricuriasis", es una infección intestinal que afecta al hombre. Se transmite al transportar el hombre los huevos desde el suelo a la boca. Es más frecuente en niños y retrasados, debido a la falta de medidas higiénicas. Abunda bastante en países tropicales.

LOMBRICES "FAMILIARES"

La extrema contagiosidad de los oxiuros (lombrices intestinales) hace excepcional la infección de un único miembro de la familia. Cuando se detecta un caso, se aconseja tratamiento a todos los convivientes para evitar reinfectaciones.

El parásito se ancla en la pared intestinal, donde produce pequeñas pérdidas de sangre, por lo que las manifestaciones clínicas pueden tardar bastante tiempo en aparecer. Puede producir heces poco consistentes que, a veces, se acompañan de moco y sangre.

El diagnóstico será la visualización de huevos en las heces. Serán necesarias medidas higiénicas para su prevención.

TOXOCARIASIS

La toxocariasis es una infección del hombre transmitida por el perro. Los gusanos adultos viven en el intestino del perro. Sus huevos son expulsados por las heces de los perros y se incuban en el suelo, antes de volverse infecciosos. Al ser ingeridos por el hombre, las larvas atravesarán la pared intestinal para llegar al hígado, donde se quedan la mayor parte de ellas, aunque una parte emigrará a los pulmones.

Los niños son los más afectados debido a sus hábitos poco higiénicos y a su contacto más estrecho con los animales domésticos. Es más frecuente entre los 2 y 5 años de edad.

Las manifestaciones clínicas son muy variadas, dependiendo del órgano afectado. Así, los órganos que se afectan con mayor frecuencia son el hígado, los ojos, los pulmones, el musculo y el tejido nervioso. La lesión mas típica es la formación de un **granuloma** en dichos órganos.

Es muy importante la desparasitación de los perros para la prevención de esta enfermedad. Los perros menores de 6 meses deben ser tratados mensualmente, y los mayores cada 2 ó 3 meses.

LARVA MIGRATORIA CUTÁNEA

Se llama también "erupción pruriginosa". Es una infección cutánea secundaria a la inoculación de la larva a través de la piel. Es transmitida por los perros y gatos. Es más frecuente en zonas de playa y arenosa, pues el huevo necesita unas determinadas condiciones para desarrollarse. Afecta más frecuentemente a los niños.

La manifestación clínica más importante, es un enrojecimiento de la zona por donde ha penetrado la larva, que se acompaña de un intenso picor. El tratamiento es sintomático y debe evitarse que los perros y gatos no contaminen las zonas de recreo destinadas a los niños.

UNCINARIASIS

La unicinariasis o anquilostomiasis es una infección que afecta fundamentalmente a la

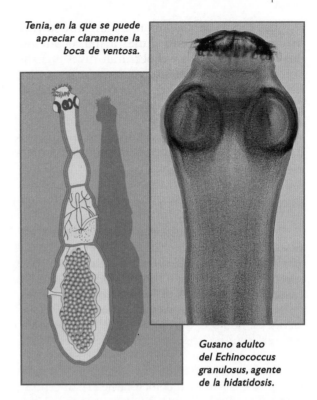

Tenia, en la que se puede apreciar claramente la boca de ventosa.

Gusano adulto del Echinococcus granulosus, agente de la hidatidosis.

piel, aunque también puede afectar al pulmón y al aparato digestivo. La transmisión se produce por contacto directo de la piel con el suelo contaminado por la defecación. Las infecciones son más frecuentes en comunidades cerradas, como plantaciones de té o café.

La larva invade la piel expuesta, produciendo una erupción rojiza que se acompaña de picor intenso, lo que puede durar varios días. Es más frecuente en los pies, sobre todo entre los dedos, y se ha llamado a veces "prurito del terreno". Puede existir afectación pulmonar y digestiva, pero el síntoma más importante es la anemia, debida a la pérdida de sangre que produce el gusano al fijarse en el intestino.

Las medidas preventivas a veces son difíciles de aplicar, sobre todo en zonas donde son endémicas, por falta de colaboración del hombre. Entre ellas encontramos el uso de calzado, para impedir el contacto directo de la piel con el suelo, y el uso de las instalaciones sanitarias adecuadas para la eliminación de las heces.

ESTRONGILODIASIS

Es una infección intestinal causada por un gusano. Las larvas se expulsan por las heces contaminando la región perianal, ropa de cama y vestidos. Se transmite por penetración de la larva por la piel. A veces puede deberse a la ingestión de bebidas y alimentos contaminados y otras por contacto directo. Los homosexuales tienen mayor riesgo.

La entrada de las larvas a través de la piel no suele producir síntomas, al igual que su paso a través de los pulmones. A nivel digestivo, las manifestaciones clínicas son muy variables, yendo desde cuadros asintomáticos hasta cuadros de obstrucción intestinal.

Es importante la prevención de la enfermedad. Así, se deben de lavar bien los alimentos (especialmente los vegetales crudos) y tratar adecuadamente las aguas.

INFECCIONES POR CESTODOS

Los cestodos o tenias son gusanos **hermafroditas** acintados (planos) que habitan en el tubo digestivo de muchos animales vertebrados. Se fijan a la mucosa intestinal a través de una ventosa situada en su cabeza. Las tenias requieren varios huéspedes intermediarios para el desarrollo de sus larvas. El hombre, dependiendo del tipo de tenia que sea, será huésped intermediario o definitivo.

Tenia saginata: El hombre es el huésped definitivo. Se transmite al comer carne cruda o poco hecha de ganado vacuno. La tenia puede habitar en el intestino del hombre durante 25 años.

Los síntomas pueden ser mínimos o nulos. Puede haber molestias gástricas ligeras, náuseas y sensación de hambre. En ocasiones, se pueden percibir los movimientos de la tenia o salir ésta incluso a través del ano, apareciendo en las sábanas o en la ropa interior del hombre.

La prevención consiste en la cocción adecuada de la carne, también se destruye por congelación a –10 ºC durante 9 días o salazón. La inspección adecuada de la carne y la correcta evacuación de las heces fecales humanas son medidas profilácticas generales.

Ciclo biológico doméstico de la hidatidosis.

Cisticercosis: El hombre es el huésped definitivo y el cerdo el intermedio. La cisticercosis está extendida por todo el mundo, pero es más frecuente en México, África y este de Europa. Es más frecuente en los países industrializados. El hombre se infecta al comer carne de cerdo poco hecha que contenga la larva.

Las manifestaciones clínicas cuando el hombre es huésped definitivo son muy parecida a la tenia saginata, pero, a veces actúa como huésped intermedio, predominando entonces los síntomas nerviosos.

Equinococosis: Es una infección que afecta a múltiples tejidos. Produce lesiones **quísticas** que afectan principalmente al hígado y los pulmones. El hombre es el huésped intermedio y el perro el huésped definitivo. El hombre se infecta al entrar en contacto con las heces de los perros.

Las larvas que penetran en el hombre atraviesan la pared intestinal entrando en la circulación y asentándose en diversos tejidos, sobre todo, en el hígado y los pulmones, donde forman un quiste que contiene en su interior quistes hijos y la cabeza de la tenia.

Las manifestaciones clínicas dependen de la localización y de la velocidad de crecimiento. Así, generalmente cursan de forma asintomática y en muchas ocasiones son hallazgos causales de un estudio radiológico por otra causa. En ocasiones, los quistes se pueden romper y producir una importante reacción alérgica, que a veces es mortal.

El tratamiento de elección es el quirúrgico y sólo se realizará tratamiento médico en aquellos casos que esté contraindicado el tratamiento quirúrgico. La prevención consiste en evitar el contacto con los perros contaminados, los cadáveres o despojos animales infectados. Éstos deben enterrarse o incinerarse. Los perros infectados deben ser tratados.

OTRAS INFECCIONES RARAS POR GUSANOS

Capilaris intestinal: Es una infección de los hombres que se caracteriza por una diarrea rebelde de gran mortalidad. Es casi exclusiva de las costas occidentales de Filipinas.

Paragonimiasis: Es una infección pulmonar crónica que se caracteriza por tos y **hemoptisis.** Es más frecuente en el extremo oriente, también en África y Suramérica. La infección se adquiere al comer los quistes existentes en el camarón, cangrejo o langostino de agua dulce. Además del hombre, también otros animales, como el perro, el gato, el cerdo y animales carnívoros salvajes, pueden tener la enfermedad. El hombre puede contagiarse al comer carne de estos animales poco cocinada.

14

ENFERMEDADES TROPICALES Y PROBLEMAS DE LOS VIAJEROS

ENFERMEDADES TROPICALES DE ORIGEN BACTERIANO

CÓLERA

Causante y mecanismo de transmisión

Infección aguda producida por el *Vibrio cholerae.* El hombre se contagia por la ingesta de agua y alimentos contaminados por las heces de personas infectadas.

Distribución

Es endémico en algunas zonas de Asia, Oriente Medio, África y la Costa del Golfo de EE.UU. Puede cursar en forma de epidemias con una alta morbilidad y mortalidad. El cólera constituye un grave problema sanitario y de difícil solución, ya que su control depende de las condiciones sociosanitarias del país.

Clínica

El período de incubación es de 1 a 3 días. Puede ser prácticamente asintomático o cursar de forma grave con vómitos y diarrea acuosa, caracterizada por numerosas y abundantes deposiciones diarreicas como "agua de arroz", que pueden llevar a la deshidratación y muerte del paciente; lógicamente existen formas intermedias.

Diagnóstico

Se realiza por el aislamiento del germen en el cultivo de heces.

Tratamiento

La rehidratación del paciente, mediante sueros, es fundamental junto a los antibióticos, en adultos se usan las tetraciclinas y en niños el cotrimoxazol.

Prevención

— Aislamiento de los enfermos y desinfección de los excrementos.
— Control de los abastecimientos de agua.
— Vacuna si se viaja a zona endémica.

ENFERMEDADES TROPICALES DE ORIGEN VÍRICO

FIEBRE AMARILLA

Infección aguda vírica de corta duración y de gravedad variable.

Causante y mecanismo de transmisión

El virus de la fiebre amarilla (Flavivirus) se transmite al hombre por la picadura de un mosquito infectado. La especie del mosquito transmisor es diferente según el medio donde se adquiera la infección (selvático, rural o urbano).

Distribución

Es endémica en África Central y en zonas de América del Sur; en Asia no se ha descrito ningún caso de fiebre amarilla. Algunos brotes de la enfermedad han producido un número considerable de víctimas (por ejemplo, Etiopía 1960-1962: más de 100.000 casos, con 30.000 muertes).

Clínica

Tras un período de incubación asintomático y corto (3-6 días) puede presentarse de dos formas clínicas: leve y grave o clásica, existiendo formas intermedias.

Forma leve. Comienza bruscamente con fiebre elevada y cefalea. Pueden aparecer náuseas y hemorragia nasal. Sólo dura de 1 a 3 días y cura sin complicaciones.

Forma grave. De forma súbita aparecen fiebre elevada, cefalea, artromialgias, hemorragias nasales y gingivales y bradicardia (pulso lento); a los tres días la fiebre cede durante unas horas o días para reaparecer acompañada de ictericia, insuficiencia renal y hemorragias; esta fase dura de siete a catorce días curando sin complicaciones en un 60-80% de casos, en el resto aparecen complicaciones y muere el paciente.

Diagnóstico

Por la clínica y determinación de anticuerpos.

Tratamiento

No existe tratamiento antivírico eficaz para la fiebre amarilla. Sólo se realiza tratamiento sintomático y de soporte, sobre todo medidas para evitar la deshidratación.

Prevención

— Vacuna.
— Control de los mosquitos (desinsectación) y empleo de medios que eviten las picaduras.

DENGUE

Causante y mecanismo de transmisión

Enfermedad infecciosa aguda producida por arbovirus y transmitida al hombre por la picadu-

ra de un mosquito infectado diez días antes. La especie de mosquito que transmite con mayor frecuencia la enfermedad es el *Aedes aegypti.*

Distribución

Es una infección propia de zonas urbanas con clima cálido y húmedo, ya que el virus necesita temperatura elevada y humedad para desarrollarse y estar cerca del hombre para completar el ciclo vital. Es endémico en la práctica totalidad del área tropical y en la mayoría de las áreas subtropicales, especialmente en el sudeste de Asia.

Clínica

Tras un período de incubación de 6 a 8 días aparece de forma súbita fiebre alta, escalofríos, cefalea, conjuntivitis, congestión de la cara, artromialgias severas (por eso se llama fiebre quebrantahuesos) y adenopatías generalizadas. Entre el tercer y quinto día suele aparecer un exantema pruriginoso (con picor) en cara, manos, antebrazos, pies y pecho. El cuadro dura aproximadamente una semana y cura sin dejar secuelas en la mayoría de los casos. Las complicaciones son poco frecuentes (diarreas sanguinolentas, meningitis) y la letalidad baja.

Diagnóstico

Por la clínica, sobre todo por el comienzo agudo y los dolores articulares, y mediante la determinación de anticuerpos.

Tratamiento

Sólo sintomático al no haber tratamiento antivírico eficaz.

Prevención

— No hay vacunas.
— Control de los mosquitos igual que la fiebre amarilla.

FIEBRE HEMORRÁGICA

Causante y mecanismo de transmisión

Infección vírica aguda producida por arbovirus y transmitida al hombre por la picadura de mosquito infectado (*Aedes aegypti*).

Distribución

De distribución mundial, sólo es importante en Asia y América.

Clínica

De forma brusca aparece fiebre alta acompañada de síntomas generales (cefalea, dolor abdominal, vómitos...) que es seguida de exantema, hemorragias cutáneas, melenas, hematemesis y hematuria. En un alto porcentaje de casos aparece shock, por las pérdidas sanguíneas, que complica el curso de la enfermedad aumentando la mortalidad a un 10-50%. Si se superan las complicaciones el paciente cura sin secuelas.

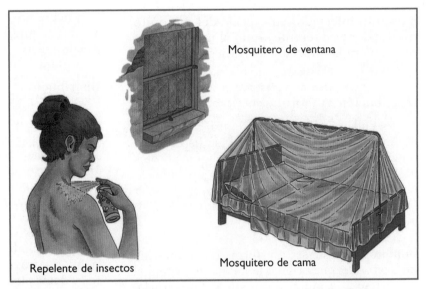

La mejor prevención de las enfermedades tropicales radica en la desinsectación de las viviendas y el uso de repelentes e insecticidas.

Diagnóstico

Por la clínica y pruebas serológicas.

Tratamiento

Sintomático al no existir tratamiento antivírico eficaz.

Prevención

— No existe vacuna eficaz.
— Medidas para el control de los mosquitos.

FIEBRE DE LASSA

Es una enfermedad producida por un virus, casi exclusiva de África occidental. Es transmitida por una rata muy frecuente en esta zona. La transmisión a las personas se produce por contaminación de los alimentos con la orina de esta rata. Puede haber contagio de persona a persona por contacto con la orina, heces, saliva de personas infectadas y especialmente a través de heridas contaminadas con sangre.

Esta enfermedad se caracteriza por presentar un cuadro de fiebre, malestar general, dolores musculares, náuseas, vómitos, puede haber afectación respiratoria y digestiva. No existirá tratamiento específico y será sobre todo consistente en tratar la sintomatología.

ENFERMEDAD DE ÉBOLA

Enfermedad poco frecuente producida por el virus de Ébola. Se han descrito epidemias en Sudán y Zaire en 1976 y también en 1996. La transmisión de persona a persona es por vía parenteral, uso de jeringuillas no desinfectadas, aunque otras vías son posibles también.

Produce fiebre alta, cefalea, mialgias y conjuntivitis. A los tres días aparece dolor abdominal, vómitos, diarrea, exantema, dolor torácico, tos seca, faringitis y problemas neurológicos. La mortalidad es de un 50-80%.

No existe tratamiento específico sólo sintomático y de apoyo. Tampoco hay vacuna eficaz debiendo aislarse al paciente de forma estricta.

ENFERMEDADES TROPICALES PRODUCIDAS POR PROTOZOOS

Los protozoos son organismos animales unicelulares (formados por una sola célula). Se conocen doce especies que causan enfermedades en el hombre. Aquí sólo estudiaremos las más frecuentes en el medio tropical.

AMEBIASIS

Infección del intestino grueso producida por la *Entamoeba histolytica*. Es capaz de originar desde un estado de portador asintomático a procesos diarreicos crónicos, complicaciones extraintestinales (absceso hepático, cerebral...) y raramente cuadros agudos fulminantes.

Causante y mecanismo de transmisión

Existen dos formas de *Entamoeba histolytica:* el *quiste,* que es la forma infectante para el

hombre; el quiste se transforma en el intestino en *trofozoíto,* que origina la clínica intestinal al adherirse a la mucosa intestinal y ulcerarla. Ocasionalmente los trofozoítos pasan a la circulación originando diversos problemas extraintestinales.

La transmisión de la enfermedad tiene lugar por la toma de alimentos y agua contaminados por los quistes, que se eliminan con las heces de los portadores asintomáticos, cobrando especial importancia la higiene de los manipuladores de alimentos y el tratamiento de las aguas residuales.

Distribución

La *Entamoeba histolytica* se encuentra principalmente en el trópico, con zonas de alta prevalencia en Centroamérica y subcontinente indio.

Clínica

Hay que distinguir:

— *Formas asintomáticas.* Las constituyen aquellas personas que eliminan quistes con las heces durante meses y no presentan síntomas (portadores asintomáticos). Su importancia radica en la medida en que son los transmisores de la enfermedad.

— *Formas sintomáticas.* Donde hay que distinguir manifestaciones intestinales y extraintestinales.

Manifestaciones intestinales

Amebiasis intestinal crónica. Episodios de dolor abdominal cólico y deposiciones diarreicas (4-8 días) con moco y sangre en ocasiones. Los episodios duran semanas y alternan con períodos de normalidad, sin embargo, a veces los dolores cólicos y la diarrea duran meses sin interrupción.

Amebiasis intestinal aguda. También llamada forma fulminante, es poco frecuente. Cursa con fiebre alta, dolor abdominal cólico intenso y diarrea abundante con sangre. El paciente puede fallecer por deshidratación, hemorragia importante o perforación intestinal.

Manifestaciones extraintestinales

Absceso amebiano hepático. El período de incubación es de años, y sólo en la mitad de los casos hay antecedente de amebiasis intestinal. De forma progresiva produce fiebre, pérdida de peso y de apetito y dolor en hipocondrio derecho motivado por la hepatomegalia. Se diagnostica por ecografía y T.A.C.

Amebiasis pleuropulmonar. Se produce a partir de un absceso hepático que se extiende al pulmón a través del diafragma. Produce fiebre, tos y dolor pleural.

Diagnóstico

El diagnóstico definitivo consiste en la identificación de la ameba en las heces o en los tejidos.

Tratamiento

Se basa en la utilización conjunta de:

Amebicidas luminales. Eliminan los quistes de la luz intestinal. Se usa la paromomicina y el furoato de diloxamida.

Amebicidas tisulares. Eliminan los trofozoítos presentes en los tejidos. Se usa el metronidazol, tinidazol y dihidroemetina.

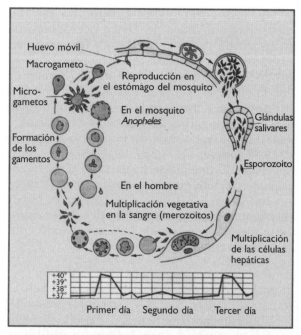

Ciclo del agente de la malaria, un esporozoario del género Plasmodium que penetra en la sangre del hombre junto con la saliva del mosquito Anopheles.

PALUDISMO O MALARIA

Causante y mecanismo de transmisión

Es una enfermedad infecciosa que puede ser producida por cuatro especies distintas del género *Plasmodium*: *P. vivax*, *P. ovale*, *P. malariae* y *P. falciparum*. Se transmite por la picadura de las hembras del mosquito *Anopheles*. En el hombre se desarrolla en una primera fase en el hígado y finalmente en los glóbulos rojos, desde donde puede pasar nuevamente a un mosquito.

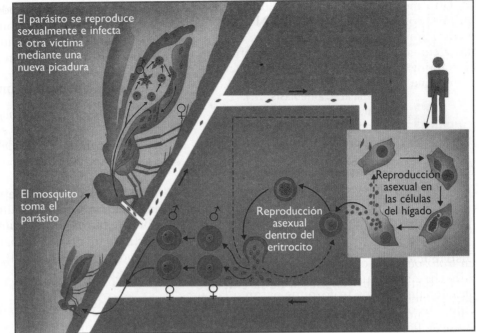

El parásito se reproduce sexualmente e infecta a otra víctima mediante una nueva picadura

El mosquito toma el parásito

Reproducción asexual dentro del eritrocito

Reproducción asexual en las células del hígado

Anualmente la malaria causa 3 millones de muertes e infecta a más de 300 millones de personas.

Distribución

El paludismo está distribuido por todos los países tropicales con diferentes prevalencias.

Clínica

El período de incubación de la enfermedad varía entre ocho y treinta días, siendo más corto en el caso de *Plasmodium falciparum* y el más largo por *Plasmodium malariae*.

El cuadro clínico característico lo constituye la crisis febril palúdica en la que se distinguen tres fases o períodos:

Período frío. Dominado por intensos escalofríos que se acompañan de cefalea, mialgias y malestar general.

Período caliente. Caracterizado por fiebre muy elevada, que puede llegar a 41 °C, piel seca y enrojecimiento facial.

Período de lisis. Última fase de la crisis febril. Hay gran sudación, bajada de la temperatura, somnolencia y cansancio.

Las crisis febriles se repiten con una periodicidad diferente para cada especie de plasmodium. Según la duración del período intercrisis se consideran tercianas y cuartanas (cada 48 ó 72 horas respectivamente).

En general en toda infección palúdica existe un aumento del tamaño del bazo y anemia, la cual es secundaria a la destrucción de los glóbulos rojos al ser invadidos por el plasmodium.

En la infección por *Plasmodium falciparum* es necesario un diagnóstico y tratamiento precoz ya que es frecuente que aparezcan graves complicaciones (paludismo cerebral, fallo renal agudo, problemas pulmonares).

Diagnóstico

Se sospecha paludismo ante un episodio febril en una persona que haya realizado recientemente un viaje a zonas tropicales.

El diagnóstico definitivo se establece al aislar el parásito en sangre (gota gruesa, frotis sanguíneo). También se utilizan técnicas serológicas.

Tratamiento

El medicamento básico es la cloroquina excepto si es un paludismo resistente a la cloroquina, en cuyo caso se utiliza mefloquina o sulfadoxina-pirimetamina o quinina o mefloquina más sulfadoxina-pirimetamina. En los casos de paludismo grave se utilizan los mismos fármacos pero por vía intravenosa.

Prevención

Control de los mosquitos mediante el uso de insecticidas y evitar su picadura con el uso de repelentes, mosquiteras y ropa adecuada.

Actualmente no existe ninguna vacuna, pero está en investigación.

Otra medida para evitar el paludismo es la quimioprofilaxis, que consiste en la toma de medicación antes del viaje. Se usa la cloroquina, y cuando se viaja a países resistentes a la cloroquina la mefloquina o la combinación de cloroquina y proguanil.

TRIPANOSOMIASIS AFRICANA O ENFERMEDAD DEL SUEÑO

Causante y mecanismo de transmisión

Enfermedad causada por los tripanosomas (*T. gambiense* y *T. rhodesiense*). Se transmite al hombre por la picadura de la mosca tsetsé.

Distribución

La distribución geográfica de la enfermedad coincide con la de la mosca tsetsé. La zona donde se registra mayor número de casos es la banda subsahariana que incluye el oeste de África, África central y el este de África.

Clínica

Tras un período de fiebre, artralgias, adenopatías y erupciones aparecen los síntomas neurológicos característicos de la enfermedad; los más frecuentes son las alteraciones de la personalidad y el comportamiento y tendencia al sueño durante el día e insomnio nocturno. En los casos más graves el paciente entra en un estado comatoso y fallece.

Diagnóstico

Demostración del tripanosoma en sangre, ganglios linfáticos y líquido cefalorraquídeo.

Tratamiento

Se usa la suramina y el melarsoprol.

Prevención

Control de la mosca tsetsé y quimioprofilaxis en personas con alto riesgo de infección por los efectos secundarios del mismo.

TRIPANOSOMIASIS AMERICANA O ENFERMEDAD DE CHAGAS

Causante y mecanismo de transmisión

Enfermedad causada por el *Trypanosoma cruzi* y transmitida al hombre por la picadura de chinches. Estos insectos suelen vivir en las grietas de casas rurales construidas con barro y vegetación, salen por las noches a alimentarse con la sangre de sus víctimas, entre las que se encuentra el hombre.

Distribución

Enfermedad característica de América Central y del Sur (desde el sur de México hasta el norte de Argentina).

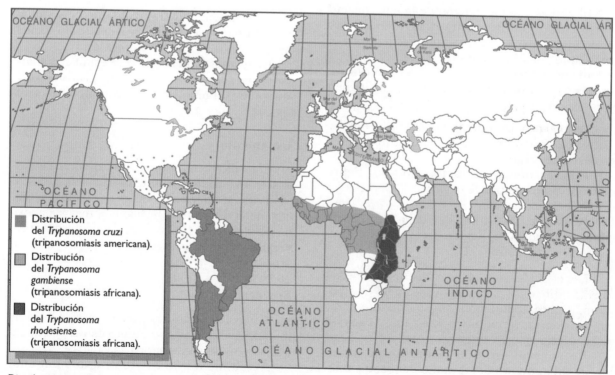

Distribución mundial de los distintos tipos de tripanosomiasis.

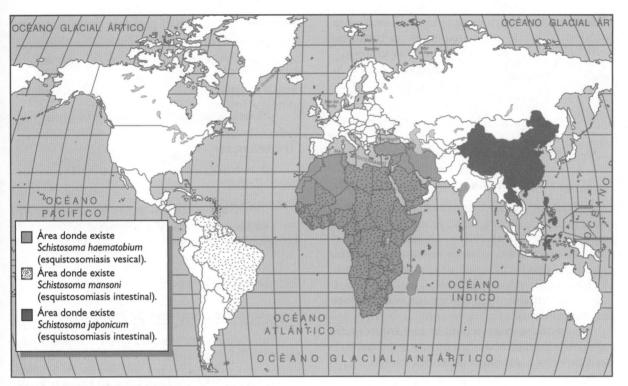

Distribución mundial de la esquistosomiasis.

Clínica

Se distinguen dos formas clínicas:

Forma aguda. Rara en adultos, afecta en más del 70% de los casos a niños menores de diez años. Tras un período de incubación de 4-12 días, aparece fiebre, adenopatías, conjuntivitis, hepatoesplenomegalia y en ocasiones miocarditis. En niños pequeños la mortalidad es elevada.

Forma crónica. Es más frecuente en adultos. Transcurridos varios años desde la infección aparecen los síntomas clínicos. Los problemas más frecuentes son:

— Miocardiopatía dilatada que produce dificultad respiratoria progresiva.

— Megacolon. Ensanchamiento del intestino grueso que determina estreñimiento.

— Megaesófago. Dilatación del esófago que produce disfagia.

Diagnóstico

Aislamiento del parásito en sangre y pruebas serológicas sobre todo en formas crónicas.

Tratamiento

Nitrofurazona y nitromidazol.

Prevención

Control de los chinches transmisores de la enfermedad mediante el uso de insecticidas, cementando los suelos, ocluyendo las grietas de las casas y en general mejorando las condiciones de salubridad.

ENFERMEDADES TROPICALES PRODUCIDAS POR GUSANOS

ESQUISTOSOMIASIS

Causante y mecanismo de transmisión

Enfermedad parasitaria causada por las duelas sanguíneas o esquistosomas.

La enfermedad se adquiere al bañarse, pescar o trabajar con los pies descalzos en aguas contaminadas; las larvas atraviesan la piel y a través de la circulación sanguínea llegan al hígado, donde maduran y se convierten en gusanos adultos que emigran hacia las vénulas de la vejiga e intestino principalmente. Los gusanos producen huevos que se eliminan con las heces y la orina.

Distribución

Afecta a más de 300 millones de personas en África, Asia, Sudamérica y el Caribe. Constituye la segunda causa de morbilidad y mortalidad en el trópico.

Clínica

La zona de la piel que ha sido puerta de entrada de las larvas se inflama y causa picor durante una semana.

Cuando se está desarrollando la larva en el hígado, y en una proporción variable de casos, aparece fiebre, urticaria, adenopatías y hepatoesplenomegalia.

Los síntomas de la esquistosomiasis derivan de la acción de los gusanos en las distintas vísceras a las que ha emigrado, así pueden aparecer:

Esquistosomiasis urinaria. Cuando se localiza en la vejiga y sistema urinario, produce molestias con la micción y hematuria (sangre en la orina). Por infecciones repetidas aparecen cicatrices calcificadas en el aparato urinario.

Esquistosomiasis digestiva. Cuando se localiza en la mucosa del intestino grueso produce diarrea crónica.

Esquistosomiasis hepática. Las infecciones repetidas llevan al desarrollo de una cirrosis hepática con sus complicaciones.

Diagnóstico

Se establece por el hallazgo de los huevos en las heces y la orina.

Tratamiento

Se basa en el praciquantel. También se utiliza el metrifomato.

Prevención

El control de la enfermedad es difícil; lo más importante es la implantación de sistemas adecuados de eliminación de orina y heces y un correcto suministro de agua.

TRICURIASIS

Causante y mecanismo de transmisión

Infección causada por *Trichuris trichiura,* gusano de unos cuatro centímetros de longitud. El hombre se infecta por la ingesta de agua y alimentos contaminados con los huevos del gusano y por las manos. En el intestino sale la larva del huevo y en dos meses se convierte en gusano adulto, el cual produce huevos que se eliminan con las heces.

Distribución

Este parásito se encuentra sobre todo en países tropicales y subtropicales, en los que las malas condiciones higiénicas y el clima cálido y húmedo favorecen su desarrollo.

Clínica

Sólo si la infección es importante cursa con dolor abdominal y diarrea, a veces con sangre.

Diagnóstico

Presencia de huevos en las heces.

Tratamiento

El mebendazol es el tratamiento de elección.

Prevención

Higiene personal y adecuados sistemas de eliminación de heces.

ESTRONGILOIDIASIS

Causante y mecanismo de transmisión

Enfermedad producida por el *Strongyloides stercoralis,* gusano de unos dos milímetros de longitud. Las larvas penetran a través de la piel y llegan al pulmón, de ahí asciende hasta la faringe, donde son deglutidas y pasan finalmente al duodeno donde se convierten en gusanos adultos, los cuales producen huevos que se eliminan ya transformados en larvas con las heces.

Distribución

Es una enfermedad ampliamente distribuida por las regiones tropicales, donde el calor, la humedad y las precarias condiciones sanitarias favorecen su desarrollo.

Clínica

En el punto de entrada de la piel aparece una tumefacción pequeña que produce picor. Al pasar por el pulmón puede originar cuadros de tos y broncoespasmo. Su localización intestinal puede ser asintomática o producir dolor

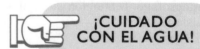

CONSEJO

¡CUIDADO CON EL AGUA!

Los gusanos tropicales se adquieren por el contacto o la ingesta de aguas parasitadas. El consumo de bebidas embotelladas, o de agua higienizada, es una necesidad preventiva primaria en los viajes a zonas endémicas.

en el epigastrio (región abdominal superior y media) y diarrea crónica.

Diagnóstico

Demostración de larvas en las heces.

Tratamiento

Se utiliza el tiabendazol.

Prevención

Control de las heces.

ANQUILOSTOMIASIS Y UNCINARIASIS

Causante y mecanismo de transmisión

Parasitosis producidas por dos gusanos distintos: el *Ancylostoma duodenale* y el *Necator americanus;* el primero predomina en Oriente Medio y países mediterráneos, mientras que el segundo se halla preferentemente en América Central y del Sur y en África tropical.

Mecanismo de transmisión

Los huevos eliminados con las heces una vez en la tierra, maduran y liberan larvas que penetran por la piel, llegan a los pulmones a través de la circulación sanguínea, ascienden por las vías respiratorias y, finalmente, son deglutidas llegando al intestino delgado, donde se fijan a la mucosa intestinal y succionan pequeñas cantidades de sangre.

Clínica

En el lugar de entrada aparece una pequeña erupción pruriginosa que es pasajera; en su paso por los pulmones puede producir tos y broncoespasmo. Los síntomas característicos son el dolor abdominal y cierto grado de anemia ferropénica, debida a las pérdidas continuas de sangre; pero si la infección es poco importante no produce síntomas.

Diagnóstico

Demostración de los huevos en las heces.

Tratamiento

El medicamento de elección es el mebendazol.

Prevención

Evitar la contaminación de la tierra, controlando las aguas residuales, y evitar el contacto directo de la tierra con la piel, usando calzado y prendas de vestir adecuados.

FILARIASIS LINFÁTICA

Causante y mecanismo de transmisión

Grupo de enfermedades causadas por las filarias, pequeños gusanos filiformes que viven en el sistema linfático y cuyas hembras producen millones de microfilarias que se liberan a la sangre.

La infección se transmite al hombre por la picadura de un mosquito, por la cual son introducidas las microfilarias a la corriente sanguínea y de ahí al sistema linfático, donde se convierten en filarias.

Distribución

Se observa con frecuencia en países tropicales y subtropicales.

Clínica

Las manifestaciones clínicas dependen del número de filarias infectantes: si son numerosas pueden ocasionar linfangitis (inflamación de los vasos linfáticos que se manifiesta como un cordón rojo, caliente y doloroso en la piel), edema linfático, de predominio en extremidades inferiores, orquitis (inflamación testicular), hidrocele, etc. Las infecciones repetidas por filarias determinan la aparición paulatina de linfedema crónico y elefantiasis (aumento de tamaño de diversas regiones del cuerpo, más frecuentemente las extremidades inferiores, por obstrucción crónica del drenaje linfático).

Diagnóstico

Visualización de las microfilarias en sangre y linfa.

Tratamiento

El medicamento de elección es la dietilcarbamacina. Si existe elefantiasis en las piernas se recomienda la elevación de las mismas y el uso de vendajes compresivos para favorecer el drenaje linfático; aunque en casos crónicos y rebeldes se recurre a la cirugía.

LOAIASIS

Causante y mecanismo de transmisión

Forma de filariasis producida por el Loaloa y transmitido al hombre por la picadura de moscas tabánidos. El parásito adulto migra por el tejido celular subcutáneo y las microfilarias pasan a la corriente circulatoria.

Distribución

Se observa en África Central y Occidental.

Clínica

La enfermedad cursa con edemas prurigi-nosos, transitorios y migratorios (edema de Calabar) que se localizan sobre todo en muñecas y antebrazos. El gusano también puede migrar hacia el ojo, localizándose en la conjuntiva del mismo y causando intenso dolor ocular.

Diagnóstico

Demostración de microfilarias en sangre periférica.

Tratamiento

Se basa en la dietilcarbamacina.

ONCOCERCOSIS O CEGUERA DE LOS RÍOS

Causante y mecanismo de transmisión

Forma de filariasis causada por el *Onchocerca volvulus* y transmitida al hombre por la picadura de mosca. Las microfilarias viven cerca de ríos de aguas rápidas y bien oxigenadas.

Distribución

Se observa en Guatemala, México, Venezuela, Colombia, Brasil, Yemen y en África Central y Occidental.

Clínica

La filarias originan:

— Dermatitis por su localización en la piel y tejido subcutáneo.
— Nódulos fibrosos, formados por una cápsula fibrosa que engloba a numerosas filarias.
— Lesiones oculares, cuando las filarias se localizan en el ojo, que puede conducir a la ceguera.

Tratamiento

Se usa la ivermectina.

LARVA MIGRANS CUTÁNEA

Causante y mecanismo de transmisión

Infección producida por las larvas filariformes de las uncinarias.

Penetran a través de la piel y migran durante varias semanas por el tejido subcutáneo originando en la piel, a partir del punto de entrada, un cordón rojo, caliente y pruriginoso, que avanza unos pocos centímetros/día, alcanzando una longitud de unos 10-20 centímetros.

El tratamiento se basa en la administración oral o tópica de tiabendazol.

ANISAKIASIS

Las larvas del *Anisakis marina* se encuentran en los pescados (arenques, boquerones...); el hombre adquiere la infección cuando come pescado contaminado, crudo o in- suficientemente cocido. Pueden causar duodenitis y hemorragia digestiva.

Es una enfermedad frecuente en Holanda y Japón, países con alto consumo de pescado crudo.

OTROS PROBLEMAS DEL VIAJERO

NORMAS GENERALES

A continuación describiremos una serie de consejos o normas que deben tenerse en cuenta cuando se va a realizar un viaje a zonas tropicales. Además, ciertos grupos de población, como los ancianos, embarazadas, niños y personas con enfermedades crónicas, deben tomar precauciones especiales ante un viaje.

Alimentos

No se deben consumir frutas sin pelar, verduras crudas, carnes o pescados poco hechos, ni tomar leche o derivados sin garantías sanitarias.

Los productos de pastelería y helados deben consumirse con precaución, debido a que en ocasiones su conservación es defectuosa, igualmente ocurre con las comidas vendidas en puestos ambulantes.

Agua

Es conveniente tomar abundantes líquidos para evitar deshidrataciones. El agua será embotellada, preferentemente con gas, o potabilizada. Los refrescos comerciales, té y café, presentan pocos riesgos.

Se deben evitar las bebidas con hielo ya que en su fabricación ha podido utilizarse agua no controlada y presumiblemente contaminada por diversos gérmenes.

Higiene personal y baños

Es necesaria la limpieza corporal adecuada, secándose cuidadosamente.

La ropa debe ser de fibras naturales (lino, algodón), ligeras, no ajustadas y de colores claros. El calzado debe ser amplio, cómodo y cerrado.

Puede ser peligroso bañarse en ríos y lagos de agua dulce, por el riesgo de parasitosis. Presentan menos riesgo las piscinas con agua clorada y el mar.

Protección frente a artrópodos

La protección frente a los mosquitos y otros artrópodos es fundamental para prevenir numerosas enfermedades transmitidas por los mismos, como el paludismo.

Es conveniente utilizar ropas de manga larga y pantalones largos si se está en el exterior al anochecer y al amanecer. Deben evitarse los colores oscuros, ya que atraen a los mosquitos.

Se aconseja emplear repelentes de insectos en las zonas descubiertas del cuerpo, usando preparados que contengan un 30% de DEET (N-dietil-m-toluamida).

Las habitaciones deben contar con telas metálicas en las ventanas y es necesario usar mosquitero.

Protección frente a animales

Se ha de evitar el contacto con los animales, tanto los salvajes como los domésticos, que no ofrezcan garantías de control sanitario.

Para protegerse de las mordeduras de las serpientes y de otros animales se debe usar calzado cerrado y no caminar descalzo por zonas oscuras en las que no se ve el suelo.

Enfermedades de transmisión sexual

En los países en vías de desarrollo, el SIDA y otras enfermedades de transmisión sexual tienen una alta prevalencia, por lo que se deben extremar las precauciones.

Los contactos ocasionales e incontrolados se deben evitar y es recomendable la utilización de preservativos.

Protección del sol

Es aconsejable usar sombrero y gafas de sol y protegerse del mismo mediante cremas con filtros solares adecuados para cada tipo de piel.

Después del viaje

Ante cualquier síntoma que aparezca después de realizar un viaje a un país tropical se

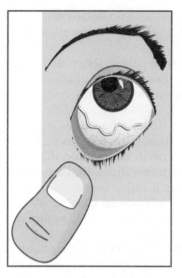

Loa-loa en conjuntivo ocular.

debe acudir al médico para su estudio. Siempre se debe advertir al médico de la realización del viaje, para que incluya en el diagnóstico diferencial enfermedades que, en condiciones normales, no se pensaría.

Conviene recordar que el período de incubación de algunas enfermedades tropicales puede ser largo, por lo que los síntomas pueden aparecer varias semanas e incluso meses después de la vuelta.

BOTIQUÍN DE VIAJE

El botiquín de viaje, además de la medicación utilizada habitualmente, debe incluir los siguientes medicamentos y útiles, aunque dependiendo del destino y tipo de viaje pueden variar:

— Analgésicos-antipiréticos.
— Antihistamínicos.
— Antiácidos.
— Antidiarreicos (loperamida).
— Antibiótico de amplio espectro (cotrimoxazol, quinolonas).
— Profilaxis del paludismo, según los casos.
— Sales de rehidratación oral.
— Material de pequeñas curas.
— Jeringuillas y agujas estériles desechables.
— Repelente de insectos.
— Tabletas de purificación del agua si se viaja en condiciones higiénicas precarias.

VACUNACIONES

Fiebre amarilla

La fiebre amarilla es una enfermedad vírica transmitida por mosquitos. No tiene tratamiento específico, sólo sintomático, y su gravedad y mortalidad justifican la necesidad de la vacunación si se viaja a países endémicos o a aquellos en los que se han descrito casos no importados recientemente.

Un gran número de países, sobre todo asiáticos, exigen el certificado de vacunación a los viajeros que hayan estado en zonas endémicas los seis días previos.

La vacuna de la fiebre amarilla es de virus vivos atenuados y su administración es intramuscular. Protege a partir del décimo día de la vacunación y tiene una validez de diez años. No se debe vacunar a niños menores de seis meses y está contraindicada en caso de alergia a proteínas del huevo, personas con inmunodeficiencias y embarazadas.

Deben vacunarse las personas que viajen a zonas endémicas y que no hayan recibido la vacuna nunca o en un período de tiempo superior a diez años.

La vacuna y el Certificado Internacional de vacunación se obtienen en los centros de vacunación autorizados por la OMS. El Certificado Internacional de Vacunación tiene una validez de diez años y es de carácter individual, por lo que los niños necesitan su propio certificado. Puede ser exigido en las aduanas de ciertos países y, si no se dispone de él, pueden prohibir la entrada del viajero.

Tétanos

Vacuna recomendable para toda la población, no siendo específica para los viajeros, aunque la realización de un viaje puede constituir una razón de peso para actualizarla.

En adultos, si no hay constancia de vacunación previa, se iniciará la misma con la pauta habitual de toxoide tetánico en tres dosis: primera, al mes y a los 6-12 meses. La protección comienza a partir de la segunda dosis y dura diez años. En adultos ya vacunados será suficiente con una dosis de recuerdo cada diez años. Los niños seguirán el calendario vacunal normal.

Poliomielitis

Se recomienda a personas que viajen a zonas tropicales. En adultos vacunados correctamente es suficiente una dosis de vacuna oral trivalente. Si no ha sido vacunado previamente se usa la vacuna inyectable con virus muertos: dos dosis por vía intramuscular con cuatro semanas de diferencia entre ambas; protege a partir de la segunda dosis. En niños es suficiente con actualizar el calendario vacunal.

Fiebre tifoidea

Es recomendable la vacunación a personas que viajan a países con precarias condiciones higiénico-sanitarias.

Es una vacuna de virus vivos atenuados, de administración oral. Confiere protección frente a la *Salmonella typhi* durante un período de tres años. La dosis completa son tres cápsulas, administrando una cada dos días. La protección comienza a partir del décimo día de vacunación.

Otras vacunaciones

La vacuna del cólera no se recomienda actualmente, aunque la aparición en los últimos años de epidemias por cólera en América del Sur haya podido causar cierta alarma social. Se recomiendan sólo medidas higiénicas en bebidas y alimentos.

Las vacunas de las hepatitis (A y B) no son obligatorias pero sí recomendables. Su médico lo valorará y estudiará.

PROFILAXIS DEL PALUDISMO

El paludismo es una enfermedad tropical frecuente y grave, producida por distintas especies del *Plasmodium* (*P. falciparum, P. vivax, P. ovale* y *P. malarie*). Se transmite al hombre por la picadura de mosquito del género *Anopheles*.

No existe actualmente una vacuna eficaz, aunque se ha desarrollado una vacuna para el paludismo por el *P. falciparum* que ha demostrado ser eficaz en niños de países endémicos, aunque están pendiente de completar estudios para generalizar su uso.

Ante la ausencia de una vacuna eficaz, se realiza quimioprofilaxis que, aunque no asegura la protección completa, sí atenúa la enfermedad. El tipo de quimioprofilaxis que se usa depende de la zona que se va a visitar. Está dirigida al *P. falciparum*, debiendo añadir en ciertos casos otra medicación si en el lugar de destino predominan otras especies.

Consiste en la toma de un medicamento una semana antes del viaje, durante el viaje y seis semanas después del regreso. Como efectos secundarios puede producir náuseas, vómitos ocasionales o diarrea que no deben llevar a la supresión de la profilaxis. Algunos antipalúdicos están contraindicados en caso de alergias, enfermedades crónicas, ingesta de otros fármacos, epilepsia, embarazo y personas que realizan trabajos que requieren precisión.

Los países con paludismo pueden pertenecer a una de las tres zonas (A, B y C) de riesgo de la enfermedad estacional, en todo el país o sólo en determinadas zonas y de existencia o no de *P. falciparum* resistentes a la cloroquina. En caso de viajar a varios países situados en áreas distintas (B y C por ejemplo), se tomará la profilaxis recomendada para el área de mayor riesgo (C en este caso).

Zona A: Son áreas de riesgo generalmente bajo y estacional. No existe riesgo en numerosas regiones (urbanas) y no se han descrito casos por *P. falciparum* o son sensibles a cloroquina. Se recomienda cloroquina o ninguna profilaxis si el riesgo es muy bajo.

Zona B: El riesgo es bajo en la mayor parte de la zona B. Se usa la cloroquina sola o asociada a proguanil y si el riesgo es muy bajo no se recomienda profilaxis.

Zona C: Existe un riesgo elevado y casos de paludismo resistente a uno o varios antipalúdicos. Se recomienda mefloquina o doxiciclina o cloroquina más proguanil.

DIARREA DEL VIAJERO

Se define como la aparición de un cuadro de tres o más deposiciones de heces no formadas al día, acompañado de uno o más de los siguientes síntomas: dolor abdominal, náuseas, vómitos, tenesmo y aparición en las heces de moco, sangre o pus. Suele aparecer en la primera o segunda semana de estancia y ser de carácter leve, aunque en el 20% de los casos aparece una semana después del regreso.

La causa más frecuente de las diarreas es infecciosa, siendo múltiples los gérmenes implicados. La enfermedad se adquiere principalmente por la ingesta de alimentos o bebidas contaminados.

Es la enfermedad más frecuente en los viajes, presentándose en el 20-50% de los viajeros. Existe una serie de factores que aumentan la posibilidad de presentar diarrea del viajero:

— Destino: Las zonas tropicales son las de más alto riesgo; se considera el factor más importante.

— Estación del año: La diarrea del viajero es más frecuente en las estaciones cálidas.

— Tipo de viaje: es más frecuente en los viajeros que hacen *trekking*, camping y rutas de aventura.

BACTERIAS	VIRUS
E. coli enterotóxico	Rotavirus
E. coli enteroadherente	Virus de Norwalk
E. coli enteroinvasivo	**PARÁSITOS**
Salmonella	
Shigella	
Campylobacter	Entamoeba histolytica
Aeromonas	Giardia lamblia
Plesiomonas	Cryptosporidium
Vibrio cholerae	Isospora belli
	Blastocystis hominis

Causas de la diarrrea del viajero.

— País de origen y *status* socioeconómico: Es más frecuente en viajeros de países industrializados durante una estancia en un país en vías de desarrollo.

— Edad: Es más frecuente y grave en niños. Entre los 20 y 29 años se describen numerosos casos, probablemente debido a viajes más aventureros y menor respeto a las medidas higiénico-dietéticas.

— Errores dietéticos: si no se siguen las recomendaciones dietéticas (cocinado de alimentos, frutas peladas, agua y bebidas embotelladas).

El tratamiento se basa en la rehidratación con preparados de sales y antibiótico (fluorquinolona o cotrimoxazol) durante tres días; si los síntomas empeoran o no mejoran en 48 horas debe consultarse con un médico. El uso de antidiarreicos (loperamida) se puede utilizar para mejorar los síntomas, pero con precaución, sobre todo si hay fiebre alta o sangre en las heces.

La mejor prevención en la diarrea del viajero es el cumplimiento de las medidas higiénico-dietéticas, siendo válido el eslogan "hervir, cocinar, pelar u olvidarse del alimento". En personas que padecen enfermedades crónicas, antes de iniciar el viaje a zonas de riesgo, se les puede prescribir un antibiótico para prevenir la diarrea, pero en la población general no está indicado.

MAREO CINÉTICO

Episodios caracterizados por las náuseas y vómitos que se pueden presentar en los desplazamientos por mar y aire, viajes en automóvil y tren. Antes de los vómitos puede haber bostezos, aumento de la salivación, palidez, sudores fríos y somnolencia.

Se produce por los múltiples estímulos que recibe el aparato vestibular debido al movimiento. Existe una gran variación individual en su presentación. La ventilación deficiente (tabaco, calefacción), los factores emocionales (ansiedad y miedo al mareo) y los estímulos visuales (horizonte móvil) favorecen la aparición de estos episodios.

El mejor tratamiento es su prevención siguiendo una serie de consejos:

— Colocación en los lugares de menor movimiento: por ejemplo, en el centro del barco o en los aviones, entre las alas.

— Debe evitarse la lectura.

— Permanecer recostado con la cabeza fija o mantener el ángulo de visión 45° por encima del horizonte.

— Mantener apartada la vista de la olas u otros objetos móviles.

— Los excesos de comida o alcohol, antes o durante el viaje, aumentan la probabilidad de mareo. En los viajes largos deben ingerirse frecuentemente pequeñas cantidades de líquidos y de comida.

— Una hora antes de iniciar el viaje tomar dimenhidrato (*Biodramina®*) o meclozina (*Chiclida®*). Existen también parches de liberación lenta de escopolamina que son eficaces para varias jornadas (travesías en barco, por ejemplo).

PROBLEMAS MÉDICOS EN LOS VIAJES EN AVIÓN

El uso del avión como medio de transporte es muy frecuente hoy en día por su rapidez y comodidad.

Se han descrito una serie de problemas que pueden presentar los pasajeros de un avión y que se relacionan con los cambios de presión atmosférica, disminución de la tensión de oxigeno, las turbulencias, las alteraciones del ritmo circadiano o reloj biológico y el estrés psicológico.

También puede aparecer tromboflebitis, especialmente en embarazadas y pacientes con alteraciones venosas, si se permanece sentado largos períodos de tiempo; deben realizarse frecuentes paseos (cada una o dos horas) y ejercicios con las piernas mientras se está sentado. Los usuarios de lentes de contacto deben instilarse frecuentemente lágrimas artificiales para evitar la irritación corneal producida por la baja humedad. Se admiten embarazos sin complicaciones hasta el octavo mes, las gestantes en el noveno mes se admiten si hay un certificado médico, fechado en las 72 horas previas a la salida y que indique la fecha probable de parto. No se aceptan niños menores de siete días de vida. En general se pueden conseguir comidas especiales (para diabéticos, con bajo contenido en sal o grasa), siempre que se pidan con antelación.

PREVENIR EL MAREO ANTES DE QUE OCURRA

Las personas con tendencia al mareo conocen su problema y deben adoptar medidas preventivas de forma sistemática antes de emprender un viaje suficientemente largo. Esperar a que el mareo aparezca, además de ser desagradable, dificulta su tratamiento.

15 ALTERACIONES DEL SISTEMA INMUNOLÓGICO

INTRODUCCIÓN

Los avances en la inmunología han permitido grandes descubrimientos en otras áreas de la medicina; no sólo para explicar gran parte de los mecanismos fisiopatológicos, hasta ahora desconocidos, de numerosas enfermedades, sino también para mejorar las técnicas diagnósticas y para su aplicación en distintas terapias. Pero desde la aparición del síndrome de inmunodeficiencia adquirida y el descubrimiento de los retrovirus tipo VIH, el empuje en la investigación inmunológica ha sido mayor.

Los trastornos inmunológicos producen enfermedades bien porque falta o funciona mal algún componente del sistema inmune (linfocitos, anticuerpos, monocitos, etc.), o porque se produce una respuesta exagerada (como en las reacciones de hipersensibilidad). En el primer apartado cabe distinguir dos clases diferentes de procesos: aquellos que se relacionan con un funcionamiento bajo de algún elemento del sistema y los que se producen cuando se activa la respuesta inmunológica contra el propio cuerpo, como ocurre en las enfermedades autoinmunes.

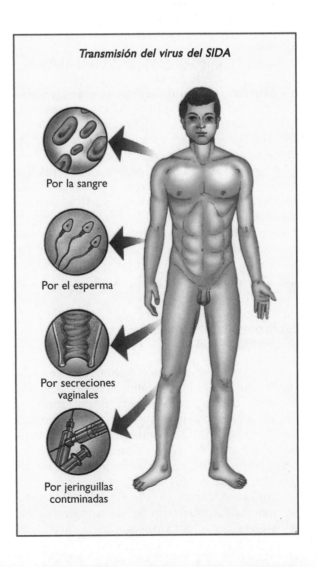

Transmisión del virus del SIDA

Por la sangre

Por el esperma

Por secreciones vaginales

Por jeringuillas contminadas

El SIDA es una enfermedad transmisible, pero sólo a través de unas vías perfectamente identificadas como son la sangre y las secreciones sexuales.

ENFERMEDADES POR INMUNODEFICIENCIA

Se producen por defectos en el sistema inmune y generalmente producen un aumento de la susceptibilidad a las infecciones, tumores o enfermedades autoinmunes. Estos defectos pueden referirse a la alteración en la cantidad o calidad de uno o más componentes del sistema.

Pueden ser inmunodeficiencias primarias, si se deben a anomalías intrínsecas de los componentes del sistema, o inmunodeficiencias secundarias, si se producen en individuos cuyo sistema inmune era previamente normal y éste se altera como consecuencia de un agente ajeno al mismo.

INMUNODEFICIENCIAS PRIMARIAS

La mayor parte son de origen genético, pero son relativamente infrecuentes. Casi todas ellas ocasionan o cursan con infecciones de repetición, mayor probabilidad de tumores, enfermedades autoinmunes y atopia.

INMUNODEFICIENCIAS SECUNDARIAS

Son las inmunodeficiencias más frecuentes. Se dan en individuos en los que previamente había un normal funcionamiento del sistema inmune, pero que por alguna razón externa se acaba alterando. Esto es lo que ocurre por ejemplo en la malnutrición, en la diabetes, en enfermedades que cursan con pérdidas de proteínas, en las quemaduras masivas, tras el tratamiento con algunos fármacos que depримen o "merman" el sistema inmune, en enfermedades de la sangre, en algunos casos de infecciones y muy en particular por la infección del virus de la inmunodeficiencia humana (VIH), etc.

Síndrome de inmunodeficiencia adquirida (SIDA)

Desde que empezaran a conocerse los primeros casos, allá por los años ochenta de nuestro siglo, desgraciadamente su importancia ha ido en aumento conforme crecía la incidencia de la enfermedad, especialmente en el continente africano. Después de años de intensa investigación, como la que ha fomentado esta infección, al día de hoy todavía no se conoce un tratamiento capaz de eliminarla. Por esto mismo el pilar básico en la lucha contra su expansión es la prevención.

A principios de los ochenta empezaron a describirse casos de neumonía por *Pneumocistis carinii* en homosexuales y adictos a drogas por vía parenteral, de los que algunos desarrollaban además sarcoma de Kaposi. Todos los pacientes se caracterizaban por una importante alteración del sistema inmune en la que descendían los linfocitos, sobre todo los de la subpoblación CD4. Así se llegó al descubrimiento de una nueva infección vírica con unos grupos de riesgo definidos: homosexuales y adictos a drogas por vía parenteral. Como la enfermedad cursaba con una profunda depresión del sistema inmune de manera adquirida por una infección, se llamó a esta enfermedad síndrome de inmunodeficiencia adquirida (SIDA).

El agente causal es un virus del grupo de los retrovirus humanos. Al principio se le denominó HTLV III (virus linfotrópico T humano), pues ya se conocían otros dos retrovirus. Más tarde, y para evitar confusiones con éstos, se le denominó VIH (virus de la inmunodeficiencia humana). Se reconocen dos clases de VIH, el VIH 1 y el VIH 2, que es semejante al 1 pero menos virulento.

Se llaman retrovirus pues poseen una enzima, la retrotranscriptasa o transcriptasa inversa. Ésta es capaz de transformar el ARN vírico en ADN que pueda incorporarse al genoma de la célula a la que invade y así replicar sus genes. Algunos de éstos tienen actividad oncogénica (generan tumores), otros alteran la función normal de la célula o producen su muerte.

Las células invadidas por el VIH son aquellas que poseen en sus membranas el antígeno CD4, de las cuales la más conocida es el linfocito T cooperador.

Epidemiología y vías de transmisión

El virus se encuentra en los líquidos corporales: sangre, semen, secreciones vaginales, leche materna, lágrimas, saliva, orina, líquido cefalorraquídeo, líquido alveolar…, aunque la transmisión de la enfermedad sólo se ha descrito en aquellos casos en que estaban implicados los cuatro primeros. Así pues, la transmisión puede ser por vía sanguínea (transfusiones, inyecciones parenterales, por compartir agujas, etc.), por vía sexual; por vía perinatal (dentro del útero, en el momento del parto o durante la lactancia materna).

Aunque al comienzo de la infección destacaban dos grupos de riesgo claros: los homosexuales y los adictos a drogas por vía parenteral, a medida que la infección ha ido aumentando, sobre todo a expensas de la transmisión heterosexual, la diferenciación de los grupos de riesgo se ha ido difuminando.

Hoy en día son millones los infectados por este virus, por lo que constituye uno de los mayores problemas sanitarios del mundo. Sobre todo teniendo en cuenta las enormes repercusiones que la infección conlleva, tanto en el terreno personal como económico y social.

Historia natural de la enfermedad

Tras el contagio, la infección por el VIH puede manifestarse como un síndrome mononucleósico (fiebre, adenopatías, erupción cutánea) de algo más de una semana de duración; pero la mayor parte de las veces ocurre sin síntomas o con síntomas leves inespecíficos (grupo I).

Al mes del contagio se desarrolla la antigenemia (sube el número de virus y por lo tanto de antígenos del mismo en el cuerpo). Luego, ésta desciende a medida que aumentan los anticuerpos contra el virus, lo que suele ocurrir de unos cuatro a seis meses tras el contagio (a esto se llama seroconversión). Desde este período hay que destacar que si un individuo se hace una prueba de anticuerpos antes de esos cuatro meses tras el contacto "sospecha", ésta será falsamente negativa (período ventana), por lo que se recomienda repetir la prueba seis meses después.

Después de esta primera fase los pacientes pueden permanecer como portadores asintomáticos seropositivos (grupo II). Pueden persistir así durante años (entre siete y diez años para el 50% de los pacientes). Aunque no tengan síntomas el virus se sigue replicando. Algunos sujetos desarrollan un cuadro de adenopatías generalizadas persistente (grupo III): presentan ganglios inflamados de más de un centímetro de diámetro, al menos durante tres meses, en dos o más regiones, en ausencia de cualquier enfermedad o toma de fármacos que las explique.

Con el tiempo, los pacientes acaban manifestando signos y síntomas de infecciones y/o cánceres secundarios, que aparecen asociados a la infección por el VIH. Es el período de desarrollo de la enfermedad como tal (grupo IV). Hasta entonces pueden haber tenido infecciones oportunistas por el progresivo deterioro de la inmunidad, pero no es hasta el desarrollo de ciertas infecciones o alteraciones que se define un "caso" de SIDA.

— Infecciones oportunistas graves (grupo IV C1): Neumonía por *Pneumocistis carinii*,

candidiasis sistémica, toxoplasmosis cerebral, tuberculosis extrapulmonar, etc.

— Neoplasias secundarias (grupo IV D): Sarcoma de Kaposi, linfoma no Hodgkin de células B con predilección por el sistema nervioso central.

— Trastornos neurológicos: Meningitis, neuropatías, encefalopatías, demencia progresiva.

Finalmente y por todas las complicaciones que intercurren, la mortalidad se produce en el 100% de los pacientes.

Diagnóstico

— Detección de anticuerpos: Empiezan a detectarse a las dos o tres semanas de la infección y permanecen de por vida. Las técnicas más usadas en este apartado son: el análisis inmunoenzimático (ELISA) y el Western Blot.

— Detección de antígenos del virus: Indican presencia del virus, resultando su positividad diagnóstica sin dudas. Se realiza por el método de Western Blot.

— Amplificación del genoma vírico.

— Cultivo del virus.

Tratamiento

El uso de fármacos de manera combinada ya casi desde el principio de la enfermedad ha permitido mejorar la calidad de vida de estos pacientes y alargar la supervivencia.

El tratamiento también incluye el tratar específicamente las infecciones oportunistas y prevenir aquellas que se presumen más graves, como por ejemplo la tuberculosis, la neumonía por *P. Carinii*, la toxoplasmosis, etc.

Futuro del tratamiento

La alarma y presión social han conseguido que hoy en día se investigue activamente para

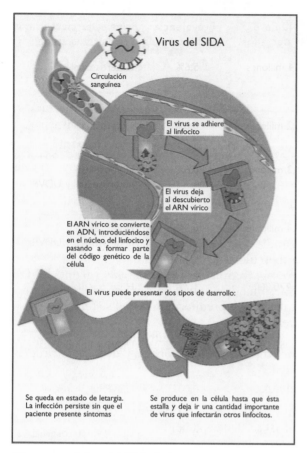

Circulación sanguínea

Virus del SIDA

El virus se adhiere al linfocito

El virus deja al descubierto el ARN vírico

El ARN vírico se convierte en ADN, introduciéndose en el núcleo del linfocito y pasando a formar parte del código genético de la célula

El virus puede presentar dos tipos de dsarrollo:

Se queda en estado de letargia. La infección persiste sin que el paciente presente síntomas

Se produce en la célula hasta que ésta estalla y deja ir una cantidad importante de virus que infectarán otros linfocitos.

Cómo ataca el virus del SIDA al sistema inmunitario.

conseguir una vacuna eficaz no sólo para la prevención sino también desde el punto de vista terapéutico.

Al no tener fármacos capaces de eliminar esta enfermedad, lo más importante es la prevención: examinar la sangre para las transfusiones, no compartir agujas ni jeringuillas, usar preservativos, utilizar guantes cuando se vaya a manejar material potencialmente contaminado.

TRASTORNOS DEBIDOS A HIPERSENSIBILIDAD

ATOPIA

Producida por reacciones de hipersensibilidad de tipo I mediada por Ig E. La historia y curso clínico son más valiosas que las pruebas para determinar si un paciente es alérgico. Enfermedades atópicas son la polinosis, el asma, algunas reacciones frente a alimentos y fármacos.

Se previene eliminando el contacto con el alérgeno en la medida de lo posible. Si esto fuera muy difícil se aconseja una terapia de desensibilización: inyectar el alérgeno en dosis gradualmente crecientes hasta conseguir tolerancia frente a esa sustancia.

POLINOSIS O FIEBRE DEL HENO

Es una rinitis alérgica estacional con conjuntivitis, lagrimeo, estornudos, secreción nasal acuosa y picor.

URTICARIA/ANGIOEDEMA

Pueden deberse a alimentos, fármacos, picaduras, infecciones, etc. La urticaria se caracteriza por erupción cutánea habonosa y algo eritematosa. El angioedema es similar pero con afectación más extensa no sólo de la piel sino también de estructuras subcutáneas. Si se produce edema de las vías aéreas superiores, se puede comprometer la respiración.

ANAFILAXIA

Reacción general del cuerpo ante la entrada de un antígeno para el que el individuo se encontraba previamente sensibilizado. Se caracteriza por picor, rubor, urticaria, dificultad respiratoria, shock, etc. Suele aparecer inmediatamente a la exposición del antígeno.

MASTOCITOSIS

Acumulación excesiva de mastocitos en varios órganos y tejidos. Hay tres formas de presentación: mastocitoma o tumor cutáneo benigno; urticaria pigmentosa (lesiones urticariales de color salmón o pardo que pican al frotar); mastocitosis sistémica (acumulaciones de mastocitos en distintos órganos).

ALERGIA FÍSICA

Proceso que resulta de la exposición al sol, al frío, al calor o a un traumatismo leve. La causa fundamental se ignora en muchos casos. Suele manifestarse como picor, urticaria y angioedema. En casos severos puede haber broncoespasmo o shock.

ALERGIA E INTOLERANCIA ALIMENTARIAS

Alergia alimentaria: Síntomas de alergia desencadenados por la ingesta de algún alimento específico. El mecanismo es inmunológico.

	Inicio de la epidemia	Número de afectados	Prevalencia global estimada	Principales mecanismos de transmisión
África subsahariana.	Finales de los años setenta, principios de los años ochenta.	14 millones	5,6%	Heterosexual.
Sudeste de Asia.	Finales de los años ochenta.	5,2 millones	0,6%	Heterosexual.
Sudamérica.	Finales de los años setenta, principios de los años ochenta.	1,3 millones	0,6%	Homosexual, heterosexual y UDVP.
Norteamérica, Europa Occidental, Australia y Nueva Zelanda.	Finales de los años setenta, principios de los años ochenta.	1,3 millones	0,3%	Homosexual, heterosexual y UDVP.
Caribe.	Finales de los años setenta, principios de los años ochenta.	270.000	1,7%	Heterosexual.
Europa Central y del Este y Asia Central.	Principio de los años noventa.	50.000	0,015%	UDVP y homosexual.
Este de Asia y Pacífico.	Finales de los años ochenta.	100.000	0,001%	UDVP, heterosexual y homosexual.
Norte de África y Oriente Medio.	Finales de los años ochenta.	200.000	0,1%	UDVP y heterosexual.

Características de la epidemia por VIH en las distintas regiones del globo. (UDVP: usuarios de drogas por vía parenteral).

Intolerancia alimentaria: Síntomas gastrointestinales en relación con la ingesta de un alimento. Sin embargo, y a diferencia del anterior, no tiene base inmunológica, aunque en su mayor parte los mecanismos se desconocen.

La alergia alimentaria suele desarrollarse en la infancia y comienza como una dermatitis atópica y síntomas del aparato digestivo. Otras veces la manifestación es una urticaria o un angioedema o anafilaxia inclusive. Los alimentos más alergénicos son nueces, marisco, semillas, tomate, etc.

HIPERSENSIBILIDAD MEDICAMENTOSA

Las reacciones a fármacos pueden ser de varios tipos: erupciones cutáneas, dermatitis de contacto, reacciones idiosincrásicas (como el excesivo efecto de una medicación ya en su primera dosis), reacciones por fotosensibilidad o fototoxicidad.

En general, las reacciones alérgicas se producen tras haber estado el paciente expuesto al fármaco previamente y exponerse a él de nuevo aunque no sea en gran cantidad. Suele manifestarse como urticaria, enfermedad del suero, fiebre inesperada, anafilaxia, afectación pulmonar, anemia, vasculitis, lesiones hepáticas, etc.

Los fármacos más frecuentemente implicados suelen ser los antibióticos, sobre todo la penicilina y derivados, las sulfamidas, las sales de oro, la isoniacida, etc.

ENFERMEDAD DEL SUERO

Reacción alérgica que suele acontecer una semana o más después de la administración de un suero extraño (no procedente del paciente) o de ciertos fármacos. Se caracteriza por fiebre, artralgias, exantema cutáneo y adenopatías.

La causa más frecuente es la penicilina. El tipo de reacción implicada es del tipo III (mediada por inmunocomplejos) y del tipo I (mediada por IgE).

La erupción cutánea normalmente es urticarial. La fiebre, cuando aparece, es leve y dura entre uno y dos días. Los ganglios inflamados o adenopatías están en la región en la que drena el punto de entrada del fármaco o por todo el cuerpo. La mayoría de los pacientes tienen artritis de varias articulaciones. Pueden existir otras complicaciones, pero con menos probabilidad: alteraciones cardíacas, enfermedades de nervios periféricos, lesiones renales, etc.

Normalmente es una enfermedad de curso autolimitado y sólo requiere tratamiento para alivio de los síntomas.

TRASTORNOS AUTOINMUNITARIOS

Se producen cuando el propio organismo fabrica anticuerpos contra antígenos propios, que atacan a los tejidos lesionándolos. En realidad es como si el sistema inmune fracasara y se volviera "perverso" para el cuerpo, en vez de defenderle.

El porqué se produce esto todavía no ha podido ser explicado en su totalidad. Se cree que puede haber una serie de mecanismos implicados en estos procesos.

Hay otra serie de factores que desempeñan un papel en los trastornos autoinmunes:

— La genética: Muchas de las enfermedades autoinmunes tienen más incidencia dentro de una familia y más entre gemelos idénticos que entre hermanos.
— El sexo: Las mujeres se afectan más a menudo que los hombres.
— La edad: Es más común este tipo de trastornos en la edad avanzada.

ARTRITIS REUMATOIDE

Es una enfermedad reumática crónica caracterizada por una inflamación de las articulaciones periféricas por lo general de forma simétrica. Además de la inflamación se producen progresivamente una destrucción de la articulación y estructuras adyacentes y lesiones en otros órganos. Aunque es una enfermedad crónica hay períodos en los que está más activa.

Su causa permanece aún algo desconocida aunque es de origen autoinmune. Las lesiones a las articulaciones y a otros tejidos se producen por el depósito de inmunocomplejos formados por la Ig G, el factor reumatoide (éste es una Ig M contra parte de la Ig G) y el complemento. Lo que desencadena la formación de estos complejos es lo que todavía no se conoce.

Afecta más a mujeres que a hombres y se inicia con más frecuencia entre los 25 y los 50 años.

Síntomas y signos

Síntomas articulares:

Artritis (inflamación de la articulación, con dolor, calor y enrojecimiento locales) simétricas (cuando se afecta la articulación de una extremidad se afecta también la homóloga del lado opuesto). Las articulaciones más afectadas son las de la mano (las metacarpofalángicas, las interfalángicas proximales y el carpo) aunque se pueden afectar muchas otras. Se acompaña de rigidez matutina de más de una hora de duración y gran dolor a la movilización. Conforme avanza la enfermedad se destruye la articulación, produciéndose entonces desviaciones de los huesos, deformaciones y la total inmovilidad.

Síntomas extraarticulares:

Característicos son los nódulos reumatoides cerca de las articulaciones, generalmente en zonas de presión como codos o tendón de Aquiles, pero no siempre aparecen. Los síntomas dependen de los órganos afectados: aparato respiratorio (fibrosis pulmonar e insuficiencia respiratoria, derrame pleural), corazón (pericarditis constrictiva), sistema nervioso (neuropatías, atrapamiento de nervios), ojo (queratoconjuntivitis, uveítis) u otros (úlceras cutáneas, anemia, atrofia de la musculatura, etc.). Una forma especial de artritis reumatoide es el síndrome de Felty en el que puede haber crecimiento del bazo y disminución de las células de la sangre.

Criterios diagnósticos de artritis reumatoide (aproximación)

Son los datos que los médicos "exigen" para hacer el diagnóstico de la enfermedad, aunque no son necesarios todos estos elementos para hacer un diagnóstico certero.

• Artritis de tres o más articulaciones.
• Artritis de la mano.
• Artritis simétrica.
• Rigidez matutina de más de una hora de duración.
• Presencia de nódulos reumatoideos.
• Factor reumatoide positivo.

CONSEJO

¿ALERGIA REAL?

Ante muchos síntomas cutáneos, se abusa del término "alergia" sin base ni estudios específicos. Consulte a su médico antes de tomar antialérgicos, o evitar contactos con sustancias supuestamente alergénicas.

Trastornos autoinmunitarios	Mecanismo
Artritis reumatoide.	Inmunocomplejos en las articulaciones.
Lupus eritematoso sistémico.	Autoanticuerpos e inmunocomplejos.
Esclerodermia.	Anticuerpos nucleolares y antinucleares.
Síndrome de Sjögren.	Anticuerpos antiSSA y antiSSB.
Polimiositis.	Anticuerpos antinucleares no histona.
Vasculitis.	Linfocitos citotóxicos e inmunocomplejos.
Tiroiditis de Hashimoto.	Citotoxicidad mediada por células y humoral.
Enfermedad de Graves.	Anticuerpos para el receptor de la TSH.
Pénfigo.	Anticuerpo acantolítico epidérmico.
Penfigoide.	Anticuerpos antimembrana basal.
Miastenia gravis.	Anticuerpos para el receptor de la acetilcolina.
Anemia perniciosa.	Anticuerpos anticélula parietal y antifactor intrínseco.
Glomerulonefritis.	Anticuerpos antimembrana basal e inmunocomplejos.
Cirrosis biliar primaria.	Anticuerpos antimitocondriales.

Enfermedades autoinmunes más frecuentes.

• Alteraciones radiológicas compatibles con el cuadro.

Tratamiento

Se realiza de manera escalonada; cuando uno de los escalones falla o se hace insuficiente, se pasa al siguiente:

1. Tratamiento físico y antiinflamatorios no esteroideos (AINE).
2. Inductores de remisión. Las sales de oro, la d-penicilamina, los antipalúdicos como la hidroxicloroquina. Se pueden añadir los AINE o algún corticoide.
3. Inmunosupresores. El más utilizado hoy en día es el metrotrexate, aunque se pueden usar otros como la azatiprina, la ciclofosfamida, la sulfasalazina.

En general todos estos fármacos son tóxicos por lo que los pacientes tienen que estar bajo estrecho control médico.

LUPUS ERITEMATOSO SISTÉMICO

Enfermedad inflamatoria del tejido conjuntivo de carácter crónico y producida por anticuerpos e inmunocomplejos. Aparece más frecuentemente en mujeres en edad fértil y sobre todo en la raza negra. Parece existir una predisposición genética.

En la sangre de la mayoría de los pacientes se encuentran anticuerpos contra el núcleo celular (ANA), contra el ADN (anti-ADN), anti Sm (casi exclusivo del lupus, anti Ro (su presencia en suero materno aumenta el riesgo de lupus neonatal).

La *clínica* varía según la intensidad de la enfermedad y los órganos que afectan:

— Síntomas generales: Fiebre, pérdida de apetito y de peso, malestar general.

— Síntomas articulares: Alrededor del 90% de los enfermos presentan afectación articular, desde sólo dolor hasta la artritis aguda de varias articulaciones.

— Síntomas cutáneos: La erupción facial en alas de mariposa es muy característica, alopecia (pérdida de pelo) de manera parcheada o generalizada, úlceras, nódulos y púrpura.

— Síntomas neurológicos: Dolores de cabeza, psicosis, alteraciones de la personalidad, hemorragia subaracnoidea, etc.

— Síntomas cardiológicos: Dolor pericárdico, derrame o taponamiento pericárdico, endocarditis, alteraciones de las coronarias.

— Síntomas respiratorios: Infecciones, insuficiencia respiratoria, derrame pleural.

— Síntomas renales: El 50% de los pacientes tiene alteración de la función renal, pero con frecuencia benigna. La lesión suele ser una glomerulonefritis, a veces de evolución tan maligna que requiere el trasplante del órgano.

— Síntomas hematológicos: Anemia crónica, disminución de los leucocitos y plaquetas, alteración de la coagulación, sobre todo en presencia de un anticoagulante lúpico.

— Síntomas gastrointestinales: Dolores abdominales, cólicos, diarreas, pancreatitis, alteraciones del hígado.

— Síntomas oculares: Enfermedades de la retina producidas por vasculitis, conjuntivitis seca, uveítis.

El embarazo aumenta la actividad de la enfermedad sobre todo en el primer trimestre y tras el parto. El lupus también interfiere en el embarazo pues aumenta el riesgo de abortos, de muertes fetales intraútero y puede producir lupus neonatal.

El *pronóstico* es variable y depende de los órganos afectados y de la intensidad de la reacción inflamatoria. Es de evolución crónica, con períodos intermedios de remisión.

Tratamiento

Depende de la intensidad de la enfermedad. En el lupus leve puede no ser necesario ningún tratamiento o precisarse sólo tratamiento sintomático con AINE. La enfermedad grave responde a corticoides, antipalúdicos y para los casos de mayor actividad o peor respuesta al tratamiento o evolución más agresiva se administran citotóxicos como la azatioprina o la ciclofosfamida.

ESCLERODERMIA (ESCLEROSIS SISTÉMICA PROGRESIVA)

Es una enfermedad también de evolución crónica, de causa desconocida pero de origen autoinmune. Se caracteriza por fibrosis, alteraciones degenerativas y anomalías vasculares en la piel, articulaciones y órganos internos. La gravedad varía a lo largo de la evolución.

Es más frecuente en mujeres entre los 20 y 40 años de edad. En más del 90% de los casos existe una predisposición familiar. Pueden influir en su aparición algunos factores ambientales como el oro, el silicio, el cloruro de polivinilo, etc. El sustrato básico es la excesiva producción de colágeno desencadenada por mecanismos autoinmunes: aumento de las inmunoglobulinas, factor reumatoide, anticuerpos antinucleares, anti RNP, anticentrómero, anti Scl-70.

Por lo general es sistémica (afecta a prácticamente la totalidad del organismo) y progresiva, pero hay síndromes limitados como esclerosis en placas (morfea), esclerosis lineal de la piel, el síndrome de CREST, y síndromes superpuestos como la esclerodermatomiositis (piel gruesa y debilidad muscular), la enfermedad mixta del tejido conjuntivo y el síndrome del aceite tóxico.

Clínica

Las manifestaciones iniciales más frecuentes son el engrosamiento gradual de la piel, de los dedos sobre todo, y el fenómeno de Raynaud (palidez de las partes más periféricas del cuerpo, seguido de rubor y dolor). Otros síntomas tempranos son los dolores articulares, las anomalías esofágicas y los signos respiratorios.

El pronóstico es malo, sobre todo si se afectan el corazón, el pulmón o el riñón. Ningún tratamiento farmacológico ha influido significativamente en la historia natural de la enfermedad, pero se pueden tratar de controlar los síntomas. Se usan para ello los corticoides, la D-penicilamina (que mejora las manifestaciones cutáneas), el nifedipino para el fenómeno de Raynaud, los antihipertensivos, etc.

DERMATOPOLIMIOSITIS

Trastorno del tejido conjuntivo con alteración degenerativa en músculos (polimiositis) y frecuentemente también de la piel (dermatomiositis), que produce debilidad y atrofia muscular de forma simétrica. Algunos síntomas son iguales que los de la esclerodermia, el lupus o las vasculitis. Es más frecuente en las mujeres de cualquier edad que en los hombres.

Se producen por un mecanismo autoinmune de tipo celular, con autoanticuerpos y depósito de inmunocomplejos en los vasos y órganos.

El tratamiento consiste básicamente en corticoides y fármacos citotóxicos.

SÍNDROME DE SJÖGREN

Síndrome inflamatorio sistémico de evolución crónica. Se caracteriza por sequedad de boca, de ojos y de otras mucosas como la del aparato digestivo y respiratorio.

Se debe a la infiltración de las glándulas secretoras por linfocitos y es producido por un mecanismo autoinmune en el que participan autoanticuerpos como los anti SSA y los anti SSB. Frecuentemente se asocia a otros síndromes reumáticos como la artritis reumatoide, el lupus o la esclerodermia, constituyendo así el síndrome de Sjögren secundario.

Aparte de las manifestaciones antes descritas también se producen otras como la fatiga, la artritis, los dolores articulares, el fenómeno de Raynaud, las alteraciones digestivas (gastritis y cirrosis biliar), respiratorias (bronquitis), vasculitis, tiroiditis, alteraciones renales y del sistema nervioso. Los enfermos tienen además una tendencia a padecer linfomas no Hodgkin.

VASCULITIS

Es la inflamación de los vasos sanguíneos (arterias y venas) de manera localizada o generalizada, con afectación de múltiples órganos y características clínicas diversas. Suele ser un proceso implicado en muchas enfermedades reumáticas, por ejemplo la artritis reumatoide y el lupus, en las enfermedades del colágeno, etc. Otras veces constituyen la base lesional de un síndrome como es el caso de la panarteritis nodosa y la granulomatosis de Wegener.

La inflamación de los vasos puede ser aguda o crónica, afectar a toda la pared del vaso o sólo a segmentos de ella, lesionar vasos de cualquier tamaño y tipo: arterias, arteriolas, venas, vénulas y capilares. En cualquier caso, conduce bien a la destrucción de la pared o a su fibrosis con la consiguiente obstrucción de la luz del vaso y el paso de células sanguíneas a los tejidos.

La lesión puede producirse directamente por linfocitos citotóxicos, por alteración de la inmunorregulación, por reacciones de inmunocomplejos, etc.

Se debe sospechar siempre que haya fiebre de origen desconocido, cansancio, pérdida de peso, dolores musculares y articulares y afectación de distintos órganos.

La clasificación de las vasculitis se basa fundamentalmente en el tamaño del principal vaso afectado. Según los vasos lesionados y su localización así son los síntomas:

1. Poliarteritis nodosa. Panarteritis nodosa. Enf. de Churg-Strauss.	Riñón, corazón, hígado. Pulmón, piel, corazón.
2. Vasculitis por hipersensibilidad. Enfermedad del suero. Púrpura de Chönlein-Henoch.	Piel, articulaciones. Arterias, piel, articulaciones.
3. Granulomatosis de Wegener.	Pulmón, riñón, vías respiratorias.
4. Granulomatosis linfomatoide.	Pulmón, piel, sistema nervioso.
5. Arteritis de células gigantes. Enf. de Takayasu. Arteritis de la temporal.	Sistema nervioso, ojos, pulmón. Sistema nervioso, ojos, corazón.
6. Síndrome de Kawasaki.	Ganglios, piel, mucosas, corazón.
7. Tromboangeitis obliterante.	Arterias de extremidades.
8. Enfermedad de Behçet.	Mucosas, piel, ojo, articulaciones.
9. Miscelánea.	

Lugares principales de afectación

TIROIDITIS DE HASHIMOTO

Es una inflamación crónica del tiroides con infiltración linfocitaria de la glándula. Está causada por fenómenos autoinmunes en los que participan células citotóxicas y autoanticuerpos dirigidos contra el tiroides. Es la causa más frecuente de hipotiroidismo primario en la población. Afecta más a mujeres que a hombres.

En la tiroiditis de Hashimoto se produce un aumento del tiroides (bocio), que se palpa liso, firme y más gomoso de lo normal. Sus síntomas son los de todo hipotiroidismo. Con frecuencia se asocia a anemia perniciosa, artritis reumatoide, lupus eritematoso, síndrome de Sjögren u otros trastornos autoinmunes glandulares: insuficiencia adrenal (enfermedad de Addison), hipoparatiroidismo y diabetes mellitus. Los pacientes presentan un riesgo aumentado de cánceres.

El tratamiento consiste en la administración de la hormona que falta.

ENFERMEDAD DE GRAVES

En esta enfermedad, además de un aumento del tamaño del tiroides, también se produce una mayor actividad del mismo, dando así un hipertiroidismo. Está desencadenado probablemente por autoanticuerpos que estimulan el tiroides. Parece que se deben a un defecto de función de los linfocitos T supresores que hacen clonar a los linfocitos T cooperadores para estimular a los linfocitos B a producir estos anticuerpos.

Los síntomas y signos son los del hipertiroidismo, el mixedema pretibial y los signos oculares. El mixedema es una infiltración de la zona por una sustancia mucinosa. Los signos oculares de la enfermedad de Graves son: la mirada fija, retracción de los párpados, hipertrofia del tejido de detrás de los ojos, lo que produce la protusión de éstos hacia adelante.

PÉNFIGO

Es una enfermedad cutánea potencialmente mortal y poco frecuente. Se presenta en personas de mediana y avanzada edad. Es de origen autoinmune, desencadenada por anticuerpos que dañan la epidermis despegándola de la dermis y formándose así ampollas. Aparecen en la piel y mucosas aparentemente sanas. Son ampollas tensas o flácidas, de distintos tamaños, que se rompen dejando úlceras crónicas dolorosas.

ANEMIA PERNICIOSA

Es la causa más frecuente de la falta de vitamina B12. Aparte de otros mecanismos puede estar implicado el sistema inmune. Parece que en esta enfermedad existen autoanticuerpos contra el factor intrínseco, que facilita la absorción de la vitamina, y contra las células parietales del estómago, que son las que producen el factor intrínseco. La anemia resultante suele destacarse por ser de hematíe grande y no regenerativa. Para resolverla es necesario la administración intramuscular de la vitamina, puesto que por vía digestiva los anticuerpos impedirían su absorción.

16

ENFERMEDADES OFTALMOLÓGICAS

DEFECTOS DE REFRACCIÓN: AMETROPÍAS

El globo ocular consta de dos elementos esenciales para su función: una membrana sensible a la luz, la retina, y un sistema óptico encargado de conducir esa luz hasta dicha membrana.

El sistema óptico ocular hace que los rayos que desde un punto exterior penetran en el ojo, se reúnan en un punto determinado de la retina para formar su imagen.

Está compuesto por lentes sucesivas: córnea, humor acuoso, cristalino y vítreo. Todas ellas tienen un eje óptico común.

Refracción es el cambio de trayectoria y velocidad que experimenta un rayo luminoso al pasar de un medio a otro. Los medios que más influyen en la refracción son la córnea y el cristalino.

La imagen que se forma en la retina es real, invertida y de menor tamaño que el objeto, pero la percepción que de ella tenemos cuando se procesa en el cerebro es de tamaño normal y derecha.

La ametropía es la incapacidad del ojo para formar la imagen de un objeto en la retina por una desproporción entre la longitud del ojo y la potencia de su sistema de lentes. La consecuencia es que por cada punto del objeto visualizado se forma en la retina una imagen circular borrosa en lugar de un punto nítido. El tamaño de estos círculos será menor cuanto menor sea:

— El tamaño del haz de rayos: por eso estos individuos cuando quieren ver mejor, entornan los párpados en un intento de disminuir aún más las dimensiones del haz.

— El defecto de refracción.

TIPOS DE AMETROPÍAS

Distinguimos dos tipos de ametropías:

— Esféricas: Si la curvatura de toda la superficie del dioptrio es uniforme.
— La miopía.
— La hipermetropía.
— No esféricas: Si no conserva dicha uniformidad.
— El astigmatismo.

La cuantía del defecto se mide en dioptrías precedidas del signo – (menos) en los defectos miópicos y del signo + (más) en los hipermetrópicos.

Hipermetropía

En este defecto, los rayos luminosos no se reúnen en la retina sino por detrás de ella. Hay pues un defecto de convergencia o un ojo pequeño. La visión no es nítida, sobre todo de los objetos cercanos.

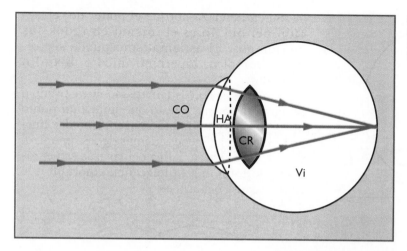

Esquema de la marcha de los rayos en el sistema óptico ocular. CO = córnea, HA = humor acuoso, CR = cristalino, VI = vítreo.

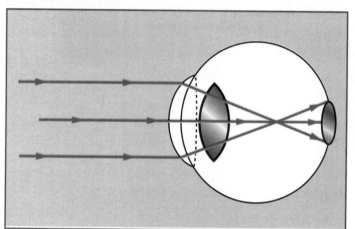

Formación del círculo de difusión en una ametropía.

El individuo joven puede recurrir a un esfuerzo de acomodación para compensar parcialmente el defecto, pero esta capacidad acomodativa va disminuyendo con los años. El esfuerzo que el niño o el joven realiza por enfocar la visión da lugar a dolor frontal de cabeza, el niño cierra y se frota los ojos, puede existir un estado nauseoso, sensación de ardor en los ojos y cuadros inflamatorios frecuentes como blefaritis y orzuelos.

En la infancia puede producir estrabismo por el esfuerzo de acomodación, y si la diferencia visual entre los dos ojos es muy marcada, puede desarrollarse una ambliopía (ojo vago). Su diagnóstico debe ser lo más precoz posible, ya que pasados los diez años suele ser irreversible.

A partir de los 30 años la capacidad de acomodación va disminuyendo por lo que los síntomas pueden hacerse más notorios a esta edad.

La hipermetropía se asocia a un ojo con eje anteroposterior demasiado corto, por lo que durante el crecimiento, al ir aumentando este eje, va disminuyendo el grado de hipermetropía y en ocasiones llega a desaparecer completamente, en los casos no muy graves y que aparecen en la primera infancia, no así las que aparecen tardíamente.

Miopía

En estos ojos, la imagen se forma por delante de la retina, por una convergencia excesiva con relación a la longitud ocular. El ojo ve borroso de lejos y para ver nítido necesita acercarse al objeto.

La miopía puede deberse al aumento de la longitud del globo ocular o al aumento de la potencia refractiva de la córnea o del crista-

NOTA

Si los rayos no forman la imagen en la retina hablamos de ametropía, la causa está en una desproporción entre la capacidad de refracción del ojo y su longitud anteroposterior.

lino. La primera es más frecuente, lo que explica que la miopía va aumentando con los años hasta que el individuo completa su crecimiento. Puede haber brotes evolutivos tardíos, coincidiendo con embarazo, enfermedad grave, etc.

Por su comportamiento se distinguen dos tipos de miopía:

Miopía simple

Es la más frecuente. Afecta a un 10% de la población.

Aparece en la edad escolar o con posterioridad, con una evolución lentamente progresiva hasta los 20 ó 25 años aproximadamente en que se estabiliza.

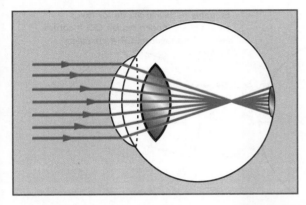

Formación de la imagen retiniana en el ojo miope.

Formación de la imagen retiniana en el ojo hipermétrope.

Se caracteriza porque el poder de refracción del ojo no es el mismo en todos sus meridianos. El astigmatismo puede ser regular (miópico, hipermetrópico o mixto) o irregular.

El paciente con astigmatismo no ve nítido a ninguna distancia, puesto que nunca un punto objeto produce un punto imagen, sino dos líneas focales. Puede tener además de visión borrosa, dolor de cabeza, fatiga ocular tras esfuerzos visuales, fotofobia (intolerancia anormal a la luz por causa ocular), etc.

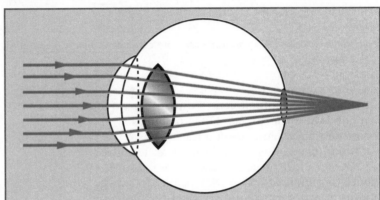

No suele superar las –6 dioptrías. Este déficit para la visión lejana se compensa generalmente de forma completa con la corrección óptica adecuada.

Son raras las complicaciones.

Miopía magna, degenerativa o maligna

Se trata de una verdadera enfermedad, con defecto de refracción generalmente mayor de –8 dioptrías, asociando importantes cambios degenerativos de la retina y la coroides, que comprometen seriamente el futuro visual del paciente.

Es mucho menos frecuente que la miopía simple. Afecta con más frecuencia a mujeres.

Presentan visión lejana borrosa, que no siempre se corrige del todo con lentes.

Puede aparecer ya tras el nacimiento. Su evolución es progresiva, más rápida que en la miopía simple y no se detiene totalmente al finalizar el crecimiento. Las complicaciones son frecuentes por lo que necesitan un control oftalmológico adecuado: se recomienda una completa revisión oftalmológica cada 1 ó 2 años.

Las degeneraciones y complicaciones más frecuentes son:

— Adelgazamiento de la coroides y zonas atróficas en la retina, con hemorragias retinianas ocasionales.

— Degeneraciones retinianas con alto riesgo de desprendimiento de retina.

— Ojo vago, cataratas, glaucoma, etc.

Astigmatismo

La mayoría de los astigmatismos son de origen corneal.

Un astigmatismo leve es muy frecuente en la población siendo mucho más raros los casos severos. Es un defecto de refracción muy estable, que no suele presentar variaciones importantes a lo largo de la vida.

Un tipo especial de astigmatismo es el irregular, originado por traumatismos o ulceraciones corneales, que determinan la irregularidad de su superficie. La corrección óptica en estos casos suele ser imposible con gafas, a veces se corrige con lentillas rígidas y si no, hay que recurrir al trasplante de córnea.

CORRECCIÓN ÓPTICA DE LOS DEFECTOS DE REFRACCIÓN

Se trata de facilitar al ojo amétrope una lente que corrija la trayectoria de los rayos, de modo que se forme una imagen nítida en la retina.

La lente puede ser en forma de gafas o como lentes de contacto (las hay rígidas y blandas). Su uso, en contra de lo que mucha gente cree, no previene ni agrava la evolución de los defectos de refracción.

La "gimnasia ocular", la dieta, las vitaminas, etc., no influyen para nada en la evolución.

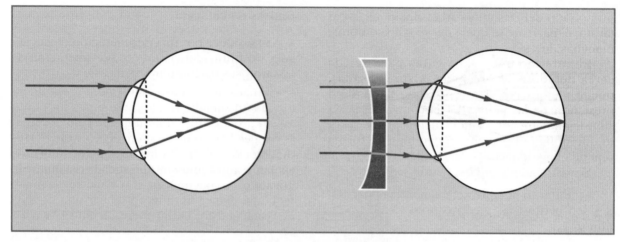

Desplazamiento de la imagen mediante una lente correctora cóncava (negativa) en la miopía.

Miopía

Se corrige mediante lentes divergentes, que son cóncavas y negativas. Éstas pueden ser en forma de gafas o lentes de contacto.

Desde hace años se están realizando diversas técnicas quirúrgicas para corregir la miopía, de las cuales las de mejor resultado son la queratotomía radial, que consiste en realizar diversos cortes en la córnea para aplanarla, y la fotoqueratectomía con láser Excímer, para producir también un aplanamiento corneal. Ambos métodos pueden conseguir una reducción entre 2 y 8 dioptrías. Para aplicar tratamiento quirúrgico es preciso una buena información y selección de los pacientes. Los pacientes idóneos para estas intervenciones son los adultos entre 20 y 40 años, con miopía estabilizada y no superior a –10 dioptrías. Se obtienen buenos resultados pero al ser técnicas muy recientes resta todavía comprobar su evolución a largo plazo.

Hipermetropía

Se corrige mediante lentes convergentes, convexas y positivas.

El tratamiento quirúrgico no está tan desarrollado como para la miopía.

Astigmatismo

Se corrigen con otro tipo de lentes, cilíndricas (las lentes divergentes usadas en la miopía y las convergentes en la hipermetropía, son lentes esféricas). Las lentes cilíndricas se caracterizan, además de por su carácter convergente (+) o divergente (-) y por su potencia en dioptrías, por un eje expresado en grados que varía de 0° a 180°.

También es posible la cirugía.

ENFERMEDADES DEL CRISTALINO

Recordemos que el cristalino es la lente biconvexa situada detrás del iris y delante del vítreo. Es transparente, y gracias a su capacidad para variar su diámetro anteroposterior permite la acomodación para enfocar objetos más próximos.

El cristalino no está vascularizado, por lo que no se inflama. Las enfermedades del cristalino son:

— Por pérdida de su posición: luxación.
— Por pérdida de su capacidad de acomodación: presbicia.
— Por pérdida de su transparencia: catarata.

CATARATAS

Por catarata entendemos cualquier opacidad del cristalino que produce una pérdida de visión o la va a producir pronto.

Clínica y diagnóstico

La catarata es una de las causas más frecuentes de pérdida de visión en el adulto. Ésta se produce de manera lenta y gradual, en años, a una velocidad variable en cada persona. Suele afectar en mayor o menor medida a ambos ojos.

Además de la pérdida de visión, el paciente suele notar también una gran facilidad para el deslumbramiento, sintiéndose mucho más cómodo en ambientes poco iluminados, en los que incluso mejora su visión gracias a la dilatación de la pupila, que deja así expuesta mayor proporción del cristalino. Al evolucionar la catarata, el paciente se queja de ver sólo sombras, manchas, luces.

El enfermo que usaba gafas para ver de cerca debido a su presbicia (vista cansada), puede mejorar su visión próxima llegando a prescindir de las gafas. Por el contrario, la visión lejana empeora (miopización progresiva), lo que obliga al paciente a cambiar de forma repetida la graduación de sus gafas.

Se distinguen distintos estadios clínicos:

— Catarata incipiente: cuando las opacidades son periféricas, y el trastorno visual es mínimo.

— Catarata madura: cuando la opacidad es total y el déficit visual severo.

— Catarata hipermadura: el cristalino aparece de un color gris homogéneo y si no se opera puede dar complicaciones.

El oftalmólogo realizará una exploración completa para descartar la presencia concomitante de cualquier otra enfermedad. La agudeza visual está disminuida, los reflejos pupilares son normales y al dilatar la pupila se puede observar directamente el cristalino, que al existir catarata, le da a la pupila una coloración grisácea o blanquecina (leucocoria) en lugar del color negro propio de los ojos normales. Para un diagnóstico más completo, el oftalmólogo se sirve de la lámpara de hendidura y del oftalmoscopio.

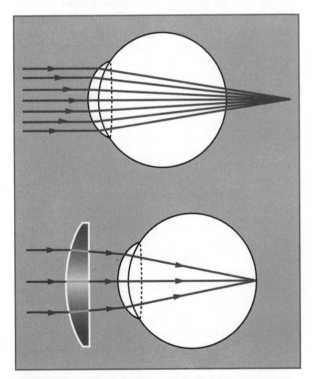

Desplazamiento de la imagen mediante una lente correctora convexa (positiva) en la hipermetropía.

Causas de catarata

Se produce por una degeneración de la cápsula y/o fibras del cristalino, por alteración de los procesos físico-químicos de éste.

Catarata senil

Es el tipo más común de catarata. Más del 90% de los sujetos mayores de 60 años presentan ya algún grado de opacidad cristalina. Sin embargo, en muchos casos su evolución será tan lenta que nunca llegará a producir una pérdida de visión que precise intervención quirúrgica.

Catarata traumática

Pueden originarse por heridas penetrantes con lesión directa del cristalino, por contusión, por descargas eléctricas, por frío o calor intensos, por radiaciones ionizantes, ultravioletas, etc.

Catarata metabólica

La enfermedad metabólica más frecuente es la diabetes mellitus, que acelera la aparición de la catarata senil y produce por sí misma un tipo de catarata que se presenta como opacidades puntiformes en ambos ojos "en copos de nieve".

Cataratas tóxicas

Por corticoides, cuando son administrados por vía oral durante más de un año y a dosis elevadas, también por mióticos y otros fármacos como la clorpromacina, antimitóticos, etc.

Catarata secundaria

Es consecuencia de alguna otra enfermedad oftalmológica, como uveítis anterior crónica, distrofias hereditarias, la miopía grave, etc.

Causas intrauterinas

Enfermedades víricas como la rubéola y fármacos ingeridos por la madre durante el primer trimestre del embarazo como la talidomida y los corticoides, pueden originar cataratas congénitas, que están ya presentes en el nacimiento o en los tres primeros meses de vida.

Síndromes asociados a cataratas

El síndrome de Down puede cursar con cataratas, así como otros síndromes mucho más raros como el de Werner y el de Rothmund.

Cataratas hereditarias

Casi un tercio de las cataratas congénitas son hereditarias y no se asocian a ninguna de las causas antes descritas. Se heredan de padres a hijos, con carácter dominante, con la misma forma y gravedad.

Tratamiento

Ningún tratamiento farmacológico para evitar la opacificación del cristalino ha demostrado ser eficaz. Por ello, el tratamiento de la catarata es eminentemente quirúrgico.

La operación de la catarata es una de las más antiguas que se conocen, apareciendo ya en la cultura mesopotámica. Durante muchos siglos, la intervención consistió en introducir un objeto punzante y empujar el cristalino hacia el vítreo, dejando libre así el área pupilar. En el siglo XVIII se comenzó a extraer la catarata para lo cual era necesario abrir el ojo por su parte anterior, maniobra nada fácil ya que la realizaban sin anestesia ninguna.

Actualmente, la cirugía está indicada desde el momento en el que el paciente considera que su mala visión es un obstáculo para realizar su vida normal. Hay que asegurarse que el ojo no

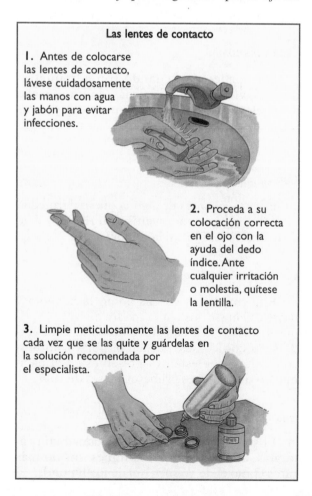

Las lentes de contacto

1. Antes de colocarse las lentes de contacto, lávese cuidadosamente las manos con agua y jabón para evitar infecciones.

2. Proceda a su colocación correcta en el ojo con la ayuda del dedo índice. Ante cualquier irritación o molestia, quítese la lentilla.

3. Limpie meticulosamente las lentes de contacto cada vez que se las quite y guárdelas en la solución recomendada por el especialista.

---

padece ninguna otra alteración que pueda hacer fracasar la intervención y que el estado general del paciente permita la operación.

Se puede intervenir con anestesia local o general, y la operación dura entre 20 y 30 minutos. La técnica más utilizada hoy en día es la extracción extracapsular de la catarata, mediante una incisión mínima en la esclera, que permite colocar una lente intraocular en la misma posición que ocupaba el cristalino. Hace años, cuando aún no se instalaba la lente intraocular, el enfermo necesitaba utilizar gafas o lentillas después de la intervención para suplir la función del cristalino extraído. Con la colocación de la lente intraocular, el paciente sale del quirófano como si tuviese su propio cristalino.

El paciente al ser dado de alta del hospital puede realizar una vida normal moderando únicamente la actividad física. Necesitará aplicarse una medicación (colirios y pomadas) de forma absolutamente constante y meticulosa. Será revisado por su oftalmólogo a la semana, al mes y a los tres meses.

Después del tiempo post-operatorio el paciente puede reincorporarse a su actividad habitual sin ningún tipo de restricciones: puede hacer deporte, leer, coser, ver TV, etc.

ACOMODACIÓN Y PRESBICIA

Acomodación

La acomodación es un fenómeno por el que el cristalino puede aumentar su potencia como lente y enfocar a las distancias más próximas, pues el ojo normal no puede ver nítidos los objetos que están situados a una distancia menor de 5 metros sin la acomodación del cristalino.

El cristalino se encuentra suspendido en el ojo por un sistema de fibrillas conectado con el músculo ciliar. Según se contraiga o se relaje este músculo, se relaja o se contrae respectivamente la cápsula del cristalino, haciéndose más o menos convexo.

La capacidad de acomodación es máxima en la infancia y va disminuyendo con los años.

El ojo, un órgano extremadamente vulnerable

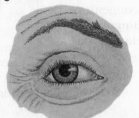

El orzuelo aparece cuando la glándula sebácea de una pestaña se inflama con la presencia de gérmenes y se obstruye. Se trata con la aplicación local de un algodón empapado con agua caliente, hasta que revienta.

En la inversión del borde palpebral, muy frecuente en ancianos, se dobla el párpado hacia dentro, de modo que las pestañas entran en contacto con el globo ocular. Basta con una ligera presión para que el párpado recupere su posición natural. Si no se consigue, bastará una pequueña intervención.

La eversión palpebral o ectoprión se caracteriza porque el párpado se dobla hacia fuera, dejando parte del globo ocular sin protección lacrimal. Es propio de los ancianos y el tratamiento de elección en el quirúrgico.

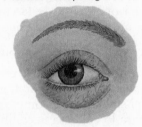

La triquiasis es una afección causada por el crecimiento de las pestañas hacia dentro del globo ocular, produciendo irritación, lagrimeo y sensación de tener un cuerpo extraño en el ojo. Se corrige con una pequeña intervención quirúrgica.

La blefaritis es una inflamación de los párpados caracterizado por enrojecimiento, irritación y escamas en las pestañas, que pueden provocar su caída. La afección mejora lavando regularmente los párpados con una solución de agua salada.

Los morados en los ojos producidos por un golpe desaparecen, cuando la sangre extravasada se reabsorbe naturalmente.

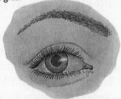

La conjuntivitis o inflamación de la membrana conjuntiva que cubre el ojo se produce en el curso de enfermedades respiratorias, infecciones bacterianas o por alergias a determinados cosméticos o a la contaminación.

La sequedad ocular, caracterizada por disminución de lágrimas, puede deberse a una irritación conjuntival. Es indispensable la visita al oftalmólogo, quien determinará el tratamiento, ya que la sequedad prodría conducir a una lesión corneal y a la pérdida de visión.

Los ojos llorosos pueden deberse a una excesiva producción de lágrimas o a una obstrucción del conducto lagrimal. Será siempre el oftamólogo quien prescriba el tratamiento a seguir o la intervención quirúrgica.

Presbicia

Se trata de un defecto de acomodación que se manifiesta en el ojo sano alrededor de los 45 años, por un proceso natural de pérdida de fuerza del músculo ciliar, que ocurre en mayor o menor grado en todos los individuos. Es conocido comúnmente por "vista cansada".

Se dificulta la visión cercana, apareciendo disconfort visual al leer, coser, etc., con visión borrosa transitoria y esfuerzo visual que produce dolor de cabeza, más evidente en condiciones de mala iluminación o en situaciones de fatiga.

Al principio, el individuo trata de compensarlo alejándose instintivamente del plano de lectura, pero en los años sucesivos el defecto va haciéndose más notorio, llegando a ser máximo a los 60 años, cuando se anula la capacidad de acomodación.

Se corrige con lentes convergentes que permiten la visión próxima, de graduación progresiva con el paso de los años, cuya potencia aproximada, con numerosas variaciones personales, es de:

+1D a los 45 años.
+2D a los 50 años.
+3D a los 60 años.

En un paciente miope tardará más tiempo en dar molestias debido a que sus dioptrías (-) anulan las dioptrías (+) de la presbicia.

GLAUCOMA

Con el nombre de glaucoma se designa a una serie de procesos caracterizados por la lesión del nervio óptico, que generalmente se debe al aumento de la presión intraocular (PIO).

CONTROLE SU GRADUACIÓN ÓPTICA

La mayoría de las personas que padecen presbicia necesitan renovar su graduación óptica cada 2 ó 3 años hasta los 65 ó 70 años, en que los cambios ya son mínimos, a no ser que se desarrollen otros procesos, como por ejemplo cataratas.

Produce pérdida de visión y si no se trata adecuadamente, evoluciona hacia la ceguera. Su detección precoz es, pues, un problema sanitario muy importante.

La incidencia del glaucoma aumenta con la edad. A partir de los 40 años afecta al 1 ó 2% de la población normal.

PRESIÓN INTRAOCULAR

La PIO normal en la gran mayoría de las personas sanas oscila entre 10 y 21 mm Hg. El valor medio es de 15 a 16 mm Hg.

Las fluctuaciones de la PIO se producen dependiendo del momento del día (es mayor por la mañana que por la tarde y la noche), los latidos cardíacos, el nivel de presión sanguínea y la respiración. Estas oscilaciones en los sujetos sanos son generalmente pequeñas, de hasta 3 mm Hg, siendo mayores en los individuos con glaucoma. Entre un ojo y otro de la misma persona no suele haber más diferencia de 5 mm Hg.

La existencia de la tensión ocular es esencial para que la función del globo ocular pueda desarrollarse con la precisión que requiere, de modo que se formen imágenes nítidas y no se produzcan deformaciones que alteren el sistema óptico.

Medida de la PIO: tonometría

La PIO se determina por la tonometría, que consiste en medir la fuerza que es necesario aplicar sobre las paredes oculares para producir una determinada deformación, a la que se opone la PIO.

Existen diversos métodos de medida, pero los más utilizados son :

— La tonometría de indentación.
— La tonometría de aplanación de Goldmann: es el más seguro.

— La tonometría digital: mediante la palpación a través del párpado superior, con los dedos índices del explorador se valora la deformación del globo ocular con la compresión. Es útil para detectar tanto hipotensiones como hipertensiones muy marcadas.

FISIOLOGÍA DEL HUMOR ACUOSO

La PIO se mantiene gracias a la existencia de equilibrio entre el humor acuoso que se forma y el que se elimina.

El humor acuoso es un líquido incoloro, producido por el cuerpo ciliar, que lo vierte a la cámara posterior, desde donde pasa a la cámara anterior por la pupila y que finalmente va a evacuarse por unas estructuras porosas que existen a nivel del ángulo camerular (ángulo formado por la cara posterior de la córnea y la cara anterior del iris).

Cumple un doble papel: el de mantener la PIO y el de servir de medio nutricio a los tejidos avasculares del ojo, como la córnea y el cristalino.

Su composición es muy parecida a la del plasma sanguíneo, aunque con menos cantidad de proteínas.

HIPERTENSIÓN OCULAR

Se denomina hipertensión ocular a la elevación de la presión ocular por encima de los 21 mm Hg. En estos pacientes aún no hay lesión ocular, pero son sospechosos de padecer glaucoma en el futuro si no se tratan. Hay que observarlos periódicamente.

La hipertensión ocular está originada por el aumento de volumen del humor acuoso, que puede producirse por dos mecanismos:

a) Por aumento de la secreción: es poco frecuente.
b) Por disminución de la evacuación: es el factor fundamental, suele haber un obstáculo en la eliminación del humor acuoso.

GLAUCOMA CRÓNICO SIMPLE (O GLAUCOMA PRIMARIO DE ÁNGULO ABIERTO)

Es la forma más frecuente de glaucoma.

En la mayoría de los casos aparece en la edad media de la vida, o algo más tarde. Afecta a un 1-2% de la población, y a un 4% de los mayores de 40 años. Aumenta su incidencia en determinados grupos de pacientes con más riesgo por padecer:

— Miopía elevada.
— Antecedentes familiares de glaucoma.
— Diabetes.
— Enfermedades cardiovasculares.

La evolución suele ser muy lenta, de años pero sin el tratamiento adecuado acabará en la ceguera.

Afecta a ambos ojos, aunque puede estar más avanzado en uno de ellos.

Por lo general, no produce síntomas, aunque en algunos casos puede haber dolor ocular e incluso dolor de cabeza. Con frecuencia, el paciente no se da cuenta de su enfermedad durante mucho tiempo, por lo que no acude a su médico ni al oftalmólogo, y un día, al taparse de manera casual un ojo, descubre que ve mal por el otro, momento en que la enfermedad está ya avanzada.

Mecanismo de producción

Existe una obstrucción que dificulta el drenaje del humor acuoso y eleva la PIO. Consecuencia de esto es el daño que se produce en el nervio óptico y las alteraciones del campo visual.

Diagnóstico

Se encuentran tres signos fundamentales:

a) PIO elevada:

En esta forma de glaucoma no suele aparecer tan elevada como en el glaucoma agudo, oscilando entre 21 y 40 mmHg.

En ocasiones, el primer cambio es una exageración de las variaciones normales a lo largo del día.

b) Aumento de la excavación de la papila:

En el examen del fondo de ojo, por la lesión glaucomatosa del nervio óptico se produce una pérdida de tejido nervioso y con ello una excavación mayor de la papila óptica.

c) Defectos característicos del campo visual:

Al principio puede haber pequeñas zonas ciegas en el campo visual, que con el tiempo van creciendo de modo que al final sólo persiste un pequeño islote de visión en el campo temporal (visión en cañón de escopeta).

d) Ángulo abierto.

Tratamiento

Su finalidad es evitar la progresión del proceso. Se utilizan fármacos en forma de colirios o pomadas. Es permanente, de por vida. Hay que aplicarlos todos los días, a las horas precisas para que sea efectivo:

— Mióticos: el más utilizado es la pilocarpina al 1 ó 2%, favorece la evacuación del humor acuoso.
— Simpaticomiméticos: son midriáticos, como los derivados de la epinefrina, que aumentan la salida del humor acuoso y disminuyen su formación.
— Otros fármacos que disminuyen la producción de humor acuoso, como el timolol, la acetazolamida, etc.

Cuando no responde al tratamiento hay que recurrir a la cirugía o al láser.

GLAUCOMA PRIMARIO DE ÁNGULO ESTRECHO

En esta enfermedad se pueden distinguir varias etapas:

Preglaucoma

Es un período de absoluta normalidad, tanto en lo que se refiere a la PIO, como en la ausencia de molestias sentidas por el paciente. Lo que caracteriza a este estadio es la presencia de un ángulo iridocorneal estrecho (en la hipermetropía elevada) lo que supone un peligro potencial de desarrollar glaucoma.

Ataques prodrómicos

En estos ataques se produce un cierre transitorio del ángulo de drenaje y, por tanto, elevación de la PIO. Generalmente, revierte espontáneamente.

¿CÓMO SE PREVIENE EL GLAUCOMA?

El glaucoma crónico simple aparece a partir de la edad media de la vida y su evolución es gradual, lenta, y en general, no produce síntomas, de ahí la importancia de la prevención.

Todo enfermo glaucomatoso no tratado adecuadamente acabará en ceguera irreversible.

Se recomienda la toma de tensión ocular a todos los mayores de 40 años, sobre todo si existe algún factor de riesgo añadido como es tener algún familiar con glaucoma.

Se pueden desencadenar por diversos factores que producen midriasis, esto es, dilatación de las pupilas: trabajo excesivo, ansiedad, oscuridad, instilación de colirios midriáticos, etc.

El paciente puede notar cierta nubosidad visual, halos coloreados rodeando las luces y dolor de cabeza.

Ataque agudo de glaucoma

Suele estar precedido por ataques intermitentes, aunque a veces aparece de forma brusca en un sujeto que nunca había tenido antes ningún síntoma.

Se inicia súbitamente con dolor intenso en el ojo y su alrededor (conocido popularmente como "el dolor del clavo"), acompañado de sudación abundante, náuseas y vómitos, bradicardia e hipotensión arterial.

El ojo se cierra de forma refleja y lagrimea. Al abrir el ojo, se observa cierto edema en los párpados y la conjuntiva, que aparece muy congestionada y de color rojo oscuro (ojo rojo y doloroso), sobre todo alrededor de la córnea. La pupila está dilatada, deformada y no reacciona a la luz. Al comprimir digitalmente el globo ocular se comprueba una dureza pétrea. Al reflejar la luz de una linterna sobre el ojo, la córnea muestra un aspecto turbio, opaco.

La PIO, medida por tonometría, se encuentra por encima de los 40 mm Hg. La gonioscopia, técnica de visualización del ángulo iridocorneal, demuestra el cierre de dicho ángulo.

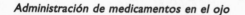

Administración de medicamentos en el ojo

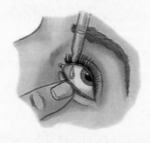

Las pomadas, al igual que los colirios, se aplican en la parte interna del párpado inferior, tirando suavemente del mismo acia abajo con un dedo.

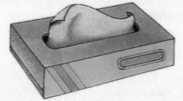

Para limpiar los restos de fármacos oculares hay que utilizar siempre pañuelos asépticos.

NOTA

El ataque agudo de glaucoma es una verdadera urgencia oftalmológica que si no se trata con prontitud puede producir un daño ocular irreversible en pocas horas.

Glaucoma congestivo crónico

Cada ataque agudo puede dejar como secuela una considerable disminución de la agudeza visual, y la PIO puede permanecer elevada entre los ataques caracterizando esta fase.

Glaucoma absoluto

Cuando el proceso no se detiene se llega a esta etapa final, con ceguera total por isquemia y atrofia de la retina.

Tratamiento

a) *Tratamiento de la crisis*

Incluye varias medidas:

— Tratamiento del dolor y de las náuseas y vómitos.
— Disminución del contenido acuoso del ojo, mediante manitol por vía intravenosa o glicerol por vía oral.
— Inhibición de la producción de humor acuoso, mediante acetazolamida.
— Apertura del ángulo iridocorneal, mediante mióticos como la pilocarpina en concentraciones del 1 al 4%.
— Corticoides tópicos puesto que existe un gran componente inflamatorio.

b) *Tratamiento definitivo*

Quirúrgico o por láser. Se suele realizar cuando ha cedido el ataque, y de urgencia cuando el ataque no responde al tratamiento médico.

AFECCIONES DE LA CÓRNEA

La córnea se caracteriza por su transparencia, que es posible gracias a que no posee vasos, su bajo contenido en agua, no tiene pigmento y los nervios no tienen mielina.

Cuando la córnea se lesiona en todo su espesor, se repara formando una cicatriz que deja una opacidad corneal, perdiendo así su transparencia, lo que será más incapacitante para la visión si afecta a la zona correspondiente a la pupila que si está en la periferia de la córnea.

Si el proceso se cronifica, en lugar de repararse el defecto, se forman nuevos vasos en la conjuntiva que invaden la córnea y se produce edema corneal. El resultado es que la córnea pierde su transparencia, con dolor. Cuanto más crónica es la lesión, mayor gravedad.

En general, las alteraciones corneales van a expresarse por alguno de los siguientes síntomas:

— Pérdida de visión y deslumbramiento.
— Dolor, que aumenta con el parpadeo.
— Inyección ciliar (enrojecimiento alrededor de la córnea), intolerancia a la luz, lagrimeo y blefaroespasmo (el párpado superior se cierra de forma refleja).

INFLAMACIONES CORNEALES: QUERATITIS

Se producen por diversas causas: tóxicos, alergia, infecciones, traumatismos, etc.

Según su morfología y extensión se observan distintos tipos de queratitis, entre las que destacan las **úlceras corneales.** En éstas hay pérdida de sustancia, es una herida en la córnea, que generalmente se cura por cicatrización. Para su tratamiento es importante eliminar todo factor mecánico o tóxico que perpetúe la úlcera y prevenir la infección o combatirla cuando es la causa de la úlcera. Es conveniente el reposo ocular mediante la utilización de colirios que producen dilatación pupilar, y si no hay infección, se debe realizar vendaje oclusivo para evitar el roce de la úlcera por el parpadeo.

PATOLOGÍA DE LA RETINA

La retina constituye la membrana más interna del globo ocular, en contacto con el cuerpo vítreo. Es transparente, aunque al verla con el oftalmoscopio tiene color rojizo porque la coroides está debajo de ella.

Recordemos que en la retina se distingue la papila, que corresponde a la porción más anterior del nervio óptico, y de la cual emergen la arteria y la vena central de la retina; y la mácula, más pigmentada, en cuyo centro la retina se adelgaza y da lugar a la fóvea, en donde no hay vasos; es la zona de mayor discriminación visual.

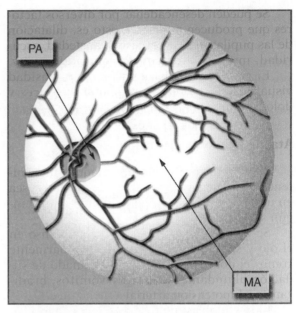

Aspecto que presenta un fondo de ojo normal y su esquema. MA = mácula, PA = papila.

DESPRENDIMIENTO DE RETINA

Consiste en la separación que se produce entre la retina sensorial y el epitelio pigmentario, por acúmulo de líquido entre ambos.

Se distinguen dos grandes tipos de desprendimientos:

— Regmatógenos: Por un desgarro en la retina que deja pasar el humor vítreo.
— Secundarios: Por afectación de la coroides o por afectaciones generales como la hipertensión arterial, vasculitis, etc.

Describimos a continuación el desprendimiento de retina regmatógeno.

Factores que contribuyen a su aparición:

— Existencia de un desgarro o agujero en la retina.
— Envejecimiento del vítreo.
— Afaquia (es la ausencia de cristalino).
— Traumatismos sobre el ojo o a distancia.

Su frecuencia de aparición en la población es de 5 a 10 casos por 100.000 habitantes y año. Predomina en miopes y personas por encima de los 60 años.

Tiene un comienzo brusco, precedido de la visión de "moscas volantes", o de visión turbia como una "tela de araña", correspondientes a restos de hemorragias que flotan en el vítreo. A veces, se ven también luces azuladas por la irritación de la retina a nivel del desgarro. Seguidamente aparece una "sombra", que va progresando hasta afectar en mayor o menor medida la visión del ojo, que sólo ve "bultos" o luces.

Mediante la oftalmoscopia se llega al diagnóstico de certeza.

El tratamiento en la actualidad es siempre quirúrgico o con láser. Debe realizarse lo antes posible, pues así la recuperación será mayor. Mientras tanto, es fundamental el reposo postural, tumbado con la cabeza ladeada hacia el desgarro y los ojos tapados.

LEUCOCORIAS

Se define como leucocoria el reflejo pupilar blanquecino. La importancia y gravedad de este signo hace aconsejable que el paciente sea valorado inmediatamente por el oftalmólogo.

Este signo aparece en tres enfermedades importantes, propias de la infancia:

— Catarata congénita (ya mencionada).
— Retinoblastoma.
— Pseudoglioma.

El **retinoblastoma** es uno de los tumores malignos más frecuentes de la infancia (aparece antes de los 3 años de edad). En la mitad de los casos es hereditario. Su primer signo suele ser la leucocoria; en otros casos, debuta como un estrabismo.

Por pseudoglioma se entiende un grupo numeroso de procesos, entre los que destacamos la **retinopatía de los prematuros** que aparece en los recién nacidos de bajo peso que han necesitado oxigenoterapia.

AFECCIONES VASCULARES DE LA RETINA

La retina se nutre en sus dos tercios internos a través de la arteria central de la retina y en su tercio externo por la coriocapilar. La sangre arterial es recogida por vénulas que desembocan en la vena central de la retina.

La retina es muy sensible a la disminución del flujo de sangre oxigenada, produciéndose la muerte del tejido a los 100 minutos de isquemia (falta local de sangre arterial).

Causas de isquemia retiniana:

— Anemia aguda: en shock, hemorragias masivas, etc.
— Obstrucción carotídea.
— Obstrucción de la arteria central de la retina o sus ramas: por émbolos de colesterol, o plaquetarios, o más rara vez, gaseosos, grasos, etc.; por trombosis en pacientes mayores, hipertensos, con arteriosclerosis, etc.; por espasmos vasculares.
— Obstrucción de la vena central de la retina.

— Obstrucción capilar retiniana de predominio periférico.

La clínica consiste en cuadros transitorios de pérdida brusca de visión por un ojo, total o parcial, indolora, de duración variable, lo que se conoce como "amaurosis fugax". Cuando la causa es persistente, el defecto es irreversible.

El tratamiento suele ser, por desgracia, poco eficaz, ya que cuando el paciente acude al médico suelen haber transcurrido 2 ó 3 horas desde el inicio del cuadro, cuando el defecto es ya irreversible.

PATOLOGÍA DE LA CONJUNTIVA

La conjuntiva es una membrana mucosa, delgada y transparente que tapiza la superficie interna de los párpados y la superficie anterior del globo ocular. Está muy vascularizada. Alberga las glándulas lagrimales accesorias. Está inervada por el nervio trigémino.

CONJUNTIVITIS

Es una afección inflamatoria de carácter benigno, aunque en ocasiones puede causar serios trastornos del aparato visual.

Según su evolución pueden ser agudas, subagudas o crónicas.

Se manifiesta por:

a) Congestión y dilatación vascular, con enrojecimiento más marcado en los extremos del ojo (inyección conjuntival).

b) Edema inflamatorio.

c) Secreciones, cuyo aspecto varía según el agente causal: secreciones acuosas, en las víricas; secreciones mucosas, en las alérgicas; secreciones purulentas, en las bacterianas. Son las conocidas "legañas", que provocan la aglutinación de las pestañas, sobre todo cuando el paciente se despierta.

d) Papilas y folículos conjuntivales, que le dan un aspecto de empedrado.

El paciente presenta escozor, irritación, lagrimeo, sensación de tener arenilla en los ojos, y a veces intolerancia a la luz, pero nunca dolor.

No afecta a la visión.

Pueden deberse a diversos factores: virus (muy contagiosas), bacterias, alergia, agentes irritantes del medio ambiente o en contacto con el ojo, defectos de refracción mal corregi-

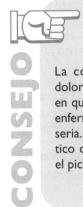

¿ES DOLOROSA LA CONJUNTIVITIS?

La conjuntivitis per se nunca produce dolor y si éste se constata hay que pensar en que existe, además, daño corneal u otra enfermedad ocular distinta, por lo general, seria. No hay que confundir el dolor auténtico con la sensación de cuerpo extraño o el picor, escozor, etc.

dos, e incluso factores generales (digestivos, metabólicos...).

A veces son precisos análisis de laboratorio (raspado conjuntival, tinciones, cultivos, estudios alérgicos...) para llegar a un diagnóstico exacto del origen de la conjuntivitis y así, poder poner el tratamiento adecuado.

En el tratamiento de las conjuntivitis infecciosas deben observarse unas medidas generales, además de aplicar el antibiótico correcto, que consisten en lavados con suero fisiológico o agua hervida, para evitar que se acumulen las secreciones que son un cúmulo de gérmenes. Debe evitarse el vendaje ocular.

Los antibióticos se aplican en forma de colirios durante el día y en pomada durante la noche, al menos durante una semana.

En las de origen alérgico, lo ideal es la eliminación del alérgeno, pero a veces es muy difícil identificarlo. Mejoran con antihistamínicos y corticoides.

Existe una forma de conjuntivitis propia de portadores de lentillas que se caracteriza por la formación de papilas gigantes, cuyo tratamiento es bastante pobre y muchas veces obliga a retirar las lentillas.

PATOLOGÍA DE LOS PÁRPADOS

Los párpados cumplen tres funciones fundamentales:

— Protección del globo ocular.
— Mantenimiento de la película lagrimal precorneal. Se producen de 10 a 20 parpadeos por minuto, para difundir la lágrima. Al cerrar los ojos impiden la evaporación.
— Al cerrarse durante el reposo evitan la estimulación visual.

A continuación describimos brevemente algunas enfermedades o defectos que pueden presentar los párpados.

EDEMA PALPEBRAL

El párpado es un lugar con tendencia para acumular líquido. Las causas pueden ser locales, como el orzuelo, o por inflamación de estructuras vecinas, como celulitis orbitaria, sinusitis, etc., o causas generales, como nefropatías, urticaria, etc.

El edema inflamatorio local es doloroso, hay enrojecimiento y calor local a diferencia del no inflamatorio en el que el párpado está frío y pálido aunque hinchado.

HEMORRAGIA PALPEBRAL

Es el típico "ojo morado". Suele estar producido por traumatismos, locales o de vecindad (fractura de la base del cráneo, hemorragias orbitarias, etc.). Cuando el golpe es sobre el párpado la sangre aparece inmediatamente, mientras que si afecta a estructuras vecinas aparece 24 ó 48 horas después.

Es conveniente colocar de inmediato compresas de agua fría.

BLEFARITIS

Es la inflamación del borde libre del párpado. Suele tener un curso crónico. Produce molestias como escozor o quemazón y suele haber escamas en la raíz de las pestañas, con pérdida de pestañas. Con frecuencia se asocia a conjuntivitis y a dermatitis seborreica.

En su tratamiento juega un papel fundamental la higiene diaria meticulosa del borde palpebral.

ORZUELO

Es la inflamación aguda abscesificada de alguna glándula del párpado, que suele estar causada por el estafilococo. Hay dolor intenso, enrojecimiento local y a veces un punto de pus.

El uso de calor húmedo y antibióticos en forma de pomadas acelera la curación.

ENTROPIÓN Y ECTROPIÓN

Son alteraciones de la posición del borde palpebral inferior, que está rotado hacia dentro en el entropión, de modo que las pestañas irritan y pueden incluso ulcerar la córnea. En el ectropión, está hacia fuera, por lo que hay lagrimeo constante y si es muy marcado puede dejar la córnea expuesta y alterarse ésta. Ambos procesos aparecen, sobre todo, en ancianos.

ESTRABISMOS

Estrabismo es la pérdida de paralelismo entre ambos ojos.

En condiciones normales, los objetos se ven con los dos ojos. Ambos fijan simultáneamente el mismo objeto y forman cada uno de ellos una imagen de igual tamaño, forma e intensidad que se percibe como una imagen única.

La visión binocular depende del perfecto equilibrio de los sistemas sensorial y motor.

El sistema sensorial debe contar con una correspondencia retiniana normal y con máxima agudeza visual en la fóvea.

El aparato oculomotor está compuesto por un conjunto de estructuras neurológicas y musculares que controlan la posición y el movimiento de los ojos.

Los músculos que dan movilidad a los globos oculares son seis para cada ojo. Su contracción coordinada permite la movilización simultánea de ambos ojos.

El control neurológico se realiza por los pares craneales III (nervio motor ocular común), IV (nervio patético) y VI (nervio motor ocular externo) cuya información parte de la corteza cerebral y del cerebelo.

DESARROLLO BINOCULAR

En el nacimiento, el niño no presenta todavía ni visión nítida ni binocular.

El desarrollo de la fóvea no se completa hasta los 3-6 meses después del nacimiento. A los 3 años alcanza el máximo desarrollo sensorial y el proceso completo de visión binocular se alcanza a los 5-6 años.

Si antes de los tres años de edad existe algún problema, el sistema nervioso central es capaz de adaptarse a él y concluido el desarrollo queda fijado así, aunque sea anormal.

CAUSAS DE ESTRABISMO

a) Parálisis musculares que originan los llamados estrabismos paralíticos.

b) Esenciales o idiopáticos, los más frecuentes (el 65%), se afecta el sistema motor ocular por causas desconocidas.

c) Acomodativos (15-20%).

d) Interferencia sensorial, por cualquier causa que impida una correcta agudeza visual (catarata unilateral, un retinoblastoma, etc.).

e) Otras más raras.

SIGNOS DE LAS PARÁLISIS OCULOMOTORAS

a) Limitación del movimiento ocular en la dirección del campo de acción del músculo paralizado. Esto conlleva que exista una desviación entre ambos ojos, con pérdida de su normal paralelismo, que es más evidente cuando la mirada se dirige hacia el campo de acción del músculo paralizado y mínima en la posición contraria.

b) Tortícolis, posición anómala de la cabeza de carácter compensador.

c) Visión doble.

d) Dificultad para localizar en el espacio los objetos.

e) Dolor o disconfort visual.

f) A veces, náuseas, vómitos o vértigo.

g) En los niños entre 0 y 10 años es frecuente que se asocie a ojo vago (ojo con menor agudeza visual que el ojo sano).

ESTRABISMO CONCOMITANTE

Existe otro tipo de estrabismo que, al contrario de lo que ocurre en las parálisis oculomotoras, mantiene constante el grado de desviación ocular en las diferentes posiciones de la mirada. Uno de los ojos adopta la posición correcta para fijar los objetos de la mirada y el otro se desvía, con gran tendencia de dicho ojo a hacerse vago. Puede deberse a defectos de refracción en el niño, a cirugía previa, sensorial, etc.

AMBLIOPÍA

Este término, derivado del griego, significa dificultad de visión y es lo que se conoce por **ojo vago.** Es un desequilibrio entre la agudeza visual de ambos ojos, lo que tiene una importancia especial durante el desarrollo visual, que abarca desde el nacimiento hasta los diez años, pues su recuperación dependerá de que desaparezca o se neutralice la causa y se haga el oportuno tratamiento precozmente. Es muy frecuente que en los niños ojo vago y estrabismo vayan asociados.

Causas de ojo vago en la infancia:

— Estrabismo de comienzo en la infancia.

— Ametropías, con más dioptrías en un ojo que en otro.

— Privación temporal de la visión por un ojo, por diversas causas (catarata congénita, opacidad corneal, oclusión ocular, etc.).

Tratamiento

— En niños entre 0 y 10 años: El objetivo principal a esta edad es prevenir el ojo vago, y si éste ya existe estimular al ojo vago mediante oclusión del ojo sano, con ritmo y duración determinada y siempre con severo control periódico por el oftalmólogo, hasta que nivele su agudeza visual. Tras esto, si la causa del estrabismo es irreversible se valorará la cirugía correctora.

— En personas visualmente maduras: Se trata de corregir la visión doble y la desviación, mediante la oclusión del ojo parético, prismas ópticos adaptados en gafas y cirugía si no remite con lo anterior.

17 TRASTORNOS OTORRINO-LARINGOLÓGICOS

INFECCIONES DEL CONDUCTO AUDITIVO EXTERNO

OTITIS EXTERNA O DE LAS PISCINAS

Es una infección de la piel y/o epidermis del conducto auditivo externo, producido, más frecuentemente, por la *Pseudomona aeruginosa.* La humedad y el calor local, junto con un rascado y maceración de la piel, facilitan su colonización. Si las infecciones son recidivantes o recurrentes hay que sospechar que exista un problema dermatológico e incluso una diabetes mellitus no diagnosticadas previamente.

La clínica más frecuente es otalgia con un "trago" doloroso (duele al tocar el relieve cartilaginoso que hay por delante de la entrada del conducto auditivo externo) y dolor cuando el paciente mastica. El paciente refiere sensación de taponamiento con disminución de la audición leve debido al edema del conducto auditivo externo. La otorrea o secreción que se produce es escasa y generalmente serosa o seropurulenta. Es rara la existencia de adenopatías (ganglios) cervicales. La otoscopia (visualización del conducto con una especie de embudo luminoso) muestra un gran edema del conducto auditivo externo que a veces imposi-

bilita la visión del tímpano y hace que la exploración sea dolorosa.

El tratamiento consiste en la protección del conducto auditivo externo, la aplicación de calor seco y la administración de antibióticos tópicos específicos para la *Pseudomona aeruginosa,* como el ciprofloxacino o la gentamicina. Los corticoides se utilizan sólo si hay mucho edema en el CAE.

OTITIS EXTERNA MALIGNA O NECROSANTE

Es una infección muy grave y a veces mortal. Se inicia en la porción cartilaginosa y ósea del CAE extendiéndose posteriormente al cráneo. Es más frecuente en pacientes inmunodeprimidos, ancianos y diabéticos. El germen que se aisla con mayor frecuencia es la *Pseudomona aeruginosa.*

Resulta más dolorosa que la otitis externa simple y se acompaña de una otorrea (secreción) que va disminuyendo a medida que progresa la otitis. Evoluciona afectando los distintos pares craneales, siendo el primero el nervio facial y pudiendo afectar al IX, X, XI, XII, con distintos síntomas neurológicos. Es rara la afectación del V y VI par.

La otoscopia muestra un acúmulo de tejido de granulación en el conducto auditivo externo y a veces una úlcera. Es importante realizar pruebas complementarias para saber la extensión del proceso como una tomografía, una resonancia mágnetica y una gammagrafía ósea. En la analítica de sangre hay una desviación izquierda y un aumento de la velocidad de sedimentación.

Hay que sospechar una otitis externa maligna en toda otitis de un paciente diabético en la que se encuentre un gran tejido de granulación en el conducto auditivo, otalgia (dolor de oído) muy intensa, aumento de la velocidad de sedimentación o afectación de los pares craneales.

OTOMICOSIS

Un ambiente húmedo y caliente favorece el crecimiento de los hongos. El paciente con este tipo de infección en el conducto auditivo externo, presenta un picor intenso producido por la colonización pura por hongos (suele resultar más leve si se trata de una otitis secundaria por sobreinfección bacteriana). Los hongos más frecuentemente aislados son el *Aspergillus* seguido de la *Candida*.

En el conducto auditivo externo se encuentran hifas negras, amarillas o una masa algodonosa blanca según el hongo causante de la otomicosis. Se debe limpiar de manera repetida el conducto auditivo externo y aplicar gotas óticas con antifúngicos junto con agentes acidificantes, que dificultan el crecimiento de estos agentes infecciosos. La medicación vía oral se emplea sólo en los casos graves. Es importante evitar la humedad en el oído.

OTITIS MEDIA AGUDA

Es una infección de la "caja del tímpano" u oído medio, generalmente asociada a infecciones del tracto respiratorio superior que producen un edema y cierre de la trompa de Eustaquio y provocan una aspiración de gérmenes de la nasofarínge al oído. Los gérmenes más frecuentemente aislados son el *Neumococo*, el *Haemophilus influenzae* y la *Moraxella catarrrahalis*.

El paciente tiene mucho dolor, que cede si se produce una perforación espontánea del tímpano, y se evacua por el oído una supuración purulenta. Puede existir sensación de taponamiento y raramente hipoacusia o disminución de la audición. Sólo en otitis graves y no tratadas se produce una parálisis facial. El otoscopio muestra una membrana timpánica abombada y enrojecida y, a veces, supuración purulenta en

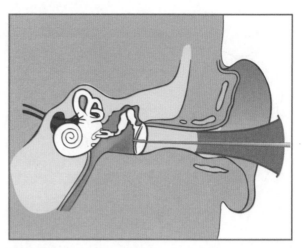

Miringotomía o punción del tímpano para evacuar pus a tensión.

el conducto auditivo externo si se produjo la perforación timpánica. En los niños pequeños, sobre todo lactantes, los síntomas generales (fiebre, malestar, rechazo de la alimentación, etc.) son más manifiestos, mientras que puede no existir otalgia y la presión del trago ser negativa (indolora).

Existen múltiples antibióticos que cubren los gérmenes más frecuentemente aislados, pero el de elección por su buena distribución en el oído, amplio espectro y buena tolerancia es la *amoxicilina con ácido clavulánico* durante un ciclo de 8-10 días, aunque existen otras opciones (cefalosporinas de segunda generación o macrólidos como la azitromicina, que precisan una pauta de sólo tres días de tratamiento). El dolor remitirá con la aplicación de calor seco sobre el pabellón auricular afectado (gasas calientes) y la administración de antiinflamatorios no esteroideos.

En los niños es importante ver la evolución en las primeras 48 horas de tratamiento, momento en el que se valorará por el médico, si la evolución no es buena, la punción del tímpano con una aguja fina para evacuar el contenido del oído medio, lo que acelera la curación y permite realizar cultivo y antibiograma del contenido, por si es preciso modificar el tratamiento antibiótico. Esta maniobra, de bajo riesgo, debe hacerse por el especialista para evitar complicaciones.

SINUSITIS AGUDA Y CRÓNICA

La sinusitis es la inflamación de la mucosa de los senos faciales con una infección sobreañadida en la mayoría de los casos. La localización de la sinusitis va a estar en función de la edad del

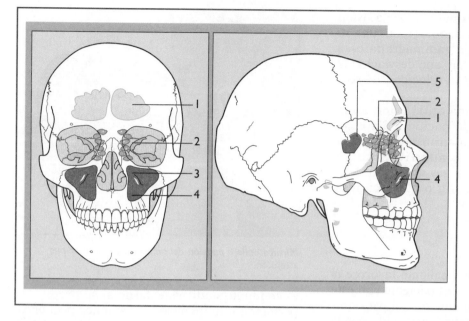

Su tratamiento consiste en administrar antibióticos durante un período entre 10-14 días. Los antibióticos de elección son cefalosporinas (cefuroxima axetilo) o amoxicilina con ácido clavulánico. También se administran vasoconstrictores nasales, antihistamínicos, antiinflamatorios no esteroideos para el dolor y el edema de la mucosa junto con lavados nasales con suero fisiológico. En casos rebeldes, puede ayudar la realización de sesiones de aerosolterapia aplicadas con mascarilla en la que se nebulizan medcamentos antiinfecciosos y antiinflamatorios. La sinusitis crónica puede necesitar una intervención quirúrgica que limpie y ventile el seno afectado de forma crónica.

paciente y de los senos faciales que estén permeables a esa edad, ya que al nacimiento, los senos paranasales no están aireados, proceso que se va produciendo a lo largo del desarrollo infantil. Los más frecuentemente afectados son los senos maxilares, los frontales y los etmoidales.

Suele existir un antecedente de catarros de vías altas de larga duración. Los gérmenes más frecuentemente aislados son los que se encuentran en la cavidad de la orofaringe habitualmente, pero que en condiciones de congestión nasal por catarros de vías altas y disminución del drenaje de los senos colonizan la mucosa de los senos y producen una infección. Estos gérmenes son bacterias como el *Neumococo*, el *H. influenzae*, la *Moraxella catarrahlis*, virus como los *Rhinovirus*, el *Influenzae* o el *Parainfluenzae* y muy rara vez hongos tipo *Aspergillus*.

La clínica de estos pacientes suele ser una rinitis purulenta que no ha mejorado en el plazo de dos semanas. Hay dolor sobre el seno afectado que empeora con las maniobras de Valsalva, al presionarlo y con los cambios de posición de la cabeza. También hay una obstrucción nasal importante y una rinorrea o secreción nasal purulenta que dura más de lo habitual en un resfriado de vías altas.

El diagnóstico es inicialmente de sospecha por la clínica. La palpación sobre los senos es dolorosa y el paciente tiene moco purulento en la cavidad faríngea. Para confirmar la afectación de un seno hay que realizar una radiografía en la cual se observa un engrosamiento de la mucosa del seno y un nivel de líquido retenido dentro de la cavidad. Las radiografías se realizarán en proyecciones especiales que nos permitan ver los distintos senos.

VEGETACIONES ADENOIDEAS

Es un sobrecrecimiento de tejido linfocitario localizado en la parte posterior de la nariz y zona alta de la garganta. Se suele dar en niños de hasta 7 años, porque normalmente después de estas edades regresan y se atrofian.

La más destacada consecuencia de las vegetaciones es la dificultad para la ventilación nasal. Si esto ocurre en un lactante, las complicaciones son importantes, porque llega a dificultar su alimentación. El niño trata entonces de mejorar su respiración nasal mediante la hiperextensión del cuello, produciéndose cierta rigidez en el mismo, que es una posición compensatoria.

Si las adenoides están infectadas, producen de manera persistente rinitis. A su vez, la dificultad de respiración por la nariz, junto con la inflamación de la mucosa nasal y la retención de moco, favorece la formación de sinusitis (etmoiditis en lactantes y sinusitis maxilar en los párvulos). La respiración continua por la boca acaba produciendo la llamada *facies adenoidea* (paladar ojival, boca entreabierta y proyectada), si no se corrige a tiempo.

FARINGOAMIGDALITIS

La faringoamigdalitis es una inflamación de las amígdalas de la faringe. Hasta el 15-40% de los niños tiene una infección por un virus que tan sólo precisa de medidas generales y sintomáticas hasta su curación. En otros casos se tratan de cuadros bacterianos que exigen un tratamiento antibiótico convencional.

Con frecuencia se presenta en niños que tienen una hipertrofia o un mayor crecimiento de las amígdalas o de las adenoides o vegetaciones. Los pacientes tienen odinofagia o dolor de garganta, con una lengua sucia o saburral, mal aliento o halitosis, fiebre que suele ser mayor a 38,5 en los casos producidos por una bacteria y ganglios dolorosos sobre todo bajo el ángulo de la mandíbula.

El diagnóstico se hace por la clínica y en aquellos casos sospechosos de estar causados por el *Streptococo B hemolítico del grupo A*, por un cultivo del exudado faríngeo para confirmar su existencia. El tratamiento consiste en la administración de antibióticos para aquellas faringoamigdalitis en las que sospechemos que la causa es bacteriana. El antibiótico de elección es la penicilina a las dosis adecuadas para el peso y la edad del paciente. Se administra *penicilina G benzatina* vía intramuscular en el glúteo en una sola dosis adecuada al peso del paciente. Podemos también administrarla de forma oral, pero la duración del tratamiento es de 10 días y la tasa de cumplimiento mucho menor. Otras alternativas son la amoxicilina, la amoxicilina-clavulánico o una cefalosporina vía oral. Las indicaciones para una intervención quirúrgica y extirpación de las amígdalas son escasas hoy en día y deben ser valoradas de manera individual por el otorrinolaringólogo.

VÉRTIGO DE CAUSA OTOLÓGICA

La patología del vértigo se localiza en el oído interno o vestíbulo donde existe un grupo de células muy sensibles a los cambios de posición y composición del líquido que ocupa los canales de los que consta el vestíbulo. Al hablar de vértigo, deben distinguirse claramente tres circunstancias de muy distinto significado:

— *El mareo,* en el que el paciente tiene una sensación de desmayo o pérdida de conocimiento con debilidad generalizada, de muy diversas causas (cardiovasculares, digestivas, psicológicas, etc.).

— *El desequilibrio,* que consiste en una sensación de inestabilidad en la marcha y en sus movimientos voluntarios (habitualmente de causa neurológica).

— *El vértigo,* o sensación de giro exterior confirmada cada vez que mira directamente a un objeto (de causa neurológica u otológica).

El vértigo se manifiesta por una sensación, de aparición brusca, de que los objetos que nos rodean giran a nuestro alrededor. La intensidad se modifica con los movimientos de la cabeza y es frecuente que se produzcan náuseas y vómitos.

Existen cuatro grandes causas de vértigo periférico:

— *Síndrome de Meniére.* Produce todos los síntomas típicos de un vértigo periférico junto con antecedentes de dietas hipersódicas y de episodios de tensión emocional. El paciente también puede referir acúfenos (percibe ruidos inexistentes) o sensación de pérdida de audición.

— *Neuronitis vestibular.* Es un cuadro vertiginoso común, que se produce en pacientes con antecedentes de infecciones de las vías respiratorias superiores de causa vírica, aunque también en sujetos afectos de diabetes mellitus o nefropatías.

— *Vertigo posicional paroxístico benigno.* El paciente tiene todos los síntomas ya referidos, que se desencadenan o mejoran al adoptar determinadas posturas de la cabeza.

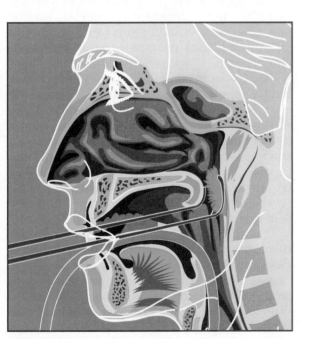

Operación quirúrgica de vegetaciones, cardenoidectomía con cabeza colgante.

— *Cervicoartrosis.* Son muy pocos los médicos que aceptan que la cervicoartrosis sea una causa de vértigo y de mareos. Más bien son los llamados *drop-attacks* o episodios de insuficiencia en la vascularización vertebrobasilar, en los que podría asociarse, junto a otros síntomas neurológicos, una sensación de vértigo con los movimientos de la cabeza.

El diagnóstico de vértigo periférico se confirma con un signo característico en la exploración, el *nistagmus.* Consiste en unos movimientos rápidos de los globos oculares en una dirección alternando con movimientos lentos en la dirección contraria. Estos movimientos son precipitados por varias maniobras que el médico puede realizar en la exploración de un paciente con vértigo. La localización y la dirección del nistagmus nos orientará hacia la causa del vértigo.

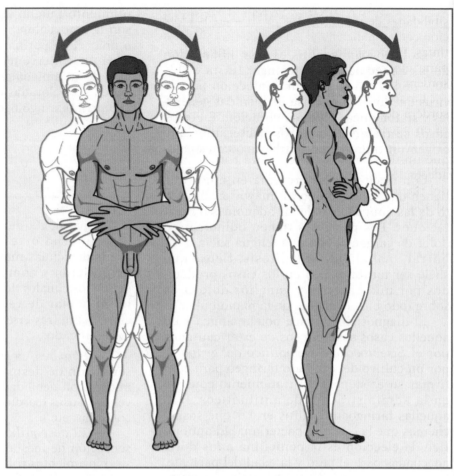

Prueba de Romberg para evaluar las alteraciones vestibulares.

Si el paciente presenta alteraciones de la marcha, dolor de cabeza muy intenso o cualquier otro síntoma neurológico acompañando al vértigo, hay que descartar la existencia de un vértigo *central* (o neurológico) con un peor pronóstico que el vértigo de causa periférica (u otológico).

El tratamiento debe ser individualizado ya que no todos los pacientes responden por igual a una misma terapia. La crisis aguda puede tratarse en la mayoría de los casos de manera ambulatoria con fármacos neurolépticos, fármacos que inhiben los vómitos y, si hace falta, con ansiolíticos como las benzodiacepinas. No está demostrada la utilidad de los fármacos vasodilatadores en los cuadros vertiginosos.

SORDERA O HIPOACUSIA

Es la pérdida o reducción de la capacidad auditiva, llamada *cofosis* cuando es completa. La sordera puede ser de muy diversa causa: enfermedades que alteren al aparato auditivo (tapones, infecciones, tumores, esclerosis de los huesecillos, etc.), traumatismos acústicos (sonidos muy intensos o repetidos), trastornos neurológicos, o el simple envejecimiento que produce una progresiva pérdida de audición.

De forma general, la sordera puede ser debida a problemas de transmisión o de percepción del sonido. Se habla de sordera de *transmisión* cuando se altera el mecanismo normal de conducción de la onda acústica por las estructuras externas del oído. La sordera de percepción supone una alteración grave en las estructuras neurosensoriales encargadas de la recepción de los estímulos acústicos en la corteza cerebral.

Existen distintas pruebas que permiten confirmar la pérdida de audición (audiometría) y determinar el tipo de sordera y algunas de sus causas (desde las tradicionales pruebas de audición y transmisión del estímulo auditivo con diapasones, llamadas prueba de Rinné y de Weber, hasta otras más sofisticadas, como la timpanometría, los estudios de potenciales evocados, etc.). Según el tipo de hipoacusia, las posibilidades de tratamiento o de mejorar la audición con amplificadores del sonido son muy distintas. En ocasiones, existen posibilidades de reparar quirúrgicamente el trastorno que causa la sordera.

La **sordera súbita** es un tipo especial de sordera de causa neurosensorial que se instaura en pocas horas en uno o ambos oídos. En gran número de casos son progresivas, por lo que un diagnóstico precoz y un tratamiento adecuado e inmediato puede salvar la audición del paciente. La mayoría de estos casos son idiopáticos, es decir, desconocemos su causa. Existen hipótesis respecto a su etiología, desde una causa viral, alérgica o autoinmune hasta una insuficiencia vascular brusca. Es más frecuente entre los 30 y los 60 años de edad.

El tratamiento consiste en la administración de sustancias que aumenten el flujo sanguíneo a nivel del oído interno, en la cóclea, como vasodilatadores y antiagregantes plaquetarios para disminuir la coagulabilidad de la sangre. En aquellos casos en los que existe un daño del vestíbulo hay que utilizar corticoides en bolos y a altas dosis. En todas aquellas sorderas en las que no existe una posible corrección quirúrgica y tienen un carácter irreversible se evitarán los medicamentos tóxicos para el oído como el ácido acetilsalicílico y antibióticos como los aminoglucósidos. También hay que evitar el consumo de alcohol, de tabaco y la exposición a ruidos de alta intensidad.

PARÁLISIS FACIAL

La parálisis del nervio facial o séptimo par craneal implica la disfunción de varios múscu-

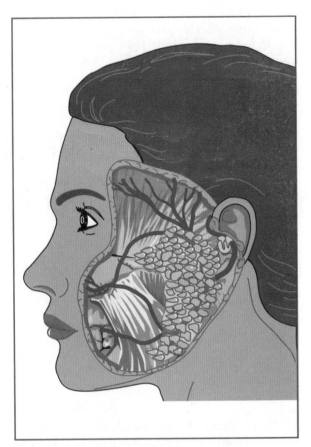

Ramas del nervio facial cuya inflamación o compresión producen parálisis de los músculos de la cara.

los de la cara. Es más frecuente en jóvenes y adultos entre los 20 y los 40 años. En su mayoría, hasta en un 80%, la causa se desconoce y el resto son causas poco frecuentes y que habría que descartar ante el diagnóstico de una parálisis facial,

En cuanto a su localización se puede distinguir la parálisis facial *periférica* y la parálisis facial *central*. La parálisis facial periférica de causa desconocida o idiopática es la más frecuente y se la conoce como parálisis de Bell. El paciente refiere que en los días previos ha sufrido un cuadro catarral. Aparece de forma brusca y el paciente no puede inflar las mejillas, levantar las cejas, formar arrugas en la frente, cerrar los párpados con fuerza, masticar la comida por el lado que está afectado y la comisura de la boca se desvía hacia el lado sano de la cara. La lengua puede también afectarse con una disminución del sentido del gusto en los dos tercios anteriores de la lengua. Es autolimitada y la gran mayoría de los pacientes recuperan la función muscular en pocas semanas.

Las parálisis centrales se deben a afectaciones de los nucleos neurológicos ceerebrales encargados de la audición y en general tienen un peor pronóstico.

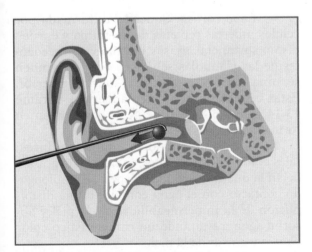

Sordera por cuerpo extraño. La extracción se realiza con un ganchito, mediante lavado del conducto auditivo externo o mediante aspiración.

18 LA PIEL Y EL TACTO. PROBLEMAS DERMATOLÓGICOS

En el adulto, el área total de la piel es de 1'8 metros cuadrados, aproximadamente, y su peso unos 3-4 kilogramos, el doble que el del cerebro.

La piel es fuerte, flexible y capaz de autorregenerarse.

Actúa como barrera y primera línea de defensa contra las agresiones del mundo exterior y la invasión de agentes vivos como bacterias, virus y parásitos.

Es también un órgano sensorial, que detecta los distintos estímulos de presión, temperatura y dolor y contribuye al conocimiento del movimiento o postura que está adoptando el cuerpo en cada momento.

Otras funciones de la piel, no menos importantes, son la regulación de la temperatura corporal, el mantenimiento del equilibrio hídrico y como agente excretor y secretor.

La superficie libre de la piel no es lisa, en ella descubrimos múltiples relieves:

— *Grandes pliegues*: Como los de la piel que recubre las articulaciones.

— *Pequeños pliegues*: Alrededor de los orificios naturales.

— *Cuadrícula normal*: Formada por surcos y elevaciones. Donde más visible se hace es en las palmas de las manos y plantas de los pies, constituyendo las huellas dactilares o dermatoglifos, distintas en cada individuo y fijas, determinadas genéticamente. Constituyen la base de muchos estudios de genética humana y de investigaciones criminales.

ESTRUCTURA

La estructura microscópica de la piel, en contra de lo que pudiera parecer, es muy compleja. Existen tres estratos bien diferenciados:

EPIDERMIS

Es la capa más externa y la única en contacto con el medio externo.

En ella se definen tres compartimentos, ambos constituidos exclusivamente por células:

— *Capa córnea*: Superficial, formada por células muertas repletas de queratina y envueltas en sustancias grasas hidrófobas procedentes de las glándulas sebáceas, que le permiten ser una barrera respecto al mundo exterior. Estas células se mantienen adheridas durante 13-14 días y posteriormente se desprenden en forma de escamas.

Los solventes grasos o emulsificadores, tales como los detergentes, remueven la grasa y dejan la queratina rígida y áspera. El prolongado contacto con el agua conduce a una disminución de la impermeabilidad de la piel y absorbe agua, resultando un característico color blanco y grosor de la piel.

— *Compartimento madurativo*: Es una zona en la que las células se mantienen vivas, con gran actividad metabólica, pero sin capacidad para multiplicarse.

— *Capa basal:* Más profunda, sus células se multiplican continuamente, de modo que cada célula madre origina dos células hijas en 12-14 días, produciéndose unas 1.246 células diarias por mm2 de piel. Estas células vivas, llamadas queratinocitos o células epiteliales, van madurando en la capa madurativa y forman proteínas (queratina) y grasas y a los 13 días de vida se autodestruyen y pasan a la capa córnea.

En condiciones normales hay un equilibrio entre la producción y eliminación de queratinocitos, manteniéndose constante el grosor de la epidermis. Si se produce una solución de continuidad hay un desequilibrio a favor de la multiplicación para cubrir el defecto lo más rápidamente posible.

Otras células de la epidermis, mucho menos numerosas que los queratinocitos, son los melanocitos y las células de Langerhans, cuyo origen no se da en la piel, pero migran hasta ella para desarrollar sus funciones.

DERMIS

Es la capa siguiente en profundidad a la epidermis. El límite entre ambas es nítido aunque con irregularidades que forman las papilas dérmicas y las crestas epidérmicas.

Su grosor oscila entre 1-4 milímetros según la zona del cuerpo: más fina en los párpados y más gruesa en palmas y plantas. Es mayor en el hombre que en la mujer.

Es tejido conjuntivo: hay células dérmicas, células musculares (que cuando se contraen arrugan la piel), músculos erectores de los pelos o músculos horripiladores (responsables de la conocida "piel de gallina"), terminaciones nerviosas, vasos sanguíneos y linfáticos,

EPIDERMIS (EPITELIO PLANO POLIESTRATIFICADO QUERATINIZADO)
Queratinocitos: están organizados en estratos evolutivos: — Germinativo: capa basal.   — Madurativo: estrato espinoso, granuloso y lúcido (sólo en ciertas zonas).   — Funcional: estrato córneo (células muertas).
Melanocitos: en capa basal.
Células de Langerhans: en estrato espinoso, pero son muy móviles.
Células de Merkel: en capa basal.

UNIÓN DERMOEPIDÉRMICA (MEMBRANA BASAL) - DERMIS
Tejido conectivo: — Sustancia fundamental amorfa.   — Colágeno (75% de la dermis).   — Elásticas (4% de la dermis).
Células: — Fibroblastos.   — Histiocitos (¿dendrocito dérmico?).   — Mastocitos.
Red vascular: — Sanguínea: arterias, capilares y venas.   — Linfática: se inicia en dermis.
Terminaciones nerviosas: — Aferentes: receptores sensitivos.   — Eferentes: motoras del sistema nervioso autónomo.

HIPODERMIS (GRASA SUBCUTÁNEA)-ANEJOS EPIDÉRMICOS
Glándulas sudoríparas: — Ecrinas.   — Apocrinas (unidas a folículo).
Folículo pilosebáceo: — Pelo.   — Glándula sebácea.
Uña.

Estructura general del órgano cutáneo

folículos pilosos y glándulas sudoríparas y sebáceas. Entre ellos, fibras colágenas que mantienen el tono cutáneo y dan consistencia a la piel y fibras elásticas gracias a las que la piel es capaz de volver a su posición original tras traccionarla.

Con la edad, las fibras elásticas de la dermis pierden sus propiedades, dejando paso a una piel poco elástica que forma pliegues. Las arrugas faciales se sitúan en perpendicular a la línea de tensión de los músculos situados debajo, de modo que se producen arrugas horizontales en la frente y en las comisuras de los ojos.

HIPODERMIS

Es la grasa subcutánea. No existe límite neto con la dermis.

Está constituida por tejido conjuntivo laxo. Hay células adiposas, en número variable según la región del cuerpo y el estado de nutrición del individuo. Se agrupan formando lóbulos de 1 centímetro de diámetro, rodeados por tractos fibrosos llamados septos, por donde van arterias, linfáticos y venas.

Puede llegar a alcanzar hasta 3 centímetros de grosor, por ejemplo, en el abdomen, y aún más en individuos obesos.

Actúa como almohadilla entre la piel y el plano subyacente, que puede ser óseo, muscular o articular.

El color de la piel de un individuo normal viene determinado por la mezcla del color pardo de la melanina, el color rojo de la sangre de los plexos superficiales de la dermis y el color amarillento de la grasa hipodérmica, tejido conjuntivo dérmico y la queratina de la capa córnea.

FUNCIONES

Son básicas para la vida.

PROTECCIÓN

Las agresiones del mundo exterior son:

— *Mecánicas:* Roces, pinchazos, compresiones, etc., frente a los que la piel resiste gracias a las fibras elásticas y colágenas. Es menos resistente en los niños y los ancianos. Además, la piel es capaz de reforzarse ante estímulos mecánicos repetitivos formando así los conocidos "callos"; éstos se suelen localizar en palmas de manos (en relación con actividades profesionales o deporte) y plantas de pies (por utilización de calzados mal ajustados o alteraciones ortopédicas), son indoloros salvo cuando se inflaman.

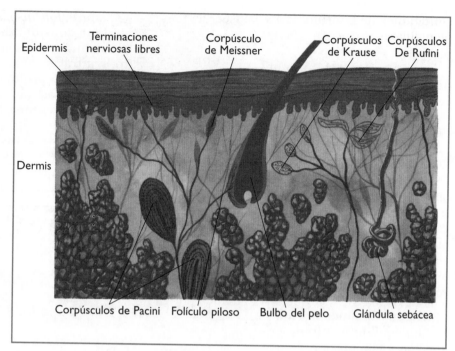

Corte en sección de la piel, que muestra sus principales elementos. La piel tiene como principal misión la de proteger contra las agresiones externas y la de regular la temperatura corporal.

— *Radiaciones ultravioleta:* Estimulan la síntesis de melanina por los melanocitos expuestos a la luz solar dando a la piel un color más o menos bronceado; de este modo, al absorber la radiación ultravioleta, la melanina actúa como una protección frente a los efectos nocivos que pueden tener (envejecimiento, carcinógeno, etc.).

La exposición crónica y repetida a la luz solar o fuentes artificiales de radiaciones ultravioletas produce "envejecimiento prematuro" de la piel, sobre todo, en personas susceptibles, que son las de piel clara (poseen menos melanina protectora). Es frecuente en campesinos, marineros, y cada vez más en gente joven que realiza actividades deportivas al aire libre: tenis, golf, etc.

Todas las razas tienen el mismo número de melanocitos; son las diferencias genéticas las que determinan la cantidad de melanina fabricada por la piel. Si no existe esta sustancia, la piel y el cabello presentan un color blanco, fenómeno conocido como albinismo.

Las pecas aparecen por acúmulos de melanocitos más activos.

— *Químicas:* La capa córnea es impermeable, por lo que impide, por una parte, la desecación del organismo, y por otra, la absorción de sustancias tóxicas.

— *Microorganismos:* Impide su entrada por medio de la exfoliación continua de la capa córnea, su gran sequedad, la ausencia de soluciones de continuidad y las secreciones glandulares.

RELACIÓN

La piel recoge los distintos estímulos de tacto, presión, temperatura, dolor y picor.

El tacto y el olor de la piel juegan un papel muy importante en las relaciones sociales y sexuales.

REGULACIÓN DE LA TEMPERATURA CORPORAL

Contribuye de manera crucial en el mantenimiento de una temperatura constante que oscila de 35,5 a 37,5 °C, que se ve alterada por el frío o el calor ambiental y por la fiebre.

Los mecanismos que utiliza son:

— *Dilatación o contracción de la red vascular de la dermis*, según interese exponer más o menos cantidad de sangre con la temperatura ambiente para perder o conservar calor, respectivamente.

— *Producción de sudor*, que enfría la piel.

— *Aislamiento*, mediante la grasa subcutánea nos protegemos del frío.

— *Contracción de los músculos erectores de los pelos*, lo que produce calor y le da a la piel aspecto de "carne de gallina", desencadenada por el frío, mecanismo productor de calor similar al del temblor por frío o "tiritona", que depende de la repetida contracción y relajación involuntarias de los músculos de la anatomía.

EQUILIBRIO HIDROELECTROLÍTICO

En un adulto se pierde diariamente a través de la epidermis normal entre 250-500 cc.

(*perspiración insensible*) lo cual puede aumentar considerablemente en situaciones ambientales especialmente secas y con viento, y a través de la producción de *sudor* que en ejercicio prolongado, exposición a altas temperaturas, etc. puede llegar a ser hasta de 3 litros en una hora y 8-10 litros en un día, lo que comprometería seriamente la vida si no se reponen inmediatamente estas pérdidas.

También en ciertas enfermedades inflamatorias y ampollosas de la piel y en grandes quemados se producen pérdidas de agua y electrólitos.

METABÓLICA

En la piel se sintetiza la vitamina D3 a partir de un derivado del colesterol, el 7-dehidrocolesterol, y con la exposición a los rayos UVB del sol, y a través de la sangre llega a todo el organismo siendo fundamental para la absorción en el intestino del calcio. Su déficit produce el raquitismo. En los ancianos se enlentece la formación de vitamina D por lo que en ancianos encamados o con falta de sol se hace necesario dar suplementos de calcio y vitamina D para evitar la descalcificación de los huesos.

La piel interviene también en la estimulación del *sistema inmune*.

El tejido adiposo de la hipodermis es una de las fuentes de *estrógenos* (hormonas sexuales femeninas).

ANEJOS DE LA PIEL

El pelo y las uñas son estructuras especializadas, de consistencia dura y composición básica similar a la de la piel.

EL PELO

Son delgados filamentos de queratina. Pueden tener una longitud que va desde varios milímetros hasta más de un metro y su grosor entre 0,005 hasta 0,6 mm.

Cada pelo se forma en un *folículo piloso*, que se origina a partir de una pequeña "yema" de células epidérmicas de la capa basal que se introducen en la dermis.

El folículo se divide en: 1) segmento inferior, desde el bulbo hasta el punto de inserción del músculo erector, 2) istmo, desde el músculo erector hasta el orificio del ducto sebáceo, y 3)

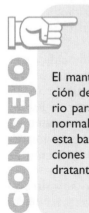

CONSEJO

PROTEJA LA PIEL

El manto ácido que recubre la piel (secreción de las glándulas sebáceas) es necesario para mantener su estructura y función normales. El exceso de jabones destruye esta barrera y es la causa de muchas irritaciones y eczemas cutáneos. Las cremas hidratantes evitan estos problemas.

infundíbulo, desde el orificio del ducto sebáceo hasta la superficie epidérmica.

Los folículos pilosos se distribuyen de forma muy irregular por toda la superficie corporal excepto en palmas y plantas.

El exceso de pelo, llamado hipertricosis, causado por el aumento de la formación de folículos pilosos, puede localizarse en determinadas zonas del cuerpo o ser generalizado. La atriquia, falta congénita de pelo, suele estar relacionada con anomalías de otros derivados ectodérmicos, tales como los dientes y las uñas.

Hay tres tipos de pelo:

— *Lanugo*. Carece de médula y pigmento y corresponde al pelo del feto.

— *Vello*. Es blando, fino, muchas veces sin médula y no crece más de 2 centímetros.

— *Pelo terminal*. Es grueso, con médula y pigmento.

El pelo está formado por células epiteliales muertas situadas de forma concéntrica, es decir, como están situadas las capas de una cebolla, excepto en la raíz, donde existen células vitales que al multiplicarse sin cesar hacen que el pelo crezca en longitud. El pelo, por tanto, crece por su raíz, ya que el crecimiento se produce por multiplicación de las células de su base, la matriz del pelo.

En un corte transversal del pelo se aprecia la vaina epitelial externa, la interna y el tallo, que presenta a su vez, cutícula, corteza y médula.

Longitudinalmente, en el pelo se distinguen dos partes: el bulbo o raíz, situado en hipodermis y formado por queratinocitos y melanocitos que origina el tallo y la vaina interna, y el tallo, que sobresale más allá de la superficie de la piel.

La pigmentación del pelo se atribuye a la melanina que se deposita en la corteza del pelo y el color resultante depende de la cantidad de melanina que cada persona posea, de modo que los individuos con el pelo rubio tienen menos pigmento que los morenos. En el caso de los cabellos pelirrojos, existe además otro pigmento adicional responsable del color rojizo de los mismos.

A medida que pasan los años disminuye la cantidad de melanina, apareciendo entonces el pelo de color gris o blanco. Es lo que conocemos con el nombre de canas. Algunas veces, este proceso se da en personas jóvenes, observándose en varios miembros de una misma familia el trastorno que se conoce con el nombre de hipomelanosis familiar.

Cada pelo tiene un ciclo biológico con tres fases:

— *Anagen*: Fase activa con gran proliferación en la matriz. Tiene una duración variable que oscila entre dos y cinco años.

— *Catagen:* Se detiene la multiplicación matricial tanto del tallo como del pigmento. Dura tres semanas.

— *Telogen*: Es la fase de caída. El pelo en catagen va perdiendo la adherencia en el folículo y se elimina. Dura unos tres meses, pero es muy variable en función de tracciones externas. Al mismo tiempo, en el mismo folículo hay nueva actividad de la matriz iniciando un nuevo pelo anagénico que lo sustituye.

El control del folículo es hormonal y similar al de la glándula sebácea.

En el cuero cabelludo la proporción de pelos en anagen/telogen es de 9/1; considerando que el número de folículos en cuero cabelludo es de unos 100.000 y que el promedio de días de fase anagen es 1.000 días y telogen 100 días, el número de cabellos que fisiológicamente puede perder a diario un adulto es de un centenar.

La calvicie común, también conocida como alopecia androgénica, es un proceso fisiológico, que afecta a muchos varones a partir de los 25-40 años y a algunas mujeres a partir de los 35-50 años. Existe un factor genético y además, está directamente relacionada con las hormonas sexuales masculinas. No hay hasta el momento, tratamiento eficaz. Los cabellos se van volviendo cada vez más finos, cortos y sin pigmento. Se acorta la fase de anagen y aumenta, por tanto, el número de cabellos en telogen.

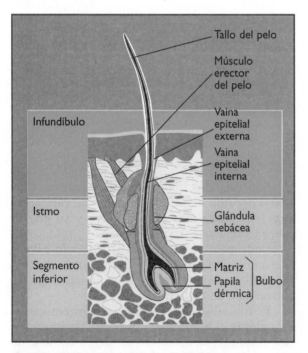

Corte longitudinal de un folículo pilosebáceo.

LA HERENCIA Y EL CABELLO

HOMBRE

TIPO A
DOS GENES DE CALVICIE
(Todos sus hijos serán calvos y si su mujer es A las hijas también).

TIPO B
UN SOLO GEN DE CALVICIE
(El efecto será igual que con los dos genes, pero sólo serán afectados uno de cada dos hijos).

TIPO C
DOS GENES NORMALES
(Sus hijos no serán calvos a no ser que su mujer sea de los tipos A o B).

MUJER

TIPO A
DOS GENES DE CALVICIE
(Cabello fino y calvicie parcial, sus hijos serán calvos).

TIPO B
UN SOLO GEN DE CALVICIE
(Ningún efecto en la mujer, pero uno de cada dos de sus hijos será calvo).

TIPO C
DOS GENES NORMALES
(Sus hijos no serán calvos a no ser que su esposo lo sea).

Símbolo genético de la calvicie.
• Dominante en el hombre. • Uno produce la calvicie.
• Uno en la mujer es recesivo o se suprime. Hace fala dos para producir algo de calvicie.
Símbolo genético del cabello normal.

Carácter hereditario de la calvicie.

GLÁNDULAS SEBÁCEAS

Son glándulas presentes en todo el cuerpo, salvo palmas y plantas. La densidad es variable, máxima en cara y zona alta del tórax y mínima en dorso de manos.

Siempre están asociadas al folículo piloso, aunque hay excepciones como en el borde libre del labio, areola mamaria, etc.

Su misión consiste en producir un manto graso, conocido como *sebo*, que protege la capa córnea de la epidermis y el tallo del pelo e impide la excesiva evaporación de agua. El sebo mantiene el cabello suave, flexible y brillante.

Las glándulas sebáceas tienen una capa basal donde se originan todas las células sebáceas; éstas se llenan progresivamente de lípidos hasta que se destruyen, constituyendo toda la célula la secreción *(secreción holocrina)*. La secreción o sebo se compone de ésteres de las ceras, escualeno y triglicéridos (sustancias lipídicas o grasas) También contiene sustancias bactericidas.

El control es totalmente hormonal por andrógenos (hormonas sexuales masculinas).

Su exceso de secreción fácilmente produce obstrucción de los poros, formándose así los comedones que si se infectan o se inflaman dan lugar al acné florido.

En el neonato, la piel está cubierta por una sustancia blanquecina, llamada vernix caseosa o unto sebáceo, formada por la secreción de las glándulas sebáceas y células epidérmicas y pelos degenerados. Protege a la piel contra la maceración por el líquido amniótico.

¿FUNCIONAN LOS CRECEPELOS?

Hasta hace pocos años, ningún remedio se había mostrado realmente eficaz en tratar la calvicie androgenética. En la actualidad, existen alternativas eficaces, tanto por vía tópica como oral. Su uso debe ser controlado por un médico.

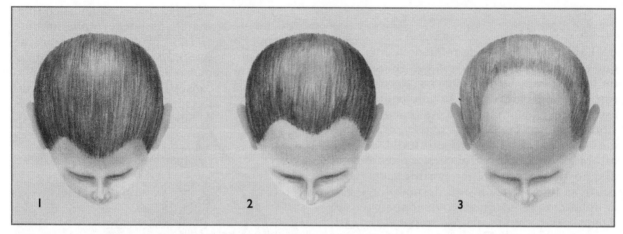

Desarrollo de la calvicie masculina: 1. Retroceso de la línea delantera mientras se aclara la coronilla. 2. Intensificación de la fase anterior. 3. Unión de la parte delantera y trasera, mientras progresivamente se aclara de pelo todo el cuero cabelludo.

GLÁNDULAS SUDORÍPARAS

Constan de dos partes: un ovillo secretor situado en la dermis profunda, y un túbulo excretor que transporta el sudor desde el ovillo a la superficie cutánea, donde se abre como una depresión o poro.

Existen dos tipos:

Ecrinas

Hay alrededor de 2 ó 3 millones, repartidas por toda la superficie cutánea, siendo más numerosas en palmas y plantas. Segregan sudor ante variaciones de la temperatura sanguínea, ya sea por calor ambiental, o por fiebre o ejercicio físico, mediante control nervioso. Además de la sudación térmica, hay también sudación emocional por estrés, en palmas, plantas, axilas y frente; y sudación gustativa en la zona central de la cara tras la ingesta de comidas calientes y picantes.

Su secreción es *merocrina*, esto es, no precisa la destrucción celular para producirse.

El sudor tiene un pH ácido de 4,5-5,5. Se compone de agua (99%) y cloruro sódico, potasio, amoníaco, urea y lactatos. Ocasionalmente se eliminan sustancias por el sudor, como medicamentos, inmunoglobulinas, etc.

Su misión local es hidratar la capa córnea, regular la temperatura e intervenir en mantener el equilibrio hidroelectrolítico.

Apocrinas

Tienen secreción odorífera y se desarrollan en la pubertad.

Se localizan sólo en ciertas regiones: anogenital, periumbilical, axilas, vestíbulo nasal.

El túbulo excretor desemboca en el folículo pilosebáceo. El control de su secreción es hormonal.

UÑAS

Las uñas del ser humano son el equivalente de las garras, cuernos y pezuñas de los animales, y sirven para proteger los dedos de los pies y de las manos.

Las uñas son formaciones parecidas al pelo, cuyo crecimiento al igual que el de éstos, comienza al tercer mes de vida fetal. Se encuentran en la cara dorsal de las falanges terminales de los dedos de manos y pies.

La *placa ungueal* está constituida por escamas fuertemente apretadas, que son los residuos muertos de células epiteliales de la capa córnea, endurecidas por la queratina.

En la uña distinguimos: la raíz de la uña, que se introduce bajo la piel; el cuerpo de la uña, parte visible cuyo borde libre se va extendiendo hacia delante conforme va creciendo la uña y se desgasta gradualmente o se corta.

La uña es semitransparente. Cerca de la raíz tiene un color blanquecino en forma de media luna por lo que recibe el nombre de lúnula.

La superficie de la piel cubierta por la uña se llama *lecho ungueal*. La fisura que separa la piel que rodea a la uña (rodete ungueal) de la propia uña es el surco ungueal.

El epitelio que recubre el lecho ungueal en la zona de la lúnula es el encargado de la formación de la sustancia de la uña y corresponde a la *matriz ungueal*. A medida que la uña se va formando en la matriz se va desplazando hacia delante.

Tanto el pelo como las uñas no son elementos indispensables para la vida, por esta razón los trastornos que puedan producirse en ellos suelen originar problemas estéticos más que verdaderos problemas de salud.

ENFERMEDADES DE LA PIEL

La dermatología es la rama de la medicina que aborda la identificación y el tratamiento de las lesiones dermatológicas. De todas las especialidades médicas es la que menos infraestructura y aparataje necesita, pues es la visión directa de las lesiones que la piel del paciente presenta ("el ojo clínico"), la que establece en la mayor parte de ocasiones el diagnóstico. Tras ello, las posibilidades terapéuticas más utilizadas en dermatología son la aplicación de medicamentos tópicos (en lociones, geles, cremas, pastas, ungüentos o polvos), el uso de ciertos fármacos orales (corticoides, antibióticos, etc.), la exposición a radiación ultravioleta, la destrucción de tumores mediante frío (crioterapia) o calor (fulguración con bisturí eléctrico) o la propia cirugía dermatológica.

Por la complejidad que el diagnóstico diferencial en dermatología puede conllevar, ante la semejanza para el profano de lesiones de muy distinto significado y pronóstico (completamente inocentes o auténticos tumores malignos), resulta aconsejable consultar con el médico cualquier afección cutánea que persista más de lo razonable. Valga a modo de ejemplo, la siguiente selección de enfermedades cutáneas frecuentes que se presentan a modo de atlas.

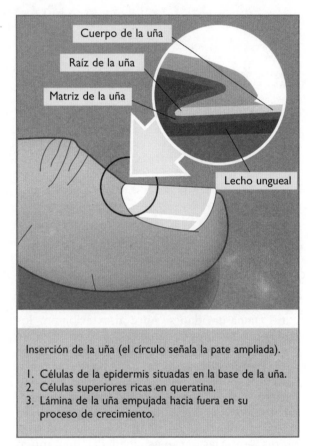

Inserción de la uña (el círculo señala la pate ampliada).

1. Células de la epidermis situadas en la base de la uña.
2. Células superiores ricas en queratina.
3. Lámina de la uña empujada hacia fuera en su proceso de crecimiento.

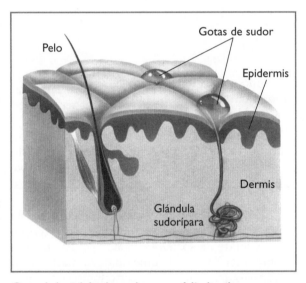

Corte de la piel donde se observa un folículo piloso y una glándula sudorípara o del sudor.

Inserción de la uña, va formándose en la matriz y crece hacia delante.

19 LA BOCA Y LOS TRASTORNOS ODONTOLÓGICOS

INTRODUCCIÓN

Los dientes se encuentran situados en la cavidad bucal, alojada en la parte inferior de la cara. Dicha cavidad se abre al exterior por los labios o boca propiamente dicha, y en su parte posterior se comunica con la faringe, laringe y fosas nasales. El esqueleto de la boca está constituido en el techo por los huesos maxilares superiores y palatinos, el suelo lo forman el maxilar inferior o mandíbula. Sobre el borde libre de los maxilares se encuentran implantadas las piezas dentarias, en unas cavidades denominadas alveolares. El hueso está protegido por una fina capa de mucosa denominada encías.

La mandíbula es un hueso impar y medio formado por un cuerpo y dos ramas. El cuerpo tiene forma concava en dirección dorsal y su borde superior forma el borde alveolar en donde se implantan los dientes inferiores. Las ramas mandibulares se unen con los dos huesos del cráneo llamados temporales, mediante una articulación que permite amplios movimientos de apertura y cierre así como de lateralización de la boca.

Diversos músculos que se insertan en la mandíbula facilitan dichos movimientos, permitiendo así acciones como hablar, comer, etc., fundamentales en la vida del hombre.

> Los dulces y postres ricos en azúcares predisponen al desarrollo de caries.

ANATOMIA DEL ÓRGANO DENTARIO

El órgano dentario está constituido por la pieza dentaria o diente propiamente dicho (odonto) y el tejido de sostén (periodonto). El diente u odonto interviene en la función de la masticación y desgarro del alimento. El periodonto se encarga de la fijación de la pieza dentaria al hueso y lo forman a su vez el cemento, la encía, el ligamento periodontal y el hueso alveolar.

El diente está dividido en dos partes anatómicas principales: **corona** y **raíz.**

La corona es la zona más externa y visible del diente, mientras que la raíz se aloja dentro del hueso en los conductos dentarios. La raíz y la corona están separadas por el denominado cuello. En los adultos, el cuello anatómico coincide con la inserción de la encía. Con la edad puede existir una retracción gingival que hace que parte de la raíz quede al descubierto.

En el interior del diente se encuentra la **cavidad pulpar** llena de tejido conjuntivo rico en vasos y nervios que forman la **pulpa dentaria.** La cavidad pulpar la podemos dividir en dos partes. Una más ancha, englobada en la corona que es la llamada cavidad pulpar propiamente dicha y otra alojada en la raíz, más eatrecha, a la que se le llama canal o conducto radicular. El canal radicular se va estrechando con la edad. Según la pieza dentaria existirán uno o varios canales radiculares.

Histológicamente, la corona dentaria está formada en su parte más externa por el **esmalte**. Debajo de él se aloja un tejido de consistencia ósea llamado **dentina**. La raíz, por su parte más superior, está protegida por parte de dentina y en la inferior por un tejido especial denominado **cemento** que forma parte del tejido de soporte del diente.

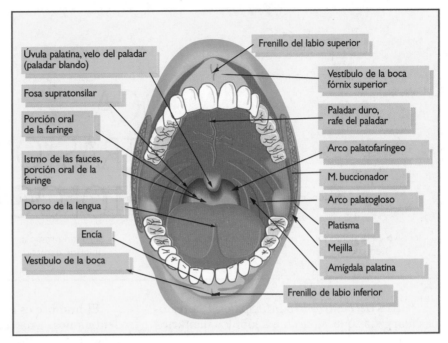

Visión interna de la cavidad bucal.

Superficies dentarias

Los dientes están alojados en las arcadas dentarias que corresponden a las cavidades alveolares de los maxilares superiores e inferiores. Estas arcadas dividen la cavidad bucal en dos partes:

1. **Cara externa o vestibular:** Limitada por las mejillas y los labios hacia fuera y hacia dentro por la cara externa de los dientes y apófisis alveolodentarias.
2. **Cara interna o cavidad bucal:** Limitada por la cara interna de los dientes, suelo de la boca y paladar.

La corona de cada pieza dentaria es diferente según sea su función. Cuando ésta es triturar adopta la forma cuboidea y cuando es cortar se disponen en forma prismática.

En cada diente distinguimos:

Caras libres: No están en contacto con otra pieza dentaria. Son dos:

— **Vestibular:** En incisivos y caninos se llama labial.

En premolares y molares se llama vestibular.

— **Bucal:** En piezas superiores se llama palatina.

En piezas inferiores, lingual.

Caras proximales: En contacto con los dientes adyacentes.

— **Mesial:** Más cerca de la línea media.
— **Distal:** Más alejada.

Caras oclusales: Son las caras que contactan con el diente antagonista de la otra arcada al ocluir. En los dientes anteriores corresponde al borde cortante o **incisal**.

Relieves dentarios

En todas las piezas dentarias se observan varias protusiones y excavaciones con distinto significado anatómico y embriológico. Diferenciamos:

Cúspides: Son elevaciones del esmalte que corresponden a los lóbulos del desarrollo.

Tubérculos: Son también elevaciones del esmalte que no corresponden a los lóbulos del desarrollo.

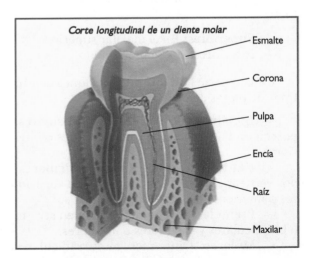

Partes y tejidos del órgano dentario.

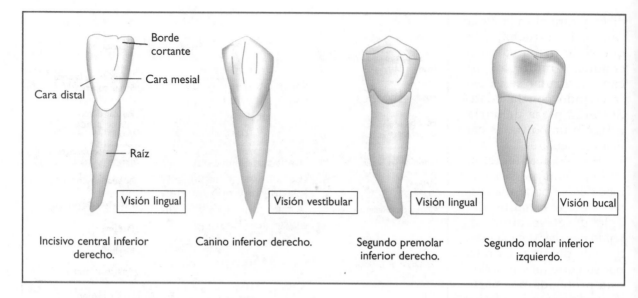

Incisivo central inferior derecho. — Visión lingual — Borde cortante, Cara mesial, Cara distal, Raíz.

Canino inferior derecho. — Visión vestibular.

Segundo premolar inferior derecho. — Visión lingual.

Segundo molar inferior izquierdo. — Visión bucal.

Surcos del desarrollo o principales: Depresiones alargadas que separan los lóbulos dentarios entre sí.

Surcos accesorios.

Fisuras: Depresiones alargadas debidas a formaciones defectuosas de los lóbulos del desarrollo.

Fosas: Depresiones redondeadas.

CLASIFICACIÓN DE LAS PIEZAS DENTARIAS

Según la forma de la corona distinguimos:

— **Triturantes:** Machacan alimentos.
— **Cortantes:** Cortan alimentos.

Según el número de raíces diferenciamos:

— **Unirradiculares:** Una sola raíz.
— **Multiradiculares:** Más de una.

Según la arcada dentaria en la que se sitúen:

— **Superiores:** En el maxilar superior.
— **Inferiores:** En la mandíbula.

En la especie humana diferenciamos cuatro tipos de piezas dentarias:

— **Incisivos:** Cortantes, unirradiculares, poseen un borde incisal y son superiores o inferiores.
— **Caninos:** Cortantes, unirradiculares, dos vertientes en el borde incisal y son superiores o inferiores.
— **Premolares:** Triturantes, pueden ser uni o biradiculares y superiores o inferiores.
— **Molares:** Triturantes, multirradiculares y superiores e inferiores.

El hombre es el único ser vivo que tiene dos denticiones. Una **temporal** o también llamada de leche y una **permanente**.

Dentición temporal

Los dientes de leche cumplen una importante función para el normal crecimiento y desarrollo del niño. Empiezan a formarse ya a las 6-7 semanas de vida intrauterina en el interior de los huesos maxilares. Aproximadamente a los 6 meses de edad comienzan a hacer erupción en la boca del niño si bien este período es bastante relativo, considerándose como normales unas variaciones entre 6 meses y 1 año con respecto a la fecha media de aparición. Por regla general, a los 3 años, los 20 dientes temporales ya han hecho su aparición. Es muy importante que la secuencia y posición en la aparición de los dientes sea la correcta ya que la forma de la cara del niño va a depender de ello.

Los dientes temporales suelen estar más separados que los permanentes dado que su número es menor y al caerse deben dejar el espacio suficiente para la erupción de los definitivos.

ERUPCIÓN (en meses)		CAÍDA (en años)
Incisivos	6-12	6-7
Caninos	18-24	7-8
Primer molar	12-18	9-11
Segundo molar	24-30	10-12

Fechas aproximadas de erupción y caída de los dientes temporales

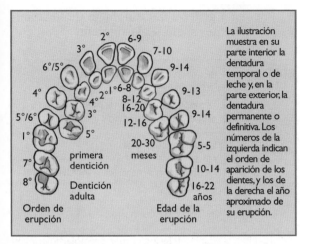

Dentición temporal.

La dentición temporal consta de 2 incisivos, 1 canino y 2 molares en cada cuadrante maxilar. Es decir, en total son 20 dientes (4 incisivos arriba y 4 abajo, denominados centrales y laterales según la posición de la línea media, 2 caninos arriba y 2 abajo y 4 molares superiores y 4 inferiores). En el cuadro superior se representa esquemáticamente.

Patología de la dentición temporal

Aunque son muchas las alteraciones que pueden provocar problemas en la dentición temporal, las más frecuentes son las caries y los traumatismos.

Las caries en los niños deben ser tratadas de forma similar a los dientes permanentes dado que si éstas fueran muy profundas podrían provocar problemas en el diente definitivo situado debajo. Lo principal es la prevención desde los primeros años.

Los traumatismos son sobre todo frecuentes en los incisivos superiores, pudiendo provocar la fractura o el arrancamiento completo del mismo. Si la pieza se puede restaurar se deberá hacer, pero si no fuese posible es precisa la extracción. Cuando la erupción del diente definitivo va a tardar, habrá que colocar unos espaciadores o aparatos que mantengan el sitio para evitar que los dientes se junten, lo que impediría la erupción del diente definitivo.

Prevención

Para que la boca del niño se desarrolle y crezca debidamente, los dientes temporales deben estar sanos. Es fundamental que el niño se habitúe desde pequeño a mantener un correcto y adecuado cuidado de su boca mediante costumbres dietéticas e higiénicas y vi-

sitas periódicas al dentista. La primera visita del niño es la principal, ya que de ella dependerá que vuelva con gusto y se permita una correcta exploración. Es preciso para ello establecer una buena empatía con el profesional para crear un ambiente de confianza y cooperación.

El control de la dieta por parte de los padres, el correcto cepillado dental, la administración de fluor vía oral o tópica y los selladores son los principales puntos de prevención en los que hay que incidir. Hablaremos de ello en la prevención de las caries de la dentición permanente.

Dentición permanente

Los dientes permanentes suelen ir apareciendo cronológicamente a medida que los temporales desaparecen. La fórmula dentaria definitiva está constituida por 2 incisivos, 1 canino, 2 premolares y 3 molares en cada cuadrante del maxilar superior e inferior correspondiente. Es decir, en total 32 piezas dentarias.

Existen diferentes formas de enumerar las distintas piezas para su denominación e inmediata localización. La más habitual consiste en dividir la boca en cuatro partes, a cada una de las cuales se le asigna un número: 1, 2, 3 y 4.

Cada pieza dentaria de cada cuadrante lleva un número del 1 al 8. Así: Incisivo Cen-

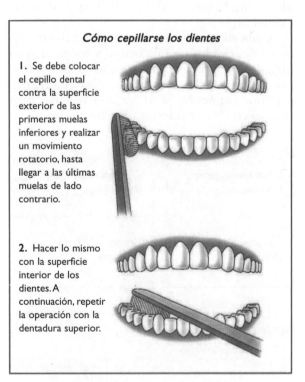

Una buena educación sanitaria escolar debe incluir el aprendizaje de la técnica correcta del cepillado para eliminar la placa dental.

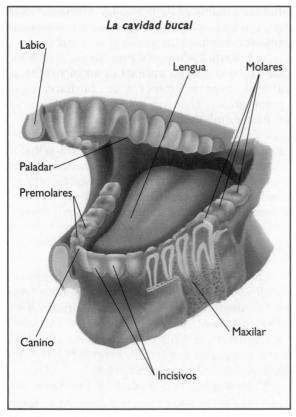

La cavidad bucal

Labio

Lengua

Molares

Paladar

Premolares

Canino

Incisivos

Maxilar

Dientes definitivos del maxilar izquierdo superior e inferior.

tral (1), Incisivo Lateral (2), Canino (3), Primer Premolar (4), Segundo Premolar (5), Primer Molar (6), Segundo Molar (7), Tercer Molar o Cordal (8).

Cada diente lleva asignado primero el número del cuadrante que ocupa y luego el propio. Por ejemplo, la pieza número 24 correspondería al primer premolar del cuadrante superior izquierdo, la 41 sería el incisivo central del cuadrante inferior derecho.

Cuadrante Superior Derecho	1	Cuadrante Superior Izquierdo	2
Cuadrante Inferior Derecho	3	Cuadrante Inferior Izquierdo	4

La fórmula dentaria de la dentición permanente quedaría así:

18	17	16	15	14	13	12	11	21	22	23	24	25	26	27	28
38	37	36	35	34	33	32	31	41	42	43	44	45	46	47	48

Por regla general la cronología de los dientes permanentes suele ser la siguiente:

EDAD (años)	PIEZA DENTARIA
6	Primer molar inferior y poco después primer molar superior.
6-7	Incisivo central inferior.
7-8	Incisivo central superior e incisivo lateral inferior.
8-9	Incisivo lateral superior.
10-11	Canino inferior, primer premolar inferior y superior y después los segundos premolares inferiores y superiores.
11-12	Caninos superiores.
12	Segundo molar inferior y segundo molar superior.
18-20	Terceros molares inferiores y después los superiores (cordales o muelas del juicio).

Es muy importante la adecuada cronología y posición de cada pieza dentaria ya que toda la configuración de la dentadura, así como la forma de la boca y en definitiva la estética facial depende de ello.

PATOLOGÍA DENTARIA

CARIES DENTAL

La caries constituye actualmente la enfermedad crónica más frecuente en el ser humano. El 90-95% de la población sufre esta patología siendo responsable de la pérdida de la mitad de las piezas dentarias. Hoy en día la población no tiene todavía conciencia suficiente de su importancia al no ser una enfermedad mortal. El 57% de los niños de 3 años está ya afectado de caries. Este porcentaje aumenta a los 6 años hasta el 80% y al 98% en los adultos.

La caries es una enfermedad caracterizada por una serie de reacciones químicas y microbiológicas que provocan el reblandecimiento de

> *Dos de los consejos más aceptados para prevenir la caries dental son la aplicación directa de flúor sobre los dientes (en la composición de las pastas dentífricas y en forma de colutorios periódicos, sobre todo en la edad infantil) y el consumo de agua con alto contenido en flúor.*

los tejidos duros dentarios y posteriormente la destrucción del diente, avanzando de la superficie al interior.

Factores condicionantes de la caries

Es importante conocer la existencia de una serie de factores que van a aumentar la incidencia de la aparición de caries. La actuación sobre ellos permitirá un estado bucal saludable que es hoy por hoy el principal método preventivo.

a) *Factores geográficos:* Las condiciones socioeconómicas propiamente dichas de una región, sobre todo los hábitos alimenticios, son las que tienen más importancia en la aparición de caries, más que el lugar geográfico en sí. Aun así parece que en los países cálidos la incidencia es menor, problablemente por el sol y su influencia en el metabolismo en el calcio y en el fósforo. Asimismo, zonas ricas en flúor disminuyen la prevalencia.

b) *Raza:* Grupos étnicos puros tienen menos frecuencia de caries, aunque también se debe fundamentalmente a la situación socioeconómica. Curiosamente los negros de EE.UU. tienen más incidencia de caries que los de África.

c) *Sexo:* La mujer tiene mayor incidencia de caries que el hombre en una proporción 3/2. Esto es debido a los cambios hormonales durante el ciclo menstrual y sobre todo en la lactancia y embarazo.

d) *Edad:* La aparición de máxima incidencia de caries se da entre los 6-10 años y en la adolescencia entre los 16-25 años. A medida que los dientes están más mineralizados se hacen más resistentes a la caries.

e) *Herencia:* La composición de la saliva, la morfología de la cara y de los dientes y los hábitos sociales son los principales factores heredados.

f) *Hábitos alimenticios:* La caries está íntimamente relacionada con el consumo de hidratos de carbono, es decir, azúcares y sobre todo la sacarosa. En el último siglo se ha producido un aumento exagerado del consumo de hidratos de carbono que ha disparado la incidencia de esta patología. A medida que el azúcar es más gruesa y viscosa se hace más pegajosa y más perjudicial.

g) *Distribución de los dientes:* Por orden de frecuencia, la pieza dentaria más afectada suele ser el primer molar seguido del segundo molar, primero y segundo premolar y cordal. Los caninos son los dientes más resistentes.

h) *Variaciones individuales:* Un 2% de la población no tiene caries al parecer relacionado con su sistema inmunológico.

Proceso destructivo de la caries

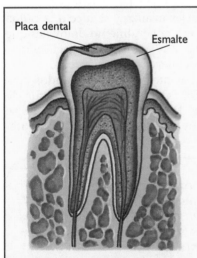

1. La placa dental se deposita encima del esmalte.

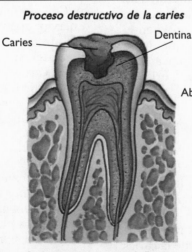

2. Las bacterias que se hallan en la placa dental reaccionan con el azúcar que contienen los alimentos y elaboran un ácido que termina por destruir el esmalte.

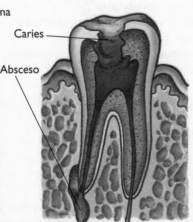

3. Como consecuencia de la destrucción del esmalte, la dentina queda al descubierto y la caries se extiende rápidamente, pudiendo llegar a matar el nervio y con riesgo de que el diente se infecte y se produzca un absceso en la raíz.

Caries del esmalte, dentina y pulpa.

PREVENIR LA CARIES

La caries es el problema de salud más común en las sociedades desarrolladas. Su prevención con normas de higiene sencillas es la mejor forma de atajar el problema. El desarrollo de un buen hábito en la infancia, promovido por los padres, evitará futuros problemas.

Formación de una caries

La caries es una enfermedad en cuyo origen intervienen varios factores que actúan simultáneamente. Así distinguimos por un lado el propio diente y su susceptibilidad, los alimentos, la saliva y la flora bacteriana.

Las bacterias son microorganismos capaces de transformar los hidratos de carbono de los alimentos en ácidos. Estos ácidos producen una desmineralización progresiva del diente que va destruyendo los tejidos duros, produciéndose la caries. Para poder destruir el esmalte, las bacterias se unen entre ellas, formando colonias unidas por sustancias secretadas por ellas mismas, así como por dos productos químicos pegajosos procedentes de la saliva y restos alimenticios. Todo ello constituye la **placa bacteriana**, principal elemento en la formación de la caries.

La capacidad del diente para acumular y retener placa bacteriana va a determinar también la formación y progresión de esta enfermedad. Esta capacidad depende a su vez de la forma del diente, existencia de hoyos o fisuras en el mismo, malas posiciones dentarias que dejan espacios libres para el acúmulo de placa, apiñamiento dentario, etc., así como de la existencia de una saliva espesa y viscosa.

Evolución de la caries

Caries del esmalte

La caries afecta primeramente a los tejidos duros del diente, el esmalte y el cemento (en la caries de raíz).

La lesión inicial en el esmalte es una mancha blanca, opaca y sin brillo. Generalmente la caries utiliza recovecos y defectos en la superficie del esmalte para implantarse. Esta lesión inicial puede quedar retenida, remineralizarse o por el contrario avanzar. La resistencia del esmalte es por ello decisiva en la evolución de la misma. El flúor aumenta eficazmente dicha resistencia, de ahí su importancia como preventivo.

Caries de la dentina

Si la caries progresa, invade la siguiente capa del diente o dentina. El avance de la lesión puede hacerse transversalmente y en profundidad. En la dentina, la caries avanza muy rápidamente porque está poco calcificada.

Las bacterias implicadas en la caries son ligeramente distintas cuando afectan superficies lisas de la pieza dentaria que cuando afectan surcos, fosas o fisuras.

Caries de la raíz

Cuando la caries continúa avanzando, llega hasta la pulpa y penetra por el canal de la raíz, provocando la destrucción y formación de abscesos en la misma.

La caries puede llegar a afectar al ligamento periodontal y al hueso que sujeta el diente, así como a los tejidos blandos. La afectación ósea puede dar lugar a la pérdida dentaria. Asimismo, un absceso situado en él puede progresar a través del tejido óseo hasta el interior del cráneo con nefastos efectos incluso mortales.

Síntomas de la caries

Inicialmente, la caries no es advertida por el paciente. Una exploración detallada detectará manchas o puntos de color blanco tiza (por corresponder a zonas donde no hay esmalte) o bien en tonos marrones o parduzcos. En esta fase puede notarse cierta sensibilidad a algunos alimentos, sobre todo dulces, y a las bebidas frías o calientes, pero no suele existir dolor franco. Cuando la caries avanza y se afecta la pulpa o nervio, aparecerá generalmente dolor aunque si la afectación es muy lenta, puede llegar a destruir gran parte del nervio indoloramente.

La caries puede afectar tejidos blandos provocando irritación, enrojecimiento y edema de la encía. Cuando la afectación es profunda, se producen abcesos o colecciones de pus y mate-

Los azúcares, harinas y dulces son los principales causantes de la caries dental, pues fermentan bajo la acción de gérmenes acidófilos presentes en la misma saliva. Los ácidos resultantes de esta fermentación actúan sobre el esmalte dental y producen descalcificación. La profilaxis se basa en la limitación de la ingesta de comidas ricas en hidratos de carbono y en la concienzuda limpieza de los dientes después de cada comida.

rial dentario destruido que darán lugar a un importante edema conocido habitualmente como flemón. En algunos casos, la afectación es tal que produce importantes deformidades en mejillas y mandíbula. Si el absceso llega al hueso, ocasionalmente puede avanzar a través de él, produciendo irritaciones meníngeas, abscesos cerebrales y otras complicaciones potencialmente mortales.

Diagnóstico de la caries

El diagnóstico será realizado habitualmente por el dentista con una exploración exhaustiva de las piezas dentarias. Cuando la caries no se detecta y se sospecha, o bien cuando interesa ver la posible afectación de la raíz, es preciso realizar radiografías. En ellas se apreciará la afectación o no pulpar, el nivel y forma de la caries y la infiltración ósea. A veces se emplean sustancias para teñir la pieza dentaria y detectar así la presencia de placa bacteriana que podría evolucionar.

Tratamiento de la caries

Va a depender de la fase en que se encuentre. Cuando la caries es superficial o no ha llegado a afectar al nervio, se realiza la obturacion o empaste.

Obturaciones

Consisten en el pulido de toda la zona de tejido necrosado, ampliando los bordes y dejando la cavidad bien limpia. Después se procede a la colocación de un material que sella totalmente dicha cavidad. Este material es variable según el tipo de caries, localización, existencia de caries previas y otros. En general se utiliza el amalgama de plata o las resinas compuestas, que precisan una preparación previa de la cavidad con ácidos para proteger la pieza. Estas resinas son hoy las más utilizadas, dado que son más estéticas al conservar el color de la pieza y ser fácilmente moldeables. Este material, una vez colocado, debe polimerizar, para lo cual se emplea luz ultravioleta o luz halogenada.

Cuando la caries ha afectado a la pulpa dentaria, se procede a la endodoncia o desvitalización del nervio.

Endodoncia

Consiste en la extracción del nervio de la pieza dentaria. Habitualmente se realiza bajo anestesia local, siendo por ello una maniobra

Para limpiar los dientes con un hilo de seda, se ha de cortar un trozo largo de hebra, dar varias vueltas a cada uno de los extremos alrededor de los dedos medios y pasar la porción central sobre las puntas de los dedos índices, con un movimiento de vaibén. Pasar el filamento entre cada par de dientes y frotar suavemente a nivel de la base del diente.

indolora. Después de extraído el nervio se limpia meticulosamente el conducto donde va alojado. Para ello se van introduciendo limas de un tamaño cada vez mayor, que van limpiando y ampliando la pared del canal para evitar que queden restos de infección. Posteriormente se sella la cavidad realizada, con materiales especiales que aporten suficiente solidez a la pieza evitando su fractura, así como la contaminación del hueso.

Durante las endodoncias se van realizando radiografías sucesivamente para determinar exactamente la longitud de la raíz y eliminarla de forma completa, así como los posibles restos de infección.

Cuando la caries ha destruido la práctica totalidad del diente, se debe proceder a su extracción. En muchos casos, la existencia de enfermedad periodontal (piorrea), concomitantemente obliga a esta decisión.

Extracción dentaria

Actualmente el empleo de la anestesia local hace que las molestias ocasionadas en el paciente por la extracción sean mínimas. Antes de proceder a la misma hay que tratar la existencia de infecciones previas, tanto agudas (los flemones), como crónicas. Para ello se utilizan antibióticos por vía sistémica.

El dentista debe estar siempre alerta e informado de la existencia de cualquier tipo de enfermedad en el paciente, de la ingesta de me-

PREVENCIÓN TRAS UNA EXTRACCIÓN

— *Siempre se debe taponar con una gasa durante media hora para evitar posibles sangrados.*

— *No es conveniente comer en aproximadamente dos horas y se debe evitar ingerir alimentos calientes.*

— *Hay que mantener una higiene correcta y extrema practicando un cuidadoso cepillado de la zona tratada.*

— *El uso de antisépticos como colutorios o simplemente con agua y sal mejorará el estado de la zona.*

— *Cuando se ha practicado cirugía pueden aparecer importantes inflamaciones. En ellas la aplicación de hielo local es bastante efectiva.*

— *El empleo de antiinflamatorios y antibióticos bajo supervisión médica son importantes medidas preventivas.*

dicamentos, si la hubiese, así como de la existencia de posibles problemas de coagulación. Esto le permitirá tomar las medidas profilácticas en cada caso.

La extracción depende de la forma, posición, tamaño y grado de destrucción de la pieza. Habitualmente se utilizará una **extracción dentaria simple** que consiste en sacar la pieza mediante la aplicación de unas pinzas (fórceps) sobre la corona del diente. Mediante diversos movimientos se irá depegando la pieza del hueso hasta conseguir extraerlo. Cuando las raíces son muy grandes, a veces hay que dividirlas y sacarlas separadamente.

Cuando la caries ha producido una destrucción total de la corona, las raíces quedan dentro del hueso precisando ser extraídas. En estos casos la extracción es **quirúrgica**. Se practica una incisión en la encía, se elimina una pequeña cantidad de hueso y se retiran los restos que queden dentro. Después se cierra la incisión con puntos de sutura.

Aunque la causa más frecuente de extracción dentaria es la caries y la enfermedad periodontal, existen otras patologías en las que es preciso recurrir a ellas como en los dientes temporales retenidos, dientes fracturados, tratamientos de ortodoncia en los que existe un apiñamiento dental, dientes incluidos en la encía que no han llegado a hacer erupción (los más frecuentes son los terceros molares y los caninos superiores), etc.

Prevención de la caries

La prevención de la caries se basa fundamentalmente en cuatro aspectos:

1. Mantener una correcta higiene bucal.
2. Aumentar la resistencia del diente.
3. Evitar las causas que producen la caries.
4. Tratar precozmente la caries.

Normas para una correcta higiene bucal

Dado que el factor más importante en la producción de caries es el acúmulo de placa bacteriana sobre la superficie dental, la eliminación de la misma es el principal tratamiento preventivo. Para ello destacamos:

Buen cepillado dental: El cepillado debe conseguir eliminar la placa sin provocar daño en los dientes y en las encías. Conviene seguir un orden para no olvidar ninguna pieza dentaria. Generalmente se comienza por la cara vestibular de ambas arcadas, después la cara interna y luego la oclusal. La lengua y la cara interna de los carrillos también se deben cepillar. Los movimientos serán de vaivén con una ligera inclinación, de forma que se acceda bien al espacio entre dientes y encías.

El cepillo a emplear será de cabeza pequeña para llegar bien a todas las zonas de la boca. Las cerdas redondeadas no dañan las encías y la consistencia de las mismas ha de ser blanda o de dureza media para evitar traumatismos.

El cepillo debe cambiarse por lo menos cada tres meses. Los cepillos eléctricos son útiles en personas con minusvalías que no pueden usar cepillos normales. El cepillado se realizará después de cada comida y sobre todo antes de acostarse.

Uso de la seda dental: La seda es imprescindible como coadyuvante del cepillo, dado que existen zonas a la que éste no puede llegar correctamente.

Visitas periódicas al dentista: Semestralmente o cuanto menos una vez al año es preciso acudir al dentista para descartar la existencia de caries y placas bacterianas. Las limpiezas bucales anuales permitirán detectar y tratar la placa bacteriana.

Aumentar la resistencia del diente

Aplicación de flúor profilácticamente: El flúor aumenta la resistencia del esmalte a los ácidos que producen las bacterias de la placa bacteriana. Se puede aplicar de dos formas:

— Forma sistémica: Ingerido en el agua fluorada o administrado en comprimidos o en solución (forma más comúnmente utilizada en niños por su fácil dosificación en función del peso y grado de fluoración de la zona).

— Forma tópica: Aplicado directamente sobre la superficie del diente. Por un lado con los dentífricos, siendo por ello recomendable el consumo de pastas fluoradas. Por otro lado puede ser aplicado en forma de geles periódicamente por el dentista. Existen también algunos preparados para hacer enjuagues.

Se ha visto que el empleo adecuado del flúor puede disminuir en un 20-50% la aparición de caries.

Selladores de fisuras: Consiste en la colocación de sustancias plásticas por el dentista que recubren los surcos profundos de los dientes, impidiendo así la entrada de restos alimenticios, microorganismos, y por tanto el acumulo de placa bacteriana. En los niños se suele hacer a los 6 años y debería repetirse a los 11. Se recubren principalmente los primeros molares y los premolares.

Evitar causas productoras de caries

Control de la dieta: Los hidratos de carbono son los principales productores de caries. Es importante no sólo la cantidad, que si es en ex-

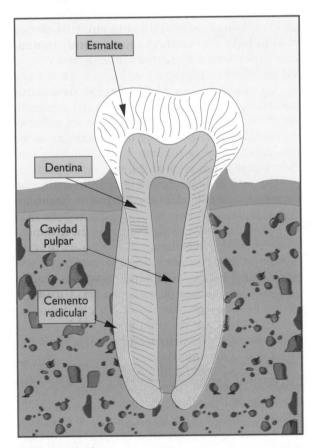

Cemento radicular.

ceso debería ser reducida, sino también la frecuencia con que se ingieren. Es más peligroso tomarlo entre comidas y sobre todo por la noche antes de acostarse dado que al dormir, la saliva que se secreta es menor y la pieza dentaria estará menos protegida.

Los alimentos sólidos, sobre todo blandos y pegajosos, son peores que los líquidos porque quedan adheridos con mucha más facilidad a los dientes.

Control de las bacterias: Mediante correcto cepillado que destruya la placa después de cada comida y con el empleo de seda dental. Los antisépticos en forma de colutorios son también útiles.

Es fundamental que los niños adquieran tempranamente el hábito de cepillarse diariamente los dientes. Los primeros años serán los padres quienes lo hagan, aunque los niños deberían ser supervisados por ellos hasta los 10 u 11 años.

Tratamiento precoz de la caries

El dentista debe supervisar periódicamente las lesiones que se estén iniciando y tratarlas de forma adecuada.

ENFERMEDAD PERIODONTAL

Es la enfermedad que causa mayor pérdida de piezas dentarias en la edad adulta. Dos terceras partes de los jóvenes, el 80% de las personas de edad media y el 90% de los mayores de 65 años sufren alteraciones periodontales.

La enfermedad periodontal es una enfermedad indolora y lentamente progresiva. Se caracteriza primero por la inflamación de la encía (gingivitis) secundaria a la colonización de bacterias desde la placa bacteriana y posteriormente por la progresión de dicha inflamación a los tejidos de soporte del diente con la destrucción de los mismos. Suele existir además una alteración en los factores que normalmente limitan la respuesta inflamatoria de forma que ésta es excesiva, provocando la destrucción progresiva del hueso que sujeta el diente con la consiguiente caída de los mismos.

Tejido periodontal

Los dientes se alojan en la boca en las cavidades alveolares situadas en los maxilares. Contactan con el hueso a través del periodonto. El tejido periodontal es un tejido de soporte que protege y fija el diente al hueso. Consta de dos partes: periodonto de protección y periodonto de inserción.

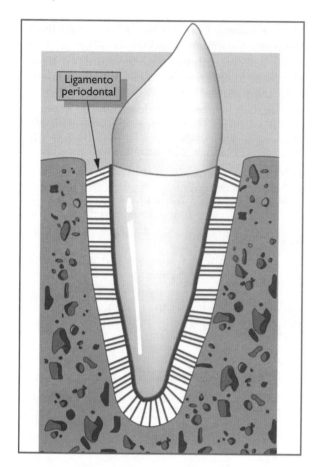

Ligamento
periodontal

Periodonto de protección: Lo constituye la **encía**. La encía es una membrana mucosa que recubre el hueso alveolar y la región cervical de los dientes. Su morfología varía según su localización. Su color normal es rosa coral aunque oscila según el aporte sanguíneo y según esté más o menos queratinizada. La que limita los cantos dentarios es la que está más queratinizada para aportar mayor protección y es el cepillado frecuente el que lo estimula. La consistencia de la encía es habitualmente firme y resistente.

La variación en el tamaño de las células que forman la encía, en su consistencia y en su textura pueden desembocar en la inflamación de la misma, dando lugar a la gingivitis como inicio de la enfermedad periodontal.

Periodonto de inserción o sujeción: Formado por tres elementos: **ligamento periodontal, cemento de la raíz y hueso alveolar**. El ligamento periodontal está formado por fibras ricas en colágeno que rodean la raíz del diente y lo unen al hueso. Se anclan por un lado al cemento que rodea la raíz y por el otro al propio hueso. Este ligamento está ricamente vascularizado, se va remodelando constantemente, de forma que las fibras viejas van siendo sucesivamente reemplazadas para que mantenga su función de forma óptima.

El cemento que recubre la raíz es tejido mesenquimatoso calcificado. Carece de inervación y de aporte sanguíneo directo nutriéndose a través de los vasos del ligamento periodontal.

El hueso alveolar es el que forma parte de los alvéolos dentarios. Es el menos estable de los tejidos periodontales. Especialmente rico en calcio, fósforo y sales minerales. Se reabsorbe en zonas de presión y se forma en áreas de tensión.

Causas de la enfermedad periodontal

Aunque en el origen de esta enfermedad intervienen múltiples factores, es la *placa bacteriana* el factor determinante más importante y posiblemente el único.

Existen otros factores que una vez iniciada la enfermedad van a modificar su evolución, es decir, van a modular la respuesta inflamatoria e inmunitaria del organismo.

Hablamos así:

— Factor iniciador: Placa bacteriana.
— Factores modificadores: Locales y sistémicos.

Placa bacteriana: Es un material blando y adherente al diente constituido por microorganismos y productos bacterianos derivados de ellos que no son fácilmente eliminados con el cepillado y el enjuagado, así como sustancias procedentes de restos alimenticios y de la saliva.

La placa crece por agregación de nuevas bacterias, así al cabo de una hora del cepillado dental ya aparecen acúmulos de placa sobre el diente. La colonización de más bacterias sobre ella depende de la higiene, nutrición, oxigenación y composicion de la saliva.

Cuando la placa bacteriana se calcifica, se denomina cálculo dental o sarro que también depende de la higiene bucal. El sarro contribuye al mantenimiento de bacterias en la placa, irrita la encía y la inflama.

La placa bacteriana altera la configuración normal de la encía debilitándola y permitiendo así que las bacterias pasen a ella y la inflamen, provocando gingivitis. Cuando dicha inflamación no puede ser retenida por la encía pasa al tejido de soporte, provocando periodontitis o enfermedad periodontal.

Factores modificadores: Son factores que van a favorecer la formación de gingivitis una vez formada la placa bacteriana. Ninguno de ellos por sí solo es capaz de causar la enfermedad periodontal si no existe placa previamente. Pueden ser locales y sistémicos.

Factores locales:

1. Residuos alimenticios: La mayor parte de ellos se eliminan rápidamente a los pocos minutos de haber comido. En ello interviene el flujo de la saliva, la acción mecánica de la lengua, carrillos y labios y la forma y situación de los dientes. Malas posiciones dentarias, pérdida de piezas, alimentos adhesivos, como caramelos, van a favorecer la progresión a gingivitis.

2. Falta de piezas dentarias: Dejan sitios donde fácilmente se acumula la placa bacteriana.

3. Alteración de la oclusión: La alineación inadecuada de los dientes hace más difícil el control de la placa.

4. Respiración bucal: Las personas que respiran fundamentalmente por la boca presentan encías hipertróficas, eritematosas y con mayor predisposición al edema.

5. Cepillado dental inadecuado: Cepillados demasiados bruscos provocan desgastes y adelgazamientos de la superficie de la encía.

6. Otros: Tabaco como irritante local, quemaduras gingivales secundarias a aspirinas, etc.

Factores sistémicos: No se conoce hoy por hoy ningún factor sistémico a excepción de los microorganismos que por sí solos puedan provocar gingivitis o periodontitis. El papel de dichos factores es el de modificar la respuesta del huésped frente a los factores agresivos locales. Es decir, reducen la capacidad de defensa mediante la inflamación y la inmunidad, haciendo progresar la enfermedad periodontal.

1. Factores nutricionales: El déficit de vitamina C, E, D, K, de proteínas, de calcio y fósforo pueden favorecer la progresión a gingivitis y periodontitis una vez que la placa ya se ha instaurado. Ninguno de ellos por sí solo origina la enfermedad periodontal.

2. Factores hormonales: El hiper e hipotiroidismo, hiperparatiroidismo, déficit de hormona del crecimiento, pueden también hacer progresar la enfermedad. Los diabéticos suelen tener disminuida la respuesta a infecciones, lo que facilita la presencia de gingivitis y periodontitis cuando hay placa. En el embarazo existe una forma clínica de gingivitis por una disminución de la respuesta de los tejidos frente a irritantes locales; con una buena higiene oral puede controlarse. En el ciclo menstrual ocurre algo similar en torno a la ovulación, así como con la toma de anticonceptivos.

3 Enfermedades hematológicas: Anemia, leucemias, linfomas y otras pueden agravar el cuadro.

4. Fármacos: La difenilhidantoina produce hipertrofia gingival que con buena higiene puede evitarse su paso a gingivitis.

5. Edad: Los efectos acumulativos de la placa bacteria pueden llegar a destruir la encía y el periodonto.

6. Intoxicaciones: Como las causadas por plomo, oro, bismuto y mercurio, pueden alterar la mucosa oral, provocando patología pero por mecanismos distintos a los de la enfermedad periodontal.

Evolución de la enfermedad periodontal

En los primeros estadios, la placa bacteriana irrita la encía y comienza el paso de bacterias a la misma. Como resultado se produce una respuesta inflamatoria tratando de combatir la infección, lo que se conoce por **gingivitis**. La encía parece roja, inflamada y sangrante. Es una encía rica en leucocitos, proteínas y líquido exudativo, comienza ya a perder colágena. Este estadio es todavía reversible ya que no ha habido destrucción de tejidos. La gingivitis es-

CONSEJO

PREVENCIÓN DE LA ENFERMEDAD PERIODONTAL

La principal medida preventiva consiste en la motivación del paciente. Su colaboración en el mantenimiento de una correcta higiene bucal es la principal arma defensiva.

Todas las medidas se encaminan a evitar la aparición de una gingivitis o periodontitis si ya estuviese instaurada. La eliminación y destrucción de la placa bacteriana son los principales objetivos, para lo cual:

— Se extremará la higiene oral.

— El paciente removerá la placa bacteriana adherida al diente con el cepillado dental después de cada comida y sobre todo al acostarse.

— La seda dental se usará donde no logre acceder el cepillo.

— Las visitas periódicas al dentista permitirán detectar zonas de placa y sarro que se eliminarán.

— Limpiezas de boca periódicas deben ser programadas.

— En gingivitis severas y agudas se utilizarán antibióticos vía sistémica o con enjuages, que ayudarán a disolver la placa y mejorar el estado de la encía.

tablecida puede permanecer muchos años sin continuar su evolución o bien evolucionar rápidamente. El tiempo y el porqué de su paso a periodontitis no se sabe con certeza pero parece que depende de la resistencia del huésped a la inflamación y de los factores que modifican la respuesta inmunológica.

Bacterias-huésped resistencia

Si la resistencia no es la adecuada, la enfermedad progresará. El tratamiento de la gingivitis puede frenar la evolución. Si la enfermedad progresa, afecta al periodonto y se produce un aumento de células inflamatorias en el mismo con importantes pérdidas de colágeno y destrucción en definitiva del tejido de soporte (ligamento periodontal). Esto provoca la formación de las llamadas **bolsas periodontales** formadas por materia destruida, bacteria, toxinas y líquido inflamatorio entre el hueso y el diente. El paso de bacterias desde su superficie al hueso es fácil, provocando la destrucción del mismo. Consecuentemente, comenzará la movilidad dentaria y pérdida de piezas.

Signos y síntomas de la enfermedad periodontal

Al principio de la enfermedad no existe prácticamente ningún síntoma, pero una buena exploración dentaria determinará la existencia de zonas con placa bacteriana, sobre todo en los bordes visibles de las coronas dentarias y al levantar la encía marginal. Posteriormente, cuando ya comienza la gingivitis, la encía aparecerá más roja secundaria a la inflamación, su consistencia será blanda y depresible con pérdida de su textura brillante. En esta etapa es frecuente el sangrado de las encías y su hipersensibilidad.

A medida que los tejidos se van destruyendo comienza la retracción de los mismos. Así, el surco gingival normal se irá elevando viéndose ya parte de las raíces dentarias, lo que provoca mucha sensibilidad en las piezas e incluso dolor. Cuando ya se han formado las bolsas periodontales los síntomas aumentan, de forma que el dolor puede llegar a ser severo y puede haber abscesos importantes, apareciendo fiebre, edema en las encías y deformidad facial. Los dientes presentarán movilidad. Si la enfermedad progresa, la enfermedad del hueso hace que los dientes pierdan su punto de anclaje y caigan.

Tratamiento de la enfermedad periodontal

Una vez establecida la enfermedad, el tratamiento es muy complejo. El paciente debe estar informado correctamente y motivado por su problema, dado que de él va a depender que la enfermedad evolucione o se detenga. Sin su colaboración todo va a ser ineficaz.

Inicialmente si existe una situación de urgencia, como abscesos, supuraciones, etc., se intentará resolver. Después se tratará de sanear toda la boca con las obturaciones, endodoncias y extracciones que fueran necesarias. Corregidos estos problemas, se pasa a la primera fase del tratamiento. Consiste en eliminar todo el sarro y placa bacteriana situada habitualmente por encima del nivel de la encía. A esta técnica se le llama **raspaje.**

Raspaje: Para ello, primero se localizan los cálculos, se levantan los bordes de las encías y con el instrumental adecuado se raspa en todas direcciones hasta conseguir que las placas desaparezcan. Es preciso eliminar todo el sarro que se introduce dentro de la bolsa periodontal, entre esta y la raíz del diente, eliminando también parte del cemento afectado.

Después se eliminan las sustancias necróticas y se pule la superficie trabajada, dado que una superficie lisa dificulta la acumulación de placa. Evaluados los resultados de este tratamiento se valorará la necesidad de repetirlo a los seis meses si el tratamiento ha sido efectivo. Si no fuese así, es preciso un tratamiento quirúrgico.

Tratamiento quirúrgico: Consiste en abrir la encía para acceder mejor a las raíces dentarias y eliminar así la placa, el sarro y el tejido periodontal enfermo (bolsas). Si no fuese efectivo habrá que extraer las piezas dentarias afectadas.

El empleo de antimicrobianos, habitualmente en forma de enjuages, parece efectivo para reducir parte de la placa bacteriana y disminuir la gingivitis. Si la enfermedad ya está implantada, solamente será un tratamiento coadyuvante.

Una vez controlada la enfermedad son precisas revisiones periódicas constantes para evitar recidivas y vigilar el estado de las piezas dentarias.

MALAOCLUSIÓN Y PATOLOGÍA DE LA ARTICULACIÓN TEMPOROMANDIBULAR (ATM)

La articulación temporomandibular está formada por la mandíbula y los huesos temporales del cráneo. Esta articulación permite los movimientos de apertura y cierre de la boca además de todos los movimientos que se realizan al hablar, comer, beber, gesticular, etc.

Consta de una parte ósea y otra ligamentosa. La parte ósea la constituyen los cóndilos de las ramas de la mandíbula por un lado y la cavidad glenoidea del temporal por otro. Entre

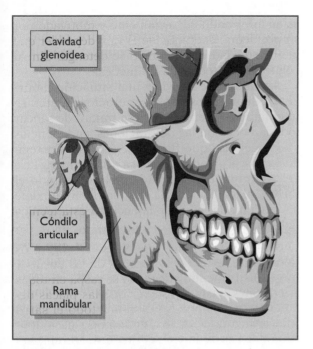

Articulación temporomandibular.

ambas superficies óseas se dispone el menisco articular. El menisco está formado por material fibrocartilaginoso que restablece la incongruencia entre las superficies óseas. Una cápsula articular protege dicha articulación, formada por fibras que la dotan de la movilidad adecuada.

Por fuera de ella se disponen los ligamentos articulares. Éstos no son verdaderos ligamentos sino músculos especialmente adaptados a la función, como son el estilomandibular y el esfenomandibular. Solamente el ligamento temporomandibular es un engrosamiento de la parte más lateral de la cápsula.

Los principales movimientos de la mandíbula son el ascenso y el descenso. Sin embargo, éstos no son nunca puros y se acompañan de movimientos de propulsión (hacia delante) en el descenso y de retropulsión (hacia atrás) en el ascenso de la mandíbula.

Para que la mandíbula se encuentre en posición correcta, es necesario que los dientes y muelas engranen correctamente. Cuando faltan piezas dentarias, la posición de la mandíbula se altera, lo que hace que la ATM sufra con los movimientos normales, provocándose pequeños chasquidos al abrir y cerrar la boca, dolores leves o severos e incluso bloqueos de la articulación. Por ello, la reposición dentaria en estos casos es fundamental.

La función de la mandíbula puede verse alterada por diferentes causas, como déficit dentarios, malposición de los mismos, hábitos masticatorios, etc., que provocan el llamado **síndrome de disfunción masticatoria**.

Otras veces, alteraciones a nivel de los ligamentos que la protegen pueden provocar luxaciones e incluso fracturas en algunas de las superficies articulares. La degeneración del cartílago articular (artrosis) producirá dolor y limitación de muchos movimientos.

Síndrome de disfunción masticatoria

Es una enfermedad que afecta fundamentalmente a mujeres jóvenes, aunque puede aparecer en cualquier grupo de edad.

La causa fundamental de este síndrome es la malposición dentaria, dado que provoca que la arcada superior no encaje con la inferior correctamente. Esto obliga a la mandíbula a desviarse para lograr un mejor ajuste entre las dos arcadas, lo que hace que la articulación se vaya forzando.

Existen otra serie de circustancias que favorecen la aparición de este síndrome como son:

— Determinados hábitos como morderse la uñas, abuso en el consumo de chicles, comer pipas excesivamente, mordisqueo de labios o carrillos, etc.

— El **bruxismo** o apretamiento dentario. Constituye la actividad nociva más frecuente para el sistema masticatorio. Se relaciona con situaciones de estrés, ansiedad, etc., y es más frecuente que se manifieste durante el sueño, una vez que han desaparecido los signos de alerta. Generalmente, no se es consciente de su existencia.

Lo habitual es que aunque cada uno de estos mecanismos pueda provocar este síndrome, generalmente participan varios de ellos. Así, aparecerán chasquidos, dolor y/o bloqueo de la ATM.

PREVENCIÓN DEL SÍNDROME DE DISFUNCIÓN MASTICATORIA

Cuidar al máximo el estado y posición de las piezas dentarias en la boca mediante:

— Visitas periódicas al dentista.
— Reposición rápida de piezas extraídas.

Evitar hábitos que sobrecargan el aparato masticatorio (chicles, pipas, etc.).
Usar correctamente la medicación bajo prescripción médica.

Síntomas del síndrome de disfunción masticatoria

Los más frecuentes son el dolor, los chasquidos y los bloqueos.

El dolor se localiza generalmente por delante de la oreja, pudiendo irradiarse a la cabeza, cara, ojo e incluso cuello. Responde generalmente mal a los analgésicos y provoca multitud de consultas a distintos especialistas.

Los chasquidos son ruidos que se producen al abrir o cerrar la boca en una o ambas ATMs.

Los bloqueos consisten en una cierta dificultad para abrir la boca (como si existiese un tope) que precisan de una manipulación de la mandíbula para lograr abrirla totalmente. Si la enfermedad progresa, se pueden lesionar los ligamentos, exagerándose los bloqueos, de forma que no se pueda abrir la boca más que a la mitad. Cuando el síndrome progresa puede provocar artrosis.

Tratamiento

Incluye varios puntos:

— Fármacos: Se emplean para relajar los músculos de la mandíbula como los miorrelajantes, para disminuir la inflamación como los AINEs y para disminuir el estado de ansiedad del paciente como los ansiolíticos. Todos ellos disminuyen la sobrecarga muscular y alivian el dolor.

— Fisioterapia: El calor, corrientes eléctricas, láser, no consiguen una mejoría duradera.

— Férulas de relajación: Son las que consiguen los mejores resultados a medio y largo plazo. Son aparatos que colocados entre ambas arcadas hacen que al contactar los dientes con la férula la mandíbula vaya a la posición adecuada. Permite la relajación de los músculos mandibulares. Puede utilizarse todo el día o solamente por la noche según el caso y generalmente varios meses.

CUIDADO DE LAS PRÓTESIS DENTALES

CONSEJO

Las prótesis deben ser retiradas por la noche. Se cepillarán después de cada comida, así como el resto de las piezas propias del paciente para evitar la placa bacteriana. La revisión al dentista se hará igual que si la dentadura fuese propia.

Las prótesis deben ir ajustándose y adaptándose a los cambios que se produzcan en los tejidos.

No es suficiente la inmersión de la prótesis en antisépticos para su higiene, siempre debe precederse del cepillado profundo.

— Tratamiento quirúrgico: Sólo se utilizará cuando los otros tratamientos no hayan dado resultado. Hoy no suele utilizarse ya la cirugía abierta sino la artroscopia.

— Psicoterapia: El aprendizaje de técnicas de relajación mejora la clínica del síndrome.

PÉRDIDAS DENTARIAS Y SU RESTITUCIÓN. PRÓTESIS E IMPLANTES

Introducción

A pesar de que la Odontología ha experimento un gran avance en los últimos años, permitiendo conservar piezas dentarias que antes tenían que ser extraídas, existen sin embargo gran número de personas que han perdido dientes en países tanto sub como desarrollados.

Las principales causas de pérdidas dentarias son la caries y la enfermedad periodontal. Qué duda cabe que el aumento de la expectativa de vida hace que lógicamente en poblaciones mayores los factores predisponentes se potencien. Otras causas, como traumatismos dentarios, abulsiones, traumatismos faciales, malposiciones dentarias intratables y otros, son también motivo de la pérdida de piezas, bien de forma espontánea o yatrogénica.

Entre los grandes progresos de la Odontología destaca la restitución de las piezas dentarias con una mejora de la estética y calidad de vida.

La pérdida de dientes y muelas puede provocar distintas alteraciones que serán peores cuanto mayor sea el número de piezas afectadas, así como el tiempo transcurrido desde su pérdida. Todas las piezas que faltan deben ser repuestas con la mayor brevedad posible para evitar complicaciones mayores.

Problemas secundarios a la pérdida dentaria

Alteraciones dentarias

La pérdida incompleta de piezas dentarias dota a la boca de espacios entre los dientes donde se acumularán restos alimenticios y donde la placa bacteriana se asentará con más facilidad. Esto va a producir la aparición de caries y enfermedad periodontal con más facilidad en el resto de las piezas en principio sanas.

Alteraciones digestivas

La boca es la primera parte del tubo digestivo. En ella tiene lugar el atrapamiento del alimento, el corte y trituración de los mismos, así como la mezcla de la saliva que prepara el bolo digestivo para su posterior digestión y absorción.

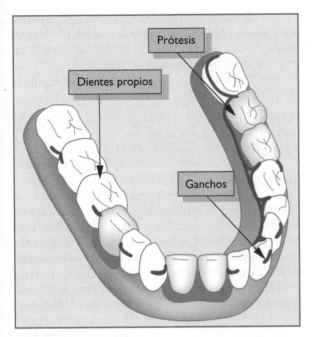

Prótesis removible metálica.

Cuando el alimento no sigue todo este proceso en la boca, pasará al esófago y estómago incorrectamente preparado. La mucosa del tubo digestivo no está acondicionada para recibir alimentos en estas condiciones y terminará dañándose. Además, todo el proceso de la digestión se verá enlentecido con complicaciones a largo plazo.

Alteraciones de la ATM

La pérdida de dientes hace que las arcadas dentarias superior e inferior no encajen correctamente, provocando alteraciones en la ATM, que trata de compensar produciendo movimientos anormales que traerán dolor, bloqueos, etc.

Alteraciones del habla

La pronunciación de muchos sonidos se produce apoyando la lengua sobre los dientes (ejemplo letra C). Cuando faltan piezas, parte de las palabras serán indebidamente pronunciadas.

Alteraciones estéticas

Constituyen *a priori* el problema más importante en la población. Los dientes dan estructura a la cara y determinan el aspecto de la misma, los rasgos y la estética. Además, mantienen la forma y tono de los músculos de la cara, evitando la aparición de arrugas que dan un aspecto de envejecimiento precoz. La falta de piezas puede crear graves problemas en la persona tanto personal como psíquicamente. Hoy en día pérdida dental no tiene porqué equipararse a vejez.

La reposición de las piezas perdidas evitará los cambios en los rasgos faciales, la aparición de arrugas, contribuyendo a mantener un aspecto más saludable de la cara.

Reposición de piezas dentarias

La reposición de piezas dentarias puede hacerse mediante prótesis o implantes. El grado de afectación de la pieza, la conservación o no de la raíz así como otros muchos detalles determinarán la utilización de uno u otro método.

Prótesis dentarias

Son aparatos artificiales diseñados según la anatomía de la boca del paciente, que permiten equipararse a las piezas perdidas. Pueden ser fijas o removibles.

Prótesis fijas: Son prótesis que no pueden ser retiradas de la boca por el paciente. Constan de una parte visible que corresponde a la corona y unos pilares donde apoyarse. Estos pilares pueden ser piezas que todavía quedan en la boca sanas o bien implantes. Cuando se emplean piezas dentarias hay que tallarlas previamente poniendo después sobre ellas unas fundas sobre las que quedan soldadas las piezas que faltan.

Los implantes son pequeñas estructuras de titanio que se insertan sobre el hueso y sobre las cuales se adapta la pieza.

Prótesis removibles: Se emplean cuando no es posible conseguir pilares sobre los que apoyar la prótesis fija. Éstas pueden ser retiradas por el paciente de la boca. Pueden ser esqueléticas o de resina.

La esqueléticas se hacen sobre una estructura metálica que se ancla al resto de las piezas mediante unos ganchos.

Las de resina se adaptan perfectamente a la encía, fijándose cuando se produce el vacío entre la superficie de la prótesis y la de la mucosa oral.

El paciente suele tardar más tiempo en adaptarse a la prótesis removible que a la fija. En un principio, ambas prótesis van a provocar pequeños problemas que irán desapareciendo solos como la hipersalivación y dificultades para hablar y pronunciar determinados sonidos. También puede traer problemas en la masticación. Es recomendable por ello comer al principio alimentos blandos, fáciles de masticar y hacerlo despacio.

Pequeños dolores e irritaciones en las zonas de anclaje de la prótesis pueden ser también normales al principio. Pero si hubiese heridas será preciso un reajuste de la prótesis.

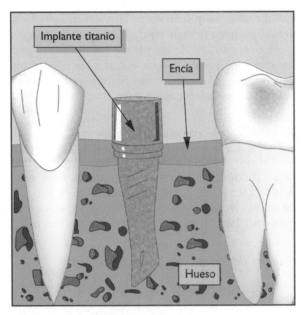

Implante unido al hueso (osteointegración).

Implantes dentales

Los implantes son dispositivos artificiales de titanio que se insertan en el hueso maxilar superior e inferior. Su tamaño es muy pequeño simulando una raíz dentaria natural. Los implantes se unen al hueso mediante un proceso llamado "osteointegración". Ellos servirán de soporte para los dientes artificiales de reemplazo.

La intervención quirúrgica para la colocación de implantes se denomina "implantación".

Indicaciones de un implante: Se debe realizar una implantación en los siguientes casos:

— Pérdida de un único diente.

— Grandes huecos entre los dientes imposibles de cubrir con un puente convencional.

— Pacientes parcialmente desdentados, sobre todo cuando no soportan una dentadura removible y con objeto de colocar un puente fijo apoyado en los implantes y dientes naturales que queden.

— Pacientes totalmente desdentados en los que las prótesis no se sujetan o molestan.

Contraindicaciones del implante: No se hará una implantación en:

— Pacientes con higiene oral deficiente.

— Dependientes del alcohol o drogas.

— Determinados enfermos en los que los tratamientos interfieren con la cicatrización normal de los tejidos tras la cirugía de implantación (radioterapia, quimioterapia, diabetes mal controlada, etc.).

— Escasa cantidad de hueso maxilar o de mala calidad.

— La edad no es un obstáculo para la implantación si se posee una buena salud.

Implantación: Incluye varias fases:

En principio es necesario realizar un análisis médico y odontológico de cada paciente evaluando la salud dental, forma de vida, calidad del hueso e higiene. Se decidirá así si el tratamiento óptimo es la implantación.

Decidida la intervención, se procede a la colocación quirúrgica de los implantes en el hueso. Para ello, bajo anestesia local, se corta la mucosa de la encía y se labra un lecho en el hueso donde se introduce el implante. Después se sutura la encía, quedando el implante totalmente cubierto por ella. Todo esto puede hacerse en la consulta del odontólogo.

Durante 3-6 meses el implante se irá uniendo gradualmente al hueso en el proceso llamado osteointegración. En toda esta etapa el paciente utilizará prótesis provisionales. Cuando el implante se ha unido sólidamente al hueso, se hace una pequeña incisión en la encía y se introducen unas pequeñas piezas que se anclan al implante y que sobresaldrán por encima de la encía. Sobre ellas se dispondrá una prótesis dental. Los dientes deben quedar bien ajustados para resistir el movimiento y presión diaria de la masticación y el habla.

Durante la primera semana de la implantación no se deben tomar comidas ni bebidas calientes, se evitará cualquier esfuerzo físico y se hablará lo menos posible. No se masticará con la zona del implante. Se enjuagará la boca después de cada comida y se cepillarán los dientes de forma habitual salvo en los implantes.

Durante las siguientes semanas se evitarán en lo posible los esfuerzos así como el roce de la lengua con los implantes. Se consultará al dentista si se notasen cambios en la zona del implante o si hubiese problema con la prótesis.

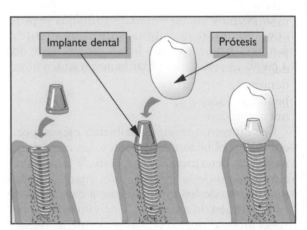

Implante dental.

20 PROBLEMAS DEL APARATO GENITAL MASCULINO

PATOLOGÍA DE LA PRÓSTATA

HIPERTROFIA PROSTÁTICA BENIGNA (HPB)

A partir de la edad media de la vida de los varones, el crecimiento de la próstata es un fenómeno casi generalizado. Se calcula que por encima de los 50 años, la mitad de los hombres tienen aumentado su tamaño prostático, porcentaje que se eleva al 80% en los mayores de 80 años.

Se cree que el crecimiento de la glándula prostática es consecuencia de un desequilibrio hormonal. A partir de los 40 años, los testículos tienden a secretar menor cantidad de testosterona. Esta disminución en la cantidad de hormona masculina circulante estimula la producción de factores de crecimiento celular prostático, originando el progresivo aumento del tamaño de la glándula. Este crecimiento se denomina hipertrofia o hiperplasia prostática benigna. También recibe el nombre de adenoma prostático.

Al crecer la próstata, se produce cierta dificultad en el paso de la orina a través del segmento de uretra que la atraviesa. Esta obstrucción al flujo de la orina hace que más pronto o más tarde aparezca dificultad para orinar. El varón comienza a notar que su chorro de orina tiene menos fuerza o que es entrecortado, que necesita orinar frecuentemente, sobre todo por

la noche, que a veces tiene que hacer fuerza para conseguir vaciar la vejiga y que aun así se queda con la sensación de que la vejiga no se vacía completamente. Con frecuencia tiene dificultad para iniciar la micción o presenta goteo de orina al finalizarla. Tampoco es rara la sensación imperiosa o urgente de orinar y, si se obstruye completamente la uretra prostática, habrá imposibilidad absoluta para orinar, produciéndose la llamada retención urinaria. Si esta situación llega a producirse, solo la colocación de una sonda que vaya desde el exterior hasta la vejiga siguiendo el trayecto de la

PUNTOS CLAVE
Dificultad para iniciar la micción.
Chorro de la orina débil o entrecortado.
Goteo al final de la micción.
Sensación de vaciado incompleto de la vejiga.
Urgencia miccional o necesidad "imperiosa" de orinar.
Aumento de la frecuencia miccional, sobre todo por la noche.
Tendencia a infecciones urinarias de repetición.
Retención de orina con imposibilidad total para orinar.

Manifestaciones del crecimiento de la próstata.

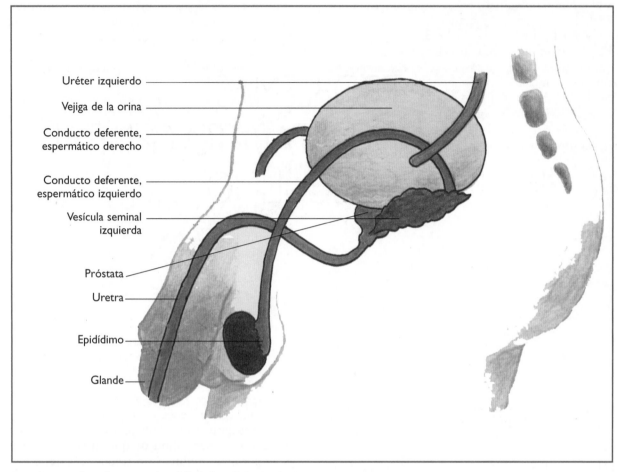

La próstata rodea a la uretra a la salida de la vejiga urinaria.

uretra conseguirá vaciar el contenido de orina y aliviar al paciente.

Aunque la velocidad de crecimiento de la glándula es lenta en general, varía de unos individuos a otros. De ahí que los síntomas se instauren progresivamente y con diferente intensidad según sea el patrón de crecimiento. El conjunto de estos síntomas se denomina habitualmente prostatismo o síndrome prostático. Algunos de estos síntomas pueden deberse a otras enfermedades de la vejiga y, por esta razón, cuando se padecen, es necesario acudir al médico para realizar un estudio que descarte o confirme otras causas. Además, el crecimiento de la próstata puede dar lugar a otras manifestaciones tales como infecciones urinarias, sangre en la orina o alteración de la función de los riñones que habrá que estudiar y tratar adecuadamente.

El curso de la enfermedad es impredecible. En algunos casos, los síntomas permanecen estables o sufren sólo cambios temporales. En otros, empeoran progresivamente si no se tratan e incluso se han dado casos de retención urinaria aguda inesperada sin haber presentado apenas síntomas previamente.

Cuando la presencia de los síntomas mencionados hacen sospechar la enfermedad, se debe realizar un tacto de la próstata a través del recto. Para ello, el paciente deberá colocarse en posición de plegaria musulmana. Se le pedirá que tosa con fuerza, lo que produce la relajación espontánea del esfínter anal. En ese momento, el médico introduce un dedo enguantado y lubricado en el ano y procede a palpar la próstata, para valorar su tamaño y consistencia y descartar un posible problema canceroso. Aunque puede resultar desagradable, se trata de una técnica sencilla, normalmente indolora y muy eficaz. Mediante técnicas de imágenes médicas como la ecografía abdominal o transrectal se completa el estudio al permitir visualizar la próstata en su totalidad y poder medir exactamente su tamaño, así como detectar la presencia de imágenes anómalas que sugieran la presencia de lesiones cancerosas asociadas.

A través de un análisis de sangre se puede conocer la función de los riñones y valorar el antígeno específico prostático (PSA), sustancia producida por la próstata que debe mantenerse dentro de ciertos límites (variables según la edad y el tamaño prostático) para ser considerada normal. Si se encuentra por encima de estos límites, será preciso realizar más pruebas, para comprobar si existe o no una patología más grave (cáncer de próstata). Si se sospecha la coexistencia de una infección urinaria (fiebre, escozor al orinar, orina turbia...), un simple análisis de orina servirá para confirmarla o no.

Uno de los tratamientos más generalizados de la hiperplasia prostática benigna se basa en diversos extractos de plantas, aunque los resultados en cuanto a la mejora de los síntomas son de lo más dispares. Existen además diversos fármacos de efectividad demostrada.

Por último, existe tratamiento quirúrgico para los casos que no respondan al tratamiento o que presenten complicaciones asociadas al crecimiento prostático como infecciones de orina de repetición, piedras en la vejiga, retención de orina o deterioro de la función de los riñones. Como cualquier otra intervención, se debe valorar la decisión a la luz de los distintos factores que intervienen en el proceso: salud general y edad del paciente, posibles complicaciones, etc.

Existen dos procedimientos quirúrgicos: la resección transuretral de próstata (RTU) y la adenomectomía prostática abierta. La primera es la más frecuente; se realiza sin necesidad de abrir el abdomen para acceder a la glándula desde el exterior y consiste en introducir un instrumento a través de la uretra que permite cortar desde dentro y mediante energía eléctrica o láser parte de la próstata crecida. Con esta técnica los síntomas mejoran en un 70-80% de los pacientes, aunque el principal problema es la posibilidad de recrecimiento del tejido prostático residual, con reaparición de las molestias. La adenomectomía prostática abierta se

realiza en los casos de próstata muy voluminosa. Exige realizar un corte con bisturí en el bajo abdomen para acceder directamente a la próstata y extirparla. Al ser una técnica más agresiva, las posibilidades de complicaciones quirúrgicas son teóricamente mayores.

En los últimos años han aparecido nuevas técnicas para el tratamiento de la hiperplasia prostática que son menos agresivas, todavía no muy experimentadas: inserción de una prótesis en la uretra natural, para mantenerla permanentemente abierta; dilatación de la uretra prostática mediante un sistema hinchable; y otros procedimientos de emisión de microondas de energía (hipertermia y termoterapia), capaces de destruir parte de la próstata mediante el calor sin lesionar los tejidos alrededor de la misma.

CÁNCER DE PRÓSTATA

El cáncer de próstata es el segundo cáncer más frecuente en los varones, después del cáncer de pulmón y la tercera causa de muerte por cáncer después de los cánceres de pulmón y colon. Es raro por debajo de los 50 años, pero su incidencia aumenta a medida que avanza la edad. Es más frecuente en los varones de raza negra. Se sospecha la influencia de factores ambientales no claramente determinados.

El cáncer de próstata se origina por la proliferación incontrolada de células del tejido prostático, casi siempre localizadas en la periferia de la glándula. Se desconocen los estímulos implicados en el inicio y mantenimiento de esta proliferación maligna, pero se cree que debe estar influido por el equilibrio de las hormonas sexuales masculinas, que se modifica al avanzar la edad. Se sabe, por ejemplo, que nunca se ha dado un caso de cáncer de próstata entre varones castrados (con ausencia casi completa de testosterona) y que utilizando fármacos que disminuyen la secreción o antagonizan esta hormona masculina, se consigue la remisión o al menos la estabilización de algunas lesiones de cáncer prostático. Sin embargo, aún no se conoce con exactitud el papel de las hormonas masculinas en el inicio y mantenimiento de estas lesiones.

Clínicamente, el cáncer de próstata suele cursar sin síntomas que hagan sospechar su presencia hasta fases muy avanzadas de la enfermedad. En los pocos casos en los que se manifiesta, el paciente suele notar como datos de alarma que le hacen acudir al médico molestias tipo escozor al orinar, dificultades para iniciar, mantener o finalizar la micción, aumento de la frecuencia miccional, retención urinaria completa, dolor en la espalda o en la cadera (conse-

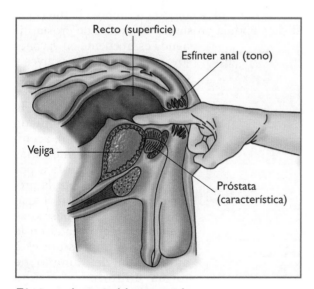

Técnica exploratoria del tacto rectal.

cuencia de la extensión de la enfermedad a la columna vertebral baja o a distintos huesos de la pelvis) o presencia de sangre en la orina.

Como vemos, todos estos síntomas son muy inespecíficos y comunes a otras enfermedades del aparato genitourinario. Por eso es tan importante que ante el menor síntoma de alarma, el paciente acuda al médico para realizar los estudios que sean necesarios con el fin de determinar el origen concreto del problema. Al igual que cada vez un mayor número de mujeres se somete a una exploración ginecológica anual, es muy importante que los varones mayores de 50 años tomen conciencia de la importancia de realizarse al menos una vez al año una exploración prostática a través de un tacto rectal (véase el epígrafe anterior), porque la detección precoz en este caso es esencial.

Mediante otras técnicas de imágenes médicas como la ecografía transrectal o la tomografía se podrá obtener mayor información acerca de la localización y tamaño de la lesión, así como de su posible extensión a otras partes del organismo, característica de casi todos los cánceres malignos que se deriva de la capacidad de las células cancerígenas de migrar a través de los vasos linfáticos y sanguíneos hacia otras zonas del organismo, estableciendo en ellas nuevas lesiones denominadas metástasis. Cuando no ha habido un diagnóstico precoz de cáncer de próstata, suelen ser estas "lesiones a distancia" las que se manifiestan en primer lugar, sobre todo como dolor óseo en el caso de lesiones metastásicas en la columna vertebral baja.

Una vez localizada la lesión en la próstata y sospechado su carácter maligno, el siguiente paso es conseguir una muestra de tejido para su examen al microscopio, donde se establecerá definitivamente el diagnóstico. Esta muestra de tejido se denomina biopsia y casi siempre se obtiene mediante la punción con una aguja a través del recto o a través de la piel situada entre el ano y el escroto, ayudándose de una imagen de ecografía o tomografía para localizar exactamente la lesión.

Otra prueba que puede ayudar al diagnóstico es la determinación en sangre del antígeno prostático específico (PSA) y de la fosfatasa ácida prostática, dos sustancias que casi siempre se encuentran por encima de los límites normales en caso de cáncer.

Una vez establecido el diagnóstico de una manera cierta, el tratamiento irá siempre encaminado a la erradicación completa de la enfermedad. Si no es posible conseguirlo por el grado de extensión del proceso, al menos se intentará frenar su crecimiento y se adoptarán las medidas necesarias para aliviar los síntomas del paciente. Cuando la lesión está localizada en la próstata y no hay extensión fuera de ella, la opción de tratamiento suele ser quirúrgica, con resección completa de la glándula y de los ganglios linfáticos cercanos. En algunos casos se utilizará radioterapia como tratamiento complementario, consiguiendo la curación del proceso en un alto porcentaje de individuos. En los casos de enfermedad extendida el tratamiento suele ser hormonal, bloqueando la secreción de testosterona o antagonizando su acción. Con estas medidas se consigue estabilizar e incluso hacer regresar las lesiones, mejorando a veces durante años los síntomas del paciente. Finalmente la enfermedad suele escapar al control hormonal y todo lo que se puede hacer entonces es adoptar medidas paliativas para mejorar la calidad de vida del paciente hasta el momento de su fallecimiento.

PROSTATITIS

Se denomina con este término a la infección de la glándula prostática El cuadro de prostatitis aguda es frecuente en varones jóvenes sexualmente activos y consiste en el comienzo brusco de fiebre, escalofríos y dolor a nivel rectal o en la zona perineal (zona situada entre el pene y el ano), acompañada a veces de molestias al orinar. Se diagnostica por el cuadro clínico y por la presencia de bacterias en el análisis de orina. Además, si se realiza un tacto rectal en la fase aguda, la próstata está aumentada de tamaño de forma uniforme y resulta muy dolorosa a la palpación.

PUNTOS CLAVE
Molestias al orinar tipo escozor o dolor.
Presencia de sangre en la orina.
Dificultades para iniciar, mantener o finalizar la micción.
Aumento de la frecuencia de las micciones.
Incapacidad absoluta para orinar o retención urinaria.
Dolores óseos (de espalda, de cadera, etc.).
Síntomas generales: pérdida de peso, falta de apetito, cansancio extremo, etc.

Síntomas sugerentes de tumor maligno de próstata.

Técnicas que ayudan al diagnóstico del cáncer de próstata.

Opciones en el tratamiento del cáncer de próstata.

El tratamiento consiste en la administración de antibióticos.

La prostatitis crónica es la causa más frecuente de infecciones urinarias de repetición en los varones. En estos casos las molestias prostáticas son mínimas o inexistentes y la única manifestación clínica es la repetición periódica de síntomas compatibles con uretritis (infección de la uretra) o cistitis (infección de la vejiga): disuria (escozor o dolor al orinar), aumento de la frecuencia miccional, hematuria o sangre en la orina y fiebre en ocasiones. En estos casos no hay inflamación/infección aguda de la próstata, pero ésta actúa como almacén de gérmenes que periódicamente producen inflamación en otras zonas del aparato genitourinario. Su tratamiento es también antibiótico, pero en esta ocasión es más prolongado y en ocasiones resulta ineficaz.

PROBLEMAS ESCROTALES. PATOLOGÍA DEL TESTÍCULO

HIDROCELE

Es la acumulación de líquido en la bolsa que envuelve y protege el contenido del escroto: los testículos, el epidídimo y la porción inicial del conducto deferente. El líquido se suele acumular de forma progresiva e indolora, generalmente de forma bilateral, produciendo un aumento del tamaño del escroto que en ocasiones llega a ser realmente llamativo.

Sus causas son variadas. En los recién nacidos varones es frecuente observar un hidrocele moderado al nacer, probablemente debido a la presión a la que es sometida la zona genital al pasar a través del canal vaginal en el parto. Suele reabsorberse espontáneamente en unos días o semanas, aunque si se mantiene durante meses será preciso intervenir quirúrgicamente para resolverlo. En los adultos cualquier proceso infeccioso o inflamatorio que afecte al testículo o al epidídimo puede producir acumulación de líquido a ese nivel. En estos casos habrá que buscar y tratar la causa para resolver el hidrocele, aunque a veces es preciso recurrir a la cirugía para su completa curación.

VARICOCELE

Se denomina así a la dilatación varicosa de las venas superficiales del escroto, que puede causar molestias y aumento del tamaño escrotal. Se ha asociado a infertilidad masculina. Casi siempre se da en el lado izquierdo y generalmente se detecta mediante una simple inspección con el paciente de pie. A veces, debido a la importante dilatación varicosa de las venas, si se palpa el escroto da la sensación de una especie de "saco de gusanos". Si es muy grande, molesto o produce infertilidad se suele tratar quirúrgicamente, pero en muchos otros casos no requiere tratamiento.

CRIPTORQUIDIA

Se denomina así a la ausencia de uno o los dos testículos de la bolsa escrotal. Proviene del

---

BULTOS ESCROTALES

Cualquier masa anormal palpable en el escroto debe ser consultada con el médico. Por fortuna, en muchas ocasiones se tratará de trastornos completamente benignos, por lo que la visita al médico es imprescindible, para tranquilizar al paciente o para corregir a tiempo un posible problema.

griego "kryptos orchis" o testículos escondidos. Los testículos se desarrollan en la cavidad abdominal durante el crecimiento del feto en el seno materno, descendiendo a la bolsa escrotal antes del nacimiento. En un pequeño porcentaje de casos los testículos completan el descenso después del parto, generalmente durante los tres primeros meses de vida del niño. En otro pequeño porcentaje uno o los dos testículos no acaban nunca de recorrer de forma completa su camino desde el abdomen hasta el escroto, deteniéndose en algún punto de su recorrido, generalmente el abdomen o la ingle. Las causas

no están bien determinadas, pero parece clara una cierta influencia genética, ya que se ha comprobado la misma alteración en un 4% de los hermanos y en un 6% de los padres de los niños con criptorquidia.

La criptorquidia bilateral es poco frecuente y se suele asociar a otras malformaciones congénitas, alteraciones metabólicas u hormonales.

Si no se tratan a tiempo, los testículos criptorquídicos presentan dos problemas principales: la pérdida de su capacidad para producir espermatozoides (y la consecuente infertilidad del varón) y su tendencia a desarrollar tumores malignos en el tejido testicular. Por eso es tan importante realizar el diagnóstico y el tratamiento precozmente, antes de los dos años de edad si es posible. El diagnóstico es fácil y se suele realizar en la consulta del pediatra en el período de recién nacido o lactante pequeño. Con una simple palpación de la bolsa escrotal es posible localizar los dos testículos o apreciar la ausencia de uno o ambos. Si existe criptorquidia, se puede esperar a que el niño cumpla un año de edad, ya que es posible que el testículo finalice su descenso después del nacimiento. Pasado este tiempo, suele intentarse un tratamiento hormonal (efectivo en un 50% de los casos). Cuando éste fracasa, es necesario recurrir a la cirugía para recolocar y fijar el testículo en el escroto. Si se interviene tempranamente, el índice de infertilidad es pequeño. Además, aun en el caso de que el testículo ya no sea funcional, la colocación en el escroto permite su estrecha vigilancia por parte del paciente y el médico, de modo que cualquier crecimiento tumoral sea detectado precozmente.

TORSIÓN TESTICULAR

Consiste en el giro del testículo alrededor de su eje longitudinal, retorciendo en su movimiento los vasos sanguíneos que le llegan a través de su polo superior. De esta manera se impide el adecuado aporte de sangre al tejido testicular y, si esta situación se prolonga en el tiempo, tendrá como consecuencia la muerte de las células productoras de espermatozoides por falta de oxígeno.

Se suele dar en niños entre 8 y 15 años y se manifiesta por dolor en el escroto que puede aparecer de forma brusca o gradual, espontáneamente o tras la realización de ejercicio físico. Cuando se sospecha lo que está ocurriendo, el tiempo es lo más importante, ya que la mayoría de los testículos que son operados antes de seis horas son recuperables.

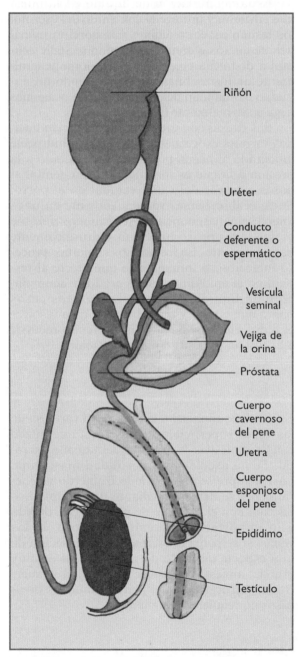

Riñón

Uréter

Conducto deferente o espermático

Vesícula seminal

Vejiga de la orina

Próstata

Cuerpo cavernoso del pene

Uretra

Cuerpo esponjoso del pene

Epidídimo

Testículo

El escroto contiene a los testículos y al epidídimo, por lo que las enfermedades que los afectan pueden ser palpables desde el exterior.

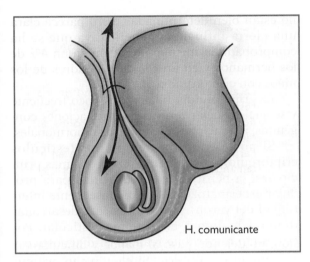

Esquema de un hidrocele.

ORQUITIS

Se llama orquitis a la inflamación del testículo. La orquitis más frecuente en niños y jóvenes es la que se produce acompañando algunos casos de parotiditis o "paperas". Suele afectar un solo testículo, produciendo intenso dolor escrotal y ligero aumento del tamaño testicular, resolviéndose simultáneamente al cuadro de paperas. En algunos casos se ha descrito infertilidad como consecuencia de esta enfermedad, sobre todo en los casos en los que se ha producido inflamación de los dos testículos.

TUMORES TESTICULARES

Los tumores del testículo son actualmente poco frecuentes. Se dan sobre todo en la primera infancia y en los varones jóvenes entre 20 y 30 años, siendo raros por encima de los 40 años.

Existen varios tipos de tumores testiculares dependiendo de las células que sufran transformación maligna. Si las células cancerígenas proceden de las células que dan lugar a los espermatozoides o células germinales, el tumor se denomina "seminoma". Si proceden de otras células testiculares que realizan funciones de sostén y nutrición de las células germinales, el tumor se denomina "no seminoma". Dentro de los no seminomas se distinguen además varios tipos: coriocarcinoma, tumor de células germinales, y teratoma. Esta distinción es importante porque el comportamiento y la respuesta al tratamiento de los distintos tipos son diferentes.

Tanto unos como otros suelen producir aumento del tamaño del testículo en el que se desarrollan, acompañado a veces de dolor o sensación de pesadez. En muchas otras ocasiones no producen ninguna molestia local y el paciente sólo consulta a su médico porque en una autoexploración ha detectado crecimiento de uno o ambos testículos.

Los seminomas son más frecuentes en adultos jóvenes, mientras que los no seminomas se dan más en los niños. Los seminomas dan lugar a aumento del tamaño testicular uni o bilateral, extendiéndose con frecuencia a través de los vasos linfáticos hasta los ganglios situados a los lados de la columna vertebral lumbar. Los no seminomas también dan lugar a masas testiculares y se extienden hacia los ganglios linfáticos, diferenciándose de los anteriores en que presentan mayor tendencia a extenderse a través de los vasos sanguíneos, produciendo lesiones a distancia (metástasis) en órganos como los pulmones o el hígado. Los no seminomas se caracterizan además por producir unas sustancias que pueden ser detectadas en la sangre. La presencia de estas sustancias ayuda a confirmar el diagnóstico y su desaparición con el tratamiento nos dice que éste ha sido eficaz. Estas sustancias se denominan alfafetoproteína (AFP) y gonadotropina coriónica (hCG).

Los seminomas responden espectacularmente al tratamiento con radioterapia, mientras que los no seminomas se muestran resistentes y precisan de otros tratamientos (generalmente extirpación quirúrgica de las masas tumorales accesibles y quimioterapia asociada).

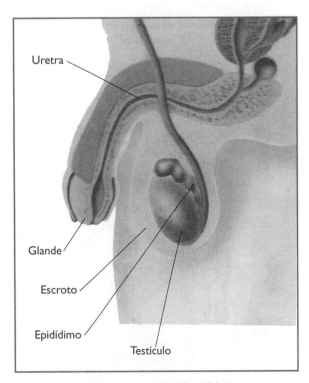

Esquema que muestra la situación del epidídimo.

En conclusión, los tumores testiculares son poco frecuentes y muestran una respuesta favorable al tratamiento cuando se detectan precozmente. Por eso es muy importante que los varones jóvenes realicen una autoexploración testicular al menos una vez al año, contribuyendo así a detectar de forma temprana cualquier alteración que pudiera desarrollarse a ese nivel, generalmente aumento del tamaño testicular.

PATOLOGÍA DEL PENE

HIPOSPADIAS

Se trata de una alteración del correcto desarrollo embrionario. Consiste en la desembocadura anómala del meato uretral, generalmente en la cara inferior del pene, aunque también puede desembocar en la línea media del escroto o en otros puntos de la región perineal. Ante su presencia siempre habrá que descartar otras anomalías del desarrollo sexual.

FIMOSIS

Término que en griego significa "bozal" y se refiere al estrechamiento del orificio del prepucio, manguito retráctil de piel que recubre al glande o extremo anterior del pene.

Un prepucio anormalmente estrecho no es capaz de dilatarse en el momento de la erec-

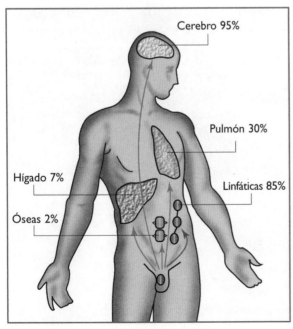

Metástasis producidas por tumores testiculares.

CONSEJO

AUTOEXPLORACIÓN TESTICULAR

La autoexploración del tamaño de los testículos es una técnica sencilla que deben realizar todos los varones al menos una vez al año.
Permite apreciar cualquier cambio en el tamaño testicular que pueda sugerir el crecimiento de un tumor de testículo.

ción, no dejando paso al glande y dificultando el coito en los adultos. Si el estrecho orificio prepucial es forzado con violencia hacia atrás, puede formar alrededor de la base del glande un anillo que ejerce una intensa compresión, pudiendo incluso llegar a "estrangular" el glande si no se resuelve a tiempo. Esta complicación se denomina parafimosis y debe corregirse rápidamente con las maniobras oportunas de reducción o con cirugía.

En casi todos los recién nacidos es frecuente observar un cierto grado de fimosis que generalmente se va resolviendo al crecer el bebé. En algunos casos es necesaria una pequeña ayuda de los padres que contribuyen a ir dilatando el orificio prepucial con suaves maniobras de retracción de la piel realizadas diariamente. Otras fimosis no se resuelven con el crecimiento y requerirán una intervención quirúrgica sencilla que amplíe el orificio prepucial. Generalmente se realiza en la edad infantil y preferentemente antes de llegar a la edad adulta, cuando la fimosis puede dificultar las relaciones sexuales y cuando la intervención quirúrgica suele ser más molesta para el varón.

BALANOPOSTITIS

Se denomina así a la infección o inflamación del surco situado entre el glande y la cara interna del prepucio. Se ve favorecida por una mala higiene y la acumulación de un material blanquecino sebáceo en el fondo de dicho surco. Este material se denomina esmegma y es producto de las secreciones de unas pequeñas glándulas situadas a ese nivel. Por las dificultades para la retracción de la piel del prepucio y la correcta limpieza de la zona, la balanopostitis es más frecuente en los niños pequeños y en los varones con fimosis.

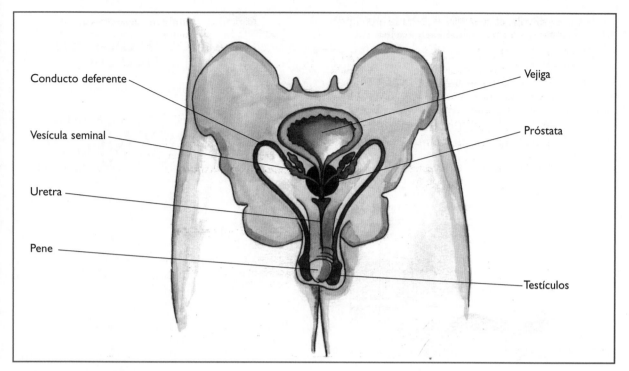

Conducto deferente

Vesícula seminal

Uretra

Pene

Vejiga

Próstata

Testículos

El pene es la parte más externa del aparato genital

PRIAPISMO

Se llama priapismo a la erección dolorosa y/o demasiado mantenida en el tiempo. Se suele deber a dificultades para el drenaje de la sangre acumulada en el pene durante la excitación sexual, por obstrucción mecánica o funcional de las venas encargadas de dicha evacuación.

Se da, por ejemplo, en algunos pacientes jóvenes con leucemia. En estos individuos, la gran viscosidad sanguínea favorece el remansamiento de la sangre y la formación de trombos que pue-den acabar dificultando el flujo de sangre. Si esto ocurre en las venas encargadas del drenaje sanguíneo del pene al final de la erección, no podrá evacuarse dicha sangre y el pene mantendrá su tumescencia en el tiempo, produciendo dolor y, si se prolonga la situación, fenómenos de muerte celular por falta de adecuada oxigenación.

También se produce este fenómeno en algunos pacientes con traumatismos medulares, en los que se ve afectado el acto reflejo que controla la tumescencia y detumescencia del pene durante el acto sexual.

21 PROBLEMAS DEL APARATO GENITAL ·FEMENINO

ALTERACIONES MENSTRUALES

AMENORREA O FALTA DE MENSTRUACIÓN

Se denomina **amenorrea primaria** cuando no se ha producido un sangrado menstrual a los 14 años de edad y todavía no han aparecido otros caracteres sexuales (vello púbico, desarrollo de las mamas...) o no se ha producido la menstruación a los 16 años a pesar de haber aparecido los caracteres sexuales secundarios.

Se denomina **amenorrea secundaria** cuando se produce un cese en los períodos menstruales en aquellas mujeres que los tenían con mayor o menor regularidad.

La causa más frecuente de amenorrea es la anovulación, cuya causa principal en mujeres en edad fértil que ya tenían períodos menstruales previos es el embarazo. No obstante, existen otros muchos factores que pueden alterar los ciclos menstruales: embarazos previos, uso de anticonceptivos (hormonas y otros fármacos), efactores estresantes emocionales, estado nutricional, práctica deportiva, galactorrea, alteraciones de la función tiroidea, etc.

METRORRAGIA O MENSTRUACIÓN IRREGULAR

Es la hemorragia que se produce entre dos ciclos menstruales, fenómeno normal en los primeros años tras la menarquía. La causa más frecuente es una alteración hormonal que afec-

MENORRAGIA	Hemorragia uterina prolongada o excesiva que se presenta de manera regular.
METRORRAGIA	Hemorragia uterina de intensidad variable que aparece sin seguir ningún patrón de regularidad.
POLIMENORREA	Hemorragia uterina que aparece de manera regular en ciclos de menos de 21 días.
OLIGOMENORREA	Hemorragia uterina que aparece con ciclos prolongados, mayores de 35 días.
AMENORREA	Ausencia de sangrado uterino durante más de seis meses.

Alteraciones de la menstruación.

> *Algunas alteraciones ginecológicas (endometriosis, miomas, etc.) causantes de hemorragias precisan una intervención quirúrgica en ocasiones.*

OVOGÉNESIS

La ovogénesis es el proceso de desarrollo y formación de los óvulos Este proceso comienza en el feto, produciéndose en esta fase el crecimiento y la proliferación de las ovogonias que dan lugar a los ovocitos de primer orden. Por esta razón, la niña nace con el número de óvulos que tendrá a lo largo de toda su vida. Al llegar la madurez sexual cada ovocito de primer orden dará lugar a un ovocito de segundo orden. Este segundo ovocito originará, tras sufrir un proceso de meiosis, una ovótida que por maduración dará lugar al óvulo. Los óvulos poseen sólo 23 cromosomas.

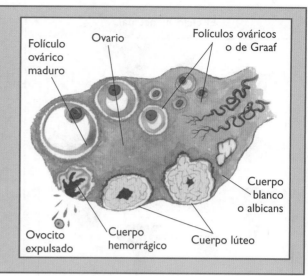

ta al nivel del sistema nervioso central o bien una causa ovárica. En mujeres postmenopáusicas es importante descartar la existencia de un proceso endometrial. El tratamiento dependerá de la causa y requerirá la intervención de un ginecólogo.

MENORRAGIA O MENSTRUACIÓN EXCESIVA

Es el sangrado excesivo durante el período menstrual, motivado por un desequilibrio hormonal entre la producción estrogénica y la destrucción de la mucosa uterina. Es frecuente en mujeres jóvenes con ciclos menstruales irregulares y en mujeres maduras en el período perimenopáusico. Si el sangrado es muy abundante puede producirse anemia que necesitará tratamiento adecuado. Normalmente se emplea un tratamiento farmacológico con derivados ergotamínicos; sólo cuando el sangrado es muy importante y el tratamiento fracasa es preciso recurrir a una técnica quirúrgica.

Otras causas menos frecuentes son alteraciones de la coagulación, alteraciones del tiroides y alteraciones en la morfología del útero.

FALTA LA REGLA... ¿EMBARAZO?

Antes de realizar otros estudios para averiguar la causa de una amenorrea (falta de regla), debe efectuarse una prueba de embarazo. En tanto no se conozca el resultado, no se deben consumir medicamentos ni realizar radiografías.

DISMENORREA

La dismenorrea es dolor en la mitad inferior del abdomen que se presenta antes y durante la menstruación. Puede afectar a más del 50% (del 50 al 90%) de las mujeres. A veces, va asociada a náuseas y vómitos, cansancio, dolor muscular, dolor de espalda (lumbalgia) o incluso de lipotimias. Existen dos tipos de dismenorreas.

Primaria

No podemos hallar una causa que la justifique. Suele aparecer horas antes de la menstruación y durar dos o tres días. Se han implicado múltiples factores psicológicos, miometriales, cervicales y endocrinos. Se ha demostrado que existe un aumento de las prostaglandinas que provocan contracciones uterinas que son las responsables del dolor y de los síntomas asociados.

Tratamiento: Antiinflamatorios no esteroideos por su efecto de disminución de la síntesis de prostaglandinas, administrados cuando se inicie el dolor (Ibuprofeno 600 mg/6 horas, ácido mefenámico 250 mg/6 horas, Naproxeno sódico 275 mg/6-8 horas). Pueden producir molestias gastrointestinales secundarias poco importantes; su eficacia ronda el 70-90%. También se han utilizado derivados de la progesterona administrados los últimos 15 días del ciclo menstrual y anticonceptivos orales.

Secundaria

El dolor suele iniciarse varios días antes y puede durar gran parte del ciclo menstrual. Existen varias causas: endometriosis, DIU, tumores, enfermedad pélvica inflamatoria, malformaciones genitales...

Tratamiento: hay que actuar sobre la causa que la produce.

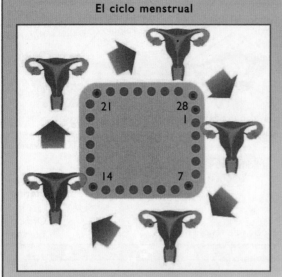

El ciclo menstrual

Un ciclo menstrual normal dura, aproximadamente, 28 días. El primer día los ovarios producen estrógeno; la glándula pituitaria, estimulada por el estrógeno, elabora hormonas foliculoestimulantes. Entre el cuarto y el quinto día las hormonas foliculoestimulantes provocan la maduración del óvulo y el crecimiento del endometrio. Durante los días siguientes el óvulo se va desarrollando y produciéndose mayor cantidad de estrógeno. Al duodécimo día el aumento del nivel de estrógeno estimula la glándula pituitaria para que produzca hormonas luteinizantes. Dos días después, el óvulo es liberado; es el momento de la ovulación. Transcurridos dos días, el cuerpo lúteo elabora progesterona y estrógeno, impidiendo así que se produzca cualquier otra secreción de hormonas pituitarias. Entre los días 19 y 20 el endometrio se prepara para la implantación de un óvulo fertilizado. Entre los días 25 y 26 el cuerpo lúteo se degenera, deteniéndose así la producción de hormonas sexuales y provocando la menstruación.

SÍNDROME PREMENSTRUAL

Es un conjunto de síntomas físicos y psicológicos que se producen a mitad del ciclo o entre 7-10 días antes de la menstruación y que afectan a un importante porcentaje de mujeres: aumento de la tensión mamaria, sensación de hinchazón abdominal y edemas en las extremidades, labilidad emocional con irritabilidad e insomnio y síntomas depresivos. Los síntomas se intensifican los días previos a la menstruación, pudiendo causar problemas en sus relaciones interpersonales y laborales.

Los síntomas pueden mejorar con la menstruación aunque coinciden con la aparición de dismenorrea. No existe un único tratamiento. Se han utilizado anticonceptivos orales, antiinflamatorios no esteroideos y ansiolíticos. Últimamente se recomiendan suplementos orales de calcio y magnesio.

Se desconoce su etiología, aunque parecen existir factores biológicos y psicosociales. Se debe seguir un estilo de vida sano con práctica regular de ejercicio, disminución de las bebidas estimulantes y de alimentos ricos en azúcar.

ENDOMETRIOSIS

Es una de las enfermedades ginecológicas más frecuentes en la mujer fértil. Consiste en la presencia de tejido del endometrio fuera del útero. Muchas veces no producen síntomas, aunque en otras ocasiones se manifiesta con dismenorrea intensa, progresiva que suele iniciarse varios días antes de la menstruación y prolongarse durante la menstruación, dispareunia intensa (dolor en el área abdominal durante las relaciones sexuales), infertilidad (un 35-40% de las mujeres infértiles la padecen) e irregularidades menstruales.

Su diagnóstico se realiza mediante una historia clínica con síntomas variables, una exploración de útero, ovarios, fondo de saco vaginal posterior, una ecografía ginecológica (no es útil si existen implantes pequeños dentro de la cavidad abdominal) y la laparoscopia que es el mejor método diagnóstico ya que nos permite una visualización adecuada de la cavidad abdominal y la toma de muestras de tejido para su estudio histológico.

El tratamiento es conservador y sintomático en aquellas mujeres en edad fértil que desean quedarse embarazadas y que presentan una endometriosis leve desde el punto de vista sintomático. Se puede realizar la extirpación quirúrgica si existen grandes tumoraciones, si la endometriosis es la causa de la esterilidad o el tratamiento farmacológico con antiinflamatorios no esteroideos no ha sido efectivo. Existe la opción de un tratamiento con anticonceptivos orales o tratamientos hormonales que suprimen la síntesis de estrógenos.

ALTERACIONES DE LA MAMA

MASTITIS

Es una inflamación de la glándula mamaria que puede infectarse. Es más frecuente poco después del parto, durante las primeras semanas de la lactancia materna. Su síntoma principal es el dolor con un aumento de la consistencia de la mama (turgencia). Puede existir una zona eritematosa, más caliente y sobre todo muy dolorosa a la palpación. Es frecuente que existan grietas en el pezón que hayan facilitado la entrada de gérmenes al tejido glandular mamario.

El tratamiento requiere la aplicación de hielo sobre la mama afectada y la evacuación total de la mama después de cada amamantamiento, utilizando si fuera preciso métodos artificiales. Si existen signos inflamatorios locales o síntomas generales (fiebre, escalofríos, malestar general) deberán utilizarse antibióticos adecuados al período de lactancia. Los pezones deberán ser hidratados después de cada toma y es preciso mantenerlos muy limpios, sobre todo si existen grietas. En ocasiones puede aparecer un absceso que requerirá un tratamiento quirúrgico con drenaje del mismo.

MASTODINIA

Es el dolor mamario producido por un aumento en la consistencia o turgencia de la mama. Sus causas son múltiples (síndrome premenstrual por cambios hormonales, proceso inflamatorio en la mama afecta...) y su tratamiento será el de la causa desencadenante.

MASTOPATÍA FIBROQUÍSTICA

Es la presencia de tejido glandular mamario quístico y nodular por la inflamación de los conductos glandulares durante el ascenso estrogénico del ciclo menstrual. Suelen desaparecer o disminuir de tamaño una vez pasada la menstruación. Puede causar dolor e irregularidades a la palpación de las mamas. Se debe realizar un diagnóstico diferencial con otras masas que podemos encontrar en la mama. No son precursoras del cáncer de mama, pero requieren una vigilancia más estrecha. Los síntomas pueden disminuir con la aplicación de frío local, antiinflamatorios no esteroideos, la disminución del consumo de cafeína y en algunos casos con la prescripción de anticonceptivos orales.

FIBROADENOMA DE MAMA

Es un tumor benigno localizado en las mamas, no doloroso, con una mayor incidencia en las mujeres en edad fértil. El fibroadenoma no es un precursor del cáncer de mama, pero ante la palpación de un nódulo mamario sospechoso se deben realizar otras pruebas diagnósticas: una ecografía mamaria, una punción-aspiración del nódulo y una biopsia para descartar un proceso maligno.

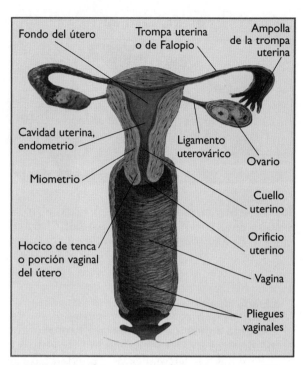

*La **vaginitis** es la inflamación, generalmente infecciosa, de la cavidad vaginal.*

VULVOVAGINITIS

Las vulvovaginitis se definen como un proceso inflamatorio que afectan a la vulva y a la vagina, que producen distintos síntomas. La causa no es siempre una infección localizada en la zona vulvovaginal.

VAGINITIS ATRÓFICA

La vaginitis atrófica se produce por una deficiencia de estrógenos que causa un adelgazamiento del epitelio vaginal y una alteración del moco y pH cervical. Son más frecuentes las infecciones vaginales y la mujer puede quejarse de dolor durante las relaciones sexuales y prurito vaginal. Los síntomas mejoran con la administración de estrógenos que pueden ser en forma de cremas vaginales o como THS (tratamiento hormonal sustitutivo).

VAGINOSIS BACTERIANA

Constituye hasta el 50% de los casos de vaginitis. Se produce un crecimiento de organismos anaerobios en la mucosa vaginal, de los que el prototipo es la *gardnerella vaginalis.* Generalmente es indolora y el prurito es leve. Puede existir un aumento discreto de la secreción vaginal, con un olor típico a pescado podrido. No está claro su inclusión en el grupo de

MOTIVOS DE ALARMA:

Cualquier masa palpable en la mama y el sangrado vaginal después de la menopausia debe consultarse siempre al médico. ¡El diagnóstico precoz permite la curación del cáncer!

las enfermedades de transmisión sexual ni el tratamiento sistemático de la pareja. El tratamiento de elección es el metronidazol.

ENFERMEDAD PÉLVICA INFLAMATORIA

Es una infección del aparato reproductor femenino originada en la vagina (vaginitis). Son muchos los gérmenes que pueden causar una enfermedad inflamatoria pélvica siendo los más frecuentes la *Neisseria gonorrhoeae* (gonorrea) y la *Chlamydia trachomatis*. Existe un mayor riesgo en mujeres jóvenes entre 15 y 39 años de edad que han sufrido intervenciones ginecológicas como una biopsia, una histeroscopia, la colocación de un DIU, un patrón sexual de promiscuidad e infecciones ETS previas.

Las manifestaciones son variables según su localización. Cuando está localizada en el tracto genital inferior puede aparecer leucorrea, uretritis, molestias en la micción y ocasionalmente infección de las glándulas de Bartholino (bartolinitis). Si la infección se extiende a la cavidad pelviana podemos encontrar dolor abdominal intenso, fiebre, dolor al orinar, náuseas, vómitos y alteraciones del ciclo menstrual con un sangrado excesivo. Hasta un 25% de las mujeres sufren secuelas importantes como infertilidad y dolor abdominal crónico.

Al explorar se observa un abdomen con defensa, un flujo vaginal purulento, dolor intenso a la exploración uterina por tacto vaginal. Puede existir una fase crónica con dolor abdominal inespecífico y otros procesos ginecológicos. Su diagnóstico se realiza con la historia clínica, la analítica (suele mostrar una leucocitosis con una elevación de la VSG (velocidad de sedimentación globular), ecografía ginecológica, un cultivo del exudado vaginal y la laparoscopia, siendo este último el método ideal para su diagnóstico y estadiaje.

Su tratamiento requerirá el ingreso hospitalario con la administración endovenosa del antibiótico adecuado según el germen causante. El tratamiento quirúrgico se reserva para aque-

llos casos en los que el tratamiento médico ha fallado, existen recidivas frecuentes o se produce la rotura de un absceso en la cavidad abdominal.

Su prevención es similar a las medidas adoptadas en las ETS sobre todo cuando existe una conducta de riesgo.

NEOPLASIAS

LEIOMIOMA

Los leiomiomas o miomas uterinos son tumores del tejido muscular del útero, de características benignas y que dependen de la presencia de hormonas sexuales femeninas (estrógenos) para su crecimiento. Su aumento de tamaño se suele producir entre los 30 y 45 años, disminuyendo en el período postmenopausia. Producen una hemorragia menstrual anormal o muy abundante, sensación de pesadez en la mitad inferior del abdomen y secreción vaginal. Se utilizan métodos diagnósticos como la ecografía ginecológica (siendo la transvaginal de elección), la tomografía computerizada (TC) y la RMN (resonancia magnética nuclear). Es preciso diferenciarlas de otras masas de la cavidad abdominal que pudieran tener un componente maligno.

Si el sangrado producido por el mioma es muy abundante, puede aparecer anemia que deberá ser tratada. Durante el embarazo un mioma puede complicar el parto, provocar abortos repetidos e incluso presentaciones anómalas del feto.

El tratamiento dependerá de la edad de la paciente y de su deseo de tener hijos. Si es una paciente en edad fértil, se puede intervenir extirpando sólo los miomas con un pequeño riesgo de recidivas. Las otras opciones son el tratamiento farmacológico para suprimir la producción hormonal y la histerectomía total con la extirpación del útero.

CARCINOMA DE CÉRVIX UTERINO

El tipo más frecuente es el carcinoma de células escamosas. Es más frecuente en mujeres entre 50 y 55 años de edad. Generalmente es asintomático, por lo que suele encontrarse en estadios avanzados cuando se realiza un diagnóstico. La mayor incidencia de carcinoma *in situ* (localizado) está entre los 25 y los 30 años. Está relacionado con el inicio precoz de las relaciones sexuales y con el hecho de tener múltiples compañeros sexuales. Se cree que existe un factor infeccioso por un agente como desencadenante (herpes virus, papiloma virus). Existe una posible relación con el uso de anticonceptivos orales (altas dosis de estrógenos) que no ha sido demostrada. Los síntomas asociados son: sangrado vaginal intermitente sin relación con el ciclo menstrual, leucorrea o flujo vaginal sanguinolento, dolor en flancos o piernas por un mecanismo de compresión de estructuras nerviosas, molestias y/o sangrado al orinar y sangrado rectal.

Su tratamiento es inicialmente quirúrgico, siendo la intervención más o menos agresiva, permitiendo a mujeres jóvenes poder mantener su función ovárica. En casos muy avanzados, la radioterapia es el tratamiento de primera elección.

NEOPLASIA DE OVARIO

Es el tumor ginecológico (no incluyendo el cáncer de mama) que mayor número de muertes produce al año. La mayoría de los casos aparecen sobre los 55-60 años. Su incidencia y mortalidad han ido aumentando en los últimos 50 años. El 90% son de tipo epitelial, aumentando la malignidad con la edad. Los cistoadenomas, de carácter benigno, excepcionalmente se malignizan. La mayoría de los casos se encuentran en estadios muy avanzados cuando se realiza un diagnóstico. Se cree que el uso de anticonceptivos orales y el embarazo tendrían un efecto protector.

Sus síntomas son inespecíficos y tardíos en la evolución del tumor. Puede aparecer una masa en el abdomen con o sin dolor, un sangrado moderado en el período entre ciclos menstruales y/o ascitis o acumulación de líquido en la cavidad del abdomen. Los métodos diagnósticos de elección son la ecografía abdominal, el TAC y/o la resonancia magnética nuclear del abdomen. La laparatomía es necesaria para el diagnóstico y el estadiaje.

El tratamiento inicial es quirúrgico, con extirpación de la masa ovárica y revisión de la cavidad abdominal para asegurarse que no existen implantes en otras localizaciones. La quimioterapia se utiliza con frecuencia como coadyuvante o tratamiento de apoyo a la cirugía.

CÁNCER DE ENDOMETRIO

Es el tumor ginecológico más frecuente (excluyendo el carcinoma de mama) en los países desarrollados. La edad media de presentación está entre los 60 y los 70 años, aunque cualquier mujer puede desarrollar una hiperplasia de endometrio y un carcinoma. Existen factores de riesgo que pueden aumentar su frecuencia de aparición: edad avanzada, obesidad, hipertensión, diabetes, hemorragia disfuncional, menopausia tardía (mayores de 55 años), hiperestrogenismo (incluso el tratamiento hormonal sustitutivo, sin el uso de gestágenos asociados), anovulación e infertilidad.

Su evolución puede ser asintomática, por lo que en mujeres con cualquiera de los factores de riesgo ya expuestos, se debe realizar una ecografía vaginal para valorar el grosor del endometrio. La biopsia endometrial se realizará en caso de existir una hiperplasia del endometrio.

El síntoma más frecuente es un sangrado vaginal intermenstrual en las mujeres premenopáusicas (metrorragias) o una hemorragia uterina en una mujer postmenopáusica. En este caso se debe realizar una biopsia del endometrio por aspirado endometrial o por una histeroscopia dirigida para descartar la presencia de un tumor maligno.

El tratamiento es quirúrgico, con resección del útero, de los dos ovarios, de los ganglios linfáticos pélvicos ilíacos afectados y toma de muestras de tejidos adyacentes para ver su afección. La radioterapia se utiliza como tratamiento coadyuvante.

• Cáncer de mama en un familiar de primer grado (madre y hermanas).
• Cáncer de mama previo.
• No embarazos previos.
• Primer embarazo en una mujer mayor de 30 años.
• Menarquia precoz o menopausia tardía.
• Tratamientos con radioterapia sobre todo en las mujeres en la adolescencia.

Lista de factores de riesgo para sufrir un cáncer de mama.

CÁNCER DE VULVA

La edad media es de 70 años; el 95% de los casos aparece en mujeres postmenopáusicas. La mayoría se diagnostican en estadios avanzados. En un 70% de los casos no produce síntomas. El síntoma inicial es el prurito vulvar; con frecuencia, la paciente recurre a remedios caseros durante meses, antes de decidirse a consultar con el médico. Otros síntomas son el dolor, la hemorragia, la sensación de tumor o úlcera, leucorrea sucia o sanguinolenta o molestias en la micción. Son factores de riesgo las infecciones de transmisión sexual, el tabaquismo, la promiscuidad sexual, el inicio precoz de las relaciones sexuales y la inmunosupresión (mujeres transplantadas).

La mayor afección es en los labios menores cerca de la horquilla y del periné. Siempre se debe realizar una biopsia. El tratamiento es la resección quirúrgica de la lesión, reservándose la vulvectomía superficial para lesiones más extensas.

CÁNCER DE MAMA

Es el tumor maligno más frecuente en la mujer. Es la causa más frecuente de muerte por cáncer ginecológico entre los 40 y los 45 años de edad. Su frecuencia comienza a aumentar a partir de los 30 años. Este riesgo también aumenta si existen otros familiares cercanos afectos, la nuliparidad y el primer parto después de los 35 años.

22 ENFERMEDADES Y PROBLEMAS NEFROUROLÓGICOS

MANIFESTACIONES CLÍNICAS DE LAS ENFERMEDADES RENALES

A continuación mencionaremos algunas manifestaciones clínicas de las enfermedades renales. Unas se relacionan directamente con problemas renales y otras pueden ser a la vez reflejo de enfermedades generales del organismo:

POLIURIA

Se denomina así a la eliminación de más de dos litros de orina al día. Se da, por ejemplo, en los pacientes diabéticos en los que el exceso de glucosa de la sangre se filtra por el glomérulo y satura los mecanismos de reabsorción de la nefrona. Esto hace que se expulse glucosa en la orina acompañada de un mayor volumen de agua para eliminar el exceso de azúcar. También presentan poliuria las personas que padecen de un déficit de hormona antidiurética (ADH). Esta enfermedad se denomina "diabetes insípida".

OLIGURIA

Se denomina así a la eliminación de menos de 500 mililitros (ml) de orina al día. Medio litro de agua es la cantidad mínima necesaria para contener los productos que cada día tiene que desechar el riñón concentrando la orina al máximo. Si el riñón forma diariamente menos de esta cantidad de orina no es capaz de mantener el equilibrio del medio interno de forma adecuada y nos encontramos ante una situación de "insuficiencia renal". La reducción del volumen de orina puede tener lugar como consecuencia, por ejemplo, de una disminución del filtrado glomerular. Esto se produce en determinados casos en los que no llega suficiente sangre al riñón o no llega con la presión adecuada, como ocurre en enfermedades del corazón que cursan con insuficiencia circulatoria. También se reduce la formación de orina en algunas enfermedades que afectan a la membrana basal del glomérulo y que alteran el mecanismo de filtro. Un ejemplo de este tipo de enfermedad son las glomerulonefritis. Finalmente, se puede alterar el volumen de orina por una obstrucción al flujo renal que impida el paso adecuado de la orina desde los riñones hasta la vejiga y desde allí al exterior.

ANURIA

Se denomina de esta manera a la eliminación de menos de 100 ml de orina al día. Se da en los casos de agravamiento de las situaciones de oliguria.

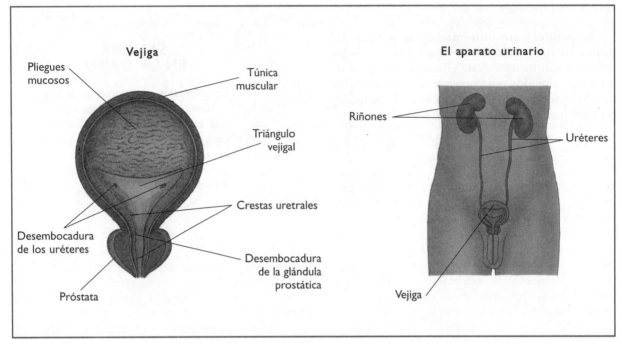

Vejiga

Pliegues mucosos

Túnica muscular

Triángulo vejigal

Crestas uretrales

Desembocadura de los uréteres

Desembocadura de la glándula prostática

Próstata

El aparato urinario

Riñones

Uréteres

Vejiga

La vejiga recoge la orina de los riñones antes de expulsarla a través de la uretra. En la mayoría de los adultos, la vejiga retiene algo más de 475 mililitros de orina, eliminando cada día entre 1,2 y 1,4 litros, aunque esta cantidad puede variar a consecuencia de trastrornos e infecciones.

NICTURIA

Es el aumento de eliminación de orina durante la noche. Se da en todas las enfermedades que cursan con incremento de la cantidad de orina total y también en los pacientes con edemas. En estos últimos la posición horizontal mejora la circulación de líquido hacia el riñón y su filtración. Hay que distinguir la nicturia del aumento de la frecuencia miccional nocturna que se da en algunos sujetos, especialmente varones mayores de 50 años, y que está en relación con un aumento patológico del tamaño de la próstata y no con un mal funcionamiento renal.

AZOEMIA

Significa retención en la sangre de sustancias nitrogenadas de desecho derivadas del metabolismo de las proteínas. Estos productos son principalmente urea, creatinina y ácido úrico. Su acumulación en la sangre significa que se ha reducido el volumen de filtrado glomerular y el grado de elevación de las cifras de urea y creatinina permite hacernos una idea del nivel de disminución de la filtración a través del glomérulo.

HIPERTENSIÓN RENAL

Como ya hemos visto, el riñón interviene activamente en la regulación de la tensión ar-

terial. Su obligación es corregir cualquier aumento excesivo de la misma incrementando la eliminación de sodio y agua. En algunas ocasiones es la dificultad en la eliminación del exceso de agua lo que aumenta patológicamente las cifras tensionales, como ocurre en la mayor parte de los pacientes con insuficiencia renal crónica. En otros casos enfermedades que dañan las arterias renales provocan que no llegue adecuado flujo sanguíneo a los glomérulos, interpretando entonces los receptores de presión renales que se ha producido una caída en las cifras de tensión de la sangre y poniéndose en marcha la secreción de renina, que aumenta la reabsorción de sodio y agua y, con ello, la tensión arterial.

EDEMA RENAL

La acumulación de un exceso de agua y sodio que no son eliminados adecuadamente por el riñón enfermo aumentan el volumen de sangre. Este exceso de líquido se va traspasando desde los vasos sanguíneos hacia el espacio entre las células de los distintos tejidos corporales, remansándose especialmente en las zonas declives por acción de la fuerza de la gravedad (edemas en los pies, alrededor de los tobillos e incluso en toda la extremidad inferior en los casos más graves).

ACIDOSIS RENAL

Se produce un aumento de la acidez del medio interno cuando las células tubulares de las nefronas son incapaces de eliminar el exceso de ácidos producidos por el cuerpo en el metabolismo. Se observa en la insuficiencia renal y en ciertas enfermedades específicas de los túbulos.

ANEMIA RENAL

En las dolencias renales de larga evolución se produce una disminución en la secreción de eritropoyetina por parte del tejido renal. Esta hormona está implicada en la estimulación de la formación de glóbulos rojos en la médula ósea. Su ausencia hace que la creación de estas células sanguíneas no sea tan eficaz, provocando una disminución tanto en su número como en su calidad.

OSTEODISTROFIA RENAL

Es el conjunto de lesiones óseas que aparecen en la insuficiencia renal crónica como consecuencia del déficit de la forma activa de la vitamina D. Clínicamente se manifiestan por la aparición de dolores óseos, sobre todo en columna lumbar y caderas, y la mayor facilidad para sufrir fracturas.

ALTERACIONES EN LA COMPOSICIÓN DE LA ORINA

Existen una serie de sustancias y moléculas que en condiciones normales no deberían detectarse en la orina y su presencia puede ser la primera señal de alarma ante la aparición de enfermedades del riñón o de las vías urinarias:

PROTEINURIA

El filtrado glomerular apenas contiene proteínas porque por su tamaño la membrana filtrante no les permite el paso. Sin embargo, el filtro no es perfecto y la orina normal contiene una mínima cantidad de proteínas, pero tan pe-

En la orina correctamente recogida, la presencia de bacterias al microscopio es un signo de infección.

CONSEJO

SANGRE EN LA ORINA

La coloración sanguinolenta de la orina es un dato de alarma. Aunque puede deberse a una infección urinaria banal, deben valorarse otros trastornos más graves del aparato genitouninario. ¡No demore la consulta!

queña que requiere métodos muy especiales de laboratorio para su detección. Cuando el filtro sufre algún daño en su estructura que le hace perder sus propiedades, como ocurre en las glomerulonefritis, la función de barrera se pierde y muchas proteínas escapan al control y se detectan en la orina.

HEMATURIA

Es la presencia de sangre en la orina. Cuando la cantidad de sangre es tanta que la orina cambia de coloración tornándose rojiza o parda hablamos de hematuria macroscópica. Cuando la cantidad de sangre no es suficiente para ser detectada a simple vista se trata de una hematuria microscópica. La presencia de hematuria significa que se ha establecido una comunicación entre la luz de algún vaso sanguíneo y los conductos que contienen la orina, desde la cápsula de Bowman hasta la uretra. Se da en las glomerulonefritis en las que el daño de la membrana filtrante sea suficiente para permitir el paso de glóbulos rojos o hematíes. También puede verse en tumores e inflamaciones de los riñones y las vías urinarias que destruyen y erosionan vasos sanguíneos. Las piedras o cálculos renales también pueden erosionar las paredes de los conductos por los que a veces se deslizan, haciendo sangrar vasos sanguíneos a su paso.

LEUCOCITURIA

Es la presencia de leucocitos en el sedimento de la orina. Se observa en las inflamaciones del riñón y, sobre todo, de las vías urinarias.

BACTERIURIA

La orina es un líquido estéril en todo su recorrido por las vías urinarias y hasta que se pone en contacto con el ambiente exterior. La presencia de bacterias en el examen de laboratorio de una orina recogida en condiciones higiénicas adecuadas es siempre indicativa de infección, ya sea a nivel renal o de vías urinarias.

GLUCOSURIA

Es la presencia de glucosa en la orina y se da en los pacientes diabéticos.

LA INSUFICIENCIA RENAL: CONSECUENCIA DE LAS ENFERMEDADES RENALES

Como veremos al describir las enfermedades renales más importantes, muchas de ellas tienen como consecuencia más grave la pérdida de función de este par de órganos vitales que son los riñones.

Esta pérdida de función alterará o no el medio interno según se vea afectado un solo riñón o los dos a la vez. Cuando la enfermedad afecta sólo a un riñón, el otro tiene la capacidad suficiente para seguir filtrando todas las toxinas y eliminando el exceso de agua y sales minerales, sin que se afecte tampoco su capacidad para secretar hormonas. Pero si la lesión alcanza a los dos riñones a la vez, entonces la amenaza contra la vida será mayor o menor en función de la gravedad del daño.

Denominamos *insuficiencia renal aguda* a la pérdida de la función de ambos riñones que se produce de forma brusca y que en general se recupera en un período limitado de tiempo.

Sus causas son múltiples. Lo más frecuente es el fallo en la llegada de volumen adecuado

PUNTOS CLAVE
Disminución de la producción de orina.
Acumulación de toxinas del metabolismo (azoemia).
Sobrecarga de agua y sales minerales.
Hipertensión.
Somnolencia, obnubilación y coma.
Alteraciones del comportamiento.
Disminución del apetito, náuseas y vómitos.
Olor característico del aliento.

Manifestaciones de la insuficiencia renal aguda.

de sangre hasta el riñón por pérdida importante de la cantidad de sangre circulante (por ejemplo en los casos de deshidratación grave o hemorragia importante) o por fallo de la bomba que lo impulsa, el corazón. En esta situación el riñón no filtra porque no tiene líquido que filtrar y las toxinas se acumulan por falta de circulación a través de la "depuradora".

Otra causa de insuficiencia renal aguda son las enfermedades que dañan directamente el tejido renal y alteran su función.

También las lesiones que producen la obstrucción al flujo de salida de la orina de forma bilateral tienen como consecuencia la acumulación de ésta y la disminución de la filtración.

La insuficiencia renal aguda se manifiesta primeramente por una disminución del volumen de orina formado (oliguria e incluso anuria), con la consecuente sobrecarga de agua y sales y la acumulación de toxinas (azoemia). La sobrecarga de líquido y sales que no son eliminados puede ser tan importante que llegue a provocar la incapacidad del corazón para bombear adecuadamente tanto volumen de sangre, produciendo incluso un grave fallo circulatorio. La acumulación de derivados nitrogenados es rápida y se manifiesta clínicamente por somnolencia, alteraciones del comportamiento y coma en los casos graves. El paciente presenta también alteraciones digestivas que consisten en disminución del apetito, náuseas y vómitos y un aliento característico denominado "fetor urémico".

La evolución y el pronóstico de la insuficiencia renal aguda dependerá fundamentalmente de la causa que la ha producido y el tratamiento estará encaminado principalmente a resolver el problema originario del fallo renal. Mientras esto se consigue se ponen en marcha una serie de medidas para mantener "artificialmente" el equilibrio interno del enfermo. A veces es suficiente con la utilización de ciertos fármacos que ayudan al riñón a recuperar o mejorar su función, pero en los casos graves será necesario sustituirle completamente mediante una "depuradora" artificial o máquina de diálisis, de la que hablaremos más adelante en este capítulo.

La *insuficiencia renal crónica* es la incapacidad para cumplir las funciones renales instaurada lentamente por la progresiva inutilización de nefronas que se expresa mediante una disminución, también lenta y progresiva, del filtrado glomerular. La capacidad de adaptación del riñón es muy amplia y la situación patológica es bien tolerada hasta que sólo quedan intactas un número mínimo de nefronas. Pero llegado a un punto límite de disminución de la

PUNTOS CLAVE

Pérdida de apetito y adelgazamiento.
Cansancio.
Palidez y sequedad de la piel.
Picor cutáneo generalizado.
Hipertensión.
Insuficiencia cardíaca.
Alteraciones óseas y fracturas frecuentes.
Anemia.
Alteraciones del sistema nervioso central: Somnolencia, obnubilación y estado comatoso.
Alteraciones del sistema inmune.
Alteraciones de la coagulación.

Manifestaciones de la insuficiencia renal crónica.

filtración glomerular, las consecuencias para el organismo son muy negativas. Comienza a desequilibrarse el medio interno y se ponen de manifiesto de forma progresiva un gran número de alteraciones derivadas de la acumulación de agua, sales minerales y toxinas y de la disminución de la secreción de eritropoyetina y vitamina D por el riñón. Los pacientes adelgazan progresivamente y es frecuente la falta de apetito y el cansancio. El color de la piel es pálido-amarillento y suele existir sequedad y picor generalizado de la misma. Se desarrolla hipertensión y la sobrecarga crónica del sistema circulatorio puede desembocar en insuficiencia cardíaca. Los huesos pierden el correcto equilibrio metabólico por la falta de vitamina D y no son infrecuentes las fracturas ante traumatismos leves. El déficit de eritropoyetina hace que disminuya la formación de glóbulos rojos en la médula ósea, desarrollándose anemia... Y así progresivamente hasta que llega a producirse fallo de casi todos los órganos del cuerpo, desde el sistema nervioso hasta el sistema inmunitario.

Muchas de las enfermedades del riñón, sobre todo si no se tratan adecuadamente y se prolongan en el tiempo, pueden llevar a esta situación de daño irreversible. Pero no sólo las enfermedades específicas del riñón causan lesión a ese nivel. También existen enfermedades del organismo en general como la diabetes o la hipertensión que van dañando los vasos renales progresivamente. Durante mucho tiempo (generalmente años) y hasta que se llega a una situación terminal de disminución extrema de la filtración glomerular, el organismo se va adaptando a la situación y es posible ayudar al riñón a mejorar el equilibrio interno con distintos fármacos y con una dieta adecuada. Pero estas medidas al final son insuficientes y es necesario someter al paciente a un programa de diálisis que sustituya a su riñón mientras se encuentra un órgano nuevo para trasplantárselo.

LAS ENFERMEDADES DEL RIÑÓN Y SUS MANIFESTACIONES

La nefropatología es la rama de la medicina que se encarga del estudio de las enfermedades del riñón.

Podemos clasificar las enfermedades renales en cuatro grupos según la estructura que se vea afectada principalmente: glomerulopatías o enfermedades que afectan principalmente a la estructura y función de los glomérulos, tubulopatías o patologías en las que se ven implicados predominantemente los túbulos de las nefronas, enfermedades del intersticio o del tejido de soporte de glomérulos y nefronas y enfermedades de los vasos renales. Fuera de esta clasificación quedarían los tumores del riñón, las infecciones y las malformaciones presentes desde el nacimiento o malformaciones renales congénitas.

LAS GLOMERULONEFRITIS O ENFERMEDADES DE LOS GLOMÉRULOS

En los últimos años se han hecho grandes avances en el conocimiento de los mecanismos implicados en las lesiones renales, sobre todo en el caso de las lesiones glomerulares. Es bien conocido actualmente el papel desempeñado por el sistema inmunológico al reaccionar de forma inapropiada o exagerada contra estructuras de nuestro propio cuerpo. La lesión del glomérulo en el caso de las mencionadas glomerulonefritis se debe precisamente a mecanismos inmunológicos, en los que nuestras propias células de defensa reaccionan contra la membrana basal que se encuentra entre los glomérulos y la cápsula de Bowman, desestructurándola y haciéndola perder sus importantísimas funciones de filtro. Este fenómeno ocurre a veces cuando moléculas extrañas a nuestro organismo (como por ejemplo componentes de las envolturas de algunos virus y bacterias o ciertos fármacos) se depositan en la mencionada membrana basal

PUNTOS CLAVE
Sangre en la orina.
Proteínas en la orina.
Aumento de urea y creatinina en sangre.
Aumento de las cifras de tensión arterial.
Edemas.

Manifestaciones del síndrome nefrítico.

convirtiéndola, a los ojos de nuestro efectivo sistema inmune, en un elemento extraño al que hay que eliminar.

Otras veces las glomerulonefritis se dan en el contexto de enfermedades generales de nuestro organismo en las que existe una respuesta inmunitaria inapropiada contra moléculas propias que por error son reconocidas como extrañas. Es el caso de enfermedades como el lupus eritematoso sistémico.

Por tratarse de una lesión mediada en la mayor parte de los casos por el propio sistema inmune, la lesión afectará lógicamente a ambos riñones.

Dicha lesión del glomérulo altera principalmente su función de filtro. Esto hace que por un lado ya no sea capaz de filtrar la cantidad de agua que debiera y, por otro lado, se le escapan hacia la cápsula de Bowman moléculas que serían retenidas por un filtro sano. Se produce entonces el llamado *síndrome nefrítico* agudo. El trastorno más frecuentemente percibido por el paciente es la aparición de una alarmante hematuria macroscópica, descrita como orina color café o coca-cola. Los edemas no sólo pueden aparecer en las partes declives del cuerpo sino que se forman también de forma característica en tejidos muy elásticos como la piel de los párpados. La proteinuria suele estar entre 0,2 y 3 gramos de proteínas eliminados al día. Si la proteinuria es marcada y mantenida puede aparecer el *síndrome nefrótico*. La pérdida de proteínas en este caso es mayor de 3,5 gramos al día, lo que ocasiona una importante disminución de las proteínas de la sangre, contribuyendo esto último a la formación de mayores edemas.

Según la extensión de las lesiones glomerulares las glomerulonefritis se clasifican en generalizadas cuando están afectos la mayor parte de los glomérulos, focales cuando sólo se afectan algunos glomérulos y segmentarias cuando se afecta parte del glomérulo.

Dependiendo de la causa y de la extensión de la lesión la evolución de las glomerulonefritis también es diferente. Algunas tienen un curso limitado y curan sin dejar secuelas, requiriendo durante el episodio tratamiento de las manifestaciones mejorables: diuréticos para la retención de agua y sales, antihipertensivos si se disparan las cifras de tensión arterial, dieta adecuada para disminuir ligeramente la ingesta de proteínas, etc. En los casos muy graves con importante alteración de la función renal (o *insuficiencia renal aguda*) será necesario sustituir de modo artificial el riñón enfermo al menos temporalmente. Esta función es inteligentemente realizada por las modernas máquinas de diálisis, que depuran nuestra sangre de toxinas como si de un verdadero riñón se tratara mientras éste se recupera de sus lesiones.

Otras glomerulonefritis tienen un curso progresivo, evolucionando con mayor o menor rapidez hacia lesiones irreversibles del tejido renal. Al final del proceso se llegaría a una situación de *insuficiencia renal crónica* en la que el riñón no se recuperará de sus lesiones e irá perdiendo paulatinamente su capacidad de filtración y regulación del medio interno. Este proceso puede ser retrasado e incluso parado en algunos casos con la utilización de ciertos fármacos inmunosupresores que frenan la excesiva actividad del sistema inmune y su ataque contra los glomérulos.

Desgraciadamente, no siempre se consiguen buenos resultados y en estas situaciones de pérdida severa de la función renal quedan unas últimas alternativas de tratamiento: la diálisis y el trasplante renal (ver más adelante en este capítulo).

LAS LESIONES DE LOS TÚBULOS

Se trata de trastornos hereditarios o adquiridos de las funciones de absorción y secreción del túbulo renal en cualquiera de sus porciones: proximal, distal o colectora. Algunos se traducen en alteraciones en el equilibrio de al-

CONSEJO

CUIDAR EL RIÑÓN

Muchos fármacos se eliminan por el riñón, y algunos se comportan como tóxicos renales. Para evitar daños irreversibles, consuma sólo aquellos medicamentos imprescindibles, y siempre bajo consejo médico.

gunos iones como sodio y potasio o alteraciones en la capacidad de eliminación de ácidos en la orina.

Existe un trastorno hereditario denominado diabetes insípida de origen renal en el que el paciente segrega cantidades adecuadas de hormona antidiurética (ADH) pero las células tubulares no responden ante su presencia y no son capaces de aumentar la reabsorción de agua. Estos pacientes pierden diariamente grandes cantidades de agua y tienen un gran riesgo de deshidratación. Para prevenir esta situación se activa fuertemente en ellos la sensación de sed y de este modo compensan las pérdidas renales de líquido con una constante ingesta de agua.

LAS LESIONES DEL INTERSTICIO

Se denomina nefropatía intersticial a las enfermedades del intersticio de la médula renal. Las causas de las lesiones a este nivel son múltiples, pero destacaremos la acción de algunos tóxicos entre los que destacan algunos metales como el plomo y ciertos fármacos entre los que se cuentan algunos antibióticos y analgésicos. Esto no quiere decir que todos los individuos que utilicen dichos fármacos vayan a desarrollar daño renal ni mucho menos. Sólo en ciertos individuos predispuestos, con otras enfermedades ya de base y en determinadas circunstancias que son poco frecuentes se desencadenará la lesión renal. El mecanismo de la lesión unas veces es directo y en otras ocasiones vuelve a estar mediado por una respuesta inadecuada del sistema inmunitario.

La obstrucción crónica al flujo renal (ver más adelante en las enfermedades de las vías renales) puede provocar un remanso permanente de orina que, por estar constituida por productos tóxicos de desecho, acabará por dañar el propio tejido renal, produciendo en primer lugar problemas a nivel del intersticio.

LAS LESIONES DE LOS VASOS RENALES

La obstrucción de las arterias renales puede tener diversas consecuencias según el calibre del vaso que se tapone y según la velocidad de instauración de la obstrucción. Cuando se tapona una de las arterias de mayor calibre de forma brusca (por ejemplo por una placa de colesterol que se ha desprendido de la pared de una arteria grande como la aorta y se ha soltado al torrente sanguíneo), la sangre no llega al territorio irrigado por dicha arteria. En un corto

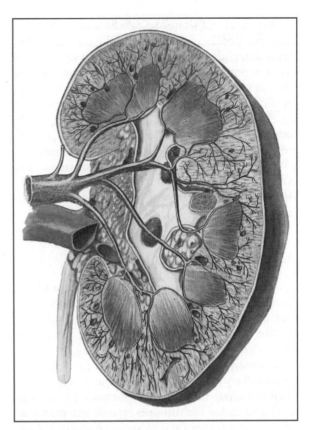

La interrupción de la vascularización normal del riñón es causa de graves enfermedades.

período de tiempo la falta de oxígeno hace que la zona de tejido a la que no llega el fluido vital muera. Dependiendo de la duración de la obstrucción y del tamaño del territorio falto de oxígeno las consecuencias pueden ser la muerte de mayor o menor cantidad de tejido, que una vez muerto es irrecuperable. En este caso el paciente puede sentir dolor en la fosa lumbar en la que se localiza el riñón dañado, así como presentar sangre y restos de células muertas en la orina. Además, al disminuir el flujo de sangre hacia el riñón, éste lo percibe como una caída de la presión sanguínea y aumenta la secreción de renina para volver al equilibrio, con lo que sólo consigue producir hipertensión al no tratarse de una verdadera disminución de la tensión arterial del organismo en general. Esta situación de obstrucción aguda de un gran vaso renal a veces puede resolverse mediante la utilización de anticoagulantes que disuelvan el trombo, pero en muchas ocasiones la situación requiere la intervención de un cirujano especializado que intente resolver la obstrucción. Si ésta es irreversible y el riñón está extensamente dañado, el cirujano no tendrá otra opción que la extracción del órgano ya inservible. Afortunadamente, de todos es sabido que la vida normal es posible con un solo riñón funcionante.

En otras ocasiones se produce una obstrucción progresiva y generalizada de todos los vasos arteriales renales. Esto genera una disminución paulatina del volumen de sangre que llega al riñón con la ya mencionada consecuencia de hipersecreción de renina y aumento de las cifras de tensión. En este punto el círculo de daño renal se cierra ya que la propia hipertensión daña directamente las arterias y contribuye a una mayor obstrucción de las mismas. A la larga el riñón va perdiendo funcionalidad y la situación puede progresar hacia una insuficiencia renal crónica.

LOS TUMORES RENALES

El carcinoma de células renales o también llamado "hipernefroma" es el tumor más habitual de todos los tumores renales. Es más frecuente en los varones y su edad de presentación suele ser entre los 55 y los 60 años. Clínicamente se manifiesta por la presencia de hematuria y dolor en fosa lumbar y a veces es posible palpar una masa abdominal prominente. Como todos los tumores, puede además manifestarse a través de una serie de síntomas generales como cansancio, pérdida de peso y apetito, fiebre, etc. También tiene la capacidad de extenderse a otras zonas del cuerpo a través del torrente sanguíneo, produciendo una gran variedad de síntomas.

Una vez sospechada su existencia, se puede demostrar mediante pruebas de imágenes médicas como la ecografía o la tomografía axial computarizada (TAC).

Su tratamiento va desde la resección de la masa tumoral mediante cirugía a la utilización de diversos fármacos quimioterápicos que tratan de destruir específicamente las células dañinas.

LAS INFECCIONES DEL RIÑÓN

La infección del tejido y pelvis renal se denomina pielonefritis. Se produce generalmente

PUNTOS CLAVE

Fiebre alta y escalofríos.
Malestar general.
Dolor a nivel de la fosa renal afecta.
Molestias al orinar tipo "escozor".

Manifestaciones clínicas de la pielonefritis.

por la acción de bacterias patógenas que llegan al riñón ascendiendo desde el exterior a través de las vías urinarias, aunque también es posible la llegada de los patógenos a través de la circulación sanguínea desde otros puntos del organismo. Las bacterias producen fenómenos de inflamación y destrucción local que clínicamente se manifiestan por fiebre alta, malestar general, dolor a nivel renal y molestias al orinar tipo "escozor" en las vías urinarias bajas. Este último síntoma se denomina disuria en la terminología médica.

En los niños el cuadro clínico puede ser muy inespecífico y manifestarse únicamente por fiebre y vómitos.

Las pielonefritis y en general todas las infecciones del tracto urinario son más frecuentes en las mujeres. Se cree que esto es debido a que su uretra es mucho más corta que la de los varones, favoreciendo así la entrada de bacterias desde el exterior.

El diagnóstico es sospechado por el médico ante los síntomas del paciente, confirmándose por una exploración física en la que destaca dolor a la palpación en la fosa lumbar afecta y por un análisis de una muestra de orina en el que suele encontrarse la presencia de leucocitos, hematíes e incluso las propias bacterias responsables de la infección. A veces las bacterias no son demostrables en un primer análisis de orina al microscopio, pero se ponen de manifiesto al crecer en un medio de cultivo adecuado en el que se ha depositado una muestra de orina.

El tratamiento de la enfermedad requiere la utilización de antibióticos adecuados y en la mayoría de los casos hay que ingresar al paciente para su administración intravenosa.

Algunas veces la infección puede ser en principio más leve, con menos manifestaciones clínicas, pero con tendencia a cronificarse. En estos casos puede llegar a destruir de forma importante el tejido renal, formándose cicatrices que van empequeñeciendo y atrofiando el riñón. Éste pierde paulatinamente su función y puede llegarse a una situación de insuficiencia renal crónica, irreversible.

Malformaciones congénitas renales

Aproximadamente un 10 % de la población nace con anomalías en el sistema urinario.

Estas malformaciones son de lo más variado y pueden ir desde la ausencia total de un riñón a la presencia de un riñón "extra" o a su localización fuera de la fosa lumbar. También existen riñones de forma y localización normal pero cuyo tejido es anómalo y casi siempre carente de la capacidad de filtrar adecuadamente.

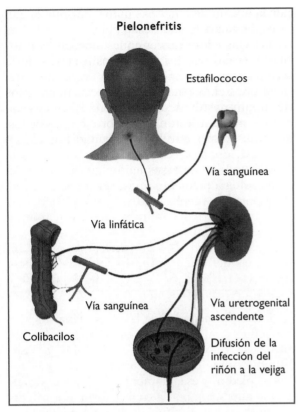

Pielonefritis

Estafilococos

Vía sanguínea

Vía linfática

Vía sanguínea

Colibacilos

Vía uretrogenital
ascendente

Difusión de la
infección del
riñón a la vejiga

*Los gérmenes productores de pielonefritis pueden
llegar al riñón a través de la sangre (vía descendente)
o a través del aparato urinario inferior (vía ascendente).*

Las malformaciones pueden darse de forma aislada o heredarse de padres a hijos en determinadas familias.

Actualmente y gracias al enorme avance en las técnicas de ecografía es posible detectar este tipo de alteraciones desde que el feto se encuentra en el útero materno.

LA DIÁLISIS

Como vemos, casi todas las enfermedades del riñón tienen como consecuencia la mayor o menor pérdida de su papel como regulador del equilibrio interno. Esta pérdida de función que ya hemos mencionado previamente con el nombre de insuficiencia renal puede ser tan grave que llegue a ser incompatible con la vida. La acumulación de sustancias tóxicas para el organismo produce alteraciones que van desde discreta somnolencia y leves alteraciones del comportamiento hasta el coma profundo y la muerte. Esta pérdida de función puede ser aguda y limitada volviendo a su situación normal en breve tiempo o puede ser la consecuencia final de un daño irreversible. En este último caso y cuando el riñón ya es incapaz de depurar por sí mismo ni la más mí-

nima cantidad de toxinas se hace imprescindible la instauración de un tratamiento dializador.

Las máquinas de diálisis existen desde hace más de 50 años. Al principio eran muy rudimentarias y desde luego muchísimo menos eficaces que las actuales dializadoras. Durante varias sesiones semanales de unas horas de duración (entre 3 y 5 horas) la sangre de los pacientes en situación de insuficiencia renal terminal es filtrada a través de numerosas membranas que en cierto modo "absorben" las toxinas acumuladas. La sangre va pasando por varios compartimentos en los que se pone en contacto con distintas mezclas de agua y otros productos a través de membranas semipermeables. Las toxinas y el exceso de agua, sales minerales y otros productos van pasando del compartimento sanguíneo a los otros compartimentos siguiendo leyes físicas de presión y equilibrio de concentraciones. Del mismo modo, otras sustancias en las que la sangre del paciente se encuentra deficitaria, son recuperadas por ésta al ponerse en contacto con soluciones preparadas artificialmente que las contienen.

La diálisis es un tratamiento sustitutivo de carácter casi siempre temporal. Se usa en las enfermedades que producen insuficiencia renal aguda y limitada, mientras se da tiempo al riñón para recuperarse del daño recibido. También se usa en las situaciones de insuficiencia renal crónica terminal mientras se espera a que aparezca un donante adecuado para el paciente y poder proceder así a un trasplante renal.

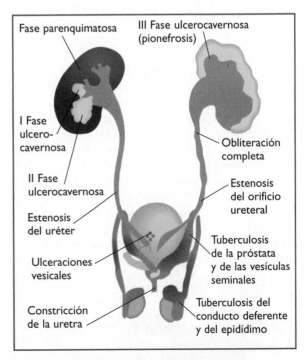

Fase parenquimatosa

III Fase ulcerocavernosa
(pionefrosis)

I Fase
ulcero-
cavernosa

Obliteración
completa

II Fase
ulcerocavernosa

Estenosis
del orificio
ureteral

Estenosis
del uréter

Tuberculosis
de la próstata
y de las vesículas
seminales

Ulceraciones
vesicales

Constricción
de la uretra

Tuberculosis del
conducto deferente
y del epidídimo

Posibles localizaciones de la tuberculosis urogenital.

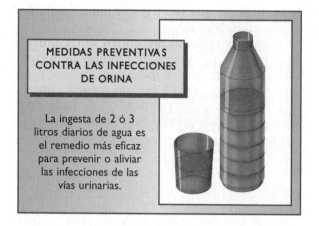

MEDIDAS PREVENTIVAS
CONTRA LAS INFECCIONES
DE ORINA

La ingesta de 2 ó 3
litros diarios de agua es
el remedio más eficaz
para prevenir o aliviar
las infecciones de las
vías urinarias.

calización normal de los riñones, donde el acceso es mucho más complejo.

Gracias a los avances en las técnicas quirúrgicas y en los tratamientos de diálisis, la supervivencia de los enfermos con insuficiencia renal crónica ha mejorado espectacularmente en las últimas décadas. Pero, aún quedan problemas por resolver: el caso por ejemplo de los pacientes en los que la enfermedad que causó la insuficiencia renal reaparece en el órgano trasplantado o los casos en los que, a pesar de todos los esfuerzos inmunosupresores, el riñón trasplantado es rechazado.

EL TRASPLANTE RENAL

Es el tratamiento de elección en la insuficiencia renal crónica terminal. La mayoría de los órganos donados proceden de cadáveres, pero también se dan casos de donaciones por parte de un individuo sano, casi siempre familiar del paciente.

Para poder proceder a un trasplante renal es necesario contar primero con un órgano sano adecuado y "compatible" con el paciente. La compatibilidad es un concepto complejo que no sólo se refiere a la compatibilidad de grupos sanguíneos, sino también a la compatibilidad de otro gran número de moléculas que se expresan en la superficie de casi todas las células de un organismo. Si estas moléculas son demasiado diferentes entre el donante y el receptor, las células del sistema inmunitario del paciente reconocerán el órgano donado como extraño al cuerpo y desencadenarán una serie de reacciones de defensa que finalmente acabarán por destruir completamente el nuevo riñón. Para que esto no ocurra y dado que la compatibilidad absoluta entre donante y receptor es casi imposible, incluso si se trata de miembros de una misma familia, previamente y después del trasplante se utilizan una serie de fármacos inmunosupresores que previenen la aparición de esta respuesta de las células de defensa.

El órgano donado, que ha sido conservado en frío durante un corto período de tiempo hasta el momento del trasplante, es implantado en el cuerpo del paciente mediante una compleja operación quirúrgica. Por razones técnicas, suele implantarse en la pelvis y no en la lo-

ENFERMEDADES DE LAS VÍAS URINARIAS

Las enfermedades de las vías urinarias son frecuentes y su naturaleza es de diversa índole: infecciosa, tumoral, neurológica o litiásica. Este último término deriva del griego "litos", que significa "piedra" y es el nombre con el que se designa a la alteración por la cual se forman estructuras pétreas en el riñón y vías urinarias, los famosos "cálculos", que tan aparatosa clínica producen cuando son expulsados. Nos ocuparemos primeramente de estos últimos por su frecuencia y popularidad.

EL CÓLICO DE RIÑÓN O NEFRÍTICO

"Cálculos" renales o enfermedad litiásica renal

Los cálculos se forman por cristalización y aposición de las sustancias minerales eliminadas en exceso alrededor de un núcleo de sustancia orgánica. Los más frecuentes son los cálculos de sales de calcio, pero también existen cálculos de oxalato, de ácido úrico y de cistina.

La formación de cálculos es más frecuente a partir de los 30 años y afecta especialmente al sexo masculino. Su incidencia también varía de unas zonas geográficas a otras y esto último se supone debido en parte a las diferencias en las costumbres dietéticas.

Las "piedras" se forman a nivel de la pelvis renal. En esta fase de la enfermedad suelen ser asintomáticas o producir sólo leves molestias lumbares y quizá microhematuria en el análisis de orina. Cuando se desprenden y comienzan a descender por las vías urinarias producen un dolor agudo denominado *cólico nefrítico*. El origen del dolor es la dilatación de la vía urinaria que se produce por acumulación de la orina por encima del cálculo que está obstruyendo par-

Cuando el riñón fracasa, la máquina de diálisis permite mantener la vida en espera de un trasplante.

cialmente el camino de salida. El dolor es de carácter intenso, se localiza en la región lumbar y suele irradiarse siguiendo el trayecto del uréter hacia la ingle, los genitales externos y la cara interna del muslo. Otras características del cólico nefrítico son las manifestaciones vegetativas tales como náuseas, vómitos, estreñimiento, sudoración intensa, palidez y gran inquietud.

El diagnóstico suele ser fácil cuando se presenta el cuadro clínico característico. En el análisis de orina se observará la presencia de sangre y de leucocitos, cuyo origen está en la erosión de los vasos sanguíneos de las paredes de los uréteres al paso del cálculo. Y es incluso posible a veces observar una pequeña mancha blanca en el trayecto del uréter si realizamos una radiografía de abdomen en ese momento. Algunos pacientes refieren además haber sido testigos finalmente de la expulsión de tan dañina piedra, sorprendiéndose en general de que algo tan pequeño pueda producir tanto dolor.

El tratamiento del momento agudo del dolor consiste en la administración de potentes analgésicos y en el incremento de la ingesta de líquidos para intentar "expulsar" la piedra cuanto antes.

Existen casos en los que la expulsión espontánea del cálculo no se produce y éste acaba obstruyendo de forma completa la vía urinaria. En este caso es imprescindible la intervención

de un urólogo que resolverá el tema mediante técnicas quirúrgicas.

Como tratamiento preventivo se recomienda la ingesta abundante de líquidos de forma habitual a excepción de leche y té, que son productos ricos en calcio y oxalato respectivamente. El resto de la dieta dependerá de cada tipo de litiasis. En algunos casos resulta beneficioso el tratamiento con diuréticos, cuyo uso debe ser siempre recomendado y supervisado por personal médico.

Existe además una técnica de tratamiento denominada litotricia que consiste en la ruptura de cálculos de gran tamaño que permanecen inmóviles en la pelvis renal mediante ultrasonidos. Con esta técnica se consigue la fragmentación de estas grandes piedras en miles de pequeñísimos fragmentos que son después arrastrados hacia el exterior por el flujo de orina.

Todas las enfermedades de las vías urinarias que cursan con obstrucción parcial o completa del flujo de orina (litiasis renal, tumores de las vías urinarias o tumores ajenos a las vías urinarias pero que las compriman desde el exterior) pueden producir acumulación del líquido por encima del nivel de la obstrucción y dilatación de los conductos por encima del obstáculo. La dilatación progresiva de la pelvis renal puede llegar a ser muy importante y se denomina *hidronefrosis*. El desarrollo de esta dilatación de la pelvis renal dificulta el flujo de orina, favorece la infección y termina por afectar la función renal. Clínicamente se manifiesta por un dolor sordo y constante a nivel de la fosa renal del paciente.

Infecciones de las vías urinarias inferiores

La más frecuente de las infecciones de las vías urinarias inferiores es la infección de la vejiga o cistitis. Los gérmenes patógenos procedentes del exterior llegan hasta la vejiga a través de la uretra. Su capacidad para producir infección dependerá de la cantidad de gérmenes, de su virulencia y de la actuación de los mecanismos de defensa de la propia vejiga frente a la invasión. El principal mecanismo de defensa de la vejiga es la micción frecuente. Al ser evacuada la orina arrastra los microorganismos que hayan podido ascender por la uretra antes de que les dé tiempo a reproducirse y producir enfermedad.

Si la infección llega a producirse, el individuo comenzará a sentir molestias tipo "escozor" o "quemazón" al orinar (disuria), aumento de la frecuencia con la que siente la necesidad de vaciar la vejiga e incluso necesidad urgente de orinar a pesar de que no haya transcurrido apenas tiempo desde la última vez que fue al servicio. En algunos casos llega a producirse

PUNTOS CLAVE
Dolor intenso.
Náuseas y vómitos.
Palidez.
Sudoración intensa.
Gran inquietud.
Sangre en la orina.

Manifestaciones frecuentes del cólico nefrítico.

incluso incontinencia y dolor en la zona suprapúbica. No suele haber fiebre ni afección del estado general como en la pielonefritis.

El análisis de una muestra de orina puede poner en evidencia la presencia de hematíes, leucocitos y bacterias. El diagnóstico se confirmará al crecer la bacteria responsable en un medio de cultivo apropiado.

Tumores del sistema colector urinario

Los más frecuentes son los tumores de la vejiga.

El cáncer de vejiga es raro por debajo de los 40 años, afecta con más frecuencia a los varones y es más frecuente entre los fumadores.

Suele producir hematuria como principal manifestación clínica. También cursa con disuria (escozor al orinar), aumento de la frecuencia de la micción y urgencia o necesidad imperiosa de orinar a pesar de que la vejiga no se encuentre en absoluto llena.

El tratamiento depende del grado de extensión del tumor. Cuando la lesión es pequeña y no afecta a todo el espesor de la pared de la vejiga puede ser suficiente con su resección a través de un tubo o endoscopio que se introduce a través de la uretra y que lleva en su extremo apéndices cortantes y pinzas para manipular y extraer el tumor. Este tratamiento se complementa con quimioterapia local y a veces con radioterapia. Si la lesión es extensa será necesario recurrir a grandes intervenciones quirúrgicas para quitarla, añadiendo después quimioterapia general. En ocasiones en el momento del descubrimiento del

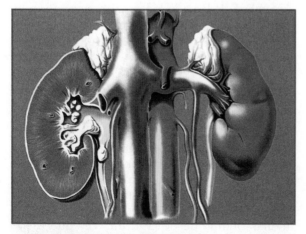

Litiasis urinaria en la pelvis renal derecha.

tumor éste ya se ha extendido a otras zonas del cuerpo y el tratamiento se limita a ser paliativo, centrándose en el alivio del dolor y las complicaciones que puedan surgir derivadas del crecimiento de la lesión.

Incontinencia urinaria

Se denomina incontinencia urinaria a la incapacidad para controlar la evacuación de la orina de forma voluntaria.

Se distinguen diversos tipos de incontinencia urinaria según la causa:

Algunos niños presentan pérdida del control de la orina durante la noche hasta unas edades inapropiadas (por encima de los dos o tres años de edad). Este fenómeno se denomina enuresis nocturna y casi nunca obedece a una lesión orgánica, sino más bien a inmadurez temporal del tronco cerebral. Además, existen causas psicológicas ambientales y familiares que pueden contribuir a su presentación. El tratamiento fundamental es el "entrenamiento", despertando al niño varias veces durante la noche, e insistir en la comprensión familiar y el apoyo psicológico.

La incontinencia urinaria adquirida es frecuente en algunas mujeres mayores, especialmente en las que han tenido varios hijos. Se trata de una incontinencia de esfuerzo (la orina se escapa al toser, estornudar o con la risa) y se debe a la alteración anatómica de las válvulas de salida de la vejiga (esfínteres vesicales) tras sucesivos partos.

Existen por último enfermedades neurológicas que afectan la médula espinal y alteran el arco reflejo de la micción o hacen que se pierda el control voluntario sobre el mismo. Esto último es lo que ocurre por ejemplo en las personas que sufren un traumatismo en la columna vertebral que les produce un corte en la médula espinal. Además de perder el movimiento de una mayor o menor parte de su cuerpo según la localización de la lesión, pierden también la conexión entre las fibras nerviosas que van desde el cerebro hasta el centro de la micción situado en niveles bajos de la médula. Esta conexión hace que todas las personas sanas podamos controlar el deseo de orinar voluntariamente. Cuando se pierde la unión, la vejiga se vacía espontáneamente en cuanto ciertos receptores situados en su pared detectan que ya contiene cierta cantidad de orina.

23 EL EMBARAZO

LA DECISIÓN DE TENER UN HIJO

En realidad, no existe el momento perfecto para tener un hijo. Incluso en las parejas absolutamente decididas a intentarlo, suelen surgir ciertas dudas. Aún en condiciones óptimas, es posible que se presente de improviso algún asunto personal, profesional o familiar que nos haga dudar de la idoneidad del momento elegido. Con frecuencia se experimentan sentimientos contradictorios; por un lado, se desea la llegada del bebé, pero, al mismo tiempo, los futuros padres sienten temor ante la responsabilidad que se les avecina, la posibilidad de que algo no salga bien, o los cambios que se van a producir en su estilo de vida: presiones económicas, pérdida de libertad, problemas laborales, etc. Sin embargo, es de vital importancia que la decisión de tener un hijo sea un hecho deseado y, en condiciones ideales, el resultado de una reflexión y una planificación sensatas.

CÓMO MEJORAR SU SALUD ANTES DEL EMBARAZO

Existen varios factores a los que se debe prestar la mayor atención para mejorar considerablemente el estado físico general antes del embarazo.

Dieta

Revise sus costumbres alimenticias y corrija sus malos hábitos para conseguir mantener una dieta equilibrada, variada y razonable. No se "salte" ninguna comida —especialmente, el desayuno—; coma de todo con moderación; reduzca la cantidad de dulces, grasas, embutidos, ahumados, bebidas gaseosas y alimentos muy elaborados; evite comer entre horas e incorpore a su dieta una mayor cantidad de leche, productos lácteos, fruta, verdura y alimentos ricos en fibra.

Ejercicio

Si lleva una vida muy sedentaria, debe intentar hacer algo de ejercicio. Si se siente incapaz de practicar un deporte, habitúese al menos a caminar a paso rápido durante unos 30 minutos diarios.

Drogas

El consumo de drogas de los padres puede producir graves anomalías físicas y mentales sobre el bebé. Incluso las drogas "blandas"

La natalidad ha decaído de forma alarmante en muchos países desarrollados.

> *Un buen estado de salud previo al embarazo es garantía de una gestación sin problemas.*

—marihuana o hachís— pueden interferir en la producción normal de espermatozoides. Por ello es extremadamente importante que, una vez tomada la decisión de tener un hijo, ambos padres adquieran el compromiso de renunciar a todo tipo de drogas.

Existen, además, las llamadas *drogas sociales*. Los riesgos del tabaco son de sobra conocidos, incluso para los no fumadores que conviven con fumadores. Se debe intentar dejar de fumar antes de concebir. El consumo de tabaco se asocia a la menor fertilidad y a ciertos daños cromosómicos. El alcohol es otra de las drogas sociales que afectan gravemente a la salud del bebé, especialmente en las primeras etapas del embarazo. Una vez decidida a tener un hijo, la futura madre debería eliminar por completo el consumo de bebidas alcohólicas.

Medicamentos

• Si el embarazo puede producirse en cualquier momento, no se debe tomar ningún tipo de medicamento —ni siquiera los más habituales— sin consultar al médico. Los efectos de algunos compuestos sobre el feto en las primeras semanas de gestación pueden ser muy graves.

• Si la mujer toma la píldora anticonceptiva, debe suspender la medicación al menos tres meses antes de la concepción, para que las funciones metabólicas se regularicen. Durante ese período, se deben adoptar otro tipo de precauciones.

Asesoramiento genético

Una de las preocupaciones más frecuentes de las futuras madres (que, en ocasiones, llega a obsesionarlas) es la posibilidad de que el bebé sufra algún tipo de problema genético. Aunque es una reacción absolutamente normal, es una sensación contra la que hay que luchar para que el embarazo no se viva como una espera angustiosa. Las estadísticas nos indican que en la inmensa mayoría de los casos, los bebés son sanos. En cualquier caso, la mayor parte de los nacimientos con malformaciones son imprevisibles e inevitables. Sin embargo, si alguno de

los progenitores tiene antecedentes familiares de malformaciones congénitas o la madre es mayor de 40 años, es aconsejable solicitar asesoramiento genético. Mediante una prueba sencilla e indolora —un raspado suave de células de la boca— se puede obtener un recuento de cromosomas que permita establecer el riesgo que se asume al decidir un embarazo y ayude a tomar una decisión al respecto.

Condiciones médicas de la futura madre

A veces, ciertas enfermedades de la madre —diabetes, cardiopatías, epilepsia— pueden dificultar el embarazo y el parto. En estos casos, es recomendable consultar al médico antes de concebir.

Con **carácter general,** todas las mujeres que hayan decidido quedarse embarazadas deben tomar algunas precauciones muy sencillas que, sin embargo, son de extrema importancia para la salud del futuro hijo:

• Asegurarse mediante un análisis de sangre de que se es inmune a la rubéola. Si no es así, es preciso vacunarse y esperar por lo menos tres meses antes de concebir. Si el feto se expone al virus de la rubéola, especialmente al principio del embarazo, pueden presentarse malformaciones y defectos graves.

• Si se sigue algún tratamiento médico prolongado, es muy importante comentarlo con el médico.

• Detectar la posible existencia de incompatibilidad Rh entre los padres y consultar con el médico los resultados de la prueba.

• Comentar con el especialista la posibilidad de que esté embarazada antes de someterse a una radiografía.

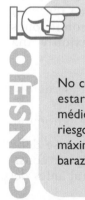

EN BUSCA DEL EMBARAZO

Si desea quedar embarazada conviene mantener relaciones sexuales en los días fértiles del ciclo, esto es, en torno a la ovulación que se produce, teóricamente, 14 días antes de la siguiente menstruación.

EL CICLO MENSTRUAL

Se llama *ciclo menstrual* al conjunto de cambios cíclicos que experimentan los ovarios. El ciclo se inicia cuando la hipófisis (una glándula situada en la base del cerebro) segrega hormonas que estimulan el ovario y propician la maduración de un folículo en cuyo interior se ubica un óvulo. Cada mujer nace con cientos de miles de óvulos, pero sólo entre 400 y 450 llegan a madurar y a ser expulsados a lo largo de su vida reproductiva. El folículo maduro produce estrógenos, la hormona sexual femenina, que actúan sobre el interior del útero, reconstruyendo la mucosa que quedó descamada en la última regla. Además, facilita la secreción del moco uterino para favorecer la captación en la trompa del óvulo que será expulsado del ovario al producirse la ovulación. Hacia la mitad del ciclo, la hipófisis descarga una nueva hormona que provoca la ruptura del folículo y la expulsión del óvulo. Este fenómeno se denomina *ovulación*. El óvulo pasa a las trompas de Falopio e inicia un viaje hacia el útero que durará varios días. Si en ese período entra en contacto con un espermatozoide, se producirá la *fecundación*. El folículo vacío se transforma en cuerpo amarillo o lúteo que, además de estrógenos, segrega otra hormona, la progesterona, cuya misión consiste en preparar al endometrio para recibir a un posible óvulo fecundado. Si no se produce la fecundación, el cuerpo amarillo degenera y, en consecuencia, disminuye la secreción de progesterona. Al dejar de ser estimulada, la mucosa del endometrio se desprende y es expulsada, junto con el óvulo no fecundado. Este fenómeno produce un sangrado que dura normalmente entre 3 y 5 días y que constituye la *menstruación*. En ese momento se iniciará un nuevo ciclo menstrual.

LOS RITMOS CORPORALES. LOS DÍAS FÉRTILES

Es importante conocer bien los ciclos normales del propio cuerpo, porque con ello se puede conseguir información que permita planear o evitar la concepción. Aunque el funcionamiento del sistema reproductivo no es completamente exacto porque existen factores externos e incontrolables que pueden alterarlo —el estrés, los viajes, algunas medicaciones, etc.—, se puede llegar a conocer el ritmo corporal mediante la observación de tres fenómenos: los ciclos menstruales, la temperatura del cuerpo y la consistencia del flujo cervical.

Duración de los ciclos menstruales

La duración de los ciclos menstruales varía entre unas mujeres y otras. Para intentar conocer lo más aproximadamente posible la duración de los ciclos menstruales, se deberá tomar nota del día del comienzo del ciclo (el primer día de la menstruación) durante un período de seis meses seguidos. De ese modo, podemos encontrarnos, por ejemplo, que el ciclo más largo ha sido de 32 días y el más corto, de 26 días. Como la ovulación se produce 14 días antes de que comience el siguiente ciclo, los días fértiles, en este caso, irán desde el día 9 al 21. Ésos son los días más apropiados para concebir, o en los que se deben extremar las precauciones si no se desea un embarazo.

La temperatura del cuerpo femenino

Antes de que se produzca la ovulación, la temperatura del cuerpo femenino desciende y justo en el momento en el que se produce, aumenta ligeramente. Un modo de conocer el ritmo corporal consiste en tomarse la temperatura y anotarla en un gráfico durante varios meses. Para que los datos sean más rigurosos, es preciso que la toma de la temperatura se produzca siempre en las mismas condiciones: lo ideal es medir la temperatura rectal antes de levantarse por la mañana. Con los datos recogidos obtendremos un patrón que nos permitirá anticipar el día aproximado de la ovulación. La mujer es fértil desde un día antes del descenso de la temperatura, hasta un día después de haber permanecido más alta.

La secreción vaginal

A lo largo del mes, la secreción vaginal cambia en aspecto y cantidad. Recién terminada la menstruación, la secreción es mínima, opaca, espesa y pegajosa. Al acercarse la fase de fertilidad, el flujo se va haciendo más abundante, transparente y elástico. Este cambio advierte de que se ha iniciado el breve período en el que se puede producir la concepción. Acabado el mismo, el flujo se reduce de nuevo y pierde elasticidad y transparencia.

LA FECUNDACIÓN Y LA IMPLANTACIÓN

Para que se produzca la fecundación es preciso que la unión entre el óvulo y el espermatozoide se produzca cuando el óvulo inicia el viaje hacia el útero. El óvulo es una célula, comparativamente, de gran tamaño, en cuyo núcleo se encierra la herencia materna. En cada ciclo menstrual, uno de los ovarios se encarga de emitir un óvulo. La emisión del óvulo corresponde a uno y otro ovario de manera alternativa en cada ciclo sucesivo. No obstante, si uno de los ovarios no es funcional, el otro puede desempeñar esta función en exclusiva todos los meses. El óvulo sólo vive entre 12 y 24 horas y poco a poco va perdiendo vitalidad hasta morir. Los espermatozoides conservan su capacidad de fecundación durante 24 horas y su límite de vida es de 36 horas. Por eso, es poco probable que se produzca la fecundación si el coito no tiene lugar uno o dos días antes, durante o inmediatamente después de la ovulación. Para alcanzar el óvulo, el espermatozoide debe recorrer un largo camino. En una eyaculación normal se expulsan cientos de millones de espermatozoides, pero más de la mitad de ellos no conseguirán pasar más allá del cuello del útero. Con el impul-

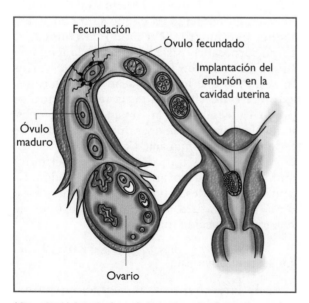

Migración del óvulo fecundado hasta su implantación en el útero.

Labels: Fecundación, Óvulo fecundado, Implantación del embrión en la cavidad uterina, Óvulo maduro, Ovario

> *Cuando se tienen más hijos conviene hacerlos partícipes de la evolución de embarazo.*

so de su cola, unos pocos miles de ellos alcanzan la entrada de las trompas; la mitad que elija la trompa vacía, se perderá. La mayoría de los que siguen avanzando por la trompa que alberga el óvulo se pierden en los recovecos del interior de la trompa y sólo unos pocos llegarán a las inmediaciones del óvulo. Para llegar a tiempo de producir la fecundación pueden hacer falta varias horas, aunque los espermatozoides más fuertes y mejor propulsados consiguen hacerlo en minutos. Lo más habitual es que todo el proceso, desde la eyaculación hasta la fecundación, dure menos de 60 minutos. Una vez que llegan al óvulo —comparativamente, enorme—, los espermatozoides se adhieren como lapas a su superficie, intentando encontrar un lugar por donde perforar la membrana con la cabeza. Sólo uno de ellos lo conseguirá. Cuando esto ocurre, el espermatozoide pierde la cola y la membrana del óvulo se impermeabiliza de inmediato para impedir el acceso a otros candidatos, se endurece y provoca el desprendimiento de los espermatozoides sobrantes. A partir de ese momento, el óvulo fecundado se denomina huevo o cigoto.

El cigoto se divide en dos en las primeras 24 horas; cuatro días después es una masa redondeada compuesta por más de 100 células que flota libremente en la cavidad uterina. Pasados entre 7 y 10 días desde que inició su viaje, aproximadamente 4 días después de la fecundación y mientras continúa la división celular, el óvulo llega al útero y se fija en su pared. Este fenómeno se denomina *implantación*. Una semana después, ya está firmemente implantado, adherido mediante una primitiva placenta que une al embrión con la madre. A partir de ese momento el embrión que, poco a poco, se ha ido envolviendo en una bolsa unida a la placenta que se llena de líquido amniótico, crece y se desarrolla con rapidez; hacia el final de la octava semana, se puede reconocer la forma humana, y el embrión se convierte en feto.

FRECUENCIA DEL COITO Y FECUNDACIÓN

Aunque pueda pensarse lo contrario, no es cierto que las relaciones sexuales muy frecuentes favorezcan el embarazo. Cuando la eyaculación masculina es muy frecuente, el número y el vigor de los espermatozoides disminuye, lle-

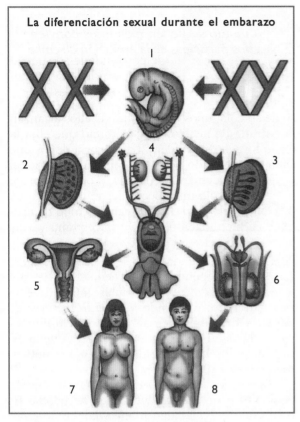

La diferenciación sexual durante el embarazo

En las primeras semanas de gestación, el sexo no es diferenciable (1). Pasadas unas seis semanas, la gónada ha crecido y se ha transformado en un ovario (2) o en un testículo (3). El embrión presenta un sistema reproductor primitivo (4), que en la hembra evoluciona hacia los ovarios (5) y en el macho, gracias al estímulo de las hormonas masculinas, hacia los órganos sexuales masculinos (6). Ya en la adolescencia, las hormonas desarrollan los signos femeninos (7) o masculinos (8).

gando incluso a ser excesivamente reducido para que se pueda conseguir el embarazo. Si desea que se produzca el embarazo, es aconsejable evitar las relaciones sexuales desde unos cuantos días antes del período fértil, con el fin de que aumente el número de espermatozoides. Durante los días fértiles, mantenga una única relación sexual. De ese modo favorecerá el embarazo.

¿NIÑO O NIÑA?

Existen dos tipos de cromosomas sexuales: los X y los Y. Los óvulos son portadores de cromosomas X (femeninos), mientras que los espermatozoides pueden llevar cromosomas de tipo Y (masculinos) o de tipo X (femeninos). Si se une un X materno con un X paterno, se concebirá una niña (cromosoma sexual XX); por el contrario, si el X materno se une a un Y paterno, nacerá un niño (cromosoma sexual XY). Dicho de otro modo, desde un punto de vista

biológico, el sexo del futuro bebé depende exclusivamente de los espermatozoides, es decir, del padre.

Hoy se sabe que los espermatozoides masculinos (Y) tienen la cola más larga, son más numerosos y se desplazan más rápido que los femeninos (X). Sin embargo, estos últimos sobreviven durante más tiempo. Existen, por tanto, ciertas condiciones que pueden favorecer la concepción con un espermatozoide X o Y y, por lo tanto, concebir un niño o una niña.

Aunque, desde luego, no se puede garantizar la concepción de un bebé de un sexo determinado, **si se desea concebir una niña,** las siguientes pautas pueden ayudarle a conseguirlo:

• Tener relaciones sexuales frecuentes durante la primera fase del ciclo menstrual, para reducir el número de espermatozoides masculinos.

• Mantener la última relación sexual 24 horas antes del día en el que se supone que va a producirse la ovulación. De este modo, los espermatozoides masculinos no conseguirán sobrevivir.

• Como el medio ácido parece favorecer a los espermatozoides femeninos, puede darse una ducha vaginal con una parte de vinagre por cada diez de agua antes de mantener relaciones sexuales.

Por el contrario, **la concepción de un niño** se puede favorecer observando las siguientes indicaciones:

• Para que los espermatozoides conserven su máximo vigor y cantidad, suspenda las relaciones sexuales durante la primera fase del ciclo menstrual.

• Para que los espermatozoides masculinos —más veloces— lleguen primero al óvulo, el coito debería producirse lo más cerca posible o en el mismo día de la ovulación.

• Se debe mantener una única relación sexual en 24 horas, para aumentar la cantidad de espermatozoides masculinos en el semen.

• El medio básico es más favorable para los espermatozoides masculinos, por lo que puede darse una ducha vaginal con medio litro de agua en la que haya disuelto una cucharadita de bicarbonato, antes de mantener relaciones sexuales.

LA TRANSMISIÓN DE LA HERENCIA

Cada una de las células del organismo contiene un número de cromosomas específico para cada especie. En el caso del ser humano, se trata de 46 cromosomas agrupados en 23 pa-

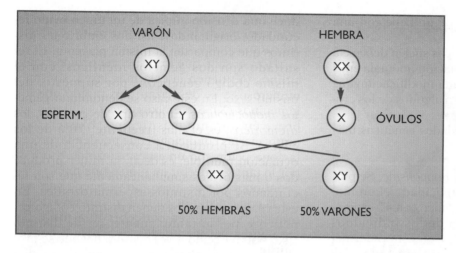

rejas. De esos 46 cromosomas, 22 pares son conocidos como autosomas y el par 23 son los cromosomas sexuales, que determinan el sexo del individuo. Cada uno de los pares de cromosomas son bastante parecidos entre sí, mientras que los cromosomas sexuales son de dos tipos muy diferentes: X e Y. Las células reproductoras, o *gametos*, sólo contienen la mitad, es decir, 23 cromosomas, porque son el resultado de una división celular específica, la *meiosis* cuya función consiste en facilitar el intercambio del material genético. La meiosis permite una probabilidad combinatoria tan extraordinaria que un hombre no produce a lo largo de su vida dos espermatozoides idénticos y cada uno de los cientos de miles de óvulos con los que nace una niña poseen una carga genética distinta. Esa enorme variabilidad genética, virtualmente infinita, es la que permite explicar por qué no existen dos individuos idénticos. Al producirse la fecundación, 23 cromosomas provienen de la madre y otros 23 del padre. Los 46 cromosomas resultantes se organizan en parejas. Cada cromosoma consta de una cadena de cerca de dos mil genes unidos entre sí, que portan las características físicas e intelectuales que los padres transmiten a los hijos. Lo que heredamos depende de toda la constitución genética de nuestros padres *(genotipo)*, no sólo de la parte de información genética que se expresa en sus cuerpos *(fenotipo)* y les da una característica aparente concreta. Los genes de cada par de cromosomas pueden ser dominantes o recesivos: es dominante el gen que se manifiesta y recesivo el que pasa inadvertido cuando hay otro dominante. El gen recesivo sólo se manifiesta cuando se une a otro gen recesivo. Así, por ejemplo, aunque ambos padres tengan los ojos marrones, eso no significa que ambas partes de cada uno de sus pares de genes *(alelos)* den lugar necesariamente a ojos marrones. Aunque los genes recesivos de los ojos azules no se

hayan manifestado en los padres, siguen estando presentes y existe un 25% de posibilidades de que se unan y produzcan un hijo con los ojos azules.

En la genética humana hay muy pocas características controladas sólo por un par de genes; el color de los ojos es una de las pocas excepciones. Otras características físicas, como el color de la piel, dependen de varios genes, lo que explica la gran variedad de tonalidades que se pueden producir. La estatura depende de más genes todavía, por lo que su estudio es mucho más complicado. A pesar de todo, y dejando a un lado factores de carácter medioambiental —como la alimentación y la salud general— se considera que la estatura de los hijos está determinada genéticamente en un 80%.

Uno de los temas más debatidos es si la inteligencia es o no una característica heredada. Es obvio que la capacidad intelectual, como cualquier otra característica humana, depende de la información genética del individuo. Sin embargo, es posible que ese potencial genético no llegue a desarrollarse si no existe un ambiente que estimule las capacidades innatas. Por otra parte, tampoco es posible definir de manera unívoca qué es la inteligencia, ya que es un compendio de distintas capacidades, a veces incluso contradictorias. Después de realizar múltiples estudios con gemelos monocigóticos —que tienen el mismo código genético— que han crecido en familias y ambientes distintos, y con hermanos adoptivos, criados en el mismo ambiente, pero con distinta carga genética, parece ser que aproximadamente un 50% de la capacidad intelectual se debe a factores hereditarios.

Las enfermedades genéticas

Los cromosomas que posee un individuo constituyen su *cariotipo*, que se determina en el momento de la fecundación al producirse la unión de los cromosomas de la célula masculina con los cromosomas de la célula femenina. En un reducido número de casos —y por causas todavía no demasiado bien conocidas— se producen ciertas anormalidades en esta fusión. La mayoría de las veces el embrión anómalo es rechazado y se produce un aborto espontáneo en los primeros tres meses de embarazo. Pero, a veces el embarazo sigue su curso hasta que se produce el alumbramiento de un bebé con una enfermedad genética.

Las enfermedades genéticas suelen deberse a dos tipos de causas: una variación anómala en el número de cromosomas o una modificación que afecta únicamente a alguno o algunos de los cromosomas.

Algunas de las enfermedades genéticas más frecuentes son:

• *Síndrome de Down o mongolismo.* Se produce cuando existe una duplicidad del cromosoma 21, con lo que el niño nace con 47 cromosomas, en lugar de los 46 de los individuos normales. Los niños que sufren esta enfermedad tienen una apariencia física oriental característica, retraso mental y posibles defectos en los ojos y el corazón. Se desconoce la causa precisa de esta anomalía, aunque la edad de la madre parece ser un factor importante, ya que el porcentaje de bebés mongoloides aumenta considerablemente a partir de los 35 años.

• *Síndrome de Turner (X).* Afecta sólo a las niñas y se origina por la ausencia de un cromosoma X. Como consecuencia, se altera el ciclo normal de la pubertad. Las niñas afectadas son de pequeña estatura y, aunque tienen apariencia femenina, los órganos sexuales internos están subdesarrollados. Sin un tratamiento hormonal adecuado, no suelen desarrollar las características sexuales secundarias.

• *Síndrome de Klinefelter (XXY).* Es consecuencia de la presencia de un número excesivo de cromosomas X en los varones. El resultado es un individuo de apariencia masculina y gran altura, pero con un subdesarrollo de los órganos sexuales y pecho desarrollado.

LA CONCEPCIÓN DE GEMELOS

Los partos múltiples son el resultado de dos fenómenos distintos. En ciertos casos, se produce una división atípica de un único óvulo fecundado, originándose así dos embriones distintos que comparten la misma placenta. El resultado son dos gemelos idénticos, con el mismo código genético y, por supuesto, del mismo sexo. En este caso se denominan gemelos *monocigóticos.* El otro tipo de gemelos, los *dicigóticos,* es el más frecuente (70% de los casos). Se producen a consecuencia de una ovulación múltiple; es decir, la mujer produce dos o más óvulos simultáneamente que son fecundados por distintos espermatozoides. En este caso, los gemelos tienen distinto código genético y, por lo tanto, pueden ser de distinto sexo y su parecido no es distinto del que se produce entre hermanos nacidos en partos distintos.

Parece que los embarazos monocigóticos se producen por azar, mientras que existe cierta predisposición familiar —transmitida tanto por el padre como por la madre— en el caso de los embarazos dicigóticos.

La frecuencia de los embarazos gemelares aumenta con la edad materna —a partir de los 40 años— y como consecuencia de los tratamientos hormonales para estimular la ovulación. Sin embargo, en general, son un fenómeno aislado: sólo uno de cada 100 partos es de mellizos y sólo uno de cada 7.200, de trillizos.

LA INFERTILIDAD

En los países occidentales, una de cada diez mujeres tiene problemas o incapacidad para concebir. Sin embargo, la infertilidad no es un problema que pueda analizarse individualmente, sino que afecta a la pareja en su conjunto. A veces, la elevada fertilidad de uno de los miembros de la pareja puede compensar la baja fertilidad del otro; de la misma manera, cuando ambos miembros de una pareja tienen un nivel de fertilidad moderado, el resultado puede ser una pareja infértil.

Los problemas de fertilidad pueden deberse a causas físicas, psicológicas y emocionales. El factor emocional es tan importante, que es bastante frecuente que cuando, después de muchos intentos, la pareja llega a asumir que los hijos no vendrán (e incluso se han decidido por la adopción), la tranquilidad que produce la aceptación de esta situación propicie que se produzca un embarazo ya completamente inesperado. También es frecuente que el embarazo se produzca en cuanto la mujer oye de su médico palabras tranquilizadoras sobre su supuesta esterilidad: "no hay ningún motivo por el que usted no

CONSEJO GENÉTICO

CONSEJO

Si padece alguna enfermedad grave transmisible genéticamente, antes del embarazo debe realizar un estudio del caso y recibir consejo sobre las posibilidades de enfermedad fetal, y las alternativas de reproducción asistida disponibles.

pueda tener hijos" es con frecuencia lo último que se comenta en la consulta del especialista antes de volver a ella para pedirle que se haga cargo del seguimiento del embarazo.

Muchas parejas experimentan cierta sensación de vergüenza y se niegan a reconocer abiertamente su problema. Sin embargo, si la pareja desea realmente tener un hijo, es fundamental solicitar la ayuda de un especialista para analizar su situación y tratar de encontrar una solución viable. Los avances que se están produciendo en este campo suponen una esperanza real para muchas parejas con problemas de fertilidad, pero es preciso que los dos miembros de la pareja estén dispuestos a abordar con claridad temas muy delicados.

En ocasiones, el deseo insatisfecho de tener hijos llega a convertirse en un problema abrumador, que obsesiona y deprime a uno o a ambos miembros de la pareja y el intercambio de culpabilizaciones se convierte en un motivo de tensión abierta entre ambos. Cuando los problemas conyugales se agravan, a veces se llega a pensar que la llegada de un hijo es lo único que puede salvar la vida en común. Sin embargo, es fundamental que la pareja reflexione sensatamente sobre su situación y sea capaz de comprender, por su propio bien y por el de su futuro y anhelado hijo, que un bebé no significa (ni en su caso, ni en el de una pareja normalmente fértil) la solución de una relación deteriorada. Más bien al contrario: la crianza de un hijo suele demandar de los padres esfuerzos adicionales que pueden suponer nuevos factores de estrés tanto a la madre como al padre. En cualquier caso, lo más recomendable es solicitar ayuda médica y prepararse física y psicológicamente para someterse a un proceso absorbente, prolongado y, en ocasiones, frustrante. Por último, si todos los procedimientos fracasan, siempre queda el recurso de la adopción.

Tradicionalmente, cuando una pareja era incapaz de concebir, la "culpa" solía recaer sobre la mujer que, con frecuencia, experimentaba sentimientos de inadecuación al sentirse incapaz de cumplir el único papel que la sociedad demandaba de ella. Sin embargo, hoy se sabe que, en un alto porcentaje de casos, las causas de la infertilidad responden a disfunciones masculinas.

CAUSAS DE LA INFERTILIDAD

Se calcula que aproximadamente un 15% de las parejas no consiguen un embarazo después de un año de relaciones sexuales sin medidas anticonceptivas. En un 30% de los casos la causa es del varón exclusivamente, mientras que en un 20% la causa es de los dos. En definitiva, podemos decir que en un 50% de los casos el varón está involucrado en la esterilidad de la pareja.

ESTERILIDAD MASCULINA

Las lesiones o enfermedades que producen defectos en la correcta formación de los espermatozoides son la causa más frecuente de esterilidad masculina. Estos defectos van desde la ausencia total de formación de espermatozoides (azoospermia), a la formación correcta pero en número insuficiente (oligospermia), pasando por todo tipo de alteraciones en su forma o función (teratospermia y astenospermia).

Las causas de estas alteraciones en la formación de espermatozoides pueden estar en el propio testículo o fuera de él. Entre las causas testiculares destacan algunas enfermedades congénitas, generalmente de origen cromosómico, que producen errores en el correcto desarrollo de los testículos. También hemos mencionado que la criptorquidia puede alterar la función de estas glándulas y no podemos olvidar que cualquier enfermedad o lesión adquirida durante la vida y que afecte a los testículos puede alterarlos hasta incapacitarlos para su función. Entre las causas externas a los testículos existe gran variedad de tóxicos que afectan a la formación de espermatozoides. De éstos, los más importantes son el tabaco y el alcohol, sobre todo consumidos en exceso. También ciertas drogas y medicamentos, sobre todo los fármacos quimioterápicos utilizados en el tratamiento de muchos cánceres, pueden ser causa de esterilidad. Por último, ciertas enfermedades endocrinológicas que afectan al correcto control hormonal del medio interno tienen como consecuencia la alteración en la espermatogénesis o formación de espermatozoides. Entre ellas son de destacar por su frecuencia las enfermedades del tiroides y las enfermedades de la hipófisis, glándula situada en la base del cerebro y que regula la función de los testículos mediante la secreción de ciertas sustancias.

IMPOTENCIA

La impotencia es la imposibilidad de alcanzar y/o mantener una erección de suficiente rigidez que permita una relación sexual satisfactoria. Es causa de esterilidad en algunos casos, por la dificultad para mantener relaciones sexuales con coito y depositar adecuadamente el semen en la entrada del cuello uterino.

Entre los varones jóvenes se calcula que un 5-6% padecen impotencia. Este porcentaje llega al 50% a partir de los 70 años. Hace años

> *Hoy existen medicamentos orales, como el sildenafilo, eficaces contra la impotencia.*

este problema apenas era motivo de consulta al especialista, mientras que en las últimas décadas se ha observado un aumento en el número de varones que acuden a su médico para intentar solucionar su problema. Esto no quiere decir que se haya incrementado el número de hombres impotentes, sino que refleja más bien un cambio de actitud en la sociedad frente a un problema que es causa relativamente frecuente de esterilidad masculina.

Tratamiento de la impotencia

El tratamiento es muy variable, dependiendo de la causa que lo provoca. En cualquier caso, el paciente tendrá que suspender el consumo de todos aquellos tóxicos que puedan estar influyendo negativamente en su capacidad eréctil, principalmente el tabaco, el alcohol y las drogas. Si ya ha sido diagnosticado de alguna enfermedad que a la larga pueda inducir impotencia (como la diabetes o la hipertensión), la mejor forma de prevenir su desarrollo será controlar estrictamente ambos problemas con tratamientos médicos adecuados.

El tratamiento con hormonas sólo estará justificado en los casos en los que se demuestre una alteración o déficit en ese nivel. Cuando la causa de la impotencia es un déficit de testosterona, se puede instaurar un tratamiento sustitutivo inyectando la hormona periódicamente en la cantidad adecuada.

En algunos casos en los que el problema es fundamentalmente vascular se utiliza la inyección intracavernosa de fármacos que producen la dilatación de los cuerpos cavernosos del pene, facilitando la afluencia de sangre. El paciente realiza por sí mismo la inyección un rato antes de la relación sexual con un sencillo instrumental y después de haber sido adiestrado por el médico. Los resultados son buenos y la técnica suele tener buena aceptación entre los pacientes.

El sildenafil (de nombre comercial VIAGRA) también mejora los niveles de ciertos mediadores químicos fisiológicos que intervienen en el inicio y mantenimiento de la erección. Ha demostrado su utilidad en el tratamiento de impotencias orgánicas y psicológicas.

Existen también aparatos de vacío con un medio mecánico de producir y mantener la erección. Consisten en un cilindro de plástico donde se introduce el pene; mediante una bomba de vacío conectada a este cilindro se consigue el llenado de los cuerpos cavernosos y la erección, que posteriormente se mantiene mediante una banda de goma que se coloca en la base del pene. Su principal inconveniente es su complicación, que puede hacer perder espontaneidad en la relación sexual.

Las prótesis de pene existen desde principios de siglo y a lo largo de los años se han ido desarrollando artilugios de lo más variado. Actualmente, las de mayor aceptación son las prótesis hidráulicas. Consisten en dos cilindros hinchables que se colocan en cada uno de los cuerpos cavernosos mediante un sencillo procedimiento quirúrgico, un receptáculo lleno de líquido y una bomba de llenado. En el momento de la relación sexual, el paciente puede activar la bomba y llenar de líquido los cilindros. De este modo consigue el aumento del tamaño y rigidez del pene como si de una verdadera erección se tratase, volviendo a sus dimensiones normales cuando el paciente desactiva el sistema.

LA INFERTILIDAD FEMENINA

Uno de los factores determinantes de la fertilidad femenina es la edad. El bloque de edad en el que la concepción es más fácil se sitúa entre los 18 y los 20 años. A partir de los 25 años, la fecundidad comienza a disminuir, situándose en un 89% a los 30 años. Este porcentaje disminuye drásticamente a partir de los 35 años (70%). Después de los 45 años, sólo son ovulatorios la mitad de los ciclos, de modo que la fertilidad se reduce muy considerablemente. Por el contrario, el descenso de la fertilidad masculina se produce de manera más gradual; coincide básicamente con el femenino hacia los 20 años, y luego va decayendo hasta llegar a un 10% aproximadamente a los 60 años.

RESUMEN

• El 80% de las impotencias tienen su origen en una enfermedad o alteración orgánica.

• En muchos casos se suman los factores de riesgo que llevan a la impotencia: edad, tabaco, alcohol, diabetes, hipertensión...

• Los factores psicológicos están presentes en todo tipo de impotencia, como causa o como factor que empeora un problema orgánico.

Aunque en algunos casos es imposible diagnosticar con claridad el origen del problema, existen ciertas condiciones en el organismo femenino que pueden dificultar o imposibilitar la concepción: ausencia de ovulaciones, alteraciones en las trompas de Falopio —que pueden estar dañadas por antiguos procesos inflamatorios o infecciosos o no existir por haber sido extirpadas—, etc.

Además, algunas parejas sufren un problema inmunológico que provoca una especie de "rechazo" entre las secreciones del aparato femenino y el líquido seminal que impide la unión entre el óvulo y los espermatozoides.

> *El tejido cicatrizante que se forma tras la inflamación de un oviducto (trompa de Falopio) puede causar infertilidad.*

Tratamiento de la infertilidad

El diagnóstico de infertilidad se establece cuando no se produce el embarazo después de que una pareja haya mantenido relaciones sexuales sin protección durante más de un año. Las probabilidades de producirse un embarazo disminuyen en las mujeres mayores de 35 años. De éstas, hasta un tercio padecen infertilidad.

En el estudio inicial de infertilidad de una pareja debe de haber una evaluación del varón y de la mujer que incluirá:

1. Análisis del semen.
2. Estudio de la ovulación en la mujer.
3. Estudio de la interacción esperma-moco mediante el estudio del moco cervical pocas horas (2-8 horas) después de mantener relaciones sexuales.

Una vez realizadas estas pruebas y según los resultados obtenidos se ampliará el estudio con otros métodos diagnósticos: la histerosalpingografía (estudio de la cavidad uterina y de las trompas de Falopio mediante la introducción de un material de contraste), una laparoscopia (estudio interno del aparato genital femenino realizado mediante un artefacto similar a un telescopio que se introduce por la vagina), un estudio analítico de las posibles causas endocrinas (glucemia basal, hormonas tiroideas, niveles de prolactina, FSH y LH...).

A pesar de un estudio completo, hasta en un 5-10% de las parejas no se llega a identificar la causa de la infertilidad.

Si se detectan problemas en la ovulación o en la producción de espermatozoides, se utiliza en principio un fármaco bastante sencillo para su estimulación. Si el procedimiento fracasa, se suele recurrir al tratamiento hormonal. Cerca de dos terceras partes de las pacientes sometidos a esta terapia logran el embarazo en unos tres o cuatro meses.

LA INSEMINACIÓN ARTIFICIAL

Cuando existen problemas de impotencia masculina, la inseminación artificial puede ser un buen recurso para lograr el embarazo. Consiste en inocular semen del padre en el útero de la madre en el momento de la ovulación. Si no existen impedimentos de carácter orgánico en la mujer, cuatro de cada cinco mujeres consiguen concebir en un período de seis meses de tratamiento.

Cuando el semen de la pareja no es apto para permitir el embarazo, se puede recurrir al semen de un donante. En todos los países occidentales se están cuestionando las implicaciones morales y legales de este tipo de procedimientos que, en ocasiones, pueden dar lugar a situaciones de profunda ambigüedad legal (por ejemplo, cuando una mujer recurre a este sistema sin el consentimiento de su pareja).

LA FECUNDACIÓN IN VITRO

Cuando la unión entre el óvulo y el espermatozoide no es posible o es muy dificultosa en condiciones naturales, una posible alternativa es la fecundación in vitro (FIV). Esta intervención se recomienda especialmente cuando existen anormalidades en las trompas de Falopio, cuando el número o el vigor de los espermatozoides del padre es inadecuado, cuando existe un problema inmunológico en la pareja o cuando no existe un diagnóstico claro para explicar la infertilidad y se han agotado todas las demás posibilidades terapéuticas.

La paciente que va a someterse a FIV debe realizar previamente un tratamiento hormonal que propicie el desarrollo de varios óvulos en cada ovario. Después, se procede a recoger los óvulos desarrollados mediante una sencilla intervención quirúrgica que se realiza con aneste-

> *Existen posibilidades de embarazo asistido para las parejas infértiles que desean intentarlo. Si fracasan, la adopción infantil es una alternativa perfecta.*

sia general o mediante una punción dirigida por ecografía, con anestesia local. Los óvulos recogidos se mantienen en condiciones semejantes a las naturales mediante un cultivo adecuado en unos pequeños tubos. Se obtiene entonces una muestra de semen del padre y se pone en contacto con los óvulos. A las 20 horas pueden apreciarse signos de que la fecundación se ha producido. En caso afirmativo, a las 24 horas, se depositan los óvulos fecundados en el útero de la paciente, mediante un catéter que se introduce a través de la vagina por el canal cervical hasta llegar al útero. Se suelen transferir entre uno y tres embriones; el resto de los embriones se congela, para que puedan volver a utilizarse en caso de que el embarazo no se produzca al primer intento. Si la paciente queda embarazada, el proceso del embarazo y del parto será idéntico al de los conseguidos de manera natural.

El porcentaje de éxito de esta técnica está entre un 15 y un 20% de embarazos por cada ciclo de tratamiento.

Este procedimiento también precisa una estricta regulación jurídica, ya que las posibilidades técnicas pueden desencadenar situaciones muy delicadas —congelación y donación de óvulos, donantes de semen, etc.— que pueden plantear serias ambigüedades sobre la legitimidad del hijo.

SÍNTOMAS Y SEGUIMIENTO DEL EMBARAZO

Cuando una mujer descubre que está embarazada vive una experiencia desde dos puntos de vista bastante distintos: el físico y el psicológico. Por una parte, empieza a confirmar sus sospechas mediante la observación de ciertos signos corporales: un cansancio excesivo y sin motivo aparente, hinchazón de los senos, necesidad de orinar con más frecuencia, emotividad exacerbada, etc. Pero un aspecto muy distinto es el de la aceptación intelectual y emocional del embarazo. Por muchos deseos que se hayan sentido de quedarse embarazada, es muy frecuente experimentar sentimientos de ambivalencia, matizados por la emoción y la ansiedad. A menudo se combinan los momentos de intensa alegría con períodos en los que los temores a los cambios que se

van a producir y la responsabilidad que se adquiere con la llegada del nuevo hijo producen un cierto temor y sentimientos negativos. Es también muy habitual que su pareja reaccione ante la noticia de un modo distinto del que la futura madre se había imaginado, lo que a veces le produce una sensación de desencanto que se ve acrecentada por la especial sensibilidad habitual en las futuras madres. El padre debe intentar ser muy cuidadoso para saber transmitir apoyo a su pareja en unos momentos en los que se siente contenta, sin duda, pero también confusa, un poco asustada y, sobre todo, extraordinariamente sensible. En cualquier caso, la parte más importante de la noticia es que ambos miembros de la pareja lo acepten plenamente, reflexionando con realismo sobre la nueva situación.

LOS PRIMEROS SIGNOS DE EMBARAZO

El primer síntoma de embarazo quizás sea la sensación indefinible, pero casi siempre inequívoca, de que se está encinta. Probablemente las primeras hormonas del embarazo son las responsables de que la mayoría de las mujeres "sepan" cuándo están embarazadas.

Otro de los primeros síntomas es un cansancio intenso que aparece en cualquier momento del día y que produce una somnolencia casi incontrolable. Es un fenómeno conocido como narcolepsia, que afecta a la mayoría de las mujeres, aunque otras dicen sentirse llenas de energía. Al avanzar el embarazo, se experimenta otro tipo de cansancio, bien distinto de esta somnolencia plácida que suele experimentarse en el primer trimestre.

Ausencia de la menstruación

El signo más tradicional de que se ha producido el embarazo es la ausencia de la menstruación o amenorrea. Sin embargo, hay que tener en cuenta que existen otros motivos que pueden explicar el retraso de la menstruación: un "shock" fuerte, un viaje en avión, una operación e incluso la ansiedad. Por otra parte, un embarazo puede iniciarse sin que haya habido una menstruación anterior (por ejemplo, cuando se produce durante el período de lactancia). De la misma manera, también es posible que se produzcan ligeros sangrados durante los tres primeros meses del embarazo que la mujer confunda con falsas reglas.

Mareos y náuseas

Los niveles elevados de hormonas que empiezan a ponerse en circulación desde el mismo comienzo del embarazo hacen que muchas mujeres sientan náuseas y malestar, sobre todo al levantarse, en ocasiones acompañadas de vómitos. Simultáneamente, al producirse una rápida eliminación del azúcar en sangre, suele sentirse una sensación de hambre y molestias estomacales simultáneamente.

Las náuseas y los vómitos rara vez se prolongan más allá del tercer mes de embarazo.

DIAGNÓSTICO CLÍNICO

Para confirmar que el embarazo se ha producido, es preciso solicitar un diagnóstico clínico que se elabora mediante la observación de ciertas pruebas y análisis.

Pruebas de embarazo

Son unas pruebas muy fáciles de realizar que se pueden adquirir en farmacias. Se basan en la detección de una hormona (HCG) que segrega el huevo fecundado. Para evitar errores de diagnóstico, es fundamental seguir las instrucciones al pie de la letra. Normalmente, hay que recoger un poco de la primera orina de la mañana, verter unas gotas en un tubo, dejarlo reposar y esperar que se produzca el resultado (normalmente, un cambio de color, o la formación de un círculo de tono más oscuro).

La fiabilidad de estas pruebas es del 95%. Sin embargo, es posible que se obtengan falsos resultados negativos porque los niveles de hormonas todavía no son significativos. Si los síntomas persisten, será necesario repetir la prueba pasados unos días. También es posible que aparezcan falsas reacciones positivas, sobre todo si se ha seguido un tratamiento contra la esterilidad, si existe una alta tasa de albúmina o si se está iniciando la menopausia.

Análisis de orina y de sangre

Aunque se basan en la detección de la misma hormona, los análisis de sangre o de orina son aún más fiables. El análisis de sangre puede aportar información complementaria al médico si se han tenido anteriormente problemas con el embarazo.

El examen interno

Normalmente, cuando se acude a la consulta porque se sospecha un embarazo o se ha obteni-

¡NO ESPERE!

Conviene conocer cuanto antes el estado de gestación para evitar riesgos al feto (tóxicos, infecciones, radiaciones, etc.). Solicite un test de orina ante todo retraso inhabitual de la regla.

do un resultado positivo en una prueba, el médico procede a realizar un examen interno. Introduce los dedos en la vagina al tiempo que palpa el abdomen con la otra mano, para detectar el posible ablandamiento general de los órganos genitales y el aumento de tamaño del útero. El examen no afecta en absoluto al embrión y, aunque no es completamente fiable al principio, el diagnóstico es 100% definitivo a partir de la octava semana.

La ecografía

Cinco semanas después de la última regla, es posible detectar mediante la ecografía un pequeño saco gestacional de unos dos centímetros de diámetro. A las ocho semanas, ya puede medirse el embrión y observar sus movimientos y la actividad cardíaca.

FECHA PROBABLE DEL PARTO

El embarazo dura como media 266 días desde el momento de la concepción, o 280 días (40 semanas) desde el primer día de la última menstruación. Normalmente, no es posible determinar con absoluta certeza la fecha de la concepción, ya que, como sabemos, existen múltiples factores que pueden afectar la regularidad del ciclo menstrual. Por ello, lo más frecuente es utilizar la fecha del primer día de la última regla como base para calcular la fecha probable de parto.

El calendario obstétrico permite calcular la fecha aproximada. 280 días es sólo un promedio, por lo que la probabilidad de que el bebé nazca en la fecha indicada depende de que la madre tenga ciclos perfectamente regulares de 28 días. Por tanto, lo más aconsejable es esperar la llegada del bebé en cualquier momento dentro del plazo de dos semanas antes y dos semanas después de la fecha indicada.

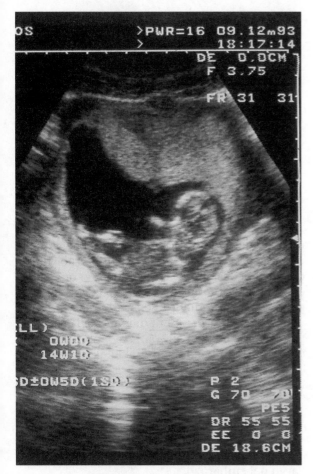

Ecografía de un feto humano de catorce semanas.

Otro modo de calcular la fecha de parto es añadir a la fecha de la última menstruación nueve meses y siete días más. Por ejemplo: si la última menstruación fue el 12 de abril + 9 meses, + 7 días, la fecha de parto probable será el 19 de enero.

SEGUIMIENTO MÉDICO DEL EMBARAZO

En cuanto sospeche o esté segura de que está embarazada, es muy importante que visite a su médico. Sobre él recae la responsabilidad de tomar las medidas necesarias para que usted reciba una buena atención prenatal.

Normalmente, la periodicidad de las visitas es mensual. Si no existen problemas especiales, le practicarán un análisis de orina en todas las visitas y de sangre una vez cada trimestre. En todas las visitas se tomará registro del aumento de peso que se está produciendo, de la presión sanguínea (para asegurarse de que no se produce hipertensión que pueda ser indicativa de algún problema), se comprobarán los latidos fetales (para confirmar que el feto está vivo y que la frecuencia cardíaca es normal) y se procederá a una palpación abdominal para evaluar la altura del fondo, el tamaño y la posición del feto. Normalmente, no suelen repetirse los exámenes internos.

Cuando se aproxima la fecha de parto, la frecuencia de las visitas suele aumentar.

LOS EXÁMENES PRENATALES ESPECIALES

La ecografía

Esta técnica permite obtener una imagen fotográfica a partir de las ondas sonoras que rebotan en las distintas partes del cuerpo del bebé, según su consistencia. A diferencia de los rayos X, el ultrasonido puede representar detalladamente los tejidos blandos y, por lo tanto, proporciona una imagen muy fiel del feto en el útero. Por ello, es muy útil para determinar la edad del feto, la posición de la placenta y la fecha probable de parto.

El examen ecográfico es absolutamente indoloro y dura unos cinco minutos. Después de extender un gel especial, el especialista pasa un transductor por encima del abdomen, mientras va observando en una pantalla. Cuando fija una imagen de interés, la imprime en papel para adjuntarla al informe.

Normalmente, se suele practicar una ecografía en cada trimestre de embarazo, para comprobar la evolución del feto y de la placenta.

La detección de la AFP

La alfa-feto-proteína es una sustancia que se encuentra en distintos niveles en la sangre de la mujer embarazada. Entre las 16 y las 18 semanas de embarazo, los niveles en sangre son generalmente bajos; si se descubren niveles altos

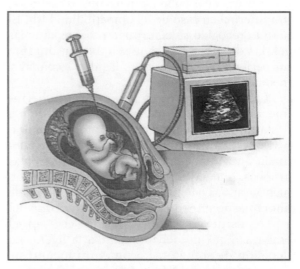

La amniocentesis permite un diagnóstico exacto de la normalidad o anormalidad cromosómica de un feto.

podría significar que el bebé tiene algún defecto en el conducto raquídeo, como espina bífida u otras anomalías en el desarrollo cerebral. Sin embargo, los niveles elevados no son concluyentes en este sentido, por lo que es preciso practicar una ecografía para descartar otras posibilidades: puede ocurrir que el cálculo de la fecha probable de parto no sea correcto o que se trate de un embarazo gemelar. Si después de la ecografía es preciso corroborar el diagnóstico, se procederá a practicar una amniocentesis.

La amniocentesis

En ocasiones es aconsejable analizar los riesgos que se corren cuando se decide tener un hijo. Si el embarazo ya se ha producido y la futura madre se siente realmente intranquila por el hecho de que su edad pueda afectar al bebé, si ya ha tenido con anterioridad un niño anormal, si existe historia familiar de enfermedad congénita o si los niveles en sangre de AFT son altos y hacen sospechar la existencia de alguna anomalía en el desarrollo cerebral, es probable que se le practique un examen especial llamado amniocentesis, que suele realizarse a las 14 semanas desde el último período menstrual.

La amniocentesis consiste en la extracción de unos 14 gramos de líquido amniótico mediante la inserción de una aguja larga y hueca en el abdomen después de aplicar anestesia local. El feto traga líquido amniótico y luego lo expulsa por la boca o por la vejiga. Por tanto, ese líquido contiene células de la piel y de otros órganos, cuyo análisis permite detectar unas 75 enfermedades de tipo genético susceptibles de ser sometidas a un análisis cromosomático. Además, el contenido de bilirrubina en el líquido indicará si el bebé requiere una transfusión intrauterina en caso de incompatibilidad Rh. El líquido recogido se centrifuga para separar las células desprendidas, que se cultivan durante un período que oscila entre las dos semanas y media y las cinco semanas.

La amniocentesis es una excelente herramienta diagnóstica; sin embargo, es importante destacar que no se trata de un examen rutinario y sólo se justifica cuando se sospecha una anomalía que no pueda detectarse mediante otras pruebas. Aunque en la actualidad se realiza con más garantías que hace unos años y el riesgo de aborto espontáneo es mínimo (alrededor del 1%), constituye una interferencia seria con el embarazo que no debe tomarse a la ligera. La decisión de someterse a una amniocentesis debe ser evaluada a la luz de las razones para llevarla a cabo. Como el resultado de la prueba precisa de un período de espera considerable, la futura madre suele sufrir una tensión importante. Por otra parte, se debe estar psicológicamente preparada para ser capaz de tomar una decisión una vez conocido el resultado.

La fetoscopia

Consiste en insertar un tubo con una lente potente a través de una pequeña incisión por encima del pubis, bajo anestesia local. Permite visualizar directamente el feto. Se trata de una intervención importante que provoca un aborto espontáneo en un 5% de los casos; por ello, sólo se lleva a cabo cuando existen serios motivos que la justifiquen. Suele realizarse hacia las 15 semanas de embarazo, con el fin de detectar anomalías cerebrales, trastornos hematológicos o cualquier defecto visible.

EL DESARROLLO DEL FETO PASO A PASO

La tecnología moderna permite hacernos una idea bastante clara de los cambios sorprendentes que se producen dentro del útero a lo largo del embarazo.

El bebé se desarrolla dentro de una bolsa formada por dos membranas delgadas llamadas amnios y corión. A partir de las cuatro o cinco semanas de embarazo, el espacio formado por la bolsa se va llenando de líquido amniótico. El líquido amniótico permite mantener la temperatura constante, es un medio perfecto para que el bebé se mueva y ejercite sus músculos, funciona como un cojín de protección en caso de que el útero sea golpeado, recibe las sustancias excretadas por el feto a través de la orina y, durante el parto, forma una especie de cuña que protege la cabeza del bebé y contribuye a la dilatación del cuello uterino. Cuando tiene 12 semanas de vida, el feto comienza a tragar líquido, que es absorbido por los intestinos y pasa a su circulación. De ahí pasa a través del cordón umbilical y la placenta a la circulación materna. El factor esencial para que el feto crezca y se desarrolle es que exista una placenta sana, verdadero vínculo vital entre la madre y el hijo. La placenta permite el paso de oxígeno, nutrientes y anticuerpos protectores de la madre al bebé, produce hormonas esenciales para el embarazo y pasa los desechos fetales a la madre para que los elimine. La placenta está unida al feto mediante el cordón umbilical, que está formado por tres vasos sanguíneos enlazados: dos de ellos sirven para llevar la sangre del bebé a la placenta, donde es purificada, mientras que el tercero transporta sangre oxigenada y nutrientes.

LAS PRIMERAS 4 SEMANAS

Inmediatamente después de producirse la fecundación, el huevo comienza a dividirse. Primero se subdivide en dos células, cada una de las cuales se subdivide a su vez, y así sucesivamente. Al mismo tiempo que va creciendo, continúa su viaje a través de las trompas de Falopio, hasta implantarse en el útero siete días después.

Doce días después, el huevo mide un milímetro y se compone de dos tipos de células: las periféricas (a partir de las que se formará la placenta) y las centrales, que formarán el embrión.

Hacia la tercera semana, se empieza a desarrollar el disco embrionario, compuesto de tres capas de células: la capa superior o ectoblasto será el origen de la piel y del tejido nervioso; a partir de la capa intermedia o mesoblasto se desarrollará más adelante el esqueleto, los músculos y los sistemas circulatorio y renal; de la capa inferior o endoblasto se formarán el intestino, las glándulas digestivas y el epitelio respiratorio.

El sistema nervioso se desarrolla a partir del plato neural, un engrosamiento ectodermal dorsal que aparece hacia los 16 días después de la gestación. Cuando termina el primer mes, el embrión mide menos de dos milímetros, pero ya se pueden distinguir la cabeza, los riñones, el hígado, el tubo digestivo y unos pequeños muñones que más adelante se convertirán en brazos y piernas. Hay ya un incipiente cordón umbilical que le une a una minúscula placenta.

VACUNAS INDICADAS	• *Tétanos:* la madre debe recibirla en el caso que no lo haya hecho antes de quedar embarazada.
VACUNAS CONTRA-INDICADAS	• Poliomielitis. • Rubéola. • Sarampión. • Parotiditis.
VACUNAS INDICADAS SÓLO EN SITUACIONES ESPECIALES	• *Gripe:* indicada sólo si existe enfermedad crónica pulmonar. • *Hepatitis B:* indicada en aquellas madres con mayor riesgo de adquirir esta infección. • *Rabia:* indicada en el caso de que la madre haya sufrido mordedura por un animal sospechoso de tener la rabia.

Si la madre ha sido vacunada correctamente hasta antes de la gestación, no es necesario, en principio, ninguna otra vacuna. Solamente en casos muy especiales se le aconsejará una vacunación concreta.

Vacunas durante el embarazo

5 SEMANAS

Todavía sería difícil ver el embrión a simple vista. Comienza a desarrollarse la columna vertebral y aparecen los fundamentos del cerebro y de la médula espinal. Longitud: 2 mm.

6 SEMANAS

Comienza a formarse la cabeza. El corazón es ahora un tubo palpitante. Se forman los vasos sanguíneos que unen el cordón umbilical a la placenta. Se distinguen unas pequeñas depresiones allí donde luego aparecerán los ojos y la boca. Se aprecian claramente los brotes de los brazos y las piernas. Longitud: 6 mm.

7 SEMANAS

Se pueden apreciar las marcas sobre las que se formarán los dedos de los pies y de las manos. Los intestinos están prácticamente formados. Los pulmones ya se han formado, pero tienen que madurar. La cabeza se desarrolla de manera sorprendente. Ahora se

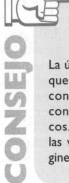

están formando las partes internas del oído y los ojos. Se distinguen los hoyos de las fosas nasales y empiezan a aparecer células óseas en lo que hasta ahora había sido sólo cartílago. Este hecho marca el paso del embrión al feto.

Longitud: 20 mm.

8 SEMANAS

Todos los órganos internos ya ocupan su sitio. Sigue desarrollándose el sistema respiratorio, al formarse los lóbulos pulmonares. Aunque es diminuto, el corazón adquiere su forma definitiva. Se pueden apreciar las articulaciones principales del cuerpo: hombros, codos, caderas y rodillas. La columna vertebral adquiere movimiento. Aunque la apariencia del feto asemeja a un pez, los órganos genitales ya son visibles. Aparece entre sus piernecillas una ligera hendidura y una protuberancia de tejidos llamada tubérculo genital. Y, las glándulas sexuales comenzarán a segregar andrógenos (la hormona sexual masculina) que irán conformando el tubérculo genital, como pene y testículos. Si se trata de una mujer (es decir, si no está presente el cromosoma Y) no se necesitará ninguna hormona específica y el desarrollo iniciado en la fecundación sigue su curso, propiciando la formación del útero, la vagina y la vulva. Dicho de otro modo, es como si la naturaleza hubiese escogido el sexo femenino como substrato básico, mientras que el sexo masculino se conforma a partir de una alteración de ese substrato inicial.

Longitud: 25 mm.

9 SEMANAS

Comienza a desarrollarse la boca y ya se aprecia la nariz. Crecen rápidamente las extremidades: los brazos tienen dedos y huellas dactilares; las piernas, rodillas, tobillos, pies y dedos. Aunque pasa mucho tiempo durmiendo, el bebé también

tiene horas de actividad, pero sus movimientos son tan delicados que todavía no se pueden percibir.

Longitud: 3 cm; peso: 2 g.

10 SEMANAS

Comienzan a desarrollarse las partes externas del oído y los ojos están ya formados. La cabeza sigue siendo desproporcionadamente grande en comparación con el cuerpo. Ya se distinguen perfectamente los dedos de manos y pies, pero están unidos por una membrana.

Longitud: 4,5 cm; peso: 5 g.

11 SEMANAS

Ya se han formado los ovarios y los testículos, así como los órganos genitales externos. El corazón bombea sangre. Al final de las 11 semanas, todos los órganos internos ya están formados y en funcionamiento, por lo que disminuye el peligro de que resulten afectados por infecciones, sustancias químicas o drogas.

Longitud: 5,5 cm; peso: 10 g.

12 SEMANAS

Se empieza a formar el rostro y es posible distinguir los párpados cerrados. Ahora empiezan a desarrollarse los músculos, haciendo que los movimientos de las extremidades sean más vigorosos. El feto empieza a succionar. Los dedos de manos y pies están perfectamente formados y ya han aparecido las uñas. El bebé ya es capaz de tragar líquido amniótico, que se va renovando continuamente: cada hora, un tercio del mismo se trasvasa al riego sanguíneo de la madre y es sustituido por líquido fresco.

Longitud: 7,5 cm; peso: 18 g.

13 SEMANAS

Al iniciarse el tercer trimestre de embarazo el bebé comienza a adquirir apariencia humana y el embarazo se hace evidente. El bebé está totalmente formado; sólo le queda seguir creciendo hasta que sus órganos vitales alcancen la plena madurez.

Longitud: 8,5 cm; peso: 28 g.

14 SEMANAS

El aumento de peso es considerable y los músculos responden a los estímulos cerebrales. Los brazos se pueden estirar y encoger y los puños se pueden cerrar.

Longitud: 10,5 cm; peso: 65 g.

Posturas correctas durante el embarazo.

Si el somier no es firme, la cama cede y la columna vertebral se curva demasiado, ocasionando fuertes dolores de espalda a la gestante. Para evitarlo, se colocará una tabla de madera debajo de un colchón rígido, de manera que se adapte al cuerpo sin permitir que éste se hunda. La almohada debe sostener el cuello a nivel de la columna vertebral.

En la postura de pie, la espalda de la mujer embarazada adopta una curvatura cóncava, debido a que soporta gran parte del peso del feto. Para evitar dolores, separe ligeramente los pies, las caderas hacia delante y la espalda recta.

Para descansar en un sillón, apoye la espalda en el respaldo para evitar la fatiga y coloque las piernas sobre un taburete elevado.

Para sentarse cómodamente, la silla debe ser alta con el respaldo elevado. Mantenga la espalda recta en el respaldo y coloque los dos pies sobre el suelo para reducir la presión de la venas de las piernas.

Para levantar a un niño, flexione las rodillas en vez de agacharse, y con la espalda recta elévelo con ambas manos. De esta manera, el esfuerzo recae sobre los músculos de las piernas.

Para recoger un objeto del suelo, mantenga la espalda recta y flexione las rodillas. Recoja el objeto con una mano, asegurando su estabilidad colocando la otra mano sobre la rodilla. Póngase de pie utilizando los músculos de las piernas.

La postura correcta es muy importante (izquierda). Tanto si camina como si está parada, no se incline hacia delante (derecha), sino que debe mantenerse recta para que el peso del cuerpo caiga entre los talones y la base de los dedos de los pies.

Lleve la bolsa colgada del brazo, para que el peso descanse sobre la cadera; así el cuerpo queda equilibrado, con el tronco y la columna vertebral enderezados. Si la carga es pesada, distribúyala en dos bolsas.

No transporte los objetos pesados apoyándolos sobre el abdomen, sino sobre la cadera. De esta manera, el peso se transmite a la pelvis y de allí a las piernas, permaneciendo la espalda recta.

La superficie de trabajo debe encontrarse a nivel de la cintura. Si es más baja, descanse el peso del cuerpo sobre una pierna y luego sobre la otra, manteniendo la espalda erguida.

CUÁNDO HAY QUE CONSULTAR AL MÉDICO EN EL EMBARAZO

Si se produce alguna de las circunstancias que se enumeran a continuación, póngase en contacto inmediato con su médico. Normalmente, no se tratará de nada importante, pero es preciso asegurarse de que no hay ningún problema serio subyacente:

- *Cuando se produzca una pérdida de sangre.*
- *Cuando se note pérdida de líquido a través de los genitales.*
- *Cuando se sientan dolores similares a los de la menstruación.*
- *Cuando se hinchen llamativamente las manos o los tobillos.*
- *Cuando los vómitos sean intensos y persistentes.*
- *Si tiene fiebre alta o gastroenteritis.*
- *Cuando note molestias intensas al orinar.*
- *Si se reduce repentinamente el volumen de orina (por ejemplo, pasan 24 horas sin orinar, aunque haya ingerido una cantidad de líquidos normal).*
- *Antes de tomar cualquier medicamento que no le haya sido recetado.*
- *Si aparecen intensos dolores de cabeza.*
- *Si se aprecian alteraciones visuales repentinas.*
- *Si las secreciones vaginales son excesivas y van acompañadas de escozor, color extraño o mal olor.*
- *Si se dejan de percibir movimientos fetales a partir del quinto mes.*

16 SEMANAS

Las extremidades ya están perfectamente formadas y los músculos se fortalecen. Los movimientos son muy vigorosos y la madre empezará a notarlos en un par de semanas. Se desarrolla un vello muy fino sobre todo el cuerpo, llamado lanugo. Comienzan a dibujarse las cejas y las pestañas. El desarrollo del tronco y las extremidades hace que la cabeza vaya adquiriendo proporciones cada vez más equilibradas. El intestino del bebé se va llenando de una sustancia verdosa y espesa llamada meconio. Las cuerdas vocales ya están formadas y se observan pequeños movimientos respiratorios. Pero, por su-

puesto, no emitirá ningún sonido antes del nacimiento.

Longitud: 16 cm; peso: 135 g.

18 SEMANAS

El feto puede oír, y responde a los sonidos violentos con contracciones musculares, movimientos y aumento del ritmo cardíaco. El olfato y el gusto también se desarrollan en este momento y el feto responde a las sustancias que se pudieran inyectar en el saco amniótico como, por ejemplo, un contraste.

Longitud: 20 cm; peso: 210 g.

20 SEMANAS

El crecimiento es muy rápido. Los dientes empiezan a formarse dentro de los maxilares y comienza a aparecer el cabello. La fuerza muscular es cada vez mayor y la madre comienza a sentir claramente los movimientos fetales: cuando la madre está activa, el feto suele permanecer quieto, pero cuando se detiene, el feto se mueve cada vez con mayor vigor.

Longitud: 25 cm; peso: 340 g.

24 SEMANAS

El bebé se chupa el pulgar y cada vez coordina mejor sus movimientos. A veces, la madre percibe claramente que tose o tiene hipo. Todavía es muy delgado porque carece de depósitos de grasa. Adquiere un ritmo de vida: está despierto entre 3 y 4 horas diarias.

Longitud: 33 cm; peso: 570 g.

28 SEMANAS

La cabeza está casi proporcionada con el cuerpo. Comienzan a acumularse los depósitos de grasa y la piel está cubierta de una grasa protectora espesa (vérnix), que evita que la piel se arrugue o se deteriore por el contacto continuo con el líquido. Aparecen las primeras circunvoluciones cerebrales. Los pulmones son casi ma-

Hacia la mitad del embarazo hay que cuidar los pezones y prepararlos para la lactancia. El uso de cremas hidratantes resulta conveniente durante toda la gestación.

duros. A partir de este momento, el bebé tendría bastantes posibilidades de sobrevivir si naciera. El ritmo del aumento de peso se ralentiza. Si se mantuviera el ritmo de los primeros meses, nacería un monstruo de unos 250 kg de peso.

El feto abre los ojos y es capaz de reaccionar con violentas patadas si recibe un fuerte impacto de luz repentina. Es capaz de oír los ruidos internos de la madre y se asusta, encogiéndose repentinamente si se produce un ruido fuerte inesperado en el exterior.

Longitud: 37 cm; peso: 900 g.

32 SEMANAS

Las proporciones del bebé son las mismas que tendrá al nacer. En un 90% de los casos se sitúa con la cabeza en dirección a la pelvis de la madre. Los movimientos son muy vigorosos.

Longitud: 40,5 cm; peso: 1,6 kg.

36 SEMANAS

Durante estas últimas semanas, el bebé se dedica a engordar a un ritmo de unos 28 gramos diarios. Ocupa completamente el útero y sus movimientos se transforman en una especie de golpes, conforme se va acomodando en la posición de alumbramiento. El cabello puede tener hasta 5 centímetros de largo. Si es un varón, los testículos habrán descendido. Si se trata del primer hijo, la cabeza desciende hacia la pelvis.

Ya cumplidos los ocho meses, el feto puede nacer sin problemas. Sin embargo, es al final del embarazo cuando recibe de su madre la mayor cantidad de anticuerpos que le inmunizarán durante un corto período de tiempo contra muchas enfermedades, por lo que es importante que el embarazo se lleve a término siempre que las circunstancias no aconsejen lo contrario.

Longitud: 46 cm; peso: 2,5 kg.

40 SEMANAS

A las 40 semanas se dice que el embarazo está a término, es decir, el bebé está listo para nacer. A partir del segundo hijo, la cabeza del bebé encaja en la abertura pélvica aproximadamente una semana antes del alumbramiento, aunque a veces no lo hace hasta que no se inicia el parto.

La vérnix casi ha desaparecido y sólo quedan pequeños restos en los pliegues de la piel. Las uñas han crecido tanto que será necesario cortarlas cuando nazca. Ha perdido casi todo el lanugo.

Longitud: 51 cm; peso: 3,4 kg.

CAMBIOS FÍSICOS Y EMOCIONALES DURANTE EL EMBARAZO

El embarazo supone un cambio profundo tanto físico como emocional. Los cambios del estado anímico son en gran parte reflejo de los intensos cambios hormonales que se producen en el organismo de la mujer y conllevan a veces alteraciones en las reacciones y actitudes habituales en la mujer antes del embarazo. Existen distintos aspectos físicos y emocionales que permiten a la mujer embarazada entender mejor qué le está pasando y aprender algunos consejos que le harán más llevadero el embarazo y facilitarán la recuperación post-parto.

CAMBIOS FÍSICOS

Los senos

Aunque no funciona exactamente igual en todas las mujeres, la mayoría de ellas experimenta una cierta hinchazón en los senos durante la segunda mitad del ciclo menstrual. Algo parecido se produce al inicio del embarazo: los senos se sienten más firmes y sensibles y las venas superficiales son más patentes que de costumbre; también es muy común la sensación de picor o de punzadas ocasionales. El aumento de la talla del pecho se produce, fundamentalmente, durante el primer trimestre del embarazo, debido a la acción de los estrógenos, que estimulan el crecimiento de los conductos galactóforos, y de la progesterona, que hace aumentar el tamaño de las glándulas mamarias para ir preparando la lactancia.

Desde el comienzo del embarazo, los senos producen una especie de leche llamada calostro, que a veces brota espontáneamente o como consecuencia del masaje. Sin embargo, no hay ningún motivo de alarma si no se consigue hacerla brotar. La producción de calostro nunca es tan abundante como para que llegue a causar ninguna molestia.

Hacia el final de este trimestre aparecerá un nuevo cambio en los pechos: el pezón y las areolas se oscurecen.

Con el fin de evitar en lo posible la aparición de estrías y la flaccidez de los tejidos de los senos al final de la lactancia, es importante que se utilice desde el principio un buen sujetador específico que garantice una sujeción firme del pecho. Si el aumento de talla es verdaderamente grande, es aconsejable utilizar sujetador incluso para dormir, lo que, además, le hará sentirse más cómoda. También es muy aconsejable que mantenga la piel del pecho bien hidratada, para lo que será recomendable que se dé una buena crema hidratante a diario. Con el fin de prevenir la aparición de las grietas durante la lactancia, es importante flexibilizar y fortalecer la piel de los pezones mediante un suave masaje seguido de una serie de pequeños pellizcos, realizados con delicadeza, pero también con una cierta firmeza.

Si se ha tenido cuidado, lo normal es que los senos recuperen su forma habitual cuando termine la lactancia. A veces, sin embargo, los senos pierden para siempre parte de su tejido adiposo y, en consecuencia, se reducen algo de tamaño.

El útero

El útero cumple tres funciones: permite que se aloje el óvulo fecundado, aloja al feto durante el embarazo y expulsa al bebé cuando llega el momento. Para alojar al feto, la placenta y los líquidos, el útero debe expandirse y aumentar su tamaño en casi mil veces. El peso del útero pasa de los 40 gramos a los 800, al final del embarazo. Hacia las doce semanas de embarazo, el útero en crecimiento comienza a emerger de la cavidad pélvica. A partir de entonces comienza a expandirse rápidamente, la cintura desaparece y el embarazo se hace evidente. A las 28 semanas, la piel del abdomen comienza a estirarse y la presión ascendente puede provocar molestias digestivas. A las 36 semanas, el útero llega hasta el esternón y ejerce presión sobre las costillas, lo que, a veces, puede producir un dolor punzante, breve y muy intenso. A las 40 semanas, la cabeza del bebé encaja en la cavidad pélvica y presiona sobre la ingle y la pelvis.

Otra de las características del útero es la capacidad para contraerse con movimientos leves y breves, por lo general casi imperceptibles hasta el último mes de embarazo. Se conocen como contracciones de Braxton Hicks y se producen cada 20 minutos durante todo el embarazo. A veces son tan fuertes, que se llegan a confundir con las contracciones de parto.

La vagina

Los tejidos vaginales también sufren alteraciones durante el embarazo. Como resultado de las mismas, aumentan las secreciones vaginales, los tejidos externos se oscurecen y la vagina se inflama ligeramente. Normalmente, las secreciones son poco abundantes y no constituirán una verdaera molestia.

Las funciones vitales

Durante el embarazo, el *volumen sanguíneo* aumenta en casi un litro y medio. La sangre

adicional permite atender las necesidades del útero en crecimiento, de los senos y de otros órganos. Una de las consecuencias desagradables de este aumento puede ser que se produzcan pequeños sangrados en las encías al cepillarse los dientes. Si este fenómeno llega a producirle molestias, consúltelo con su dentista; lo normal es que mejore utilizando un dentífrico específico para evitar el sangrado. Por otro lado, como la cantidad de sangre que fluye por la piel aumenta, el tono de la piel resulta más rosado y la temperatura es más tibia; en consecuencia, suele aumentar la transpiración, por lo que debe cuidar mucho la higiene personal.

Con el aumento del volumen de sangre, *el corazón* tiene trabajo adicional. Al final del segundo trimestre, su trabajo habrá aumentado un 40%.

También *los pulmones* tienen que trabajar más. Además, cuando el embarazo se acerca al término, el útero presiona sobre los pulmones, lo que provoca una cierta sensación de sofoco.

Los riñones, a su vez, tienen que limpiar y filtrar un 50% más de sangre. Al aumentar la eficacia de la función renal, el cuerpo elimina más rápidamente los residuos, pero también otros nutrientes, como la glucosa y algunas vitaminas y minerales. Por eso es importante prestar mucha atención a la nutrición durante el embarazo, para garantizar que se ingiere la cantidad apropiada de vitaminas y minerales.

Las articulaciones

Debido a la acción de las hormonas segregadas durante el embarazo, los ligamentos de las articulaciones, sobre todo las de la región lumbar —de ordinario, duras e inflexibles—, se flexibilizan para ir propiciando la preparación al parto. A partir de las 16 semanas de embarazo, el peso del feto sobre la pelvis puede provocar la rotación del anillo pélvico hacia delante, recargando así los músculos y ligamentos lumbares. Como consecuencia, a menudo se experimenta dolor lumbar, que puede contrarrestarse con una buena postura y algunos ejercicios.

La piel

La piel se oscurece durante el embarazo; las mujeres de piel clara no suelen experimentar cambios marcados, pero las más morenas sí sufren un considerable oscurecimiento de la piel (sobre todo en los pezones, areolas, genitales y en la región del abdomen, donde puede dibujarse una línea negra que va desde el vello púbico hasta el ombligo, que se va desvaneciendo después del parto, aunque a veces queda para siempre una especie de sombra). A veces, aparecen parches irre-

> *Durante el tercer trimestre, el volumen abdominal modifica la estática del cuerpo de la gestante.*

gulares de color oscuro (cloasma) que se marcan aún más con el sol; normalmente, desaparecen por completo después de unos meses. Extreme las precauciones al tomar el sol, limitando el tiempo de exposición solar intensa y utilizando cremas con un alto índice de protección.

También es normal un cambio en la textura de la piel, porque la producción de grasa es mayor. Las pieles secas experimentan una clara mejoría durante el embarazo, mientras que las grasas suelen empeorar.

Las hormonas del embarazo afectan a los haces de colágeno de la piel y allí donde sufre un estiramiento más tenso —pecho, abdomen, muslos— pueden aparecer estrías que, una vez acabado el embarazo, perderán su tono rojizo y se harán blancas, brillantes y permanentes. No es posible prevenir su aparición, pero es conveniente hidratar la piel desde el mismo comienzo del embarazo.

El cabello y las uñas

Quizá uno de los cambios más sorprendentes que se producen durante el embarazo es el que experimentan los cabellos. Por razones que no se conocen bien, algunas mujeres no sufren alteraciones significativas, mientras que en otras se producen cambios impredecibles: a veces el cabello liso se riza, o bien el cabello rizado se alisa; puede oscurecerse o aclararse y, por último, puede tornarse abundante y brillante o languidecer y engrasarse en exceso. La mayoría de las veces, se recupera la forma y texturas anteriores después del embarazo, aunque a veces los cambios son definitivos.

Las uñas suelen debilitarse y se rompen con más facilidad, por lo que se debe utilizar guantes de goma cuando las manos entren en contacto con detergentes y darse crema con más frecuencia.

Los dientes

Las grandes cantidades de progesterona producidas durante la gestación pueden ablandar y aflojar los márgenes de la encía alrededor de los dientes, con lo que hay mayor riesgo de infecciones y de caries. Ése es el origen de la creencia popular de que cada hijo "se cobra" un diente. Para evitarlo, es fundamental que se mantenga una escrupulosa higiene bucal duran-

te el embarazo, que se realicen visitas frecuentes al dentista e informarle sobre su embarazo en la primera consulta, para que no se le realice ninguna radiografía que pudiera dañar el feto.

CAMBIOS EMOCIONALES

Primer trimestre

Cuando se empiezan a notar los primeros síntomas de un posible embarazo, los sentimientos de la mujer suelen ser ambiguos. A medida que se despeja la incertidumbre, el embarazo adquiere su tinte emocional: de euforia y plenitud si es un embarazo deseado, o de desesperación e incluso de negación si no lo es.

Desde el punto de vista emocional, es frecuente que se produzcan cambios bruscos de humor, con fases de irritabilidad y desasosiego. Casi todas las mujeres embarazadas son emocionalmente más susceptibles y tienden a los cambios temperamentales, las reacciones exageradas ante pequeñeces, los ataques de llanto o los sentimientos de inseguridad o pánico. Incluso las mujeres más positivas experimentan un cierto grado de temor, depresión y confusión. Lo más importante es que tanto la madre como el padre sepan que estos cambios en el carácter son normales y pasajeros y que se evite ser demasiado analítico con cada situación conflictiva. Cuando el embarazo va progresando, normalmente las crisis emocionales son cada vez menos frecuentes.

CONSEJO

EL EMBARAZO NO ES UNA ENFERMEDAD

La gestación supone una sobrecarga para todas las funciones vitales que obliga a adaptar el ejercicio y actividades a las nuevas posibilidades. La mujer sana puede llevar una vida normal hasta el final de la gestación.

El segundo trimestre

Normalmente, a estas alturas, el embarazo ya se ha hecho público y la mujer ha asumido su estado. Aunque algunas mujeres se sienten inseguras y temerosas de haber perdido su atractivo sexual ahora que su cintura se desdibuja, para la mayoría se trata de la etapa más agradable del embarazo. Las personas de su entorno suelen colmarla ahora de atenciones y felicitaciones y ella se siente de alguna forma recompensada por las molestias que ha padecido sin que nadie la "mimara". El pecho ha dejado de hincharse y, sobre todo, se produce uno de los momentos más emotivos del embarazo: hacia el cuarto o el quinto mes, comenzará a sentir a su hijo moverse en su vientre. La presencia inequívoca del bebé en su interior suele compensarle la pérdida de agilidad en sus movimientos y la necesidad de depender de los demás más que de costumbre. Con frecuencia, este descubrimiento se asocia a un estado de ensimismamiento típico, en el que la embarazada parece perder interés por lo que ocurre a su alrededor, mientras que se concentra exclusivamente en su interior. En ocasiones, esta actitud provoca sentimientos de celos en el futuro padre, que se siente en cierto modo abandonado. El padre debe hacer un esfuerzo especial para ser razonable, saber escuchar, comprender y dar apoyo a su esposa.

El tercer trimestre

En este período es frecuente que se experimente un cambio considerable: el tiempo parece haber cobrado otra dimensión; los días transcurren lentos y da la sensación de que siempre se ha estado embarazada y, sobre todo, de que esta situación no acabará nunca.

El cansancio y la torpeza hacen que la madre se sienta verdaderamente deseosa de que el embarazo termine. La necesidad de acabar de una vez hace incluso que la perspectiva del parto resulte llevadera e, incluso, liberadora. De repente, la monotonía del embarazo se altera repentinamente: la embarazada se siente de repente llena de actividad y siente la urgencia de preparar y organizar muchas cosas distintas a las que antes no había dado importancia: limpiar, colocar armarios, elaborar complicadas recetas de cocina, etc. Este deseo de completar el nido advierte de que el embarazo está a punto de terminar.

24 PARTO Y ALUMBRAMIENTO

LAS SEÑALES DEL PARTO

La mayoría de las mujeres que van a dar a luz por primera vez temen no saber reconocer el comienzo del parto. Por ello es importante familiarizarse con los signos que anuncian el parto para evitar el estrés propio del final del embarazo.

La verdad es que el comienzo del parto no es un fenómeno tan claro como muchas personas suelen pensar. Pueden ocurrir tres cosas, aunque ninguna de ellas indica que el parto vaya a ser inminente:

Pérdida del tapón mucoso

Al comenzar la dilatación del cuello del útero, el tapón mucoso gelatinoso y sanguinolento que lo ha sellado durante todo el embarazo se desprende y es expulsado. Esta pérdida puede producirse horas o días antes del parto, por lo que es importante advertir al ginecólogo.

Rotura de la bolsa de aguas

Las membranas pueden romperse en cualquier momento durante el parto. La salida de líquido amniótico puede variar mucho de unas mujeres a otras: a veces es un auténtico chorro, mientras que otras es un goteo levísimo. A partir de ese momento, es importante prevenir las infecciones, evitando el uso de tampones, las relaciones sexuales o los baños. Si la rotura de aguas se produce en casa, hay que tomar nota de su aspecto, que debe ser transparente. Si presenta un color amarillento o verdoso, es que contiene meconio, una sustancia procedente del intestino del feto, lo que puede ser indicativo de sufrimiento fetal y es motivo para el traslado inmediato a la clínica. En cualquier caso, se debe avisar al médico de que la rotura de la bolsa se ha producido.

Aparición de contracciones

Aparece un dolor lumbar sordo, que a menudo se confunde con las contracciones de Braxton Hicks que muchas mujeres experimentan a partir del séptimo mes de embarazo. Lo que identifica inequívocamente las contracciones del parto es la regularidad de su aparición.

Para dar a luz se precisan entre 70 y 135 contracciones. Las primeras son cortas (de 10 a 15 segundos), y luego se van intensificando y aumentando en frecuencia y duración, hasta llegar a durar unos 75 segundos cada dos o tres minutos. Cuando aparecen las contracciones, se debe medir el intervalo entre una y otra durante una hora, contando desde el inicio de una contracción, hasta el comienzo de la siguiente. Si cada vez son más frecuentes y prolongadas, lo más probable es que el parto haya comenzado. En

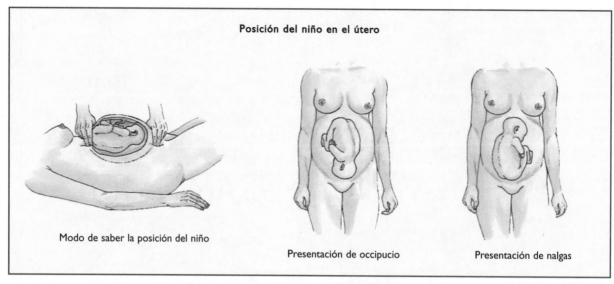

Posición del niño en el útero

Modo de saber la posición del niño

Presentación de occipucio

Presentación de nalgas

La posición normal del feto en la pelvis materna es con la cabeza hacia abajo y flexionada, en la que el punto de declive es el vértice craneal u occipucio. Sin embargo, en algunas ocasiones, aparecen primero las nalgas, un pie o un brazo. Si es así, no hay que intervenir, pues se trata de un parto problemático. Se trasladará de inmediato a la madre al hospital más próximo.

este momento, es importante tratar de mantener la calma dedicándose a tareas sencillas que le ayuden a distraerse: es el momento de darse una ducha caliente, revisar los últimos detalles de lo que deberá llevarse a la clínica y, si le apetece, tomar un caldo o un zumo de frutas. Evite tomar alimentos pesados que podrían provocar náuseas o dificultar una posible anestesia.

La intensidad del dolor no debe ser nunca el criterio para marcharse a la clínica, ya que no deja de tratarse de una estimación objetiva. Como norma general, las primíparas deberán dirigirse a la maternidad cuando las contracciones se sucedan cada cinco minutos. En el resto de los casos, el intervalo aconsejado es de unos 8 ó 9 minutos. En cualquier caso, si quedarse en casa le produce excesiva ansiedad, es mejor marcharse a una clínica.

LA LLEGADA A LA MATERNIDAD

Al llegar a la maternidad, en primer lugar el médico o la comadrona hacen un examen interno de la embarazada para confirmar que el parto ha comenzado; la paciente se tumba sobre una camilla de reconocimiento y el especialista introduce los dedos enguantados en la vagina para examinarla. Se debe relajar los músculos del piso pélvico para favorecer el examen (como si bajara al sótano del ascensor). Es posible que le digan que todavía es pronto y debe volver a casa. Si esto ocurre, no hay que desanimarse ni sentirse ridícula; es algo muy

frecuente (sobre todo, en madres primerizas) y siempre es mejor ser demasiado precavidos que forzar una intervención urgente. El especialista tomará la decisión sobre si procede ingresar ya o es preferible volver a casa y esperar allí.

Una vez que el parto es inminente, es natural que muchas madres se sientan nerviosas y asustadas. Uno de los factores más importantes para ayudarle a recuperar la calma y vivir la experiencia sin perder el control es saber lo que le va a ir ocurriendo. Lo ideal es que sea atendida por especialistas sensibles que le expliquen con sencillez las intervenciones de las que va a ser objeto. Desafortunadamente, en los pabellones de maternidad se descuida a veces este aspecto y la futura madre llega a sentirse tratada como un animal sobre el que se interviene sin consideración, a veces incluso padeciendo un dolor que podría haberse suavizado en gran medida si se le hubieran explicado sencillas técnicas que facilitan ciertas intervenciones. Por eso es importante que, antes del parto, se prevenga sobre lo que va

CONSEJO

ANESTESIA EPIDURAL

En la actualidad muchos partos se realizan bajo anestesia de la mitad inferior del cuerpo, lo que evita las molestias innecesarias y facilita el parto. Consulte a su ginecólogo.

El momento del parto en casa

1 Cuando sale la cabeza, no hay que estirarla. Tampoco hay que meter nunca dedos ni mano en el canal del parto, ya que ésta es la mejor forma de producir una infección postparto en la madre (fiebre puerperal). Dejar de empujar y respirar con jadeos, rápida y superficialmente.

2 Una vez ha salido la cabeza, aspirar las secreciones de la boca del niño, incluso cuando aún no ha llorado y el resto del cuerpo no ha salido aún.

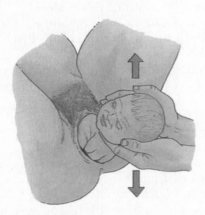

3 Vigilar el giro espontáneo de la cabeza: esto indica que los hombros están bajando. Ayudar en este giro pero sin torcer la cabeza, sin estirarla y sin meter los dedos ni la mano en el canal del parto. Puede ser necesario ayudar a la salida de los hombros bajando y luego levantando la cabeza, nunca estirándola. Una vez han salido los hombros, el resto del cuerpo sale con mayor facilidad y en poco tiempo.

4 Una vez ha salido el niño, no golpearlo, ni mojarlo ni colgarlo de los pies. Limpiarle la boca y la nariz con la pera o con un trapo limpio, y, si no ha llorado todavía, frotarle suavemente la espalda con una tela limpia. Si el niño no ha llorado después de un minuto, limpiar y aspirar nuevamente la boca y nariz, y hacerle la respiración boca a boca.

5 Colocar al niño sobre la madre antes de lavarlo o de quitarle la capa de grasa que tiene sobre la piel; poco a poco esta grasa se irá reabsorbiendo.

> *El parto en un hospital permite hacer frente a las situaciones de riesgo que puedan presentarse.*

a ocurrir, y si no es así, se pida con amabilidad, que se le explique lo que está ocurriendo.

Una vez que se ha confirmado que el parto ha comenzado, lo habitual es que sea trasladada a su habitación o a la sala de dilatación (a veces, compartida con otras parturientas) donde se la preparará para el parto. El procedimiento hospitalario suele ser el siguiente:

• En su habitación o en la sala de dilatación se le pedirá que se desvista y se ponga su camisón o una bata hospitalaria.

• Se le tomará la temperatura, el pulso y la tensión arterial. También es posible que le pidan una muestra de orina.

• Después, en la mayoría de los hospitales, la comadrona o una enfermera le pondrá un enema para que evacue los intestinos antes del parto. Suele argumentarse que así se evita que la madre expulse materia fecal durante el parto; algunos médicos consideran que además sirve para activar y prolongar las contracciones uterinas. Sin embargo, en muchos casos es absolutamente innecesario porque la mujer inicia el parto evacuando los intestinos por sí sola. Si

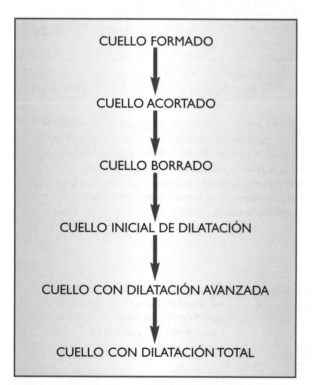

CUELLO FORMADO

↓

CUELLO ACORTADO

↓

CUELLO BORRADO

↓

CUELLO INICIAL DE DILATACIÓN

↓

CUELLO CON DILATACIÓN AVANZADA

↓

CUELLO CON DILATACIÓN TOTAL

El útero se encuentra cerrado albergando al feto. Para que éste pueda salir será necesario que el cuello del útero se dilate.

ese es su caso, quizá desee exigir que no se le ponga el enema. En cualquier caso, sería conveniente informarse previamente con su médico sobre los hábitos del hospital donde piensa dar a luz y estar preparada al respecto.

• Por último, normalmente, le pedirán que se duche.

LAS FASES DEL PARTO

PRIMERA FASE O FASE DE DILATACIÓN

Se llama así a la fase que va desde el comienzo del parto hasta que se produce la dilatación total del cuello del útero para permitir la salida del bebé. El cuello, normalmente duro comienza adelgazándose por la acción de las contracciones del útero, hasta que desaparece por completo el canal cervical. Es cuando se dice que el cuello está *borrado*. Las contracciones se hacen cada vez más intensas y frecuentes y el cuello continúa dilatándose.

Durante esta fase la comadrona o el médico realizan un análisis interno (introduciendo los dedos en la vagina) aproximadamente cada 30 minutos (dependiendo de cómo vaya progresando el parto), informando a la madre en términos de centímetros de abertura. Es necesario relajar completamente los músculos vaginales para que los reconocimientos internos sean lo menos dolorosos posible.

A los 7 centímetros el examen interno sólo se podrá distinguir la parte anterior y lateral del cuello uterino alrededor de la cabeza del bebé. Se dice que la dilatación es completa cuando ha desaparecido la parte anterior del cuello uterino y la abertura es de unos 10 u 11 centímetros. En este momento es cuando termina esta primera fase del parto.

Durante esta primera fase, el corazón del bebé debe ser controlado continuamente mediante un fetoscopio o monitoría electrónica fetal. Aunque este último sólo es esencial en el caso de los partos inducidos o cuando se ha aplicado anestesia epidural, la mayoría de los hospitales aplican este sistema en todos los partos. Algunas madres se sienten más tranquilas al sentirse muy controladas, pero el sistema tiene la desventaja de que impide los movimientos de la parturienta desde el comienzo del parto, ya que se aplican unas correas amarradas al abdomen de la madre, lo que la obliga a mantenerse tumbada boca arriba. Salvo que se le impida hacerlo, lo ideal es que la madre pueda moverse y dar pequeños paseos mientras le sea posible, con lo que se aceleran las contracciones, es más fácil relajarse y se aprovecha el sentido de la gravedad.

En cada contracción se debe adoptar la posición más cómoda. No existen posturas correctas o incorrectas; cada madre debe elegir su propia postura para minimizar el dolor: de pie y apoyada en su acompañante; de rodillas en el suelo y apoyada contra la cama; a cuatro patas o sentada a horcajadas sobre una silla, apoyándose en el respaldo; o cualquier otra que se le pueda ocurrir.

Aunque la duración de esta primera fase es muy variable de unas mujeres a otras, lo normal es que dure entre 3 y 6 horas en las multíparas, y entre 8 y 14 horas en las primíparas. Suele subdividirse en dos fases:

De latencia. Que corresponde al borramiento del útero y los primeros 5 centímetros de dilatación. Las contracciones se repiten cada 5 ó 6 minutos, son relativamente suaves y duran entre 30 y 35 segundos. Hay que mantener el ritmo respiratorio más lento durante todo el tiempo que sea posible, para evitar agotarse antes de tiempo.

Activa. Hasta los 9 centímetros de dilatación. Aunque es más corta que la anterior, requiere mucho mayor esfuerzo, porque las contracciones son cada vez más fuertes, intensas y duraderas (duran unos 60 segundos y se repiten cada 3 ó 4 minutos). Es ahora cuando resulta de gran ayuda poner en práctica los métodos de relajación aprendidos para tranquilizarse entre contracción y contracción; la respiración profunda y lenta ya no le será suficiente y deberá comenzar a utilizar la respiración suave y rápida.

> *Se ensancha progresivamente el cuello del útero llegando a borrarse debido a la presión que ejerce el feto a la acción que realiza la bolsa de agua y a las propias contracciones.*

FASE DE TRANSICIÓN

Es el período comprendido entre el final de la primera etapa y el principio de la segunda y en el que se producen los dos últimos centímetros de dilatación. Es la etapa más breve del parto. Dura entre 30 y 60 minutos pero, sin duda, es la más difícil.

En esta fase, la parturienta suele adoptar un estado de ánimo muy característico: después de varias horas de parto muchas mujeres están agotadas, irritables, pierden el valor, gritan, lloran o se sienten incapaces de seguir adelante sin anestésicos. Las contracciones son tan frecuentes y tan in-

Movimientos del feto durante su expulsión.

tensas que casi no hay tiempo para recuperarse entre una y otra. Pueden aparecer temblores en las piernas, deseos de vomitar y un repentino cambio de humor. No hay que sentirse avergonzada si se pierden los nervios y se reacciona de un modo que no había previsto, pero trate de recuperar la calma inmediatamente. Repítase que está a punto de terminar, lo peor ya ha pasado y, sobre todo, cuanto más tranquila esté, menos cansada llegará al momento de empujar y controlará mejor el dolor.

A veces aparecen ahora deseos casi irreprimibles de empujar, pero es conveniente no hacerlo hasta que la dilatación no sea completa. La técnica de respiración que combina jadeos y soplidos es de gran ayuda en esta fase.

En este momento es, probablemente, cuando más importancia cobra la actuación del acompañante. A continuación damos algunos consejos que le pueden resultar muy útiles:

• Trate de que la parturienta se relaje. No le haga preguntas que le hagan perder la concentración, límpiele el sudor y humedezca sus labios si ella se lo pide, pero evite tratarla con una delicadeza empalagosa: la mayoría de las mujeres se ponen furiosas.

> *El recién nacido es inmediatamente reconocido por personal sanitario experto.*

- Si nota que está de mal humor, no la contrarie ni le pida explicaciones. No la toque si ella le dice que no lo haga, pero permanezca cerca y estimúlela siempre. Sea paciente y recuérdele que casi está terminando.

- Si le tiemblan las piernas, sujételas firmemente.

- Si observa que comienza a gruñir y cambia la pauta de respiración de manera perceptible, avise a la comadrona o al médico.

- Normalmente, la parturienta ya no está en condiciones de deambular y sólo puede permanecer tumbada, pero anímela a que cambie de postura.

SEGUNDA FASE O FASE DE EXPULSIÓN

En este momento, la parturienta normalmente es trasladada a la sala de partos. Esta fase durará entre 20 y 60 minutos. Aunque las contracciones son ahora más intensas que nunca y llegan a durar hasta 45 segundos, son más espaciadas y la madre suele sentirse mejor y con fuerzas renovadas.

Durante la segunda etapa, con cada contracción, la cabeza del bebé va asomando cada vez más por la abertura vaginal. Aunque no se hubiera practicado ningún tipo de respiración, en esta fase, la naturaleza hará que adopte de manera natural el patrón que ha practicado como "respiración de expulsión"; la práctica de la técnica ayuda a empujar de manera uniforme durante más tiempo seguido y, sobre todo, a hacerlo y, simultáneamente, relajar los músculos del piso pélvico proyectándolos hacia fuera. Dependiendo de la posición adoptada para parir, se podrá agarrar a las rodillas o a las asas de la mesa paritoria para hacer más fuerza. Cuando se termina de empujar, inmediatamente hay que relajarse lentamente, para colaborar a que el bebé continúe avanzando, y recuperar fuerzas para la siguiente contracción.

El primer signo de que el bebé está a punto de nacer es el abultamiento del perineo. Cuando el bebé estira la salida del canal de parto —cuando se dice que "ha coronado"— se produce una intensa sensación de ardor en la región perivaginal, que luego se convierte en una especie de adormecimiento muscular conforme los tejidos vaginales se estiran completamente. En ese momento es fundamental dejar de empujar

> *La expulsión fetal se acompaña de una enorme sensación de alivio en la madre.*

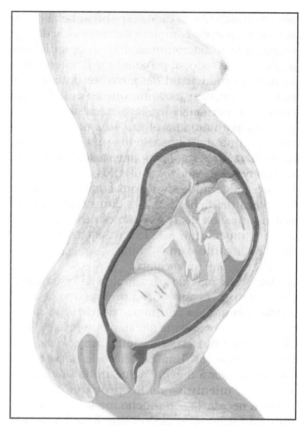

Antes de iniciarse el parto, el conducto cervical del útero está cerrado.

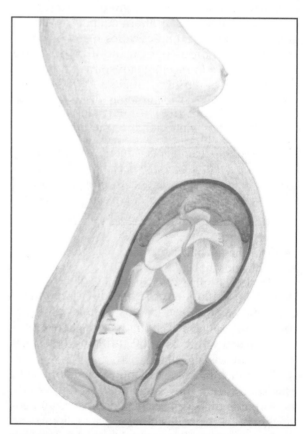

La presión de la cabeza fetal acorta y ensancha el conducto cervical uterino.

para permitir que el útero expulse al bebé por sí solo y relajar por completo los músculos del perineo. Si la relajación muscular no es suficiente o, a pesar de todo, el personal médico teme que se pueda producir un desgarro, se procederá a practicar una episiotomía, que consiste en un corte en el perineo, entre la entrada de la vagina y el ano, para ampliar el canal de parto y facilitar la salida del bebé. Se efectúa con tijeras, después de haber aplicado anestesia local. Si se realiza antes de que los músculos del perineo se hayan adelgazado al máximo por la presión de la cabeza del bebé, se producirán daños en los tejidos, que son los responsables de los hematomas, la tumefacción y la lenta cicatrización, que puede ser tanto o más dolorosa que la herida producida por un desgarro, y que son uno de los aspectos más desagradables del postparto. Sin embargo, es un procedimiento que se utiliza de forma casi rutinaria, por lo que quizá puede ser conveniente señalar que no se desea que se practique esta incisión si no es absolutamente necesario. Una posición de parto semivertical ayudará a evitar la necesidad de la episiotomía, mientras que las probabilidades de que sea necesaria son mucho mayores si se está tumbada sobre la espalda. Si se sabe relajar los músculos del piso de la pelvis correctamente, se evitará que se produzca un desgarro.

CUÁNDO ES NECESARIA UNA EPISIOTOMÍA

- Si el perineo no se ha estirado lentamente.
- Si la cabeza del bebé es demasiado grande.
- Si la madre tiene dificultades para controlar los pujos, deteniéndose cuando es necesario y manteniendo el pujo de manera gradual y sostenida.
- Si hay sufrimiento fetal y urge acelerar el parto.
- Si el parto se efectúa con fórceps o ventosa.
- Si el bebé viene de nalgas.

El bebé asoma primero la parte alta del cráneo, mirando hacia el recto. Casi inmediatamente, gira los hombros y queda mirando hacia uno de los muslos. Ahora se produce un momento de descanso en las contracciones; cuando se reanudan, ya no hay casi necesidad de empujar: la primera contracción bastará para que salga el primer hombro y la segunda, para que salga el otro. A continuación, el cuerpo completo se expulsará casi sin esfuerzo. Al salir, el bebé está muy amoratado, con algo de sangre y con restos de una sustancia grasienta, el vérnix.

La primera respiración se produce casi inmediatamente: se contraen el diafragma y los múscu-

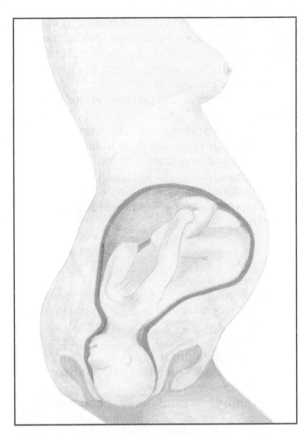

Durante la expulsión, el conducto cervical uterino se abre completamente para permitir el paso del feto.

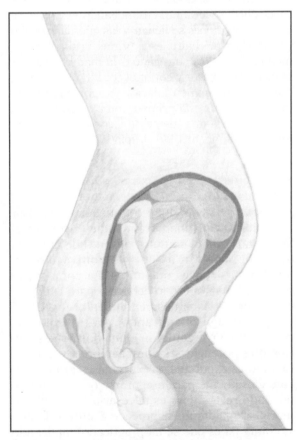

Salida completa de la cabeza.

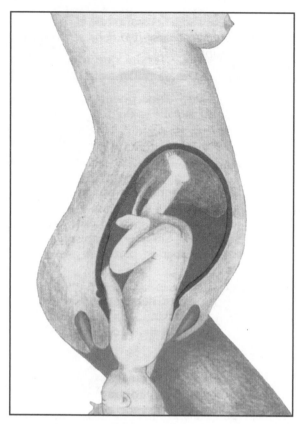

Inicio de extracción del tronco.

los respiratorios, la nariz se dilata, la boca se abre, las costillas se levantan ensanchando la caja torácica, los pulmones se llenan y las cuerdas vocales vibran al pasar el aire: es el primer grito. Normalmente, el bebé es entregado a la madre mientras se procede a pinzar y cortar el cordón umbilical: el niño ya tiene una circulación sanguínea autónoma. Después de esta primera toma de contacto, el niño se lleva a una fuente de calor, donde es examinado, pesado, medido, limpiado y vestido.

TERCERA FASE O ALUMBRAMIENTO

Para completar el parto, sólo queda expulsar la placenta y las membranas que envolvían el feto. Unos quince minutos después de la salida del bebé, vuelven a sentirse contracciones, mucho más suaves que antes. La comadrona presiona sobre el fondo del útero para ayudar a que se produzca el desprendimiento. A veces el proceso se agiliza aplicando una inyección de sintometrina o ergometrina, una hormona sintética que potencia las contracciones uterinas. Cuando es expulsada, la placenta es examinada cuidadosamente para asegurarse de que no han quedado restos y no es necesaria una revisión uterina. Por último, se procede a suturar la episiotomía (si es que se ha practicado), aplicando anestesia local.

> *Si todo transcurre normalmente, el bebé es entregado a la madre tras su expulsión.*

Con mucha frecuencia, la madre experimenta escalofríos y un frío intenso después de expulsar la placenta. A veces, los músculos de las piernas siguen doloridos durante un par de días. Ahora es el momento de descansar bien abrigada y someterse a un estricto control médico durante las 2 horas siguientes al parto.

POSICIONES PARA EL PARTO

La postura más habitual que se hace adoptar a la madre en los hospitales para dar a luz es tumbada sobre la mesa de parto y con los pies apoyados en dos estribos, ésta no es, en absoluto, la única postura posible para dar a luz. De hecho, es una postura que contradice la lógica natural del proceso de parto, porque obliga a la madre a empujar en contra de la gravedad. Es la postura habitual porque es la más cómoda para la persona que atiende el parto, porque le ofrece una vista completa de la zona y le permite atender sentada en una banqueta.

En muchos países occidentales cada vez está más generalizada la adopción de posturas más naturales para el proceso de parto. Aunque para muchas mujeres no existe otra alternativa que la que le ofrece el hospital donde vaya a ser atendida, es interesante conocer otras formas de dar a luz y, si fuera posible, informarse de la posibilidad de utilizar alguna de ellas.

A continuación exponemos brevemente algunas de las posiciones más comunes para el parto, comentando sus ventajas e inconvenientes:

TUMBADA DE LADO

Ventajas. Aunque no se aprovecha la gravedad, es útil para frenar una expulsión demasiado rápida y facilita el descanso entre contracción y contracción. Si la madre padece hemorroides severas, esta postura minimiza la presión que se ejerce sobre ellas durante la expulsión.

Inconvenientes. Es una postura poco habitual y existen pocos profesionales dispuestos a adaptar sus técnicas de parto. Una de sus ventajas lleva implícito el inconveniente: desacelera el proceso del parto.

A GATAS

Las ventajas y los inconvenientes son muy parecidas a la anterior, aunque hay que añadir que, en este caso, se aprovecha la fuerza de la gravedad y se alivia el dolor de espalda.

EN CUCLILLAS

Ventajas. Esta posición provoca la apertura de la pelvis, relaja los músculos del piso pélvico y de la vagina y aprovecha al máximo la fuerza de la gravedad. Requiere un menor esfuerzo para la expulsión y fomenta los deseos de empujar de la madre. Si el parto es complicado, en esta postura se favorece la rotación y el descenso del bebé por la pelvis.

Inconvenientes. Puede acelerar la expulsión hasta el punto de originar un desgarro del periné, lo que se puede prevenir con una relajación muscular adecuada. Para eliminar la posible incomodidad de la madre, puede utilizarse una cama estrecha sobre la que la madre se pone en cuclillas mirando hacia los pies de la cama mientras puede apoyarse en dos personas, una a cada lado de la cama, o bien por una sola que la sujeta desde atrás si ella se coloca mirando hacia uno de los bordes laterales de la cama. Otra posibilidad es recuperar la versión moderna de las muy tradicionales sillas paritorias, que son una especie de banquetas muy bajas con un corte en semicírculo en la parte delantera. Al sentarse en ella abriendo las piernas, la madre queda prácticamente en cuclillas, pero puede apoyar la parte posterior de las nalgas y así se cansa menos. Por último, hay otra variante: la parturienta se acuclilla total o parcialmente, mientras su acompañante, de pie y con los brazos estirados, la sujeta por las axilas. Esta última alternativa puede resultar físicamente cansada para el acompañante, pero puede ser una experiencia muy gratificante para ambos.

CONSEJO

POSICIÓN DURANTE EL PARTO

La posición tumbada de la madre durante el parto sólo resulta cómoda para las manipulaciones del obstetra. Para la madre, existen mejores alternativas que puede comentar con su médico.

> *El contacto madre-hijo debe ser lo más precoz posible.*

TUMBADA EN LA CAMA CON LAS PIERNAS DOBLADAS, LEVANTANDO LA CABEZA PARA EMPUJAR

Ventajas: El tener las piernas dobladas favorece la apertura de la pelvis.

Inconvenientes. Es una postura agotadora para la madre al tener que empujar contra la gravedad. Además puede provocar hipotensión supina.

TUMBADA O SEMITUMBADA CON LAS CADERAS EN EL BORDE DE LA MESA DE PARTO, LOS PIES EN LOS ESTRIBOS Y LEVANTÁNDOSE PARA EMPUJAR AGARRÁNDOSE A UNAS ASAS

Ventajas. La única ventaja es para la persona que interviene en el parto que, de este modo, tiene el campo de trabajo a la altura de los brazos y le permite sentarse en un taburete. Es la posición utilizada para cualquier intervención.

Inconvenientes. Es, indudablemente, la más agotadora para la madre, que debe trabajar contra la gravedad. El esfuerzo propicia la aparición de calambres, de hipotensión supina y, además, impide que la madre pueda asistir al nacimiento ya que, habitualmente, se suelen cubrir las piernas con un paño quirúrgico. Además, esta postura ignora los sentimientos de la mujer que está dando a luz; es fácil comprender el pudor que la mayoría de las mujeres sienten al sentirse inmovilizadas, con las piernas totalmente separadas y los genitales expuestos ante unos desconocidos que intervienen en un proceso que ellas no pueden ver y que poco tiene que ver con la naturaleza.

SENTADA SOBRE LA CAMA CONTRA UNOS COJINES, SUJETÁNDOSE LAS RODILLAS DOBLADAS

Ventajas. Esta es la posición más común adoptada en los países occidentales, que permite el control médico al tiempo que se aprovecha la fuerza de la gravedad y facilita el esfuerzo

> *El recién nacido debe protegerse de los cambios bruscos de temperatura.*

de empujar. De este modo, la mujer puede ver al bebé nacer.

Inconvenientes. Es más incómoda que la anterior para el ayudante.

LA ANALGESIA DURANTE EL PARTO

Se trata de un asunto polémico que sigue levantando controversia: después de siglos en los que parir se consideraba una maldición bíblica y, por lo tanto, un "castigo merecido", un cierto sector de la profesión médica tiende a opinar que se debe evitar a toda costa el sufrimiento por lo que, en ocasiones, se procede a administrar analgésicos de manera automática, salvo que se indique lo contrario. Por un lado, cada día hay más sectores que proclaman el derecho de la madre que lo desee a parir sin dolor; pero, simultáneamente, se exige que se respete el derecho de la madre a vivir el parto como lo prefiera. En la actualidad, se cree que la información y la confianza ayudan a desvanecer la ansiedad, la tensión y la angustia que intensifican el dolor. De ahí que sea tan importante la preparación al parto. En cualquier caso, es obvio que lo fundamental es ser realista: es imposible conocer por anticipado el propio umbral de dolor o adelantarse a todos los problemas. Por ello es importante llegar al parto sin ideas preconcebidas y aceptar la analgesia si, llegado el momento, se considera esencial y, sobre todo, sin culpabilizar a la madre. En último extremo, es competencia del profesional que atiende el parto calibrar los posibles riesgos y permitir o rechazar la intervención.

Existen muchos factores —físicos, psicológicos, educacionales, etc.— que hacen que la experiencia de cada parto sea única e irrepetible: para algunas mujeres, resulta una experiencia positiva y agradable en su conjunto que produce un dolor perfectamente tolerable y que se ve compensado con creces; para otras, ha sido una vivencia desagradable, tremendamente dolorosa, que se ha vivido con pánico y que ha producido una profunda sensación de insatisfacción por no haber sido capaz de "hacerlo bien". A veces, las ideas preconcebidas sobre un parto natural, individualizado y no violento que la madre primeriza ha ido gestando durante el embarazo, tropiezan con una realidad más difícil de lo esperado, que le produce una profunda insatisfacción y frustración. Por ello es muy importante que la futura madre conozca los distintos métodos a su alcance para evitar

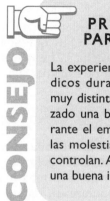

el dolor durante el parto y los comente en las consultas prenatales, para que pueda tomar una decisión si, llegado el momento, decide hacerlo.

ANESTESIA LOCAL

Consiste en una inyección anestésica sobre la zona en la que se desea eliminar el dolor. En el parto se utiliza casi exclusivamente para anestesiar la zona perineal durante la expulsión o para suturar la episiotomía. No tiene efectos secundarios.

ANESTESIA REGIONAL

Permite eliminar la sensibilidad en una parte del cuerpo anestesiando un nervio o unos nervios concretos. La conciencia no resulta afectada: la madre permanece despierta y asiste al nacimiento de su hijo. Existen distintas posibilidades:

Bloqueo del nervio pudendo

Mediante una inyección en la vagina o en la vulva se anestesia el periné, la vulva y la parte inferior de la vagina. El efecto se nota a los 10 minutos. No supone ningún riesgo para la madre o el hijo y permite reducir el dolor de la expulsión.

Anestesia paracervical

Atenúa el dolor en la parte baja del útero durante la fase de dilatación. La aplicación es sencilla, pero no siempre resulta eficaz.

Anestesia epidural

Es la anestesia que más se practica en la actualidad, ya que se considera la más segura y eficaz y la que produce menos efectos secundarios. Consiste en la interrupción de la transmi-

El parto no termina con el nacimiento

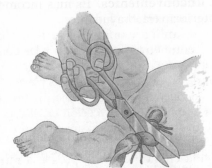

1 Una vez que el niño ya ha roto el llanto y respira normalmente, hay que vigilar los latidos del cordón umbilical; cuando estos latidos amainan, se coloca al niño sobre la madre y se le limpia la sangre y suciedad, sin quitarle la grasa que cubre la piel.

2 Cuando el cordón umbilical deja de latir, lo que sucede casi inmediatamente después de nacer, se anudan dos cintas limpias empapadas en alcohol, la una a dos centímetros del cuerpo del niño y la otra a unos cinco centímetros de la primera.

3 A continuación, se corta el cordón umbilical con unas tijeras o cualquier instrumento cortante previamente esterilizado.

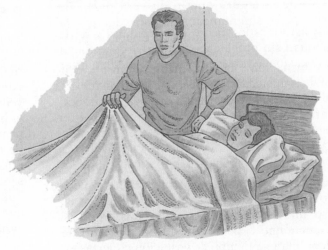

4 Una vez cortado el cordón, se envuelve al recién nacido con un lienzo limpio y se coloca otra vez sobre la madre para que ésta pueda darle de mamar.

5 La madre puede sentir la necesidad de beber para reponer fuerzas y descansar. Hay que colocarla en el lugar más cómodo y vigilar si sangra en exceso.

6 No hay que estirar del cordón para que salga la placenta. Ésta saldrá por sí sola.

7 La observación de la placenta, que examinará el médico o la comadrona, nos asegurará que ha salido entera.

sión de los impulsos dolorosos hacia la corteza cerebral, mediante la inyección de un anestésico local en el espacio epidural, entre la cuarta y la quinta vértebra lumbar.

Se aplica cuando ya se han alcanzado 3 ó 4 centímetros de dilatación y las contracciones empiezan a ser dolorosas. La madre se debe tumbar de costado, recogiendo las piernas y tratando de encogerse todo lo posible. Se procede entonces a aplicar una inyección en el espacio epidural. El efecto analgésico aparece unos 20 minutos más tarde, por lo que es una anestesia desaconsejada cuando el parto progresa muy deprisa. También se procede a pasar una sonda vesical a fin de evacuar la vejiga, que se retirará cuando termine el parto.

CUANDO EL PARTO SE COMPLICA

Casi todos los partos son normales y se desarrollan sin problemas. Sin embargo, en algunas ocasiones es necesario que el médico intervenga en el proceso natural porque surgen complicaciones.

EL PARTO PROVOCADO O INDUCIDO

Se llama así al parto que se inicia artificialmente, porque exista algún motivo que así lo aconseje: un embarazo que se prolonga en exceso, una rotura de la bolsa de aguas sin que se desencadene el parto, un feto demasiado pequeño para su tiempo de gestación o ciertas enfermedades de la madre, como diabetes o trastornos cardíacos, etc.

Existen diversos métodos para inducir el parto: supositorios vaginales de prostaglandinas que se introducen en la vagina por la noche y suelen iniciar el parto a la mañana siguiente; romper artificialmente la bolsa de aguas (que, si no produce el inicio del parto en las horas siguientes, obligará a utilizar otros fármacos, porque el riesgo de infección aumenta) u oxitocina intravenosa, cuyo efecto es inmediato: las contracciones aumentan en frecuencia e intensidad y el parto se acelera, aunque es mucho más doloroso. La aplicación de esta sustancia obliga a que la madre sea vigilada más estrechamente. A veces, no se tiene la precaución de utilizar un tubo para el goteo lo suficientemente largo como para permitir que la madre pueda deambular por la habitación.

También puede ocurrir que un parto se inicie con normalidad y, de repente, se detengan las contracciones o no sean lo suficientemente efectivas como para dilatar el cuello del útero. Casi siempre se trata de un mero problema funcional provocado por una alteración emocional que afecta al sistema nervioso central y repercute sobre la secreción natural de oxitocina.

Sin embargo, si el proceso sigue su curso normal, no parece aconsejable provocar o acelerar un parto sólo por la conveniencia de la madre o del centro hospitalario. En cualquier caso, queda en manos del profesional la decisión de acelerar o provocar un parto.

LA CESÁREA

Cuando el nacimiento por vía vaginal presenta riesgos para la salud del feto o de la madre, se procede a practicar una cesárea, que es una intervención quirúrgica que consiste en extraer manualmente al bebé a través de una incisión practicada en la pared abdominal y el útero.

La intervención se realiza bajo anestesia general o epidural y dura unos 45 minutos, aunque el nacimiento del bebé se produce en unos 10 ó 15 minutos. La incisión puede realizarse en sentido transversal (por encima del vello púbico) o vertical (desde el ombligo hasta el hueso del pubis). Normalmente, se utiliza la primera por motivos estéticos, aunque, en caso de urgencia, se recurre a la segunda, mucho más sencilla. También el útero suele abrirse en sentido horizontal, en la parte superior, que es una zona delgada y poco vascularizada, con lo que se reduce el riesgo de hemorragias e infecciones postquirúrgicas. Sin embargo, cuando es esencial una intervención rápida, se corta verticalmente; es mucho más rápida, pero dificulta los futuros partos por vía vaginal.

LOS FÓRCEPS

Son una especie de tenazas terminadas en forma de cuchara que se introducen en la vagina, colocándose a cada lado de la cabeza del bebé. Permiten orientar al bebé en el canal del parto cuando la expulsión se alarga y hay pruebas de sufrimiento fetal.

Actualmente se utilizan exclusivamente cuando la cabeza del bebé está casi visible, utilizando anestesia local y episiotomía previa.

LA VENTOSA

La función es idéntica a la de los fórceps. Es una especie de boina metálica que se adhiere a la cabeza del niño mediante la aspiración

El parto de urgencia

1 Equipo necesario para asistir un parto domiciliario:

Sábanas.

Toallas.

Mantas para abrigar a la madre en caso necesario.

Plástico para proteger a mesa o cama.

Compresas, gasas o paños.

Tijeras, previamente hervidas durante 10 minutos para esterilizarlas.

Alcohol.

Cordel o cinta para atar el cordón umbilical, previamente hervidos durante 10 minutos para esterilizarlos.

Agua, preferiblemente caliente.

Jabón.

Una manta para abrigar al bebé.

Una bolsa de plástico para guardar la placenta.

Pera de goma para aspirar las vías respiratorias del bebé.

2 Avisar al médico o a la comadrona, y colocar a la madre en un lugar aislado y limpio. Puede tenderla de espaldas o ligeramente incorporada con almohadas o mantas, pero siempre de manera que se sienta cómoda, con las piernas abiertas y las rodillas flexionadas.

3 Lavarse las manos cuidadosamente y asegurarse de que haya suficiente luz.

5 Tener preparados los instrumentos para atar y cortar el cordón umbilical (dos trozos de cinta y unas tijeras, todo ello estéril, previamente hervido 10 minutos) y una pera de goma para aspirar las vías respiratorias del recién nacido.

4 A continuación, preparará toallas bajo el periné de la madre. Hay que cambiarlas si se ensucian, ya que es posible que la madre haga sus necesidades durante el tiempo que dura esta primera etapa, lo cual es beneficioso, puesto que es mejor que la vejiga y el recto estén vacíos.

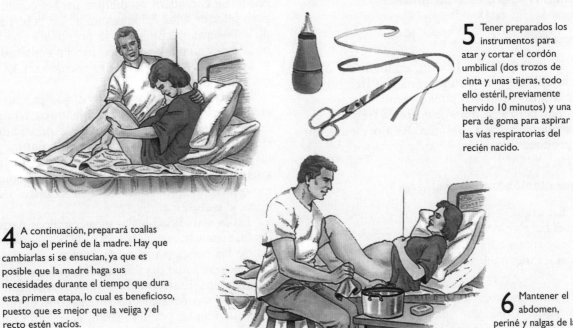

6 Mantener el abdomen, periné y nalgas de la madre bien limpios, utilizando agua caliente y jabón si es preciso.

del aire. Después, una barra de tracción permite realizar la maniobra de salida de la cabeza.

Necesita más tiempo de aplicación que los fórceps (de 10 a 15 minutos). Por ello, aunque se considera más segura que los fórceps, no puede aplicarse en los casos de extrema urgencia.

PRESENTACIONES ANÓMALAS DEL FETO

En el 95% de los casos el feto se presenta de cabeza, con la barbilla apoyada sobre el pecho, con lo que el diámetro de la cabeza al salir es el mínimo posible y el parto se desarrolla con normalidad.

Sin embargo, a veces adopta otras posiciones que pueden obligar al médico a intervenir:

Presentación podálica

Es la más frecuente de las posiciones no habituales del feto. La mayoría de los bebés están en esta posición hasta las 32 semanas de embarazo, pero luego se colocan de cabeza. Sin embargo, un 4% de los bebés permanecen en esa posición hasta el parto. Si el feto es pequeño y fuerte y está bien flexionado, el parto puede producirse normalmente, aunque suele ser necesario practicar una episiotomía. Sin embargo, en la mayor parte de los casos se practica la cesárea de forma sistemática para evitar posibles complicaciones muy graves (como la rotura del cordón umbilical).

Presentación de cara

El niño presenta la cara, en lugar del pelo. Si la cabeza está completamente flexionada hacia atrás, el parto puede resolverse por vía vaginal, pero si se abre paso con la frente es necesario recurrir a la cesárea. Esta presentación se produce sólo en un 0,5% de los casos.

Presentación transversal

En un 0,5% de los casos, el parto se inicia con el bebé colocado transversalmente. A veces, el bebé rota y adopta la posición correcta; si no es así, es inevitable la cesárea.

COMPLICACIONES POSTPARTO

Desprendimiento manual de la placenta

En algunas ocasiones, toda o parte de la placenta no se desprende de la pared uterina. Si después de practicar presiones sobre el fondo

> La frecuencia de los partos en los grandes hospitales les hace estar bien dotados para atender cualquier complicación del parto.

del útero no se consigue la expulsión, hay que despegarla manualmente. Esta práctica suele llevarse a cabo normalmente con anestesia.

HEMORRAGIA POSTPARTO

Consiste en la pérdida abundante de sangre que se produce en las 24 horas posteriores al alumbramiento. Lo más frecuente es que se trate de atonía uterina (que se controla con masajes del fondo de útero, por medio de la succión del pezón por el bebé o administrando ciertos medicamentos). Otras veces puede deberse a desgarros en el cuello del útero, la vagina o el periné, o bien a la retención total o parcial de la placenta. En estos casos, es precisa una intervención para suturar los desgarros o desprender manualmente los restos placentarios.

BEBÉ PREMATURO

Un bebé no es prematuro atendiendo sólo a su edad gestacional, sino también al peso al nacer. Se considera prematuro un bebé con un peso inferior a los 2,5 kilogramos. Un bebé nacido seis semanas antes de lo previsto y con un peso superior, no será prematuro; sin embargo, sí lo será el bebé de menor peso nacido con 39 semanas de gestación.

Se desconocen los motivos que producen el 40% de los casos de bebés prematuros, aunque existen muchos factores de riesgo: preeclampsia, embarazo múltiple, ruptura prematura de las membranas, anormalidades placentarias, anemia o desnutrición de la madre, tabaquismo o alcoholismo de la madre, los quistes ováricos, el estrés, etc.

En la actualidad los avances médicos permiten que cada vez sea más probable la supervivencia de los bebés prematuros, incluso con pesos que hace sólo una década se hubieran considerado inviables. En la incubadora se mantendrá al bebé a la temperatura adecuada (que él no es capaz de regular por sí mismo), se le suministrará oxígeno y se le alimentará con una sonda nasogástrica hasta que alcance el peso adecuado para sobrevivir normalmente.

La alimentación con leche materna está especialmente valorada en este caso por lo que, a

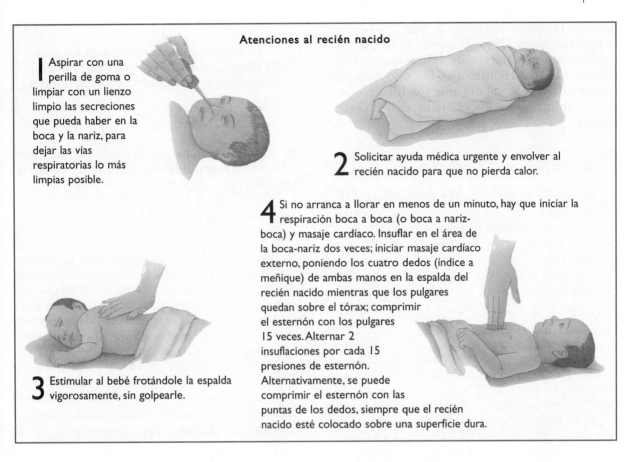

Atenciones al recién nacido

1 Aspirar con una perilla de goma o limpiar con un lienzo limpio las secreciones que pueda haber en la boca y la nariz, para dejar las vías respiratorias lo más limpias posible.

2 Solicitar ayuda médica urgente y envolver al recién nacido para que no pierda calor.

3 Estimular al bebé frotándole la espalda vigorosamente, sin golpearle.

4 Si no arranca a llorar en menos de un minuto, hay que iniciar la respiración boca a boca (o boca a nariz-boca) y masaje cardíaco. Insuflar en el área de la boca-nariz dos veces; iniciar masaje cardíaco externo, poniendo los cuatro dedos (índice a meñique) de ambas manos en la espalda del recién nacido mientras que los pulgares quedan sobre el tórax; comprimir el esternón con los pulgares 15 veces. Alternar 2 insuflaciones por cada 15 presiones de esternón. Alternativamente, se puede comprimir el esternón con las puntas de los dedos, siempre que el recién nacido esté colocado sobre una superficie dura.

menudo, se propone a la madre que se extraiga leche con un succionador para luego alimentar con ella al bebé. De este modo, la madre conseguirá mantener el caudal de leche para que el bebé continúe con lactancia materna cuando salga de la incubadora.

PARTO CON BEBÉ MUERTO

En menos de un 1% de los casos se produce el nacimiento de un bebé muerto. Si el feto muere antes de las 28 semanas, se producirá un aborto espontáneo. Cuando la muerte se produce después de las 28 semanas, la madre detecta que algo ha ocurrido porque deja de notar los movimientos fetales durante más de 24 horas seguidas.

No se sabe exactamente por qué muere un bebé en las últimas semanas de embarazo, pero todo parece apuntar a problemas relacionados con la placenta, que enferma o se atrofia de alguna manera y deja de aportar alimento al bebé, hasta provocar su muerte. La muerte del bebé hace que desaparezcan rápidamente las sensaciones del embarazo, al provocar un descenso brusco de los niveles de estrógenos y progesterona. Suele producirse una brusca y sustancial pérdida de peso.

Una vez confirmada la muerte del bebé mediante una ecografía, la mayoría de las madres

sufren un terrible shock y desean desesperadamente que el feto sea retirado, sin esperar 3 ó 4 días a que se inicie el parto de manera habitual. Por respeto a los sentimientos maternos, se le debería proponer a la madre un parto inducido inmediatamente con la mejor analgesia posible e incluso, si desea evitar el parto, deberá brindársele la oportunidad de que se le practique una cesárea, después de informarla bien sobre ambos procedimientos.

La mayoría de las madres que viven esta terrible experiencia sufren intensos problemas emocionales y psicológicos, sobre todo si el embarazo estaba casi a término. Necesitará apoyo, consuelo y comprensión por parte de su pareja, y tiempo para superar la muerte del bebé. No dude en solicitar ayuda profesional si observa que su dolor está sumiéndola en una verdadera depresión nerviosa. Pasado el tiempo, volverá a ser posible hablar de la posibilidad de volver a tener otro embarazo y recuperar con él la felicidad.

El bebé prematuro debe permanecer durante un tiempo en el ambiente controlado de una incubadora.

25 ANTICONCEPCIÓN

FORMAS DE CONTROL DE NATALIDAD

El control de la natalidad hoy en día se realiza de dos modos:

1. Impidiendo que el embarazo se produzca.
2. Produciendo interrupciones la gestación.

Las actuaciones tendentes a evitar el embarazo de manera temporal o transitoria constituyen lo que se denomina anticoncepción o contracepción.

La anticoncepción femenina está más desarrollada que la masculina, quizá porque, en general, la mujer se responsabiliza más por un embarazo en el que, a fin de cuentas, ella es la que lleva la mayor parte del "trabajo". Los índices de eficacia que se facilitan en cada uno de los que se describen a continuación corresponden a los que se consiguen aplicando el método sin error y siguiendo exactamente las indicaciones. Por otra parte, ninguno de estos métodos han demostrado incidir en las futuras fecundaciones.

> Exceptuando los métodos quirúrgicos, la píldora es el método anticonceptivo que actualmente ofrece más seguridad. El dispositivo intrauterino está en segundo lugar.

Métodos naturales

- Método del ritmo o de Ogino-Knaus.
- Método de la temperatura basal.
- Método del moco cervical o método de Billings.
- Método sintotérmico.

Métodos artificiales

- Métodos barrera:
  — Preservativo.
  — Diafragma vaginal.
  — Esponjas.
  — Espermicidas.
- Anticonceptivos orales.
- Dispositivo intrauterino (DIU).

Métodos irreversibles

- Vasectomía.
- Ligadura de trompas.

Métodos anticonceptivos más utilizados

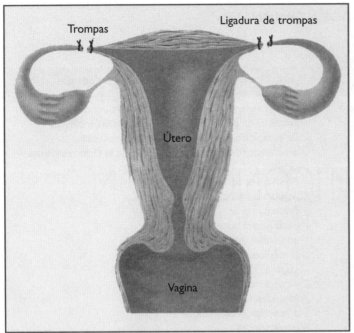

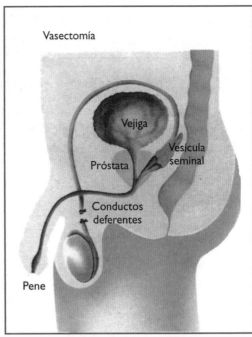

La esterilización es una operación quirúrgica por la cual se consigue la imposibilidad absoluta de reproducción del hombre y de la mujer de forma permanente e irreversible.

PRESERVATIVO (CONDÓN)

Descripción	Eficacia	Inconvenientes	Ventajas
Es una funda de goma lubricada que se coloca sobre el pene erecto para que recoja el semen eyaculado.	Fracasa en un 5-10 % de casos (mal uso, rotura). La eficacia aumenta si se usa con espermicida.	A algunas parejas les desagrada su uso. Puede interrumpir el normal desarrollo de la actividad sexual.	Sin efectos secundarios. Barato y asequible. Fácil de usar. Protege de infecciones.

COITUS INTERRUPTUS (MARCHA ATRÁS)

Descripción	Eficacia	Inconvenientes	Ventajas
Consiste en retirar el pene de la vagina inmediatamente antes de la eyaculación.	Porcentaje de fracaso alto: precisa un difícil autocontrol y no pueden evitarse pequeñas pérdidas incontrolables de semen.	Interfiere en el acto sexual al interrumpir la excitación de forma brusca. Puede provocar insatisfacción.	Disponibilidad permanente. Sin efectos colaterales.

ESTERILIZACIÓN (VASECTOMÍA)

Descripción	Eficacia	Inconvenientes	Ventajas
Es una intervención sencilla y rápida para cortar un pequeño fragmento del conducto deferente para impedir a los espermatozoides llegar al pene.	La seguridad es absoluta.	En un 30 % de los casos, es irreversible. Las primeras semanas precisan usar un sistema contraceptivo adicional. Posibles complicaciones de tipo psicológico.	No interfiere en la relación sexual. Elimina definitivamente el temor al embarazo.

Contracepción masculina.

MÉTODOS HORMONALES

PÍLDORA. MINIPÍLDORA

Descripción	Eficacia	Inconvenientes	Ventajas
Es un medicamento que combina estrógenos y progestágenos que evita la ovulación.	Usada correctamente, es absolutamente eficaz.	Efectos secundarios: aumento de peso, cambios de humor, hipertensión, problemas circulatorios, cefaleas, etc. Precisa una absoluta regularidad en la toma. Presenta serias contraindicaciones, que deben ser valoradas por el médico: fumadoras mayores de 35 años y ciertas enfermedades (diabetes, insuficiencia renal o hepática, problemas circulatorios).	Fácil de utilizar. Reduce las molestias premenstruales. Regula el ciclo menstrual. Buena tolerancia.

PROGESTÁGENOS

Descripción	Eficacia	Inconvenientes	Ventajas
Es un medicamento que impide el embarazo actuando a distintos niveles. Existen varias modalidades: inyección trimestral; altas dosis alternas por vía oral, dosis mínimas continuas por vía oral, inyección mensual e implantes subdérmicos con liberación gradual de hormonas sexuales.	Similar al del DIU. El porcentaje de fracaso del inyectable es de 0-1 %.	Puede producir aumento de peso y alteraciones del ciclo menstrual. Puede producir acné o seborrea. El embarazo no suele producirse hasta unos 8 meses después de la última inyección.	La tolerancia vía oral es bastante buena. Más aconsejable en mujeres mayores de 40 años (acción antiestrogénica y tratamiento de la menopausia).

Contracepción femenina.

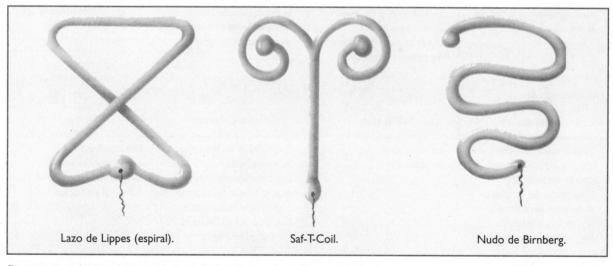

Lazo de Lippes (espiral).   Saf-T-Coil.   Nudo de Birnberg.

Distintos tipos de dispositivos uterinos empleados en otras épocas.

MÉTODOS NO HORMONALES

MÉTODOS QUÍMICOS LOCALES

Descripción	Eficacia	Inconvenientes	Ventajas
Son geles, espumas, esponjas, cremas o cápsulas que se insertan profundamente en la vagina liberando sustancias químicas que inmovilizan y matan los espermatozoides.	No es total, ya que depende de cómo se usen y de la buena distribución en la vagina (un 80 %).	Hay que utilizarlas entre 10 y 60 minutos antes del coito, lo que quita espontaneidad. No hay que lavarse en las 6/8 horas siguientes. Pueden ser irritantes.	Fácil de utilizar. Reduce las molestias premenstruales. Regula el ciclo menstrual. Buena tolerancia. Se consiguen sin receta. Sin contraindicaciones. Acción antiséptica y bactericida. Son un buen complemento a otros métodos mecánicos.

MÉTODOS MECÁNICOS (DIAFRAGMA, CONDÓN FEMENINO)

Descripción	Eficacia	Inconvenientes	Ventajas
Son distintos artilugios de goma que se colocan cubriendo el fondo de la cavidad vaginal y funcionan como barreras. Antes de colocarlos, se debe usar una crema espermicida. En caso de varios coitos seguidos, hay que añadir más espermicida, pero no se debe retirar antes de 6/8 horas.	Usados correctamente, la eficacia es del 97/98 %. El diafragma debe readaptarse después de un parto, un aborto, cirugía cervical o vaginal o si se producen cambios de peso superiores a 4 kg.	Posibles infecciones vaginales o urinarias. Para algunas mujeres, resulta difícil de usar. Está contraindicado en caso de infecciones o heridas vaginales. El hecho de tener que insertarlo antes del coito puede afectar a la espontaneidad.	Relativamente fácil de usar. Cierta protección contra algunas enfermedades venéreas. Sin efectos secundarios. Puede reutilizarse durante dos años.

DIU (DISPOSITIVO INTRAUTERINO)

Descripción	Eficacia	Inconvenientes	Ventajas
Es un pequeño aparato de forma y tamaño variable que debe colocar un especialista. Aumenta la movilidad de las trompas, modifica la mucosa uterina, dificulta la ascensión de los espermatozoides e impide la anidación.	Muy eficaz: 97/99 %. El porcentaje de fallos disminuye a partir del primer año de uso.	Resulta caro. Puede producirse rechazo y ser expulsado espontáneamente. Puede aumentar las molestias y la duración de las menstruaciones. Contraindicado en caso de infecciones o cáncer. Las complicaciones, aunque son raras, pueden ser muy graves: perforación, embarazo ectópico, etc.	Sencillo de poner (por un especialista). Se mantiene entre 2 y 5 años, con revisiones periódicas anuales.

Contracepción femenina (continuación)

OTROS MÉTODOS

CONTRACEPCIÓN POST-COITAL O DEL DÍA SIGUIENTE

Descripción	Eficacia	Inconvenientes	Ventajas
Su acción no es abortiva, sino que evita que anide un óvulo posiblemente fecundado. Existen dos métodos: *la píldora del día siguiente* (compuesto hormonal que se toma antes de 72 horas) o un DIU que debe colocarse antes de 5 días y actúa sobre la mucosa uterina impidiendo la implantación.	El DIU del día siguiente es eficaz al 100 %. Cuanto más próxima al coito es la toma de la píldora, más se aproxima a la eficacia absoluta.	Precisa intervención médica y sólo debe usarse en casos excepcionales. La píldora puede causar trastornos digestivos y tensión mamaria. El DIU tiene los mismos inconvenientes que el DIU normal.	Evita el embarazo cuando el coito se ha producido sin protección (violación). Permite asegurar una anticoncepción duradera si se opta por conservar el DIU.

Contracepción femenina (continuación)

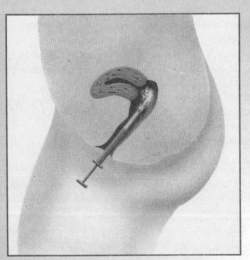

Los espermicidas se presentan como supositorios vaginales, tabletas vaginales espumosas, jaleas, cremas o sprays, tal como nos muestra la ilustración.

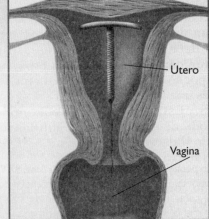

Útero

Vagina

Dispositivo intrauterino en forma de "T", dispuesto en el interior de la cavidad vaginal.

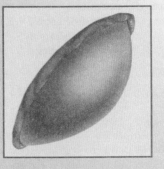

El diafragma o preservativo femenino, una vez colocado en la vagina, impide el paso de los espermatozoides depositados por el pene. Existen diversos tamaños, por lo que es indispensable acudir al ginecólogo para que pueda decidir el tamaño ideal.

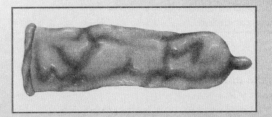

El preservativo es el método más empleado.

26

EL NIÑO SANO

EL PERÍODO NEONATAL

El período neonatal comprende las cuatro primeras semanas de vida. El recién nacido es un ser vivo inmaduro, con un crecimiento y una maduración muy rápidas en esta primera etapa de la vida. Al nacer se encuentra en un medio externo que le es extraño, al cual debe adaptarse. No tiene capacidad de comunicar y solucionar sus problemas vitales, por lo que necesita de los cuidados especiales que le proporcionan los seres que le rodean. Estas primeras semanas son un período de gran riesgo de enfermedades, llegando a darse en él hasta un 50% de toda la mortalidad infantil.

La edad gestacional de un recién nacido se define como el tiempo transcurrido desde el primer día de la última regla de la madre hasta el momento del parto. Se dice que un recién nacido es a término si su edad gestacional está comprendida entre las 37 y las 42 semanas. Si

la edad gestacional es inferior a 37 semanas el recién nacido se denomina pretérmino, mientras que si tiene más de 42 semanas es un postérmino.

¿QUÉ OCURRE DESPUÉS DEL PARTO?

La primera necesidad básica del recién nacido es iniciar la respiración por sí mismo. En el nacimiento cesa bruscamente la función de la placenta y provoca un aumento del CO_2 en la sangre del bebé, que representa un fuerte estímulo para el inicio de los movimientos respiratorios. Una vez comprobado que el bebé respira sin dificultad, se obtiene una muestra de sangre del cordón umbilical, para determinar el grupo sanguíneo y Rh fetal y a continuación se liga el cordón justo al primer minuto de vida con una pinza de plástico estéril y se corta. Luego se envuelve al recién nacido en una sábana estéril para secarlo, se le sitúa bajo una luz de calor radiante y se aspiran suavemente las secreciones de la boca, garganta y nariz con una sonda. Bajo la fuente de calor se realiza la primera exploración física, para determinar el estado general y las posibles alteraciones orgánicas o funcionales que pudieran existir.

El estado general se valora mediante El test o índice de Apgar, que mide numéricamen-

> Cuando el niño ya ha nacido, el médico sujeta el cordón umbilical con dos pinzas, lo ata y lo corta.
> Para la madre comienza el posparto en el que expulsará la placenta y las membranas.

> *El pediatra es el responsable de la evolución física, mental y emocional de los niños desde su nacimiento hasta la madurez.*

te de forma rápida, cinco datos (frecuencia cardíaca, movimientos respiratorios, tono muscular, irritabilidad y color de la piel). El test se realiza dos veces, en el primer y quinto minuto de vida. Si el estado es perfecto, se obtiene una puntuación máxima de 10. Cuanto más baja es la puntuación obtenida, peor es el pronóstico del recién nacido. A los cinco minutos, el valor obtenido en el test es indicativo del pronóstico de riesgo neurológico. En términos prácticos, el test de Apgar es la herramienta que indica si el recién nacido necesita reanimación, el tipo de ésta, y las posteriores medidas a tomar.

Cuando la situación del recién nacido es estable y buena, se procede a limpiarle con un algodón estéril empapado en agua tibia, o lavándolo con agua a la misma temperatura del cuerpo, siempre teniendo cuidado para evitar que se enfríe. Se vuelve a secar la piel y se pone una gasa estéril, mojada con un antiséptico alrededor del cordón umbilical.

Las siguientes maniobras que se realizan al recién nacido son:

— Prevención de la conjuntivitis neonatal mediante la aplicación de unas gotas o pomadas antibióticas en los ojos.
— Prevención del síndrome hemorrágico del recién nacido mediante la inyección intramuscular o administración por vía oral de vitamina K.

En algunas maternidades, en este momento, se administra la primera dosis de vacuna de la hepatitis B (si está incluida en el calendario vacunal), por vía intramuscular.

Un recién nacido normal, si el estado de la madre es bueno, debe ser entregado a ella, para que se inicie el contacto materno-filial precozmente. La alimentación al pecho debe iniciarse lo más pronto posible, normalmente antes de las seis primeras horas de vida, siendo esto muy importante para el estímulo de la secreción láctea.

Después de un período de estabilización del bebé, a las 24-48 horas del nacimiento, se realiza normalmente una segunda exploración más minuciosa. Durante las exploraciones se anotan la frecuencia cardíaca, la frecuencia respiratoria, el peso, la talla, el perímetro cefálico y cualquier anomalía que se detecte en el estado general.

CARACTERÍSTICAS DEL RECIÉN NACIDO

El tamaño corporal de un recién nacido se valora mediante el peso, la talla y el perímetro de la cabeza. El 95% de los recién nacidos a término pesan entre 2,5 y 4,6 kg, miden entre 45 y 55 cm y su perímetro craneal se sitúa entre 32,5 y 37 cm.

Las proporciones corporales son distintas al adulto, caracterizándose el bebé por tener la cabeza grande, la cara redonda, un abdomen abultado, y unas extremidades generalmente cortas. El punto medio del recién nacido está alrededor del ombligo, mientras que en el adulto se sitúa en el pubis.

La frecuencia respiratoria del neonato oscila entre 35 y 50 respiraciones por minuto, siendo normales variaciones del ritmo durante períodos breves. Su frecuencia cardíaca varía entre 90 y 180 latidos por minuto.

Después del establecimiento de la respiración tras el nacimiento, el segundo factor vital importante es la regulación de la temperatura

ÍNDICE DE APGAR

El índice de Apgar sirve para valorar las condiciones en que se encuentra el recién nacido. Para que los datos sean homologables, debe tomarlos una persona experta exactamente 60 segundos, y luego 5 minutos, después del nacimiento. A cada factor se le da una puntuación de 0 a 2, y luego se suman. Una puntuación de 7 a 10 es óptima, mientras que por debajo de 4 puntos requiere reanimación.

Factor considerado	0 puntos	1 punto	2 puntos
Frecuencia cardíaca	Ausente	Menos de 100	Más de 100
Esfuerzo respiratorio	Ausente	Llanto débil	Llanto vigoroso
Tono muscular	Fláccido	Extremidades levemente flexionadas	Extremidades bien flexionadas
Irritabilidad	Ninguna	Respuesta débil	Llanto/tos/estornudo
Color	Azul/pálido	Sonrosado	Completamente rosado

corporal: la salida al medio externo supone un descenso brusco de la temperatura, que logra superar normalmente en unas 4 a 6 horas, por lo que es fundamental evitar una pérdida excesiva de calor.

La tercera actividad vital del bebé normal, se dirige a satisfacer las necesidades alimenticias para obtener energía. El recién nacido nace con unos reflejos neurológicos que le posibilitan iniciar la alimentación oral:

1) el de búsqueda (aproximarse al pezón o a cualquier estímulo alrededor de la boca),
2) succión,
3) deglución. Además desde los primeros días el bebé es capaz de llorar cuando siente hambre. La energía en un recién nacido se invierte en mantener la temperatura corporal y su actividad vital. Sus necesidades son alrededor de 55 kcal por cada kilogramo de peso al día. Al final de la primera semana el bebé necesita el doble de energía (110 kcal/kg/día), para cubrir además las necesidades para el crecimiento y para las pérdidas por heces y orina.

Es un hecho normal que los bebes pierdan peso durante los primeros días. Se produce por una pérdida de líquido, que puede llegar a suponer entre el 5 y el 10% del peso corporal (150-300 gr) independientemente de la alimentación que realice. Las necesidades de agua después de la primera semana, son de 130-150 ml/kg/día. El funcionamiento del riñón es bajo durante los primeros días aumentando rápidamente en las dos primeras semanas, es frecuente que el número de deposiciones diarias sea menor, y de consistencia más compacta.

La actividad física o nivel de vigilancia del recién nacido es variable, abarcando desde el sueño hasta el llanto vigoroso que es acompañado de movimientos de las extremidades.

Pueden aparecer temblores normales en pies o mandíbulas. En la exploración física se valora el tono muscular general, activo y pasivo, si existen posturas anormales, o parálisis musculares.

El color de la piel es normal que sea cambiante, desde el enrojecimiento general a la palidez durante el llanto. Esta variabilidad se debe a la inestabilidad de la circulación vascular periférica del recién nacido junto a posibles variaciones de la temperatura, siendo las responsables en algunos bebés de la aparición de amoratamiento en manos y pies o cuadros como el de piel moteada, que son transitorios e inofensivos. Son frecuentes las manchas en la piel, tanto de tipo vascular rojizas, como pigmentaciones azuladas, situadas éstas frecuentemente en nalgas o zona lumbar (mancha de Baltz). La mayoría desaparecen durante el primer año espontáneamente. El recién nacido pretérmino presenta una piel fina y delicada de color rojo intenso. Por el contrario el bebé postérmino suele presentar una piel pálida, descamativa o apergaminada. En ocasiones los bebés tienen un pelo fino y suave llamado lanugo, que en recién nacidos a término predomina en los hombros y espalda y en el recién nacido pretérmino puede estar por todo el cuerpo. El lanugo desaparece en unas semanas.

El cráneo puede tener una forma "apepinada" o ser especialmente redondo en el caso de los partos por cesárea. Pueden palparse acabalgamientos o deformidades de los huesos que en principio son normales. Existen dos depresiones características, en la línea media superior, correspondientes a la fontanela mayor o anterior y a la fontanela posterior; su tamaño es variable, y junto al perímetro craneal sirven para el control del desarrollo del bebé durante los primeros meses de vida.

Los ojos se abren a menudo espontáneamente o si se balancea un poco al bebe. Pueden existir hemorragias en la conjuntiva que no tienen significado. El tamaño de la pupila debe ser similar en ambos ojos. El reflejo pupilar (contracción con la luz) debe estar presente. El color de los ojos puede cambiar durante los primeros meses a medida que el iris se va pigmentando.

Dentro de la boca, en el paladar pueden aparecer unos puntos blancos, que son acumulaciones de células llamadas perlas de Epstein. Tam-

La actividad del recién nacido discurre entre el sueño y el llanto intenso.

bién en las encías se ven quistes de aspecto similar. Ambos son normales y desaparecen en unas semanas. Los bebés en las primeras semanas no tienen salivación activa.

El abdomen se presenta abombado por el contenido aéreo gastrointestinal. Su pared muscular es débil y son frecuentes las hernias a nivel del ombligo. El cordón umbilical se pinza en el momento del nacimiento; se comprueba que tiene tres vasos, correspondientes a dos arterias y una vena, ya que la existencia de solo dos vasos se asocia a malformaciones congénitas. Para evitar la infección, los cuidados del cordón comienzan desde ese momento y terminan cuando la zona está totalmente cicatrizada. En las primeras horas empieza a secarse, transformándose en un muñón negro y duro que se desprende entre el 5.º y el 14.º día aproximadamente. Debe observar si hay inflamación de la zona, y no debe sangrar ni presentar mal olor. Cuando se desprende es normal durante uno o dos días, que presente una secreción serosanguinolenta no maloliente.

> *El reflejo de succión permite la lactancia.*

En las niñas, los genitales se presentan abultados, con los labios mayores cubriendo los labios menores y el clítoris. Los niños presentan un tamaño grande de la bolsa escrotal por acumulación de líquido, que desaparece en unos días. Los testículos se palpan dentro de las bolsas o en los conductos. Suele existir fimosis.

Los miembros superiores e inferiores se exploran cuidadosamente descartando deformidades, parálisis nerviosas, fracturas o luxaciones. La luxación congénita de cadera es una enfermedad que se da con una frecuencia alrededor del 1% de todos los recién nacidos, siendo muy importante para su tratamiento ortopédico detectarla desde el nacimiento. Se descarta en todos los recién nacidos mediante maniobras exploratorias específicas, que si resultan positivas o dudosas, lleva a descartar la alteración mediante ecografía o radiografía, según los casos.

> *El bebé debe estar en la habitación con la madre para fomentar el contacto y la lactancia.*

El sistema nervioso central funciona en su mayor parte a nivel del tronco cerebral y médula espinal (centros inferiores). Las actividades de la corteza (centros superiores) son inmaduras, de ahí el papel predominante de los reflejos primitivos. Éstos son el reflejo de los puntos cardinales, de succión, del abrazo o de moro, el tónico-flexor de la mano, la extensión cruzada de las piernas, el reflejo rotuliano, de escalera, la marcha automática, la prensión plantar y la extensión de los dedos del pie.

HIGIENE Y CUIDADOS DIARIOS DEL BEBÉ

El bebé en la maternidad debe permanecer en la habitación con la madre, para fomentar el contacto y la lactancia demandada noche y día. Sólo en algunos casos es aconsejable la separación nocturna en la sala general de recién nacidos durante un mínimo de horas, para el descanso de la madre y su mejor recuperación. Antes de darle el alta, se realiza otra exploración completa, para descartar posibles malformaciones que a veces no aparecen hasta pasados unos días. También se realiza la primera toma de sangre en el talón para detectar las enfermedades metabólicas (hipotiroidismo, fenilcetonuria) y si procede y no se ha realizado se le vacuna, según el calendario vacunal.

El ombligo se cura rodeándole una gasa estéril empapada en alcohol de 70º u otro antiséptico para que se seque y evitar la infección. Cuando se desprende, se ponen unas gotas de antiséptico y una gasa estéril cubriendo la cicatriz, hasta que esté curada y limpia. Siempre debe mantenerse la zona seca. Tendremos que observar si huele mal y en ese caso consultar con el médico. Los ombligueros o vendas, como prevención de que se salga el ombligo no son útiles, por lo que no es aconsejable ponerlos.

El baño debe ser diario, desde el momento que se haya caído el ombligo. Antes se puede lavar al bebé con cuidado. Es una actividad que suele relajarlo y sirve para dividir el día en dos mitades. Buscar la hora más adecuada para cada bebé. La temperatura del agua debe estar entre unos 35 y 37 °C, y del ambiente, unos 22 °C, ya que el bebé es muy susceptible a los cambios de temperatura. Los jabones que se deben utilizar son neutros o ácidos. Lavar la región genital con una esponja, siempre desde la zona de los genitales hacia el ano. Es normal que durante los primeros días el bebé "pierda" la piel sobre todo en las zonas de flexión de brazos y piernas. Después

> *El baño del bebé debe ser diario. Se sujeta al niño con la mano izquierda y con la derecha se le enjabona y aclara.*

del baño se aplica una leche corporal hidratante con especial cuidado sobre las zonas de flexión. No es recomendable usar colonias directamente sobre la piel.

Las uñas durante las primeras semanas, se cortan con mucho cuidado o, mejor, se pueden limar levemente en las puntas si el bebé se araña. Luego se arreglan dos veces en semana, cortándolas de forma paralela a los bordes de los dedos, evitando que se puedan clavar las puntas.

En los genitales y región anal, se debe aplicar a menudo una crema hidratante o pasta seca. Es bastante frecuente que se produzcan problemas en la piel por exceso de crema, limpieza excesiva con toallitas, o sensibilización a determinados tipos de pañales.

La ropa del niño le debe permitir moverse con comodidad, teniendo cuidado que ninguna prenda le oprima y que éstas sean de algodón puro o hilo natural. No abrigar en exceso al bebé, lo más importante es evitar los cambios bruscos de temperatura.

> *La ropa del bebé debe ser cómoda, sin costuras que pueden provocar irritación en su delicada piel y adecuada a la temperatura ambiente.*

PROBLEMAS NEONATALES COMUNES

El bloqueo del conducto nasolacrimal o dacrioestenosis es un problema debido a la obstrucción del extremo final del conducto nasolacrimal que lleva la lagrima del ojo a la nariz. Suele ocurrir sólo en uno de los lados. Aparece, hacia la segunda semana de vida, como un lagrimeo constante, con acumulación de mucosidad seca en los párpados y conjuntivitis secundaria con secreción purulenta. El tratamiento consiste en masaje diario del saco lagrimal en la raíz nasal y colirios antibióticos para la conjuntivitis. Los casos de obstrucción total desde el primer momento deben ser tratados por el oftalmólogo mediante tratamiento quirúrgico, en el que se realiza el sondaje y la canalización del conducto.

Las obstrucciones parciales suelen desaparecer sin tratamiento quirúrgico durante el primer año de vida.

La ingurgitación o abultamiento mamario se produce por el paso de hormonas maternas a la sangre del bebé. Es una situación normal (fisiológica), que afecta a las dos mamas y puede acompañarse de secreción. No está indicado hacer ningún tipo de intervención para tratarla.

La mastitis es siempre una situación patológica, y consiste en la inflamación de sólo una mama, acompañada de dolor y calor. Puede producir síntomas generales como febrícula. Es una infección generalmente producida por la bacteria Staphylococus aureus, y por tanto es necesario tratamiento antibiótico específico.

La tortícolis congénita es una retracción o acortamiento del músculo esternocleidomastoideo a nivel del cuello. Puede estar precedida por un hematoma que se palpa como un bulto duro en el trayecto del músculo, y en ese caso es consecuencia de una hiperextensión durante el momento del parto. A veces aparece incluso en partos por cesárea descartándose el trauma intraparto. Unos días después del nacimiento el niño presenta el cuello torcido con la cabeza inclinada hacia el lado contracturado y la barbilla mirando al lado contrario. En general se resuelve en unas semanas con fisioterapia y tratamiento postural.

En la inflamación del ombligo u onfalitis aparece una secreción maloliente y a veces purulenta. Es una enfermedad que puede ser grave, ya que es una vía fácil de acceso a una infección generalizada (sepsis), de ahí la importancia de un diagnóstico precoz. Si no está afectada la región periumbilical su tratamiento es mediante antibióticos tópicos (cremas) y antisepsia de la zona. Si está afectada toda la región se debe dar tratamiento antibiótico por vía general, basándose en los cultivos obtenidos de las secreciones.

El granuloma umbilical es una zona abultada, rojiza, y blanda que protruye del ombligo. Se produce cuando existe un desprendimiento tardío del cordón umbilical que junto a leves infecciones pueden producir una superficie granulada húmeda en la base de la cicatriz. Normalmente se trata mediante toques con nitrato de plata. La salida persistente de líquido por la zona debe llevar a descartar otros problemas asociados como la permeabilidad del conducto onfalomesentérico.

La hernia umbilical se produce por un defecto en la zona central de la pared abdominal por cierre incompleto del anillo umbilical, que ocasiona la protrusión del ombligo e incluso de asas intestinales en los casos más graves. Su tamaño es variable, se reduce fácilmente y es muy raro que se estrangule. Casi todas las hernias se cierran espontáneamente durante los tres primeros años de vida. Sólo se intervienen las hernias muy voluminosas, o que persisten a los cinco años de vida. El resto no necesita ningún tipo de medida.

El muguet o candidiasis bucal es una infección por hongos (Candida albicans) de las mucosas de la boca, que suele afectar muy frecuentemente a los bebés hacia la segunda semana de vida. Son placas blancas, que se desprenden con dificultad, y ocupan las encías, lengua, paladar y zonas laterales de la boca. Pueden asociarse a eczema en la zona del pañal producida también por el mismo hongo. Su tratamiento es mediante fármacos antifúngicos tópicos tanto en la boca, como en la región del pañal si está afectada.

La presencia de flujo y/o hemorragias vaginales en las niñas durante la primera semana de vida, no es rara. Consiste en una secreción vaginal espesa y blanca, o una hemorragia similar al período menstrual. Son debidas a las hormonas maternas (estrógenos). No necesita tratamiento.

ALIMENTACIÓN DEL RECIÉN NACIDO

La alimentación del bebé debe proporcionar un aporte de energía y elementos nutricionales adecuados. Un recién nacido a término necesita una energía de 120 kcal por kilogramo de peso por día, que son aportadas por la leche materna.

Las grasas son la principal fuente de energía de la leche, aportando aproximadamente el 50% de las calorías. La mayor parte de las grasas están en forma de triglicéridos, que están formados por glicerol y ácidos grasos. Los ácidos grasos son un elemento fundamental para el desarrollo del sistema nervioso, sobre todo en los primeros dos meses de vida. El tipo y la cantidad de ácidos grasos de la leche humana dependen de la alimentación de la madre.

Las proteínas de la leche humana aportan el 6% de la energía total. Hay dos clases principales, el suero y la caseína. Además de las funciones nutricionales, las proteínas tienen importantes funciones biológicas, como la de defensa frente a infecciones, o fijación de otros nutrientes.

La leche materna garantiza un desarrollo adecuado del recién nacido.

Los hidratos de carbono están en forma de lactosa en la leche. Aportan el 40-45% de las calorías totales, y también tiene un papel importante en la absorción del calcio en el intestino.

En los países menos industrializados la lactancia materna es la más adecuada para el buen desarrollo del bebé, por el menor riesgo de infecciones, baja disponibilidad de fórmulas lácteas adaptadas o mala composición de las mismas y menores recursos socioeconómicos. En los países industrializados, la energía y los nutrientes pueden ser proporcionados satisfactoriamente mediante la lactancia materna o con leches artificiales adaptadas.

LACTANCIA NATURAL

La leche materna es la más apropiada de todas las existentes, ya que está adaptada a las necesidades del bebé. El elemento básico en el funcionamiento y duración de la lactancia al pecho es la madre. Sobre ella inciden factores orgánicos, psicológicos, y socioeconómicos. Es menos probable que empiecen a dar el pecho las madres que dan a luz por cesárea, o han estado separadas del recién nacido los primeros días por algún motivo. La lactancia materna es más prolongada en los bebés que empiezan a mamar y tener contacto físico durante las primeras horas, que en aquellos en que se retrasa el inicio de la lactancia.

Características y ventajas de la leche materna

• Está siempre disponible a la temperatura adecuada, su preparación no lleva tiempo, y es económica.

• Proporciona los elementos necesarios, y al ser fresca no contiene bacterias contaminantes.

• Puede digerirse fácilmente en el estómago, por lo que son menos frecuentes los problemas de estreñimiento, intolerancia, vómitos, cólicos y enfermedades de la piel.

• Ayuda a proteger contra los resfriados y otras enfermedades infecciosas al contener defensas que le proporciona la madre al bebé.

• Hace que la madre y el bebé se sientan más cercanos, estableciéndose una mayor tranquilidad y confianza en su capacidad para interpretar las necesidades del niño.

• También ayuda a la madre a recuperarse del parto pronto y adecuadamente, y sirve para perder de una forma natural el exceso de peso acumulado durante la última parte del embarazo.

Durante los 3-6 primeros meses de vida, la lactancia materna satisface por completo las

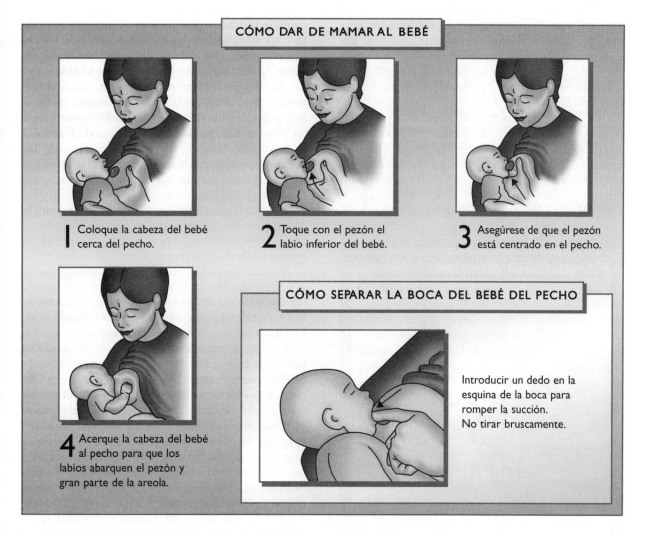

CÓMO DAR DE MAMAR AL BEBÉ

1 Coloque la cabeza del bebé cerca del pecho.

2 Toque con el pezón el labio inferior del bebé.

3 Asegúrese de que el pezón está centrado en el pecho.

4 Acerque la cabeza del bebé al pecho para que los labios abarquen el pezón y gran parte de la areola.

CÓMO SEPARAR LA BOCA DEL BEBÉ DEL PECHO

Introducir un dedo en la esquina de la boca para romper la succión.
No tirar bruscamente.

necesidades nutritivas del lactante, con excepción de las vitaminas K, D y en algunos casos de hierro. Los nutrientes de la leche no están presentes en niveles constantes en cada mamada. Varían de una toma a otra, de un día a otro, y por supuesto de una mujer a otra. En la misma tetada, la lactosa desciende mientras que la grasa aumenta. A lo largo del día las concentraciones de grasas, sodio, potasio y hierro son mayores por la noche que por la mañana. La leche suele tener un aumento de grasas hasta los tres meses, y de lactosa hasta el mes de

edad. Para la mayoría de los micronutrientes su concentración se ve poco influida por la ingesta dietética reciente de la madre.

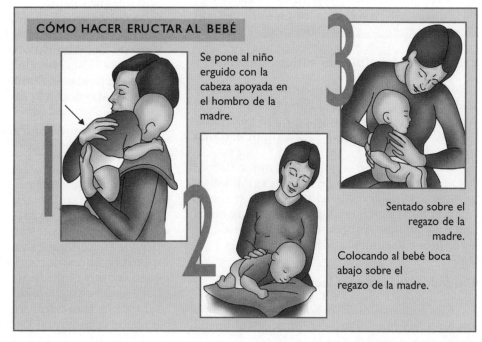

CÓMO HACER ERUCTAR AL BEBÉ

Se pone al niño erguido con la cabeza apoyada en el hombro de la madre.

Sentado sobre el regazo de la madre.

Colocando al bebé boca abajo sobre el regazo de la madre.

Mecanismo de la producción de leche

Cuando el bebé comienza a mamar, la leche fluye desde la parte trasera de los senos hacia delante. El mejor estímulo para la secreción de la leche es el vaciado periódico y completo de los pechos, que estimula las hormonas responsables tanto de la producción láctea (prolactina) como de la eyección (oxitocina), a través de mecanismos neurohormonales. También es fundamental un estado de ánimo relajado y feliz, las preocupaciones perjudican o anulan la producción y secreción de leche.

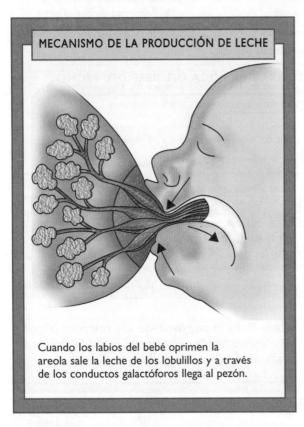

MECANISMO DE LA PRODUCCIÓN DE LECHE

Cuando los labios del bebé oprimen la areola sale la leche de los lobulillos y a través de los conductos galactóforos llega al pezón.

¿Está el bebé recibiendo suficiente leche?

Un bebé está bien alimentado si se queda satisfecho después de cada comida, duerme 2-3 horas, y aumenta bien de peso. El reflejo de "bajada" o de eyección láctea es también una buena señal.

La leche materna generalmente satisface las necesidades de agua de los bebés. Por tanto, sólo es necesario darle agua hervida o suero, cuando hace mucho calor o cuando las heces son muy líquidas, procurando que no pueda interferir con la alimentación materna.

Cuidados de la madre lactante

Casi todas las mujeres son capaces de dar el pecho a sus hijos. Para eso se necesita buena salud y mucha energía. Por tanto es fundamental que se cuide en todos los detalles, como su higiene corporal, su alimentación, el descanso físico y psíquico, el cuidado de sus senos, etc.

Los senos deben ser cuidados con una higiene adecuada, y tomando las medidas necesarias para prevenir la irritación y la infección de los pezones debidas a las tomas iniciales, a la maceración por la humedad o al roce de las ropas. Es una buena medida sacar algo de leche del seno con la mano, antes y después de amamantar al bebé, para lograr que el área del pezón se suavice. Ésta se debe limpiar con un algodón húmedo mojado en agua. El dolor o las grietas pueden alterar o incluso inhibir la producción de la leche.

La alimentación de la madre debe ser sana, y suficiente. Puede llevar un control del peso, eliminando de la dieta los dulces y reduciendo el consumo de grasas. Comer muchas frutas, verduras, carnes, pescado, cereales y pan. No es conveniente hacer dietas de ningún tipo. Es recomendable beber unos tres litros de líquido al día, siendo uno de leche o su equivalente en productos lácteos. El café, el té o los refrescos, han de ser descafeinados, ya que la cafeína se elimina por la leche. Hay alimentos como las cebollas, el ajo, las coles, el chocolate, las especias, y algunas frutas, que pueden afectar el sabor de la leche materna. La cerveza y otras bebidas alcohólicas deben suprimirse de la dieta. El tabaco también debe suprimirse o por lo menos reducir su consumo. Si fuma, hágalo siempre justo después de la toma y así no se eliminará por la leche. Muchos medicamentos pasan al bebé a través de la leche materna. Se debe consultar al médico antes de tomar cualquier medicamento.

Es normal que la madre se encuentre cansada y limitada durante las primeras semanas después del parto. Debe acostarse temprano, dormir la siesta cuando el bebé lo haga, y reducir las actividades diarias. La fatiga y el estrés emocional reducen la cantidad de leche.

Situaciones que contraindican la lactancia materna

Las contraindicaciones totales para dar el pecho al bebé sólo se dan en situaciones en que la madre o el recién nacido sufran una enfermedad grave orgánica o infecciosa. Hay medicamentos que también impiden dar el pecho. Por último están las situaciones en las que hay que valorar individualmente cada caso, como el de la ictericia fisiológica del bebé que se puede mantener o agravar por la lactancia materna, las infecciones agudas leves de la madre, o las alteraciones en los pezones y mamas como aplanamiento, grietas o mastitis. La poca producción de leche o hipogalactia, siempre debe ser determinada por el médico, con relación a la ganancia de peso del bebé y a su estado nutricional. En ocasiones se pueden tratar de complementar las tetadas con biberones de leche maternizada, estableciéndose una lactancia mixta. Se ofrece después de dar el pecho, un biberón de leche de la madre, extraída previamente mediante sacaleches, o de una fórmula de leche maternizada. En otras ocasiones el biberón sustituirá por completo la toma materna. Es posible que el bebé necesite tiempo para acostumbrarse al biberón.

El destete

Cuando el pediatra o la madre han decidido que está cerca el momento de destetar al bebé por alguna causa, no se debe hacer de una forma súbita, sino más bien en una cómoda y suave transición, para ayudar al bebé al cambio y para el propio confort de la madre.

He aquí algunas sugerencias para minimizar la incomodidad:

— Cuando se acumule y produzca presión en los senos, extraer manualmente o con un sacaleches sólo la cantidad suficiente de leche

| ✓ Mamadas frecuentes, 8-12 veces por día (no es necesario que el bebé se alimente de ambos pechos en cada mamada. |
| ✓ Se permite que el bebé se alimente hasta que termine de un lado (el tiempo varía mucho en cada caso). |
| ✓ Episodios intermitentes de succión rítmica con deglución audible. |
| ✓ Al menos 1-2 pañales mojados por día los primeros días (puede ser difícil de establecer con pañales desechables). |
| ✓ A partir del tercer día, el lactante moja 4-6 pañales desechables o 6-8 de tela por día. |
| ✓ Un mínimo de 3-4 deposiciones por día. Deposiciones de tamaño de una cucharada sopera o mayores. |
| ✓ Después del tercer día, entre 4 y 10 deposiciones blandas y amarillentas. |

Signos de buena alimentación al pecho.

para disminuir la presión. No se debe extraer demasiada cantidad o continuará produciendo más leche y el problema se repetirá.

— Aplicar paños fríos en los senos.
— Si tiene mucho dolor, pedir al médico algún calmante (paracetamol).

| ✗ Menos de 6 pañales mojados, por día después del tercer día. |
| ✗ Deposiciones oscuras negras, verdes o marrones después del tercer día. |
| ✗ Menos de 3-4 deposiciones amarillentas (del cuarto día a la cuarta semana). |
| ✗ Menos de 8 mamadas por día (no es necesario que el bebé se alimente de ambas mamas cada vez). |
| ✗ El bebé parece mamar continuamente, siempre tiene hambre y nunca está satisfecho. |
| ✗ El bebé está excepcionalmente "bien", rara vez llora y duerme sin parar más de 4-6 horas. |
| ✗ Ingresa leche en la boca del lactante, pero no se oye la deglución. |
| ✗ La leche no parece haber bajado al quinto día. |
| ✗ Pezones lastimados y dolorosos en la mayoría de las mamadas. |
| ✗ Congestión significativa de las mamas, que están muy duras y no se ablandan después de la mamada. |
| ✗ Aumento medio del peso diario inferior a 15-30 g (a partir del quinto o sexto día). |
| ✗ El bebé no ha recuperado el peso de nacimiento a los 10 días de vida. |

Signos de alarma en la alimentación al pecho.

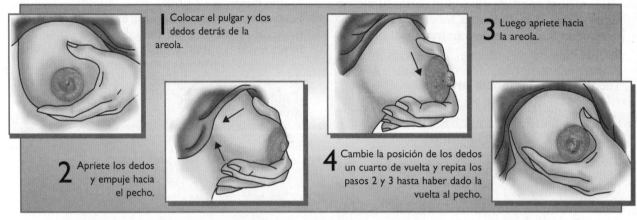

I Colocar el pulgar y dos dedos detrás de la areola.

2 Apriete los dedos y empuje hacia el pecho.

3 Luego apriete hacia la areola.

4 Cambie la posición de los dedos un cuarto de vuelta y repita los pasos 2 y 3 hasta haber dado la vuelta al pecho.

Pasos a seguir en la extracción manual de leche acumulada en el pecho.

— Utilizar un sostén que se ajuste firmemente. Los senos volverán a su tamaño normal gradualmente. Si no quedan igual de firmes que antes, se deberá al proceso normal del embarazo y no como resultado de la lactancia materna.

Lo ideal es que el destete sea un proceso gradual que puede durar hasta varias semanas. El destete se puede comenzar sustituyendo una de las tomas a pecho por un biberón de leche adaptada. Esta sustitución se continuará por varios días. Una vez establecido este cambio, se sustituirá una segunda toma de leche materna y se mantendrá durante varios días. El programa se seguirá de esta forma hasta que el destete sea total.

LACTANCIA ARTIFICIAL

La lactancia artificial es la alimentación del lactante con un alimento similar a la leche humana elaborado industrialmente. Ese líquido que damos no es leche, sino una "fórmula láctea". Estas fórmulas son elaboradas a partir de leche de vaca, en la mayoría de los casos, en los que mediante un proceso industrial se le ha cambiado la composición hasta hacerla apta para el niño y para que éste tenga un crecimiento y desarrollo óptimos.

Diferencias entre la leche de vaca y la leche de mujer

La leche de vaca entera presenta grandes diferencias con la leche de mujer en su composición, aunque la energía que aportan cada una sea similar, por lo que se considera que no es apta para la alimentación del bebe. La leche de vaca contiene más proteínas predominando entre ellas la caseína. Por el contrario en la leche de mujer predomina la lactoalbúmina. La lactosa (azúcar de la leche) está en mucha más cantidad en la leche de mujer. En la leche humana el número de ácidos grasos de cadena corta es menor, y los ácidos grasos de cadena larga son de tipo no saturado. La leche de mujer aporta tres veces más colesterol que la de vaca. Los micronutrientes minerales son mucho más abundantes en la leche de vaca. Pero la relación entre el calcio y el fósforo en el intestino es mayor en la leche de mujer, por lo que se mejora la absorción de calcio. También está comprobado que el hierro se asimila en más cantidad por los niños que están tomando lactancia materna.

Preparación del biberón

Los biberones deben ser resistentes al calor, lisos en su interior, y con marcas que indiquen las cantidades contenidas en cada momento. La tetina debe ser adecuada a la boca del bebé y tener un orificio ancho para que la leche fluya fácilmente, pero con lentitud.

Primero hay que lavar y esterilizar todos los utensilios. Los métodos de esterilización son diversos desde hervirlos durante diez minutos, excepto las tetinas que no se deben hervir más de cinco minutos, hasta productos químicos o vapor, que son válidos, siempre que se sigan correctamente las instrucciones del fabricante.

Para preparar el biberón, se hierve el agua durante cinco minutos. A continuación se vierte sobre el biberón previamente esterilizado, midiendo la cantidad adecuada con las marcas del biberón. Después se echa el número de cacitos rasos de leche en polvo (siempre el cacito que viene con cada fórmula láctea) que corresponden a la medida de agua que hemos puesto en el biberón, y se agita hasta lograr que no existan grumos. Nunca se deben variar las proporciones de agua y leche en polvo que se especifican (una medida rasa por cada 30 c/c de agua), salvo si lo indica el médico. Por último se pone la tetina y se deja enfriar hasta la temperatura corporal.

Técnica de la lactancia artificial

Las condiciones son similares a las de la lactancia natural. La madre y el bebé deben estar cómodos, sin prisas y libres de distracciones. Se comprueba la temperatura de la leche dejando caer unas gotas sobre el dorso de la mano. Se sujeta al bebé como si fuera a mamar y el biberón se coloca de forma que por la tetina salga leche y no aire. La toma puede durar entre 5 y 25 minutos, dependiendo del vigor y la edad del niño.

La cantidad de leche varía de unos niños a otros, aumentando a medida que los bebés crecen, y que el número de tomas al día es menor. Tanto las cantidades, como el número de tomas que vienen recomendados en las etiquetas de los envases de leche son aproximadas. Pero sí es importante tener en cuenta que la capacidad del estómago de un bebé en sus primeras ocho semanas es de unos 120 ml. y puede tardar en vaciarse de 1 a 4 horas. En ningún caso se debe obligar al niño a tomar más de lo que desea. La leche sobrante se debe desechar. Se pueden preparar varios biberones y conservarse en el frigorífico durante 24 horas. El bote de leche en polvo debe ser tapado y almacenado a temperatura ambiente, su contenido una vez abierto debe ser consumido en un mes.

Las fórmulas líquidas se conservan, una vez abiertas, en el frigorífico, teniéndose que consumir en 48 horas. Pueden ser calentadas dentro de los biberones, al baño María o en el horno microondas, si se realiza de acuerdo con unas normas. El horno microondas es un método rápido, fácil y simple, pero puede resultar peligroso, si no se utiliza según unas normas adecuadas. Por tanto hay que utilizar biberones que sean resistentes en hornos microondas; calentar sólo leches maternizadas líquidas frías, que se hayan sacado del frigorífico en ese momento, en una cantidad como mínima de 120 cc; mantener siempre el biberón en posición vertical y destapado, sin tetina para permitir el escape del calor. Después de calentar, ponga en su sitio la tetina; agitar varias veces el biberón y comprobar la temperatura. El horno micro-

ondas también se utiliza para calentar el agua hervida, o alimentos tipo purés o potitos, siempre con la precaución de saber que no se calientan por igual en todas las partes, por lo que es imprescindible agitar o remover antes de dárselo al bebe. Se ha comprobado que la leche u otros alimentos no pierden ninguna de sus propiedades.

EL RECIÉN NACIDO CON PROBLEMAS

Un niño de bajo peso se define como aquel que en el nacimiento pesa menos de 2.500 gr independientemente de su edad gestacional. Un niño pretérmino es aquel que no hubiera cumplido las treinta y siete semanas dentro del útero, contando desde el primer día de la última regla de la madre hasta el momento del nacimiento. Los dos conceptos se diferencian en cuanto al pronóstico, complicaciones y secuelas que sufren.

RECIÉN NACIDOS PRETÉRMINO

Los recién nacidos pretérmino leves son aquellos de más de treinta y dos semanas. Son muy semejantes a los neonatos a término y suponen el 80% de todos los recién nacidos pretérmino. Sus pesos se suelen encontrar entre los 1.500 y 2.500 gr.

Los fetos de más de veintiocho semanas cumplidas de gestación suelen pesar entre 1.000 y 1.500 gr. Representan el 10% de los pretérmino y se caracterizan por su inmadurez funcional y orgánica. El otro 10% de pretérminos corresponde a aquellos de menos de veintiocho semanas, que suelen pesar menos de 1.000 gr y cuya supervivencia era hasta hace unos años casi nula.

Las causas de los recién nacidos pretérmino son muchas y están cambiando en la actualidad. El parto múltiple (más de un feto) es la causa más frecuente. En la actualidad, debido a las nuevas técnicas de fecundación in vitro en las que los casos de embarazos múltiples son más frecuentes, están aumentando los casos de niños pretérmino. La incompetencia del cuello uterino es otra de las causas, y también las hemorragias uterinas y la ruptura de las membranas uterinas junto al riesgo de infección. Se barajan factores genéticos y socioeconómicos que pudieran influir; pero la frecuencia de pretérminos no ha disminuido a pesar de los últimos avances.

Los biberones y tetinas deben estar libres de gérmenes para evitar infecciones. Esto se consigue hirviéndolos

PARTOS PREMATUROS

El nacimiento antes de tiempo acarrea problemas de inmadurez en el lactante. Cualquier sangrado o percepción de contracciones antes de lo esperado pueden ser síntomas de amenaza de un parto prematuro. El reposo y el tratamiento adecuado puede evitar esta situación.

Los cuidados deben hacerse siempre en unidades de neonatología, en incubadoras preparadas para satisfacer cualquier necesidad en cuanto a la respiración, temperatura, asepsia, medición de parámetros vitales, y administración de alimentos y medicamentos. Están monitorizados permanentemente, con una vía arterial (arteria umbilical) canalizada para controlar los gases, y dar líquidos o medicación. La alimentación en algunos casos podrá ser mediante una sonda (tubo) a través de la nariz o boca hasta el estómago (vía enteral). Se utilizarán preparados alimenticios especiales. En estos niños es más importante el aspecto psicológico y afectivo, que en los términos; el contacto precoz con los padres debe ser una medida básica para la posterior rehabilitación del bebé.

NIÑO DE BAJO PESO PARA SU EDAD DE GESTACIÓN

Se refiere a los niños que independientemente de su edad de gestación, nacen con un peso menor con relación a los valores que se aceptan para esa población. También se le denomina a este hecho, crecimiento intrauterino retardado. Pueden presentar una malnutrición reciente y tienen una talla adecuada, o una desnutrición desde los primeros momentos del embarazo, afectándose también la talla del bebé. Un tercer grupo, son niños que genéticamente presentan un peso y una talla menor al nacimiento, que no representan una malnutrición durante la gestación, siendo bebés pequeños pero armónicos.

Representan entre el 2 y el 4% de todos los recién nacidos y es la segunda causa de mortalidad perinatal después de los prematuros. Las causas son múltiples: problemas de la madre, de la placenta o del propio feto.

Presentan unos rasgos externos característicos como la cara de viejo, con los rasgos muy marcados, piel reseca, uñas muy largas, músculos adelgazados y sin ningún depósito de grasa.

Las complicaciones afectan a todos los niveles siendo más frecuentes las aspiraciones pulmonares de líquido meconial, bronconeumonías, arritmias, hipoglucemias, acidosis metabólica y el riesgo de asfixia intraparto es cuatro veces más frecuente. Las respuestas neurológicas suelen estar aumentadas, siendo niños que se mueven mucho, están irritables, y tienen mucho tono.

El diagnóstico prenatal se hace a través de la ecografía, mediante la cual se estudia la curva de crecimiento fetal. El tratamiento, en muchos casos, consiste en interrumpir el embarazo, una vez comprobado que el feto es lo suficientemente maduro. La mortalidad es alta y la evolución postnatal es muy variable. El dato más objetivo es que los niños que nacen con la talla afectada pueden tener una talla final baja para su talla genética si la velocidad de crecimiento durante el primer año no recupera el déficit existente al nacimiento.

27

EL NIÑO HASTA LOS DOS AÑOS DE EDAD

CUIDADOS DEL BEBÉ DE UN MES

La alimentación del bebé es exclusivamente con la leche materna o la fórmula adaptada. En caso que por motivos de trabajo se deba suspender alguna toma de lactancia al pecho, procurar que se acostumbre al biberón con antelación.

Los cólicos o molestias digestivas normalmente van remitiendo poco a poco, hasta desaparecer hacia los tres meses. El bebé permanece cada vez más tiempo despierto entre tomas, pero duerme ya cinco o seis horas seguidas por la noche. Hay que procurar sacarlo de su ambiente regularmente y estimularle con juguetes llamativos y sonoros en su habitación, para que pueda verlos desde su cuna y no abrigarlo en exceso, y siempre con ropas ligeras que le dejen moverse.

MOTIVOS DE CONSULTA MÁS FRECUENTES DURANTE EL PRIMER MES DE VIDA

Problemas como la ictericia, el lagrimeo de los ojos o las hernias que siguen apareciendo durante estas primeras semanas. Otros motivos más comunes son:

El **llanto** o irritabilidad. Los niños lloran antes que ríen y los motivos de ambas cosas no siempre son claros. Las causas más frecuentes son el hambre, la aerofagia, malestar por frío o calor, necesidad de cariño, sobrealimentación e incluso ansiedad de los padres. Es común pensar que siempre que llora el bebé es porque tiene hambre, pudiendo suplir innecesariamente la lactancia materna mediante un biberón. Es importante descartar otras causas y comprobar claramente que el bebé tiene hambre antes de aumentar la cantidad de leche que se le da. Causas graves, pero poco frecuentes, de llanto pueden ser infecciones, obstrucción intestinal o hernia estrangulada.

La detención o **escasa ganancia de peso** es otra consulta frecuente durante los primeros meses. Es muy importante un control riguroso y periódico del peso del bebé, procurando que sea siempre en condiciones similares de ropa, realizado por la misma persona y en la misma báscula para evitar todo tipo de dudas. El personal médico debe ser quien decida si la ganancia de peso y el estado nutricional son correctas o no, y si es necesario un cambio en la alimentación o si puede existir algún factor por el que el bebé no engorde adecuadamente.

Los vómitos son otro síntoma inespecífico muy frecuente en muchos bebés. Normalmente ocurren durante los cambios posturales bruscos o tras eructar. Las causas digestivas incluyen: el lactante regurgitador que no tiene una alteración orgánica, el reflujo gastroesofágico, estenosis hipertrófica de píloro, la intolerancia alimentaria y las gastroenteritis infecciosas. Las infecciones urinarias y otitis es común que produzcan vómitos en los bebés, asociados generalmente a poco apetito o escasa ganancia de peso.

El estreñimiento es un síntoma que suele preocupar mucho a los padres. Se define por la consistencia dura y seca de las heces. Las causas más comunes incluyen la ingestión insuficiente de leche, el cambio de la lactancia natural a la artificial, una hiperconcentración en la preparación de los biberones. Las enfermedades orgánicas que lo pueden causar son el hipotiroidismo o la enfermedad de Hirschsprung. Cuando un bebé esté estreñido, siempre hay que descartar la presencia de alteraciones locales en la región anal como heridas o fisuras.

El eczema de la zona del pañal: en su producción influye el contacto de las heces y la orina con la piel y la oclusión debida al pañal. A diario se debe prevenir mediante una correcta higiene y utilización de pastas o cremas que sequen la piel protegiéndola. Es frecuente el abuso de estas cremas, y a veces lo que se produce es un empeoramiento de la dermatitis. En otras ocasiones se utilizan para la prevención, por desconocimiento, pomadas que contienen corticoides, pudiendo producir atrofia de la piel. En algunos bebés se producen dermatitis por sensibilización a los pañales de plástico o a las toallitas de limpieza; en estos casos puede ser necesario utilizar otro tipo de pañal, o incluso llegar a tener que ponerle gasas de algodón no desechables hasta que se soluciona el problema. Si el eczema no mejora en unos días puede que se haya producido una sobreinfección por hongos (*Candida albicans*) la cual habrá que tratar.

El muguet es una infección de las mucosas de la boca por hongos (*Candida albicans*) muy común, que se presenta durante las primeras semanas de vida como manchas blancas, que se desprenden con dificultad. Hay que distinguirlos de los restos de leche que a veces quedan en la boca del bebé después de comer.

La fiebre es un síntoma que siempre debe ser valorada por un

SÍNTOMAS DE URGENCIA DURANTE EL PRIMER AÑO

FIEBRE ELEVADA

Si el niño sobrepasa los 39 °C hay que llamar rápidamente al pediatra. Mientras tanto, se procurará bajarle la fiebre, bañándole en agua tibia o frotándole el cuerpo con una esponja empapada en alcohol. Puede administrarse paracetamol.

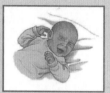

LLANTO INCONTROLABLE

Si el bebé llora duante mucho rato sin causa aparente, y se descarta la posibilidad de que lleve los pañales mojados o que tenga hambre, sed, frío o calor, hay que consultar al pediatra, ya que puede ser indicativo de un dolor importante.

VÓMITOS O DIARREA PERSISTENTES

Ante un cuadro clínico de vómitos o diarrea durante tres o cuatro horas, hay que llamar al pediatra con urgencia, porque corre el riesgo de deshidratación. Déle agua en cantidad.

VÓMITOS FUERTES Y SANGRE EN LAS HECES

Si el bebé presenta el abdomen hinchado o distendido, cólico, vomita y tiene estreñimiento e incapacidad de expulsión de los gases, llame al pediatra, ya que puede tratarse de una obstrucción intestinal. No le dé de comer.

RESPIRACIÓN RÁPIDA

Una respiración muy acelerada y jadeante, acompañada de tos y fiebre, casi siempre es síntoma de una afección bronquial o el indicio de un posterior desarrollo de asma. Hay que consultar al pediatra.

FONTANELA PROMINENTE O HUNDIDA

La fontanela frontal del niño protruye con el llanto, pero si esto se manifiesta cuando no llora puede ser síntoma de acumulación de líquido cefálico. Si se encuentra hundida es signo de deshidratación grave y hay que consultar al médico.

SOMNOLENCIA INUSUAL

El niño que no se despierta a la hora de mamar o comer, que presenta una somnolencia inusual y al que es difícil despertar, puede que esté incubando alguna enfermedad. Si tiene fiebre hay que llamar al médico.

A pesar de todas las precauciones, el niño es propenso a enfermar. He aquí una relación de síntomas, que demandan una pronta consulta médica.

médico. Las causas más habituales que la producen son las infecciones, o la deshidratación.

Tos y dificultad respiratoria: la causa más frecuente de dificultad respiratoria en un bebé con buen estado general es la obstrucción nasal por mucosidad, debida a ambientes secos, polucionados o a resfriado común. Hasta los 4-6 meses los bebes respiran por la nariz obligadamente excepto cuando lloran, lo que les crea angustia e irritación si está obstruida. Muchas veces se notan ruidos en el tórax, durante la respiración, que son transmitidos de las fosas nasales, sin que signifiquen una alteración bronquial. El estornudo y la tos son mecanismos de defensa ante la irritación de las mucosas de las vías respiratorias. En los bebés, esta irritación se produce mas fácilmente que en los adultos, sin que signifique enfermedad subyacente.

Temblores. Los bebés presentan temblores normales en brazos y piernas, que son rítmicos y están desencadenados por distintos estímulos. No se acompañan de otros signos y ceden cuando se flexiona el miembro afecto. También son normales los temblores de la barbilla o de músculos independientes.

Dejamos para el final el problema de **los cólicos del lactante**, que frecuentemente produce un estado de ansiedad permanente en la familia y el bebé. Se define como el llanto excesivo e incontrolable sin causa aparente, que se produce en lactantes sanos con crecimiento y desarrollo normales, generalmente hasta los tres meses de vida. Afecta a un 10-20% de todos los lactantes y puede empezar en cualquier momento después del nacimiento, mejorando hacia la edad de los tres meses. El llanto puede durar más de dos horas y habitualmente ocurre a la misma hora del día, sobre todo por la tarde-noche. La causa y por tanto el tratamiento no están claramente determinados. Existen varias teorías que barajan desde un aumento de la presión abdominal por acumulación de aire en el intestino, hasta una alteración inconsciente en la relación entre el bebé y los padres, o una alergia o intolerancia a la leche materna o artificial. Existen múltiples tratamientos, lo cual significa, que la mayoría no son muy efectivos. En general siempre se explica a los padres el problema, para que lo entiendan, se tranquilicen y lo asuman. Se pueden realizar técnicas de relajación con el bebé (masajes, cambios de postura, etc.). En otras ocasiones es efectivo el cambio de la leche adaptada por una leche que tenga las proteínas más digeridas (hidrolizados) y en la mayoría de los casos habrá que limitarse a

> *Al finalizar el primer trimestre sostiene la cabeza y dirige la mirada hacia objetos atrayentes.*

tener paciencia hasta la edad de los tres o cuatro meses en que los cólicos del lactante desaparecen.

CRECIMIENTO Y DESARROLLO MADURATIVO DEL NIÑO HASTA LOS DOS AÑOS

En esta etapa se pasa de la dependencia total del recién nacido a la independencia del niño que deambula. Es un período muy dinámico en todos los campos del desarrollo del ser humano, de ahí su complejidad y difícil descripción.

El concepto evolutivo es crucial en el desarrollo psicomotor. Sabemos asimismo que existen períodos críticos para el desarrollo de ciertas funciones neuropsicológicas, por lo que la ausencia de un estímulo concreto en un período crítico puede llevar a una alteración o incluso a la anulación de alguna de las funciones. Este proyecto que se describe no significa, que todos los niños maduren al mismo ritmo. Cualquier desviación de un niño en algún aspecto, deben ser evaluada por un profesional y se deben tener en cuenta todos los factores (familiares, sociales e individuales) que puedan influir.

Es importante la detección precoz de aquellos niños que sufren retraso psicomotor o que están en riesgo de desarrollarlo, por la posibilidad de estimular de forma temprana el desarrollo psicomotor de estos niños y así compensar las deficiencias estructurales o funcionales de su sistema nervioso.

El aspecto físico se caracteriza por la existencia de un crecimiento rápido, que comienza en el último trimestre del embarazo y se va ralentizando progresivamente. El peso del nacimiento se recupera dentro de los primeros quince días y se duplica hacia los cinco meses. La talla no se duplica hasta los 3-4 años de vida, pero durante el primer año se crece una media de 25 centímetros, para luego crecer 10 cm en cada uno de los dos siguientes años. Esto supone una velocidad de crecimiento que no volverá a repetirse en ninguna época de la vida salvo en el estirón puberal.

El desarrollo del cerebro durante los primeros 5 ó 6 meses se debe al aumento del número de neuronas. Más tarde, lo que se produce es el crecimiento de las neuronas en tamaño y la proliferación de los tejidos de sostén nervioso. El perímetro craneal es un dato que se debe medir durante los dos primeros años porque tanto una circunferencia del cráneo grande, como una pequeña son signos de alarma relativa con respecto a la maduración.

El desarrollo madurativo neuromotriz se caracteriza porque las respuestas a los estímulos van desde los reflejos generalizados que movilizan a todo el cuerpo, como los que se observan en el recién nacido, hasta las acciones voluntarias y definidas de una zona del organismo, que están bajo el control de la corteza cerebral. Este desarrollo progresa en dirección de la cabeza hacia las extremidades inferiores y de las zonas del centro del cuerpo hacia las zonas periféricas (pies y manos). Ejemplos de esta evolución son el control de los movimientos de los brazos antes que los de las piernas o que el lactante progresa desde el juego con la mano y boca hasta el del pie y boca. El punto final es el desarrollo distal, que se manifiesta cuando el lactante ya es capaz de poder usar el dedo índice con intención de explorar las partes de un objeto (prensión con pinza fina).

DESARROLLO MOTOR DEL BEBÉ

El estudio de los movimientos del niño constituye una forma sencilla de comprender la evolución neuromotriz en los dos primeros años de vida. El desarrollo de **la motricidad gruesa** evoluciona por la consecución de objetivos. Comienzan cuando el bebé tumbado boca abajo empieza a levantar la cabeza, lograr rodar lateralmente y, más adelante, alcanzar la posición sentada estable para terminar con la obtención de la posición erecta y la marcha. Estos objetivos motores no toman en cuenta la calidad del movimiento.

Los reflejos arcaicos están presentes en el recién nacido y son los primeros indicadores del desarrollo neuromotor del bebé. Se caracterizan por desaparecer entre el tercero y el sexto mes después del nacimiento. Los recién nacidos normales muestran posturas fisiológicas de forma inconsciente y transitoria, si existe una lesión neurológica. Esas posturas son anormales en alguno de sus aspectos.

Inicialmente casi todos los niños cuando comienzan a caminar lo hacen separando las piernas, levemente agachados, con los brazos separados del cuerpo, y progresando a tirones. Los movimientos se hacen cada vez más fluidos y uniformes hasta los tres años en que el niño camina como un adulto.

La evaluación del tono muscular, la fuerza, los reflejos tendinosos y la coordinación es difícil en lactantes muy pequeños. Requiere paciencia, ensayos repetidos y una habilidad por parte del explorador, ya que siempre serán datos subjetivos.

Durante el primer año de vida **la motilidad fina** está definida por el desarrollo de la prensión. En los primeros meses los brazos y manos ayudan al equilibrio y la movilidad y a medida que el niño mejora el equilibrio en posición sentada y sobre todo cuando ya comienza a caminar las manos quedan libres para manipular objetos. La búsqueda de objetos se hace cada vez más precisa, y se los lleva a la boca para conocerlos mediante exploración oral. Posteriormente ésta es reemplazada por la exploración manual. Durante el segundo año de vida, el niño aprende a usar los objetos como herramientas durante el juego. Esto supone el siguiente logro, el niño relaciona la motilidad fina con la resolución de problemas.

DESARROLLO COGNOSCITIVO

Las habilidades de procesamiento del conocimiento son el sustrato para la inteligencia. El desarrollo intelectual depende del aprendizaje, que tiene tres componentes: la atención, el procesamiento de información y la memoria (que incluye la codificación y la recuperación de la información). Se refleja en las capacidades progresivas de comprender, razonar y formular juicios.

No se dispone de pruebas para medir la inteligencia de los lactantes, aunque sí hay técnicas para demostrar su capacidad de formar representaciones bastante complejas. El lenguaje es el mejor indicador aislado del potencial intelectual (inteligencia verbal). La capacidad en manipular objetos para resolver un problema es otro indicador importante (inteligencia no verbal).

La resolución de problemas es una capacidad que exige un correcto funcionamiento de la visión, junto a una coordinación motora fina y cierto grado de procesamiento de ideas. El bebé inicia la exploración del ambiente que le rodea de forma visual. Más tarde, las experiencias visuales ayudan al movimiento. Los objetos son alcanzados y manipulados a medida que las manos quedan bajo control visual. Los objetos se los lleva a la boca para explorarlos y posteriormente los examina mediante las dos manos. El uso individual del dedo índice le lleva a manipular y tratar de comprender como funcionan los objetos. A medida que madura, el niño manipula objetos más pequeños, y aprende a desplazar la atención de un objeto a otro, comparando, descartando o seleccionándolos.

El juego es una actividad que refleja claramente estos cambios. El niño pasa del período de juego sensomotor en el que juega con objetos con música o llamativos, a la etapa de juego funcional en la que usa juguetes que representan objetos reales, en acciones que él intenta imitar. El siguiente paso es el juego imaginativo con el uso de símbolos en el tercer año de la vida.

También aparece el concepto de **la causalidad** en este período del desarrollo del niño. El lactante descubre poco a poco que sus acciones producen cierto efecto y aprende a repetirlas para obtener el mismo efecto. Más tarde las cambian para lograr un efecto nuevo. Este hecho se desarrolla de forma paralela al de **la maduración social**, por la cual el niño aprende a manipular el ambiente con sus gestos y actitudes.

DESARROLLO DEL LENGUAJE

El lenguaje y el habla son conceptos diferentes. **El lenguaje** engloba a parte de la palabra hablada, los gestos, el lenguaje de signos, y el lenguaje corporal. **El habla** sólo es la expresión verbal del lenguaje. El lenguaje abarca capacidades receptivas y expresivas. Las receptivas reflejan el hecho de comprender el lenguaje y las expresivas la forma de hacer conocer a los demás los pensamientos, ideas y deseos y entre ellas se sitúa el habla. El desarrollo del lenguaje en los dos primeros años de vida se divide en tres períodos.

DESARROLLO EVOLUTIVO DEL NIÑO Y PAUTAS DEL LENGUAJE

EDAD	DESARROLLO EVOLUTIVO	PAUTAS DEL LENGUAJE
0-3 MESES	• Boca abajo, sostiene la cabeza. • Apoyado en el vientre, levanta la cabeza. • Sigue con la mirada personas y objetos. • Juega con las manos. • Gira la cabeza ante un sonido fuerte.	• Vocalizaciones instintivas para expresar hambre, malestar, etc. • Llanto, arrullo, risas.
3-6 MESES	• Intenta coger un objeto: si se le da puede sostenerlo y llevarlo a la boca. • Sostiene la cabeza cuando se le sienta. • Juega con sus pies. • Boca abajo se sujeta sobre los brazos. • Puede voltearse.	• Comprende y se comunica a través de emisiones con distintas entonaciones. • Jerga: balbuceo, emisiones de vocales.
6-9 MESES	• Explora los objetos y trata de alcanzar el que está más lejos. • Apoyado con las manos puede sostenerse sentado. • Busca objetos ocultos.	• Comprende entonaciones o reproches. • Balbuceos, volcalizaciones, «laleo». • Emisión de sílabas como «ma», «pa».
9-12 MESES	• Imita acciones que le hacen gracia. • Palmotea, golpea objetos y los tira. • Sentado se sostiene solo. • Sujetándose, trata de ponerse de pie. • Dice adiós con la mano. • Gatea.	• Comprende gestos y responde a ellos. • Reproduce sonidos conocidos.
12-18 MESES	• Se sostiene de pie solo unos instantes. • Da algunos pasos cogido de la mano. • Tira la pelota. • Bebe solo en vaso y utiliza la cuchara. • Se sienta solo. • Construye torres de tres elementos. • Garabatea. • Maneja juguetes de arrastre.	• Comprende distintos nombres, frases y órdenes sencillas. • Reacciona ante prohibiciones. • Dice sus primeras palabras. • Señala con el dedo objetos o personas que se le señalan.
18-24 MESES	• Salta un escalón. • Identifica las partes del cuerpo. • Sube y baja escaleras con ayuda. • Se interesa por los cuentos y señala en ellos imágenes que conoce.	• Comprende numerosas palabras que designan objetos, vestidos, etc. • Comprende preguntas sencillas. • Construye frases de dos palabras. • Dice su nombre.

Período preverbal (0 a 10 meses aproximadamente)

El bebé poco a poco es capaz de localizar los sonidos hasta llegar a reconocerlos claramente. A partir de los seis meses se produce el balbuceo mediante la repetición de sonidos (pa, ma, la, ta). Los primeros "papá" o "mamá" que tanto ilusión hacen, son sonidos sin intención, meramente repetitivos.

Período de asignación de nombres (10 a 18 meses)

El niño se da cuenta de que las personas primero y después los objetos, tienen nombres. El "papá" o "mamá" son pronunciados ya con sentido. Más tarde reconoce su propio nombre y el significado del "no". Hacia los 12 meses pueden obedecer una orden si la persona que habla utiliza un gesto. A los dos años ya no es necesario el gesto para comprender la orden. El lenguaje expresivo progresa más lentamente y con mayor variabilidad individual. Indicar algo con el dedo adquiere importancia para las capacidades del lenguaje tanto receptivo (método de exploración), como expresivo (juegos de señalar). Más adelante esta maniobra le sirve para implicar a los adultos en sus acciones de obtener objetos, y pedirlos por su nombre.

Período de combinación de palabras (18 a 24 meses)

Por lo general los niños comienzan a combinar palabras aproximadamente 6 a 8 meses después de que pronuncien su primera palabra. Este hecho es muy variable ya que en muchos casos las palabras únicas son utilizadas como frases completas en cuanto al significado. Las primeras combinaciones de palabras son "telegráficas". Este lenguaje telegráfico es la primera etapa para formar posteriormente frases con morfología y sintaxis adecuadas.

DESARROLLO SOCIAL, PSICOSOCIAL, Y EMOCIONAL

Los objetivos emocionales, sociales y adaptativos son los más variables de todos los campos del desarrollo, por la influencia que sobre ellos ejercen los factores ambientales. Un niño hereda ciertas características socioemocionales y un modo propio de relacionarse con lo que le rodea, pero todo es modificado por el estilo de crianza, la clase de adaptación y el ambiente social en que se desarrolla.

Hacia los tres meses, el bebé comienza a emitir sonidos sin ningún sentido específico, pero que a él le divierten. Esta práctica le permite organizar sonidos cada vez más complejos y entrenar los órganos de fonación y audición.

Las emociones

Aunque a muchos padres les parezca lo contrario, están presentes desde los primeros días de vida. Los lactantes pueden expresar emociones sin intervención del conocimiento directo. Poco a poco las emociones son modificadas por el conocimiento, haciéndose cada vez más complejas. Cuando un niño comienza a asociar los símbolos del lenguaje con las emociones y la memoria puede recordar experiencias emocionales previas. La expresión emocional también se influye por lo que rodea al niño, las relaciones con las personas que le cuidan y los factores sociales y culturales.

Los objetivos sociales

Comienzan con el establecimiento de una unión entre el niño y la persona que lo cuida. Estas relaciones se observan en la evolución de la sonrisa en el niño y los estímulos que son necesarios para provocarla. Para que se creen más adelante otras relaciones sociales es necesario que el lactante tenga el concepto de sí mismo frente a los demás, pueda colocarse en el lugar de otro (mostrar "empatía"), y ser capaz de compartir.

El temperamento

Es el estilo característico de respuesta y comportamiento emocional del niño en diversas situaciones. Está determinado por factores genéticos, pero es modificado por los factores ambientales. Es a su vez un factor importante en las relaciones sociales del niño.

Al finalizar los dos años el niño tiene movilidad suficiente para explorar su entorno de forma independiente. Posee un conjunto de expresiones emocionales y se está socializando.

La expresión de las emociones y el temperamento de los niños es diverso, debido a la influencia de los factores ambientales, sobre un carácter propio de base genética.

Establece fuertes relaciones de amor y amistad con los miembros de la familia y otras pocas personas. Cuando se produce un déficit en alguna de las facetas es el momento en que es recomendable consultar con un profesional.

DETECCIÓN DE PROBLEMAS EN EL COMPORTAMIENTO EN LOS DOS PRIMEROS AÑOS

Es conveniente consultar a un profesional en caso de que su hijo esté en alguno de los siguientes casos:

De 0 a 3 meses: ante un sonido si no se observan en el niño respuestas del tipo de parpadeo, agitación o despertar, si no le tranquiliza la voz de la madre, si no reacciona al sonido de una campanilla.

De 3 a 6 meses: si se mantiene indiferente a los ruidos familiares, si no se orienta hacia la voz de la madre, si no emite sonidos guturales para llamar la atención, si no hace sonar el sonajero si se le deja al alcance de la mano.

De 6 a 9 meses: si no emite sílabas (pa, ma), si no vocaliza para llamar la atención, si no juega con sus vocalizaciones, repitiéndolas e imitando las del adulto, si no atiende a su nombre, si no juega imitando gestos que acompañan canciones, si no intenta coger las cosas y llevárselas a la boca, si no se mantiene sentado a los nueve meses.

De 9 a 12 meses: si no reconoce cuando le nombran a papá y mamá, si no comprende palabras familiares, si no responde a "dame", si no intenta arrastrarse, gatear o moverse.

De 12 a 18 meses: si no dice "papá" y "mamá" con intención, si no señala objetos y personas familiares cuando se le nombran, si no se entretiene emitiendo y escuchando sonidos, si a los dieciocho meses no camina solo.

De 18 a 24 meses: si no presta atención a los cuentos, si no comprende órdenes sencillas si no se acompañan de gestos indicativos, si no identifica las partes del cuerpo, si no conoce su nombre, si no hace frases de dos palabras.

Guía para los problemas durante la hora de la comida

La hora de la comida debe ser un período de contacto familiar agradable. Pero la mayoría de los padres tienen **problemas** alguna vez con la **conducta** que muestran los niños durante la misma. Los niños frecuentemente abandonan la mesa, tiran la comida, no usan los cubiertos, ven la televisión en lugar de comer, rechazan los platos que se le ofrecen, comen muy despacio, se limitan sólo a picote-

El niño pequeño necesita un ambiente tranquilo y relajado para comer bien. Cuando a su alrededor existen demasiadas distracciones es muy difícil que se concentre en la comida.

ar la comida, llora y organiza un berrinche a la hora de la comida.

Todos estos comportamientos son normales que aparezcan en algún momento del desarrollo del niño, pero si se convierten en habituales, antes de perder la paciencia, las siguientes recomendaciones pueden ser de ayuda para tratar de corregirlos:

Debe enseñarle que durante las comidas, tiene que **permanecer sentado** a la mesa, hasta que el resto de los miembros se levanten. Proponer un **tiempo límite** razonable para cada plato. Cuando el tiempo para comer haya terminado, recoger la mesa aunque el niño no haya acabado, en un tono de normalidad.

Establecer reglas para que el niño las aprenda. Por ejemplo: debe comer con la boca cerrada; debe lavarse las manos antes de empezar a comer, etc. Estas reglas deben ser razonables y basadas en la edad del niño. Comenzar con las más sencillas e ir gradualmente introduciendo las demás.

Incluir al niño en las conversaciones y hablar de cosas que puedan interesarle. No hacerle sentir como un extraño entre los adultos.

Procurar **recompensar** al niño cuando su conducta sea la adecuada, por ejemplo, cuando use correctamente los cubiertos o se lave las manos sin que nadie se lo diga.

Consejos a los padres sobre el sueño del bebé

Durante los primeros días de vida el sueño es la actividad que ocupa la mayor parte del día. Muchos niños duermen de 12 a 16 horas diarias, teniendo períodos de estar despiertos entre tomas.

Es común que muchos duerman durante el período diurno, permaneciendo despiertos por la noche cuando los padres deben dormir. Nacen con el sueño cambiado; en estos casos el cambiar la hora del baño o del paseo puede a ayudar a variar el ciclo de sueño del bebé.

Es importante desde el principio seguir unas normas para evitar futuros problemas:

— Siempre que sea posible, buscar un lugar apartado para que duerma.

LA EDUCACIÓN COMIENZA EN LA LACTANCIA

El comportamiento infantil está condicionado por la actitud y respuesta de los padres. Un ambiente afectuoso, pero ordenado, facilita la adquisición de hábitos favorables desde la primera infancia.

— Mantener la habitación donde duerme el niño con una temperatura confortable (no caliente) y no utilizar ropa o mantas pesadas que dificulten sus movimientos. No fumar en la habitación donde duerme el niño.

— Comprobar que la cuna tiene los barrotes lo suficientemente próximos como para impedir que el niño meta la cabeza entre ellos y rellenar cualquier espacio que quede entre el somier y el colchón. No poner al niño a dormir sobre una almohada rellena con bolitas de poliéster, o sobre alfombras o moquetas.

— El niño debe dormir normalmente sobre la espalda, es decir, boca arriba o de lado, al menos hasta los seis meses de vida.

— Si pone al bebé en su cama para darle el pecho, cuando acabe póngale en su cuna. Los niños nunca deben dormir en la misma cama con los adultos.

— Sólo durante los primeros meses de vida es aconsejable que el niño permanezca en la habitación de sus padres. La necesidad de alimentarle con frecuencia y la posibilidad de que llore, hacen que el dormir en la habitación conyugal sea un factor de comodidad. Después de los seis meses de vida, el bebé puede ser trasladado a otra habitación.

— Hay que establecer una rutina para acostar al niño desde edades tempranas, en un ambiente tranquilo de lectura o de escuchar música.

— Si se despierta durante la noche debemos tranquilizarlo. Estos episodios forman parte del desarrollo normal del bebé y es preciso prestarles atención. Lo normal es que a medida que vaya haciéndose más independiente, dormirá más profundamente toda la noche.

Recomendaciones para usar el chupete correctamente

El chupete es un elemento útil que proporciona bienestar al bebé y nos sirve para evitar el hábito de que se chupe el dedo. Se puede ofrecer al bebé una vez que se haya establecido plenamente la lactancia materna para que no pueda interferir en ésta. Es normal que si el bebé toma lactancia materna, en ocasiones no acepte el chupete, al notar el plástico como algo extraño.

El chupete ejerce menos presión sobre los dientes que si el bebé se chupa el dedo y causa menos daño. Otra ventaja es que su uso se puede controlar a medida que el bebé crece, mientras que es más difícil eliminar el hábito de chuparse el dedo.

Es recomendable usar un chupete comercial de una sola pieza y no atarlo con una cadena, o cuerda al cuello ya que podría provocar el ahogo del bebé. Nunca cubrir el chupete con sustancias dulces, miel o licores para hacer callar al bebé, ya que esto puede provocar alteraciones en los dientes, caries o lesiones en la boca. Examinar el chupete periódicamente para asegurarse que no está deteriorado.

Los seis primeros meses de vida, darle el chupete cuando quiera chupar, pero no siempre que llore. Cuando el bebé alcanza los seis meses de edad o cuando empieza a gatear quitarle el chupete siempre que deje de chuparlo o lo tire al suelo, y acostumbrarse a guardarlo en la cuna, de manera que lo utilice durante las siestas o en horas de la noche. Una vez que está dormido, retirar el chupete de la boca si no se le ha caído.

Qué hacer y qué no hacer cuando el niño se chupa el dedo

El deseo que tiene un recién nacido y un lactante de chupar el pecho o el biberón es algo fundamental para su supervivencia. Más del 80% de los niños, se chupan el pulgar o los dedos, aunque no tengan hambre; a esto se le llama "succión no nutritiva". La succión del dedo comienza antes del nacimiento o como muy tarde a los tres meses.

Chuparse el pulgar también ayuda al niño a sentirse bien y lo hace más a menudo cuando disminuye la administración del biberón y deja de tomar el pecho. Esto no significa que el niño esté inseguro o que tenga problemas emocionales.

En ocasiones chuparse el dedo se convierte en un mal hábito, que debe ser eliminado antes de que aparezcan los dientes definitivos, a los seis o siete años, ya que de no ser así éstos pueden deformarse o aparecer el defecto del "bocado", con una marcada separación entre los incisivos superiores e inferiores.

La habitación del niño debe ser cómoda y tener una temperatura agradable. Los barrotes de la cuna estarán lo suficientemente próximos para evitar accidentes.

28

EL NIÑO MAYOR HASTA LA ADOLESCENCIA

Tanto los niños como las niñas de los dos a los tres años engordan de dos a tres kilogramos y crecen unos diez centímetros. Pero a partir del tercer año y durante los siguientes años la ganancia ponderal está alrededor de dos kilogramos mientras que la talla aumenta una media de 6 a 7 centímetros. Estos aumentos no se producen de modo constante sino que los niños crecen y engordan a estirones, y en general en determinadas épocas del año, como la primavera. Esto determina que los cambios corporales sean menos apreciables en estas edades y las necesidades nutricionales sean menores proporcionalmente, y más variables dependiendo sobre todo de la actividad general del niño.

A partir de los tres años el control del crecimiento se recomienda que sea anual, por ejemplo en las fechas en que se cumplan los años. La excepción serán los niños que estén más delgados o más bajos, a los cuales habrá que llevarles un control de crecimiento más frecuente. Es importante que los datos se recojan en las curvas de peso y talla, las cuales son el registro del crecimiento de cada niño.

En estos años las funciones orgánicas vitales van terminando de madurar. Su sistema de defensas (inmunitario) se completa más o menos hacia los seis años, con el menor riesgo de infecciones habituales que sufren los niños más pequeños. Sus piernas, brazos y cuerpo (sistema locomotor) cada vez son más "fuertes", y el niño

presenta mayor estabilidad y menor tendencia a caerse. La visión es casi la del adulto hacia los seis años. La función renal y hepática se completan hacia el tercer año de vida. El desarrollo neuronal y el aumento de la capacidad de la vejiga permite el control de la micción y de la defecación. La adquisición de la motilidad fina le permite alimentarse solo, y en general toda la maduración del sistema nervioso le permite ir alcanzando todas las funciones como hablar o expresarse, dibujar, vestirse, etc., propias del ser humano.

Las visitas al doctor durante estos años se espacian cada vez más, llegando a ser sólo una vez al año para el control general. Los problemas de infecciones o de alimentación, más comunes en los niños pequeños, comienzan a ser sustituidos por otros propios de los niños mayores como los de la salud de la dentición (caries, malposición) o las alteraciones en el desarrollo de la columna. La labor sanitaria durante estos años se centra en la detección y prevención del riesgo de enfermedades futuras del adulto.

Son más frecuentes los problemas en aspectos del desarrollo psicosocial. El niño se incorpora a la escuela, y se identifica como individuo, integrándose a un grupo distinto a la familia. Se crean nuevas relaciones con niños de su edad y con adultos como sus profesores. Aparecen trastornos orgánicos con gran componente psíquico, como los dolores abdominales o cefaleas simples.

A continuación se recogen las medidas preventivas y las exploraciones más frecuentes que se recomiendan realizar anualmente desde los dos hasta los diez años.

EL NIÑO DE DOS AÑOS

La alimentación

La comida del niño siempre debe ser evaluada cuidadosamente. La leche ha dejado de tener el papel predominante, siendo sustituida poco a poco por otros alimentos. Hay que enseñar a comer al niño todo tipo de alimentos, fomentar la masticación y mostrarle cómo debe comer en la mesa. Evitar que aprenda a picar entre comidas, y que se acostumbre a las golosinas, dulces que puedan interferir en su alimentación. El apetito es común que pueda ser cada vez menor y más variable.

Es la edad de intentar quitar el pañal (**control de los esfínteres**) durante el día, si no se ha hecho antes. Mediante premios y sin presionar nunca al niño, se le enseña que debe hacer deposición en el orinal o el retrete, y que cada cierto tiempo (2-3 horas) hay que dejar de jugar e ir al cuarto de baño a hacer "pis". Es normal que pueda hacerse "pis" o "caca" alguna vez encima de la ropa. Nunca hay que regañarle. Si el niño se niega o está reacio a colaborar, dejar pasar unos días antes de volver a intentarlo. Empezar a enseñarle la **higiene personal**, a lavarse las manos, la cara, e incluso a que comience a jugar con el cepillo de dientes, sin pasta dentífrica. Se debe de eliminar el chupete en los niños que aún lo usen.

Fomentar los juegos al aire libre, estimulando la adquisición de movimientos, la carrera y el salto, coger pelotas, etc. Fomentar la visión de láminas de dibujos (prelectura), nombrando los

LA MADURACIÓN, A SU TIEMPO

CONSEJO

Cada niño tiene su ritmo de maduración y desarrollo. Pequeñas variaciones (adelantos o retrasos) en la adquisición de habilidades resultan completamente normales. Conviene conocer las fechas límites de cada proceso, antes de preocuparse por un niño.

La falta de integración en la guardería puede indicar problemas relacionados con el desarrollo social del niño.

distintos elementos, leerle cuentos antes de irse a dormir.

Debe pasar a **dormir** de la cuna a la cama. Regularizar las horas de ir a dormir. Los trastornos del sueño son normales que aparezcan y sean frecuentes. Hay que estar atentos con los estímulos que le puedan producir miedo, y supervisar la televisión; porque hay programas infantiles que en muchos casos están dirigidos a niños más mayores pudiendo causar estrés en niños pequeños. **Las rabietas** también son típicas de esta edad. Tomar actitud frente a ellas y saber solucionarlas mediante técnicas como la del tiempo muerto.

Los accidentes

Son un punto fundamental a esta edad. El niño empieza a ser completamente independiente en sus movimientos y es capaz de realizar acciones por su cuenta, pero sin embargo no es capaz de distinguir lo que resulta peligroso, por lo que el riesgo es muy alto.

Es una edad muy buena para explorar la visión y la audición del niño, para descartar cualquier defecto.

Las infecciones respiratorias

A estas edades son frecuentes, sobre todo en los niños que acuden a guarderías o escuelas infantiles y en los períodos de otoño e invierno. Los factores predisponentes son el mayor contacto entre los niños, y que el sistema inmunitario a esta edad no está plenamente desarrollado.

EL NIÑO DE TRES AÑOS

La maduración del niño

Según crece, el niño tiene un grado de independencia cada vez mayor. Tiene concepto individual, distingue el sexo, juega con otros niños, comienza a ayudar a vestirse al distinguir las distintas partes del cuerpo. Es capaz de bajar escaleras alternando los pies, maneja el triciclo, y corre sin dificultad.

Empieza a usar el lenguaje como instrumento. La curiosidad y la imitación de los modelos de los adultos son la característica predominante. Es normal la pérdida de espontaneidad y cierto retraimiento ante los extraños. Siempre procurar respetar su deseo de autonomía, pero estableciendo una disciplina de costumbres. Si se le ofrece un papel y un lápiz copia garabatos redondos, y le gusta utilizar los lápices o pinturas libremente. Fomentar los juegos con dibujos, piezas de construcción o puzzles.

Los sueños

Los sueños empiezan a convertirse en parte de la realidad, lo cual puede asustarlo. Es importante fijar hábitos correctos a la hora de dormir, estableciendo una rutina y nunca cayendo en la trampa de que duerman en la cama de los padres. Si existen problemas durante la noche acudir a la habitación del niño, y si es necesario acompañarle durante el sueño, hacerlo en su cama o en una cama supletoria.

Es una edad adecuada para explorar la visión, para descartar los defectos leves que hasta esta edad no son fáciles de detectar. También se vigilan la columna y los miembros inferiores en reposo y durante la marcha para descartar alteraciones por ejemplo de pies planos. A partir de estos años es recomendable hacer un control de la tensión arterial, y un control de la salud bucodental.

EL NIÑO DE CUATRO AÑOS

La escuela

Si no ha asistido previamente a una escuela infantil, supone para el niño el enfrentarse a situaciones nuevas sin estar los familiares presentes. La adaptación incluso aunque antes acudiese a una guardería, puede suponer un período de crisis con alteraciones en el comportamiento, la alimentación y el sueño. En otros casos la relación con otros niños, sirve para mejorar el empleo del lenguaje, o los trastornos de la alimentación, dándose frecuentemente el caso de niños que en casa no comen, y sí lo hacen en el colegio sin ningún problema.

> *Dibujar y garabatear con lápices y pinturas es una actividad que gusta a casi todos los niños, a la vez que les entretiene, les permite el desarrollo intelectual.*

> *La incorporación a la escuela es un período de crisis con posibles alteraciones en el comportamiento, alimentación y sueño.*

En esta época ya se ha establecido claramente la lateralidad (lado predominante del cuerpo), y el manejo de la motricidad fina (desabrocharse botones). Los niños con predominio del lado izquierdo, es posible que necesiten una adaptación especial en el aprendizaje de hábitos como comer, vestirse, la preescritura o el inicio de la lectura. Estar vigilantes ante los posibles problemas que puedan tener, ya que algunos niños ante la dificultad que les supone realizar esas actividades, lo que hacen como mecanismo de defensa es eludir esas tareas, inhibiéndose, e incluso acomplejándose ante los otros niños, con el inicio de posibles alteraciones en el desarrollo de la personalidad.

El niño distingue cuatro colores, inicia el dibujo de la figura humana con sus partes, copia un círculo y una cruz, se viste y desnuda con ayuda, conversa con cierta fluidez, y pregunta ¿cómo? y ¿por qué? hasta agotar la paciencia de los adultos. Colabora en los juegos con otros niños, y empieza a compartir los juguetes. Es una buena edad para que comience a aprender a nadar.

EL NIÑO DE CINCO AÑOS

La alimentación

Esta época se caracteriza por períodos de gran apetito alternándose con otros de anorexia. Suele ocurrir que comen determinados alimentos, rechazando el resto por sistema sin llegar a probarlos. Si se trata de niños sanos, en general la mejor actitud, es no forzarles ni entrar en guerras por que coman más; pero hay que ser estrictos en el horario de las comidas, e impedir los alimentos entre horas. Si el niño tiene problemas en su desarrollo y no come será el pediatra el que le recomiende los alimentos más adecuados para su caso y si es necesario alguna medicación para mejorar su apetito.

Es importante observar la relación con los demás miembros de la familia y con otros niños, la adaptación escolar y la obediencia. Contemplar el nivel de actividad o de inhibición en la vida cotidiana. La televisión comienza a tener que ser cada vez más intervenida.

Hay que tratar de que el niño se familiarice con el ordenador y videojuegos pero siempre con moderación y promoviendo juegos o deporte al aire libre. Los accidentes cambian de ubicación ocurriendo en el exterior de las casas. Cuidado con las bicicletas, columpios y zonas acuáticas o piscinas.

Tiene autonomía total en los movimientos, en el vestir, y en ciertas actividades de la higiene corporal.

La audición y el lenguaje deben ser evaluados. Si existe algún problema a esta edad, debe ser evaluado y tratado por el personal adecuado. Debe acudir al odontólogo para valorar el estado general de la dentición y la prevención de la caries.

EL NIÑO DE SEIS AÑOS

Comienzan unos años de posibles cambios en los hábitos alimentarios. Vigilar los sobrepesos o los cuadros de anorexia. Los trastornos de la alimentación cada vez se detectan en niños o niñas mas jóvenes. Hacer hincapié en que coma verduras, legumbres, pescado, fruta y leche, y disminuya el consumo de golosinas, bollos, y galletas (hidratos de carbono). Enseñarle a probar todo tipo de platos, haciéndole intervenir en la elaboración de las comidas y tratando de evitar las comidas precocinadas y el consumo excesivo de salchichas, huevos, patatas fritas, pasta y carne.

El niño cada vez se integra más en los ambientes fuera de la familia. Es una edad ideal para comenzar a aficionarse al deporte como juego, e ir adquiriendo y mejorando las habilidades motoras y la coordinación de las distintas partes del cuerpo. Fomentar el interés por los deportes de grupo, en los que intervengan todos los grupos musculares y exista una relación con otros niños de su edad.

El niño a esta edad escribe su nombre, cuenta hasta diez, y reconoce las formas de cuadrado, triángulo. Dedicarle cada vez más tiempo a supervisar el trabajo escolar. Incentivar la lectura y los aprendizajes sin presión. Facilitar la comunicación fluida y establecer normas claras de conducta. Controlar el tiempo ante el televisor y las actividades de videojuego y ordenador.

Las actividades al aire libre son muy recomendables. Pero hay que tener especial cuidado con los columpios, bicicletas y patines.

Hay que controlar las posibles alteraciones de la columna vertebral y la erupción de la dentición definitiva (malposición). A esta edad los defectos de refracción en la visión deben ser corregidos con gafas.

EL NIÑO DE OCHO AÑOS

La sociabilidad

Es el gran objetivo en la maduración del niño a partir de esta edad. Observar las relaciones con los hermanos, y amigos y la integración en los pequeños grupos que van formándose. Esto supone situaciones de inseguridad, agresividad y colaboración. Es fundamental la integración escolar, las aficiones, el deporte. Fomentar en los niños con problemas de relación acudir a campamentos sin la familia, u otras actividades que le supongan un esfuerzo por relacionarse.

En el desarrollo físico, el crecimiento se va enlenteciendo a medida que se acerca la pubertad. Puede aparecer fatiga física o psíquica en determinadas épocas del año, relacionadas con el colegio o el exceso de actividades extraescolares. Limitar la televisión, videojuegos y el ordenador. Vigilar la actividad física tanto por exceso como por defecto. Establecer normas de comportamiento, con derechos y deberes y los correspondientes premios y castigos. Demostrarle afecto, y darle responsabilidades, empezando a que tenga, por ejemplo, dinero de bolsillo, exigiéndole que tenga su habitación y sus objetos ordenados, etc.

EL NIÑO DE DIEZ AÑOS

La personalidad individual

Comienza a desarrollarse, junto a la socialización en las relaciones. Los problemas en el comportamiento, son más frecuentes y se entra en una etapa tanto en el desarrollo orgánico como psicosocial de aceleración hacia el cambio de niño a adulto. Los problemas aparecen en la alimentación, la relación con la familia, las relaciones en el colegio, y se empieza a cambiar la actitud frente al otro sexo.

El cuerpo comienza a esbozar las transformaciones propias del cambio puberal, y lo hace poco a poco, a distinta edad en los sexos. El crecimiento y desarrollo de todos los caracteres deben ser evaluados con una periodicidad de seis o nueve meses, explicando al niño o la niña los

DESARROLLO EVOLUTIVO DEL NIÑO Y PAUTAS DEL LENGUAJE

EDAD	DESARROLLO EVOLUTIVO	PAUTAS DEL LENGUAJE
2-3 AÑOS	• Corre aún con poca seguridad. • Cambia de posición con rapidez. • Tiene buena coordinación manual. • Construye torres de seis cubos. • Alterna los pies al subir y bajar escaleras. • Salta. • Monta en triciclo. • Compara grande y pequeño. • Hace puzzles de tres elementos.	• Comprende sustantivos abstractos. • Adquiere nociones del espacio. • Es capaz de cumplir dos órdenes dadas al mismo tiempo. • Frases de dos o tres palabras. • Etapa del «no». • Utiliza y comprende preposiciones, verbos simples, adjetivos, etc. • Relata sucesos.
3-5 AÑOS	• Se mantiene de puntillas. • Puede colocar un pie detrás de otro. • Puede transportar objetos frágiles. • Construye torres de ocho cubos. • Imita trazos verticales y horizontales.	• Organiza y estructura las frases. • Lenguaje social.

posibles cambios que le van a ocurrir y por qué. Muchas veces estos cambios o el hecho de que no aparezcan suponen un estrés para los niños que no siempre son capaces de transmitir. Hablar de educación sexual con ellos, favorecer su propia estima, entender la actitud de desafío, la inseguridad, la introversión y el deseo de independencia.

Se deben vigilar con especial interés el estado nutritivo, la tensión arterial, la columna, la visión, y la salud bucodental. Se insiste a los padres de la importancia de una alimentación completa, en la que se debe incluir la leche, las verduras, la fruta, y las legumbres. La necesidad de mayor control por parte del médico coincide con el normal rechazo a acudir a las visitas, por parte del niño.

GUÍA PARA LA DETECCIÓN DE PROBLEMAS EN EL COMPORTAMIENTO DESDE LOS TRES HASTA LOS DIEZ AÑOS

Es recomendable consultar con un profesional si apreciamos alguno de los siguientes hechos en el comportamiento del niño:

A los 3 años: no se le entienden las palabras que dice, no repite frases, no contesta a preguntas sencillas.

A los 4 años: no sabe contar lo que le pasa, no es capaz de mantener una conversación sencilla, se muestra agresivo con los que le rodea, no siente curiosidad por las cosas.

A los 5 años: no conversa con otros niños, no manifiesta un lenguaje maduro ni lo emplea eficazmente y solo le entiende su familia.

A los 6 años: pautas de comportamiento inadecuadas, retrasos del desarrollo lingüístico, mala situación en la escuela, actitudes extrañas frente a los alimentos o durante la hora de las comidas.

A los 8 años: actitudes desafiantes, agresivas, o por el contrario de excesiva pasividad, falta de desarrollo del vocabulario, incapacidad para permanecer sentado y tranquilo cierto tiempo, incapacidad de hacer amigos, interés excesivo por la comida.

A los 10 años: comportamiento social inaceptable, inhibe las charlas con los amigos y la familia, no usar el lenguaje para expresar sentimientos e ideas, actitudes o ideas anormales con relación a la alimentación, deseo o realización de dietas de adelgazamiento, excesivo interés por el peso.

Siempre habrá que estar atento ante un niño cuyo lenguaje no evolucione convenientemente, se muestre distraído y presente retraso en sus aprendizajes escolares. Los niños con problemas de adaptación escolar o mal rendimiento por su escaso interés o rebeldía, siempre deben ser evaluados para descartar problemas físicos como la hipoacusia o la mala visión. En otros casos habrá que pensar en cuadros como el de la hiperactividad o el de los niños con un coeficiente intelectual alto. Otras situaciones de especial alarma son aquellas en que el niño cambia su carácter sin razón aparente.

A partir de los diez años, en el aspecto físico comienzan a esbozarse los cambios puberales. Simultáneamente cambia la actitud hacia al otro sexo.

> *Deben fomentarse los deportes en grupo porque éstos permiten al niño desarrollar y mejorar las relaciones sociales.*

GUÍA PARA LOGRAR EL CONTROL DE ESFÍNTERES

Entre los 18 y los 24 meses de edad el niño toma conocimiento de sus funciones corporales, logrando tomar consciencia de su propia capacidad para lograr el autocontrol. El niño siente desasosiego si los pañales están mojados, y es capaz de localizar el malestar. También sigue indicaciones sencillas y puede emplear el lenguaje para expresar los deseos. Todos estos factores hacen que alrededor de la edad de dos años sea el tiempo adecuado para intentar quitar el pañal al niño. Si se intenta antes o en épocas más tardías puede influir en el comportamiento a largo plazo del niño. Una de las técnicas para lograrlo se describe a continuación:

Hacer que el niño vea a otras personas (hermanos o compañeros de escuela infantil) usar el cuarto de baño. Decirle que se trata de un hecho que el también debe lograr y tener dispuesto un orinal o un aro para el asiento del retrete, Tratar de que reconozca cuando tiene ganas de defecar y que llame la atención de la persona que lo cuida en esos momentos. Si las deposiciones las hace a unas horas determinadas del día utilizar en ese momento el orinal. Dejar al niño en el orinal durante cortos ratos, para evitar que se canse o coja miedo. No distraer al niño con juegos ni libros, está allí por un motivo determinado.

El control de la micción durante el día se intenta lograr después, ya que la señal no es tan intensa como la de la defecación. Los intervalos en los que el niño está cada vez más seco se van alargando, al aumentar el tamaño de la vejiga. Para lograrlo se pone al niño en el orinal de forma rutinaria, en determinados momentos del día, por ejemplo, antes y después de la comidas, siestas, y ratos de juego. Siempre involucrarles jugando en que se deben bajar la ropa, o mojarse las manos después. Elogiar los logros, pero sin excesos, de

> *Entre los dos y tres años el niño debe haber adquirido los hábitos suficientes para controlar los esfínteres.*

una forma normal. Nunca regañar o hacer comentarios despectivos porque el niño sufra algún "accidente" cuando esté sin pañal. Llevar siempre durante esta época de aprendizaje una muda de ropa. En determinadas situaciones o épocas en que el niño tenga más estrés, es normal que pueda volver a no controlar los esfínteres durante un período, que si no se le presiona, suele ser transitorio. Si no se logra el adiestramiento esperar un tiempo prudencial y volver a realizar el adiestramiento.

El control vesical nocturno se consigue a partir de los tres o cuatro años de edad. La vejiga debe tener una capacidad mínima de unos 225 cc antes de que el niño pueda estar seco toda la noche. Se recomienda que el niño beba la menor cantidad posible de líquidos una hora antes de irse a dormir, y que orine antes de irse a la cama. Cuando se despierte poner al niño en el retrete, tanto si está seco como si no, para lograr establecer una rutina. Levantar al niño durante la noche, sólo es recomendable durante los primeros días en que duerma sin pañal, pero no es una buena solución a la larga para evitar la micción nocturna. Si moja la cama durante la noche, procurar que el niño ayude a cambiar la ropa y las sábanas, no regañarle nunca, y por el contrario afirmar su autoestima mediante pequeños premios cuando logra estar unos días seco. Los niños con antecedentes familiares de enuresis tienen más probabilidad de tardar más en controlar los esfínteres por la noche. Reflejar en un calendario los días que permanece seco y los días en que se producen los accidentes húmedos, suele ser un buen refuerzo para la autoestima del niño, y ayuda a que se logre antes el control. Lograr que permanezca seco por la noche, depende de la maduración física del niño y de la actitud positiva y paciencia de los padres.

GUÍA PARA EL ESTABLECIMIENTO DE NORMAS DE CONDUCTA

La disciplina es un adiestramiento que ayuda a desarrollar al niño su carácter. Muchas veces los padres se quejan de comportamientos inadecuados en sus hijos, y no asumen que éstos se producen por una falta de normas o hábitos de comportamiento. Un niño en un ambiente sin normas o poco claras, tiende a desarrollar las suyas propias. Hay que partir de que el objetivo final de todo niño es obtener la aprobación de sus padres y la manera de conseguirlo es hacer lo que sus padres esperan, pero si al niño se le permite actuar de una forma inadecuada, por falta de normas, puede sentirse inseguro, y no logrará comportarse correctamente.

ANTE LA DUDA, CONSULTE SIEMPRE AL PEDIATRA

CONSEJO

Cuanto antes se intervenga en un niño con problemas de comportamiento, más garantías tendremos de recuperación de la normalidad. La desatención de estos trastornos puede ser el inicio de problemas psicológicos en el futuro.

El establecimiento de unas normas claras es estrictamente necesario para conseguir que el niño alcance una conducta adecuada. **Las normas** deben caracterizarse por ser claras, concretas, y conocidas por toda la familia. Deben ser adecuadas para la edad y situación del niño, y cumplirse de manera constante. No pueden ser arbitrarias, permitiendo que en ocasiones no se cumplan y en otras castigarlo por el mismo motivo. Hay que poner un punto límite al cual puede llegar el niño y que no puede traspasarse.

Los niños repiten las conductas que saben que provocan una reacción de los padres, tanto positiva como negativa. Hay que reprender el hecho, no al niño, aunque es necesario que el niño sepa que es responsable de sus actos. Hemos de ser responsables con las normas que predicamos, los padres son el ejemplo que siguen los hijos.

Los padres y cuidadores deben estar de acuerdo en cuáles son los **límites y los castigos** que hay que aplicar para las infracciones. Las consecuencias o castigos de un comportamiento inadecuado, deben ser inmediatos en los niños pequeños para que resulten efectivos. En los niños mayores y adolescentes puede ser más adecuado dialogar primero y retrasarlos. No amenazar con acciones que sean absurdas o luego no puedan ser cumplidas, ni trasladar el cumplimiento de la amenaza a otros miembros de la familia que no estén en ese momento. El castigo debe tener una conexión lógica con el comportamiento inadecuado, ser proporcional y no exceder los límites de lo que el niño es capaz de aguantar. Debe tratar de ser educativo. Los azotes por ejemplo, no ayudan

El establecimiento de unas normas claras permite alcanzar al niño una conducta adecuada. El cariño y la actitud comprensiva facilita el aprendizaje.

a desarrollar la conciencia del niño, cancelan la falta rápidamente y suelen aplicarse en un momento de ira de los padres. Si se aplican castigos como el aislamiento o estar en una silla, hay que ponerle límites. Las restricciones en el uso de actividades como la bicicleta o la televisión suelen ser efectivas.

En momentos de riesgo, apartar el motivo de tentación y distraer al niño si se intuye que va a realizar una acción inadecuada. No darle importancia a cosas insignificantes, si se ha portado mal enfrentarle claramente con los hechos para que reconozca que ha realizado la acción inadecuada. Si pretendemos que el niño obedezca una orden, hay que darla sólo una vez y, a continuación, hacerla cumplir. En niños pequeños se les puede obligar a hacerlo físicamente para, a continuación, elogiarles. En los niños mayores emplearemos la técnica del intercambio de obedecer la orden por un premio.

GUÍA PARA ENFRENTARSE A LAS RABIETAS

Las rabietas son una etapa más en el desarrollo, que le permite enfrentarse con la frustración y conseguir el autocontrol. Son conductas destinadas a llamar la atención de quienes le rodean o bien servir para obtener una recompensa.

Las manifestaciones de la frustración son distintas, según la edad del niño:

• En el lactante: las crisis de llanto incontrolado que no se detiene una vez comenzado. Requieren mecer al bebé para calmarlo, y que se dé cuenta de que se le está tratando de consolar. Esto no supone, que cada vez que el bebé llore un poco haya que calmarlo rápidamente. Tratar de esperar un tiempo mínimo, antes de cogerlo, por que si no esta maniobra se acaba convirtiendo en rutina y el bebé es incapaz de estar en la cuna solo ni un momento.

RABIETAS

CONSEJO

Si ya se ha acostumbrado a solicitar cosas por medio de las rabietas, y lo que pide es justo, le advertiremos que le daremos lo que pide cuando lo pida correctamente, sin amenazarle ni gritarle, sino con calma y tranquilidad. Cuando se mantiene una conducta de este tipo, hay que hacerlo hasta las últimas consecuencias. Los niños perciben con gran facilidad si ellos son la causa de que los adultos pierdan la calma y se sienten satisfechos cuando lo consiguen.

Las rabietas infantiles sirven para llamar la atención de quienes le rodean u obtener una recompensa. Se pueden controlar usando la "técnica del aislamiento".

• Niño pequeño: a esta edad es un ser egocéntrico todavía, en las que sus necesidades y deseos son lo primero. Si esta actitud es demasiado acusada se le debe tratar de indicar un esquema rígido mediante órdenes claras y firmes, lo que puede ayudar al niño a aceptar las normas y regulaciones de su mundo.

• Niño preescolar: en este caso la rabieta puede ir acompañada de agresión verbal. Un niño de cuatro o cinco años se da cuenta de que puede captar la atención si usa palabras prohibidas o mal sonantes. Todos estos comportamientos se combaten mediante la ignorancia frente a la agresión. El niño se convierte en un experto en pactar y esto le ayuda a superar sus frustraciones, y obtener un autocontrol. El aprendizaje del autocontrol mejora su autoestima. Por el contrario el intento de control mediante castigos sólo sirve para que vea disminuida la sensación de ser capaz de lograr el autocontrol.

• Niño en edad escolar: los arranques incontrolados ante las frustraciones a partir de los seis o siete años suponen una alteración en el desarrollo del niño por lo que es posible que tengan que ser evaluados por un especialista, antes de que esas actitudes se fijen y supongan un obstáculo en la personalidad.

Actuación ante las rabietas

El niño no debe sacar partido alguno en el momento de la crisis, ni como consecuencia de ella. La situación siempre es controlable y hay que pensar que tiene un tiempo límite en sí misma, por lo que no debemos ayudarla a que dure más. En el momento de la crisis es importante que el niño no reciba demasiada atención, ignorarle o efectuar una técnica de aislamiento. No perder la calma y mantener esa postura en todo momento. La técnica de aislamiento se debe realizar llevándole a una habitación donde pueda estar en soledad y tranquilidad, donde le dejaremos hasta que se calme. Si la rabieta ocurre en un sitio público, esperaremos a que se calme solo, sin recibir ninguna palabra ni atención por nuestra parte. A continuación, sin darle explicaciones se le llevará a otro lugar y se tratará de distraer su atención de la causa que ha provocado la rabieta.

INMUNIZACIONES, CALENDARIO VACUNAL

INMUNIDAD

La inmunidad es el estado de resistencia o defensa que tienen las personas ante los agentes infecciosos o las toxinas capaces de producir enfermedades. Existen dos tipos: la inmunidad pasiva humoral llevada a cabo por los anticuerpos; este tipo es la que transmite la madre al hijo o se produce por la inoculación artificial de sustancias que contienen las defensas específicas (anticuerpos), como los sueros; la inmunidad activa que se adquiere al haber padecido la enfermedad o por inoculación de sustancias consistentes en fracciones, o en los propios agentes infecciosos muertos o atenuados (antígenos).

INMUNIZACIÓN

Se llama así a la acción de conferir inmunidad mediante la administración de antígenos (inmunidad activa) o mediante la administración de anticuerpos específicos (inmunidad pasiva). **Los antígenos** son elementos extraños (bacterias, virus, sustancias tóxicas, sustancias orgánicas como la sangre, etc.) al propio cuerpo que es capaz de producir una reacción de defensa en el organismo. **Los anticuerpos** por el contrario son sustancias que produce ese organismo como reacción de defensa cuando se pone en contacto con un antígeno.

Inmunidad individual: se refiere a la situación en que una persona posee anticuerpos protectores específicos o inmunidad celular específica frente a una determinada enfermedad como consecuencia de una inmunización completa o de haber padecido la enfermedad. En muchos casos, tener contacto con enfermos o portadores de los gérmenes causantes puede desarrollar inmunidad frente a ellos, no siendo necesario padecer la enfermedad para tener defensas contra ella.

Inmunidad colectiva: es un concepto que se refiere al nivel de inmunidad en una población, que previene la aparición de epidemias. Éstas se evitan cuando el 50% de la población está inmunizada. Las enfermedades se erradican cuando está inmunizada más del 70% de la población.

Vacuna: es un producto biológico, utilizado para conseguir una inmunización activa artificial. Son sustancias que al ser inoculadas a las personas no sólo protegen a éstas, sino también a la colectividad con la que conviven, al cortar la cadena epidemiológica de la enfermedad. **La vacunación** es el procedimiento de administración de las vacunas. Las vacunaciones sistemáticas son aquellas que se aplican a la totalidad de la población y que forman parte de los calendarios vacunales de una comunidad.

Eficacia vacunal: es el grado de protección contra una infección determinada conferido por la vacuna. Se expresa como el porcentaje de individuos vacunados que han adquirido una protección total contra esa infección.

Primovacunación o inmunización primaria: es la serie de dosis de un mismo producto biológico vacunal que se ha de administrar a una persona, para que consiga una inmunidad adecuada frente a la infección.

Revacunación: es el estímulo antigénico capaz de inducir una respuesta inmune secundaria al cabo de semanas, meses o años de una inmunización primaria. También se llama dosis de recuerdo.

Hoy existen varios tipos de vacunas según su composición, o su modo de fabricación:

Vacunas de microorganismos vivos o atenuadas: están constituidas por microorganismos que han perdido la virulencia al haber sido sometidos a distintos procedimientos. Inducen una respuesta inmunitaria intensa, duradera, tanto de tipo humoral (anticuerpos) como celular. Dentro de este grupo se encuentran las vacunas de polio tipo Sabin, sarampión, rubéola y paperas.

Vacunas de microorganismos muertos o inactivados: estas vacunas se obtienen inactivando los microorganismos por procedimientos químicos o físicos. En general inducen una respuesta inmunitaria de menor intensidad y duración y de tipo humoral fundamentalmente. Pueden estar compuestas por bacterias o virus totales (polio, tos ferina clásica, gripe, tifoidea, cólera, y rabia) o por partes específicas de la bacteria denominadas toxoides (difteria y tétanos).

Vacuna adsorbida: los antígenos están fijados a la superficie de una sustancia adyuvante, para reforzar el poder inmunógeno de la vacuna.

Vacuna combinada: son vacunas que contienen antígenos de varios agentes infecciosos diferentes. Por ejemplo la vacuna triple vírica que contiene antígenos frente al sarampión, las paperas y la rubéola.

Vacuna conjugada: estas vacunas llevan antígenos polisacáridos correspondientes al germen contra el que se vacuna y se les une un derivado proteico procedente de otro germen, para aumentar su capacidad inmunógena y tener un mayor efecto protector y que con dosis reiteradas se logre aún más protección. Otra ventaja de estas vacunas conjugadas es que son eficaces en niños menores de dos años.

Vacuna monocomponente: contiene sólo un fragmento antigénico de un microorganismo. Es el caso de las nuevas vacunas acelulares de la tos ferina.

Vacuna multicomponente: contiene varios fragmentos antigénicos de un solo microorganismo.

Vacuna monovalente: contiene un solo serotipo de una especie. Por ejemplo la vacuna antirubeólica.

Vacuna polivalente: contiene varios serotipos de una misma especie. Dos ejemplos son la vacuna antineumocócica, y la vacuna tipo Sabin frente a la polio.

Vacuna recombinante: son las nuevas vacunas surgidas con las técnicas de manipulación genética. La vacuna contiene un antígeno proteico obtenido mediante la inserción (recombinación genética) en un microorganismo (por ejemplo una levadura) o en un cultivo celular de un fragmento apropiado que contiene el gen o segmento de ADN que codifica el antígeno deseado. El ejemplo es la vacuna recombinante frente a la hepatitis B. Han supuesto un gran avance en el campo de la investigación de nuevas vacunas.

TÉCNICAS DE ADMINISTRACIÓN DE VACUNAS

En la actualidad son cuatro las vías utilizadas para la administración de vacunas: oral, intramuscular, subcutánea o intradérmica. Para el futuro se están ya investigando otras vías de administración menos traumáticas, más cómodas y económicas como es el caso de la vía intranasal.

La **vía oral** se utiliza para administrar algunas vacunas como la polio tipo Sabin, la antitífica y el cólera.

En la **vía intramuscular** se inyecta la vacuna en una masa muscular profunda. Existen tres lugares donde se realiza: el músculo vasto externo en el muslo (lactantes), el múscu-

> *Ante un caso declarado de poliomielitis, todas las personas que conviven con el afecto tienen la obligación de vacunarse si no lo hicieron anteriormente. Los lactantes mediante la vacuna oral —las autoridades sanitarias se ocupan de administrársela a partir de los dos o tres meses de edad dentro del calendario de vacunaciones— y los adultos por vía intramuscular.*

lo deltoides en el brazo (adultos y niños mayores de 18 meses) y el glúteo (niños mayores de tres años).

En la administración **subcutánea**, la vacuna se pone en el interior del tejido conjuntivo, debajo de la piel.

Por ultimo en la administración **intradérmica**, la introducción es dentro de la dermis, de una cantidad mínima de líquido. Se utiliza para la administración de ciertas vacunas (BCG) y hacer tests diagnósticos (Mantoux).

La mayoría de las vacunas requieren la administración de varias dosis con el fin de obtener una adecuada respuesta inmunológica. Si se interrumpe por algún motivo la pauta recomendada, solamente se debe proseguir con el número de dosis que faltan hasta completar la serie establecida, no reiniciar; porque la administración de vacunas a intervalos menores del mínimo recomendado puede disminuir la respuesta inmune.

PRECAUCIONES Y CONTRAINDICACIONES DE LAS VACUNAS

Las vacunas presentan cierto número de reacciones después de su administración, y también presentan situaciones en las que no pueden administrarse.

En general todas las vacunas deben retrasarse si el niño tiene fiebre alta, las infecciones menores sin fiebre no son motivo para retrasar las vacunas.

No se puede vacunar en zonas donde se observe inflamación.

Es importante respetar siempre el intervalo mínimo entre dos dosis de una misma vacuna. Es mejor retrasar la vacunación el tiempo necesario.

Las vacunas de gérmenes vivos en general, salvo excepciones, no se deben administrar si-

multáneamente con inmunoglobulinas. Las excepciones son las vacunas de la polio oral, la fiebre amarilla o la fiebre tifoidea. El intervalo mínimo que ha de transcurrir entre la administración de una vacuna de antígeno vivo y de inmunoglobulinas es de cuatro a seis semanas. En el caso de vacunas de microorganismos muertos y de toxoides no hay inconveniente en administrar inmunoglobulinas antes, después o simultáneamente, con la única precaución de administrarlos en lugares distintos. Un ejemplo es el caso de la vacuna contra la hepatitis B, que se administra junto a la gammaglobulina a los recién nacidos de madres portadoras de la hepatitis B, inyectándolas en lugares diferentes. Tampoco hay inconveniente en administrar dos vacunas de antígenos vivos si se hace de manera simultánea. Si no se hace así, habrá que separarlas al menos cuatro semanas.

Nunca se administrarán vacunas cuando exista alguna de las siguientes situaciones: reacción alérgica grave (anafiláctica) a dosis previas de una vacuna o a alguno de los componentes de la vacuna; enfermedad moderada o grave con o sin fiebre; procesos malignos tumorales en evolución (en las fases de remisión completa estable pueden administrarse vacunas inactivadas, y en ningún caso deben aplicarse vacunas con virus atenuados); después de un tratamiento con medicamentos inmunosupresores (corticoides) debe esperarse como mínimo 15 días; en las enfermedades con deficiencias inmunitarias sólo se pueden administrar vacunas inactivadas, aunque siempre sabiendo que su eficacia será limitada.

Existen algunas **contraindicaciones específicas** de cada vacuna:

Vacuna DTP: enfermedad cerebral en los siete días siguientes a la administración de una dosis previa de DTP, o convulsiones en los tres días siguientes a haber recibido una dosis de DTP.

Vacuna polio oral: infección por virus de la inmunodeficiencia humana (VIH) o contacto familiar con una persona infectada por VIH.

Vacuna triple vírica: el embarazo, y las inmunodeficiencias de cualquier tipo.

No son contraindicación para la vacunación: las reacciones de dolor, enrojecimiento o inflamación en el lugar de administración en dosis previas; que el niño esté tomando antibióticos en ese momento; historia de alergia inespecífica; historia familiar de convulsiones o de reacciones desfavorables a las vacunas y la administración de vacunas desensibilizantes. Los niños prematuros deben ser vacunados normalmente.

> *Las vacunas pueden producir reacciones después de su administración.*

Entre las **complicaciones más frecuentes** que surgen tras la administración de las vacunas están el síndrome febril, los síntomas locales como enrojecimiento o inflamación de las zonas de administración, y las reacciones alérgicas que van desde las erupciones leves al shock anafiláctico grave.

CALENDARIO DE VACUNACIONES SISTEMÁTICAS

En los programas de vacunación infantil uno de los principales puntos es definir el calendario de vacunaciones sistemáticas adecuado para cada población. El objetivo final del calendario vacunal es establecer un orden en la administración de las vacunas con el fin de lograr el nivel de inmunidad más óptimo frente a las enfermedades que se intentan prevenir en dicho área.

Los calendarios de vacunación están en constante renovación debido a la aparición de nuevas vacunas, y al estudio más completo de la situación de las enfermedades en cada área. Ante el mayor número de vacunas y la complejidad de administrarlas están apareciendo combinadas varias de ellas, en dosis únicas para una mayor simplificación del número de administraciones.

Por último el factor económico incide directamente sobre la inclusión o no de vacunas dentro del calendario vacunal. Las zonas con mayor nivel económico son capaces de dedicar más recursos a la prevención de enfermedades, con el consiguiente aumento del número de vacunas administradas. En zonas de pocos recursos sanitarios o de difícil accesibilidad geográfica los calendarios vacunales se convierten en campañas de vacunación masivas que tratan de abarcar al mayor número de niños de la población en determinados momentos, centrándose en las enfermedades que producen epidemias en dichas zonas. Mediante estos dos tipos de políticas se logra poco a poco que enfermedades como la viruela se consideren erradicadas y que la polio esté prácticamente anulada.

A pesar de que la situación epidemiológica en áreas extensas que abarcan países o continentes es más o menos similar, todos los factores descritos anteriormente hacen que no existan calendarios iguales entre los distintos países, ni incluso en las distintas regiones de un país como el caso de España. Existen diferencias en las enfermedades que se previenen, en el tipo de vacuna para una misma enfermedad, y en la edad de administración. Si se admiten unos períodos más o menos similares entre todos los calendarios en la administración de las distintas dosis.

A continuación se describen las vacunas que se administran sistemáticamente en la mayoría de los calendarios vacunales.

VACUNA FRENTE A LA HEPATITIS B

El control de la hepatitis B es necesario, y debe incluir la vacunación de todos los lactantes y si es posible la de los adolescentes. En el 30-40% de los casos de infección aguda por el virus de la hepatitis B, no se identifica ningún factor de riesgo previo. La infección por el virus de la hepatitis B habitualmente no produce síntomas en los lactantes ni en la mayor parte de los niños; pero estas infecciones asintomáticas en la infancia presagian la elevada tasa de secuelas que se da a partir de los 20 años. Cuanto más joven se adquiere la infección, mayor es la probabilidad de que el individuo se convierta en portador de una infección crónica por el virus de la hepatitis B.

La vacuna frente a la hepatitis B se obtiene por ingeniería genética. Ha demostrado ser altamente eficaz, segura, bien tolerada y con escasos efectos secundarios. Puede ser administrada junto a otras vacunas. En la actualidad ya existen presentaciones de vacunas de hepatitis B combinadas con la hepatitis A, o con la difteria, tétanos y tos ferina.

Tres dosis de vacuna producen una respuesta protectora en el 95-98% de los individuos vacunados. Las dos primeras dosis deben ser administradas por lo menos con un intervalo de un mes. La segunda y tercera dosis deben estar separadas por un tiempo mínimo de cuatro meses. La dosis varía según la edad, siendo de 10 mg/ml hasta los catorce años, y el doble a partir de esa edad. Se administra mediante inyectable intramuscular en región deltoidea o en el muslo.

En los niños sanos, no se ha determinado aún, pero probablemente no se necesite una dosis de refuerzo a los cinco años. En adultos sanos no es recomendable dosis de refuerzo al menos en los diez años posteriores a la vacunación.

VACUNA CONTRA LA POLIOMIELITIS

La infección por el virus de la polio (enterovirus) sólo ocurre en humanos. La vía de transmisión es a través de la alimentación por contacto directo con un enfermo (transmisión fecal-oral) al

CALENDARIO DE VACUNACIÓN INFANTIL

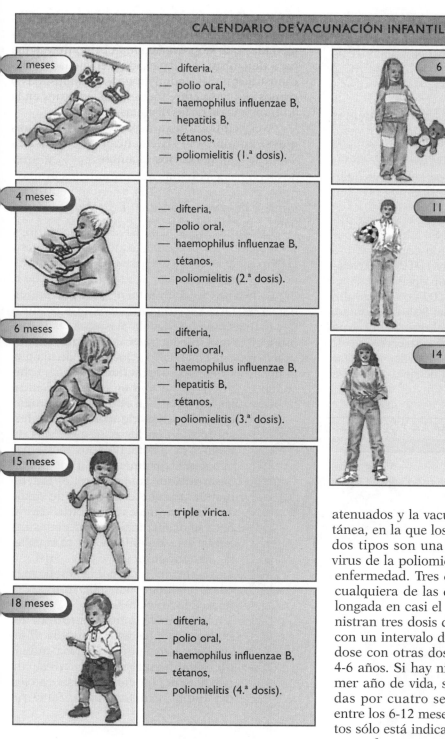

2 meses
— difteria,
— polio oral,
— haemophilus influenzae B,
— hepatitis B,
— tétanos,
— poliomielitis (1.ª dosis).

4 meses
— difteria,
— polio oral,
— haemophilus influenzae B,
— tétanos,
— poliomielitis (2.ª dosis).

6 meses
— difteria,
— polio oral,
— haemophilus influenzae B,
— hepatitis B,
— tétanos,
— poliomielitis (3.ª dosis).

15 meses
— triple vírica.

18 meses
— difteria,
— polio oral,
— haemophilus influenzae B,
— tétanos,
— poliomielitis (4.ª dosis).

6 años
— difteria,
— polio oral,
— tétanos.

11 años
— polio oral,
— triple vírica,
— hepatitis B.

14 años
— difteria (a menor concentración),
— tétanos,

eliminar éste el virus en las heces durante meses. También es posible el contagio por las secreciones respiratorias y por vía transplacentaria. La mayoría de las infecciones por los virus de la polio son leves, apareciendo sólo la poliomielitis paralítica (más grave) de forma infrecuente.

El empleo generalizado de la vacuna ha logrado una disminución de la incidencia mundial de la enfermedad.

Existen dos tipos de vacunas contra la poliomielitis: la vacuna por vía oral (VPO) de virus atenuados y la vacuna por vía inyectada subcutánea, en la que los virus están inactivados. Los dos tipos son una mezcla de los tres tipos de virus de la poliomielitis que pueden producir la enfermedad. Tres dosis (mínimo necesario) de cualquiera de las dos inducen protección prolongada en casi el 100% de los casos. Se administran tres dosis desde los dos meses de edad, con un intervalo de 4 a 8 semanas, revacunándose con otras dosis a los 15-18 meses y a los 4-6 años. Si hay niños no vacunados en el primer año de vida, se les dará dos dosis separadas por cuatro semanas y una tercera dosis entre los 6-12 meses de la primera. En los adultos sólo está indicada en los casos de contactos con enfermos que no estén vacunados.

Las contraindicaciones son las descritas en general, teniendo muy en cuenta que no debe administrarse la vacuna tipo oral a niños con déficit causa en sus defensas orgánicas (inmunitarios), o a niños que convivan con adultos con déficit inmunitarios debido al riesgo de diseminación, a través de la heces, del virus que se administra en las vacunas. En estos casos siempre se administrará la vacuna de virus inactivados.

Actualmente se valora la posibilidad de alternar los dos tipos de vacunas en la inmunización (pauta de administración secuencial), empezando por la vacuna subcutánea, para minimizar el posible riesgo de sufrir un cuadro de poliomielitis por la administración de vacuna de tipo oral.

VACUNA CONTRA LA DIFTERIA

La difteria es una infección producida por una bacteria que afecta a los humanos exclusivamente. Se transmite por contacto íntimo con enfermos o portadores a través de las secreciones respiratorias.

La vacuna está constituida por el toxoide diftérico (partes de la bacteria). Se administra por vía intramuscular, combinada con la vacuna contra la tos ferina y el tétanos (DTP), o exclusivamente con la del tétanos con dosis de vacuna antidiftérica tipo pediátrico (DT) o tipo adulto (Td). La protección de más del 90% se adquiere con cuatro dosis. A partir del quinto año esta protección disminuye hasta desaparecer si no se revacuna hacia los diez años. La vacuna DT se debe evitar en niños mayores de siete años y en el embarazo.

La pauta de administración es junto a la del tétanos y tos ferina (si ésta se administra), debiendo a partir de los 14-16 años (última dosis del calendario vacunal) administrar una dosis de recuerdo cada 10 años (junto al tétanos, Td) durante toda la vida. En caso de padecimiento de la difteria se debe proceder a la vacunación o revacunación durante la convalecencia; lo mismo ocurre en el caso de niños vacunados en contacto con enfermos, siempre que la última dosis no haya sido aplicada durante los últimos doce meses. Estos niños además recibirán junto a la vacunación una dosis de penicilina para la prevención de la enfermedad.

VACUNA CONTRA EL TÉTANOS

El tétanos es una enfermedad producida por la bacteria *Clostridium tetani*, que produce dos toxinas, una de ellas (la plasmina) es la que produce la enfermedad neurológica que conduce a la muerte en el 95% de los casos de tétanos generalizado. La enfermedad se desarrolla cuando a través de heridas en la piel penetran las bacterias. En el mundo se producen un millón de muertes al año, sobre todo en los países en vías de desarrollo, afectando a los recién nacidos principalmente. En los países desarrollados la incidencia es mucho menor, aunque el número de casos anuales sigue estabilizado desde hace unos 50 años a pesar de los calendarios vacunales y las campañas de vacunación; en estos países a quien afecta es a la población de más edad, que tiene una cobertura de defensa de sólo el 20%.

La vacuna contiene el toxoide tetánico, y se presenta junto a la difteria, la tos ferina o en forma individual monovalente. El nivel de protección con cuatro dosis es casi del 100%, recomendándose una re-

CÓMO SE INSTAURA LA POLIOMIELITIS

Modalidades con las que se instaura la poliomielitis:

a) El virus penetra a través de la mucosa orofaríngea,
b) alcanza el intestino,
c) llegando al sistema nervioso,
d) y la médula espinal.
e) Provocando lesiones degenerativas, se manifiesta con parálisis de los grupos musculares,
f) y trastornos de la sensibilidad cutánea.

DEFORMACIONES DE LOS PIES A CONSECUENCIA DE POLIOMIELITIS

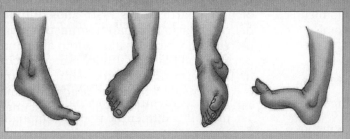

Pie equino   Pie equino vuelto hacia fuera   Pie varoequino   Pie talón

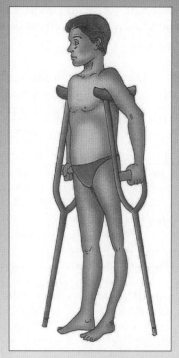

Atrofia muscular de la pierna izquierda

Cuando un niño enferma de poliomielitis es conveniene que se mantenga aislado. Una vez que se adquiere la parálisis es aconsejable la rehabilitación, para que se recupere lo máximo posible la función de la extremidad o la parte del cuerpo afecta. Para ello existe una serie de ejercicios que son efectivos durante el primer año después de la infección. La capacidad de recuperación de los organismos jóvenes es muy grande y, además, con una gran capacidad de adaptación. El niño enfermo de poliomielitis debe asistir a la escuela como los demás y llevar una vida lo más activa posible.

vacunación cada 10 años, a pesar de que los niveles de protección puedan llegar hasta los 25 años. Se administra por vía intramuscular o subcutánea, en una pauta similar a la difteria y tos ferina. En situaciones de riesgo, cuando se produzca una herida o intervención quirúrgica la conducta de vacunación y prevención con inmunoglobulina, siempre debe ser valorada por el personal sanitario.

VACUNA CONTRA LA TOS FERINA

La tos ferina sigue siendo un problema muy importante en todos los países. A raíz de la introducción de la vacuna de bacterias enteras inactivadas bajó su incidencia, excepto en países que se decidió no vacunar, debido a dudas en los posibles efectos secundarios. Actualmente se da una mayor incidencia entre los adolescentes y adultos en las áreas industrializadas, ocurriendo brotes epidémicos cada 3 ó 4 años. Actualmente existen dos tipos de vacunas: la vacuna con bacilos enteros inactivados y las vacunas acelulares. La vacuna contiene los bacilos enteros inactivados combinados con el toxoide del tétanos y el diftérico. Se administra por vía intramuscular en cuatro dosis, siendo la ultima a la edad de 15-18 meses. Tres dosis producen una protección del

80%, aunque esta protección baja rápidamente y con la administración de la cuarta dosis a los 15-18 meses sólo se consigue una protección del 50% a los 4-6 años, y ninguna a los 12 años. Esta vacuna presenta frecuentemente reacciones de tipo local que duran dos o tres días. También puede dar lugar a reacciones generales como la fiebre y el malestar general, y más graves como convulsiones o cuadros neurológicos. Esta contraindicada en casos de enfermedad neurológica evolutiva. En caso de brotes de tos ferina, la vacunación carece de eficacia, dado que son necesarias tres dosis para prevenir la enfermedad.

Las nuevas vacunas acelulares están compuestas por partes de la bacteria que son capaces de producir estado de defensa en el niño vacunado. Presentan la ventaja de evitar los efectos secundarios de las vacunas de bacilos enteros y en la actualidad los protocolos de investigación en muchos países se encuentran muy avanzados, aceptándose su empleo generalizado. Se utilizan en los niños desde los dos meses de edad, junto al tétanos y la difteria. Las tasas de eficacia son mayores del 85% tras la administración de tres dosis. Protege principalmente contra la enfermedad (síntomas clínicos) más que contra la infección, por lo que no son eficaces contra la aparición de los brotes epidémicos. La vacuna acelular no protege tampoco contra los síndromes parapertúsicos. Con las vacunas acelulares se puede poner una dosis de recuerdo a los seis años.

VACUNA TRIPLE VÍRICA (PAPERAS, SARAMPIÓN, RUBÉOLA)

Está indicada en la inmunización primaria y revacunación frente al sarampión, rubéola y paperas. Se debe administrar una primera dosis a los 12-15 meses de edad y una segunda entre los 6 y 13 años. En determinadas situaciones se puede dar una dosis inicial por debajo de los doce meses, pero en estos casos siempre habrá que volver a poner otra dosis en el segundo año de vida.

Se administra por vía subcutánea, y se puede hacer junto con otras vacunas (DTP, poliomielitis, hepatitis B, haemophilus influenzae tipo B) usando lugares anatómicos diferentes.

Existen efectos secundarios propios de cada componente (sarampión, paperas, rubéola), que se pueden dar con la primera dosis de vacuna. El más frecuente es la aparición de fiebre y a veces síntomas catarrales a partir del quinto día. También se han descrito exantemas leves, tipo sarampionoso, después de la vacunación. La eficacia es superior al 98%.

Existen también vacunas monovalentes de cada componente de la vacuna triple vírica, que se pueden utilizar ante contactos con enfermos de cada una de las mismas.

VACUNA PARA PREVENIR LA INFECCIÓN POR HAEMOPHILUS INFLUENZAE TIPO B

El haemophilus influenzae tipo b es responsable del 95% de las infecciones invasivas producidas por *Haemophilus influenzae*. La mayoría de estas infecciones, que son severas, se producen en niños menores de cinco años, especialmente por debajo de los dos años. La enfermedad puede producirse al propagarse, a través de la sangre, la bacteria después de haber colonizado la faringe o las mucosas de la nariz. La meningitis es la infección más frecuente, sobre todo en los niños menores de un año, de ahí la importancia de prevenir este cuadro tan grave. Otros cuadros clínicos que puede producir son epiglotitis, neumonía, artritis o infecciones óseas. La transmisión se produce por contacto directo con un enfermo o con una persona portadora de la bacteria asintomática, a través de las gotitas de la respiración.

La vacuna contra el haemophilus influenzae tipo b es una vacuna conjugada; hay comercializadas tres tipos de vacunas conjugadas para su administración en mayores de dos meses según el tipo de proteína a las que se

unen los antígenos frente al *Haemophilus*. Todas tienen similar eficacia, aunque su esquema de administración puede variar, por lo que es fundamental seguir las indicaciones del laboratorio fabricante.

Se administran en mayores de dos meses por vía intramuscular y puede hacerse al mismo tiempo que otras vacunas. En la actualidad ya hay vacunas comercializadas contra el haemophilus influenzae tipo b combinadas con la vacuna DTP. Se administran cuatro dosis y el intervalo entre las mismas no debe ser menor a dos meses y es muy importante emplear el mismo tipo de vacuna conjugada durante todo el esquema de vacunación.

Actualmente está incluida en muchos calendarios vacunales de los países desarrollados. En las zonas en que no está dentro del calendario vacunal general, está indicada en los niños con inmunodeficiencias, y los niños infectados con el virus de la inmunodeficiencia humana. Los niños menores de 24 meses que hayan padecido enfermedad deben igualmente vacunarse. Los contactos con un caso aun estando vacunados deben recibir tratamiento preventivo con antibióticos (rifampicina).

En el caso de las guarderías es controvertida la indicación de vacunar a todos los niños cuando aparece un caso de enfermedad. En caso de niños menores de dos años en contacto con el caso por lo menos cuatro horas diarias en los siete días previos, la aparición de un segundo caso dentro de los 60 días del primero obliga a efectuar profilaxis con antibióticos a todos los niños y al personal de la guardería.

VACUNACIONES NO SISTEMÁTICAS

En este apartado se incluyen otras vacunas que en la actualidad no está claramente aceptada su inclusión en el calendario vacunal. Los argumentos que se discuten son su poca efectividad o la baja incidencia de la enfermedad en la comunidad. Describiremos a continuación las más importantes brevemente.

VACUNA DE LA TUBERCULOSIS

La vacuna clásica contiene bacilos vivos atenuados. Es de uso intradérmico, administrándose en la parte superior del brazo. Su eficacia es muy variable, y los estudios no aclaran realmente este dato, aunque la mayoría la sitúan por encima del 65% en la edad pediátrica. La

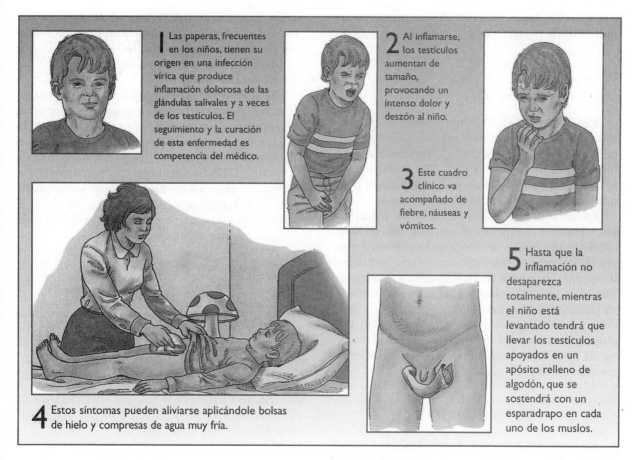

1 Las paperas, frecuentes en los niños, tienen su origen en una infección vírica que produce inflamación dolorosa de las glándulas salivales y a veces de los testículos. El seguimiento y la curación de esta enfermedad es competencia del médico.

2 Al inflamarse, los testículos aumentan de tamaño, provocando un intenso dolor y deszón al niño.

3 Este cuadro clínico va acompañado de fiebre, náuseas y vómitos.

4 Estos síntomas pueden aliviarse aplicándole bolsas de hielo y compresas de agua muy fría.

5 Hasta que la inflamación no desaparezca totalmente, mientras el niño está levantado tendrá que llevar los testículos apoyados en un apósito relleno de algodón, que se sostendrá con un esparadrapo en cada uno de los muslos.

Las paperas pueden ser causa de esterilidad.

duración del efecto también es un dato no aclarado, aunque parece que puede persistir durante diez años después de la vacunación.

Las indicaciones de vacunación son controvertidas, debido a la duda en cuanto a la eficacia, y a la interferencia que produce la vacunación con la principal prueba de diagnóstico de la tuberculosis (la prueba de la tuberculina o Mantoux). Por ejemplo en un país como España la vacunación no está justificada de forma general y sólo está indicada en niños que no han tenido contacto con el bacilo tuberculoso y viven en zonas con alta incidencia o conviven con pacientes que el tratamiento no logra evitar que sean infecciosos (bacilíferos). Por el contrario en un país tan cercano como Francia sí se vacuna sistemáticamente frente a la tuberculosis.

No se debe administrar nunca a personas con déficit en las defensas inmunitarias, personas con el test de Mantoux positivo o enfermedad tuberculosa y niños con enfermedades cutáneas generalizadas.

VACUNA CONTRA LA GRIPE

La gripe es una enfermedad producida por el virus *Influenza,* que presenta diferentes tipos y subtipos que van variando anual o bianualmente siendo responsables de las grandes epidemias o de los brotes regionales en períodos invernales. Es una enfermedad que afecta a todas las edades y produce gran morbilidad y mortalidad en niños con enfermedades crónicas, además del gran número de horas perdidas en las escuelas y en el ámbito laboral.

La mayoría de las vacunas disponibles son vacunas inactivadas, altamente purificadas, que contienen tres subtipos del virus. Estos van variando anualmente según las recomendaciones que todos los años en el mes de febrero hace la OMS, basándose en los datos de todos los laboratorios del mundo. La eficacia, independientemente del tipo de vacuna que se administre es del 70 al 80%.

La vacunación está indicada en todos aquellos niños con un riesgo elevado de padecer complicaciones: niños con enfermedades crónicas de cualquier órgano, especialmente del aparato respiratorio, niños que reciben tratamiento crónico con aspirina debido al riesgo de poder sufrir un cuadro de síndrome de Reye por la asociación entre la infección por gripe y la aspirina.

Se administra una dosis anual, en los meses de septiembre u octubre. Los niños que no han recibido dosis previas en años anteriores, deben recibir una segunda dosis a las cuatro semanas de la primera.

VACUNA CONTRA LA HEPATITIS A

Los cuadros clínicos producidos por el virus de la hepatitis A son muy variables, abarcando desde la infección asintomática hasta la hepatitis fulminante (2%). Es una enfermedad de distribución universal, pero con mayor prevalencia en países en vías de desarrollo.

La vacuna disponible es de virus inactivados, que induce inmunidad protectora en el 100% de los casos vacunados. Se administran tres dosis con un intervalo de cuatro semanas la segunda y a partir de los seis meses la tercera. No están definidas claramente sus indicaciones en pediatría, aunque abarcarían a niños que vivan o viajen a países con alta incidencia y a grupos de riesgo para esta infección. Actualmente existe una vacuna ya comercializada que combina la hepatitis A y la hepatitis B.

VACUNA CONTRA EL MENINGOCOCO

La infección meningocócica engloba un importante grupo de enfermedades causadas por la bacteria *Neisseria meningitidis*. Tiene una distribución universal presentándose de forma habitual como casos esporádicos con incrementos del número de casos cada 8-12 años. La fuente de infección son los humanos, en situación de enfermos o como portadores asintomáticos, a través de las secreciones nasofaríngeas. En países como España es el germen más habitual de infección generalizada (sepsis) extrahospitalaria y de meningitis bacteriana en niños de todas las edades. Existen varios grupos de *Neisseria meningitidis*.

La única vacuna disponible en la actualidad es para los serogrupos A y C. Esta vacuna

es eficaz por encima del 75%, siendo su duración variable sobre todo en el caso del serotipo C, en los que la eficacia de sucesivas vacunas de refuerzo parece ser que no es tan eficaz. Tampoco resulta efectiva en menores de 24 meses. Todos estos factores hacen que la vacuna sólo esté indicada cuando existan situaciones de brotes epidémicos producidos por el serotipo C. La inmunidad después de la vacunación aparece a las dos semanas de la administración. Su aplicación es por vía intramuscular en una sola dosis.

VACUNA CONTRA LA VARICELA

La vacuna contra la varicela es una vacuna de virus vivos atenuados. Es altamente inmunógena y presenta gran eficacia tanto en niños sanos como en pacientes de alto riesgo. Se administra por vía subcutánea en una dosis, pudiéndose revacunar si es necesario. La vacuna ya está incluida dentro del calendario vacunal de algunos países como Estados Unidos y Japón. En el resto de los países está indicada para la prevención de la enfermedad en pacientes de alto riesgo y sus contactos que no hayan pasado la enfermedad.

ENFERMEDADES MÁS COMUNES EN LA INFANCIA

VÓMITOS

Se denominan vómitos a la expulsión forzada de materias del estómago por la boca. A menudo este acto va precedido de náuseas y acompañado de espasmos a nivel gástrico e intestinal. Hay que diferenciarlo de la regurgitación que se da en lactantes, en la que no es un acto forzado y el contenido del estómago fluye por la boca. El vómito es un síntoma que aparece en innumerables procesos que afectan a los niños, por lo que los síntomas acompañantes, nos orientan hacia la causa que los producen.

La infección vírica del tracto gastrointestinal es la causa más frecuente de los vómitos agudos. Suele acompañarse de fiebre y diarrea, y el estado general del niño no suele afectarse mucho, si el grado de deshidratación es leve. El resto de las infecciones, descritas en el cuadro de la página siguiente, pueden acompañarse de vómitos, destacando la otitis media, que es una de las causas más frecuentes de vómitos en niños pequeños.

Las causas gastrointestinales de los vómitos están relacionadas con una alteración anatómica o funcional del tubo digestivo. Dentro de ellas el reflujo gastroesofágico es una patología muy frecuente, que aparece hasta en la tercera parte de los recién nacidos sanos. Está producido por una falta de tono a nivel del esfínter esofágico inferior, por lo que ante cualquier factor que aumente la presión intraabdominal (alimento, gases, tos, movimiento o ejercicio), el contenido gástrico pasará al esófago y podrá salir al exterior por la boca. La mayor parte de los casos se solucionan al final del primer año de vida, al pasar más tiempo de pie el niño y aumentar el tono del esfínter. En los casos más graves de reflujo pueden aparecer complicaciones:

— Esofagitis, inflamación crónica del esófago producida por el contenido ácido del estómago que refluye e irrita la mucosa esofágica.

— Problemas respiratorios como neumonías por aspiración de contenido gástrico y asma.

— Trastornos en el desarrollo con escasa ganancia de peso.

El diagnóstico se realiza mediante la historia clínica en la que se recoge la edad de inicio, los síntomas de inicio y acompañantes (vómitos, regurgitaciones, anorexia, dolor), la evolución con respecto al tipo de alimentación, las enfermedades sobreañadidas (focos ORL, infección urinaria, intolerancia a las proteínas de la leche de vaca), la existencia de retraso en el crecimiento, y de las posibles complicaciones. La exploración física tendrá especial referencia a la valoración del estado nutritivo. Si son necesarias se realizan exploraciones com-

Las dietas demasiado ricas en calorías pueden provocar un aumento de peso del niño que se refleja, en sus estadios iniciales, en el incremento del tejido adiposo de la cara.

plementarias como el registro prolongado de pH esofágico, un tránsito digestivo con bario o una exploración endoscópica, si se sospecha esofagitis.

El tratamiento en los casos menos graves es de tipo dietético evitando las tomas demasiado abundantes, espesándolas mediante cereales o con el uso de leches maternizadas con espesantes neutros, y alimentos con poca grasa. También se recomienda un tratamiento postural levantando 30º la cabeza de la cama (colocando unas calzas de 15 cm en las patas delanteras). En los casos más graves con posibles complicaciones se utiliza el tratamiento farmacológico con antiácidos, antisecretores, y gastrocinéticos.

Las hernias de hiato suponen el paso de una parte del estómago desde el abdomen hacia el tórax, y suelen estar acompañadas de reflujo gastroesofágico recurrente

Los vómitos agudos muy violentos en escopeta normalmente nos hacen sospechar la presencia de obstrucción mecánica en el tubo digestivo. Si se trata de niños por debajo de dos meses de edad, y son vómitos no biliosos, se sospechará una estenosis (estrechamiento) a nivel del píloro. En mayores de tres meses el cuadro más frecuente es la invaginación intestinal, que siempre se acompaña de dolor abdominal y afección del estado general del niño.

Cualquier proceso que cause irritación del sistema nervioso central puede originar vómitos al afectar al centro regulador del vomito. Los traumatismos craneales producen frecuentemente vómitos. Si éstos son persistentes o se acompañan de otros síntomas neurológicos (somnolencia, irritabilidad, dolor persistente) pueden significar daño cerebral por lo que constituyen una urgencia médica.

El comienzo brusco de un cuadro de vómitos junto a decaimiento y somnolencia tras pasar una varicela o una infección de tipo gripal, debe alertarnos de la posibilidad de la presencia de un **síndrome de Reye** que es una encefalitis (inflamación a nivel del sistema nervioso central) grave que requiere inmediato tratamiento en una unidad de cuidados intensivos. Los vómitos están presentes en el 80% de los casos.

Las causas psicosociales durante el primer año de vida incluyen la sobrealimentación y la hiperconcentración alimentaria. Muchas madres o cuidadoras por empleo erróneo de las fórmulas alimentarias, o afán de que el niño engorde más, dan cantidades excesivas de leche o alimentos al bebé, produciendo un cuadro de intolerancia con vómitos agudos o vómitos pequeños constantes durante más tiempo. A partir del año (a veces antes) muchos niños vomitan durante el transcurso de una rabieta o por una situación de estrés; son niños vomitadores, que incluso cuando no quieren comer o se les fuerza en su alimentación ellos mismos se provocan el vómito. En los adolescentes aparecen vómitos en cuadros de alteración del comportamiento alimentario, como la anorexia nerviosa o la bulimia.

Para establecer la causa de los vómitos, la historia clínica y la exploración nos orientarán en casi todos los casos. En la exploración de los casos agudos, siempre se valora la principal consecuencia de los vómitos, que es la deshidratación. Su valoración se realiza observando el estado general del niño y evaluando los siguientes parámetros: la frecuencia respiratoria, el pulso, la turgencia de la piel (pellizco) y la sequedad de las mucosas de la boca. El diagnóstico se podrá confirmar, en algunos casos, mediante exploraciones radiológicas, ecografía y pruebas de laboratorio.

Si es posible se tratará la causa de los vómitos, pero como en la mayoría de los casos el origen es infeccioso el tratamiento sólo es sintomático. Al principio se deja al estómago en reposo durante un tiempo (1-2 horas), para iniciar a continuación una dieta líquida con soluciones de rehidratación, en cantidades escasas y con un ritmo de tiempo que se ira acortando cada vez más. Es importante actuar con paciencia y si el niño está algo deshidratado lo normal es que tenga sed, queriendo beber más liquido; pero si se le da gran cantidad en cada toma el estómago se dilatará en exceso produciéndose otra vez vómitos y esta-

VÓMITO PELIGROSO

CONSEJO

El vómito es un síntoma muy común e inespecífico en la infancia. Numerosas enfermedades pueden producir los vómitos violentos, sobre todo si se acompañan de fiebre y dolor de cabeza. Pueden ser un dato de alarma de una grave enfermedad: la meningitis.

CAUSAS DE VÓMITOS		
INFECCIONES	GASTROINTESTINALES	SISTEMA NERVIOSO CENTRAL
Gastroenteritis.	Reflujo gastroesofágico.	Traumatismo cefálico.
Otitis media.	Hernia de hiato.	Hipertensión intacraneal.
Infección de vías respiratorias.	Estenosis esofágica.	Tumor cerebral.
Meningitis.	Estenosis pilórica.	Migraña (cefalea).
Infección urinaria.	Úlcera péptica.	Convulsiones.
Neumonía.	Invaginación intestinal.	Metabólicas.
Hepatitis.	Obstrucción intestinal.	Errores congénitos metabolismo.
Apendicitis.	Hernia estrangulada.	Diabetes.
Genitourinarias.	Alergias/Intolerancias.	Hipercalcemia.
Obstrucción tracto urinario.	Alergia a la leche de vaca.	Sindrome de Reye.
Cálculos renales.	Enfermedad celíaca.	Causas psicosociales.
Embarazo.	Medicamentos.	

bleciéndose un círculo vicioso. La dieta líquida exclusiva no debe prolongarse mucho en el tiempo, por que puede producir deposiciones líquidas, introduciendo progresivamente los alimentos.

La mayoría de los vómitos de tipo gastrointestinal pueden solucionarse de manera ambulatoria, con el tratamiento correcto indicado por el pediatra, y con el seguimiento de la evolución. Los padres deben volver a consultar con el médico en caso de que:

— El niño presente mala cara y está anormalmente decaído, con signos de deshidratación (mucosas secas, ojos hundidos, pulso acelerado).
— Los vómitos a pesar del tratamiento oral son persistentes durante más de doce horas sobre todo en niños menores de 12 meses.
— Los vómitos son en escopeta o existe gran dolor abdominal.
— En los vómitos apareciera sangre.

DIARREA AGUDA

Diarrea se define como la situación en que las deposiciones son anormalmente frecuentes y líquidas. La enfermedad diarreica aguda es muy común y aparentemente tan benigna que a veces no se le presta la atención que merece. La duración normal del cuadro agudo es de menos de una semana. Si se prolonga más de 14 días se denomina diarrea persistente o crónica.

Las infecciones son la causa más importante de diarrea en los niños. Pueden estar producidas por virus (las más frecuentes), bacterias o parásitos. Actualmente en los laboratorios se pueden identificar más del 70% de los agentes causales. El microorganismo más frecuente, sobre todo en niños pequeños, es el rotavirus humano y supone la causa de alrededor de la mitad de las diarreas que necesitan ingreso hospitalario para su tratamiento. La ingestión oral de los distintos gérmenes causales a través de alimentos o agua es la vía principal de infección. Los microorganismos, logran superar las barreras defensivas del tubo digestivo (principalmente la acidez a nivel gástrico) y llegan al intestino donde pueden actuar de dos formas:

— Infectando las células y produciendo su destrucción, e inflamación de la zona, es el caso de las **diarreas invasoras**.
— Produciendo sustancias tóxicas (toxinas) que estimulan la secreción de líquidos y electrolitos (sodio, potasio, etc.) desde las células del intestino hacia el tubo intestinal y bloqueando la reabsorción de líquidos y electrolitos, en este caso se denominan **diarreas secretoras**.

Si el germen actúa fundamentalmente a nivel del intestino delgado, la diarrea suele asociarse con falta de apetito, náuseas y a veces vómitos. En los casos de invasión del colon, las pérdidas de líquidos y sal son muy grandes, a veces acompañada de sangre y mucosidad, y también existen pérdidas de proteínas, azúcares y grasas.

La escrupulosa limpieza de los utensilios en la alimentación del pequeño es la mejor prevención conta las diarreas.

Media cucharadita de sal

1 litro de agua

2 cucharadas de azúcar o miel

Medio vaso de zumo de limón

La "limonada alcalina" es una solución casera para evitar la deshidratación en casos de vómitos o diarrea.

Existen diarreas cuya causa no es infecciosa. Son aquellas que acompañan a los **síndromes de malabsorción**, aunque en la mayoría de estos casos la diarrea suele ser crónica. En éstas, la sustancia que no es absorbida por cualquier causa, produce un efecto de atracción de agua hacia la luz del tubo digestivo que causa las deposiciones líquidas y desligadas. El ejemplo más común es la intolerancia a la lactosa (azúcar de la leche), en el que la flora habitual del colon metaboliza los azúcares no absorbidos, produciendo gases, dolor abdominal y heces ácidas. También en las situaciones de **malnutrición grave** la diarrea acompaña a todo el cuadro general.

El diagnóstico de la causa se sospechará por los síntomas que presente el niño, las características de las deposiciones y la duración del cuadro. En caso de fiebre alta, afección del estado general, deposiciones con sangre, está indicado obtener dos o tres muestras para realizar cultivos de las heces en el laboratorio, buscando la posible causa infecciosa. En las diarreas que duran más de dos semanas, también habrá que hacer cultivos, y analizar las heces en su composición y características, para descartar cuadros de malabsorción. En el resto de casos no es necesario realizar pruebas complementarias inicialmente.

La exploración física del niño nos indicará la principal consecuencia que produce la diarrea, el grado de deshidratación, y qué es fundamental para establecer el tratamiento:

— El niño no presenta signos de deshidratación cuando su estado general es bueno, los ojos están normales, la boca y la lengua aparecen húmedas, tiene sed normal, la pérdida de peso es menor del 5% y la recuperación del pliegue de la piel es normal.

— Son signos de deshidratación leve que el niño esté irritable, con los ojos hundidos, la boca y lengua se encuentren secas, y tenga mucha sed.

Los datos más objetivos son que la pérdida de peso sea del 5 al 10% y la recuperación del pliegue de la piel sea lenta.

— Los niños con deshidratación grave están decaídos, con los ojos hundidos y secos, la boca y lengua muy secas, y no son capaces de beber. La recuperación del pliegue de la piel es muy lenta y la pérdida de peso es siempre mayor del 10%.

Los objetivos del tratamiento son:

— La restauración o mantenimiento del equilibrio del agua, las sales y electrolitos adecuadamente.
— La recuperación espontánea del intestino.
— El mantenimiento del estado nutricional.

Todas las enfermedades diarreicas responden a la restitución adecuada de líquidos y solutos por vía oral en la mayoría de los casos, o vía endovenosa en el caso de deshidrataciones severas o incapacidad de darlos por vía oral.

Las soluciones de rehidratación oral son el avance más importante en el tratamiento de la diarrea. Estas soluciones, tienen un contenido apropiado de glucosa y de electrolitos que logran restablecer el estado normal del tubo digestivo.

Es muy importante administrar al niño la solución oral adecuada lo antes posible. Se deben ofrecer pequeñas cantidades (15 a 30 ml) y frecuentes de líquido, aunque el niño presente vómitos. En caso de que éstos no cesen o se reproduzcan, deberemos esperar unos 15 minutos y volver a reanudar la administración de líquidos. La cantidad de líquidos a administrar y la duración de la dieta líquida será la que aconseje el médico, que variará según la gravedad de la diarrea y el grado de deshidratación consiguiente.

Si el niño presenta un importante deterioro del estado general, una deshidratación grave o no tolera las soluciones de rehidratación oral es necesario el ingreso hospitalario para administrar los líquidos por vía intravenosa. Los últimos estudios, cuando son niños mayores de tres meses de edad, están recomendando añadir a la solución de rehidratación oral almidón de arroz u otros cereales, ya que se consigue igual rehidratación, se reducen las pérdidas por las heces y en muchos casos es fácil disponer de estos elementos nutricionales.

Las recomendaciones actuales respecto a la alimentación en un episodio de diarrea aguda son las de introducir lo antes posible una dieta equilibrada para recuperar el estado nutricional, tratando de no excluir los alimentos básicos.

— Si es un bebé con lactancia materna, ésta se debe mantener mientras se rehidrata con los líquidos. Se puede aumentar la frecuencia de las tomas, y suplementarlas con las soluciones de rehidratación.

— Si el bebé está con lactancia artificial, ésta se suspende durante unas horas (normalmente 12-24 horas), en las que sólo se le administra la solución de rehidratación, para a continuación reintroducir la fórmula láctea. Esta última afirmación, esta hoy en día en revisión, existiendo estudios que propugnan ofrecer pronto alimento al niño con diarrea, sin mantener un tiempo en reposo el intestino. Lo mismo ocurre con la controversia de dar o no la leche durante los procesos diarreicos para evitar el azúcar (lactosa) y las proteínas, al poder tener efectos agresivos sobre la mucosa del intestino durante la diarrea. Otro tema debatido es la utilización de fórmulas de leche sin lactosa o con proteínas de origen vegetal. Se acepta que sólo se deben ad-

SOLUCIONES REHIDRATANTES

CONSEJO

Para evitar errores en la preparación de las soluciones de rehidratación casera es preferible tener siempre disponibles sobres de sales de rehidratación comerciales (polvo sero para reconstituir en la cantidad adecuada de agua).
Hasta conseguir ayuda médica debe iniciarse su administración en cuanto comiencen vómitos o diarrea, suspendiendo cualquier otro alimento.

ministrar en los casos demostrados de intolerancia, o en las diarreas de mayor duración.

— La introducción de otros alimentos que previamente estuviera tomando el niño se debe hacer de forma gradual a partir del segundo día: si son lactantes se introducirá la harina de arroz, puré de frutas astringentes (plátano, manzana); si son niños más mayores, la dieta sólida tendrá puré de arroz y zanahoria, carnes blancas o pescados blancos cocidos, y yogur natural. Los demás alimentos también se introducirán poco a poco, evitando aquellos que puedan ser laxantes durante unos días. Una alimentación inadecuada en la etapa inicial del cuadro, aumenta la probabilidad de que la diarrea se vuelva persistente.

El tratamiento con medicamentos sólo es necesario en muy pocos casos.

La prevención se basa en:

— Impedir la transmisión de las diarreas por medios ambientales, evitando la colonización del agua y de los alimentos por los microorganismos.
— Proteger a los niños, mejorando sus condiciones generales de nutrición y defensa frente a enfermedades, por ejemplo fomentando la lactancia materna, sobre todo en aquellos países con menores condiciones de sanidad.

Es importante la realización de un tratamiento adecuado y desde los primeros momentos del cuadro. En el futuro existe la posibilidad de la disponibilidad de una vacuna efectiva contra algunos de los principales microorganismos causantes de la diarrea, como el rotavirus.

ESTREÑIMIENTO INFANTIL

Se define como la eliminación con poca frecuencia y dificultad de heces de consistencia dura. Puede ir acompañado de otros síntomas

SÍNTOMAS DE GASTROENTERITIS

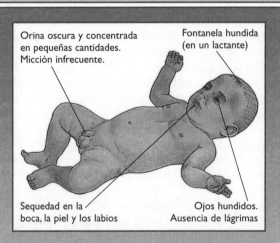

Orina oscura y concentrada en pequeñas cantidades. Micción infrecuente.

Fontanela hundida (en un lactante)

Sequedad en la boca, la piel y los labios

Ojos hundidos. Ausencia de lágrimas

Más de cinco deposiciones diarreicas seguidas en un lactante pueden conducir a su deshidratación. Mientras se espera la llegada del médico, hay que darle líquidos en abundancia.

abdominales, como dolor, malestar, distensión, e incluso molestias al expulsar la orina. El estreñimiento infantil es cuadro muy frecuente que debe prevenirse y solucionarse precozmente.

La frecuencia normal con que un lactante hace deposición, si está alimentado con pecho, es de dos o más deposiciones diarias, pudiendo tener hasta una deposición después de cada toma. Si la lactancia es con fórmula adaptada, el bebé puede defecar con normalidad, incluso cada 36 a 48 horas, siendo las heces de consistencia normal. Los niños mayores según la alimentación y el ritmo de vida que tengan, pueden hacer una deposición con un ritmo diario o cada dos días, siempre que la deposición sea de características normales. La presencia de heces de consistencia dura en estos niños, con un ritmo no diario de defecación, nos plantea la posibilidad de un cuadro de estreñimiento.

El estreñimiento se produce por un enlentecimiento del tránsito a nivel del colon que favorece la reabsorción excesiva de agua, el endurecimiento de las heces, reduciendo su volumen, y dificultando la evacuación. Las heces permanecen retenidas en la ampolla rectal, produciendo una distensión permanente que disminuye el reflejo de necesidad de defecar. También el dolor al hacer deposición produce esa disminución, cerrándose un círculo de factores que producen el estreñimiento.

Las causas más frecuentes en el niño son de origen funcional. Suele existir una alteración en el hábito intestinal, acompañado de una escasa ingesta de fibra en la alimentación. Puede existir una predisposición familiar. En algunos casos hay causas orgánicas: fisuras o estrechamientos a nivel del ano, enfermedades a nivel del intestino grueso, o trastornos generales de tipo neurológico o metabólico. Siempre hay que descartar que el niño esté tomando medicamentos que puedan producir estreñimiento.

HECES ESCASAS Y DURAS

Las heces voluminosas y blandas contraen los músculos del colon. Los músculos propulsan las heces hacia el recto y las fibras musculares se contraen nuevamente, recuperando su longitud normal. Las heces escasas y duras no estimulan la contracción de los músculos del colon, que las propulsaría hacia adelante. Mientras las heces permanecen en el colon, éste sigue absorbiendo el agua que contienen.

La fisura anal es un desgarro en la mucosa o la piel del ano, que produce dolor intenso al defecar y en ocasiones sangrado. Es un cuadro muy frecuente y suele producirse al salir las heces duras. Otra complicación del estreñimiento son las hemorroides.

La dilatación excesiva del intestino grueso por alteración de los movimientos peristálticos se denomina megacolon. Siempre se asocia con estreñimiento crónico. Puede aparecer en el recién nacido, debido a que tenga la enfermedad de Hirschsprung (ausencia congénita de células nerviosas responsables de la motilidad del intestino), o ser adquirido durante la niñez como expresión de otras enfermedades.

El estreñimiento funcional no suele afectar al estado nutricional ni el desarrollo del niño.

La historia clínica del cuadro de estreñimiento, la exploración física del niño y en algunos casos la realización de alguna prueba complementaria como una radiografía de abdomen, nos indicarán el tipo de estreñimiento. Sólo en algunos casos es necesario, para establecer el diagnóstico, realizar otras pruebas: un enema opaco (si se sospecha megacolon), una rectosigmoidoscopia (visión directa del intestino grueso) con toma de muestras de la mucosa, o una manometría anorrectal (medición de presiones) que valora el reflejo anorrectal.

La complicación más importante del estreñimiento crónico en los niños es la encopresis. Es la expulsión involuntaria, sin que el niño se de cuenta, de las heces. Un niño que ya controlaba el deseo de hacer "caca" (control de esfínteres) comienza a manchar la ropa o hacerse deposición en lugares inapropiados.

El tratamiento depende de la edad del niño y del tiempo de evolución de los síntomas. En el caso de lactantes con lactancia materna, el estreñimiento si es de origen funcional se corrige variando la técnica de alimentación, y en algunos casos evitando la madre algún alimento o medicación que pueda afectar al bebe. Si son bebés con lactancia artificial, se puede variar la concentración de los biberones aportando más cantidad de agua al reconstituir la leche, o utilizar cereales como la avena en el caso de niños que por la edad puedan ya tomar gluten.

DOLOR ABDOMINAL EN EL NIÑO

Es un síntoma muy común en los niños y en todas las edades, a la vez que muy inespecífico. Muchas enfermedades comunes en la infancia producen dolor abdominal. A continuación se

A menudo, una dieta pobre en fibras, con líquido insuficiente, o un clima cálido hacen que las heces se vuelvan duras y se expulsen con dificultad, ocasionando malestar y dolores abdominales al pequeño.

La mejor prevención contra el estreñimiento de un bebé es, sin duda alguna, la leche materna.
El paso del bebé de la lactancia materna a la alimentación con leche artificial puede ser causa de un estreñimiento que en este caso sí debe ser consultado al pediatra.

describen distintos cuadros en los que puede aparecer dolor abdominal agudo.

El cólico del lactante es el dolor abdominal más frecuente por debajo de los tres meses de edad.

La gastroenteritis aguda es la causa más frecuente de dolor abdominal a cualquier edad. El dolor suele ser de tipo cólico y difuso, y siempre se acompaña de los síntomas de diarrea y/o vómitos.

El estreñimiento puede producir dolor abdominal, habitualmente en el lado izquierdo. Se acompaña de distensión abdominal y dificultad en la expulsión de las heces, desapareciendo cuando se resuelve el problema.

Los traumatismos abdominales que son tan frecuentes en los niños, no suelen producir dolor.

La invaginación intestinal es un proceso por el que un segmento del intestino se introduce en otro segmento posterior. Se da en bebés de 6 meses al año. Produce dolor cólico muy agudo, vómitos, y heces sanguinolentas. Se puede resolver con un enema de bario, aunque si se reproduce o no se reduce es necesaria la cirugía.

La malrotación intestinal es un trastorno congénito en el que el intestino por estar mal sujeto puede girar. Se da en los niños por debajo de un año y tiene un comienzo agudo, con dolor constante y vómitos de tipo bilioso (amarillentos o verdosos). Está indicada la cirugía urgente para evitar lesiones intestinales por falta de riego sanguíneo.

La apendicitis es una causa de gran temor en los padres en general. Puede ser difícil de diagnosticar, sobre todo en niños pequeños, aunque la edad más frecuente de presentación es al inicio de la adolescencia. El dolor comienza siendo una molestia no localizada para ir fijándose, a medida que pasan las horas, en la región inferior derecha. Este dolor clásico no aparece en muchos casos, pudiendo ocurrir que el dolor se sitúe justo al lado contrario, y se trate de una apendicitis. La falta de apetito, los vómitos y la febrícula son síntomas acompañantes frecuentes. El paciente con el paso de las horas va encontrándose cada vez peor. El diagnóstico se hace mediante la exploración física, los análisis de sangre y en la actualidad la exploración ecográfica, también puede ayudar al diagnóstico. En cuadros dudosos, la evolución y las exploraciones seriadas por el cirujano acabarán aclarando el diagnóstico y la necesidad de intervenir quirúrgicamente para evitar la perforación y consiguiente infección abdominal generalizada (peritonitis). Es muy discutido el concepto de apendicitis crónica, es decir dolor apendicular repetitivo que cede y reaparece en episodios, sin tratamiento. Para la mayoría de los cirujanos la inflamación del apéndice es un cuadro agudo.

La inflamación de los ganglios situados alrededor del tubo digestivo se denomina **linfadenitis mesentérica**. La causa suele ser una infección vírica. Produce un dolor similar al de la apendicitis aguda, y en muchos casos es muy difícil diferenciarlos, llegando incluso a ser intervenidos y aparecer el apéndice sano.

La torsión testicular se produce al poder rotar el testículo (normalmente está fijo), produciéndose una estrangulación vascular y una muerte de los tejidos. El dolor en estos casos se suele localizar en los escrotos, pero en ocasiones se localiza en el abdomen. Aparece en niños mayores, pero siempre se debe descartar incluso en los bebés que estén irritables por un trastorno abdominal. Puede asociarse a vómitos. Es una urgencia quirúrgica, y el tiempo es vital para evitar lesiones irreversibles en el testículo.

Los empachos o transgresiones dietéticas son otra causa de dolor abdominal acompañado de náuseas y vómitos. Siempre existe el antecedente de un "atracón" de comida. Una

CONSEJO

PARA EVITAR EL ESTREÑIMIENTO

Verduras, frutas y legumbres son ricas en fibra y las verduras que contienen más fibra son espinacas, acelgas, guisantes, judías verdes y habas. La fruta fresca se debe tratar de comer con piel, y los cítricos con su pulpa y no sólo en zumo. Es conveniente utilizar productos integrales, siempre de forma gradual para evitar problemas de gases intestinales, y aumentar la ingestión de líquido (agua o zumos).

ENFERMEDAD CELÍACA

> *Los síntomas de la enfermedad celíaca suelen aparecer un mes después de haber introducido las harinas con gluten en la alimentación del niño.*

dieta ligera acompañada de abundantes líquidos resuelve el cuadro.

Otras enfermedades como la inflamación de la vesícula biliar, o cálculos renales, o inflamación del páncreas, son causas raras de dolor abdominal en los niños. Suelen ser complicaciones de otras enfermedades, y suelen afectar a niños mayores.

En las chicas adolescentes, ante la presencia de un dolor abdominal siempre tenemos que barajar la posibilidad de un **trastorno del sistema genital**, como el dolor durante la menstruación. La enfermedad pélvica inflamatoria (chicas con actividad sexual), o un embarazo en el que el feto no esté situado en el útero (extrauterino) son otras posibilidades diagnósticas que a veces son difíciles de diferenciar de cuadros como la apendicitis, a lo que contribuye la negación de las adolescentes de haber tenido relaciones sexuales.

Por último, infecciones de la faringe o amígdalas, las otitis, las neumonías o las infecciones urinarias pueden acompañarse de dolor abdominal agudo, que a veces es tan llamativo que induce a error diagnóstico al enmascarar la causa situada en otro lugar.

El dolor abdominal crónico o recidivante es aquel que se presenta como mínimo tres veces a lo largo de tres meses. Se puede decir que es aún más inespecífico que el agudo, debido a que muchos niños no presentan ningún otro síntoma. Suelen ser episodios de difícil localización, de dos a tres horas de duración y no suelen aparecer por la noche. El diagnóstico es por exclusión, una vez descartadas mediante la historia y las exploraciones causas orgánicas, como la gastritis, infecciones parasitarias, enfermedades inflamatorias del tubo digestivo y cuadros de malabsorción de azúcares (carbohidratos) de la dieta. Se considera que sólo el 10% de ellos son de origen orgánico. Es mayor la probabilidad de trastorno orgánico si aparece alguno de estos signos: dolor lejos del ombligo, niño demasiado joven, ataques aislados de dolor, dolor que despierta por la noche, cuando se asocian otros síntomas como pérdida de peso o fiebre e historia familiar de dolores similares. Sólo en estos casos se realizará un estudio exhaustivo que en un pequeño porcentaje podrá requerir de exploración quirúrgica del abdomen.

Es una enfermedad crónica producida por una intolerancia permanente al gluten y caracterizada por cursar con una alteración morfológica del intestino delgado. De ello se deduce que la enfermedad celíaca es una enfermedad de por vida, que en la actualidad sólo tiene como único método diagnóstico la biopsia intestinal.

Dos son los factores implicados en su origen: genéticos y ambientales. Para que un niño sea celíaco es necesario que se asocien dos factores, uno predisponente (genético) y otro desencadenante (gluten).

El gluten es una fracción proteica de las harinas de trigo, avena, cebada y centeno que se comporta como tóxico a nivel del intestino para estos niños.

La gliadina, o fracción soluble, es la que posee los efectos tóxicos.

El inicio de los síntomas suele aparecer alrededor del sexto-séptimo mes, aproximadamente un mes después de haber introducido las harinas con gluten en la alimentación del niño.

Al principio la anorexia es el signo esencial, y una vez aparecida persistirá a lo largo de toda la enfermedad. Poco después o casi simultáneamente aparece la diarrea, los enfermos defecan dos o tres veces por día. La cantidad excretada llama la atención por ser enorme, sorprendiendo el gran volumen fecal. La coloración suele ser de color gris-marrón, brillantes, bastante adherentes y de olor desagradable. Aparece un cambio en el carácter de estos pacientes. El niño se muestra hosco, llorón, sin que nada le satisfaga. Y se va desarrollando un cuadro de malnutrición.

Ocasionalmente aparecen formas clínicas atípicas. Entre ellas destacan aquellas cuya única manifestación es un importante retraso de crecimiento o una anemia ferropénica resistente a los tratamientos habituales. Los datos del laboratorio conceden importancia en la actualidad a la elevación de anticuerpos tipo Ig H e Ig A antigliadina y antirreticulina, aunque su importancia en el diagnóstico definitivo aún está en discusión. El examen complementario más interesante de todos es el que proporciona la biopsia intestinal.

En la actualidad, y para considerar como definitivo un diagnóstico de enfermedad celíaca, se exigen los siguientes requisitos:

— Que el cuadro se desarrolle posteriormente a la introducción de las harinas con gluten en la dieta del paciente.

— Que la imagen histológica de la biopsia intestinal sea característica.

— Que las alteraciones clínicas y anatómicas mejoren tras la supresión del gluten en la alimentación.

— Que se produzca una recaída histológica, aunque no necesariamente clínica, en cuanto el paciente vuelva a ingerir sustancias que contengan gluten.

En otras palabras el diagnóstico de enfermedad celíaca está basado en la realización de tres biopsias intestinales: una primera en la fase de sospecha de la enfermedad, una segunda en la fase de tratamiento, y una tercera, o de confirmación, después de reintroducir las sustancias que contengan gluten.

El tratamiento consiste en suprimir totalmente de la dieta los cereales y productos derivados que contengan gluten, es decir el trigo, la avena, la cebada y el centeno. La supresión será para toda la vida.

FIBROSIS QUÍSTICA DEL PÁNCREAS

La fibrosis quística del páncreas o mucoviscidosis, clásicamente se la consideró como una diarrea crónica de origen pancreático. El conocimiento de la causa y las formas clínicas de esta enfermedad hace que actualmente se considere la fibrosis quística como uno de los más frecuentes errores innatos del metabolismo.

Es una enfermedad hereditaria, de carácter autosómico recesivo que afecta a uno de cada dos mil recién nacidos.

Se caracteriza por una alteración de casi todas las glándulas exocrinas del organismo, pero con una intensidad muy variable.

En las glándulas afectas existe una acumulación de una secreción mucosa anormal, que origina una obstrucción de los conductos excretores y subsiguiente dilatación de la glándula. Con el tiempo las glándulas son destruidas y aparece una fibrosis secundaria. El páncreas fue el órgano donde primero se constató este tipo de lesiones. Lesiones similares pueden descubrirse en los bronquios y en la vesícula biliar.

La clínica es abigarrada, pudiendo aparecer los siguientes cuadros:

El íleo meconial: es un cuadro de presentación neonatal raro, en el que el meconio, dotado de una enorme viscosidad y muy adherente, obstruye el intestino.

En niños mayores no son excepcionales cuadros que han sido definidos como equivalentes del íleo meconial. Se caracterizan por crisis de suboclusión intestinal originadas por la impactación de heces viscosas y adherentes que provocan cuadros de estreñimiento y dolor.

La diarrea crónica. La iniciación de los síntomas digestivos es variable, aunque suele ser precoz. En la mayoría de los enfermos se instalan antes de los tres meses, pudiendo retrasarse en los niños sometidos a lactancia natural, en los que las enzimas de la leche materna facilitarían, hasta cierto punto, la digestión de las grasas. Las heces son abundantes en peso y número, de consistencia pastosa y de olor muy desagradable, que se ha comparado al de un gallinero.

El defectuoso crecimiento y desarrollo están siempre patentes.

Síndrome respiratorio. Son catarros y bronquitis de repetición en niños que pocas veces dejan de tener tos. Las neumonías se reiteran con frecuencia y con el tiempo se desarrollan bronquiectasias.

Mucho menos frecuentes que los síndromes referidos son esta serie de cuadros que pueden aparecer en la fibrosis quística: invaginaciones intestinales, prolapsos de recto, pancreatitis, litiasis pancreáticas, diabetes, pólipos nasales.

Mayor importancia por su gravedad y por su incidencia es la **cirrosis hepática** con las consecuencias que de ella se derivan.

El diagnóstico de la enfermedad se sospecha por la clínica y por los antecedentes familiares. La confirmación se establece fácilmente cuantificando los electrolitos en el sudor: el aumento del cloro y sodio en la secreción sudoral es un rasgo que en la infancia adquiere significación de diagnóstico definitivo de la enfermedad. Valores de cloro superiores a los 70 mEq/l deben considerarse como significativos.

El tratamiento es multidisciplinar y se basa en:

— El aporte exógeno de las secreciones pancreáticas que se producen alteradas.

— La prevención de las infecciones respiratorias, y las complicaciones de tipo obstructivo tanto en bronquios como en el sistema digestivo.

El pronóstico de estos niños hasta hace unos años era de muerte antes de la pubertad en la mayoría de los casos. En la actualidad la gran mejora en el tratamiento complementario ha logrado una mejor calidad de vida y una mayor supervivencia, aunque el pronóstico sigue siendo malo. Es una enfermedad que, al tener una base genética, está siendo investigada su posible curación mediante las nuevas técnicas de terapia genética.

31 ACCIDENTES INFANTILES

LA OMS ANTE LOS ACCIDENTES INFANTILES

La **OMS**, entre los objetivos de salud para todos en el año 2000 en el área de los países industrializados, incluye la disminución en un 25% de la mortalidad por accidentes. El principal escollo para tal objetivo consiste en la falta de conocimiento actual sobre la génesis de los accidentes. Sin embargo los presupuestos asignados en muchos países a la investigación para la prevención de lesiones accidentales son todavía muy inferiores a los de otras patologías, menos frecuentes y de menor coste social y económico. Los accidentes más frecuentes son las heridas y traumatismos de origen no automovilístico, seguidos por los traumatismos craneoencefálicos. La mayoría de los accidentes en los niños ocurren en tres lugares según la edad: el domicilio, el colegio y la calle. En el lactante y preescolar predominan los accidentes domésticos, sobre todo contusiones, heridas, quemaduras y las intoxicaciones. En el adolescente las caídas y los accidentes de tráfico.

La edad más frecuente de consulta hospitalaria urgente por este motivo es 2-3 años y se describen dos picos de frecuentación, uno entre uno y tres años y otro entre los 11 y 14 años y en general son más frecuentes en niños que en niñas. Los accidentes que más ingresos ocasionan en términos absolutos son los traumatismos y las quemaduras.

Todos estos datos nos señalan la gran importancia que tiene la labor de prevención.

Los tipos básicos de lesiones accidentales son:

• Los **ahogamientos** constituyen una causa poco frecuente de consulta (menos del 1%), pero tienen una elevada morbimortalidad. Aproximadamente la mitad precisan ingreso y en los casos graves, la mortalidad y las secuelas son elevadas. Se producen sobre todo entre uno y ocho años.

• Las **intoxicaciones** ocurren fundamentalmente en los niños de uno a cinco años. Lo más frecuente es la ingesta de fármacos (benzodiazepinas y otros psicotropos, antipiréticos, anticonceptivos, flúor y otros) o productos de limpieza (detergentes concentrados, lejía, cosméticos).

• Las **lesiones por cuerpo extraño** son la segunda causa de las consultas urgentes por accidente.

• Las **mordeduras, arañazos y picaduras.** Se concentran en las estaciones de primavera y verano, y pueden ocurrir a cualquier edad, siendo especialmente peligrosas en los niños con especial sensibilización a tener reacciones alérgicas.

• Las **quemaduras** ocurren la mayoría en niños de menos de cuatro años y generan muchos ingresos hospitalarios y secuelas. El 70% se producen en menores de dos años y la principal causa son los líquidos calientes como

> *La ingestión accidental de medicamentos y productos de limpieza ocurre con relativa frecuencia en los niños.*

agua, leche, sopas o el café, siendo el lugar de la casa más peligroso la cocina.

• Los traumatismos representan más del 90% de las lesiones accidentales, la gran mayoría leves, del tipo de contusiones, heridas o esguinces. Con el incremento de la práctica deportiva, su incidencia va en aumento.

La casa es el lugar más frecuente para los accidentes de niños pequeños desde que empiezan a andar. La mayoría son heridas o traumatismos por caídas o golpes desde superficies elevadas. Hay que prevenirlas desde el momento en que el bebé comienza a darse la vuelta. Antes de que comience a andar hay que desaconsejar **los andadores** (incluso los nuevos que parecen tan seguros) ya que facilitan el desplazamiento del bebé con velocidad, y por ejemplo pueden caerse por unas escaleras. Especial cuidado hay que tener con **las puertas y cajones** que con tanta frecuencia producen lesiones en las manos. Es común el pillarse los dedos con la puerta del coche, la del exterior de la casa o al intentar abrir cajones. Cuidado con las puertas mecánicas como las de los ascensores o garajes que producen lesiones generalmente graves, incluso atrapando todo el cuerpo del niño. Los niños no son conscientes del peligro y es un juego apasionante tratar de pasar antes de que la puerta se cierre.

En **la cocina** los accidentes más frecuentes son las quemaduras por líquidos o comida calientes o por electrodomésticos como la plancha o el horno. Otros accidentes como las quemaduras eléctricas por tocar enchufes, hornillos o estufas van siendo cada vez menos frecuentes debido a que es más sencillo tomar medidas preventivas. Los tapaenchufes o las estufas protegidas son elementos corrientes en cualquier casa con niños.

Otro tipo de accidentes corriente es la **ingestión accidental** de cuerpos extraños o sustancias tóxicas. **Los medicamentos** son una causa frecuente de intoxicación. En los últimos tiempos se ha logrado que vengan especialmente envasados para evitar que puedan ser manipulados por niños. **Las colonias, detergentes o jabones**, en muchos casos también traen protección, siendo obligatoria en todos los productos de limpieza del hogar que

lleven en su etiqueta un teléfono de contacto con un centro de toxicología, para poder consultar rápidamente en caso de ingestión accidental. En este tipo de accidentes siempre se piensa en que sólo se da en niños pequeños pero en ocasiones los niños más mayores (6 a 10 años), cogen los medicamentos para ofrecerlos como si fuesen caramelos, sin tener conciencia del riesgo que puede producir. Es cierta la anécdota del niño que repartió a todos sus compañeros de mesa de comedor, las pastillas contraceptivas de su madre, ya que eran similares a caramelos. **La ingestión de pequeñas piezas u objetos**, si no se producen signos de asfixia inmediata, se debe acudir a un servicio de urgencias lo antes posible, sin hacer ningún tipo de maniobra para sacar el cuerpo extraño.

El ahogamiento en piscinas es la segunda causa de mortalidad entre los 0 y 14 años. Las vallas protectoras o las lonas que tapan las piscinas durante la época invernal son elementos que han contribuido a evitar los accidentes. Las piscinas también son un lugar frecuente de traumatismos y heridas, sobre todo en niños mayores.

MANIOBRA DE HEIMLICH PARA LA EXTRACCIÓN DE CUERPOS EXTRAÑOS DE LA VÍA RESPIRATORIA

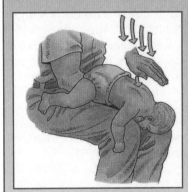

Se debe colocar al niño boca abajo sobre el antebrazo del socorrista apoyado en el muslo y, con la cabeza más baja que el cuerpo, darle cuatro palmadas secas entre los omóplatos.

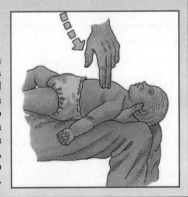

Si no resulta eficaz, es necesario girar al bebé boca arriba y utilizar dos o más dedos para presionar, hacia dentro y arriba, entre el ombligo y el xifoides.

Los accidentes de tráfico son la primera causa de mortalidad accidental en los niños en los países desarrollados. Las campañas de publicidad, la obligatoriedad de los cinturones de seguridad en los niños, las normas de instalación de las sillas para bebés, son medidas que tratan de disminuir la mortalidad. Otro tipo de accidentes frecuentes son los producidos con bicicletas, monopatines o motocicletas.

A continuación se dan unas normas básicas de los primeros cuidados y actitudes que se deben tener ante los distintos tipos de accidentes o intoxicaciones.

RESUCITACIÓN CARDIOPULMONAR

La parada cardiorrespiratoria (PCR) en pediatría no es una situación muy frecuente, ni siquiera en el ámbito hospitalario, pero cuando se presenta es muy importante reconocerla y saber qué hacer.

La resucitación cardiopulmonar (RCP) consiste en la aplicación de una serie de técnicas simples que permitan mantener la vida ante la detención brusca de la ventilación aérea y de la circulación vascular en un niño. El objetivo básico de las maniobras es proporcionar oxígeno a los tejidos, especialmente el cerebro y el corazón. Se deben iniciar rápidamente, porque la falta de oxígeno en la sangre hace que una RCP iniciada después de seis minutos, origine una lesión cerebral, si no existe hipotermia. Las causas más frecuentes de parada cardiorrespiratoria en los niños son: la asfixia causada por cuerpos extraños, la asfixia por inmersión, los accidentes de tráfico, las intoxicaciones, la inhalación de humos, el síndrome de muerte súbita infantil y las infecciones respiratorias graves.

SOPORTE VITAL BÁSICO

Los pasos a seguir ante una parada cardiorrespiratoria son:

1. Determinar la reactividad de la víctima:

Valorar la reactividad del niño mediante estímulos verbales y táctiles y si está inconsciente pedir ayuda inmediatamente.

2. Apertura de la vía aérea:

Colocar al niño boca arriba, sobre una superficie dura. Se inclina levemente hacia atrás el cuello y se eleva la barbilla para abrir la vía aérea y se procede a limpiar la boca de secreciones y restos.

3. Ventilación:

— Comprobar si respira acercando la mejilla a la boca del niño y observando los movimientos respiratorios durante cinco segundos.

— Si no respira y se sospecha una obstrucción de la vía aérea por un cuerpo extraño en mayores de un año se realiza la maniobra de Heimlich: el reanimador se coloca por detrás rodeando la cintura del niño con sus brazos, sitúa el puño de una mano en la parte superior del abdomen ("la boca del estómago") y la otra encima y se ejerce una presión brusca en el abdomen en dirección superior. En menores de un año no se debe realizar la maniobra de Heimlich por el peligro de daño de los órganos abdominales. En su lugar, se colocará al niño boca abajo en el antebrazo del reanimador, en 60º, y se aplicarán cuatro golpes con el talón de las manos entre las escápulas, seguidas, si fracasan, de cuatro compresiones torácicas. Si la obstrucción persiste repetir la secuencia.

— Si el niño respira, se le coloca en la posición de seguridad: de lado y con la cabeza ligeramente hacia atrás.

— Si no respira, se realizan dos insuflaciones. En niños mayores de un año: boca a boca y menores de un año boca a boca-nariz. El volumen a insuflar no debe ser demasiado, ni debemos introducirlo bruscamente.

4. Circulación:

— Comprobar la presencia de pulso arterial durante cinco segundos. En niños menores de un año en el antebrazo (pulso braquial) y en mayores de un año en el cuello (pulso carotídeo).

— Si hay pulso, continuar ventilando a un ritmo de 10-12 veces por minuto.

— Si no hay pulso, iniciaremos el masaje cardíaco externo:

FRECUENCIAS DE VENTILACIÓN Y COMPRESIÓN TORÁCICA EN NIÑOS		
EDAD	FREC. COMP. TORÁCICA	FREC. VENTILACIÓN
Lactante	120 – 140	24 – 30
Niño pequeño	100 – 120	20 – 24
Niño mayor y adolescente	80 – 100	12 – 18

1 Si el niño no respira, colóquele suavemente la cabeza hacia atrás y apriétele la frente con la palma de la mano para abrir las vías respiratorias. Con los dedos de la otra mano levántele la barbilla.

2 Sitúe su boca sobre la boca y la nariz del niño e insufle suavemente dos respiraciones hasta que se infle su pecho. Espire el aire por la nariz. Repita la operación al ritmo de una respiración cada tres segundos, y observe cómo se deshincha el pecho del pequeño cada vez que toma otra respiración.

La reanimación del niño pequeño.

En el recién nacido y lactante pequeño: rodear el tórax con ambas manos y presionar con ambos pulgares sobre el esternón, deprimir 1-2 cm.

En el lactante mayor (menor de un año): con dos dedos comprimir en el tercio inferior del esternón, deprimir 1,3-2,5 cm.

De 1 a 8 años: con el talón de una mano presionar en el tercio inferior del esternón, deprimir 2,5-4 cm.

La frecuencia de compresión torácica es de 100 por minuto en lactantes y 80 por minuto en niños.

— La compresión torácica externa y la ventilación se alternan con una cadencia de cinco compresiones por una ventilación (5:1), si hay dos reanimadores o de 15:2, si sólo hay uno.

ASFIXIA POR INMERSIÓN

Es la segunda causa de muerte accidental en la infancia. La mayoría se dan en niños por debajo de los cinco años. Cuando un niño ha sufrido un accidente con inmersión, el punto más importante es el inicio inmediato de las maniobras de RCP, que se deben instaurar en el lugar del accidente y mantener durante todo el traslado al hospital. No hay que intentar sacar el agua de los pulmones ya que esta pasa rápidamente al sistema vascular. El tratamiento fundamental es la administración lo antes posible de oxígeno. En el lugar del accidente hay que rescatarlo del agua e iniciar la respiración boca a boca (y nariz) ya incluso desde dentro del agua si se puede. Tener especial atención a los posibles golpes a nivel del cuello y la cabeza.

Una vez rescatado, valorar la respiración y el pulso:

— Si no hay pulso y la inmersión ha durado menos de una hora, iniciar las maniobras de reanimación, estabilizar el cuello y la cabeza y si se puede, administrar oxígeno al 100%.

— Si existe pulso y respiración, estabilizar el cuello y la cabeza y si se dispone comenzar a administrar el oxígeno.

Antes del traslado a un centro hay que saber la duración de la inmersión, la temperatura del agua y si el agua estaba limpia. Normalmente está indicada la hospitalización del niño durante al menos 24 horas, aun en los casos en que el niño tenga buen estado al ingresar en el hospital. La complicación más frecuente es la aparición de edema pulmonar (encharcamiento de los pulmones) en las primeras 24 horas, y las lesiones cerebrales causadas por falta de oxígeno.

INTOXICACIONES

Son una causa frecuente de consulta en los servicios de urgencia, siendo la vía más frecuente de intoxicación la ingestión oral. La intoxicación accidental ocurre en cualquier edad, con mayor incidencia en los niños menores de cinco años. Las sustancias tóxicas ingeridas con más frecuencia en niños pequeños son: los medicamentos de uso habitual, los productos de limpieza, las plantas y los cosméticos. En los adolescentes predomina la intoxicación voluntaria como intento de suicidio, cuya incidencia está aumentando en los países desarrollados. Normalmente son accidentes por descuido e inconsciencia de los niños, aunque siempre hay que valorar la posibilidad de maltrato si son niños pequeños o el intento de suicidio en los adolescentes. En general ante un niño enfermo que presenta unos síntomas atípicos, se debe pensar en una posible intoxicación.

Habitualmente se piensa que los causantes de las intoxicaciones en los niños sólo son los productos de uso doméstico o los medicamentos pero, hay plantas del campo y de interior de casa que pueden producir intoxicaciones. Un ejemplo es el de las plantas típicas de la Navidad, como el acebo cuyo fruto produce vómitos, diarrea y hasta la muerte, o la flor de pascua cuya savia es irritante para las mucosas y si se ingiere produce síntomas nerviosos. La ingestión de setas es otra causa de intoxicación que puede producirse en niños.

Otras vías de intoxicación son la inhalatoria a través de las vías respiratorias y la absortiva a través de la piel y mucosas. La inhalación de disolventes, pinturas e insecticidas puede producir envenenamiento. El alcohol utilizado a veces, mediante friegas, para bajar la temperatura puede provocar intoxicación alcohólica. La intoxicación por monóxido de carbono procedente de estufas, gas natural o braseros en lugares no ventilados es un accidente muy frecuente. Los disolventes de colas y pinturas en ocasiones son usados por los niños como estimulantes inhalatorios pudiendo llegar a producir cuadros tóxicos.

No todas las intoxicaciones son agudas, como es el caso de la exposición crónica al plomo u otros metales pesados, en los que los síntomas van apareciendo de forma lenta con el tiempo.

Los datos a identificar del tóxico cuando un niño ha sufrido un accidente son: nombre del producto y fabricante, forma de presentación, aplicaciones o indicaciones si es un medicamento, cantidad ingerida aproximada, tiempo transcurrido desde la ingesta, y síntomas del niño. Siempre hay que comprobar que el producto ingerido es el que corresponde al de la etiqueta del envase.

Las primeras medidas generales que se deben tomar son la limpieza del interior de la boca con una gasa o un paño húmedo, lavado de las partes expuestas al tóxico, y eliminar la ropa contaminada.

Ante una intoxicación aguda hay que identificar el tóxico, tratar de disminuir la absorción en un primer paso, y luego aumentar la eliminación del organismo y neutralizar el veneno absorbido. En toda intoxicación el tiempo es importante porque hay pocos tóxicos que tengan un antídoto específico y en la mayoría de los casos se tratan los síntomas y se vigila al enfermo. A continuación describimos las etapas generales de tratamiento:

1. Disminuir la absorción del tóxico:

— En el caso de productos inhalados, se traslada al niño a una atmósfera limpia y se toman medidas para restablecer o mejorar la respiración (ver capítulo de reanimación).

— Si el tóxico actúa por contacto con la piel se quitarán las ropas y se lava el cuerpo con agua y jabón o un disolvente adecuado si somos capaces de determinarlo.

— Si afecta a los ojos se lavan con agua abundante durante varios minutos y después acudir siempre a un centro sanitario.

— En caso de ingestión por vía oral, si está indicado se provoca el vómito. Es inútil después de las cuatro horas de la ingestión a no ser que el niño haya comido o el tóxico retrase el vaciado gástrico, como en el caso del ácido acetilsalicílico. El vómito está contraindicado en: la ingestión de cáusticos, ácidos minerales, estricnina o derivados del petróleo; si el niño ya ha vomitado de forma espontánea antes de acudir a un centro y si está inconsciente o presenta convulsiones.

El vómito se provoca mediante el estímulo físico sobre la faringe (metiendo los dedos) o con el jarabe de ipecacuana, éste es un medicamento comercializado en muchos países, que sirve para provocar el vómito con rapidez, eficacia y seguridad en los niños, siempre que éstos estén perfectamente despiertos. Es efectivo en el 97% de los casos, vaciando el estómago a los veinte minutos. En países como Estados Unidos se recomienda tenerlo como medicamento de primeros auxilios en el botiquín familiar, debido a su baja toxicidad a las dosis recomendadas y su fácil uso. Las dosis que se recomiendan son: entre los 9 y los 12 meses de edad dar 10 cc, y no se puede repetir la dosis; entre el año y los doce años de edad dar 15 cc y se puede repetir una vez; después de los doce años de edad 30 cc y también se puede repetir una vez más. En los lactantes por debajo de nueve meses no está indicado. Una vez administrado se hace beber al niño unos 20 cc de cualquier líquido, excepto leche (retarda el efecto) o bebidas carbónicas (producen demasiada distensión del estómago). La dosis se puede repetir si el vómito no se ha producido a la media hora. Existen otros medicamentos para inducir el vómito, pero deben ser siempre administrados por un médico.

Cuando no se consigue el vómito, o no ha sido totalmente efectivo se realiza el lavado gástrico. También es el método de elección en las intoxicaciones graves debido al factor tiempo. Se realiza introduciendo suero salino mediante una sonda, a través de la nariz, y aspirándolo a continuación. La operación se repite hasta que el líquido sale claro. No se puede realizar en intoxicaciones por cáusticos o derivados del petróleo.

2. Neutralización del tóxico

Se realiza mediante la administración del antídoto específico del tóxico si existe, o administrando carbón activado, que es un neutralizante capaz de absorber en el estómago casi todos los compuestos excepto los ácidos o álcalis fuertes. Se puede administrar antes del lavado gástrico, y luego realizar el lavado de estómago. En el caso de ácidos fuertes se realiza una neu-

EVITAR ACCIDENTES CUANDO HAY NIÑOS EN CASA

El mejor tratamiento de los accidentes infantiles es la prevención. La casa con niños pequeños debe adaptarse para evitar riesgos de atragantamientos, asfixia, electrocución. intoxicación y precipitación. Todo lo que pueda resultar un peligro, como son objetos pequeños, medicamentos o recipientes conteniendo lejía, detergente, etc., deben ser retirados de su alcance. A los enchufes hay que colocarles protección, puesto que los niños son muy aficionados a meter los dedos en los orificios.

tralización de tipo químico dando de beber al niño un vaso de leche de magnesia. Si se trata de álcalis fuertes o amoníaco, se neutraliza con vinagre diluido al 50% o zumo de limón.

3. Eliminación del tóxico

La eliminación del tóxico, una vez que ha llegado al intestino y a la circulación, se hace fundamentalmente forzando su eliminación a través del riñón con la orina. También se pueden administrar sustancias que retrasan o evitan la absorción intestinal favoreciendo la eliminación mediante las heces.

El niño tendrá que tener un período de observación, aún en los casos más leves, lo suficientemente amplio para prevenir posibles complicaciones tardías.

INGESTIÓN DE CUERPOS EXTRAÑOS POR LAS VÍAS RESPIRATORIAS

La ingestión de cuerpos extraños puede ser un accidente grave, llegando a producir la muerte en niños sobre todo en los menores de cuatro años. La aspiración de cuerpos extraños es más frecuente en los niños de uno a dos años de edad. Los objetos que suelen ingerirse con más frecuencia son productos alimenticios (frutos secos o caramelos), juguetes pequeños y joyas u objetos llamativos.

La historia que suele ocurrir es la de un cuadro súbito de atragantamiento y sofocación del niño, con tos y "pitos" con la respiración. En otras ocasiones el episodio inicial pasa desapercibido y el niño presenta síntomas respi-

ratorios crónicos como tos o neumonías de repetición que no mejoran completamente con la terapia habitual. La radiografía de tórax puede ayudar al diagnóstico demostrando las consecuencias de la presencia del cuerpo extraño en el árbol bronquial, pero no se puede excluir que no exista un cuerpo extraño en las vías respiratorias por un examen radiológico normal. En la actualidad el fibrobroncoscopio es el instrumento de diagnóstico definitivo en casi todos los casos.

Las maniobras que hay que realizar cuando un niño se ha tragado un objeto y presenta signos de obstrucción de la vía aérea son:

— En menores de un año dar golpes en la espalda con el niño colocado con la cabeza boca abajo, seguidos por compresiones torácicas del mismo tipo que las empleadas para el masaje cardíaco externo (véase capítulo de reanimación).

— En los niños mayores de un año, se realiza la maniobra de Heimlich (ya explicada en la reanimación).

El posterior tratamiento, una vez evitada la asfixia, si no ha sido expulsado el objeto es la extracción en el medio hospitalario mediante broncoscopio rígido y tratamiento de las complicaciones.

CUERPOS EXTRAÑOS EN LAS VÍAS DIGESTIVAS

En este caso los objetos más frecuentes suelen ser juguetes, monedas, pilas, tornillos o clips y alimentos o restos de éstos con cáscaras o envueltos en papel o plásticos. Los mayores problemas se suelen producir cuando el objeto queda retenido en el esófago. Una vez en el estómago la mayoría de los objetos pasan sin problemas, y sólo es necesaria la extracción del cuerpo extraño en aquellos casos en que se produzcan complicaciones gastrointestinales (hemorragia, perforación) o cuando los objetos no han sido expulsados al mes de la ingestión. Según la naturaleza del objeto ingerido se actúa de una forma u otra:

— *Cuerpos extraños agudos, punzantes como alfileres o agujas*: los niños deben hospitalizarse y hacer controles radiológicos diarios ante el posible, aunque mínimo, riesgo de perforación intestinal.

— *Ingestión de monedas*: es la causa más frecuente de cuerpos extraños digestivos en los niños. Una vez que pasan al estómago no suelen producir complicaciones, ni en el caso de que permanezcan en el estómago unas semanas. Sólo se intervendrá mediante fibroscopio o intervención quirúrgica si está alojado más de 24 horas en el esófago sin progresar, o si se produce alguna complicación digestiva. Para el diagnóstico y sobre todo localizar la moneda es imprescindible realizar una radiografía.

— *Ingestión de pilas alcalinas*: cualquier tipo contiene álcalis que además del daño mecánico por la propia presencia de la pila, producen daño de tipo físico mediante quemaduras y daño de tipo químico por intoxicación por los productos que contienen. Se debe realizar una radiografía para localizar la pila, saber si hay más de una y si está abierta o no. Si la pila se aloja en el esófago hay que actuar rápidamente para evitar perforaciones por las quemaduras cáusticas y eléctricas. En el estómago es el lugar donde más frecuentemente se localizan, y el medio ácido puede provocar la apertura de la pila, existiendo el peligro de perforación. Una vez situada en el intestino puede lograrse que mediante el tránsito se elimine la pila en unas horas sin llegar a abrirse. Todas estas posibilidades suponen que no existan normas estandarizadas en el tratamiento de la ingestión de pilas alcalinas, actuando según la localización, estado de la pila y tiempo transcurrido.

MORDEDURAS Y PICADURAS

Son lesiones producidas por animales u otros niños, que tienen una predisposición a infectarse, con independencia del daño producido inicialmente. Según el causante de la lesión se procederá de distinta forma, siempre tratando de prevenir las complicaciones como la infección o efectos tóxicos en el caso de picaduras por insectos o reptiles.

MORDEDURAS DE SERPIENTE

Son más graves en los niños que en los adultos, debido al volumen relativamente mayor de veneno inoculado en ellos. En Europa existen dos familias de serpientes venenosas, las víboras y las culebras. La picadura produce un cuadro local de dolor, enrojecimiento, inflamación, hemorragia, ampollas y muerte de los tejidos. Se afectan los ganglios regionales y en los casos graves aparece gangrena. Se pueden producir vómitos, náuseas, mareo y en los casos más graves hipotensión, shock, y muerte (menos del 1% de todas las picaduras).

Las medidas iniciales que hay que tomar son tranquilizar al niño y obligarle a mantener reposo. Matar al animal para su correcta identificación y evitar nuevas mordeduras. Comprobaremos la mordedura, y si es una serpiente venenosa se presentará dolor, hinchazón y se diferenciarán claramente las marcas de los colmillos. A continuación se limpia y desinfecta la herida y se toman las medidas para que el veneno no se extienda por el cuerpo. Se le aplica un torniquete mediante una banda (tela) ancha sin apretar mucho de forma que se pueda introducir un dedo con cierta dificultad, y sin cortar la circulación sanguínea hacia el miembro. Este torniquete debe ser aflojado durante 30 segundos cada 15 minutos hasta llegar al centro sanitario. Si el lugar de la mordedura es la cabeza o el cuello, las zonas más peligrosas del cuerpo, hay que realizar una presión fuerte sobre la herida, para retrasar la absorción del veneno. En principio no se debe hacer un corte en la herida para succionar el veneno, debido a los riesgos que supone esta operación. Sólo se realizará cuando no haya ninguna posibilidad de traslado del niño a un centro sanitario en unas horas. Tampoco se recomienda aplicar hielo sobre la zona. En el centro médico se tratarán todos los síntomas que presenta el niño, se evitarán las posibles complicaciones, y se valorará si es necesario administrar el antídoto específico.

PICADURAS DE ABEJAS Y AVISPAS

Son tan frecuentes, que muchas veces no se valora el riesgo que pueden suponer en algunos casos. Siempre es aconsejable emplear medidas de precaución, sobre todo en los niños más pequeños para evitar las picaduras, utilizando productos repelentes, elementos insecticidas en las habitaciones de dormir, y vestir ropas que no sean coloreadas ni brillantes. Los cuadros clínicos en el momento de la picadura van desde la reacción local con un habón, enrojecimiento y dolor, hasta el shock alérgico que puede causar la muerte. En algunos casos se produce la enfermedad del suero que se caracteriza por una reacción febril y con síntomas generales alrededor de los 15 días de haber sufrido la picadura. El tratamiento de la reacción local se hace extrayendo el aguijón con unas pinzas en el caso de las abejas, aplicando frío moderado, amoníaco y tomando antihistamínicos y analgésicos para tratar el picor y el dolor respectivamente.

En los niños que han sufrido alguna reacción grave después de una picadura de abeja o avispa, se debe valorar el hacer un tratamiento desensibilizante mediante vacunas.

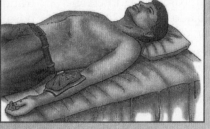

1 Si viaja a una zona donde algunas picaduras de reptiles e insectos pueden tener consecuencias mortales, provéase de un manual de primeros auxilios, para preparar de forma adecuada su botiquín, y de un cuaderno en el que describir los síntomas y la especie agresora.

2 En caso de sufrir la mordedura de una serpiente, araña o alacrán, échese, no se mueva ni ande y aplique una compresa fría sobre la zona herida.

3 Si su acompañante no tiene heridas bucales, es aconsejable que succione con fuerza durante los primeros 30 minutos alrededor de la herida, y escupa la sangre y el veneno así extraídos.

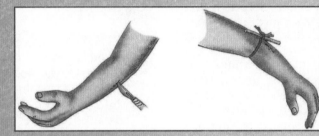

4 Si es un socorrista experto y sabe cómo hacerlo, realice diversas incisiones, con un objeto cortante esterilizado, en las marcas producidas por la mordedura.

5 Haga un torniquete moderadamente apretado por encima de la picadura. Hay que aflojarlo cada media hora.

Cómo reducir la absorción del veneno.

PICADURAS DE ARAÑAS Y ESCORPIONES

La mayoría de las picaduras de arañas y escorpiones son inofensivas, produciendo sólo cuadros de dolor intenso en el lugar de la picadura que puede extenderse a las zonas cercanas. El tratamiento consistirá en analgésicos y antihistamínicos.

PICADURAS DE ANIMALES MARINOS

Medusas: el contacto produce lesiones muy dolorosas, con intenso picor e hinchazón. Se debe aplicar vinagre para inactivar los tentáculos y retirarlos lo antes posible. Después se hará tratamiento sintomático.

Erizo de mar: no contiene veneno, por lo que sólo se retirarán las púas con cuidado.

Araña y rayas de mar: en los dos casos pueden inyectar un veneno que produce gran dolor e inflamación, que en el caso de la araña de mar puede persistir durante un tiempo. La zona afectada debe sumergirse en agua caliente 60 minutos y administrar antihistamínicos y analgésicos.

QUEMADURAS

Son lesiones producidas por el contacto de los tejidos con energía térmica (calor). Son la segunda causa de muerte antes de los cuatro años de edad y la tercera hasta los 14 años de vida. El tipo de quemadura más frecuente es la escaldadura por líquidos calientes. La gravedad de la quemadura viene determinada por la causa de la lesión, la duración del contacto, la superficie del área lesionada, el lugar del cuerpo afectado y las lesiones asociadas. Existe un daño local con destrucción de tejidos, y una alteración del equilibrio de líquidos y proteínas en quemaduras extensas.

En grandes quemaduras, es importante calcular el área de superficie corporal quemada. Se calcula la superficie corporal mediante tablas que relacionan el peso y la talla, y luego se utilizan distintas escalas para calcular el área quemada según la edad del niño y en qué región se localiza la quemadura. También se calcula la profundidad, clasificando las quemaduras en grados, desde primer grado las más superficiales, hasta de tercer grado las más profundas. Existen criterios claros de hospitalización del niño en caso de quemaduras. Los niños con una quemadura eléctrica o por inhalación siempre se ingresan, independientemente del grado de lesión o el estado del niño, para observación ante la posible aparición de posteriores lesiones.

El tratamiento inicial en casa consiste en separar de la fuente de calor al niño y aplicar agua fría sobre la quemadura. Si la quemadura no es grave se trata limpiándola con una solución antiséptica, aplicación de una pomada antibiótica y colocando una gasa estéril. Nunca se deben romper las ampollas que se formen. La quemadura se controla diariamente, hasta que termina de epitelizar la piel. Una vez curada, durante unos meses se debe proteger la zona de la exposición al sol mediante la ropa o filtros solares totales, para asegurar su recuperación total.

Las quemaduras más graves son tratadas en centros de quemados especializados, ante la gran complejidad de las lesiones y la dificultad del tratamiento que se producen, sobre todo en el caso de los niños.

TRAUMATISMO CRANEOENCEFÁLICO EN LOS NIÑOS

En la mitad de los accidentes de los niños mayores de un año de edad, existe un traumatismo craneoencefálico, solo o asociado a otras lesiones. Son una causa frecuente de hospitalización, aunque la mayor parte de los niños con un traumatismo craneal leve pueden permanecer en su domicilio bajo la observación de los padres. La lesión primaria por el traumatismo no es evitable, pero sí se pueden prevenir las lesiones secundarias resultantes de la falta de oxígeno en el cerebro y la inflamación general. Para lograr esto es fundamental una atención médica rápida. Siempre hay que descartar lesiones asociadas al traumatismo como las hemorragias o las fracturas, que multiplican por cuatro la mortalidad. La hipertensión intracraneal secundaria al traumatismo es la causa más frecuente de muerte en los niños.

La valoración del estado de un niño con traumatismo craneoencefálico se basa en una exploración neurológica correcta y requiere una evaluación periódica. Las radiografías simples de cráneo raramente aportan datos de interés. Las fracturas de los huesos del cráneo sólo aparecen en un tanto por ciento mínimo y su presencia suele tener poco significado pronóstico. Otras exploraciones como la tomografía axial o la resonancia magnética, son técnicas de elección, si por la exploración neurológica del niño están indicadas.

Los traumatismos leves después de un examen médico normal pueden volver a su domicilio y ser vigilados por los padres. Éstos son informados que deben volver al hospital en caso que el niño presente algún síntoma anormal como: sueño excesivo, alteraciones en el habla o los movimientos de las extremidades, dolor de cabeza constante, rigidez de nuca, espasmos o convulsiones, vómitos persistentes, o presencia de sangre o líquido claro en la nariz o los oídos. Es frecuente que aparezca fiebre después de un traumatismo, que en principio no supone un signo de alarma.

La mayor parte de los niños con traumatismo craneal se recuperan totalmente, y sólo en pocos casos se produce la muerte como consecuencia del propio golpe o de las complicaciones o lesiones asociadas. Algunos presentarán convulsiones o trastornos neurológicos como secuelas.

PREVENCIÓN DE ACCIDENTES

La prevención se basa en una doble estrategia, de protección y de promoción o educación sanitaria:

La vía de la protección o de modificación del medio, con la eliminación de elementos capaces de lesionar y su legislación correspondiente.

La vía de la promoción educativa a través de la información individual o colectiva.

Las medidas de protección sencillas y poco engorrosas, al no precisar cambios de actitudes importantes, resultan más efectivas. No se tienen muchos datos acerca de la efectividad de cada intervención educativa aislada, sin embargo por ejemplo el consejo del uso de asientos de seguridad para los automóviles ha demostrado ser claramente efectivo, reduciéndose la cifra de lesiones graves hasta en un 70%.

Dada la complejidad del problema dar unas normas o consejos que abarquen todos los posibles factores o causas que intervengan en los accidentes infantiles es una cuestión imposible. Por eso se considera necesario un planteamiento multisectorial, que implique a la industria, a la escuela, a la publicidad e información pública y al sector sanitario. De este modo sí es posible incidir sobre como prevenir los accidentes que se dan más frecuentemente y lograr mejorar los elementos que rodean a los niños para que resulten ser lo más seguros posibles.

CÓMO DEBEN VIAJAR LOS NIÑOS EN EL AUTOMÓVIL

Grupo de 0 a 9 meses

Los dispositivos de retención infantil a esta edad pueden ser de tres tipos:

— *El cuco* para recién nacidos, que son totalmente rígidos, se coloca en el asiento trasero y en posición transversal. Se sujetan con los cinturones propios del vehículo o con cin-

LOS NIÑOS EN EL AUTOMÓVIL

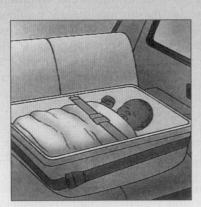

Hasta los ocho o nueve meses, los niños pueden ir en el asiento trasero estirados en el capazo (izquierda) o, mejor aún, en el asiento delantero, al lado del conductor, en sentido contrario a la dirección del coche y el capazo o la sillita sujetos con un cinturón especial (centro). A partir de los ocho o nueve meses y hasta los cuatro o cinco años tienen que ir sentados en una silla especial homologada, sujeta al asiento trasero (derecha).

turones suplementarios que se venden con el cuco.

— *El capazo del cochecito de paseo* y *la silla-cesta de seguridad* que se sujetan mediante los arneses de seguridad y se puede colocar tanto en el asiento delantero como en el trasero, pero que en todos los casos debe ser instalada en sentido contrario al de la marcha, acoplándose con el propio cinturón de seguridad del automóvil.

Grupo de 9 meses a 3 años

Los dispositivos empleados pueden ser de dos tipos:

— *La silla en sentido contrario al de la marcha*, que se acopla al cinturón del automóvil y puede situarse tanto en el asiento delantero como en el trasero.

— *La silla para asiento trasero en el sentido de la marcha*. Ambas sillas llevan incorporado un arnés de 4 ó 5 puntos de anclaje.

Grupo de 3 a 6 años

Los dispositivos de retención para este grupo de niños son dos:

— Los *asientos con ajuste de cinta* del cinturón del vehículo.

— El *cojín elevador con respaldo*, que es una silla a la que se puede desmontar el respaldo y utilizar luego como elevador.

Ambos dispositivos de retención se acoplan a los cinturones de seguridad del vehículo, tanto delanteros como traseros, utilizando un elemento de ajuste que adapte el cinturón a la altura del hombro del niño.

Grupo de 6 a 12 años

— El *cojín elevador* que coloca al niño a la altura suficiente para utilizar el cinturón del vehículo, y el ajustador de altura de la cinta, que permite acoplar los cinturones traseros a la altura del hombro.

32 ALIMENTACIÓN EN LA INFANCIA Y ADOLESCENCIA

CONCEPTOS GENERALES DE NUTRICIÓN

Para iniciar este capítulo, vamos a definir conceptos básicos que aunque se utilizan en el lenguaje normal, como similares, no tienen el mismo significado en nutrición:

Alimento es toda sustancia comestible, ya sea líquida o sólida.

Nutrientes son los elementos nutritivos contenidos en un alimento.

Nutrientes esenciales son aquellos nutrientes que deben ser aportados en la dieta, ya que el organismo no puede producirlos por sí solo y son imprescindibles para el organismo. Existen de 45 a 50 nutrientes esenciales, aunque en ciertas situaciones vitales, cualquier nutriente no esencial puede convertirse en esencial.

Nutrientes no esenciales o energéticos son aquellos que el organismo es capaz de sintetizarlos a partir de elementos más sencillos, y por tanto su presencia en la dieta no es imprescindible para el funcionamiento del organismo.

Requerimiento es la cantidad necesaria de un determinado nutriente para mantener un organismo en perfecto funcionamiento. El requerimiento medio se calcula sobre la base de la cantidad media ingerida por un grupo de niños sanos de una determinada población, edad y sexo.

Aporte o ingesta recomendada para una población de niños de determinada edad es la cantidad de un determinado nutriente, que permita cubrir las necesidades de la mayor parte de la población a la que se refiere. Para calcularlo se suma al requerimiento medio una cantidad que nos permita disponer de un margen de seguridad para prevenir déficit, y sin llegar a producir manifestaciones no deseadas por exceso de aporte. En la práctica es el concepto que se utiliza para hacer las recomendaciones nutricionales en los niños, excepto para el cálculo de la energía necesaria, en el que el aporte recomendado es igual al requerimiento medio de esa población.

REQUERIMIENTOS NUTRICIONALES EN LOS PERÍODOS DE LA INFANCIA

En la infancia los requerimientos nutricionales varían en función de la velocidad de cre-

Se debe limitar el consumo de dulces, pizzas, hamburguesas... y comida fast food *entre los niños.*

cimiento y del grado de madurez de los órganos encargados de la transformación y absorción de los alimentos y de la utilización de los nutrientes.

NECESIDADES ENERGÉTICAS

El aporte energético en un niño sano debe cubrir las necesidades para el mantenimiento del organismo, la actividad física y el crecimiento. Esto nos indica que a partir de los dos años de vida existe una gran variabilidad individual.

En los lactantes son necesarias por día 110-120 kcal por kilogramo de peso en los primeros seis meses, para luego pasar a 100-110 durante los seis meses siguientes y alrededor de 100 kcal por kilogramo durante el segundo año.

En los niños de 3 a 10 años las necesidades de energía se sitúan en torno a las 90-100 kilocalorías por kilogramo de peso y día, que corresponden aproximadamente a 1.300 y 1.700 kcal. diarias, con un margen de 900 a 2.300 calorias según la edad.

En los adolescentes las necesidades calóricas son superiores a las de cualquier otra edad y guardan una estrecha relación con la velocidad de crecimiento y con la actividad física. Durante este período los incrementos de talla o estirones reflejan con mayor precisión el efecto de ganancia corporal del período de crecimiento juvenil.

También las diferencias entre uno y otro sexo son muy evidentes a partir del período prepuberal. Los niños consumen 200 kcal más por día que las niñas a la edad de diez años. A los doce años, 300 kcal. A los dieciséis años, 630 kcal, y a los dieciocho años, la diferencia entre varones y mujeres es de 930 kcal.

NECESIDADES DE PROTEÍNAS Y AMINOÁCIDOS

Las proteínas constituyen del 15 al 20% de la masa corporal. En una dieta equilibrada, han de aportar el 10-15% del valor calórico, y su procedencia ha de ser de origen vegetal y animal, en idéntica proporción, ya que el valor biológico es distinto según la fuente.

Las proteínas de origen animal están contenidas en las carnes, incluidas aves, el pescado, los huevos y los productos lácteos. Las proteínas de origen vegetal las contienen el pan, los cereales, las legumbres, los frutos secos y las verduras.

NECESIDADES CALÓRICAS		
EDAD	Kcal/día	Kcal/Kg
Lactante		110
1- 3 años	1.300	100
4-6 años	1.700	90
7-9 años	2.400	80
10-12 años	2.400	70
13-15 años	2.400-2.800	60
16-19 años	3.000-2.100	50
adulto		40

Actualmente en los países industrializados uno de los errores de alimentación más frecuentes es el aporte excesivo de proteínas, en detrimento de otros nutrientes básicos.

Las necesidades de proteínas son:

Niños de 1 a 10 años: los requerimientos medios son de 1,8 a 1,5 gr de proteína por kilogramo de peso y día. Durante este período las necesidades proteicas van aumentando progresivamente desde 20-25 gramos diarios al año de edad hasta 30-35 gramos a los seis años.

Los adolescentes, exigen un elevado aporte proteico para la síntesis de nuevos tejidos y estructuras orgánicas. Para que una dieta sea equilibrada es necesario que al menos el 15 por 100 de las calorías procedan de las proteínas.

NECESIDADES DE GRASAS

Las grasas deben aportar entre el 30 y el 35% de las calorías. Además de su función energética tienen importantes funciones relacionadas con el aporte de ácidos grasos esenciales y vitaminas liposolubles, entre otras. Por eso la calidad y proporción de los distintos ácidos grasos es tan importante como el aporte total de grasas.

Los alimentos que contienen grasa pueden ser clasificados, conforme a la composición predominante, en cuatro grupos según contengan:

Ácidos grasos saturados: carnes, embutidos, huevos, lácteos, bollería, vísceras, pan de molde.
Ácidos grasos monoinsaturados: aceite de oliva.
Ácidos grasos poliinsaturados: pescados, aceites vegetales.
Colesterol: huevos, vísceras, bollería, carnes, quesos, flan, natillas, embutidos.

Las necesidades de grasas son difíciles de estimar, ya que junto a unos requerimientos variables como energía de fácil almacenamiento, los ácidos grasos poliinsaturados son necesarios en la formación de órganos.

NECESIDADES DE HIDRATOS DE CARBONO

Los hidratos de carbono deben proporcionar el 50-60% de las calorías de la dieta. Están presentes en la mayoría de los alimentos como el pan, cereales, pastas, legumbres, verduras y frutas.

Pueden clasificarse en:

Simples que son el azúcar, la miel y productos elaborados con azúcares (no debe constituir más del 10% del aporte calórico).

Complejos en los que se incluye los almidones, presentes en el pan, los cereales y la patata, y la fibra alimentaria que puede encontrarse en las verduras, hortalizas, frutas, cereales integrales, pan integral y legumbres.

La fibra alimentaria tiene importantes efectos beneficiosos para el organismo, aunque también un consumo excesivo puede interferir en la absorción de algunos micronutrientes, fundamentales en el crecimiento de los niños.

NECESIDADES DE VITAMINAS Y MINERALES

Las vitaminas son nutrientes imprescindibles para el organismo, quedando cubiertas sus necesidades con una dieta variada sin necesidad de aportes suplementarios, excepto en situaciones especiales.

En los niños a partir del año de edad con una alimentación variada, que permita cubrir las necesidades energéticas de proteínas y otros nutrientes, no es necesario completar la dieta

NECESIDADES MEDIAS DE AGUA			
EDAD	PESO Kg.	ml agua/24h.	ml agua/Kg/día
3 días	3	250-300	80-100
10 días	3,2	400-500	125-150
3 meses	5,4	750-850	140-160
6 meses	7,3	950-1.100	130-155
9 meses	8,6	1.100-1.250	125-145
1 año	9,5	1.150-1.300	120-135
2 años	11,8	1.350-1.500	115-125
6 años	20	1.800-2.000	90-100
14 años	45	2.200-2.700	50-60

con preparados vitamínicos, excepto en casos de regímenes vegetarianos estrictos y cuando sean recomendados por el médico en situaciones específicas.

En los adolescentes algunas vitaminas, como la tiamina, niacina y riboflavina, cumplen importantes funciones en el metabolismo energético y por esta razón las recomendaciones sobre su ingestión se basan en la ingesta calórica.

Los minerales tienen un destacado interés nutricional, siendo la mayoría de ellos imprescindibles para un adecuado crecimiento del niño. Los mejor estudiados son el hierro, y su relación con las anemias, sobre todo en las épocas de lactante y adolescencia, el yodo en la formación de las hormonas tiroideas y el calcio y fósforo. Pero hoy ya se conoce la importancia de otros minerales como el magnesio, el flúor o el selenio cuyas funciones poco a poco se van determinando.

OBESIDAD EN LOS NIÑOS

La obesidad se define como el exceso de grasa corporal. Sólo un pequeño porcentaje (5%) se debe a enfermedades metabólicas o endocrinológicas, el resto corresponde a situaciones con un balance positivo de energía, es decir, el consumo de una dieta de valor calórico superior a las necesidades del niño junto a una escasa actividad física y la influencia de otros factores como la predisposición genética.

La edad de inicio y la gravedad de la obesidad son los factores de riesgo más importantes. Entre los 5-6 años y en la adolescencia son los períodos críticos para la persistencia en la edad adulta.

El niño "gordito" sufre con frecuencia una discriminación. Son niños en general con una

CONSEJO

DIETA INFANTIL VARIADA

El niño necesita todos los principios inmediatos para garantizar un crecimiento correcto. Las dietas restrictivas o la supresión de ciertos alimentos resultan especialmente peligrosos en la infancia.

autoestima baja derivada del actual rechazo social que imponen las modas actuales.

En el plano orgánico los niños obesos presentan:

— Mayor número de infecciones respiratorias de vías superiores y mayor gravedad de los procesos asmáticos. Es frecuente encontrar infecciones cutáneas, sobre todo en áreas de pliegues, y cuadros de dishidrosis en manos y pies.

— Los problemas derivados de la aceleración del desarrollo puberal y de desarrollo temprano de los caracteres sexuales secundarios son motivos de consulta habituales. También es frecuente el desarrollo de ginecomastia en los niños.

— A menudo presentan cuadros de dolores en miembros inferiores y pobre tolerancia al esfuerzo, de sobrecarga de las grandes articulaciones o de pies planos. Estos problemas les llevan a rechazar las actividades físicas, y volverse cada vez más sedentarios agravando su cuadro de obesidad.

> *El deporte en los niños ayuda a evitar la obesidad.*

— Las alteraciones en la cantidad de azúcar en sangre, los trastornos en los lípidos, y la hipertensión arterial, que no tienen repercusión clínica aparente en la infancia, con la obesidad comienzan a desarrollarse precozmente.

Los exámenes complementarios básicos que son recomendables de hacer son: el perfil lipídico, la glucemia, la determinación del ácido úrico y el nivel de hormonas tiroideas, para descartar hipotiroidismo. También es recomendable determinar la edad ósea mediante la radiografía de los huesos de la muñeca izquierda.

El tratamiento de la obesidad es multidisciplinario y comprende dieta, ejercicio y psicoterapia.

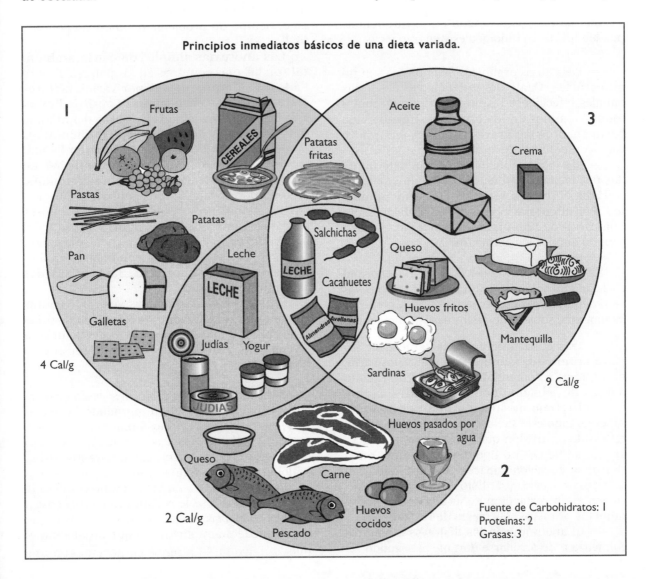

Principios inmediatos básicos de una dieta variada.

I — Frutas, Pastas, Patatas, Pan, Galletas, Leche, Cereales, Patatas fritas — 4 Cal/g

3 — Aceite, Crema, Mantequilla — 9 Cal/g

2 — Queso, Carne, Pescado, Huevos cocidos, Huevos pasados por agua, Sardinas, Huevos fritos — 2 Cal/g

Salchichas, Cacahuetes, Almendras, Avellanas, Judías, Yogur, Queso

Fuente de Carbohidratos: 1
Proteínas: 2
Grasas: 3

ANOREXIA

La anorexia se define como el rechazo por cualquier causa a los alimentos. Está relacionada con una serie de términos que es imprescindible aclarar:

El apetito es el deseo selectivo que tiene un niño de comer determinados alimentos. En él intervienen factores de tipo orgánico, culturales y psicológicos.

El hambre se refiere a la necesidad fisiológica de comer para cubrir las necesidades del organismo. Está producido y regulado por estímulos y reflejos del aparato digestivo y nervioso.

La saciedad es la sensación contraria al hambre por la que no se desea seguir tomando alimento.

En general cuando un niño tiene que comer lo determina el hambre, lo que hay que comer lo señala el apetito y la cantidad lo indica la saciedad.

Las causas de anorexia en la infancia se pueden dividir en funcionales y en orgánicas.

— Las causas orgánicas de anorexia son innumerables. Cualquier enfermedad desde las banales infecciones respiratorias que afectan a todos los niños en los primeros años de vida hasta cuadros tan graves como las leucemias, van acompañadas de anorexia.

— Las causas funcionales están determinadas por factores ambientales o conductuales, y suponen el rechazo selectivo de ciertos alimentos. Por el contrario cuando el niño presenta una causa de tipo orgánico existe un rechazo general a todos los alimentos.

Es importante conocer el desarrollo normal de la maduración de los hábitos de alimentación del niño, para determinar el desarrollo de la anorexia, sobre todo en los casos funcionales:

— Tras el nacimiento, el lactante tiene un patrón rítmico de hambre, con intervalos variables que es recomendable respetar, no fijando pautas de alimentación rígidas. El lactante tiene el reflejo de succión que nos ayuda a saber cuándo está saciado. También presenta el reflejo de protrusión que consiste en que al colocarle alimentos no líquidos en la parte anterior de la boca son capaces de empujarlos con la lengua hacia afuera. Estos dos reflejos intervienen en la regulación de la alimentación durante los primeros seis meses de la vida.

— El apetito hacia los distintos alimentos comienza a desarrollarse durante el segundo semestre de la vida, cuando se empieza a introducir la alimentación complementaria y el bebé es capaz de usar sus manos.

— Durante el segundo año de vida es lo suficientemente hábil para empezar a manejar groseramente los utensilios de comer. Es durante este período cuando el niño desarrolla preferencias y aversiones bien definidas que le podrán condicionar su futura actitud en la alimentación.

Desde el inicio de la alimentación complementaria e incluso antes en ocasiones, la actitud de la madre o las cuidadoras, y las costumbres dietéticas generales de la familia van a condicionar el apetito del niño. La alimentación general del niño va a depender de sus necesidades fisiológicas, su capacidad neuromadurativa y de la integración psicoafectiva dentro del núcleo familiar. Todo conducirá a que el niño a partir del tercer año sea capaz de comer solo, con una alimentación variada, y que el acto de comer suponga otra actividad normal del día, y no una batalla que produzca en el tiempo un problema de anorexia conductual.

Las anorexias simples de causa ambiental son las más comunes en los países desarrollados. Están producidas por varios factores entre los que se encuentran la ansiedad excesiva de los padres en torno al peso del niño, el mal desarrollo de los hábitos alimentarios desde bebé, y a la excesiva presión ambiental sobre la comida del niño. Suele producirse en niños cuya curva de peso es normal, aunque se sitúa por debajo del percentil 50, y que suelen ser inapetentes desde los primeros meses de vida. Esta situación se agrava a partir del tercer año en que el apetito es cada vez menor, debido a que el ritmo de crecimiento se ralentiza, por lo que lógicamente las necesidades del niño son menores.

En estos cuadros muchas veces los padres se preguntan qué están haciendo mal, o las costumbres de muchos padres y que lo único a lo que conducen es a lograr emperorar el problema:

El método de distracción: consiste en distraer al niño haciendo el avión, poniendo la televisión, etc., para que el niño coma.

El método de persuasión: persuadir al niño de que coma para que crezca, o para lograr beneficios que no entiende.

El método del chantaje: si el niño come se le darán premios o se le permitirán ciertas cosas.

Las amenazas: suelen consistir en cosas que no se pueden cumplir por lo que no afectan al niño.

Comer a la fuerza: forzar al niño físicamente a tomar una cucharada más suele conducir hacia el vómito final.

Comer a la carta: es un error el dejar elegir por sistema la comida al niño, dando siempre prioridad a los alimentos que le gustan y no ofreciéndole nunca nuevos alimentos.

Comer entre comidas: ante la ansiedad de la familia de ver que el niño come poco en las comidas, se le permite que "pique" durante todo el día. De esa forma lo que se logra es que el poco apetito que pueda tener antes de las comidas desaparezca, o que rechace las comidas que menos le gustan sabiendo que luego podrá tomar lo que más le apetece.

Beber líquidos antes de las comidas: es otra práctica muy común el iniciar las comidas bebiendo cualquier líquido (agua, zumo o leche), de esa manera disminuye el apetito del niño. En otros casos lo que se hace es sustituir la comida por leche o zumos pensando que de esa manera el niño está alimentado y ya lograremos que tome otros alimentos cuando sea mayor.

El otro cuadro de anorexia psicosocial que cada vez es más frecuente en chicas adolescentes es la **anorexia nerviosa**. Es un cuadro englobado dentro de los trastornos de la conducta alimentaria, y en el que no sólo existe la anorexia como síntoma más destacable, sino una alteración de la percepción de la propia imagen corporal, que es el punto inicial de todos los demás trastornos que se presentan.

El tratamiento de la anorexia debe ser el de la causa que la produce. En los trastornos orgánicos en la mayoría de los casos cuando se pone tratamiento y la situación clínica del niño mejora, la anorexia desaparece progresivamente. El niño recupera el apetito e incluso en la mayoría de los casos pasa a "devorar" durante un tiempo para recuperar la posible pérdida de peso que se haya producido. En las enfermedades crónicas, el apetito es un gran indicador del estado general del niño. En los casos de anorexia simple el tratamiento consiste en reeducar al niño, quitar la ansiedad a los padres y lograr que la alimentación se convierta en un hecho normal. En estos casos se pueden utilizar medicaciones antianoréxicas como apoyo, durante períodos cortos, aunque la experiencia nos enseña que variar todos los factores que influyen cuesta mucho tiempo, sobre todo en los casos de los niños mayores de tres años. Lógicamente la prevención es la mejor terapia. A los padres se les debe explicar:

— Los hábitos alimentarios normales de un niño de esa edad.

— Que es normal que los niños al igual que los adultos no les gusten algunos de los alimentos que le ofrecemos. Pero no es normal que a un niño no le gusten ninguno de los alimentos que le damos.

— Existen períodos de inapetencias transitorios, sobre todo cuando el niño aprende a comer solo, acude por primera vez a la guardería o al colegio, o en épocas del año en que sus requerimientos energéticos son menores.

— No todos los niños tienen el mismo apetito, lo cual no significa alteración en su desarrollo.

— El desarrollo tanto de peso como de talla que lleva el niño, es normal dentro de las curvas correspondientes.

Cuando existen conflictos a la hora de la comida, en los niños mayorcitos, la conducta a seguir debe incluir las siguientes recomendaciones:

— Actuar con serenidad en las horas de las comidas, siempre en un tono neutral.

— Hacerle comer en soledad, a horas distintas a los demás. Si no hay espectadores, no hay razón para montar un numerito.

— Ponerle la comida delante, y explicarle que se le retirará el plato pasado un tiempo concreto de 20 ó 30 minutos. Esto se realizará en un tono neutro y sin darle más explicaciones.

— Retirar los platos cuando haya terminado o se haya cumplido el tiempo indicado, siempre sin recriminarle o alabarle. Es posible que las primeras veces no haya comido nada o muy poco. Eso no debe inquietarle, tendrá mas hambre a la hora de cenar, aunque a veces no lo parezca.

— Es fundamental no darle nada entre horas, ni consentir que otras personas se lo den. Procurar restringir los líquidos justo antes y al inicio de las comidas.

Todos estos puntos se deben repetir por sistema en todas las comidas, incluso los fines de semana o períodos vacacionales en los que puede variar el ritmo de vida del niño. Si se actúa con calma, paciencia, y sin plantear retos, antes o después el niño se dará cuenta que su guerra no tiene sentido, y comerá lo que su apetito le demande, que lógicamente no tiene que coincidir con lo que la familia desee. Entonces se habrá logrado cambiar la actitud general de todos, y en ese momento podremos plantearnos otros retos, como el de introducir nuevas comidas. Es frecuente que el niño pueda aguantar sin comer hasta un día, pero realizando esas normas el éxito salvo raras excepciones está garantizado.

LA ALIMENTACIÓN DURANTE EL PRIMER AÑO

HASTA LOS TRES MESES

Cinco tomas de leche diarias, con unos intervalos aproximados de tres horas.

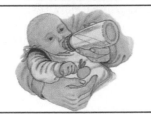

DE 4 A 5 MESES

Cinco tomas de leche o cuatro, según el descanso nocturno del niño.

DE 6 A 7 MESES

Por la mañana, lactancia materna, biberón, papilla preparada con frutas variadas, yogur natural, azúcar y cereales o galletas trituradas. Al mediodía, caldo de pollo con verduras o puré de verduras con hígado de pollo o media yema de huevo dos días a la semana. Por la tarde, papilla de frutas. Por la noche, leche.

DE 8 A 9 MESES

Por la mañana, leche o papilla de cereales.
Al mediodía, puré de verduras o caldo vegetal con pasta o arroz, pollo a la plancha o ternera o sesos.
Por la tarde, papilla de frutas. Por la noche, leche o papilla de cereales o sopa de sémola con pescado blanco hervido.

DE 9 A 12 MESES

Por la mañana, leche o papilla de cereales.
Al mediodía, puré o caldo vegetal con arroz, complementado con pollo, carne o seso y, de postre, fruta. Por la tarde, fruta triturada con yogur natural o un quesito fresco. Por la noche, sémola o sopa con pescado hervido o a la plancha, o un huevo dos días a la semana. Leche.

33 TRASTORNOS DE LA NUTRICIÓN Y EL METABOLISMO

TRASTORNOS DE LA CONDUCTA ALIMENTARIA

ANOREXIA NERVIOSA

Se define como un conjunto de síntomas cuya causa no es orgánica, y que dan lugar a una extremada pérdida de peso que puede llegar incluso a suponer la muerte del enfermo. En la mayor parte de los casos no hay perdida de apetito, sino un rechazo extremo a mantener el peso corporal por encima de unos rangos mínimos normales. El paciente no come porque "no quiere engordar". Hay una alteración muy notable en la percepción de la propia imagen corporal.

Los criterios diagnósticos objetivos son:

• El rechazo a mantener un peso corporal por encima del mínimo normal.

SÍNTOMAS INICIALES QUE SE PRESENTAN EN LA ANOREXIA NERVIOSA
• Falta de menstruación en chicas que ya hayan tenido el período previamente, acompañada de una pérdida de peso acusada. En el 25% de las chicas anoréxicas este síntoma precede a la pérdida de peso.
• Estreñimiento crónico.
• Preocupación obsesiva por el alimento y todo aquello que tiene que ver con el hecho de comer.
• Vómitos frecuentes, sin causa aparente. Suelen ser autoprovocados y a escondidas de los familiares.
• Dolor abdominal crónico, sobre todo antes de las comidas.
• Signos de intolerancia al frío, o cansancio excesivo no justificable.
• Cambio de actitud en las relaciones personales con la familia o los amigos, con conductas de aislamiento o rechazo hacia los chicos o chicas de su edad.

• El miedo intenso a ganar peso (aun estando muy por debajo del peso normal).

• La alteración de la percepción de la propia imagen, sintiendo la persona que "está obesa" o "desproporcionada", aun cuando la realidad es que está muy por debajo del peso normal.

• En las chicas, la ausencia de por lo menos tres ciclos menstruales consecutivos en el plazo previsto.

Tratar este problema resulta muy difícil, pues los pacientes (en el 95% de los casos son niñas) no aceptan estar enfermos (¡no admiten estar delgados!).

La incidencia de esta enfermedad parece que está aumentando en los últimos años. Ante el aumento del número de casos que se producen anualmente en los países occidentales, se han tratado de determinar unos factores de riesgo de tipo cultural, familiares e individuales. Suele tratarse de chicas sin problemas de comportamiento, perfeccionistas, que van bien en los estudios y sus relaciones personales son normales. La edad de comienzo es entre los diez y los catorce años.

En muchos casos las pérdidas son muy progresivas y poco llamativas, por lo que los padres no las detectan hasta grados avanzados y hay pacientes que no aceptan ir al médico hasta pérdidas mucho más notables.

Los casos graves de anorexia nerviosa se acompañan de síntomas físicos: bradicardia, alteraciones tróficas en la piel, estreñimiento, hipotensión, edemas, pérdida de caracteres sexuales secundarios, aparición de pelo de tipo lanugo y otros cambios metabólicos. No hay un cuadro psiquiátrico diagnóstico predominante. Sí presentan siempre una baja autoestima, pensamientos obsesivos, ansiedad en el terreno social, que les lleva al aislamiento.

Los objetivos más importantes del tratamiento son la corrección de la malnutrición y la resolución de las disfunciones psíquicas del paciente y de su familia. Los objetivos iniciales del tratamiento médico son:

• Mejorar el estado nutricional, y mantenerlas delgadas pero nutricionalmente sanas.

• Dar instrucciones claras, estrictas, concisas, y siempre de acuerdo con la enferma.

• La comida siempre la debe hacer la madre, y se debe determinar un horario estricto, una duración de las comidas estricta, y fijar el numero de platos.

• Ninguna responsabilidad en relación con la comida ni las actividades que la acompañan.

• Descansos obligatorios después de la comida de 30-60 minutos.

• Control del modo de vida según los casos, mediante la fijación de un régimen de vida estricto.

Los casos graves deben ser hospitalizados, y en algunos casos es recomendable el aislamiento total de la enferma hasta lograr una cierta mejoría en su estado general. El tratamiento será multidisciplinario e individual para cada caso no estando en principio indicado el tratamiento con fármacos.

Una vez superada la primera fase de tratamiento se establecerá una terapia a largo plazo de forma ambulatoria, para estimular el autocontrol del paciente y elevar su autoestima.

BULIMIA NERVIOSA

La bulimia es un trastorno de la alimentación que se caracteriza por episodios recurrentes de voracidad (ingestas excesivas y rápidas de alimentos), con sensación de falta de control sobre tales episodios seguidos de comportamientos de culpabilidad ya que con frecuencia los pacientes se provocan el vómito para promover la pérdida de peso, o se entregan a rigurosos ejercicios físicos y drásticos regímenes, toma de medicamentos como diuréticos o empleo de laxantes con el fin de aumentar la eliminación de líquidos o heces. Es corriente alternar los episodios de voracidad, con estrictas dietas hipocalóricas.

También es característica de mujeres, aunque el número de varones que la sufren es mayor que en el caso de la anorexia nerviosa. Esta enfermedad presenta los siguientes criterios diagnósticos:

• **Episodios de ingesta voraz con sentimiento de falta de control. Es la característica clínica más importante de la bulimia.**

• Vómitos provocados, ingestión de medicamentos laxantes, o diuréticos. Realización de dietas y ejercicio con el fin de compensar las ingestas excesivas.

• Un número mínimo de dos episodios a la semana durante tres meses.

• Preocupación por el peso o la silueta corporal.

Los síntomas y signos físicos de estos pacientes suelen ser mínimos. El peso de estos pacientes no tiene porque estar alterado. El proceso tiende a ser crónico, con episodios repetidos a lo largo del tiempo.

El tratamiento es médico y psiquiátrico. La conducta terapéutica debe centrarse en tratar

DIFERENCIA ENTRE ANOREXIA NERVIOSA Y BULIMIA	
ANOREXIA NERVIOSA	BULIMIA
• Inicio entre la primera adolescencia y la adolescencia media.	• Inicio más tardío.
• Carácter obsesivo.	• Carácter histriónico.
• Inconsciencia de estar sufriendo la enfermedad.	• Mayor consciencia del trastorno.
• Pérdida ponderal mayor del 30%.	• Generalmente peso normal o poco alterado.
• Comportamiento perfeccionista e inmaduro.	• Gran variabilidad de trastornos conductuales.
• Menstruación ausente siempre.	• Menstruación irregular.

de disminuir el tipo de comida compulsivo. En la bulimia si puede estar indicada la prescripción de medicación antidepresiva.

PICA

Se trata de la alteración en el comportamient... ...le lleva a ingerir

puede manifest... ...lo largo de la infancia, se suelen encontrar dos picos de mayor incidencia: uno entre los cinco y siete años, y otro entre los once y los trece años. Resulta evidente que existe una predisposición familiar y personal para el padecimiento de la diabetes infantil.

> *La diabetes es la enfermedad endocrina más frecuente de la infancia.*

Siendo fundamentales las acciones de la insulina en la utilización de la glucosa, se comprende que su deficiencia produzca la elevación de los niveles de glucosa en sangre, hecho al que se deben algunos de los más típicos síntomas de la enfermedad. Si el nivel de glucosa en sangre se eleva por encima del dintel renal, lo que es habitual en estos enfermos, la capacidad de reabsorción de glucosa por parte del riñón es superada, con lo que aparecerá glucosa en la orina. La eliminación urinaria del azúcar arrastrará grandes cantidades de agua hacia la orina y producirá una poliuria o eliminación de grandes cantidades de orina. Si es muy pronunciada, muchas veces puede producirse una enuresis nocturna: el hecho es especialmente significativo cuando ésta se produce en un niño que controlaba ya bien sus esfínteres.

El niño como compensación tiene una sed excesiva. Por lo regular, este síntoma es muy llamativo al iniciarse la diabetes. Las grandes pérdidas de líquidos promueven compensaciones a nivel del intestino, restringiéndose la eliminación de agua por esta vía. Debido a estas circunstancias es por la que estos niños suelen ser estreñidos.

La deficiencia energética es otro de los problemas importantes de estos pacientes. No pudiendo utilizar sus células el sustrato energético que suponen los hidratos de carbono, se produce una movilización de las proteínas y de las grasas. La deficiencia de insulina asociada al exceso de glucagón serán la causa de una exagerada formación de cuerpos cetónicos, que se acumulan en sangre y se eliminan por la orina. La acumulación sanguínea de los cuerpos cetónicos es la responsable de una halitosis cetósica (huele el aliento como a manzana).

La carencia energética nos haría pensar que estos pacientes tuviesen, por lo regular, un gran apetito. Por el contrario es relativamente frecuente que estos niños, especialmente los de corta edad, presenten una anorexia. Junto a estas modificaciones del apetito, también llama casi siempre la atención la pérdida de peso

> *Los aparatos de glucemia permiten una gran autonomía al paciente, reducen su dependencia del centro de salud y ayudan a responsabilizarse del tratamiento.*

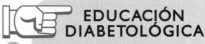

CONSEJO

EDUCACIÓN DIABETOLÓGICA

El arma principal en el tratamiento de la diabetes infantil es la educación sanitaria para que el niño y la familia conozcan a fondo la enfermedad y sus necesidades de dieta, ejercicio o medicación.

subsiguiente a la utilización energética de las grasas y proteínas corporales.

La sintomatología que se acaba de describir se complementa con un estado de ansiedad, una cierta irritabilidad, menos rendimiento escolar, cefaleas, mareos, dolores abdominales. Entre las niñas es frecuente el picor en la región vulvar.

Una vez instalada clínicamente la diabetes, su curso es crónico y de por vida.

TRATAMIENTO

En el tratamiento de la diabetes, el propósito inicial debe ser el de estabilizar la enfermedad, para lograr a continuación que el niño alcance a llevar una vida normal en el terreno físico y psíquico. Para eso se requiere un entrenamiento lo más completo posible del niño y de sus familiares en lo que concierne a los aspectos prácticos de la terapia.

Tratamiento con insulina

El tratamiento se realiza mediante la administración de insulina. En la actualidad, los tipos de insulina son principalmente humanos. Se llaman así las insulinas que tienen la misma secuencia de aminoácidos que la producida por el páncreas humano. Las insulinas de cualquier tipo deben ser utilizadas por vía subcutánea en uso habitual.

Por tratarse de una enfermedad que requiere un tratamiento de por vida es de enorme importancia, como se comprende, practicar las inyecciones con una técnica muy cuidada, traumatizando los tejidos lo menos posible, y variando cotidianamente, a tal fin, el lugar de la inyección

El ideal del tratamiento será obtener una glucemia permanentemente normal, de 80-90 mg/dl antes de la toma de alimento y de 120-140 mg/dl después de comer. Luego se seguirá de una glucosuria negativa y una cetonuria igualmente negativa.

RIESGOS Y COMPLICACIONES DE LA DIABETES

- **El coma diabético** es la expresión máxima de la descompensación de la enfermedad.

- También son de temer las **crisis de hipoglucemia** que aparecen como complicaciones del tratamiento. El exceso de insulina en relación a los azúcares recibidos es la causa más frecuente de estos episodios, aunque no la única.

- **El crecimiento longitudinal** del niño en el momento del diagnóstico de la enfermedad suele ser normal. A continuación todo depende del tratamiento. En los casos bien tratados la talla sigue siendo normal.

- **Las necrosis lipoideas** son lesiones papulosas, de color rojo-amarillento, de bordes muy bien limitados, que se asientan casi siempre en las extremidades inferiores. Están constituidas por depósitos de fosfolípidos y de colesterol.

- **Las complicaciones degenerativas** se desarrollan preferentemente en enfermos de larga evolución. Cuatro tipos de complicaciones deben ser consideradas:
  — Alteraciones vasculares, retinianas principalmente. La visión se va comprometiendo de manera progresiva, pudiendo llegar a la ceguera.
  — Glomerulonefritis intercapilar es muy infrecuente en la infancia.
  — Arteriosclerosis, con tendencia a la hipertensión y a la insuficiencia coronaria precoz.
  — Cataratas. Es una complicación excepcional.

La dieta del niño diabético

El segundo punto de la terapia del niño diabético es la utilización de una dieta adecuada. Ésta debe proporcionar la energía y los nutrientes adecuados para conseguir una actividad y desarrollo normales, a la par que evite situaciones de hiperglucemia que pudieran ser origen de serias complicaciones a corto y largo plazo. Por supuesto que se debe igualmente evitar que se produzcan hipoglucemias.

El reparto de la ingesta de los hidratos de carbono a lo largo del día debe hacerse de la manera más uniforme posible. En este sentido es interesante aumentar el número de tomas diarias. Además de los tradicionales desayuno, comida, merienda y cena, se pueden dar dos pequeñas tomas más, una a media mañana y otra en el momento de irse a la cama, alrededor de la media noche.

El ejercicio físico

El ultimo elemento esencial en el tratamiento del niño diabético es la realización de ejercicio. Lo deseable es que se haga con regularidad y que no sea de tipo competitivo.

El pronóstico de esta enfermedad, ha mejorado mucho con relación a la calidad de vida de estos pacientes y su desarrollo general. Las complicaciones siguen siendo el principal problema, y para evitarlas es fundamental el buen control terapéutico.

ALTERACIONES CONGÉNITAS DEL METABOLISMO. HIPOTIROIDISMO CONGÉNITO Y FENILCETONURIA

Existen varias enfermedades que afectan a los niños, que se producen por un error en el metabolismo de alguna sustancia, generalmente un nutriente, debido a un trastorno congénito. El hipotiroidismo congénito y la fenilcetonuria son las dos enfermedades más frecuentes de este tipo que pueden afectar al recién nacido. Su repercusión clínica es muy grave, produciendo un daño cerebral irreparable durante el embarazo y en los primeros meses de la vida, por lo que en muchos países están incluidas, junto con otras enfermedades metabólicas en planes de detección precoz que se realizan a todos los recién nacidos en los primeros días de vida.

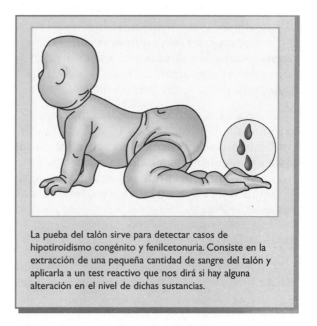

La pueba del talón sirve para detectar casos de hipotiroidismo congénito y fenilcetonuria. Consiste en la extracción de una pequeña cantidad de sangre del talón y aplicarla a un test reactivo que nos dirá si hay alguna alteración en el nivel de dichas sustancias.

HIPOTIROIDISMO CONGÉNITO

La patología tiroidea es, con mucho, la más importante dentro del capitulo de la endocrinología infantil debido, fundamentalmente, a su frecuencia y a los exitosos resultados logrados en el diagnóstico y tratamiento de algunas situaciones.

El **hipotiroidismo congénito** rara vez se puede diagnosticar por la sintomatología que presenta en un recién nacido. De ahí la importancia del diagnóstico de laboratorio antes de que la enfermedad progrese. Las causas más frecuentes son las alteraciones morfológicas en la glándula tiroidea por no formación o la situación fuera de su ubicación en la parte anterior del cuello. En otras ocasiones las alteraciones en el funcionamiento de la glándula tiroidea asociadas o no a bocio, son las causantes de la enfermedad.

En algunos casos el cuadro de hipotiroidismo congénito es transitorio, aunque su repercusión neurológica pueda ser igualmente grave. Esto ocurre cuando hay un excesivo aporte de yodo durante el embarazo y el parto debido a jarabes yodados (medicamentos contra la tos), contrastes radiológicos y antisépticos cutáneos. En otros casos, la causa es el uso de medicamentos antitiroideos por la madre o el paso transplacentario de anticuerpos antitiroideos.

El niño con metabolopatías (enfrmedades del metabolismo) precisa un tratamiento inmediato tras su nacimiento para evitar secuelas irreversibles.

La inmadurez hipotalámica, el bajo peso para la edad gestacional o la prematuridad, son también causas de hipotiroidismo congénito.

Diagnóstico

Se realiza mediante la valoración de las determinaciones de hormonas tiroideas (T3, T4, TSH) nivel de yodo en sangre, tiroglobulina, anticuerpos antitiroideos, y la realización de pruebas de gammagrafía y ecografía tiroideas. En algunos casos pueden ser necesarias otras pruebas.

Tratamiento

Los niños afectos deben recibir suplementos de levo-tiroxina, que ha demostrado ser muy eficaz, siempre y cuando se inicie en los primeros quince días de vida. El pronóstico de la enfermedad está ligado a la duración del hipotiroidismo prenatal, que se correlaciona con el grado de retraso en la maduración ósea y con la precocidad de inicio del tratamiento.

Detección precoz

El *test de cribado* sirve para universalizar a todos los niños recién nacidos un diagnóstico precoz que descarte la enfermedad. Para ello se realiza una determinación hormonal en una pequeña muestra de sangre obtenida mediante una punción en el talón de todo recién nacido en las primeras 24-48 horas. Además se realizará una segunda determinación a los prematuros, recién nacidos que hayan precisado cuidados intensivos o hayan recibido yodo en sus diversas formas de administración, a los catorce días.

FENILCETONURIA

La fenilcetonuria es una enfermedad producida por un error innato del metabolismo en el que existe un defecto en el metabolismo del aminoácido fenilalanina, que no puede convertirse en tirosina, como consecuencia del déficit de una o dos enzimas. Este error tiene dos consecuencias inmediatas:

• La tirosina se convierte en un aminoácido esencial para el organismo, es decir tiene que ser aportada en la alimentación del bebé como tal tirosina

• Se produce un aumento de fenilalanina en la sangre y aumenta su metabolización, acumulándose asimismo los productos derivados de ésta. Existen también formas con déficit parciales.

La causa de la enfermedad es por una anomalía genética en un cromosoma.

La enfermedad produce un retraso psicomotor y un deterioro intelectual, irreversibles en poco tiempo. Los niños con fenilcetonuria suelen ser de tez pálida, rubios y con un olor característico a paja mojada. Los elevados niveles de fenilalanina en la sangre dan lugar a alteraciones estructurales del sistema nervioso central, con interferencia en el proceso de maduración cerebral que producen un grave retraso mental si no se inicia precozmente una alimentación pobre en fenilalanina. Por eso esta enfermedad se detecta en sangre mediante cribado a todos los recién nacidos en los primeros días después de nacer.

PATOLOGÍA DEL CALCIO

El calcio es el principal componente del sistema óseo. A cualquier edad que se considere, el 99% del calcio del organismo se encuentra en el tejido óseo. El resto tiene importantes funciones en el metabolismo de los músculos, el sistema nervioso, el sistema cardiovascular, la regulación digestiva, etc. Su regulación y metabolismo en el organismo va unida a la del fósforo, y aunque en ello influyen distintas hormonas y vitaminas. La principal vitamina responsable de su absorción, utilización por todo el cuerpo y eliminación es la vitamina D.

La vitamina D es una sustancia liposoluble de gran importancia e indispensable para el normal crecimiento y desarrollo del niño. La deficiente biodisponibilidad (por alguna causa) de vitamina D en un niño hace que la calcificación del cartílago, necesaria para la formación del hueso, sea defectuosa, proliferando aquél, al no mineralizarse, de una manera irregular y anárquica. Consecuencia, igualmente, de la escasa mineralización es que el hueso es más blando de lo normal.

RAQUITISMO

El raquitismo es una enfermedad general, que afecta a todas las partes del cuerpo. En la actualidad es mucho menos frecuente su aparición en los niños, gracias a la prevención que se realiza desde los primeros días de vida.

Lesiones clínicas

Las alteraciones clásicas que aparecían en los niños con déficit de vitamina D eran:

El raquitismo es una enfermedad que está disminuyendo en el mundo occidental gracias a la mejora de la alimentación. El "tórax en quilla" es una de sus manifestaciones.

• A nivel del cráneo son múltiples los signos que pueden advertirse. Las *craneotabes* son zonas de reblandecimiento que pueden ser muy bien advertidas en una palpación cuidadosa. La aparición de prominencias frontales y parietales es también muy común, frente abombada, la frente olímpica.

• Los dientes suelen aparecer tardíamente, de modo anárquico, y son más frágiles que los normales.

• En la caja torácica las alteraciones son muy importantes: rosario costal raquítico, pectus carinatus y pecho de pichón o pecho en quilla.

• La blandura ósea es responsable de las graves y varias deformidades que pueden surgir en las extremidades inferiores de los niños raquíticos: genu varo, genu valgo, cosa valga o vara. También son frecuentes las fracturas ocasionales.

• No sólo está afectado el sistema óseo, sino que hay también una alteración muscular grave que puede producir una hipotonia en su expresión mayor.

• Otros sistemas en los que interviene el calcio, como el renal, se encuentran también afectos.

Diagnóstico

Se realiza por la observación radiológica de las lesiones típicas en los huesos. Los exámenes de laboratorio muestran una anemia hipocrómica y un equilibrio calcio-fosforo que suele estar profundamente alterado. Unas veces, las menos, hay una calcemia descendida y una fosfatemia normal. En la mayoría de los pacientes ya están ambas descendidas, calcemia y fosfatemia. Las fosfatasas alcalinas, reflejo de la gran proliferación del tejido osteoide, se encuentran aumentadas en todos los casos de raquitismo activo.

Tratamiento

La evolución del raquitismo bajo tratamiento, a corto y largo plazo, es muy favorable. Las deformidades óseas que puedan existir se van atenuando paulatinamente hasta desaparecer.

Para el *tratamiento* de los raquitismos ya constituidos se utilizan los preparados de vitamina D. La mejor manera de llevarlo a cabo es administrar diariamente unas 3.000 UI por espacio de tres o cuatro semanas. A continuación, alcanzada ya la curación se disminuirá la dosis hasta los niveles profilácticos.

De gran utilidad han sido también las dosis de choque. Con una sola de ellas, de 600.000 UI se consigue perfectamente la curación.

En cuanto a la *profilaxis antirraquítica*, para evitar la aparición de nuevos casos de raquitismo, el fomento de la lactancia materna es un capítulo importante, al igual que facilitar una vida al aire libre en la medida de lo posible. Si la síntesis vitamínica se hace en la piel al recibirse el sol en ella, es innecesario resaltar la utilidad de que los niños salgan al exterior en las horas centrales del día, que es cuando los rayos solares son más eficaces con este fin.

34 TRASTORNOS CARDIOVASCULARES Y DE LA SANGRE EN LA INFANCIA

PREVENCIÓN DE LAS ENFERMEDADES CARDIOVASCULARES EN LOS NIÑOS

Los factores de riesgo de estas enfermedades son la hipertensión arterial, las alteraciones del nivel de lípidos en sangre, la obesidad y el tabaquismo.

TENSIÓN ARTERIAL

La tensión arterial varía según la edad, la talla y el sexo del niño. Por eso es necesario referirla a tablas percentiladas de poblaciones. La hipertensión arterial se define como la tensión arterial sistólica o diastólica superior al percentil 97 con respecto a la talla y sexo, en las curvas adecuadas para la población a la que pertenece el niño.

HIPERLIPEMIAS

Las hiperlipemias o aumento de los distintos tipos de lípidos en la sangre, es uno de los factores principales de riesgo de arteriopatía coronaria en los adultos, sobre el que más fácil es incidir en los niños. La lesión orgánica de ese aumento es la arteriosclerosis, que comienza en la infancia especialmente en algunos niños que sufren alteraciones de origen familiar.

Está comprobado que el grado de degeneración aterosclerótica se correlaciona con el valor de la colesterolemia.

La idoneidad nutricional debe conseguirse mediante la ingesta de una amplia gama de alimentos, y la energía debe ser adecuada para apoyar el crecimiento y alcanzar o mantener el peso corporal deseable

En términos generales, no deben imponerse restricciones sobre el contenido en grasa y colesterol de la dieta de los niños de menos de dos años de edad, un período de crecimiento y desarrollo rápidos y de elevadas necesidades nutricionales. No se recomienda la leche descremada o semidescremada durante los dos primeros años de vida a causa de su elevado contenido en proteínas y electrolitos y la escasa densidad calórica de estas leches.

Sin embargo el abordaje universal de la modificación de la ingesta de grasa y colesterol y la aparente reversibilidad de las lesiones vasculares coronarias cuando se utilizan la dieta y

> *Muchos de los hábitos no saludables y de los factores de riesgo evitables se instauran en las fases más precoces de la vida, momento crucial para iniciar una auténtica prevención.*

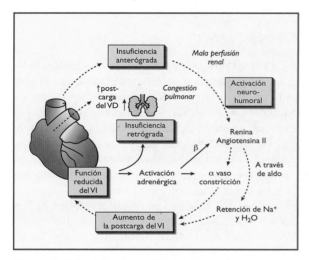

Efectos de la insuficiencia cardíaca en el organismo.

el tratamiento farmacológico a una edad mediana, sugieren que la determinación selectiva de los niños es una recomendación adecuada en la actualidad.

Grupos de niños en los que se debe realizar un *screening*

Niños cuyos padres o abuelos presenten una historia de vasculopatía coronaria o periférica antes de los 55 años de edad.

Niños y adolescentes, con varios factores de riesgo de vasculopatía coronaria futura y cuya historia familiar no pueda obtenerse, pueden ser sometidos a criterio del medico, a la determinación de la colesterolemia total.

Sí es conveniente antes de empezar cualquier actuación diagnosticar claramente que tipo de hiperlipemia padece el niño y la causa.

El tratamiento de las hiperlipemias en los niños se basa fundamentalmente en la alimentación. En la actualidad en los casos más graves se utilizan medicamentos, sobre todo en los niños mayores y adolescentes.

Tratamiento de la hiperlipemia

Dieta

Las recomendaciones generales actuales son que la grasa aporte el 30% del total calórico de la dieta. La cifra de colesterol debe ser menor de 300 mg al día.

Es fundamental asegurar un aporte calórico adecuado, por el riesgo de administrar dietas bajas en grasas que sean hipocalóricas para el paciente. Existe asimismo la posibilidad de aportes insuficientes de vitaminas liposolubles, por lo que en algunos casos habrá que suministrarlas exógenamente a la alimentación.

En general, y según el tipo de alimentación común del niño y su familia, habrá que restringir algunos alimentos con gran contenido en grasas.

Tratamiento farmacológico

Está indicado en niños de más de diez años de edad si, tras un ensayo apropiado de tratamiento dietético (seis meses a un año), el valor del colesterol de las LDH sigue siendo superior a 190 mg/100 ml en ausencia de otros factores de riesgo. Si el valor sigue siendo superior a 160 mg/100 ml en niños con antecedentes familiares de cardiopatía o con dos o más factores de riesgo de enfermedad cardiovascular, también se recomienda el tratamiento farmacológico.

CARDIOLOGÍA INFANTIL

INSUFICIENCIA CARDÍACA CONGESTIVA

La insuficiencia cardíaca durante la infancia y los primeros años de vida es un síndrome clínico que refleja la incapacidad del miocardio para hacer frente a las exigencias metabólicas del organismo.

Manifestaciones clínicas de la insuficiencia cardíaca congestiva

La ausencia de crecimiento puede ser un signo de insuficiencia cardíaca congestiva en el lactante y el niño pequeño. Las dificultades de la alimentación, combinadas con las alteraciones respiratorias, suelen impedir que se alcance un adecuado equilibrio nutritivo. Una historia de fatiga, disnea de ejercicio o incapacidad de mantenerse al nivel de los hermanos o compañeros sugiere la presencia de insuficiencia cardíaca congestiva.

En todo lactante o niño que se esté estudiando en relación con patología cardíaca congénita, hay que determinar:

• La **presión arterial** en las cuatro extremidades para descartar coartación aórtica u otras anomalías del arco aórtico.

• Una **frecuencia cardíaca** superior a 160 latidos por minuto en condiciones de reposo en un niño menor de un año, o 100 latidos por minuto en un niño de más edad, indica tono adrenérgico aumentando como respuesta a un gasto cardíaco reducido.

• Una **respiración** rápida y superficial, con aleteo de alas de la nariz y retracciones intercostales, junto con la presencia de murmullos, son típicos de un exceso de circulación pulmonar.

La exploración del sistema cardiovascular puede poner de manifiesto anomalías específicas. La palpación del pulso en las extremidades superiores e inferiores constituye una parte fundamental de la exploración. El niño o niño pequeño que presenta el espectro de anomalías anteriormente descrito precisa atención inmediata. Un paciente de este tipo está en una situación delicada y su estado puede empeorar rápidamente.

Tratamiento de la insuficiencia cardíaca congestiva

El tratamiento de la insuficiencia cardíaca incluye la suplementación con oxígeno y la colocación de una vía intravenosa que permita la administración de fármacos. El paciente debe colocarse con la cabeza y los hombros elevados con el fin de reducir el volumen sanguíneo pulmonar, incrementando la acumulación de sangre periférica.

La mayoría de los casos de insuficiencia cardíaca congestiva, con independencia de la causa subyacente, el tratamiento farmacológico inicial comprenderá fármacos específicos (digoxina y tratamiento diurético). Tras controlar la situación se tratará, si resulta posible, la causa real del trastorno.

Tratamiento quirúrgico de la patología cardíaca congénita

Los términos "operación definitiva", "cirugía correctora" o "reparación total" pueden inducir a confusión. Aunque puede lograrse una reparación definitiva de una lesión cardíaca congénita, es posible que persistan defectos residuales y secuelas, o que se presenten complicaciones tardías.

Se consideran **procedimientos curativos** los que no dan lugar a lesiones residuales o secuelas. En la actualidad, este tipo de procedimientos se limita a trastornos muy concretos como son el cierre del *conducto arterioso permeable* en un paciente en el que no existe hipertensión pulmonar, así como al cierre de un *defecto auricular del septo secundario*.

Entre los **procedimientos paliativos** se incluyen las derivaciones para la *tetralogía de Fallot* y otras lesiones que se acompañan de un flujo sanguíneo pulmonar inadecuado. La valvotomía como tratamiento de la *estenosis valvular* sólo puede considerarse paliativa. Otras correcciones anatómicas paliativas son el cierre de los defectos del septo ventricular, la corrección de los defectos del cojinete endocárdico, la reparación intracardíaca de la tetralogía de Fallot y los procedimientos de derivación arterial para la transposición completa de los grandes vasos.

ENDOCARDITIS BACTERIANA SUBAGUDA

La existencia de endocarditis bacteriana debe descartarse en niños mayores que presenten cuadros febriles persistentes, así como en pacientes de cualquier edad que hayan sido sometidos a intervenciones cardíacas. Es habitual que los niños de cierta edad presenten sólo malestar o anorexia discreta y pérdida de peso, en vez de los signos físicos clásicos (embolia o hallazgos anormales en la exploración del fondo de ojo). Con frecuencia, las modificaciones en las características de los murmullos cardíacos detectadas por el médico, suscitan la sospecha de endocarditis bacteriana.

La **ecocardiografía** ha resultado ser muy útil para identificar la existencia de vegetaciones en las válvulas cardíacas, lesión característica de las endocarditis, y debe realizarse de modo rutinario en todo paciente que presente un hemocultivo positivo (se aíslan gérmenes en la sangre) o ante cualquier sospecha de endocarditis.

Una vez identificado el microorganismo y seleccionados los antibióticos apropiados, es preciso controlar estrechamente al paciente durante su tratamiento en busca de cualquier signo de embolia por rotura de las vegetaciones valvulares.

Profilaxis de la endocarditis bacteriana subaguda

En los niños con una lesión en el corazón, es necesario prevenir cualquier posible infección por lo que ante cualquier intervención quirúrgica que interrumpa la superficie epitelial o mucosa de un área normalmente contaminada por microorganismos, siempre se debe administrar una dosis de antibióticos lo suficientemente fuerte como para proporcionar un nivel de antibiótico capaz de prevenir cualquier paso de bacterias al torrente sanguíneo. La selección del antibiótico se hace en función del organismo predominante en el campo quirúrgico. Los procedimientos odontológicos, incluyendo las limpiezas rutinarias, constituyen la situación más frecuente en la que es preciso recurrir a profilaxis antibiótica.

SÍNDROME DE KAWASAKI

El síndrome de Kawasaki es un trastorno que afecta a las arterias de mediano y gran tamaño de los niños. Se trata de un proceso agudo que se caracteriza por un período de fiebre de cinco días y la presencia de al menos cuatro de los siguientes cinco **criterios** establecidos:

- Conjuntivitis bilateral, no exudativa.
- Exantema polimorfo no vesicular (erupción cutánea).
- Inflamación de la mucosa bucal incluyendo fisuración de los labios, eritema faríngeo y lengua "afresada".
- Alteraciones de las extremidades, como enrojecimiento de palmas y plantas, descamación de los dedos, induración de manos y pies, y aparición de surcos transversales de las uñas.
- Adenopatía cervical (ganglio), por lo general unilateral y no supurativa, de al menos 1,5 cm de diámetro o más.

Su importancia clínica radica en las secuelas potencialmente mortales que se pueden producir, como las dilataciones de la arteria coronaria (aneurismas) y la oclusión trombótica. La causa principal de mortalidad suele ser el shock cardiogénico por infarto agudo de miocardio. Otras posibles causas de muerte incluyen la insuficiencia cardiocongestiva, la rotura del aneurisma coronario o la miocarditis.

La aspirina es el elemento fundamental del tratamiento. Una vez superado el período inicial de la enfermedad, los pacientes deben controlarse mediante ecocardiografías repetidas y electrocardiogramas periódicos.

FIEBRE REUMÁTICA AGUDA

No hace mucho tiempo, en las primeras décadas de este siglo, la fiebre reumática era la principal causa de muerte por enfermedad en la edad infantil. Además era habitual que las secuelas de la fiebre reumática dieran lugar a alteraciones cardíacas incapacitantes para la vida normal de esos niños. Sin embargo, durante la década de los setenta la fiebre reumática decreció extraordinariamente en los países industrializados. Los datos epidemiológicos parecen indicar que la fiebre reumática es una patología de la pobreza, ya que aparece con mayor frecuencia en áreas urbanas superpobladas, así como en los países subdesarrollados.

La fiebre reumática tiene su origen en una infección previa de las vías respiratorias superiores causada por estreptococos del grupo A,

Los niños que padecen fiebre reumática sufren un cansancio continuo.

PREVENIR LA FIEBRE REUMÁTICA

La fiebre reumática es una enfermedad bastante rara en la actualidad. Para evitar su reaparición, deben tratarse con antibióticos las infecciones faringoamigdalares producidas por estreptococos. ¡No subestime unas anginas y no dude en consultar al médico!

que produce secundariamente lesiones en distintos órganos.

Diagnóstico

Se considera un caso de fiebre reumática siempre que se den dos criterios principales o un criterio principal y dos secundarios de los siguientes, además de la evidencia de una infección estreptocócica del grupo A previa reciente.

Criterios principales

- Carditis (40%-50%)
- Poliartritis (60%-85%): migratoria, afecta habitualmente las grandes articulaciones.
- Corea de Sydenham (15%): movimientos sin propósito observados durante la convalecencia.
- Eritema marginado (10%): exantema evanescente no pruriginoso.
- Nódulos subcutáneos (2%-10%): pequeños nódulos no dolorosos a lo largo de las vainas de los tendones.

Criterios menores

- Hallazgos clínicos: artralgia, fiebre, fiebre reumática previa o cardiopatía reumática.
- Datos del laboratorio: intervalo PR prolongado en el electrocardiograma, reactantes positivos de fase aguda (VSG, PCR).

La carditis es la secuela más importante de la fiebre reumática y puede manifestarse por soplos cardíacos, pericarditis o insuficiencia cardíaca congestiva. La cardiopatía reumática afecta la válvula mitral en tres de cada cuatro casos, así como la válvula aórtica en los restantes.

Tratamiento

La fiebre reumática aguda se trata mediante la erradicación de la infección por estrepto-

> *La penicilina y la aspirina son los pilares del tratamiento de la fiebre reumática.*

coco del grupo A, así como la reducción de la inflamación de las artritis y carditis.

El tratamiento inmediato consiste en la administración de penicilina G benzatina por vía intramuscular o la administración oral de penicilina V o eritromicina durante diez días.

El reposo en cama y los salicilatos siguen siendo el componente principal del tratamiento de la artritis y la carditis en la fiebre reumática. No obstante, no se debe iniciar la administración de salicilatos hasta haber establecido con seguridad el diagnóstico de fiebre reumática.

La profilaxis secundaria para la prevención de las recidivas en niños que ya han sufrido fiebre reumática consiste en administrar a diario penicilina o sulfadiazina por vía oral o administrar mensualmente una dosis de penicilina G benzatina mediante inyección intramuscular.

ARRITMIAS PEDIÁTRICAS

Con el reciente desarrollo de una serie de instrumentos diagnósticos de naturaleza invasiva y no invasiva (como la monitorizacion tipo Holter, la monitorizacion por teléfono, los estudios electrofisiológicos, la estimulación esofágica y las pruebas de ejercicio), el diagnóstico de las arritmias cardíacas pediátricas se ha extendido ampliamente, aunque siguen siendo un trastorno difícil de detectar.

En el recién nacido, los síntomas de arritmia incluyen hallazgos tan poco específicos como irritabilidad o problemas con la comida, mientras que los niños en edad preescolar se pueden quejar de dolores poco localizados o de una sensación "curiosa" en el tórax. El síncope puede plantear un diagnóstico diferencial especialmente difícil, ya que otras muchas pueden ser las causas que lo motiven, además de las arritmias.

En ocasiones es el médico quien escucha un ritmo irregular durante una exploración física rutinaria con auscultación cardíaca, en un niño aparentemente sano.

Existen varios trastornos relativamente comunes que pueden dar lugar a un ritmo cardíaco irregular:

• La **arritmia sinusal** consiste en un ritmo sinusal irregular debido al ciclo respiratorio. Se trata de una manifestación benigna en niños.
• Las **contracciones auriculares prematuras** se manifiestan en el electrocardiograma por la aparición de ondas P prematuras y anormales. Estas sístoles prematuras se observan con relativa frecuencia en el recién nacido y suelen desaparecer en los primeros días de vida.

• La **sístole ventricular prematura** se manifiesta en el electrocardiograma por un complejo QRS prematuro y ancho. Estas sístoles prematuras también pueden ser benignas, sobre todo si se trata de fenómenos aislados y uniformes, y desaparecen con el ejercicio. La exploración preliminar de las sístoles ventriculares prematuras debe incluir electrocardiograma (para excluir el "*síndrome de QT prolongado*"), la monitorizacion tipo Holter, la radiografía torácica o la ecocardiográfica en su caso.

• La **taquicardia supraventricular** constituye la disritmia que produce síntomas en los niños más frecuentemente. Por lo general, un niño pequeño afectado de taquicardia supraventricular presenta un aspecto nutricional deficiente o letargia, así como una frecuencia cardíaca por encima de los 200 latidos por minuto. Estos niños suelen ser sometidos a estudio electrocardiofisiológico como parte de su evaluación. El tratamiento suele incluir, por lo general, la administración de digoxina y otros fármacos.

ANEMIAS EN EL NIÑO

La anemia se define como una disminución en la concentración sanguínea de hemoglobina. Durante la infancia los valores hematológicos normales dependen de la edad. Por el contrario a partir de la adolescencia el sexo es el factor que marca las diferencias.

La función fundamental de la hemoglobina es el transporte de oxígeno, y su producción depende de la presencia de hierro. El hierro en la sangre va ligado a una proteína transportadora para su vehiculación, la *transferrina*. Cuando es almacenado en el organismo como reserva, el hierro se liga a otra proteína, la *ferritina*.

Una disminución de la cifra de hemoglobina en sangre da lugar a una menor capacidad de transporte de oxígeno de la sangre, pero no suelen existir manifestaciones clínicas hasta bajar las cifras a 8 gr/dl. En esos momentos aparecen síntomas de palidez cutánea y mucosa, cansancio, anorexia, irritabilidad y en casos extremos taquipnea (respiración rápida), dificultad respiratoria y fallo cardíaco.

La anemia, generalmente es el signo de algún trastorno subyacente. Según la forma de los glóbulos rojos la podemos clasificar en distintos tipos, que se relacionan con las posibles causas.

Existen ciertos datos clínicos que pueden ser útiles para determinar la causa de una anemia:

- Edad:

— La anemia neonatal suele acaecer por pérdida de sangre, enfermedad hemolítica neonatal, anemia hemolítica congénita o infección congénita.

— A partir de los 3-6 meses aumenta la posibilidad de una alteración de la hemoglobina, ya que en esta época se cambia la hemoglobina fetal a la adulta.

— El déficit de hierro de causa nutricional es raro antes de los seis meses.

— La prematuridad predispone al desarrollo precoz de ferropenia.

- Origen étnico: los síndromes talasémicos son más frecuentes en poblaciones mediterráneas, la anemia de células falciformes es más frecuente en la raza negra.
- Diarrea crónica: aumenta la posibilidad de malabsorcion intestinal de folatos o vitamina B 12 o de enfermedad inflamatoria con perdida de sangre.
- Hallazgos en la exploración física del niño con anemia que orientan la causa de la anemia:

— *Esplenomegalia* o aumento del tamaño del bazo: se presenta en anemia hemolítica congénita, leucemia, linfoma, infección aguda.

— *Estomatitis angular* (boqueras): ferropenia.

— *Glositis* (inflamación de la lengua): déficit de folatos o vitamina B 12.

— Frente amplia, prominencia ósea malar y maxilar: anemia hemolítica grave y prolongada o betatalasemia mayor.

— *Adenopatías* (ganglios) de gran tamaño: proceso maligno.

— Anomalías esqueléticas: anemia de Falconi o de Blackfan-Diamond.

Los exámenes de laboratorio nos indicarán el tipo de anemia y el déficit que la provoca.

TIPOS MÁS FRECUENTES DE ANEMIA EN PEDIATRÍA

Anemia de la prematuridad

Se puede considerar normal en los recién nacidos prematuros: la hemoglobina desciende hasta los 2-3 meses y puede llegar a valores de incluso 7 g/dl. Se corrige progresivamente de forma espontánea si la nutrición es correcta.

VALORES SANGUÍNEOS NORMALES EN LOS NIÑOS			
EDAD	Hgb g/dl	Hct%	VCM (g%)
1 día	16,8-21,2	57-68	110-128
1 semana	15,0-19,6	46-62	107-129
1 mes	11,1-14,3	31-41	93-109
3-5 meses	10,4-12,2	33	80-96
6-5 meses	11,8	35	77
1 año	11,2	35	78
2-10 años	12,8	37	80
11-15 años	13,4	39	82

Anemia ferropénica

Es la causa más frecuente de anemia en la primera infancia. Esta producida por un déficit de hierro y hay que determinar la causa: malnutrición, prematuridad, malabsorción o pérdida de sangre.

Talasemias

Consisten en varios tipos de anemias de causa genética (por alteraciones de la síntesis de la hemoglobina) que se caracterizan por presentar una cifra de hemoglobina baja, a menudo poco baja, con un número de hematíes aumentado. Son niños que en un análisis se les detecta una anemia leve, hipocromía (poca hemoglobina en los hematíes) y microcitosis (hematíes pequeños). En la mayoría de los casos se trata de formas leves ("minor"), que no necesitan tratamiento.

ANEMIA FERROPÉNICA
- Hemoglobina baja.
- VCM bajo.
- Número de hematíes bajo.
- Sideremia baja.
- Ferritina y transferrina bajas.

RASGO TALASÉMICO
- Hemoglobina baja, a menudo poco baja.
- VCM bajo, desproporcionadamente bajo para la cifra de hemoglobina.
- Número de hematíes aumentado.
- Electroforesis de hemoglobinas: hemoglobina A2 alta o normal (alfatalasemia), hemoglobina F alta.
- Antecedentes de anemia en familiares.

Diferencias entre anemia ferropénica y rasgo talasémico.

La tos, aparte de ser la mayoría de las veces un síntoma común de varias enfermedades leves, en muchos casos es producida por agentes ambientales que irritan los pulmones y la garganta.

Los accesos de tos, aunque útiles y protectores porque intentan expulsar cualquier material extraño existente en las vías respiratorias, pueden ser agotadores y debilitantes.

Solo se puede producir una beta talasemia grave ("mayor"), incluso mortal en la primera infancia, si ambos progenitores son portadores del trastorno. En ese caso existe dicho riesgo en todos los embarazos futuros, por lo que se deberían evitar los embarazos en dichas parejas.

Anemia después de una infección aguda

El cuadro clínico suele aparecer después de una infección aguda banal, sobre todo en los menores de un año. En los análisis, se trata de una anemia hipocroma (poca hemoglobina en los hematíes) y microcítica (hematíes pequeños), como en la ferropenia y en la talasemia, y se recupera espontáneamente en 3-4 semanas.

Anemia de las enfermedades inflamatorias crónicas

Es una anemia también hipocroma y microcítica (ver anteriormente). El hierro en la sangre *(sideremia)* y la capacidad de fijación de hierro por sus proteínas transportadoras son bajos. La velocidad de sedimentación globular se encuentra muy alta y suelen asociarse otros síntomas de la enfermedad que la causa (artritis, enfermedad intestinal, etc.).

Anemias megaloblásticas

Los glóbulos rojos en estos trastornos se caracterizan por ser grandes y presentar alteraciones en la forma y en la pigmentación. Su causa es un déficit de vitamina B12 o de folatos.

Esferocitosis hereditaria

Es la anemia *hemolítica* (por exceso de destrucción de los hematíes) congénita más frecuente, y puede manifestarse a cualquier edad.

Produce anemia, ictericia (color amarillento en la piel) y esplenomegalia (agrandamiento del bazo). Las infecciones víricas suelen desencadenar crisis hemolíticas.

DOLOR TORÁCICO EN LA INFANCIA

El dolor torácico es un motivo de consulta frecuente entre los niños. La media de edad de los niños que consultan por este cuadro es de alrededor de los 12 años. Las causas pueden ser por alteraciones cardíacas, alteraciones musculoesqueléticas de la pared torácica, de origen respiratorio, por alteraciones digestivas o de causa psicógena.

ENFERMEDAD CARDÍACA

Es raro que una enfermedad cardíaca no diagnosticada previamente sea la causa de un dolor torácico en un niño.

El **infarto de miocardio** puede ser el resultado de raras anomalías coronarias, y este defecto de base suele ser asintomático.

Algunos niños pueden tener una **arritmia sintomática** con palpitaciones o alteraciones en el examen cardíaco. La taquicardia supraventricular es la más frecuente de estas arritmias.

Las **infecciones cardíacas** deben ser consideradas causas importantes, aunque infrecuentes, de dolor torácico en la infancia.

DOLOR MUSCULOESQUELÉTICO

Es uno de los diagnósticos más frecuentes de los niños con molestias torácicas.

En la mayoría de los casos existen antecedentes inequívocos de **traumatismo** y el diagnóstico es claro.

La **costocondritis** es un trastorno frecuente en niños. El diagnóstico se establece cuando aparece dolor al palpar las uniones costocondrales. Pueden persistir varios meses.

TRASTORNOS RESPIRATORIOS

Los niños con tos severa y persistente, asma o neumonía pueden referir dolor torácico por el sobreesfuerzo de los músculos de la pared torácica. Algunos niños pueden referir dolor torácico con la actividad física, debido a asma inducido por ejercicio.

TRASTORNOS PSICÓGENOS

A menudo no es fácil identificar la ansiedad y el estrés que provocan síntomas somáticos, si el niño ha sufrido recientemente un episodio de estrés importante, como separación de amigos, divorcio en la familia o fracaso escolar correlacionado temporalmente con el comienzo del dolor torácico, es razonable concluir que los síntomas se relacionan con el estrés de base. Es importante determinar el momento de aparición del dolor, porque si éste es agudo es más probable que la etiología sea orgánica, mientras que si es más del tipo de molestia duradera, el factor psicógeno será más importante.

TRASTORNOS GASTROINTESTINALES

El ardor en la zona esternal sugiere esofagitis (inflamación de la mucosa del esófago).

35 ENFERMEDADES INFECCIOSAS EN LA INFANCIA

FIEBRE

La temperatura normal del organismo varía a lo largo del día, pudiendo oscilar hasta 1 °C y es más baja por la mañana al levantarse y más alta por la tarde. El ejercicio y las comidas tienden a elevar la temperatura.

El caso más problemático, por la eventual gravedad del síntoma, es cuando aparece fiebre en un niño por debajo de dos años, sin otros síntomas acompañantes, y se plantea averiguar si el origen de la fiebre es infeccioso o no. En estos casos la historia, la exploración clínica y la observación durante las primeras 12 a 24 horas nos pueden orientar el diagnóstico. Son datos a los que hay que prestar especial atención sobre la posible gravedad de una fiebre, si sube rápidamente, si no cede con medidas antitérmicas, o si el efecto de estas medidas es poco duradero. Lo que sí es un hecho claro es que en la mayoría de los casos la intensidad de la fiebre no se corresponde con la gravedad del proceso que la causa.

> *Lógicamente la fiebre no es una enfermedad sino el síntoma más frecuente en el niño enfermo, que supone la mayoría de la consultas urgentes. El termómetro es siempre útil para valorar su estado real.*

En niños más grandes, casi siempre se puede esperar a valorar al niño en un tiempo prudencial y lo único que hay que hacer es administrar, si están indicados, medicamentos antitérmicos.

¿Cómo bajar la temperatura a un niño con fiebre? Existen tres tipos de medidas:

Medidas físicas

Su indicación no está limitada ni en duración ni en frecuencia, su efecto es inmediato, aunque breve, permite bajar la temperatura corporal inicialmente, esperando el efecto de los fármacos. Se usan baños de agua tibia (30-37 °C) o compresas. No están indicados ni el agua fría ni el alcohol ya que producen vasoconstricción cutánea, que impide la perdida de calor. Al niño con fiebre es conveniente quitarle ropa.

Medicamentos antitérmicos

Paracetamol

La dosis recomendada es de 5-10 mg/Kg de peso, cada 4-6 horas. Tiene la ventaja de que se comercializa en forma liquida, además de otras presentaciones. Es poco irritante de la mucosa gástrica y su efecto tóxico más importante a tener en cuenta en las intoxicaciones másivas es hepático.

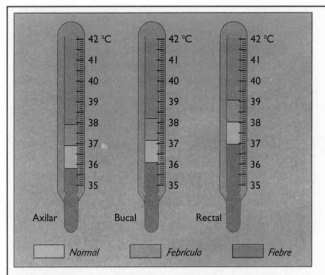

42 °C   42 °C   42 °C
41   41   41
40   40   40
39   39   39
38   38   38
37   37   37
36   36   36
35   35   35

Axilar   Bucal   Rectal

Normal   Febrícula   Fiebre

Los termómetros de la ilustración muestran los valores normales de temperaura corporal en las axilas, la cavidad bucal y el recto, así como los valores a partir de los cuales se considera que hay febrícula o fiebre.

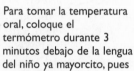

Para tomar la temperatura axilar, siente al bebé en su regazo, póngale el termómetro en el pliegue de la axila, dejando que el brazo repose sobre él. Manténgalo es esta posición durante 3 minutos. La temperatura obtenida será 0,6 °C inferior a la real.

La tira termométrica, hay que sostenerla durante unos 15 minutos con ambas manos sobre la frente del niño sin tocar los panelesnumerado. Los valores obtenidos son aproximados.

Para tomar la temperatura oral, coloque el termómetro durante 3 minutos debajo de la lengua del niño ya mayorcito, pues tiene que ser consciente de que no debe morderlo. Los valores así obtenidos son los reales.

Ácido acetilsalicílico (aspirina)

La dosis recomendada como antitérmico es de 10-15 mg/Kg de peso, cada 4-6 horas a cualquier edad del niño. Puede presentar efectos acumulativos por su vida media relativamente larga.

Ibuprofeno

Es un fármaco que posee propiedades analgésicas, antipiréticas y antiinflamatorias. La dosis media diaria es de 20 mg por Kg de peso corporal, repartida en tres o cuatro dosis. Puede tener efectos secundarios digestivos leves y se recomienda su administración después de tomar alimento.

Medidas generales

La aportación de líquidos debe ser libre, mucho más si existe deshidratación asociada. El niño con fiebre no suele tener apetito por lo que no se le debe forzar a comer, siendo mejor darle líquidos azucarados.

En un niño con fiebre de pocas horas de evolución y sin foco aparente, con buen estado general, y buena respuesta a los antitérmicos, no está indicada la hospitalización, excepto en los casos de los niños menores de tres meses de edad o con riesgo de poder tener infecciones graves.

ENFERMEDADES EXANTEMÁTICAS

Existen numerosas enfermedades de los niños que producen erupciones en la piel denominados exantemas. Muchas son de origen infeccioso, y de las más comunes son de las que nos ocuparemos en este capítulo. El principal problema en la práctica diaria está en diferenciarlas claramente, ya que en muchos casos las características más típicas no aparecen.

La capacidad de respuesta de la piel frente a los diversos agentes es limitada. Por eso no existe ningún exantema que sea propio de cada enfermedad. El diagnóstico se apoya no sólo en la apariencia de la erupción sino también en una completa historia, en la exploración y en pruebas de laboratorio si son necesarias. La posible fuente de contagio, el período de incubación y las manifestaciones iniciales pueden ser decisivos para el diagnóstico. A pesar de todo esto, no resulta fácil muchas veces. Hay muchos virus "comunes" como el de la gripe capaces de inducir exantemas, la mayoría de tipo inespecífico.

Para una mejor descripción de todas estas infecciones se clasificarán, según el tipo de exantema que produzcan, en *morbiliformes*, *vesiculosos* y *eritematosos*.

EXANTEMAS MORBILIFORMES O MACULOPAPULOSOS

Se trata de exantemas constituidos por **pápulas** (elevaciones de la piel) rojas ligeramente elevadas, suaves al tacto, de predominio no confluente, excepto en el rostro, donde suelen unirse a partir del segundo día de erupción. En este grupo se incluyen el sarampión, la rubéola, el exantema súbito, la mononucleosis infecciosa y el eritema infeccioso.

Sarampión

Es una infección aguda producida por un paramixovirus. El contagio es siempre directo, mediante las gotitas de Flügge (gotas microscópicas de saliva contenidas en la respiración). La contagiosidad dura de unos cuatro a cinco días antes de aparecer la erupción hasta unos cuatro días después. El padecimiento de la enfermedad deja una inmunidad firme y para toda la vida.

El sarampión en su forma clásica comienza como una enfermedad febril, con temperaturas que en el niño pequeño puede llegar a 40 °C. A los pocos días aparece tos, mucosidad nasal, malestar general y conjuntivitis. Se puede observar un enantema (erupción en las mucosas de la boca) característico, compuesto de pequeñas manchas blancas sobre fondo rojo (manchas de Köplik) en la mucosa de la boca. Finalmente aparece la erupción morbiliforme, maculopapular roja, que no pica, comienza en el rostro y se extiende hacia el tronco y las extremidades entre dos y cuatro días. En muchos casos la erupción se hace confluente formando, grandes manchas, sobre todo en la cara y el cuerpo. Desaparecen en el mismo orden de aparición, en una semana o menos.

Las complicaciones más frecuentes, en los preescolares son otitis y neumonía. El tratamiento será sintomático.

> El sarampión es una de las enfermedades comunes en la infancia para la que existe una vacuna eficaz.

Rubéola

Es una enfermedad infecciosa aguda, caracterizada por unos síntomas previos mínimos o nulos, exantema y adenopatías (ganglios) generalizadas. El causante es un virus de la familia de los paramixovirus. Es una infección casi siempre benigna excepto en el caso de afectarse el embrión a través de la madre gestante, en el cual determina graves lesiones. Se transmite a través de las secreciones nasofaríngeas. El período máximo de contagio comienza uno o dos días antes de la aparición del exantema y dura por lo menos siete días.

> No se deben administrar antibióticos si no han sido recetados por el pediatra.
> Los menores de catorce años no deben tomar ni las aspirinas ni el paracetamol de los adultos. En todo caso, antipiréticos infantiles, a dosis indicadas por el médico.
> Solamente el médico o el pediatra están capacitados para diagnosticar una enfermedad y decidir si requiere la administración de un determinado medicamento o no.

El niño pequeño sufre una fiebre baja y un exantema papular bien definido, rojo, no pruriginoso, que predomina en la cara y en la región superior del cuerpo, pero que a veces se extiende, en un solo día, a todo el cuerpo, incluidas las extremidades. El exantema desaparece a los tres días sin descamación. Las adenopatías persisten durante más tiempo.

Las complicaciones son mínimas, teniendo la encefalitis una frecuencia de 1 por 10.000 casos. Las artritis o artralgias (dolor a nivel de las articulaciones) son la complicación más grave en mujeres jóvenes no embarazadas.

La rubéola congénita es un proceso grave. La probabilidad de infección fetal con graves malformaciones residuales es del 80% cuando la infección materna aparece en las doce primeras semanas de embarazo, disminuyendo progresivamente hacia el final del embarazo. Las malformaciones más comunes afectan los ojos, el corazón y el sistema nervioso. El diagnóstico se puede hacer por medio de pruebas serológicas, y la confirmación se logra demostrando la existencia de anticuerpos IgM en sangre.

El tratamiento consiste en medidas sintomáticas.

EXANTEMA SÚBITO O ROSÉOLA INFANTIL

Es una enfermedad caracterizada por un período de tres días de duración de comienzo brusco, con fiebre de 39-40 °C, que termina por crisis, coincidiendo con la aparición de un exantema. El agente causal se ha identificado recientemente como el herpesvirus humano tipo 6. Suele afectar a niños menores de dos años, aunque se sospecha que puede afectar a la mayoría de los niños de forma inaparente.

Durante el período febril, el niño puede presentar un malestar general, faringitis leve y adenopatías laterocervicales pequeñas. El diagnóstico de la enfermedad no suele establecerse hasta el momento en que se produce el descenso térmico, al 41.º día, coincidiendo con la aparición del exantema. Éste se caracteriza por pequeñas manchas (máculas) rosadas que desaparecen al distender la piel, con limites bien precisos y sin tendencia a confluir. Se localiza en el cuerpo principalmente, extendiéndose hacia los miembros, nuca, y cabeza. Suele respetar la cara. Su duración suele ser de 24-48 horas.

El tratamiento será sintomático, y es una infección completamente benigna.

MONONUCLEOSIS INFECCIOSA

Está producida por el virus de Epstein-Barr. Se caracteriza fundamentalmente por fiebre, faringoamigdalitis, linfoadenopatías, inflamación del bazo, alteración del funcionamiento hepático, presencia de linfocitos anómalos en sangre. Su evolución es benigna y en la gran mayoría de los casos cursa sin complicaciones. Aparece en forma de pequeñas epidemias, siendo la adolescencia la época de la vida en que se presenta con mayor frecuencia. La transmisión es a través de las secreciones respiratorias y por mecanismo indirecto mediante utensilios. Por su mecanismo de transmisión se le conoce como la "enfermedad del beso". El virus se puede eliminar por la saliva a partir de la segunda semana del comienzo de los síntomas hasta tres meses después. El período de incubación se estima entre dos y seis semanas.

Los síntomas clínicos son muy variados, y pueden variar en la duración. La fase de estado se caracteriza por poder presentar fiebre, adenopatías de tamaño variable, localizadas en más de una cadena ganglionar, faringoamigdalitis, bazo inflamado, hepatitis, y exantema que aparece en la mitad de los casos. Este suele ser de tipo maculopapuloso de escasa intensidad. En muchos casos aparece tras ingestión de amoxicilina. El diagnóstico se basa en la aparición de alteraciones de las células de la serie blanca, en las reacciones serológicas (Paul-Bunnell) y en la determinación de anticuerpos frente al virus de Epstein-Barr.

El tratamiento será solo de tipo sintomático, con antitérmicos y antiinflamatorios.

ERITEMA INFECCIOSO

Es una enfermedad causada por el parvovirus humano B19. Suele afectar a niños de edades entre los tres y doce años. Su período de incubación es de seis a catorce días.

Puede haber algo de fiebre y malestar general antes de que brote la erupción. Ésta aparece como un eritema en las zonas de las mejillas respetando la zona oral, dando la impresión de

cara abofeteada. De uno a cuatro días después, aparece una erupción en las zonas extensoras de las extremidades y con mayor frecuencia, en tronco y nalgas. Al sexto día empieza a ceder con áreas de aclaramiento central. No es contagioso una vez que aparece el exantema.

El tratamiento es sintomático. Las lesiones cutáneas pueden aparecer durante varias semanas en respuestas a cambios en la temperatura ambiente, el baño, el ejercicio u otros estímulos externos. Es un virus que puede afectar al feto si la madre adquiere la enfermedad, sobre todo durante el primer trimestre del embarazo.

EXANTEMAS ERITEMATOSOS

Son erupciones cutáneas constituidas por **manchas** (máculas) de pequeño tamaño, en ocasiones diminutas, que en algunos casos tienden a confluir, proporcionando a la piel un aspecto parecido a las quemaduras solares. Son manchas más o menos rojas que al hacer presión sobre la piel palidecen. Este tipo de exantema es quizás él más frecuente, pues aparece en numerosas ocasiones que no guardan relación con las enfermedades eruptivas clásicas. Las intoxicaciones, las reacciones alérgicas o las quemaduras solares.

Escarlatina

Es una enfermedad producida por el *estreptococo hemolítico* y por su toxina eritrogénica. Es de carácter endémico, con la aparición de brotes epidémicos en la primavera y el invierno. El padecimiento de la enfermedad produce inmunidad frente a la toxina eritrogénica y no frente al estreptococo. Esta inmunidad es importante y duradera, aunque existe alguna posibilidad de pasar la escarlatina una vez más.

El contagio es directo, por vía aérea, o de forma indirecta mediante objetos. El período de contagiosidad suele durar varias semanas después de padecida la enfermedad, si se deja evolucionar naturalmente. Con tratamiento correcto ese período es mínimo. Una vez el estreptococo ha alcanzado la faringe, se multiplica y produce la toxina eritrogénica, que difunde con facilidad por todo el cuerpo, siendo la responsable de la enfermedad.

La clínica consta de cuatro fases. El período de incubación oscila entre tres y siete días y es asintomático. El período prodrómico dura de 24 a 48 horas. El comienzo es brusco con fiebre elevada, cefaleas, vómitos, escalofríos y dolor de garganta. Hay una amigdalitis congestiva de intensidad variable, y un exantema muy rojo en el paladar blando. Los ganglios submandibulares están dolorosos. Entre las 24 y 72 horas aparece el exantema en el cuello para extenderse por el cuerpo y las extremidades. Es de rojo muy intenso (escarlata), a veces en piel de gallina, y que palidece cuando se presiona. Es más acusado en la zona de los pliegues cutáneos. En la cara respeta el espacio alrededor de la boca, apareciendo esta zona pálida. La lengua aparece de color rojo intenso con las papilas prominentes (lengua aframbuesada). El período exantemático dura de tres a cinco días. Al final la fiebre disminuye al igual que los demás síntomas y se inicia la fase de descamación, que ocurre en el mismo orden en que sale el exantema. En las extremidades esta descamación es típica, en forma de laminas.

La complicación más importante es la glomerulonefritis aguda. El diagnóstico es por la clínica.

El tratamiento de la escarlatina se debe realizar con penicilina y tendrá duración de diez días. En casos de alergia, el antibiótico de elección será la eritromicina. Se debe dar tratamiento preventivo a los niños en contacto íntimo con el enfermo.

Erisipela

Es una infección aguda de la piel y del tejido celular subcutáneo producida por el *estreptococo hemolítico*, que ocasiona además de la sintomatología cutánea, síntomas generales. Es una enfermedad endémica, que puede afectar con mayor frecuencia durante el período neonatal. La enfermedad no confiere inmunidad, por lo que se puede sufrir más de una vez. La puerta de entrada es una herida en la piel, que es el ombligo o los genitales en el caso del recién nacido.

El período de incubación es menos de una semana. Luego aparece fiebre y malestar general, y una placa muy roja, dura, dolorosa y caliente en la piel. Puede haber vesiculación y el borde está algo elevado. La placa se va extendiendo en la periferia, mientras que en el centro disminuyen los signos de inflamación y la piel comienza a descamarse. En los recién nacidos existe la posibilidad de que se produzca una infección generalizada (sepsis). El diagnóstico es clínico.

El tratamiento es antibiótico con penicilina durante diez días.

EXANTEMAS VESICULOSOS

Varicela

Causada por la infección primaria por el virus varicela-zoster. Es una enfermedad muy contagiosa por vía aérea o contacto con personas afectas por la enfermedad. A veces se puede adquirir por contacto con pacientes que presentan un herpes-zoster. El período de incubación oscila entre diez y veintiún días.

Los síntomas previos suelen no estar presentes o ser leves. Aparecen luego unas manchas rojas que rápidamente dan lugar a vesículas pasando luego a costras. La erupción suele comenzar por la cabeza y cuerpo, extendiéndose por todo el cuerpo, pudiendo afectar a todas las partes, incluyendo las mucosas. Las lesiones aparecen en brotes por lo que lesiones cercanas aparecen en distintas fases de evolución. La varicela es contagiosa desde dos días antes de brotar, hasta cinco-siete días después, cuando las lesiones están ya en estado de costra.

La complicación más frecuente es la sobreinfección bacteriana de las lesiones. En el tratamiento no se deben emplear ni la aspirina ni otros salicilatos, dado que parecen aumentar el riesgo de complicación por síndrome de Reye.

Se utilizará tratamiento sintomático del picor con antihistamínicos y lociones refrescantes. El aciclovir oral es un medicamento que administrado en las primeras veinticuatro horas del brote, puede acortar la intensidad y duración de la enfermedad. Su empleo sólo está indicado en casos de enfermos con bajas defensas, recién nacidos u otro tipo de enfermedades crónicas. También se puede utilizar gammaglobulina específica contra varicela-zoster para atenuar la enfermedad en enfermos con bajas defensas o en caso de madres embarazadas que tengan contacto con enfermos con varicela. El virus de la varicela puede afectar al feto, sobre todo si afecta a la madre en el primer trimestre de la gestación.

Herpes Zoster

Representa la reactivación del virus varicela-zoster acantonado en los ganglios sensitivos de las raíces posteriores medulares o en los ganglios de los nervios craneales, lo cual origina una erupción constituida por zonas elevadas (pápulas) rojas que evolucionan a vesículas y ampollas, afectando sólo a la zona de la piel que inerva la raíz nerviosa afecta. Su incidencia en niños es baja y aumenta con la edad. Puede afectar a nervios craneales produciendo lesiones de las estructuras del ojo, en la lengua o en los músculos de la cara. El tratamiento será similar al de la varicela.

Enfermedad de mano-pie-boca

Está producida por varios tipos de virus coxsackie. Es una enfermedad muy contagiosa, carac-

La varicela es una enfermedad exantemática frecuente en brotes epidémicos entre escolares.

CÓMO COMBATIR LA FIEBRE

Cuando un niño está caliente, enrojecido y sin ganas de jugar, hay que tomarle la fiebre y meterlo en la cama.

Para bajarle la temperatura, el remedio más inocuo y efectivo es bañarle con agua tibia, no fría.

terizada por fiebre y una erupción vesicular tras un período de incubación de cuatro a seis días.

Las lesiones orales son las más frecuentes y comienzan como pequeñas manchas rojas que evolucionan a vesículas y se ulceran. Duran de uno a seis días. El exantema en la piel aparece poco después, afectando la porción dorsal de manos y pies, aunque cuando afectan a palmas y plantas la mayor parte de las mismas se localizan a ese nivel. También pueden aparecer lesiones localizadas en la zona del pañal.

ENFERMEDADES INFECCIOSAS EPIDÉMICAS NO EXANTEMÁTICAS

PAPERAS

Las paperas son la inflamación por causa infecciosa de la glándula parotidea, o por extensión, de cualquier otra glándula salival. Era una infección frecuente antes que apareciera la vacuna. Los brotes se producían en pediatría en los niños escolares. En la actualidad sólo se han detectado casos en grupos de adolescentes ya vacunados, en los que parece que han disminuido los niveles de defensas o casos de fallo en la vacunación primaria a los quince meses.

Clásicamente la fiebre es leve y la inflamación de la glándula parótida, generalmente de ambos lados, dan el diagnóstico. A veces se afectan otras glándulas salivales como las sublinguales o las submandibulares. La inflamación y el dolor aumentan durante tres días y luego desaparecen poco a poco en una semana. Una complicación común de las paperas, sobre

todo en varones adolescentes, es la inflamación de los testículos y el epididimo (orquiepididimitis), casi siempre unilateral. Es menos frecuente que se afecten los ovarios femeninos. Otra complicación en adolescentes es la pancreatitis, que suele ser leve y autolimitada.

TOS FERINA

Es una infección de las vías aéreas, producida por una bacteria, la *Bordetella pertussis*, que típicamente evoluciona a través de una sucesión de síntomas en un período de cuatro a seis semanas. La transmisión es a través de las partículas de las secreciones respiratorias y requiere de un contacto cercano. El período de incubación puede ser de una a tres semanas y el de contagio dura hasta tres semanas después del inicio de la tos paroxística

Los síntomas iniciales son mucosidad nasal espesa, tos leve, lagrimeo y fiebre baja. Es el período de mayor contagiosidad y dura de una a dos semanas. La tos aumenta, estando desencadenada por cualquier actividad normal del niño, siendo típica en forma de tos quintosa y con gallo, en forma de accesos, que pueden volverse cada vez más severos. Presenta secreciones bronquiales espesas, difíciles de eliminar, que pueden producirle mayor dificultad respiratoria. Los síntomas disminuyen gradualmente a lo largo de dos a cuatro semanas y el paciente se normaliza. Esta evolución no varía de manera notoria con la administración de antibióticos u otros medicamentos.

Existen cuadros clínicos similares que pueden ser producidos por bacterias relacionadas con la *Bordetella* e incluso por virus. La complicación más frecuente es la neumonía ya sea por la misma bordetela pertusis o por sobreinfeccion bacteriana.

El tratamiento antibiótico administrado precozmente puede mitigar los síntomas.

DIFTERIA

Está producida por la infección por una bacteria, la *Corynebacterium diphtheriae*, que afecta exclusivamente a los humanos, a través de la producción de sustancias tóxicas (toxinas) que al diseminarse desde el punto de infección inicial por la sangre afecta a todo el organismo. Se transmite por contacto íntimo con enfermos o portadores a través de las secreciones. Su período de incubación es de dos a cinco días. Sus manifestaciones clínicas son muy variables según la localización de la enfermedad, aunque el cuadro clásico más frecuente es la afección de la faringe, con la formación de las membranas blanco-nacaradas que se extienden por toda la garganta y sangran al intentar desprenderlas. Hay gran afección del estado general con fiebre, dolor, etc. Desde ese punto se pueden afectar otras zonas del organismo, produciéndose complicaciones a nivel nasal, alteraciones neurológicas o cardíacas.

El diagnóstico se confirma por visualización de la bacteria en las membranas, y cultivo.

> *La tos es un acto reflejo que actúa ante la necesidad de expulsar partículas irritantes que se han introducido en las vías respiratorias. En el acto de toser se ocluyen las cuerdas vocales y se contraen los músculos respiratorios. A continuación, las cuerdas vocales se abren de forma repentina y el aire es expelido con fuerza.*

INFECCIONES RESPIRATORIAS AGUDAS MÁS FRECUENTES EN LA INFANCIA

Las infecciones de las vías respiratorias constituyen la causa más frecuente de enfermedad en la edad pediátrica. La mayoría afectan tanto al tracto respiratorio superior como inferior, pudiendo el mismo agente causal producir diferentes cuadros clínicos. La mayoría de las infecciones son de etiología vírica, jugando un papel importante algunas bacterias como el *Haemophilus influenzae*, el *Streptococo*, el *Neumococo* y en ocasiones *Mycoplasma pneumoniae*.

Todas en general tienen un síntoma en común, es que pueden producir **tos.**

TOS

La tos es uno de los síntomas más frecuentes en pediatría, y tiene múltiples causas. La tos recurrente o crónica debe siempre hacernos sospechar enfermedades subyacentes como asma, sinusitis o fibrosis quística, porque la mayoría de los niños normales no tosen excepto cuando tienen una infección del tracto respiratorio.

Una **tos crónica** puede definirse como aquella que dura más de ocho semanas aunque sería adecuado preocuparse por una tos que dura tres semanas o más, especialmente en un lactante.

El **asma** es la causa más frecuente de tos crónica en los niños y el síntoma de las sibilancias o pitos al respirar puede ser reconocido por los padres. Otros síntomas del asma incluyen tos nocturna y tos o sibilancias tras el ejercicio, tras la risa o cuando se exponen al frío.

La **inhalación de un cuerpo extraño** es una causa frecuente de tos persistente en niños/as. Por ejemplo, un niño pequeño puede aspirar un juguete diminuto o un cacahuete o un caramelo. Habitualmente un cuerpo extraño alojado en la vía aérea produce tos persistente.

La **infección del tracto respiratorio** a cualquier nivel, puede producir tos. Por ejem-

plo la laringitis es similar en muchos casos a la faringitis, excepto que la tos es más llamativa y ronca y el niño puede quedar afónico.

La **fibrosis quística** es una causa importante de tos persistente. Los síntomas típicos son la infección respiratoria recidivante, retraso ponderal, tos y abundantes deposiciones grasas muy malolientes.

La **sinusitis crónica** es difícil de definir en la infancia. Los síntomas típicos son obstrucción nasal crónica, moqueo persistente, dolor facial y un goteo de moco infectado que cae, desde la nasofaríngea, por la pared faríngea posterior, junto a tos recurrente que empeora por la noche.

La radiografía de tórax es el instrumento más útil para el diagnóstico de los trastornos respiratorios en general y es anormal en la mayoría de las enfermedades descritas.

RINITIS

La **rinitis aguda** es la inflamación de las mucosas que recubren las fosas nasales. Es altamente frecuente en lactantes y niños pequeños. La causa es viral y por ello no requiere tratamientos con antibióticos. Únicamente deben emplearse lavados con suero salino fisiológicos y en ocasiones vasocontrictores nasales durante un tiempo mínimo, por el riesgo de producir efecto rebote.

La **rinitis purulenta y hemorrágica del recién nacido** puede ser de origen sifilítico.

La **rinitis crónica purulenta** suele estar producida por foco infeccioso en las adenoides, sinusitis paranasal o por la existencia de un cuerpo extraño nasal. Siempre que un niño presente mucosidad purulenta unilateral, que dura varios días, hay que pensar en la existencia de un cuerpo extraño como primera causa de la infección.

Cada vez son más frecuentes en los niños mayores y en los adolescentes las **rinitis de causa alérgica** y que se sobreinfectan o empeoran secundariamente. En estos casos hasta que no se solucione el problema alérgico no desaparecerán totalmente los problemas agudos repetidos.

FARINGITIS

La faringitis o inflamación de la garganta, suele ser también de causa viral sobre todo en los niños más pequeños. El responsable de epidemias de faringitis en niños mayores y adolescentes es el *Mycoplasma pneumoniae*. El *estreptococo hemolítico del grupo A* aparece en cualquier edad, aunque es más frecuente entre los cinco y diez años.

La causa estreptocócica debe ser tratada con penicilina oral durante diez días y cuando la vía oral no sea posible con penicilina procaína o benzatina. En casos de alergia a penicilina se utilizara eritromicina.

HIPERTROFIA DE AMÍGDALAS PALATINAS Y DE AMÍGDALA FARÍNGEA

La hipertrofia de las amígdalas palatinas ("anginas") y de la amígdala faringea (adenoides o "vegetaciones") constituye un problema extraordinariamente frecuente en clínica infantil.

Hipertrofia de amígdalas palatinas

Anatómicamente el crecimiento se desarrolla principalmente hacia la línea media, pudiendo incluso llegar a contactar la de un lado con la del otro, limitando el paso del aire y siendo motivo, a veces, de un estridor respiratorio. Durante la noche suele suceder que la oclusión sea más importante, originando sobresaltos durante el sueño, cuando el niño se sienta falto de aire: son los incidentes llamados de pavor nocturno. La voz suele ser "gangosa", y en ocasiones el niño tiene dificultad durante la alimentación.

Los estados de gran hipertrofia causantes de compromisos mecánicos, las amigdalitis agudas repetidas en cortos intervalos y las infecciones crónicas (casi siempre van asociados los tres hechos) son una clara indicación de amigdalectomía. En el resto de los casos siempre la decisión de intervenir quirúrgicamente será individual, y previo período de observación clínica. La experiencia enseña que en muchos niños a la edad de los seis o siete años de edad, el problema se soluciona espontáneamente sin necesidad de ningún tratamiento agresivo.

Hipertrofia de la amígdala faríngea (vegetaciones adenoideas)

La hipertrofia de las adenoideas afecta preferentemente a los lactantes aunque también producen manifestaciones clínicas en niños incluso mayorcitos. Tienen su origen en muy tempranos momentos de la vida.

INDICACIONES SEGURAS
• Apnea obstructiva del sueño.
• Hipertrofia con obstrucción.
• Infecciones recurrentes.
• Sospecha de neoplasia.
• Amigdalitis hemorrágica.

INDICACIONES RELATIVAS
• Absceso periamigdalino.
• Otitis media.
• Halitosis.
• Retraso del crecimiento.
• Anomalías del habla.
• Trastornos de la alimentación y la deglución.
• Maloclusión dental.
• Anomalías de crecimiento orofacial.
• Estado de portador de estreptococos.

Indicaciones para la cirugía de adenoides y amígdalas.

Las primeras manifestaciones clínicas que ocasionan las vegetaciones se hallan en dependencia con el compromiso mecánico. Los niños presentan un estridor inspiratorio y una propensión a la respiración bucal, que es patente sobre todo cuando duerme, acompañándose a menudo de ronquidos. También puede producirse el "síndrome de apnea inducida por el sueño", caracterizado por aparición de episodios de parada del ciclo respiratorio. Se define como la aparición de al menos treinta paradas, con una duración mínima de diez segundos, durante un sueño de seis horas.

La respiración bucal típica de estos niños produce una gran sequedad de la mucosa oral, y termina deformando, a veces severamente, la facies del niño.

Por fin, las infecciones repetidas de las vegetaciones (adenoiditis) completan el cuadro clínico.

El diagnóstico debe ser confirmado con una buena radiografía de cabeza en proyección lateral, donde las vegetaciones adenoideas son fácilmente identificables.

El tratamiento de estos niños ha variado en el tiempo, y en la actualidad sigue siendo aún motivo de discusión. Si la hipertrofia produce una alteración grave en el estado del niño, sea cual sea su edad, está indicado el intervenir quirúrgicamente, aunque siempre es recomendable ver la evolución del niño durante un período, antes de someterlo a una intervención quirúrgica con anestesia general.

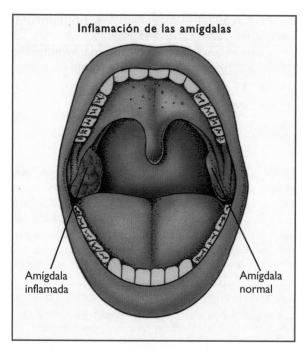

Inflamación de las amígdalas

Amígdala inflamada

Amígdala normal

En una amigdalitis, las amígdalas se inflaman por la acción de microorganismos (vírus o bacterias).

SINUSITIS

Los senos maxilares y etmoidales del macizo óseocraneal se forman y se neumatizan (rellenan de aire), durante los primeros meses después de nacer. Los senos esfenoidales se forman hacia el segundo o tercer año de vida y los senos frontales después del sexto año.

Los gérmenes que con más frecuencia producen este cuadro son el *Neumococo* y el *Hemophilus influenzae*.

Los síntomas encontrados en los niños mayores como la fiebre, la cefalea y el dolor facial, es normal que falten a menudo en los niños pequeños. En éstos aparece con más frecuencia tos crónica y rinorrea purulenta prolongada y en ocasiones halitosis (mal aliento), fiebre y tumefacción facial.

El diagnóstico se realiza mediante la radiografía de senos paranasales. En caso de sinusitis se observa opacificación de éstos o existencias de niveles líquidos. En los niños pequeños se puede utilizar la transiluminación como método de diagnóstico.

El tratamiento antibiótico de la sinusitis aguda debe durar al menos 10-14 días.

EPIGLOTITIS

Consiste en la inflamación de la epiglotis de la garganta. Es una enfermedad grave que puede ocasionar la muerte por obstrucción de las vías respiratorias. Su causa es bacteriana, aislándose casi siempre el *Haemophilus influenzae* y raramente *Neumococos*. Aunque puede aparecer en cualquier edad es como mucho más frecuente entre los dos y cuatro años.

Aparece fiebre elevada, babeo salival por dolor a la deglución, rápida afección del estado general y dificultad respiratoria progresiva. Los niños que se sospeche epiglotitis deben ser hospitalizados. El tratamiento se realiza con antibióticos.

CRUP

El crup infeccioso es un síndrome clínico muy frecuente caracterizado por tos ronca, estridor inspiratorio y en ocasiones fiebre y dificultad respiratoria. La etiología es casi siempre viral *(Parainfluenza, Adenovirus)*, siendo más frecuente en varones que en niñas, durante los meses de otoño e invierno y en edades comprendidas entre el año y los cinco años de edad. Puede afectarse únicamente la laringe, la tráquea y la laringe o todo el árbol bronquial.

En general no requieren hospitalización excepto aquellos que presentan una dificultad respiratoria progresiva, cianosis o inquietud por falta de oxigenación.

El tratamiento consiste en aplicar humedad en forma de niebla (ducha). La administración de corticoides, parece mejorar el cuadro. El resto de los tratamientos empleados hasta ahora (antibióticos, sedantes), no han sido útiles.

BRONQUIOLITIS

La inflamación de las más pequeñas vías aéreas, los bronquiolos, en los niños pequeños produce un cuadro de obstrucción respiratoria caracterizado por respiración rápida, tiraje de los músculos intercostales del tórax, e irritabilidad del niño. Todos estos síntomas están producidos por la hipoxia (falta de oxígeno en las células), y la hipoventilación generalizada que se produce. En ocasiones el cuadro está acompañado de fiebre y síntomas de infección de las vías respiratorias altas. La etiología es vírica, fundamentalmente el *virus sincitial respiratorio*.

Para gargarizar, el niño inclinará la cabeza hacia atrás y, con el líquido ya en la laringe, dejará salir el aire para evitar su introducción en las vías respiratorias.
Tras varios gargarismos, lo escupirá.

CONSEJO

¿SON NECESARIOS LOS ANTIBIÓTICOS?

La mayoría de las infecciones respiratorias son producidas por virus, frente a los cuales los antibióticos resultan inefectivos. Salvo en los niños enfermos, suelen tratarse de afecciones autolimitadas y benignas. Antes de administrar un antibiótico se debe consultar al médico.

BRONQUITIS

Es la inflamación del árbol bronquial. Es el mismo cuadro que la bronquiolitis pero del niño mayor y por ello no existe síndrome obstructivo bronquial. La causa es casi siempre vírica, aunque en ocasiones se aíslan *Haemophilus influenzae* y otros gérmenes por sobreinfeccion bacteriana.

Precedido de síntomas de infección respiratoria alta aparece tos, en ocasiones espasmódica, dolor torácico y en ocasiones fiebre, regresando la sintomatología en una o dos semanas.

El tratamiento es sintomático. Líquidos frecuentes, humedad y sedantes de la tos.

BRONCONEUMONÍA

La infección del parenquima pulmonar puede estar producida por virus, bacterias (*Neumococo*, *Haemophilus influenzae*, *Estafilococo*), *Mycoplasma pneumoniae*, y más raramente bacilos tuberculosos y hongos.

Aparece en cualquier época del año, siendo más frecuente en invierno. El *Mycoplasma pneumoniae* es el responsable de las epidemias en escolares y adolescentes durante los meses de otoño. El *Neumococo* infecta preferentemente a los niños mayores de tres años y el *Haemophilus influenzae tipo B* a los menores de dos o tres años. El *Estafilococo* afecta a niños pequeños especialmente lactantes.

El cuadro clínico, aunque variable, se caracteriza por fiebre, tos, dolor torácico, y en ocasiones dificultad respiratoria, siendo frecuente la existencia de un catarro de vías respiratorias altas, previamente. Cuando la causa es neumocócica aparecen escalofríos, aspecto tóxico del niño y a veces un herpes labial.

Generalmente el cuadro es grave, y súbito cuando la etiología es bacteriana y más leve, o insidioso cuando la enfermedad es de origen vírico.

Para realizar el diagnóstivo es fundamental hacer una radiografía del tórax.

Cuando la etiología es bacteriana, se administrarán antibióticos apropiados durante diez días.

INFECCIONES RESPIRATORIAS RECIDIVANTES

Algunos niños presentan infecciones recidivantes de las vías respiratorias altas y bajas, que llegan a desesperar a los padres. En estos casos es necesario descartar las causas que facilitan esos procesos, tales como la hipertrofia de las adenoides, la sinusitis, un cuerpo extraño bronquial, la fibrosis quística, inmunodeficiencias, alergias o reflujo gastroesofágico. En los niños menores de tres años, siempre hay que valorar el hecho de que acudan a las escuelas infantiles, que pueden ser un foco continuo de infección. Es a estas edades en las que la repetición de las infecciones se vuelve muchas veces agobiante para los padres e incluso para los profesionales médicos. Una vez descartada cualquier enfermedad subyacente, la actitud será la de curar las posibles infecciones que se produzcan y esperar si se trata de un niño pequeño a que crezca, ya que su sistema inmunitario cada vez será más competente para defenderle de las infecciones. En capítulos posteriores se explican normas de higiene y educación sanitaria aplicadas a las guarderías debido a la especial situación que suponen éstas.

Para aliviar y desinflamar el aparato respiratorio, son beneficiosos los vahos con extractos esenciales de plantas antitusígenas o expectorantes.

En ningún caso se administrarán fármacos al niño sin que hayan sido prescritos por el facultativo.

Será el médico quien diagnostique exactamente la enfermedad, que a menudo la tos enmascara, e indique el tratamiento a seguir.

OTITIS EN LA INFANCIA

La otitis externa es la inflamación del conducto auditivo externo por alguna causa, como una infección secundaria a la introducción de agua en el conducto. Es más común en niños a partir de los dos años.

La otitis media es una infección muy frecuente en pediatría desde los primeros meses de edad. Aunque lógicamente no es una infección de las vías respiratorias, la estrecha relación entre el oído medio y la rinofaringe a través de la trompa de Eustaquio, hace que se la pueda considerar casi una infección respiratoria. Aspectos como su causa, la incidencia real, el diagnóstico, la evolución, la conveniencia de tratar o no, e incluso la terminología, están en discusión constante y realmente no hay unos criterios comunes. Se puede definir *grosso modo* como la inflamación o mejor alteración de la zona del oído medio incluida la membrana timpánica. Hay que diferenciarlas de las otitis externas que afectan al conducto auditivo externo, y aunque pueden coincidir en un mismo cuadro, en general son entidades diferentes.

OTITIS

La otitis media se puede clasificar en:

Otitis media aguda o supurada, que corresponde al cuadro agudo con secreción purulenta que se presenta por primera vez. Éste puede evolucionar a la curación o hacia una otitis media aguda con derrame persistente.

Otitis media con exudado o no supurada, que corresponde a aquella en que la secreción no es purulenta.

Otitis media aguda recurrente, se refiere a un niño que sufre repetidos cuadros de otitis, pero estando sus oídos en los períodos intermedios perfectamente curados.

Son términos incorrectos *otitis media serosa* u *otitis media secretora*.

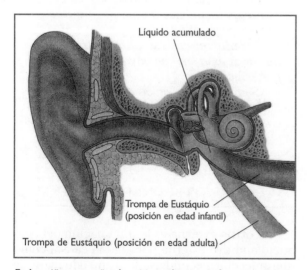

En los niños pequeños la otitis media es más frecuente que en los adultos, porque la trompa de Eustaquio está en posición casi horizontal. Cuando existe inflamación, el líquido del oído medio encuentra mayor dificultad para drenar en la garganta, acumulándose y facilitando la infección.

Otitis media aguda supurada

Presenta la clínica clásica con dolor intenso, fiebre, y con derrame en el oído medio.

El tratamiento antibiótico debe ser durante diez días como mínimo y se utilizará el antibiótico más adecuado según se sospeche el germen más común en esa zona geográfica. Debe revalorarse a los diez días.

Otitis media aguda con derrame persistente

En el 50% de los casos, la otitis media aguda presenta derrame al cabo de diez días de tratamiento antibiótico. En estos casos la actitud puede ser variable: se puede seguir diez días más con el mismo antibiótico y previa timpanocentesis, o cambiar a otro antibiótico. Si no hay síntomas clínicos como dolor o perdida de audición también se puede esperar sin tratamiento antibiótico y revalorar posteriormente. Todos los casos se valorarán nuevamente a los tres meses y si persiste aún el derrame, con déficit funcional, se debe plantear un posible tratamiento quirúrgico por parte del especialista.

Otitis media aguda recurrente

Se trata de episodios repetidos de otitis media con intercrisis libres de un mes o más. También puede referirse como la aparición de tres episodios cada seis meses. En estos casos el tratamiento se hace tratando cada episodio agudo como una otitis aguda. En la primera recaída, sí conviene cambiar de antibiótico.

Otitis media con exudado, no supurada

Habitualmente no hay síntomas de enfermedad aguda, pero sí existe una pérdida de audición que es detectada por los padres o cuidadores. Debido a que es más frecuente en niños por debajo de los cinco años de edad en muchas ocasiones pasa desapercibida, pudiendo provocar secuelas crónicas si no se pone tratamiento. Su incidencia disminuye después de los cinco años de edad.

OTITIS EXTERNAS

Las otitis externas afectan al conducto auditivo externo, y pueden estar producidas por la extensión de una otitis media, o la infección externa del conducto por ejemplo al entrar agua. Producen también dolor intenso, sobre todo al presionar sobre esa zona. El conducto externo aparece muy inflamado, rojo y en oca-

---

ACTITUD ANTE UNA OTITIS MEDIA AGUDA

- Timpanocentesis en casos escogidos. Antibióticos (10-14 días).

- Valoración clínica a los diez días:
  — Si no persisten los síntomas ni el exudado, vigilancia periódica.
  — Si persisten los síntomas o el exudado, timpanocentesis. Adecuar antibióticos.

- Valoración clínica a los tres meses:
  — Si no persiste el exudado, vigilancia periódica.
  — Si persiste el exudado, timpanocentesis y antibióticos (2-4 semanas) o timpanostomía y/o adenoidectomía.

---

siones disminuido en su diámetro debido a la inflamación. Se tratan con gotas antiinflamatorias y antibióticas locales, y analgésicos, si el paciente lo precisa.

Para terminar este capítulo hay que hacer referencia a la importancia que tiene el cerumen que producen las células del conducto auditivo externo como mecanismo de defensa frente a elementos extraños. Por tanto no es aconsejable tratar de sacar la cera mediante cualquier utensilio del conducto auditivo, y simplemente debemos limitarnos a retirar la cera que aparezca en la oreja.

Hay que recordar que se encuentran ganglios linfáticos cervicales aumentados de tamaño y sin riesgos inflamatorios durante toda la infancia, sin un significado patológico.

Siempre se debe realizar una exploración sistemática completa, y se deben buscar otras linfadenopatías en diferentes regiones ganglionares. Es necesario determinar si existe aumento del tamaño del hígado o el bazo u otros signos de afección sistémica.

Hay una serie de factores de riesgo ante una adenopatía en un niño, la ausencia de los cuales supone benignidad en el 99% de los casos:

— Aparición en el período neonatal.
— Historia de crecimiento rápido y agresivo.
— Masa dura de más de 3 cm de diámetro.

ADENITIS CERVICAL

El aumento del tamaño de los ganglios linfáticos tiene lugar como respuesta a una gran cantidad de procesos infecciosos locales o sistemáticos, inflamatorios y tumorales. El crecimiento de un ganglio o de un grupo de ganglios linfáticos se debe en la mayoría de los casos a una infección en su área de drenaje.

ADENITIS CERVICAL AGUDA

Se puede definir como la inflamación (se considera significativo un aumento superior a 10 mm) secundaria de un ganglio linfático cervical, con más o menos signos inflamatorios, frecuentemente asociada a un cuadro general de fiebre, malestar general, etc., habitualmente consecutiva a una infección ótica, nasal u oral, sobre todo dental o faríngea.

TUBERCULOSIS

La tuberculosis es una enfermedad infecciosa todavía no controlada en la mayoría de los países del mundo y que parece que se ha incrementado en los últimos años ante la aparición

CLASIFICACIÓN DE LA TUBERCULOSIS	
GRUPO 0 NO EXPUESTOS NI INFECTADOS	• No historia de exposición. • Tuberculina (-).
GRUPO I EXPUESTOS PERO NO INFECTADOS	• Historia de exposición. • Tuberculina (-).
GRUPO II INFECTADOS NO ENFERMOS	• Tuberculina (+). • Clínica, radiología y bacteriología (-).
GRUPO III TUBERCULOSIS ENFERMEDAD	• Tuberculina (+). • Clínica, radiología, bacteriología (+).
GRUPO IV TUBERCULOSIS SIN ACTIVIDAD	• Historia previa de tuberculosis (+). • Tuberculina (+). • Clínica, radiología, bacteriología (+).
GRUPO IV SOSPECHA DE TBC	• Casos pendientes de diagnóstico. • Tiempo máximo tres meses.

de nuevas enfermedades y de resistencias a los medicamentos utilizados en la actualidad.

Está ocasionada por el bacilo tuberculoso, un miembro de la familia *Mycobacteriae*.

La principal vía de infección es la inhalación de gotitas de secreciones pulmonares aerosolizadas. La infectibilidad de estas gotitas es mayor en los individuos con cultivo de esputo positivo o enfermedad pulmonar cavilara no tratada. De acuerdo con esto, la infección primaria en niños (conversión positiva de la prueba cutánea de la tuberculina) aparece más a menudo tras el contacto estrecho y prolongado con un adulto con enfermedad cavilara no tratada.

La tuberculosis en la infancia tiene algunas características diferenciales respecto a la tuberculosis en adultos:

— No suele haber lesiones pulmonares cavitadas.
— La cantidad de bacilos es menor.
— La resistencia a la medicación es rara.
— Son frecuentes las formas extrapulmonares.
— Las dosis de medicación por kilogramo de peso son más altas.
— La toxicidad medicamentosa es poco frecuente.

TUBERCULOSIS PULMONAR PRIMARIA

En los lactantes mayores y en los niños, la tuberculosis pulmonar primaria es típicamente una enfermedad asintomática, que se identifica en el niño por una prueba cutánea a la tuberculina positiva y a menudo una radiografía de tórax normal.

Los síntomas generales cuando están presentes son leves e inespecíficos. Pueden ocurrir síntomas adicionales secundarios a la afección masiva de los ganglios linfáticos que es característica de la afección primaria. En la mayoría de los niños la infección pulmonar primaria es una enfermedad leve o asintomática que se resuelve en poco tiempo con o sin tratamiento.

En niños mayores y adolescentes la tuberculosis pulmonar primaria se presenta como un infiltrado ("mancha en el pulmón") del lóbulo superior, que aumenta de tamaño y cavitación en ausencia de calcificación y linfadenitis.

> *La transmisión de la tuberculosis se realiza a través de la respiración o de la alimentación. El efecto primario se circunscribe, por lo general, al foco pulmonar.*

En lactantes y en niños hasta los tres años, los síntomas y signos pueden coincidir con diseminación a través de la sangre y linfática, que es debida a la forma clínica de enfermedad miliar-meníngea.

Formas clínicas

Existen varios tipos de presentación de la enfermedad o formas clínicas que se resumen a continuación:

- *Endotorácica*

— Infección primaria asintomática con radiología pulmonar normal.
— Infección primaria sintomática con radiología pulmonar positiva:

- Complejo primario.
- Adenopatía traqueobronquial.
- Endobronquitis.
- Afección parenquimatosa o neumonía.
- Pleural.
- Hematógena o tuberculosis miliar.

- *Extratoracica*

— S.N.C. Meningitis tuberculosa.
— Ósea y articular.
— Genitourinaria.
— Gastrointestinal.
— Cutánea.
— Endotorácica.

Diagnóstico

En los niños se hace por medio de una prueba de la tuberculina positiva. No son útiles los exámenes rutinarios de laboratorio. La exploración radiológica de tórax es a menudo normal, sin embargo puede observarse adenopatía hiliar unilateral, a menudo másiva, con o sin un pequeño foco parenquimatoso en los campos pulmonares inferiores o medios, y puede ocurrir calcificación durante el proceso de curación.

La prueba tuberculina (intradermorreación de Mantoux) se realiza mediante la inyección por vía intradérmica con 0,1 ml del derivado proteico purificado tuberculino (PPD). Se practica en la cara ventral del antebrazo produciendo una pápula.

La lectura consiste en determinar la presencia o ausencia de induración mediante palpación y medir, en milímetros, el diámetro transversal al eje mayor del antebrazo de esta induración, con el codo ligeramente flexionado. La lectura debe hacerse a las 72 horas de la inyección, aunque es válida entre las 48 y las 96 horas. En nuestro ambiente se considera positiva, y por tanto diagnóstica de infección tuberculosa, una induración superior a 5 mm.

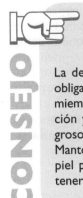

LA PRUEBA DE LA TUBERCULINA

La detección de un caso de tuberculosis obliga a descartar el contagio en todos los miembros de su familia. El riesgo de infección y enfermedad es especialmente peligroso en los niños pequeños. La prueba de Mantoux o de la tuberculina realizada en la piel permite aclarar el alcance que pueda tener el contagio.

Habitualmente se recomienda la practica sistemática de la prueba tuberculina en niños en las siguientes circunstancias:

— En los niños con sintomatología respiratoria sin causa conocida, sobre todo si es de dos o más semanas de evolución, o si ingresan en el hospital.

— En un síndrome febril prolongado sin apenas otra sintomatología.

— En las situaciones de riesgo de contacto íntimo con un enfermo de tuberculosis, sobre todo en los casos de niños con algún problema de déficit inmunitario.

Las diversas **pruebas diagnósticas** útiles para el diagnóstico de la enfermedad tuberculosa son:

— La prueba de la tuberculina sirve para detectar la infección tuberculosa y en niños, si es positiva, puede ayudar a descartarla.

— La radiografía de tórax es muy inespecífica.

— El examen bacteriológico del esputo, sea microscópico directo (tinción de Ziehl-Nielsen) o mediante cultivo, es la única prueba que permite el diagnóstico de certeza.

Según el diagnóstico, los pacientes con tuberculosis se clasifican en varios tipos.

Quimioprofilaxis de la tuberculosis

La pauta a seguir cuando un niño no infectado tiene un contacto íntimo con un enfermo de tuberculosis es la realización de una prueba tuberculina, reservando la radiografía de tórax para aquellos casos que tengan la prueba positiva o en los que sospechemos que sea falsamente negativa.

Si la prueba tuberculina es negativa se inicia tratamiento de quimioprofilaxis primaria (prevención) con isoniazida, en dosis única diaria por la mañana en ayunas, durante dos meses como mínimo. Al cabo de dos meses se repite la prueba de tuberculina y si sigue siendo negativa, se considera que no ha habido infección y no es necesario dar más tratamiento.

Si la prueba tuberculínica es positiva en algún momento, se practica una radiografía de tórax y si no hay lesiones radiológicas, se continúa la quimioprofilaxis hasta completar seis meses (quimioprofilaxis secundaria). Cuando sí hay lesiones radiológicas, se instaura el tratamiento de la enfermedad tuberculosa.

MENINGITIS Y SEPSIS

MENINGITIS

La meningitis se define como la inflamación de las meninges. Es una enfermedad temida tanto por médicos como por los padres, ya que a

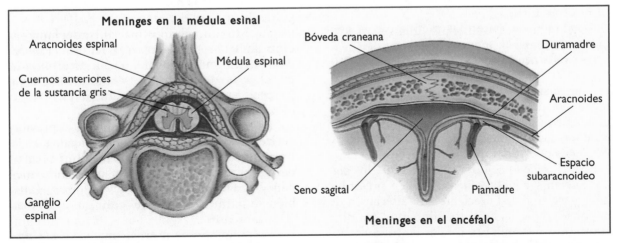

Entre las meningitis más frecuentes destacan las meningocócicas, que son contagiosas y que consisten en la inflamación purulenta de las meninges blandas del encéfalo y de la médula.

pesar de su rareza relativa durante la lactancia y la infancia, sigue siendo una causa importante de morbilidad y mortalidad. Existen secuelas de meningitis en un 25% a un 50% de los supervivientes, entre ellas déficit auditivos, trastornos del lenguaje, retraso mental, etc. Aunque la tasa de mortalidad de muchas infecciones de los niños ha disminuido radicalmente en los últimos años, las tasas de mortalidad por meningitis no han variado sustancialmente estando entre el 5 y el 20% según las edades y las zonas geográficas. Actualmente se puede hacer la salvedad de los casos de meningitis por *Haemophilus influenzae tipo B*, que afectan principalmente a los niños por debajo de los dos años, y que gracias a la vacunación que se está realizando en los países que tenían mayor incidencia de este tipo de infección, parece que ha disminuido claramente su incidencia y por tanto su mortalidad.

Un diagnóstico precoz y un tratamiento agresivo son claves en esta enfermedad, pero por desgracia los signos iniciales de meningitis son a menudo sutiles e inespecíficos. Muchos padres plantean a los profesionales qué síntomas presenta un niño que sufre una meningitis. El médico es el que debe identificar entre todos los niños con fiebre que ve cada día, la mayoría de los cuales tiene una enfermedad benigna, si algún niño presenta sospecha de poder tener una meningitis. La meningitis hay que intuirla, ya que no existe ninguna prueba o batería de pruebas que sustituyan la perspicacia clínica del médico para identificar al niño con síntomas iniciales de meningitis.

La incidencia más alta de meningitis bacteriana se da entre los tres y ocho meses de edad y disminuye progresivamente a partir de los dos años.

La mayor parte de las meningitis bacterianas evolucionan en cuatro etapas:

— Infección del tracto respiratorio superior.
— Invasión de la circulación a partir del foco respiratorio.
— Localización en las meninges del germen que circula en sangre.
— Inflamación de las meninges y del cerebro.

No existe ningún signo clínico exclusivo de meningitis. Los signos y síntomas clínicos de la meningitis bacteriana dependen en parte de la edad del paciente, la duración de la enfermedad, y de la respuesta del niño a la infección.

En el recién nacido y en el lactante los signos suelen ser inespecíficos. Pueden presentar fiebre, irritabilidad creciente con alteración de la consciencia, rechazo del alimento, vómitos continuos, decaimiento o falta de tono corporal, más adelante convulsiones, y dificultad respiratoria.

En el niño más mayor los síntomas más frecuentes son indistinguibles de infecciones víricas no meníngeas y de otros cuadros febriles.

Por desgracia la presencia de rigidez de nuca (meningismo), convulsiones, erupción generalizada y coma es excepcional en los primeros momentos de la enfermedad y siempre nos indican un grado avanzado de la infección.

Signos que se pueden asociar con meningitis

— **Rigidez de nuca:** es un signo muy aparente y facilita bastante la sospecha de meningitis. El niño tumbado al intentar que la barbilla toque con el tórax no puede realizarlo.
— **Letargia o coma.**
— **Erupción o púrpura:** suelen ser de tipo petequial (puntitos pequeños) y generalizada, de predominio en las zonas más alejadas del cuerpo.
— **Convulsiones**.

Diagnóstico

La *punción lumbar* es la prueba diagnóstica que nos va a orientar hacia el posible diagnóstico de meningitis (la obtención de una muestra de líquido cefalorraquídeo obtenida mediante una aguja-trócar insertado en la columna lumbar.

Tratamiento y profilaxis

El tratamiento antibiótico se debe iniciar justo después de realizar la punción lumbar, lo antes posible, en general antes de disponer de los resultados de laboratorio. Éste será siempre utilizando los antibióticos que sean efectivos sobre los gérmenes más habituales según la zona geográfica y la edad del niño. Una vez logrado detectar el tipo de germen causal, se replanteará el tratamiento si es necesario. La duración del tratamiento antimicrobiano está determinada por el germen causante de la enfermedad y por la respuesta clínica. Normalmente el período mínimo es de catorce días.

Es muy importante el hecho de la profilaxis de las personas o niños que hayan estado previamente en contacto con el enfermo, para reducir la propagación de la enfermedad y prevenir posibles nuevos casos. También se hará profilaxis del enfermo al acabar el tratamiento.

En el intento de prevenir nuevos casos primarios de enfermedad meningocócica, se emplean las vacunas. Sólo la vacuna frente a *Hae-*

mophilus influenzae se puede utilizar de forma rutinaria, para la prevención de ese tipo de infección. Existen otras vacunas frente a otros tipos de gérmenes que producen meningitis, como el *Meningococo A y C*, pero que debido a no cumplir todas las expectativas de protección universal, sólo están indicadas cuando existe una situación declarada de epidemia, o en casos de niños con enfermedades inmunitarias.

La muerte y las complicaciones de la meningitis en los supervivientes se da independientemente del diagnóstico precoz y del uso de antibióticos apropiados. Las cifras de mortalidad por meningitis supurada en niño son del 15-20% en la época neonatal y del 10% en edades posteriores.

SEPTICEMIA

La septicemia es un cuadro clínico muy grave que cursa con la presencia en sangre de abundantes gérmenes patógenos, procedentes de un foco de infección y que da lugar a la formación de focos infecciosos secundarios a distancia en el resto del organismo.

Todo este cuadro puede estar producido por la virulencia del germen, o por un fracaso de los mecanismos defensivos del niño o por una excesiva respuesta inflamatoria del organismo.

El tratamiento antibiótico de las septicemias se superpone al tratamiento antibiótico de las meningitis. Siempre ante cualquier sospecha de sepsis en un niño/a deberá realizarse una punción lumbar excepto si su estado general lo contraindica.

La **sepsis neonatal** se trata de una entidad propia que se presenta con una frecuencia del 1-5% y con una mortalidad aproximada del 40%. Suele asociarse con meningitis y tener secuelas neurológicas graves. Existen dos tipos de sepsis neonatal en función de la edad de presentación:

— La sepsis de inicio precoz que aparece entre el primer y el segundo día de vida, de forma brusca.

— La sepsis de inicio tardío que aparece después de la primera semana de vida. En este caso el contagio es posterior al nacimiento y la clínica suele ser inespecífica y de inicio insidioso.

Ante el diagnóstico de sepsis neonatal hay que practicar hemocultivos e instaurar precozmente un tratamiento antibiótico.

SIGNOS Y SÍNTOMAS DE INFECCIÓN URINARIA EN NIÑOS		
RECIÉN NACIDOS	LACTANTES	ESCOLARES
Ictericia.	Diarrea.	Orina con olor fuerte.
Hipotermia.	Retardo del crecimiento.	Fiebre.
Sepsis.	Vómitos.	Dolor abdominal.
Retardo del crecimiento.	Fiebre.	Polaquiuria.
Vómitos.	Orina con olor fuerte.	Disuria.
Fiebre.	Micción imperiosa.	Enuresis.

INFECCIÓN GENITOURINARIA

Las infecciones urinarias son una causa muy significativa de enfermedad en los niños. Pueden suponer un problema de poca importancia o la primera señal de que el niño está en riesgo de tener una enfermedad renal grave en ese momento o en su edad adulta. Siempre hay que tener presente que una lesión renal es irreversible cuando se ha presentado. Por eso es esencial identificar pronto los pacientes de riesgo a fin de prevenir más daños al riñón en su período de crecimiento.

El término "infección urinaria" engloba un grupo de cuadros clínicos que tienen en común la presencia de cantidades significativas de bacterias en la orina independientemente de los síntomas clínicos que presente el niño.

La **cistitis** es la inflamación de la vejiga y se manifiesta clínicamente con síntomas de dolor suprapúbico, escozor o dolor durante la micción, frecuencia excesiva de necesidad de orinar e incontinencia. Los niños suelen estar afebriles. Se acompaña a menudo de inflamación de la uretra.

La **pielonefritis** es la inflamación de todas las partes del riñón, el parenquima renal, los cálices y la pelvis. Un niño con pielonefritis aguda suele presentar malestar, escalofríos y fiebre elevada acompañada de dolor lumbar, sensibilidad dolorosa del ángulo costovertebral y, a menudo, vómitos. El niño suele estar muy afectado en su estado general.

Distinguir entre enfermedades altas y bajas del tracto urinario es importante por las diferencias de respuesta terapéutica, pronóstico, formas de recurrencia y métodos de seguimiento.

El organismo tiene ciertos mecanismos de defensa para prevenir la continua multiplicación de gérmenes que ascienden a la vejiga. Estructuralmente, el vaciamiento completo de la vejiga es un mecanismo de lavado que arrastra hacia afuera los gérmenes que ascienden. Cualquier orina residual que no fluye por una obstrucción mecánica o funcional que impide el vaciamiento completo de la vejiga predispone a la infección.

Síntomas

Las manifestaciones de la infección urinaria infantil suelen ser vagas, inespecíficas y pueden incluso no existir.

Los lactantes y los niños pequeños presentan fiebre, molestias gastrointestinales como anorexia, pérdida de peso, desarrollo insuficiente, vómito, íleo, dolor abdominal y diarrea, manifestaciones cutáneas como color gris de la piel e hipersensibilidad de la piel al tacto, hallazgos del SNC como letargo, irritabilidad y meningismo, sufrimiento respiratorio.

Los síntomas de cistitis son incontinencia enuresis, disuria, tenesmo, polaquiuria y dolor abdominal o suprapúbico. Otros síntomas de infección urinaria en los niños mayores son sensibilidad abdominal, anorexia y vómito.

Diagnóstico

De forma definitiva la infección urinaria se confirma mediante el urocultivo (cultivo de orina). La *Escherichia coli* es el germen causal de más del 80% de las primoinfecciones no complicadas y de más del 75% de las recurrencias.

Tratamiento

Los objetivos del tratamiento son erradicar la infección aguda, prevenir una nueva infección, y reconocer los pacientes con riesgo de desarrollar una enfermedad renal eliminando, si es posible, los factores contribuyentes y así prevenir el desarrollo de daño renal progresivo.

Principios terapéuticos de la infección urinaria aguda:

— Verificar la infección.
— Controlar presión arterial, si es una primoinfección.
— Seleccionar empíricamente el antibiótico adecuado.
— No se recibió antibiótico similar en forma reciente.
— Parenteral si hay vómitos o síntomas severos.
— Repetir el urocultivo temprano si persisten los síntomas o el microorganismo es resistente.
— Tratar durante diez días por vía oral si es tolerado por el paciente.
— Realizar estudios por imágenes si está indicado.

Además de los antibióticos más indicados para cada germen causal, pueden emplearse diversas medidas de apoyo, entre ellas incitar a la toma de líquidos para asegurar la conveniente diuresis y la micción frecuente que permita la evacuación completa de la vejiga.

La mayor parte de las recurrencias suceden en los primeros meses.

VULVOVAGINITIS

Vulvovaginitis significa inflamación en grado variable de la vulva y la vagina de las niñas. Los síntomas son molestias en la región genital, picor, dolor, y en algunos casos escozor en el momento de orinar (disuria).

Generalmente existe una cantidad variable de flujo que es siempre patológico en edad prepuberal (hay un flujo inespecífico blanquecino normal en la recién nacida hasta las 3-4 semanas de vida y en la adolescencia). Aunque ciertas causas determinan un tipo de flujo específico, rara vez se puede averiguar la naturaleza de la causa a través del flujo.

Entre las causas que favorecen la aparición de vulvovaginitis están:

— La falta de higiene en niñas prepúberes.
— Las infecciones de tipo bacteriano, ya sea por uno o varios gérmenes, por infecciones por hongos o virus.
— Las parasitosis intestinales.
— Los cuerpos extraños.
— Las reacciones de contàcto debidas a alergia o irritación con ropa, jabones o productos de aseo.
— Las enfermedades sistémicas generales como psoriasis.

La edad de la paciente es importante para determinar la causa de la enfermedad. En las niñas premenárquicas la mucosa vaginal al no tener el efecto de las hormonas estrogénicas es muy fina y fácilmente traumatizable, además de ser fácilmente colonizable por los distintos gérmenes. A estas edades el tipo más frecuente de vulvovaginitis es una vaginitis inespecífica resultante de la falta de higiene. Por el contrario en las niñas después que han tenido la menarquia, los factores favorecedores de la infección son, por ejemplo, el uso de anticonceptivos orales que alteran el moco a nivel vaginal.

Las exploraciones complementarias que pueden estar indicadas son el análisis del frotis vaginal, el urocultivo para descartar una infección urinaria, el análisis de las heces para descartar parasitosis intestinales y un informe ginecológico.

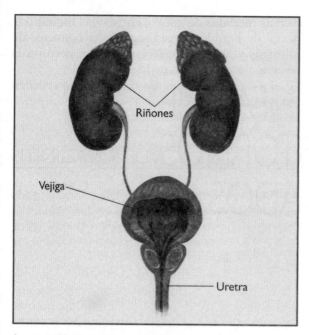

La orina sale al exterior por la uretra.

¿Cuándo se debe consultar con el ginecólogo?

— Cuando no mejore con tratamiento convencional.

— Cuando se sospeche un cuerpo extraño (secreción purulenta, muy maloliente, y a veces hemorrágica).

— Cuando se sospechen anomalías del aparato genital (tumores, pólipos, adherencias, etc.).

— Traumatismos.

— Cuando se sospecha afección del aparato genital interno.

URETRITIS

La inflamación de la uretra se produce tanto en los chicos como en las chicas. Se produce a cualquier edad y las causas son infecciosas y no infecciosas y varían con la edad.

Las causas más frecuentes en los niños pequeños es la contaminación fecal y la irritación física o por productos de higiene. En los chicos puberales las infecciones no gonocócicas son la principal causa.

Entre las causas no infecciosas, hay que pensar en los traumatismos mecánicos por masturbaciones, que se dan incluso en niños de 4 o 5 años.

Los síntomas que suelen presentarse son dolor o escozor al orinar, la secreción a través de la uretra, o la orina con sangre o incluso pus. El orificio uretral aparece muy rojo e inflamado. No suele haber síntomas generales.

36 ASMA INFANTIL Y TRASTORNOS ASOCIADOS

ASMA INFANTIL

El asma es el resultado de la acción de distintos agentes sobre niños predispuestos genéticamente. Está perfectamente comprobado el elemento familiar que existe, sin embargo la herencia no es directa. Tienen que participar distintos agentes capaces de inducir asma entre los que están sustancias alergénicas como el polen de las plantas o el polvo, infecciones, el ejercicio físico, medicamentos como la aspirina y contaminantes ambientales como el humo. Se barajan otros factores como los de tipo psicológico o alteraciones orgánicas como el reflujo gastroesofágico, que parece que pueden también influir en la aparición de asma en los niños.

TIPOS DE ASMA

Clásicamente se clasifica en asma *extrínseco* en el que se puede objetivar una causa externa, junto a otras manifestaciones alérgicas como dermatitis o rinitis, y asma *intrínseco* en la que la causa no se puede establecer claramente a un factor de tipo ambiental.

FORMAS CLÍNICAS

Son también variables, y los niños presentan desde el cuadro clásico de sibilancias, in-

suficiencia respiratoria y tiraje, hasta niños con tos crónica, sin ninguna alteración en la exploración normal. Es de destacar el aparente aumento del numero de casos de niños que presentan síntomas de asma sólo en momentos de hacer ejercicio o someterse a temperaturas ambientales frías. La duración de los cuadros también es muy variable y si es un factor importante para el tratamiento el numero de episodios y la duración de éstos. Actualmente se clasifica el asma para su tratamiento en asma agudo, asma crónico leve, asma crónico moderado y asma crónico severo.

TRATAMIENTO

En el manejo del asma en la práctica extrahospitalaria cabe considerar dos grandes apar-

> El asma es un proceso inflamatorio crónico de las vías aéreas que se asocia a inflamación de la mucosa, hipersecreción y broncoespasmo, lo que produce obstrucción en el flujo aéreo de los pulmones. Se caracteriza por la reversibilidad del proceso durante períodos más o menos cortos de tiempo. Los pólenes de las plantas son una de las principales causas de asma extrínseco.

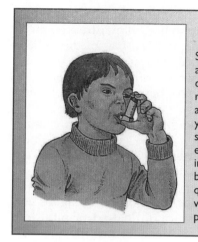

Si sobreviene un ataque de asma con dificultad respiratoria, acompañada de tos y sibilancias, puede ser de gran efectividad la inhalación de un broncodilatador, que ensancha las vías respiratorias pulmonares.

tados, el tratamiento de los episodios agudo y el tratamiento de mantenimiento en las formas crónicas.

Tratamiento general del asma

Los objetivos básicos del tratamiento a largo plazo son:

— Reconocer y controlar los episodios agudos graves.

— Controlar la sintomatología diaria del paciente.

— Mejorar el nivel de vida y que el niño pueda hacer una vida normal para su edad.

— Disminuir el número de ingresos o visitas a urgencias para recibir tratamiento.

— Lograr aumentar el tiempo entre las crisis.

— Una vez controlado el estado clínico, disminuir y suprimir medicación, hasta lograr que sólo sea necesaria en los momentos de crisis, cuando éstas son leves.

Existen esquemas claros de actuación que maneja el personal médico, que indican el tipo de medicación según el grado clínico del asma.

La tendencia general del tratamiento tanto de las formas leves como las agudas es utilizar fármacos inhalados, ya sea mediante inhaladores manuales (graduados, de polvo seco) con o sin cámaras de extensión, o nebulizadores (ultrasónicos o de membrana). Tanto la administración oral como parenteral se utilizarán en casos muy localizados.

El empleo de mecanismos de inhalación de la medicación supone un adiestramiento por parte de los pacientes. Es fundamental comprobar que los niños realizan las técnicas adecuadamente. Una vez evaluado y diagnosticado el asma, se tomarán medidas de control ambiental, y se tratará si existiera la alergia que causa el cuadro de asma.

Tratamiento de las formas agudas de asma

La mejor estrategia para el tratamiento de la crisis de asma es el tratamiento precoz. Las crisis de asma son episodios agudos de empeoramiento progresivo de la dificultad respiratoria, la tos y las sibilancias.

En primer lugar, es necesario valorar la situación clínica del enfermo así como los antecedentes que pueden aconsejar un forma u otra de tratamiento. Entre los antecedentes debemos siempre tener en cuenta:

— La frecuencia y gravedad de episodios anteriores.

— Tratamiento seguido anteriormente (corticoides, xantinas, beta adrenérgicos, etc.).

— La existencia de factores desencadenantes (infección respiratoria, exposición a alergenos conocidos, etc.)

— Existencia de otras enfermedades.

En la exploración física, es de gran utilidad la valoración de la función ventiladora mediante espirometría o simplemente determinando el llamado flujo máximo (*peak flow*), mediante un sencillo aparato portátil a través del cual el paciente espira y empuja un cursor que indica el valor de *peak flow*.

Los fármacos más eficaces en el tratamiento del ataque de asma son los broncodilatadores adrenérgicos (salbutamol, terbutalina, salmeterol) que pueden utilizarse en aerosol, según las necesidades que se requieran. Si el tratamiento se inicia en casa, y no se observa rápida mejoría, se debe contactar con el médico, para que supervise la frecuencia de administración de los broncodilatadores y la administración precoz de corticoides de acción sistémica con el fin de mitigar precozmente la crisis.

En el caso de no haber mejoría, por definición se trata de un estado de mal asmático que debe ser atendido en un hospital. Por regla general, este estado revierte con un tratamiento más agresivo.

ASMA Y EJERCICIO

CONSEJO

El niño asmático debe realizar una vida activa, sin más limitaciones que las impuestas por los episodios agudos de asma. El ejercicio físico no sólo es necesario sino beneficioso, siempre que se logre un buen control de la enfermedad.

Tratamiento de continuación tras el episodio agudo

Una vez controlado el episodio agudo, se continúa el tratamiento hasta la normalización del enfermo, momento en el que se reducen o suspenden los medicamentos.

Tratamiento a largo plazo

No siempre está indicado y debe considerarse su conveniencia cuando la frecuencia y necesidad de los síntomas ocasionan una alteración apreciable en la calidad de vida del niño y secuelas orgánicas.

En casos de asma extrínseco es esencial la evitación del alergeno responsable, siendo por tanto necesaria su identificación mediante el estudio específico. Pero no siempre es posible evitar los alergenos, por su gran ubicuidad, y en este caso puede estar indicada la inmunoterapia, cuya efectividad ha sido demostrada por numerosos estudios controlados en relación con distintos alergenos.

Desde el punto de vista farmacológico, actualmente los principales medicamentos a utilizar en el tratamiento crónico del asma son los corticoides inhalados, los beta-adrenergicos, el cromoglicato sódico, el nedocromil sódico, el ketotifeno y en la actualidad están saliendo nuevos fármacos al mercado cuyo mecanismo es tratar de inhibir la inflamación específica que se produce a nivel bronquial. La elección del fármaco a utilizar, o combinación de ellos dependerá de cada caso según las características del enfermo (edad, capacidad de colaboración), el grado de severidad del asma, el tipo de proceso que lo causa (asma de ejercicio, asma intrínseco, etc.), la tolerancia del producto, y las posibilidades de control entre otros criterios.

En el caso de asma relacionado con el ejercicio físico, se puede administrar una dosis de beta agonista inhalado o de cromoglicato, previa al ejercicio, lográndose controlar mucha de la sintomatología, y evitando las crisis.

GUÍA FAMILIAR PARA EL TRATAMIENTO DE UN EPISODIO DE ASMA EN NIÑOS

Pasos para el tratamiento de un episodio asmático en casa:

— Conozca los signos precoces de alarma de su niño/a de manera que pueda comenzar pronto el tratamiento.

— Administre la cantidad de medicina prescrita a las horas o intervalos indicados por el médico. Si su plan de tratamiento incluye un aumento de la dosificación o una segunda medicina a usar durante los episodios, adminístrela según las instrucciones. Si necesita dar más medicina de la prescrita, comuníqueselo a su médico.

— Elimine, si es posible, el alergeno o el irritante si uno u otro desencadenaron el episodio del niño.

— Manténgase usted y su niño en calma y relajados.

— Tenga a su hijo en reposo mientras observa la evolución del tratamiento.

— Para supervisar el estado de su niño, trate de advertir los cambios en los signos corporales como postura, dificultad respiratoria, sibilancias y tos. Si tiene un medidor de flujo máximo, compruebe el flujo máximo del niño de 5 a 10 minutos después de cada tratamiento para ver si el flujo aéreo esta volviendo a la normalidad.

— Llame a algún miembro de la familia, amigo o vecino para disponer de ayuda si la necesita.

— Llame a la clínica, a la consulta del médico o al hospital para pedir ayuda, si es necesario.

SIGNOS PARA SOLICITAR ASISTENCIA MÉDICA

No todos los episodios asmáticos requieren una visita al médico. Hay varios signos que los padres pueden utilizar para decidir si es necesario ir al médico o al servicio de urgencias. Si se presenta alguno de estos síntomas, pida tratamiento de urgencia para el niño:

• Las sibilancias, tos o dificultad respiratoria empeoran progresivamente incluso después de que se ha administrado la medicina y ha tenido tiempo para actuar.

• El niño tiene aumento del trabajo respiratorio. Sus signos son:

— El pecho y el cuello del niño se hunden o deprimen en cada respiración.

— El niño esta encorvado.

— El niño realiza esfuerzo para respirar.

— El niño tiene dificultad para andar o hablar.

— El niño deja de jugar y no puede empezar ninguna actividad de nuevo.

— Los labios o las uñas del niño están grises o azules. Si ocurre esto, lleve a su niño al médico o al servicio de urgencias inmediatamente.

Por ultimo hay que hacer referencia al pronóstico de la enfermedad cuando se presenta

> *Para evitar los agentes causantes del asma en los niños, se eliminarán de la habitación los ácaros del polvo doméstico con paños húmedos y aspirador, y también los ceniceros, humos y tabaco.*

en un niño. Los padres siempre se preguntan si el asma es para toda la vida o desaparecerá. Lógicamente el asma de origen alérgico puede desaparecer con el tratamiento de inmunoterapia. No se han establecido patrones claros sobre el pronóstico de esta enfermedad y sólo está aceptado que los niños cuyo asma comienza a una edad más temprana tienen más posibilidades de tener un proceso más grave, y que pueda reaparecer en la edad adulta, en el caso de que haya desaparecido durante la niñez.

RINITIS Y CONJUNTIVITIS ALÉRGICAS

La rinitis y conjuntivitis *alérgicas* son una reacción frecuente de la mucosa nasal y conjuntival del ojo a diversos alergenos. Puede aparecer a cualquier edad, si bien lo más habitual es que se presente por primera vez durante la niñez o la adolescencia. Sus síntomas más comunes son estornudos, rinorrea, congestión nasal, y a menudo se asocia con picor de ojos, nariz y paladar. En los casos más agudos la conjuntiva del ojo aparece edematosa, roja y con aspecto granuloso, llegándose a afectar la esclerótica (zona blanca del ojo) y el saco conjuntival.

Puede ser estacional (aparece en primavera por el polen de los árboles o en otoño por hierbas o ambrosía) o crónica perenne (provocada por ácaros del polvo, moho, gatos, perros o cucarachas).

El diagnóstico se establece mediante una anamnesis y un examen físico minucioso y, cuando es necesario, otros métodos como las pruebas cutáneas de inmunoglobulina.

La rinitis perenne de etiología desconocida, también denominada "rinitis *vasomotora*", produce congestión mucosa persistente, pero no se correlaciona con exploración a alergenos. La rinitis *gustatoria* es una rinorrea causada por comer alimentos calientes y picantes, y tampoco representa una reacción alérgica. Un *cuerpo extraño* puede provocar obstrucción nasal, generalmente unilateral, acompañada de secreción purulenta y fétida. Otras causas de obstrucción física que puede producir síntomas parecidos a los de la rinitis alérgica son desviación del tabique, hipertrofia adenoidea, atresia de coanas y pólipos nasales.

Existen diversas clases de fármacos que solos o combinados son eficaces para tratar la rinitis y la conjuntivitis alérgica: anticolinérgicos, cromoglicato de sodio y glucocorticoides tópicos. Se administran en forma de gotas nasales u oculares.

Los antihistamínicos son más eficaces para reducir los estornudos, el prurito y la rinorrea, que para aliviar la congestión nasal. Se administran por vía oral.

37

TRASTORNOS DEL APARATO LOCOMOTOR Y DE MOVILIDAD

ALTERACIONES DEL SISTEMA LOCOMOTOR

ALTERACIONES DE LA COLUMNA VERTEBRAL

Desviaciones del raquis en el plano sagital

La columna vertebral presenta curvas sagitales fisiológicas las cuales varían con la posición del sujeto. Se definen dos tipos de curvas:

Cifosis, que son curvas de convexidad posterior.
Lordosis, que son curvas de concavidad posterior.

Examen clínico de la columna infantil

El paciente se sitúa completamente desnudo y en posición de pie. Observaremos el nivel de los hombros, escápulas y caderas.

A continuación, y valiéndose de una plo-

mada situada en la nuca y que pasará por el punto más prominente del dorso, así como entre el pliegue interglúteo, se miden las "flechas" en región cervical y lumbar. Estas mediciones tienen importancia en el seguimiento del paciente, pues indican la evolución de las curvas.

En esta misma posición el enfermo flexionará el tronco acentuándose la presencia o no de cifosis. Si en esta posición el enfermo levanta los brazos en extensión observaremos la flexibilidad de la curva. Haciendo inclinar el niño hacia delante, observar si uno de los hemitórax es más

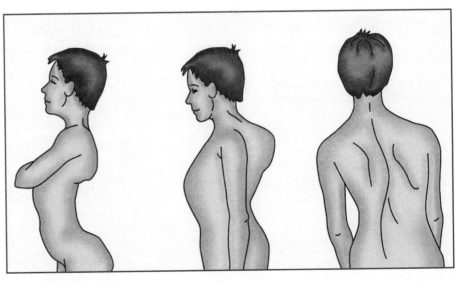

Desviaciones de la columna vertebral

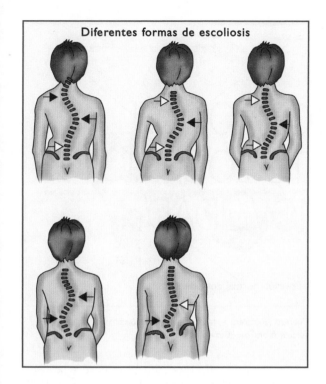

Diferentes formas de escoliosis

prominente. Este signo es fundamental para valorar el grado de rotación de una curva escoliótica. La presencia de rotación es equivalente a la existencia de una escoliosis verdadera.

Con el niño de perfil, valorar si están o no acentuados las curvas fisiológicas de la columna vertebral

Examen radiológico de la columna

Consiste en la realización de una *teleradiografía* en bipedestacion del raquis en proyecciones anteroposterior y lateral.

La anterior exploración clínica, unida al estudio radiográfico, permite distinguir dos grandes grupos de desviaciones sagitales del raquis

- **Desviaciones irreductibles o estructurales.**
- **Desviaciones reductibles o funcionales.**

La aparición precoz de todas estas desviaciones reductibles, en principio, dejadas a su evolución natural, conducen al aumento de su amplitud, y rigidez transformándose en desviaciones estructurales.

Tratamiento de las desviaciones de columna

Curvas hasta 40º:

- Medidas posturales.
- Gimnasia: fortalecimiento de los extensores de la columna.
- Natación.

Curvas iguales o mayores a 40º:

- Reducción ortopédica, seguido de corsé de yeso durante tres meses y a continuación corsés de plástico.
- Curvas muy acentuadas o con patología neurológica asociada.

En estos casos realizaremos cirugía.

Desviaciones del raquis en el plano frontal

Se distinguen dos tipos de desviaciones en el plano frontal:

- La **escoliosis** o inclinación lateral del raquis asociada a rotación de los cuerpos vertebrales.
- La **actitud escoliótica** o inclinación lateral del raquis pero sin rotación de los cuerpos vertebrales. Es completamente reducible en posición de tumbado.

Examen clínico

Siempre se explora al niño completamente desnudo, en posición erecta y sin zapatos. Se deben buscar:

- Desequilibrios o asimetrías a nivel de hombros y escápulas.
- Posible oblicuidad pélvica.
- Determinación del *eje occipitosacro* mediante la colocación de una plomada a partir de espinosa (el abultamiento palpable en la columna) de la 7.ª vértebra cervical. La vertical debe coincidir con el curso interglúteo. Cuando no coincide nos indica la presencia de una curva lateral y debe medirse el desplazamiento lateral de la plomada con respecto al surco interglúteo.
- Manteniendo la posición erecta, se indica al paciente que se incline hacia adelante doblando el cuerpo, manteniendo las rodillas extendidas y las manos entre las mismas. En esta posición se valora la presencia o no de gibosidad.

Examen radiológico

Es similar que en el caso descrito anteriormente. Se debe realizar una telerradiografía en proyecciones anteroposterior y lateral en bipedestacion y en decúbito (tumbado). Con estas proyecciones observaremos:

- Convexidad derecha o izquierda.
- Determinación de las vértebras límite superior e inferior de la curva.
- Medición del grado de curvatura.
- Medición de la rotación de los cuerpos vertebrales.

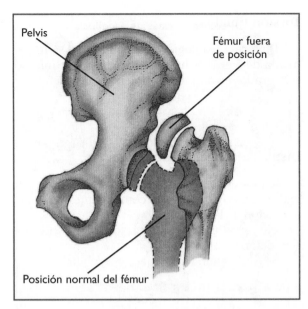

Cuando la cadera está dislocada, la cabeza del fémur se desliza fuera de la cavidad de la pelvis.

Salvo excepciones, las actitudes escolióticas no suelen evolucionar hacia una escoliosis estructurada. Pero si las actitudes persisten durante mucho tiempo, sí pueden favorecer la aparición de alteraciones como esguinces o dolores en la espalda de repetición.

Tratamiento

Las actitudes escolióticas deben ser controladas por médicos rehabilitadores. Medidas importantes y fáciles de llevar a la practica son: La utilización de cama dura, fomentar las posiciones correctas al sentarse, la gimnasia, especialmente la natación.

La escoliosis estructurada es una enfermedad evolutiva que amenaza particularmente el crecimiento del raquis. Existen numerosos tratamientos que van desde la simple gimnasia hasta la cirugía vertebral. El tratamiento será en función de la edad del niño y los grados de la curva.

DEFORMACIONES DE LOS MIEMBROS INFERIORES

Vamos a describir las dos causas más frecuentes de la marcha que presentan los niños "con los dedos de los pies hacia adentro" y también la anomalía que origina lo contrario, una marcha "con los dedos de los pies hacia afuera". Se denominan anomalías torsionales de los miembros inferiores.

Metatarso aducto (antepié aducto)

Corresponde a la desviación del antepié "hacia adentro". La deformidad está presente desde el nacimiento pero suele diagnosticarse unos

meses después. Es bastante frecuente y se asocia a luxación congénita de la cadera en el 10% de los casos. Se ha constatado que la mayoría de los pies flexibles se corrigen espontáneamente sin tratamiento. Por otro lado los antepiés aductos que persisten en la edad adulta tienen muy escasa repercusión funcional, excepto la deformidad estética.

En las formas flexibles se recomienda a la madre que durante los cambios de pañales sujete con una mano el retropié y con la otra que lleve el antepié a la posición de corrección y que cuente hasta diez, repitiendo la maniobra veinte veces.

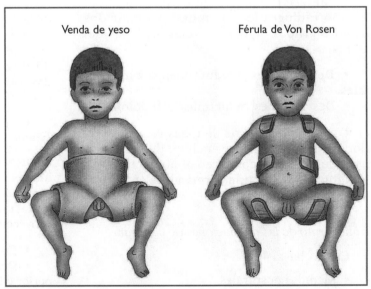

Si la dislocación de cadera es detectada al nacer, los médicos aplicarán arneses o una férula para colocar de nuevo la articulación en su sitio. En la ilustración, vendaje de yeso y férula de Von Rosen, dos de los diversos tipos de férulas que hay.

Torsión tibial

De forma fisiológica la torsión tibial se incrementa de 5 grados hacia afuera en el nacimiento a 20 grados en adultos, también hacia afuera.

PATOLOGÍA DE LA CADERA

Displasia congénita de cadera

Esta lesión se produce por el desarrollo anormal de uno o de todos los componentes de la articulación de la cadera.

La causa de esta alteración congénita no está determinada.

Se distinguen tres situaciones clínicas:

La **luxación**, en la cabeza femoral está fuera de la cápsula y puede o no ser vuelta a situar en el acetábulo. La cabeza puede salir del acetábulo y volver a colocarse espontáneamente.

La **subluxacion**, en la que la cápsula tiene la laxitud suficiente como para que la cabeza femoral pueda desplazarse parcialmente de su posición en el acetábulo, pero no para que se produzca una luxación.

La **displasia acetabular**, en la que la cabeza femoral se encuentra bien asentada y la cápsula tiene la fuerza suficiente como para que no haya subluxación, pero el ángulo del acetábulo tiene una orientación tan lateral que más tarde durante la infancia puede dar a luxación.

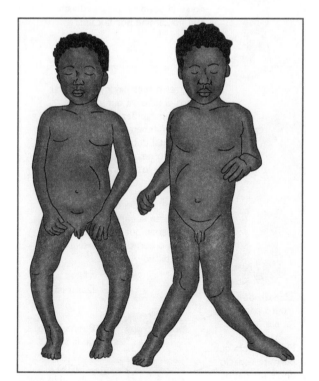

Genu varo y genu valgo.

El diagnóstico de sospecha se realiza mediante la exploración rutinaria a todos los recién nacidos de las caderas. El tratamiento de los casos de subluxación se realizará mediante mecanismo de separación de las piernas, durante unas seis a ocho semanas, que es el tiempo que tarda la cápsula acetabular en estrecharse lo suficiente para soportar la cabeza femoral. Los niños con una cadera luxada y reponible deben ser tratados con estribos. Si este tratamiento es precoz en las primeras semanas de vida, se consigue la reducción espontánea en la mayoría de los niños. En los niños que no se logra, o de mayor edad, el tratamiento se realiza mediante tracción y posterior reducción con anestesia general que se mantiene con escayola. En los niños mayores de dieciocho meses el tratamiento siempre será quirúrgico.

Infección bacteriana de la cadera

Es la causa más frecuente de dolor agudo de cadera en los niños menores de dos años.

Sinovitis transitoria de la cadera

Es un cuadro de dolor o cojera, que puede aparecer en los niños desde los dos años de vida. Es de causa desconocida, aunque siempre se relaciona con el sufrimiento previo de una infección vírica de las vías respiratorias unos días o semanas antes. El niño presenta signos de inflamación, con limitación funcional de esa pierna. El tratamiento consiste en reposo durante al menos una semana.

PATOLOGÍA DE LA RODILLA

Situando al niño en bipedestación, la intersección de los ejes del fémur y los de la tibia forman en el plano anteroposterior un ángulo hacia afuera con valores que oscilan entre 5º a 9º en la mujer adulta y 4º a 7º en el hombre. Este ángulo fisiológico condiciona una actitud de la tibia respecto al fémur, denominado ángulo de valgo fisiológico.

DESVIACIONES EN EL PLANO FRONTAL

Genu valgum

Se produce cuando aumentan los valores del ángulo fisiológico de valgo. Clínicamente se manifiestan por un aumento de la distancia entre ambos maleolos tibiales, estando las rodillas juntas. Cuando la deformidad es bilateral, las piernas del niño dan un aspecto característico conocido como "piernas en X".

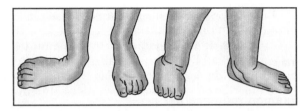

Pie plano.

La corrección quirúrgica sólo está indicada por razones estéticas y teóricamente para evitar el desarrollo de artrosis del lado externo. Por tanto, siempre se haría en niños mayores de 11 años con distancia bimaleolar mayor de 15 cm y ángulo tibiofemoral de más de 15°.

Genu varo

Se produce cuando disminuyen los valores del ángulo de valgo fisiológico. La manifestación clínica es el alejamiento de la rodilla de la línea media del cuerpo. Cuando la afección es bilateral se le denomina "piernas en paréntesis".

El genu varo de la primera infancia, también llamado "varo fisiológico", es normal en el recién nacido y compromete el femur y la tibia. Se corrige espontáneamente en los 2-3 años primeros de la vida y no suele requerir tratamiento alguno.

PATOLOGÍA DEL PIE

Pie plano

El pie plano ha de ser entendido como un trastorno de la forma de la planta del pie que se caracteriza por una desaparición de los arcos plantares longitudinales del pie. Tal eventualidad es muy grave porque significa siempre una severa malformación esquelética, como ocurre con el pie plano congénito o existencia de astrágalo vertical. Por suerte, estos graves trastornos malformativos son raros.

Mucho más frecuente es la presencia del llamado *pie plano-valgo*. Se caracteriza por una rotación mirando hacia fuera del antepié y una disposición en valgo del talón, lo que permite la desaparición óptica del arco plantar interno. Existen varias formas clínicas:

• **Pie plano-valgo laxo.** Este tipo de pie es habitual de forma fisiológica en la primera y segunda infancia. Este tipo de pie no supone ningún trastorno patológico. No precisa corrección ni ortopédica ni quirúrgica. Su tendencia espontánea es a la desaparición.

• **Pie plano-valgo por acortamiento del tendón de Aquiles.** En descarga el pie parece normal. En bipedestacion se observa una gran

pronación del pie. Puede producir molestias en el borde interno del pie y en la pantorrilla. Si esto ocurre está indicado el tratamiento quirúrgico.

• **Pie plano-valgo contracto.** También llamado pie plano espástico peroneal. Existe una imposibilidad de invertir (supinar) el pie y los tendones de los músculos peroneos, se muestran tensos. Las causas son múltiples, el tratamiento siempre será etiológico y en muchas ocasiones quirúrgico.

Pie cavo (pie excavado)

Se denomina así el pie que muestra unos arcos plantares aumentados. Hay una forma constitucional de pie excavado que carece de importancia.

La corrección con plantillas es inútil. La utilización de una ortesis para repartir la carga

La elección de los zapatos

Los pies del bebé no necesitan la rígida protección de los zapatos. Los calcetines o los peúcos les proporcionan el calor necesario y la libertad de movimientos.

Cuando empieza a andar, el niño debe ir descalzo dentro de casa y no se le pondrán zapatos hasta que no camine por la calle.

Cada tres meses hay que comprar zapatos al niño, ya que sus pies crecen con rapidez. Los zapatos nuevos no deben ser estrechos y la parte frontal debe tener el espacio de un dedo de ancho entre la punta del zapato y los dedos.

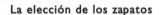

Para que el pie del niño no se comprima en la parte frontal, los zapatos tienen que atarse con cordones o con tiras adhesivas o con hebillas.

Zapato de cuero para que el pie "respire"

Tacón bajo

Buen agarre de la suela

Horma recta que permite espacio entre los dedos

Ancho ajustable

Los pies de la mayoría de los bebés dan la sensación de tener los pies planos, pero no son más que almohadillas de grasa que recubren el arco plantar.

es muchas veces la mejor solución. Si este tratamiento no es eficaz, se ha de recurrir casi siempre a tratamiento quirúrgico.

Talón doloroso en la infancia

La calcaneodinia del adolescente es un cuadro de dolor en el talón que se da en niños en época prepuberal, en relación con el rápido estirón del crecimiento y con la actividad agotadora, lo cual produce lesiones por sobrecarga y a veces sinovitis en la inserción del tendón de Aquiles. Objetivamente se muestra una clara sensibilización a la presión directa y lateral del talón. El tratamiento consiste en elevar el tacón del zapato unos 2 cm y el reposo funcional en los casos severos durante 3-6 meses.

DISMETRÍAS DE MIEMBROS

Las diferencias de longitud de las extremidades, bien por exceso (*hipermetrías*) o más frecuentemente por defecto (*hipometrías*) es una consulta frecuente en las consultas del pediatra y el ortopeda.

Exploración. La medición de la dismetría precisa al centímetro utilizando dos métodos:

• Medición de la dismetría con el enfermo de pie, teniendo en cuenta que no existan actitudes viciosas a nivel de cadera, rodilla y tobillo. Consiste en conseguir una horizontalización de la pelvis, colocando planchas calibradas bajo el miembro más corto.

• Medición con el enfermo acostado, se realiza midiendo la distancia existente que separa la espina ilíaca antero-superior del borde inferior del maleolo tibial.

Examen radiográfico

Es el método más preciso para medir la cuantía de la dismetría. El método más empleado es la telerradiografía de mensuración de los miembros inferiores, que permite hacer una cuantificación exacta y por segmentos de la dismetría.

Tratamiento

Se realiza en función de la edad, magnitud del acortamiento, etiología, pronóstico y talla final del niño. La conducta terapéutica que se acepta en general es:

• Dismetrías de menos de 1,5 cm: no necesitan tratamiento corrector alguno, dado que sus repercusiones sobre el resto del sistema músculo-esquelético, son mínimas o inexistentes.

• Dismetrías entre 1,5-3 cm: pueden ser tratadas de forma eficaz con el uso de *alza ortopédica* añadida al zapato de la extremidad más corta. Sólo en algunos casos, pueden tratarse de forma quirúrgica.

• Dismetrías entre 3-10 cm: el tratamiento adecuado en estos casos es la elongación ósea, algunos casos pueden ser tributarios de acortamiento o frenado y por supuesto que en pacientes que rechazan la cirugía, la única posibilidad es el empleo de calzado ortoédico especial o prótesis adecuadas.

CONSEJO

¿CUÁNDO TRATAR EL PIE PLANO?

No hay que precipitarse en diagnosticar y tratar el pie plano en niños pequeños. Durante los primeros tres años, muchos supuestos pies planos se corrigen espontáneamente.

38 ENFERMEDADES DE LA PIEL Y LAS MUCOSAS

DERMATOLOGÍA INFANTIL

DERMATITIS DEL PAÑAL

La erupción del pañal es un problema habitual de los niños pequeños. El trastorno tiene muchas causas, entre ellas la oclusión, el excesivo crecimiento de gérmenes en esa zona, la fricción y cierta susceptibilidad innata. Se distinguen varios tipos distintos:

La dermatitis del pañal por infección por la levadura *Candida albicans* se reconoce por sus placas de color rojo fuerte acompañadas de pápulas y pústulas.

Tratamiento

Consiste en dejar que se seque la piel cuanto sea posible por exposición al aire. Las infecciones candidiásicas se pueden tratar con nistatina o con otros antifúngicos. Las infecciones bacterianas secundarias se tratan con antibióti-

> La piel de los niños aisla y defiende de las agresiones externas al organismo infantil. Para diagnosticar la conjuntivitis en el recién nacido es preciso un estudio bacteriológico.

cos tópicos. La inflamación se reduce con corticosteroides tópicos, siempre utilizados en pocas cantidades y durante períodos cortos de tiempo, debido al riesgo de atrofia de la piel por sobredosis. Se debe reducir el uso de jabón y agua, y usar jabones suaves.

DERMATITIS SEBORREICA

Es una dermatitis que aparece ya en los bebés, y su origen está en el exceso de grasa producida por la piel. Las lesiones pueden aparecer en distintas localizaciones, siendo su tratamiento distinto en cada una de ellas:

Cuero cabelludo

- Aceite vegetal y lavado con champú tratante.
- Champú de sulfuro de selenio al 2,5%.
- Jabón de brea.
- Pitiriona de zinc al 1%.
- Lo primero de elección en la localización de cuero cabelludo es siempre el ketoconazol al 2% en forma de champú durante 10 días, o alternándolo dos veces en semana.

Pañal y regiones intertriginosas

- Antifúngicos imidazolicos: mañana y noche, pasta Lassar (óxido de zinc vaselina, lanolina, talco/por partes iguales) por la noche, durante 2-3 días.

- Crema de esteroides.
- Cuando las lesiones estén en fase aguda se aplicarán medidas secantes, como fomentaciones con agua hervida o con solución de Burow (solución de acetato de aluminio al 5%).

Lesiones de piel lampiña

- Cremas o pastas blandas de azufre al 1-3% junto con ácido salicílico y calamina

Blefaritis seborreica

- Baños de manzanilla y aplicación de crema de sulfacetamida al 10%, de una a tres veces al día.

DERMATITIS ATÓPICA

La dermatitis atópica es una enfermedad de la piel, que se caracteriza por piel seca que se inflama con frecuencia produciendo intenso picor y rascado, el cual facilita la infección. El prurito intenso es el síntoma predominante. Aunque se cura con el tiempo, el curso es crónico evolucionando por brotes (mejoría-empeoramiento) pudiendo durar varios años. Es más frecuente en niños alérgicos o futuros alérgicos, sin embargo su causa no es la alergia a productos.

En la lactancia la erupción aparece en las mejillas y en las caras extensoras de brazos y piernas en forma de placas exudativas. Lesiones análogas existen en la zona del pañal. A la edad de 2 años generalmente la lesión flexural más característica ha evolucionado, siendo las localizaciones más frecuentes la cervical, la antecubital y la poplítea.

El diagnóstico de dermatitis atópica se basa únicamente en los hallazgos clínicos.

Su duración y las molestias que produce se pueden reducir considerablemente realizando los cuidados de la piel y tratamientos que a continuación recomendamos.

Cuidados generales de la piel

Hay que reducir al máximo los factores agravantes, sobre todo durante los períodos de sequedad ambiental.

Hay que evitar las ropas irritantes muy apretadas o excesivas, utilizándolas de algodón fino sobre todo para ropa interior o ropa de cama.

Se prepara el baño añadiendo agua templada, jabón de avena o jabón líquido ácido, permaneciendo en él entre 15-20 minutos. Una vez finalizado el baño, con la piel aún húmeda, se aplicará aceite de baño. Posteriormente se realizará el secado empapando o palmoteando con una toalla suave o una sábana de algodón sin fro-

tar jamás. No usar productos cosméticos (champú, geles, colonias). No se aconseja una frecuencia mayor de 2-3 veces semana, durante los brotes más agudos. Son aconsejables los baños con agua de mar. Se pueden utilizar limpiadores sin agua que se retiran mediante toallitas.

La hidratación de la piel después del baño es fundamental. Se debe aplicar generosamente una crema o pomada hidratante o emoliente, como mínimo dos veces al día y con mayor frecuencia en tiempo seco y frío y tras ejercicio físico.

En el tratamiento de esta enfermedad hay que explicar a los padres que es una enfermedad crónica durante la infancia y que deben tener paciencia. El 95% de los enfermos mejoran con la edad, los brotes van siendo menos frecuentes e intensos hasta desaparecer en la mayoría de los casos. La piel de estos pacientes debe cuidarse con esmero.

URTICARIA

La urticaria es una enfermedad de la piel caracterizada por "habones y picor". Es muy frecuente y son muchos los niños que han tenido por lo menos un episodio en la vida. En el tipo alérgico de urticaria se produce un tipo de reacción inmunitaria de tipo I que está inducida por medicamentos, alimentos, infecciones u otros alergenos.

Lesiones clínicas

Son verdugones de color rosa ampliamente repartidos que pueden ser pequeños o grandes. Las lesiones individuales suelen durar menos de 24 horas, aunque el cuadro clínico es frecuente que aparezca y desaparezca durante los próximos días. Cuando el cuadro general afecta a las vías respiratorias existe una urgencia médica vital.

En la urticaria crónica los provocadores pueden ser muchos antígenos.

Si hay síntomas respiratorios, el tratamiento debe ser urgente con adrenalina subcutánea y antihistamínicos, y el control estrecho del niño.

Tratamiento

Habitualmente se emplean antihistamínicos y en los casos más graves que no experimentan mejoría, un breve ciclo de corticosteroides orales a dosis progresivamente descendentes.

ERITEMA MULTIFORME

El eritema multiforme es una forma de reacción de la piel algo semejante a la urticaria, de la

FORMA DE APLICACIÓN DEL TRATAMIENTO PARA PIOJOS

Champú de lindano al 1%

- Proteger los ojos con una toalla.
- Aplicar bastante champú para humedecer el cabello y el cuero cabelludo.
- Amasar bien el cuero cabelludo utilizando agua para producir espuma y dejarla estar durante cinco minutos. Aclarar bien el cabello y frotar enérgicamente con la toalla.
- Dejar secar el cabello naturalmente (no con secador).
- Repetir la aplicación de lindano al 1% en 7 a 10 días.
- Para quitar las liendres: empapar el cabello con solución de ácido acético al 3%-5%. (El vinagre normal es ácido acético al 5%. Por lo tanto, una parte de vinagre más dos partes de agua dan ácido acético al 3%). Cubrir con toalla empapada de esta solución, o aplicar parafina líquida. Peinar con liendrera.

Crema limpiadora de permetrín al 1%

- Lavar el cabello con champú y secar con toalla.
- Empapar el cabello con crema limpiadora.
- Dejarla en el cabello 10 minutos.
- Aclarar con agua.
- Es suficiente una sola aplicación.

Piretrina al 1% con piperonil butóxico

- Aplicar en el cuero cabelludo durante 10 minutos.
- Aclarar.
- Dejar secar el cabello naturalmente.
- Repetir en 7-10 días.
- Quitar las liendres.

que difiere por el tipo de lesión clínica que produce, la lesión en iris o "diana" y por el mínimo prurito presente. La reacción dérmica puede ser secundaria a fármacos o a infecciones víricas.

Tratamiento

En los casos leves es sintomático. La afección grave requiere corticosteroides para tratar los efectos sistémicos.

ERUPCIONES MEDICAMENTOSAS

Los medicamentos inducen gran cantidad de erupciones de distintos tipos como maculopapulares, lesiones bullosas (difusas o fijas), vasculitis, lesiones nodulares, fotosensibilidad y necroli-

sis tóxica epidérmica. De hecho, los fármacos son un diagnóstico diferencial importante en casi todos los tipos de erupciones cutáneas.

TINEA CAPITIS

La tinea capitis es una infección por hongos del cuero cabelludo. Su mayor frecuencia se da antes de la pubertad.

Formas clínicas

- Alopecia irregular escamosa.
- Zona sobreelevada de la piel, elástica de aspecto purulento.
- Descamación difusa crónica o "caspa".
- "Puntos negros" en los que el cabello se rompe junto al cuero cabelludo dando el aspecto de múltiples puntos negros.

Tratamiento

Se realizará mediante antifúngicos por vía tópica o general en los casos más graves.

TINEA PEDIS

La tinea pedis es poco frecuente antes de los 11 años de edad, pero aumenta de frecuencia durante la adolescencia. La sudoración y la oclusión parcial o total desempeñan importantes papeles permitiendo que suceda esta infección.

El tratamiento será con antifúngicos.

ACNÉ EN LA ADOLESCENCIA

El acné es un proceso inflamatorio crónico del folículo pilosebáceo, caracterizado por la formación de comezones, pápulas, pústulas y en menor frecuencia nódulos, quistes y/o cicatrices. El cuadro suele comenzar a partir de los catorce años aunque no es infrecuente la existencia de lesiones inflamatorias desde los ocho o nueve años. El acné afecta a más de tres cuartas partes de la población durante la adolescencia y los primeros años de la edad adulta. Aunque en general leve y autolimitado, el trastorno puede dejar muchas cicatrices físicas y emocionales. En la mayoría de los casos se puede prevenir estas cicatrices mediante el control de la enfermedad.

El proceso sin tratamiento evoluciona espontáneamente con períodos de mejoría y empeoramiento, regresando habitualmente entre los veinte y treinta años. De los factores que pueden influir sobre el acné sólo se ha comprobado que el 70% de las mujeres mani-

Piojo adulto   Liendre adherida a un cabello

El piojo de la cabeza mide de I a 2 mm de longitud y es tan fecundo que las hembras, más frecuentes en número que los machos, ponen unos 50 huevos en seis días.

fiestan un empeoramiento en el período premenstrual. El acné vulgar casi siempre desaparece espontáneamente. No obstante las medidas terapéuticas pueden acortar el curso, reducir la intensidad de las lesiones y sobre todo evitar complicaciones como las cicatrices. El tratamiento se realiza escalonadamente según la gravedad del cuadro, utilizando primero la vía tópica, y en los casos más graves la vía oral.

Las recomendaciones generales en estos pacientes son:

• No utilizar ningún tipo de crema en las zonas de lesión excepto las indicadas en el tratamiento.

• No utilizar ningún tipo de maquillaje sobre las zonas de lesión.

• Es normal que ciertos tratamientos los primeros días provoquen un empeoramiento en la piel con mayor sensación de escozor y con descamación. No abandonar el tratamiento a no ser que las molestias sean muy intensas. En ese caso descansar dos o tres días y volver a intentarlo.

PIOJOS

Aunque el hacinamiento y la falta de higiene favorecen la infestación, ahora ha quedado claro que la clase social no es un factor determinante. El piojo hembra puede poner huevos a una frecuencia de 8 a 12 al día, produciendo grandes cantidades de piojos en 3 a 4 meses. Los huevos (liendres) se adhieren a los pelos o a las fibras de la ropa. El síntoma principal es el prurito y se produce eczema secundario debido al enérgico rascado.

Tres formas de piojos infestan al hombre: el de la cabeza, el del cuerpo y el del pubis o ladilla.

Piojo de la cabeza

La principal infestación de los niños con piojos es la del cuero cabelludo. La infestación ocurre por contacto directo con otro niño o indirecto por sombreros, cepillos, peines. Es habitual el picor del cuero cabelludo. El rascado enérgico origina frecuentemente excoriaciones secundarias e infección con linfadenopatia cervical.

El tratamiento se realiza con champú de lindano (hexacloruro de gammabenceno) al 1%, permetrín al 1%, piretrina al 1% o crotamiton al 10%.

39 TRASTORNOS DE LA COMUNICACIÓN INFANTIL

ENFERMEDADES OCULARES DEL NIÑO

La visión del niño debe ser explorada desde recién nacido hasta la adolescencia en que se calcula que el 90% de los niños han tenido algún problema visual.

El ojo de los niños presenta unas características propias:

Al nacer, el ojo es proporcionalmente más grande respecto al organismo, que en la edad adulta. Esto hace que aproximadamente el 80% de los niños nazcan hipermétropes, un 5% miopes y un 15% emétropes es decir, tengan una correcta distancia de enfoque. La hipermetropía permanece estable o disminuye gradualmente hasta los 18 años. La miopía suele desarrollarse entre los 6-9 años de edad y aumenta

> *La vista, el oído y el lenguaje son herramientas imprescindibles para el normal desarrollo psicomotor del niño. Es muy importante detectar con la mayor precocidad cualquier posible alteración de estos sistemas que pueda afectar la recepción de los necesarios estímulos por el niño. Para diagnosticar la conjuntivitis en el recién nacido es preciso un estudio bacteriológico.*

durante la adolescencia. El astigmatismo es congénito y permanece casi constante durante toda la vida.

A partir del sexto mes los reflejos binoculares ya están bien desarrollados y desde esa edad debe investigarse cualquier desviación que aparezca.

Las enfermedades oculares de esta primera infancia más frecuentes se describen a continuación.

SECRECIÓN MUCOPURULENTA CONJUNTIVAL EN EL RECIÉN NACIDO

Muchos gérmenes que pueden encontrarse en el tracto genital femenino pueden infectar la conjuntiva de los ojos del recién nacido a su paso por el canal del parto. El recién nacido, por otra parte, se encuentra relativamente desprotegido frente a estos gérmenes dada la ausencia de secreción lagrimal acuosa hasta los tres meses de edad. Varias pueden ser las causas de la conjuntivitis del neonato. Para averiguarlas el tiempo de aparición de los síntomas, puede ayudarnos, pero es fundamental el diagnóstico bacteriológico.

Conjuntivitis química

Suele tratarse de una ligera irritación transitoria, de menos de 24 horas.

Conjuntivitis gonocócica

Se debe considerar a toda conjuntivitis purulenta que aparece en los primeros días de vida como gonocócica, mientras no se demuestre lo contrario.

Conjuntivitis bacteriana

Aparece en cualquier momento.

Conjuntivitis de inclusión

Actualmente es la conjuntivitis neonatal más frecuente, esta producida por la *Clamydia trachomatis*; El período de incubación oscila entre 5 y 14 días. Es una conjuntivitis muy aguda y también se puede afectar la cornea, e incluso producirse complicaciones generales como la otitis.

Herpes simple

Suele aparecer entre el quinto y el séptimo día; está producida por el virus del herpes tipo II; aparece una inflamación de los párpados y la conjuntiva de los ojos.

OPACIDADES DE LA CÓRNEA Y EL CRISTALINO

La causa más frecuente de opacidad de la cornea en el recién nacido es el glaucoma congénito.

Glaucoma congénito

Es una enfermedad rara en el niño, heredada y bilateral en el 75% de los casos. El tratamiento es quirúrgico.

Rubéola congénita

Los signos oculares clásicos son catarata, ojos de pequeño tamaño, glaucoma congénito, inflamación de la retina, opacidades corneales.

Leucocorias

Es la presencia de un reflejo blanquecino en la pupila, y es motivo de consulta urgente con el oftalmólogo. La causa más frecuente es la catarata. También se asocia como signo de presencia de un tumor ocular, el retinoblastoma.

Cataratas

Son opacificaciones del cristalino. En el niño, el cristalino sigue siendo blando en comparación con el del adulto, aunque esté opacificado y pueda romperse y aspirarse fácilmente. La galactosemia (enfermedad metabólica) es una de las causas de catarata infantil.

Retinoblastoma

Es el tumor ocular más frecuente en la infancia. El diagnóstico suele efectuarse como media a los 18 meses de edad, siendo más precoz para los casos bilaterales. Es raro hallarlo a partir de los 4 ó 5 años de edad. El signo inicial suele ser la presencia de un reflejo blanco en la pupila. El segundo modo de presentación más frecuente es el estrabismo.

FIBROPLASIA RETROCRISTALINIANA GRAVE

Fue la causa más frecuente de ceguera en los niños en los años 40 y 50. Está producida por la utilización indiscriminada de oxígeno en los recién nacidos.

TRASTORNOS DE LA MOTILIDAD. ESTRABISMO

En condiciones normales, los objetos se ven con los dos ojos simultáneamente. La representación visual en el cerebro de cada ojo se funde en una sola, dando la sensación de relieve. Para que esto se realice se necesite que se integren el sistema sensorial (la visión), el sistema motor (ocular) y el sistema de fusión (cerebral). Para conseguir la fusión se necesita que los dos ojos tengan una agudeza visual similar.

Estrabismo

Es la pérdida del equilibrio oculomotor que provoca una desviación entre el eje visual de un ojo y de otro cuando fijan un objeto a cualquier distancia del espacio.

Una desviación ocular fija que aparece en las primeras semanas de vida, siempre significa defecto de algún tipo, y debe ser evaluada por el oftalmólogo.

Los tipos de desviaciones oculares, se pueden clasificar según la dirección de la desviación, o según exista parálisis muscular o no. El diagnóstico de las alteraciones de la motilidad ocular se hace a través de tests específicos (*cover test*, reflejo corneal, imágenes separadas, etc.), pero en el estrabismo verdadero además de una alteración de la motilidad, existe un fallo a nivel sensorial, el cual también hay que explorar con otros tests (agudeza visual, tests de supresión, test de correspondencia retiniana, estudio de ambliopía).

El tratamiento va orientado a conseguir una buena calidad sensorial de la visión, consi-

> *Muchos niños están obligados a llevar gafas. Hay que enfocarlo como algo natural y evitar que esto les cree complejos.*

guiendo el máximo grado de visión binocular, tratar la parte estética.

AGUDEZA VISUAL Y DEFECTOS DE REFRACCIÓN

Se puede definir agudeza visual como la capacidad del niño para apreciar la imagen formada en la retina más pequeña que puede verse de lejos y se mide a través del optotipo (dibujo) más pequeño que el ojo es capaz de percibir. Depende del funcionamiento del cristalino, de la retina, de mecanismos nerviosos en el cerebro y de las vías de conducción desde la retina hasta el cerebro.

Los defectos de refracción son la falta de agudeza visual debida exclusivamente a una alteración en la parte óptica del ojo. Se distinguen varios defectos:

Hipermetropía

Los rayos paralelos de la luz, se juntan en un foco detrás de la capa sensible de la retina cuando el ojo está en reposo, viéndose la imagen borrosa.

Miopía

Los rayos de luz paralelos, se unen en un foco por delante de la retina.

Astigmatismo

El ojo es incapaz de producir un foco ni en la retina ni fuera de ella, no juntándose los rayos de luz. Puede ser debido a que el ojo no sea una esfera perfecta, o a que el cristalino no actúa igual en todos los meridianos.

Anisometropía

Es la desigualdad de refracción de un ojo a otro.

Afaquia

Se produce cuando el cristalino está fuera de su sitio, produciéndose una alta hipermetropía.

Todos los defectos se deben tratar de diagnosticar desde el primer año de vida, valorándose su corrección mediante gafas según el tipo de defecto y el grado que tienen. La afaquia debe ser corregida desde el momento que se detectan porque lleva a la pérdida de visión de ese ojo sin posible tratamiento. A partir de los seis años de edad la hipermetropía, la miopía y la anisometropía se corregirán totalmente.

Ambliopía

Es la disminución de la agudeza visual en uno o ambos ojos, sin lesión orgánica apreciable o desproporcionada al grado de la misma. El tratamiento de elección es la oclusión, que se hace sobre el ojo no ambliope durante un tiempo, alternando con el ojo ambliope.

GUÍA PARA LOS PADRES PARA LA DETECCIÓN DE PROBLEMAS VISUALES

• Observar el aspecto de los ojos: un ojo gira hacia dentro y otro hacia fuera, rojeces en ojos y párpados, lagrimeo excesivo, orzuelos frecuentes.

• Detectar problemas visuales en trabajos de visión cercana: dolor de cabeza, escozor tras la lectura.

• Habilidad en el movimiento de los ojos: gira la cabeza cuando lee, necesita guía para no perder el punto, muestra poca atención al leer, omite palabras con demasiada frecuencia, mala orientación al dibujar.

• Coordinación binocular: se queja de que ve doble, repite letras en las palabras, desvía, cierra o se tapa un ojo, en la visión de cerca presenta posturas anormales.

• Percepción visual: confunde las palabras del mismo o parecido significado, no reconoce la misma palabra en distintas frases, invierte las letras o palabras al escribir o copiar, cuchichea para reforzar el sentido cuando lee en silencio.

• Problemas de refracción: reducción de la comprensión cuando lee largo rato, exceso de parpadeo en las tareas de visión próximas, evita las tareas de visión próxima, se acerca el libro demasiado cerca, se cubre un ojo cuando lee, comete errores al copiar, bizquea al mirar un objeto.

LA AUDICIÓN Y SUS TRASTORNOS

El sistema auditivo es un aparato neurosensorial constituido por un órgano sensorial periférico o aparato de transmisión y unas vías nerviosas periféricas y centrales o aparato de percepción.

El **aparato de transmisión** comprende el oído externo constituido por el pabellón auricular y el conducto auditivo externo; el oído medio constituido por la membrana timpánica, la cadena de huesecillos, ligamentos y músculos y las ventanas oval y redonda; los medios líquidos del oído interno; las membranas del canal coclear y la membrana basilar.

El **aparato de percepción** comprende la parte anterior del oído medio con los órganos de Corti, las escalas, el nervio auditivo, las vías y los centros superiores.

CAUSAS DE LA SORDERA

Las causas de la sordera son múltiples, afectando al feto, al recién nacido durante el parto y después del nacimiento. Durante el embarazo las causas son de origen hereditario, infecciones o medicamentos y los agentes químicos que afectan a la madre. Durante el parto la causa principal es la falta de oxígeno en el nacimiento. Durante la vida del niño las causas principales son las infecciones ya sean generales (meningitis, sarampión, parotiditis), como propias del sistema auditivo. Las otitis medias son, la causa más frecuente de hipoacusia en los niños. Otras causas son las sustancias ototóxicas, los traumatismos craneales y enfermedades propias del sistema auditivo como la otoesclerosis, o la enfermedad de Meniere.

TIPOS DE SORDERA

La pérdida de audición puede clasificarse según donde se localice la lesión o según el grado de intensidad.

En función del grado de intensidad, la hipoacusia puede ser de cinco tipos:

• **Normoaudicion**: el umbral de audición tonal no sobrepasa los 20 dB en ninguna frecuencia.
• **Hipoacusia leve**: para umbrales auditivos situados entre 20 y 40 dB. No comprende alteraciones significativas en la adquisición y desarrollo del lenguaje.
• **Hipoacusia media**: la pérdida auditiva se sitúa entre 40 y 70 dB, lo que crea dificultades para la comprensión y desarrollo del lenguaje.
• **Hipoacusia severa**: la pérdida auditiva se sitúa entre 70 y 90 dB.
• **Hipoacusia profunda**: en este caso, la pérdida auditiva supera los 90 dB y se dan importantes alteraciones en el desarrollo global del niño.

ITRATAMIENTO DE LAS SORDERAS

El **tratamiento preventivo** es la mejor terapia. Se deben eliminar las posibles causas que pueden producir una sordera en el niño.

El **tratamiento curativo médico** sólo se utiliza en las hipoacusias con causa infectoinflamatoria. El tratamiento quirúrgico se utiliza en los casos de inflamación crónica, o en las causas que afecten al sistema de los huesecillos.

El **tratamiento rehabilitador** es fundamental, y los padres juegan un papel muy importante en él.

El inicio de la educación temprana ha de ser tan precoz como el propio diagnóstico. Por ejemplo, el recién nacido sordo tiene una producción vocal espontánea semejante a la de un bebé oyente, pero esos sonidos desaparecen hacia los seis o siete meses si no son estimulados adecuadamente. El logopeda se encargará de esos procesos de comunicación, educando los restos auditivos, la voz y el habla, enseñando el lenguaje oral y en el final de la cadena tratando de lograr perfeccionar la comprensión y expresión de la lengua.

EL LENGUAJE Y SUS ALTERACIONES

El niño suele iniciar sus balbuceos hacia el año de vida, y entre los 13 y los 16 meses iniciara el aprendizaje de nuevas palabras y de las estructuras morfosintácticas del lenguaje, que son dominadas en lo básico alrededor de los tres años.

Los signos en el desarrollo del niño se pueden comparar en relación con el lenguaje, para valorar las posibles alteraciones que puedan aparecer.

TRASTORNOS DEL LENGUAJE

La causa de un trastorno del lenguaje raramente es única pero, tradicionalmente, se han distinguido causas exógenas (exteriores al niño) y endógenas (del propio niño). Un trastorno del lenguaje o del habla modifica sustancialmente la interacción entre el niño y su entorno.

Un lenguaje retrasado, situado estadísticamente a una edad determinada, nos permite hacernos una idea de las capacidades expresivas y comprensivas del niño, pero en ningún caso pensar que ese nivel corresponde exactamente al lenguaje normal de esa edad.

Un niño inmaduro para un determinado aprendizaje en unas determinadas circunstancias puede ser capaz de realizarlo en circunstancias más adecuadas para él.

Existe una diferencia clara entre los distintos trastornos del lenguaje, estableciendo clasificaciones muy detalladas.

RETRASO SIMPLE DEL LENGUAJE

Se trata de un desfase cronológico del conjunto de los aspectos del lenguaje (fonética, vo-

> *El niño con lenguaje retrasado suele tener más dificultad para relacionarse con niños de su edad.*

cabulario, sintaxis) en un niño que no presenta alteraciones evidenciables ni mentales, ni sensoriales, ni motoras, ni relacionales. Unas pautas de tal retraso podrían ser:

Aparición de las primeras palabras después de los dos años en vez de los 12-18 meses.

Primeras combinaciones de dos-tres palabras a los tres años en vez de a los dos.

Persistencia de numerosas dificultades fonéticas, sobre todo omisiones de sílabas iniciales después de los tres años.

Vocabulario limitado a menos de 200 palabras expresadas a los tres años y medio.

Simplismo de la estructuración sintáctica a los cuatro años.

El cuadro de retraso simple de lenguaje se ve acompañado con frecuencia, de un ligero retraso psicomotor, de retraso en la expresión gráfica y en el establecimiento de la dominancia lateral. Un dato es la falta de apetencia lingüística, que no comunicativa, en los primeros años, una mayor proporción de utilización instrumental del lenguaje en detrimento de una utilización más lúdica e imaginativa.

Por sí solo no supone un trastorno grave que pueda afectar al desarrollo del niño, aunque en ciertos casos, estos niños necesitarán apoyo extra en sus actividades de aprendizaje.

DISFASIA INFANTIL CONGÉNITA

Se describe también bajo los nombres de retardo severo, retraso grave, perturbación grave de la elaboración del lenguaje. Se trata de un déficit, sin sustrato lesional evidente, que añade al retraso cronológico importantes dificultades específicas para la estructuración del lenguaje, produciendo conductas verbales anómalas que traducen una desviación respecto a los procesos normales de adquisición.

Va siempre acompañado de dificultades instrumentales (sobre todo en la estructuración del espacio y del tiempo) y, con frecuencia de trastornos de la conducta por lo que se incluye dentro de síndromes mucho más globales.

Son niños que necesitan de una reeducación logopédica que acelere su evolución espontánea excesivamente lenta poniendo en peligro su escolaridad y su integración social. El pronóstico, con reeducación temprana, es posi-

tivo, pero las secuelas, tanto en el lenguaje oral como en el lenguaje escrito, se extienden más allá del período preescolar.

AFASIA INFANTIL CONGÉNITA

Es un síndrome relativamente poco frecuente. Se refiere al niño que no desarrolla el lenguaje oral o presenta una expresión limitada a unas cuantas palabras cuando ya ha pasado el período principal de adquisición (después de los cuatro años), sin que dicha ausencia o casi ausencia se pueda explicar por razones auditivas (sordera), intelectuales (deficiencia mental profunda), motrices (parálisis cerebral), conductuales (autismo, psicosis precoz) o lesionales (afasia adquirida).

Hay casos en los que apenas se observan progresos de la expresión verbal ni con los años ni con la reeducación, pero, en general suelen evolucionar hacia un cuadro de disfasia y, a veces alcanzar un nivel bastante aceptable de dominio lingüístico.

AFASIA INFANTIL ADQUIRIDA

Es una pérdida total o parcial del lenguaje en niños menores de 10 años por culpa de una lesión cerebral adquirida (generalmente a consecuencia de un traumatismo craneal o enfermedades como la meningitis) que afecta áreas relacionadas con algún aspecto del lenguaje.

Gracias a la "plasticidad" del cerebro infantil, este trastorno presenta casi siempre un proceso rápido de recuperación espontánea postlesional.

TRASTORNOS DE LA VOZ Y DEL HABLA

Alteración de la voz habitualmente ligada a un uso incorrecto de la misma (sea por hipotonía, sea por hipertonía), a una respiración insuficiente o mal coordinada con la fonación.

La **disfonía** suele combinar factores anatómicos y factores funcionales difíciles de separar. Se puede traducir en una voz ronca, grave, con altibajos en el tono, en la típica voz de falsete hipertónica o en una voz sorda, atonal, de escasa potencia.

El carácter permanente de estos síntomas exige una exploración foniátrica que deberá determinar si el niño necesita una intervención, sea médica, sea logopédica o ambas a la vez. En ge-

> *Los juegos denominados de sociedad, como el dominó, las damas y las adivinanzas, ayudan al niño que tiene dificultades en el lenguaje.*

neral estos tratamientos (salvo cuando la causa es puramente mecánica) en el niño suelen ser bastante lentos, pero logran notables mejorías y frecuente desaparición total de los síntomas.

DISLALIAS

Es un trastorno en la articulación del lenguaje, de causa no neurológica y sin afectación comprensiva. El trastorno funcional consiste en la alteración permanente (incluso en repetición de fonemas aislados) de la emisión de un fonema sin que exista causa sensorial ni motriz a dicho fenómeno, en un sujeto mayor de cuatro años (antes es normal que el niño tenga dificultades con los fonemas más complejos).

Podríamos distinguir:

- **Dislalias por omisión**: el niño omite el fonema.
- **Dislalias por sustitución o *paralalia***: el niño sustituye el fonema por otro.
- **Dislalias por distorsión**: en lugar del fonema correcto, el niño produce un "ruido" que no pertenece al sistema fonético del idioma.

Las causas pueden ser orgánicas (dentales, maxilares, faciales, labiales, linguales) o causas funcionales (ceismo, etc.).

La mayor parte de las dislalias se superan con el tiempo, pero algunas (principalmente las dislalias por sustitución) se pueden encontrar con relativa frecuencia en adultos.

INMADUREZ ARTICULATORIA

Se refiere a dificultades fonológicas, es decir, las que afectan a la pronunciación de palabras y frases a pesar de una correcta pronunciación de fonemas y sílabas aislados, después de los 4 años.

La expresión espontánea de estos niños presenta:

- Omisiones de fonemas o de sílabas enteras.
- Confusiones y situaciones de fonemas.
- Duplicaciones de sílabas (titate por quítate).
- Inversiones silábicas (telénofo por teléfono).

La inmadurez articulatoria puede presentarse aisladamente o acompañadas de dislalias y con distintos niveles de gravedad según el número de perturbaciones fonológicas por enunciado. Si éste es muy alto, hace que los mensajes del niño sean ininteligibles para las personas que lo conocen.

Tanto en los casos de dislalias como de inmadurez articulatoria, no deben olvidarse las connotaciones afectivas que tiene el habla: en

algunos casos, la persistencia de los trastornos del habla y su resistencia a la reeducación es debida al valor simbólico que éstos tienen en procesos regresivos donde el niño (por ejemplo, en casos de celotipia hacia un hermano menor) quiere manifestar su deseo de seguir siendo pequeño y tratado como tal.

Tanto la dislalia como la inmadurez articulatoria puede tener repercusiones negativas en la personalidad del niño como sentimientos de inferioridad, o inhibición comunicativa en público.

El pronóstico evolutivo de la inmadurez articulatoria es siempre positivo.

DISARTRIA

Consiste en la alteración en la articulación del lenguaje (habla), de etiología neurológica. Es la perturbación de la pronunciación de un fonema por causa motriz: el niño no puede realizar correctamente el movimiento o postura requerida por el fonema, sea por una razón central (parálisis o paresia) o periférica (malformación ósea o muscular de los órganos articulatorios).

TAQUILALIA O TAQUIFEMIA

Es una forma precipitada y excesivamente rápida de hablar, en la cual se observan omisiones de fonemas y sílabas, sobre todo al final de la enunciación ("se come las palabras").

En este trastorno suele tener un buen nivel de desarrollo lingüístico y un comportamiento hiperquinético e impulsivo.

TARTAMUDEZ O DISFEMIA

Es la repetición involuntaria e incontrolable, de sílabas o palabras o paros espasmódicos que interrumpen la fluidez verbal (tartamudez). La tartamudez es una perturbación del habla y de la comunicación social (ocurre sólo cuando el sujeto habla con alguien) caracterizada por una descoordinación de los movimientos fono-articulatorios y la presencia de espasmos musculares en distintos puntos de la cadena productora del habla (diafragma, glotis, lengua, labios).

En general la tartamudez o disfemia se incrementa en aquellas ocasiones en las que la tensión emocional del niño aumenta.

Es un trastorno de aparición infantil en la mayoría de los casos, que suele iniciarse en el curso de la instauración del lenguaje. La mayor parte de los casos son transitorios, y solo alrededor del 1% de los adultos lo siguen teniendo. Los síntomas suelen aparecer entre los tres y cuatro años y van

Tras un diagnóstico de la deficiencia y cuando ésta lo requiera, el niño deberá asistir a un centro especializado. La familia debe colaborar para potenciar al máximo sus capacidades.

aumentando generalmente hasta la edad adulta con posibles períodos de remisión e, incluso, de desaparición. Es mucho más frecuente en niños que en niñas (en una proporción de 4 a 1).

Existen varias formas sintomáticas:

• **Clónica**: repetición, interacciones de sílabas iniciales, espasmos leves pero repetidos.
• **Tónica**: bloqueos iniciales, fuertes espasmos.
• **Mixta**: repetición más espasmo.

La tartamudez en el niño deficiente mental (concretamente se observa con cierta frecuencia en niños con síndrome de Down) parece constituir un caso aparte y no ofrece tanta variabilidad en la intensidad de los síntomas.

Cualquier tartamudez necesita de un tratamiento, cuanto más precoz mejor, pero conviene no confundir este trastorno con un fenómeno mal llamado "tartamudez evolutiva" que se refiere a las pausas, repeticiones de sílabas y palabras típicas de ciertos niños de tres o cuatro años que no encuentran sus palabras con la suficiente rapidez.

DISLEXIA (DISGRAFIA-DISCALCULIA)

Imposibilidad total o parcial de realizar la interpretación comprensiva de la lexia, y que suele acompañarse de trastornos neurológicos, madurativos, etc.

TRASTORNOS DEL LENGUAJE Y LA COMUNICACIÓN NO ESPECÍFICOS

Los trastornos afectivos en el niño pueden perturbar la comunicación y el lenguaje por vía directa, siendo un trastorno de la relación con el otro, o indirecta, siendo el lenguaje el objeto simbólico donde el niño proyecta su problema, y la elección del lenguaje como objeto conflictivo.

Las formas más frecuentes, aparte de la tartamudez que hemos tratado separadamente, son el mutismo, el laconismo y el lenguaje regresivo. Estos trastornos afectivos pueden ser debidos a: frustraciones precoces, alteraciones de las primeras relaciones, regresiones, traumas psíquicos, estructuración de tipo autista.

El mutismo se integra generalmente en un cuadro de fobia, y en la escuela se presentan con cierta frecuencia cuadros de "fobia escolar" acompañada de mutismo selectivo, es decir, que el niño, en el colegio no habla nada o casi nada, a pesar de que los padres digan que el niño habla muy bien en casa.

NORMAS PARA LA ESTIMULACIÓN DEL LENGUAJE

La estimulación del lenguaje será efectuada en todos los ambientes donde el niño se desenvuelva habitualmente. Las pautas para ponerla en práctica son las siguientes:

• Inundar de lenguaje: es necesario hablar al niño constantemente; nombrarle los objetos que usamos, las situaciones que atravesamos, las cosas que hacemos, etc. Hemos de darle una completa información verbal acerca de lo que está acaeciendo a su alrededor.
• Centrar la atención. Toda la información verbal se le dará hablándole de frente y comprobando que hemos centrado su atención.
• Estímulo y modelación. Le estimularemos a responder verbalmente, con técnicas de "modelaje": nosotros actuaremos como modelos. Haremos la pregunta y la responderemos nosotros. La repetiremos e instaremos al niño a que la responda.
• Estimular el lenguaje. Siempre que sea posible no le daremos lo que pide hasta que al menos intente emplear el lenguaje. Tales situaciones deben manejarse sin ansiedad, sin que el niño las pueda identificar como situaciones de tensión o castigo.
• Recompensar la emisión verbal con elogios y atención. Apenas hable y lo haga con corrección, aunque sea lo mínimo, emplearemos los elogios y le demostraremos nuestra alegría.
• Reforzar el proceso de comunicación. Es conveniente que el lenguaje se convierta en un modo de comunicación grato (no gritar no mantener discusiones o peleas delante del niño, dedicar tiempo a hablar delante de él, contarle cuentos, etc.)
• Empleo de estímulos suplementarios. Es adecuado que vea y oiga programas infantiles de radio, TV, etc., que supondrán una estimulación lingüística suplementaria.

La dislexia puede acompañarse de disgrafía, que dificulta en gran medida la adquisición de la escritura.

40 TRASTORNOS NEUROLÓGICOS DE LOS NIÑOS

TRASTORNOS NEUROLÓGICOS EN LA INFANCIA

Aunque globalmente considerados, la mayoría de los trastornos neurológicos y emocionales son mucho menos comunes en los niños que en la edad adulta. Su gravedad y repercusiones potenciales exigen una alerta especial para sospecharlos y diagnosticarlos.

CEFALEA O DOLOR DE CABEZA

El dolor de cabeza es otro de los síntomas que se asocian a cualquier posible alteración en la salud del niño y que en la mayoría de los casos son benignas. Pero esto no es óbice para que a menudo los padres teman que puedan tener su origen en otros problemas "más serios".

Las causas más frecuentes de cefalea son:

• Infección: sinusitis, absceso dental, síndrome viriásico, meningitis, encefalomielitis.
• Tumores: neoplasia cerebral.
• Congénitas: anomalía vascular cerebral, hidrocefalia.
• Traumatismos: resultado de traumatismo cefálico.
• Causa múltiple: migraña, tensión psicógena, oculares, convulsiones, hipertensión arterial.

Migraña

Es una causa frecuente de cefaleas recurrentes en la infancia. Habitualmente existe una historia de migrañas similares en la familia. Durante la fase previa pueden aparecer trastornos visuales transitorios como fotofobia, visión de moscas, u otros trastornos sensoriales y déficit motores (náuseas, dificultad al hablar, hemiparesia). La siguiente fase se caracteriza por el dolor que es generalmente unilateral al comienzo, y a menudo se extiende por toda la cabeza tras una o dos horas y puede durar hasta uno o dos días. Durante este período doloroso, el niño busca evitar los ruidos y la luz intensa y puede encontrar mejoría durmiendo de forma prolongada. La situación final puede a menudo caracterizarse por un dolor de cabeza apagado y prolongado, que en los niños por lo general solo dura uno o dos días. Las migrañas pueden aparecer a cualquier edad, aunque habitualmente lo hacen en niños mayores de seis años o adolescentes, los cuales ya son capaces de explicar claramente los síntomas que tienen. Cuando aparecen en niños menores de dos años, las fases y los síntomas son muy variados, presentando los niños desde espasmos de los músculos cervicales, hasta cuadros de vómitos que cesan con gran dificultad, que muchas veces hacen pensar en otras enfermedades antes que en cuadros de migraña.

Cefaleas de tensión

Se producen por la contracción mantenida de la musculatura de la cabeza y cuello. Con frecuencia, el estrés emocional o la fatiga pueden precipitar la aparición del dolor que suele localizarse en la nuca o, en ocasiones, ser generalizado. Estas cefaleas tienden a ser mucho más frecuentes en los adolescentes que en los niños pequeños.

Cefalea por fiebre

Asociada a cualquier proceso infeccioso es la causa más frecuente de cefalea en los niños. El dolor de cabeza que acompaña a la fiebre se manifiesta frecuentemente en la región de la frente y zonas laterales de la cabeza.

Cefalea por infecciones del sistema nervioso central

La meningitis bacteriana y la encefalomielitis vírica, pueden producir cefalea por inflamación de estructuras sensibles al dolor situadas en el cráneo. Sin embargo, se asocian con frecuencia a cambios del estado mental como convulsiones, confusión y rigidez de nuca.

Cefaleas por anomalías dentales y de los senos paranasales

La caries o gingivitis pueden producir abscesos dentales con dolor referido en puntos distantes de la cabeza. La inflamación de los senos paranasales, y de las áreas más sensibles al dolor de las estructuras nasales y paranasales, son frecuentemente causa de cefaleas.

Cefaleas por tumores cerebrales

Aunque son una causa relativamente infrecuente de dolor en los niños, constituyen a menudo el temor principal de los padres que llevan al niño a la consulta por cefalea. Las cefaleas producidas por tumores cerebrales, se acompañan a menudo de anomalías neurológicas dentro de los dos meses siguientes al comienzo de la cefalea. Pueden también ir acompañadas de vómitos, sufrir exacerbaciones con los cambios posturales y despertar al niño durante el sueño.

Cefaleas relacionadas con traumatismos

Son por lo general infrecuentes, y pueden acompañarse de pérdida de conciencia. Habitualmente, aparecen poco después de recuperar la conciencia y permanecen varias semanas o meses.

Cefaleas por anomalías oculares

Los errores de refracción, astigmatismo, estrabismo y defectos de la convergencia, pueden también producir cefalea.

La mayor parte de los niños con cefaleas recurrentes de más de tres meses de duración rara vez son de causa orgánica. Solo las cefaleas localizadas en la zona occipital del cráneo o localizadas siempre en el mismo punto, nos pueden hacer sospechar una enfermedad subyacente.

Los **signos de cefalea orgánica** son:

• Progresan en frecuencia y gravedad en un período breve de tiempo.
• Despierta al niño mientras duerme.
• Aparece por la mañana temprano.
• Es persistente con dolor en el occipucio.
• Aparecen vómitos asociados o no a las cefaleas.
• Se acompaña de cambios en el comportamiento, o alteraciones en los órganos de los sentidos.

La miopía o la hipermetropía pueden provocar dolor de cabeza. Es importante realizar una revisión de la vista si existen dolores de cabeza persistentes.

Tratamiento

Las cefaleas no orgánicas se tratan empezando por asegurar al paciente y a sus padres que no hay una enfermedad grave, y que aparte de la medicación hay que realizar una serie de medidas de prevención en el caso de que haya factores desencadenantes del dolor, por ejemplo. En otras ocasiones son recomendables terapias de relajación que pueden ayudar al niño.

El tratamiento farmacológico simple del dolor de cabeza en los niños abarca la utilización de paracetamol, ibuprofeno o ácido acetilsalicílico (aspirina), solos o en combinación. Las dosis son similares a las empleadas en los casos de fiebre, aunque es sabido que en la mayoría de los casos se pueden emplear dosis más bajas sobre todo con la aspirina.

En los niños con migrañas no está indicada la utilización de medicamentos para abortar las crisis como ocurre en los adultos.

Actitud de los padres ante un niño con dolores de cabeza repetidos

Cuando un dolor de cabeza interfiere con la asistencia a clase o realización de otro tipo de actividades los padres pueden ayudar adoptando las siguientes actitudes:

- Animarles para que vayan al colegio.
- Advertir a los profesores de que puede tener el niño una cefalea y como deben administrarle la medicación.
- Pactar con el niño su vuelta al colegio en cuanto mejore su cefalea.
- Conseguir que el niño haga las tareas del colegio si no asiste.
- Minimizar la atención prestada al comportamiento del niño y ayudarlo para que fije su atención en otras cosas distintas al dolor de cabeza.

TRASTORNOS CONVULSIVOS EN LA INFANCIA

Epilepsia

Los niños son vulnerables a un gran número de trastornos médicos o neurológicos no epilépticos que les producen súbitas convulsiones, provocando ataques de alteración de la conciencia, de la conducta, movimientos involuntarios, alteraciones del tono corporal, de la postura o de las sensaciones. Estos episodios anómalos no epilépticos pueden simular una verdadera epilepsia y dar lugar a un diagnóstico inicial incorrecto y a una evaluación y un tratamiento inadecuados o innecesarios.

El término *convulsión* se refiere a cualquier contracción involuntaria enérgica de los músculos. La *epilepsia*, sin embargo, es signo de un trastorno neurológico que se caracteriza por episodios recidivantes de función cerebral anómala (las propias convulsiones) provocadas por descargas eléctricas bruscas, incontroladas y repetitivas de las neuronas corticales. Las crisis epilépticas convulsivas (por ejemplo, el gran mal) presentan signos motores llamativos. Las crisis epilépticas no convulsivas (por ejemplo *petit* mal simple) no presentan estas características. El término epilepsia supone la presencia de crisis recidivantes.

El electroencefalograma continúa siendo el instrumento más utilizado para completar la historia y la exploración física de los pacientes en los que se sospecha epilepsia.

Tratamiento de la epilepsia

El objetivo del tratamiento de las convulsiones no febriles recidivantes es evitar los futuros ataques sin exponer al paciente a efectos secundarios adversos de cualquier tipo. Idealmente, la cantidad "correcta" de medicación será la dosis más pequeña de un solo anticonvulsivante que controle en la práctica las convulsiones. Esto es muy difícil de determinar, y en algunos casos es necesario utilizar una asociación de varios fármacos. Es importante animar a la gente joven con epilepsia a que realice las mismas actividades y aspire a los mismos objetivos a los que aspiran todos los demás. No se les debe proteger frente al trabajo duro, los esfuerzos, la disciplina, los fracasos y los contratiempos, que constituyen experiencias sanas durante el crecimiento y el desarrollo normales.

Casi todos los niños epilépticos son por lo demás individuos sanos, inteligentes y bien adaptados.

Convulsiones febriles

Es un hecho que generalmente ocurre en el período de lactancia o de la niñez, entre los tres meses y los cinco años de edad, asociado típicamente con fiebre, pero sin evidencia de infección intracraneal o causa definida. No deben considerarse crisis febriles, aunque sus características sean iguales, las crisis de los niños que han sufrido episodios previos de crisis convulsivas sin fiebre, aunque en el episodio actual presenten fiebre.

Se clasifican en:

- **Convulsión simple**: es generalizada, dura menos de quince minutos, no existe alteración neurológica tras la convulsión y no recurre en las 24 horas siguientes.
- **Convulsiones complejas**: son focales, duran más de quince minutos, hay alteración neurológica tras la convulsión o vuelven a repetirse en las 24 horas siguientes.

La mayor parte de los niños que tienen convulsiones febriles, presentan unas temperaturas entre 38 y 40 °C. Generalmente las convulsiones ocurren precozmente en el curso de una enfermedad febril (en las primeras doce horas) y están precedidas en su mayor parte de los casos por los síntomas característicos de infecciones del tracto respiratorio superior o gastrointestinal.

En general tienen un buen pronóstico y excepto un tanto por ciento mínimo que pueden corresponder a crisis epilépticas, desaparecen a la edad de los cinco años, sin dejar ningún tipo de secuelas.

Tratamiento

Cuando un niño tiene una convulsión febril hay que realizar las siguientes maniobras:
- Poner al niño en posición de lado.
- Asegurar que la vía aérea sea eficaz, sin que exista ningún impedimento a la entrada de aire.
- Proteger al niño de traumatismos utilizando almohadas y protectores.
- Esperar a que la crisis convulsiva cese.
- A continuación hay que eliminar el exceso de ropa.
- Tratar la fiebre con antipiréticos y si es necesario aplicar esponjas mojadas en agua templada.
- En ultimo caso envolver al niño con una sábana refrescante humedecida.

Si es la primera vez que le ocurre, no dispondremos de ninguna medicación adecuada para administrarle, y una vez que haya cesado la crisis, o si no lo hace en unos minutos, habrá que acudir a un centro hospitalario.

Es un tema muy debatido la prevención de las convulsiones febriles, en los niños que han sufrido más de un episodio. Se administrara medicación profiláctica en los niños con crisis atípicas, historia familiar de epilepsia, desarrollo neurológico anormal y en casos concretos de crisis febriles múltiples, o ansiedad materna. La primera elección es tratamiento intermitente mediante la administración de diazepam por vía oral o rectal sólo cuando el niño tiene fiebre.

Información a los padres sobre la crisis convulsivas febriles

- El niño no es epiléptico.
- Puede hacer una vida normal.
- Es probable que tenga otra convulsión febril.
- Las crisis febriles no producen daño cerebral, ni retraso mental.
- Al niño no le pasará nada durante el ataque: mantener la calma, ponerlo sobre un costado, no ponerle nada en la boca, llevarlo al hospital posteriormente.
- El riesgo de que desarrolle epilepsia es mínimo.
- Las convulsiones febriles tanto las simples como las complejas tienen un buen pronóstico.

MOVIMIENTOS INVOLUNTARIOS EN LA INFANCIA

Las *disquinesias* son movimientos involuntarios anormales. Las más comunes en los niños son los tics, el corea, el temblor, la distonia, la mioclonia y la hiperactividad en sus grados más extremos.

El diagnóstico del tipo de movimiento involuntario es clínico.

Tics

Denominamos tics a un movimiento motor o una vocalización rápida, repetida sin finalidad, de forma arrítmica y estereotipa. Con frecuencia se considera que los tics son conscientes y voluntarios, pero difícilmente controlables. Los tics en general son manifestaciones semivoluntarias y difícilmente controlables, pero que suelen aumentar en momentos de ansiedad. Los tics según los síntomas que se aprecian son de tres tipos: motores, vocales o sensoriales.

Los tics motores a su vez pueden ser:

- Mioclónicos, que consisten en sacudidas.
- Distónicos, que son posturas.

La edad de aparición de estos cuadros es variable, aunque, por regla general, no suele darse en niños menores de tres años. Las causas no están claras.

Los **tics transitorios** son tics simples, únicos o múltiples, motores y/o verbales, que duran al menos dos semanas, pero no más de 12 meses seguidos. Es un cuadro tres veces más frecuente en niños que en niñas y suele empezar alrededor de los seis años.

El **síndrome de Guilles de la Tourette** es un cuadro crónico de más de un año de duración, que aparece entre los dos y los quince años de edad y se caracteriza por la aparición de tics tanto motores como vocales. Los criterios diagnósticos del síndrome de la Tourette son:

- Tener tics tanto motores como vocales.
- Trastorno fluctuante de severidad variable.
- Comienzo antes de los veintiún años.
- Múltiples tics motores involuntarios.
- Uno o más tics vocales.
- Evolución con altibajos.
- Falta de otras explicaciones medicas para los tics.
- Tics con más de un año de evolución.

Los tics en los niños aumentan muchas veces cuando comienzan a ir al colegio.

Los niños con tics vocales como aclararse la garganta, toser u olisquear pueden ser derivados a un alergólogo o a un otorrinolaringólogo para su valoración antes de formular el diagnóstico correcto.

Tratamiento

Los **tics transitorios** exigen, ante todo, una actitud tranquila por parte de la familia.

El tratamiento de los **cuadros crónicos** consta de un plan amplio que incluye:

- Aprendizaje de una motivación para dejar el hábito.
- Aprender una "reacción de competencia", es decir, una conducta que sea incompatible con el hábito para ponerla en práctica cada vez que la persona detecte el inicio de éste, con lo que puede pararlo.
- Reconocer la conducta asociada al hábito para luchar contra él desde su más incipiente manifestación.
- Cobrar conciencia de las situaciones que tienden al hábito.
- Adiestramiento en la relajación.
- Búsqueda de apoyos sociales (amigos, parientes, etc.) que sepan que se está dejando el hábito.
- Exhibición de la mejora, buscando situaciones antes evitadas a causa del hábito.
- En algunos casos de niños mayores y adolescentes está indicada la utilización de medicación ansiolítica, para disminuir la ansiedad que se presenta en estos pacientes.
- En cuanto al pronóstico los tics transitorios mejoran espontáneamente en la mayoría de los niños en el transcurso de los días.

TRASTORNOS DEL SUEÑO EN LOS NIÑOS

Uno de los problemas de conducta que más motivan las consultas de los padres son los trastornos del sueño de sus hijos pequeños.

Etapas del sueño normal

2-8 semanas

- Uno o dos períodos de 5-6 horas de sueño cada 24 h. Esto es variable según el temperamento y el nivel de energía del bebé.
- Despierta con hambre cada tres horas aproximadamente. Se omiten las tomas nocturnas cuando el bebé duerme seguido.

- Está despierto sólo durante breves períodos.
- Duerme a pesar de los ruidos normales de la casa; se desconecta de los estímulos del entorno, por lo que no es necesario un ambiente silencioso.

Dos *meses*

- El niño tiene un período de sueño de 6-7 horas; total 16-20 horas al día.
- Está despierto durante largos períodos de tiempo sin llegar a agitarse.

Cuatro meses

- Un período largo de sueño, de seis a ocho horas; total 15 horas al día.
- Despierto durante períodos de unas dos horas, con menos agitación.
- Duerme a pesar de los ruidos que haga la familia: mantener al niño en la zona de actividad de la familia o escuchar música durante los ratos de sueño capacita al niño para dormir en niveles normales de ruido.
- Llora cuando se le pone a dormir, pues se da cuenta que se le separa de los padres.
- Agitación a la hora de dormir: Intentar dejar luz amortiguada o música a bajo volumen.
- Mantener al bebé en la cuna, pero llevar ésta donde se encuentre la familia; se tranquiliza cuando siente la seguridad de estar con los demás.

Seis *meses*

- Duerme períodos de ocho horas por la noche. Aún necesita un par de siestas.
- Despierto durante períodos de cuatro horas.
- Cuando se le pone a dormir. Quizás necesite su juguete o sábanas favoritos.
- Duerme toda la noche; se despierta temprano, sin llorar; puede distraerse solo durante cortos períodos.

Ocho meses-Quince meses

- Dificultad en conciliar el sueño. Pasa ratos despierto durante la noche. Sueño inquieto (prolongación de las actividades diurnas).
- El bebé necesita a menudo que le calmen un poco. Establecer una rutina para acostarlo, en un ambiente tranquilo de lectura o de escuchar música; no es momento para disputas familiares.
- Si se despierta durante la noche a menudo, para tranquilizarlo: crear hábitos para estos períodos, como cambiarle los pañales, poner música a bajo volumen, cantarle desde la habitación de los padres, encender la luz de la mesilla.

Estos episodios forman parte del desarrollo normal del bebé y es preciso prestarles atención. Lo normal es que a medida que vaya haciéndose más independiente, dormirá más profundamente toda la noche.

Quince meses

- Duerme un total de 10-15 horas al día.
- Concilia antes el sueño. Mejora su sueño durante toda la noche.
- Larga siesta por la tarde, y corta o interrumpida en la mañana.

Dieciocho meses-Veinticuatro meses

- Duerme un total de 10 a 15 horas al día. Es importante un horario diario regular.
- Quiere un compañero de sueño, como un osito. Duerme toda la noche. Se despierta temprano y puede entretenerse a sí mismo durante más tiempo.
- Duerme una siesta al día.

Veinticuatro-Treinta y seis meses

- Patrón regular de sueño: 10-12 horas de noche; una siesta o período de reposo al día.
- Acepta la hora de acostarse como otra parte agradable de su rutina diaria.
- Los sueños comienzan a volverse parte de la realidad; la valoración inexacta de la realidad puede asustarlo.

Tres-Seis años

- Establecido patrón regular (10-12 horas de noche).
- Siestas: ayudan al niño a darse cuenta de cuándo se siente cansado y proporcionan un área de reposo. A los seis años empieza a darse cuenta de cuándo necesita descansar y dormir.
- Los sueños pueden causarle miedo, pues todavía está aprendiendo a distinguirlos de la realidad; descartar estimulación excesiva, ansiedad o agotamiento.
- Rechinamiento de dientes: se relaciona con la frecuencia de pesadillas; puede ser una forma de liberar emociones.

BUENA HIGIENE DEL SUEÑO EN EL NIÑO

Ambiente
- Oscuro, silencioso, confortablemente fresco.

Horario
- Hora de despertar regular, siesta de duración regular, hora de acostarse regular.

Actividades
- No permitir cuentos o programas de televisión atemorizantes.

> *Las distintas fases del sueño se pueden identificar por las modificaciones electroencefalográficas características que producen.*

- No permitir la actividad física enérgica una hora antes de ir a dormir.
- Rutina regular a la hora de acostarse.
- Métodos apaciguadores regulares.
- Acostar al niño despierto.

Consecuencias del sueño inadecuado

- Los lactantes y niños que no duermen lo suficiente se sobreexcitan y no se pueden dormir con facilidad ni permanecer dormidos. Las deficiencias de sueño prolongadas pueden traer aparejada irritabilidad crónica y sensibilidad emocional, y reducir el tiempo de atención.

TRASTORNOS FUNCIONALES DEL SUEÑO

Negarse a ir a la cama

El niño o la niña recurren a excusas y a conductas de manipulación para retrasar el momento de ir a la cama. También puede haber conductas rituales como pedir agua o que todos le tengan que ir a besar. Es un trastorno funcional cuyo fin es conseguir suplementos de atención y ser el dueño de la situación, mediante conductas para manipular a quienes le rodean.

Levantarse por la noche

Es un trastorno funcional similar al anterior. También la excusa suele ser el miedo. La finalidad es que se le permita dormir con los padres, o desplazar a alguno del lecho para quedarse con el otro. El beneficio secundario es la atención que recibe y manipular el ambiente.

Recomendaciones para evitar los trastornos funcionales del sueño

El niño debe ir a la cama a la hora estipulada y los padres expondrán con claridad que debe permanecer allí.

Como método de negociación puede dejar la puerta abierta o una luz en su habitación, o decirle que se quede en la habitación jugando hasta que le venga el sueño sin importar la hora que sea, dejarle puesta la radio o una casete.

Lo importante es no transigir con el abandono de la habitación.

Es necesario que el proceso se haga con mucha calma, manteniendo los padres la sonrisa en los labios, y sin dejarse impresionar por la escenificación dramática que el niño puede intentar.

¿Qué hay que hacer si llora? Pues nada. Todo lo más, comprobar que no tenga algún problema real y después reiterar la indicación de que va a dormir solo, y que no volverán a su habitación.

TRASTORNOS ORGÁNICOS DEL SUEÑO

Terrores nocturnos

Se definen como episodios recurrentes de despertar súbito, que aparece durante el primer tercio del período principal de sueño, y que se inicia con un grito de pánico. Cada episodio se acompaña de ansiedad intensa y signos de activación vegetativa. Después hay invariablemente un período de algunos minutos de confusión y desorientación, junto con movimientos estereotipados.

Los trastornos del sueño pueden ser emocionalmente muy perturbadores para el niño.

Pesadillas

Suelen presentarse en el transcurso de trastornos por ansiedad. El niño se despierta llorando o gritando, pero resulta fácil comunicarse con él y consolarle.

Sonambulismo

El niño sin despertarse se levanta de la cama y deambula por su habitación o por el resto de la casa. Se interpreta como una alteración del ritmo del sueño, con inmadurez de los mecanismos inhibitorios que provocan la relajación y la inmovilidad.

Estos tres trastornos son benignos y no suelen necesitar tratamiento. Tienden a cesar o a minimizarse por encima de los 15-16 años.

El sonambulismo si no es recurrente ni implica riesgos puede dejarse sin tratamiento, siendo su frecuencia evolutiva a mejoría espontánea.

Insomnio

Dificultad para conciliar el sueño o despertarse a media noche sin poderlo reconciliar. Se asocia a trastornos de ansiedad o a estados depresivos. Problemas como adenoiditis con sen-

sación de ahogo al acostarse, o la toma de fármacos activadores como los anticatarrales, o analgésicos como la cafeína pueden producir insomnio. Para resolverlo hay que tratar de eliminar las causas ambientales.

Hipersomnia

El niño tiende a dormirse durante el día. A veces se asocia al insomnio y en ocasiones deriva de una alteración grave de los ritmos del sueño. Hay que valorar que el niño no esté tomando algún fármaco que produzca sueño.

Narcolepsia

Es una forma particular de hipersomnia. Se presenta en forma de crisis de sueño durante el día cuya frecuencia oscila de unas pocas a veinte o más. Otros síntomas son cataplejia (pérdida brusca del tono muscular), alucinaciones hipnagógicas (en estado de duermevela al iniciarse el sueño), parálisis del sueño (al despertarse la persona no puede moverse, excepto para respirar).

ENURESIS

La enuresis, o emisión involuntaria de orina después de la edad a la que se suele conseguir el control vesical, es uno de los problemas más comunes y complejos con los que se enfrenta el pediatra en su consulta. En general entre los dos y tres años se alcanza el control vesical durante el día. Por la noche suele lograrse entre uno o dos años más tarde. No se suele diagnosticar a los niños de "enuréticos" a menos que el síntoma persista después de los cinco años de edad. La enuresis diurna en la mayoría de los casos nos indica la existencia de un trastorno subyacente de tipo orgánico o psicológico. En la enuresis nocturna, aunque también hay que descartar una posible alteración orgánica, las causas no son fáciles de determinar, existiendo en la mayoría de los casos antecedentes de los familiares más directos.

El tratamiento general de la enuresis se basa en la búsqueda de los posibles factores desencadenantes mediante un estudio psicológico y social y una exploración física.

Enuresis nocturna

La enuresis nocturna es más común entre los niños que entre las niñas y su frecuencia va disminuyendo al acercarse a la pubertad. A menudo, uno de los padres también la ha sufrido.

TRATAR LA INCONTINENCIA

Muchos casos de incontinencia urinaria pueden controlarse con sencillos cuidados en casa. Cuando, a pesar de ellos, el problema continúa, debe buscarse ayuda médica para descartar enfermedades serias o evitar repercusión psicológica en el niño.

La enuresis nocturna puede clasificarse en:

• *Persistente o primaria*, en la que el niño siempre moja la cama por la noche, y nunca ha logrado permanecer un período sin hacerlo.

• *Regresiva*, en la que el niño que anteriormente había dejado de orinar vuelve a mojar la cama. Este tipo aparece relacionada con motivo de acontecimientos estresantes, como la mudanza a una nueva casa, los conflictos paternos, el nacimiento de un hermano o la muerte de un familiar. Esta enuresis suele ser intermitente y pasajera. Su pronóstico es mejor y su tratamiento menos difícil que el de la forma primaria.

En ambos tipos de enuresis nocturna se puede encontrar una causa orgánica en un número reducido de casos. Están indicados los análisis de orina y la exploración física. Una vez descartada ésta se tratará de realizar unas actividades encaminadas a solucionar el problema. Antes de los seis años de edad, se acepta que la situación, sobre todo si hay antecedentes en los padres, es normal y en estos casos sólo se aconseja explicar al niño ciertas normas, e intentar hacer terapias de condicionamiento.

A partir de los seis años de edad, o antes en los casos de los niños con algún problema de adaptación, se deben plantear otro tipo de terapias, como el uso de la hormona antidiurética en aerosol intranasal, o el empleo de mecanismos que despiertan al niño por la noche cuando comienza a orinarse.

Recomendaciones para controlar al mojar la cama por la noche

• No dar líquidos durante las dos horas anteriores a acostarse. Recordar esto al niño, pero no se los niegue si dice que tiene sed. No discuta por unos cuantos tragos de agua.

• Aumente la ingestión de líquidos por la mañana y al principio de la tarde.

• Que el niño orine siempre antes de acostarse. Hacer que el niño se levante a las dos horas de haberse acostado y que vaya a orinar por la noche.

• Ayude a su hijo a aprender a despertarse cuando la vejiga esté llena. Para lograr eso, durante el día procurar que reconozca que necesita orinar, ver cuanto tiempo puede retener la orina y ayudarle a posponer la micción.

• No debe usar pañales de plástico ya que hacen que se sienta bebe, retrasando su educación.

• Proteger el colchón con una cubierta de plástico o colchón lavable.

• Si el niño ha permanecido seco, deberá recibir siempre un reconocimiento. Es útil un calendario visible en la pared de su habitación en el que se cruce con un lápiz rojo los días mojados y pintar una cara en azul los días secos.

• Reaccionar con delicadeza las noches en que haya mojado la cama. Nunca se le debe regañar o burlarse de él y anímelo diciéndole que el síntoma se le va ir quitando poco a poco.

Enuresis diurna

La enuresis diurna después de los cuatro años de edad supone una alteración en el desarrollo del niño. Siempre hay que descartar una alteración orgánica que la pueda producir. Si no existe, se darán a los padres o cuidadores unas normas para lograr el control de los esfínteres.

Hay que estar muy pendiente del niño para animarle a ir al baño siempre que sienta el impulso de orinar. No se debe tratar de posponer este impulso.

Es recomendable la práctica de ejercicios de interrupción del chorro de la orina. Una vez que esté sentado en el retrete, ayúdele a calmarse y a contar lentamente hasta diez. Entonces haga que orine, pero que detenga el chorro cuando la vejiga se haya vaciado a la mitad. Después de contar de nuevo hasta diez, puede seguir orinando hasta que la vejiga se haya vaciado por completo. Estos ejercicios sirven para aumentar el tono del esfínter de la vejiga.

La actitud general, siempre debe ser positiva y hay que recompensar al niño por estar seco.

Las normas deben de cumplirse también en la escuela. Estos niños necesitan un rápido acceso al aseo, sobre todo si son tímidos y nuevos. Hay que advertirles que no es motivo de vergüenza dejar el aula para ir al aseo.

No hay que tratar de corregir el problema de mojar la cama por la noche hasta que el niño permanezca seco de día durante dos meses.

TRASTORNOS EMOCIONALES Y PSICOLÓGICOS EN EL NIÑO

TRASTORNO POR DÉFICIT DE ATENCIÓN CON HIPERACTIVIDAD

El trastorno por déficit de atención es una de las principales causas de consulta psicopediátrica. La preocupación de los padres aparece al observar que el niño no para de hacer cosas siempre y eso le influye en su comportamiento o su rendimiento escolar.

El trastorno por déficit de atención con hiperactividad es un cuadro con tres rasgos básicos en el comportamiento del niño, la falta de atención, la impulsividad y la hiperactividad. Tales síntomas se manifiestan en diversas situaciones tanto en casa como en la escuela, u otras situaciones sociales, y su intensidad puede variar en cada caso.

Criterios diagnósticos objetivos de déficit de atención

Indican que deben presentarse al menos ocho de los síntomas siguientes para diagnosticar el trastorno:

- Inquietud frecuente, que se refleja en el movimiento constante de manos o pies.
- Fácil distractibilidad por estímulos ajenos a la situación.
- Dificultad para mantener la atención en tareas o actividades de juegos.
- Dificultad para permanecer sentado cuando la situación lo requiere.
- Dificultad para aguardar turno en los juegos o situaciones de grupo.
- Dificultad para jugar con tranquilidad.
- Dificultad para seguir las instrucciones de los demás.
- Frecuentes cambios de una actividad incompleta a otra.
- Frecuentemente interrumpe o se inmiscuye en actividades de otros niños.
- Frecuentemente pierde las cosas necesarias para una tarea o actividad escolar.
- Frecuentemente practica actividades físicas peligrosas sin evaluar los posibles riesgos.
- Frecuencia de respuestas precipitadas antes de que se acaben de formular las preguntas.
- A menudo habla excesivamente, verborrea.
- Frecuentemente no escucha lo que se le dice.

El fracaso escolar es la complicación más temible. En la mayoría de los casos las manifestaciones persisten durante toda la escolaridad básica si no reciben terapia de apoyo.

En el tratamiento del déficit de atención se emplea medicación psicoestimulante. La medicación nos ayuda temporalmente a mejorar la capacidad de concentración del niño al tiempo que disminuye la hiperactividad motora.

Los medicamentos activadores tienen un efecto sintomático, que cesa al dejarlos de administrar. Es recomendable su empleo únicamente en períodos escolares (cinco días a la semana). Es prudente cesar su administración de vez en cuando para evaluar la atención del niño.

Conducta a seguir ante la sospecha de déficit de atención en un niño

- Detectar si es un trastorno simple (sin trastornos de conducta, sin problemas escolares) o complicado (con otros problemas).
- En casos simples, lo más recomendable es explicar a los padres y cuidadores las características del niño, y plantear programas de control.
- Si hay síntomas de fracaso escolar, o trastornos de comportamiento importantes debe ser evaluado por un neuropsiquiatra infantil o un psicólogo.
- En todos los casos es pertinente una exploración neurológica completa.

Ejemplo de programa de control de la hiperactividad

Con objeto de minimizar esos aspectos se pueden seguir una serie de medidas encaminadas a aumentar el autocontrol:

Un adulto actúa como modelo y realiza la tarea explicando en voz alta los pasos mientras el niño atiende.

El modelo instruye al niño en voz alta mientras éste intenta llevar a cabo la tarea. La explicación verbal se repite y debe ser siempre la misma que la primera vez.

El niño vuelve a realizar la tarea mientras se autoinstruye (es decir, se da las instrucciones en voz alta). Cuando el niño es capaz de realizar la tarea dándose autoinstrucciones en voz alta, la vuelve a efectuar pero dándoselas en voz baja.

Cuando ya es capaz de hacerlo, la vuelve a efectuar pero "hablando mentalmente", sin mover los labios.

El autoaprendizaje debe incluir frases de aliento ("muy bien", "perfecto") y la posibilidad de corregir errores.

Para mejorar la adaptación social, también pueden realizarse técnicas de entrenamiento,

> *El niño autista tiene problemas de comunicación con su entorno.*

que también requieren la participación de un modelo que ejecuta la conducta, y la imitación activa por parte del niño:

Se deben dar instrucciones verbales para que el niño las use como autoinstrucciones, siguiendo las normas descritas en el apartado anterior.

Reproducción y practica de los comportamientos adecuados por parte del niño.

Frases elogiosas acerca de los aspectos positivos de la actuación del niño.

AUTISMO

Se define como el fracaso profundo y global de la relación social, una alteración grave del lenguaje, y presencia de conductas ritualistas y compulsivas. Las características de estos niños son:

- Ignorar los sentimientos de los demás.
- Una alteración en la busca de ayuda en circunstancias de estrés.
- Dificultad o incapacidad para imitar gestos y acciones.
- Anomalía o ausencia de juegos sociales.
- Déficit considerable en la capacidad para hacer amigos.
- Retraso o falta de adquisición en la adquisición del lenguaje.
- Anomalías graves en la producción del habla.
- Anómala comunicación extraverbal.
- Ausencia de actividad imaginativa.
- Uso repetitivo y estereotipado del lenguaje.

- Deterioro en la capacidad para mantener o desarrollar una conversación.
- Conductas ritualistas y compulsivas: movimientos corporales estereotipados, preocupación excesiva por detalles o formas, vinculación a objetos peculiares, insistencia en seguir rutinas, conductas autolesivas.

No siempre están presentes todos los síntomas. El síntoma clave del autismo es el deterioro de la relación social. En algunos casos los padres advierten diferencias en la respuesta social desde los primeros meses de vida, como falta de contacto visual. Pero en la mayoría de los casos los padres informan de una total normalidad del niño hasta un momento determinado, que suele ser entre los dos y tres años de edad, en los que se advierte un deterioro en el comienzo del lenguaje expresivo. En otras ocasiones los padres no quieren aceptar la realidad de su hijo y retrasan la consulta con el especialista.

Generalmente se ha pensado que el pronóstico de esta enfermedad es malo. La realidad es que es extremadamente variable. Depende del grado de gravedad (cuanto más complejos son los síntomas peor es el pronóstico) y de la respuesta que presente el niño a la estimulación. Dos son los factores productivos fundamentales, un coeficiente intelectual no verbal y el lenguaje con significado aproximadamente a los cinco años.

El tratamiento se basa en medidas educativas: técnicas de estimulación de todas las áreas en centros especiales para niños autistas, y entrenamientos en comportamientos para realizar tanto en los centros como en el hogar de los niños. El objetivo principal es estimular comportamientos deseables y limitar los indeseables mediante refuerzos específicos.

41

EL NIÑO GRAVE Y LAS URGENCIAS PEDIÁTRICAS

SÍNDROME DE LA MUERTE SÚBITA DEL LACTANTE

El síndrome de la muerte súbita del lactante se define como "la muerte súbita de un niño menor de un año de edad, a la cual no se encuentra explicación después de una investigación minuciosa del caso, incluyendo la realización de una autopsia completa, la revisión de la historia clínica", etc. Se trata de un diagnóstico sindrómico, al que se llega por exclusión y que puede tener diferentes causas. Aunque no se conoce la causa sí se han determinado una serie de factores que parece que influyen en este síndrome:

• Hay un predominio del sexo masculino.
• La máxima incidencia se produce entre los dos y tres meses de edad, siendo poco frecuentes los casos antes de las dos semanas y después de los seis meses.
• Suelen ocurrir entre la medianoche y las nueve de la mañana, por lo que se ha supuesto que acontecen durante el sueño.

> *Los sentimientos de impotencia y justicia se unen en la familia del niño gravemente enfermo.*

• Predominan los casos ocurridos en los meses fríos y húmedos. El frío ambiental es un factor comprobado que aumenta el riesgo de síndrome de la muerte súbita del lactante.

Factores de riesgo asociados al síndrome de muerte súbita del lactante

Factores relacionados con la madre:

• Tabaquismo materno durante la gestación y después del parto.

Factores relacionados con el niño:

• Antecedente de hermano fallecido por síndrome de la muerte súbita del lactante.
• Prematuridad y bajo peso al nacer.

Factores ambientales:

• Factores socioeconómicos y demográficos: el bajo nivel socioeconómico es uno de los factores de riesgo más establecidos.
• Postura del lactante en la cuna: dormir boca abajo se ha demostrado que aumenta el riesgo de muerte súbita del lactante.
• Arropamiento excesivo y sobrecalentamiento en la cuna.

La vacunación DTP y la de la polio, no sólo no suponen un riesgo, sino que la vacunación correcta es un factor levemente protector.

Consejos preventivos para la población general

• Consejo sobre la postura del lactante durante el sueño: evitar la posición boca abajo durante el sueño hasta los seis meses de edad.

• Evitar los colchones muy blandos o de lana.

• Mantener en la habitación una temperatura de 20 a 22 °C.

• Desaconsejar el hábito de fumar.

• Promover la lactancia materna.

• Las medidas específicas para la población de alto riesgo consisten en la monitorización a domicilio.

SITUACIONES URGENTES. NORMAS DE ACTUACIÓN

Se resumen aquí las situaciones urgentes más graves (emergencias) y más frecuentes para volver a exponer de una manera clara y útil la actitud inmediata correcta, tanto si la situación se presenta en la calle, en una consulta o en la sala de urgencias del hospital. En la segunda parte de este capítulo se incluyen algunas normas útiles para los padres, para los motivos más frecuentes de enfermedad en la infancia.

RESUCITACIÓN CARDIOPULMONAR

Hay que tener claras dos cosas: los pasos a seguir y las maniobras de resucitación en pediatría. A continuación se expone un esquema de decisión útil fuera del ambiente hospitalario, con medidas de soporte vital básico:

Reconocer el paro, en general respiratorio, pedir ayuda e iniciar las maniobras de resucitación cardiopulmonar.

ASFIXIA POR INMERSIÓN

Hay que tener claros los pasos a seguir ante un niño que ha sufrido una inmersión. Es importante recordar que el tratamiento básico consiste en iniciar de forma inmediata en el lugar del accidente o incluso dentro del agua las maniobras de resucitación cardiopulmonar.

Esquema de decisión rápida ante una inmersión

• Rescate del agua: cuidado con las posibles lesiones cervicales y la presencia de cuerpos extraños en vía aérea.

• Valorar la respiración y el pulso:

— Si están presentes: traslado al hospital (abrigado).

— Si están ausentes:

– Si han pasado más de dos horas no se realiza reanimación.

– Si no han pasado más de dos horas o no se sabe el tiempo transcurrido: iniciar inmediatamente maniobras de resucitación cardiopulmonar.

• Al abandonar el lugar del accidente hay que conocer la duración de la inmersión, la temperatura del agua y si está limpia o no.

QUEMADURAS

Hay que recordar tres cosas ante una quemadura:

La valoración de la quemadura según: la historia y exploración física. la superficie de la quemadura (existen tablas para calcular el porcentaje según la edad del niño), la profundidad de la quemadura.

Esquema de actuación

Tratamiento local correcto tanto si la quemadura es leve como si es grave.

Quemadura leve: tratamiento ambulatoriamente.

Aplicar compresas estériles y agua fría o suero fisiológico sobre la superficie quemada. No deben romperse las ampollas. Limpieza con antiséptico. Hasta la epitelización, curas cada 24 horas . Revisión del estado de inmunización antitetánica.

Quemadura grave: requiere ingreso o traslado a un centro especializado.

Aplicación sólo de compresas estériles y suero fisiológico frío. No aplicar ningún otro producto local. Si se debe trasladar al niño asegurar la vía aérea, una vía intravenosa, evitar la hipotermia y analgesia (si es preciso morfina por vía subcutánea).

INTOXICACIONES

La ingesta de productos potencialmente tóxicos por parte de los niños es muy frecuente, y es preciso saber cuándo se debe acudir al hospital.

Esquema de decisión rápida

• Identificación del tóxico mediante preguntas: que ha ingerido, cantidad, cuánto tiempo hace, clínica que ha presentado, y si se ha realizado algún tratamiento.

• Reconocer el recipiente: cantidad residual, etiqueta (y si corresponde al contenido), y prospecto del producto. Consultar en los teléfonos de toxicología y referencias en libros.

• ¿Es tóxico? No es tóxico (no tóxico o en cantidad no tóxica)

Sí es tóxico:

— Disminuir la absorción con la inducción del vómito, si han pasado menos de cuatro horas y no existe contraindicación para ello el mejor sistema es la estimulación orofaríngea. Puede aplicarse antes de acudir al hospital y a veces evitar la consulta.

— Si existe riesgo de toxicidad y no han pasado más de 36 horas hay que acudir al hospital.

REACCIONES ALÉRGICAS

Es necesario recordar los medicamentos básicos y comunes para su tratamiento inmediato, acudir al hospital, y los tres cuadros clínicos más importantes: la urticaria aguda con angioedema, la anafilaxia y el edema laríngeo alérgico.

El tratamiento de todos ellos se basa en usar:

• Adrenalina, por vía subcutánea.

• Corticoides, por vía intramuscular o intravenosa.

• Si existe broncoespasmo asociado: salbutamol, por vía inhalatoria.

OBSTRUCCIÓN AGUDA DE LA VÍA AÉREA SUPERIOR

Es una situación frecuente y a veces una auténtica emergencia. Hay que realizar el diagnóstico diferencial entre epiglotitis, aspiración de cuerpo extraño y laringotraqueobronquitis.

Esquema de decisión rápida

• Sospecha de epiglotitis: El niño debe ser trasladado al hospital y debe ir acompañado por personal sanitario. En estos casos nunca se debe de intentar visualizar la epiglotis.

> La responsabilidad de las intoxicaciones infantiles es de los adultos encargados de su vigilancia.

• Sospecha de aspiración de cuerpo extraño:

— Si la ventilación es eficaz, debe trasladarse el niño al hospital.

Maniobras prohibidas: Movilizarlo bruscamente. Realizar fisioterapia respiratoria. Realizar maniobras de desobstrucción.

— Si la ventilación no es eficaz: Se inician inmediatamente las maniobras de desobstrucción:

— En los menores de un año: percusiones torácicas posteriores y masaje cardíaco externo.

— En los mayores de un año: maniobra de Heimlich.

Maniobras prohibidas: intentar eliminar el cuerpo extraño pasando un dedo por la boca.

• Sospecha de laringotraqueobronquitis: debe acudir al hospital si presenta: cianosis en reposo, dificultad respiratoria progresiva, El tratamiento consistirá en vapor frío (el aire de la noche es útil), tranquilizar al niño y corticoides por vía intramuscular, una dosis única. Debe diferenciarse de una crisis de asma: a veces el salbutamol inhalado ayuda.

CRISIS AGUDA DE ASMA

El punto más importante consiste en aplicar un tratamiento que mejore la dificultad respiratoria y evite la consulta hospitalaria y quizás el ingreso. Para saber que realmente se trata de una crisis aguda de asma y valorar su intensidad se registran diversos parámetros:

• Esfuerzo ventilatorio con escalas clínicas.
• Frecuencias cardíaca y respiratoria.
• Presencia de pulso paradójico.
• Signos de alteración de los niveles de oxígeno y CO_2 en sangre.
• Flujo espiratorio máximo si el niño colabora.
• Terapéutica previa.

Esquema de decisión rápida

Para el tratamiento de una crisis aguda de asma en niños mayores:

• Crisis grave: el niño debe acudir al hospital.
• Crisis leve o moderada: Administración de un broncodilatador de acción rápida: salbutamol inhalado.

Control de la respuesta:

• Si mejora: se trata con salbutamol inhalado en casa.

• Si no mejora después de tres dosis: debe acudir al hospital. Los corticoides no tienen un efecto inmediato y si son precisos quizá deban usarse en el hospital.

TRAUMATISMO CRANEAL

Es una situación muy frecuente que requiere saber cuándo es preciso ingresar al niño en el hospital.

Los puntos más importantes en la valoración del niño con un traumatismo craneal son:

Presencia de vómitos, cefalea, amnesia, u otros síntomas

Valoración neurológica: nivel de consciencia, orientación y memoria, escala del coma de Glasgow, al menos la respuesta motora, movilidad y reflejos osteotendinosos, reflejos del tronco cerebral, básicamente el reflejo pupilar fotomotor.

Esquema de decisión rápida

• Si el traumatismo parece grave: establecer una ventilación y circulación adecuadas, buscar lesiones asociadas (básicamente cervicales), traslado inmediato al hospital.

• Si el traumatismo es leve:

— Si existen criterios clínicos, exploratorios o radiológicos positivos debe acudir al hospital.

— Si no existen criterios positivos: puede estar en su casa en observación.

Después de un traumatismo craneal el niño debe hacer reposo, ofrecerle una dieta blanda o líquida y aplicar hielo sobre el lugar del golpe para disminuir el hematoma (chichón).

Para el dolor se puede administrar cualquier analgésico.

Es preciso vigilar al niño y observarlo de cerca durante al menos 24 horas.

Después de un golpe en la cabeza es frecuente que los niños presenten algún vómito aislado y que tengan ganas de dormir, cosa que no es preciso evitar.

El médico debe visitar a un niño con un traumatismo craneal si presenta alguno de los siguientes síntomas (si ya fue visitado, debe volver a consultar):

• Tendencia persistente a dormir o dificultad para despertarse.

• Visión borrosa o movimientos anormales de los ojos.

• Dificultad para caminar o para utilizar las manos.

• Presencia de movimientos anormales de la cara, de los brazos o de las piernas, con o sin pérdida de consciencia.

• Irritabilidad, desorientación o menor actividad de lo habitual.

• Vómitos persistentes.

• Accidente de tráfico o caída de más de un metro de altura, sobre todo si además se queja de dolor abdominal.

Se aconseja ir inmediatamente al hospital si se presenta inconsciencia o dificultad para despertar, somnolencia progresiva, trastorno de la marcha, trastorno del habla, cefalea persistente, convulsiones generalizadas o focales, vómitos persistentes, presencia de sangre o líquido acuoso en nariz u oído.

Son criterios de ingreso en un servicio de urgencias:

• Pérdida de consciencia.
• Amnesia del episodio.
• Focalidad neurológica en la exploración.
• Convulsión postraumática.
• Vómitos postraumáticos persistentes.
• Cefalea intensa.
• Fiebre.
• Fractura de cráneo.
• Sospecha de malos tratos.
• Circunstancias poco claras.

CONVULSIÓN

Episodio convulsivo:

• Debe mantenerse permeable la vía aérea.

• Se administra un anticonvulsivo de acción rápida si se dispone de él como el diazepam por vía rectal.

• Si hay fiebre, tomar medidas antitérmicas.

• Cuando cede se traslada al hospital (excepto quizá si se trata de un niño que presenta convulsiones muy a menudo).

• Si no cede también debe trasladarse al niño al hospital.

• Período posterior a la convulsión: Se traslada al hospital.

EXANTEMA PETEQUIAL

Un niño con una púrpura (erupción), manchas de tipo petequial y equimosis (cardenales) plantea un problema diagnóstico a veces grave. El punto más importante consiste en reconocer a los niños en riesgo y establecer un diagnóstico diferencial, teniendo en cuenta que si existen dudas es aconsejable el ingreso hospitalario. Distinguiremos dos grupos de niños:

> La fiebre suele ser la causa común de las convulsiones infantiles, aunque existen otras enfermedades graves, como los tumores, que pueden producirlas.

- Afebriles:

  — Púrpura de Schonlein-henoch.
  — Púrpura trombocitopénica idiopática.
  — Malos tratos.

- Febriles:

  — Infección meningocócica (fiebre, púrpura y meningitis, bacteriemia insospechada u oculta y meningococemia).
  — Infección vírica.
  — Fiebre botonosa mediterránea.

FIEBRE

Es importante colocar bien el termómetro para determinar la temperatura: se pone por el lado del mercurio y se deja durante un minuto en el recto y durante tres minutos debajo del brazo.

En los niños menores de cinco años de edad es conveniente tomar la temperatura en el recto.

En un niño se considera como fiebre una temperatura en la axila superior a 37,5 °C y en el recto, superior a 38 °C.

En los niños mayores de tres meses de edad se pueden administrar medicamentos antitérmicos cuando la temperatura en la axila es superior a 38 °C y en el recto, superior a 38,5 °C. Las dosis las debe indicar el médico.

Puede resultar útil medidas físicas para disminuir la temperatura en los primeros momentos. La aplicación de agua fría o colonia sobre la piel no reduce sustancialmente la temperatura corporal y tiene sus riesgos para el niño.

Es conveniente quitarle toda la ropa posible y ofrecerle líquidos azucarados en pequeñas cantidades y con frecuencia, sin forzarlo a beber.

El niño con fiebre puede jugar (no debe estar en la cama), así como salir de casa.

Si el niño presenta alguno de los siguientes síntomas además de la fiebre: convulsión o movimientos anormales de la cara, de los brazos o de las piernas, con o sin pérdida de la consciencia, manchas en la piel, dolor en la nuca, dificultad para respirar, molestias al orinar, dolor abdominal, vómitos que no ceden, sensación de enfermedad grave, irritabilidad o mal color debe ser trasladado al hospital.

VÓMITOS

Si un niño presenta vómitos, el tratamiento para conseguir que tolere lo que se le da por boca consiste en reintroducir la alimentación fraccionada y lentamente:

Se ofrecen líquidos. Por ejemplo, un biberón de leche normal o preparado con agua de arroz o de zanahoria si tiene diarrea, o simplemente agua con azúcar. Se le da poco a poco y a menudo. Por ejemplo, un sorbo cada 5-10 minutos, hasta que hayan pasado dos o tres horas sin vómito alguno. Posteriormente se ofrece más cantidad y de forma más espaciada.

Si no ceden los vómitos es mejor esperar un rato sin ofrecerle líquidos y después volver a probar la tolerancia.

El médico debe visitar al niño con vómitos en los siguientes casos:

— Si aumenta la cantidad o la frecuencia de los vómitos y si éstos persisten más de 12 horas.
— Si aparecen signos de deshidratación: el niño orina poco, moja poco los pañales, llora sin lágrimas, pierde peso, tiene la boca seca o está poco activo o irritable.
— Si está siempre dormido o cuesta despertarlo.
— Si los vómitos son de color verde o tienen sangre.
— Si además de los vómitos, el niño tiene fiebre, diarrea u otros síntomas.

42

¿QUÉ ES ENVEJECER?

INTRODUCCIÓN

Llegar a ser viejo no es una tragedia ni una desgracia. La vejez es una etapa nueva llena de expectativas y posibilidades. Victor Hugo lo definió magistralmente con esta frase: "En los ojos del joven arde la llama, en los del viejo brilla la luz".

En cualquier caso, el envejecimiento es un proceso individual. Cada persona envejece de distinta forma. Todos conocemos personas jóvenes que parecen ancianas y otras muy mayores con espíritu y aspecto joven.

Existe por tanto una gran variabilidad en la manera de envejecer, que depende, en gran parte, de la actitud que tengamos frente a la vejez.

Hay ancianos que se enfrentan a esta etapa como a una época en que se quedan sin trabajo, fuera de onda, aburridos, aislados, desplazados. Algunos incluso se limitan a esperar a morir.

En cambio otros viven la vejez como un período de independencia, de plenitud, con más tiempo libre y con posibilidades de dedicarse a lo que les gusta.

Además en la forma de envejecer influyen también las facultades que se han logrado mantener cuando se llega a esta etapa.

Todo lo que no se usa se atrofia y se pierde. Por eso es importante mantener el cuerpo y la mente activos.

No debemos permitir que los demás hagan cosas que podríamos hacer por nosotros mismos. Nuestra autonomía es un tesoro que debemos cuidar siempre.

Hemos de luchar contra la inactividad, la soledad y el aburrimiento, fomentando nuevas aficiones y realizando distintos tipos de actividades.

Vemos por tanto que la manera en que llegamos a la vejez no depende sólo de la edad, sino también de nuestra actitud y de nuestro esfuerzo.

Por tanto, al hecho de hacernos viejos debemos de enfrentarnos de forma activa:

Hay que aprender a envejecer a medida que nos hacemos mayores.

> *Envejecer el algo tan natural como el paso del tiempo. La vida humana es un continuo, sin rupturas ni saltos. La vejez no es una enfermedad ni un problema psicológico o social, se trata sencillamente de una etapa más de la vida de la persona. Cada edad tiene sus particularidades, no existen unas mejores que otras. Como cualquier otra etapa, la vejez puede vivirse con interés y entusiasmo. "Regla de los tercios": el envejecimiento se debe en partes iguales a los cambios fisiológicos normales, a la enfermedad y al desuso.*

EL ENVEJECIMIENTO DE NUESTRO CUERPO

CAMBIOS EN LOS DISTINTOS ÓRGANOS

Las modificaciones biológicas, psicológicas y sociales que se van produciendo en la vejez forman parte del continuo de la vida.

Es importante distinguir cuáles son los cambios que podemos achacar al envejecimiento y cuáles no.

Con mucha frecuencia se piensa que determinados cambios como pueden ser una mancha en la piel o una limitación para caminar son normales o "propias de la edad". Y en realidad muchas veces no son debidos a la edad, y es importante consultar con el médico para ponerles remedio.

Hace no demasiados años se pensaba que el declive que se observa en algunos ancianos estaba ocasionado únicamente por el proceso normal de envejecimiento. Sin embargo, hoy sabemos que no es así.

Muchos de los cambios que ocurren en los ancianos se deben más al desuso y a diferentes enfermedades que al envejecimiento en sí mismo.

Se ha formulado la llamada "**regla de los tercios**", que trata de cuantificar las causas del envejecimiento. Según esta regla el envejecimiento se debe en partes iguales a los cambios fisiológicos normales, a la enfermedad y al desuso:

Cambios del envejecimiento = cambios fisiológicos normales (1/3) + enfermedad (1/3) + + desuso (1/3).

Describiremos aquí las principales modificaciones que se producen en los distintos órganos con el envejecimiento.

Evidentemente no todas ellas van a ocurrir en todos los ancianos: debemos recordar que el envejecimiento es un *proceso individual*.

Aparato cardiovascular

La mayor parte de las enfermedades cardiovasculares que ocurren en el anciano se deben más a la enfermedad que al envejecimiento. Además la mayoría tienen relación con los estilos de vida, y por tanto pueden ser prevenidas en gran medida.

Debido al envejecimiento del colágeno y otros elementos de soporte, la pared de las arterias pierde elasticidad. Y la tensión que soportan se va haciendo cada vez mayor. Ésta parece ser la causa de que en los ancianos exista una *tendencia a que la tensión arterial se eleve*.

Además en las personas mayores disminuye la capacidad del corazón para contraerse. Por

SER MAYOR NO ES AISLARSE

Hay que vivir la vejez abiertos al mundo y a la gente, interesándose por lo que nos rodea, y relacionándose con las demás personas. Como dijo Pitágoras "No hagas de tu cuerpo la tumba de tu alma".

eso cuando se necesita aumentar el volumen de sangre bombeado por el corazón, debe de hacerse a costa de aumentar la frecuencia del latido, ya que el músculo está ya funcionando a tope de potencia.

El corazón de la persona anciana tiene por tanto menor capacidad de reserva que el del adulto joven. Podemos por tanto entender que aunque en condiciones normales el aparato circulatorio del anciano casi nunca falle, en caso de enfermedad o de demanda física extraordinaria puede producirse una *insuficiencia cardiaca*

Por otro lado sabemos que la *ateroesclerosis* es un proceso claramente relacionado con la edad. Una de sus consecuencias es la enfermedad de las arterias coronarias, que es a su vez la responsable de la angina de pecho y del infarto de miocardio. El infarto es la principal causa de muerte entre los mayores de 65 años.

Pero la enfermedad de las arterias coronarias no sólo depende de la edad, sino también de otros factores como los hábitos de vida, que son incluso más importantes que la edad. Por ello no debemos considerar la ateroesclerosis ni la enfermedad coronaria como parte del envejecimiento normal.

La mayor parte de las enfermedades cardiovasculares que ocurren en el anciano pueden ser en gran medida prevenidas.

Aparato respiratorio

Con la edad disminuye ligeramente la función pulmonar. Se producen modificaciones en las proteínas que forman pulmones, como la elastina y el colágeno. Y como consecuencia los pulmones pierden cierta elasticidad y capacidad para distenderse.

Sin embargo, a menos que exista alguna enfermedad pulmonar, es muy raro que estos cambios, propios del envejecimiento, ocasionen un fallo en la función pulmonar.

Para compensar la disminución que se produce en la función pulmonar, puede aumentar ligeramente la frecuencia respiratoria. Pero

> *La fatiga y otros síntomas respiratorios no deben de achacarse al envejecimiento normal, sino que nos deben hacer sospechar la existencia de una enfermedad respiratoria. Imagen de una neumonía.*

nuevamente debemos recordar que la frecuencia respiratoria puede también aumentar con una enfermedad respiratoria grave, como una neumonía o un trombo pulmonar.

Aparato digestivo

El aparato digestivo está formado por células que son capaces de dividirse a lo largo de la vida, y sufre pocos cambios relacionados directamente con el envejecimiento.

Los cambios más constantes son los dentales. Se produce una *recesión* importante de las *encías y una pérdida de piezas* dentales, de forma que muchas personas mayores de 65 han perdido toda su dentadura. Pero de nuevo en este caso se cumple la regla de los tercios.

Por otro lado, la pérdida de *papilas gustativas,* que son los receptores del sabor que existen en la boca hace que las personas ancianas tengan menor percepción del sabor dulce. Ésta puede ser la causa de que los ancianos tomen más cantidad de azúcar, lo cual tiene varias consecuencias negativas:

— Por un lado puede predisponer a la diabetes, que es una enfermedad más frecuente en los ancianos que en las personas jóvenes.

— Por otro lado, favorece la aparición de caries.

— Además, al aumentar el consumo de azúcares disminuye el de grasas y proteínas, que también son componentes esenciales para una nutrición adecuada.

En el anciano también disminuyen los movimientos del tubo digestivo que facilitan la digestión y el avance del alimento (movimientos conocidos con el nombre de *peristaltismo*). Sin embargo no podemos achacar el estreñimiento a la disminución del peristaltismo.

El estreñimiento, tan frecuente en los ancianos, parece más bien estar causado por la dieta inadecuada, la falta de ejercicio, distintas enfermedades y los efectos secundarios de algunas medicinas.

Igual que ocurre con los síntomas respiratorios, debemos tener cuidado con no culpar a la edad de determinados síntomas digestivos como el estreñimiento.

También se produce con la edad una disminución de la secreción de ácido clorhídrico en el estómago, que puede afectar ligeramente a la absorción de ciertas sustancias y medicamentos.

El hígado y el páncreas disminuyen su tamaño, pero conservan su función.

El aporte de sangre al hígado de una persona de 70 años es aproximadamente un 50% del de un adulto joven. Este hecho puede tener influencia en el metabolismo o transformación química de algunos fármacos.

Aparato osteomuscular

Los cambios osteomusculares que se producen en el anciano son importantes, si bien el desuso contribuye a dichos cambios en la misma medida que el envejecimiento.

Músculos

Con la edad se produce una pérdida de masa muscular y una disminución de fuerza. Pero nuevamente, la pérdida de fuerza está más condicionada a la falta de movimiento de las personas de edad que a la edad en sí misma.

De hecho la pérdida de fuerza ocurre de forma más importante en los músculos de contracción voluntaria, que utilizamos para movernos, que en otros músculos como el corazón y el diafragma, que son de contracción involuntaria y se mueven de forma constante. Además, la disminución de la musculatura global es mucho menor en las personas que hacen ejercicio.

Los cambios en el colágeno de los tendones, que son las inserciones de los músculos en los huesos, predisponen a la rigidez, especialmente en los ancianos inmovilizados.

Articulaciones

Las articulaciones son las estructuras donde se une un hueso con otro.

La artrosis es la enfermedad de las articulaciones más frecuente en los ancianos.

Con el paso de los años se va degenerando el cartílago de las articulaciones, dando lugar a

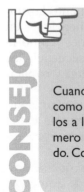

CONSEJO

PROBLEMAS AL RESPIRAR

Cuando aparezcan síntomas respiratorios, como por ejemplo fatiga, antes de achacarlos a la edad, tendremos que descartar primero una enfermedad que los esté causando. Consulte a su médico.

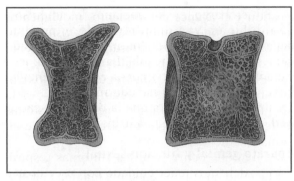

Sección de una vértebra normal (arriba) y de una vértebra deformada por osteoporosis (abajo).

una incapacidad del hueso para amortiguar o absorber los choques. Como es el cartílago el que protege al hueso, se van desgastando las carillas de los huesos que articulan entre sí. Al mismo tiempo, el hueso, en un intento de "defenderse" del desgaste de cartílago intenta ampliar la superficie de articulación con el otro hueso, y forma unos relieves laterales de hueso, que se conocen como "picos" o *espolones*.

Estos cambios degenerativos pueden considerarse como parte del envejecimiento normal, especialmente en las articulaciones que soportan más peso.

A partir de los 40 años todos los adultos muestran signos de artrosis en la radiografía cervical, sin que suelan presentar síntomas la mayoría de las veces.

Los signos de artrosis que se ven en la radiografía no se corresponden con los síntomas que se producen, como dolor o rigidez.

Puede haber casos de artrosis grave sin dolor. Además las dificultades funcionales graves secundarias a artrosis sólo ocurren en un porcentaje muy pequeño de los pacientes que presentan signos de artrosis en la radiografía.

Huesos

Uno de los cambios más notorios que tiene lugar con el envejecimiento es la disminución de la densidad del hueso.

La densidad del hueso alcanza un valor máximo en la década de los 30 años y a principios de los 40 y luego empieza a descender. En la mujer la velocidad de desmineralización es mayor, sobre todo a partir de los cinco años que siguen a la menopausia. Cuando la pérdida de densidad ósea es muy importante puede llegar a producirse osteoporosis.

> *La ateroesclerosis es un proceso claramente relacionado con la edad, aunque no es parte del envejecimiento normal.*

> *A partir de los cuarenta años todos los adultos muestran signos de artrosis en la radiografía cervical, sin que aparezcan síntomas en la mayoría de las ocasiones.*

Al disminuir la densidad de los huesos éstos son más propensos a romperse, y pueden producirse fracturas con traumatismos poco importantes.

Además de la edad, existen otros factores predisponentes a la disminución de la densidad ósea, como son:

1. El reposo en cama.
2. La menopausia.
3. La terapia con corticoides a largo plazo.

Y aunque no podemos hacer nada contra la edad, a veces sí podemos prevenir algunos de estos factores:

— Limitando lo más posible el reposo absoluto.

— Realizando ejercicio físico de forma periódica.

— Tomando el sol para favorecer la formación de vitamina D, que favorece el depósito de calcio en los huesos.

— Tomando cantidades adecuadas de calcio en la dieta.

— Valorando la conveniencia de tratamiento hormonal sustitutivo en las mujeres menopáusicas.

— En caso de tener que utilizar corticoides a largo plazo, utilizando medicamentos que favorezcan el depósito de calcio en los huesos.

Sistema nervioso

Con el envejecimiento se observa una disminución en el peso del cerebro, con una reducción del número de neuronas. Aparece además una leve pérdida de memoria, cierta dificultad para

CONSEJO

¿ES NORMAL LA PÉRDIDA DE MEMORIA CON LA EDAD?

Aunque con la edad exista cierta pérdida de memoria y disminución de la capacidad de aprender cosas nuevas, la mayor parte de las funciones implicadas en la inteligencia están conservadas durante toda la vida. Ejercitar de forma continua la memoria y el intelecto es una arma eficaz contra la pérdida de facultades.

> *Con el envejecimiento se observa una disminución en el peso del cerebro y una reducción del número de neuronas.*

aprender tareas nuevas y una disminución de la velocidad de procesamiento por parte del cerebro.

Sin embargo no se ha demostrado que se produzca una disminución de la función cerebral.

Sin embargo, la enfermedad de Alzheimer, principal causa de demencia, va haciéndose cada vez más frecuente con el aumento de edad, llegando a afectar al 5% de las personas mayores de 65 años y al 20% de las mayores de 80.

Y aunque esta enfermedad parece claramente relacionada con la edad, no constituye parte del proceso normal de envejecimiento.

Aparato urinario

Los cambios fisiológicos que ocurren en el aparato urinario son una causa frecuente de síntomas en ancianos sanos.

Durante la vida de una persona se produce con frecuencia una disminución de la cantidad de sangre que llega al riñón. La función renal de personas ancianas puede llegar a disminuir hasta un 40% respecto a adultos jóvenes y sanos. Sin embargo hay estudios que demuestran que una tercera parte de las personas ancianas no presentan disminución absoluta de su función renal.

Por otro lado existe menos tensión en los músculos de la pared de:

— Los *uréteres*, conductos por los que baja la orina formada en los riñones hasta la vejiga.

— La *vejiga*, donde se acumula la orina.

— La *uretra*, conducto por el que la orina sale desde la vejiga al exterior.

Debido a esta disminución de tono, algunos ancianos pueden tener cierta dificultad para vaciar completamente la vejiga. Además en los varones, la próstata aumenta de tamaño con la edad, y hace todavía más difícil el vaciamiento de la vejiga.

El resultado es la acumulación en la vejiga de cierta cantidad de orina, llamada *orina residual*, que al estar estancada, es un buen caldo de cultivo para las bacterias.

Para orinar es necesario que se ponga en marcha el "reflejo de micción", que da lugar a la contracción y el vaciamiento de la vejiga urinaria. Este reflejo se procesa en la médula espinal, pero está controlado desde el cerebro, que envía a la médula impulsos de inhibición. Así se logra que la persona orine cuando decida que desea hacerlo, y su cerebro desinhiba el reflejo voluntariamente.

Sin embargo, en los ancianos los impulsos de inhibición van disminuyendo, y pueden dejar a la vejiga bajo el control de las contracciones reflejas de la médula. Las contracciones, cada vez más frecuentes con la edad, hacen que la vejiga necesite ser vaciada muy a menudo. También predisponen a que la orina se escape, es decir, a la incontinencia urinaria.

Aparato genital y función sexual

La edad no supone en sí misma una barrera para la satisfacción en las relaciones sexuales. Es más, hoy se considera que es algo deseable para la mayoría de los ancianos.

Sin embargo sí es necesario conocer que se producen cambios fisiológicos en la respuesta sexual de los hombres y mujeres mayores. Cuando no se conocen dichos cambios, pueden ser mal interpretados. En el caso del varón, pueden ser confundidos con la impotencia y en el de la mujer pueden originar ciertas molestias en la relación sexual que pueden tener un tratamiento adecuado.

Aparato genital y función sexual en la mujer

Los cambios fisiológicos que ocurren en la mujer después de la menopausia están relacionados con la deficiencia de estrógenos, que son las hormonas sexuales femeninas.

La vulva y la vagina disminuyen de tamaño. Las paredes de la vagina se hacen más delgadas y más laxas. Disminuyen las secreciones vaginales.

La vaginitis atrófica, que da lugar a dolor en el coito y al palpar las paredes vaginales, sangrado fácil y predisposición a infecciones, no se debe considerar como un cambio normal, aunque sí es frecuente en mujeres mayores.

También la falta de estrógenos y quizá los partos, contribuyen a que se debiliten los ligamentos que sostienen el útero o matriz. Por eso existe una tendencia a que el útero se prolapse, es decir, se "salga hacia fuera". Se produce entonces un *cistocele* o *rectocele*, según se prolapse por la parte anterior o posterior.

La debilidad de los ligamentos que sostienen al útero también es responsable de que a muchas mujeres se les escape la orina cuando tosen, situación conocida como *incontinencia urinaria de estrés*.

> *La incontinencia de orina que acompaña a la hipertrofia de próstata puede dar lugar a situaciones embarazosas. Una eficaz solución es el uso de calzoncillos especiales que permiten acoplar una compresa desechable.*

> *La mayor parte de las funciones implicadas en la inteligencia están conservadas durante toda la vida.*

Aparato genital y función sexual en el hombre

En los varones el cambio más característico que se produce en el aparato genital es el aumento de tamaño de la próstata. Puede ser tan importante como para obstruir la salida de la orina y ocasionar la retención de la orina en la vejiga, lo que predispone a infecciones y a fracaso renal si no es tratada.

Los cambios de la próstata parecen ser parte del envejecimiento normal. El 75% de los varones mayores de 65 años tienen síntomas de obstrucción prostática.

También se producen con más frecuencia en los ancianos los cambios malignos de las células prostáticas, responsables del cáncer de próstata. Es frecuente encontrar nidos de células carcinomatosas en pacientes mayores de 90 años.

El miedo a la impotencia en los varones ancianos es una preocupación frecuente. Y a veces estos cambios, que son normales, pueden interpretarse de forma errónea como impotencia y acabar dando lugar a un verdadero problema.

Aunque la actividad sexual disminuye con la edad, la mayoría de los hombres y las mujeres de la tercera edad mantienen el interés y la capacidad por el acto sexual.

Mantenimiento del equilibrio interno

Se define *homeostasis* como la tendencia a mantener la estabilidad del medio interno del organismo. Las alteraciones que hemos ido viendo en los diferentes órganos dificultan este equilibrio en el organismo del anciano, y pueden dar lugar a algunos problemas.

En primer lugar existe menor respuesta al estímulo de la sed.

En segundo lugar, está alterada la regulación de la temperatura. La capacidad para generar calor es menor y por eso la fiebre elevada es poco frecuente en el anciano.

Y también por la incapacidad de generar calor está aumentado el riesgo de hipotermia o disminución excesiva de la temperatura. La hipotermia es uno de los riesgos que tiene el anciano que tras una caída permanece mucho tiempo en el suelo.

En tercer lugar, los vasos sanguíneos pierden elasticidad y les resulta más difícil reaccionar ante cambios bruscos en la presión arterial.

Por eso en el anciano es más frecuente la *hipotensión postural*. Se trata de una disminución de la tensión ocasionada al pasar de una posición horizontal a una vertical. La sangre baja a las partes inferiores del cuerpo y la cantidad de sangre que llega al cerebro es menor. Los síntomas que se producen son mareo, sensación de ir a desmayarse o incluso pérdida de conocimiento.

Visión

Con el envejecimiento normal se producen cambios en la mayoría de los componentes del ojo.

1. La *córnea* se hace más plana, lo cual favorece el *astigmatismo.*

Esta enfermedad se produce por una desigualdad en la curvatura de la córnea, que modifica su poder de convergencia como lente, según por donde venga el rayo luminoso. La consecuencia es que la imagen no siempre se refleja con nitidez en la retina y los objetos se verán borrosos.

2. Se deposita grasa en la unión de la córnea con la esclerótica, dando lugar al *arco senil,* que se observa como un anillo gris en el borde del iris.

3. La *esclerótica* pasa de ser blanca a se levemente amarilla

4. El *iris* se hace más rígido y la pupila más pequeña.

5. Los cambios que ocurren en el *cristalino* tienen especial importancia.

— En primer lugar disminuye su elasticidad, es decir, su capacidad para cambiar de curvatura. Este fenómeno se conoce como *presbiopía* o *presbicia,* y constituye el problema ocular más frecuente en los ancianos.

— En segundo lugar el cristalino pierde transparencia. Ésta es la causa de que el anciano se deslumbre con facilidad. Cuando la opacificación se hace muy intensa puede llegar a impedir la visión, produciendo *cataratas.*

6. También en el anciano son más frecuentes las llamadas moscas volantes, que si no se producen de forma aguda carecen de importancia. Se deben a la degeneración del *cuerpo vítreo.*

7. Ocurren también cambios en la *retina,* muchos de ellos debidos a distintas enfermedades y no al envejecimiento normal.

8. Finalmente, con la edad también existe una tendencia a que aumente la *presión intraocular,* que es la presión a la

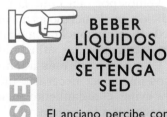

CONSEJO

BEBER LÍQUIDOS AUNQUE NO SE TENGA SED

El anciano percibe con menos intensidad la necesidad de beber, por lo que tiene más riesgo de deshidratarse.

que se encuentra el líquido que hay en el interior del ojo. La presión intraocular es distinta de la presión o tensión arterial, que es la presión con la que va la sangre en el interior de las arterias. No se debe confundir.

Cuando la presión intraocular aumenta se produce *glaucoma*. Aunque no es parte del envejecimiento normal, sí es mucho más frecuente con la edad.

La audición

Con el paso del tiempo es normal perder capacidad para oír sonidos de frecuencia alta. La frecuencia del sonido se mide en unas unidades llamadas hertzios. La frecuencia de la mayoría de los ruidos ambientales está entre 500 y 2.000 hertzios, y el anciano sí es capaz de oír bien en estas frecuencias. Pero las consonantes están por encima de 2.000 hertzios, y su percepción por tanto disminuye en las personas mayores.

Al fenómeno de perder la audición de alta frecuencia se le denomina *presbiacusia*. Es un hallazgo muy frecuente en personas de edad. Cuando la presbiacusia es grave una conversación normal puede convertirse en una confusión sin sentido. Para poder imaginárselo basta con leer una frase de la que se hayan eliminado los sonidos f, s, z, ch.

Existen otras causas de pérdida de audición o *hipoacusia* en el anciano.

Además, en los ancianos se produce cierta rigidez en el tímpano, y en la cadena de huesecillos que se encuentran a continuación, en el oído medio. Esto tiene dos consecuencias:

— La primera, la dificultad para oír sonidos con volumen alto.

— La segunda, que las personas mayores pueden notar dolor cuando se les habla muy alto.

El ruido ambiental también es captado de forma distinta por el anciano, que puede oír perfectamente en una conversación de dos personas y en cambio no enterarse de nada en una fiesta o en una reunión de amigos.

Vemos por tanto que la pérdida parcial de audición en el anciano es normal, pero que ésta puede mejorar mucho simplemente con hablar claro y con evitar los sitios ruidosos.

Como se verá más adelante, en algunos casos puede ser necesario utilizar audífonos, para evitar el aislamiento social y la depresión secundarios a la sordera.

La piel

La piel es una parte del cuerpo que preocupa mucho a las personas que envejecen, especialmente la de las partes expuestas como la cara, el cuello y las manos.

La piel con la edad se deshidrata, pierde elasticidad, fuerza y grasa subcutánea, lo que da origen a las arrugas.

También disminuye su untuosidad, especialmente en las mujeres, debido a la pérdida de glándulas seborreicas. Además la piel en los ancianos está menos vascularizada, es decir, tiene menos aporte sanguíneo. Finalmente, el cabello se hace más fino y más canoso y se va cayendo progresivamente.

Todos estos cambios hacen que la piel del anciano sea más susceptible a las agresiones. Por ejemplo, pequeños traumatismos pueden dar lugar a heridas, que se infectan con facilidad y que además tardan más tiempo en cicatrizar. También una presión continua en un relieve de hueso origina úlceras con más facilidad que en las personas jóvenes.

De forma sorprendente muchas de las modificaciones cutáneas del envejecimiento apenas se producen en zonas no expuestas al sol, por lo que es probable que la luz ultravioleta del sol tenga un papel muy importante en la aparición de los cambios que se producen en la piel con el envejecimiento.

Además la exposición al sol es responsable de muchas de las degeneraciones malignas que ocurren en la piel, especialmente del carcinoma basocelular y el espinocelular.

La *queratosis seborreica* es la lesión benigna más frecuente en los ancianos y no tiene más trascendencia que la estética.

Los melanocitos o células pigmentadas de la piel no tienen en los ancianos tanta capacidad para extenderse en superficie, por lo que la pigmentación de la piel de los viejos ocurre de forma desigual. Por eso aparecen "manchas" con mucha frecuencia.

Como hemos ido viendo, con el envejecimiento se producen cambios en muchos órganos y sistemas.

Pero debemos insistir en que sólo aproximadamente la tercera parte se debe a los cambios fisiológicos propios de la edad, siendo el resto consecuencia del desuso y de la enfermedad.

Además existe una gran variación de persona a persona en cuanto a la aparición y la intensidad de cada uno de estos cambios. Es obvio que no todos los ancianos tienen un corazón sobrecargado, unos pulmones predispuestos a infectarse, una tendencia al estreñimiento, una función renal disminuida, articulaciones rígidas, propensión a las fracturas, visión insuficiente, mala audición y úlceras por presión.

Sin embargo algunos de estos cambios sí pueden aparecer en una persona anciana, que por lo demás lleve una vida cómoda e independiente.

43 CÓMO ENVEJECER DE FORMA SANA

INTRODUCCIÓN

No hace demasiados años resultaba paradójico hablar de prevenir enfermedades en la vejez. Parecía que una vez pasados los 65 años ya no tenía sentido prevenir nada.

Y aunque los cambios en los hábitos de vida deben de iniciarse antes de llegar a la vejez, siguen teniendo gran importancia en las personas ancianas. Hoy se sabe que los cambios que se producen con el envejecimiento, tanto normales como patológicos, son mucho más previsibles de lo que se pensaba.

Por ejemplo, está demostrado que las mujeres que realizan ejercicio físico moderado durante la vejez tienen menos osteoporosis y por tanto menos fracturas de cadera. También sabemos que dejando de fumar a partir de los 65 años disminuye el riesgo de muerte por infarto de miocardio.Estos dos ejemplos muestran lo importante que es la prevención para tener una vejez saludable.

> *Envejecer de forma sana depende en gran medida del tipo de vida que llevemos. Son muchos los factores que pueden influir en la salud, entre ellos, factores de tipo genético, hábitos de vida, actitudes personales, factores de tipo social, económico y cultural.*

Las enfermedades más frecuentes de los ancianos están relacionadas con hábitos poco saludables que pueden ser modificados.

Los estudios han demostrado que los siguientes hábitos de vida son claramente perjudiciales para la salud del anciano:

— El tabaco.
— El alcohol.
— La dieta inadecuada.
— La vida sedentaria.

Y entre los factores ambientales perjudiciales están:

— Los agentes tóxicos.
— Los agentes infecciosos.
— Los peligros físicos, como el suelo irregular, la mala iluminación y la conducción de vehículos sin la protección adecuada.

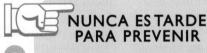

NUNCA ES TARDE PARA PREVENIR

CONSEJO

La ancianidad no es excusa para abandonar los hábitos saludables. Abandonar el tabaco, realizar ejercicio y cuidar la alimentación evita problemas de salud y favorece un envejecimiento sin molestias.

Si conocemos estos factores y el daño potencial que producen, podemos modificarlos y así disminuir la mortalidad y la frecuencia de las enfermedades a que dan lugar.

Éste es el fundamento de la medicina preventiva.

DISTINTAS FORMAS DE PREVENIR LAS ENFERMEDADES

PREVENCIÓN PRIMARIA, SECUNDARIA Y TERCIARIA

Podemos prevenir el daño que causan las enfermedades actuando en tres momentos distintos:

— Antes de que aparezca la enfermedad.
— En cuanto aparece, para evitar que se desarrolle.
— Una vez que se ha desarrollado para disminuir las posibles secuelas.

Basándose en este esquema, la Organización Mundial de la Salud definió los tres tipos de actuaciones preventivas: la prevención primaria, la secundaria y la terciaria.

La prevención primaria

Se refiere a todas las medidas que se utilizan para reducir la probabilidad de que ocurra una enfermedad (una incapacidad o un problema social), *antes* de que aparezca.

Se actúa normalmente modificando los *factores de riesgo* conocidos.

Dentro de la *prevención primaria* están incluidas las medidas que se toman sobre el medio ambiente, y también sobre las personas.

Algunos ejemplos son:

— Hacer ejercicio físico para prevenir la osteoporosis.
— Comer adecuadamente para prevenir la obesidad.
— Colocar barandillas en las escaleras para prevenir las caídas.
— Mantenerse ocupado para prevenir el aislamiento.
— Ponerse el cinturón de seguridad para prevenir accidentes.
— Vacunarse de la gripe y del tétanos.

La prevención secundaria

Una vez que ya se ha producido la enfermedad, la única posibilidad que tenemos es detectarla y tratarla de forma precoz, para evitar sus consecuencias perjudiciales y mejorar su pronóstico.

Algunos ejemplos de prevención secundaria son:

— Realizar mamografías de forma periódica para detectar el cáncer de mama.
— Realizar citologías para detectar el cáncer de cuello de útero.
— Controlar de forma periódica la presión intraocular.
— Tomarse cada año la tensión arterial aunque la tengamos bien.

La *prevención secundaria* es muy importante en enfermedades crónicas como la hipertensión, la hipercolesterolemia y el glaucoma, que pueden pasar desapercibidas si no se buscan.

Para intentar diagnosticar lo más rápidamente estas enfermedades se han desarrollado técnicas de detección que se aplican en personas sin síntomas. Se les llama comúnmente *técnicas de screening* o de diagnóstico precoz.

La prevención terciaria

Una vez que la enfermedad ya se ha establecido y se ha hecho crónica, interviene la *prevención terciaria*.

Su objetivo es enlentecer el curso de la enfermedad y tratar de disminuir las incapacidades que hayan aparecido.

Incluye actividades de rehabilitación y de reinserción social.

Algunos ejemplos serían:

— La rehabilitación después de un período de inmovilización.
— La rehabilitación después de una trombosis cerebral.
— La rehabilitación después de colocar una prótesis de cadera.
— La rehabilitación después de un infarto de miocardio.

¿QUÉ ENFERMEDADES NOS INTERESA PREVENIR?

Lógicamente nos interesa tomar medidas para prevenir las enfermedades que causen mayor número de muertes. Pero también interesa prevenir las enfermedades más discapacitantes, es decir, las que limiten más la función y la autonomía de la persona.

¿Y cuáles son las enfermedades con más mortalidad y las más discapacitantes en los ancianos? Ambas se encuentran enumeradas en las siguientes tablas:

Prácticamente todas las causas de mortalidad y de discapacidad pueden modificarse con medidas preventivas. Estas medidas se explicarán detalladamente a lo largo de los próximos capítulos.

Pero antes veremos brevemente las medidas más apropiadas para prevenir cada una de las enfermedades que hemos citado.

MEDIDAS PARA PREVENIR LAS ENFERMEDADES DEL CORAZÓN Y DE LOS VASOS DEL CEREBRO (ENFERMEDADES CARDIOVASCULARES)

Estas enfermedades son la primera y la tercera causas de mortalidad.

Los riesgos más importantes para padecer enfermedades cardiovasculares son:

— La hipertensión arterial.
— La hipercolesterolemia.
— El tabaco.

Además aumentan su aparición:

— La vida sedentaria.
— La obesidad.
— La diabetes.

---

1. **Enfermedades del corazón.**

2. **Cáncer.**

3. **Enfermedad de los vasos del cerebro (accidentes cerebrovasculares).**

4. Bronquitis crónica.

5. Neumonía y gripe.

6. Diabetes.

7. Arterioesclerosis.

8. Accidentes.

9. Cirrosis.

10. Suicidio.

Principales causas de muerte en los ancianos.

---

1. **Enfermedades del corazón.**

2. **Cáncer.**

3. **Enfermedad de los vasos del cerebro (accidentes cerebrovasculares).**

4. Enfermedades del aparato locomotor (artrosis, osteoporosis).

5. Diabetes.

6. Alteraciones mentales.

7. Incontinencia.

8. Alteraciones de la vista.

9. Alteraciones del oído.

10. Fracturas.

Principales causas de discapacidad en el anciano.

> *El tabaco es uno de los principales factores de riesgo de las enfermedades cardiovasculares.*

CONSEJO

MEDIDAS DE PREVENCIÓN

Las medidas de *prevención primaria* útiles para evitar las enfermedades cardiovasculares son:
1. El abandono del tabaco.
2. El control del peso.
3. La restricción de las grasas.
4. El ejercicio físico regular.

También es importante diagnosticar y tratar adecuadamente, una vez que ya hayan aparecido (*prevenciones secundaria y terciaria*):

1. La hipertensión arterial.
2. La diabetes.
3. La hipercolesterolemia.
4. La obesidad.

MEDIDAS PARA PREVENIR EL CÁNCER

Se trata de la segunda causa de muerte en el anciano.

Las causas más frecuentes de muerte por cáncer son los tumores de pulmón, de mama, y de colon y recto.

En cambio los cánceres de la piel, del cuello del útero (cáncer de cérvix), de la próstata y los otros tipos de cáncer son responsables de muchas menos muertes.

De todos ellos, los más fáciles de prevenir son los de mama y los de cuello de útero.

Las recomendaciones para prevenir el cáncer varían mucho de unos expertos a otros. Entre las medidas reconocidas por todos están las siguientes:

— Exploración física y mamografías periódicas en mujeres desde los 50 hasta los 70 a 75 años.

— Citologías periódicas en mujeres, normalmente hasta los 65 ó 70 años.

— No fumar. El tabaco aumenta el riesgo de cáncer de pulmón, de boca, de laringe, de esófago y probablemente también el de otros tipos de cáncer.

— Reducir la ingesta de grasa y aumentar la de fibra, para prevenir la aparición de cáncer de colon.

Además del autoexamen mensual de las mamas es aconsejable, a partir de los 40 años, que la exploración sea llevada a cabo por un especialista, por lo menos una vez al año, puesto que éste puede detectar con mayor facilidad y eficacia la presencia de nódulos mamarios mayores de un centímetro de diámetro.

La mamografía, o radiografía del pecho, puede detectar un cáncer de mama antes de que se pueda notar un bulto. Sin embargo, algunas veces ésta no es suficiente para diagnosticar con toda seguridad la presencia de un cáncer; en estos casos se hacen necesarios otros métodos de diagnóstico, como por ejemplo la biopsia.

— Evitar el exceso de alcohol para prevenir el cáncer de boca.

— Explorar la piel de forma rutinaria, y vigilar la evolución de las manchas en la piel, especialmente en personas muy expuestas al sol. Evitar el exceso de rayos ultravioletas con uso de filtros de protección solar.

MEDIDAS PARA PREVENIR LAS ENFERMEDADES INFECCIOSAS

Las infecciones ocupan el quinto puesto de las causas de muerte en los ancianos.

Además, con la edad las infecciones son cada vez más frecuentes, porque la capacidad del organismo para defenderse es menor.

El riesgo de infecciones es más alto en los ancianos que viven en residencias y que están debilitados.

Las infecciones más importantes a esta edad son la gripe y la neumonía.

La vacunación es la medida más importante para prevenir las infecciones.

Como veremos más adelante en los ancianos están recomendadas tres tipos de vacunas:

1. Vacuna de la *gripe*, una vez al año, en todas las personas mayores de 65 años.
2. Vacuna *antitetánica* cada diez años.
3. Vacuna *anti-neumococica* a todos los mayores de 65 años, especialmente si están en residencias. Sólo se administra una vez. En España aún no está muy difundida.

MEDIDAS PARA PREVENIR EL DETERIORO MENTAL, SENSITIVO Y FUNCIONAL.

Es muy importante preservar la autonomía el máximo tiempo posible.

Para ello se deben prevenir y tratar cada una de las enfermedades que pueden menoscabar nuestra autonomía.

En general recomendamos:

1. Revisar la vista y la audición una vez al año. Se debe medir la presión intraocular.
2. Consultar con el médico siempre que exista cualquiera de los siguientes problemas:

— Dificultad para caminar o para mantener el equilibrio por el riesgo de caídas.
— Incontinencia urinaria.
— Tristeza o ganas de no hacer nada.
— Pérdida importante de memoria o comportamiento extraño.

MEDIDAS PARA PREVENIR ACCIDENTES

Los traumatismos son otra de las causas de muerte en el anciano. Entre ellos están las caídas, los accidentes de tráfico y las quemaduras por agua caliente o por incendio.

Para evitar los accidentes se han propuesto las siguientes medidas:

1. Realizar revisiones periódicas de la vista.
2. Hacer ejercicio físico para mejorar la capacidad de deambulación.
3. Corregir la mala iluminación de las casas.
4. Utilizar barandillas adecuadas en escaleras, y asas para agarrarse en aseos.
5. Utilizar siempre el cinturón de seguridad.
6. No fumar en la cama.
7. No utilizar agua muy caliente.

MEDIDAS PARA PREVENIR LA OSTEOPOROSIS, LA BRONQUITIS CRÓNICA, LOS PROBLEMAS DENTALES Y OTRAS ENFERMEDADES

La **osteoporosis** es la principal causa de las fracturas de cadera y de otros huesos. Es más frecuente en mujeres.

Para prevenir la osteoporosis es importante:

1. Hacer ejercicio físico de forma regular.
2. Tomar una cantidad adecuada de calcio, normalmente en forma de derivados de la leche.
3. Tratamiento hormonal sustitutivo antes de la vejez en los casos en los que esté indicado.

La **bronquitis crónica** es otra causa importante de muerte en ancianos. Está claramente relacionada con el consumo de tabaco.

> *La mejor medicina para los músculos es la actividad.*

Para evitarla se recomienda por tanto dejar de fumar.

También es importante prevenir los **problemas dentales**, por lo que es recomendable una visita anual al dentista y la limpieza y cuidado adecuado de la dentadura.

Es recomendable también que el médico revise periódicamente todas las medicaciones que utilizamos, para evitar las **interacciones y efectos secundarios de los medicamentos**, que son más frecuentes en los ancianos.

Finalmente para prevenir **el alcoholismo**,

Los pasamanos en las bañeras o en las duchas son muy aconsejables para las personas mayores o los enfermos de artrosis.

El asiento para la ducha es ideal para las personas que no se sienten seguras o que tengan miedo a caerse.

Las alfombras antideslizantes en los cuartos de baño previenen resbalones y caídas.

Es recomendable mantener la tapa del inodoro abierta a fin de que el incapacitado pueda sentarse con facilidad.

Si se le añade al peine un brazo largo de madera, el disminuido podrá peinarse.

Ayudas para el aseo.

debemos evitar el exceso de alcohol, no conducir bajo sus efectos y no tomarlo a la vez que un medicamento.

A continuación iremos viendo las medidas de prevención primaria que han demostrado ser útiles. Veremos qué tipo de ejercicio físico es recomendable en los ancianos, qué hábitos tóxicos debemos combatir, cómo cuidar la dentadura, cómo estar bien vacunados y cómo cuidar los pies.

EL EJERCICIO FÍSICO

La mejor medicina para el esqueleto y los músculos es la actividad. Y su mayor enemigo el reposo.

Las personas que realizan ejercicio no sólo viven más, sino que viven mejor. El ejercicio nos ayuda a mantenernos en forma, a encontrarnos mejor físicamente y anímicamente y a prevenir muchas enfermedades como las cardiovasculares, la angina de pecho y el infarto, la hipertensión arterial, la diabetes, la depresión y la ansiedad, todas ellas enfermedades bastante frecuentes en el anciano.

También parece que previene la osteoporosis en la mujer después de la menopausia.

Además, los programas de ejercicio físico logran que el anciano se sienta mejor físicamente y mentalmente, que mejore su autoestima y la forma que tiene de enfrentarse a la vida.

Es bueno que los familiares animen a los mayores a hacer ejercicio, y que incluso ellos mismos lo hagan.

¿Y QUÉ TIPO DE EJERCICIO FÍSICO SE RECOMIENDA PARA PERSONAS MAYORES?

Los expertos recomiendan:

— Ejercicio físico *aeróbico,* que es más de fondo que de fuerza y velocidad.
— Durante más de 30 minutos.
— Al menos tres días a la semana.
— A una intensidad capaz de mantener la frecuencia cardíaca entre el 60 al 80% de la frecuencia cardíaca teórica (220-edad).

Algunos de los ejercicios de fondo adecuados para los ancianos son el paseo, la gimnasia, la petanca y la natación.

> *La más larga caminata comienza por un paso.*

Infarto de miocardio muy reciente (en las últimas seis semanas).
Algunos tipos de angina de pecho.
Algunos tipos de arritmia.
Insuficiencia cardíaca.
Otras enfermedades del corazón.
Embolia pulmonar reciente.
Infecciones activas o recientes.

Enfermedades que contraindican la práctica del ejercicio físico.

La práctica del ejercicio físico debe introducirse de forma gradual.

No es recomendable que una persona que nunca ha hecho ejercicio en los últimos veinte años se decida un buen día a empezar a correr por el parque. En este caso sería más prudente comenzar con paseos.

Puede ser bueno antes de realizar ejercicio emplear un tiempo como calentamiento y al final otro como relajación:

ACTIVIDADES RECOMENDADAS PARA LOS ANCIANOS

Paseo

Se recomienda ir a un ritmo constante, adecuado para cada persona.

Son preferibles los terrenos uniformes, sin demasiados obstáculos.

Se recomienda usar calcetines y zapatillas cómodas.

Paseo en bicicleta

Está recomendado para personas con buen estado físico. Es preferible hacerlo en compañía.

Carrera suave

Sólo aconsejada para personas con experiencia deportiva y buenas condiciones físicas.

Juegos populares

Son juegos del tipo de los bolos, la rana o la petanca, que permiten hacer ejercicio físico al mismo tiempo que relacionarse y pasarlo bien.

Natación y ejercicios en el agua

Para personas que no sepan nadar bien o que su estado físico no les permita la natación, se pueden recomendar **ejercicios sencillos dentro del agua**.

Se trata de mover las diferentes partes del cuerpo, intentar mantenerse a flote, etc.

Se recomiendan aguas templadas, con poca profundidad.

Existen otros muchas actividades que el anciano puede realizar, como la gimnasia de mantenimiento, el golf, o el yoga.

CUÁNDO NO ESTÁ RECOMENDADO EL EJERCICIO

Existen determinadas condiciones en las que la actividad física debe realizarse con moderación. Algunas de ellas son:

— Mucho frío o mucho calor.
— Después de comidas muy abundantes.
— En grandes alturas.

Además hay determinadas condiciones físicas que requieren precaución a la hora de hacer ejercicio. Entre ellas están:

— Resfriados u otras infecciones banales producidas por virus
— Dolor en el tórax.
— Asma provocada por ejercicio.
— Bloqueos o trastornos en la conducción cardíaca.

Pero existen enfermedades en las que está claramente contraindicada la práctica de ejercicio físico. Algunas de ellas se encuentran en la siguiente tabla:

Por último, en ancianos que en principio no presentan contraindicación para realizar ejercicio, existen síntomas de alarma, es decir, por los cuales debe interrumpirse la práctica de ejercicio y consultar al médico. Son "síntomas de alarma":

1. Dolor en el pecho, brazo o mandíbula.
2. Palpitaciones.
3. Náuseas o vómitos durante el ejercicio.
4. Respiración entrecortada no proporcional al ejercicio.
5. Mareos o desmayos.
6. Cambios de peso que no puedan ser explicados.
7. Cambios en la tolerancia al ejercicio.

Si el ejercicio es importante para todos, más lo es para el anciano. Los ejercicios para ancianos no han de ser complejos ni cansados, puesto que no pretenden aumentar la musculatura, sino mantener la elasticidad.

NO FUMAR NI BEBER EN EXCESO

BEBIDA	VOLUMEN DE BEBIDA	UNIDADES DE BEBIDA	GRAMOS DE ALCOHOL
Cerveza.	Una caña (200 ml).	1	8
Vino.	Un vaso (100 ml).	1	8
Copas.	Una copa (50 ml).	2	16
	Un carajillo (25 ml).	1	8

Cantidad de alcohol puro en distintas bebidas.

HÁBITOS TÓXICOS

Los hábitos que llamamos tóxicos más extendidos en la población son el consumo de tabaco y el consumo excesivo de alcohol. Veremos cada uno de ellos por separado.

Tabaco

Consumir cigarrillos es uno de los principales riesgos para la salud de todos las personas, incluidas las mayores de 65 años.

El tabaco es responsable de más enfermedades previsibles que ninguna otra causa en los llamados países desarrollados.

> *No existe una cantidad de tabaco sin riesgo. Cuanto menos se fume, menos riesgos se sufren.*

Las enfermedades más claramente relacionadas con el hábito de fumar son las siguientes:

Cáncer de pulmón. Tienen 10 veces más riesgo de padecer esta enfermedad las personas fumadoras que las no fumadoras. Aunque existen otras causas de cáncer de pulmón, el tabaco es responsable de más del 80% de los casos.

Bronquitis crónica y enfisema: El tabaco es el responsable de la mayoría de los casos de estas dos enfermedades. Hay personas que son especialmente susceptibles al tabaco, y tienen síntomas más graves y más tempranos que el resto.

Enfermedades del corazón y los vasos: Entre ellas están la muerte súbita, el infarto de miocardio, la angina de pecho, las trombosis cerebrales y la enfermedad de los vasos periféricos.

Otros tipos de cáncer: El tabaco aumenta el riesgo de cáncer de laringe, boca, esófago, vejiga, riñón, páncreas, estómago y cuello del útero.

Otras enfermedades: La gripe y la neumonía son más graves en personas fumadoras, y en general son más frecuentes todas las infecciones respiratorias.

Pero cada vez se está haciendo más evidente que fumando no sólo nos hacemos daño a nosotros mismos, sino que también se lo hacemos a las personas que nos rodean. Es lo que llamamos el *tabaquismo pasivo*.

Existen ayudas para dejar de fumar. Entre ellas están los chicles y los parches de nicotina, que son especialmente útiles en personas con mucha dependencia del tabaco. Antes de utilizarlos es conveniente consultar al médico, ya que la nicotina puede ser perjudicial en algunas personas, como las que padecen enfermedades del corazón.

Alcohol

Según la Encuesta Nacional de Salud, un 60% de los mayores de 60 años son abstemios, un 35% bebedores ligeros o moderados y un 2% beben de forma excesiva.

El alcoholismo se desarrolla a veces en edades avanzadas, por lo que es importante darse cuenta a tiempo de cuándo se empieza a beber alcohol en exceso.

Es muy difícil establecer un límite a partir del cual se pueda decir que alguien bebe demasiado. Pero en general consideramos bebedores de riesgo a aquellos que beben más de una a dos "unidades de bebida" al día en el caso de las mujeres, y más de una a tres en el caso de los hombres.

Una "unidad de bebida" equivale de 8 a 10 gramos de alcohol puro, que es lo que contiene por ejemplo una consumición de cerveza, un vaso de vino o media copa de licor.

Para hacernos una idea más exacta de los gramos de alcohol puro que tiene una determinada bebida podemos emplear la fórmula:

$$\text{Gramos de alcohol puro ingerido} = \frac{\text{cc (ó ml) de bebida} \times \text{grados} \times 0.8}{100}$$

Se considerarían bebedoras de riesgo a las mujeres que bebieran más de 21 gramos de alcohol al día, y a los hombres que bebieran más de 41 gramos al día.

Aunque el exceso de alcohol es claramente perjudicial, hay estudios que demuestran que el consumo moderado de vino podría ser beneficioso para la salud, ya que disminuiría el riego de enfermedades cardiovasculares. Una copa de vino con las comidas es un consumo moderado de alcohol.

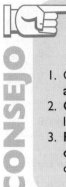

CÓMO PREVENIR LA CARIES

1. Controlar la dieta: **consumir menos azúcar, sobre todo entre comidas.**
2. **Controlar la placa bacteriana:** cepillar adecuadamente los dientes.
3. **Remineralizar la lesión en cuanto ocurra:** utilizar colutorios o pasta de dientes con flúor.

CUIDAR NUESTROS DIENTES

Los ancianos acuden al dentista menos que el resto de la población adulta. Y cuando van suele ser más para extraerse alguna muela o ponerse una prótesis, que para una revisión, una limpieza o un empaste.

Existe cierta actitud fatalista en los ancianos respecto a los problemas de la boca.

Se tiende a aceptar el dolor y la discapacidad de la dentadura como parte inevitable del envejecimiento, cuando en realidad se deben en gran medida al descuido y al abandono.

No es difícil encontrar personas mayores con la dentadura en mal estado. La enfermedad periodontal es frecuente en los ancianos.

El mal estado de la boca contribuye a la aparición de desnutrición en algunos ancianos.

Cuidar la boca es especialmente importante en los ancianos que reciben oxígeno, o en aquellos que están alimentados por una vía distinta de la normal, como una sonda nasogástrica.

Existen algunas barreras que dificultan el acceso de los ancianos al dentista:

— Barreras de tipo económico, ya que la seguridad social no financia la atención dental en los ancianos.

— Falta de conciencia sobre la salud dental.

1. Cepillado después de cada comida y, como mínimo, una vez al día.
2. Uso de seda dental entre los dientes, zonas donde no llega el cepillo.
3. Es recomendable el uso de clorhexidina en forma de enjuagues, pasta o gel.
4. Uso de flúor tópico que evita que la placa se adhiera a la superficie del diente.

Medidas de control de la placa dental.

— Miedo y ansiedad relacionados con el tratamiento dental.

— Dificultad de acceso a los servicios dentales.

ENFERMEDADES DENTALES FRECUENTES EN EL ANCIANO Y SU PREVENCIÓN

El estado de los dientes de cada anciano depende en gran parte del tratamiento y del cuidado que hayan recibido sus dientes a lo largo de toda su vida.

También influyen determinados cambios que tienen lugar con el envejecimiento, tanto en los dientes como en las estructuras que los soportan.

Es más frecuente en esta época la utilización de prótesis dentales, parciales o totales (dentaduras postizas), lo cual conlleva la necesidad de más cuidados y la aparición de algunos problemas nuevos.

Hablaremos de tres de las enfermedades de los dientes en los ancianos, por ser muy frecuentes y poder prevenirse: las caries de raíz o radiculares, el desgaste dentario y la temida enfermedad periodontal.

Caries de raíz

Se trata de cavidades que aparecen en la superficie de la raíz. Son como las caries normales, pero no afectan a la parte visible del diente o corona, sino a la parte oculta o raíz, que en el anciano queda expuesta debido a la retracción de las encías.

La caries se produce por la acción de los ácidos que se forman cuando el azúcar es fermentado por las bacterias que tenemos en la boca.

El flúor es un agente claramente eficaz en la prevención de caries. Aunque es más eficaz en los niños, también es útil en los adultos.

Existen distintas formas de hacer llegar el flúor a nuestros dientes:

1. Por vía oral.

— Fluorar los abastecimientos de agua que no tengan la cantidad de flúor suficiente. Es lo más eficaz. Muchas ciudades tienen establecida esta medida.

— Fluorar de sal los alimentos o utilizar tabletas con flúor. Esta medida se usa en niños que viven en zonas en las que el agua de bebida es deficiente en flúor.

2. Por vía tópica.

Es el método indicado en los ancianos. Es compatible con niveles adecuados de flúor en el agua. Existen varias formas:

— Colutorios para enjuagues diarios o semanales.

— Pastas de dientes con flúor.

— Chicles con flúor.

Desgaste dentario

Consiste en la pérdida de tejido de la superficie del diente debido a las agresiones físicas y químicas que sufre.

Enfermedad periodontal

Se trata de un grupo de enfermedades que afectan a los tejidos que protegen y soportan los dientes: las encías, el cemento de la raíz, el hueso alveolar y el ligamento periodontal.

Son cuadros inflamatorios provocados por las bacterias. La acumulación de gérmenes que tiene lugar en el margen de las encías, forma la llamada *placa bacteriana*. Si esta placa no se retira de forma adecuada con el cepillado y enjuagues, crece y en pocos días origina inflamación de las encías.

Aunque la *enfermedad periodontal* grave no es muy frecuente, las formas leves como la *gingivitis* afectan a un porcentaje muy elevado de la población adulta.

La prevención de la enfermedad periodontal se realiza eliminando diariamente la placa dental de las encías y los espacios interdentales.

Para ello nos pueden ayudar:

— Cepillado dental.
— Seda dental.
— Otros instrumentos como cepillos interdentales.

Debemos recordar, sin embargo, que algunos ancianos pueden tener dificultades para realizar correctamente la higiene dental. Por ejemplo aquellos afectos de problemas en las articulaciones. En este caso puede ser necesaria la ayuda de otra persona para la limpieza de la boca, o bien la utilización de cepillos eléctricos.

LA DENTADURA POSTIZA

La dentadura postiza es una prótesis que sustituye a los dientes naturales cuando éstos ya no son funcionales.

Lógicamente, nunca logrará ser igual de efectiva que los verdaderos dientes.

Algunos de los inconvenientes de la dentadura postiza son los siguientes:

— Altera ligeramente la sensación del gusto.
— Consigue menos fuerza para masticar.
— Es costosa.
— Hay que recambiarla cuando se deteriora.
— Necesita más cuidado.

Todos estos inconvenientes son problemas relativamente poco importantes.

También es normal que en el período de adaptación a la dentadura existan pequeñas

Exceso de frutas ácidas como limones, naranjas.
Exceso de vinagre.
Consumo de vitamina C.
Consumo de aspirina.
Vómitos frecuentes (alcoholismo crónico, anorexia nerviosa, etc.).
Cepillado de dientes demasiado vigoroso y con cepillo duro.
Pastas de dientes abrasivas ("para fumadores").

Factores que predisponen al desgaste de los dientes.

molestias pasajeras, que son debidas a que su tamaño y textura nunca son exactamente iguales a los de los dientes naturales.

Sin embargo, una dentadura postiza mal ajustada puede producir dolores intensos duraderos. En ese caso es necesario acudir al dentista para corregir las holguras de la dentadura.

Cómo limpiar la dentadura postiza

1. Frotarla con un cepillo de cerdas duras y enjuagarla bien con agua, después de las principales comidas.
2. Durante la noche guardarla en un vaso de agua que se cambiará a diario.

Cómo ponerse la dentadura postiza

1. Colocar el recipiente que contiene la dentadura sobre una toalla, para evitar que se rompa si se llegara a caer.
2. Enjuagar bien la boca antes de ponerse la dentadura, ya que ésta se adhiere mejor a las superficies húmedas.
3. Colocar primero la pieza superior, haciendo una presión suave a ambos lados para situarla en su posición.
4. Colocar luego la pieza inferior.

Cómo quitarse la dentadura postiza

1. Debemos quitarla todas las noches.
2. Colocar también una toalla bajo el recipiente donde la vayamos a guardar.
3. Se retira la pieza superior, cogiéndola con los dedos índice y pulgar de las dos manos por la superficie que da al paladar y por la superficie de delante. Se tira levemente del borde superior presionando hacia abajo, hasta que se vence la fuerza de succión que la mantiene unida a las encías.
4. Se retira la pieza inferior sujetándola por la superficie que da a la lengua y por la superficie frontal, también con los dedos índice y pulgar.

ESTAR BIEN VACUNADOS. INMUNIZACIONES

Se trata de una actividad preventiva que aporta grandes beneficios de salud a la población anciana.

La vacunación es una de las medidas de prevención más eficaz. Además, tiene un coste muy bajo con relación a los buenos resultados que obtiene.

Existe la idea errónea de que vacunarse es algo propio de niños, y olvidamos que también existen vacunas para adultos.

La vacunación no sólo tiene un beneficio individual, sobre cada persona, sino también colectivo, sobre toda la comunidad. Esto se debe a que cuando un agente infeccioso, virus o bacteria, se introduce en una determinada población, si existen en ella muchos individuos inmunizados por la vacuna disminuye su propagación.

VACUNACIÓN ANTIGRIPAL

Aunque la gripe se considera una enfermedad banal, lo cierto es que la media de muertes por gripe en España está alrededor de las 3.000 al año. Y del 80 al 90% se produce en los mayores de 65 años, de forma especial en los que tienen enfermedades crónicas, como diabetes, enfermedades respiratorias o cardiovasculares, pues son mucho más susceptibles de tener complicaciones como la neumonía.

Por ello en ancianos y enfermos crónicos la vacuna de la gripe está claramente indicada. Existen personas con riesgo moderado y otras con riesgo elevado, tal y como se indica en la siguiente tabla:

Grupos de riesgo elevado:

- Personas con *enfermedades respiratorias o cardiovasculares crónicas* (asma, bronquitis crónica, problemas en las válvulas del corazón, angina o antiguo infarto de miocardio…).
- *Ancianos que vivan en residencias* u otras instituciones cerradas.

Grupos de riesgo moderado:

- *Mayores de 65 años.*
- Personas con *otras enfermedades crónicas* como diabetes, anemia, inmunodepresión o fallo renal.
- *Personal sanitario.*
- *Familiares de personas de riesgo.*
- Otras personas que quieran disminuir el riesgo de tener gripe.

Personas que precisan vacunarse de la gripe.

A pesar de los avances de la medicina moderna, si las condiciones higiénicas son desfavorables, es posible la aparición de grandes epidemias, tal como ha sucedido en 1994 con la peste bubónica en la ciudad de Surat, en el estado indio de Gujarat.

Se debe administrar a estos grupos la vacuna antigripal *todos los años*, con las cepas que recomienda la OMS.

La gripe es una enfermedad producida por distintos virus, que se conocen con el nombre de virus de la gripe A, B y C. Los síntomas de la enfermedad son de tipo respiratorio, junto con fiebre, dolor de cabeza y dolores musculares.

Uno de los principales problemas del virus de la gripe es su capacidad para cambiar, mediante mutaciones o modificaciones en sus genes. Los cambios en los genes dan lugar a cambios en la estructura del virus.

Por ello cada año pueden aparecer nuevos virus, que presentan pequeñas o grandes variaciones respecto a los de años anteriores. Y nuestro sistema inmunitario, que ya había aprendido a defenderse de los anteriores virus de la gripe, no es capaz de reconocer los nuevos virus modificados, y al no responder con la rapidez suficiente volvemos a contraer la gripe.

Por eso todos los años la OMS (Organización Mundial de la Salud) prepara una vacuna que contiene los virus más frecuentes de las temporadas anteriores.

La vacuna de la gripe se realiza con virus o trozos de virus que están muertos. Es una *vacuna inactivada*. Por ello no puede producir la enfermedad en la persona que se vacuna.

La duración de la protección es aproximadamente de seis meses. Por eso no es conveniente vacunarse antes de octubre o noviembre.

La vacuna se administra por vía intramuscular, normalmente en el brazo.

La vacuna está contraindicada en caso de alergia al huevo.

VACUNACIÓN ANTITETÁNICA

El tétanos es una enfermedad muy poco frecuente en España pero muy grave, mortal hasta en un 60% de los casos. La mortalidad es más elevada en las personas mayores de 60 años.

Clostridium tetani es una bacteria muy resistente porque forma esporas. La bacteria produce una toxina, que es responsable de los espasmos musculares incontrolados que caracterizan esta enfermedad. *Clostridium tetani* se encuentra sobre todo en el suelo, pero también en el tubo digestivo del hombre y de algunos animales.

Existen personas con más riesgo de contraer la enfermedad, por estar más expuestas a esta bacteria. Son entre otros los agricultores, ganaderos y veterinarios y también los diabéticos, pacientes con úlceras y drogadictos.

La vacuna antitetánica también es una vacuna inactivada. Se prepara modificando la toxina de la bacteria, de forma que pierda su eficacia pero que conserve su estructura para que el sistema inmunitario la reconozca y fabrique anticuerpos contra ella.

La vacuna es muy eficaz tras tres dosis, y su protección dura aproximadamente diez años.

Los ancianos normalmente no están correctamente vacunados, por lo que insistimos en la importancia de su vacunación.

La pauta de vacunación depende de cuál sea el estado de vacunación previo, es decir, si ya han recibido alguna dosis de vacuna en los últimos diez años. Se expone en la siguiente tabla.

Primera dosis.
Segunda dosis: de cuatro a seis semanas después.
Tercera dosis: de seis a doce meses después.
Revacunación: de cinco a diez años.

Pauta de vacunación de tétanos en adultos no vacunados o que no recuerden la última dosis.

VACUNACIÓN ANTINEUMOCÓCICA

La neumonía es una causa frecuente de muerte en el anciano.

Uno de los agentes productores de neumonía es el neumococo o *Streptococcus pneumoniae*, contra el que existe una vacuna.

La vacunación contra el neumococo está especialmente recomendada para los ancianos que viven en residencias.

La vacuna contra el neumococo se produce con trozos de la cápsula que recubre la bacteria.

La producción de anticuerpos contra esta cápsula es eficaz en la defensa contra el neumococo. La eficacia de la vacuna dura unos diez años.

Se administra por vía intramuscular o subcutánea (más superficial).

Las esporas del tétanos son ubicuas. No deben omitirse las revacunaciones en la ancianidad.

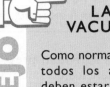

CONSEJO

LAS VACUNAS

Como norma general, todos los ancianos deben estar vacunados del tétanos y de la gripe. La vacuna antineumocócica de momento se recomienda sólo en situaciones especiales.

CUIDAR LOS PIES

Las alteraciones en los pies de los ancianos son bastante frecuentes, y pueden limitar la movilidad y predisponer a las caídas, disminuyendo de forma importante la calidad de vida del anciano.

Los problemas en los pies de los mayores pueden ser consecuencia de los años de sobrecarga de peso, o de la utilización de un zapato estrecho o inadecuado.

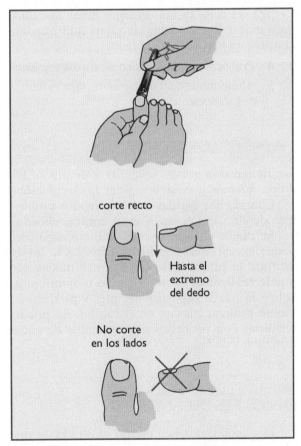

corte recto

Hasta el extremo del dedo

No corte en los lados

Las uñas deben cortarse en línea recta. Nunca deben cortarse los lados de las uñas, porque esto facilita la aparición de la "uña encarnada".

> *Es importante una higiene adecuada de los pies.*

La prevención es muy importante para evitar la falta de movilidad. No sólo es necesaria una correcta prevención primaria, sino que debe hacerse también un diagnóstico precoz de los problemas de los pies una vez que hayan aparecido.

Para prevenir los trastornos de los pies antes de que aparezcan podemos tomar una serie de medidas como son:

1. *Una buena higiene de los pies*

Debemos lavar y secar bien los pies, sobre todo en los espacios entre los dedos. Debemos usar cepillos para limpiar las uñas.

2. *El uso de un calzado adecuado*

Los zapatos deben ser blandos y cómodos. Los calcetines deben ser de lana o de algodón. Conviene evitar los de fibra sintética.

3. *Cortar correctamente las uñas*

Conviene hacerlo después de lavarse y secarse los pies.

Tras el corte es conveniente limar las uñas para evitar la existencia de picos que puedan clavarse en los dedos de al lado.

4. *Practicar ejercicio físico de forma regular*

5. *Alimentarse adecuadamente para evitar el sobrepeso*

MASAJE DE LOS PIES

Tienen una acción relajante y de alivio del dolor. Además ayudan a regular la circulación.

Cuando hay heridas o determinados problemas de circulación puede estar contraindicado.

Se puede comenzar realizando masaje con pequeños círculos con los pulgares a lo largo de toda la planta del pie. A continuación se puede realizar el mismo tipo de movimientos sobre la parte superior del pie, y posteriormente realizar masaje en el tobillo. Se puede terminar con pequeños estiramientos de cada uno de los dedos.

ENFERMEDADES FRECUENTES EN LOS PIES DEL ANCIANO

Los ancianos deben revisar el estado de sus pies con frecuencia, y ante la aparición de cualquier herida, infección o dolor consultar al médico o al podólogo.

Los podólogos son profesionales especializados en el cuidado y tratamiento de los problemas de los pies.

En la siguiente tabla se describen algunas de las alteraciones que pueden aparecer en los pies de los ancianos.

Los callos son engrosamientos de la piel en zonas donde el hueso protruye donde existe una presión externa del calzado. La piel se hace más gruesa para defenderse. A no ser que produzcan molestias no conviene eliminar esta piel.

Los callos son más frecuentes en la planta del pie y el dorso de los dedos, especialmente en los más pequeños.

Para prevenir la aparición de callos se pueden utilizar almohadillas en las zonas donde el hueso protruye, que se pueden adquirir en las farmacias y ortopedias. También previene la aparición de callos utilizar calzado amplio y blando que no rocen con el pie.

Para tratar los callos cuando son dolorosos es recomendable consultar con un médico o podólogo. El tratamiento consiste en retirar el exceso de piel por distintos métodos, pero normalmente sin llegar a la piel normal. En las personas mayores el uso de cuchillas o determinados preparados ácidos comercializados para eliminar los callos puede ser peligroso, ya que existe riesgo de causar quemaduras, heridas o infecciones graves, especialmente en los pacientes con diabetes o problemas en la vascularización de los miembros inferiores.

Los **juanetes** o *hallux valgus*, son también más frecuentes en ancianos, aunque pueden aparecer en personas de todas las edades. Aunque pueden estar presentes desde el nacimiento, como un defecto congénito, lo más frecuente es que se ocasione por el uso de zapatos estrechos y con tacón.

El juanete consiste en un desplazamiento lateral del hueso del dedo gordo llamado primer metatarsiano (ver dibujo). Como consecuencia se produce una *subluxación*, que consiste en una pérdida parcial del contacto entre las superficies donde se articulan el primer metatarsiano con el siguiente hueso del dedo gordo o falange proximal.

Desde fuera se ven como un saliente en la cara interna del pie. Suele producir dolor debido a la irritación del calzado. Cuando no se trata puede afectarse a continuación el segundo dedo, dando lugar a un dedo en martillo.

> *El masaje de los pies doloridos es una costumbre útil para aliviar la marcha y favorecer la circulación.*

Utilizar calzado de piel, que permite la transpiración natural.
Observar el desgaste del calzado. Si es irregular puede indicar que exista alguna alteración en los pies.
Si es posible, elegir la talla utilizando medidores de pies, que deben de encontrarse en todas las zapaterías.
Adquirir zapatos que midan de 1/2 a 1 cm más de longitud que el pie.
Comprar el calzado por la tarde, ya que los pies suelen hincharse a lo largo del día.
Al comprar calzado nuevo, asegurarse que no molesta.
No utilizar tacón de más de 4 cm. La base de apoyo debe ser amplia.
Usar zapatos con suela flexible, de cuero en verano y de goma en invierno. Las suelas no deben ser deslizantes.
Los cordones de los zapatos pueden ser peligrosos en determinados ancianos que no sean capaces de anudárselos por sí solos. El zapato más recomendable es el de tipo mocasín.
Las zapatillas deben ser cerradas, ya que las de tipo chancleta predisponen a las caídas.

Consejos respecto al calzado.

> *Los juanetes se forman con más frecuencia en personas que utilizan zapatos estrechos y con tacón.*

El tratamiento más sencillo es utilizar un zapato amplio que no roce con el juanete. Los casos más avanzados pueden corregirse con cirugía.

Los **dedos en martillo** son otra deformidad de los dedos del pie, que se quedan flexionados. Se producen también por el uso de zapatos demasiado ajustados. Sobre el dedo deformado puede aparecer un callo, lo cual aumenta más el dolor.

Se pueden tratar colocando una almohadilla entre el dedo y el zapato, utilizando sandalias u otro tipo de calzado cómodo como zapatillas de deporte, o con cirugía.

La **uña encarnada** consiste en la penetración del borde libre de la uña en la piel que la rodea. Se produce por el uso de zapatos estrechos o por el corte inadecuado de las uñas, demasiado cortas y con el borde redondo. Como hemos comentado deben cortarse en línea recta.

El tratamiento consiste en cortar las uñas de forma adecuada, levantando sus bordes e introduciendo un algodón empapado en alcohol entre la uña y la piel. En los casos más avanzados puede ser necesaria la extirpación de parte de la uña.

> *Los dedos en martillo aparecen también con frecuencia en los ancianos. Se deben al uso de calzado demasiado ajustado.*

Limpieza periódica de los pies.
Evitar baños muy prolongados.
Usar jabón neutro.
Secar bien los pies, especialmente entre los dedos.
Cortar las uñas de forma recta.
Evitar fibras sintéticas en los calcetines. Mejor algodón, lana o hilo.
No ir descalzos en los vestuarios o en lugares muy masificados.

Normas generales para la higiene de los pies.

CUIDADO DE LOS PIES EN LOS DIABÉTICOS

Los ancianos diabéticos necesitan tener un exquisito cuidado con sus pies, ya que debido a su enfermedad son propensos a desarrollar úlceras, que pueden complicarse incluso hasta afectar al hueso. A veces puede incluso ser necesaria la amputación.

Además, los diabéticos puede tener disminuida o anulada la sensación de dolor y de temperatura en sus pies, lo cual hace que sean aún más vulnerables.

Los pies deben ser lavados a diario, con agua templada. Después de un secado minucioso puede aplicarse una crema o una loción.

No se debe andar nunca descalzo, ni emplear productos para eliminar los callos.

Los calcetines o medias no pueden oprimir.

Se deben seguir las recomendaciones dadas previamente para el calzado, teniendo especial cuidado en evitar las zonas de roce.

Otras medidas de prevención primaria como son **cuidar las relaciones sociales, adaptar la** casa a nuestras necesidades o **usar los medicamentos de forma adecuada**, se verán de forma extensa en capítulos específicos.

DIAGNÓSTICO PRECOZ DE ENFERMEDADES. MEDIDAS DE PREVENCIÓN SECUNDARIA

Además de prevenir las enfermedades antes de que aparezcan, también es importante detectarlas a tiempo, en una fase en que sean todavía curables. Como se ha comentado previamente, a este tipo de prevención se le llama secundaria.

Sabemos por estadísticas que en los ancianos se hacen menos pruebas de detección de enfermedades que en el resto de los adultos. Sin embargo la Organización Mundial de la Salud (OMS) recomienda que la edad en si misma no debe ser motivo para no realizar pruebas clínicas útiles para detección precoz de enfermedades.

Es decir, que también deben utilizarse *pruebas* de diagnóstico precoz o *screening* en los ancianos.

Se ha demostrado la utilidad de las siguientes pruebas de prevención secundaria:

DETECCIÓN DE HIPERTENSIÓN ARTERIAL

Más del 60% de la población anciana es hipertensa.

La hipertensión arterial es un riesgo muy importante para desarrollar enfermedades del corazón (enfermedad coronaria), trombosis y hemorragias cerebrales, y otras enfermedades como insuficiencia renal.

Se ha demostrado que tratando correctamente la hipertensión arterial, disminuye el número de muertes causadas por estas enfermedades. Sin embargo por encima de los 84 años no están tan claros los beneficios del tratamiento de la hipertensión arterial con fármacos.

Por lo tanto es muy importante detectar a todas las personas que sean hipertensas.

El problema es que en muchas ocasiones la hipertensión no da ningún síntoma. A veces puede dar dolor de cabeza o sangrados frecuen-

La hipertensión es muy común en la ancianidad. No siempre es necesario consumir medicamentos para su control.

tes por la nariz. Pero lo normal es que el paciente no note nada hasta que aparece alguna de las complicaciones de la hipertensión, como puede ser un infarto. Por eso es importante tomar la tensión cada año o cada dos años.

Los ancianos que ya estén diagnosticados de hipertensión deben hacer un seguimiento más frecuente. En estos casos, se debe tomar la tensión cada mes o cada dos meses, según lo indiquen la enfermera o el médico. No tiene sentido tomarse la tensión cada tres días, o cuando nos acordemos de ella.

DETECCIÓN DE CÁNCER

Cáncer de mama

El cáncer de mama es el tumor más frecuente en las mujeres españolas y también el que da lugar a más muertes.

Las posibilidades de curación dependen del momento en que se diagnostique, por lo que es muy importante el diagnóstico precoz.

El cáncer de mama suele presentarse como una tumoración dura en la mama. Pero lo ideal es diagnosticarlo antes de que crezca tanto que lo podamos palpar.

Existen dos medidas útiles para detectar de forma precoz el cáncer de mama:

1. La primera es la *exploración de la mama* por personal médico o de enfermería entrenado.
2. La segunda es la *mamografía*, que se ha demostrado especialmente útil en el grupo de mujeres entre los 50 y los 70 años.

La mamografía no es una prueba peligrosa. Con los equipos existentes hoy en día, la dosis de radiación que recibe la mama es mucho más baja que con cualquier otra técnica de rayos. Y claramente el beneficio que se obtiene es muy superior al riesgo.

En mujeres con más riesgo, como son las que tienen un familiar de primer grado con cáncer de mama antes de la menopausia, se debe realizar una exploración y una mamografía a partir de los 35 años, con una periodicidad anual.

Cáncer del cuello de útero

El cáncer del cuello de útero, llamado también cáncer de cérvix, es poco frecuente en España si lo comparamos con otros países.

Sin embargo si se detecta a tiempo tiene una probabilidad de curación altísima.

La citología es una técnica útil para detectar células malignas procedentes del cuello de la matriz.

Cáncer de matriz

La mayor parte de los cánceres de matriz se dan entre los 60 y los 70 años. Sólo muy raramente aparecen antes de la menopausia.

El síntoma más precoz y frecuente es la *metrorragia* o sangrado vaginal irregular.

Es necesario en estos casos descartar la presencia de un cáncer de matriz mediante pruebas como el legrado uterino, que permiten ver el tejido del útero al microscopio.

Cáncer de colon y recto

La realización de pruebas de cribaje de toda la población para detectar el cáncer de colon está muy discutida.

Existen dos pruebas útiles para detectar este tipo de cáncer de forma precoz:

1. El análisis de las heces para detectar en ellas sangre oculta.

2. La realización de *sigmoidoscopia,* una prueba que consiste en mirar directamente el colon a través de un tubo con fibra óptica, que se introduce por el ano. Se trata de una prueba molesta.

Los americanos recomiendan determinar si hay sangre oculta en las heces una vez al año a todas las personas mayores de 40 ó 50 años. Sin embargo esta medida no se realiza en muchos otros países.

La realización de sigmoidoscopia de forma periódica sólo estaría indicada en pacientes con un riesgo muy alto de padecer cáncer de colon. Serían aquellos cuyos hermanos o padres hayan tenido cáncer de colon, o con determinadas enfermedades del colon con mucho riesgo de malignizarse.

DETECCIÓN DE PROBLEMAS DE VISIÓN Y DE AUDICIÓN

Es recomendable que los ancianos se revisen la vista y la audición de forma periódica.

Las pérdidas de visión y audición suponen un impacto enorme en la vida de los ancianos, no sólo desde el punto de vista físico, sino también emocional y social.

Dentro de la revisión oftalmológica debe incluirse la medida de la tensión ocular.

La *tensión del ojo* no es lo mismo que la tensión arterial. La tensión ocular es la que ejercen los líquidos que se encuentran dentro del ojo. Cuando esta presión aumenta puede producirse una enfermedad llamada *glaucoma.* Suele aparecer en la edad media de la vida y va evolucionando de forma lenta y gradual, la mayoría de las veces sin dar síntomas. Si no se

SE RECOMIENDA

CONSEJO

1. Realizar una citología vaginal a toda mujer entre 18 y 65 años que haya mantenido o mantenga relaciones sexuales, con una frecuencia entre 1 y 3 años.
2. En personas mayores de 65 años que no se han hecho citologías anteriormente, realizar una durante dos años consecutivos. En caso de que sean normales ya no se requieren más citologías.

controla puede llevar hasta la ceguera. Por ello es tan importante prevenir el glaucoma.

DETECCIÓN DE POLIFARMACIA

La *polifarmacia* se define como la utilización de cuatro o más medicamentos. Muchas veces alguno de ellos puede no estar indicado.

El médico debe prevenir el uso inadecuado de los medicamentos, revisando periódicamente los medicamentos que utilizan sus pacientes.

El paciente también debe de prevenir la polifarmacia. Puede hacerlo:

— Revisando periódicamente con su médico de cabecera la medicación que utiliza.

— Comentando a su médico de cabecera todas las medicaciones prescritas por otros médicos especialistas.

— No tomando medicamentos por su cuenta.

— No mezclando los medicamentos con alcohol.

DETECCIÓN DE RIESGO DE CAÍDAS

Cada año casi uno de cada dos ancianos sufren una caída.

Las consecuencias de las caídas en las personas mayores pueden ser desastrosas.

Los grupos de alto riesgo de tener caídas son los ancianos:

1. Que se hayan caído en el año previo.

2. Que tengan la marcha inestable o que tengan debilidad muscular.

3. Que tomen fármacos que afecten al cerebro.

4. Que tomen 4 o más fármacos.

5. Que sean sedentarios.

6. Que tengan alteraciones en la visión.

7. Que tengan factores inadecuados en sus casas como mala iluminación, suelos deslizantes o escaleras con barandillas inadecuadas.

Se ha demostrado recientemente que controlando los factores de riesgo se pueden prevenir hasta dos de cada tres caídas.

Para controlar los factores de riesgo se recomiendan:

— Medidas de seguridad en la casa.
— Control de los medicamentos.
— Revisión de la visión.
— Ejercicio físico.

DETECCIÓN DE INCONTINENCIA URINARIA

La incontinencia de orina es uno de los problemas ocultos más frecuentes en los ancianos. Afecta al menos a un 15%.

Pero a pesar de su frecuencia y de los problemas de todo tipo que ocasiona (de tipo social, emocional y también económico), las personas no suelen consultar al médico por este problema.

Es importante que el médico pregunte específicamente por este problema, y que los pacientes consulten por él, ya que muchas veces puede aliviarse o incluso curarse.

Se tratará este tema con detalle en el capítulo específico.

DETECCIÓN DE DEMENCIAS

La demencia es relativamente frecuente en el anciano y sus consecuencias pueden ser devastadoras.

Es importante diagnosticarla a tiempo para ayudar a los enfermos y sobre todo a sus familiares a anticiparse y prepararse para enfrentar bien esta enfermedad.

Existen tests que permiten detectar la demencia, aunque como todas las pruebas no están exentos de fallos. Uno de los más conocidos es el llamado "minimental test" o miniexamen cognitivo.

No se ha recomendado el uso de estas pruebas de detección en todos los ancianos de forma sistemática.

Sin embargo sí puede ser útil utilizar estos tests en personas en las que sospechemos que existe un deterioro mental.

Existen también otras pruebas de cribado que no han demostrado tener suficiente eficacia y por tanto no se recomiendan.

Entre ellas están la detección precoz del cáncer de próstata, del cáncer de piel, de enfermedades del tiroides y de la hipercolesterolemia en personas sin síntomas.

Pero la detección precoz no debe ir sólo dirigida a enfermedades orgánicas, sino también a la detección de **incapacidad funcional** y de **precariedad social o familiar**.

Estos aspectos serán comentados más adelante.

REHABILITACIÓN DEL PACIENTE ANCIANO. PREVENCIÓN TERCIARIA

Como ya se ha comentado, como consecuencia del envejecimiento se produce una regresión en las funciones fisiológicas del organismo que comienza a partir de los 30 años. Recordamos aquí algunas de estas alteraciones, especialmente las relacionadas con la rehabilitación y el ejercicio. Las principales alteraciones son:

Sistema musculoesquelético

La disminución de la fuerza y resistencia muscular secundaria a la edad parece producida por una alteración en el tamaño y número de las fibras musculares.

Se ha comprobado que con el ejercicio puede producirse un incremento significativo de la fuerza en sujetos de edad avanzada.

La actividad física es un estimulante del metabolismo óseo, importante para el mantenimiento del sistema esquelético. La alta incidencia de osteoporosis en la población geriátrica está relacionada en parte con la inactividad.

Por ello, el ejercicio físico incrementa el contenido de mineral óseo en los ancianos.

Sistema nervioso

En los estudios realizados en el sistema nervioso central se observan cambios en el electroencefalograma consistentes en el enlentecimiento de la frecuencia dominante, similar a la que se puede ver como resultado de la inactividad física.

Un programa adecuado de ejercicios puede prevenir estas alteraciones del electroencefalograma.

Otros cambios en la función neurológica de los ancianos son el aumento del umbral auditivo, la disminución del sentido del gusto, las alteraciones en el comportamiento y la depresión.

Todo ello mejora considerablemente con la práctica de ejercicio aeróbico de forma habitual.

Sistema cardiovascular

En él se produce una disminución de la capacidad de fuerza con la que bombea el corazón y de la frecuencia con la que late, que podrían incrementarse con un programa de actividad física. Éste también es recomendado en los pacientes que padecen de hipertensión arterial.

Sistema endocrinológico

Con la edad se producen además una serie de alteraciones hormonales (insulina, hormonas sexuales) que también pueden mejorar con el ejercicio.

Por todo ello, el deterioro funcional propio del envejecimiento está, al menos en parte, relacionado con la inactividad.

Y así el ejercicio físico pasa a convertirse en un arma terapéutica fundamental en el mantenimiento y mejora de las funciones fisiológicas del organismo.

ENTRENAMIENTO AL ESFUERZO

La inactividad es una causa importante del deterioro físico que se produce con el envejecimiento. Esta falta de condición física puede dar lugar a la pérdida de la autonomía del anciano para realizar las actividades de la vida diaria.

Se ha demostrado que el ejercicio mejora las constantes fisiológicas, permite realizar las tareas cotidianas con menor fatiga y aumenta las reservas, prolongando así una vida independiente.

Antes de recomendar un programa de ejercicios en el anciano, el médico rehabilitador debe hacer una evaluación clínica completa del paciente: estudio musculoesquelético, respiratorio, cardiovascular y neurológico.

Resulta mucho más rentable para el paciente de edad avanzada practicar períodos cortos de ejercicio alternados con otros de descanso de forma regular a lo largo de la semana, que desarrollar una actividad física extenuante esporádicamente.

Es deseable que este ejercicio involucre a la mayor cantidad de grupos musculares del organismo y que conlleve una actividad tal que no supere la tolerable por la capacidad física del anciano. Es decir, que no se excederá el 80% de la frecuencia cardíaca máxima. Para calcular la frecuencia cardíaca máxima se debe restar a 220 la edad del paciente.

Todas las personas de edad avanzada deben ser animadas a realizar un programa de ejercicio regular, dentro de sus posibilidades. Pueden utilizarse todos los ejercicios aeróbicos tales como marcha, carrera suave, bicicleta o natación, según sus preferencias. La práctica de deporte en grupo puede ser muy beneficiosa para que el anciano compruebe que otras personas de sus características hacen ejercicio y esto le estimule a continuar con ello.

Se debe tener en cuenta que la realización de ejercicio por parte de ancianos debilitados conlleva ciertos riesgos, como son la posibilidad de caídas accidentales, o el compromiso del sistema cardiovascular si se realiza un sobreesfuerzo.

Sin embargo, en la mayoría de los casos pesan más los beneficios que los riesgos, siendo éstos muy pequeños cuando personal especializado supervisa de cerca el entrenamiento.

EL EQUIPO DE REHABILITACIÓN

1. Médico rehabilitador

El tratamiento de rehabilitación en el anciano es más complejo de lo que parece, ya que es necesario un enfoque multidisciplinario.

El especialista mejor preparado para dirigir este equipo de personas es el médico rehabilitador, que lo hace desde un enfoque sanitario-técnico-social, basado fundamentalmente en:

— Una evaluación médica completa dirigida a valorar las actividades que el paciente era capaz de realizar y que la enfermedad le ha discapacitado para ello.

— Una intervención precoz, sobre todo en aquellas situaciones que precisan de una inmovilización del paciente.

— Una coordinación de los componentes del equipo, que con frecuencia tienen que intervenir de forma simultánea.

— Una prescripción del tratamiento que ha de recibir el paciente, con unos objetivos funcionales concretos en cada caso.

— Un asesoramiento al anciano y a su familia sobre los cuidados a seguir en el domicilio.

2. Fisioterapeuta

Será la persona encargada de preservar y mejorar las capacidades funcionales del anciano a través de tratamiento físico.

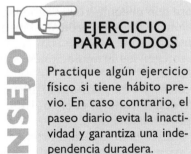

EJERCICIO PARA TODOS

Practique algún ejercicio físico si tiene hábito previo. En caso contrario, el paseo diario evita la inactividad y garantiza una independencia duradera.

CONSEJO

Para ello cuenta con diversas técnicas que se pueden aplicar según las indicaciones del médico rehabilitador:

— **Cinesiterapia**: es el tratamiento basado en ejercicio. Puede consistir en la movilización de las articulaciones de forma pasiva, en la mejora de la fuerza muscular con ejercicio activo, pero estático, o en el trabajo activo y dinámico. Estos deberán indicarse según las condiciones generales del anciano.

— **Hidroterapia**: es el tratamiento basado en las propiedades sedantes del agua caliente y las del empuje hidrostático que disminuye el peso que han de soportar las articulaciones cuando el paciente está sumergido en ella. Está contraindicada en pacientes con mal estado general, escaras, demencia senil, o incontinencia de esfínteres.

— **Electroterapia**: basada en los efectos de la corriente eléctrica y del calor, conocidos desde antiguo, sobre el organismo: analgésico, potenciador muscular, estimulador de la circulación sanguínea local, ... Dentro de ella se pueden diferenciar diferentes técnicas: electroestimulación muscular, corrientes analgésicas (entre ellas el TENS), onda corta, ultrasonidos, microondas, magnetoterapia, láser. Se deben tener en cuenta las contraindicaciones del calor en pacientes con tumores, trastornos de la función cardíaca, insuficiencia adrenal, problemas cutáneos o alteraciones de la sensibilidad.

— **Masaje**: indicado para aliviar el edema, el dolor, la inflamación de los tejidos blandos y para prevenir las escaras y adherencias. Contraindicado en pacientes con trombosis venosa profunda o sobre zonas infectadas o tumorales.

— **Tracciones y manipulaciones**: deben ser muy suaves en los pacientes de edad avanzada debido a la alta incidencia de artrosis de columna y de osteoporosis. Si existe alguna duda es preferible no realizar estas técnicas.

3. Terapeuta ocupacional

Es el profesional encargado de reeducar al anciano en las actividades de la vida diaria (aseo, alimentación, vestido, transferencias, ...).

Se basará para ello en el acondicionamiento del ambiente que le rodea (agarradores en la bañera, altura de los asientos, campanilla en la mesa de noche, apoyos en los pasillos y escaleras), de los utensilios (adaptadores para el peine, para los cubiertos, ...) y en la enseñanza o perfeccionamiento de las habilidades esenciales según las características funcionales de cada paciente.

4. Logoterapeuta

Es el especialista encargado de la rehabilitación del lenguaje.

En geriatría hay numerosas alteraciones que afectan a la comunicación:

— Alteraciones en la articulación del lenguaje o **disartrias**.
— Alteraciones en el tono de la voz o **disfonías**.
— Alteraciones en la compresión y/o en la producción del lenguaje, por afectación del sistema nervioso central o **afasias.**

No se trata de lograr una habilidad lingüística perfecta, sino de que el paciente sea capaz de comprender y de hacerse entender, para evitar las graves consecuencias de la incomunicación en las personas de edad avanzada.

Además, el logoterapeuta interviene en el tratamiento de las alteraciones de la deglución (sólo en las disfagias de origen orofaríngeo).

5. Psiquiatra y/o psicólogo

Su función es la prevención y tratamiento farmacológico o psicoterápico de las alteraciones mentales tan frecuentes en la edad geriátrica. La mayoría de los eventos que suponen encamamiento en el anciano tienen como consecuencia un retraimiento psíquico y social que pueden condicionar desconexión con el medio, depresión, o un empeoramiento de una demencia previa.

Para que la rehabilitación pueda lograr sus objetivos es preciso que el estado de ánimo y cognitivo del paciente sea el mejor posible para poder colaborar con el tratamiento.

6. Trabajador social

También conocido como asistente social, colaborará con el resto del equipo en la ayuda al paciente y a su familia, proporcionando información sobre voluntariado que se ofrece para los cuidados y acompañamiento de ancianos en el domicilio, residencias de la tercera edad, posibilidad de ayudas económicas en su comunidad autónoma o en su ayuntamiento.

7. Técnico ortopedista

Colabora con el equipo de rehabilitación en la fabricación de ortesis y prótesis a medida en aquellos pacientes que las precisan para aliviar el dolor, proteger las articulaciones, o ayudas para la marcha.

Una prótesis es un sustituto artificial de alguna parte que le falte al cuerpo. Un ejemplo sería una prótesis de cadera.

Y una ortesis es un aparato ortopédico que se emplea para prevenir o corregir alguna deformidad, o bien para mejorar las funciones de alguna parte móvil del cuerpo. Un ejemplo sería un bastón o una muleta.

ENFERMEDADES DEL ANCIANO QUE PRECISAN TRATAMIENTO REHABILITADOR

La rehabilitación en las patologías que afectan al paciente de edad avanzada es de gran importancia, debido a la rápida repercusión que tienen sobre su capacidad de movimiento y autonomía del anciano.

Por ello es necesaria una intervención precoz, con el objeto de conservar la mayor funcionalidad posible para volver a realizar las tareas que hacía antes de la enfermedad.

REHABILITACIÓN DEL ENCAMAMIENTO PROLONGADO

Cualquier causa que haga que el anciano tenga que permanecer en cama puede dar lugar a una serie de cambios psicológicos y físicos que hagan difícil la vuelta a su actividad anterior. Estos cambios suelen consistir en ansiedad, lentitud de pensamiento o bradipsiquia y confusión, englobándose éstos en el "síndrome postcaída"; así como: atrofia de la musculatura, retracción de las articulaciones en flexión, alteraciones del equilibrio, úlceras por presión, trombosis venosa profunda, estreñimiento.

Por todo ello, se evitará al máximo la permanencia prolongada en cama, intentando al menos que el paciente se levante al sillón en diferentes momentos del día, y si es posible, ponerse de pie con ayuda de una persona.

Enseguida, y si la patología que padece lo permite, es conveniente la movilización de las cuatro extremidades. Si la debilidad del paciente le dificulta el hacerlo él mismo se hará de forma pasiva (por otra persona). Si no es así, se le animará a mover las articulaciones, levantando brazos y piernas contra gravedad. Esto ayudará a prevenir las trombosis venosas profundas, a recuperar musculatura y a evitar las rigideces articulares.

La reeducación del equilibrio, que con frecuencia se altera en estos casos, se hará primero desde la posición de sentado, sin respaldo, y permaneciendo a su lado para evitar que se caiga. Posteriormente de pie y luego caminando, sirviéndole de apoyo si es necesario.

Si la debilidad es tan importante que el paciente no puede realizar movimiento alguno, al menos es conveniente realizarle cambios frecuentes en la postura en la cama para evitar la aparición de escaras.

REHABILITACIÓN DE LA ARTROSIS

La artrosis es una enfermedad degenerativa que afecta a las articulaciones de la columna vertebral y de las extremidades, en la que se produce un daño progresivo en el cartílago. Esto con el tiempo da lugar a una limitación articular y a una pérdida de la función de las articulaciones afectadas, así como a la aparición de dolor. Una vez que comienza el proceso no es posible la regresión de las lesiones anatómicas. Por eso el tratamiento de esta patología se basa en el manejo del dolor y de las limitaciones.

En las fases agudas de la artrosis es conveniente que la articulación afecta permanezca en reposo y en descarga. Por ejemplo, si se trata de una cadera o de una rodilla se evitará el apoyo completo utilizando un bastón en la mano del lado contrario y no se realizarán largas caminatas. Además se puede instaurar un tratamiento con antiinflamatorios, si no están contraindicados en ese paciente.

En la fase crónica se intentará proteger esa articulación de las sobrecargas, siendo la obesidad la más frecuente de ellas. Se evitará la debilidad muscular mediante ejercicios isométricos e isotónicos. Además se pueden obtener beneficios con el tratamiento de calor local (onda corta, microondas, ultrasonidos, láser, según las indicaciones del médico) y con hidroterapia por el efecto analgésico y relajante muscular que tienen ambos. También se puede utilizar el TENS (estimulación nerviosa eléctrica transcutánea) como corriente analgésica. La artrosis que afecta a la columna vertebral se puede beneficiar del uso de corsés con varillas de refuerzo posterior. En los casos de artrosis de cadera, rodilla u hombro muy sintomáticas y resistentes a los tratamientos ya descritos, puede estar indicada la implantación quirúrgica de una prótesis.

REHABILITACIÓN DE LAS FRACTURAS

Son muy frecuentes en el anciano a consecuencia de la fragilidad ósea y la torpeza de movimientos. Su influencia sobre la autonomía del anciano es mucho mayor cuando afecta a las extremidades inferiores. El "síndrome postcaída" ya descrito es muy frecuente en esta patología por el reposo que precisa para su curación.

Las fracturas más frecuentes en el anciano son:

Fracturas de pelvis

Se seguirán las pautas dadas en el apartado del encamamiento prolongado, realizándose el paso al sillón a partir del séptimo u octavo día.

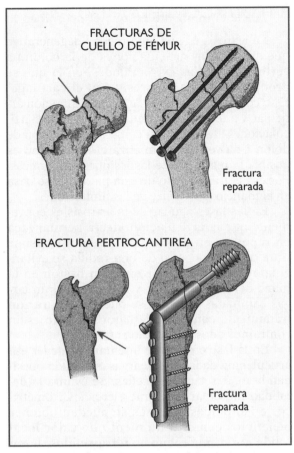

FRACTURAS DE
CUELLO DE FÉMUR

Fractura
reparada

FRACTURA PERTROCANTIREA

Fractura
reparada

Diversos tipos de fractura de cadera y alternativas de reparación quirúrgica (osteosíntesis).

Será necesario un tratamiento analgésico para combatir el dolor. La incorporación a la bipedestación y marcha dependerá de la evolución de la fractura y deberá ser indicada por el médico.

Fracturas de cadera

Tipos de fracturas de cadera:

— **Del cuello del fémur**. Si las condiciones generales del paciente lo permiten, se suele realizar la implantación de una prótesis. Se trata de una intervención quirúrgica importante tras la que serán necesarios varios días de permanencia en cama, limitándose a los cuidados de enfermería y al tratamiento analgésico. Al cuarto o quinto día se podrá comenzar a caminar con ayuda de dos muletas, que se irán abandonando de forma progresiva. Se darán pautas al paciente para prevenir la luxación de la prótesis, como son la de evitar sentarse en asientos muy bajos y el cruzar la pierna operada sobre la otra. Además, si el paciente no es capaz de lograr la deambulación por sí mismo en un tiempo prudencial será conveniente remitirlo a un servicio de rehabilitación para potenciación de la musculatura glútea y la reeducación de la marcha.

— **Pertrocantérea**. Es más frecuente y de mejor pronóstico. No suele ser necesaria la implantación de prótesis, basta con la realización de una osteosíntesis con clavo-placa o placa-tornillos. Dependiendo de la estabilidad lograda con la intervención, el apoyo se podrá realizar antes o después. Esto será indicado por el cirujano, y podrá variar desde la primera semana hasta pasados dos o tres meses de la intervención. Sea como fuere es conveniente seguir las pautas indicadas para el encamamiento prolongado. Se evitará la carga sobre el miembro operado, desplazándose con dos bastones ingleses (muletas).

Fracturas de hombro

Son frecuentes en el anciano así como la rigidez a que da lugar la inmovilización que precisa para su consolidación. Para evitar esta limitación será necesaria una movilización precoz siempre que las características de la fractura lo permitan. En algunos casos estas fracturas precisan de intervención quirúrgica con osteosíntesis o incluso con implantación de prótesis.

Fracturas de muñeca

También son muy frecuentes en el anciano. Se producen cuando en una caída se apoya todo el peso del cuerpo sobre las manos. Es necesaria una inmovilización con yeso y sólo en algunos casos, la cirugía. En el momento en que se retire el yeso se procederá a movilizar la muñeca primero de forma pasiva y luego activa. Facilita la recuperación el realizar baños de contraste: se colocan dos recipientes, uno con agua caliente y otro con agua fría; en el agua caliente se procederá a mover los dedos y la muñeca durante cuatro o cinco minutos, y luego se sumergirá un minuto en el agua fría, repitiéndose la operación varias veces.

Fracturas vertebrales

Están muy relacionadas con la osteoporosis del anciano. Suelen precisar la permanencia en cama dura durante dos o tres semanas con tratamiento analgésico para el dolor y anticoagulante para prevenir las trombosis. Posteriormente, y siempre con la protección de un corsé (que variará según la altura de la vértebra afecta), se comenzará a poner de pie el paciente. Se evitarán las permanencias largas en sedestación por la presión que se ejerce en esta postura sobre la columna dorsolumbar. La retirada del corsé se podrá hacer a partir del tercer mes en que se considera que la mayoría de estas fracturas han consolidado (siempre siguiendo las pautas dadas por el especialista en cada caso determinado).

> *La fisioterapia dirigida por profesionales ayuda a recuperar capacidades perdidas tras la enfermedad o la inactividad.*

REHABILITACIÓN EN NEUROLOGÍA

Rehabilitación de la enfermedad de Parkinson

Esta patología da lugar a importantes limitaciones funcionales en el anciano a consecuencia de las alteraciones del equilibrio con caídas frecuentes, el deterioro psicológico, las alteraciones del lenguaje, de los esfínteres, y osteomusculares. Por ese orden será conveniente:

— La reeducación del equilibrio y la marcha con ayuda de bastones o andadores si es necesario.
— La movilización suave de las extremidades para evitar las actitudes en flexión de los miembros que dificultarán aún más la deambulación.
— La terapia ocupacional a través de la cual se le ofrecerán las ayudas técnicas necesarias para conservar su autonomía para la realización de las tareas cotidianas (comer, vestirse, asearse, ...).
— La logoterapia, realizando ejercicios de lectura en voz alta para ejercitar la modulación del sonido y la articulación del lenguaje.

Rehabilitación de la hemiplejia

La hemiplejia es la parálisis de un lado del cuerpo que puede ir acompañada o no de afectación del habla (afasia), y que suele ser causada por una alteración vascular cerebral aguda (trombosis, embolismo, hemorragia). Tiene una alta incidencia en las personas de edad avanzada y puede dar lugar a una discapacidad importante.

Su tratamiento rehabilitador irá encaminado a prevenir el dolor por la parálisis, a reeducar la marcha y el habla, y a enseñar al paciente las actividades de la vida diaria lo mejor posible con el déficit funcional residual tras la estabilización del proceso.

La movilización pasiva suave de las extremidades afectas ayudará a evitar las rigideces articulares y el dolor que se produce a consecuencia de ellas. Si la mano o el pie adoptan posiciones rígidas y dolorosas se pueden prescribir ortesis por parte del médico rehabilitador, consistentes en férulas de reposo que mantiene las articulaciones en posición neutra y funcional.

Desde el momento en que el neurólogo lo permita, se procederá a levantar al paciente al sillón. Después se comenzará con la reeducación del equilibrio sentado y de pie. Sólo si hay fuerza suficiente en la pierna del lado afecto para levantarla contra gravedad, y si no hay una afección importante del equilibrio, se procederá a la reeducación de la marcha.

REHABILITACIÓN DE LA AMPUTACIÓN

En pacientes ancianos con enfermedades intercurrentes como diabetes, patología cardiovascular o respiratoria, es frecuente la existencia de afección arterial grave que pueda llevar a la amputación de una extremidad. La posibilidad de adaptar una prótesis que permita al paciente volver a caminar dependerá de varios factores:

— El estado general del paciente: la sobrecarga cardíaca que precisa la deambulación con prótesis hace que esté contraindicada en enfermos con cardiopatía de base o con mal estado general.
— El nivel de amputación: por lógica es mucho más fácil de manejar y supone menos esfuerzo cuando la amputación se realiza por debajo de la rodilla que cuando es al nivel del muslo.

En los casos que esté contraindicada la adaptación de una prótesis funcional, se puede indicar otra con fines estéticos para conservar la integridad corporal del anciano y evitar la inadaptación social a que puede dar lugar la amputación.

Si se va a proceder a protetizar al anciano sería conveniente comenzar la rehabilitación antes de la intervención quirúrgica, con ejercicios isométricos para fortalecer el miembro afecto. Después de la cirugía se darán pautas al paciente de cómo cuidarse el muñón: la limpieza de la cicatriz y la colocación adecuada del miembro para evitar posturas en flexión que dificulten luego la adaptación de la prótesis.

Cuando se hayan retirado los puntos de sutura y el estado de la cicatriz lo permita se comenzará a realizar vendajes modeladores del muñón. En el momento en el que el diámetro de éste se estabilice, el técnico ortopedista tomará las medidas para fabricar la prótesis. Durante este tiempo se continuarán realizando ejercicios isométricos de cuádriceps y glúteos, y movilización activo-asistida de cadera y rodilla; así como potenciación de los miembros superiores para facilitar la marcha con muletas. Una vez adaptada la prótesis se procederá a reeducar la marcha, primero en las barras paralelas, después con bastones y finalmente, si es posible, sin apoyos.

REHABILITACIÓN DE LA INCONTINENCIA URINARIA

La incontinencia urinaria en el anciano suele responder a varios factores, por lo que su rehabilitación ha de ser multidisciplinaria. El paciente debe ser tratado según sus ritmos, posibilidades físicas, temores psicológicos y dificultades de comprensión propias de la edad avanzada. El terapeuta encargado de su reeducación debe tener un dominio correcto de las técnicas, además de humor e inventiva para adaptarse a las diferentes situaciones de cada paciente.

El envejecimiento afecta al aparato urinario en varios puntos:

1. El sistema nervioso que regula la micción: con la edad se produce una disminución o desaparición de la sensación de necesidad de orinar.

2. El sistema muscular de la vejiga y los esfínteres: pierde elasticidad y lleva a la reducción de la capacidad vesical y la disminución de fuerza en el esfínter para contener la orina.

3. El sistema endocrino, alguna de cuyas hormonas actúan también en la regulación de la micción. En la mujer el descenso de los estrógenos produce una disminución en la elasticidad de la uretra.

Después de una exploración clínica y un interrogatorio sobre las características de la micción del paciente se puede comenzar el programa de reeducación. Para ello se dispone de varios tipos de técnicas:

A) Terapias conductistas

Se instruye al paciente sobre el origen de sus trastornos, y se le insta a orinar según un horario fijo, aunque no sienta deseos en ese momento. Esta programación puede hacerse en base a los hábitos previos del anciano.

B) Técnicas de reeducación del periné

Con ellas se pretende ejercitar la musculatura del suelo de la pelvis para aumentar la fuerza de cierre del esfínter uretral, y evitar así el escape involuntario de la orina. Se realiza en tres etapas fundamentales: una toma de conciencia del periné, un trabajo de fortalecimiento muscular y, por último, la integración de este aprendizaje en la vida cotidiana.

Los terapeutas pueden ayudarse de ondas de registro que proporcionen un control visual y auditivo de la intensidad de contracción y que favorezcan la toma de conciencia del paciente (*biofeedback* o retroalimentación positiva).

También se puede potenciar la musculatura del periné con la electroestimulación, aunque no todos los pacientes se ofrecen a ello por la cercanía del umbral de contracción y el de dolor con esta técnica.

44 LA IMPORTANCIA DE LA NUTRICIÓN

INTRODUCCIÓN

En la sociedad actual los temas relacionados con la alimentación, la salud, la obesidad y las dietas, son temas de interés creciente. Por un lado vivimos en una sociedad consumista, bombardeada por los intereses de la industria alimentaria, con hábitos sedentarios ampliamente extendidos, y por otro, el conocimiento de que estos hábitos son nocivos para nuestra salud, y la presión social para conseguir una silueta esbelta, hace que sean muy populares las dietas y procedimientos para una pérdida de peso rápido, más que una tendencia a mantener hábitos de vida en su conjunto saludables.

En la sociedad actual los temas relacionados con la alimentación, la salud, la obesidad y las dietas, son temas de interés creciente, y que por supuesto, afecta tanto a las personas mayores.

gía. Una kilocaloría es la cantidad de calor necesaria para elevar un grado centígrado un litro de agua. Esta energía se desprende al combustionar una cantidad de alimento que genere una kilocaloría.

Cada tipo de alimento tiene un poder energético: las proteínas 4 kcal por cada gramo, los glúcidos 4 kcal/g, y los lípidos 9 kcal/g.

LA DIETA BASAL

La dieta basal es aquella que cubre las necesidades energéticas habituales del individuo sano. El organismo vivo necesita energía que toma del exterior en forma de alimento, para cubrir su actividad metabólica y funciones biológicas diarias. Según la edad, el sexo, la talla y el peso, y el ejercicio físico realizado habitualmente, la dieta basal tendrá una cantidad de calorías totales diferente.

La caloría en dietética (o más correctamente kilocaloría —kcal—), es una medida de ener-

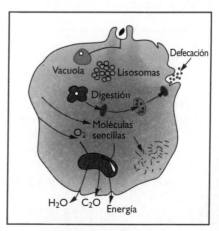

La nutrición representa a nivel celular lo que la alimentación supone para el individuo.

Para calcular las necesidades energéticas de cada individuo, se han ideado diferentes sistemas: por un lado, calculando las necesidades mínimas para mantener unas necesidades basales en reposo, el llamado metabolismo basal, sumándose la estimación de necesidades por consumo de energía durante el ejercicio. El metabolismo basal (MB) se ha medido por estimación del consumo de oxígeno y otras técnicas. Una forma indirecta de medirlo es la fórmula de Harris y Benedict:

> Varones MB = 66,47 + (13,7 × peso real en kg) + (5 × talla en cm) – (6,8 × edad) kcal.
> Mujeres MB = 65,5 + (9,6 × peso real en kg) + (1,8 × talla en cm) – (6,8 × edad) kcal.

El gasto energético varía: 400-800 kcal/día en personas sedentarias; 800-1.200 kcal/día en ejercicio ligero, 1.200-1.800 kcal/día en personas que realizan ejercicio activo; y 1.800-4.500 kcal en personas que realizan ejercicios pesados.

Por tanto los requerimientos calóricos diarios para una persona con normopeso y sana se pueden calcular como la suma del metabolismo basal y los requerimientos por ejercicio. En situaciones especiales de estrés (fracturas, fiebre y otras enfermedades), los requerimientos aumentan. Son fórmulas orientativas, ya que existen diferencias individuales.

Una dieta equilibrada no sólo consiste en comer las calorías adecuadas, sino que estén distribuidas en proporciones correctas en los diferentes tipos de nutrientes. Esto no significa que deba ser una dieta rígida, sino una serie de recomendaciones adaptadas a las peculiaridades del individuo, a la disponibilidad de los alimentos, y a los gustos. La proporción recomendada es la siguiente:

- 15% de proteínas, de las cuales dos tercios deben ser de alto valor biológico, de origen animal, y un tercio de origen vegetal.
- 30% de lípidos: con una distribución de menos de 10% de saturados (origen animal),

La vida sedentaria es uno de los factores más implicados en la obesidad. Un problema directamente responsable es la televisión: el número de horas que niños y adultos pasan inactivos delante del televisor aumenta con el progreso de la sociedad de consumo y se ha demostrado, además, que una de las actividades que con mayor frecuencia se realizan ante un televisor en funcionamiento es comer.

menos de 7% de poliinsaturados y entre un 15 y un 20% de monoinsaturados (aceite de oliva).

- 55% de hidratos de carbono, con predominio de los complejos de absorción lenta, y no sobrepasar el 10% del valor calórico total de azúcares simples.

Esto se traduce en comer poco azúcar y mantequilla, la mayoría de la grasa en forma de aceite de oliva, comer moderadamente lácteos, carnes, pescados y frutos secos, y comer mucha verdura, frutas, legumbres y cereales, (mejor los integrales). El adecuado aporte de vitaminas, minerales y fibra, se consigue siguiendo las citadas recomendaciones, que deben adaptarse según la edad y el sexo.

Algunas particularidades nutricionales y dietéticas según edad y situaciones especiales vienen recogidas en las siguientes recomendaciones.

Recomendaciones en la vejez

— Las necesidades calóricas suelen disminuir en un 25% respecto a los 25 años.

— Las necesidades proteicas son relativamente altas, así como las de vitaminas y hierro.

— No debe abandonarse el consumo de carnes, pescados, verduras ni lácteos.

— Es muy importante la ingesta de agua, que está frecuentemente descuidada en las personas mayores.

— Vigilar la capacidad de masticar, y si fuera necesario triturar los alimentos, antes que prescindir de ellos.

PROBLEMAS DE LA NUTRICIÓN

LA OBESIDAD

Muchas personas reconocen su obesidad, pero la mayoría lo encuentran como un mero problema estético. La obesidad supone mucho más. Además de una carga física para la actividad diaria, predispone y agrava muchas enfermedades, y puede llegar a ser mortal. Diabetes, hipertensión arterial, aumento de colesterol y triglicéridos, que a su vez predisponen a enfermedades del corazón como el infarto, o la artrosis, están íntimamente ligadas al padecimiento de obesidad, y en la mayoría de los casos, estos problemas mejoran sustancialmente o se corrigen al bajar peso.

La obesidad es una enfermedad multifactorial, en la que la principal causa es el desequilibrio entre gasto e ingesta. Pequeños desequilibrios en favor de la ingesta durante años, pueden significar aumento de peso progresivo.

Por ejemplo, si un individuo consume un exceso de 100 calorías por día, en un año habrá ganado unos 4,5 kg, y en 10 años 45 kg. En este equilibrio o desequilibrio, interviene la dieta, el ejercicio físico habitual, y el metabolismo basal, que difiere en cada persona.

El exceso de calorías, si se ingieren en forma de grasas, se deposita más fácilmente en el tejido adiposo que sí es consumido en forma de carbohidratos o proteínas.

En algunas personas la obesidad es un problema secundario, causado por otra enfermedad. Pueden ser causa de obesidad: el hipotiroidismo, la enfermedad de Cushing, el insulinoma, enfermedades del hipotálamo. Todas suelen cursar con otros síntomas.

El metabolismo basal, o consumo de calorías en reposo por nuestro organismo, puede disminuir al realizar una dieta con restricción calórica, y por ello a muchas personas les cuesta mucho perder peso. Es necesaria una dieta mantenida y un aumento del gasto en forma de ejercicio físico para tener éxito.

Determinar el grado de obesidad

Una manera de medir el grado de obesidad es con el llamado índice de masa corporal (IMC o BMI en inglés —*body mass index*—), cuyo cálculo se puede hacer mediante la fórmula:

$$IMC = peso\ (Kg) / talla^2\ (m)^2$$

Existen representaciones gráficas, llamadas normogramas, que permiten un cálculo aproximado y rápido del IMC.

El IMC de una persona con normopeso es 22, el IMC aumenta según el grado de sobrepeso. Se considera sobrepeso un IMC entre 24 y 29 y obesidad propiamente dicha a partir de 30.

IMC kg/m²	Riesgo para la salud
22	normal
22-23	pequeño incremento del riesgo
24-29	bajo riesgo (sobrepeso)
30-39	riesgo moderado (obesidad)
más de 40	alto riesgo

Aunque el IMC se correlaciona con el exceso de grasa corporal, no tiene en cuenta su distribución. Las personas con acumulación de tejido adiposo en todo el tronco, "con forma de

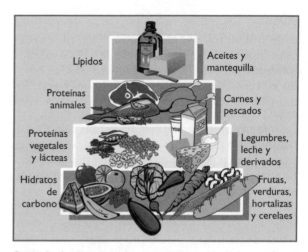

Pirámide de alimentos.

manzana", y hombros anchos, tienen mayor predisposición a padecer enfermedades como la diabetes, la hipertensión, infarto cardíaco, e infarto cerebral; las personas obesas con una distribución de la grasa en glúteos y caderas, "en forma de pera", tienen más facilidad para padecer varices, y problemas articulares, como la artrosis y problemas de la espalda.

Tratamiento del sobrepeso y la obesidad

Se aconseja una valoración médica que descarte problemas asociados, y proporcione recomendaciones individualizadas. De forma general, el tratamiento del sobrepeso y la obesidad, se realiza con dieta, ejercicio físico, y modificaciones de los hábitos en general. La pérdida de peso es un proceso lento y progresivo, de meses y años, cosiguiendo modificar las costumbres previas hasta hacer nuestras otras más saludables. Las pérdidas de peso rápidas con medidas excepcionales (dietas de muy bajas calorías) son rápidamente abandonadas, con un efecto rebote: se acaba ganando más peso que el que se perdió.

En personas mayores, con enfermedades asociadas, u otros factores de riesgo cardiovascular (fumador, diabetes, hipertensión, hiperlipidemia), o IMC mayor de 30, es aconsejable una valoración médica previa, y siempre instaurar programas de ejercicio escalonados.

Modificación de hábitos. Es importante identificar cuales son las situaciones de mayor ingesta calórica. Por ejemplo, hay muchas personas con sobrepeso que aunque las comidas en la mesa son equilibradas, realizan múltiples aperitivos entre horas de gran poder calórico. Para identificar esos hábitos es muy útil el realizar un diario. Se intentarán reducir los lugares y los tiempos de pica, y sobre todo se sustituirán alimentos muy calóricos por otros poco calóricos: por ejemplo sustituir los frutos secos por tiras de verdura cruda (apio, zanahoria, pepino). También es interesante que estos esfuerzos se realicen en grupo: comenzar la dieta todos los miembros de la familia con sobrepeso, o un pequeño grupo de amigos, o grupos de apoyo de control médico. Otra ayuda es fijarse metas y recompensas.

Mantenimiento del peso. Es lo más difícil en el tratamiento de la obesidad, pero en absoluto es imposible. La pérdida de peso se ha realizado lentamente, con un programa regular de ejercicio físico y con la identificación de los desequilibrios y alimentos responsables del exceso calórico. Hay que aprender a reconocer cuales son los momentos de peligro y de abandono de todos los logros conseguidos, anticiparse a ellos y tener las soluciones pensadas antes de que las situaciones reales se presenten. Por ejemplo, cuando se come fuera de casa, o en las fiestas, tener la estrategia planteada: "comeré ensaladas, no probaré los frutos secos ni las patatas fritas, beberé zumos de fruta natural o agua mineral" etc. Cada persona debe identificar sus momentos de riesgo y buscar sus propias soluciones.

Fármacos. Muchos fármacos han sido estudiados para el tratamiento de la obesidad, pero ninguno con resultados satisfactorios. Los fármacos con efectos tipo anfetamina o las hormonas tiroideas han sido totalmente abandonados por sus graves riesgos para la salud, los diuréticos hacen perder líquidos, pero no adelgazan. Más modernamente se han usado inhibidores del apetito, pero también poseen efectos secundarios (corazón y pulmón, depresión al suspenderlo

bruscamente) además de perder eficacia en tratamientos largos. Algunos fármacos antidepresivos también se han utilizado como tratamiento de la obesidad, con resultados modestos y transitorios. En conclusión, en el tratamiento de la obesidad, no sólo es problema la pérdida, sino también el mantenimiento del peso conseguido.

Cirugía. Existen varias técnicas quirúrgicas para el tratamiento de la obesidad. Son dos tipos generales: las que disminuyen la capacidad del estómago, limitando el volumen de comida que la persona es capaz de ingerir, y las que excluyen un tramo de intestino, disminuyendo la absorción de los alimentos, o técnicas combinadas. Todas las técnicas quirúrgicas son muy agresivas y están sujetas a riesgos, complicaciones de la cirugía y fracasos. Por eso sólo se plantean en la obesidad extrema.

TRASTORNOS DEL METABOLISMO DE LOS LÍPIDOS

Hiperlipidemias

Las alteraciones en los lípidos se han demostrado relacionadas con enfermedades cardiovasculares. El aumento de colesterol en sangre aumenta la frecuencia de infarto de miocardio, e infarto cerebral, que disminuyen al disminuir el colesterol sanguíneo. En concreto la responsable es la fracción del colesterol de baja densidad (LDL).

El colesterol que se absorbe en el intestino proviene de la dieta por un lado, y de la fabricación hepática y transformación en ácidos biliares, por otro. Pasa a la sangre en forma de partículas junto con fosfolípidos y distintas proteínas, distinguiéndose partículas de distintas densidades. Estas partículas transportan el colesterol hasta los tejidos. La LDL es la principal partícula que descarga el colesterol en las paredes de las arterias, contribuyendo a la formación de las placas de ateroma. La partícula de alta densidad o HDL, por el contrario, transporta el colesterol desde los tejidos al hígado, con un importante efecto protector de aterosclerosis. El colesterol alto multiplica el riesgo de problemas cardiovasculares si se asocia a hipertensión, tabaco, diabetes mellitus, obesidad, edad avanzada o antecedentes familiares cardiovasculares.

La mayoría de las personas con el colesterol LDL alto tienen una hipercolesterolemia multifactorial. Una predisposición familiar (poligénica, no se encuentra una alteración enzimáti-

CONSEJO

COMPLICACIONES DE LA OBESIDAD

- Diabetes mellitus.
- Fatiga, falta de aire, sobre todo con el ejercicio.
- Pausas de apnea.
- Enfermedad isquémica del corazón.
- Gota.
- Cálculos en la vesícula biliar.
- Síndrome del ovario poliquístico.
- Estrías en la piel
- Artrosis.
- Hipertensión.
- Aumento de colesterol y triglicéridos.
- Isquemia e infarto cerebral.
- Algunos cánceres.
- Problemas hepáticos como la esteatosis.
- Pseudotumor cerebral.
- Cardiomiopatía.
- Infecciones de la piel, como intertrigo.
- Acantosis nígricans.
- Muerte súbita.

ca única), asociada a una dieta incorrecta y un deficiente ejercicio físico, son los tres pilares de la mayoría de las hipercolesterolemias. El equilibrio entre LDL y HDL se rompe a favor del primero, cuando la dieta es rica en colesterol y ácidos grasos saturados, y cuando se consume un exceso de calorías. A veces se suma la toma de fármacos o alcohol. Pocas veces es secundaria a otra enfermedad: cirrosis biliar primaria, hipotiroidismo, diabetes mellitus y otras, y las menos se debe a la deficiencia de una enzima específica heredada de los padres.

El exceso de triglicéridos en sangre puede estar en relación a dietas hipercalóricas y obesidad, a exceso de alcohol, diabetes, hipotiroidismo y fármacos (anticonceptivos orales). Se relaciona con pancreatitis, y probablemente también tenga un papel negativo en la arteriosclerosis.

	Pan	Patatas	Verdura	Fruta	Leche	Carne y pescado	Aceite
	Rebanadas	Unidades	Cucharadas	Unidades	Vasos	Gramos	Gramos
Niños 1-3	2-4	1-2	1-2	1	3	75	20-30
Niños 4-6	3-5	1-3	2	1	4	100	30-40
Niños 7-10	4-6	2-4	4	1	4	100	35-45
Chicas 11-15	5-7	4-6	4	1	4	100	40-50
Chicos 11-15	7-9	5-7	4	1	4	100	50-60
Chicas 16-19	5-7	4-6	4	1	4	100	40-50
Chicos 16-19	9-11	5-7	4	1	4	100	60-70
Mujeres 20-34	4-6	4-6	4	1	3	100	35-45
Hombres 20-34	7-9	5-7	4	1	3	100	50-60
Mujeres 35-54	3-5	3-5	4	1	3	100	30-40
Hombres 35-54	5-7	3-5	4	1	3	100	40-50
Mujeres mayores de 55	3-5	3-5	4	1	3	100	30-40
Hombres mayores de 55	5-7	3-5	4	1	3	100	40-50

Para mantener el peso ideal se debe seguir una dieta equilibrada que incluya, sobre todo, alimentos ricos en vitaminas, minerales y fibra, y pobres en grasa de origen animal.

Tratamiento de la hiperlipidemia

El primer pilar del tratamiento de las hiperlipidemias es la *dieta*. Debe disminuirse el consumo de grasas totales, y proporcionalmente de grasas saturadas y colesterol. Las carnes grasas, embutidos, la yema de huevo, algunos derivados lácteos y el aceite de palma y de coco, son muy ricos en grasas saturadas y colesterol y deben ser restringidos al máximo. Los ácidos grasos monoinsaturados tienen un efecto protector en la aterosclerosis: del total de grasas la mayoría se recomienda como aceite de oliva. Las poliinsaturadas se encuentran en los aceites de pescado y maíz y girasol, con restricción menos estricta que para grasas saturadas.

Si existe sobrepeso es importante la restricción calórica total. También es interesante realizar un ejercicio físico regular.

Cuantos más factores de riesgo cardiovascular existan, más importante será una dieta estricta. En muchas ocasiones la dieta no es suficiente y es necesario añadir tratamiento farmacológico, que suele ser necesario de por vida.

Hipolipidemias

La disminución de lípidos en sangre suele estar asociada a otras enfermedades como el hipotiroidismo, la malnutrición, malabsorción gastrointestinal o anemia, o encontrarse en el rango bajo de la normalidad; no teniendo significación clínica por sí misma.

Pocas veces es debida a alteraciones hereditarias del metabolismo de los lípidos: en la hipobetalipoproteinemia la LDL está disminuida, no hay clínica; en las abetalipoproteinemia o síndrome de Bassen-Korzweig o acantocitosis, hay retraso mental y heces grasas entre otros; y en la enfermedad de Tangier o analfalipoproteinemia hay descenso de HDL, polineuropatía y depósitos de colesterol en hígado y bazo.

Otros trastornos raros del metabolismo de los lípidos son la xantomatosis cerebrotendinosa y la sitosterolemia.

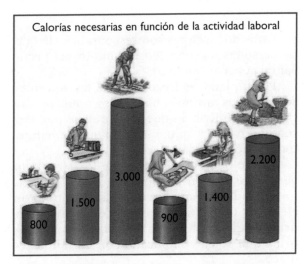

Calorías necesarias en función de la actividad laboral

800 1.500 3.000 900 1.400 2.200

La cantidad de calorías que necesita un adulto varía en función del sexo, la actividad laboral y el ejercicio. Se considera que la mujer debe ingerir como mínimo unas 1.400 calorías diarias, mientras que el hombre necesita 1.700.

45 PROBLEMAS MÉDICOS FRECUENTES EN EL ANCIANO

CARACTERÍSTICAS DE LA ENFERMEDAD EN EL ANCIANO

La enfermedad en los ancianos está influida por dos factores muy importantes:

— En primer lugar, por los cambios fisiológicos que se han ido produciendo en la persona con la edad, comentados con detalle en la sección de envejecimiento.

— En segundo lugar, por la imagen que la sociedad y los propios ancianos tienen de ellos mismos.

Estos dos factores son responsables de que las personas mayores tengan una forma peculiar de ponerse enfermas.

Por un lado, es frecuente que las enfermedades en los ancianos no se presenten con los síntomas típicos, lo que hace que se puedan confundir unas con otras. Es lo que llamamos "presentación inespecífica"

Puede ocurrir también que los síntomas que aparezcan en el anciano correspondan a un órgano diferente al que está enfermo. Por ejemplo, tener fatiga cuando en realidad el origen del problema es una infección de la orina que se ha complicado con un fallo cardíaco.

En los ancianos no es raro que las enfermedades no den la cara, y permanezcan "ocultas". De esa forma, a no ser que el médico las bus-

> Casi el 60 por 100 del consumo total de los fármacos lo realizan personas mayores de sesenta y cinco años.

que específicamente, es posible que no sean diagnosticadas ni tampoco tratadas.

Para complicar aún más el panorama, es muy frecuente que las personas mayores presenten más de una enfermedad a la vez. En estos casos no sólo los síntomas se mezclan unos con otros, sino que también interactúan entre sí los tratamientos de cada una de las enfermedades. Es lo que se llama "pluripatología".

PPROBLEMAS QUE APARECEN CON EL USO DE FÁRMACOS EN EL ANCIANO

Una vez revisadas las características que hacen al anciano más sensible para la aparición de problemas relacionados con los medicamentos que toma, expondremos cuáles son éstos, y posteriormente cuáles son las posibles soluciones para ellos.

Aumento de las reacciones adversas

Estas reacciones son cualquier respuesta producida por un fármaco que sea nociva y requiera el ajuste o suspensión de dicho fármaco.

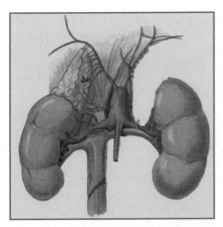

La modificación del funcionamiento renal en la vejez es el mecanismo de intoxicación más común por fármacos.

Los ancianos sufren con más frecuencia la aparición de estas reacciones. Se calcula que alrededor del 10% de las admisiones hospitalarias tienen como motivo principal estas reacciones, y que son una importante causa de estancia hospitalaria prolongada.

Existen dos tipos de reacciones adversas:

1. Tipo A, que tienen relación directa con las dosis empleada, y por esto mismo son previsibles

2. Tipo B, imposibles de predecir y dependientes de la susceptibilidad individual de cada persona para un fármaco concreto.

Las manifestaciones de las reacciones adversas son muchas y variadas, tanto que pueden llegar a parecer una nueva enfermedad. En el anciano estas manifestaciones pueden ser menos llamativas y agudas que en el resto de población, lo que dificulta su reconocimiento como tal reacción y facilita su confusión con problemas de salud previos o nuevos, con el peligro de introducir o reforzar medicaciones en lugar de suprimir o ajustar las ya utilizadas.

Las manifestaciones más frecuentes y por ello a las que hay que prestar mayor atención para su detección precoz son:

Indigestión, náuseas o vómitos.
Estreñimiento o diarrea.
Dolor abdominal, hemorragia digestiva.
Incontinencia urinaria y anal.
Lesiones en la piel.
Mareos o sensación de inestabilidad.
Temblor, lentitud en los movimientos y rigidez.
Caídas.
Inquietud, agitación.
Confusión.
Depresión.

Hay que recordar algunos fármacos que, por la frecuencia en que son utilizados y por sus posibles graves efectos secundarios adversos, deben ser vigilados especialmente.

Aquí exponemos los más significativos y las reacciones adversas que pueden provocar:

— Tranquilizantes, sedantes y medicinas para dormir: confusión, somnolencia, agitación, alteraciones de la postura y el movimiento...

— Anticoagulantes (Sintrom®): hemorragias.

— "Pastillas para el azúcar" (antidiabéticos orales) e insulina: bajada de azúcar en la sangre, bajo nivel de conciencia, apatía...

— Aspirina® y otros antiinflamatorios no esteroideos: dolor abdominal, hemorragia digestiva, insuficiencia renal...

— Digoxina®/ Lanacordín®: alteraciones del ritmo cardíaco, náuseas o vómitos, agitación o somnolencia.

— Diuréticos: bajada brusca de la tensión arterial, alteraciones en la proporción de las sales del organismo...

Interacciones medicamentosas

Decimos que se produce una interacción medicamentosa cuando un fármaco altera la intensidad del efecto de otro administrado al mismo tiempo, pudiendo ser el resultado final un aumento o una disminución del efecto de uno o de ambos fármacos.

Esto conduce a que, por medio de interacciones medicamentosas entre dos o más medicinas, se pueda aumentar el nivel de uno de ellos hasta ser tóxico; y a que se pierda o disminuya la eficacia de uno y se produzca un fracaso del tratamiento. Así, las interacciones medicamentosas son una causa frecuente de reacciones adversas.

Los ancianos, como ya se ha comentado, suelen recibir varias medicaciones al mismo tiempo (*polimedicación*) por padecer varias enfermedades simultáneamente (*pluripatología*), y esto unido a su comentada "fragilidad para los fármacos" les convierte en los principales sufridores de los efectos de estas interacciones. Por supuesto, a más medicaciones empleadas, más interacciones entre ellas, y más y mayores efectos secundarios adversos.

Hay varios medicamentos que deben ser especialmente vigilados si son administrados con otros:

— Anticoagulantes (Sintrom®).
— Digoxina®/ Lanacordín®.

La peor tolerancia a los fármacos en la vejez aconseja, en ocasiones, a monitorizar los niveles del medicamento mediante análisis de sangre.

— Tranquilizantes, sedantes y pastillas para dormir.

— Medicinas para las crisis epilépticas.

— Antibióticos, antimicóticos y antituberculosis.

La automedicación

Los ancianos prefieren muchas veces tomar tratamientos que conocen de veces anteriores o que han seguido otros familiares por síntomas similares, en lugar de tener que acudir al médico y seguir un tratamiento prescrito y que probablemente conlleve modificaciones en hábitos de vida (dieta, ejercicio, adaptación a las horas de las tomas...).

Aproximadamente un 70% de nuestros ancianos toma medicación no recetada, al interpretar algunos síntomas (debilidad, falta de apetito y pérdida de peso, estreñimiento, dolor torácico, falta de aire, hinchazón de piernas, dolores articulares, dolor de cabeza o fiebre) que consideran menores, como achaques de la edad.

Esto tiene varias consecuencias. La primera, el no consultar con el médico cualquier nuevo síntoma puede retrasar el diagnóstico de una enfermedad que sea curable, o al menos necesite una medicación especial.

La segunda, la aparición de reacciones adversas no previsibles al desconocer el personal sanitario toda la medicación que el paciente toma, y las posibles interacciones entre los fármacos recetados y los auto-administrados.

Incluso el uso de medicamentos teóricamente menos peligrosos, como la aspirina y los laxantes, pueden desequilibrar el estado de una persona mayor que sufra varias enfermedades y que requiera la utilización de varias medicinas para su control.

Mal cumplimiento del tratamiento

Este problema pone en peligro la efectividad del tratamiento. Se calcula que el 50% de los ancianos cumplen mal el tratamiento pautado por el médico; es decir, que no realizan todas las tomas o, por el contrario, toman más de lo indicado, o que no siguen el tratamiento de manera continua ni durante el tiempo necesario.

Los motivos del mal cumplimiento del tratamiento son varios:

La polimedicación es el principal. La utilización de varios medicamentos al mismo tiempo dificulta la correcta administración de todos ellos. "Cuantos más medicamentos se toman, menos posibilidades de tomarlos bien". Esto es entendible pues primero, supone la comprensión de una difícil "dieta de medicinas" y segundo, su seguimiento durante mucho tiempo.

La falta de información detenida por parte del personal sanitario acerca de qué fármaco, para qué, cuánto, cuándo, cómo y durante cuánto tiempo se debe tomar, y sobre las posibles reacciones adversas que puedan aparecer.

Las limitaciones que los ancianos tienen para el manejo diario de las medicinas por sus frecuentes alteraciones en la vista, sus olvidos y confusiones, sus problemas para abrir algunos envases, las dificultades para leer la letra de los prospectos, la tendencia a "coleccionar medicinas"...

CONSEJOS PARA EVITAR LA APARICIÓN DE PROBLEMAS RELACIONADOS CON LOS FÁRMACOS EN EL ANCIANO

Control médico del anciano

El médico de cabecera debe conocer al paciente anciano antes de comenzar cualquier tratamiento. Debe realizar una valoración general geriátrica que incluya:

— Los antecedentes personales: enfermedades, factores de riesgo cardiovasculares (hipertensión arterial, diabetes, colesterol alto y obesidad), alergias y hábitos tóxicos (fumar y beber alcohol).

— La situación normal del anciano: cómo se encuentra, qué limitaciones tiene en sus actividades, cómo ve y oye, cómo está de memoria y de ánimo, y con quién y dónde vive.

— Una exploración física general y un análisis para determinar el estado de nutrición e hidratación y el funcionamiento de los órganos esenciales (cerebro, corazón, pulmones, hígado y riñones).

Esta valoración se debe repetir periódicamente para detectar cambios en la situación del anciano que conduzcan a modificaciones o ajustes de los tratamientos.

Además, el médico ha de diagnosticar la enfermedad antes de tratar, y cuando inicie el tratamiento hacerlo con un objetivo claro y adaptado a cada paciente.

Lista de los medicamentos

Todos los medicamentos tomados por el anciano, los recetados por cualquier médico y los que se toman por iniciativa propia, deben quedar registrados en una lista.

Esta lista debe ser actualizada con periodicidad, y se deben revisar los porqués de cada medicación cada cierto tiempo para asegurar que el paciente solo toma la medicación realmente necesaria.

Si se acude a cualquier servicio sanitario, bien sea a la consulta del médico de familia o a la del especialista, o bien sea al servicio de urgencias, el paciente o sus acompañantes deben llevar siempre esta lista, o un sobre con los prospectos o recortes de las cajas, o una bolsa con los medicamentos que toma pues, como hemos dicho, los fármacos pueden estar relacionados con los problemas de salud que surjan.

Información sobre los medicamentos

El personal sanitario: médicos, enfermeras/os y farmacéuticos, deben ofrecer información clara, aunque sea breve, acerca de para qué se utiliza cada medicina, cómo se ha de tomar y durante cuánto tiempo. Idealmente se debería poner sobre aviso al paciente sobre las posibles reacciones adversas, sobre cómo se manifiestan y aconsejar acudir a consulta en caso de aparición de una de ellas o de cualquier nuevo síntoma.

Todas las medicinas se acompañan de un prospecto en el envase. En él figuran la composición, las indicaciones (tipo de enfermedades o síntomas contra los que va dirigido), posología (forma y dosis de administración), contraindicaciones (situaciones en las que no debe ser usado), interacciones con otros fármacos, efectos secundarios o reacciones adversas, intoxicación por sobredosificación y forma de presentación.

Facilitar el cumplimiento del tratamiento

Para intentar asegurar el cumplimiento por parte del paciente, y así obtener el beneficio esperado, principalmente se ha de *evitar la polimedicación* innecesaria. Esto se consigue a través del criterio del médico que indica las medicinas que son necesarias en cada momento. Muchas veces, cada paciente es visto por

> A veces el ejercicio físico controlado por el médico puede ser más beneficioso que la medicación.

> El personal de enfermería es crucial para la información sanitaria sobre los tratamientos.

distintos médicos, y cada uno de ellos receta una medicación distinta. Es preciso que un solo médico, normalmente el de cabecera, sea el que conozca, dirija y supervise regularmente los tratamientos que el enfermo sigue, y quien ajuste las dosis de forma individual según la respuesta.

Debe ofrecerse un esquema de tratamiento diario claro, relacionado con las comidas, sin cambios entre los días que puedan conducir a error, y que sea sencillo de comprender y leer.

Se ha de seleccionar, en la medida de lo posible, el tipo de presentación del medicamento (comprimidos, cápsulas, tabletas, jarabes, supositorios...) según el estado del paciente; y guardarlo en algún envase que sea de fácil manejo por el anciano.

La incorrecta utilización de los medicamentos por parte del paciente o por sus familiares puede ser peligrosa para la salud. De hecho, en muchas farmacias recogen estas medicinas que se dirigen a personas enfermas de países en desarrollo a través de ONGs (organizaciones no gubernamentales).

EL ANCIANO DEPRIMIDO

Los ancianos pueden deprimirse igual que les ocurre al resto de las personas de otras edades.

Contrariamente a lo que se creía hace unos años, no parece que las depresiones sean más frecuentes en la tercera edad.

Lo que sí es cierto es que la depresión tiene, como muchas otras enfermedades, ciertas peculiaridades cuando ocurre en las personas mayores.

A lo largo de este capítulo trataremos de definir en primer lugar qué es una depresión. En segundo lugar, explicaremos las peculiaridades de la depresión en el anciano. Y finalmente, comentaremos cómo se trata la depresión en el anciano.

¿QUÉ ES LA DEPRESIÓN?

Todos tenemos una idea de lo que es estar deprimido. Sobre todo diríamos que es estar triste de forma patológica. Pero además de la tristeza, en la depresión pueden aparecer muchos otros síntomas.

Básicamente, es posible decir que una persona deprimida puede tener tres clases de síntomas:

1. *Síntomas emocionales*, sobre todo tristeza, o bien otros como sentimientos de culpa o inutilidad.

2. *Síntomas físicos*, como cansancio, pérdida del interés por la sexualidad e insomnio, especialmente de madrugada (despertar precoz).

3. *Síntomas del pensamiento*, como un enlentecimiento de las ideas, dificultad para concentrarse o para pensar.

Sin embargo, las enfermedades psiquiátricas pueden llegar a ser difíciles de definir con exactitud. Y ocurría a veces que lo que para un médico era una depresión clara, para otro no lo era tanto. Por eso desde hace bastantes años se han clasificado las enfermedades mentales, definiendo lo que llamamos criterios de diagnóstico, que son condiciones que tienen que darse para que se pueda decir que una persona está deprimida, o que tiene demencia, o que presenta un cuadro de ansiedad, por poner algunos ejemplos.

Existen varios grupos que han clasificado las enfermedades mentales y han definido criterios de diagnóstico. Uno de los más reconocidos es la Sociedad Americana de Psiquiatría, cuya última clasificación de las enfermedades mentales es conocida como DSM-IV.

Según el DSM-IV se pueden dividir las "depresiones" en dos grandes grupos:

A) Depresión mayor (*episodio depresivo mayor*).

B) *Distimia*.

Para que una persona sea diagnosticada de **depresión mayor** debe cumplir tres criterios:

1. Que tenga un estado de ánimo deprimido (*disforia*) importante, o bien una pérdida de la capacidad de disfrutar (*anhedonia*).

2. Que tenga, al menos, cuatro de los siguientes síntomas menores asociados a la depresión:

— Alteraciones del sueño, como despertar precoz o exceso de sueño.

— Falta de iniciativa.

— Sentimiento de culpa o pérdida de la autoestima.

— Cansancio, en especial por la mañana, y que puede mejorar por la tarde.

— Dificultad para concentrarse o para tomar decisiones.

— Aumento o disminución de peso sin hacer régimen.

— Ansiedad o irritabilidad, o por el contrario lentitud en los movimientos o en el habla.

— Ideas o planes de suicidio.

3. Todos estos síntomas deben de estar presentes al menos durante dos semanas, y no pueden ser debidos a una tristeza normal por algún acontecimiento de la vida, a otras enfermedades psiquiátricas o a otro tipo de enfermedades.

La **distimia** es similar a la depresión mayor, pero con síntomas de menor intensidad.

¿CÓMO SE MANIFIESTA LA DEPRESIÓN EN EL ANCIANO?

La depresión es una de las enfermedades que hemos llamado "ocultas", ya que fácilmente puede pasar desapercibida si no se piensa en ella de forma específica. Como muchas otras enfermedades, la depresión en el anciano tiene unas características especiales.

Una de las principales características de la depresión en los ancianos es la tendencia que tienen a negar o a quitar importancia a su tristeza.

Es decir, la persona anciana puede no quejarse de que está mal o triste, y que sólo observándola nos demos cuenta de que puede estar deprimida.

No es raro que, junto a la tristeza, la persona anciana deprimida note una sensación de inutilidad y baja autoestima, por lo que piensan que no merece la pena pedir ayuda, o que el médico y la familia pueden emplear su tiempo en cosas mejores.

Puede ocurrir también que sean los propios familiares o incluso el médico los que achaquen los síntomas de la depresión al propio envejecimiento, lo cual también impide hacer el diagnóstico y por tanto tratar la enfermedad.

Otra de las características especiales de la depresión del anciano, y que también dificulta su reconocimiento es que se presente de una manera "atípica". Entre estas presentaciones las más frecuentes son la hipocondría, el alcoholismo, el dolor y la demencia asociada a depresión:

1. La **hipocondría** es a veces una forma de depresión atípica. El paciente se encuentra su-

¡OJO CON LA DEPRESIÓN!

CONSEJO

A veces los ancianos con depresión, en lugar de manifestar que están tristes, se retraen o se aíslan, o se vuelven más irritables. Ante estos síntomas lo mejor es consultar al médico.

¿SON PELIGROSOS LOS ANTIDEPRESIVOS?

Los medicamentos antidepresivos no "enganchan".
Se debe seguir el tratamiento sin interrupción ni miedo.
Cuando el médico considere que ya no son necesarios, se suprimen sin ninguna dificultad.

mamente preocupado por su estado físico, y con miedo por poder tener una enfermedad grave.

2. El **alcoholismo** puede darnos la pista para encontrar una depresión. No es raro que un anciano empiece a beber después de la pérdida de algún ser querido.

3. El **dolor** puede ser a veces el único síntoma de presentación de la depresión en el anciano. Suelen ser dolores "raros", para los que no se encuentra otra causa, y que mejoran con el tratamiento antidepresivo.

4. El **síndrome de demencia asociada a depresión** es una forma de presentación característica de los ancianos. Como se ha comentado, algunos síntomas de la depresión afectan al pensamiento. Entre ellos están la dificultad de concentración, la pérdida de memoria u otros síntomas, que pueden hacer que una depresión se confunda con una demencia.

Sin embargo no todos los ancianos deprimidos presentan problemas de memoria. Los últimos estudios indican que la demencia asociada a depresión es probablemente un problema mixto más que una depresión enmascarada, y que estos enfermos desarrollan demencia en el futuro con más probabilidad que el resto.

Otro aspecto particular de la depresión en las personas mayores es que suele aparecer junto a otras enfermedades. Una de ellas, la que más se asocia a depresión es el *ictus cerebral* también llamado *accidente cerebrovascular*, que es lo que se conoce como trombosis o embolia cerebral. Se sabe que estos casos normalmente responden muy bien a la medicación.

Pero el hecho de que la depresión aparezca a la vez que otras enfermedades puede complicar las cosas, porque los síntomas de tristeza que podemos ver pueden ser secundarios a las enfermedades sin haber llegado a constituir una auténtica depresión. También los síntomas físicos, como pérdida de apetito o insomnio pueden ser debidos más a las enfermedades que a la depresión. Además, los medicamentos utilizados para tratar la depresión pueden afectar a las demás enfermedades.

Pero también es importante tener en cuenta que hay medicamentos que pueden producir síntomas de depresión en los ancianos. Teniendo en cuenta que muchos de ellos están polimedicados, es importante que el médico conozca y revise todas y cada una de las medicinas que toma la persona.

Otro aspecto que debemos tener en cuenta en la depresión de los ancianos es el riesgo de suicidio, que si bien existe en las depresiones a cualquier otra edad, y en otras enfermedades mentales, es mayor en las personas de más de 65 años. Los dos factores que se relacionan más con el suicidio en los ancianos son las enfermedades físicas y la pérdida de seres queridos. En general son más frecuentes en los varones y viudos.

Como vemos, muchas veces puede resultar difícil diagnosticar una depresión en un anciano. Sin ninguna duda, la forma más eficaz de diagnóstico de la depresión sigue siendo la entrevista clínica con el médico. Pero muchas veces el médico puede ayudarse de "escalas de depresión", que son cuestionarios que intentan valorar de una forma más objetiva los síntomas del paciente.

¿CÓMO SE TRATA LA DEPRESIÓN EN EL ANCIANO?

Como en cualquier grupo de edad, para el tratamiento de la depresión tenemos tres alternativas, que son los fármacos antidepresivos, el electrochoque y la psicoterapia.

Fármacos

Los medicamentos antidepresivos son la base del tratamiento de la depresión. Fueron descubiertos un poco por casualidad, cuando en los años 60 se comprobó que un fármaco que se utilizaba para tratar la tuberculosis tenía efectos antidepresivos.

Desde entonces se ha investigado mucho sobre estos fármacos y hoy en día disponemos de gran cantidad de ellos, con diferentes características. Todos los años aparecen nuevos compuestos, y cada vez menos efectos secundarios, lo cual tiene una gran importancia para el tratamiento de las personas mayores, en general mucho más sensibles a los efectos secundarios.

Los fármacos antidepresivos actúan en las neuronas o células del sistema nervioso modificando las conexiones entre unas neuronas y otras. Estas conexiones entre neuronas se producen a través de sustancias químicas que llamamos *neurotransmisores*.

Algunos de los neurotransmisores más conocidos son la serotonina, la noradrenalina y la acetilcolina. Los antidepresivos y otros medicamentos utilizados en psiquiatría tienen la capacidad de actuar sobre estos neurotransmisores, aumentando o disminuyendo su acción, y así modifican el mensaje o la comunicación entre las neuronas. El resultado final al que se llega es, entre otros, a la mejoría de los síntomas de la depresión.

Desde que se descubrieron los neurotransmisores y la capacidad que tenemos de actuar sobre ellos con los fármacos, los científicos comenzaron a darse cuenta de que la depresión y en general todas las enfermedades mentales tienen una base molecular. Esto quiere decir que a veces un simple defecto químico puede ser responsable de que aparezcan síntomas mentales, y que además muchas veces estos síntomas pueden corregirse con otro efecto químico, en este caso el que produce el antidepresivo.

Una de las consecuencias de la actuación sobre las neuronas y sus neurotransmisores es la aparición de efectos secundarios. Desgraciadamente, el medicamento no actúa exclusivamente en las neuronas implicadas en el estado del ánimo, sino que también actúa en algunas otras, tanto del cerebro como de los nervios de nuestro intestino o nuestro sistema urinario. Ésta es la razón por la que a veces aparece nerviosismo, somnolencia, estreñimiento, dificultad para orinar o sequedad de boca. Sin embargo, los fármacos que están siendo comercializados en los últimos años son cada vez más selectivos y con un menor número de efectos secundarios, de forma que muchas veces el paciente no presenta ningún efecto secundario.

Uno de los miedos de los pacientes a tomar antidepresivos es que produzcan adicción, de forma que no puedan pasar sin él.

Otro aspecto que es importante comentar es que estos fármacos no producen mejoría de los síntomas de la depresión hasta que han pasado tres o cuatro o incluso cinco semanas desde que se empiezan a tomar. Este hecho tiene su trascendencia, ya que muchos pacientes deprimidos abandonan el tratamiento en pocos días por no haber notado ninguna mejoría, sin dar tiempo a que la medicación produzca su efecto beneficioso.

Psicoterapia

Lógicamente, los medicamentos no pueden resolver todos los problemas asociados a la depresión del anciano. Muchas veces es necesaria una terapia de apoyo, realizada por un psicólogo o psicoterapeuta. La tendencia actual es a combinar ambos tipos de tratamiento, el médico y el psicológico.

Electrochoque

Se llama también *terapia electroconvulsiva*.
A pesar de su "mala prensa", el electrochoque es uno de los tratamientos más eficaces para la depresión en ancianos.

> *La asistencia personal resulta imprescindible en algunos pacientes discapacitados.*

Este tratamiento se utiliza para enfermos deprimidos que no responden a los antidepresivos o en los que su uso es arriesgado por la presencia de otras enfermedades médicas. También está especialmente indicado en depresiones graves con riesgo para la vida, por ejemplo, cuando hay un importante riesgo de suicidio, o cuando el paciente se niegue a comer.

La técnica consiste en realizar una descarga eléctrica sobre el cráneo para producir una crisis convulsiva generalizada. Para ello se anestesia previamente al paciente, y se registra en todo momento como mínimo su tensión arterial, su latido cardíaco y su respiración. Es una terapia probada en cuanto a seguridad, eficacia y tolerancia para la depresión en ancianos.

Actualmente, su efecto secundario más importante es la pérdida de memoria para acontecimientos recientes, que es reversible la mayoría de las veces.

Hoy en día, el electrochoque se aplica solamente sobre un lado del cerebro, el que corresponde al hemisferio no dominante (normalmente el izquierdo), con lo cual se produce menos veces pérdida de memoria.

Podemos decir que cuanto más grave es la depresión, más posibilidades de éxito tiene el electrochoque.

EL ANCIANO CONFUSO O CON DETERIORO COGNITIVO

Un anciano presenta un "deterioro cognitivo" cuando tiene alteradas una o más de sus funciones mentales, como la memoria, la comprensión, el pensamiento, la orientación o el juicio, entre otras.

CONSEJO

MANTENGA EL CONTACTO

Con el progresivo deterioro de la demencia, la comunicación con el paciente se dificulta. pese a ello, mantener estímulos constantes y manifestar afecto al paciente resulta conveniente para su bienestar.

Son muchas las causas que pueden producir en la persona mayor un deterioro cognitivo.

Ya hemos comentado que el cerebro del anciano es un órgano especialmente vulnerable.

Su función puede verse afectada por cambios externos al cerebro, como modificaciones del ambiente, fármacos o enfermedades de otros órganos. Por tanto un deterioro cognitivo puede representar la señal de alarma de una enfermedad oculta o de una intoxicación por medicamentos.

Pero también es vulnerable en el sentido de que se puede afectar directamente por determinadas enfermedades neurológicas, que son más frecuentes en las personas mayores. Una de ellas es la enfermedad de Alzheimer.

Para valorar el estado cognitivo debemos determinar el nivel de conciencia (cómo está de despierto), la capacidad de atención y de concentración, el lenguaje, la memoria, la visión espacial y el pensamiento abstracto (cálculo, juicio...).

Es importante diferenciar entre *demencia* y *síndrome confusional*, llamado también *delirium*, y otras causas de deterioro cognitivo.

El delirium es el deterioro de las funciones del cerebro causado por un problema médico agudo, normalmente originado en un lugar distinto al cerebro. Podríamos decir que el delirium es como un proceso tóxico generalizado que afecta a todo el cuerpo, pero de forma particular al cerebro, alterando su actividad.

El delirium tiene algunas características que permiten diferenciarlo de la demencia.

1. **Se presenta de forma brusca.**
2. **Se acompaña de somnolencia.**
3. **Se asocia a alucinaciones.**
4. **Existe agitación importante.**
5. **Es reversible.**

La demencia es una alteración de la función cerebral, normalmente irreversible y progresiva, que persiste durante mucho tiempo y acaba interfiriendo de forma importante la propia personalidad, el trabajo y las relaciones con las demás personas.

Tiene algunas características que nos ayudan a diferenciarla del delirium y de otras causas de deterioro cognitivo.

1. **Su inicio es gradual.**
2. **Es una enfermedad crónica y que progresa.**
3. **Se mantiene el nivel de conciencia.**
4. **Hay un deterioro importante de la memoria para hechos recientes y lejanos.**

EL ANCIANO INMOVILIZADO

Los problemas de movilidad son muy frecuentes en las personas mayores.

Con frecuencia, los ancianos y sus familias, e incluso los propios médicos, aceptan la inmovilidad como un aspecto normal del envejecimiento. Y aunque sí es más frecuente en personas mayores, no es una característica normal del envejecimiento.

El inmovilismo en el anciano es un problema serio y grave. Debemos de buscar las causas que lo producen e intentar ponerles remedio, para evitar así las numerosas y graves complicaciones que aparecen en el anciano inmovilizado.

Llamamos "inmovilismo" a la disminución de la capacidad para desempeñar actividades de la vida diaria, debido a un deterioro de la capacidad de movimiento.

Es decir, que el inmovilismo abarca un gran abanico de situaciones: desde la del anciano que necesita ayuda para vestirse, hasta la del que está recluido en la cama.

Para valorar el grado de inmovilidad de un anciano existen escalas, similares a las utilizadas para valorar la depresión o la función mental.

Una de las escalas más utilizadas es el índice de Barthel.

Las causas de que un anciano pierda movilidad son muy variadas: **dolor en las articulaciones, problemas en los pies, problemas neurológicos, enfermedades cardíacas y pulmonares, problemas de visión y de audición, la inestabilidad y el miedo a caerse, la hospitalización y los fármacos.**

A veces ocurre que el anciano restringe su movilidad sin más, y no se puede encontrar ninguna causa concreta que haya ocasionado el inmovilismo.

Las complicaciones derivadas de la pérdida de movilidad son tantas y tan graves, que se debe de evitar la inmovilidad en los ancianos por cualquier medio.

Por falta de uso, pueden aparecer **rigidez y contracturas,** así como **pérdida de fuerza muscular,** y **osteoporosis,** que agravarán todavía más la situación de inmovilismo.

Es más fácil la aparición de **incontinencia urinaria y fecal.** A su vez, el anciano restringe más su movilidad por miedo a pérdidas accidentales, lo cual da lugar a círculo vicioso.

El **estreñimiento** es una de las complicaciones más frecuentes del inmovilismo, y debe de prevenirse con una dieta e hidratación adecuadas, y procurando que el anciano realice la defecación en la intimidad y a la misma hora.

El apoyo sobre determinadas zonas predispone a la aparición de **úlceras por presión.**

Una de las complicaciones médicas más graves del inmovilismo es la **trombosis venosa profunda,** que puede dar lugar al temido **tromboembolismo pulmonar.** También las **neumonías** son más frecuentes en personas inmovilizadas.

Existen otras muchas complicaciones médicas como son la **malnutrición** y **deshidratación,** la hipotermia y la inestabilidad.

También existen complicaciones de tipo psicológico como son el **insomnio,** la **depresión,** la **confusión** y la **desorientación** que se pueden derivar de la inmovilidad.

Finalmente hay que destacar las complicaciones de tipo social, que pueden llegar a ser las más graves de todas. La falta de movilidad lleva al anciano al **aislamiento** y a la **dependencia de otras personas,** que puede concluir con el **ingreso en residencias** de ancianos.

EL ANCIANO CON INSOMNIO

"Necesito algo que me ayude a dormir, doctor."

Éste es un motivo de consulta frecuente de los pacientes mayores y especialmente de mujeres.

Hasta un 24% de los hombres y el 48% de las mujeres mayores de 65 años viven preocupados por la dificultad que tienen para dormir. Les extraña el hecho de no quedarse dormidos con la misma facilidad que hace unos años y que duermen un menor número de horas.

Con el envejecimiento se producen de forma fisiológica ciertos cambios en el patrón del sueño. Muchas personas perciben estos cambios normales como un problema médico de insomnio que requiere un tratamiento.

El insomnio afecta de manera negativa a la calidad de vida. Está asociado a un incremento de la mortalidad y determina en muchas ocasiones el internamiento en residencias más que otras variables como la edad, el deterioro intelectual o la autonomía de la persona.

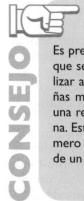

CONSEJO

DORMIR BIEN

Es preciso conocer los cambios fisiológicos que se producen con la edad, para tranquilizar a las personas que acuden por pequeñas molestias siempre y cuando no exista una repercusión sobre su actividad cotidiana. Este deterioro refleja, mejor que el número de horas que duerme, la mala calidad de un sueño no reparador.

En muchas ocasiones ante este problema que incomoda tanto al paciente como a su familia o los cuidadores se opta por la solución más fácil que es la prescripción de forma inmediata de un hipnótico, a veces bajo criterios más de tipo social que médico. No queremos decir que las pastillas para dormir sean malas sino que hay que tomarlas después de haber hecho una correcta valoración del problema. No es conveniente que este tratamiento sintomático se prolongue durante largos períodos de tiempo sin una revisión adecuada del problema por un médico.

Probablemente sea buena la prescripción de una pastilla al día antes de algún proceso diagnóstico o de una intervención por la angustia que genera esa situación novedosa, pero eso no significa que el tratamiento se deba prolongar por costumbre más tiempo.

ALTERACIONES EN LA AUDICIÓN

La pérdida de audición es una consecuencia normal del paso de los años que afecta al 20-30% de los ancianos. Generalmente se produce una pérdida progresiva de la audición a la que no se le concede importancia por considerarla normal. En muchas ocasiones, la pérdida de audición y con ella la del entendimiento es motivo de diversión familiar. Otras veces las personas de su entorno no perciben la sordera y sí un cambio en el carácter. La sordera puede manifestarse con conductas más agresivas, tendencia a un mayor aislamiento o depresión.

Las personas que han pasado su vida en un entorno rural y silencioso conservan una mejor audición que los habitantes de las ciudades. La sordera es mayor en los hombres que en las mujeres. Ambos hechos se explican por la influencia negativa que tiene la exposición prolongada al ruido que existe en los trabajadores que manejan maquinaria pesada, motores, martillos neumáticos.

Estos trabajos han sido desempeñados tradicionalmente por hombres lo que explica el mayor número de casos de sordera masculina.

ALTERACIONES EN LA VISIÓN

Se estima que el 50% de las personas mayores de 65 años presentan algún defecto visual. Las patologías más frecuentes son los defectos de refracción, las cataratas, el glaucoma de ángulo abierto, la degeneración macular y la retinopatía diabética e hipertensiva. En diabéticos e hiper-

¿QUÉ SE PUEDE HACER CON UNA PERSONA CON PROBLEMA DE AUDICIÓN?

CONSEJO

— Colocarse al mismo nivel y establecer pleno contacto de los ojos y de la cara para permitir que pueda leer el movimiento de los labios.
— Hablar lenta y claramente y no demasiado alto.
— Evitar los ruidos de fondo.

De esta forma podemos contribuir para lograr que la vida de una persona con sordera sea más placentera.

tensos los cambios vasculares que se producen en las arterias que nutren a la retina pueden ocasionar pérdidas irrevocables de la capacidad visual. Estos problemas subrayan la necesidad de realizar un estrecho control de estas enfermedades crónicas para prevenir los defectos visuales, dada la naturaleza irreversible de las lesiones y debido a la existencia de mecanismos de prevención y de diagnóstico conocidos. Estos problemas son frecuentes, pero aún lo son más los problemas de graduación que son fáciles de corregir si se revisan de forma periódica.

En general, los defectos visuales se asocian a caídas, fracturas y aislamiento del medio social por falta de interés e imposibilidad para relacionarse con el medio exterior. Hasta un 30% de las personas, un porcentaje bastante alto, se podría beneficiar del uso de gafas.

La presbicia o **presbiopía** es un signo precoz de envejecimiento y el problema ocular más frecuente en la vejez. Se produce una pérdida en la elasticidad del cristalino que origina una disminución en su capacidad para ver de cerca (acomodación) hasta llegar a ser incapaz de enfocar objetos cercanos.

Ocasiona una visión próxima borrosa, cefaleas, dificultad para leer la letra pequeña, que se tratan de compensar alejando el plano de lectura.

A partir de los 40 años muchos adultos necesitan gafas de lectura y a partir de los 55 casi todos necesitan gafas con lentes positivas o convergentes para ver de cerca.

El fenómeno de las **cataratas** consiste en un aumento de la opacidad del cristalino que facilita el deslumbramiento e incluso puede llegar a impedir la visión al dejar de ser transparente. El cristalino realiza la función de enfoque y en este sentido su función se puede equiparar a la de una lente de una cámara fotográfica.

Con el paso de los años el cristalino aumenta tanto en tamaño como en grosor por la continua proliferación de células en su periferia. Estas células, una vez maduras, se desplazan a la región central o núcleo y en consecuencia disminuye la elasticidad y se hace menos transparente a la luz.

La agudeza visual empeora en un ambiente luminoso y mejora en la oscuridad, que es cuando la pupila se encuentra más dilatada. El tratamiento es exclusivamente quirúrgico. Es la intervención quirúrgica más realizada en los países desarrollados.

El **glaucoma** es una alteración derivada de la elevación de la presión intraocular que conlleva la lesión del nervio óptico por la atrofia de las terminaciones nerviosas.

Se produce de forma progresiva y provoca una pérdida del campo visual periférico (visión en túnel) que puede pasar fácilmente inadvertida. Por eso es importante la medición de la presión intraocular con el tonómetro de Schiotz y la visualización del nervio óptico ante cualquier cambio en la agudeza visual.

Tienen mayor riesgo los miopes, los diabéticos y las personas con antecedentes en su familia. El tratamiento con colirios ayuda a un buen control de la enfermedad. Si no se produce una adecuada respuesta, se recurrirá a la cirugía después de realizar un tratamiento previo con láser, sobre todo en los mayores de 50 años.

ESTREÑIMIENTO

Podemos definir el estreñimiento como el descenso en la frecuencia de la emisión de las heces por debajo del hábito normal del individuo. Este hecho se acompaña de un paso dificultoso de las heces y ocasionalmente de sensación de evacuación incompleta.

El estreñimiento es un problema que no varía con la edad y que afecta por lo tanto prácticamente por igual a jóvenes y ancianos. A pesar de esto, los ancianos toman más laxantes que los jóvenes porque probablemente estos viven como anormal un correcto número de deposiciones o bien porque igualan función intestinal diaria con buena salud.

La edad avanzada junto con el deterioro cognitivo, el inmovilismo, los fármacos y una dieta pobre en residuos, constituyen los factores de riesgo para desarrollar estreñimiento.

Medidas generales para combatir el estreñimiento

Mejorar la adaptabilidad al medio

Estimular la responsabilidad y facilitar la accesibilidad al baño. En el caso de no poder acceder a él, facilitar la intimidad personal antes que promover la utilización de cuñas.

> *Una dieta rica en fibra combate el estreñimiento.*

Dieta

Consumir alimentos ricos en fibra que se acompañarán de un aporte líquido suficiente de al menos 1-1,5 litros.

El consumo de café y de té estimula el peristaltismo intestinal y pueden ser consumidos sin abusar de ellos.

La cocción de las verduras y hortalizas no disminuye la cantidad de fibra sino que la aumenta al convertir el almidón en formas no absorbibles. Esto tiene gran interés para las personas con dificultades en la masticación o en los alimentados a través de sonda que pueden consumir la fibra cocida y triturada.

Las frutas pueden ser consumidas tanto frescas como asadas o en compota. La miel y la mermelada, por su alto contenido en azúcares, producen un incremento en la luz intestinal del *lactobacilli,* un germen que modifica las condiciones del medio y estimula la motilidad intestinal.

Ejercicio físico

Promover el paseo diario o ejercicio programados en personas encamadas.

Entrenamiento intestinal

Educar al intestino a un horario fijo mediante una serie de hábitos rutinarios que induzcan la defecación, como la ingesta matinal y en ayunas de uno o dos vasos de agua tibia o zumo de frutas. Con un horario regular de comidas, ejercicio y una alimentación cuidada. En el plazo de un mes se puede conseguir reajustar el reflejo de la defecación.

Medidas farmacológicas: laxantes

Siempre deben ser prescritos por el médico.

Según su mecanismo de acción han sido divididos en varias categorías.

Formadores de volumen

Actúan de forma similar a la fibra. Retienen y absorben agua por lo que deben de ir acompañados de una ingesta suficiente de líquidos. Son los más indicados en las formas leves de estreñimiento. Los más utilizados son el salvado de trigo, metilcelulosa y plantago ovata. Su máximo efecto aparece al tercer día, aunque su acción se inicia a las 12-24 horas.

Ablandadores de las heces o emolientes

No deben de tomarse de forma crónica ya que pueden interferir con la absorción de vitaminas. Los más conocidos son el aceite de ricino y las antraquinonas.

Hiperosmoslares

Azúcares no absorbibles que producen un aumento del contenido de agua de las heces. Inician su efecto a las 4-6 horas. Los conocidos son la lactulosa y el sorbitol.

Salinos

Sustancias que aumentan la movilidad del colon. Son sales de magnesio y enemas de fosfatos que muestran su efecto al cabo de tres horas. Usados de forma crónica pueden producir alteraciones electrolíticas sobre todo en pacientes con insuficiencia renal.

Irritantes

Actúan sobre la mucosa intestinal y sobre la motilidad, aumentándola por un mecanismo irritativo. Su utilidad fundamental se centra en los pacientes encamados con retención importante y en los parapléjicos.

Los más conocidos son la fenolftaleína, el bisacodilo, el dantron y la cáscara sagrada.

Agentes procinéticos

Estimulan el tránsito en el colon y ciego y pueden usarse en caso de estreñimiento crónico severo.

Supositorios, enemas y extracción manual

Cuando las personas no puedan tomar los laxantes vía oral o bien cuando éstos no se han mostrado eficaces, se pueden utilizar supositorios y enemas de limpieza.

Es preferible utilizar en primer lugar los supositorios y de forma preferente los de glicerina por su menor efecto irritante y mayor comodidad.

Salvado de trigo.
Pan integral.
Legumbres, alubias, lentejas.
Patatas.
Zanahorias.
Frutas.
Verduras.

Alimentos ricos en fibra

> *El estreñimiento acompañado de dolor abdominal es motivo de consulta médica urgente.*

ARTROSIS. OSTEOPOROSIS

La artrosis es una enfermedad degenerativa que se caracteriza por el envejecimiento del cartílago articular por el paso del tiempo o por el uso indebido o forzado de ciertas articulaciones.

A medida que la enfermedad progresa se añaden procesos inflamatorios que son los responsables del dolor y de las dificultades para la movilización. No puede considerarse como una variante normal del envejecimiento sino como una enfermedad mucho más frecuente en la gente mayor.

Se puede afirmar que la artrosis es universal a partir de los 65 años. Las localizaciones más frecuentes son: columna, rodillas, caderas, manos (interfalángicas distales y rizartrosis del pulgar).

La artrosis de las rodillas es la causa más frecuente de incapacidad motora del anciano.

El desequilibrio entre la sobrecarga por sobrepeso o por sobreesfuerzo sobre una articulación y su capacidad para tolerarla, que va disminuyendo con los años, da lugar a un proceso artrósico. Inicialmente existe una pequeña erosión en el cartílago sometido a una sobrecarga que hace que pierda la elasticidad. Posteriormente puede fisurarse y desprenderse algún pequeño fragmento. Los cambios de la artrosis no sólo afectan al cartílago sino que también existen cambios en el hueso formándose pequeñas proliferaciones en los márgenes óseos que se llaman osteofitos.

CONSEJO

¿CÓMO ALIVIAR LA ARTROSIS?

- Corregir la obesidad.
- No realizar esfuerzos físicos excesivos.
- Evitar subir y bajar escaleras.
- Usar un apoyo en el lado contrario al afectado.
- Evitar tacones y usar zapato ancho y cómodo.
- Utilizar asientos adaptados a la altura de cada persona.
- Evitar inmovilizaciones prolongadas.
- Hacer ejercicio físico moderado.
- Aliviar el dolor con medidas locales o analgésicos.

¿CÓMO ES EL DOLOR DE LA ARTROSIS?

El dolor de la artrosis mejora de forma característica con el reposo, el calor y los analgésicos. Aparece al inicio de un movimiento, desapareciendo progresivamente conforme la articulación se moviliza hasta que llega un momento que la articulación comienza a doler de nuevo si hay gran número de fenómenos inflamatorios.

En fases avanzadas hay dolor más continuo, con limitación de la movilidad progresiva, deformidades y contracturas musculares que se producen para evitar el movimiento y de esta manera evitar la aparición del dolor.

Al final se produce una rigidez total de la articulación y una atrofia muscular por desuso.

TRATAMIENTO

No existe tratamiento específico para la artrosis y sólo se puede prevenir en algunas formas de artrosis secundaria. Tiene como objetivo aliviar el dolor, aumentar la movilidad y reducir la rigidez. En un gran número de casos, el dolor puede ser eficazmente controlado consiguiendo desarrollar una vida con mínimas limitaciones. Los fármacos más indicados son los analgésicos y no los antiinflamatorios.

LA HIPERTENSIÓN ARTERIAL EN EL ANCIANO

La hipertensión arterial (HTA) es uno de los problemas sanitarios más importantes de los países desarrollados. Afecta a un 20% de la población adulta y está presente hasta en un 60% de la población anciana.

Es una enfermedad producida por un aumento de la presión de la sangre en el sistema arterial. El valor que se toma como referencia de la normalidad es una cifra arbitraria, aceptada internacionalmente en función de los estudios epidemiológicos y de los riesgos comprobados que existen manteniendo esas cifras permanentemente elevadas. Es necesario conocer que estas cifras pueden variar con los años e incluso entre distintos países que reúnen a sus expertos para elaborar nuevas clasificaciones. Por tanto debemos de confiar a nuestro médico el control de la tensión arterial siendo él quien la diagnostique y quien nos indique la dieta o en su caso el tratamiento a seguir.

Lo importante es conocer que la hipertensión es un factor de riesgo cardiovascular y que se puede modificar y prevenir. La hipertensión

> *Es imprescindible ejercer un correcto control sobre la tensión arterial.*

es, junto con las alteraciones del colesterol y las grasas y el tabaquismo, uno de los factores más importantes de riesgo cardiovascular. Esto significa que son factores que aumentan el riesgo de padecer un accidente cerebrovascular, conocido popularmente como una trombosis, un infarto, o una afectación progresiva de todos los órganos que tienen una importante vascularización, como los riñones o los órganos de la visión.

La tensión arterial se define por dos cifras: la primera cifra, la sistólica o la máxima, es debida a la contracción del corazón o sístole y es la presión máxima en las arterias durante la emisión de la sangre por parte del corazón. La segunda, la diastólica o mínima, es la presión correspondiente cuando se relaja el corazón.

La HTA es un problema grave por las repercusiones que origina a la larga y las secuelas que provoca más que por el propio hecho de la enfermedad. Las enfermedades que afectan a los vasos y al corazón son la primera causa de mortalidad y de enfermedad y la segunda causa de deterioro funcional y pérdida de la independencia de las personas mayores.

Es imprescindible la toma rutinaria de la tensión arterial a todos los ancianos que acudan a la consulta por cualquier motivo con una periodicidad no superior a dos años. Es importante conocer que una cifra aislada de tensión arterial no da el diagnóstico de hipertensión ya que esta toma se debe repetir más veces. Sin embargo, una cifra de tensión arterial normal tomada al azar nos indica siempre que esa tensión es normal y no requerirá más controles que los rutinarios cada uno o dos años.

TRATAMIENTO

El objetivo es el control de la presión arterial a largo plazo y por lo tanto no es precisa la realización de tomas de forma continuada, excepto cuando lo indique el médico. Se debe comenzar el tratamiento en aquellos pacientes con un diagnóstico correcto. Siempre se comenzará con medidas encaminadas a la adopción de formas de vida más sanas teniendo como pilares fundamentales la dieta y el ejercicio.

> *En un electrocardiograma se pueden apreciar los daños de la hipertensión mantenida.*

Ejercicio

El ejercicio siempre debe ser adaptado a las condiciones del individuo. Se recomienda el paseo diario y cualquier ejercicio isotónico regular que ayudará también a mantener un peso ideal. Nunca debe de iniciarse la práctica de deportes nuevos o de actividades que puedan conllevar un riesgo de accidentes o de caídas.

Dieta

De forma fisiológica existe una disminución de la tolerancia a la sobrecarga de sal. Se recomienda una moderada reducción de la ingesta de sodio en la dieta.

Es beneficioso aumentar la cantidad de potasio, calcio y magnesio pero no en forma medicamentosa y sí en forma de frutas y verduras frescas. En el caso del potasio se ha demostrado su efecto beneficioso en la reducción de las cifras de tensión arterial.

> *El limón es un buen sustituto de la sal en carnes y pescados a la plancha.*

TRASTORNOS DE LAS GRASAS EN EL ANCIANO

En el anciano pueden aparecer dos tipos principales de alteraciones lipídicas:

— Hiperlipemias: elevación anormal de colesterol, triglicéridos o de ambos a la vez. Es la alteración más importante y la que más repercusiones sanitarias tiene.

— Descenso de lípidos, sobre todo colesterol relacionado con la malnutrición.

HIPERLIPEMIAS

Se define como cualquier situación caracterizada por una concentración de colesterol superior a 200-220 mg/dl o de triglicéridos superior a 200 mg/dl. Tenemos que recordar que el establecimiento de los límites aceptados como normales se obtienen por consenso. Éste se alcanza después de analizar estudios sobre las poblaciones y se adoptan unas cifras u otras en función de los riesgos que existan. Se aceptan como normales cifras de 250 mg/dl en determinadas poblaciones sobre todo en aquellas personas sin riesgos adicionales. Por lo tanto siempre el médico decidirá cuáles son los riesgos asumibles y cuál es la cifra de colesterol que se considera aceptable en su caso.

> *El limón es un buen sustituto de la sal en carnes y pescados a la plancha.*

> *Las grasas son necesarias para la vida, pero en exceso pueden llegar a ser una grave amenaza.*

HIPERCOLESTEROLEMIA

La hipercolesterolemia como su propio nombre indica consiste en un exceso de colesterol en la sangre que aparece con más frecuencia a partir de los 30-40 años. Constituye un importante problema socio-sanitario debido a su relación con la producción de arteriosclerosis. Por este motivo se asocia con mayor riesgo de presentar cardiopatía isquémica que es la principal causa de mortalidad en los países occidentales En muchas ocasiones la mayor parte de la población tiene unas cifras de colesterol más elevadas que lo que sería aconsejable, aunque pueden ser consideradas como normales porque son las que predominan. Hoy se admite que por encima de 200 mg/dl el riesgo se hace progresivamente mayor, por lo que requiere alguna intervención médica. El control de la hipercolesterolemia debe de ir acompañado del control de los demás factores de riesgo cardiovasculares como la hipertensión arterial, diabetes mellitus, obesidad, tabaquismo, sedentarismo, que deben ser corregidos conjuntamente.

Actualmente se cree que el LDL-colesterol y el HDL-colesterol pueden ser mejores indicadores de riesgo coronario que el colesterol total.

TRATAMIENTO

Dieta

Es el pilar fundamental en el tratamiento y en la prevención de la arteriosclerosis. Nunca

RIESGO CARDIOVASCULAR Y CONCENTRACIONES DE COLESTEROL Y LDL-COLESTEROL		
	COLESTEROL	LDL-COLESTEROL
Riesgo deseable.	< 200 mg/dl.	< 130 mg/dl.
Riesgo límite.	200-239 mg/dl.	130-159 mg/dl.
Riesgo alto.	> 240 mg/dl.	> 160 mg/dl.

Fuente: National Cholesterol Education Program.

deberá iniciarse un tratamiento farmacológico sin haber insistido en la dieta y comprobar sus efectos tras 6-12 meses.

En primer lugar, la dieta debe estar encaminada a alcanzar un peso ideal y que éste se pueda mantener. Para normalizar el sobrepeso que pudiera existir se puede iniciar el tratamiento con una dieta hipocalórica para continuarla con otra normocalórica.

Se deben de ajustar las calorías a las necesidades del individuo. La distribución calórica recomendada es:

Hidratos de carbono 55%

Se recomienda aumentar el porcentaje de ingesta de los hidratos de carbono de absorción lenta. En el caso de hipertrigliceridemias se recomienda aumentar más los hidratos de carbono hasta llegar a un 70%.

Grasas 30%

Reducir a menos del 10% la ingesta de grasas saturadas. En general, sustituir las grasas de origen animal y en especial el blanco de la carne y la manteca de cerdo.

Proteínas

No deben suponer más del 10-20% y preferentemente de origen vegetal, de pescado o de ave.

Medidas generales

El colesterol alimentario tiene que ser inferior a 300 mg/día. Para conseguir esa cifra deben restringirse los alimentos de origen animal que es donde está el colesterol. Se prohibirá la yema de huevo, las vísceras de animales, la mantequilla y se limitarán las demás carnes, embutidos, patés y los quesos.

CONSEJO

ALIMENTOS QUE NO SE DEBEN TOMAR

- Sal de mesa, la sal yodada, sal de apio, y sal marina.
- Alimentos precocinados y congelados.
- Agua con gas.
- Sopas de sobre. Cubitos para caldo.
- Pan corriente y bollería industrial.
- Embutidos y conservas de carne.
- Quesos (excepto el fresco).
- Manteca de cerdo.
- Aceitunas. Conservas de sardinas, caballa, anchoas.
- Verduras y espárragos en conserva.
- Salsas comerciales mahonesa.

Se aconsejarán los alimentos con predominio de ácidos grasos insaturados como los aceites vegetales y la reducción de los ácidos grasos saturados.

Tradicionalmente se preferían los aceites de semillas como maíz y girasol, pero en la actualidad existen suficientes argumentos para recomendar el aceite de oliva, rico en un ácido graso monoinsaturado llamado oleico.

Los frutos secos como almendras, nueces, cacahuetes tienen un alto contenido en grasas insaturadas (50%) y un 20% de proteínas al igual que las legumbres, por lo que podrían aconsejarse con moderación siempre y cuando no se detecten problemas para mantener el peso.

Para que los ácidos grasos saturados no excedan el 10% del total energético debe existir un equilibrio entre la ingesta de carnes y pescados. Si queremos ser más estrictos se excluirán las carnes y se consumirá más pescado, leche desnatada y claras de huevo como únicos alimentos de origen animal.

Es muy importante en la dieta el aporte de fibra por medio de frutas, verduras y legumbres para ayudar a reducir los niveles de colesterol.

En los casos asociados a hipertensión es conveniente reducir los niveles medios de ingesta de sodio sobre todo por su relación con las enfermedades cardiovasculares.

Ejercicio físico

El ejercicio físico sostenido reduce el nivel de LDL y aumenta el HDL además de la ayuda que supone para el control óptimo de otros factores de riesgo.

Si no existen contraindicaciones, se desarrollarán programas de ejercicio físico adaptados a cada paciente. Se evitarán los ejercicios rápidos y violentos y aquellos en los que la movilidad corporal sea limitada. El ejercicio más recomendable es el paseo, cuya única limitación

CONSEJO

VIGILE SUS NIVELES DE COLESTEROL

Un aumento prolongado de las cifras de colesterol puede ocasionar:

— Enfermedad arteriosclerótica.
— Xantomas tendinosos: placas de depósito de grasa en tendones extensores, principalmente de manos y tendón de Aquiles.
— Xantelasmas: placas amarillo-anaranjadas, constituidas por grasas y localizadas en los párpados.
— Arco corneal.

será el tiempo de duración. Este tiempo viene determinado por la capacidad de cada persona.

Tratamiento farmacológico

Se utilizará después de un período de 6-12 meses de tratamiento dietético si no se consiguen normalizar las cifras de colesterol. Nuestro médico podrá prescribirnos un fármaco hipolipemiante valorando los riesgos y beneficios. No existen en la actualidad muchos estudios realizados sobre población mayor con fármacos hipolipemiantes. No es conveniente tomar un fármaco si éste no es necesario, ya que en edades más mayores las mismas dosis pueden ocasionar en mayor medida algún efecto secundario.

Se comenzará con una resina antes de las comidas y si ésta no es suficiente o es mal tolerada, se utilizará una estatina a dosis única nocturna en el caso de hipercolesterolemia. En el caso de predominio de triglicéridos se indicará un fibrato.

En el caso de hipercolesterolemia e hipertrigliceridemia, se comenzará con un fibrato, resinas asociadas a un fibrato o bien una estatina sola.

En diabéticos siempre se comenzará con fibratos y si no estatinas.

HIPERTRIGLICERIDEMIA

La hipertrigliceridemia se define como la presencia de un aumento de triglicéridos con tasas de colesterol normal. Existe controversia sobre si la hipertrigliceridemia de forma aislada supone un factor de riesgo independiente de riesgo cardiovascular. De todas formas, parece que el aumento de triglicéridos se asocia a un descenso del HDL, o fracción buena del colesterol, lo que aumentaría el riesgo de sufrir un evento coronario. De todas formas, los triglicéridos elevados de forma importante se asocian a crisis de dolor abdominal, pancreatitis, lipe-

NIVELES DE COLESTEROL Y RIESGO CARDIOVASCULAR	
COLESTEROL < 200 m g/dl.	**REPETIR A LOS 5 AÑOS**
Colesterol 200-230 mg/dl. Sin cardiopatía ni dos factores de riesgo cardiovascular.	Explicar la dieta.
Con cardiopatía o dos factores de riesgo cardiovascular. Colesterol > 240 mg/dl.	Determinar LDL_colesterol y actuar según riesgo.

Fuente: National Cholesterol Education Program.

mia retinalis, hepatoesplenomegalia y xantomas eruptivos. Generalmente, en el caso de hipertrigliceridemia aislada es con mucha frecuencia secundaria a otros procesos y habrá que descartar las principales causas, que, generalmente, suelen ser obesidad, diabetes mellitus, alcoholismo e insuficiencia renal crónica.

DIABETES EN EL ANCIANO

La glucemia o azúcar en la sangre es un parámetro que necesita una regulación muy precisa y complicada. Estamos hablando de un nutriente de metabolismo rápido que proporciona energía de forma rápida. Este nutriente es fundamental para el funcionamiento del cerebro. Por este motivo el organismo ha creado múltiples vías que permiten mantener un nivel constante de glucosa en la sangre.

La diabetes mellitus es la enfermedad del sistema endocrino más frecuente en la población. La *Asociación de Diabetes Americana* define a la diabetes como un grupo de enfermedades (porque hay varios tipos) metabólicas caracterizado por la hiperglucemia o elevación de la glucosa en sangre, ocasionada por defectos en la secreción de la insulina, en la acción de la insulina o bien por ambos mecanismos. Es decir se produce como consecuencia de una mala utilización de los hidratos de carbono debida al déficit de insulina o a una resistencia a su acción.

¿QUÉ ES LA INSULINA?

La insulina es una hormona fabricada por el páncreas, en concreto en unas células llamadas beta que se disponen en forma de islotes descritos por Langerhans. Es imprescindible su presencia para que la glucosa entre en las células del organismo y sea utilizada como fuente de energía. Si el azúcar no entra en las células no puede ser utilizada y el aumento del azúcar en el organismo de forma permanente ocasiona lesiones en los territorios vasculares que acelera el envejecimiento de los órganos.

TIPOS DE DIABETES

Hay dos situaciones distintas cuando hablamos de la diabetes del anciano:

Diabetes mellitus tipo I

Este grupo está constituido por los diabéticos diagnosticados de jóvenes que llegan a los

En las pruebas analíticas se determina el tipo de diabetes que sufre el enfermo.

65 años. Esta situación hace unos años era menos frecuente. Cada vez va a ser más numeroso este número de personas gracias a un mejor control de la enfermedad.

Diabetes senil o propia del anciano. Diabetes mellitus tipo II

Son los diabéticos que comienzan a serlo después de los 65 años por la variación en la composición del organismo (cambios en la distribución del agua corporal, la obesidad), el sedentarismo, enfermedades crónicas, medicaciones. Esta diabetes se produce por anomalías en la secreción de insulina y por resistencia a la acción de la misma en los tejidos. La mayoría de los pacientes son obesos y en estas personas la normalización de su peso conlleva mayor sensibilidad a la acción de la insulina con el reestablecimiento de las cifras normales de la glucosa en sangre. Existe una marcada influencia genética que se manifiesta en el mayor riesgo de desarrollar diabetes para la descendencia y para los hermanos que en el caso de la diabetes tipo I o juvenil.

Fundamentalmente nos referiremos a este tipo de diabetes propia de la edad avanzada a lo largo del capítulo.

La diabetes mellitus en el anciano es un problema de gran trascendencia sanitaria por el carácter crónico de la enfermedad y el elevado número de complicaciones que presenta. Es conocido que los casos de diabetes aumentan con la edad. En el tramo de edad comprendido entre los 60-70 años un 10% serán diabéticos, un 12% en el tramo de edad entre 70-80 años y hasta un 17% en los mayores de 80 años.

FORMAS DE APARICIÓN

La persona generalmente suele desconocer la enfermedad por lo que es frecuente que se llegue al diagnóstico como resultado de la realización rutinaria de una glucemia o por la presentación de algunos síntomas que le hagan pensar al médico la posibilidad del inicio de una diabetes. Es raro que aparezcan los síntomas clásicos de la diabetes como la **poliuria,** la **polidipsia** y la **polifagia,** es decir, orinar mucha cantidad, beber mucho líquido y comer en demasía. Estos síntomas son consecuencia de la hiperglucemia y suelen presentarse de forma más frecuente en las formas de inicio juvenil y no en las personas mayores.

Síntomas que pueden hacer sospechar una diabetes

— Síntomas inespecíficos como cansancio, prurito vulvar en las mujeres.

— Presencia de obesidad, hiperlipemia, cataratas, hipertensión.

— Presencia de complicaciones crónicas que afectan a:

Los vasos pequeños. En ellos se produce un depósito de material glucoproteico en la membrana de los capilares dañándolos. Esta afectación es más notoria en los vasos situados en la retina del ojo y en el riñón, afectando a su funcionalidad.

Los grandes vasos. Se afectan las arterias nutricias del corazón llamadas coronarias, los vasos del cerebro que ocasionan accidentes cerebrovasculares conocidos como trombosis y la afectación de los vasos que irrigan las extremidades con disminución del flujo que circula a través de ellos.

— Presencia de complicaciones agudas, coma hiperosmolar, cuadro de deshidratación y disminución del nivel de conciencia motivado por el déficit de insulina y las consecuencias de una hiperglucemia mantenida.

Diagnóstico

El diagnóstico de diabetes se hace con la clínica y la demostración analítica de hiperglucemia. Dos glucemias basales en sangre venosa mayores de 126 mg/dL, una glucemia al azar mayor de 200 mg/dL o una glucemia mayor de 200 mg/dL a las dos horas después de una sobrecarga son diagnósticos de diabetes. Si la glucosa en sangre supera el dintel renal para la reabsorción de la misma, se elimina por orina, lo que se denomina glucosuria.

TRATAMIENTO

Muchas veces se cuestiona el valor de un buen control de la diabetes en los ancianos, argumentando que las complicaciones crónicas aparecen al cabo de 15 años después del comienzo del estado diabético y que dada la edad de los pacientes, sobre todo a partir de los 70 años, en algunos casos no existe tiempo de forma real para que estas se manifiesten.

Este razonamiento no es válido por varios motivos:

— El inicio de la diabetes en la séptima década de la vida hace que la supervivencia se vea reducida.

— Hay datos que sugieren que la edad interacciona con la diabetes para acelerar las complicaciones y éstas son más importantes y más graves.

Objetivos del tratamiento

Los objetivos del tratamiento deben de individualizarse según la edad, el peso, y la presencia de complicaciones. Siempre tiene que existir el control de un médico que supervise la enfermedad, que solicite los controles analíticos correspondientes y que haga las modificaciones oportunas en el tratamiento. En líneas generales los objetivos serán:

— Eliminar los síntomas de la hiperglucemia.

— Evitar las descompensaciones agudas de la hiperglucemia.

— Prevenir, reconocer y saber actuar ante una hipoglucemia.

— Prevenir y tratar de forma precoz las complicaciones crónicas de la diabetes: retinopatía, pie diabético, complicaciones renales y cardíacas.

El tratamiento de la diabetes mellitus es la dieta, el ejercicio, los antidiabéticos y la insulina y la educación diabetológica.

Es importante que el diabético reciba educación sobre su enfermedad y sea capaz de hacer autocontroles. En el caso de que sea imposible es bueno que sus cuidadores sepan actuar correctamente ante algunos signos de alarma que puedan aparecer.

Dieta

La dieta es la parte fundamental del tratamiento. Se concibe como la planificación de la alimentación y no sólo como el cumplimiento de una serie de restricciones dietéticas. Una gran parte de personas diabéticas puede estar controlada con el seguimiento de unas determinadas recomendaciones dietéticas.

El diabético debe consumir las calorías suficientes para mantenerse en su peso ideal o bien en un peso razonable. En general se recomienda una dieta que proporcione aproximadamente 1.500-2.000 Kcal/día.

La proporción de principios inmediatos debe ser similar a la de la población general. Las proteínas deben proporcionar del 10 al 20% de las calorías. Las grasas saturadas deben limitarse al 10% o menos. Las grasas poliinsaturadas deben restringirse al 10% de las calorías totales. El resto de calorías, entre un 55-60%, deben aportarlo los hidratos de carbono complejos como los que se encuentran en legumbres, verduras y cereales integrales. Se deben limitar los hidratos de carbono simples al 10%.

Se ha propuesto una dieta rica en fibra que interfiere con la absorción de principios inmediatos, reduciendo las cifras de glucemia tras la comida, lo que disminuye las necesidades de insulina.

INTENTE EVITAR EL CONSUMO DE ALGUNOS ALIMENTOS

Como regla general hay que evitar los azúcares simples que por su absorción rápida producen hiperglucemias bruscas y las grasas animales ricas en ácidos grasos saturados. Debemos procurarnos un aporte adecuado de fibra vegetal.

Los edulcorantes no nutritivos, como la sacarina y el aspartamo, se prefieren frente a los nutritivos como la fructosa, el sorbitol, el xilitol y el maltitol porque estos pueden elevar la glucemia.

Los alimentos llamados para diabéticos no son recomendables porque son caros, no se conoce exactamente su composición y contenido calórico, usan azúcar del tipo de la fructosa que sube la glucemia y no contribuyen a cumplir la dieta.

Es importante la regularidad en las horas de las comidas y que el diabético haga seis tomas de comida al día. Desayuno, media mañana, comida, merienda, cena y recena, distribuyendo las calorías de los hidratos de carbono en seis tomas diarias:

— Desayuno 20% del total de h. carbono.
— Media mañana 10% de h. carbono.
— Almuerzo 25% de h. carbono.
— Merienda 10% de h. carbono.
— Cena 25% de h. carbono.
— Recena 10% de h. carbono.

Ejercicio

El ejercicio físico regular tiene muchos efectos beneficiosos:

— Disminuye la glucemia durante y después del ejercicio.
— Incrementa la sensibilidad a la insulina.
— Mejora el perfil de los lípidos, aumenta la utilización de ácidos grasos.
— Mejora la función cardiovascular.
— Reduce la presión arterial.
— Protege frente a la osteoporosis.
— Reduce la ansiedad y mejora la depresión leve.
— Permite ganar en fuerza y en forma física.

En los ancianos se aconseja caminar diariamente durante 20-30 minutos con paso "rápido". En estas personas debe prestarse especial atención al cuidado de los pies para evitar la aparición de pequeñas heridas y la utilización de un calzado cómodo.

En aquellas personas con dificultad para caminar por problemas articulares se recomienda la práctica de la natación.

Tratamiento farmacológico

Antidiabéticos orales

Son medicamentos que se toman por vía oral para controlar la glucemia en los diabéticos tipo II. Realmente el mejor antidiabético para estos pacientes es la combinación de dieta y ejercicio. Si después de instaurar estas dos mediadas no hay mejoría, se administrarán este grupo de fármacos.

Sulfonilureas:

Las sulfonilureas son los fármacos más conocidos y los más utilizados. Tienen un efecto hipoglucemiante agudo, actuando sobre la célula pancreática con el fin de estimular la secreción de insulina y un efecto hipoglucemiante crónico que se debe a la potenciación de la acción de la insulina a través de un aumento en el número de receptores en los tejidos. Se deben de evitar las de vida media más larga y comenzar su tratamiento con dosis bajas para ir progresivamente aumentando cada dos o tres semanas. Se administrarán 15-30 minutos antes de las comidas comenzando las tomas antes de la comida principal.

El efecto indeseable más frecuente es la hipoglucemia debida a una mala eliminación del fármaco por alteraciones hepáticas y renales, más frecuentes en esas edades.

Biguanidas:

Por sus efectos secundarios han sido fármacos poco empleados. De ellos, la metformina es la biguanida de elección y está especialmente indicada en personas con obesidad importante.

Acarbosa:

Es un medicamento que actúa retrasando la absorción intestinal de hidratos de carbono. Por este efecto evita las hiperglucemias después de las comidas.

Insulina

Además de continuar utilizándose en los casos de diabetes insulinodependiente es necesaria su utilización en la diabetes senil que no logra obtener un adecuado control con hipoglucemiantes orales o bien cuando éstos están contraindicados. Ciertos problemas de insuficiencias renales, o hepáticas, o bien descompensaciones hiperglucémicas agudas ante infecciones, o una cirugía requieren del uso de la insulina.

Generalmente, la insulina es mal aceptada por el paciente por el hecho de tener que pincharse.

Lo habitual es que se presenten ciertas reticencias al inicio, que poco a poco se van eliminando cuando se descubre que se encuentra mejor y que no es tan difícil pincharse con los métodos actuales.

Las insulinas que se comenzaron a utilizar provenían del cerdo. Poco a poco se han comercializado las obtenidas por modernas técnicas de ingeniería genética y se puede decir que en la actualidad son las más empleadas.

Existen varios tipos de insulina: de acción rápida, intermedia y lenta. La insulina se puede administrar según una pauta convencional con una o dos dosis diarias. Si se utiliza una sola dosis de insulina se administra insulina intermedia o prolongada bien antes del desayuno, bien antes de acostarse. Si se utilizan dos dosis se pueden administrar antes del desayuno y antes de la cena usando, bien insulina intermedia, bien una mezcla de intermedia y rápida. La dosis recomendada de inicio suele ser 0,3-0,4 unidades por kilogramo y siempre debe de contar con la supervisión de un médico. La pauta más común es seguir un tratamiento con dos inyecciones de insulina. Los dos tercios de la dosis se administran antes del desayuno y un tercio antes de la cena. La insulina hoy en día debe de administrarse con jeringas precargadas con forma de pluma o bolígrafo de muy fácil manejo y evitando los procedimientos más antiguos. En las personas que se administran insulina, la realización de los autoanálisis es muy importante para conocer posibles variaciones en la dosis y para prevenir complicaciones agudas.

Educación diabetológica

La educación diabetológica es fundamental en el tratamiento de la diabetes ya que con la educación se puede mejorar el cumplimiento terapéutico y con ello el control de las cifras de glucosa.

Es fundamental que el diabético participe del control de la enfermedad y para ello requiere la asimilación de algunos contenidos teóricos. Es importante implicar a cuidadores y familiares en este proceso formativo. Se crearán grupos homogéneos de personas para que el trabajo sea más eficaz, sin olvidar la educación individual. También sería recomendable el reciclaje de todas las personas cada cierto tiempo para afianzar los conocimientos y aclarar dudas.

Contenidos de un programa de educación diabetológica

Conocimientos generales sobre la enfermedad y los síntomas.

Nociones sobre dieta y ejercicio físico.

Tratamiento farmacológico.

Técnicas de autoinyección de insulina y autoanálisis.

Reconocimiento de complicaciones agudas. Normas higiénicas y cuidados de los pies.

COMPLICACIONES AGUDAS

Entre las complicaciones agudas de la diabetes están la cetoacidosis diabética, el coma hiperosmolar y la hipoglucemia.

La cetoacidosis diabética

La cetoacidosis diabética se manifiesta con hiperglucemia y acidosis metabólica con producción de cuerpos cetónicos que se eliminan por orina. La producen tanto las enfermedades que alteren las necesidades de insulina como la interrupción del tratamiento insulínico. Es un proceso grave y el paciente debe ser remitido a un hospital para administrar líquidos e insulina por vía intravenosa. Es más frecuente en los diabéticos del tipo I.

Coma hiperosmolar

El coma hiperosmolar se caracteriza por una hiperglucemia muy elevada que produce un aumento de la osmolaridad en sangre pero sin cetosis. Se desencadena por enfermedades intercurrentes, ingesta inadecuada de líquidos, fármacos e interrupción del tratamiento insulínico. Es más frecuente en los del tipo II. Necesitan un tratamiento urgente hospitalario ya que requiere la reposición de líquidos e insulina.

Hipoglucemia

La hipoglucemia es la complicación aguda más frecuente en los pacientes tratados con insulina y con sulfonilureas. Se define como una glucemia menor de 50 mg/dL. Se acompaña de una serie de síntomas: irritabilidad, fatiga, cefalea, somnolencia, sudación, nerviosismo, palpitaciones, sensación de hambre. Si progresa se ven síntomas más graves, como alteraciones sensitivas y motoras, convulsiones e incluso coma. El tratamiento consiste en el aporte de glucosa por boca si el individuo está consciente o por vía intravenosa o rectal si no lo está. En casos de urgencia, un familiar entrenado podría administrar una inyección de glucagón intramuscular si el individuo está inconscien- te y se demora el equipo de emergencias. Esta hormona contrarresta la acción de la insulina y restablece la cifra de glucemia.

La obesidad es causa de muchos trastornos, no sólo de la diabetes.

46 MEDICAMENTOS. ESPECIALIDADES FARMACÉUTICAS

Podemos definir los medicamentos (especialidades farmacéuticas) como toda sustancia medicinal y sus asociaciones o combinaciones destinadas a su utilización en las personas o en los animales, que se presente dotada de propiedades para prevenir, diagnosticar, tratar, aliviar o curar enfermedades o dolencias o para afectar a funciones corporales o al estado mental.

Ahora bien, los medicamentos forman un grupo muy amplio. Podemos clasificarlos de manera general en tres grandes conjuntos:

— Especialidades farmacéuticas con marca comercial.
— Especialidades farmacéuticas genéricas (EFG).
— Especialidades farmacéuticas publicitarias (EFP).

Es común confundir las especialidades farmacéuticas genéricas (EFG) con las especialidades farmacéuticas publicitarias (EFP). Sin embargo es fácil diferenciar uno y otro, siguiendo el siguiente ejemplo:

Si el médico nos prescribe un medicamento de marca comercial —por ejemplo *neobrufen*®, que contiene el fármaco *ibuprofeno*— este sólo puede adquirirse con receta médica.

Del mismo modo, si médico nos prescribe un fármaco genérico (EFG) (por ejemplo *ibuprofeno sandoz*®, que también contiene *ibuprofeno),* el medicamento, según la ley actual, sólo puede adquirirse con receta médica.

Sin embargo, si existe la posibilidad de encontrar este fármaco como especialidad farmacéutica publicitaria (EFP) —por ejemplo doctril, que también contiene *ibuprofeno*—, no precisaremos receta médica para su adquisición. Este tercer caso no se produce con todos los fármacos, puesto de que de algunos sólo existe la marca comercial.

ESPECIALIDADES FARMACÉUTICAS CON MARCA COMERCIAL

En este grupo se incluyen todos los medicamentos comercializados por la industria farmacéutica como fruto de la investigación realizada durante años, y después de pasar por estudios de seguridad y eficacia. Estos medicamentos están protegidos por la patente, que se solicita en el momento de la aprobación de su comercialización. La patente concede a la compañía que ha investigado y desarrollado el nuevo fármaco, exclusividad sobre él durante un máximo de 10 años. Una vez caducada la patente, otras compañías pueden tomar estos medicamentos como referencia, para fabricar y vender otros medicamentos que incluyan dicho fármaco y que posean similares características.

Las especialidades farmacéuticas con marca comercial sólo pueden ser adquiridas mediante receta médica. Para que el medicamento sea efectivo y seguro, es primordial completar el tratamiento y se seguir las instrucciones del médico.

ESPECIALIDADES FARMACÉUTICAS GENÉRICAS (EFG)

Se define como medicamento genérico, aquel que posee la misma forma farmacéutica (comprimidos, jarabe...) e igual composición —cualitativa y cuantitativa— en sustancias medicinales que otra especialidad de referencia, cuyo perfil de eficacia y seguridad está suficientemente establecido por su continuado uso clínico. Es decir, la especialidad genérica debe ser *bioequivalente* con el medicamento original que le sirve de referencia.

Los medicamentos genéricos surgen como una solución para racionalizar el gasto público en medicamentos, ya que son más baratos que los medicamentos de referencia.

Sólo podrán comercializar los medicamentos genéricos cuando haya caducado la patente del medicamento de referencia, que según la ley de garantías de uso racional de medicamentos y productos farmacéuticos 29/2006 de 26 de julio, la patente se puede mantener durante 10 años, a partir de los cuales se pueden fabricar medicamentos genéricos de ese fármaco. Aún así, algunos medicamentos cuya patente ya ha expirado, no tienen versiones genéricas, bien porque el fármaco es demasiado difícil de duplicar, o porque no es posible demostrar que el genérico tiene una acción semejante al medicamento con marca comercial.

Podemos reconocer los medicamentos genéricos por tener en su envase las siglas EFG. Además su nombre corresponde a la *denominación oficial española* (DOE) o *denominación común internacional* (DCI) que incluye al nombre del fármaco o principio activo, seguido del nombre o marca del titular o fabricante.

Las DCI se publican en latín y en inglés, pero existen versiones para las principales lenguas que han sido adoptadas oficialmente por los países donde tales lenguas tienen carácter oficial. En el caso de España, la responsabilidad de la versión española está en el Ministerio de Sanidad y Consumo, que emplea el término DOE, o *Denominación Oficial Española*.

Las siglas EFG garantizan que el medicamento ha sido aprobado por las autoridades sanitarias por reunir las condiciones de calidad, seguridad y eficacia exigidas.

Por ley la bioequivalencia de las diferentes presentaciones de un fármaco puede variar hasta un 20%, esto puede producir diferencias en su eficacia. El paciente debe informar a su médico si percibe variaciones en los efectos del fármaco o nota alguna molestia.

En cuanto a la sustitución de un medicamento por otro, esta debe estar sujeta siempre a la legislación vigente y de acuerdo con la normativa sanitaria. Se podrá sustituir un fármaco por otro siempre y cuando tenga igual composición, forma farmacéutica, vía de administración y dosificación, salvo que el médico indique que no es procedente en caso alguno.

Si el médico prescribe un medicamento de marca comercial este puede ser sustituido por un genérico, pero en el caso de recetar un genérico se debe sustituir por otro genérico y no por otro medicamento de marca. También se puede dar el caso de no existir genérico de un determinado fármaco, entonces se puede sustituir por otro de marca siempre que cumpla con las condiciones de sustitución.

Con la nueva política de ahorro en el gasto farmacéutico se establecen unos precios de referencia para los fármacos, de manera que si el medicamento de marca que ha recetado el médico sobrepasa el precio de referencia, el farmacéutico debe sustituirlo obligatoriamente por el genérico más barato. La industria farmacéutica se ha visto obligada a bajar los precios para entrar en el precio de referencia o incluso a bajarlos más, de manera que se pueden encontrar casos en los que algún medicamento de marca comercial llega a ser más barato que su homólogo genérico.

ESPECIALIDADES FARMACÉUTICAS PUBLICITARIAS (EFP)

En contraposición a la norma general, que solo permite dispensar medicamentos con receta médica, el ministerio de sanidad y consumo autoriza la dispensación sin receta de determinadas especialidades, conocidas como especialidades farmacéuticas publicitarias (EFP). En este grupo se incluyen aquellas que van destinadas a tratar enfermedades menores como resfriados, estreñimiento, tos, dolores ocasionales...

Sin embargo, el hecho de que estos medicamentos no necesiten prescripción médica, no les exime de los efectos secundarios y reacciones adversas que pueden producirnos. La seguridad del fármaco viene principalmente determinada por el uso correcto que el paciente haga de él. Cuando se adquieren fármacos sin prescripción médica, se deben leer y seguir las indicaciones y recomendaciones señaladas en el prospecto. Sobre todo las referentes a la dosis recomendada y al tiempo de ingesta máximo, pues estos medicamentos están indicados para tomar en periodos breves de tiempo.

Algunas personas con enfermedades crónicas como la hipertensión o el hipertiroidismo, deben tener cuidado a la hora de tomar medicamentos por su cuenta, ya que pueden alterar su enfermedad. En todo caso, siempre es aconsejable elegir una EFP con el mínimo de componentes; evitar aquellos productos que aseguran aliviar multitud de síntomas y que el

CONSEJOS Y PRECAUCIONES EN EL USO DE FÁRMACOS	
TIPOS DE FÁRMACOS	PRECAUCIONES
Fármacos con estrecho margen terapéutico (digoxina, warfarina...)	La dosis tóxica es sólo ligeramente superior a la dosis terapéutica, y un error en la dosificación puede producir toxicidad. Además, en caso de no llegar a la dosis terapéutica no se produce el efecto deseado.
Antibióticos (amoxicilina, cefalosporinas, tetraciclinas...)	Es importante que el uso de los antibióticos se realice correctamente y siempre por prescripción médica. Se debe finalizar el tratamiento incluso cuando los síntomas han desaparecido, de este modo se evita la aparición de bacterias resistentes.
Fármacos fotosensibilizantes: anticonceptivos orales, algunos antibióticos (doxiciclina, tetraciclina...), antihistamínicos por vía tópica (clorfeniramina, terfenadina...), antidepresivos (amitriptilina, imipramina...), antiarrítmicos (amiodarona...), antineoplásicos, diuréticos (furosemida, clorotiazida...), hipoglucemiantes (tolbutamida, gliburida...) y en el tratamiento del acné (isotretinoína), etc.	Durante la ingesta de estos medicamentos se desaconseja la exposición al sol, pues la radiación ultravioleta sobre la piel puede desencadenar una reacción alérgica. Si evitamos la exposición solar la reacción no se produce.
Anticoagulantes orales (warfarina, acenocumarol...)	Este tipo de fármacos tienen un estrecho margen terapéutico, razón por la cual necesitan una dosificación personalizada y además interaccionan con gran cantidad de fármacos y alimentos. Debemos informar siempre al médico o farmacéutico antes de tomar algún medicamento sin receta, pues podría interaccionar con los anticoagulantes orales.
Fármacos que producen sueño (antihistamínicos, ansiolíticos...)	En ocasiones, este efecto secundario de somnolencia se ha aprovechado para tratar el insomnio pasajero. Sin embargo debemos tener gran precaución si debemos conducir o utilizar maquinaria pesada y estamos tomando este tipo de fármacos.
Fármacos que no pueden sustituirse en ningún caso (hormonas, insulina...)	Estos fármacos necesitan dosificaciones personalizadas, pues pequeñas variaciones en la dosis pueden producir grandes diferencias en la eficacia.
AINES (salicilatos, ibuprofeno, piroxicam...)	Existen especialidades de venta sin receta de este tipo de fármacos, por tanto es importante tener cuidado con la automedicación en caso de úlcera duodenal porque pueden producir acidez, irritación de estomago y hemorragia.
Fármacos no bioequivalentes entre sí (antidepresivos, antiasmáticos, antipsicóticos, antidiabéticos...)	Algunos de estos fármacos no han demostrado su bioequivalencia y por tanto no sería seguro sustituir unos por otros, debido a que pueden tener diferencias en su formulación aunque coincida su principio activo.

farmacéutico nos informe de las posibles interacciones con otros fármacos que nos estemos.

PRECAUCIONES ESPECIALES

Cuando utilicemos medicamentos en determinadas situaciones, debemos tomar ciertas precauciones especiales, incluso cuando el medicamento no necesite receta para adquirirse. Existen personas más sensibles que otras a las reacciones adversas de los medicamentos. En especial los niños, los ancianos, los enfermos crónicos y las embarazadas (pues en muchas ocasiones se desconoce si el fármaco se transfiere de la madre al feto).

Para evitar estos problemas es conveniente consultar al médico o farmacéutico antes de tomar ningún medicamento por cuenta propia, aunque no requiera de receta, ya que estos medicamentos pueden interaccionar con los que ya estamos tomando o incluso provocar alguna reacción adversa inesperada.

NIÑOS

El organismo infantil no metaboliza los fármacos del mismo modo que los adultos, sobre todo el caso de los menores de 2 años, pues todavía no tienen desarrollado totalmente su aparato digestivo. No se debe en ningún caso administrar medicamentos a niños menores de 2 años sin consultar al médico. Además, a esto se añade la dificultad de administrar a cada niño la dosis exacta de fármaco que precisa. Existen varios criterios para calcular la dosis adecuada, como son la edad o el peso. En el caso de la edad, esta se suele expresar como rangos de edad, por ejemplo de 2 a 6 años o de 6 a 12 años. Sin embargo, la constitución física puede variar notablemente de un niño a otro, de manera que niños de la misma edad pueden tener pesos muy distintos. Por tanto, la edad no constituye un buen parámetro para determinar la dosis. Es más adecuado calcular la dosis de acuerdo al peso del niño, y en caso de duda —si en el prospecto del medicamento no nos indica nada al respecto—, es mejor consultar al farmacéutico o al médico.

ANCIANOS

Conforme las personas envejecen, sus órganos también lo hacen y su funcionamiento se ve alterado. Los ancianos son más vulnerables a las reacciones adversas y a las interacciones entre medicamentos. Normalmente en los an-

cianos, el riñón y el hígado se encuentran deteriorados, por tanto el metabolismo de los fármacos —que tiene lugar sobretodo en el hígado y en menor frecuencia en riñón— se ve también alterado lo que puede provocar que el medicamento se acumule porque no se elimina correctamente, o que no produzca efecto terapéutico a la dosis habitual. Esto hace imprescindible ajustar al máximo la dosis. De la misma manera, la administración de medicamentos sin receta médica puede resultar perjudicial. Por ejemplo, una persona hipertensa (con tratamiento crónico prescrito por el médico) no puede tomar un descongestivo nasal (venta sin receta), ya que le alteraría la tensión arterial, por lo que siempre deben consultar al farmacéutico o al médico antes de tomar un medicamento por su cuenta.

EMBARAZADAS

Cuando se trata de mujeres embarazadas el consejo de las autoridades sanitarias es no tomar jamás medicamento alguno a no ser que el médico lo prescriba y estemos siempre bajo su control. Esto se debe a que no existen ensayos clínicos en embarazadas y existe el riesgo de malformación fetal o de paso del fármaco a la placenta. Podemos encontrar listas de medicamentos, clasificados según su riesgo potencial en el embarazo o la lactancia.

ENFERMOS CRÓNICOS

Son otro grupo vulnerable al uso de medicamentos ya que pueden empeorar si no se hace un uso adecuado tanto de los fármacos utilizados en su enfermedad como de los fármacos de venta sin receta. Por ejemplo, los antihistamínicos, ampliamente utilizados en el resfriado y de venta sin receta pueden complicar el glaucoma, aumentar el tamaño de la próstata, además de aumentar la presión arterial, por lo que no deben utilizarse en caso de hipertensión, enfermedades del corazón o hipertiroidismo, entre otros.

Además los enfermos crónicos pueden tener alterados algunos órganos necesarios para el metabolismo y eliminación de los medicamentos como es el caso de la insuficiencia renal.

INGESTA DE ALCOHOL

La ingesta conjunta de fármacos y alcohol está altamente desaconsejada, pues el alcohol disminuye la acción terapéutica de algunos fármacos y aumenta peligrosamente la toxicidad de otros.